SCHÄFFER

POESCHEL

Finanz und Steuern

Band 7

Besteuerung der Gesellschaften

von

Uwe Grobshäuser

Professor an der Hochschule für öffentliche Verwaltung und Finanzen
Ludwigsburg

Walter Maier

Rechtsanwalt und Steuerberater,
em. Professor an der Hochschule für öffentliche Verwaltung und Finanzen
Ludwigsburg

Dieter Kies

Professor an der Hochschule für öffentliche Verwaltung und Finanzen
Ludwigsburg

5., überarbeitete und aktualisierte Auflage

2017
Schäffer-Poeschel Verlag Stuttgart

Bearbeiterübersicht:

Grobshäuser: Kapitel I Teil A, Kapitel II Teil C, Kapitel III Teile A bis J, Kapitel IV
Maier: Kapitel I Teil B, Kapitel II Teile A, B, D–H
Kies: Kapitel II Teile I, J, Kapitel III Teil K, Kapitel V

Gedruckt auf säure- und chlorfreiem, alterungsbeständigem
Papier

Bibliografische Information der Deutschen Nationalbibliothek
Die Deutsche Nationalbibliothek verzeichnet diese
Publikation in der Deutschen Nationalbibliografie;
detaillierte bibliografische Daten sind im Internet über
<http://dnb.d-nb.de> abrufbar.

Print: ISBN 978-3-7910-3899-5   Bestell-Nr.:   20240-0003
ePDF: ISBN 978-3-7910-3971-8   Bestell-Nr.:   20240-0152

www.schaeffer-poeschel.de
service@schaeffer-poeschel.de

Umschlagentwurf: Goldener Westen, Berlin
Umschlaggestaltung: Kienle gestaltet, Stuttgart
Satz: primustype Hurler GmbH, Notzingen
Druck und Bindung: BELTZ Bad Langensalza GmbH, Bad Langensalza

Printed in Germany
August 2017
Schäffer-Poeschel Verlag Stuttgart
Ein Tochterunternehmen der Haufe Gruppe

Vorwort zur 5. Auflage

Dass das Steuerrecht einem stetigen Wandel unterliegt, ist nicht neu und bedarf keiner besonderen Erwähnung. Sowohl die Studenten der steuerlichen bzw. betriebswirtschaftlichen Fächer als auch die Praktiker(-innen) in der Finanzverwaltung, den Betrieben und der Steuerberatung können hiervon ein Lied singen. Es ist schwierig geworden, bei den ständigen Änderungen auf dem Laufenden zu bleiben. Als typisches Beispiel sei die Steuerfreiheit sog. Sanierungsgewinne genannt. Ursprünglich in § 3 Nr. 66 EStG a.F. geregelt und jahrelang unumstritten, dann abgeschafft und in Form eines BMF-Schreibens wieder zum Leben erweckt, vom BFH verworfen und nunmehr wiederum Gegenstand eines neuen Gesetzgebungsverfahrens.

Die Autoren haben daher auch bei dieser neuen Auflage alle Änderungen im Zivil- und Steuerrecht der Gesellschaften berücksichtigt. Zahlreiche Gesetze wurden seit der letzten Auflage verabschiedet. Es sei nur das Gesetz zur Anpassung des nationalen Steuerrechts an den Beitritt Kroatiens zur EU, das Gesetz zur Anpassung der AO an den Zollkodex der Union und zur Änderung weiterer steuerlicher Vorschriften, das Gesetz zur Umsetzung der EU-Amtshilferichtlinie, das Gesetz zur Weiterentwicklung der steuerlichen Verlustverrechnung bei Körperschaften oder das BEPS-Umsetzungsgesetz genannt.

Die Darstellung der Rechtsprechung und der Verwaltungserlasse wurde auf den neuesten Stand gebracht. Beispielhaft sei die neue Rechtsprechung des BFH zur Einlagenrückgewähr bei ausländischen Kapitalgesellschaften, die neue Beurteilung des Kapitalkontos II bei Personengesellschaften oder die Änderung der Rechtsansicht zur Auslagerung von Pensionsverpflichtungen auf sog. »Rentner-GmbHs« erwähnt.

Ein völlig neues Kapitel befasst sich nunmehr mit den zivilrechtlichen und steuerrechtlichen Problemen von Verträgen zwischen Gesellschaftern und der Kapitalgesellschaft (insbesondere Darlehens- und Dienstverträge).

Für Anregungen und Kritik von Seiten unserer Leserschaft sind wir weiterhin dankbar und werden diese in die weitere Überarbeitung einfließen lassen.

Ludwigsburg/Stuttgart im Juli 2017   Die Verfasser

Inhaltsverzeichnis

Kapitel I Einführung

Kapitel II Die Besteuerung der Personengesellschaften

Teil A   Personengesellschaften – Zivilrecht

Teil C   Wechsel im Gesellschafterbestand 198

Teil E   Verluste bei beschränkter Haftung ... 270

Teil F   Sondervorschriften für Finanzierungsaufwendungen und Gewinnthesaurierung

Kapitel III Die Besteuerung der Kapitalgesellschaften

Kapitel V Haftungsfragen bei Gesellschaften

Abkürzungsverzeichnis

a. a. O.	am angegebenen Ort
Abl.	Amtsblatt
Abs.	Absatz
ADS	Adler/Düring/Schmaltz, Rechnungslegung und Prüfung der Unternehmen, Kommentar
AEAO	Anwendungserlass zur AO
a.F.	alte Fassung
AfA	Absetzung für Abnutzung
AG	Aktiengesellschaft
AktG	Aktiengesetz
Alt.	Alternative
AO	Abgabenordnung
ARAP	Aktiver Rechnungsabgrenzungsposten
Art.	Artikel
AStG	Außensteuergesetz
ATAD	Anti-Tax Avoidance Directive
Aufl.	Auflage
Az.	Aktenzeichen
BayObLG	Bayerisches Oberlandesgericht
BB	Betriebs Berater (Zeitschrift)
BEPS	Base Erosion and Profit Shifting
BetrAVG	Gesetz zur Verbesserung der betrieblichen Altersvorsorge
BetrVG	Betriebsverfassungsgesetz
BeurkG	Beurkundungsgesetz
BewG	Bewertungsgesetz
BFH	Bundesfinanzhof
BFH/NV	Sammlung amtlich nicht veröffentlichter Entscheidungen des BFH (Zeitschrift)
BGB	Bürgerliches Gesetzbuch
BGBl	Bundesgesetzblatt
BGH	Bundesgerichtshof
BGHZ	Bundesgerichtshof in Zivilsachen
BiLiRiG	Bilanzrichtliniengesetz
BilMoG	Bilanzrechtsmodernisierungsgesetz
BilReG	Bilanzrechtsreformgesetz
BilRUG	Bilanzrichtlinie-Umsetzungsgesetz
BMF	Bundesministerium der Finanzen
BS	Buchungssatz
BSG	Bundessozialgericht
BStBl	Bundessteuerblatt
Buchst.	Buchstabe
BürgEntlG	Bürgerentlastungsgesetz
BVerfG	Bundesverfassungsgericht
BVerfGE	Entscheidungen des Bundesverfassungsgerichts (Zeitschrift)
BW	Buchwert
bzw.	beziehungsweise
DB	Der Betrieb (Zeitschrift)
DBA	Doppelbesteuerungsabkommen
d.h.	das heißt
DStJG	Deutsche Steuerjuristische Gesellschaft e. V.
DStR	Deutsches Steuerrecht (Zeitschrift)
DStRE	Deutscher Steuerrecht-Entscheidungsdienst
EBITDA	Earnings before Interest, Taxes, Depreciation and Amortization
EFG	Entscheidungen der Finanzgerichte (Zeitschrift)
EFH	Einfamilienhaus
EG	Europäische Gemeinschaft

EGHGB	Einführungsgesetz zum Handelsgesetzbuch
EGV	Vertrag zur Gründung der Europäischen Gemeinschaft
EK	Eigenkapital
ESt	Einkommensteuer
EStDV	Einkommensteuerdurchführungsverordnung
EStG	Einkommensteuergesetz
EStH	Einkommensteuerhinweise
EStR	Einkommensteuerrichtlinien
etc.	et cetera
EU	Europäische Union
EuGH	Europäischer Gerichtshof
EWG	Europäische Wirtschaftsgemeinschaft
EWIV	Europäische Wirtschaftliche Interessenvereinigung
EWIVG	EWIV-Ausführungsgesetz
f., ff.	folgende, fortfolgende
FG	Finanzgericht
FGG	Gesetz über die freiwillige Gerichtsbarkeit
FGO	Finanzgerichtsordnung
FinMin	Finanzministerium
FR	Finanzrundschau (Zeitschrift)
GBO	Grundbuchordnung
GbR	Gesellschaft bürgerlichen Rechts
gem.	gemäß
GenG	Genossenschaftsgesetz
GewSt	Gewerbesteuer
GewStG	Gewerbesteuergesetz
GewStR	Gewerbesteuerrichtlinien
GG	Grundgesetz
GmbH	Gesellschaft mit beschränkter Haftung
GmbHG	GmbH-Gesetz
GmbHR	GmbH-Rundschau (Zeitschrift)
GrESt	Grunderwerbsteuer
GrEStG	Grunderwerbsteuergesetz
GrS	Großer Senat
GuV	Gewinn- und Verlustrechnung
GWG	Geringwertiges Wirtschaftsgut
H	Hinweis
H/H/S	Hübschmann/Hepp/Spitaler, Abgabenordnung, Finanzgerichtsordnung, Kommentar (Loseblatt)
HGB	Handelsgesetzbuch
h. L.	herrschende Lehre
h. M.	herrschende Meinung
HRefG	Handelsrechtsreformgesetz
HS	Halbsatz
IAS	International Accounting Standards
i. d. F.	in der Fassung
i. d. R.	in der Regel
IFRS	International Financial Reporting Standards
i. G.	in Gründung
i. H. d.	in Höhe der/des
i. H. v.	in Höhe von
i.R.d.	im Rahmen der/des
i. S. d.	im Sinne der/des
i. S. v.	im Sinne von
InsO	Insolvenzordnung
InvZul	Investitionszulage

i. V. m.	in Verbindung mit
JStG	Jahressteuergesetz
Kap.	Kapitel
KapCoRiLiG	Kapitalgesellschaften- und Co-Richtlinie-Gesetz
KG	Kommanditgesellschaft
KGaA	Kommanditgesellschaft auf Aktien
KÖSDI	Kölner Steuerdialog (Zeitschrift)
KSt	Körperschaftsteuer
KStG	Körperschaftsteuergesetz
KStH	Körperschaftsteuerhinweise
KStR	Körperschaftsteuerrichtlinien
LG	Landesgericht
LSt	Lohnsteuer
LStR	Lohnsteuerrichtlinien
Ltd.	Limited
m.E.	meines Erachtens
MicroBilG	Kleinstkapitalgesellschaften-Bilanzrechtsänderungsgesetz
Mitbest	Mitbestimmung
MitbestG	Mitbestimmungsgesetz
MoMiG	Gesetz zur Modernisierung des GmbH-Rechts und zur Bekämpfung von Missbräuchen
MontanMitbestG	Montanmitbestimmungsgesetz
m. w. N.	mit weiteren Nachweisen
MwStSystRL	Mehrwertsteuersystem-Richtlinie
n. F.	neue Fassung
NJW	Neue Juristische Wochenschrift (Zeitschrift)
Nr.	Nummer
n. v.	nicht veröffentlicht
NZG	Neue Zeitschrift für Gesellschaftsrecht
o.Ä.	oder Ähnliche/s
OECD	Organisation of Economic and Cultural Development
OFD	Oberfinanzdirektion
OHG	Offene Handelsgesellschaft
OLG	Oberlandesgericht
PartG	Partnerschaftsgesellschaft
PartGG	Partnerschaftsgesellschaftsgesetz
PartGmbB	Partnerschaftsgesellschaft mit beschränkter Berufshaftung
p.a.	per annum
PRAP	Passiver Rechnungsabgrenzungsposten
PublG	Publizitätsgesetz
R	Richtlinie
RL	Richtlinie
Rn.	Randnummer
Rs.	Rechtssache
Rspr.	Rechtsprechung
Rz.	Randziffer
S.	Seite
s.	siehe
S. A. R. L.	Société à responsabilité limitée
SBV	Sonderbetriebsvermögen
SCE	Societas Cooperativa Europaea (Europäische Gemeinschaft)
SE	Societas Europaea (Europäische Aktiengesellschaft)
SEStEG	Gesetz über steuerliche Begleitmaßnahmen zur Einführung der Europäischen Gesellschaft und zur Änderung weiterer steuerlicher Vorschriften
s.o.	siehe oben

sog.	so genannte/r/s
SolZ	Solidaritätszuschlag
SolZG	Solidaritätszuschlaggesetz
SPE	Societas Privata Europaea (Europäische Privatgesellschaft)
StÄndG	Steueränderungsgesetz
StBerG	Steuerberatungsgesetz
StEntlG	Steuerentlastungsgesetz
SteuK	Steuerrecht kurzgefaßt (Zeitschrift)
StGB	Strafgesetzbuch
Stpfl., stpfl.	Steuerpflichtige/r, steuerpflichtig
StuB	Unternehmensteuern und Bilanzen (Zeitschrift)
TW	Teilwert
Tz.	Textziffer
UmwG	Umwandlungsgesetz
UmwStG	Umwandlungssteuergesetz
UntStFG	Unternehmenssteuerfortentwicklungsgesetz
UntStRefG	Unternehmenssteuerreformgesetz
USt	Umsatzsteuer
UStAE	Umsatzsteuer-Anwendungserlass
UStG	Umsatzsteuergesetz
USt-Id. Nr.	Umsatzsteuer-Identifikationsnummer
u.U.	unter Umständen
vGA	verdeckte Gewinnausschüttung
vgl.	vergleiche
VO	Verordnung
VuV	Vermietung und Verpachtung
VVaG	Versicherungsverein auf Gegenseitigkeit
VZ	Veranlagungszeitraum
WachsBeschlG	Wachstumsbeschleunigungsgesetz
Wj.	Wirtschaftsjahr
ZPO	Zivilprozessordnung

Kapitel I
Einführung

Teil A   Überlegungen zur Rechtsformwahl

1   Allgemeines

Die Wahl der Rechtsform, in der ein Unternehmen künftig betrieben werden soll, erfordert komplexe Entscheidungen. Rechtsanwälte, Steuerberater, Unternehmensberater und Banken müssen zusammenarbeiten, um ein optimales Ergebnis zu erreichen.

An erster Stelle sollten die Wünsche, Ziele und Möglichkeiten der (künftigen) Gesellschafter ermittelt werden. Anschließend sind ergebnisoffen alle in Frage kommenden Gesellschaftsformen zu prüfen. Diese Vorgänge erfordern Zeit. Eine Gesellschaftsgründung binnen 24 Stunden, wie sie in der Wirtschaftspresse zum Teil für die englische Limited angeboten wird, ermöglicht keine sorgfältige Prüfung. Die Konflikte und Probleme sind hier häufig vorprogrammiert.

Ist die optimale Gesellschaftsform gefunden, so ist sie laufend in Frage zu stellen. Neue Gesetze (z. B. Steuerpflicht für Streubesitzdividenden) oder eine Änderung der Rechtsprechung (z. B. Zulassung ausländischer Gesellschaftsformen) erfordern immer wieder ein Überdenken der bisherigen Entscheidungen.

2   Kriterien

Es gibt zahlreiche Kriterien, die für die eine oder andere Rechtsform sprechen. Im Einzelnen sind folgende Punkte besonders zu beachten:

2.1   Gründungsaufwand

Während eine Gesellschaft bürgerlichen Rechts (GbR) nach § 705 BGB mündlich oder mittels einfachen schriftlichen Vertrags gegründet werden kann, muss eine neu gegründete OHG nach § 106 HGB ins Handelsregister eingetragen werden, auch wenn die Eintragung nicht konstitutiv ist (d. h. die OHG besteht rechtlich auch dann, wenn die Eintragung unterlassen wird). Bei der KG ist die Eintragung ins Handelsregister nach § 162 HGB notwendig, um die Haftungsbeschränkung für die Kommanditisten entstehen zu lassen.

Die Gründung der GmbH ist komplizierter. Der Gesellschaftsvertrag (Satzung) bedarf nach § 2 Abs. 1 GmbHG der notariellen Beurkundung. Er ist von sämtlichen Gesellschaftern zu unterzeichnen.

Durch das Gesetz zur Modernisierung des GmbH-Rechts (MoMiG) wurde die Möglichkeit einer **vereinfachten Gründung** geschaffen (§ 2 Abs. 1a GmbHG). Dies ist aber nur möglich, wenn die Gesellschaft höchstens drei Gesellschafter und einen Geschäftsführer hat. Für die Gründung im vereinfachten Verfahren ist ein Musterprotokoll zu verwenden (s. Anlage zum GmbHG). Dieses ist nur für einfache Standardverfahren geeignet und kann nicht individuell auf die Wünsche der Gesellschafter zugeschnitten werden. Durch die Verwendung des Musterprotokolls können (geringfügig) Notarkosten eingespart und die Gründung beschleunigt werden. Der Abschluss eines individuell ausformulierten Gesellschaftsvertrags kann später das Musterprotokoll ersetzen.

Die Eintragung ins Handelsregister erfolgt erst, wenn bei einer Bargründung auf jeden Geschäftsanteil ein Viertel des Nennbetrags eingezahlt ist (§ 7 Abs. 2 Satz 1 GmbHG). Werden Sacheinlagen geleistet, muss dies in der Satzung geregelt werden (§ 5 Abs. 4 GmbHG). Die Sacheinlagen sind vor Anmeldung der Gesellschaft zu bewirken (§ 7 Abs. 3 GmbHG). Bei einer kombinierten Bar-/Sachgründung müssen die eingezahlten Geldeinlagen mindestens die Hälfte des Mindeststammkapitals (25 000 €) erreichen.

Wird eine sog. Unternehmergesellschaft (1 €-GmbH) gegründet, so muss das Stammkapital nach § 5a Abs. 2 GmbHG in voller Höhe einbezahlt sein. Sacheinlagen sind ausgeschlossen.

Der Aufwand zur Gründung einer AG lohnt sich nur für große Unternehmen, bei denen z. B. ein späterer Börsengang in Aussicht genommen wird.

2.2 Gründungskapital

In der Aufbringung des Gründungskapitals bestehen seit der Einführung der Unternehmergesellschaft letztlich keine Unterschiede zur Personengesellschaft mehr.

Grundsätzlich beträgt das Mindeststammkapital nach § 5 Abs. 1 GmbHG mindestens 25 000 €. Nach § 5a Abs. 1 GmbHG ist aber die Gründung bereits mit einem Stammkapital von 1 € möglich.

Personengesellschaften können ohne ein Mindestkapital gegründet werden (vgl. §§ 705 BGB, 106 HGB). Da die Gesellschafter der BGB-Gesellschaft und der OHG ohnehin mit ihrem gesamten Privatvermögen haften, besteht für eine bestimmte Einlage kein Bedürfnis. Lediglich beschränkt haftende Kommanditisten müssen den Betrag ihrer Hafteinlage nach § 162 HGB im Handelsregister veröffentlichen, ohne dass aber eine bestimmte Höhe vorgeschrieben ist.

Letztlich sollte die Frage des Gründungskapitals kein Kriterium für die Gesellschaftsform sein. Banken, Lieferanten und Kunden beurteilen das Unternehmen nach seiner Bonität und nicht nach dem Stammkapital oder der Hafteinlage.

2.3 Haftung

Werden die Gesellschafter mit ihrem Privatvermögen für Verbindlichkeiten der Gesellschaft in Haftung genommen, so zerstört dies häufig ihre Existenzgrundlage. Daran ändert auch die Möglichkeit einer Privatinsolvenz nur wenig. Aus diesem Grund findet man die OHG nur noch sehr selten im Wirtschaftsleben. Viele Gesellschafter einer GbR sind sich ihres Haftungsrisikos aber nicht bewusst. Insbesondere Freiberufler sehen sich vermehrt **Schadensersatzansprüchen** (z. B. Beratungsfehler, Behandlungsfehler u. Ä.) ausgesetzt, die immer öfter den Rahmen einer Berufshaftpflicht übersteigen. Aber auch im Bereich der Produktion können Produkthaftungsansprüche immense Ausmaße annehmen (z. B. bei Zulieferern in der Automobilindustrie).

Hier bietet nur die Kapitalgesellschaft einen wirksamen Schutz des Privatvermögens (»firewall«). Die Sicherheit einer GmbH & Co. KG kann trügerisch sein. Es gibt bereits geschlossene Immobilienfonds in der Rechtsform der GmbH & Co. KG, bei der die Komplementär-GmbH Insolvenz anmelden muss. Existiert die Komplementärin nicht mehr, so wird automatisch aus der KG eine OHG. Insbesondere bei sog. Massen-KG kann dies zu einer unbegrenzten Haftung der bisherigen Kommanditisten führen.

Gegenüber Banken spielt auch hier wieder die Rechtsform nur eine untergeordnete Rolle. Wie oben bereits dargestellt, wird eine Kapitalgesellschaft ohne die Gestellung werthaltiger Sicherheiten genauso wenig einen Kredit bekommen wie eine GbR, deren Gesellschafter vermögenslos sind.

2.4 Jahresabschlusskosten

Der Aufwand für den Jahresabschluss (Steuerberater, Wirtschaftsprüfer etc.) ist bei den einzelnen Gesellschaftsformen recht unterschiedlich. Insbesondere bei Unternehmen mit geringen Umsätzen bzw. Gewinnen können die Abschlusskosten durchaus zu einer spürbaren wirtschaftlichen Belastung führen.

Die GbR ist nach §§ 238, 1 Abs. 2 HGB verpflichtet, eine Handelsbilanz zu erstellen, wenn sie einer gewerblichen Tätigkeit (§ 15 EStG) nachgeht. Eine Ausnahme gilt, wenn die GbR nach Art und Umfang einen in kaufmännischer Weise eingerichteten Geschäftsbetrieb nicht erfordert (Kleinunternehmen). Besteht eine handelsrechtliche Buchführungspflicht, so gilt dies auch für die Besteuerung (§ 140 AO). Die freiberuflich tätige GbR (§ 18 EStG) kann ihren Gewinn auch durch Einnahmeüberschussrechnung (§ 4 Abs. 3 EStG) ermitteln.

Personenhandelsgesellschaften (OHG, KG) sind nach §§ 238, 105 Abs. 2, 161 Abs. 2, 6 Abs. 1 sowie 1 Abs. 2 HGB verpflichtet, eine Handelsbilanz zu erstellen. Nach § 140 AO erstreckt sich dies auch auf die Steuerbilanz.

Kapitalgesellschaften sind handelsrechtlich buchführungs- und bilanzierungspflichtig (für die GmbH: § 13 Abs. 2 GmbHG, § 6 HGB i. V. m. § 238 HGB). Für die Steuerbilanz gilt auch hier § 140 AO.

Bei der GmbH & Co. KG entsteht ein doppelter Bilanzierungsaufwand, da sowohl für die KG als auch für die Komplementär-GmbH sowohl eine Handelsbilanz als auch eine Steuerbilanz erstellt werden müssen.

Darüber hinaus muss die Frage geprüft werden, ob der Jahresabschluss **prüfungspflichtig** ist. Für die GbR und die Personenhandelsgesellschaften ist diese Frage zu verneinen (Umkehrschluss aus § 316 HGB).

Der Jahresabschluss und der Lagebericht von Kapitalgesellschaften muss nach § 316 Abs. 1 HGB durch einen Abschlussprüfer geprüft werden. Eine Ausnahme gilt lediglich für kleine Kapitalgesellschaften (§ 267 Abs. 1 HGB).

Für ausländische Kapitalgesellschaften (z. B. die englische Ltd.) besteht sowohl im Sitzstaat (z. B. England) als auch in dem Staat, in dem sich die Geschäftsführung befindet (z. B. Deutschland), die Pflicht zur Bilanzierung. Dieser doppelte Bilanzierungsaufwand wird häufig bei der Gründung ausländischer Gesellschaftsformen nicht beachtet.

2.5 Publizitätspflicht

Nach § 325 HGB i. V. m. § 264 HGB muss der Jahresabschluss von Kapitalgesellschaften im **Handelsregister** veröffentlicht werden. Nach § 264a HGB gilt dies auch für die GmbH & Co KG.

Der Jahresabschluss der OHG und der KG unterliegt grundsätzlich keiner handelsrechtlichen Publizitätspflicht.

Die Veröffentlichung der Jahresabschlüsse kann für Unternehmen problematisch werden, da z. B. Konkurrenzunternehmen oder Lieferanten Einblick in interne Kalkulationen bekommen können.

2.6 Anzahl der Gesellschafter

Aus Gründen der Haftungsbeschränkung kann es auch für einen einzelnen Unternehmer interessant sein, sein Unternehmen in der Rechtsform einer Gesellschaft zu führen. Sowohl die GmbH als auch die GmbH & Co. KG können durch eine einzelne Person gegründet und geführt werden.

2.7 Finanzierung

Baut die Finanzierung der Gesellschaft darauf auf, dass die Gesellschafter der Gesellschaft Darlehen gewähren, so treten bei der Rechtsformwahl mehrere Probleme auf.

Bei der Personengesellschaft müssen die Darlehensansprüche in der **Sonderbilanz** der Gesellschafter (Mitunternehmer) aktiviert werden. Die Zinszahlungen stellen Aufwand der Gesamthand dar, erhöhen aber gleichzeitig den Gewinn im Sonderbetriebsvermögen. Damit mindern die Zinszahlungen per Saldo den Gewinn nicht. Dies hat insbesondere Auswirkungen auf die gewerbesteuerliche Belastung. Im Übrigen unterliegen die Zinseinnahmen der Mitunternehmer nicht der (in der Regel günstigen) 25 %igen Abgeltungsteuer (§ 32d Abs. 1 und § 20 Abs. 8 EStG).

Gewähren die Gesellschafter einer Kapitalgesellschaft ein Darlehen, so sind die Zinszahlungen Betriebsausgaben der Kapitalgesellschaft. Grundsätzlich kann der Gesellschafter die Zinsen nach § 32d Abs. 1 EStG mit 25 % versteuern. Eine Ausnahme gilt dann, wenn der Gesellschafter zu mindestens 10 % beteiligt ist. In diesem Fall sind die Zinsen nach § 32d Abs. 2 Nr. 1 Buchst. b EStG mit dem regulären Steuersatz zu versteuern.

Die Zinsschranke (§ 4h EStG) ist sowohl für die Personengesellschaften als auch über die Verweisung in § 8a KStG für Kapitalgesellschaften zu beachten.

2.8 Vermietung von Wirtschaftsgütern durch Gesellschafter

Ist bei der Gründung geplant, dass die Gesellschafter an die Gesellschaft Wirtschaftsgüter (insbesondere Immobilien) vermieten sollen, so sind zahlreiche Aspekte zu beachten.

Vermieten Gesellschafter Wirtschaftsgüter an eine Personengesellschaft, so fallen diese bei einer Insolvenz der Gesellschaft nicht in die Haftungsmasse. Steuerlich sind sie aber zwingend als **Sonderbetriebsvermögen** auszuweisen (§ 15 Abs. 1 Nr. 2 EStG). Damit sind die stillen Reserven steuerverhaftet.

Insoweit kann es steuerlich interessant sein, diese Wirtschaftsgüter im Privatvermögen zu halten (beachte aber die einjährige bzw. zehnjährige Spekulationsfrist nach § 23 Abs. 1 Nr. 1 und 2 EStG). Wirtschaftsgüter, die ein Gesellschafter an die Kapitalgesellschaft vermietet, sind grundsätzlich Privatvermögen, soweit nicht durch die Vermietung einer wesentlichen Betriebsgrundlage eine Betriebsaufspaltung entsteht.

2.9 Verträge zwischen Gesellschaft und Gesellschaftern

Grundsätzlich können sowohl die GbR (analog § 124 HGB) als auch die Personenhandelsgesellschaften und alle Kapitalgesellschaften Verträge jeder Art mit ihren Gesellschaftern schließen. Bei Kapitalgesellschaften steht hier immer das »Schreckgespenst« der verdeckten Gewinnausschüttungen (§ 8 Abs. 3 Satz 2 KStG) im Raum. Dabei hat aber die Einführung des Körperschaftsteuersatzes von 15 % und der Abgeltungsteuer i. H. v. 25 % die steuerliche Situation entschärft.

2.10 Geschäftsführung und Geschäftsführervergütung

Bei der Frage, wer die Geschäfte der Gesellschaft führen soll, bestehen im Prinzip keine Unterschiede zwischen der Kapital- und der Personengesellschaft. Bei beiden Gesellschaftsformen ist sowohl die Geschäftsführung durch Gesellschafter als auch die Fremdgeschäftsführung möglich. Die Vorschrift des § 164 HGB, wonach Kommanditisten von der Geschäftsführung ausgeschlossen sind, steht dem nicht entgegen. Im Gesellschaftsvertrag können – und werden auch häufig – andere Vereinbarungen getroffen.

In steuerlicher Hinsicht bestehen aber erhebliche Unterschiede. Der Gesellschafter-Geschäftsführer einer Kapitalgesellschaft ist Arbeitnehmer mit Einkünften nach § 19 EStG. Erhält er eine **Pensionszusage**, so muss er die jährliche Zuführung nicht als Einnahme versteuern. Erst mit der tatsächlichen Rentenzahlung im Alter beginnt die Versteuerungsphase (nachgelagerte Versteuerung). Sämtliche Möglichkeiten der **betrieblichen Altersversorgung** (vgl. §§ 3 Nr. 63, 19a, 40b EStG) stehen ihm offen.

Demgegenüber versteuert der Gesellschafter (Mitunternehmer) einer Personengesellschaft sein Gehalt nach § 15 Abs. 1 Nr. 2 EStG als **Sonderbetriebseinnahme**. Dies führt zum einen dazu, dass die Gehaltszahlung den Gewinn der Personengesellschaft nicht mindert, weil die Sonderbetriebseinnahmen im Rahmen der einheitlichen und gesonderten Gewinnfeststellung dem Gesamthandsgewinn hinzugerechnet werden. Dies hat primär gewerbesteuerliche Auswirkungen, da der Gesellschafter-Geschäftsführer einer Kapitalgesellschaft sein Gehalt ja auch versteuern muss (nämlich nach § 19 EStG). Beim Gesellschafter der Personengesellschaft ist aber das Gehalt Teil des gewerbesteuerpflichtigen Gesamtgewinns. Diese Gewerbesteuerbelastung wird aber unter Umständen durch die Anrechnungsmöglichkeit des § 35 EStG wieder gemindert oder beseitigt.

Viel schwerer wiegen aber die Unterschiede in der betrieblichen Altersversorgung. Die Pensionszusage an den Gesellschafter einer Personengesellschaft wirkt sich zwar in der Bilanz der Gesamthand gewinnmindernd aus (Buchung als Pensionsrückstellung). Der Gesellschafter muss seine Pensionsansprüche aber spiegelbildlich in seiner Sonderbilanz aktivieren. Damit versteuert er – im Gegensatz zum Gesellschafter der Kapitalgesellschaft – bereits in der aktiven Berufsphase den Aufbau der Altersversorgung. Und das zu einer Zeit, in der er meist dem höchsten Steuersatz unterliegt. Allein aus dem Vorziehen der Versteuerung resultiert ein erheblicher Finanzierungsnachteil. Im Alter sind die Pensionszahlungen solange steuerfrei, wie sie mit der aktivierten Pensionsforderung verrechnet werden können.

Die übrigen Möglichkeiten der betrieblichen Altersversorgung (vgl. § 3 Nr. 63 EStG) stehen dem Mitunternehmer nicht offen, da er steuerlich nicht als Arbeitnehmer gilt.

Auf der anderen Seite hat die Personengesellschaft bezüglich der **Höhe** und Ausgestaltung des **Gehalts** und der **Altersversorgung** wesentlich mehr Spielraum als die Kapitalgesellschaft. Bei dieser haben Rechtsprechung und Verwaltung im Laufe der Zeit Kriterien für die Angemessenheit, Finanzierbarkeit, Erdienbarkeit usw. aufgebaut, die nur noch schwer zu überschauen sind. Das Thema »verdeckte Gewinnausschüttung« prägt viele Betriebsprüfungen bei einer Kapitalgesellschaft.

2.11 Verluste

Ein ganz entscheidendes Kriterium für die Wahl der Gesellschaftsform ist die Frage, ob und wie lange Verluste (Anlaufverluste) entstehen.

Über die einheitliche und gesonderte Gewinnfeststellung können die Verluste der Personengesellschaft dem Gesellschafter zugewiesen werden (§ 15 Abs. 1 Nr. 2 EStG). Er profitiert sofort davon, weil seine persönliche Einkommensteuerbelastung sinkt. Dieser Vorteil wird für ihn aber nur von Interesse sein, wenn er über entsprechend hohe anderweitige Einkünfte verfügt. Dem steht aber u. U. die Vorschrift des § 15a EStG entgegen (keine ausgleichsfähigen Verluste bei Entstehung oder Erhöhung eines negativen Kapitalkontos).

Die Verluste der Kapitalgesellschaft können bei dieser nur als Verlustrückträge bzw. Verlustvorträge berücksichtigt werden (§§ 8 KStG, 10d EStG). Darüber hinaus besteht bei einer Veräußerung der Beteiligung stets die Gefahr, dass die Verluste wegen der sog. Mantelkaufregelung (§ 8c KStG) verloren gehen können.

Es gibt aber Möglichkeiten, die Verluste der Kapitalgesellschaft auf natürliche Personen oder Personengesellschaften zu transferieren. Es sei hier nur auf die Organschaft (§ 14 KStG), die typische (§ 20 Abs. 1 Nr. 4 EStG) oder die atypische (§ 15 Abs. 1 Nr. 2 EStG) stille Beteiligung hingewiesen.

2.12 Beteiligung von Familienangehörigen

Häufig sollen Familienangehörige am Unternehmen beteiligt werden, weil sie im Unternehmen mitarbeiten oder an das Unternehmen herangeführt werden sollen.

Sollen die Familienangehörigen im Unternehmen mitarbeiten, bringt eine Kapitalgesellschaft den großen Vorteil, dass das Gehalt nach § 19 EStG zu versteuern ist, dass die Arbeitgeberbeiträge zur Sozialversicherung steuerfrei sind (§ 3 Nr. 62 EStG), eine Pensionszusage erst nachgelagert versteuert werden muss und die Vorteile der betrieblichen Altersversorgung genutzt werden können. Die Wahl der Personengesellschaft ist in dieser Hinsicht wegen des Entstehens von Sonderbetriebseinnahmen (§ 15 Abs. 1 Nr. 2 EStG) schlechter.

Ein weiteres Problem stellt bei Familiengesellschaften die Gewinnverteilung dar. Die Finanzverwaltung legt bei Personengesellschaften strenge Maßstäbe an (vgl. R 15.9 Abs. 3 EStR). Danach ist eine Gewinnverteilung im Allgemeinen nur dann angemessen, wenn der vereinbarte Gewinnverteilungsschlüssel eine durchschnittliche Rendite von nicht mehr als 15 % des tatsächlichen Wertes der Beteiligung ergibt. Wird die vereinbarte Gewinnverteilung nicht anerkannt, so muss ein Gesellschafter u. U. Gewinne versteuern, die ihm gesellschaftsrechtlich gar nicht zustehen.

Bei einer Kapitalgesellschaft besteht diese Gefahr nicht. Hier erhält das Kind entsprechend seinem Anteil am Stammkapital eine Dividende, die zudem grundsätzlich auch noch der Abgeltungsteuer (§ 32d Abs. 1 EStG) unterliegt.

Unter Umständen bietet sich bei Familiengesellschaften auch die Gestaltung einer **Betriebsaufspaltung** an. Hier kann das wertvolle Betriebsvermögen in einer Besitz-Personengesellschaft gehalten und an die Betriebskapitalgesellschaft vermietet werden. Entstehen in der Besitzgesellschaft Verluste, können diese von den Gesellschaftern ausgenutzt werden (§ 15 Abs. 1 Nr. 2 EStG).

2.13 Beteiligung ausländischer Gesellschafter

Hier bestehen erhebliche Unterschiede zwischen den Gesellschaftsformen, die sich aus den Regeln des internationalen Steuerrechts ergeben.

Der Gewinnanteil eines im Ausland ansässigen Mitunternehmers wird stets in dem Staat besteuert, in dem die Personengesellschaft ihren Sitz hat (vgl. Art. 7 des OECD-Musterabkommens). Die Personengesellschaft wird wie eine Betriebsstätte behandelt. Sind damit an einer in Deutschland ansässigen Personengesellschaft Gesellschafter beteiligt, die in einem ausländischen Staat ansässig sind, so sind diese Gesellschafter bezüglich ihrer Gewinnanteile nach § 49 Abs. 1 Nr. 2 Buchst. a EStG beschränkt steuerpflichtig. In diesem Fall werden die Gesellschafter zwar nach dem Grundtarif besteuert, ihrem Gewinnanteil wird aber der Grundfreibetrag wieder hinzugerechnet. Außerdem können sie gem. § 50 EStG weder den Splittingtarif, noch Sonderausgaben, außergewöhnliche Belastungen etc. geltend machen.

Gesellschafter einer Kapitalgesellschaft, die ihren Wohnsitz im Ausland haben, versteuern die Dividende nach den Regeln der DBA in ihrem Wohnsitzstaat (vgl. Art. 10 OECD-Musterabkommen). Die in Deutschland ansässige Kapitalgesellschaft hat dennoch Kapitalertragsteuer abzuführen (§§ 43 Abs. 1 Nr. 1, 43a Abs. 1 Nr. 1 EStG). Die Doppelbesteuerungsabkommen enthalten unterschiedliche Regelungen zur maximalen Höhe der Quellensteuer . Ist die deutsche Kapitalertragsteuer (25 %) höher als die nach DBA zulässige, so erfolgt insoweit eine Rückerstattung über das Bundeszentralamt für Steuern.

Gesellschafter einer Kapitalgesellschaft, die im niedrig besteuernden Ausland ihren Wohnsitz haben, stehen damit steuerlich günstiger da, als die Mitunternehmer einer Personengesellschaft.

2.14 Auslandstätigkeit der Gesellschaft

Erzielt die Gesellschaft in erheblichem Umfang Gewinne im Ausland, so hat dies ebenfalls Bedeutung für die Wahl der Unternehmensform.

Gewinne ausländischer Betriebsstätten werden nach den DBA sowohl bei der Kapital- als auch bei der Personengesellschaft ausschließlich im Betriebsstättenstaat versteuert (vgl. Art. 7 OECD-Musterabkommen). Deutschland als Sitzstaat des Unternehmens hat die Gewinne steuerfrei zu stellen (Befreiungs- oder Anrechnungsmethode; vgl. Art. 23 A und B OECD-Musterabkommen).

Ist das deutsche Unternehmen, das eine ausländische Betriebsstätte unterhält, eine Kapitalgesellschaft, so bleibt die Steuerfreiheit des Betriebsstättengewinns auf Ebene der Kapitalgesellschaft erhalten. Wird der steuerfreie Gewinn aber an natürliche Personen ausgeschüttet, so ist die Dividende im Rahmen des § 32d Abs. 1 EStG steuerpflichtig, unabhängig davon, ob der Gewinn der Kapitalgesellschaft steuerfrei war oder nicht. Damit geht der Vorteil der Steuerfreiheit der im Ausland erzielten Gewinne bei der Ausschüttung zum Teil wieder verloren.

Bei der Personengesellschaft bleibt die Steuerfreiheit des Gewinnanteils erhalten (Transparenzprinzip; § 15 Abs. 1 Nr. 2 EStG). Allerdings ist der Progressionsvorbehalt (§ 32b Abs. 1 Nr. 3 EStG) zu beachten.

Wird die deutsche Gesellschaft über ausländische **Tochterunternehmen** tätig, so hat die deutsche Kapitalgesellschaft insoweit einen Vorteil, als sie die Ausschüttungen einer ausländischen Tochter-Kapitalgesellschaft in Deutschland nach § 8b Abs. 1 KStG steuerfrei erhält, sofern die Beteiligung mindestens 10 % beträgt. Ist die Tochtergesellschaft eine Personengesellschaft, so ist der Gewinn im Ausland steuerpflichtig und in Deutschland ebenfalls steuerfrei (Art. 7 OECD-Musterabkommen).

Beteiligt sich eine deutsche Personengesellschaft an einer ausländischen Kapitalgesellschaft, so fallen die ausgeschütteten Dividenden unter das Teileinkünfteverfahren (§ 3 Nr. 40 Buchst. d EStG).

2.15 Gewinnverteilung

Bei der Frage der Gewinnverteilung bestehen erhebliche Unterschiede zwischen der Kapital- und der Personengesellschaft.

Nach § 722 BGB wird der Gewinn einer GbR grundsätzlich paritätisch verteilt, soweit die Gesellschafter keine andere Vereinbarung treffen.

Nach § 121 HGB steht jedem Gesellschafter einer Personenhandelsgesellschaft grundsätzlich ein Gewinnanteil i. H. v. 4 % seines Kapitalanteils zu. Der restliche Gewinn wird nach Köpfen verteilt. Diese Vorschrift ist aber dispositiv. Die Gesellschafter können die Gewinnverteilung frei regeln und damit besondere individuelle Faktoren (Kapitaleinsatz, Erfahrung, Kundenbeziehungen etc.) berücksichtigen (vgl. BFH GrS vom 10. 11. 1980 BStBl II 1981, 164). Eine Ausnahme besteht nur bezüglich einer angemessenen Haftungsvergütung für die Komplementäre.

Bei einer Kapitalgesellschaft muss die Dividende grundsätzlich entsprechend der Anteile am Stammkapital ausgeschüttet werden (zur Zulassung inkongruenter Gewinnausschüttungen siehe BMF vom 17. 12. 2013 BStBl II 2014, 63).

2.16 Gewerbesteuer

Bei der Gewerbesteuer sprechen die Vorteile eher für die Personengesellschaft. Nach § 11 Abs. 1 Nr. 1 GewStG erhalten Personengesellschaften einen Freibetrag i. H. v. 24 500 €. Außerdem können die Mitunternehmer die von der Personengesellschaft gezahlte Gewerbesteuer nach § 35 EStG bei ihrer individuellen Einkommensteuer anrechnen lassen.

Diese gewerbesteuerlichen Vorteile können aber z. B. auch mittels einer Organschaft (§ 14 KStG) erreicht werden.

2.17 Vorweggenommene Erbfolge

Sollen Anteile an der Gesellschaft im Wege der vorweggenommenen Erbfolge übertragen werden, hat jede Gesellschaftsform ihre spezifischen Vor- und Nachteile.

Mitunternehmeranteile können unter der Voraussetzung des **§ 6 Abs. 3 EStG** unentgeltlich übertragen werden, ohne dass dabei stille Reserven aufgedeckt werden müssen. Im Gegensatz zur Veräußerung von Anteilen (§ 16 EStG) ist es auch möglich, lediglich Teile eines Mitunternehmeranteils zu übertragen. Das Sonderbetriebsvermögen muss in diesem Fall nicht mit übertragen werden.

Wird ein Mitunternehmeranteil teilentgeltlich übertragen, so sind keine stillen Reserven aufzudecken, solange der Kaufpreis das Kapitalkonto nicht übersteigt (vgl. BMF vom 13. 01. 1993 BStBl I 1993, 464, Rz. 35; sog. »Einheitstheorie«).

Anteile an einer Kapitalgesellschaft können ebenfalls ohne Gewinnrealisierung im Wege der vorweggenommenen Erbfolge übertragen werden (vgl. **§ 17 Abs. 1 Satz 4 EStG**). Auch hier ist es möglich, lediglich Teile einer Beteiligung zu übertragen. Werden Anteile an einer Kapitalgesellschaft gegen ein Teilentgelt übertragen, so ist der Vorgang in einen voll entgeltlichen und einen voll unentgeltlichen Teil aufzuteilen (BMF vom 13. 01. 1993 a. a. O., Rz. 14; sog. »Trennungstheorie«). Bezüglich des entgeltlichen Teils muss der Gewinn nach § 17 EStG versteuert werden.

Sowohl Anteile an einer Kapitalgesellschaft als auch Mitunternehmeranteile können auch gegen eine Versorgungsleistung im Rahmen eines **Übergabevertrags** unentgeltlich übertragen werden (§ 10 Abs. 1a Nr. 2 EStG; vgl. BMF vom 11. 03. 2010 BStBl I 2010, 227, Rz. 2 ff.).

Im Rahmen der §§ 13a und 13b ErbStG werden Anteile an Personengesellschaften und Anteile an Kapitalgesellschaften grundsätzlich gleich behandelt. Der Verschonungsabschlag i. H. v. 85 % bzw. 100 % wird aber bei der Übertragung von Anteilen an Kapitalgesellschaften nur gewährt, wenn der Erblasser oder Schenker am Nennkapital zu mehr als 25 % unmittelbar beteiligt war (Mindestbeteiligung; vgl. § 13b Abs. 1 Nr. 3 ErbStG). Im Falle einer Beteiligung < 25 % ist daher die Schenkung bzw. Vererbung eines Mitunternehmeranteils aus erbschaftsteuerlicher Sicht günstiger.

2.18 Veräußerung

Bei der Veräußerung oder Liquidation einer Kapitalgesellschaft unterliegt der Gewinn nach §§ 17, 3 Nr. 40 Buchst. c EStG dem Teileinkünfteverfahren (60 %). Dies gilt auch dann, wenn sich die Anteile in einem Betriebsvermögen befinden (§ 15 bzw. § 16 EStG i. V. m. § 3 Nr. 40 Buchst. a und b EStG). Im Übrigen gewährt § 17 EStG auch einen Freibetrag i. H. v. 9 060 €, der altersunabhängig ist und mehrmals in Anspruch genommen werden kann. Allerdings erfolgt eine Abschmelzung in Abhängigkeit von Beteiligungsquote und Höhe des Veräußerungsgewinns.

Hier bietet die Kapitalgesellschaft unter Umständen Vorteile gegenüber einer Personengesellschaft, bei der der Veräußerungs- oder Aufgabegewinn nach § 16 EStG zu versteuern ist. Zwar gewährt auch § 16 EStG einen Freibetrag von 45 000 €. Dieser kann aber frühestens ab dem 55. Lebensjahr oder bei dauernder Berufsunfähigkeit und nur einmal im Leben in Anspruch genommen werden (§ 16 Abs. 4 EStG). Der Veräußerungsgewinn unterliegt zwar nach § 34 EStG einem besonderen Steuersatz. Dieser beträgt 56 % des durchschnittlichen Steuersatzes, aber mindestens 14 % (§ 34 Abs. 3 EStG). Die Voraussetzungen sind aber die gleichen wie für die Gewährung des Freibetrags. Alternativ kann nach § 34 Abs. 1 EStG die sog. Fünftelregelung in Anspruch genommen werden. Diese bringt aber bei hohen Gewinnen – wie sie regelmäßig bei Veräußerungen anfallen – keinen Tarifvorteil mehr.

2.19 Steuerbelastung

Die Gewinne einer Personengesellschaft werden nach § 15 Abs. 1 Nr. 2 EStG grundsätzlich mit dem persönlichen Steuersatz versteuert (maximal 45 %). Ist der Mitunternehmer zu mehr als 10 % beteiligt, so kann der nicht entnommene Gewinn mit 28,25 % Einkommensteuer zzgl. 5,5 % Solidaritätszuschlag besteuert werden; insgesamt somit mit ca. 30 % (Thesaurierungsbesteuerung gemäß § 34a EStG). Im Falle einer (Über-)Entnahme muss der Gesellschafter aber den Gewinn mit 25 % nachversteuern.

Das Einkommen einer Kapitalgesellschaft unterliegt – abhängig vom Gewerbesteuer-Hebesatz – einer Steuerbelastung von ca. 30 %. Schüttet die Kapitalgesellschaft die Dividende aus, ergibt sich eine weitere Belastung durch die Abgeltungsteuer (25 %) zzgl. 5,5 % Solidaritätszuschlag.

Teil B Bilanzierungsfragen bei Personen- und Kapitalgesellschaften

1 Grundsätzliche Unterschiede zwischen Personen- und Kapitalgesellschaften

Zwischen Buchführung und Bilanzierung der Personen- und der Kapitalgesellschaften bestehen beträchtliche Unterschiede, die sich aus der unterschiedlichen Rechtsstellung ergeben. Die Unterschiede schlagen sich u. a. im Betriebsvermögen, der Finanzierung der Beteiligung, den Kapitalkonten, der Gewinnausschüttung und Gewinnverteilung, der Behandlung von Verlusten, den besonderen Rechtsgeschäften zwischen Gesellschaft und Gesellschaftern und den Gesellschaftervergütungen nieder.

Bei den **Personengesellschaften** (GbR, OHG, KG, GmbH & Co. KG) sind die Ebene der Gesellschaft und die Ebene der Gesellschafter zu unterscheiden.

- Das Vermögen der Gesellschaft ist grundsätzlich Gesamthandsvermögen. Im Eigentum des Gesellschafters stehende Wirtschaftsgüter, die einen betrieblichen Bezug zur Gesellschaft haben, sind Sonderbetriebsvermögen des Gesellschafters.
- Für jeden Gesellschafter wird mindestens ein Kapitalkonto und mindestens ein Privatkonto geführt. Die Gesellschafter sind steuerlich Mitunternehmer.
- Die Gesellschaft ist zwar Subjekt der Gewinnermittlung, aber nicht Subjekt der Einkommensbesteuerung. Gewinne der Gesellschaft sind im Zeitpunkt der Erwirtschaftung einkommensteuerlich nicht der Gesellschaft, sondern den Gesellschaftern zuzurechnen (**Transparenzprinzip**).
- Zwischen thesaurierten und ausgeschütteten Gewinnen wird bei der Einkünfteermittlung nicht unterschieden. Auch nicht entnommene Gewinne werden den Mitunternehmern periodengerecht anteilig nach dem Gewinnverteilungsschlüssel zugerechnet.
- Verluste sind den Gesellschaftern ebenso wie Gewinne im Zeitpunkt der Erwirtschaftung zuzurechnen. Die Gesellschafter können Verluste aus dem Gesamthandsvermögen gesellschaftsintern mit Gewinnen aus ihrem Sonderbetriebsvermögen, horizontal mit Gewinnen aus anderen Gewerbebetrieben oder vertikal mit positiven Einkünften aus anderen Einkunftsarten ausgleichen. Nicht ausgeglichene Verluste unterliegen dem Verlustabzug nach § 10d EStG; dabei gilt die Begrenzung des Verlustrücktrags i. H. v. 1 Mio. € für jeden einzelnen Gesellschafter. Lediglich bei beschränkt haftenden Gesellschaftern gelten Beschränkungen bei der steuerlichen Berücksichtigung von Verlusten (§ 15a EStG).
- Verlustbedingte Teilwertabschreibungen auf Beteiligungen an Personengesellschaften sind nicht zulässig.
- Schuldrechtliche Beziehungen zwischen der Personengesellschaft und ihren Gesellschaftern in Bezug auf Dienstleistungen, Kapitalzuführungen und Nutzungsüberlassungen werden steuerlich nicht anerkannt, sondern führen zu gewerblichen Vorabgewinnen oder Sonderbetriebseinnahmen und -ausgaben der Gesellschafter (§ 15 Abs. 1 Nr. 2 EStG).
- Im Bilanzsteuerrecht wird die additive Methode angewendet, die aus der Handelsbilanz der Gesellschaft sowie aus den Sonder- und Ergänzungsbilanzen der Gesellschafter die steuerliche Gesamtbilanz der Gesellschaft ableitet.

Bei den **Kapitalgesellschaften** (GmbH, AG, KGaA) ist die Haftung auf das Gesellschaftsvermögen beschränkt. Haftbar ist die Gesellschaft als juristische Person. Die Gesellschafter haften nur mit ihrer Kapitaleinlage.

- Bei der Kapitalgesellschaft gibt es nur notwendiges Betriebsvermögen. Gewillkürtes Betriebsvermögen und eine Privatsphäre der Gesellschafter innerhalb der Kapitalgesellschaft in der Form von Privatkonten sind nicht denkbar. Alle Wirtschaftsgüter im Eigentum der Gesellschaft gehören zum Betriebsvermögen der Gesellschaft, selbst wenn sie nicht der Einkunftserzielung, sondern privaten Zwecken der Anteilseigner dienen. Wenn es an fremdüblichen Vereinbarungen fehlt, wird die Korrektur über das Rechtsinstitut der verdeckten Gewinnausschüttung vorgenommen.

- Wirtschaftsgüter im Eigentum der Gesellschafter gehören nicht zum Betriebsvermögen der Gesellschaft, selbst wenn sie betrieblichen Zwecken dienen. Sonderbetriebsvermögen der Gesellschafter gibt es nicht.

- Gewinne sind im Zeitpunkt der Erwirtschaftung insgesamt der Kapitalgesellschaft zuzurechnen und von ihr zu versteuern (**Trennungsprinzip**). Sie erzielt Einkünfte aus Gewerbebetrieb (§ 8 Abs. 2 KStG).

- Nur wenn Gewinne ausgeschüttet werden, unterliegen sie zusätzlich der Besteuerung bei den Gesellschaftern. Die Einkunftsart richtet sich danach, ob die Beteiligung an der Kapitalgesellschaft von den Gesellschaftern im Privatvermögen oder in einem Betriebsvermögen gehalten wird. Es kommt also seit der Abschaffung des körperschaftsteuerlichen Anrechnungsverfahrens, das in der Zeit zwischen 1977 und 2000 galt, wieder wie früher zur Doppelbesteuerung der Gewinne sowohl bei der Gesellschaft als auch bei den Gesellschaftern. Sofern der Gesellschafter eine natürliche Person ist, wird auf die Ausschüttung Körperschaftsteuer bei der Kapitalgesellschaft und Einkommensteuer beim Gesellschafter erhoben. Ist der Anteilseigner der Kapitalgesellschaft seinerseits eine Kapitalgesellschaft, ist die Ausschüttung nach § 8b Abs. 1 KStG steuerfrei, allerdings im Ergebnis nur zu 95 %, da 5 % der Beteiligungserträge gem. § 8b Abs. 5 KStG als nicht abzugsfähige Betriebsausgaben behandelt werden.

- Während Gewinne einer Personengesellschaft von den Gesellschaftern der Personengesellschaft ohne Rücksicht auf die Gewinnverwendung periodengerecht im Jahr der Erwirtschaftung zu versteuern sind, werden Gewinne einer Kapitalgesellschaft bei den Gesellschaftern der Kapitalgesellschaft im Fall der Ausschüttung grundsätzlich nach dem Zuflussprinzip (§ 11 EStG) im Zeitpunkt der Erlangung der wirtschaftlichen Verfügungsmacht als Einkünfte aus Kapitalvermögen (§ 20 Abs. 1 Nr. 1 EStG) versteuert, wenn die Beteiligung Privatvermögen ist. Lediglich bei Alleingesellschaftern oder beherrschenden Gesellschaftern wird auf den Zeitpunkt des Gewinnverwendungsbeschlusses abgestellt.

- Wenn die Beteiligung an der Kapitalgesellschaft im Betriebsvermögen eines bilanzierenden Gewerbetreibenden gehalten wird, ist der Beteiligungsertrag steuerlich im Zeitpunkt des Gewinnverwendungsbeschlusses gem. § 20 Abs. 8 Satz 1 EStG als Einkünfte aus Gewerbebetrieb zu erfassen. Befindet sich die Beteiligung im Betriebsvermögen eines Einnahmen-Überschuss-Rechners nach § 4 Abs. 3 EStG, gilt für die Erfassung der ausgeschütteten Erträge das Zuflussprinzip (§ 11 EStG).

- Verluste sind ausschließlich dem Gewerbebetrieb der Kapitalgesellschaft zuzurechnen. Ein Verlustausgleich mit anderen Einkünften ist nicht möglich. Aufgrund des Trennungsprinzips können die Gesellschafter Verluste steuerlich nicht berücksichtigen. Lediglich für die Gesellschaft ist der Verlustabzug anwendbar (§ 8 Abs. 1 KStG i. V. m. § 10d EStG). Deshalb gilt die Beschränkung des Verlustrücktrags auf 1 Mio. € unabhängig von der Zahl der

Gesellschafter nur für die Gesellschaft. Der Verlustvortrag setzt die rechtliche und wirtschaftliche Identität der Kapitalgesellschaft voraus (§ 8 Abs. 4 Satz 1 KStG). Nach einem schädlichen Beteiligungserwerb können nicht genutzte Verluste gem. § 8c KStG grundsätzlich nicht mehr geltend gemacht werden.

- Bei Beteiligungen an Kapitalgesellschaften im Betriebsvermögen kommt eine verlustbedingte Teilwertabschreibung in Betracht. Bei wesentlichen Beteiligungen im Privatvermögen können Veräußerungsverluste im Rahmen des § 17 EStG nach dem Teileinkünfteverfahren (§ 3 Nr. 40 Buchst. c EStG, § 3c Abs. 2 EStG) zu 60 % ausgeglichen und nach § 10d abgezogen werden, sofern die Beteiligung nicht innerhalb der letzten fünf Jahre unentgeltlich erworben worden ist (§ 17 Abs. 2 Satz 6 EStG). Bei nicht wesentlichen Beteiligungen unterfallen Veräußerungsverluste der Vorschrift des § 20 Abs. 2 Satz 1 Nr. 1 EStG und können gem. § 20 Abs. 6 Satz 2 EStG nicht mit Verlusten aus anderen Einkunftsarten ausgeglichen oder abgezogen werden.

- Zwischen der Kapitalgesellschaft und ihren Gesellschaftern können auch steuerlich wirksame Verträge geschlossen werden. Miet- oder Zinszahlungen an Gesellschafter führen beispielsweise bei der Kapitalgesellschaft zu Betriebsausgaben und beim Gesellschafter zu privaten Einnahmen aus Vermietung und Verpachtung (§ 21 EStG) oder aus Kapitalvermögen (§ 20 EStG), soweit sie einem Fremdvergleich standhalten. Überhöhte Zuwendungen an die Gesellschafter führen zu verdeckten Gewinnausschüttungen.

Die zum Ausgleich der rechtsformbedingten Unterschiede zwischen Personengesellschaft und Kapitalgesellschaft geschaffenen Vorschriften beseitigen die steuerlich abweichende Erfassung der Ergebnisse nur unzureichend.

- Aufgrund von § 34a EStG können bilanzierende Personenunternehmer den nicht entnommenen Gewinn ebenfalls einer abgesenkten Thesaurierungsbelastung unterwerfen (vgl. II F 2).

- § 35 EStG verfolgt das Ziel, gewerbliche Personenunternehmen durch eine pauschale Teilanrechnung der Gewerbesteuer auf die Einkommensteuer von der Gewerbesteuer zu entlasten (vgl. II G 9).

2 Buchführung und Bilanzierung

2.1 Handelsbilanz- und Steuerbilanzrecht

2.1.1 Handelsbilanz

Der Zweck der Handelsbilanz ist mehrfacher Natur. Die Handelsbilanz soll entweder direkt die Ausschüttungen beeinflussen (Ausschüttungssperre, Mindestausschüttung) oder Informationen gewähren über die Ausschüttungserwartungen, über die Veränderung der Ausschüttungserwartungen (Leistungsfähigkeitsentwicklung), über die Schuldendeckungsfähigkeit und im Wege der Dokumentation über die Zugriffsobjekte (Moxter, Bilanzlehre Bd. I, Einführung in die Bilanztheorie). Buchführung und Bilanzierung sind handelsrechtlich für alle Kaufleute – sowohl Einzelunternehmer als auch Personengesellschaften, Kapitalgesellschaften und Genossenschaften – im dritten Buch des HGB geregelt (Handelsbücher §§ 238–339 HGB). Die handelsrechtlichen Grundsätze ordnungsmäßiger Buchführung sollen vor Gewinnverkürzungen schützen, Kapitalschutz gewährleisten und dem Kaufmann sowie Dritten die notwendigen Informationen zur Verfügung stellen. Die Handelsbilanz soll in Anwendung des Vorsichtsprinzips die Ausschüttung eines zu hohen Gewinns verhindern, räumt aber erhebliche Gestaltungsmöglichkeiten und Wahlrechte ein.

Der Gesetzgeber hielt im Bilanzrechtsmodernisierungsgesetz (BilMoG vom 25. 05. 2009 BStBl I 2009, 650) an dem Konzept der multifunktionalen Zwecksetzung des handelsrechtlichen Abschlusses unter dem Primat der Ausschüttungsbemessung fest (Lorson, in: Küting/Pfitzer/ Weber, Das neue deutsche Bilanzrecht, 2. Aufl., Stuttgart 2009). Damit steht im HGB nach wie vor der Gläubigerschutz an erster Stelle. Die Aussagekraft der Handelsbilanz über die Vermögens- und Ertragslage wurde durch die Abschaffung der umgekehrten Maßgeblichkeit verbessert. Bis 31. 12. 2009 waren steuerliche Wahlrechte bei der Gewinnermittlung in Übereinstimmung mit der handelsrechtlichen Jahresbilanz auszuüben; korrespondierende einkommensteuerrechtliche Wahlrechte durften in Handels- und Steuerbilanz nicht unterschiedlich ausgeübt werden. Dies konnte zur »Verfälschung« der Handelsbilanz führen. § 5 Abs. 1 Satz 1 2. HS EStG sieht ab 2010 ausdrücklich vor, dass die Maßgeblichkeit nicht gilt, sofern von einem steuerlichen Ansatzwahlrecht für einen anderen Ansatz Gebrauch gemacht wird. Anstelle der Bilanzierung in der Handelsbilanz ist die einzige Voraussetzung für die Ausübung steuerlicher Wahlrechte, dass die Wirtschaftsgüter, die nicht mit dem handelsrechtlich maßgeblichen Wert in der steuerlichen Gewinnermittlung ausgewiesen werden, in besondere, laufend zu führende Verzeichnisse aufgenommen werden (§ 5 Abs. 1 Satz 2 EStG). Die Generalklausel des § 5 Abs. 6 EStG ordnet überdies an, dass die steuerlichen Vorschriften über Entnahmen und Einlagen, über die Zulässigkeit der Bilanzänderung, über die Betriebsausgaben, über die Bewertung und über die Absetzung für Abnutzung zu befolgen sind. Auch bei diesen steuerlich bindenden Ansätzen ist die Handelsbilanz für die Steuerbilanz nicht maßgebend.

BEISPIEL

Die X-OHG bewertet den hergestellten Warenbestand mit einem unter dem am Bilanzstichtag beizulegenden Wert (=Teilwert) liegenden Wert gemäß § 253 Abs. 4 HGB.

LÖSUNG Der in der Steuerbilanz zulässige niedrigste Wert ist der Teilwert (§ 6 Abs. 1 Nr. 2 Satz 2 EStG). Deshalb darf in der Steuerbilanz der handelsrechtlich zulässige Wert nicht verwendet werden. Es ist steuerlich zwingend der Teilwert anzusetzen, sofern er voraussichtlich auf Dauer bestehen bleibt.

2.1.2 International Financial Reporting Standards (IFRS)

Das BilMoG vom 25. 05. 2009 (BGBl I 2009, 1102) ist die Antwort des deutschen Gesetzgebers auf die Herausforderungen der internationalen Bilanzierung. Die International Financial Reporting Standards (IFRS) sollen die Vergleichbarkeit der Abschlüsse weltweit erleichtern und das Vertrauen in die Finanzmärkte und in den freien Kapitalverkehr im Binnenmarkt stärken. Die Standards sind als prinzipienbasiertes Normensystem angelegt und wurden durch Endorsement in europäisches Recht überführt. Im Vordergrund steht die Fair-Value-Bewertung, die wegen der Einschränkung des Prinzips der kaufmännischen Vorsicht und des Realisationsprinzips in der Kritik steht. Die IFRS sind weder rechtsform- noch größenabhängig. Die kapitalmarktorientierten Unternehmen müssen gemäß § 315a HGB ihre konsolidierten Abschlüsse für Geschäftsjahre, die nach dem 01. 01. 2005 beginnen, nach den IFRS erstellen (EG-VO 1606/2002 vom 19. 07. 2002, ABl Nr. L 243, 1). Der Gesetzgeber räumte im Bilanzrechtsreformgesetz (BilReG vom 29. 10. 2004) allen nicht kapitalmarktorientierten Unternehmen ein Wahlrecht zur Anwendung der IFRS ein. Auch die vom IASB erlassenen Rechnungslegungsstandards für kleinere und mittlere Unternehmen (KMU) vom 09. 07. 2009 können auf freiwilliger Basis zusätzlich zum handelsrechtlichen Abschluss angewendet werden. Die Entwicklung der Standards erfolgt durch privatrechtliche Organisationen. International ist für die Herausgabe der

Standards das International Accounting Standards Board (IASB) verantwortlich. National ist dies das 1998 auf der Grundlage des § 342 HGB gegründete Deutsche Rechnungslegungs Standards Committee (DRSC). Dessen Standards erlangen nach der Bekanntmachung durch das Bundesjustizministerium den Rang von Grundsätzen ordnungsmäßiger Buchführung für die Konzernrechnungslegung (vgl. Überblick bei Preißer/Pung, Besteuerung der Personen- und Kapitalgesellschaften, 2. Aufl., Stuttgart 2012, Teil A I. 3; Driesch, IFRS-Handbuch, 5. Aufl., München 2016).

2.1.3 Steuerbilanz

Der Zweck der steuerlichen Gewinnermittlung und der Steuerbilanz besteht in der periodengerechten Ermittlung des »vollen« steuerlichen Gewinns (BFH GrS vom 03.02.1969 BStBl II 1969, 291). Die Kernbereiche des Bilanzsteuerrechts umfassen aufgrund des Maßgeblichkeitsgrundsatzes der Handelsbilanz für die Steuerbilanz (§ 5 Abs. 1 Satz 1 EStG) die handelsrechtlichen Grundsätze ordnungsmäßiger Buchführung, soweit nicht steuerliche Spezialvorschriften anwendbar sind (§ 5 Abs. 6 EStG). Zwingendes Steuerrecht ist vorrangig. Handelsbilanzielle Wahlrechte werden im Interesse der Gleichmäßigkeit der Besteuerung eingeschränkt. Handelsrechtliche Aktivierungswahlrechte führen zu steuerlichen Aktivierungsgeboten, handelsrechtliche Passivierungswahlrechte zu steuerlichen Passivierungsverboten.

Die Steuerbilanz ist bei Gewerbetreibenden grundsätzlich die steuerrechtlich korrigierte Handelsbilanz. Abweichungen ergeben sich aus steuerlichen Bilanzierungs- und Bewertungsvorbehalten, z. B. in § 5 Abs. 3, Abs. 4b EStG. Insbesondere sind die §§ 4–7k EStG zu beachten, die auch im Bereich der Körperschaftsteuer und der Gewerbesteuer anwendbar sind (§ 8 Abs. 1 KStG, § 7 Abs. 1 GewStG). Das Bilanzsteuerrecht ist nach den Grundsätzen der Gesetzmäßigkeit und Tatbestandsmäßigkeit sowie der Systemgerechtigkeit der Besteuerung auszulegen. Das Steuerrecht geht bei der Gewinnermittlung gem. § 4 Abs. 1, § 5 EStG vom Betriebsvermögensvergleich (Bestandsvergleich) aus. Gewinn ist die Differenz zwischen dem Betriebsvermögen am Schluss des Wirtschaftsjahres und dem Betriebsvermögen am Schluss des vorangegangenen Wirtschaftsjahres, vermehrt um den Wert der Entnahmen und vermindert um den Wert der Einlagen.

Eine gesetzliche Verpflichtung zur Erstellung einer Steuerbilanz besteht nicht. Der Steuererklärung ist eine Abschrift der Bilanz, die auf dem Zahlenwerk der Buchführung beruht, und der GuV beizufügen (§ 60 Abs. 1 EStDV, zur elektronischen Übermittlung s. unten 2.4). Die Bilanz ist nach handelsrechtlichen Vorschriften aufzustellen. Wenn sie Ansätze oder Beträge enthält, die den steuerlichen Vorschriften nicht entsprechen, sind diese Ansätze oder Beträge den steuerlichen Vorschriften anzupassen (§ 60 Abs. 2 Satz 1 EStDV). Der Steuerpflichtige kann auch eine den steuerlichen Vorschriften entsprechende Steuerbilanz beifügen (§ 60 Abs. 2 Satz 2 EStDV). In der Praxis leiten die meisten Unternehmen bisher die Steuerbilanz aus der Handelsbilanz in Form einer Überleitungsrechnung ab. Sie enthält eine Gegenüberstellung der Handels- und Steuerbilanzwerte mit den Vermögensunterschieden und den Ergebnisunterschieden der einzelnen Bilanzposten. Der Gewinnunterschied wird in der Steuererklärung als Überleitungsbetrag vom Handelsbilanz- zum Steuerbilanzergebnis erfasst.

Dies war bisher praktikabel, da die handelsbilanziellen Ansätze in der Regel für steuerliche Zwecke maßgeblich waren. Aufgrund des BilMoG wurde jedoch die formelle Maßgeblichkeit weitgehend durch einen eigenständigen steuerlichen Wahlrechtsvorbehalt außer Kraft gesetzt. Handelsrechtliche Wertansätze sind für Zwecke der Besteuerung nur maßgeblich, wenn kein anders lautendes steuerliches Wahlrecht existiert und angewendet wird (§ 5 Abs. 1 Satz 1 letzter

HS EStG). Voraussetzung für die Ausübung steuerlicher Wahlrechte ist, dass die Wirtschaftsgüter, die nicht mit dem handelsrechtlich maßgeblichen Wert in der steuerlichen Gewinnermittlung ausgewiesen werden, in besondere, laufend zu führende Verzeichnisse aufgenommen werden. In den Verzeichnissen sind der Tag der Anschaffung oder Herstellung, die Anschaffungs- oder Herstellungskosten, die Vorschrift des ausgeübten steuerlichen Wahlrechts und die vorgenommenen Abschreibungen nachzuweisen (§ 5 Abs. 1 Satz 2, 3 EStG). Dadurch weichen die Ansätze in Handels- und Steuerbilanz häufiger voneinander ab als bisher. Der Vorteil der neuen Regelungen liegt darin, dass Unternehmen im Rahmen ihrer Steuerstrategie eine eigenständige Steuerbilanzpolitik verfolgen können, die sich nicht unmittelbar auf das ausschüttbare Ergebnis auswirkt. Beispielsweise können durch steuerlich höhere Abschreibungen Steuerzahlungen in die Zukunft verschoben und dadurch dem Unternehmen zeitweise höhere liquide Mittel verschafft werden. Dies kann zu einer teilweisen Entkoppelung der Steuerbilanz von der handelsrechtlichen Darstellung des Eigenkapitals und des Ergebnisses führen. Unternehmen stellen inzwischen vermehrt bereits zum Zeitpunkt der Erstellung des Jahresabschlusses und auch unterjährig eine Steuerbilanz auf, um den zutreffenden Aufwand und die Steuerrückstellungen zu ermitteln.

2.2 Buchführungspflicht nach Handelsrecht

Nach den handelsrechtlichen Vorschriften sind Einzelunternehmen, Personengesellschaften und Kapitalgesellschaften verpflichtet, Bücher zu führen und regelmäßig Abschlüsse zu erstellen (§§ 238–263 HGB). Weitere Sondervorschriften gelten für:
- Kapitalgesellschaften (AG, KGaA, SE, GmbH, §§ 264–335 HGB),
- bestimmte Personenhandelsgesellschaften (GmbH & Co. KG, §§ 264–264c HGB),
- Aktiengesellschaften (§ 91 AktG),
- GmbH (§ 41 GmbHG),
- eingetragene Genossenschaften (§§ 336–339 HGB, § 33 GenG),
- Unternehmen bestimmter Rechtszweige (§§ 340–341o HGB).

Personenhandelsgesellschaften (OHG, KG, GmbH & Co. KG) sind als Kaufleute buchführungspflichtig, wenn die zusammengeschlossenen Personen gemeinschaftlich ein Handelsgewerbe betreiben (§§ 1, 105, 161 HGB). Lediglich wenn das Handelsgewerbe keinen nach Art und Umfang in kaufmännischer Weise eingerichteten Geschäftsbetrieb erfordert, ist die Personengesellschaft nur dann Kaufmann, wenn ihre Firma im Handelsregister eingetragen ist (§§ 2, 105 Abs. 2, 161 Abs. 2 HGB).

Kapitalhandelsgesellschaften (GmbH, AG, KGaA) sind kraft Rechtsform Kaufleute (Formkaufleute, § 6 HGB, §§ 1, 13 Abs. 3 GmbHG, § 3 AktG). Unter die Formkaufleute fallen auch die eingetragenen Genossenschaften (§ 17 Abs. 2 GenG).

Zur Buchführung verpflichtete Personen	
Einzelfirma	Kaufmann/Inhaber des Handelsgewerbes
Personenhandelsgesellschaft	Gesetzlich vertretungsberechtigten Organe (§§ 114, 164 HGB)
GmbH	Geschäftsführer (§ 41 GmbHG)
AG	Vorstand (§ 91 AktG)
Genossenschaft	Vorstand (§ 33 GenG)

Die Befreiung von der Pflicht zur Buchführung und Erstellung eines Inventars gem. § 241a HGB i. d. F. des BilMoG vom 25. 05. 2009 (BStBl II 2009, 650) bei Erlösen von nicht mehr als 500 000 € und einen Jahresüberschuss von nicht mehr als 50 000 € gilt nicht für Personen- und Kapitalgesellschaften, sondern nur für Einzelkaufleute.

2.3 Buchführungspflicht nach Steuerrecht

Nach der Abgabenordnung sind steuerlich die originäre und die abgeleitete (derivative) Buchführungspflicht zu unterscheiden.

2.3.1 Abgeleitete (derivative) Buchführungspflicht

Die nach anderen gesetzlichen Vorschriften bestehende Verpflichtung zur Führung von Büchern ist auch steuerlich zu beachten. Wer nach anderen Gesetzen als den Steuergesetzen Bücher und Aufzeichnungen zu führen hat, die für die Besteuerung von Bedeutung sind, hat diese Verpflichtungen auch für die Besteuerung zu erfüllen (§ 140 AO). Damit sind vor allem Gewerbetreibende erfasst, die als Kaufleute handelsrechtlich verpflichtet sind, Bücher zu führen und Abschlüsse zu erstellen.

2.3.2 Originär steuerliche Buchführungspflicht

Über das Handelsrecht und die aus § 140 AO folgende Buchführungspflicht hinaus knüpft § 141 AO an die Größe und Ertragskraft des Unternehmens an und legt für gewerbliche Unternehmer sowie Land- und Forstwirte eine erweiterte steuerliche Buchführungspflicht fest. Diese originär steuerliche Buchführungspflicht entsteht, wenn in dem einzelnen Betrieb mindestens eine der folgenden Grenzen überschritten ist:

- Umsätze einschließlich der nicht steuerbaren Auslandsumsätze und der steuerfreien Umsätze, ausgenommen die Umsätze nach § 4 Nr. 8 bis 10 UStG, von mehr als 500 000 € im Kalenderjahr oder
- selbst bewirtschaftete Land- und forstwirtschaftliche Flächen mit einem Wirtschaftswert (§ 46 BewG) von mehr als 25 000 € oder
- ein Gewinn aus Gewerbebetrieb von mehr als 50 000 € im Wirtschaftsjahr oder
- ein Gewinn aus Land- und Forstwirtschaft von mehr als 50 000 € im Kalenderjahr.

2.4 E-Bilanz (§ 5b EStG)

Im Rahmen des Steuerbürokratieabbaugesetzes 2008 wurde in § 5b EStG die elektronische Übermittlung des Inhalts der Bilanz, der Gewinn- und Verlustrechnung sowie einer Überleitungsrechnung bestimmt. Auf dieser gesetzlichen Grundlage werden Steuererklärungen und weitere steuererhebliche Unterlagen von den Unternehmen papierlos elektronisch und kostensparend an die Finanzverwaltung übermittelt. Schon bisher mussten Unternehmen Lohn- und Umsatzsteuervoranmeldungen elektronisch übermitteln. Dies gilt nunmehr auch für die Gewinnfeststellung von Personengesellschaften, die Körperschaftsteuer und die Gewerbesteuer. Nach § 5b Abs. 1 EStG besteht für Unternehmen die Verpflichtung, den Inhalt der Bilanz und weiterer Daten nach amtlich vorgeschriebenem Datensatz durch Datenfernübertragung zu übermitteln:
- E-Bilanz;
- Gewinn- und Verlustrechnung;

- Ergebnisverwendung;
- Kapitalkontenentwicklung (bei Personenhandelsgesellschaften und anderen Mitunternehmerschaften);
- steuerliche Gewinnermittlung (bei Einzelunternehmen und Personengesellschaften);
- steuerliche Modifikationen (insbesondere Umgliederung, Überleitungsrechnung).

Die E-Bilanz ist Pflicht für alle bilanzierenden Unternehmen, die ihren Gewinn nach §§ 4 Abs. 1, 5 Abs. 1, 5a EStG ermitteln. Der Inhalt der E-Bilanz wird über sog. Taxonomien definiert, die sich zwar an der Gliederung der §§ 266, 275 HGB orientieren, jedoch umfangreiche Ergänzungen zur Anpassung an steuerliche Vorschriften vorsehen. Die jeweils jährlich aktualisierten Taxonomien stehen unter www.esteuer.de zum Abruf bereit. Der Begriff Taxonomie umreißt einen erweiterten Kontenrahmen, den die Finanzverwaltung als Mindeststandard definiert. Die E-Bilanz erfordert damit deutlich detailliertere Informationen als die bisherige Steuererklärung. Die hohe Gliederungstiefe der E-Bilanz wird in der Literatur kritisiert (Herzig, DB 2011, 1; Schiffers, Stbg 2011, 7; Weber-Grellet, BB 2011, 43). Größenabhängige Erleichterungen sind nicht vorgesehen. Die steuerliche Berichterstattung beeinflusst dadurch die Ausgestaltung des Rechnungswesens weit mehr als bisher. Es kommt auch zu einer erheblichen Ausweitung der steuerlichen Berichtspflichten. Das neue Verfahren bringt aber wesentliche Vorteile für Steuerpflichtige und Finanzverwaltung. Die Daten aus dem Rechnungswesen gelten für die Steuerberechnung im Jahresabschluss und in den Steuererklärungen. Doppelarbeiten durch manuelle Eingaben entfallen. Auch Aktualisierungen im Rechnungswesen fließen automatisch in die Steuerberechnung ein. Weil die Bilanz in verschiedene Kennziffern unterteilt elektronisch an das Finanzamt übermittelt wird, kann die Betriebsprüfung nach Prüffeldern kennzahlengestützt geplant und durchgeführt werden.

Die Einführung der E-Bilanz erfolgt im Rahmen des bund-/länderübergreifenden Verwaltungsabkommens KONSENS (»Koordinierte Neue Softwareentwicklung der Steuerverwaltung«). Die wesentlichen Grundlagen wurden erstmals im Schreiben des BMF vom 19.01.2010 (BStBl I 2010, 47) beschrieben. Um den Unternehmen ausreichend Gelegenheit zu geben, die technischen und organisatorischen Voraussetzungen zu schaffen, wurde der erstmalige Anwendungszeitpunkt um ein Jahr verschoben. Mit der Anwendungszeitpunktverschiebungsverordnung vom 20.12.2010 (AnwZpvV, BGBl I 2010, 2135) wurde deshalb aufgrund von § 51 Abs. 4 Nr. 1c EStG abweichend von § 52 Abs. 15a EStG der erstmalige Anwendungszeitpunkt der E-Bilanz auf Wirtschaftsjahre festgelegt, die nach dem 31.12.2011 beginnen. Dies bedeutete, dass die erste elektronische Steuerbilanz für 2012 im Jahr 2013 an die Finanzämter zu schicken war. Wenn Unternehmen sich nicht an die Verordnung halten, droht ihnen die Festsetzung von Zwangsgeldern (§ 328 AO). Zur Vermeidung unbilliger Härten kann die Finanzverwaltung unter bestimmten Umständen bei kleineren Unternehmen auf die elektronische Datenübermittlung verzichten (§ 5b Abs. 2 Satz 2 EStG i. V. m. § 150 Abs. 8 AO). Zur weiteren Entwicklung vgl. BMF vom 19.12.2013 DStR 2014, 100; BMF vom 23.05.2016 DStR 2016, 1214; Ellrott/Krämer, in: Beck'scher Bilanzkommentar § 266 HGB Rz. 300 ff. m.w.N.; Zwirner BB 2014, 242; Winnefeld, Bilanzhandbuch, Rn. 1141 ff.). Das Datenschema der Taxonomien als amtlich vorgeschriebener Datensatz nach § 5b EStG wurde veröffentlicht (BMF vom 13.06.2014 BStBl I 2014, 844) und steht unter www.esteuer.de zum Herunterladen bereit.

3 Buchmäßige Besonderheiten in der Bilanz der Personengesellschaft

3.1 Bilanzierung

Für alle Kaufleute gilt, dass die Bilanz übersichtlich, vollständig und einheitlich gegliedert aufzustellen ist. Nach § 247 Abs. 1 HGB sind in der Bilanz das Anlage- und das Umlaufvermögen, das Eigenkapital, die Schulden sowie die Rechnungsabgrenzungsposten gesondert auszuweisen und hinreichend aufzugliedern. Das HGB enthält kein für alle Kaufleute verbindliches Gliederungsschema. Die Steuerberaterkammern empfehlen, die Bilanz auch bei Einzelkaufleuten und Personengesellschaften nach der Gliederungsvorschrift des § 266 HGB für große Kapitalgesellschaften vorzunehmen. Aus Gründen der Bilanzklarheit sollte die Bilanzgliederung von Personengesellschaften zumindest die folgenden Bilanzpositionen ausweisen.

Schema einer verkürzten Bilanz für Personengesellschaften

Aktiva		Passiva
A.	Anlagevermögen	A. Eigenkapital
I.	Immaterielle Vermögensgegenstände	Kapital Gesellschafter X
II.	Sachanlagen	Kapital Gesellschafter Y
III.	Finanzanlagen	B. Rückstellungen
B.	Umlaufvermögen	C. Verbindlichkeiten
I.	Vorräte	D. Rechnungsabgrenzungsposten
II.	Forderungen und sonstige Vermögens-gegenstände	
III.	Wertpapiere	
IV.	Kassenbestand, Guthaben bei Kredit-instituten, Schecks	
C.	Rechnungsabgrenzungsposten	

Besonderheiten gelten für GmbH & Co. KG (§§ 264a–c HGB). Aufgrund des Generalverweises in § 264a Abs. 1 HGB sind grundsätzlich die für Kapitalgesellschaften gültigen Rechnungslegungsvorschriften der §§ 264 bis 330 HGB anwendbar. Gewisse Befreiungsmöglichkeiten bestehen, wenn der Jahresabschluss in einen Konzernabschluss einbezogen wird (§ 264b HGB).

Weitere Besonderheiten gelten darüber hinaus für Personengesellschaften, die unter das Publizitätsgesetz fallen. Dies ist der Fall, wenn die Personengesellschaft gem. § 1 Abs. 1 PublG an drei aufeinander folgenden Abschlussstichtagen mindestens zwei der einschlägigen Merkmale überschreitet (65 Mio. € Bilanzsumme, 130 Mio. € Umsatz, 5 000 Arbeitnehmer).

3.2 Kapitalkonten

Für jeden Personengesellschafter wird handelsrechtlich mindestens ein Kapitalkonto geführt. Im Regelfall gibt es für jeden Personengesellschafter jedoch zwei oder mehrere Kapitalkonten. Wenn für den Gesellschafter zwei Kapitalkonten geführt werden, werden diese wie folgt gegliedert:

- Festkapital (Kapitalkonto I), welches das im Gesellschaftsvertrag festgelegte Beteiligungskapital ausweist,

- variables Kapitalkonto (Kapitalkonto II, auch als Darlehenskonto, Verrechnungskonto o. Ä. bezeichnet), auf dem die Privatkonten verrechnet und die Gewinnanteile gutgeschrieben werden.

Gemäß § 246 Abs. 1 HGB ergibt sich das handelsbilanzielle Eigenkapital aus dem Saldo der Vermögensgegenstände, Schulden und Rechnungsabgrenzungsposten. Die Höhe des als bilanzielles Eigenkapital auszuweisenden Saldos zwischen Aktiva und Schulden hängt bei Personengesellschaften von der Abgrenzung zwischen Gesellschafterkapital und schuldrechtlichen Gesellschafteransprüchen ab. Der für alle Kaufleute geltende § 247 Abs. 1 HGB regelt, dass das Eigenkapital in der Bilanz »gesondert auszuweisen und hinreichend aufzugliedern« ist. Weder im HGB noch im EStG sind Regelungen zu der Abgrenzung enthalten, ob eine Kapitalüberlassung eines Mitgesellschafters einer Personengesellschaft eine Eigen- oder eine Fremdkapitalgewährung ist. Die Kapitalaufbringung ist für die GbR in §§ 705, 706 BGB geregelt, für die OHG i. V. m. § 105 Abs. 3 HGB und für die KG i. V. m. § 161 Abs. 2 HGB, jedoch jeweils abstrakt, ohne Abgrenzung zwischen Eigen- und Fremdkapital. Nach der Rechtsprechung liegt Gesellschaftereigenkapital vor, wenn gegen das Konto laufende Verluste gebucht werden (BFH vom 15. 05. 2008, IV R 46/05, DStR 2008, 1577; BFH vom 16. 10. 2008, IV R 98/06, BStBl II 2009, 272; Eggert, BBK 2016, 830). Ausreichend ist auch eine Verlustverrechnung im Ausscheidens- oder Liquidationsfall. Eine solche Verrechnung liegt vor, wenn das Gesellschafterkonto in die Ermittlung des Abfindungsguthabens einbezogen wird (Ley, DStR 2003, 957).

Bei der KG gelten Besonderheiten. Die Haftung des Kommanditisten ist auf die von ihm geleistete Einlage beschränkt (§ 172 HGB). An dem Verlust nimmt der Kommanditist nur bis zum Betrag seines Kapitalanteils und seiner noch rückständigen Einlage teil (§ 167 Abs. 3 HGB). Wegen dieser besonderen Rechtsstellung wird das Kapitalkonto des Kommanditisten regelmäßig aufgeteilt. Der auf ihn entfallende Gewinn wird so lange seinem Kapitalanteil auf dem Konto Kommanditeinlage zugeschrieben, als dieser den Betrag der bedungenen Einlage nicht erreicht (§ 167 Abs. 2 HGB). Ist die Einlage vollständig erbracht, werden die Gewinnanteile einem besonderen Verrechnungskonto (Kapitalkonto II, Darlehenskonto, Verrechnungskonto o. Ä.) gutgeschrieben. Auf diesem Konto werden auch die Entnahmen des Kommanditisten erfasst. Dieses Konto gehört handelsrechtlich nicht zum Eigenkapital der Personengesellschaft, stellt aber steuerlich Betriebsvermögen der Mitunternehmerschaft dar.

Die Abgrenzung von Gesellschafterkonten ist sowohl im Zivilrecht als auch im Steuerrecht sehr bedeutsam. Die Kapitalkonten der Gesellschafter sind für die Stimmrechte, die Haftung und die Gewinnverteilung wichtig. Die Gesellschafterdarlehenskonten beinhalten einen schuldrechtlichen Anspruch des Gesellschafters gegenüber der Gesellschaft (Ley, DStR 2009, 613; Kahle, DStZ 2010, 720). Gesellschaftsvertraglich werden statt eines Kapitalanteils mehrere Gesellschafterkonten für die Gesellschafter unterhalten. In der gesellschaftsvertraglichen Praxis sind unterschiedliche Fallgestaltungen anzutreffen, die u. a. auch wegen der Anforderungen des § 15a EStG entstanden sind (Zwei-, Drei-, Vierkontenmodelle, vgl. Ley, DStR 2013, 271 und unten II B 12.5.1).

Die Kontenmodelle sehen die folgenden Konten vor:

Zweikontenmodell	Dreikontenmodell	Vierkontenmodell
Kapitalkonto I	Kapitalkonto I	Kapitalkonto I
Kapitalkonto II	Kapitalkonto II oder Rücklage	Kapitalkonto II oder Rücklage
		Verlustvortragskonto
		Gesellschafterdarlehenskonto

3.3 Privatkonten

Für jeden Personengesellschafter wird handelsrechtlich auch mindestens ein Privatkonto geführt. Dieses Konto kann wie bei Einzelunternehmen auch in weitere Unterkonten aufgeteilt werden (z. B. Sachentnahmen, Personensteuern usw.). Solche Unterkonten des Privatkontos werden im Rahmen der Bilanzerstellung auf dem einheitlichen Kapitalkonto des Gesellschafters oder ggf. auf seinem Kapitalkonto II abgeschlossen.

3.4 Entnahmen und Einlagen

Die Vorschriften über Entnahmen und Einlagen (§ 4 Abs. 1 Satz 2, 7 EStG) gelten auch für Personengesellschaften. Als Entnahmen werden die nicht betrieblich veranlassten Wertabgaben der Gesellschaft an ihren Gesellschafter erfasst. Die betriebliche Veranlassung fehlt, wenn Zuwendungen ihre Ursache im Gesellschaftsverhältnis haben.

BEISPIEL

Hat eine Personengesellschaft eine Pensionszusage an einen Gesellschafter und dessen Hinterbliebene durch den Abschluss eines Versicherungsvertrages rückgedeckt, gehört der der Versicherungsgesellschaft zustehende Versicherungsanspruch (Rückdeckungsanspruch) nicht zum Betriebsvermögen der Gesellschaft. Die Prämien für die Versicherung sind keine Betriebsausgaben. Sie sind (verdeckte) Entnahmen, die allen Gesellschaftern nach Maßgabe ihrer Beteiligung zuzurechnen sind (BFH vom 28. 06. 2001 BStBl II 2002, 724; BMF vom 29. 01. 2008 BStBl I 2008, 317, Rz. 19; Wacker, FR 2008, 801).

Wenn dagegen der Wertabgang aus dem Gesellschaftsvermögen an den Gesellschafter betrieblich veranlasst ist und auf einem Rechtsgrund wie unter fremden Dritten, z. B. einen Kaufvertrag, beruht, scheidet eine Entnahme aus. Lediglich wenn die Personengesellschaft für die Übertragung eines Wirtschaftsgutes aus dem Gesamthandsvermögen in das Privatvermögen des Gesellschafters ohne betriebliche Veranlassung ein zu niedriges Entgelt erhält, ist von einer sog. verdeckten Entnahme auszugehen. In diesem Fall ist grundsätzlich allen Gesellschaftern bzw. bei entsprechender Vereinbarung dem erwerbenden Gesellschafter die Differenz zwischen dem vereinbarten Preis und dem Teilwert des Wirtschaftsguts als Entnahmegewinn zuzurechnen.

BEISPIEL

Die X-OHG veräußert an ihren Gesellschafter Y ein Grundstück ihres Gesamthandsvermögens (Buchwert 100 000 €, Teilwert 150 000 €) zu einem Kaufpreis von 120 000 €. Y übernimmt das Grundstück in sein Privatvermögen.

LÖSUNG Die Veräußerung stellt eine verdeckte Entnahme dar, da kein angemessenes Entgelt in Rechnung gestellt wurde und dafür keine betrieblichen Gründe ersichtlich sind. Der Mehrgewinn aus der Entnahme i. H. v. (150 000 € ./. 100 000 € =) 50 000 € erhöht ebenfalls den Gewinn der OHG und ist ohne besondere Vereinbarung grundsätzlich allen Gesellschaftern zuzurechnen, so dass sich alle Kapitalkonten anteilig erhöhen. Bei einer entsprechenden Vereinbarung ist aber auch denkbar, dass sich lediglich das Kapitalkonto des X um den Entnahmegewinn erhöht (BFH vom 28. 09. 1996 BStBl II 1996, 276).

Ebenso sind Einlagen von Wirtschaftsgütern der Gesellschafter in die Gesellschaft denkbar. Zu beachten ist, dass in den Fällen der vollständigen Gegenbuchung des Werts des auf die Gesellschaft übertragenen Wirtschaftsguts auf dem Kapitalkonto I und/oder auf dem Kapitalkonto II oder auch teilweise auf einem gesamthänderisch gebundenen Rücklagenkonto der Gesellschaft ein voll entgeltlicher Übertragungsvorgang vorliegt (BFH vom 24. 01. 2008 BStBl II 2011, 617; BFH vom 17. 07. 2008 BStBl II 2009, 464; BMF vom 11. 07. 2011 BStBl I 2011, 713; Grobshäuser, NWB 2011, 4168).

BEISPIEL

A und B sind Gesellschafter der AB-OHG. Ihre Gesellschaftsanteile (Kapitalkonto I) betragen jeweils 50 000 €. A bringt ein Grundstück in das Gesamthandsvermögen der OHG ein (gemeiner Wert 400 000 €, von A im Privatvermögen vor 10 Jahren für 40 000 € angeschafft). A erhält dafür weitere Gesellschaftsrechte i. H. v. 40 000 €. Nach der Einbringungsvereinbarung wird der Restbetrag von 360 000 € auf einem gesamthänderisch gebundenen Rücklagenkonto gutgeschrieben. Das Grundstück wird mit 400 000 € in der Gesamthandsbilanz aktiviert.

LÖSUNG Da die Buchung teilweise auf dem Kapitalkonto I und teilweise auf dem gesamthänderisch gebundenen Rücklagenkonto gebucht worden ist, liegt ein voll entgeltlicher Vorgang vor. Eine Aufteilung in einen entgeltlichen und einen unentgeltlichen Teil kommt nicht in Betracht.

Soweit dem Einbringenden überhaupt keine Gesellschaftsrechte und auch keine sonstigen Gegenleistungen gewährt werden, liegt mangels Gegenleistung eine verdeckte Einlage und damit ein unentgeltlicher Vorgang vor, dessen Bewertung nach § 4 Abs. 1 Satz 8 i. V. m. § 6 Abs. 1 Nr. 5 EStG erfolgt. Dies gilt dann, wenn die Einlage ausschließlich auf dem gesamthänderisch gebundenen Rücklagenkonto gutgeschrieben wird oder (handelsrechtlich zulässig) als Ertrag gebucht wird. Dadurch wird zwar das Eigenkapital der Gesellschaft erhöht, aber dem Einbringenden werden keine zusätzlichen Gesellschaftsrechte und keine individuelle Rechtsposition gewährt, die ausschließlich ihn bereichert. Vielmehr wird der Auseinandersetzungsanspruch aller Gesellschafter ihrer Beteiligung entsprechend erhöht (BMF vom 11. 07. 2011 BStBl I 2011, 713).

Bei Nutzungseinlagen gelten Besonderheiten. Wenn ein Gesellschafter seiner gewerblich tätigen Personengesellschaft Wirtschaftsgüter ohne Entgelt zur Nutzung überlässt, erhöht die Nutzungsüberlassung den Gewinn der Gesellschaft in Höhe des angemessenen Entgelts. Daran sind mangels besonderer Vereinbarung die Gesellschafter ihrem Gewinnanteil entsprechend beteiligt (BFH GrS vom 26. 10. 1987 BStBl II 1988, 354).

3.5 Sonderbilanzen und Ergänzungsbilanzen

Wirtschaftsgüter im Eigentum der Gesellschafter, welche diese der Gesellschaft zur Nutzung überlassen, gehören steuerlich zum Betriebsvermögen der Gesellschaft. Gewerbliche Vergütungen für die Hingabe von Darlehen oder für die Überlassung von Wirtschaftsgütern sind

im Wege des Betriebsvermögensvergleichs gem. § 4 Abs. 1, § 5 EStG zu ermitteln und in Sonderbilanzen und Sonder-GuV-Rechnungen der Gesellschafter zu erfassen (s. II B 2.3.2).

Soweit bei dem einzelnen Gesellschafter abweichende Anschaffungskosten entstehen, die
nur ihn betreffen, sind die Mehr- oder Minderbeträge in positiven oder negativen Ergänzungsbilanzen für den Gesellschafter zu bilanzieren (s. II B 2.3.4). Ergänzungsbilanzen korrigieren
die Wertansätze in der Steuerbilanz bei dem einzelnen Gesellschafter (BFH vom 30.03.2006
BFH/NV 2006, 1293, s. II B 2.3.4).

Die Gesamtheit aus der Handelsbilanz der Gesellschaft sowie den Sonder- und Ergänzungsbilanzen der Gesellschafter stellt die steuerliche Gesamtbilanz der Gesellschaft dar. Buchführungspflichtig ist die Personengesellschaft insgesamt, nicht der einzelne Gesellschafter (BFH
vom 23.10.1990 BStBl II 1991, 401). Die Gewinnermittlung für das Sonderbetriebsvermögen
hat nach dem gleichen Gewinnermittlungszeitraum und nach der gleichen Gewinnermittlungsart wie bei der Personengesellschaft zu erfolgen (BFH vom 11.03.1992 BStBl II
1992, 797).

3.6   Prüfungs- und Publizitätspflichten

Für Personengesellschaften gibt es im deutschen Recht keine Prüfungs- und Offenlegungspflicht für Jahresabschlüsse. Dies ist bei mittelständischen Unternehmen, welche ihre
Vermögens-, Ertrags- und Finanzlage nicht publizieren und die Kosten für den Wirtschaftsprüfer sparen wollen, ein gewichtiges Kriterium bei der Rechtsformwahl. Eine Abschlussprüfungs-
und Offenlegungspflicht besteht für solche Personengesellschaften, welche die Grenzen des
Publizitätsgesetzes erreichen (Bilanzsumme > 65 Mio. €, Umsatz > 130 Mio. €, Beschäftigtenzahl > 5 000, wobei an drei aufeinander folgenden Bilanzstichtagen zwei der drei Grenzen überschritten sein müssen, § 1 PublG, vgl. ADS Teilbd. 4).

4   Buchmäßige Besonderheiten in der Bilanz der Kapitalgesellschaft

4.1   Aufgaben des Jahresabschlusses

Kapitalgesellschaften haben wie jeder Kaufmann zu Beginn des Handelsgewerbes und für
den Schluss eines jeden Geschäftsjahres einen das Verhältnis des Vermögens und der Schulden
darstellenden Abschluss aufzustellen (§§ 238 ff., 242 HGB). Zusätzlich gelten für Kapitalgesellschaften die ergänzenden Vorschriften der §§ 264 ff. HGB. Der handelsrechtliche Jahresabschluss der Kapitalgesellschaft hat unter Beachtung der Grundsätze ordnungsmäßiger Buchführung ein den tatsächlichen Verhältnissen entsprechendes Bild der Vermögens-, Finanz- und
Ertragslage der Kapitalgesellschaft zu vermitteln (§ 264 Abs. 2 HGB), hat also eine wichtige
Informationsfunktion für Gesellschafter und Gläubiger. Der Zweck des Jahresabschlusses
besteht dabei in erster Linie im Gläubigerschutz.

Der Gesetzgeber schreibt zu diesem Zweck ein Mindesteigenkapital vor, das vor der Auflö-
sung der Gesellschaft nicht an die Gesellschafter zurückgezahlt werden darf.
- Das Stammkapital der GmbH beträgt mindestens 25 000 € (§ 5 Abs. 1 GmbHG).
- Bei einer haftungsbeschränkten Unternehmergesellschaft kann das Stammkapital weniger
  als 25 000 € betragen (§ 5a Abs. 1 GmbHG).
- Das Grundkapital einer AG beträgt mindestens 50 000 € (§ 7 AktG).

4.2 Bilanzgliederung und anwendbare Vorschriften

Für die Kapitalgesellschaften und für die GmbH & Co. KG gelten im Hinblick auf die Gliederung der Bilanz Besonderheiten, die von der jeweiligen Größe der Gesellschaft abhängig sind (s. unten 4.8). Aus § 266 HGB ergibt sich die Gliederung der Bilanz, die uneingeschränkt nur für große Kapitalgesellschaften gilt.

Gliederungsschema nach § 266 HGB

Aktiva	Passiva
A. Anlagevermögen	A. Eigenkapital
I. Immaterielle Vermögensgegenstände	I. Gezeichnetes Kapital
1. Konzessionen, gewerbliche Schutzrechte und ähnliche Rechte und Werte sowie Lizenzen an solchen Rechten und Werten	II. Kapitalrücklage
	III. Gewinnrücklagen
	1. gesetzliche Rücklage
2. Geschäfts- oder Firmenwert	2. Rücklage für eigene Anteile
3. geleistete Anzahlungen	3. satzungsmäßige Rücklagen
II. Sachanlagen	4. andere Gewinnrücklagen
1. Grundstücke, grundstücksgleiche Rechte und Bauten einschließlich der Bauten auf fremden Grundstücken	IV. Gewinnvortrag/Verlustvortrag
	V. Jahresüberschuss/Jahresfehlbetrag
	B. Rückstellungen
2. technische Anlagen und Maschinen	1. Rückstellungen für Pensionen und ähnliche Verpflichtungen
3. andere Anlagen, Betriebs- und Geschäftsausstattung	2. Steuerrückstellungen
4. geleistete Anzahlungen und Anlagen im Bau	3. sonstige Rückstellungen
III. Finanzanlagen	C. Verbindlichkeiten
1. Anteile an verbundenen Unternehmen	1. Anleihen, davon konvertibel
2. Ausleihungen an verbundene Unternehmen; Beteiligungen; Ausleihungen an Unternehmen, mit denen ein Beteiligungsverhältnis besteht	2. Verbindlichkeiten gegenüber Kreditinstituten
	3. erhaltene Anzahlungen auf Bestellungen
3. Beteiligungen	4. Verbindlichkeiten aus Lieferungen und Leistungen
4. Ausleihungen an Unternehmen, mit denen ein Beteiligungsverhältnis besteht	5. Verbindlichkeiten aus der Annahme gezogener Wechsel und der Ausstellung eigener Wechsel
5. Wertpapiere des Anlagevermögens	
6. sonstige Ausleihungen	6. Verbindlichkeiten gegenüber verbundenen Unternehmen
B. Umlaufvermögen	7. Verbindlichkeiten gegenüber Unternehmen, mit denen ein Beteiligungsverhältnis besteht
I. Vorräte	
1. Roh-, Hilfs- und Betriebsstoffe	
2. unfertige Erzeugnisse, unfertige –Leistungen	8. sonstige Verbindlichkeiten, davon aus Steuern, davon i. R. d. sozialen Sicherheit
3. fertige Erzeugnisse und Waren	D. Rechnungsabgrenzungsposten
4. geleistete Anzahlungen	
II. Wertpapiere	
1. Anteile an verbundenen Unternehmen	
2. eigene Anteile	
3. sonstige Wertpapiere	
III. Kassenbestand, Bundesbankguthaben, Guthaben bei Kreditinstituten und Schecks	
C. Rechnungsabgrenzungsposten	

Den §§ 265 bis 278 HGB sind die entsprechenden Definitionsnormen zu entnehmen. Anwendbar sind auch die Vorschriften über:

- den Anhang (§§ 284 bis 288 HGB),
- den Lagebericht (§ 289 HGB),
- die Konzernrechnungslegung (§§ 290 bis 315 HGB),
- die Prüfungsvorschriften (§§ 316 bis 324 HGB),
- die Vorschriften über die Offenlegung (§§ 325 bis 329 HGB).

4.3 Kapitalkonten

Für Kapitalgesellschaften ist ein einheitliches Kapitalkonto zu führen. Nach den Gliederungsvorschriften des § 266 Abs. 3 Buchst. A und § 272 HGB ist das Kapital in die folgenden Unterkonten aufzugliedern:

I. Gezeichnetes Kapital,
II. Kapitalrücklage,
III. Gewinnrücklagen,
    1. gesetzliche Rücklage,
    2. Rücklage für Anteile an einem herrschenden oder mehrheitlich beteiligten Unternehmen,
    3. satzungsmäßige Rücklagen,
    4. andere Gewinnrücklagen,
IV. Gewinnvortrag/Verlustvortrag,
V. Jahresüberschuss/Jahresfehlbetrag.

Anders als bei den Personengesellschaften werden für die einzelnen Gesellschafter von Kapitalgesellschaften keine besonderen Kapitalkonten geführt. In der Praxis werden Verrechnungskonten geführt, die jedoch nicht den Charakter von Entnahmekonten haben, sondern Forderungen der Gesellschaft oder Verbindlichkeiten gegenüber dem Gesellschafter darstellen. Die Gesellschafter haben kein Recht zur Entnahme, sondern grundsätzlich nur Anspruch auf Ausschüttung des anteilig auf sie entfallenden Handelsbilanzgewinns bzw. Jahresüberschusses, soweit dieser nicht anderweitig verwendet wird. Wenn der handelsrechtliche Jahresüberschuss festgestellt ist, beschließt das zuständige Organ der Kapitalgesellschaft (Gesellschafter- oder Hauptversammlung) über die Gewinnverwendung.

- Die Gewinnverwendung nach Feststellung des Jahresergebnisses ist ein Vorfall des nächsten Geschäftsjahres, die erst in diesem neuen Jahr gebucht wird. Aus der Schlussbilanz des vergangenen Geschäftsjahres bzw. aus der Eröffnungsbilanz des neuen Geschäftsjahres wird der Bilanzgewinn in die Buchführung auf ein besonderes Gewinnverwendungskonto übertragen.
- Nur wenn die Bilanz unter Berücksichtigung der teilweisen oder vollständigen Verwendung des Jahresergebnisses aufgestellt und der handelsrechtliche Bilanzgewinn ermittelt wird, handelt es sich bei der vollzogenen Gewinnverwendung um einen Geschäftsvorfall des abgelaufenen Geschäftsjahres, die noch in diesem Jahr zu buchen ist.

4.4 Gewinn- und Verlustrechnung (§§ 275–278 HGB)

Die Gewinn- und Verlustrechnung ist von den Kapitalgesellschaften und den in § 264c HGB genannten Personengesellschaften in Staffelform wahlweise nach den Gesamtkostenverfahren oder nach dem Umsatzkostenverfahren aufzustellen (§ 275 Abs. 1 HGB). Wenn sich die

Gesellschaft für das eine oder andere Verfahren entschieden hat, hat sie es grundsätzlich beizubehalten, soweit nicht in Ausnahmefällen wegen besonderer Umstände Abweichungen erforderlich sind (Gebot der Stetigkeit der Darstellung, § 265 Abs. 1 HGB). In der deutschen Buchführungspraxis ist das Gesamtkostenverfahren üblich. In der internationalen Rechnungslegung wird dagegen das Umsatzkostenverfahren, das eine detaillierte Betriebsabrechnung voraussetzt, wegen seines höheren Informationsgehalts bevorzugt.

Gesamtkostenverfahren		Umsatzkostenverfahren
1. Umsatzerlöse[1]		1. Umsatzerlöse[1]
2. Erhöhung oder Verminderung des Bestands an fertigen oder unfertigen Erzeugnissen[1]		2. Herstellungskosten der zur Erzielung der Umsatzerlöse erbrachten Leistungen[1]
3. andere aktivierte Eigenleistungen[1]		3. Bruttoergebnis vom Umsatz[1]
4. sonstige betriebliche Erträge[1]		4. Vertriebskosten
5. Materialaufwand:[1]	a) Aufwendungen für Roh-, Hilfs- und Betriebsstoffe und für bezogene Waren b) Aufwendungen für bezogene Leistungen	5. allgemeine Verwaltungskosten
6. Personalaufwand:	a) Löhne und Gehälter b) soziale Abgaben und Aufwendungen für Altersversorgung und für Unterstützung, davon für Altersversorgung	6. sonstige betriebliche Erträge[1]
7. Abschreibungen:	a) auf immaterielle Vermögensgegenstände des Anlagevermögens und Sachanlagen sowie auf aktivierte Aufwendungen für die Ingangsetzung und Erweiterung des Geschäftsbetriebs b) auf Vermögensgegenstände des Umlaufvermögens, soweit diese die in der Kapitalgesellschaft üblichen Abschreibungen überschreiten	7. sonstige betriebliche Aufwendungen
8. sonstige betriebliche Aufwendungen		8. Erträge aus Beteiligungen, davon aus verbundenen Unternehmen
9. Erträge aus Beteiligungen, davon aus verbundenen Unternehmen		9. Erträge aus anderen Wertpapieren und Ausleihungen des Finanzanlagevermögens, davon aus verbundenen Unternehmen
10. Erträge aus anderen Wertpapieren und Ausleihungen des Finanzanlagevermögens, davon aus verbundenen Unternehmen		10. sonstige Zinsen und ähnliche Erträge, davon aus verbundenen Unternehmen
11. sonstige Zinsen und ähnliche Erträge, davon aus verbundenen Unternehmen		11. Abschreibungen auf Finanzanlagen und auf Wertpapiere des Umlaufvermögens

[1] Kleine und mittelgroße Kapitalgesellschaften dürfen diese Posten zu einem Posten unter der Bezeichnung »Rohergebnis« zusammenfassen.

Gesamtkostenverfahren	Umsatzkostenverfahren
12. Abschreibungen auf Finanzanlagen und auf Wertpapiere des Umlaufvermögens	12. Zinsen und ähnliche Aufwendungen, davon an verbundene Unternehmen
13. Zinsen und ähnliche Aufwendungen, davon an verbundene Unternehmen	13. Ergebnis der gewöhnlichen Geschäftstätigkeit
14. Ergebnis der gewöhnlichen Geschäftstätigkeit	14. außerordentliche Erträge
15. außerordentliche Erträge	15. außerordentliche Aufwendungen
16. außerordentliche Aufwendungen	16. außerordentliches Ergebnis
17. außerordentliches Ergebnis	17. Steuern vom Einkommen und Ertrag
18. Steuern vom Einkommen und Ertrag	18. sonstige Steuern
19. sonstige Steuern	19. **Jahresüberschuss/Jahresfehlbetrag**
20. **Jahresüberschuss/Jahresfehlbetrag**	
Wird die Bilanz unter Berücksichtigung der Verwendung des Jahresergebnisses aufgestellt (§ 268 Abs. 1 HGB), so ist die GuV wie folgt zu erweitern:	
21. Gewinnvortrag/Verlustvortrag aus dem Vorjahr	
22. Entnahmen aus der Kapitalrücklage	
23. Entnahmen aus Gewinnrücklagen	
24. Einstellungen in Gewinnrücklagen	
Bilanzgewinn/Bilanzverlust	

4.5 Anhang (§§ 284–288 HGB)

Alle Kapitalgesellschaften ohne Rücksicht auf ihre Größe haben den Jahresabschluss um einen Anhang zu erweitern, der mit der Bilanz und der Gewinn- und Verlustrechnung eine Einheit bildet (§ 264 Abs. 1 HGB). In §§ 284–288 HGB sind die Pflichtangaben, Wahlpflichtangaben und freiwilligen Angaben sowie die Ausnahmen für die verschiedenen Anhangangaben geregelt. Erleichterungen gelten für kleine und für mittelgroße Kapitalgesellschaften (§ 288 HGB).

4.6 Lagebericht (§ 289 HGB)

Im Lagebericht sind der Geschäftsverlauf einschließlich des Geschäftsergebnisses und die Lage der Kapitalgesellschaft so darzustellen, dass ein den tatsächlichen Verhältnissen entsprechendes Bild vermittelt wird. Der Lagebericht hat eine ausgewogene und umfassende, dem Umfang und der Komplexität der Geschäftstätigkeit entsprechende Analyse des Geschäftsverlaufs und der Lage der Gesellschaft zu enthalten. Der Lagebericht, der in der Regel von der Geschäftsführung aufgestellt wird, soll vor allem auch die zeitliche Informationslücke zwischen Bilanzstichtag und Aufstellungsstichtag schließen.

4.7 Erleichterungen für mittelgroße und kleine Kapitalgesellschaften

Der handelsrechtliche Pflichtenumfang ist verschieden, je nachdem, ob es sich um eine große, mittelgroße oder kleine Gesellschaft handelt (§ 267 HGB, BGBl I 2015, 1245). Die größenabhängigen Erleichterungen betreffen insbesondere die Bilanz (§ 266 Abs. 1 Satz 3 HGB), die Gewinn- und Verlustrechnung (§ 276 HGB), den Anhang (§ 288 HGB), die Abschlussprüfung (§ 316 Abs. 1 HGB) und die Offenlegung des Jahresabschlusses (§§ 325 ff. HGB).

	Große Gesellschaft (§ 267 Abs. 3 HGB)	Mittelgroße Gesellschaft (§ 267 Abs. 2 HGB)	Kleine Gesellschaft (§ 267 Abs. 1 HGB)
Bilanzsumme Umsatzerlöse Arbeitnehmer	< 20 000 000 € < 40 000 000 € < 250	< 20 000 000 € < 40 000 000 € < 250	< 6 000 000 € < 12 000 000 € < 50
Prüfungspflicht	ja	ja	nein
Offenlegungspflicht	keine Erleichterungen	Bilanz, Anhang, Lagebericht mit Angaben gem. § 327 HGB	Bilanz, Anhang ohne GuV-Angaben (§ 326 HGB)

Kleine Kapitalgesellschaften sind solche, die mindestens zwei der in § 267 Abs. 1 HGB genannten Merkmale nicht überschreiten. Mittelgroße Kapitalgesellschaften sind solche, die mindestens zwei der drei für kleine Kapitalgesellschaften bezeichneten Merkmale überschreiten und jeweils mindestens zwei der drei der in § 267 Abs. 2 HGB genannten Merkmale nicht überschreiten. Große Kapitalgesellschaften sind solche, die mindestens zwei der drei in § 267 Abs. 2 HGB genannten Merkmale überschreiten. Die Einteilung in eine kleine, mittelgroße oder große Kapitalgesellschaft setzt zeitlich voraus, dass die Merkmale an den Abschlussstichtagen von zwei aufeinanderfolgenden Geschäftsjahren über- oder unterschritten werden (§ 267 Abs. 4 HGB).

Unabhängig von der Größe gelten »kapitalmarktorientierte Kapitalgesellschaften« als große Kapitalgesellschaften. Solche Gesellschaften nehmen einen organisierten Markt im Sinne des Wertpapierhandelsgesetzes durch von ihr ausgegebene Wertpapiere in Anspruch, die zur Börse zugelassen sind oder im geregelten Freiverkehr gehandelt werden (§ 264d HGB).

Kleinen Kapitalgesellschaften werden bei der Aufstellung der Bilanz u. a. die folgenden Erleichterungen gewährt:

- Sie brauchen keinen Lagebericht aufzustellen (§ 264 Abs. 1 Satz 4 HGB).
- Sie dürfen den Jahresabschluss auch später aufstellen – wenn dies einem ordnungsgemäßen Geschäftsgang entspricht – jedoch innerhalb der ersten sechs Monate des Geschäftsjahres (§ 264 Abs. 1 Satz 4 HGB).
- Sie brauchen kein Anlagegitter zu erstellen (§ 274a Nr. 1 HGB).
- Sie müssen ein Disagio nicht gesondert ausweisen (§ 274a Nr. 4 HGB).
- Sie müssen nur eine verkürzte Bilanz aufstellen (§ 266 Abs. 1 Satz 3 HGB).

Schema einer verkürzten Bilanz für kleine Kapitalgesellschaften

Aktiva	Passiva
A. Anlagevermögen	A. Eigenkapital
I. Immaterielle Vermögensgegenstände	I. Gezeichnetes Kapital
II. Sachanlagen	II. Kapitalrücklage
III. Finanzanlagen	III. Gewinnrücklagen
B. Umlaufvermögen	1. gesetzliche Rücklage
I. Vorräte	2. Rücklage für Anteile an einem herrschenden
II. Forderungen und sonstige	oder mehrheitlich beteiligten Unternehmen
Vermögensgegenstände	3. satzungsmäßige Rücklagen
– davon Restlaufzeit mehr als ein Jahr	4. andere Gewinnrücklagen
III. Wertpapiere	IV. Gewinnvortrag/Verlustvortrag
IV. Kassenbestand, Bundesbankguthaben, Guthaben bei Kreditinstituten, Schecks	V. Jahresüberschuss/Jahresfehlbetrag
C. Rechnungsabgrenzungsposten	B. Rückstellungen
D. Aktive latente Steuern	C. Verbindlichkeiten
E. Aktiver Unterschiedsbetrag aus der Vermögensverrechnung	– davon Restlaufzeit bis zu einem Jahr
	D. Rechnungsabgrenzungsposten
	E. Passive latente Steuern

Bei der Aufstellung der Gewinn- und Verlustrechnung dürfen kleine und mittelgroße Kapitalgesellschaften die Posten Nr. 1 bis 5 beim Gesamtkostenverfahren bzw. die Posten Nr. 1 bis 3 und 6 beim Umsatzkostenverfahren (vgl. oben 4.5) zu einem Posten unter der Bezeichnung Rohergebnis zusammenfassen (§ 276 HGB).

4.8 Kleinstkapitalgesellschaften

§ 267a HGB i. d. F. des MicroBilG vom 20. 12. 2012 (BGBl I 2012, 2751) regelt in Umsetzung der EU-Richtlinie 2012/6/EU die Größenmerkmale der Kleinstkapitalgesellschaft. § 267a HGB gilt erstmals für Jahresabschlüsse, die sich auf einen nach dem 03. 12. 2012 liegenden Abschlussstichtag beziehen (Art. 70 Abs. 1 Satz 1 EGHGB). Die Kleinstkapitalgesellschaft stellt die vierte Größenklasse im HGB dar und umfasst ca. 500 000 und damit etwa die Hälfte aller offenlegungspflichtigen Unternehmen. Eine Kapitalgesellschaft (oder eine Personenhandelsgesellschaft i. S. d. § 264a HGB) ist dann eine Kleinstkapitalgesellschaft, wenn zwei der drei folgenden Schwellenwerte nicht überschritten werden:

- 350 000 € Bilanzsumme,
- 700 000 € Umsatzerlöse,
- 10 Arbeitnehmer.

§ 267 Abs. 4 bis 6 HGB gelten entsprechend (§ 267a Abs. 1 Satz 3 HGB). Demnach tritt die Zuordnung zur Größenklasse Kleinstkapitalgesellschaft nur ein, wenn die Größenmerkmale an zwei aufeinanderfolgenden Abschlussstichtagen nicht überschritten werden. Durch diese Regelung wird vermieden, dass es durch das einmalige Über- oder Unterschreiten von mindestens zwei der drei Größenkriterien zu einer Änderung der Größenklasse kommt (Winkeljohann/ Lavall in Beck'scher Bilanzkommentar § 267 Rz. 14; Küting/Eichenlaub, DStR 2012, 1670 und 2615; Wader/Steudle, Wpg 2013, 249; Zwirner/Froschhammer, Stbg 2013, 227; Riepolt, DStR 2014, 817; Meyer, BB 2014, 1131).

Die Vorschrift soll nach der Gesetzesbegründung die Vorgaben für die Rechnungslegung für Kleinstbetriebe in der Rechtsform der Kapitalgesellschaft maßvoll abschwächen, ohne die berechtigten Informationsinteressen zurückzustellen. Kleinstkapitalgesellschaften können Vereinfachungen bezüglich der Bilanz, der GuV, des Anhangs und der Offenlegung in Anspruch nehmen. Sie können eine verkürzte Bilanz nach § 266 Abs. 1 Satz 4 HGB wie folgt aufstellen:

Schema einer verkürzten Bilanz für Kleinstkapitalgesellschaften

Aktiva	Passiva
A. Anlagevermögen	A. Eigenkapital
B. Umlaufvermögen	B. Rückstellungen
C. Rechnungsabgrenzungsposten	C. Verbindlichkeiten
D. Aktive latente Steuern	D. Rechnungsabgrenzungsposten
E. Aktiver Unterschiedsbetrag aus der Vermögensverrechnung	E. Passive latente Steuern

Die Vereinfachungen können nicht nur insgesamt, sondern auch einzeln angewendet werden. Die aktiven und passiven latenten Steuern können bei Kleinstkapitalgesellschaften entfallen, da auch kleine Kapitalgesellschaften diese nicht abgrenzen müssen (§ 274a Nr. 5 HGB).

Die GuV darf nach § 275 Abs. 5 HGB verkürzt in acht Posten dargestellt werden (1. Umsatzerlöse, 2. Sonstige Erträge, 3. Materialaufwand, 4. Personalaufwand, 5. Abschreibungen, 6. Sonstige Aufwendungen, 7. Steuern, 8. Jahresüberschuss/Jahresfehlbetrag). § 264 Abs. 1 Satz 5 HGB gewährt ein Wahlrecht, grundsätzlich auf die Erstellung des Anhangs zu verzichten. Nach der gesetzlichen Regelung müssen Angaben unterhalb der Bilanz gemacht werden, wenn besondere Umstände zu keinem entsprechenden Bild der Vermögens-, Finanz- und Ertragslage führen. Die Offenlegungspflichten nach § 325 HGB können auch durch Hinterlegung der Bilanz beim elektronischen Bundesanzeiger (eBAnz) erfüllt werden. Bei Inanspruchnahme dieses Wahlrechts müssen die GuV und der Anhang nicht offen gelegt werden. Insgesamt ist Voraussetzung für die Inanspruchnahme der Erleichterungen der Verzicht auf eine Bewertung zum beizulegenden Zeitwert (Fair-Value-Verbot, § 253 Abs. 1 Satz 5 HGB).

4.9 Personensteuern

4.9.1 Behandlung in Buchführung und Bilanz

Nach § 10 Nr. 2 KStG sind die Steuern vom Einkommen und sonstige Personensteuern sowie die Umsatzsteuer für Umsätze, die Entnahmen sind, nicht abziehbar. Für Einzelunternehmen und Personengesellschaften gilt dieselbe Regelung (§ 12 Nr. 3 EStG). Die buchmäßige Behandlung ist jedoch unterschiedlich. In Einzelunternehmen und Personengesellschaften wird die Zahlung von Personensteuern aus betrieblichen Mitteln als Privatentnahme auf dem Privatkonto des Unternehmers oder Gesellschafters (§ 4 Abs. 1 Satz 2 EStG) gebucht. Da Kapitalgesellschaften keine Privatsphäre und keine Privatkonten haben, werden die Personensteuern als Aufwand gebucht.

4.9.2 Körperschaftsteuerrückstellung

Obwohl die Körperschaftsteuer nicht abziehbar ist (§ 10 Nr. 2 KStG), stellt sie in der Buchführung der Gesellschaft Aufwand dar. In der Bilanz ist für die Körperschaftsteuer des laufenden Jahres eine Rückstellung für ungewisse Verbindlichkeiten zu (§ 249 Abs. 1 Satz 1 HGB) passivieren oder ein Erstattungsanspruch als Forderung zu aktivieren.

4.9.3 Steuernachzahlungen und -erstattungen

Nachzahlungen für die Körperschaftsteuer früherer Wirtschaftsjahre werden als sonstige betriebliche Aufwendungen, Steuererstattungen als sonstige betriebliche Erträge erfasst.

4.10 Feststellung und Prüfung des Jahresabschlusses

Der Jahresabschluss der Kapitalgesellschaften ist rechtsverbindlich, wenn er förmlich festgestellt ist (§ 42a GmbHG, §§ 172, 173 AktG). Erst das Vorliegen eines festgestellten Jahresabschlusses ermöglicht einen ordnungsgemäßen Ergebnisverwendungsbeschluss.

Der Jahresabschluss und der Lagebericht von Kapitalgesellschaften, die nicht kleine i. S. d. § 267 Abs. 1 HGB sind, sind außerdem durch einen Abschlussprüfer zu prüfen (§ 316 Abs. 1 HGB). Die Prüfungspflicht erfasst also alle großen und mittelgroßen Kapitalgesellschaften. In die Prüfung des Jahresabschlusses sind die Buchführung einschließlich Inventar sowie der Lagebericht einzubeziehen. Die Prüfung hat sich darauf zu erstrecken, ob die gesetzlichen Vorschriften und die ergänzenden Bestimmungen des Gesellschaftsvertrags oder der Satzung beachtet worden sind (§ 317 Abs. 1 HGB). Der Lagebericht ist darauf zu prüfen, ob er mit dem Jahresabschluss sowie mit den bei der Prüfung gewonnenen Erkenntnissen des Abschlussprüfers in Einklang steht und insgesamt eine zutreffende Vorstellung von der Lage des Unternehmens vermittelt. Dabei ist auch zu prüfen, ob die Risiken der künftigen Entwicklung zutreffend dargestellt sind (§ 317 Abs. 2 HGB). Der Abschlussprüfer wird von den Gesellschaftern gewählt, soweit der Gesellschaftsvertrag nicht etwas anderes bestimmt (§ 318 Abs. 1 HGB). Der Abschlussprüfer soll jeweils vor Ablauf des Geschäftsjahres gewählt werden, auf das sich seine Prüfungstätigkeit erstreckt. Wenn bis zum Ablauf eines Geschäftsjahrs der Abschlussprüfer nicht gewählt ist, hat das Registergericht auf Antrag der Geschäftsführung, des Aufsichtsrats oder eines Gesellschafters den Abschlussprüfer zu bestellen (§ 318 Abs. 4 HGB). Die gesetzlichen Vertreter der Kapitalgesellschaft haben dem Abschlussprüfer den Jahresabschluss und den Lagebericht unverzüglich nach der Aufstellung vorzulegen. Der Abschlussprüfer hat über Art und Umfang sowie über das Ergebnis der Prüfung zu berichten und das Ergebnis der Prüfung in einem Bestätigungsvermerk zum Jahresabschluss zusammenzufassen (§ 322 HGB).

4.11 Offenlegung des Jahresabschlusses

Gemäß § 325 HGB haben die gesetzlichen Vertreter von Kapitalgesellschaften für diese den Jahresabschluss und den Lagebericht beim Betreiber des elektronischen Bundesanzeigers einzureichen und bekannt machen zu lassen. Die Offenlegung von Jahresabschluss und Lagebericht hat unverzüglich nach der Vorlage an die Gesellschafter, jedoch spätestens vor Ablauf des zwölften Monats des dem Abschlussstichtag nachfolgenden Geschäftsjahrs zu erfolgen. Auch hier gelten für kleine und mittelgroße Kapitalgesellschaften gewisse Erleichterungen. Sie haben den Jahresabschluss beim Handelsregister zu hinterlegen.

- Bei kleinen Kapitalgesellschaften müssen die gesetzlichen Vertreter nur eine verkürzte Bilanz und den Anhang unter Berücksichtigung der größenabhängigen Erleichterungen gem. § 288 Satz 1 HGB einreichen. Der Anhang braucht die die Gewinn- und Verlustrechnung betreffenden Angaben nicht zu enthalten (§ 326 HGB). GuV und Lagebericht brauchen nicht veröffentlicht zu werden.
- Mittelgroße Kapitalgesellschaften müssen grundsätzlich alle in § 325 Abs. 1 HGB genannten Unterlagen, jedoch mit den in § 327 HGB enthaltenen Erleichterungen offenlegen.

5 Beteiligungen an Personengesellschaften

5.1 Bilanzierung von Beteiligungen in der Handelsbilanz

Die Bilanzierung von Beteiligungen an Personengesellschaften wird zivilrechtlich und steuerrechtlich unterschiedlich beurteilt.

- **Zivilrechtlich** geht man von dem Prinzip der gesamthänderischen Bindung aus (§§ 717, 719 BGB). Eine Beteiligung an einer Personengesellschaft ist demnach ein Anteil an allen Wirtschaftsgütern der Gesamthand, jedoch beschränkt durch die Mitwirkungsbefugnisse der anderen Gesellschafter (§ 709 BGB).
- **Steuerrechtlich** enthält eine Beteiligung an einer Personengesellschaft »die ideellen Anteile des Gesellschafters an den einzelnen Wirtschaftsgütern des Gesamthandsvermögens (BFH vom 02.04.2008 DStRE 2008, 786). Deshalb ist die Anschaffung der Beteiligung steuerrechtlich als Anschaffung von Anteilen an den einzelnen zum Gesellschaftsvermögen gehörenden Wirtschaftsgütern zu beurteilen (BFH vom 24.06.2009 DStR 2009, 1948).

Handelsrechtlich wird die Beteiligung an einer Personengesellschaft als eigenständiger Vermögensgegenstand behandelt (§ 246 Abs. 1 HGB). Eine Beteiligung i. S. d. § 271 Abs. 1 Satz 1 HGB liegt unter den Voraussetzungen des § 247 Abs. 2 HGB vor. In der Bilanz wird die Beteiligung unter den Finanzanlagen ausgewiesen (§ 266 Abs. 2 III Nr. 3 HGB). Unter den Voraussetzungen des § 271 Abs. 2 HGB erfolgt der Ausweis als Anteil an verbundenen Unternehmen (§ 266 Abs. 2 III Nr. 1 HGB). Die Beteiligung ist bei der Erstbewertung mit den Anschaffungskosten zu bewerten (§§ 253, 255 HGB). Nach der Bruttomethode ist der volle Einlagebetrag zu aktivieren, ausstehende Resteinzahlungsverpflichtungen sind zu passivieren. Demnach unterscheidet sich die handelsrechtliche Betrachtungsweise wesentlich von der steuerlichen Handhabung (IDW RS HFA 18; Künkele/Zwirner, Bilanzierung bei Personengesellschaften, 2. Aufl., 2016, 201 ff.).

5.2 Bilanzierung von Beteiligungen in der Steuerbilanz

Die Beteiligung an der Personengesellschaft wird steuerlich nicht als eigenständiges Wirtschaftsgut i. S. d. §§ 5, 6 EStG ausgewiesen und bewertet, sondern als die Beteiligung an den einzelnen Wirtschaftsgütern und Schulden der Personenhandelsgesellschaft. Gleichwohl hindert die steuerrechtliche Umqualifizierung in einen »ideellen Anteil an den einzelnen Wirtschaftsgütern« nicht die Bildung eines Bilanzpostens »Beteiligung an einer Personengesellschaft« in der Steuerbilanz. Dieser Ausweis hat jedoch für die Ermittlung des Gewinns oder Verlusts aus Gewerbebetrieb des betrieblich beteiligten Gesellschafters neben der einheitlichen und gesonderten Feststellung bei der Personengesellschaft keine eigenständige Bedeutung (BFH vom 04.03.2009 I R 58/07 BFH/NV 2009, 1953). Die Beteiligung ist als »Merkposten« oder als »Summe der Anteile an den Wirtschaftsgütern« der Personengesellschaft zu behandeln (Schmidt/Wacker, EStG, § 15 EStG Rz. 461, 690). Eine Teilwertabschreibung auf die in der Steuerbilanz ausgewiesene Beteiligung ist mangels Wirtschaftsgutscharakter unzulässig (BFH vom 01.07.2010, IV R 100/06, BFH/NV 2010, 2056).

Dem Transparenzprinzip des § 15 Abs. 1 Satz 1 Nr. 2 EStG wird durch die sog. **Spiegelbildmethode** Rechnung getragen. Der Posten »Beteiligung an einer Personengesellschaft« wird in der Steuerbilanz des Gesellschafters als Spiegelbild des Kapitalkontos in der Steuerbilanz der Personengesellschaft einschließlich Ergänzungs- und Sonderbilanzen geführt. Die Beteiligung eines Einzelunternehmers oder einer Kapitalgesellschaft an einer Personengesellschaft wird

ebenso behandelt wie die Beteiligung einer Personengesellschaft an einer anderen Personengesellschaft.

BEISPIEL ━━

Die X-Personengesellschaft (Obergesellschaft) hält eine Beteiligung an der Y-Personengesellschaft
(Untergesellschaft). Wie ist die Beteiligung in der Bilanz der X-Personengesellschaft (Obergesellschaft) zu bilanzieren?

LÖSUNG Der Ausweis der Beteiligung an der Y- Personengesellschaft ist in der Bilanz der X-Personengesellschaft spiegelbildlich in derselben Höhe vorzunehmen, die das Kapitalkonto der X-Personengesellschaft einschließlich der ihr zuzurechnenden Ergänzungs- und Sonderbilanzen in der
Bilanz der Y-Personengesellschaft ausweist.

━━

Die Höhe der Einkünfte aus Gewerbebetrieb des Gesellschafters ergeben sich aus der einheitlichen und gesonderten Gewinnfeststellung der Personengesellschaft (§ 180 Abs. 1 Nr. 2a
AO). Der Anspruch des Gesellschafters auf seinen Anteil am Gewinn oder Verlust entsteht mit
dem Ablauf des Wirtschaftsjahrs der Personengesellschaft. Der Gesellschafter hat deshalb seinen Anteil am Gewinn oder Verlust zu bilanzieren, sobald das Wirtschaftsjahr der Personengesellschaft endet. Ein Mitunternehmeranteil kann nicht gewinnrealisierend entnommen werden.
Der Gesellschafter, der seine Beteiligung an der Personengesellschaft nicht mehr in seiner Steuerbilanz ausweisen will, hat sie erfolgsneutral mit dem Buchwert auszubuchen.

Die Spiegelbildmethode verhindert die doppelte Erfassung von Gewinnanteilen.
Buchungstechnisch wird die Erhöhung des Wertansatzes der Beteiligung durch einen auf dem
Kapitalkonto gutgeschriebenen Gewinnanteil durch eine außerbilanzielle Abrechnung vom
Gewinn gewinnneutral gestellt. Die Gewinngutschrift wird dadurch entweder als »Quasi-Ein-
lage« behandelt oder eine außerbilanzielle Kürzung des Erhöhungsbetrages vorgenommen.

BEISPIEL ━━

Die XY-OHG (Obergesellschaft), an der X und Y zu je 50 % beteiligt sind, erwirbt am 01. 07. 01 eine
Beteiligung als Kommanditistin an der Z-KG (Untergesellschaft). Auf dem Kapitalkonto der XY-
OHG bei der Z-KG wird eine Bareinlage i. H. v. 100 000 € eingezahlt. Außerdem zahlt die XY-OHG
an die Z-KG Ausgleichsbeträge für vorhandene stille Reserven in einem unbebauten Grundstück
i. H. v. 40 000 € und für einen anteiligen Firmenwert i. H. v. 20 000 €. Die Z-KG hat ein abweichendes
Wirtschaftsjahr von 01.07. bis 30.06. Die XY-OHG entnimmt aus der Z-KG im Dezember 01 einen
geschätzten Gewinnanteil i. H. v. 50 000 €. Lt. Gewinnfeststellungsbescheid der Z-KG für das Wj.
01/02 entfällt auf die XY-OHG ein Gewinnanteil i. H. v. 75 000 €.

LÖSUNG

1. Handelsbilanz

Die Beteiligung der XY-OHG an der Z-KG ist in der Bilanz der XY-OHG mit den Anschaffungskosten i. H. v. (100 000 € + stille Reserven Grundstück 40 000 € + Firmenwert 20 000 €) = 160 000 € zu
aktivieren. Die Entnahme von 50 000 € wird im Jahr 01 gebucht. Der Gewinn 01/02 entsteht mangels
entgegenstehender Vereinbarungen erst zum Ende des abweichenden Wirtschaftsjahrs der Z-KG in
02. Die Entnahme i. H. v. 50 000 € wird deshalb in der Bilanz der XY-OH zum 31. 12. 01 als Verbindlichkeit gegenüber der Z-KG ausgewiesen und das Kapitalkonto der XY-OHG entsprechend vermindert.

Im Jahr 02 wird der Gewinnanteil i. H. v. 75 000 € auf dem Kapitalkonto der XY-OHG bei der Z-KG
gutgeschrieben und in der Bilanz zum 31. 12. 02 eine Forderung der XY-OHG gegen die Z-KG aktiviert. Die Forderung zum 31. 12. 02 beträgt (75 000 € abzgl. ausgezahlter 50 000 € =) 25 000 €.

2. Steuerbilanz

Wirtschaftsjahr 01:

Der Anfangsbestand entspricht den Anschaffungskosten i. H. v. 100 000 €. Der Schlussbestand des Kapitalkontos der XY-OHG in der Bilanz der Z-KG zum 31. 12. 01 ist nach Abbuchung der Entnahme i. H. v. 50 000 € auszuweisen.

Die für die stillen Reserven im Grundstück i. H. v. 40 000 € und für den anteiligen Firmenwert i. H. v. 20 000 € gezahlten Beträge sind in einer Ergänzungsbilanz der XY-OHG zu aktivieren. Der Firmenwert ist auf 15 Jahre abzuschreiben; die Abschreibung des zum 01. 07. 01 angeschafften Firmenwerts im Jahr 01 beträgt (20 000 € : 15 × 0,5 =) 667 €, der Bilanzansatz in der Ergänzungsbilanz zum 31. 12. 01 beträgt (20 000 € ./. 667 € =) 19 333 €.

Kapitalkonto der XY-OHG in der Bilanz der Z-KG zum 31. 12. 01

Entnahme	50 000 €	Anfangsbestand	100 000 €
Schlussbestand	50 000 €		

Ergänzungsbilanz der XY-OHG zum 31. 12. 01

Mehrwert Grundstück	40 000 €	Mehrkapital	59 333 €
Firmenwert	19 333 €		

Der Bilanzansatz der KG-Beteiligung in der Bilanz der XY-OHG zum 31. 12. 01 ist aus der Summe ihres Kapitalkontos in der Hauptbilanz der Z-KG und ihrer Ergänzungsbilanz bei der Z-KG zu bilden:

Stand Kapitalkonto der XY-OHG in der Z-KG zum 31. 12. 01	50 000 €
+ Mehrkapital Ergänzungsbilanz zum 31. 12. 01	59 333 €
KG-Beteiligung zum 31. 12. 01	109 333 €

Wirtschaftsjahr 02:

Das Kapitalkonto der XY-OHG in der Bilanz der Z-KG und die Ergänzungsbilanz der XY-OHG sind zum 31. 12. 02 fortzuführen. Das Kapitalkonto der XY-OHG ist um den Gewinnanteil i. H. v. 75 000 € zu erhöhen. Diese Erhöhung erfolgt gewinnneutral entweder durch Quasi-Einlage oder durch eine außerbilanzielle Kürzung, da der Gewinn schon bei der Z-KG zum 30. 06. 02 gewinnerhöhend erfasst worden ist. Der Schlussbestand des Kapitalkontos zum 31. 12. 02 beträgt 125 000 €. In der Ergänzungsbilanz der XY-OHG bei der Z-KG zum 31. 12. 02 wird die Abschreibung des Firmenwerts im Jahr 02 mit (19 333 € : 14,5 =) 1 333 € vorgenommen, der Bilanzansatz des Firmenwerts in der Ergänzungsbilanz zum 31. 12. 01 beträgt (19 333 € ./. 1 333 € =) 18 000 €.

Kapitalkonto der XY-OHG in der Bilanz der Z-KG zum 31. 12. 02

Schlussbestand	125 000 €	Anfangsbestand	50 000 €
Gewinnanteil	75 000 €		

Ergänzungsbilanz der XY-OHG zum 31. 12. 02

Mehrwert Grundstück	40 000 €	Mehrkapital	58 000 €
Firmenwert	18 000 €		

Der Bilanzansatz der KG-Beteiligung in der Steuerbilanz der XY-OHG zum 31. 12. 02 ist aus der Summe des Kapitalkontos in der Hauptbilanz und der Ergänzungsbilanz bei der Z-KG zu bilden:

Stand Kapitalkonto der XY-OHG in der Z-KG	125 000 €
Mehrkapital der XY-OHG aus der Ergänzungsbilanz	58 000 €
KG-Beteiligung zum 31. 12. 02	183 000 €

6 Beteiligungen an Kapitalgesellschaften

6.1 Bilanzierung von Anteilen an Kapitalgesellschaften

Handelsrechtlich ist eine Beteiligung an einer Kapitalgesellschaft ein Vermögensgegenstand, Eine Beteiligung an einer Kapitalgesellschaft i. S. d. HGB liegt vor, wenn die Nennbeträge insgesamt den fünften Teil des Nennkapitals an der Gesellschaft überschreiten (§ 271 Abs. 1 Satz 3 HGB). Wenn die beteiligte Gesellschaft wesentlichen Einfluss auf die Kapitalgesellschaft ausübt, kann auch ein geringerer Anteil eine Beteiligung zur Folge haben. Die Beteiligung ist grundsätzlich im Anlagevermögen zu bilanzieren (§ 266 Abs. 2 HGB) und mit den Anschaffungskosten einschließlich nachträglicher Anschaffungskosten (§ 255 HGB) zu bewerten. Bei vorübergehender Wertminderung ist handelsrechtlich eine Abschreibung der Beteiligung, die als Finanzanlage gilt, auf den niedrigeren beizulegenden Wert möglich (§§ 253 Abs. 3 Satz 4, 266 Abs. 2, 271 Abs. 1 oder 2 HGB).

Steuerrechtlich wird die Beteiligung an der Kapitalgesellschaft als Wirtschaftsgut behandelt. Notwendiges Betriebsvermögen ist anzunehmen, wenn die Anschaffung betrieblich veranlasst ist, d. h. wenn die Beteiligung nach Art und tatsächlicher Betriebsführung besonderes Gewicht für den Betrieb hat. Nach dem Maßgeblichkeitsgrundsatz wird die Beteiligung wie in der Handelsbilanz grundsätzlich mit den Anschaffungskosten bewertet (§ 5 Abs. 1 EStG). Steuerliche Wertkorrekturen sind zu beachten (§ 5 Abs. 6 EStG). Bei Einlage einer wesentlichen Beteiligung ist diese grundsätzlich mit dem Teilwert zu bewerten (§ 6 Abs. 1 Nr. 5 EStG), im Fall des § 6 Abs. 1 Nr. 5 Buchst. a und b EStG jedoch höchstens mit den Anschaffungskosten. Eine Abschreibung auf den niedrigeren Teilwert ist nur zulässig, wenn die Wertminderung voraussichtlich von Dauer ist (§ 6 Abs. 1 Nr. 2 Satz 2 EStG).

Der Bilanzwert kann sich durch die folgenden weiteren Vorfälle verändern:

- Einzahlungen eines Gesellschafters in die Kapitalrücklage der Gesellschaft erhöhen die Anschaffungskosten der Beteiligung.
- Kapitalrückzahlungen bei einer Kapitalherabsetzung vermindern die Anschaffungskosten der Beteiligung. Wenn die Kapitalrückzahlungen den Buchwert der Beteiligung übersteigen, bleibt der Gewinn bei natürlichen Personen gemäß § 3 Nr. 40 Buchst. a EStG i. H. v. 40 % und bei Kapitalgesellschaften gemäß § 8b Abs. 2 KStG in vollem Umfang steuerfrei.
- Soweit Gewinnausschüttungen aus dem steuerlichen Einlagekonto gem. § 27 KStG erfolgen, mindert dies ebenfalls die Anschaffungskosten der Beteiligung.
- Die ursprünglichen Anschaffungskosten abzüglich einer Kapitalherabsetzung oder Gewinnausschüttung aus dem steuerlichen Einlagekonto sind als Obergrenze der Bewertung der Beteiligung zu beachten.

BEISPIELE

An der XY-OHG sind seit dem Jahr 01 die Gesellschafter X und Y zu je 50 % beteiligt. Die XY-OHG ist an der A-GmbH zu 100 % beteiligt (voll eingezahltes Stammkapital 100 000 €).

a) Im Jahr 02 leistet die OHG eine Zuzahlung in das Eigenkapital der GmbH gemäß § 272 Abs. 2 Nr. 4 HGB i. H. v. 500 000 €.

LÖSUNG Die XY-OHG hat die Beteiligung in der Bilanz zum 31. 12. 02 mit den Anschaffungskosten von (100 000 € + 500 000 € =) 600 000 € zu aktivieren.

b) Im Jahr 03 schüttet die GmbH einen Gewinn i. H. v. 200 000 € aus, der in vollem Umfang aus dem steuerlichen Einlagekonto entnommen wird.

LÖSUNG Da die Ausschüttung bilanziell aus der Kapitalrücklage und steuerlich aus dem steuerlichen Einlagekonto stammt, ist sie nicht als Ertrag zu erfassen, sondern mindert die Anschaffungskosten der Beteiligung in der Bilanz zum 31. 12. 03 auf (600 000 € ./. 200 000 € =) 400 000 €. Dieser Betrag ist zugleich die zukünftige Obergrenze der Bewertung.

c) Wie Beispiel a), jedoch nimmt die OHG in der Bilanz zum 31. 12. 02 eine Teilwertabschreibung i. H. v. 450 000 € auf (600 000 € ./. 450 000 € =) 150 000 € vor.
LÖSUNG Da die Rückzahlung aus dem steuerlichen Einlagekonto i. H. v. 200 000 € den Buchwert der Beteiligung um (200 000 € ./. 150 000 € =) 50 000 € übersteigt, entsteht in dieser Höhe ein laufender, nach § 3 Nr. 40 Buchst. a EStG steuerfreier Ertrag. Die OHG hat zu buchen:
Bank 200 000 € an Beteiligung 150 000 € und sonstige betriebliche Erträge 50 000 €.

d) Wie ist das Beispiel c) zu lösen, wenn an der XY-OHG nur Kapitalgesellschaften beteiligt sind?
LÖSUNG Der Gewinn der XY-OHG i. H. v. 50 000 € ist gemäß § 8b Abs. 2 i. V. m. Abs. 6 KStG steuerfrei. 5 % des Gewinns = 2 500 € werden gemäß § 8b Abs. 3 Satz 1 KStG als nicht abzugsfähige Betriebsausgaben behandelt. Die Kürzung außerhalb der Buchführung beträgt (50 000 € ./. 2 500 € =) 47 500 €.

6.2 Bilanzierung von Gewinnausschüttungen

Die an der Kapitalgesellschaft beteiligte Personengesellschaft hat den Gewinnanspruch aus der Dividende oder Gewinnausschüttung zum Zeitpunkt seiner Entstehung zu aktivieren, d. h. wenn die Hauptversammlung der AG oder die Gesellschafterversammlung der GmbH den Gewinnverwendungsbeschluss getroffen hat. In der Bilanz, die auf den nach der Beschlussfassung liegenden Stichtag aufzustellen ist, werden für den Dividendenanspruch eine Forderung und ein Ertrag aus Beteiligungen gebucht. Nach der Zivilrechtsprechung darf der Dividendenanspruch, wenn die ausschüttende Kapitalgesellschaft kraft Stimmenmehrheit beherrscht wird, schon in der Bilanz des Jahres der Erwirtschaftung und nicht erst im Zeitpunkt des Gewinnverwendungsbeschlusses aktiviert werden (sog. phasengleiche Bilanzierung, BGH vom 12. 01. 1998 DStR 1998, 383). Nach Auffassung des Großen Senats des BFH ist jedoch der erst durch den Gewinnverwendungsbeschluss nach dem Bilanzstichtag entstehende Dividendenanspruch am Bilanzstichtag noch kein aktivierungsfähiges Wirtschaftsgut und deshalb in der Steuerbilanz erst nach dem Gewinnverwendungsbeschluss der Gesellschafterversammlung aktivierungsfähig (BFH GrS vom 07. 08. 2000 BStBl II 2000, 632).

Diese Rechtsprechung gilt für die Bilanzierung aller Unternehmen (Einzelunternehmen, Personengesellschaften, Kapitalgesellschaften), die eine Beteiligung an einer Kapitalgesellschaft halten (BFH vom 31. 10. 2000 BStBl II 2001, 185). Die Besteuerung hängt aber davon ab, ob die Gesellschafter der Personengesellschaft natürliche Personen oder Kapitalgesellschaften sind.

- Bei **natürlichen Personen** als Gesellschafter der Personengesellschaft sind die Beteiligungserträge gemäß § 3 Nr. 40 Buchst. d EStG in Höhe von 40 % steuerfrei. Aufwendungen im Zusammenhang mit diesen Erträgen sind nur in Höhe von 60 % abzugsfähig (§ 3c Abs. 2 EStG).
- Bei **Kapitalgesellschaften** als Gesellschafter der Personengesellschaft sind die Beteiligungserträge in voller Höhe steuerfrei (§ 8b Abs. 1 i. V. m. Abs. 6 KStG). Aufwendungen im Zusammenhang mit diesen Erträgen sind in voller Höhe abzugsfähig. § 3c Abs. 1 EStG ist gemäß § 8b Abs. 5 Satz 2 i. V. m. Abs. 6 KStG nicht anzuwenden. 5 % der steuerfreien Beteiligungserträge gelten als nicht abzugsfähige Betriebsausgaben (§ 8b Abs. 5 Satz 1 i. V. m. Abs. 6 KStG).
- Einbehaltene Kapitalertragsteuer und Solidaritätszuschlag rechnen zum Dividendenanspruch der Personengesellschaft. Erfasst werden nicht nur die ausgeschütteten Nettobeträge, sondern die ungekürzten Gewinnausschüttungen. Die Steuerabzugsbeträge werden bei den Gesellschaftern der Personengesellschaft als Privatentnahme behandelt und nach

dem allgemeinen Gewinnverteilungsschlüssel auf deren ESt- bzw. KSt-Schuld angerechnet (§ 36 Abs. 2 Nr. 2 EStG, § 31 Abs. 1 KStG, § 1 Abs. 2 SolZG).

In der Buchführung der Personengesellschaft sind die Buchungen innerhalb der laufenden Buchführung und die Korrekturen außerhalb der Buchführung zu unterscheiden:

- **Innerhalb der laufenden Buchführung** werden die Beteiligungserträge voll als Ertrag erfasst. Die einbehaltenen Steuerabzugsbeträge werden als Entnahmen der Gesellschafter gebucht. Aufwendungen im Zusammenhang mit den Erträgen werden in voller Höhe gewinnmindernd gebucht.

- **Außerhalb der laufenden Buchführung** werden der Gewinn der Personengesellschaft und die Gewinnanteile der Gesellschafter um die steuerfreien Erträge vermindert. Soweit die Personengesellschafter natürliche Personen sind, werden die nicht abzugsfähigen Aufwendungen der Gesellschafter dem Gewinn der Personengesellschaft und den Gewinnanteilen der Gesellschafter hinzugerechnet. Soweit die Personengesellschafter Kapitalgesellschaften sind, werden die als nichtabzugsfähige Betriebsausgaben behandelten Aufwendungen von 5 % der Beteiligungserträge dem Gewinn der Personengesellschaft und den Gewinnanteilen dieser Gesellschafter hinzugerechnet.

BEISPIEL ━━━

An der X-OHG sind als Gesellschafter X und die Y-GmbH zu je 50 % beteiligt. Die X-OHG ist an der Z-GmbH zu 40 % beteiligt. Am 02. 05. 02 beschließt die Gesellschafterversammlung der Z-GmbH eine Gewinnausschüttung von 100 000 €. Auf die X-OHG entfallen 40 % = 40 000 €. Die Z-GmbH überweist an die X-OHG am 30. 05. 02 (40 000 € ./. 10 000 € KapESt ./. 550 € SolZ =) 29 450 €. Die X-OHG bucht im Zusammenhang mit diesen Erträgen stehende Zinsaufwendungen i. H. v. 2 000 € als Aufwand. Die X-OHG erzielt im Jahr 02 einen Gewinn von 200 000 € (vor Erfassung der Beteiligungserträge).

LÖSUNG Die X-OHG hat den Anspruch auf Gewinnausschüttung in der Buchführung zum 02. 05. 02 als Forderung zu buchen und einen Ertrag von 40 000 € zu erfassen.

Buchung: Sonstige Forderungen 40 000 € an Erträge aus Beteiligung 40 000 €

Bei Ausschüttung am 30. 05. 02 wird die Forderung ausgebucht und für die beiden Gesellschafter jeweils in Höhe der anteiligen Kapitalertragsteuer von 5 000 € und des Solidaritätszuschlags von 275 € bei X eine Privatentnahme und bei der Y-GmbH eine Buchung auf dem Verrechnungsskonto vorgenommen.

Buchung:

Bank	29 450 €	an Sonstige Forderungen	40 000 €
Privatentnahme A	5 275 €		
Verrechnungsskonto GmbH	5 275 €		

X und die Y-GmbH können die anteilig auf sie entfallende Kapitalertragsteuer und den Solidaritätszuschlag bei ihrer ESt- bzw. KSt-Veranlagung auf ihre ESt- bzw. KSt-Schuld anrechnen.

Außerhalb der Buchführung ist der Gewinn der X-OHG wie folgt zu korrigieren:

Erklärter Gewinn		200 000 €
+ Korrektur Beteiligungserträge		40 000 €
ergibt Gewinn lt. Bilanz		240 000 €
abzgl. Kürzung der steuerfreien Beteiligungserträge:		
./. Anteil X (40 % von 20 000 €)	./.	8 000 €
./. Anteil Y-GmbH (voll steuerfrei)	./.	20 000 €
Zwischensumme		212 000 €
Zzgl. nichtabzugsfähige Betriebsausgaben:		
+ Anteil X (40 % von anteilig 1 000 €)		400 €
+ Anteil Y-GmbH (5 % von anteilig 20 000 €)		1 000 €
steuerpflichtiger Gewinn der X-OHG		213 400 €

Der Gewinn der X-OHG ist wie folgt auf X und die Y-GmbH zu verteilen:

	X	Y-GmbH
Anteil am Gewinn lt. Bilanz	120 000 €	120 000 €
./. steuerfreie Beteiligungserträge	./. 8 000 €	./. 20 000 €
+ nichtabzugsfähige Betriebsausgaben	+ 400 €	+ 1 000 €
Anteiliger steuerpflichtiger Gewinn	112 400 €	+ 101 000 €

Für die Besteuerung der Gesellschafter der X-OHG gilt Folgendes:
Die Beteiligungserträge des X von 20 000 € sind gemäß § 3 Nr. 40 Buchst. d EStG i. H. v. 40 % = 8 000 €
steuerfrei. Die anteilig auf X entfallenden Zinsaufwendungen im Zusammenhang mit diesen Erträgen von 1 000 € sind i. H. v. 60 % = 600 € abzugsfähig (§ 3c Abs. 2 EStG).
Die Beteiligungserträge der Y-GmbH von 20 000 € sind gemäß § 8b Abs. 1 i. V. m. Abs. 6 KStG voll
steuerfrei, die auf die Y-GmbH anteilig entfallenden Zinsaufwendungen von 1 000 € sind gemäß § 8b
Abs. 5 i. V. m. Abs. 6 KStG voll abzugsfähig. Der Betrag von 5 % der Beteiligungserträge von 20 000 €
= 1 000 € ist nichtabzugsfähige Betriebsausgabe.

6.3   Veräußerung von Anteilen an Kapitalgesellschaften

Wenn Personengesellschaften Beteiligungen an Kapitalgesellschaften halten und diese veräußern, hängt die steuerliche Behandlung der Veräußerungsgewinne davon ab, ob die Personengesellschafter natürliche Personen oder Kapitalgesellschaften sind.

- Ist der Personengesellschafter eine **natürliche Person**, bleiben 40 % der Einnahmen aus
der Veräußerung der Beteiligung steuerfrei (§ 3 Nr. 40 Buchst. a EStG). Bei der Berech-
nung des Veräußerungsgewinns sind der Buchwert der Beteiligung und die Veräuße-
rungskosten nur zu 60 % abzugsfähig (§ 3c Abs. 2 Satz 1 EStG).
- Ist der Personengesellschafter eine **Kapitalgesellschaft**, ist der Veräußerungsgewinn
(= Veräußerungspreis ./. Buchwert der Beteiligung ./. Veräußerungskosten) gemäß § 8b
Abs. 2 KStG voll steuerfrei. 5 % des Veräußerungsgewinns werden als nichtabzugsfähige
Betriebsausgaben behandelt und dem Gewinn außerhalb der Buchführung zugerechnet.

Die Veräußerung der Beteiligung wird in der Buchführung der Personengesellschaft ohne
Rücksicht auf die Steuerbefreiung in voller Höhe verbucht. Die Hinzurechnungen und Kürzun-
gen außerhalb der Buchführung führen zu einer Erhöhung oder Minderung des Gewinns der
Personengesellschaft und der Gewinnanteile der Gesellschafter.

BEISPIEL

An der X-OHG sind als Gesellschafter die natürliche Person X und die Y-GmbH zu je 50 % beteiligt.
Die X-OHG ist an der Z-GmbH zu 40 % beteiligt. Die X-OHG, die die Beteiligung mit den Anschaffungskosten von 100 000 € bilanziert hat, veräußert diese für 250 000 € an einen Käufer und trägt
dabei Veräußerungskosten von 10 000 €.

LÖSUNG

Veräußerungspreis	250 000 €
./. Buchwert der Beteiligung	./. 100 000 €
./. Veräußerungskosten	./. 10 000 €
Veräußerungsgewinn insgesamt	140 000 €

Der jeweils hälftig auf X und die Y-GmbH zu verteilende Veräußerungsgewinn ist unter Berücksichtigung der steuerfreien Beträge wie folgt zu ermitteln:

Anteil des X am Veräußerungsgewinn:

Anteiliger Veräußerungspreis	125 000 €
davon 40 % steuerfrei (§ 3 Nr. 40 Buchst. a EStG)	50 000 €
davon steuerpflichtig	75 000 €
./. anteiliger Buchwert 50 000 € × 60 % (§ 3c Abs. 2 EStG)	./. 30 000 €
./. anteilige Veräußerungskosten 5 000 € × 60 % (§ 3c Abs. 2 EStG)	./. 3 000 €
steuerpflichtiger Veräußerungsgewinn des X	42 000 €

Anteil der Y-GmbH am Veräußerungsgewinn:

Anteiliger Veräußerungspreis	125 000 €
./. anteiliger Buchwert	./. 50 000 €
./. anteilige Veräußerungskosten	./. 5 000 €
steuerfreier Veräußerungsgewinn der Y-GmbH	70 000 €

Der Veräußerungsgewinn der Y-GmbH i. H. v. 70 000 € ist gemäß § 8b Abs. 2 i. V. m. Abs. 6 KStG steuerfrei. 5 % des Veräußerungsgewinns = 3 500 € gelten jedoch als nichtabzugsfähige Betriebsausgaben (§ 8b Abs. 3 Satz 1 i. V. m. Abs. 6 Satz 1 KStG).

Die X-OHG bucht:

a) Sonstige Forderungen 250 000 € an Beteiligung 100 000 €
sonstige betriebliche Erträge 150 000 €

b) Sonstige betriebliche Aufwendungen 10 000 € an Bank 10 000 €

Der Gewinn der X-OHG ist außerhalb der Bilanz um die steuerfreien Beträge von insgesamt 94 500 € zu vermindern. Der steuerpflichtige Gewinnanteil des X vermindert sich dadurch um (40 % von 70 000 € =) 28 000 €. Der steuerpflichtige Gewinnanteil der Y-GmbH vermindert sich um (70 000 € ./. 3 500 € =) 66 500 €.

Kapitel II
Die Besteuerung der Personengesellschaften

Teil A   Personengesellschaften – Zivilrecht

1   Gesellschaftsrecht

1.1   Zivilrechtliche Grundlagen

1.1.1   Zivilrecht und Besteuerung

Die Besteuerung knüpft an Vorgänge an, die ihre rechtliche Gestaltung nach den Vorschriften des Zivilrechts erhalten haben. Es gibt praktisch keinen steuerlich bedeutsamen Sachverhalt, der nicht eine Grundlage im Bereich des Privatrechts findet. Besonders deutlich wird dies bei der unterschiedlichen Behandlung der Personen- und Kapitalgesellschaften. Deshalb werden zunächst im folgenden Kapitel A die zivilrechtlichen Prinzipien der Personengesellschaften und in den Kapiteln G und H die zivilrechtlichen Prinzipien der Kapitalgesellschaften dargestellt. In Teil B ff. und III I ff. folgt die Darstellung der Besteuerung der Personen- und der Kapitalgesellschaften, die den Schwerpunkt des Buches bildet.

- Die **Kapitalgesellschaften** sind im Zivilrecht Körperschaften mit eigener Rechtspersönlichkeit und werden als solche getrennt von ihren Gesellschaftern gesehen. Auch im Ertragsteuerrecht werden die Kapitalgesellschaften als eigenständige Steuersubjekte behandelt. Ihre Besteuerung ist von der Besteuerung der Anteilseigner zu trennen. Die Kapitalgesellschaften unterliegen mit ihrem Einkommen der Körperschaftsteuer, ihre Gesellschafter zahlen je nach ihrer Eigenschaft als natürliche oder juristische Personen Einkommen- oder Körperschaftsteuer auf die von der Kapitalgesellschaft erhaltenen Ausschüttungen. Die Anknüpfung an das Zivilrecht führt also zur grundsätzlichen Doppelbesteuerung der Ergebnisse zum einen bei der Gesellschaft und zum andern bei den Gesellschaftern.

- Die **Personengesellschaften** haben zivilrechtlich nach der älteren Auffassung keine eigene Rechtspersönlichkeit. Träger der zum Gesellschaftsvermögen gehörenden Rechte ist danach nicht die Gesellschaft als organisierte Gesamtheit, sondern Träger sind die Gesellschafter in ihrer Verbundenheit. Nach neuerer Auffassung in Literatur und Rechtsprechung wird den Personengesellschaften, auch der Gesellschaft des bürgerlichen Rechts (GbR), im Rechtsverkehr die Rechtsfähigkeit in weiten Bereichen zugestanden. Die (Außen-)GbR ist rechtsfähig, soweit sie durch Teilnahme am Rechtsverkehr eigene Rechte und Pflichten begründet. Im Steuerrecht führte die gewandelte zivilrechtliche Auffassung bisher noch zu keinen konsequenten Folgerungen. Die Personengesellschaften sind nur teilweise – abhängig von der Steuerart – eigene Steuersubjekte. Ertragsteuerlich wird ihr Ergebnis zunächst auf Gesellschaftsebene ermittelt und festgestellt. Hinsichtlich der Einkunfterzielung und der Einkünfteermittlung sind die Personengesellschaften also steuerlich Rechtssubjekte. Anschließend wird das Ergebnis aber originär den Gesellschaftern zugerechnet und auf sie verteilt. Bei der Ertragsbesteuerung erfolgt ein Durchgriff durch die Gesellschaft auf die Ebene der Gesellschafter. Die Personengesellschaften sind deshalb selbst keine Subjekte der Besteuerung; sie selbst zahlen keine Einkommensteuer. Ihr Ergebnis wird nur bei den Gesellschaftern besteuert und dort je nach deren Rechtspersönlichkeit der Einkommen- oder Körperschaftsteuer unterworfen. Es kommt also nur zu einer Einmalbesteuerung der Ergebnisse.

- Die fehlende Rechtspersönlichkeit der Personengesellschaft im Zivilrecht schlägt nur im Bereich der Einkommensteuer, dagegen nicht im Bereich der Gewerbesteuer und der Umsatzsteuer durch. Die Personengesellschaft ist Steuerschuldnerin der Gewerbesteuer, wenn ihre Tätigkeit ein Gewerbebetrieb ist (§ 5 Abs. 1 GewStG). Die Personengesellschaft ist auch umsatzsteuerlich Unternehmerin und als solche Schuldnerin der Umsatzsteuer (§ 13a UStG).

	Rechtspersönlichkeit im Zivilrecht	Rechtssubjekt der Besteuerung auf dem Gebiet der			
		ESt	GewSt	KSt	USt
Natürliche Person	ja	ja	ja	nein	ja
Personengesellschaft	nein	nein	ja	nein	ja
Kapitalgesellschaft	ja	nein	ja	ja	ja

1.1.2 Grundformen des Gesellschaftsrechts

Gesellschaften sind alle privatrechtlichen Personenzusammenschlüsse, deren Mitglieder sich rechtsgeschäftlich zusammengeschlossen haben, um einen gemeinsamen Zweck zu verfolgen. Das deutsche Gesellschaftsrecht ist wegen der vielen möglichen Rechtsformen außerordentlich komplex. Die unterschiedlichen Rechtsformen lassen sich jedoch von zwei grundsätzlichen Rechtsformen ableiten, nämlich von der Gesellschaft bürgerlichen Rechts (GbR, §§ 705 ff. BGB) und dem eingetragenen Verein (e. V., §§ 21 ff. BGB). Der eingetragene Verein ist der Prototyp der rechtsfähigen Körperschaft mit Rechtsfähigkeit, die GbR der Prototyp der (teil-)rechtsfähigen Vereinigung ohne eigene Rechtspersönlichkeit.

	Personengesellschaft	Körperschaft
Grundform	• Gesellschaft des bürgerlichen Rechts (GbR, §§ 705 ff. BGB)	• Eingetragener Verein (e. V., § 21 ff. BGB)
Sonderformen	• OHG (§§ 105 ff. HGB) • KG (§§ 161 ff. HGB) • Stille Gesellschaft (§§ 230 ff. HGB) • Partnerschaftsgesellschaft (PartGG) • EWIV (EG-VO)	• Kapitalgesellschaften: • GmbH (GmbHG) • Unternehmergesellschaft (haftungsbeschränkt) (GmbHG) • AG (AktG) • Eingetragene Genossenschaft (GenG)
Mischformen	• GmbH & Co. KG	• KGaA (§§ 278 ff. AktG)

Die **Personengesellschaft** fußt auf der Persönlichkeit ihrer Gesellschafter. Der Zusammenschluss ist vom persönlichen Vertrauen der Gesellschafter getragen. Die Gesellschafterstellung ist, vorbehaltlich anderer Regelungen im Gesellschaftsvertrag, grundsätzlich nicht übertragbar. Das Ausscheiden eines Mitglieds führt – abgesehen von gesetzlichen Sonderregeln bei den Personenhandelsgesellschaften und von anderweitigen Vertragsbestimmungen – grundsätzlich zur Auflösung der Gesellschaft (§§ 723 ff. BGB). Die Willensbildung erfolgt grundsätzlich einstimmig (§ 709 BGB). Das in die Gesellschaft eingebrachte Vermögen wird Gesamthandsvermögen. Ein festes Kapital oder eine Mindesteinlage ist nicht vorgeschrieben. Über ein

Wirtschaftsgut des Gesamthandvermögens können nur alle Gesellschafter gemeinsam verfügen. Eine Verfügung über einen Anteil an Gegenständen des Gesamthandsvermögens durch einzelne Gesellschafter ist nicht möglich. Neben dem Gesellschaftsvermögen haften den Gläubigern der Gesellschaft die Gesellschafter auch mit ihrem Privatvermögen. Die Personengesellschaft ist grundsätzlich auf die persönliche Mitarbeit ihrer Gesellschafter angelegt. Nur ein Gesellschafter kann für die Personengesellschaft als Organ handeln (sog. Selbstorganschaft). Ein Fremdorgan, das wie z. B. der Vorstand einer AG die Geschäfte führt, ist bei der Personengesellschaft unzulässig.

Die **Körperschaft** ist eine eigenständige juristische Person. Sie ist vom Bestand und vom Wechsel ihrer Mitglieder unabhängig (§§ 39, 41 BGB). Die Mitgliedschaft kann grundsätzlich frei übertragen werden. Die Willensbildung erfolgt mehrheitlich (§ 32 BGB). Die Gesellschafter haften nicht persönlich für die Gesellschaftsschulden. Geschäftsführung und Vertretung der Gesellschaft werden von besonderen Organen wahrgenommen, die nicht Mitglieder der Körperschaft sein müssen (Fremd- oder Drittorganschaft).

Die obigen Eigenschaften kennzeichnen den gesetzlichen Idealtypus der Personengesellschaft oder Körperschaft. Aufgrund der Vertragsfreiheit (Privatautonomie) steht es den Gesellschaftern weitgehend frei, die gesetzlich vorgegebenen Gesellschaftsformen ihren Bedürfnissen anzupassen (vgl. 1.1.5).

1.1.3 Außen- und Innengesellschaften

Personengesellschaften treten im Regelfall im Rechtsverkehr nach außen auf und schließen im eigenen Namen Rechtsgeschäfte ab (Außengesellschaften). Alle Handelsgesellschaften sind beispielsweise Außengesellschaften. Dasselbe trifft auf die GbR zu, wenn sie mit eigenen Rechten und Pflichten zu Dritten in Rechtsbeziehungen tritt. Die GbR kann aber auch eine bloße Innengesellschaft sein, deren Existenz nach außen nicht bekannt ist, wenn nur ein Gesellschafter im eigenen Namen nach außen in Erscheinung tritt. Reine Innengesellschaften sind die stille Gesellschaft und die Unterbeteiligung an einem Personengesellschaftsanteil.

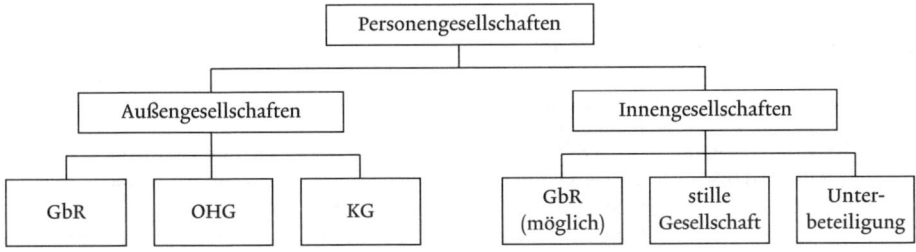

1.1.3.1   Personenaußengesellschaften

Arten	Zweck	Haftung
Gesellschaft des bürgerlichen Rechts (GbR, §§ 705 ff. BGB)	»Verfolgung eines gemeinsamen Zwecks« (Gegensatz: bloßes »Haben eines Gegenstandes« bei der Bruchteilsgemeinschaft, §§ 741 ff. BGB)	Unbeschränkt, persönlich, primär, unmittelbar • mit Gesellschaftsvermögen • mit dem jeweiligen Privatvermögen
Offene Handelsgesellschaft (OHG, §§ 105 ff. HGB)	Betrieb eines Handelsgewerbes unter gemeinschaftlicher Firma	wie GbR
Kommanditgesellschaft (KG, §§ 161 ff. HGB)	Wie OHG	Der Komplementär haftet wie ein OHG-Gesellschafter. Der Kommanditist haftet ziffernmäßig beschränkt auf seine Einlage (§ 171 Abs. 1 HGB). Die Haftung entfällt, wenn die Einlage geleistet ist.
GmbH & Co. KG	Unterart der KG, bei welcher der Komplementär eine GmbH ist	Die GmbH haftet als Komplementär zwar unbeschränkt, aber als juristische Person nur beschränkt.

1.1.3.2   Personeninnengesellschaften

Personeninnengesellschaften dienen dem internen Zusammenschluss ihrer Gesellschafter zu einem gemeinsamen Zweck, ohne dass die Gesellschaft als solche nach außen auftritt. Eine GbR kann als Innengesellschaft vereinbart werden, eine Personenhandelsgesellschaft (OHG, KG) dagegen nicht, weil diese grundsätzlich als Handelsgewerbe nach außen betrieben wird. Beispiele für Innengesellschaften sind auch die stille Gesellschaft (§ 230 ff. HGB) sowie die Unterbeteiligung, die gesetzlich nicht geregelt ist und weitgehend nach dem Recht der GbR und der stillen Gesellschaft behandelt wird.

Arten	Definition, Zweck	Charakteristikum
Stille Gesellschaft (§ 230 ff. HGB)	Der Stille beteiligt sich an dem von einem Dritten betriebenen Handelsgewerbe mit einer in das Vermögen des Dritten übergehenden Vermögenseinlage.	Nach außen tritt allein der Geschäftsinhaber als Gewerbetreibender in Erscheinung. Nur er wird aus den im Betrieb geschlossenen Geschäften berechtigt und verpflichtet.
Unterbeteiligung	Der Unterbeteiligte ist an dem Gesellschaftsanteil des Gesellschafters einer Personengesellschaft beteiligt.	Zwischen dem Gesellschafter der Hauptgesellschaft und dem Unterbeteiligten besteht eine Innengesellschaft, die sich auf den Gesellschaftsanteil des Hauptbeteiligten bezieht.

1.1.4 Gesamthandsvermögen

Die Personengesellschaft ist eine Gemeinschaft zur gesamten Hand (**Gesamthandsgemeinschaft**). Die Beiträge der Gesellschafter zum Gesellschaftszweck gehen in das gesamthänderisch gebundene Sondervermögen ein (**Gesamthandsvermögen**). Es ist vom Privatvermögen der Gesellschafter getrennt zu sehen. Die Überführung vom Privatvermögen in das Gesamthandsvermögen erfolgt nach den allgemeinen Regeln, d. h. bei beweglichen Sachen nach §§ 929 ff. BGB, bei Grundstücken nach §§ 873, 925 BGB und bei Forderungen nach §§ 398 ff. BGB.

Die Übertragung von Gegenständen in das Gesamthandsvermögen hat einen Wechsel der Rechtszuständigkeit zur Folge. Die Mitglieder sind an dem gemeinschaftlichen Vermögen nicht mehr gegenständlich, sondern nur noch ziffernmäßig zur gesamten Hand beteiligt. Das gemeinschaftliche Vermögen ist Sondervermögen, das grundsätzlich von allen gemeinschaftlich verwaltet wird. Nach der Einbringung in das Gesamthandsvermögen kann ein Gesellschafter über einzelne Vermögensgegenstände oder einen Anteil daran nicht mehr selbständig verfügen. Jeder Gesellschafter (Gesamthänder) hat einen Anteil am Gesellschaftsvermögen inne. Der Gesellschaftsanteil ist an die Person des Gesellschafters gebunden und kann grundsätzlich nicht auf andere Personen übertragen werden. Die Gesamthandsgemeinschaft ist vom Bestand ihrer Mitglieder abhängig. Der Austritt eines Gesellschafters hat grundsätzlich die Auflösung und Liquidation der Gesellschaft zur Folge. Über seinen Gesellschaftsanteil kann der Gesellschafter nicht verfügen, es sei denn der Gesellschaftsvertrag lässt dies ausdrücklich zu.

Das Gesamthandsvermögen unterliegt einem Numerus Clausus. Es kommt zivilrechtlich außer im Gesellschaftsrecht nur noch in zwei anderen Fällen vor, nämlich im Familienrecht (Gesamtgut der Gütergemeinschaft, §§ 1416 ff. BGB) und im Erbrecht (Miterbengemeinschaft, §§ 2032 ff. BGB). Die Berechtigung zur gesamten Hand ist dort anders als im Gesellschaftsrecht ausgestaltet (s. Maier/Grimm, Bürgerliches Recht und Steuerrecht, 13. Aufl., Stuttgart 2014, 38, 303). Die Formen der Gesamthandsgemeinschaft unterscheiden sich jedoch grundlegend von der Bruchteilsgemeinschaft.

	Gesellschaft als Gesamthandsgemeinschaft (§§ 718 ff. BGB)	Bruchteilsgemeinschaft (§§ 741 ff. BGB)
Entstehung	Durch Vertrag	Durch Vertrag oder kraft Gesetz
Charakteristikum	Das Recht wird nicht aufgespalten, sondern im Ganzen der Personengemeinschaft zugeordnet. Geteilt wird weder die Rechtszuständigkeit noch der Gegenstand.	Das Recht an einem Gegenstand wird in ideelle Bruchteile aufgespalten (§ 741 BGB). Geteilt wird die Rechtszuständigkeit, nicht der Gegenstand.
Gemeinsamer Zweck	Ja	Nein
Berechtigung	Jedem Gesamthänder steht das gesamte gesamthänderisch verbundene Vermögen zu, beschränkt durch die Rechte der anderen.	Jeder Teilhaber hat ziffernmäßig bestimmte ideelle Anteile an einem gemeinsamen Gegenstand.

	Gesellschaft als Gesamt-handsgemeinschaft (§§ 718 ff. BGB)	Bruchteilsgemeinschaft (§§ 741 ff. BGB)
Verfügung	Über den Anteil am Vermögen und über den Anteil an einzelnen Gegenständen kann grundsätzlich nicht verfügt werden, sofern keine vertragliche Regelung besteht (§ 719 BGB).	Jeder Teilhaber kann über den Anteil am Recht verfügen, über den Anteil an den einzelnen Gegenständen jedoch nur gemeinsam (§ 747 BGB).

1.1.5 Typenzwang und Vertragsfreiheit

Bei der Gründung einer Gesellschaft haben die Mitglieder die Wahl zwischen den verschiedenen Gesellschaftsformen. Die Gesellschafter können je nach ihren Bedürfnissen z. B. eine OHG, KG, GmbH oder AG gründen. Allerdings müssen sich die Gesellschafter bei der Gründung an den Kanon der gesetzlich vorgegebenen Gesellschaftsformen halten. Die Rechtsformwahl ist durch den Numerus clausus der Gesellschaftsformen beschränkt. Wenn die Gesellschafter die Merkmale einer bestimmten Rechtsform vereinbaren, kommt diese unabhängig von ihrem Willen zustande (Rechtsformzwang).

BEISPIELE

a) Die Gesellschafter gründen eine »BGB-Gesellschaft«, obwohl der Zweck der Gesellschaft der Betrieb eines Handelsgewerbes ist.
LÖSUNG Mit der Gründung entsteht unabhängig vom Willen der Gesellschafter eine OHG (§ 105 Abs. 1 HGB).

b) Die Gesellschaft beendet ihre gewerbliche Tätigkeit und nimmt eine freiberufliche Tätigkeit auf.
LÖSUNG Mit der Aufnahme der freiberuflichen Tätigkeit wandelt sich die OHG kraft Gesetzes in eine GbR (§ 705 BGB) um. Der Rechtsformwechsel ändert nicht die Identität der Gesellschaft. Übertragungsakte hinsichtlich des Gesellschaftsvermögens sind nicht erforderlich.

Innerhalb der vorgegebenen Gesellschaftsformen kann die Rechtsform jedoch grundsätzlich frei gewählt werden. Eine Pflicht zur Vereinbarung bestimmter Rechtsformen gibt es nur in Ausnahmefällen, so z. B. bei Kreditbanken (nur Gesellschaften, keine Einzelkaufleute), bei Versicherungsunternehmen (AG, VVaG), Hypothekenbanken (AG, KGaA), bei Kapitalanlagegesellschaften (AG, GmbH) und bei WP-Gesellschaften (Handelsgesellschaften). Die Privatautonomie wirkt sich im Gesellschaftsrecht auf doppelte Weise aus. Zum einen enthalten alle gesetzlichen Vorschriften Regelungslücken, welche von den Gesellschaftern nach ihren Bedürfnissen ausgefüllt werden können. Zum andern weist das Gesellschaftsrecht viele Vorschriften auf, die durch Vertrag abdingbar (dispositiv) sind. Dadurch wird es möglich, die Beziehungen innerhalb der gewählten Rechtsform den konkreten Erfordernissen anzupassen. Innerhalb der gewählten Gesellschaftsform belässt das Gesetz einen großen Gestaltungsspielraum. Dadurch können sowohl kapitalistische Personengesellschaften als auch personalistische Kapitalgesellschaften entstehen.

BEISPIELE

a) Ein geschlossener Immobilienfonds mit vielen tausend Mitgliedern wird in der Rechtsform einer KG betrieben.
LÖSUNG Eine Publikumspersonengesellschaft gilt zivil- und steuerrechtlich nicht als eigenständige Gesellschaftsform, sondern als Personengesellschaft (BFH GrS vom 25. 06. 1984 BStBl II 1984, 751).

Sie ist darauf angelegt, eine Vielzahl von Gesellschaftern (Anlegern) auf dem freien Kapitalmarkt zu werben und aufgrund vorformulierter Vertragsbedingungen aufzunehmen. Wirtschaftliches Ziel ist nicht die gesellschaftsrechtliche Verbundenheit, sondern die kapitalistisch strukturierte Beteiligung (Beck'sches Handbuch der Personengesellschaften, § 16).

b) Eine GmbH hat nur einen Gesellschafter.

LÖSUNG Eine Ein-Personen-GmbH kann dadurch entstehen, dass sie von vornherein nur von einem Gesellschafter gegründet wird oder dass die anderen Gesellschafter ihre Anteile auf einen Gesellschafter übertragen. Die Einpersonen-Gründung ist in § 1 GmbHG zugelassen.

Es können auch atypische Gestaltungen gewählt werden, bei denen die Rechtsform zwar eindeutig feststeht, aber die Gesellschaft in ihrer konkreten Gestalt vom gesetzlichen Typus abweicht (Beispiele: atypische stille Gesellschaft s. 1.6, B 9) oder aber Elemente verschiedener Rechtsformen kombiniert (GmbH & Co. KG vgl. C; GmbH zunehmend atypische Gesellschaftsformen entstehen lässt.

In der rechtlichen Ausgestaltung und in den wirtschaftlichen Folgen unterscheiden sich die Grundtypen von Gesellschaften erheblich. Die Wahl der richtigen Gesellschaftsform und ihre vertragliche Gestaltung hängen von zahlreichen Faktoren ab:

- Haftung,
- Auftreten nach außen,
- Beteiligung Dritter,
- Gesellschafterwechsel, Vererbung,
- Rechnungslegung, Publizität,
- Besteuerung.

BEISPIEL
Abgrenzung Kapitalgesellschaft, Personengesellschaft, Rechtsformen
A und B sind Inhaber von Verlagen, die sich in ihren Programmen ergänzen. Sie wollen die bisher als Einzelfirmen geführten Verlage zusammenfassen und gleichzeitig die Aktivitäten auf den Bereich der Produktion von elektronischen Medien ausdehnen. Wegen des anlaufenden Geschäfts erwarten A und B in den ersten Jahren des gemeinsamen Verlags Verluste. A und B suchen nach einer Gesellschaftsform, die das persönliche Haftungsrisiko ausschließt, möglichst keine großen Gründungskosten verursacht und in der steuerlichen Handhabung keine wesentlichen Nachteile gegenüber den bisherigen Einzelfirmen hat. B ist außerdem Kommanditist in einer Druckerei-KG, die immer gute Gewinne erwirtschaftet. Er möchte diese Gewinne mit den Anlaufverlusten der neuen Gesellschaft »verrechnen«. Welche Gesellschaftsform kann A und B empfohlen werden?
LÖSUNG Eine Kapitalgesellschaft scheidet aus, da die Verluste nicht auf die Gesellschafter transferierbar wären. Zivilrechtlich ist eine Außengesellschaft gewollt. Wegen der Haftungsbeschränkung kann die Rechtsform der GmbH & Co. KG gewählt werden (zum Rechtsformvergleich Jacobs, Unternehmensbesteuerung und Rechtsform, 5. Aufl., München 2015; Harle, BB 2008, 2151).

1.2   Gesellschaft des bürgerlichen Rechts

1.2.1   Grundlagen

Die GbR ist die Grundform der Personengesellschaften. Sie ist eine auf Vertrag beruhende Personenvereinigung von mindestens zwei Personen zur Förderung eines beliebigen, von den Gesellschaftern gemeinsam verfolgten Zwecks (§ 705 BGB). Ihre Regeln werden bei anderen Personengesellschaften ergänzend angewendet, wenn eine spezielle Vorschrift fehlt. Dies betrifft vor allem die Vorschriften der §§ 705–708, 712 Abs. 2, 713, 717–720, 722 Abs. 2, 725 Abs. 2, 732, 738–740 (Baumbach/Hopt, § 105 HGB Rz. 15, 16).

Die GbR betreibt kein Handelsgewerbe. Eine Eintragung in das Handelsregister oder die Führung einer Firma ist nicht möglich. Jedoch kann der Gesellschaft für den Verkehr mit Dritten ein Name gegeben werden. Die GbR ist, obwohl ihr die Eigenschaften einer juristischen Person fehlen, wie diese ein eigenständiges Rechtssubjekt. Sie kann als Gesellschaft im Rechtsverkehr auftreten und ist nach neuerer Rechtsprechung des BGH in diesem Fall auch rechtsfähig. In einem Grundsatzurteil bejahte der BGH die Rechtsfähigkeit der GbR und führte damit die grundsätzliche Gleichbehandlung der GbR und der Personenhandelsgesellschaft herbei (BGH vom 29.01.2001 BGHZ 146, 341). Rechtsfähigkeit bedeutet, dass die GbR uneingeschränkt jede Rechtsposition erhalten kann, sofern nicht ausnahmsweise besondere Gründe dagegen sprechen. Der früher verwendete Begriff »Teilrechtsfähigkeit« ist damit überholt. Es ist grundsätzlich nicht mehr erforderlich, dass alle Gesellschafter in ihrer Gesamtheit im Rechtsverkehr auftreten.

- Die GbR kann selbständig Rechte und Pflichten eingehen.
- Sie ist im Prozess parteifähig.
- Sie ist insolvenzfähig (§ 11 Abs. 1 Nr. 1 InsO).
- Sie kann Rechtsträger i. S. d. UmwG sein (§ 191 Abs. 2 Nr. 1 UmwG).
- Die GbR kann sich als Gesellschafterin an anderen Gesellschaften beteiligen. Insoweit wird die GbR wie die OHG und KG behandelt. Voraussetzung ist allerdings ein Auftreten der GbR im Rechtsverkehr als Gesellschaft nach außen. Als bloße Innengesellschaft ist sie nichtrechtsfähig.
- Die Außen-GbR ist unter entsprechender Anwendung des § 31 BGB deliktsfähig (BGH vom 24.02.2003 DStR 2003, 747). Die GbR ist für den Schaden verantwortlich, den ein verfassungsmäßig berufener Vertreter einem Dritten durch eine in Ausführung seiner Tätigkeit für die GbR begangene, zum Schadensersatz verpflichtende Handlung zufügt. Verfassungsmäßig berufener Vertreter i. S. d. § 31 BGB ist jeder Gesellschafter im Rahmen der durch den Gesellschaftsvertrag zugewiesenen Tätigkeit sowie jede Person, der bedeutsame Funktionen der Gesellschaft zur selbständigen, eigenverantwortlichen Erfüllung zugewiesen sind.

Die Rechtsfähigkeit der GbR gilt nicht unbegrenzt:

- Wenn es um den Erwerb von Eigentum an Grundstücken geht (Grundbuchfähigkeit), ist für die Wirksamkeit des Eigentumserwerbs die Eintragung im Grundbuch unter Angabe der Namen aller Gesellschafter und des Gesellschaftsnamens sowie des Rechtsformzusatzes erforderlich. Im Grundbuch werden gem. § 47 GBO die Gesellschafter namentlich mit dem Zusatz »Gesellschaft des bürgerlichen Rechts« eingetragen. Der Grund liegt darin, dass die GbR bisher nicht in einem Register eingetragen ist, das ihre Gesellschaftsverhältnisse enthält.
- Die GbR ist außerdem auch nicht erbfähig. Wenn eine GbR als Erbin eingesetzt wird, ist die letztwillige Verfügung so auszulegen, dass die Gesellschafter zu Erben mit der Auflage eingesetzt sind, das zugewendete Vermögen in die Gesellschaft einzubringen.

Trotz der grundsätzlichen Rechtsfähigkeit der GbR bleiben wichtige Unterschiede zur juristischen Person (Körperschaft) bestehen, die aus dem Charakter der GbR als Gesamthandsgemeinschaft folgen:

	GbR	Juristische Person (Körperschaft)
Rechtsfähigkeit	als Außengesellschaft (teil-) rechtsfähig; soweit lediglich Innengesellschaft, nichtrechtsfähig	uneingeschränkt rechtsfähig
Willensbildung	grundsätzlich einstimmig	grundsätzlich mehrheitlich (Verein §§ 32, 33 BGB)
Organschaft	Selbstorganschaft zwingend	Fremd- oder Drittorganschaft möglich
Gesellschaftsvermögen	Gesamthandsvermögen	körperschaftliches Vermögen
Haftung	grundsätzlich unbeschränkt persönlich (§§ 709, 714 BGB)	grundsätzlich beschränkt auf das Gesellschaftsvermögen
Gesellschafterwechsel	abhängig von den Personen der Gesellschafter	vom Mitgliederwechsel unabhängig

Die GbR kann für jeden erlaubten Zweck eingesetzt werden:
* ideelle Zwecke;
* vorübergehende Zwecke, z. B. zur Vornahme einzelner Rechtsgeschäfte;
* wirtschaftliche Zwecke von Nichtkaufleuten, z. B. Sozietäten von Angehörigen freier Berufe;
* nicht kaufmännisch strukturierte Arbeitsgemeinschaften, Kooperationen, Bauherrengemeinschaften, Emissions-Konsortien;
* ein weiteres Anwendungsfeld des Rechts der GbR ist die zeitweilige Erfassung des Gründungsstadiums der Kapitalgesellschaft (vgl. III B 7).

1.2.2 Gründung der Gesellschaft

Die GbR wird durch den Gesellschaftsvertrag begründet, der die Gesellschafter verpflichtet, den gemeinsamen Zweck zu fördern. Dort wird auch die Art und Weise festlegt, wie dies geschehen soll. Der Gesellschaftsvertrag ist grundsätzlich formfrei. Ausnahmen gelten, wenn ein Grundstück in das Gesellschaftsvermögen eingebracht wird (§ 311b BGB). Eine GbR kann keine Firma nach §§ 17 ff. HGB führen. Sie kann aber einen Namen (Geschäftsbezeichnung) führen, der unter dem Schutz des § 12 BGB steht. Für den Gesellschaftsnamen kommen die Namen der Gesellschafter, aber auch Sachbezeichnungen in Betracht.

Als Gesellschafter einer GbR können eingesetzt werden:
* jede natürliche Person (§ 1 BGB); bei Minderjährigen bedarf die Gründung oder der Beitritt der Mitwirkung des gesetzlichen Vertreters oder, falls dieser bzw. sein Ehegatte selbst Gesellschafter sind, des Abschlusspflegers (§ 1909 BGB) und außerdem der Mitwirkung des Vormundschaftsgerichts (§§ 1822 Nr. 3, 1643 Abs. 1 BGB, vgl. B 11),
* Personenhandelsgesellschaften,
* GbR (BGH vom 02.10.1997 DStR 1998, 46, BGH vom 29.01.2001 NJW 2001, 1056),

- inländische und juristische Personen des privaten und des öffentlichen Rechts,
- ausländische Gesellschaften, soweit ihre Struktur der einer inländischen Gesellschaft entspricht (zur Sitztheorie vgl. 2.3),
- Genossenschaften, nichtrechtsfähige Vereine.

1.2.3 Rechte und Pflichten der Gesellschafter

Die Gesellschafter trifft eine **Beitragspflicht**, die sich aus dem Gesellschaftsvertrag und subsidiär aus dem Gesetz ergibt (§§ 706, 707 BGB). Beiträge sind alle Leistungen zur Förderung des gemeinsamen Zwecks. Der wichtigste Beitrag ist die Erbringung von vermögenswerten Gegenständen in das Gesellschaftsvermögen im Wege der Einlage (§ 706 Abs. 2 BGB). In Betracht kommen Bar- und Sacheinlagen, aber auch Übertragung von Forderungen, Dienstleistungen und Gebrauchsüberlassungen, Überlassung von immateriellen Wirtschaftsgütern (Patenten), Zurverfügungstellung von Kenntnissen und Erfahrungen (Kundenstamm, Knowhow) und Erlass von Schulden. Eine gesetzliche Pflicht, die Beiträge bei Finanzbedarf der Gesellschaft nachträglich zu erhöhen (Nachschusspflicht), besteht nicht. Weitere Beiträge, in denen sich die allgemeine Förderungspflicht konkretisiert, sind die Geschäftsführung und die Leistung sonstiger Dienste (§ 706 Abs. 3 BGB). Die Gesellschafter haben im Zweifel gleich hohe Beiträge zu leisten (§ 706 BGB). Abweichende Vereinbarungen sind möglich.

Die **Geschäftsführung** betrifft das rechtliche Dürfen im Innenverhältnis der Gesellschafter. Sie umfasst tatsächliche und rechtliche Handlungen des laufenden Geschäftsbetriebs, dagegen nicht die Grundlagengeschäfte, welche die Gesellschafter untereinander oder den Bestand der Gesellschaft betreffen. Zur Geschäftsführung sind bei der GbR nach dem Gesetz alle Gesellschafter gemeinschaftlich berechtigt und verpflichtet, d. h. grundsätzlich müssen alle Gesellschafter zustimmen. Der Gesellschaftsvertrag kann aber auch die Einzelgeschäftsführungsbefugnis oder mehrheitliche Entscheidungen vorsehen (§ 710 BGB). Von der Geschäftsführung ausgeschlossene Gesellschafter haben ein Widerspruchsrecht gegen einzelne Geschäfte (§ 711 BGB) und ein Nachprüfungsrecht (§ 716 BGB).

Die **Vertretung** betrifft das rechtliche Können im Außenverhältnis, d. h. die Befugnis, im Namen der Gesellschaft Willenserklärungen abzugeben und entgegenzunehmen. Die Vertretungsmacht ist im Zweifel wie die Geschäftsführung geregelt (§§ 714, 715 BGB). Soweit der Gesellschaftsvertrag nichts anderes regelt, gilt Gesamtvertretungsbefugnis, d. h. alle Gesellschafter handeln gemeinsam.

Außerdem trifft die Gesellschafter eine **allgemeine Treuepflicht (§ 242 BGB)**. Sie sind verpflichtet, die Interessen der Gesellschaft zu verfolgen und alles zu unterlassen, was die gesellschaftlichen Interessen schädigt. Verstöße gegen die Treupflicht können zu Handlungs- oder Unterlassungspflichten und zu Schadensersatzansprüchen führen. Eine besondere Ausprägung der Treupflicht ist das Wettbewerbsverbot.

Die Gesellschafter haben ein **Stimmrecht** in der Gesellschafterversammlung. Gesellschafterbeschlüsse finden zwingend statt:

- in den im Gesellschaftsvertrag vorgesehenen Fällen,
- bei Änderung des Gesellschaftsvertrages,
- in den gesetzlich bestimmten Fällen (§ 709 BGB).

Beschlüsse müssen grundsätzlich einstimmig gefasst werden. Der Gesellschaftsvertrag kann aber auch das Mehrheitsprinzip vorsehen. Bei Vertragsänderungen mit ungewöhnlichem Inhalt muss sich die Zulässigkeit von Mehrheitsbeschlüssen zur Vermeidung von Willkürentscheidungen eindeutig aus dem Gesellschaftsvertrag ergeben.

1.2.4 Vermögensrechte

Dem Gesellschafter stehen eigene Vermögensrechte zu:

- **Beteiligung am Vermögen, an den stillen Reserven und am Geschäftswert**
- **Gewinn- und Verlustbeteiligung**
  Ist die Gesellschaft von längerer Dauer, findet der Rechnungsabschluss und die Gewinn-verteilung im Zweifel am Schluss jedes Geschäftsjahrs statt (§ 721 BGB). Im Regelfall wird der Gesellschaftsvertrag die Anteile der Gesellschafter am Gewinn und Verlust bestim-men. Ist dies nicht der Fall, hat jeder Gesellschafter ohne Rücksicht auf die Art und Größe seines Beitrags einen gleichen Anteil am Gewinn und Verlust (§ 722 BGB). Der Gewinn-anspruch entsteht mit der Bilanzfeststellung.
- **Entnahmerecht**
  Das Entnahmerecht der Gesellschafter bezieht sich auf den jährlichen Gewinn. Weiterge-hende Entnahmen bedürfen der vertraglichen Vereinbarung.
- **Erstattung von Aufwendungen**
  Der geschäftsführende Gesellschafter kann Aufwendungen, die er im Rahmen der Geschäftsführung tätigt, von der Gesellschaft ersetzt verlangen (§§ 670, 713 BGB).
- **Zahlung des Abfindungsanspruchs**
  Wenn ein Gesellschafter aus der Gesellschaft ausscheidet, ist ihm ein Abfindungsguthaben auszuzahlen, also dasjenige, was er im Fall der Liquidation der Gesellschaft erhielte (§ 738 Abs. 1 Satz 2 BGB).
- **Zahlung des Auseinandersetzungsguthabens**
  Das Auseinandersetzungsguthaben ist nach Abschluss der Liquidation zu zahlen. Sofern nach Berichtigung der Gesellschaftsschulden sowie nach Rückerstattung der Einlagen noch Gesellschaftsvermögen vorhanden ist, ist dieses unter den Gesellschaftern nach den Verhältnissen ihrer Kapitalanteile zu verteilen (§ 734 BGB).

1.2.5 Haftung

Die Gesellschafter haften einzeln und unmittelbar für die Schulden der Gesellschaft, und zwar sowohl mit dem Gesellschaftsvermögen als auch mit ihrem jeweiligen Privatvermögen. Gläubiger der Gesellschaft können die Gesellschaft und/oder nach ihrer Wahl einen, mehrere oder alle Gesellschafter in vollem Umfang in Anspruch nehmen. Die Gesellschafter trifft eine unbeschränkte und gesamtschuldnerische Außenhaftung. Das Recht der OHG (§ 128 ff. HGB) wird seit der Entscheidung des BGH vom 29.01.2001 (BGHZ 146, 341) analog angewendet (vgl. 1.2.5). Die Haftung ist entsprechend § 128 HGB akzessorisch, d. h. der jeweilige Bestand der Gesellschaftsschuld ist auch für die persönliche Haftung des Gesellschafters maßgeblich. Die Gesellschafter haften auch in voller Höhe analog § 128 HGB entsprechend ihrer Beteili-gungsquote für die Darlehensverbindlichkeiten der Gesellschaft. Aus der Verletzung gesell-schaftsrechtlicher Treuepflichten der Gesellschafter können sich Schadensersatzansprüche ergeben (BFH vom 19.11.2013 DStR 2014, 860). Der Gesellschafter haftet nicht nur für rechts-geschäftlich begründete Schulden, sondern auch für gesetzliche Gesellschaftsschulden, z. B. Schadensersatzverpflichtungen der GbR entsprechend § 31 oder § 823 BGB sowie für Haftungs-verbindlichkeiten der GbR aus § 74 AO. Im Innenverhältnis sind die Gesellschafter einander als Gesamtschuldner zum Ausgleich verpflichtet, soweit Zahlungen an Gläubiger geleistet wurden, welche die gesellschaftsrechtliche Verpflichtung übersteigen (§ 426 BGB). Der in eine GbR ein-tretende Gesellschafter haftet für die vor seinem Eintritt begründeten Verbindlichkeiten der

Gesellschaft entsprechend § 28 i. V. m. § 130 HGB grundsätzlich auch persönlich und als Gesamtschuldner mit den Altgesellschaftern (BGH vom 07. 04. 2003 DStR 2003, 1084). Beim Eintritt in eine bisher als Einzelunternehmen geführte Rechtsanwaltskanzlei gilt dies nicht, weil das Mandat an die Einzelperson geknüpft ist (BGH vom 22. 01. 2004 BB 2004, 794).

1.2.6 Gesellschafterwechsel

Personengesellschaften sind grundsätzlich vom Bestand ihrer Mitglieder abhängig (§§ 723 ff. BGB). Abweichende Regelungen im Gesellschaftsvertrag sind zulässig. Durch Vertrag mit den bisherigen Gesellschaftern können alte Gesellschafter ausscheiden, neue Gesellschafter aufgenommen und Gesellschaftsanteile übertragen werden. Die Identität der Gesellschaft wird dadurch nicht berührt. Das Gesellschaftsvermögen wird nicht einzeln übertragen. Der Übergang des Gesellschaftsanteils findet nach dem Prinzip der **Ab- und Anwachsung** statt.

Ein Gesellschafter kann auch durch gemeinschaftlichen Beschluss der übrigen Gesellschafter aus der Gesellschaft ausgeschlossen werden, wenn ein wichtiger Grund vorliegt (§ 737,723 Abs. 1 Satz 2 BGB, zum Ausschluss aus einer zweigliedrigen Gesellschaft Nodoushani, DStR 2016, 1932).

Scheidet ein Gesellschafter aus, wächst sein Anteil am Gesellschaftsvermögen den übrigen Gesellschaftern zu (§ 738 Abs. 1 Satz 1 BGB). Dieselbe Regelung gilt entsprechend beim Gesellschafterwechsel. Dem neu eintretenden Gesellschafter wächst aufgrund des Aufnahmevertrags mit dem ausgeschiedenen Gesellschafters der Gesellschaftsanteil zu. Die Übertragbarkeit des Gesellschaftsanteils setzt die Zustimmung aller Gesellschafter voraus. Die Zustimmung kann schon im ursprünglichen Gesellschaftsvertrag oder nachträglich erteilt werden. Die Ab- und Anwachsung gilt über §§ 105 Abs. 2, 161 Abs. 2 HGB auch für die OHG und die KG. Der ausscheidende Gesellschafter erhält einen Abfindungsanspruch in Geld (§ 738 Abs. 1 Satz 2 BGB) bzw. hat einen Fehlbetrag auszugleichen (§ 739 BGB). Der Abfindungsanspruch des aus der GbR ausscheidenden Gesellschafters richtet sich gegen die Gesellschaft (BGH vom 12. 07. 2016, II ZR 74/14, DStR 2016, 2607). Das Ausscheiden eines Gesellschafters kann nach dem Gesetz durch Kündigung, durch Tod sowie durch Eröffnung des Insolvenzverfahrens über das Vermögen eines Gesellschafters erfolgen (§ 736 BGB). Auch hier kann der Gesellschaftsvertrag Abweichendes regeln (zur Nachfolge beim Tod eines Gesellschafters vgl. B 8.6). Ausscheidende Gesellschafter haften für Altschulden nach § 736 Abs. 2 BGB i. V. m. § 160 Abs. 1 HGB. Im Innenverhältnis kann jedoch die Übernahme der Haftung durch die verbliebenen Gesellschafter verlangt werden.

Kraft besonderer Vereinbarung kann auch der Gesellschaftsanteil übertragen werden. § 719 BGB ist dispositives Recht. Voraussetzung ist die Zustimmung aller Gesellschafter zum Gesellschafterwechsel. Die Vereinbarung kann im Gesellschaftsvertrag oder durch Gesellschafterbeschluss beim Gesellschafterwechsel getroffen werden. Da die Gesellschafterstellung und nicht einzelne Gegenstände übertragen werden, bedarf der Übertragungsakt grundsätzlich keiner besonderen Form.

Die GbR (§ 705 BGB), die OHG (§ 105 Abs. 1 HGB) und die KG (§ 161 Abs. 1 HGB) verlangen eine Mehrzahl von Gesellschaftern. Wenn die Gesellschafterzahl unter zwei sinkt, wird die Gesellschaft aufgelöst. Statt eines Liquidationsverfahrens oder einer Umstrukturierung nach dem UmwG kommt auch eine **Anwachsung** in Form des Vermögensübergangs von einer Personengesellschaft auf einen Gesellschafter in Betracht. Die Auflösung führt nicht zur Vollbeendigung der Gesellschaft, wenn die Übernahme des Vermögens durch den letzten Gesellschafter besonders vereinbart worden ist. Die Übernahmevereinbarung kann im Gesellschaftsvertrag oder später durch alle Gesellschafter getroffen werden und führt dazu, dass das Vermögen der Personengesellschaft dem verbleibenden Gesellschafter anwächst (zu den steuerlichen Folgen vgl. Proff, DStR 2016, 2227).

1.2.7   Beendigung der Gesellschaft

Die Gesellschaft ist bei Auflösung nicht sofort beendet, sondern muss im Regelfall auseinandergesetzt und abgewickelt werden (Abwicklungsgesellschaft, § 730 Abs. 2 BGB). Eine Auseinandersetzung ist nur dann entbehrlich, wenn die Gesellschaft vermögenslos ist oder wenn sich alle Anteile in einer Hand vereinigen. Die Gesellschaft erlischt erst mit dem Abschluss der Liquidation. Auflösungsgründe sind insbesondere:

- Auflösungsbeschluss mit Zustimmung aller Gesellschafter (§§ 311, 241 BGB),
- Kündigung eines Gesellschafters (§ 723 BGB) oder eines Privatgläubigers (§ 725 BGB),
- Zeitablauf oder Erreichen des Gesellschaftszwecks (§ 726 BGB), insbesondere bei Gelegenheitsgesellschaften und Vorgründungsgesellschaften,
- Tod eines Gesellschafters, sofern keine Fortsetzungsklausel vereinbart ist (§ 727 BGB),
- Eröffnung des Insolvenzverfahrens über das Vermögen eines Gesellschafters (§ 728 BGB),
- Vereinigung aller Gesellschaftsanteile in einer Hand.

Die Auseinandersetzung der Gesellschaft erfolgt in drei Stufen:

1. Die Auseinandersetzung beginnt mit der Auflösung der Gesellschaft (§§ 722–729 BGB). Dadurch wird die werbende Gesellschaft in eine Abwicklungsgesellschaft umgewandelt, die mit der bisherigen Gesellschaft rechtlich identisch bleibt. Der ursprüngliche Gesellschaftszweck wird durch den Abwicklungszweck ersetzt.

2. An die Auflösung schließt sich die Abwicklung (Liquidation) der Gesellschaft an (§§ 730–735 BGB). Im Liquidationszeitraum bleibt die Gesellschaft Schuldnerin und Gläubigerin abgeschlossener Rechtsgeschäfte.

3. Am Ende der Auseinandersetzung steht die Vollbeendigung, mit der die Gesellschaft erlischt. Danach ist die Gesellschaft rechtlich nicht mehr existent. Für noch bestehende Gesellschaftsschulden haften nur noch die Gesellschafter. Ansprüche gegen die Gesellschafter aus Verbindlichkeiten verjähren grundsätzlich in fünf Jahren nach Auflösung der Gesellschaft, wenn nicht der Anspruch gegen die Gesellschaft einer kürzeren Verjährung unterliegt (§ 159 HGB).

1.3   OHG

1.3.1   Grundlagen

Die OHG ist die Grundform der Personenhandelsgesellschaften. Sie ist auf die Teilnahme an der Unternehmensführung bei gleichzeitiger persönlicher Verantwortung angelegt und daher eine typische »Arbeits- und Haftungsgemeinschaft« (BGHZ 38, 306). Sie ist wegen der unbeschränkten persönlichen Haftung der Gesellschafter im Rechtsverkehr seltener anzutreffen als die KG. Die Vorschriften der OHG sind auch deshalb bedeutsam, weil sie Grundlage des Rechts der KG (§ 161 Abs. 2 HGB) sind. Die OHG und die KG sind stets Außengesellschaften und treten im Rechtsverkehr unter einer gemeinschaftlichen Firma auf. Nach § 124 Abs. 1 HGB kann die OHG unter ihrer Firma Rechte erwerben und Verbindlichkeiten eingehen, Eigentum und andere dingliche Rechte an Grundstücken erwerben, vor Gericht klagen und verklagt werden. Die OHG wird als rechtsfähig oder zumindest als teilrechtsfähig behandelt. Die Vorschriften der §§ 705 ff. BGB gelten subsidiär (§ 105 Abs. 3 HGB).

1.3.2 Gründung der Gesellschaft

Die OHG entsteht im Innenverhältnis wie die GbR durch Vertrag, der grundsätzlich keiner Form bedarf. Im Außenverhältnis gehört die OHG wie jeder Kaufmann in das Handelsregister (§§ 106, 123 Abs. 1 HGB). Spätestens mit der Eintragung beginnen die Rechte und Pflichten und die Parteifähigkeit (§ 124 HGB). Personenhandelsgesellschaften sind eintragungspflichtig, wenn sie einen in kaufmännischer Weise eingerichteten Geschäftsbetrieb erfordern. Sie führen eine Firma als Namen, mit dem sie nach außen auftreten (§§ 17, 124 HGB). Die zulässige Firmenbezeichnung richtet sich nach §§ 19 ff. HGB. Beginnen die Geschäfte schon vor Eintragung in das Handelsregister, entsteht die Gesellschaft schon mit der Aufnahme der Geschäfte. Dies ist der Fall, wenn Rechtsgeschäfte im Namen der Gesellschafter geschlossen werden und alle Gesellschafter dem Beginn der Geschäfte zustimmen.

Wenn die OHG ein Handelsgewerbe betreibt, ist die Eintragung in das Handelsregister lediglich deklaratorisch. Die OHG muss aber seit dem Handelsrechtsreformgesetz (BGBl I 1998, 1474) nicht mehr zwingend ein Handelsgewerbe betreiben, sondern kann auch als kleingewerbetreibende oder vermögensverwaltende Gesellschaften tätig sein. Nur wenn kein Handelsgewerbe vorliegt, ist die Eintragung im Handelsregister konstitutiv (§ 105 Abs. 2 HGB). Das Handelsrecht unterscheidet seit der Handelsrechtsreform bei der OHG und der KG drei Fallgruppen:

	»Ist«-OHG/KG (§ 105 Abs. 1 HGB)	»Kann«-OHG/KG (§ 105 Abs. 2 1. Alt. HGB)	»Kann«-OHG/KG (§ 105 Abs. 2 2. Alt. HGB)
Charakteristikum	Betreibt ein Vollhandelsgewerbe nach § 1 HGB	Betreibt ein Kleingewerbe nach § 2 HGB	Verwaltet nur eigenes Vermögen
Eintragung ins Handelsregister	Obligatorisch, aber nur deklaratorisch	Fakultativ und konstitutiv	Fakultativ und konstitutiv
Entstehung	Mit Aufnahme der Geschäfte, falls vor Eintragung (§ 123 Abs. 2 HGB)	Mit Eintrag ins Handelsregister (§ 123 Abs. 1 HGB)	Mit Eintrag ins Handelsregister (§ 123 Abs. 1 HGB)

Die kleingewerbetreibende und die vermögensverwaltende Personengesellschaft sind zur Eintragung in das Handelsregister berechtigt, aber nicht verpflichtet (§ 105 Abs. 2, § 2 Abs. 2 HGB). Solange keine Eintragung erfolgt ist, liegt keine Handelsgesellschaft, sondern eine GbR vor. Erst durch die konstitutive Eintragung in das Handelsregister beginnt die Kaufmannseigenschaft und die Buchführungspflicht nach § 238 ff. HGB. Die Entscheidung ist nicht dauerhaft bindend, solange kein Handelsgewerbe vorliegt. Mit der Löschung im Handelsregister fallen die Kaufmannseigenschaft und die Buchführungspflicht wieder weg.

1.3.3 Rechte und Pflichten der Gesellschafter

Die Rechte und Pflichten der Gesellschafter richten sich in erster Linie nach dem Gesellschaftsvertrag (§ 109 HGB), ansonsten nach den Vorschriften der §§ 110–122 HGB und subsidiär nach den Vorschriften der §§ 705 ff. (§ 105 Abs. 3 HGB).

Das Recht zur laufenden **Geschäftsführung** steht grundsätzlich jedem Gesellschafter einzeln zu, verbunden mit einem Widerspruchsrecht für die übrigen nicht geschäftsführungsbefugten Gesellschafter (§ 114 Abs. 1, 115 Abs. 1 HGB). Abweichende Regelungen jeder Art sind möglich (§ 114 Abs. 2 HGB). Durch Vertrag von der Geschäftsführung ausgeschlossenen Gesellschaftern steht ein Kontrollrecht zu (§ 118 Abs. 1 HGB). Die Geschäftsführungsbefugnis erlaubt nur Handlungen, die der gewöhnliche Geschäftsbetrieb mit sich bringt (§ 116 Abs. 1 HGB). Ungewöhnliche Geschäfte, die über den gewöhnlichen Geschäftsbetrieb hinausgehen, bedürfen der Zustimmung aller Gesellschafter, auch wenn sie durch Vertrag von der Geschäftsführung ausgeschlossen sind (§ 116 Abs. 2 HGB).

Von den Maßnahmen der laufenden Geschäftsführung sowie den außergewöhnlichen Geschäftsführungsmaßnahmen sind die Maßnahmen zu unterscheiden, die das Gesellschaftsverhältnis und seine Gestaltung betreffen (**Grundlagengeschäfte**). Grundlagengeschäfte sind kein Teil der Geschäftsführung. Darunter fallen z. B. die Feststellung des Jahresabschlusses (BGHZ 76, 338), Änderungen des Gesellschaftsvertrages, Entziehung der Geschäftsführungs- und Vertretungsbefugnis, Aufnahme oder Ausschluss von Gesellschaftern, Betriebsveräußerung oder -verpachtung. Grundlagengeschäfte bedürfen grundsätzlich der Zustimmung aller Gesellschafter, sofern im Gesellschaftsvertrag nichts anderes geregelt ist.

Das Gesetz sieht grundsätzlich die **Vertretung** einzeln durch jeden OHG-Gesellschafter vor (Einzelvertretungsmacht, § 125 Abs. 1 HGB). Der Gesellschaftsvertrag kann in den Grenzen des § 125 HGB abweichende Regelungen treffen:
- den Ausschluss eines Gesellschafters von der Vertretung (§ 125 Abs. 1 HGB),
- die echte Gesamtvertretung durch alle Gesellschafter (echte Gesamtvertretung, § 125 Abs. 2 HGB),
- die unechte Gesamtvertretung durch mehrere Gesellschafter (§ 125 Abs. 2 HGB),
- die Einzelvertretung nur durch einen oder mehrere Gesellschafter (§ 125 Abs. 2 HGB),
- die gemischte Gesamtvertretung durch mehrere Gesellschafter zusammen mit einem Prokuristen (§ 125 Abs. 3 HGB).

Der Umfang der Vertretungsmacht bestimmt sich unabhängig von der Geschäftsführungsbefugnis zwingend nach § 126 HGB. Die Vertretungsmacht erstreckt sich anders als die Geschäftsführungsbefugnis (§ 116 HGB) nicht nur auf die Handlungen des gewöhnlichen Betriebs, sondern auf alle gerichtlichen und außergerichtlichen Geschäfte und Rechtshandlungen einschließlich der Veräußerung und Belastung von Grundstücken sowie der Erteilung und des Widerrufs einer Prokura (§ 126 Abs. 1 HGB). Eine Beschränkung des Umfangs der Vertretungsmacht ist im Interesse des Schutzes des Rechtsverkehrs Dritten gegenüber im Außenverhältnis unwirksam. Eine Ausnahme gilt lediglich für die Filialprokura, die auf den Betrieb der Zweigniederlassung beschränkt werden kann (§ 126 Abs. 2 HGB). Die Vertretungsmacht betrifft jedoch nur die Verkehrsgeschäfte, bei denen die Gesellschaft und nicht der einzelne Gesellschafter vertreten wird. Rechtsgeschäfte, denen alle Gesellschafter zustimmen müssen (Grundlagengeschäfte), werden von der Vertretungsmacht nicht erfasst.

BEISPIEL

Der allein vertretungsberechtigte Gesellschafter A der AB-OHG
a) schließt im Namen der Gesellschaft einen Vertrag mit einem stillen Gesellschafter S,
b) nimmt einen weiteren Gesellschafter C in die OHG auf.

LÖSUNG

a) Da die stille Gesellschaft ein lediglich zweiseitiger Vertrag zwischen dem Inhaber des Handelsgewerbes, hier der AB-OHG, und dem stillen Gesellschafter ist, kann A die OHG wirksam vertreten.
b) Die Aufnahme eines Gesellschafters und andere Änderungen des Gesellschaftsvertrages bedürfen der Zustimmung aller Gesellschafter und gehören zu den Grundlagengeschäften, die von der Vertretungsmacht grundsätzlich nicht gedeckt sind.

Die Gesellschafter unterliegen einer **allgemeinen Treuepflicht** gegenüber der Gesellschaft und als deren besonderer Ausprägung einem **Wettbewerbsverbot** (§ 112 HGB).

An Vermögensrechten stehen dem Gesellschafter **Gewinnansprüche** (§§ 120, 121 HGB) sowie **Entnahmerechte** (§ 122 HGB) zu. Aus den § 105 Abs. 3 i. V. m. §§ 734, 738 BGB folgen Abfindungs- und Auseinandersetzungsansprüche bei Ausscheiden bzw. Beendigung der Gesellschaft.

1.3.4 Vermögensrechte

OHG-Gesellschafter sind grundsätzlich wie GbR-Gesellschafter am Vermögen, an den stillen Reserven und am Geschäftswert beteiligt. Bei der Gewinn- und Verlusttragung bestehen Unterschiede. Gesetzlich erhält jeder Gesellschafter bei ausreichendem Jahresgewinn zunächst 4 % seines Kapitalanteils vorab zugewiesen. Der Mehrgewinn ist grundsätzlich nach Köpfen zu verteilen (§ 121 HGB). Auch ein Verlust ist regelmäßig nach Köpfen aufzuteilen. Entnahmen sind in Höhe der 4 %igen Kapitalverzinsung möglich und darüber hinaus zugelassen, wenn dies der Gesellschaft nicht schadet (§ 122 HGB). Der Gesellschaftsvertrag weicht jedoch in der Gewinn- und Verlustverteilung regelmäßig von der gesetzlichen Regelung ab.

1.3.5 Haftung

Die Gesellschafter haften für die Verbindlichkeiten der Gesellschaft den Gläubigern als Gesamtschuldner persönlich. Eine entgegenstehende Vereinbarung ist Dritten gegenüber unwirksam (§ 128 HGB). Bei der OHG darf bei keinem Gesellschafter die Haftung gegenüber den Gesellschaftsgläubigern begrenzt sein. Dies ist ein zwingendes negatives Tatbestandsmerkmal. Die OHG haftet für ihre Schulden selbständig mit dem Gesellschaftsvermögen (§ 124 Abs. 1 HGB). Daneben haften auch die Gesellschafter für die Schulden der OHG in mehrfacher Weise:

Haftung der Gesellschafter					
persönlich	**unmittelbar**	**primär**	**unbeschränkt**	**gesamt-schuldnerisch**	**akzessorisch**
auch mit ihrem Privatvermögen	den Gesellschaftsgläubigern direkt und nicht lediglich über eine Nachschusspflicht	auch ohne dass Gläubiger zuerst die Gesellschaft in Anspruch nehmen	mit dem ganzen Vermögen ohne Begrenzung auf das Gesellschaftsvermögen	auf die ganze Leistung bezogen, nicht lediglich anteilig (§ 421 BGB)	kraft Gesetzes, soweit die Schuld gegen die Gesellschaft besteht

Das Ausscheiden eines Gesellschafters beseitigt seine Haftung nicht. Nach der Auflösung der Gesellschaft verjähren die Ansprüche der Gläubiger gegen einen Gesellschafter aus Verbindlichkeiten der Gesellschaft grundsätzlich in fünf Jahren, sofern nicht der Anspruch selbst in kürzerer Zeit verjährt (§ 159 HGB). Die Nachhaftung eines einzeln ausgeschiedenen Gesellschafters erstreckt sich gem. § 160 HGB auf Ansprüche, die vor Ablauf von fünf Jahren fällig sind und in einer besonders bezeichneten Art (Rechtskraft oder Vollstreckbarkeit) festgestellt sind.

Mehrere Gesellschafter haften dem Gläubiger als Gesamtschuldner (§ 421 BGB). Wird ein Gesellschafter für Schulden der Gesellschaft in Anspruch genommen, kann er vorrangig von der Gesellschaft die Erstattung seiner Leistung verlangen (§ 110 HGB). Im Innenverhältnis sind die Gesellschafter einander als Gesamtschuldner zum Ausgleich verpflichtet (§ 426 Abs. 1 BGB). Ein Rückgriff gegen Mitgesellschafter ist nur möglich, wenn der Gesellschafter von der Gesellschaft keinen Ausgleich erlangt.

1.3.6 Gesellschafterwechsel

Ein Gesellschafterwechsel kann durch Rechtsgeschäft unter Lebenden oder von Todes wegen eintreten. Der Wechsel im Gesellschafterbestand zu Lebzeiten kann durch Ausscheiden eines Gesellschafters, durch Eintritt eines neuen Gesellschafters oder durch Auswechslung eines alten durch einen neuen Gesellschafter erfolgen. Der Tod eines Gesellschafters führt nicht zur Auflösung der OHG, sondern grundsätzlich nur zum Ausscheiden des verstorbenen Gesellschafters (§ 131 Abs. 3 Nr. 1 HGB). Die Gesellschaft wird dann mit den verbliebenen Gesellschaftern fortgesetzt. Der Gesellschaftsvertrag kann aber auch vorsehen, dass

- der oder die Erben des verstorbenen Gesellschafters in seine Rechtsstellung nachfolgen (Nachfolgeklausel),
- nur einer oder einzelne von mehreren Erben in seine Rechtsstellung nachfolgen (qualifizierte Nachfolgeklausel),
- der oder die Erben oder Dritte das Optionsrecht zum Eintritt in die Rechtsstellung des verstorbenen Gesellschafters haben (Eintrittsklausel, vgl. B 8.6.5).

1.3.7 Beendigung der Gesellschaft

§ 131 Abs. 1 HGB enthält die wesentlichen gesetzlichen Auflösungsgründe:
- Zeitablauf (Nr. 1);
- einstimmiger Auflösungsbeschluss (Nr. 2);
- Eröffnung des Insolvenzverfahrens über die Gesellschaft (Nr. 3, § 11 Abs. 2 Nr. 1 InsO);
- Auflösungsklage aus wichtigem Grund (Nr. 4);
- andere Auflösungsgründe können sich aus dem Gesellschaftsvertrag ergeben.

An die Auflösung schließt sich die Liquidation der Gesellschaft an (§§ 145–158 HGB). Nur bei der Insolvenz folgt auf die Auflösung zwingend das Insolvenzverfahren. Nach der Schlussverteilung des Vermögens bei der Liquidation und der Vollbeendigung der Gesellschaft ist das Erlöschen der Firma zum Handelsregister anzumelden (§ 157 Abs. 1 HGB).

1.4 Kommanditgesellschaft

1.4.1 Grundlagen

Die KG ist wie die OHG eine Personengesellschaft, deren Zweck sich auf den Betrieb eines Handelsgewerbes richtet und die unter einer einheitlichen Firma betrieben wird. Ihre Besonderheit liegt darin, dass zwar mindestens ein Gesellschafter die unbeschränkte Haftung wie ein OHG-Gesellschafter übernimmt (**Komplementär**), dass aber ein oder mehrere Gesellschafter nur beschränkt auf die erbrachte Einlage haften (**Kommanditisten**). Die Rechtsgrundlagen in den §§ 161 ff. HGB beschäftigen sich vor allem mit den Rechtsverhältnissen der beschränkt haftenden Gesellschafter. Soweit dort nichts anderes geregelt ist, sind die Vorschriften über die OHG (§§ 105 ff. HGB) und die Vorschriften über die GbR (§§ 705 ff. BGB) anwendbar.

Die gesetzlichen Rechte und Pflichten sind bei der KG wie folgt geregelt:

	Komplementäre	Kommanditisten
Gesamthandsbeteiligung am Gesellschaftsvermögen	Ja (§ 719 BGB)	Ja (§ 719 BGB)
Entnahmerecht	Ja (§§ 161 Abs. 2, 122 HGB)	Nein (§ 169 Abs. 1 HGB)
Gewinnverteilung	4 % Kapitalverzinsung, Rest »angemessen« (§ 168 HGB)	
Geschäftsführung	Ja (§§ 161 Abs. 2, 114–117 HGB)	Nein (§ 164 HGB)
Widerspruchsrecht	Ja	Nur bei außergewöhnlichen Geschäften (§ 164 Satz 1 letzter HS HGB)
Kontrollrecht	Ja (§ 118 HGB)	Ja (§ 166 HGB)
Vertretung	Ja (§ 125 HGB)	Nein (§ 170 HGB)
Haftung	Wie OHG-Gesellschafter	Beschränkt (§§ 171 ff. HGB)
Wettbewerbsverbot	Ja (§§ 161 Abs. 2, 112, 113 HGB)	Nein (§ 165 HGB)
Tod	Grundsätzlich keine Auflösung (§ 131 Abs. 3 Satz 1 Nr. 1 HGB)	Keine Auflösung (§ 177 HGB)

Die KG kann als normale KG (§§ 161 Abs. 1, 105 Abs. 1 HGB), als KG für Kleingewerbetreibende oder als vermögensverwaltende KG auftreten (§§ 161 Abs. 1, 105 Abs. 2 HGB). Im Wirtschaftsleben ist die KG häufig im mittelständischen Bereich und als Familienunternehmen anzutreffen. Die Übernahme der unbeschränkten Haftung in der KG durch eine GmbH lässt eine GmbH & Co. KG entstehen. Wenn die KG eine Vielzahl von Kommanditisten aufweist, z. B. im Fall von Kapitalanlage- oder Abschreibungsgesellschaften, handelt es sich um eine sog. Publikumsgesellschaft. Für diese sind, da das personalistische Element der Personengesellschaft hinter eine körperschaftliche Struktur in den Hintergrund tritt, die Vorschriften der §§ 161 ff. HGB mit durch die Rechtsprechung entwickelten Modifikationen anwendbar.

1.4.2 Gründung der Gesellschaft

Im Gesellschaftsvertrag der KG muss die Haftungsbeschränkung für einen Gesellschafter auf einen bestimmten Betrag vereinbart sein. Bei der Anmeldung der KG zum Handelsregister ist jeder Kommanditist und der Betrag der jeweiligen Einlage zu bezeichnen (§ 162 Abs. 1 HGB).

1.4.3 Rechte und Pflichten der Gesellschafter

Das Verhältnis der Gesellschafter untereinander bestimmt sich nach dem Gesellschaftsvertrag und subsidiär nach den Vorschriften der §§ 164–169 HGB. Ergänzend gelten die Vorschriften über die OHG und die GbR (§§ 109–122 HGB, §§ 705 ff. BGB). Für die persönlich haftenden Gesellschafter der KG (Komplementäre) gelten die Vorschriften über die OHG ohne Einschränkung.

Zur **Geschäftsführung** sind nur die persönlich haftenden Gesellschafter berufen (§ 164 HGB). Für die beschränkt haftenden Gesellschafter gelten Sonderregeln. Der Kommanditist ist nach dem Gesetz von der Geschäftsführung und von der organschaftlichen Vertretung zwingend ausgeschlossen (§ 164 HGB). Eine rechtsgeschäftliche Bestellung ist aber möglich. Er hat auch grundsätzlich kein Widerspruchsrecht gegen Maßnahmen der laufenden Geschäftsführung. Damit sind alle gewöhnlichen Geschäfte gemeint, die der Handelsbetrieb der Gesellschaft mit sich bringt, also z. B. die übliche Organisation, Personaleinsatz, Buchführung und Vorbereitung des Jahresabschlusses. Lediglich bei Angelegenheiten, die über den gewöhnlichen Geschäftsbetrieb hinausgehen, hat der Kommanditist ein **Widerspruchsrecht**. Darunter fallen aus dem Rahmen fallende, potenziell gefährliche Geschäfte, z. B. einschneidende Änderungen der Organisation und des Betriebszwecks oder Bauausführungen. Es bleibt auch bei der KG bei der Regelung des § 116 Abs. 2 HGB, dass für solche außergewöhnliche Handlungen ein Beschluss sämtlicher Gesellschafter, auch der Kommanditisten, erforderlich ist. Dasselbe gilt wie bei der OHG für Grundlagengeschäfte, die den Gesellschaftsvertrag und seine Änderung betreffen.

Dem von der Geschäftsführung ausgeschlossenen Kommanditisten steht ein **Kontrollrecht** zu. Er kann in die Bücher und Geschäftspapiere der KG zum Zweck der Überprüfung des Jahresabschlusses Einsicht nehmen (§ 166 Abs. 1 HGB).

Auch zur **Vertretung** der Gesellschaft ist der Kommanditist nicht gesetzlich ermächtigt (§ 170 HGB). Allerdings kann dem Kommanditisten die Geschäftsführungsbefugnis und die Vertretungsbefugnis durch den Gesellschaftsvertrag eingeräumt werden.

1.4.4 Vermögensrechte

Für die Ermittlung des Gewinn oder Verlusts der KG als solcher gelten die Regeln wie für die OHG (§ 167 Abs. 1 HGB). Die Vorschriften des § 120 HGB über die Berechnung des Gewinns und Verlusts sind grundsätzlich auch für die Kommanditisten anzuwenden. Die Gewinnverteilung ist gesetzlich einschließlich der 4 %igen Kapitalverzinsung wie bei der OHG vorzunehmen, jedoch ist der Restgewinn in einem »den Umständen nach angemessenen Verhältnis« zu verteilen (§ 168 Abs. 1 HGB). In der Vertragspraxis werden regelmäßig präzisere Vereinbarungen getroffen. Angemessen ist zunächst eine Haftungsvergütung als Risikoprämie für die persönlich haftenden Gesellschafter. Der nach Abzug der Vorwegvergütungen verbleibende Gewinn wird in der Regel nach dem Verhältnis fester Kapitalanteile verteilt. Die Verlusttragung ist entsprechend geregelt (§ 168 Abs. 2 HGB).

Nach § 167 Abs. 2 HGB wird ein dem Kommanditisten zukommender Gewinn seinem Kapitalanteil nur so lange gutgeschrieben, als dieser den Betrag der bedungenen Einlage nicht erreicht. Wenn die Einlage also beispielsweise voll geleistet und nicht durch Verluste oder Entnahmen gemindert ist, wird der Gewinnanteil nicht auf dem Kapitalkonto, sondern auf dem Privatkonto des Kommanditisten gebucht. Abweichende Vereinbarungen sind möglich. Ein Recht zur Entnahme von Geld hat der Kommanditist nicht (§ 169 Abs. 1 HGB).

Am Verlust nimmt der Kommanditist nur bis zum Betrag seines Kapitalanteils und seiner noch rückständigen Einlage teil (§ 167 Abs. 3 HGB). Ist der Betrag seiner bedungenen Einlage vorhanden, trifft ihn für Verluste der KG keine Nachschusspflicht. Zwar kann der Kapitalanteil des Kommanditisten durch Verluste unter null gemindert werden. Das hierdurch entstehende negative Kapitalkonto braucht der Kommanditist nicht durch Einlagen auszugleichen. Er muss das negative Kapitalkonto jedoch durch spätere Gewinnanteile wieder auf den Betrag der bedungenen Einlage auffüllen, ehe er Beträge ausbezahlt erhält (zu den steuerlichen Besonderheiten vgl. B 12).

1.4.5 Haftung

Der Komplementär haftet wie der OHG-Gesellschafter persönlich, unmittelbar, primär, gesamtschuldnerisch und akzessorisch. Die Haftung des Kommanditisten ist summenmäßig auf seine Einlage begrenzt. Die Haftung des Kommanditisten gegenüber Gesellschaftsgläubigern beschränkt sich dann auf die Hafteinlage (§ 171 Abs. 1 HGB).

- Die Hafteinlage betrifft das Außenverhältnis zu den Gläubigern der KG und muss auf einen bestimmten Geldbetrag lauten. Die Höhe der Hafteinlage bestimmt sich Dritten gegenüber nach der im Handelsregister eingetragenen Einlage (§ 172 HGB). Für das Wirksamwerden der Haftungsbeschränkung des Kommanditisten nach außen genügt nicht die Vereinbarung im Gesellschaftsvertrag. Die Haftungsbeschränkung wird erst mit der Eintragung in das Handelsregister wirksam (§ 176 Abs. 1 HGB). Die Hafteinlage kann der Höhe nach von der im Gesellschaftsvertrag vereinbarten Pflichteinlage abweichen.

- Die Pflichteinlage betrifft das Innenverhältnis unter den Gesellschaftern. Sie kann aus Geldeinlagen, aber auch aus Sacheinlagen oder anderen Vermögenswerten (Forderungen, immateriellen Wirtschaftsgütern, Dienstleistungen) bestehen.

Die Haftung des Kommanditisten kann unbeschränkt, ausgeschlossen oder beschränkt sein, je nachdem, in welchem Stadium sich seine Beteiligung und sein Einlagekonto befinden:

- Solange die im Gesellschaftsvertrag vereinbarte Haftungsbeschränkung noch nicht im Außenverhältnis durch Eintragung der KG und der Haftungsbeschränkung des Kommanditisten bekannt gemacht worden ist, haftet der Kommanditist noch **unbeschränkt** (§§ 176 Abs. 1, 128 ff. HGB). Dies gilt jedenfalls dann, wenn die KG die Geschäfte mit Zustimmung des Kommanditisten aufgenommen hat und die Kommanditistenstellung dem Gläubiger nicht bekannt ist.

- Soweit der Kommanditist die Einlage geleistet hat, ist die Haftung **ausgeschlossen** (§ 171 Abs. 1 2. HS HGB). Erforderlich ist die Leistung auf die Einlageschuld und die tatsächliche Wertzuführung (Kapitalaufbringungsprinzip).

- Wenn die Haftungsbeschränkung des Kommanditisten im Handelsregister eingetragen ist, haftet der Kommanditist noch **beschränkt** auf seine Einlage, solange er die Einlage noch nicht vollständig erbracht hat (§ 171 HGB). Der Nichtleistung der Einlage steht das Wiederaufleben der unbeschränkt persönlichen Haftung gleich. Dies ist der Fall, wenn die geleistete Einlage später wieder zurückgezahlt wird oder wenn Gewinnanteile entnommen werden, während der Kapitalanteil durch Verlust unter den Betrag der geleisteten Einlage gemindert ist (§ 172 Abs. 4 HGB).

1.4.6 Gesellschafterwechsel

Der Wechsel im Gesellschafterbestand vollzieht sich bei der KG im Grundsatz ebenso wie bei der OHG.

Beim Tod eines Komplementärs wird die KG nicht aufgelöst, es sei denn, es ist kein weiterer persönlich haftender Gesellschafter mehr vorhanden und die verbliebenen Kommanditisten nehmen auch keinen neuen Komplementär auf. Ausscheiden und Fortsetzung der Gesellschaft werden üblicherweise im Gesellschaftsvertrag geregelt.

Die Kommanditistenstellung ist kraft Gesetzes vererblich (§ 177 HGB). Beim Tod des Kommanditisten rücken dessen Erben als Einzelrechtsnachfolger mit den gleichen Rechten und Pflichten in die Gesellschafterstellung ein. Bei mehreren Erben wird jeder Miterbe nach seiner

Erbquote Kommanditist. Auch hier besteht die Möglichkeit abweichender gesellschaftsvertraglicher Regelungen.

1.4.7 Beendigung der Gesellschaft

Die Regeln für die Auflösung der Gesellschaft und das Ausscheiden von Gesellschaftern sind dieselben wie bei der OHG (§§ 161 Abs. 2, 131 HGB). Die Liquidation der KG richtet sich ebenfalls nach §§ 145–158 HGB.

1.4.8 Kommanditgesellschaft auf Aktien (KGaA)

Die KGaA ist eine Gesellschaft mit eigener Rechtspersönlichkeit, bei der mindestens ein Gesellschafter als Komplementär den Gesellschaftsgläubigern gegenüber unbeschränkt persönlich haftet. Die übrigen Gesellschafter sind an dem in Aktien zerlegten Grundkapital beteiligt; sie haften nicht persönlich (Kommanditaktionäre, § 278 AktG).

1.5 Partnerschaftsgesellschaft

1.5.1 Grundlagen

Die Partnerschaftsgesellschaft ist eine Personengesellschaft, die dem Zusammenschluss von Angehörigen freier Berufe dient. Ihre Mitglieder können nur natürliche Personen sein, die einen freien Beruf ausüben. Im Gegensatz zu den Personenhandelsgesellschaften übt die Partnerschaftsgesellschaft kein Handelsgewerbe aus. Sie ist keine juristische Person, genießt aber dieselbe juristische Selbständigkeit wie die OHG und die KG. Sie ist für solche Sozietäten von Freiberuflern gedacht, für welche die GbR zu schwerfällig ist, die aber auch die Rechtsform der Kapitalgesellschaft nicht wählen können oder ablehnen.

Die Rechtsgrundlagen sind im Partnerschaftsgesellschaftsgesetz geregelt (PartGG, BGBl I 1994, 1744, in Kraft seit 01.07.1995). Es regelt die grundlegenden Fragen wie z. B. den Katalog der Freiberufler, das Verhältnis zum Berufsrecht, die Gründung und Haftung. Im Übrigen gelten die Vorschriften über die OHG (§§ 105 ff. HGB) und ergänzend auch die Vorschriften über die GbR (§§ 705 ff. BGB).

1.5.2 Gründung der Gesellschaft

Im Innenverhältnis entsteht die Partnerschaftsgesellschaft durch den Abschluss des Partnerschaftsvertrages. § 3 Abs. 1 PartGG sieht hierfür zwingen die Schriftform vor.

Im Außenverhältnis wird die Partnerschaft erst wirksam, wenn sie in das Partnerschaftsregister bei dem Gericht am Sitz der Gesellschaft eingetragen ist (§ 4 Abs. 1 PartGG i. V. m. § 106 Abs. 1 HGB). Die Eintragung hat konstitutiven Charakter (§ 7 Abs. 1 PartGG).

1.5.3 Rechte und Pflichten der Gesellschafter

Die Rechte und Pflichten der Gesellschafter richten sich primär nach dem Gesellschaftsvertrag, subsidiär nach den Regeln bei der OHG und bei Regelungslücken auch nach den Regeln der GbR.

Das Recht zur Geschäftsführung steht jedem Partner grundsätzlich einzeln zu (§ 6 Abs. 3 PartGG i. V. m. § 114 Abs. 1 HGB). Die Geschäftsführungsbefugnis kann vertraglich in Bezug auf die »sonstigen Geschäfte« beschränkt werden; dies kann nur zum Ausschluss von der Leitung der Gesellschaft führen, aber nicht die Ausübung des freien Berufs untersagen.

Falls im Gesellschaftsvertrag keine besonderen Regeln über die Vertretungsbefugnis geregelt sind, gelten die Vorschriften der §§ 125 ff. HGB entsprechend. Eine Prokuristenbestellung wie bei der OHG ist nicht zulässig.

1.5.4 Gewinn- und Verlustverteilung

Die Partnerschaft ist selbst Trägerin des Gesellschaftsvermögens. Die Vermögensrechte der Gesellschafter sowie die Beteiligung an Gewinn, Verlust und stillen Reserven bestimmen sich nach § 1 Abs. 4 PartGG i. V. m. §§ 721 f. BGB.

1.5.5 Haftung

Für die Schulden der Gesellschaft haften neben dieser auch die einzelnen Partner gesamtschuldnerisch sowie persönlich, unmittelbar, primär und grundsätzlich unbeschränkt auch mit ihrem Privatvermögen (§ 8 Abs. 1 PartGG). Allerdings haften nur diejenigen Gesellschafter persönlich für berufliche Verfehlungen, die mit dem betreffenden Auftrag befasst waren (§ 8 Abs. 2 PartGG). Außerdem kann die Haftung auf eine Höchstsumme durch berufsrechtliche Regelungen beschränkt werden, falls diese eine Pflicht zum Abschluss einer Berufshaftpflichtversicherung vorsehen.

1.5.6 Gesellschafterwechsel

Neueintritt und Ausscheiden von Partnern richten sich nach den Regeln der OHG (§ 9 Abs. 1 PartGG i. V. m. §§ 131–144 HGB). Bei Verlust der Berufszulassung scheidet ein Gesellschafter zwingend aus der Gesellschaft aus (§ 9 Abs. 3 PartGG). Die Beteiligung an der Partnerschaft ist grundsätzlich nicht vererblich. Die Erben können jedoch nach dem Gesellschaftsvertrag berechtigt werden, in die Stellung des Erblassers als Partner nachzufolgen, wenn sie hierzu die persönliche Qualifikation haben (§ 9 Abs. 4 PartGG).

1.5.7 Beendigung der Gesellschaft

Die Beendigung der Partnerschaftsgesellschaft erfolgt durch die Auflösung und die nachfolgende Liquidation. Die Auflösung bestimmt sich nach dem Gesellschaftsvertrag und nach § 9 Abs. 1 PartGG i. V. m. § 131 HGB. Die Auflösung muss von allen Partnern zur Eintragung in das Partnerschaftsregister angemeldet werden. Die Liquidation findet nach den Vorschriften der § 10 Abs. 1 PartGG i. V. m. §§ 145–158 HGB und nach den Regeln wie bei der GbR statt.

1.5.8 Partnerschaftsgesellschaft mit beschränkter Berufshaftung

Durch das Gesetz zur Einführung einer Partnerschaftsgesellschaft mit beschränkter Berufshaftung und zur Änderung des Berufsrechts der Rechtsanwälte, Patentanwälte, Steuerberater und Wirtschaftsprüfer vom 15. 07. 2013 (BGBl I 2013, 2386) wurde die Partnerschaftsgesellschaft mbB (PartGmbB) geregelt (Rosner, NWB 2017, 211).

Merkmale	PartG	PartGmbB
Haftung für Schäden aus fehler-hafter Berufsausübung	Neben der Gesellschaft haften diejenigen Partner persönlich, die mit der Bearbeitung des Auftrags befasst sind.	Die Haftung ist auf das Gesellschaftsvermögen beschränkt, wenn die Berufshaftpflichtversicherung ordnungsgemäß besteht. Wer die Pflichtverletzung konkret begangen hat, ist unerheblich.
Haftung für sonstige Verbindlichkeiten	Alle Partner haften persönlich und gesamtschuldnerisch neben der Gesellschaft.	
Anforderungen an die Berufs-haftpflichtversicherung	sind vorhanden	sind nicht vorhanden

Bisher nach dem PartGG geregelte Zusammenschlüsse von Freiberuflern können sich zwecks gemeinsamer Berufsausübung (§ 1 Abs. 1 PartGG) in eine PartGmbB mit einer auf das Gesellschaftsvermögen beschränkten Berufshaftung umbenennen bzw. diese neu gründen (§ 8 Abs. 4 PartGG). Für die Umwandlung einer Partnerschaftsgesellschaft in eine PartGmbB ist ein Beschluss der Partnergesellschaft über die Fortführung als PartGmbB, der Abschluss einer Berufshaftpflichtversicherung und die Anmeldung der Änderung zum Partnerschaftsregister erforderlich. Auch die PartGmbB ist eine Personengesellschaft, auf die nach § 1 Abs. 4 PartGG grundsätzlich die Regelungen über die GbR (§§ 705 ff. BGB) Anwendung finden. Steuerlich erzielen die Gesellschafter in ihrer mitunternehmerischen Verbundenheit gemeinschaftlich Einkünfte, die ihnen nach dem Transparenzprinzip als originäre eigene Einkünfte unmittelbar zuzurechnen sind (§ 18 Abs. 4 Satz 2 i. V. m. § 15 Abs. 1 Satz 1 Nr. 2 EStG). Eine gewerbliche Infizierung nach § 15 Abs. 3 EStG ist möglich, selbst wenn die ausgeübte gewerbliche Tätigkeit nur geringfügig ist (vgl. B 1.3.2). Beteiligen sich berufsfremde Personen an der Gesellschaft oder erfüllen nicht sämtliche Gesellschafter der Partnerschaftsgesellschaft die erforderlichen Merkmale der Freiberuflichkeit, erzielt die Gesellschaft keine Einkünfte aus freiberuflicher Tätigkeit. Als Berufsfremde wird z. B. in der Freiberufler-GmbH & Co. KG auch die mitunternehmerische Beteiligung der Komplementär-GmbH angesehen (BFH vom 10. 10. 2012, BStBl II 2013, 79).

1.6 Stille Gesellschaft

1.6.1 Grundlagen

Die stille Gesellschaft dient der Kapitalbeschaffung für das Unternehmen und der Kapitalanlage für Investoren.

* Aus der Sicht des Geschäftsinhabers dient die Vermögenseinlage des Stillen der längerfristigen Finanzierung des Unternehmens. Die Fremdfinanzierung bleibt nach außen anonym. Da kein Handelsregistereintrag möglich ist, entstehen keine Kosten. In Verlustsituationen wird die Liquidität geschont, da der Stille keine Zahlungen erhält. Wenn der Stille auch am Verlust teilnimmt, ergeben sich positive Wirkungen auf das Jahresergebnis, da die Verlustübernahme beim Geschäftsinhaber als Ertrag gebucht wird. Im Übrigen können mit der Rechtsform der stillen Gesellschaft Personen oder Personengruppen an das Unternehmen gebunden werden, ohne dass diese Personen wesentliche Mitspracherechte haben. Dabei ist an die Vorbereitung der Unternehmensnachfolge und an die vorwegge-

nommene Erbfolge zu denken. Durch Schenkung einer stillen Beteiligung an Familienangehörige lassen sich Progressionsvorteile erzielen (vgl. B 11). Auch leitende Angestellte können steuerlich begünstigt am Erfolg des Unternehmens beteiligt werden.

- Aus der Sicht des Stillen bietet sich eine ertragsabhängige Beteiligungsmöglichkeit mit einer höher dotierten, wenn auch stärker risikobehafteten Einlage, als dies bei einem festverzinslichen Darlehen der Fall ist. Die Einlage ist außerdem Fremdkapital, das im Insolvenzfall quotenmäßig bedient werden muss (Blaurock, Handbuch der stillen Gesellschaft, 8. Aufl., Köln 2016).

Die stille Gesellschaft ist eine Innengesellschaft. Sie wird nicht in das Handelsregister eingetragen. Nach außen tritt nur der Inhaber des Handelsgewerbes auf. Er schließt mit dem stillen Gesellschafter einen Gesellschaftsvertrag. An der stillen Gesellschaft sind also nur zwei Personen, nämlich der Geschäftsinhaber und der Stille beteiligt. Wenn sich mehrere Personen am Handelsgewerbe eines andern beteiligen, sind im Regelfall mehrere stille Gesellschaften anzunehmen, es sei denn, die stillen Gesellschafter haben sich zu einer GbR zusammengeschlossen. Die mehrgliedrige stille Gesellschaft wird in der Unternehmenspraxis zunehmend für die Unternehmensfinanzierung genutzt. In ihr sind mehrere stille Gesellschafter, die sich an dem Handelsgewerbe beteiligen, zusätzlich in einer Innengesellschaft miteinander verbunden, in deren Rahmen sie ihre aus der stillen Beteiligung ergebenden Rechte wahrnehmen.

BEISPIEL

Praktische Bedeutung hat die mehrgliedrige stille Gesellschaft vor allem für Publikumsgesellschaften, die auf diese Weise das Anlagekapital einsammeln, ohne dass der Inhaber des Handelsgewerbes mit den einzelnen Anlegern konfrontiert wird. Eine Servicegesellschaft übernimmt die Organisation der mehrgliedrigen stillen Gesellschaft und nimmt die Rechte der stillen Gesellschafter einheitlich gegenüber dem Inhaber des Handelsgewerbes wahr. Da die Servicegesellschaft und der Inhaber des Handelsgewerbes häufig eng miteinander verbunden sind, stellen sich Probleme des Anlegerschutzes (zur fehlerhaften mehrgliedrigen stillen Gesellschaft Mock, DStR 2014, 536, 598).

Der Stille beteiligt sich mit einer Einlage an dem Handelsgewerbe des andern und erhält eine Gewinnbeteiligung. Das Gesellschaftsverhältnis bestimmt sich nach den Vorschriften des HGB (§§ 230 ff. HGB), hilfsweise nach den Vorschriften über die GbR (§§ 705 ff. HGB). Die gesetzlichen Vorschriften sind weitgehend dispositives Recht. Der wichtigste zivilrechtliche Unterschied zur Personengesellschaft (GbR, OHG, KG) besteht darin, dass der stille Gesellschafter nicht dinglich, sondern nur schuldrechtlich an der Gesellschaft beteiligt ist. Daran ändert auch die steuerlich bedeutsame Unterscheidung zwischen der typischen und der atypischen stillen Gesellschaft nichts. Bei der typischen stillen Gesellschaft hat der Stille einen schuldrechtlichen Anspruch auf Rückzahlung seiner Nominaleinlage, bei der atypischen stillen Gesellschaft erstreckt sich sein schuldrechtlicher Anspruch darüber hinaus auf einen vereinbarten Anteil an den stillen Reserven und/oder am Geschäftswert des Geschäftsinhabers.

Tatbestandsmerkmale

- Gesellschaftsvertrag zwischen dem stillen Gesellschafter (natürliche oder juristische Person) und dem Inhaber eines Handelsgewerbes (Einzelunternehmen, Personen-, Kapitalgesellschaft).
- Der Stille erbringt eine Vermögenseinlage, die in das Eigentum des Inhabers des Handelsgewerbes übergeht.
- Der Stille erhält keine Beteiligung am Betriebsvermögen des Geschäftsinhabers, sondern nur eine schuldrechtliche Beteiligung. Es entsteht kein gemeinschaftliches Gesellschafts-

vermögen. Der Stille wird nicht dinglich beteiligt, sondern hat nur schuldrechtliche Ansprüche aus der Beteiligung.

- Der Stille hat Anspruch auf Gewinnbeteiligung (zwingend) und ist am Verlust bis zur Einlage beteiligt (gesetzlicher Normalfall, abdingbar).
- Neben den Vertragsbeziehungen aus der stillen Gesellschaft kann der Stille mit dem Inhaber des Handelsgewerbes auch noch andere schuldrechtliche Vertragsbeziehungen haben (Tätigkeit, Miete, Darlehen).

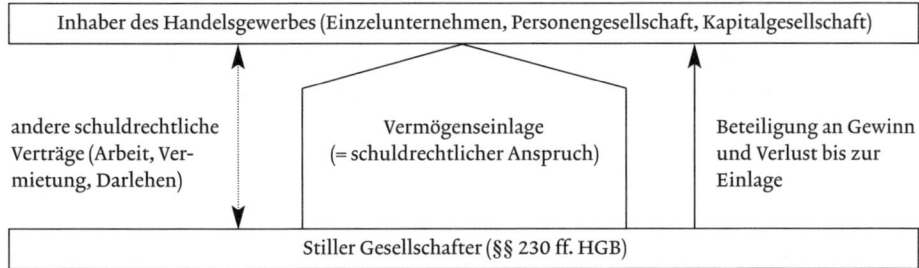

Der Geschäftsinhaber hat die Einlageleistung zu aktivieren und dem Stillen auf dem passivischen Einlagekonto gutzuschreiben. Die zu aktivierende Einlage kann in Geld oder Sachwerten geleistet werden. Das zu passivierende Einlagekonto enthält den Anspruch des Stillen auf Rückzahlung der Einlage und ist beim Geschäftsinhaber Fremdkapital. Zum Bilanzstichtag noch nicht ausgezahlte Gewinnanteile des Stillen sind ebenfalls als Schuldposten zu passivieren.

1.6.2 Gründung der Gesellschaft

Die stille Gesellschaft entsteht mit dem Gesellschaftsvertrag, der formfrei ist. Gemeinsamer Zweck ist die Beteiligung an dem Handelsgeschäft des Inhabers auf gemeinsame Rechnung. Der Inhaber des Handelsgewerbes kann ein Einzelunternehmer, eine Personengesellschaft oder eine Kapitalgesellschaft sein. Ist eine GmbH Inhaberin des Handelsgewerbes, entsteht eine GmbH & Still (vgl. III F).

Stille Gesellschafter können natürliche Personen, aber auch juristische Personen sein. Schließen mehrere Personen mit dem Inhaber des Handelsgewerbes eine stille Beteiligung ab, entstehen grundsätzlich so viele stille Gesellschaften, wie stille Gesellschafter beteiligt sind. Es ist jedoch auch möglich, dass sich mehrere Gesellschafter zu einer mehrgliedrigen Gesellschaft in der Rechtsform einer GbR zusammenschließen, die ihrerseits die Rechtsstellung eines stillen Gesellschafters erlangt.

1.6.3 Rechte und Pflichten der Gesellschafter

Die Geschäftsführung und Vertretung steht dem Inhaber des Handelsgewerbes zu. Selbst wenn dem Stillen Handlungsvollmacht oder Prokura erteilt ist, tritt er ausschließlich in dieser Funktion und nicht als Gesellschafter nach außen auf. Über den laufenden Geschäftsbetrieb hinausgehende Geschäfte, z. B. eine Änderung der Rechtsform des Unternehmens oder wesentlicher Grundlagen des Handelsgeschäfts sowie die Aufnahme weiterer Teilhaber, können kraft Vertrag von der Zustimmung des Stillen abhängig gemacht werden. Der Stille hat das Kontrollrecht, die abschriftliche Mitteilung des Jahresabschlusses zu verlangen und dessen Richtigkeit unter Einsicht der Bücher und Papiere zu prüfen (§ 233 Abs. 1 HGB). Weitere Kontrollrechte wie beispielsweise ein von der Geschäftsführung ausgeschlossener GbR-Gesellschafter (§ 716 BGB) hat der stille Gesellschafter nicht.

1.6.4   Gewinn- und Verlustverteilung

Der Stille hat die versprochene Einlage in das Vermögen des Geschäftsinhabers zu erbringen und hat dafür einen Gewinnanspruch (§§ 231, 232 HGB). Maßgebend für die Gewinn- und Verlustbeteiligung ist grundsätzlich die Handelsbilanz am Ende des Geschäftsjahrs, sofern nicht die Steuerbilanz als Berechnungsbasis vereinbart ist. Der Anspruch auf die Auszahlung des Gewinns entsteht mit der Aufstellung der Bilanz im Jahr nach der Gewinnerzielung.

Am Verlust ist der Stille grundsätzlich nur bis zur Einlage beteiligt. Verlustanteile mindern das passivische Einlagekonto. Solange die Einlage durch Verluste gemindert ist, wird der in späteren Jahren erzielte Gewinn nicht an den Stillen ausgezahlt, sondern muss zur Auffüllung bis zur Höhe der bedungenen Einlage verwendet werden. Übersteigen die Verluste des Stillen sein Einlagekonto, werden überschießende Verluste grundsätzlich vom Kapitalkonto des Geschäftsinhabers abgebucht. Nach § 231 Abs. 2 HGB kann die Verlustbeteiligung vertraglich gänzlich ausgeschlossen werden. Es kann auch vereinbart werden, dass der Stille über den Betrag seiner Einlage hinaus am Verlust teil nimmt. (Nur) in diesem Fall kann handelsrechtlich ein negatives Einlagekonto (auf der Aktivseite der Bilanz) entstehen.

1.6.5   Haftung

Der Stille wird aus den Rechtsgeschäften des Inhabers des Handelsgewerbes weder berechtigt noch verpflichtet, da die stille Gesellschaft nicht nach außen auftritt. Die Gläubiger des Geschäftsinhabers können lediglich den Anspruch auf die rückständige Einlage des Stillen pfänden. Gläubiger des Stillen wiederum können den Anspruch des Stillen gegen den Geschäftsinhaber auf den Gewinn und das Auseinandersetzungsguthaben pfänden.

1.6.6   Gesellschafterwechsel

Die Rechtsstellung des Stillen ist aufgrund ihres personalen Elements durch Rechtsgeschäft unter Lebenden nicht übertragbar. Der Tod des Stillen löst die stille Gesellschaft nicht auf (§ 234 Abs. 2 HGB). Im Zweifel setzt sie sich mit dem bzw. den Erben fort.

1.6.7   Beendigung der Gesellschaft

Wie bei der OHG und KG ist die stille Gesellschaft mit der Auflösung noch nicht beendet. Auflösungsgründe sind eine entsprechende Vereinbarung, der Zeitablauf, die Zweckerreichung, der Tod des Inhabers des Handelsgewerbes, die Kündigung des stillen Gesellschafters oder des Geschäftsinhabers oder eines Gläubigers der stillen Gesellschaft (§ 234 i. V. m. §§ 231, 234, 235 HGB). Beim Tod des stillen Gesellschafters wird anders als beim Tod des Geschäftsinhabers die stille Gesellschaft nicht aufgelöst, sondern im Zweifel mit dem Erben oder mit der Erbengemeinschaft fortgesetzt. Die stille Gesellschaft ist als reine Innengesellschaft nicht insolvenzfähig. Die Eröffnung des Insolvenzverfahrens über das Vermögen des Geschäftsinhabers löst die stille Gesellschaft auf. Mit dem Abfindungsguthaben ist der stille Gesellschafter Insolvenzgläubiger wie andere nicht bevorrechtigte Gläubiger. Er wird also in der Insolvenz günstiger als ein Kommanditist behandelt.

1.7 Unterbeteiligung

1.7.1 Grundlagen

Die Unterbeteiligung ist gesetzlich nicht geregelt. Sie ist keine stille Gesellschaft, da sie nicht wie diese an dem Handelsgewerbe eines andern, sondern am Anteil an einer Personengesellschaft eingeräumt wird. Die Unterbeteiligungsgesellschaft wird zivilrechtlich als BGB-Innengesellschaft angesehen. Es gibt kein gemeinschaftliches Gesamthandsvermögen. Zwischen Haupt- und Unterbeteiligten bestehen wie bei der stillen Gesellschaft nur schuldrechtliche Beziehungen (BGH vom 11.07.1968 NJW 1968, 2003). Die rechtlichen Grundlagen finden sich im Gesellschaftsvertrag zwischen dem Haupt- und dem Unterbeteiligten. Hilfsweise kann in Bezug auf Gewinn- und Verlusttragung, Kontrollrechte und Beendigung auf die Vorschriften über die stille Gesellschaft (§§ 230 ff. HGB) zurückgegriffen werden. Die typische und die atypische Unterbeteiligung sind wie bei der stillen Gesellschaft möglich (zur steuerlichen Behandlung vgl. B 9).

1.7.2 Gründung der Gesellschaft

Zwischen dem Hauptbeteiligten der Personengesellschaft und dem Unterbeteiligten wird ein grundsätzlich formloser Gesellschaftsvertrag geschlossen, der auf die Nutzung des Gesellschaftsanteils gerichtet ist.

1.7.3 Rechte und Pflichten der Gesellschafter

Bei der **typischen** Unterbeteiligung erhält der Unterbeteiligte einen Anteil am Jahresgewinnanteil des Hauptbeteiligten und hat bei Beendigung des Unterbeteiligungsverhältnisses Anspruch auf Rückzahlung seiner Nominaleinlage. Die Beteiligung am Verlustanteil des Hauptbeteiligten kann wie bei einem stillen Gesellschafter geregelt, also ausgeschlossen, auf die Einlage begrenzt oder über die Einlage hinausgehend vereinbart werden.

Der **atypisch** Unterbeteiligte ist darüber hinaus schuldrechtlich anteilig an den stillen Reserven und am Geschäftswert beteiligt, soweit diese auf den Hauptbeteiligten entfallen.

1.7.4 Organisation

Der Hauptgesellschafter nimmt grundsätzlich die Gesellschafterrechte zu der Hauptgesellschaft wahr. Der Unterbeteiligte steht zu dieser in der Regel in keinem Rechtsverhältnis. Die Unterbeteiligungsgesellschaft ist eine Innengesellschaft. Wenn die Unterbeteiligung den übrigen Gesellschaftern der Hauptgesellschaft nicht bekannt ist, liegt eine **geheime** Unterbeteiligung vor. Der Unterbeteiligte hat meist lediglich Kontrollrechte wie ein stiller Gesellschafter. Eine **unechte** Unterbeteiligung liegt vor, wenn der Unterbeteiligte mit Zustimmung aller Gesellschafter gewichtige Mitverwaltungsrechte in der Hauptgesellschaft hat.

2 Europäisches Gesellschaftsrecht

2.1 Vereinheitlichung des Gesellschaftsrechts

Nach den EU-Verträgen ist es die Aufgabe der EU, durch gemeinsame Politiken eine ausgewogene Entwicklung des Wirtschaftslebens zu fördern und Maßnahmen zur Angleichung der Rechts- und Verwaltungsangelegenheiten der Mitgliedstaaten zu treffen. Regelungen zu diesem Rechtsangleichungsauftrag sind in Art. 114 bis 118 AEUV und zur Wirtschaftspolitik in Art. 119, 120 ff. AEUV enthalten. In der Praxis gehören diese Vorschriften zu den bedeutsamsten Regelungen des primären Gemeinschaftsrechts. Ein wichtiges Beispiel für die Rechtsangleichung innerhalb der EU im sekundären Gemeinschaftsrecht sind die Bestrebungen zur Harmonisierung der nationalen Gesellschaftsrechtsordnungen und zur Schaffung eines Europäischen Gesellschaftsrechts. Die Europäische Kommission verfolgt eine mehrfache Zielrichtung:

- Behinderungen der Gesellschaften bei der Ausübung der Grundfreiheiten des EU-Vertrags im grenzüberschreitenden Verkehr, insbesondere der Niederlassungsfreiheit und der Kapitalverkehrsfreiheit, sollen aufgehoben werden. Die Rechtsprechung des Europäischen Gerichtshofs soll diskriminierende Regelungen beseitigen, die Maßnahmen der EU-Organe sollen die rechtlichen Möglichkeiten für die Freizügigkeit von Zweigniederlassungen und Tochtergesellschaften in der EU sowie für Unternehmensverbindungen von Gesellschaften anderer Mitgliedstaaten schaffen.
- Die nationalen Gesellschaftsrechtsordnungen sollen harmonisiert und koordiniert werden, um in jedem Land in etwa gleiche nationale Gründungs- und Rechnungslegungsvorschriften zu erlassen.
- Schließlich soll ein von den nationalen Rechtsordnungen unabhängiges Europäisches Gesellschaftsrecht geschaffen werden (Arndt/Fischer/Fetzer, Europarecht, 11. Aufl., Heidelberg 2015; Grundmann, Europäisches Gesellschaftsrecht, 2. Aufl., Heidelberg 2011; Habersack, Europäisches Gesellschaftsrecht, 4. Aufl., München 2011). Die Agenda der EU sieht einige supranationale Gesellschaftsformen vor.

BEISPIELE

a) Die **Europäische Wirtschaftliche Interessenvereinigung (EWIV)** steht als supranationale Rechtsform in Deutschland seit dem 01.07.1989 zur Verfügung. Sie ist als Personengesellschaft zu verstehen, welche die wirtschaftliche Betätigung ihrer Mitglieder durch grenzüberschreitende Kooperationen erleichtern soll, ohne dass der Weg der Fusion oder der Mutter-Tochter-Beziehung beschritten werden muss (s. 2.4).

b) Die Rechtsgrundlagen für die **Europäische Aktiengesellschaft (Societas Europaea, SE)** stehen seit 2005 zur Verfügung (s. 2.5).

c) Die **Europäische Genossenschaft (Societas Cooperativa Europaea, SCE)** wurde durch ein Bündel von europarechtlichen und nationalen Regelungen ab 2006 ermöglicht (s. 2.6).

2.2 Rechtsquellen der Europäischen Union

2.2.1 Übersicht

Die Rechtsquellen des EU-Rechts sind im primären und sekundären Gemeinschaftsrecht enthalten. Das primäre Gemeinschaftsrecht bilden die Gründungsverträge (EUV, AEUV), die allgemeinen Rechtsgrundsätze und das Gewohnheitsrecht der Gemeinschaft. Als sekundäres Gemeinschaftsrecht»erlassen das Europäische Parlament und der Rat gemeinsam, der Rat und die Kommission Verordnungen, Richtlinien und Entscheidungen, sprechen Empfehlungen aus oder geben Stellungnahmen ab« (Art. 288 Abs. 1 AEUV). Die Aufzählung ist nicht abschließend. Es gibt noch weitere Rechtsakte der EU-Organe, so z. B. die Beschlüsse und Entschließungen des Europäischen Parlaments und die Programme des Rates.

2.2.2 EU-Verordnungen

Grundlage für das europäische Bilanzrecht ist die Verordnung betreffend die Anwendung internationaler Rechnungslegungsstandards (IAS-VO, Verordnung EG Nr. 1606/2002, ABl. EG 2002 Nr. L 243, 1; ergänzt durch VO (EG) Nr. 297/2008, ABl. EG 2008 Nr. L 97, 62). Ziel ist die Harmonisierung der nationalen Bilanzrechtsordnungen durch Übernahme der International Accounting Standards (IAS) und die Heranführung an angloamerikanische Bilanzierungstraditionen. Auf der Grundlage dieser Verordnung müssen kapitalmarktorientierte Unternehmen grundsätzlich ab 2005 ihre konsolidierten Abschlüsse nach den IAS (jetzt International Financial Reporting Standards, IFRS) aufstellen. Kapitalmarktorientierte Unternehmen sind solche Kapitalgesellschaften, welche einen organisierten Markt i. S. d. § 2 Abs. 5 Wertpapierhandelsgesetz durch von ihnen ausgegebene Wertpapiere in Anspruch nehmen oder die Zulassung zum Handel an einem organisierten Markt beantragt haben (§ 264d HGB i. d. F. des BilMoG). Wahlweise können die Mitgliedstaaten den IFRS-Abschluss – verpflichtend oder als Unternehmenswahlrecht – auch auf den Konzernabschluss nicht kapitalmarktorientierter Unternehmen sowie auf den Einzelabschluss aller Unternehmen erstrecken. Die meisten rechnungslegungspflichtigen deutschen Unternehmen nehmen jedoch den Kapitalmarkt nicht in Anspruch (zur Vereinheitlichung der Rechnungslegung für nicht kapitalmarktorientierte Unternehmen Haag, DStR 2010, 2320; Reuter/Fink, BB 2010, 363; Pfitzer, DStR 2014, 345, 384; Lanfermann, BB 2014, 235). Durch das BilMoG wurde deshalb das HGB-Bilanzrecht in ein Regelwerk umgestaltet, das den IFRS gleichwertig ist, aber kostengünstiger und einfacher zu handhaben ist (Küting, DStR 2009, 288). Die HGB-Bilanz bleibt damit in modifizierter Form die Grundlage der steuerlichen Gewinnermittlung und der Ausschüttungsbemessung.

2.2.3 EU-Richtlinien

EU-Richtlinien dienen in erster Linie der Rechtsangleichung. Die Richtlinie ist für jeden Mitgliedstaat, an den sie gerichtet wird, hinsichtlich des zu erreichenden Ziels verbindlich, überlässt jedoch den innerstaatlichen Stellen die Wahl der Form und Mittel (Art. 288 Abs. 3 AEUV). Richtlinien müssen grundsätzlich durch die nationalen Gesetzgebungsorgane in innerstaatliches Recht transformiert werden. Für den einzelnen Bürger sollen durch die Richtlinie keine unmittelbaren Recht und Pflichten begründet werden. Nur wenn die Mitgliedstaaten dieser Verpflichtung nicht in angemessener Zeit nachkommen, gelten Richtlinien ohne Umsetzungsakt unmittelbar. Der deutsche Gesetzgeber setzte die Richtlinien durch Gesetzesänderungen im nationalen Recht um, so dass der europäische Ursprung heute nicht mehr ohne weiteres erkennbar ist.

BEISPIELE

a) Das dem Maßgeblichkeitsgrundsatz zugrunde liegende bisherige deutsche Handelsbilanzrecht, insbesondere das 3. Buch des Handelsgesetzbuches (§§ 238–342a HGB), basiert auf folgenden EG-Richtlinien:
- Publizitätsrichtlinie 68/151/EWG vom 09.03.1968, geändert durch Richtlinie 2003/58/EG vom 15.07.2003, Durchführungsgesetz (EHUG) vom 10.11.2006 BGBl I 2006, 2553,

- Kapitalrichtlinie 77/91/EWG vom 13.12.1976, geändert durch Richtlinie 2006/68/EG vom 06.09.2006,
- Bilanzrichtlinie (Jahresabschlussrichtlinie) 78/660/EWG vom 25.07.1978, Umsetzung im deutschen Recht durch das Durchführungsgesetz zur vierten, siebten und achten Richtlinie vom 19.12.1985 (BiLiRiG), geändert durch Richtlinie 2006/46/EG vom 14.06.2006, Umsetzung im deutschen Recht durch das BilMoG,
- Konzernbilanzrichtlinie 83/349/EWG vom 13.06.1983, geändert durch Richtlinie 2006/46/EG vom 14.06.2006,
- Ein-Personen-Gesellschaftsrichtlinie 89/666/EWG vom 21.12.1989, Durchführungsgesetz vom 18.12.1991,
- Mittelständische Bilanzrichtlinie 90/604/EWG vom 08.11.1990,
- GmbH & Co. KG-Richtlinie 90/605/EWG vom 08.11.1990, Durchführungsgesetze vom 25.04.1994 (DMBilÄndG) und vom 24.02.2000 (KapCoRiLiG).

b) Zur Anpassung der Bilanzrichtlinien an die internationale Entwicklung erließ die EG die sog. Modernisierungsrichtlinie 2003/51/EG vom 18.06.2003, geändert durch Richtlinie 2006/46/EG vom 14.06.2006. Sie betrifft den Jahresabschluss und den konsolidierten Abschluss von Gesellschaften bestimmter Rechtsformen, von Banken und Versicherungsunternehmen und soll die Mitgliedstaaten in die Lage versetzen, ihr nationales Bilanzrecht an die IAS/IFRS anzupassen. Die EG-rechtlichen Vorgaben werden in Deutschland durch das Bilanzrechtsreformgesetz vom 04.12.2004 (BilReG) und durch das Bilanzrechtsmodernisierungsgesetz (BilMoG) umgesetzt. Zum Zweck der Marktbewertung von Finanzinstrumenten wurde außerdem die Fair-Value-Richtlinie 2001/65/EG vom 27.09.2001 erlassen.

c) Weitere EU-rechtliche Richtlinienvorschriften:
- Verschmelzungsrichtlinie 78/855/EWG vom 09.10.1978, geändert durch Richtlinie 2005/56/EG vom 26.10.2005, Durchführungsgesetze vom 21.12.2006 (MgVG) und vom 19.04.2007 (2. Gesetz zur Änderung des UmwG, BGBl I 2007, 542): Einfügung von §§ 122a ff. UmwG,
- Spaltungsrichtlinie 82/891/EWG vom 17.12.1982, Durchführungsgesetz vom 18.10.1994 (UmwG),
- Bankbilanzrichtlinie 86/635/EWG,
- Zweigniederlassungsrichtlinie 89/666/EWG vom 21.12.1989, Durchführungsgesetz vom 22.07.1993,
- Versicherungsbilanzrichtlinie 91/674/EWG,
- Schwellenwertrichtlinie 2003/38/EG vom 13.05.2003,
- Abschlussprüferrichtlinie 84/253/EWG vom 10.04.1984, ersetzt durch Richtlinie 2006/43/EG vom 17.05.2006, Durchführungsgesetze vom 27.12.2004 BGBl I 2004, 3836 (APAG), vom 04.12.2004 BGBl I 2004, 3166 (BilReG) und vom 03.09.2007 BGBl I 2007, 2178 (BARefG),
- Übernahmerichtlinie 2004/25/EG vom 21.04.2004, Durchführungsgesetz vom 08.07.2006 BGBl I 2006, 1426,
- Richtlinie 2007/36/EG vom 11.07.2007 über die Ausübung bestimmter Rechte von Aktionären in börsennotierten Gesellschaften,
- Richtlinie 2012/6/EU vom 14.03.2012 zur Änderung der Richtlinie 78/660/EWG über den Jahresabschluss von Gesellschaften bestimmter Rechtsformen hinsichtlich Kleinstbetrieben, in nationales Recht umgesetzt durch das Kleinstkapitalgesellschaften-Bilanzrechtänderungsgesetz (Micro-BilG, BGBl I 2012, 2751),
- Richtlinie 2013/50/EU vom 22.10.2013 zur Änderung der Richtlinie 2004/109/EG zur Harmonisierung der Transparenzanforderungen in Bezug auf Informationen über Emittenten, der Richtlinie 2003/71/EG betreffend den Prospekt, der beim öffentlichen Angebot von Wertpapieren oder bei deren Zulassung zum Handel zu veröffentlichen ist, sowie der Richtlinie 2007/14/EG mit Durchführungsbestimmungen zu bestimmten Vorschriften der Richtlinie 2004/109/EG (Abl. L 294 vom 06.11.2013, 13 – Transparenzrichtlinie-Änderungsrichtlinie). Die Transparenzrichtlinie-Änderungsrichtlinie wurde durch das Gesetz zur Umsetzung der Transparenzrichtlinie-Änderungsrichtlinie vom 20.11.2015 (BGBl I 2015, 2029) in nationales Recht umgesetzt.

- Die Richtlinie für den Jahres- und Konzernabschluss (BiLiRi 2013/34/EU vom 26.06.2013, Nr. L 182, 19, in Kraft getreten gem. Art. 54 am 19.07.2013) reformierte den Jahresabschluss, den konsolidierten Abschluss und damit verbundene Berichte von Unternehmen bestimmter Rechtsform, also Kapitalgesellschaften (AG, KGaA, GmbH) sowie OHG und KG ohne persönlich haftende Gesellschafter (z. B. GmbH & Co. KG). Die Richtlinie ersetzt die 4. und 7. gesellschaftsrechtliche Richtlinie zum Jahresabschluss und Konzernabschluss und soll grenzüberschreitende Investitionen erleichtern sowie die unionsweite Vergleichbarkeit der Abschlüsse verbessern. Diese Richtlinie wurde durch das Bilanzrichtlinie-Umsetzungsgesetz (BilRUG) in nationales Recht umgesetzt. Die wesentlichen Änderungen betreffen die Erhöhung der monetären Schwellenwerte in Verbindung mit einer Neudefinition der Umsatzerlöse, die Konkretisierung und Erweiterung zahlreicher Ausweis- und Angabepflichten sowie die Erweiterung der Unternehmenspublizität.
- In Reaktion auf die Finanzkrise 2008 wurde die EU-Abschlussprüferrichtlinie (2014/56/EU) reformiert, die durch das Abschlussprüfungsreformgesetz (AReG, BGBl I 2016, 1142) umgesetzt wurde, und zusätzlich eine neue EU-Abschlussprüfer-Verordnung (Nr. 537/2014) verabschiedet, die in jedem Mitgliedstaat unmittelbar wirkt.
- Die EU-Mitgliedstaaten beschlossen die sog. Anti-Steuervermeidungsrichtlinie vom 12.07.2016 (Anti-Tax Avoidance Directive, ATAD). Die Mitgliedstaaten werden darin verpflichtet, derzeit bestehende Möglichkeiten zur Gewinnverkürzung und -verlagerung für Unternehmen zu beschränken. Die Maßnahmen entsprechen in weiten Bereichen bereits bestehenden deutschen Regelungen (Müller/Wohlhöfler, IWB 2016, 665).

2.3 Rechtswahlfreiheit im europäischen Gesellschaftsrecht

Das Europäische Gesellschaftsrecht soll für den einheitlichen Binnenmarkt solche Rahmenbedingungen schaffen, dass die gesellschaftsrechtlich verfassten Unternehmen ihren Standort in Europa nach ökonomischen Kriterien wählen können. Die grenzüberschreitende Mobilität von Unternehmen hängt wesentlich von der Niederlassungsfreiheit ab. Der EGV schützt die Niederlassungsfreiheit als eine der vier Grundfreiheiten des europäischen Binnenmarktes (Art. 49 bis 55 AEUV). Besonders bedeutsam ist auch die Dienstleistungsfreiheit gem. Art. 56 bis 62 AEUV. Bisher ist das Gesellschaftsrecht bei grenzüberschreitenden Sachverhalten innerhalb der EU nicht einheitlich geregelt. Das anwendbare Gesellschaftsrecht richtet sich nach den nationalen Rechtsordnungen der Mitgliedstaaten. Nach der in Deutschland lange Zeit geltenden »**Sitztheorie**« unterstand die Gesellschaft stets dem nationalen Recht des Staates, in dem sie ihren Sitz, d. h. ihre tatsächliche Hauptverwaltung, hatte. Nach diesem nationalen Recht war vor allem die Rechtsnatur, die Rechtsfähigkeit und die Haftung bestimmend. Ein Wegzug in einen anderen Mitgliedstaat konnte nach dessen Rechtsordnung andere Wertungen zur Folge haben. In Deutschland wurden daher häufig ausländische Gesellschaften mit Sitz im Inland, welche die Gründungsvoraussetzungen nach deutschem Recht nicht erfüllten, als nicht rechtsfähig behandelt oder in deutsche Personengesellschaften umgedeutet. Damit wurde das Recht verwehrt, ein Gesellschaftsstatut mit Haftungsbeschränkung im ausländischen Recht zu wählen, das den Gesellschaftern geeigneter erschien als das deutsche Recht.

Dagegen gilt nach der »**Gründungstheorie**« dasjenige Recht, das von den Gründern der Gesellschaft als satzungsmäßiger Gründungsort bestimmt worden ist. Die Rechtsprechung des EuGH brachte Bewegung in den Meinungsstreit. Im »**Centros-Urteil**« stellte der Europäische Gerichtshof fest, dass die »Sitztheorie« wegen Verstoßes gegen die Niederlassungsfreiheit aufgegeben werden muss.

BEISPIEL

Im Mitgliedstaat A, nach dessen Gesellschaftsrecht die Einzahlung eines Mindestkapitals nicht gefordert wird, wird eine Kapitalgesellschaft mit beschränkter Haftung gegründet. Die Gesellschaft ist eine Briefkastenfirma und übt im Staat A keine geschäftlichen Aktivitäten aus. Gesellschaftskapital wird nicht einbezahlt. Dafür wird im Staat B, in dem an sich strengere Vorschriften über die Mindestkapitalausstattung gelten, eine Zweigniederlassung gegründet und die Eintragung in das Gesellschaftsregister des Staates B beantragt. Der Staat B lehnt die Eintragung ab, weil er in der Gründung der Zweigniederlassung eine Umgehung seiner strengeren Vorschriften sieht.

LÖSUNG Die Weigerung der Behörden im Staat B, die Zweigniederlassung einzutragen, verstößt gegen die Niederlassungsfreiheit (EuGH vom 09.03.1999 Rs. C-212/97 NJW 1999, 2027, »Centros Ltd.«). Die Absicht, die strengen Vorschriften im Staat B zu umgehen, indem dort lediglich eine Zweigniederlassung gegründet wird, steht dem nicht entgegen. Das Gläubigerschutzziel ist nach Auffassung des EuGH nicht erreichbar, weil auch bei einer Ausübung der Geschäftätigkeit im Staat A die Zweigniederlassung einzutragen gewesen wäre, obwohl dadurch Gläubiger im Staat B ebenso gefährdet worden wären.

In der Entscheidung »**Überseering**« (EuGH vom 30.09.2003 Rs. C-208/00) ging es um die Sitzverlegung von Gesellschaften in einen anderen Mitgliedstaat als Ausprägung der primären Niederlassungsfreiheit. Der EuGH erklärte auch in dieser Entscheidung die Sitztheorie für EU-widrig. Die Entscheidung »**Inspire Art**« (EuGH vom 30.09.2003 Rs. C-167/01) betrifft – ebenso wie die »Centros«-Entscheidung – die Reichweite der sekundären Niederlassungsfreiheit in Form der Errichtung von Zweigniederlassungen von Gesellschaften in anderen Mitgliedstaaten als ihrem Gründungsort. Der EuGH erweiterte darin die Niederlassungsfreiheit von Unternehmen im europäischen Binnenmarkt erneut und entzog der Sitztheorie endgültig den Boden.

Die Entscheidungen »Centros«, »Überseering« und »Inspire Art« des EuGH beseitigten damit alle Barrieren gegen den **Zuzug von Gesellschaften** aus Mitgliedsländern der EU. Im Ergebnis führt die EuGH-Rechtsprechung dazu, dass ein Mitgliedstaat zwar den Wegzug von einer in seinem Land gegründeten Gesellschaft beschränken kann, ein anderer Mitgliedstaat aber bei einem Zuzug der Gesellschaft die Rechte des Mitgliedstaates und damit auch die Rechte der Gesellschaft beachten muss. Die Verlegung des Verwaltungssitzes einer Gesellschaft kann nicht mehr zum Verlust der Rechts- und Parteifähigkeit im Zuzugsstaat führen. Damit treten die nationalen Rechtsordnungen in einen Wettbewerb, der zu grundlegenden Änderungen des Gesellschaftsrechts führt und die Rechtsangleichung zwischen den EU-Mitgliedstaaten zu einem dringlichen Anliegen macht. Der EuGH setzt seine Rolle als »Motor der Integration« in weiteren bedeutenden Entscheidungen konsequent fort (vgl. die Urteile in den Rs. »Lasteyrie du Saillant« vom 11.03.2004 Rs. C-9/02 NJW 2004, 2439; »Sevic« vom 13.12.2005 Rs. C-411/03 NJW 2006, 425; BGHZ 154, 185, wo der EuGH die Begrenzung von Verschmelzungen nur auf inländische Gesellschaften im deutschen Umwandlungsrecht als inkompatibel mit der Niederlassungsfreiheit beurteilt).

Auch die zweite Form der transnationalen Mobilität, der **Wegzug von Gesellschaften** (Verlegung des Satzungs- oder Verwaltungssitzes), wird inzwischen differenzierter gesehen. In der »Daily Mail«-Entscheidung hatte der EuGH die Wegzugerschwernis für ein englisches Unternehmen durch den englischen Fiskus gebilligt (27.09.1988, Rs. 81/87, Slg. 1988, 5505). In der »Cartesio«-Entscheidung erstreckt der EuGH den Gewährleistungsbereich der Niederlassungsfreiheit zwar nicht auf die Sitzverlegung in einen anderen Mitgliedstaat unter Beibehaltung der inländischen Gesellschaftsform (keine formwahrende Sitzverlegung). Der EuGH erkennt aber eine Sitzverlegung unter Wechsel in eine Gesellschaftsform des Aufnahmestaates an, also eine Sitzverlegung unter identitätswahrendem Rechtsformwechsel (EuGH vom

16. 12. 2008 Rs. C-210/06 Slg. 2008 I-9641; Müller-Graff, EWS 2009, 489; Barthel, EWS 2010, 316; zu den steuerlichen Konsequenzen Schnittker, FR 2010, 565). Der Gründungsstaat entscheidet über die Auflösung der Gesellschaft in der Rechtsform des Gründungsstaates, der Zuzugsstaat entscheidet über die Zulässigkeit der Umwandlung in eine Rechtsform des Zuzugsstaates. Der EuGH beachtet die Regelungsautonomie der Mitgliedstaaten, behält dabei aber das Ziel des Binnenmarkts im Auge. In Deutschland wurde Gesellschaften der Wegzug des Verwaltungssitzes durch Änderung der §§ 4a GmbHG, 5 AktG i. d. F. des MoMiG erlaubt.

2.4 Europäische Wirtschaftliche Interessenvereinigung (EWIV)

2.4.1 Grundlagen

Grundlage der seit 1989 gründbaren Europäischen Wirtschaftlichen Interessenvereinigung (EWIV) ist die Verordnung (EWG) über die Schaffung einer EWIV (EG-VO 2137/85/EWG, ABl. EG 1985 Nr. L 199, 1, im Folgenden EWIV–VO). Darüber hinaus gilt das innerstaatliche Recht des Staates, in dem die EWIV nach ihrem Gründungsvertrag ihren Sitz hat. Für die EWIV mit Sitz in Deutschland gilt das EWIV-Ausführungsgesetz vom 14. 04. 1988 (EWIVG, BGBl I 1988, 514) und hilfsweise das Recht der OHG (§§ 105 ff. HGB).

Die EWIV ist eine supranationale Gesellschaftsform (Lentner, Das Gesellschaftsrecht der EWIV, 1994). Sie hat bisher in der Praxis keine größere Bedeutung erlangt hat, da sie nur Hilfsgeschäfte ausführen, aber nicht selbst Trägerin eines Unternehmens sein kann. Sie soll die grenzüberschreitende Kooperation von Unternehmen vereinfachen und hat den Zweck, die wirtschaftliche Betätigung ihrer Mitglieder zu erleichtern oder zu entwickeln sowie die Ergebnisse dieser Tätigkeit zu verbessern oder zu steigern (Art. 3 Abs. 1 EWIV–VO). Die EWIV selbst ist grundsätzlich nicht auf Gewinnerzielung gerichtet. Die operative Geschäftstätigkeit liegt im Regelfall bei den nationalen Gesellschaftern. Dies schließt aber nicht aus, dass die EWIV selbst Unternehmensträgerin ist und Gewinne erzielt. In Deutschland wird die EWIV einerseits als besondere Form der OHG angesehen, andererseits gelten aber für ihre Geschäftsführer ähnliche Regeln wie bei der GmbH (»OHG mit Fremdgeschäftsführung«). Die EWIV ist keine juristische Person, aber rechtlich so selbständig wie die OHG und die KG. Die EWIV gilt als Personenhandelsgesellschaft (§ 1 EWIVG). Sie führt eine Firma mit dem Zusatz EWIV (Art. 2 Abs. 2 Nr. 1 EWIVG).

2.4.2 Gründung

Gesellschafter können zum einen natürliche Personen sein, die eine gewerbliche, kaufmännische, handwerkliche, landwirtschaftliche oder freiberufliche Tätigkeit in der Gemeinschaft ausüben oder dort andere Dienstleistungen erbringen (Art. 4 Abs. 1 EWIV–VO). Außerdem können auch andere Wirtschaftssubjekte (Personengesellschaften, juristische Personen des öffentlichen oder privaten Rechts) Mitglieder sein. Die EWIV muss mindestens zwei Mitglieder haben. Diese müssen ihre Hauptverwaltung oder -tätigkeit in verschiedenen Mitgliedstaaten der EU haben. Gesellschafter aus Nicht-EU-Staaten sind nicht zulässig. Zur Gründung ist ein schriftlicher Gesellschaftsvertrag (Art. 5 EWIV–VO) und die Eintragung in das Handelsregister (Art. 6 EWIV–VO) erforderlich. Der Gesellschaftsvertrag muss schriftlich abgefasst werden und bedarf bestimmter Mindestangaben. Die Eintragung ins Handelsregister wirkt konstitutiv. Der Sitz der EWIV muss in der Gemeinschaft gelegen sein (Art. 12 EWIV–VO).

2.4.3 Rechte und Pflichten der Gesellschafter

Die Rechte und Pflichten der Gesellschafter bestimmen sich nach dem Recht der OHG (§§ 105 ff. HGB), soweit im EG-Recht nichts Abweichendes geregelt ist. Die Geschäftsführung ist anders als bei der OHG nicht den Gesellschaftern, sondern den Geschäftsführern übertragen (Art. 19 EWIV–VO). Es gilt also nicht wie bei der OHG das Prinzip der Selbstorganschaft. Organe der EWIV sind die gemeinschaftlich handelnden Gesellschafter und die Geschäftsführer. Gesamtvertretung ist nur wirksam, wenn sie ins Handelsregister eingetragen und bekannt gemacht ist. Es wird nicht zwischen laufenden und außergewöhnlichen Geschäftsführungsmaßnahmen unterschieden. Für Grundlagenbeschlüsse gilt Art. 17 EWIV–VO. Die EWIV-Geschäftsführer sind bei Pflichtverletzungen der EWIV zu Schadensersatz verpflichtet und haften Dritten gegenüber wie GmbH-Geschäftsführer aus besonderen Gründen (z. B. bei Insolvenzverschleppung).

Die Gesellschafter können eine Gesellschafterversammlung einsetzen (Art. 16 EWIV–VO). Darin hat jeder Gesellschafter zwingend eine Stimme. Stimmrecht nach Kapitalanteilen ist nicht möglich.

2.4.4 Gewinn- und Verlustverteilung

Die Gewinn- und Verlustverteilung ist in Art. 21 EWIV–VO und subsidiär in §§ 120, 121 HGB geregelt. Gewinne und Verluste werden mangels abweichender vertraglicher Regelung zu gleichen Teilen verteilt. Auch ein Entnahmerecht nach § 122 HGB wird zugelassen.

2.4.5 Haftung

Die EWIV haftet unbeschränkt mit ihrem ganzen Vermögen (Art. 1 Abs. 2 EWIV–VO). Zum Verlustausgleich haben die Gesellschafter eine nicht abdingbare Nachschusspflicht. Für Schulden der Gesellschaft haften die Gesellschafter unbeschränkt, persönlich und gesamtschuldnerisch (Art. 24 Abs. 1 EWIV–VO). Eine primäre Haftung wie bei der OHG gibt es nicht. Gläubiger können von den Gesellschaftern erst Zahlung verlangen, wenn sie die EWIV zur Zahlung aufgefordert haben und die Zahlung nicht innerhalb angemessener Frist erfolgt (Art. 24 Abs. 2 EWIV–VO).

2.4.6 Gesellschafterwechsel

Der Gesellschaftsanteil kann auf einen anderen Gesellschafter oder auf einen Dritten mit Zustimmung der übrigen Gesellschafter übertragen werden (Art. 22 EWIV–VO). Das Ausscheiden von Gesellschaftern kann durch Kündigung des Gesellschafters, mit Zustimmung der übrigen Gesellschafter oder aus wichtigem Grund sowie aus im Gesellschaftsvertrag aufgeführten Gründen erfolgen (Art. 27 EWIV–VO). Die Aufnahme neuer Gesellschafter ist durch einstimmigen Beschluss möglich.

2.4.7 Beendigung der Gesellschaft

Die Beendigung der EWIV kann durch Beschluss (Art. 31 EWIV–VO), Auflösung durch Gericht (Art. 32 EWIV–VO) oder unter den Voraussetzungen der §§ 131 f. HGB erfolgen. Die EWIV ist auch insolvenzfähig (§§ 11 Abs. 2 Nr. 1 InsO). Die Auflösung der EWIV führt zur Abwicklung (Art. 35 EWIV–VO), die sich nach §§ 145 ff. HGB richtet.

2.4.8 Auswirkungen auf andere Rechtsgebiete

Das innerstaatliche Steuerrecht sowie das Sozial- und Arbeitsrecht bleiben unberührt. Gewinne aus der Tätigkeit der EWIV gelten als Gewinne ihrer Mitglieder (Art. 21 EWIV–VO) und werden bei diesen besteuert (Art. 40 EWIV–VO). Nach § 5 Abs. 1 Satz 4 GewStG sind die einzelnen Mitglieder der EWIV Gesamtschuldner der Gewerbesteuer.

2.5 Europäische Gesellschaft (SE)

2.5.1 Grundlagen

Die Europäische (Aktien-)Gesellschaft (Societas Europaea, SE) steht seit 2005 als erste echte transnationale Unternehmensform vor allem für Großunternehmen zur Verfügung; sie ist aber auch für mittlere Unternehmen denkbar. Sie ist eine Rechtsform des europäischen Gemeinschaftsrechts in der Form einer AG mit eigener Rechtspersönlichkeit (juristische Person). Sie ist verpflichtet, ihren Sitz in einem EU-Mitgliedstaat zu nehmen und sich dort in das Register eintragen zu lassen. Das Kapital ist in Aktien zerlegt. Jeder Aktionär haftet nur bis zur Höhe des von ihm gezeichneten Kapitals. Die Anteile können, müssen aber nicht börsennotiert sein. Die erhebliche Bedeutung für die Praxis lässt sich daran erkennen, dass bis 2013 allein 180 SE-Gründungen in Deutschland die Rechtsform der SE gewählt haben (Bayer/J. Schmidt, AG 2008, R 31 m. w. N.; Louven/Ernst, BB 2014, 323).

Die europarechtlichen Grundlagen für die SE wurden durch VO und durch Richtlinie erlassen (SE-VO 2157/2001/EG vom 08. 10. 2001, ABl. EU vom 10. 11. 2001, L 294, 1; Richtlinie-EG 2001/86 vom 08. 10. 2001, ABl. EU vom 10. 11. 2001, L 294/22). Die SE-VO gilt zwar unmittelbar in jedem Mitgliedstaat, trifft aber keine Vollregelung, sondern räumt dem nationalen Gesetzgeber zahlreiche Regelungsaufträge und Wahlrechte ein. In den nicht geregelten Bereichen gilt das Recht des Sitzstaates. Das Gesetz zur Einführung der Europäischen Gesellschaft (SEEG) trat am 22. 12. 2004 (BGBl I 2004, 3675) in Kraft und wurde als Artikelgesetz von weiteren Ausführungsgesetzen begleitet (SE-Ausführungsgesetz, SEAG, SE-Beteiligungsgesetz, SEBG). Als nationales Auffangrecht gelten die Vorschriften des AktG und des HGB. Die SE erlässt ihre eigene Satzung wie eine AG. Daraus entsteht eine komplizierte Gemengelage aus europäischem und nationalem Recht (vgl. van Hulle/Maul/Drinhausen, Handbuch der Europäischen Aktiengesellschaft (SE), München 2007; Manz/Mayer/Schröder, Europäische Aktiengesellschaft SE, 2. Aufl., Baden-Baden 2010; Nagel/Freis/Kleinsorge, SE-Beteiligungsgesetz, München 2005; Theisen/Wenz, Die Europäische Aktiengesellschaft, 2. Aufl., Stuttgart 2005; G. C. Schwarz, SE-VO, München 2006).

2.5.2 Gründung

Die SE kann nur von bestehenden Gesellschaften, von denen nach dem Gebot der Mehrstaatlichkeit mindestens zwei dem Recht verschiedener Mitgliedstaaten unterliegen müssen, in bestimmten Formen gegründet werden (Art. 2 SE-VO):
- durch Verschmelzung von AGs (Art. 17–31 SE-VO),
- durch Gründung einer Holding-SE durch AGs und GmbHs (Art. 32–34 SE-VO),
- durch Gründung einer gemeinsamen Tochter-SE (Art. 35–36 SE-VO),
- durch formwechselnde Umwandlung einer AG, wenn sie seit mindestens zwei Jahren eine dem Recht eines anderen Mitgliedstaates unterliegende Tochtergesellschaft hat (Art. 37–38 SE-VO).

Der Sitz (Ort der Hauptverwaltung) muss in einem EU-Mitgliedstaat liegen. Die SE wird durch den Gründungsakt zur Kapitalgesellschaft und zum Formkaufmann. Es ist ein Mindestkapital von 120 000 € erforderlich (Art. 4 SE-VO). Für das Kapital, dessen Erhaltung und Änderung gilt das Recht des Sitzstaats der SE (Art. 5 SE-VO).

2.5.3 Institutionelle Ordnung der Societas Europaea

Die SE verfügt nach Art. 38 SE-VO über eine Hauptversammlung. Außerdem ist EG-rechtlich entweder ein Aufsichtsorgan und ein Leitungsorgan (dualistisches System, Art. 39 ff. SE-VO) oder ein Verwaltungsorgan (monistisches System, Art. 43 ff. SE-VO) vorgesehen. Die Gründer der SE haben insoweit ein Wahlrecht, das in der Satzung auszuüben ist (Art. 38 SE-VO). Das Recht des Sitzstaates ist ergänzend heranzuziehen. Eine AG mit Sitz in Deutschland hat stets eine Hauptversammlung (Art. 52–60 SE-VO, §§ 50 f. SEAG), die sich ergänzend nach dem AktG bestimmt. Das dualistische System ist im deutschen Aktienrecht hinreichend verankert (§§ 76 ff., 95 ff. AktG) und bedurfte deshalb keiner Erwähnung im nationalen Ausführungsgesetz. Hingegen wurde der dem deutschen Recht bisher fremde Verwaltungsrat des monistischen Systems umfassend geregelt; er vereint in sich, wie im angelsächsischen Rechtskreis üblich, die Aufgaben der Geschäftsführung und der Kontrolle über diese (§§ 20–49 SEAG). Um Interessenkonflikten entgegenzuwirken, wird zwischen geschäftsführenden »executive directors« (§ 40 SEAG) und nicht geschäftsführenden »non executive directors« unterschieden.

2.5.4 Rechnungslegung

Die SE unterliegt hinsichtlich der Aufstellung ihres Jahresabschlusses, Konzernabschlusses, Lageberichts sowie hinsichtlich der Prüfung und Offenlegung den Vorschriften, die für dem Recht des Sitzstaates unterliegende AGs gelten (Art. 61 SE-VO). Die Vorschriften des deutschen HGB und AktG sind weitgehend durch EG-Richtlinien geprägt (vgl. A 2.2.3).

2.6 Europäische Genossenschaft (SCE)

Seit 2006 kann die Europäische Genossenschaft (Societas Cooperativa Europaea, SCE) gegründet werden. Die SCE wurde als supranationale Rechtsform durch EG-rechtliche Vorschriften eingeführt (SCE-VO (EG) vom 22.07.2003, ABl. EU vom 18.08.2003, L 207, 1; RL 2003/72/EG vom 22.07.2003, ABl. EU vom 18.08.2003, L 207, 25). Auch die SCE weist einen Numerus Clausus von Gründungsformen (Art. 2 SCE-VO), ein Wahlrecht hinsichtlich der Leitungsverfassung (Art. 36 SCE-VO) und die Möglichkeit einer grenzüberschreitenden Sitzverlegung (Art. 7 SCE-VO) auf. Das Gesetz zur Ausführung der SCE-VO (SCEAG) vom 14.08.2006 (BGBl I 2006, 1911) soll Anreize dafür bieten, dass neu gegründete Europäische Genossenschaften ihren Sitz nach Deutschland legen. Der deutsche Gesetzgeber nahm die SCE zum Anlass, auch das deutsche Genossenschaftsrecht umfassend zu reformieren (Gesetz vom 14.08.2006 BGBl I 2006, 1931; vgl. Kessler, BB 2006, 1693; Hirte, DStR 2007, 2166).

2.7 Weitere geplante europäische Rechtsformen

Im Jahr 2008 legte die Kommission den Entwurf einer Verordnung des Rates über ein Statut der **Europäischen Privatgesellschaft** vor (Societas Privata Europaea, SPE; vgl. VO des Rates über das Statut der Europäischen Privatgesellschaft, KOM (2008) 396). Sie soll weit größere

Gestaltungsspielräume als nationale Gesellschaftsformen bieten. Dem Rechtscharakter nach gleicht sie einer GmbH, weicht aber in vielerlei Hinsicht vom deutschen GmbH-Recht ab. Nach dem SPE-Statut müssen die Gründungsgesellschafter viele Bereiche individuell in der Satzung regeln, die in Deutschland gesetzlich geregelt sind. Dadurch wird der Aufbau einer internationalen Konzernstruktur vereinfacht. Vor allem kleinere und mittlere Unternehmen sollen ihren ausländischen Töchtern eine einheitliche Rechtsform geben und dadurch erhebliche Kosten bei der Führung dieser Konzerngesellschaften sparen können. Zugleich tritt der Minderheiten- und Gläubigerschutz zurück. Die SPE verfügt zwar über ein Stammkapital, das Mindestkapital muss aber wie bei der deutschen Unternehmergesellschaft (haftungsbeschränkt) und bei der französischen S. A. R. L. nur 1 € betragen(Hommelhoff/Teichmann, DStR 2008, 925; Maul/Röhricht, BB 2008, 1574; Balmes/Rautenstrauch/Kott, DStR 2009, 1557). Wegen abweichender Stellungnahmen einzelner EU-Mitgliedstaaten legte die Kommission eine Mitteilung (KOM/2011/78) zur Überprüfung des »Small Business Act« vor, welche das Europäische Parlament in einer Entschließung annahm. Der Europäische Rat lehnte jedoch am 30.05.2011 den Kompromissvorschlag aufgrund des Vetos von Deutschland und Schweden vorläufig ab. Deutschland will u. a. die Mitbestimmungsrechte sichern.

Zur Fortentwicklung des europäischen Gesellschaftsrechts legte die EU-Kommission ein Maßnahmenpaket vor (vgl. dazu Lanfermann/Maul, BB 2014, 1283). Die Kommission empfahl u. a. im Jahr 2013 den Erlass einer Richtlinie zur **Single Member Company (SMC**, Societas Unius Personae), die das Recht der Mitgliedstaaten zur Einpersonen-GmbH weiter harmonisieren soll (vgl. auch 12. RL 2009/102/EG). Grenzüberschreitend tätige Unternehmen sollen dadurch in allen Mitgliedstaaten Tochter-GmbHs nach einheitlichem Muster errichten können (Hommelhoff, AG 2013, 211; Teichmann, ZRP 2013 169).

Den Verordnungsvorschlag zur **Europäischen Stiftung** (Fundatio Europaea) befürwortete das Europäische Parlament im Jahr 2013, setzte sich aber für einige Änderungen ein (Verse, EuZW 2013, 336; Richter/Gollan, ZGR 2013, 551; Führer/Sassen/Behrmann, BB 2014, 619).

Kommission und Europäisches Parlament arbeiten am Entwurf einer **Europäischen Gegenseitigkeitsgesellschaft** (European Mutual) als europäisches Pendant zum VVaG (Mitt. 22.10.2013, COM (2013) 739).

Schließlich wird an einem **Europäischen Modellgesetz für Kapitalgesellschaften** (European Model Companies Act, EMCA) gearbeitet. Vorbild ist der US-amerikanische Model Business Corporation Act (Lutter/Bayer/Schmidt, Europäisches Unternehmens- und Kapitalmarktrecht, 5. Aufl., Berlin 2012; Teichmann, AG 2013, 184).

2.8 Ausländische Rechtsformen

Das Recht der Personengesellschaften hat sich in den letzten Jahrzehnten im Vergleich zum GmbH- und Aktienrecht wenig fortentwickelt. Deutschland hat mit seinem in die Jahre gekommenen System von GbR, OHG, KG und PartG den Anschluss an die internationale Rechtsentwicklung verpasst. Durch Änderungen der Rechtsprechung (BGH, NJW 2001, 1056 zur Rechtsfähigkeit der GbR; BGH, NJW 2009, 594 zur Grundbuchfähigkeit der GbR) wurden zwar einige für die Praxis wichtige Fragen geklärt. Dies schlug sich jedoch bis heute nicht im Gesetzeswortlaut der §§ 705 ff. BGB nieder. Das gesetzliche Regelungskonzept muss im Regelfall vertraglich abbedungen werden, damit sich die GbR als Unternehmensträger eignet. Rechtsanwälte, Steuerberater und Wirtschaftsprüfer können nach dem Berufsrecht ihre persönliche Haftung in der GbR durch den Gesellschaftsvertrag beschränken. Anderen Unternehmern wird dies von der Rechtsprechung versagt. Das Recht der Personenhandelsgesellschaften ist mit seiner Anknüpfung an das Handelsgewerbe und der daraus folgenden Ausklammerung der freien Berufe nicht mehr zeitgemäß.

In anderen Mitgliedstaaten der EU sind dagegen Fortschritte zu verzeichnen (Jacobs, Internationale Unternehmensbesteuerung, 8. Aufl., München 2016 m. w. N.; Fleischer, NZG 2014, 1081). In Frankreich gibt es deutlich mehr Wahlmöglichkeiten zwischen verschiedenen Formen der Personengesellschaften (Henssler, NJW 2010, 125). In Österreich wurde das Handelsgesetzbuch in ein Unternehmensgesetzbuch (UGB) umgewandelt und die OHG durch die offene Gesellschaft (OG) ersetzt. In Großbritannien wird mit der Private Limited Company (Ltd.) eine Rechtsform angeboten, welche die Vorteile einer Kapitalgesellschaft und ihrer Haftungsbegrenzung mit flexibleren und kostengünstigeren Formen bei der Gründung, der Finanzverfassung und der Satzungsautonomie verbindet. Es gibt inzwischen viele Unternehmen auch in Deutschland, welche diese Rechtsform trotz des Umgangs mit der ausländischen Rechtsordnung, zusätzlichen Buchführungs- und Bilanzierungspflichten in England und des möglichen Durchgriffs auf das Privatvermögen der Gesellschafter und der Geschäftsführer gewählt haben. Im angelsächsischen Rechtskreis wird außerdem mit der Limited Liability Partnership (LLP) eine praxisgerechte Rechtsform zur Verfügung gestellt, die auch gewerbliche Tätigkeiten umfasst und den Gesellschaftern steuerliche Transparenz und ein umfassendes Haftungsprivileg zur Verfügung stellt. Begünstigt durch die Rechtsprechung des EuGH zur Niederlassungsfreiheit wird diese Rechtsform auch in den übrigen Mitgliedstaaten der EU genutzt. Vor allem in Deutschland ist die LLP als Alternative zu den Gesellschaftsformen des deutschen Rechts vermehrt anzutreffen (Bank, BB-Special LLP, 2010, 4). Die LLP hat im Außenverhältnis die Eigenschaften einer Körperschaft, für deren Verbindlichkeiten grundsätzlich nur das Gesellschaftsvermögen haftet. Die Inanspruchnahme der Gesellschafter ist aufgrund des Trennungsprinzips grundsätzlich nicht möglich. Der Gesellschaftsvertrag ist wie bei Personengesellschaften flexibel gestaltbar und die Gründung sehr einfach und nicht formbedürftig (Rehm, in Wassermeyer/Richter/Schnittger, Personengesellschaften im internationalen Steuerrecht, 2. Aufl., Köln 2015). Die LLP hat deshalb als Rechtsform, die zwischen den Personen-und Kapitalgesellschaften angesiedelt ist, in jüngster Zeit bei Sozietäten der freien Berufe mit Verwaltungssitz in Deutschland stark an Bedeutung gewonnen.

Teil B   Allgemeine Besteuerungsfragen

1   Besteuerung von Mitunternehmerschaften

1.1   Regelung des § 15 Abs. 1 Satz 1 Nr. 2 EStG

1.1.1   Regelungszweck der Mitunternehmerschaft

Personengesellschaften sind nicht einkommensteuer- oder körperschaftsteuerpflichtig. § 15 Abs. 1 Satz 1 Nr. 2 EStG rechnet das von der Mitunternehmerschaft erzielte Einkommen anteilig unmittelbar den einzelnen Mitunternehmern als eigene Einkünfte zu (Transparenzprinzip, BFH GrS vom 03.05.1993 BStBl II 1993, 616, 621). Die Besteuerung der Personengesellschaften unterscheidet sich damit grundlegend von der Besteuerung der Kapitalgesellschaften, bei denen der Gewinn zunächst bei der Gesellschaft der Körperschaftsteuer und anschließend nach Ausschüttung bei den Gesellschaftern der Einkommen- oder Körperschaftsteuer unterliegt (Trennungsprinzip). Die Vorschrift des § 15 Abs. 1 Satz 1 Nr. 2 EStG umfasst zwei Komponenten, nämlich die Gewinnanteile der Gesellschafter einer OHG, einer KG und einer anderen Gesellschaft, bei der die Gesellschafter als Mitunternehmer des Betriebs anzusehen sind, und die Sondervergütungen, die der Gesellschafter von der Gesellschaft für Tätigkeit, Hingabe von Darlehen und Überlassung von Wirtschaftsgütern bezogen hat. Dementsprechend erfolgt auch die Einkünfteermittlung der Gesellschafter in zwei Stufen:

1. Der von der Personengesellschaft erwirtschaftete Gewinn wird bei den Gesellschaftern in ihrem **Gewinnanteil** erfasst. Das Gesetz geht davon aus, dass der Gewinn bei der Personengesellschaft entsteht. Deshalb muss zunächst der Gewinn der Gesellschaft auf der Grundlage der Handelsbilanz unter Beachtung der steuerlichen Gewinnermittlungsvorschriften der §§ 5 ff. EStG ermittelt werden (1. Stufe). Dieser Gewinn ist anschließend anteilig auf die Gesellschafter zu verteilen und bei ihnen als Einkünfte zu versteuern.

2. Außerdem müssen bei den Gesellschaftern die **Sondervergütungen** erfasst werden, die von der Gesellschaft an die Gesellschafter bezahlt werden (2. Stufe). Es kommt dabei nicht darauf an, ob die hinzugerechneten Sondervergütungen auf gesellschaftsrechtlicher Grundlage oder aufgrund einer schuldrechtlichen Verpflichtung (z. B. Arbeits-, Dienst-, Werk-, Darlehens-, Miet-, Pachtvertrag) gezahlt werden.

Zweck des § 15 Abs. 1 Satz 1 Nr. 2 EStG ist es, den Personengesellschafter so weit wie möglich einem Einzelunternehmer gleichzustellen. Dieser Regelungszweck wird erreicht, indem die Sondervergütungen der Gesellschafter dem Steuerbilanzgewinn hinzugerechnet und die überlassenen Darlehen und Wirtschaftsgüter als Sonderbetriebsvermögen in die steuerliche Gesamtbilanz aufgenommen werden. Die Hinzurechnung der Sondervergütungen soll die Mitunternehmer einer Personengesellschaft einem Einzelunternehmer anzunähern, weil dieser keine Verträge mit sich selbst abschließen kann (BFH vom 11.03.1992 BStBl II 1992, 798). Dies bedeutet, dass im Zweifel dem Ergebnis der Vorzug zu geben ist, das bei wirtschaftlich vergleichbaren Sachverhalten zu einer gleichmäßigen Besteuerung von Einzelunternehmern und Mitunternehmern führt (so der ansonsten in einigen Bereichen überholte Mitunternehmererlass, BMF vom 20.12.1977 BStBl I 1978, 8, Tz. 2).

BEISPIEL ━━━

Grundfall Sondervergütungen

An der ABC-OHG sind die Gesellschafter A, B und C zu gleichen Teilen beteiligt. Der HB-Gewinn der OHG des Jahres 01 beträgt 120 000 €. A erhält für seine Geschäftsführertätigkeit von der OHG 50 000 € ausbezahlt. B erhält für eine Darlehenshingabe an die OHG von dieser 10 000 € Zinsen. C erzielt aus einem an die OHG vermieteten Grundstück Einkünfte von 20 000 € (25 000 € Einnahmen, 5 000 € AfA und Kosten). Die Zahlungen der OHG an ihre Gesellschafter sind in der HB der OHG als Aufwand gebucht.

LÖSUNG Die in der HB der OHG als Aufwand gebuchten Gehalts-, Zins- und Darlehenszahlungen dürfen im Ergebnis den Steuerbilanzgewinn nicht mindern. Auch ein Einzelunternehmer dürfte solche Zahlungen (an sich selbst) nicht vom Gewinn abziehen. Sie sind daher als Sondervergütungen dem steuerlichen Gesamtgewinn der OHG hinzuzurechnen. Dieser beträgt demnach (120 000 € + 50 000 € + 10 000 € + 20 000 € =) 200 000 €. Die Zahlungen sind zugleich dem Gewinnanteil des jeweiligen Gesellschafters hinzuzurechnen. Sie stellen bei den Gesellschaftern keine privaten Einkünfte aus §§ 19, 20, 21 EStG, sondern Sonderbetriebseinnahmen (SBE) bzw. Sonderbetriebsausgaben (SBA) dar. Das Grundstück des C gehört zu seinem Sonderbetriebsvermögen bei der OHG, das Teil der steuerlichen Gesamtbilanz und dort steuerverhaftet ist. Die Gewinnverteilung wird wie folgt vorgenommen:

Gesellschafter	Handelsbilanz-gewinn	Sonderbetriebs-einnahmen	Sonderbetriebs-ausgaben	**Steuerlicher Gesamtgewinn**
A	40 000 €	50 000 €	–	90 000 €
B	40 000 €	10 000 €	–	50 000 €
C	40 000 €	25 000 €	5 000 €	60 000 €
Gesamt	120 000 €	85 000 €	5 000 €	200 000 €

━━

Der steuerliche Gesamtgewinn der Personengesellschaft bildet zugleich auch die Basis für den **Gewerbeertrag** nach §§ 7 ff. GewStG vor den gewerbesteuerlichen Hinzu- und Abrechnungen. Die Sondervergütungen werden also auch gewerbesteuerlich umqualifiziert. Dieser Umstand stellt eine wesentliche Ursache für die Qualifikationsnorm des § 15 Abs. 1 Satz 1 Nr. 2 EStG dar. Ohne ihre Anwendung würden die Sondervergütungen nicht nur den Handelsbilanzgewinn, sondern auch den Steuerbilanzgewinn und den Gewerbeertrag mindern. Dies wäre einkommensteuerlich ohne erhebliche Bedeutung, weil die private Versteuerung der Sondervergütungen – bis auf die Freibeträge bei den Einkünften aus §§ 19, 20 EStG – bei den Gesellschaftern zu ähnlichen Ergebnissen führen würde. Die Erfassung der Sondervergütungen beim Gewerbeertrag erhöht aber die Gewerbesteuerbelastung der Personengesellschaft.

Dies bedeutet einen weiteren erheblichen **Belastungsunterschied** zur Besteuerung der **Kapitalgesellschaft**, bei der Sondervergütungen an die Gesellschafter grundsätzlich auch in der Steuerbilanz als Aufwand zu berücksichtigen sind. Der Gesetzgeber sucht den Unterschied durch den Freibetrag von 24 500 € bei Personenunternehmen auszugleichen (§ 11 GewStG). Außerdem ist die GewSt mit dem 3,8-Fachen des nach § 14 GewStG festgesetzten GewSt-Messbetrags anteilig bei der persönlichen Einkommensteuer der Mitunternehmer abzuziehen (§ 35 Abs. 1 Nr. 1 EStG). Der Satz wurde durch das UntStRefG 2008 (BGBl I 2007, 1912) vom 1,8-Fachen auf das 3,8-Fache erhöht, weil die GewSt nicht mehr als Betriebsausgabe abgezogen werden kann (§ 4 Abs. 5b EStG). Dies kompensiert die Unterschiede nicht vollständig. Durch die Reform der Gewerbesteuer könnte die Besteuerung der Personengesellschaften wesentlich vereinfacht und mehr Belastungsgleichheit mit den Kapitalgesellschaften hergestellt werden.

Allerdings führen die unterschiedlichen Steuersätze in der Einkommen- und Körperschaftsteuer zu weiteren erheblichen Belastungsunterschieden zwischen Personen- und Kapitalgesellschaften (vgl. 1.1.3).

1.1.2 Grundlagen

Der Wortlaut des § 15 Abs. 1 Satz 1 Nr. 2 EStG lässt seit jeher viele Fragen offen (Kruse, Grundprobleme der Personengesellschaft im Steuerrecht, DStJG 1979). Aus der Vorschrift ist beispielsweise nicht klar abzuleiten, ob

- Sondervergütungen an die Gesellschafter in jedem Fall als gewerbliche Einkünfte behandelt werden oder ob nur Vergütungen für solche Leistungen erfasst werden, die der Förderung der Gesellschaft dienen,
- nur Sondervergütungen an die Gesellschafter und damit Entgelte für Leistungen der Gesellschafter an die Gesellschaft oder auch Leistungen der Gesellschaft an die Gesellschaft erfasst werden,
- lediglich Sondervergütungen, die sonst nichtselbständige Einkünfte, Einkünfte aus Kapitalvermögen und Vermietung und Verpachtung wären, in gewerbliche Einkünfte umqualifiziert werden sollen oder ob auch die Gewinnermittlung festgelegt ist,
- die Sondervergütungen als isolierte gewerbliche Einkünfte der Gesellschafter oder als Bestandteil des steuerlichen Gesamtgewinns und damit auch des Gewerbeertrags der Gesellschaft zu sehen sind,
- für die gewerblichen Sondervergütungen die Grundsätze periodengerechter Gewinnermittlung gelten, da »bezogene« Vergütungen erfasst werden sollen, die dem Wortlaut nach auch nach dem Zuflussprinzip versteuert werden könnten,
- die Wirtschaftsgüter, für welche die Sondervergütungen gezahlt werden, Privatvermögen bleiben oder bilanziert werden müssen und ggf. wie diese Bilanzierung zu erfolgen hat.

Diese Fragen können heute als weitgehend geklärt angesehen werden. Die Deutungsmuster sind jedoch unterschiedlich. Rechtsprechung und Lehre versuchten, die steuerliche Behandlung der Sondervergütungen früher mit der sog. **Bilanzbündeltheorie** zu begründen, die auf die Rechtsprechung des Reichsfinanzhofs zurückging. Danach stellte die Bilanz der Personengesellschaft ein Bündel von Einzelbilanzen der Gesellschafter dar. Die Einheit der Gesellschaft war so gut wie nicht existent. Die Bilanzbündeltheorie ist heute überholt, weil sich die zugrunde liegende These der Gleichstellung mit dem Einzelunternehmer nicht durchgängig aufrechterhalten ließ. Schon zivilrechtlich bestehen erhebliche Unterschiede, weil der Gesellschafter mit seiner Gesellschaft durchaus schuldrechtliche Verträge schließen kann, während dies dem Einzelunternehmer (mit sich selbst) versagt ist. Auch steuerlich ließ der BFH beispielsweise Veräußerungen zwischen Gesellschaft und Gesellschafter wie zwischen Fremden zu und gab die Bilanzbündeltheorie ausdrücklich auf (BFH vom 08. 12. 1983 BStBl II 1983, 570). Die Aufgabe, die Bilanzbündeltheorie zu ersetzen, erwies sich jedoch schwieriger als ihre Überwindung. An ihrer Stelle konnte sich keine einheitliche, in jeder Hinsicht überzeugende Theorie etablieren. Die Besteuerung der Personengesellschaften wird heute aufgrund unterschiedlicher Konstrukte als ein duales System angesehen, bei dem sowohl auf die Einheit der Gesellschaft als auch auf die Vielheit der Gesellschafter abgehoben wird.

Der BFH begründete in einigen Entscheidungen die Umqualifizierung der Sondervergütungen der Gesellschafter in gewerbliche Einkünfte mit der sog. **Beitragstheorie** Danach sollen nur Vergütungen für solche Leistungen als Sondervergütungen behandelt werden, die der Förderung der Gesellschaft dienen. Entgelte für Leistungen, die keinen Beitrag zum Gesellschaftszweck darstellen, sollten nicht in gewerbliche Einkünfte umqualifiziert werden. Diese einschränkende Auslegung des § 15 Abs. 1 Satz 1 Nr. 2 EStG hielt der BFH in späteren Entscheidungen nicht mehr aufrecht. Heute wird jede Vergütung der Gesellschaft an den Gesellschafter für Dienstleistung, Darlehenshingabe oder Wirtschaftsgutüberlassung ohne Rücksicht auf den Umfang der Beteiligung oder der Leistung des Gesellschafters als Sondervergütung angesehen.

BEISPIELE

An einer KG sind als Kommanditisten beteiligt
- A, der als Architekt im üblichen Geschäftsverkehr aus seinem Architekturbüro Leistungen an die KG erbringt und von der KG Architektenhonorar bezieht,
- B, der zugleich als Lehrling in der KG angestellt ist und eine Lehrlingsvergütung erhält,
- C, der nur einen Zwerganteil an der KG hält und eine Sondervergütung erhält.

LÖSUNG In allen Fällen liegt kein besonderer Beitrag zum Gesellschaftszweck vor. Dennoch sind die Sondervergütungen dem Steuerbilanzgewinn hinzuzurechnen.

Nach der sog. **Konsolidierungstheorie** ist die Bilanzierung bei der Gesellschaft und bei den einzelnen Gesellschaftern zu einer wirtschaftlichen Einheit zusammenzufassen, d. h. die aus der Handelsbilanz abgeleitete Steuerbilanz der Gesellschaft ist durch die Sonderbilanzen der Gesellschafter zur steuerlichen Gesamtbilanz zu konsolidieren (Döllerer, DStZ 1983, 179).

Nach der **Theorie der additiven Gewinnermittlung** sind der Gewinnanteil aus der Handelsbilanz/Steuerbilanz der Gesellschaft und aus den Sonderbilanzen der Gesellschafter zu addieren und gleichermaßen nach dem Betriebsvermögensvergleich gem. § 4 Abs. 1, § 5 EStG zu ermitteln (BFH GrS 7/89 vom 25.02.1991 BStBl I 1991, 697). Dabei ist jedoch keine reine Addition vorzunehmen, bei der sämtliche Bilanzierungs- und Bewertungsvorschriften auf die verschiedenen Bilanzen getrennt angewendet werden. Die Bilanzierung hat vielmehr korrespondierend zu erfolgen. Der korrespondierende Ausweis von Forderungen und Schulden zwischen Gesellschaft und Gesellschafter in Handelsbilanz und Sonderbilanz bildet im Ergebnis das steuerliche Eigenkapital der Gesellschafter ab (Uelner, DStZ 1978, 259).

BEISPIEL

Der Gesellschafter A ist an der AB-KG beteiligt. A gewährt der KG ein Darlehen von 100 000 €. Der Teilwert ist am Bilanzstichtag auf 60 000 € gesunken.

LÖSUNG Bei rein additiver Gewinnermittlung wäre die Darlehensschuld in der Bilanz der KG mit 100 000 € zu passivieren und die Darlehensforderung in der Sonderbilanz des A mit dem niedrigeren Teilwert zu aktivieren. Bei additiver Gewinnermittlung mit korrespondierender Bilanzierung sind Darlehensschuld in der Gesellschaftsbilanz und Darlehensforderung in der Sonderbilanz des A gleichermaßen mit 100 000 € auszuweisen. Das Imparitätsprinzip wird nicht angewendet und eine Teilwertabschreibung nicht zugelassen (BFH vom 08.12.1982 BStBl II 1983, 570). Dadurch wird per Saldo wie bei einem Einzelunternehmer ein Eigenkapital von 100 000 € ausgewiesen.

In der Praxis ergänzen sich die Erklärungsversuche, auch wenn die Gleichstellung von Einzelunternehmer und Mitunternehmer nicht durchgängig gelingt. Grundsätzlich steht die **Einheit der Gesellschaft** im Vordergrund:
- Die Gesellschaft ist Subjekt der Einkünfteerzielung. Mangels Gewinnerzielungsabsicht kann der Betrieb der Gesellschaft zum Liebhabereibetrieb werden, so dass Verluste steuerlich nicht anerkannt werden können.
- Die Gesellschaft ist auch Subjekt der Einkünftequalifikation. Die Einkunftsart bestimmt sich grundsätzlich nach der Tätigkeit der Personengesellschaft.
- Die Gesellschaft ist außerdem Subjekt der Einkünfteermittlung. Der steuerliche Gesamtgewinn wird auf der Ebene der Gesellschaft ermittelt. Bei der Buchführung und Bilanzierung können Bilanzierungs- und Bewertungsspielräume im Hinblick auf Wirtschaftsgüter des Gesamthandsvermögens grundsätzlich nur einheitlich von allen Gesellschaftern ausgeübt werden.

- Die Gewinnermittlung und Gewinnverteilung wird verfahrensrechtlich im Gewinnfeststellungsbescheid durch das Betriebsfinanzamt der Gesellschaft mit Bindungswirkung für die Wohnsitzfinanzämter der Gesellschafter vorgenommen. Der Gewinnfeststellungsbescheid ist Grundlagenbescheid für die ESt-Bescheide der Gesellschafter.
- Der Leistungsaustausch zwischen gewerblichen Personengesellschaften sowie Veräußerungen zwischen Gesellschaft und Gesellschafter zum üblichen Preis werden auch steuerlich anerkannt (zu den Fällen der Nichtanwendung des § 15 Abs. 1 Nr. 1 Satz 2 EStG vgl. 3.5.5).
- Personengesellschaften können sich als Gesellschafter an anderen Personengesellschaften beteiligen und sind dann als Einheit und nicht als Vielheit der Gesellschafter Mitunternehmer des Beteiligungsunternehmens (zu mehrstöckigen Mitunternehmerschaften vgl. 6).

Wo die Einheit der Gesellschaft nicht zu einer sachgerechten Besteuerung führt, wird dagegen auf eine gesellschafterbezogene Betrachtungsweise abgestellt. Die **Vielheit der Gesellschafter** spielt bei vielen Fragen eine Rolle:

- Die Einkünfteerzielung wird zweistufig geprüft. Die Gewinnerzielungsabsicht muss nicht nur, wie eben dargestellt, auf der Ebene der Gesellschaft vorliegen. Auch jeder einzelne Gesellschafter muss sich mit der Absicht der Einkünfteerzielung betätigen. Selbst wenn diese Absicht bei der Gesellschaft zu bejahen ist, kann sie bei einzelnen Gesellschaftern zu verneinen sein, z. B. wenn die Gesellschafterstellung nur befristet vereinbart ist und innerhalb der Frist voraussichtlich kein Gewinn erwirtschaftet wird.
- Bei der Einkünftequalifikation wird unter bestimmten Umständen auf die Ebene der Gesellschafter durchgegriffen.
- Wenn alle Gesellschafter die Qualifikation als Freiberufler gem. § 18 Abs. 1 EStG erfüllen, hat die Gesellschaft selbst freiberufliche Einkünfte. Bei einer Kapitalgesellschaft wäre das nicht möglich, da diese ohne Rücksicht auf die Art der Betätigung durch die Gesellschafter kraft Rechtsform immer gewerbliche Einkünfte hat.
- Bei einer vermögensverwaltenden Personengesellschaft, die Einkünfte aus § 21 EStG hat, können bei einem Gesellschafter aus in seiner Person liegenden Gründen gewerbliche Einkünfte vorliegen, z. B. wenn nur er die Voraussetzungen des gewerblichen Grundstückshandels erfüllt oder wenn es sich bei dem Gesellschafter um eine Kapitalgesellschaft handelt, da diese stets gewerbliche Einkünfte hat.
- Bei der Einkünfteermittlung können personenbezogene Wahlrechte eine Rolle spielen (z. B. § 6b EStG).

1.1.3 Unternehmensteuerreform

Mit dem Unternehmensteuerreformgesetz 2008 (UntStRefG, BGBl I 2007, 1912) setzte der Gesetzgeber die Koalitionsvereinbarung aus dem Jahr 2005 um, die folgende Ziele formulierte:
- Verbesserung der internationalen Wettbewerbsfähigkeit und Europatauglichkeit,
- weitgehende Rechtsform- und Finanzierungsneutralität,
- Einschränkung von Gestaltungsmöglichkeiten,
- Verbesserung der Planungssicherheit für Unternehmen und öffentliche Haushalte,
- Sicherung der deutschen Steuerbasis.

Die Hoffnungen auf eine grundlegende Strukturreform der Unternehmensteuerreform im Sinne einer einheitlichen Unternehmensteuer haben sich nicht erfüllt. Das Gesetz beinhaltet im Wesentlichen lediglich eine Reform der Steuersätze auf der Ebene der Unternehmen und der

Anteilseigner. Das Ziel der Senkung der Unternehmensteuerbelastung wurde durch eine Tarifentlastung bei Körperschaftsteuerpflichtigen und durch eine Thesaurierungsrücklage bei Personengesellschaften erreicht. Die Regelungen zur steuerlichen Entlastung gingen mit einer Reihe von Gegenfinanzierungsregelungen einher, welche die Steuerentlastung der Unternehmen fiskalisch gegenfinanzieren und Personenunternehmen und Kapitalgesellschaften gleichermaßen treffen:

- Wie bisher wird bei **Kapitalgesellschaften** bei der Besteuerung vollständig zwischen der Ebene der Gesellschaft mit KSt und der Ebene des Anteilseigners mit KSt oder ESt unterschieden (**Trennungsprinzip**). Auf beiden Ebenen wurden durch das UntStRefG 2008 Steuersatzänderungen vorgenommen. Die laufenden Gewinne auf der Ebene der körperschaftsteuerpflichtigen Unternehmen werden nunmehr mit einem Körperschaftsteuertarif i. H. v. 15 % (statt bisher 25 %) besteuert (§ 23 Abs. 1 KStG). Die Gesamtsteuerbelastung der Kapitalgesellschaften auf einbehaltene Gewinne wurde dadurch von 40 % auf ca. 29,825 % abgesenkt. Für die **Anteilseigner von Kapitalgesellschaften** wurde im Rahmen der Dividendenbesteuerung mit Wirkung ab 01. 01. 2009 das bisherige Halbeinkünfteverfahren beseitigt und eine Abgeltungsteuer i. H. v. 25 % eingeführt. Durch diese Maßnahmen will der Gesetzgeber der Gewinnverlagerung ins Ausland und der Kapitalflucht auf ausländische Kapitalmärkte entgegenwirken. Ausgeschüttete Gewinne der Kapitalgesellschaften unterliegen bei den Anteilseignern ab 2009 einer **Abgeltungsteuer** von 25 %, wenn sie ihre Anteile im Privatvermögen halten, bzw. dem **Teileinkünfteverfahren**, wenn sich die Anteile in einem Betriebsvermögen befinden (BMF vom 22. 12. 2009 BStBl I 2010, 94). Die Steuerfreiheit von Dividenden und Veräußerungsgewinnen aus Kapitalgesellschaften wurde im Teileinkünfteverfahren für Personenunternehmen von 50 % auf 40 % gesenkt, so dass Dividenden ab 2009 zu 60 % steuerpflichtig sind (§ 3 Nr. 40 EStG). Korrespondierend zu der anteiligen Steuerbefreiung der Bruttoeinnahmen von 40 % wurde das Abzugsverbot für die damit zusammenhängenden Ausgaben (Betriebsvermögensminderungen, Betriebsausgaben, Veräußerungskosten) gem. § 3c Abs. 2 EStG i. d. F. des UntStRefG von 50 % auf 40 % vermindert und auf betriebliche Kapitaleinkünfte nach § 20 Abs. 8 EStG sowie § 17 EStG beschränkt. Im JStG 2010 wurde § 3c Abs. 2 EStG insofern ergänzt, als die Absicht zur Erzielung von Betriebsvermögensmehrungen ausreicht. Damit wird die von der Rechtsprechung abweichende bisherige Verwaltungsauffassung gesetzlich verankert (BFH vom 25. 06. 2009 BStBl II 2010, 220; BMF vom 28. 06. 2010 DB 2010, 1493). Die Absicht, teilbefreite Einnahmen zu erzielen, steht dem vollen Ausgabenabzug entgegen. Der tatsächliche Anfall von Einnahmen ist für Verlustvorgänge ab 2011 nicht mehr notwendig (§ 52 Abs. 8a EStG).

- Bei **Personengesellschaften** wird weiterhin von der Einheit der Besteuerung der Gesellschaft und ihrer Gesellschafter ausgegangen (**Transparenzprinzip**). Gewinne und Verluste werden auf der Ebene der Gesellschaft einheitlich ermittelt und den Gesellschaftern für Zwecke ihrer Ertragsbesteuerung gesondert zugerechnet. Auch das duale System der Einkünfteermittlung der Personengesellschaft und ihrer Gesellschafter wurde durch das UntStRefG 2008 nicht verändert: Zuerst werden die in der Gesellschaft erzielten Einkünfte der Personengesellschaft erfasst, und danach werden dem steuerlichen Gesamtgewinn die besteuerungsrelevanten Aktivitäten gesellschafterbezogen hinzuaddiert, die der einzelne Gesellschafter in seinem Sonder- und Ergänzungsbereich verwirklicht. Um eine einseitige Besserstellung der Kapitalgesellschaften zu vermeiden, wurde jedoch für Personengesellschaften das Transparenzprinzip modifiziert. Personengesellschafter können aufgrund der Thesaurierungsbegünstigung nach § 34a EStG den steuerlichen Gewinn ganz oder teilweise in der Gesellschaft belassen. Die nicht entnommenen Gewinne werden mit einem begünstigten Steuersatz von 28,25 % zzgl. SolZ belegt. Wenn die thesaurierten Gewinne später aus der Gesellschaft entnommen werden, erfolgt eine Nachbesteuerung mit einem Steuersatz von 25 % zzgl. SolZ (dazu vgl. 13). Der ermäßigte Steuersatz auf einbehaltene Gewinne soll die Steuerbelastung der Personenunternehmen an die der Kapitalgesellschaften angleichen. Wird die Thesaurierungsbegünstigung nach § 34a EStG nicht in Anspruch genommen, unterliegen die Gewinnanteile der Personengesellschafter jeweils ihrem individuellen Einkommensteuersatz (§ 32a EStG). Der Einkommensteuerspitzensatz von 45 % ist seit 2008 auch auf Gewinneinkünfte anwendbar.

Im Bereich des Zusammenspiels von ESt und GewSt und im Bereich der GewSt selbst wurden erhebliche Veränderungen vorgenommen (vgl. Teil G).

- Die Doppelbelastung der Unternehmen mit ESt bzw. KSt und GewSt wurde bisher durch die Abzugsfähigkeit der GewSt als Betriebsausgabe erheblich vermindert. Gem. § 4 Abs. 5b EStG i. d. F. des UntStRefG 2008 ist die GewSt nicht mehr abzugsfähig. Um die Auswirkung auf die Steuerbelastung abzumildern, wurde die gewerbesteuerliche Messzahl von 5 % auf 3,5 % vermindert und für Personenunternehmen und Kapitalgesellschaften vereinheitlicht.
- Bei Personengesellschaften wurde zusätzlich der Faktor für die Anrechnung der GewSt auf die ESt vom 1,8fachen auf das 3,8fache des Gewerbesteuermessbetrags angehoben. Dadurch werden Personenunternehmen bei einem Hebesatz von 400 % trotz der Nichtabzugsfähigkeit der GewSt vollständig von der Gewerbesteuerschuld entlastet (Schmidt/Glanegger, EStG, § 35 EStG Rz. 19).
- Das System der gewerbesteuerlichen Hinzurechnungen und Abrechnungen wurde erheblich verändert. Die Hinzurechnungstatbestände wurden erweitert und einheitlich strukturiert (§ 8 GewStG).
- Eine gewerbesteuerliche Kürzung bei den Grundstückserträgen ist nur noch vorzunehmen, wenn auf den Grundbesitz Grundsteuer zu entrichten ist (§ 9 Nr. 1 GewStG).
- Das gewerbesteuerliche Schachtelprivileg wurde durch Anhebung der Beteiligungsgrenze von bisher 10 % auf 15 % verschärft (§ 9 Nr. 2a, 7, 8 GewStG).
- Die gewerbesteuerliche Verlustverrechnung wurde an die körperschaftsteuerlichen Bestimmungen über den Mantelkauf angepasst (§ 10a Satz 8 GewStG i. V. m. § 8c KStG).

1.2 Personengesellschaft

1.2.1 Übersicht

Die Voraussetzungen des § 15 Abs. 1 Satz 1 Nr. 2 EStG lassen sich der folgenden Darstellung entsprechend zusammenfassen:
- Personengesellschaft oder vergleichbares Gemeinschaftsverhältnis,
- gewerbliche Tätigkeit (vgl. 1.3),
- Mitunternehmerschaft (vgl. 1.4).

Das Gesetz nennt neben der OHG und KG »andere« Gesellschaften, bei der die Gesellschafter als Mitunternehmer anzusehen sind. Darunter fallen vor allem die gewerblich tätige GbR, die atypische stille Gesellschaft und die atypische Unterbeteiligung. Der Anwendungsbereich des § 15 Abs. 1 Satz 1 Nr. 2 EStG ist aber weiter als der des Personengesellschaftsrechts. Darüber hinaus werden auch wirtschaftlich einer gewerblichen Personengesellschaft vergleichbare Gemeinschaftsverhältnisse und sog. verdeckte Mitunternehmerschaften erfasst.

Anwendungsbereich des § 15 Abs. 1 Satz 1 Nr. 2 EStG			
Ausdrücklich genannte Gesellschaften	Andere Gesellschaften	Vergleichbare Gemeinschafts-verhältnisse	Sonstige zivil-rechtliche Rechts-verhältnisse
• OHG • KG	• gewerblich tätige GbR • atypische stille Gesellschaft • atypische Unterbe-teiligung • Partnerschaftsge-sellschaft • Partenreederei • gleichwertige aus-ländische Gesellschaft • EWIV	• Bruchteils-gemeinschaft • eheliche Güterge-meinschaft • Miterbengemein-schaft • in Vollzug gesetzte fehlerhafte Gesell-schaft	soweit eine verdeckte Mitunternehmerschaft vorliegt (vgl. 1.4.4)

1.2.2 Bruchteilsgemeinschaft

Nicht nur Gesamthandseigentümer, sondern auch Miteigentümer zu Bruchteilen (§§ 1008, 741 BGB) können als Beteiligte zu Mitunternehmern werden (zur zivilrechtlichen Behandlung vgl. A 1.1.4).

BEISPIELE

A und B sind zu je 1/2 Miteigentümer eines bebauten Grundstücks zu Bruchteilen.
a) Sie verkaufen das Grundstück innerhalb von fünf Jahren seit der Anschaffung und haben in die-sem Zeitraum schon drei weitere Grundstücke gekauft und verkauft.
LÖSUNG Mit dem Verkauf des vierten Grundstücks innerhalb von fünf Jahren seit der Anschaffung wird von A und B ein gewerblicher Grundstückshandel mit sämtlichen verkauften Objekten begrün-det. Laufende Gewinne und Veräußerungsgewinne sind einheitlich und gesondert festzustellen und bei A und B als gewerbliche Gewinne nach § 15 Abs. 1 Satz 1 Nr. 2 EStG zu erfassen.

b) Sie verpachten das Grundstück an die AB-GmbH, an der sie zu je 50 % beteiligt sind, zu deren eigenbetrieblichen Nutzung. Das Grundstück ist wesentliche Betriebsgrundlage der GmbH.
LÖSUNG Das Grundstück wird aufgrund der personellen und sachlichen Verflechtung zum Besitzun-ternehmen einer Betriebsaufspaltung. Die Pachteinkünfte sind einheitlich und gesondert festzustel-len und bei A und B als gewerbliche Gewinne nach § 15 Abs. 1 Satz 1 Nr. 2 EStG zu erfassen.

1.2.3 Eheliche Gütergemeinschaft

Die eheliche Gütergemeinschaft kann zur Mitunternehmerschaft führen, wenn ein Betrieb in das Gesamtgut fällt. Dafür ist zwar grundsätzlich erforderlich, dass beide Ehegatten sich gemeinschaftlich selbständig, nachhaltig und mit Gewinnerzielungsabsicht an allgemeinen wirtschaftlichen Verkehr beteiligen und beide Unternehmensrisiko und -initiative entfalten. Mitunternehmerschaft liegt nicht schon deshalb vor, weil die Einkünfte in das Gesamtgut fallen und dieses für die Schulden des Betriebs haftet. Eine bloß vermögensrechtliche Bindung eines Ehegatten an den Gewerbebetrieb des anderen würde für sich allein noch keine Mitunternehmerschaft begründen. Es genügt jedoch, wenn nur einer der Ehegatten das Geschäft allein betreibt und nach außen auftritt. Die eigene Unternehmerinitiative des nicht tätigen Ehegatten folgt aus seinen Mitwirkungs- und Kontrollrechten über das Gesamtgut (§§ 1423 ff., 1429 ff. BGB).

BEISPIEL

A lebt mit seiner Ehefrau F in Gütergemeinschaft und betreibt ein Installationsgeschäft. Er beantragt die steuerliche Anerkennung von Pensionsrückstellungen, Pachtzahlungen und Löhnen, die er an F zahlt, als Aufwand.

LÖSUNG F ist, da der Betrieb ins Gesamtgut fällt, neben A Mitunternehmerin des Betriebs und bezieht wie A Einkünfte nach § 15 Abs. 1 Satz 1 Nr. 2 EStG. Die Zahlungen an F sind Privatentnahmen und dürfen den Gewinn nicht mindern. Die Einkünfte sind einheitlich und gesondert festzustellen (§ 180 AO).

Je nach Art des Gewerbebetriebs kann aber die persönliche Arbeitsleistung des das Gewerbe allein betreibenden Ehegatten gegenüber dem beiden Eheleuten gehörenden Betriebskapital entscheidend in den Hintergrund treten.

BEISPIEL

Der selbständige Handelsvertreter B lebt mit seiner Ehefrau G, die er als Bürokraft beschäftigt, in Gütergemeinschaft. Die dem Betrieb dienenden Wirtschaftsgüter (Kfz, Büroeinrichtung, Forderungen und Schulden) fallen in das Gesamtgut.

LÖSUNG Hier können betrieblich bedingte Zahlungen an G gewinnmindernd berücksichtigt werden, sofern das Arbeitsverhältnis auch steuerlich anerkannt wird.

1.2.4 Miterbengemeinschaft

Wenn mehrere Erben vorhanden sind, entsteht mit dem Erbfall eine Miterbengemeinschaft. Der Nachlass steht der Miterbengemeinschaft zur gesamten Hand zu. Der einzelne Miterbe ist am gesamten Nachlass beteiligt, aber beschränkt durch die Rechte der anderen Miterben. Gehört zum Nachlass ein Betrieb, werden alle Miterben ohne Rücksicht auf Willensäußerungen mit dem Erbfall automatisch zu Mitunternehmern des Betriebs (BFH vom 05.07.1990 BStBl II 1990, 837; BMF vom 14.03.2006 BStBl II 2006, 253). Steuerlich sind von der Miterbengemeinschaft die Buchwerte fortzuführen (§ 6 Abs. 3 EStG). Die Miterbengemeinschaft ist hinsichtlich der Erzielung der betrieblichen Einkünfte wie eine Personengesellschaft als Mitunternehmerschaft zu qualifizieren. Aufgrund ihrer Miterbenstellung tragen die Erben Mitunternehmerrisiko und können Mitunternehmerinitiative entfalten.

BEISPIEL

Erblasser E vererbt seinen Gewerbebetrieb an S und T. Diese wollen sich nicht mitunternehmerisch betätigen und verkaufen den geerbten Betrieb kurze Zeit nach dem Erbfall an K.

LÖSUNG S und T sind ohne Rücksicht auf den Zeitraum, in dem die Miterbengemeinschaft den Betrieb fortführt, Mitunternehmer geworden. Als solche beziehen sie ihre Einkünfte kraft eigener Verwirklichung des Einkünftetatbestandes. Der Verkauf des Betriebs führt bei S und T zu einem anteiligen Veräußerungsgewinn nach §§ 16, 34 EStG.

1.3 Gewerbliche Einkünfte

1.3.1 Übersicht

Die Anwendung des § 15 Abs. 1 Satz 1 Nr. 2 EStG setzt grundsätzlich voraus, dass die Personengesellschaft ein gewerbliches Unternehmen nach § 15 Abs. 1 Satz 1 Nr. 1 i. V. m. Abs. 2 EStG betreibt. Hierzu gehört, dass die Gesellschafter in ihrer Verbundenheit als Personengesellschaft den objektiven und subjektiven Tatbestand des Gewerbebetriebs erfüllen. Ein Gewerbebetrieb liegt gem. § 15 Abs. 2 EStG vor, wenn folgende Voraussetzungen erfüllt sind:
- Selbständigkeit,
- Nachhaltigkeit der Betätigung,
- Gewinnerzielungsabsicht,
- Beteiligung am allgemeinen wirtschaftlichen Verkehr,
- keine Land- und Forstwirtschaft, selbständige Arbeit oder bloße Vermögensverwaltung.

Objektiv ist die Erfüllung der Voraussetzungen des § 15 Abs. 2 EStG erforderlich. Die Eintragung in das Handelsregister als OHG oder KG ist nicht ausreichend, sondern lediglich ein Indiz. Die Abgrenzung der gewerblichen Einkünfte zu anderen Einkunftsarten und zur privaten Vermögensverwaltung ist grundsätzlich wie bei Einzelunternehmen vorzunehmen.

BEISPIEL

Betriebsverpachtung
A und B betreiben in der Rechtsform einer OHG in den Jahren 01 bis 10 eine Autoreparaturwerkstätte. Zu Beginn des Jahres 11 wird das Geschäft von der OHG an C verpachtet. Welche Einkünfte liegen vor?
LÖSUNG In den Jahren 01 bis 10 liegen Einkünfte aus Gewerbebetrieb vor. Ab dem Jahr 11 sind bei der OHG wie bei einem Einzelunternehmen die Grundsätze der Betriebsverpachtung anwendbar (R 139 Abs. 5 EStR). Es handelt es sich um Einkünfte aus Gewerbebetrieb, wenn von der OHG keine Aufgabeerklärung abgegeben worden ist. Ist eine Aufgabeerklärung abgegeben worden, so liegen Einkünfte aus Vermietung und Verpachtung vor, weil nur noch eine Vermögensverwaltung gegeben ist (§ 21 Abs. 1 Nr. 2 EStG).

Subjektiv muss sowohl auf der Ebene der Gesellschaft als auch auf der Ebene der einzelnen Gesellschafter Einkünfteerzielungsabsicht gegeben sein. Der BFH hält es für zulässig und geboten, Tätigkeiten einer Personengesellschaft ohne Gewinnerzielungsabsicht unter dem Gesichtspunkt der Liebhaberei steuerrechtlich nicht in die Gewinnermittlung einzubeziehen (sog. Segmentierung BFH vom 25.06.1996 BStBl II 1997, 202). Bei einer Personengesellschaft ist grundsätzlich von einem einheitlichen Gewerbebetrieb auszugehen. An sich gemischte Tätigkeiten sind dementsprechend insgesamt zunächst als gewerblich zu behandeln. Erst nach dieser vorrangigen »Färbung« ist für die jeweils verschiedenen, selbständigen Tätigkeitsbereiche das Vorliegen einer Gewinnerzielungsabsicht zu prüfen. Ertrag und Aufwand, die auf einer privat veranlassten Tätigkeit beruhen, sind steuerrechtlich nicht in die Gewinnerzielung der Personengesellschaft einzubeziehen.

BEISPIEL

Segmentierung
Eine KG erzielt seit Jahren gewerbliche Einkünfte aus der Vermietung von Grundstücken und Baumaschinen an Hoch- und Tiefbaufirmen, aus dem Verkauf von Grundstücken und Baumaschinen auf eigene Rechnung sowie aus dem An- und Verkauf von Baustoffen. Im Jahr 05 erweitern die Gesellschafter den Unternehmensgegenstand auf die Vermietung von Fluggerät. Sie kaufen auf Kre-

dit zwei Hubschrauber, die sie vermieten und nach Ablauf von drei Jahren wieder verkaufen. Aus der Vermietung und der Veräußerung entstehen laufende Verluste.

LÖSUNG Die KG erzielt aus der Vermietung und dem Verkauf von Grundstücken und Baumaschinen und aus dem An- und Verkauf von Baustoffen gewerbliche Einkünfte gem. § 15 Abs. 1 Satz 1 Nr. 2 EStG. Grundsätzlich sind zwar die Einkünfte einer gewerblich tätigen Personengesellschaft insgesamt als gewerblich zu qualifizieren, wenn auch nur ein Teil der Einkünfte gewerblicher Natur ist (§ 15 Abs. 3 Nr. 1 EStG). Damit sind sämtliche Betätigungen der KG – auch die Vermietung der Hubschrauber – grundsätzlich gewerblicher Natur. Dies schließt jedoch nicht aus, im Anschluss an die Bestimmung des objektiven Tatbestandes der Einkunftserzielung den subjektiven Tatbestand der Einkunftserzielungsabsicht bei den einzelnen Betätigungen isoliert zu prüfen (sog. Segmentierung der Prüfung). Dies führt hier dazu, dass das negative Ergebnis der Hubschraubervermietung nicht in die übrige Gewinnermittlung der KG einzubeziehen ist. Aufwand und Ertrag beruhen hier auf einer privat veranlassten, nicht mit Gewinnerzielungsabsicht getragenen Tätigkeit (Liebhaberei).

Eine Personengesellschaft kann sein			
umfassend gewerblich tätig	**teilweise gewerblich tätig**	**nicht gewerblich tätig, aber gewerblich geprägt**	**nicht gewerblich tätig und auch nicht gewerblich geprägt**
in vollem Umfang gewerbliche Einkünfte (§ 15 Abs. 1 Satz 1 Nr. 1 i. V. m. Abs. 2 EStG)	in vollem Umfang gewerbliche Einkünfte (Abfärbe-, Infektionstheorie, § 15 Abs. 3 Nr. 1 EStG)	in vollem Umfang gewerbliche Einkünfte (Gepräge, § 15 Abs. 3 Nr. 2 EStG)	Einkünfte der betreffenden Einkunftsart (§§ 13, 18, 20, 21 EStG)

1.3.2 Teilweise gewerblich tätige Personengesellschaft (§ 15 Abs. 3 Nr. 1 EStG)

1.3.2.1 Voraussetzungen und Rechtsfolgen

Wenn eine Personengesellschaft »auch« eine gewerbliche Tätigkeit ausübt, färbt diese Tätigkeit auf alle übrigen Einkunftsarten ab, die sie außerdem erzielt. Damit wird bezweckt, innerhalb der Gesellschaft unterschiedliche Gewinnermittlungen für verschiedene Einkunftsarten zu vermeiden. Dies kann vorteilhaft, aber auch nachteilig sein, weil sämtliche Einkünfte als gewerblich infiziert werden und damit auch der Gewerbesteuer unterliegen. Im Gegensatz zur Betätigung in Gesellschaften können bei Einzelunternehmen »gemischte« Tätigkeiten regelmäßig getrennt ermittelt und unterschiedlichen Einkunftsarten zugeordnet werden, wenn eine Trennung nach der Verkehrsauffassung ohne Schwierigkeit möglich ist (H 15.6 EStH »Gemischte Tätigkeit«).

Voraussetzungen des § 15 Abs. 3 Nr. 1 EStG:

- OHG, KG oder andere Personengesellschaft (z. B. GbR, atypische stille Gesellschaft; nicht aber Gütergemeinschaften und Erbengemeinschaften, da es hierbei zwar um Mitunternehmerschaften, aber nicht um Personengesellschaften handelt),
- die andere steuerbaren Einkünfte als solche aus § 15 EStG bezieht
- und außerdem »auch« gewerblich tätig ist
- oder gewerbliche Einkünfte aus einer Beteiligung im Sinne des § 15 Abs. 1 Satz 1 Nr. 2 EStG erzielt.

Ist eine Personengesellschaft teils gewerblich und teils im Rahmen einer anderen Einkunftsart tätig, gilt als Rechtsfolge die Tätigkeit als in vollem Umfang gewerblich (»Abfärbetheorie«, »Infektionstheorie« oder »Durchsäuerungstheorie«). Nach h. M. reicht schon eine geringfügige gewerbliche Tätigkeit zur Umqualifizierung der anderen Einkünfte in gewerbliche Einkünfte aus (BFH vom 13.11.1997 BStBl II 1998, 254, 603). Die Anwendung der Abfärberegelung kann aber gegen den Verhältnismäßigkeitsgrundsatz verstoßen. Ein »äußerst geringer Anteil« kann die Rechtsfolgen des § 15 Abs. 3 Nr. 1 EStG nicht auslösen (BFH vom 11.08.1999 BStBl II 2000, 229 hielt einen Anteil der gewerblichen Einnahmen an den Gesamteinnahmen der Gesellschaft von 1,25 % für unerheblich; ebenso BFH vom 08.03.2004 BFH/NV 2004, 954 zu einem Anteil von 2,81 %).

BEISPIELE

Gemischte Tätigkeit

a) Eine KG betreibt z. T. Beratung in Fragen der Werbung/Reklame (§ 15 EStG) und z. T. Betriebsberatung (§ 18 EStG).

LÖSUNG Bei gemischter Tätigkeit liegt ein einheitlicher Gewerbebetrieb vor (§ 15 Abs. 3 Nr. 1 EStG). Eine Aufteilung ist bei Personengesellschaften unzulässig.

b) Eine Miterbengemeinschaft hat Einkünfte aus einem Gewerbebetrieb und aus einem Mietshaus des Privatvermögens.

LÖSUNG § 15 Abs. 3 Nr. 1 EStG ist bei der Erbengemeinschaft nicht anwendbar, da sie keine Personengesellschaft ist (BFH GrS vom 05.07.1990 BStBl II 1990, 837; BMF vom 14.03.2006 BStBl I 2006, 253, Tz. 4). Die Erbengemeinschaft hat daher gewerbliche Einkünfte aus dem Betrieb und VuV-Einkünfte aus dem Mietshaus.

Ob auch das bloße Halten einer Beteiligung durch eine Obergesellschaft an einer anderen gewerblichen Personengesellschaft (Untergesellschaft) die Einkünfte einer Personengesellschaft insgesamt gewerblich machen kann, war lange Zeit umstritten. Von der älteren Rechtsprechung wurden die gesamten Einkünfte der für sich allein nicht gewerblich tätigen Obergesellschaft zu gewerblichen Einkünften umqualifiziert (BFH vom 08.12.1994 BStBl II 1996, 264). Der BFH argumentierte vom Ergebnis her: Die Regelung für mehrstöckige Personengesellschaften nach § 15 Abs. 1 Satz 1 Nr. 2 Satz 2 EStG werde bei nichtgewerblichen Personengesellschaften vereitelt, wenn die nichtgewerblich tätige Obergesellschaft durch die Beteiligung an der gewerblichen Untergesellschaft nicht ihrerseits insgesamt zu einem gewerblichen Unternehmen würde. Die gewerbliche Infektion der Obergesellschaft könne dadurch vermieden werden, dass statt ihrer Beteiligung personenidentische Personengesellschaften (Schwestergesellschaften) errichtet werden (BMF vom 13.05.1996 BStBl I 1996, 621). Der BFH änderte jedoch seine Rechtsprechung (BFH vom 06.10.2004 BStBl II 2005, 383) und stellte fest, die Abfärbewirkung trete nur aufgrund eigener gewerblicher Tätigkeit, nicht jedoch aufgrund von Beteiligungseinkünften ein. Nach Auffassung des IV. Senats des BFH sollte dies nicht für jede Firmenbeteiligung gelten. Bei Gesellschaften, die freiberuflich oder landwirtschaftlich tätig sind, sollte es bei der Abfärbewirkung bleiben (BFH vom 06.11.2003 BStBl II 2005, 376). Die Finanzverwaltung erließ zu dieser Rspr. einen Nichtanwendungs-Erlass (BMF vom 18.05.2005 BStBl I 2005, 698).

Die gesetzliche Festschreibung der Verwaltungsauffassung erfolgte durch die Ergänzung des § 15 Abs. 3 Nr. 1 EStG i. d. F. des JStG 2007. Danach genügt es für die Abfärbewirkung, dass die an sich nicht gewerblich tätige (Ober)Personengesellschaft gewerbliche Einkünfte aus einer Beteiligung im Sinne des § 15 Abs. 1 Satz 1 Nr. 2 EStG an einer Untergesellschaft erzielt.

BEISPIELE

Gewerbliche Beteiligung

a) An der Einzelpraxis des Steuerberaters S ist ein weiterer Steuerberater X atypisch still beteiligt. S ist neben der üblichen Steuerberatungstätigkeit als Treuhänder bei steuerbegünstigten Kapitalanlagen tätig.

LÖSUNG Bei der Treuhandtätigkeit handelt es sich um eine gewerbliche Betätigung. Nach § 15 Abs. 3 Nr. 1 EStG macht bereits eine geringfügige gewerbliche Tätigkeit der Personengesellschaft diese insgesamt zum Gewerbebetrieb. Dies gilt auch für eine bloße Innengesellschaft (BFH vom 10. 08. 1994 BStBl II 1995, 171). Bei einem Einzelpraxisinhaber wäre es zu einer Aufteilung in freiberufliche und gewerbliche Einkünfte gekommen.

b) Eine landwirtschaftliche Personenhandelsgesellschaft beteiligt sich an einer gewerblich tätigen anderen Personenhandelsgesellschaft.

LÖSUNG Beteiligt sich eine landwirtschaftliche Personenhandelsgesellschaft (Obergesellschaft) an einer gewerblich tätigen anderen Personenhandelsgesellschaft (Untergesellschaft), werden gemäß § 15 Abs. 3 Nr. 1 2. Alt. EStG i. d.F des JStG 2007 die gesamten Einkünfte der an sich landwirtschaftlich tätigen Obergesellschaft zu gewerblichen Einkünften (so schon zur früheren Rechtslage BFH vom 08. 12. 1994 BStBl II 1996, 264).

Die schädlichen Folgen der Abfärberegelung können im Allgemeinen durch Sachverhaltsgestaltung vermieden werden, indem die gewerbliche Tätigkeit in eine eigene vorhandene oder dafür geschaffene Gesellschaft verlagert wird (Ausgliederungsmodell, BFH vom 12. 06. 2002 BFH/NV 2002, 1554). Dabei muss aber darauf geachtet werden, dass keine Betriebsaufspaltung entsteht.

Nach Auffassung des BVerfG verstößt es nicht gegen den Gleichheitssatz, dass nach der Abfärberegelung des § 15 Abs. 3 Nr. 1 EStG die gesamten Einkünfte einer Personengesellschaft als Einkünfte aus Gewerbebetrieb gelten und damit der Gewerbesteuer unterliegen, wenn die Gesellschaft auch nur teilweise eine gewerbliche Tätigkeit ausübt (BVerfG 15. 01. 2008, 1 BvL 2/04; BVerfGE 120, 1). Lt. BVerfG ist das im Ausgliederungsmodell vorgesehene Verhalten zweifelsfrei legal, bedeutet als Ausweichoption keinen unzumutbaren Aufwand für den Steuerpflichtigen und setzt ihn auch sonst keinem nennenswerten finanziellen oder rechtlichen Risiko aus. Die formfrei mögliche Gründung einer Schwestergesellschaft bürgerlichen Rechts oder die sich rein tatsächlich vollziehende Auslagerung einer Tätigkeit in ein Einzelunternehmen verlangt nicht mehr als eine klare, buchhalterisch dokumentierte, wirtschaftliche Trennung zwischen gewerblicher und nichtgewerblicher Tätigkeit.

Die Freiheit im Ergreifen der beschriebenen Gestaltungsmöglichkeit eröffnet dem Steuerschuldner außerdem die Option, es bei der Abfärbewirkung des § 15 Abs. 3 Nr. 1 EStG zu belassen, wenn dies für ihn günstiger ist. Die mit der Abfärberegelung verbundene Gewerblichkeit kann – insbesondere bei der Umqualifizierung von Einkünften aus Vermögensverwaltung – auch zu steuerlichen Vorteilen führen. So sind nach einer Umqualifizierung Veräußerungsverluste steuerlich berücksichtigungsfähig und Teilwertabschreibungen möglich. Steuermindernde Rücklagen nach § 6b EStG können gebildet und Ansparrücklagen oder Investitionsabzugsbeträge nach § 7g EStG berücksichtigt werden. Zudem können auch die an das Betriebsvermögen anknüpfenden erbschaft- und schenkungsteuerlichen Freibeträge und Bewertungsabschläge in Anspruch genommen werden.

1.3.2.2 Probleme bei selbständiger Arbeit

Angehörige freier Berufe schließen sich häufig zusammen, sei es in Form von Kooperationsgesellschaften wie z. B. Apparate- und Laborgemeinschaften, Arbeitsgemeinschaften oder Praxis- und Bürogemeinschaften, oder sei es in Form von Berufsausübungsgesellschaften wie z. B. Gemeinschaftspraxen und Sozietäten. Diese Formen der Zusammenarbeit werden in der Regel in der Rechtsform einer GbR oder einer Partnerschaftsgesellschaft ausgeübt. Eine solche Personengesellschaft erzielt nur dann insgesamt freiberufliche Einkünfte, wenn alle Gesellschafter die persönlichen Voraussetzungen einer freiberuflichen Tätigkeit erfüllen und leitend und eigenverantwortlich tätig sind (H 15.6 EStH »Gesellschaft«, zur Beteiligung berufsfremder Personen s. BFH vom 23. 11. 2000 BStBl II 2001, 241; Kubata, DStR 2014, 1949).

BEISPIELE ————————————————————————————————

Freiberufliche Tätigkeit

a) An einer Unternehmensberatungs-GbR sind betriebsberatende Ingenieure und Techniker tätig, die nicht beraten, sondern die Beratung in EDV-Programme umsetzen.

LÖSUNG Die GbR erzielt insgesamt gewerbliche Einkünfte, vgl. H 15.6 EStH »Gesellschaft« (vgl. Grundsatzurteil BFH vom 11. 06. 1985 BStBl II 1985, 584).

b) Zahnarzt E wird von seiner Ehefrau und seinen beiden Kindern beerbt. Die Erbengemeinschaft verpachtet die Praxis an den Zahnarzt Z.

LÖSUNG Das Ableben eines Freiberuflers führt grundsätzlich weder zu einer Betriebsaufgabe noch geht das der freiberuflichen Tätigkeit dienende Betriebsvermögen durch den Erbfall in das Privatvermögen der Erben über (BFH vom 14. 12. 1993 BStBl II 1994, 922; H 136 EStH »Verpachtung nach Erbfall«). Ist der Erblasser Freiberufler gewesen, erzielt die Miterbengemeinschaft Einkünfte aus selbständiger Arbeit aber nur dann, wenn keine berufsfremden Erben an der Erbengemeinschaft beteiligt sind (BMF vom 13. 01. 1993 BStBl I 1993, 6, Tz. 5). Berufsfremd ist, wer nicht die erforderliche freiberufliche Qualifikation besitzt. Ist zumindest ein Miterbe berufsfremd, so erzielt die Erbengemeinschaft grundsätzlich Einkünfte aus Gewerbebetrieb (BFH vom 12. 03. 1992 BStBl II 1993, 36). Dies gilt auch dann, wenn die Praxis von einem Fachmann betreut wird. Die Umqualifizierung der freiberuflichen Einkünfte in gewerbliche Einkünfte führt nicht zur Betriebsaufgabe. Es handelt sich um einen Wechsel der Einkunftsart ohne Gewinnrealisierung (Strukturwandel).

c) Zahnarzt E wird von seinem Sohn S beerbt. S studiert Zahnmedizin und beabsichtigt, die Praxis nach bestandenem Examen zu übernehmen. S verpachtet die Praxis vorübergehend an den Zahnarzt Z, der die Praxis fortführt.

LÖSUNG Die nur vorübergehende Verpachtung einer durch Erbfall erworbenen freiberuflichen Praxis – z. B. während der Rechtsnachfolger die für die beabsichtigte Praxisfortführung erforderliche freiberufliche Qualifikation erlangt – führt nicht zur Betriebsaufgabe (BFH vom 12. 03. 1992 BStBl II 1992, 36; H 15.6 EStH »Verpachtung nach Erbfall«, H 18.3 EStH »Verpachtung«).

Sofern es sich bei dem Zusammenschluss der Freiberufler um sog. Hilfsgesellschaften handelt, die nur ihren Gesellschaftern für deren Einzelunternehmen durch die gemeinschaftliche Bereitstellung von Wirtschaftsgütern und Dienstleistungen wirtschaftliche Vorteile verschaffen wollen, z. B. Büro-, Apparate-, Laborgemeinschaften, wird mangels eigener Einkunftserzielungsabsicht in der Regel keine Mitunternehmerschaft vorliegen. Aufwand und Ertrag der Gemeinschaft sind jedoch einheitlich und gesondert festzustellen (BFH vom 06. 02. 1986 BStBl II 1986, 666; BMF vom 02. 05. 2001 BStBl I 2001, 256).

BEISPIEL ————————————————————————————————

Laborgemeinschaft

Mehrere Ärzte schließen sich zu einer Apparate- und Laborgemeinschaft in der Form einer GbR zusammen, die den gemeinsamen Betrieb eines Labors bezweckt. Die GbR besitzt die erforderlichen Räume, stellt das ärztliche Hilfspersonal ein und beschafft die notwendigen Geräte. Die Gesellschafter haben die gleichen Investitionsleistungen zu erbringen und sind am Gesellschaftsvermögen in gleicher Weise beteiligt. Nach den gesellschaftsrechtlichen Vereinbarungen soll die Laborgemeinschaft keine Gewinne erzielen. Die Betriebskosten werden von den beteiligten Ärzten im Umlageverfahren erhoben.

LÖSUNG Die zu einer Laborgemeinschaft zusammengeschlossenen Ärzte sind an dem Laborbetrieb (gesamthänderisch) beteiligt. Nach § 1 Abs. 1 Nr. 1 der VO zu § 180 Abs. 2 AO ist eine gesonderte Feststellung durchzuführen, die sich – mangels eigener Einnahmen der Laborgemeinschaft – auf die

Ermittlung und Aufteilung der Ausgaben beschränkt. Da die Tätigkeit des Gemeinschaftslabors zu den Hilfstätigkeiten der ärztlichen Haupttätigkeit gehört, sind die Einkünfte aus dem Gemeinschaftslabor den Einkünften aus freiberuflicher Tätigkeit der beteiligten Ärzte zuzurechnen (H 15.6 EStH »Heilberufe«). Laborgemeinschaften unterliegen wegen fehlender Gewinnerzielungsabsicht nicht der Gewerbesteuer. Im Regelfall sind mangels eigener »echter« Betriebseinnahmen lediglich die Gesamtausgaben zu ermitteln und auf die beteiligten Ärzte umzulegen, d. h. die Umlagen sind sowohl bei den zahlenden Ärzten (keine Betriebsausgaben) als auch bei der empfangenden Laborgemeinschaft (keine Betriebseinnahmen) gewinnneutral. Wenn die Ärzte die Umlagen allerdings als Betriebsausgaben erfassen, muss die Laborgemeinschaft sie als BE ausweisen.

1.3.3 Gewerblich geprägte Personengesellschaft (§ 15 Abs. 3 Nr. 2 EStG)

1.3.3.1 Voraussetzungen und Rechtsfolgen

§ 15 Abs. 3 Nr. 2 EStG kodifiziert die sog. »Gepräge-Rechtsprechung«, die langjährig vom BFH vertreten und nach ihrer Aufgabe (BFH GrS vom 25.06.1984 BStBl II 1984, 751) im Jahr 1986 gesetzlich verankert wurde. Eine Kapitalgesellschaft, die kraft Rechtsform nur gewerbliche Einkünfte haben kann, ist persönlich haftende Gesellschafterin und Geschäftsführerin einer Personengesellschaft und prägt dadurch deren Einkünfte als gewerblich. Die Vorschrift dient dazu, Steuerausfälle durch Nichtversteuerung stiller Reserven bei einer vermögensverwaltenden GmbH & Co. KG zu vermeiden. Außerdem soll die Nachversteuerung negativer Kapitalkonten bei Ausscheiden oder bei Liquidation/Insolvenz sichergestellt werden. Die Vorschrift ist verfassungsgemäß (BVerfG vom 15.01.2008, 1 BvL 2/04, BVerfGE 120, 1). § 15 Abs. 3 Nr. 2 EStG setzt folgende Tatbestandsmerkmale voraus (BFH vom 10.10.2012 BStBl II 2013, 79):

1. Personengesellschaft: Die Personengesellschaft kann eine Außen- oder Innengesellschaft sein. Auch eine ausländische Kapitalgesellschaft, die nach ihrem rechtlichen Aufbau und ihrer wirtschaftlichen Gestaltung einer inländischen Kapitalgesellschaft entspricht, ist geeignet, eine Personengesellschaft gewerblich i. S. von § 15 Abs. 3 Nr. 2 Satz 1 EStG zu prägen (BFH vom 14.03.2007 BStBl II 2007, 924). Auch eine »Schein-KG« kann gewerblich geprägt sein. Nach dem HGB a. F. war eine »Schein-KG« eine fälschlich ins Handelsregister eingetragene KG, die kein vollkaufmännisches Gewerbe betrieb und tatsächlich GbR war. Nach § 105 Abs. 2 HGB i. d. F. des HRefG vom 22.06.1998 (BGBl I 1998, 1474) wird eine Gesellschaft, die nicht schon nach Art und Umfang einen eingerichteten Gewerbebetrieb erfordert oder nur eigenes Vermögen verwaltet, zur OHG, wenn die Firma des Unternehmens in das Handelsregister eingetragen ist.
2. Es handelt sich weiterhin um eine Personengesellschaft, die nicht gewerblich tätig ist (§ 15 Abs. 2 EStG geht § 15 Abs. 3 Nr. 2 EStG vor),
3. bei der »ausschließlich eine oder mehrere Kapitalgesellschaften« oder diesen nach Satz 2 insoweit gleichgestellte gewerblich geprägte Personengesellschaften nach Satz 1 (z. B. die gewerblich geprägte GmbH & Co. KG) »persönlich haftende Gesellschafter sind«,
4. und bei der nur diese oder Personen, die nicht Gesellschafter sind, zur Geschäftsführung befugt sind.
5. Die von dieser Personengesellschaft unternommene Tätigkeit verfolgt die Absicht der Einkünfteerzielung.

Keine gewerblich geprägten Personengesellschaften sind:

- eine GbR mit natürlichen Personen als Gesellschafter, deren persönliche Haftung gesellschaftsrechtlich nicht beschränkt werden kann (BFH vom 22.09.2016, IV R 35/13, DStR 2016, 2704),

- eine OHG, die aus Kapitalgesellschaften und natürlichen Personen besteht,
- eine KG, die Kapitalgesellschaften und natürliche Personen als Komplementäre hat,
- eine KG, bei der Kommanditisten zu Geschäftsführern bestellt sind,
- eine atypisch stille Gesellschaft oder eine atypische Unterbeteiligung, da es bei einer Innengesellschaft kein Gesellschaftsvermögen und damit auch keine Gesellschaftsschulden geben kann.

BEISPIELE

Gepräge

a) Die X-GmbH & Co. KG beschränkt ihre Tätigkeit auf die Vermietung von Wohnungen. Nur die geschäftsführende X-GmbH ist Komplementärin und Geschäftsführerin.

LÖSUNG Die GmbH & Co. KG hat in vollem Umfang gewerbliche Einkünfte kraft gesetzlicher Fiktion, da die GmbH der KG das Gepräge gibt.

b) Eine natürliche Person tritt als persönlich haftender Gesellschafter ein.

LÖSUNG Fällt durch Veränderung des Sachverhalts eines der Tatbestandselemente des § 15 Abs. 3 Nr. 2 EStG weg, entfällt damit die Fiktion des Gewerbebetriebs. Nach der Rspr. des BFH ist dies grundsätzlich als Betriebsaufgabe (§ 16 Abs. 3 EStG) mit voller Gewinnrealisierung zu werten.

c) Ein Kommanditist übernimmt die Geschäftsführung.

LÖSUNG Vgl. b).

d) Eine Personengesellschaft führt zunächst selbst einen Betrieb. Anschließend verpachtet sie ihn. Im Zeitpunkt der Verpachtung liegen die Voraussetzungen einer gewerblich geprägten Personengesellschaft i. S. d. § 15 Abs. 3 Nr. 2 EStG vor. Während der Verpachtung entfallen diese Voraussetzungen durch Eintritt einer natürlichen Person als Komplementärin neben der Komplementär-GmbH.

LÖSUNG Während ihrer gewerblichen Tätigkeit steht der Personengesellschaft das Verpächterwahlrecht (R 16 Abs. 5 EStR) nicht zu. Das Verpächterwahlrecht lebt wieder auf, sobald die Voraussetzungen des § 15 Abs. 3 Nr. 2 EStG nicht mehr bestehen (BMF vom 17. 10. 1994 BStBl I 1994, 771). Durch das (subsidiäre) Rechtsinstitut der Betriebsverpachtung lässt sich die Gewinnrealisierung hinausschieben.

Nach der Rspr. ist eine Geringfügigkeitsgrenze zu beachten (BFH vom 27. 08. 2014, VIII R 16/11, DStR 2015, 397; vgl. auch VIII R 6/12, VIII R 41/12). Zu einer gewerblichen Infizierung der gesamten Tätigkeit kommt es nur dann, wenn die gewerblichen Nettoumsatzerlöse eine Bagatellgrenze von 3 % der Gesamtnettoumsätze und zusätzlich den Betrag von 24 500 € im Veranlagungszeitraum übersteigen. Bereits das Überschreiten einer dieser beiden Grenzen führt zur Abfärbewirkung. Bei der Ermittlung der Gesamtnettoumsatzerlöse sind Privatentnahmen nicht einzubeziehen. Wenn eine gewerbliche Infizierung droht, ist zur Vermeidung der Abfärbewirkung die Ausgliederung dieser gewerblichen Tätigkeit in eine zweite Personengesellschaft zulässig.

Das Gepräge kann auch rechtsgestalterisch dazu eingesetzt werden, einer eigentlich nur vermögensverwaltenden Gesellschaft gewerbliche Einkünfte zu verschaffen. Dies kann z. B. von Bedeutung sein, wenn betriebliche Vergünstigungen erlangt werden sollen oder wenn auf andere Weise der Leistungsaustausch zwischen Personengesellschaften wie unter Fremden nicht zur Geltung gebracht werden kann.

BEISPIEL

Gewerblich geprägte vermögensverwaltende Gesellschaft

Eine aus drei GmbHs bestehende GbR verpachtet ein zu ihrem Gesellschaftsvermögen (Gesamthandseigentum) gehörendes Grundstück mit Gebäude, dessen Verwaltung ihr alleiniger Geschäftszweck ist, an eine KG. An der KG sind die Gesellschafter der GbR, die drei GmbHs, mit zusammen ca. 1/3 beteiligt. Die GbR bilanziert das Grundstück und erfasst die Pachtzinsen als gewerbliche Einnahmen.

LÖSUNG Eine ausschließlich aus Kapitalgesellschaften bestehende Gesellschaft bürgerlichen Rechts ist eine gewerblich geprägte Personengesellschaft i. S. d. § 15 Abs. 3 Nr. 2 EStG (BFH vom 22. 11. 1994 BStBl II 1996, 93). Die Qualifikation des Vermögens als Gesellschaftsvermögen und die Einkünfte aus der Verpachtung dieses Vermögens als Einkünfte der nach § 15 Abs. 3 Nr. 2 EStG gewerblich geprägten Personengesellschaft (hier: GbR) hat bei ganz oder teilweise gesellschafteridentischen Personengesellschaften Vorrang vor der Qualifikation des Vermögens als Sonderbetriebsvermögen und der Einkünfte aus der Verpachtung als Sonderbetriebseinkünfte der Gesellschafter bei der leistungsempfangenden Gesellschaft nach § 15 Abs. 1 Satz 2 Nr. 2 2. HS EStG (hier: KG).

1.3.3.2 Andere Gesellschaftsformen

Das gewerbliche Gepräge nach § 15 Abs. 3 Nr. 2 EStG ist nicht nur bei der Grundform der GmbH & Co. KG anwendbar, sondern grundsätzlich auch bei anderen Rechtsformen der Kapitalgesellschaft & Co. (vgl. H 2.6):

- Bei der **UG & Co. KG** ist eine Unternehmergesellschaft (haftungsbeschränkt) – abgekürzt UG (haftungsbeschränkt) – Komplementärin der KG (vgl. H 2.6.1). Die nicht gewerblich tätige UG & Co. KG ist eine Personengesellschaft, auf welche das Gepräge nach § 15 Abs. 3 Nr. 2 EStG anwendbar ist, wenn ausschließlich eine UG (haftungsbeschränkt) als Kapitalgesellschaft persönlich haftende Gesellschafterin ist und nur diese oder Personen, die nicht Gesellschafter sind, zur Geschäftsführung befugt sind.

- Bei der **AG & Co. KG** übernimmt eine AG die Komplementärstellung. Die AG kann als Kapitalgesellschaft, wenn nicht von vornherein eine gewerbliche Tätigkeit ausgeübt wird, die KG gewerblich prägen.

- Eine **GmbH & atypisch Still** kann ebenfalls unter den Voraussetzungen des § 15 Abs. 3 Nr. 2 EStG als gewerblich geprägte Personengesellschaft Einkünfte aus Gewerbebetrieb erzielen (BFH vom 14. 07. 1998 BFH/NV 1999, 169; vgl. III F). Im Normalfall richtet sich die einkommensteuerrechtliche Qualifikation der Einkünfte der atypisch stillen Gesellschaft nicht nach der Qualifikation der Einkünfte der GmbH als tätigem Gesellschafter, sondern nach den eigenen Einkünften der atypisch stillen Gesellschaft. Das gewerbliche Gepräge kann also nur eingreifen, wenn die atypisch stille Gesellschaft selbst keine gewerblichen Einkünfte erzielt.

- Eine vermögensverwaltende GbR kann dagegen durch den Eintritt einer GmbH in der Rechtsform der **GmbH & Co. GbR** nicht gewerblich geprägt werden, wenn an der GbR auch natürliche Personen beteiligt sind. Denn die rechtsgeschäftliche Haftung der außer der Kapitalgesellschaft an der GbR beteiligten GbR-Gesellschafter kann nach der zivilrechtlichen Rechtsprechung dem gesetzlichen Leitbild entsprechend nicht allgemein beschränkt werden (BGH vom 27. 09. 1999 DStR 1999, 1704). Eine generelle Haftungsbeschränkung durch entsprechende Zusätze im Rechtsverkehr erklärte der BGH für unzulässig (BGHZ 142, 315; 146, 341).

- Eine Beschränkung der Haftung der GbR-Gesellschafter nach außen ist nur durch eine individualrechtliche Vereinbarung möglich und wirkt jeweils auch nur für den einzelnen Vertragsschluss. Die Rechtsstellung als persönlich haftender Gesellschafter wird dadurch nicht berührt. Ein individualrechtlicher Haftungsausschluss ist deshalb für die ertragsteuerliche Beurteilung ohne Bedeutung. Wegen der grundsätzlich unbeschränkten Haftung der Gesellschafter scheidet das Gepräge nach § 15 Abs. 3 Nr. 2 EStG bei der GmbH & Co. GbR aus (BMF vom 17. 03. 2014 BStBl I 2014, 555 mit Übergangsregelung wegen Abweichung von BMF vom 18. 07. 2000 BStBl I 2000, 1198, und von BMF vom 28. 08. 2001 BStBl I 2001, 614; Dornheim, DStR 2014, 13). Erfolgt aber die Eintragung der GmbH & Co. GbR in das Handelsregister nach §§ 105 Abs. 2, 161 Abs. 2 HGB als KG, entsteht eine echte GmbH & Co. KG, die damit zur gewerblich geprägten Gesellschaft werden kann.

BEISPIEL ━━

An einer rein vermögensverwaltenden GbR beteiligt sich eine GmbH als Gesellschafterin und erhält die Geschäftsführung. Die übrigen Gesellschafter sind von der Geschäftsführung ausgeschlossen. Die Berechtigung der geschäftsführenden GmbH ist in der Weise beschränkt, dass sie die übrigen Gesellschafter nur bis zur Höhe ihrer Einlage verpflichten darf. Diese Haftungsbeschränkung ist Dritten bekannt, mit denen die GbR Geschäftsbeziehungen unterhält.

LÖSUNG Nach früherem Recht wurde eine GmbH & Co. GbR mit Haftungsbeschränkung angenommen (BFH vom 11. 12. 1996 BStBl II 1997, 553). Das gewerbliche Gepräge gem. § 15 Abs. 3 Nr. 2 EStG wurde bejaht, wenn eine Kapitalgesellschaft geschäftsführende Gesellschafterin war, die übrigen Gesellschafter von der Geschäftsführung ausgeschlossen waren, ihre interne Haftung auf die Einlage beschränkt wurde und dies nach außen bekannt war. Nach neuerer BGH-Rechtsprechung kann die Haftung von GbR-Gesellschaftern zivilrechtlich nicht wirksam nach außen beschränkt werden (BGH vom 27. 09. 1999 DStR 99, 1704). Damit ist auch keine geprägte GmbH & Co. GbR mehr möglich (BMF vom 18. 07. 2000 BStBl I 2000, 1198; BMF vom 17. 03. 2014 BStBl I 2014, 555).

1.3.4 Nicht gewerbliche Personengesellschaft

1.3.4.1 Andere Gewinneinkünfte

Sofern eine Personengesellschaft keine gewerbliche Tätigkeit ausübt und auch nicht gewerblich geprägt ist, fällt sie nicht unter § 15 Abs. 1 Satz 1 Nr. 2 EStG, sondern kann andere Arten von betrieblichen oder privaten Einkünften haben. Dies gilt für die GbR, aber auch für die Personenhandelsgesellschaft. Anders als eine Kapitalgesellschaft begründet eine Personenhandelsgesellschaft nicht einen Gewerbebetrieb kraft Rechtsform. Eine dem § 8 Abs. 2 KStG entsprechende Umqualifizierungsvorschrift fehlt im Einkommensteuerrecht. Eine Personengesellschaft, die ausschließlich Land- und Forstwirtschaft oder eine selbständige Tätigkeit betreibt, hat **andere Gewinneinkünfte**, nämlich solche aus § 13 oder § 18 EStG. Die Vorschrift des § 15 Abs. 1 Nr. 1 EStG ist in diesen Fällen entsprechend anwendbar (§§ 13 Abs. 7, 18 Abs. 3 EStG).

BEISPIEL ━━

Eine Steuerberatungsgesellschaft wird in der Rechtsform einer OHG oder KG in das Handelsregister eingetragen.

LÖSUNG Eine OHG oder KG kann als Steuerberatungsgesellschaft anerkannt werden, wenn sie wegen ihrer Treuhandtätigkeit als Handelsgesellschaft in das Handelsregister eingetragen ist (§ 49 Abs. 2 StBerG). Auch in diesem Fall erzielt sie freiberufliche Einkünfte (§ 18 EStG). Der Handelsregistereintrag hat keinen Einfluss auf die steuerrechtliche Qualifikation der Einkünfte.

1.3.4.2 Überschusseinkünfte

Erfüllt die Personengesellschaft nicht die Voraussetzungen betrieblicher Einkünfte, weil sie private Vermögensverwaltung betreibt, kann sie auch **Überschusseinkünfte nach § 2 Abs. 1 Nr. 5–7 EStG** (Kapitalvermögen, Vermietung und Verpachtung, sonstige Einkünfte) wie ein einzelner Steuerpflichtiger haben. Die Einkünfte sind den Gesellschaftern nach dem vereinbarten Schlüssel zuzurechnen. Die Beteiligungen an der Personengesellschaft und die gesamthänderisch gebundenen Miteigentumsanteile werden im Regelfall im Privatvermögen gehalten.

BEISPIEL

A und B gründen die AB-GbR und legen Mietshäuser in das Gesellschaftsvermögen ein. Die Gesellschaft vermietet die Häuser. Darauf beschränkt sich ihr Tätigkeitsbereich.

LÖSUNG Die AB-GbR betreibt lediglich Vermögensverwaltung. Die Wirtschaftsgüter gehören anteilig zum gesamthänderisch gebundenen Privatvermögen von A und B. Die AB-GbR hat VuV-Einkünfte nach § 21 EStG, die durch Gegenüberstellung der Einnahmen über die Werbungskosten zu ermitteln und einheitlich und gesondert festzustellen sind.

Bei vermögensverwaltenden Gesellschaften sind auch Veräußerungsgeschäfte gem. §§ 17, 23 EStG möglich. Den Gesellschaftern werden die Wirtschaftsgüter ihrer Beteiligungsquote entsprechend zugerechnet (Bruchteilsbetrachtung). In § 20 Abs. 1 Nr. 4 Satz 2, § 21 Abs. 1 Satz 2 und § 23 Abs. 1 Satz 4 EStG wird auf die Möglichkeit der Überschusseinkünfteerzielung durch Personengesellschaften verwiesen (Milatz/Sax, DStR 2017, 141). Die ertragsteuerliche Rückabwicklung einer Beteiligung an einer vermögensverwaltenden KG, erstattete Gründungs- und Auflösungsvorgänge von vermögensverwaltenden Personengesellschaften sowie der Ein- und Austritt von Gesellschaftern können steuerpflichtig sein. Durch die Einbringung steuerverstrickter Wirtschaftsgüter i. S. d. §§ 17, 20 Abs. 2 oder 23 EStG der Gesellschafter in die vermögensverwaltende Personengesellschaft oder bei Übertragung dieser Wirtschaftsgüter von der Gesellschaft auf die Gesellschafter können steuerpflichtige Tatbestände erfüllt sein.

Bei der ertragsteuerlichen Rückabwicklung einer Beteiligung an einer vermögensverwaltenden KG sind erstattete Werbungskosten und zurückgezahlte Anschaffungskosten abzugrenzen. Die Rückabwicklung der Beteiligung führt zu steuerbaren Einnahmen in Gestalt von erstatteter AfA (Berninghaus, DStR 2014, 624).

BEISPIEL

X beteiligt sich auf Vermittlung des Finanzmaklers Y an einem geschlossenen Immobilienfonds, indem er eine Kommanditeinlage an der Z-GmbH & Co. KG zeichnet, die er bei seiner Hausbank fremdfinanziert. Die Z-GmbH & Co. KG hat zur Vermeidung der gewerblichen Prägung nach § 15 Abs. 3 Nr. 2 EStG einen anderen Kommanditisten als Geschäftsführer bestellt und vermittelt dem X deshalb Einkünfte i. S. d. § 21 Abs. 1 Nr. 1 EStG. In den Jahren 01 bis 04 erzielt X hohe Verluste aus der Beteiligung, die im Wesentlichen aus der anteiligen Zuweisung von AfA und aus Schuldzinsen resultieren und die bei seiner ESt-Veranlagung mit seinen sonstigen positiven Einkünften verrechnet werden. Wegen der ständigen hohen Verluste verklagt X den Y auf Schadensersatz Zug um Zug gegen Herausgabe der Kommanditbeteiligung. Das Gericht kürzt den Schadensersatzanspruch um die von X in den Jahren 01 bis 04 gezogenen »Steuervorteile« in Gestalt der Minderung seiner persönlichen ESt infolge der Verrechnung der AfA und der Schuldzinsen.

LÖSUNG Im Zivilrecht sind bei der Verurteilung zu Schadensersatz gezogene Steuervorteile grundsätzlich anspruchskürzend anzurechnen. Etwas anderes gilt aber, wenn die Schadensersatzleistung beim Anleger selbst der Besteuerung unterliegt (st. Rspr., vgl. BGH vom 01. 03. 2011 DStR 2011, 872). Die Rückzahlung der Anschaffungskosten in Gestalt des Kaufpreises ist als Erstattung der AfA zu qualifizieren und führt zum Ansatz negativer Werbungskosten und damit im Ergebnis zu Einnahmen (BFH vom 19. 12. 2007 BStBl II 2008, 480; Schmidt/Kulosa, EStG, § 21 EStG Rz. 65 Rückabwicklung). Eine Kürzung des Anspruchs des X kommt daher nicht in Betracht.

1.3.4.3 Zebra-Gesellschaft

Komplizierter sind die Fälle, in denen rein vermögensverwaltende Personengesellschaften einen oder mehrere betrieblich beteiligte Gesellschafter haben (sog. **Zebra-Gesellschaft**). Von einer Zebra-Gesellschaft spricht man, wenn ein Teil der Gesellschafter der vermögensverwaltenden Gesellschaft nichtgewerbliche Einkünfte nach den allgemeinen Kriterien, der andere Teil gewerbliche Einkünfte hat. In der Praxis sind diese Fälle vor allem dann anzutreffen, wenn ein Gesellschafter seine Anteile an der vermögensverwaltenden Personengesellschaft in einem gewerblichen Betriebsvermögen hält. Ein weiterer Fall der Zebra-Gesellschaft entsteht, wenn sämtliche Einkünfte eines Personengesellschafters aufgrund einer gesetzlichen Fiktion gewerbliche Einkünfte sind, wie dies bei einer Kapitalgesellschaft gem. § 8 Abs. 2 KStG geregelt ist.

Die Art der Einkünfte einer Personengesellschaft wird durch die Tätigkeit ihrer Gesellschafter in ihrer gesamthänderischen Verbundenheit, mithin durch die Tätigkeit der Gesellschaft, bestimmt. Die Zebra-Gesellschaft selbst hat aufgrund ihrer vermögensverwaltenden Tätigkeit Einkünfte aus § 20 EStG oder § 21 EStG. Wegen der unterschiedlichen Einkunftsarten bei den Gesellschaftern kollidieren die Grundsätze der betrieblichen Gewinnermittlung und der privaten Überschussermittlung.

BEISPIEL

An einer Immobilien-Personengesellschaft, die VuV-Einkünfte hat, ist neben den übrigen Gesellschaftern, die ihre Beteiligung im Privatvermögen halten, ein Gesellschafter A (Einzelunternehmer oder GmbH) beteiligt, der die Beteiligung in seinem gewerblichen Betriebsvermögen hält bzw. einen gewerblichen Grundstückshandel betreibt.

LÖSUNG Die übrigen Gesellschafter haben VuV-Einkünfte, Gesellschafter A (die GmbH kraft Rechtsform) hat gewerbliche Einkünfte.

Die Geprägevorschrift des § 15 Abs. 3 Nr. 1 EStG ist auf die Zebra-Gesellschaft nicht anzuwenden, weil nur ein Gesellschafter und nicht die Gesellschaft als solche gewerbliche Einkünfte erzielt. Die Zebra-Gesellschaft hat deshalb nicht insgesamt gewerbliche Einkünfte, sondern sie hat ihre Überschusseinkünfte gem. § 2 Abs. 2 EStG als Überschuss der Einnahmen über die Werbungskosten zu ermitteln. Nur der gewerblich beteiligte Gesellschafter hat aus seiner Beteiligung Einkünfte aus Gewerbebetrieb, die der Gewerbesteuer unterliegen. Gleiches gilt – abgesehen von der Gewerbesteuerpflicht – auch für betrieblich beteiligte Gesellschafter mit Einkünften aus Land- und Forstwirtschaft oder aus selbständiger Arbeit. Streitig ist, auf welcher Ebene der Anteil des betrieblich beteiligten Gesellschafters am Überschussergebnis der Gesellschaft in gewerbliche Einkünfte umzurechnen ist.

- Nach h. L. hat die Umqualifizierung schon auf der Ebene der Gesellschaft in deren Einkünftefeststellung zu erfolgen. Die Einkünfte der Personengesellschaft sind doppelt zu ermitteln, nämlich für die nicht betrieblich beteiligten Gesellschafter als Überschusseinkünfte, für die betrieblich beteiligten Gesellschafter als Gewinneinkünfte (zum Streitstand Schmidt, EStG, § 15 EStG Rz. 202 ff.). Die Umqualifizierung hat grundsätzlich auch zur Folge, dass der festgestellte Betrag zu korrigieren bzw. zu ergänzen ist (Veräußerungsgewinne, Sondervergütungen). Die Personengesellschaft kann im Rahmen des für den betrieblich beteiligten Gesellschafter durchzuführenden Betriebsvermögensvergleichs sämtliche betrieblichen Steuervergünstigungen in Anspruch nehmen (erhöhte AfA, § 6b EStG, InvZul).
- Nach Auffassung der Finanzverwaltung ist wie folgt zu verfahren (BMF vom 29.04.1994 BStBl I 1994, 282; vom 27.12.1996 BStBl I 1996, 1521; vom 08.06.1999 DB 99, 1352): Die Grundsätze des Betriebsvermögensvergleichs gelten erst auf der Ebene der Besteuerung des Gesellschafters. Der Gesellschafter hat alle Wirtschaftsgüter der Personengesellschaft anteilig im Rahmen seines eigenen Buchführungswerks zu erfassen und den Gewinnanteil, der sich für ihn aus den einzelnen Geschäftsvorfällen der Personengesellschaft ergibt, nach den Grundsätzen der Gewinnermittlung zu berechnen und anzusetzen. Es werden

jedoch Vereinfachungsregelungen zugelassen. Die Personengesellschaft kann freiwillig ihre Überschussrechnung ergänzen und den Gewinnanteil des betrieblich beteiligten Gesellschafters nach den Regeln des Betriebsvermögensvergleichs ermitteln, den dieser dann in seinem Jahresabschluss ausweist. Wenn der Gesellschafter zu weniger als 10 % an der vermögensverwaltenden Personengesellschaft beteiligt ist, kann der Gewinnanteil aus Vereinfachungsgründen auf Antrag mit Zustimmung des Finanzamts nach den Grundsätzen der Überschussrechnung ermittelt werden.

- Die frühere Rechtsprechung des BFH war nicht einheitlich. Ein Teil der inzwischen überholten Rechtsprechung ging davon aus, dass die Einkünfte des betrieblich beteiligten Gesellschafters i. R. d. gesonderten Feststellung der Einkünfte der Personengesellschaft anteilig in Einkünfte aus Gewerbebetrieb umzuqualifizieren sind. Der Große Senat des BFH schloss sich jedoch uneingeschränkt der Auffassung der Finanzverwaltung an (BFH vom 11. 04. 2005 BStBl II 2005, 679). Danach ist die verbindliche Entscheidung über die Einkünfte des betrieblich an der Zebra-Gesellschaft beteiligten Gesellschafters nach Art und Höhe für die persönliche Besteuerung dieses Gesellschafters durch das zuständige Wohnsitzfinanzamt zu treffen. Die im Bereich der persönlichen Einkünfteerzielung liegenden Umstände werden nicht im Grundlagenbescheid nach § 180 Abs. 1 Nr. 2a AO, sondern erst im Folgebescheid behandelt.

BEISPIEL

An der vermögensverwaltenden X-KG ist die Y-GmbH seit dem 01. 01. 01 als Kommanditistin mit einer Einlage von 25 000 € beteiligt. Der Anteil der Y-GmbH an den Werbungskostenüberschüssen der X-KG in den Jahren 01 bis 03 beträgt:
01: ./. 5 000 €,
02: ./. 4 000 €,
03: ./. 3 000 €.
Die Y-GmbH hat die Verlustanteile 01 und 02 in den entsprechenden Jahren jeweils mit positiven Einkünften aus ihrer übrigen Tätigkeit ausgeglichen. Im Jahr 02 veräußert die X-KG außerhalb der Spekulationsfrist ein unbebautes Grundstück. Der Erlös wird an die Gesellschafter ausgekehrt. Auf die Y-GmbH entfallen 1 500 €. Zum 31. 12. 03 veräußert die Y-GmbH ihre Beteiligung für 40 000 €.

LÖSUNG Nach Auffassung der Finanzverwaltung (BMF vom 29. 04. 1994 BStBl I 1994, 282) werden die Einkünfte im Feststellungsverfahren auf der Ebene der Personengesellschaft für die Gesellschafter als Überschusseinkünfte (ohne Veräußerungsgewinne) ermittelt. Der Anteil der GmbH wird dabei unverändert (ohne Umrechnung) als gewerbliche Einkünfte angesetzt. Gewinne aus der Veräußerung von Wirtschaftsgütern werden, gleichgültig ob ausgeschüttet oder nicht, erst erfasst, wenn die Beteiligung veräußert wird, und zwar in Form der Differenz zwischen Veräußerungserlös und (ggf. um Ausschüttungen vermindertem) »Buchwert« der Beteiligung als laufender Gewinn. Die übrigen Gesellschafter haben VuV-Einkünfte, Gesellschafter A (die GmbH kraft Rechtsform) hat gewerbliche Einkünfte. Der Buchwert des »Beteiligungs«-Kontos im Zeitpunkt der Veräußerung der Beteiligung ist wie folgt zu ermitteln:

Kapitaleinlage 01		25 000 €
./. Verlustanteil 01	./.	5 000 €
./. Verlustanteil 02	./.	4 000 €
./. Anteil an der Auskehrung	./.	1 500 €
./. Verlustanteil 03	./.	3 000 €
= Buchwert		11 500 €

Bei der Körperschaftsteuerveranlagung der Y-GmbH für das Jahr 03 sind anzusetzen:

Verlustanteil 03	./.	3 000 €
Veräußerungserlös		40 000 €
./. Buchwert	./.	11 500 €
= laufende Einkünfte aus Gewerbebetrieb	+	25 500 €
(ohne Begünstigung nach §§ 16, 34 EStG)		

1.3.5 Besteuerung gewerblich geprägter Personengesellschaften gemäß § 50i EStG

§ 50i EStG wurde 2013 durch das Amtshilferichtlinie-Umsetzungsgesetz (Amtshilfe RLUmsG) eingeführt, um die Besteuerung stiller Reserven sicherzustellen, wenn Gesellschafter gewerblich geprägter Personengesellschaften in einen DBA-Staat verzogen sind. Mittels Treaty Override sollte verhindert werden, dass früher im Inland, jetzt aber im Ausland lebende Gesellschafter von deutschen gewerblich geprägten GmbH & Co. KG ihr gesamtes Unternehmensvermögen steuerneutral veräußern können. § 50i EStG war außerdem auf gewerblich infizierte Personengesellschaften und Besitzpersonengesellschaften im Rahmen einer Betriebsaufspaltung anzuwenden. Im Fall der späteren Veräußerung oder Entnahme des Wirtschaftsguts oder der Anteile ist der daraus resultierende Gewinn im Inland zu versteuern; auf die Zuweisung des Besteuerungsrechts nach DBA kommt es nicht an. Das BVerfG bejahte die Zulässigkeit eines Treaty Override, also einer Überschreibung eines DBA durch Deutschland, da der spätere Gesetzgeber Rechtsetzungsakte früherer Gesetzgeber revidieren können muss (BVerfG vom 15. 12. 2015, 2 BvL 1/2, DStR 2016, 359).

Die Vorschrift wurde 2014 durch das Kroatien-Anpassungsgesetz um einen Abs. 1 Satz 2 und Abs. 2 erweitert, um Umgehungsgestaltungen durch steuerneutrale Umstrukturierungen zu verhindern. Überschießende Wirkungen des § 50i Abs. 2 EStG wurden durch die Finanzverwaltung beseitigt (BMF vom 21. 12. 2015 BStBl I 2016, 7; BMF vom 05. 01. 2017 DStR 2017, 157). Diese Billigkeitsregelung wurde durch das Gesetz zur Umsetzung der Änderungen der EU-Amtshilferichtlinie und von weiteren Maßnahmen gegen Gewinnverkürzungen und -verlagerungen (»Anti-BEPS-Umsetzungsgesetz«, BGBl I 2016, 3000; BEPS = Base Erosion and Profit Shifting) in Einklang mit der gesetzgeberischen Zielsetzung gebracht, Steuergestaltungsstrategien über § 20 UmwStG zur Umgehung des § 50i Abs. 1 EStG zu verhindern. Die Neufassung wurde auf die Konstellationen beschränkt, in denen tatsächlich ein Ausschluss oder eine Beschränkung deutschen Besteuerungsrechts infolge einer Einbringung nach § 20 UmwStG eintritt. Die Neufassung greift für Einbringungen, denen ein nach dem 31. 12. 2013 geschlossener Einbringungsvertrag zugrunde liegt (§ 52 Abs. 48 Satz 4 EStG). Bei Einbringung nach § 20 UmwStG sind die Wirtschaftsgüter und Anteile stets mit dem gemeinen Wert anzusetzen, soweit das Recht der BRD hinsichtlich der Besteuerung des Gewinns aus der Veräußerung der erhaltenen Anteile oder hinsichtlich der mit diesen in Zusammenhang stehenden Anteile i. S. d. § 20 Abs. 7 UmwStG ausgeschlossen oder beschränkt ist. Die Einbringung der Anteile an der § 50i EStG-Gesellschaft in eine Körperschaft kann also schädlich sein. Dagegen sind die Einbringung in eine Personengesellschaft gemäß § 24 UmwStG und der Anteilstausch gemäß § 21 UmwStG unschädlich (Liekenbrock, DStR 2016, 2609 mit Beispielen; Jehl-Magnus, NWB 2017, 179, 185; Merker, SteuerStud 2017, 94; Strahl, KÖSDI 2017, 20175; Dietz/Quilitzsch, DStR 2017, 281). Ferner wurde durch das Anti-BEPS-Gesetz § 50i Abs. 1 EStG auf Altfälle beschränkt. Es erfolgt nur noch eine Erfassung von fiktiv gewerblichen Personengesellschaften i. S. d. § 15 Abs. 3 EStG und Betriebsaufspaltungen mit »alten« Auslandsgesellschaftern. Für ab dem 01. 01. 2017 getätigte Wegzüge sind die allgemeinen Entstrickungsregeln gemäß § 4 Abs. 1 Satz 3 EStG und § 12 Abs. 1 KStG anwendbar.

1.4 Mitunternehmerschaft

1.4.1 Begriff des Mitunternehmers

Mitunternehmer ist, wer nach dem Gesamtbild der tatsächlichen Verhältnisse mit dem Unternehmen auf Gedeih und Verderb verbunden ist, gleichgültig, ob er nach außen in Erscheinung tritt oder nicht. Dies ist der Fall, wenn der Betreffende Unternehmerinitiative entfalten kann und Unternehmerrisiko trägt. Die Entscheidung ist im Einzelfall unter Würdigung aller Umstände nach wirtschaftlichen Gesichtspunkten zu treffen.

Mitunternehmer ist:

- wer zivilrechtlich Gesellschafter einer Personengesellschaft ist, gleichgültig, ob Innen- oder Außengesellschaft oder
- wer zivilrechtlich nicht Gesellschafter ist, aber aufgrund eines anderen Rechtsverhältnisses eine »einem Mitunternehmer vergleichbare Stellung innehat« (vgl. 1.2)

oder in Ausnahmefällen

- wer aufgrund eines sonstigen (z. B. als Dienst-, Darlehens-, oder Pachtvertrag bezeichneten) Rechtsverhältnisses mit der Gesellschaft verbunden ist, wobei aber eine Innengesellschaft anzunehmen ist (zur verdeckten Mitunternehmerschaft vgl. 1.4.4) und
- wer Mitunternehmerinitiative und Mitunternehmerrisiko hat.

Der Mitunternehmerbegriff ist ein »offener Typusbegriff«, d. h. kein abstrakter Begriff mit abschließender Aufzählung bestimmter Tatbestandsmerkmale. Der Mitunternehmer wird durch eine größere, unbestimmte Anzahl von austauschbaren Merkmalen beschrieben, die sein Vorliegen indizieren oder ausschließen. Die Rechtsprechung ist kasuistisch. Folgenden Merkmalen wird Gewicht zugemessen:

Mitunternehmerinitiative	Mitunternehmerrisiko
• Ausübung des Stimmrechts • Geschäftsführung • Vertretung • Widerspruchsrecht • Kontrollrecht	• Haftung • Beteiligung an Gewinn und Verlust • Beteiligung am Gesellschaftsvermögen, an den stillen Reserven und am Geschäftswert • Entnahmerecht

BEISPIEL

K ist mit 10 % als Kommanditist an einer KG beteiligt und nimmt nach dem Gesellschaftsvertrag in Höhe seines Gesellschaftsanteils am Gewinn und Verlust der KG teil. Im Fall seines vorzeitigen Ausscheidens sowie bei Liquidation der KG ist K anteilig an den stillen Reserven und am Geschäftswert beteiligt. K hat kein Recht zur Geschäftsführung und kein Recht, die einzelnen Entscheidungen des Geschäftsführers über laufende Geschäfte zu überprüfen. K kann lediglich den Jahresabschluss einsehen und überprüfen lassen.

LÖSUNG K trägt Mitunternehmerrisiko, da er am Gewinn und Verlust sowie an den stillen Reserven und am Geschäftswert beteiligt ist. K trägt auch hinreichende Unternehmerinitiative. Bei einem Kommanditisten genügt die Möglichkeit zur Ausübung von Rechten, die den Stimm-, Widerspruchs- und Kontrollrechten nach §§ 164, 166 HGB wenigstens angenähert sind.

Schema Mitunternehmerschaft

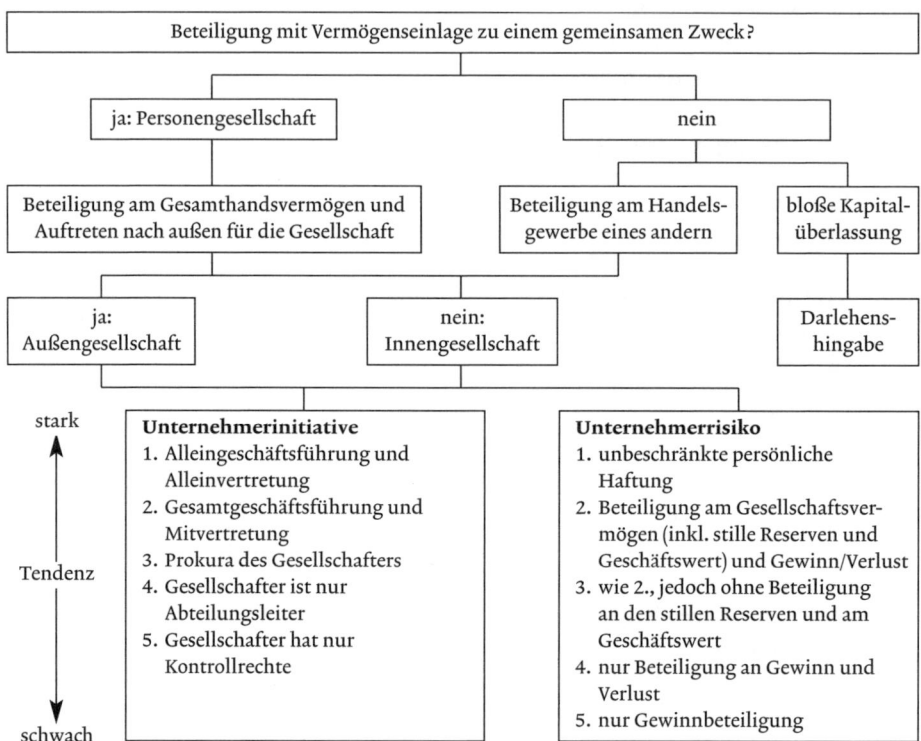

Schwache Merkmale eines Bereichs (Unternehmerinitiative) können durch starke Merkmale des andern Bereichs (Unternehmerrisiko) und umgekehrt ausgeglichen werden (BFH vom 11. 12. 1990 BStBl II 1991, 346; H 15.8 Abs. 1 EStH »Stiller Gesellschafter«).

1.4.2 Merkmale der Mitunternehmerschaft im Einzelnen

Wesentliche Merkmale der Mitunternehmerschaft sind:
- Erbringen einer Einlage,
- Mitunternehmerinitiative,
- Mitunternehmerrisiko.

1.4.2.1 Erbringen einer Einlage

Die Einlage von Vermögen in Form von Eigenkapital ist grundsätzlich erforderlich. Die schenkweise Übertragung von Kapital ist möglich und kommt häufig bei Familienpersonengesellschaften vor. Die Einlage kann durch Stehenlassen zukünftiger Gewinne erbracht werden. Mitunternehmerschaft liegt u. U. erst vor, wenn tatsächlich Gewinne thesauriert werden. Wenn jedoch die Unternehmerfunktion stark ausgeprägt ist, kann auf die Einlage verzichtet werden.

BEISPIEL

Eine Filmproduktionsfirma erwirbt von X das Urheberrecht an einem Drehbuch gegen Kredit mit der Maßgabe, dass X an den Einspielergebnissen beteiligt wird und Einfluss auf die technische und künstlerische Gestaltung des Films nehmen kann.

LÖSUNG Die Mitunternehmereigenschaft ist auch ohne Einlage möglich, wenn die Mitunternehmerinitiative besonders stark ausgeprägt ist. Gesellschafter einer GbR oder einer OHG kann nicht nur sein, wer Beiträge im engeren Sinne (z. B. Einlagen oder Dienstleistungen) erbringt, sondern auch, wer Beiträge im weiteren Sinne leistet, d. h. alle Arten von Leistungen, die der Gesellschafter zur Förderung des gemeinsamen Zwecks im Gesellschaftsvertrag verspricht (BFH vom 24. 07. 1984 BStBl II 1985, 85).

1.4.2.2 Unternehmerinitiative

Unternehmerinitiative wird durch das Recht vermittelt, unternehmerische Entscheidungen allein zu treffen oder daran mitzuwirken. Hierfür ist auf das Recht des Gesellschafters zur Geschäftsführung und Vertretung der Gesellschaft sowie auf seine Stimm-, Widerspruchs- und Kontrollrechte abzustellen.

Unternehmerinitiative ist nicht gegeben, wenn z. B.

- der Beteiligte jederzeit zum Buchwert aus dem Unternehmen hinausgedrängt werden kann (BFH vom 29. 04. 1981 BStBl II 1981, 663; BFH vom 15. 10. 1981 BStBl II 1982, 342),
- ein Arbeitnehmerkommanditist durch den Arbeitsvertrag gehindert ist, die Rechte aus dem Gesellschaftsvertrag wahrzunehmen (BFH vom 24. 01. 1980 BStBl II 1980, 271),
- der Vater sich die Verwaltung der Anteile der Kinderkommanditisten bis über die Volljährigkeitsgrenze hinaus vorbehält (BFH vom 25. 06. 1981 BStBl II 1981, 779),
- das Stimmrecht und das Widerspruchsrecht des Kommanditisten durch Gesellschaftsvertrag faktisch ausgeschlossen ist (BFH vom 11. 10. 1988 BStBl II 1989, 762).

1.4.2.3 Unternehmerrisiko

Das Unternehmerrisiko wird durch die Teilhabe am Erfolg und Misserfolg des Unternehmens bestimmt. Dafür sind die Beteiligung an Gewinn und Verlust, die Beteiligung an stillen Reserven und Geschäftswert, die Haftung und das Entnahmerecht maßgebend.

1.4.2.3.1 Beteiligung am Gewinn

In Betracht kommt

- Beteiligung am laufenden Gewinn (Gewinn, sonstiger betrieblicher Ertrag aus stillen Reserven),
- Abfindungsguthaben oder Anteil an stillen Reserven und Geschäftswert bei Veräußerung des Anteils.

Bloße Gewinnbeteiligung ist aber nicht ausreichend für Mitunternehmerschaft wie z. B. bei:

- partiarischem Darlehen und typischer stiller Gesellschaft (§ 20 Abs. 1 Nr. 4 EStG),
- Tantiemen bei nichtselbständiger Arbeit (§ 19 EStG).

Keine Gewinnbeteiligung liegt vor, wenn für einen angestellten Geschäftsführer eine zusätzliche erfolgsabhängige Vergütung vereinbart wird (BFH vom 13. 10. 1992 BFH/NV 1993, 528). Feste Verzinsung der Einlage bedeutet keine Gewinnbeteiligung, auch wenn die Option besteht, später eine Gewinnbeteiligung zu verlangen (BFH vom 27. 05. 1993 DStR 1993, 1742). Ein Kommanditist, der weder am laufenden Gewinn noch am Gesamtgewinn der KG beteiligt ist, ist auch dann nicht Mitunternehmer, wenn seine gesellschaftsrechtlichen Mitwirkungsrechte denjenigen eines Kommanditisten entsprechen. Er ist einkommensteuerlich wie ein Darlehensgeber oder stiller Gesellschafter zu behandeln (BFH vom 28.10.1999 BStBl II 2000, 183).

1.4.2.3.2 Beteiligung am Verlust

Eine **Verlustbeteiligung** besteht,

- wenn Verluste der Personengesellschaft den Gesellschafter wirtschaftlich treffen und
- wenn die Entstehung von Verlusten während der Zeit der Beteiligung nicht praktisch ausgeschlossen ist.
- Verlustbeteiligung ist für Mitunternehmerschaft aber allein nicht ausreichend, denn auch bei typischer stiller Gesellschaft kann Verlustbeteiligung bis zur Höhe der Einlage vereinbart sein.

»Wirtschaftlich treffen« können Verluste nur denjenigen, der haftet. Eine unbeschränkte Haftung für Verluste (mit Betriebs- und Privatvermögen) bedeutet immer Mitunternehmerschaft.

BEISPIEL

G ist an der X-OHG beteiligt und nach außen unbeschränkt für die Verbindlichkeiten der OHG haftbar. Keine Einlage, keine Gewinnbeteiligung, feste Vergütung, Freistellungsanspruch im Innenverhältnis gegen die übrigen Gesellschafter, kein Entnahmerecht.

LÖSUNG Die unbeschränkte persönliche Haftung führt in der Regel zur Mitunternehmerschaft des Haftenden (BFH vom 17.01.1980 BStBl II 1980, 336; BFH vom 11.06.1985 BStBl II 1987, 33).

In Ausnahmefällen kann die Mitunternehmerschaft auch ohne Verlustbeteiligung bestehen, wenn der Beteiligte »auf Gedeih und Verderb mit dem Unternehmen verbunden ist«, z. B.

- wenn das Einkommen und/oder die Altersversorgung vom Erfolg des Unternehmens abhängt (BFH vom 27.02.1980 BStBl II 1981, 210),
- wenn er als Nachfolger den Betrieb übernehmen soll (BFH vom 06.04.1979 BStBl II 1979, 620),
- wenn wesentliches als Fremdkapital gegebenes Kapital im Konkursfall verloren gehen würde.

1.4.2.3.3 Beteiligung am Vermögen und an den stillen Reserven

Bei Beteiligung am Vermögen und an den stillen Reserven ist grundsätzlich Mitunternehmerschaft anzunehmen. Unschädlich ist:

- Ausschluss von den beim Eintritt des Gesellschafters vorhandenen stillen Reserven,
- fehlende Beteiligung am Geschäftswert,
- Ausschluss der Beteiligung an den stillen Reserven bei vorzeitigem Ausscheiden des Gesellschafters.

BEISPIELE

In dem Gesellschaftsvertrag einer KG ist vereinbart:

a) »Die Gesellschafter erhalten bei ihrem Ausscheiden aus der Gesellschaft den Buchwert ihrer Kapitalkonten vergütet. Im Falle der Auflösung der Gesellschaft bestimmen sich die Abfindungsguthaben nach dem realen Wert der jeweiligen Beteiligung.«

LÖSUNG Wenn alle Gesellschafter beim Ausscheiden keine stillen Reserven erhalten, liegt trotzdem Mitunternehmerschaft vor, jedenfalls dann, wenn bei Auflösung der Gesellschaft eine Teilhabe an den stillen Reserven vorgesehen ist. Aber: Mitunternehmerschaft ist fraglich, wenn die Beschränkung nur einen oder einzelne Gesellschafter betrifft.

b) »Die Beteiligung des Kommanditisten X kann von den übrigen Gesellschaftern jederzeit gekündigt werden. In diesem Fall scheidet X zum Buchwert seines Kapitalkontos aus der Gesellschaft aus.«

LÖSUNG Wenn nur ein bestimmter Gesellschafter zum Buchwert ausscheiden soll oder wenn nur ein bestimmter Gesellschafter keinen Geschäftswert vergütet erhält, ist die Mitunternehmerschaft fraglich (es kommt dann darauf an, ob die stillen Reserven eine wirtschaftliche Rolle spielen). Wenn darüber hinaus eine jederzeitige Kündigung der Beteiligung durch die Gesellschaft ohne Angabe von Gründen möglich ist, scheidet Mitunternehmerschaft auf jeden Fall aus.

1.4.2.3.4 Entnahmerecht

Das Entnahmerecht umfasst das Recht, eigenverantwortlich Entnahmen für Privatzwecke tätigen zu können. Nur das Recht ist entscheidend, nicht der Vollzug. Es ist zu prüfen, ob alle Gesellschafter gleich betroffen sind. Bei Entnahmebeschränkungen zu unterscheiden:

- Betriebliche Entnahmebeschränkungen wegen Erhöhung der Liquidität (Vorsicht: Ein Fremder verzichtet nicht jahrelang auf Entnahmen) oder wegen eines Liquiditätsengpasses schaden der Mitunternehmerschaft in der Regel nicht.
- Privat bedingte Entnahmebeschränkungen, insbesondere bei Familienpersonengesellschaften, können die Mitunternehmerschaft in Frage stellen.

BEISPIELE

Eltern übertragen ihren Kindern Kommanditbeteiligungen an ihrem Unternehmen:
- unter der Auflage, dass die Kinder über die auf ihre Anteile entfallenden Gewinnanteile nur in dem von den Eltern gebilligten Umfang verfügen dürfen,
- mit der Maßgabe, dass die Eltern für die Verwaltung der Gesellschaftsanteile allein zuständig sind, bis die Kinder jeweils ihr 25. Lebensjahr vollendet haben.

LÖSUNG Es liegt keine Mitunternehmerschaft der Kinderkommanditisten vor, da sie in den Entnahme- bzw. Verwaltungsrechten unter den gesetzlichen Standard des HGB herabgedrückt sind.

1.4.2.3.5 Treuhandschaft

Bei der Treuhand wird die gesellschaftsrechtliche Beteiligung nach außen von dem Treuhänder wahrgenommen. Der Treugeber bleibt jedoch in der Regel Inhaber der Beteiligung und steuerliches Zurechnungssubjekt. Er bleibt auch Mitunternehmer, sofern er die Merkmale der Mitunternehmerschaft (Mitunternehmerinitiative, -risiko) erfüllt. Der Treuhänder ist nur dann als Mitunternehmer und zusätzliches steuerliches Zurechnungssubjekt zu behandeln, wenn der Treuhänder nicht nur die Interessen des Treugebers vertritt (eigennützige Treuhand) und wenn der Treuhänder nach außen unbeschränkt haftet. Im Fall einer solchen doppelten Mitunternehmerschaft sind die Vergütungen des Treuhänders für die Geschäftsbesorgung des Treugebers Sondervergütungen des Treuhänders nach § 15 Abs. 1 Satz 1 Nr. 2 EStG, während der Gewinnanteil vom Treugeber versteuert wird.

Ist jemand an der Personengesellschaft nur mittelbar über einen Treuhänder beteiligt gewesen, so ist über die Frage, ob er als Treugeber Mitunternehmer der Personengesellschaft ist, nach der Rspr. in einem zweistufigen Verfahren auf der zweiten Stufe des Feststellungsverfahrens zu entscheiden. Wenn fraglich ist. ob ein Treugeber Mitunternehmer einer gewerblich tätigen Personengesellschaft geworden ist, geht es darum, ob die tatsächliche und rechtliche Stellung des Treuhänders im Verhältnis zu den übrigen Gesellschaftern der Gesellschaft so beschaffen ist, dass der Treuhänder, würde er auf eigene Rechnung und nicht auf Rechnung des Treugebers handeln, als Mitunternehmer angesehen würde und er deshalb als Treuhänder dem Treugeber die steuerrechtliche Zurechnung einer Mitunternehmerschaft als Einkunftsquelle vermitteln könnte (vgl. BFH vom 24. 05. 1977 BStBl II 1977, 737; BFH vom 10. 12. 2009 BFH/NV 2010, 601). Auf der ersten Stufe ist also darüber zu entscheiden, ob der Treuhänder als Treuhänder in das Feststellungsverfahren einzubeziehen ist und ihm ein Gewinn oder Verlust der

Personengesellschaft zuzurechnen ist, auf der zweiten Stufe des Verfahrens ist zu prüfen, ob der Gewinn oder Verlust auf den Treugeber zu verteilen ist (BFH vom 16.05.2013 IV R 35/10 BFH/NV 2013, 1945).

1.4.3 Mitunternehmerschaft bei den einzelnen Gesellschaftsformen

1.4.3.1 Gesellschaft des bürgerlichen Rechts

Die Gesellschafter einer GbR mit betrieblichen Einkünften sind Mitunternehmer, wenn sie die im BGB geregelten Rechte und Pflichten haben und im Gesellschaftsvertrag nichts wesentlich Abweichendes geregelt ist. Die unbeschränkte Außenhaftung mit dem gesamten Vermögen begründet ein so starkes Mitunternehmerrisiko, dass bereits hierdurch im Regelfall die Mitunternehmerschaft begründet wird. Auf andere Aspekte der Rechtsstellung kommt es dann nicht mehr entscheidend an. Der GbR-Gesellschafter ist auch anteilig am Gewinn und Verlust sowie am Vermögen und an den stillen Reserven beteiligt. Er begründet außerdem, selbst wenn er vom Gesetz abweichend von der Geschäftsführung unter Vertretung der Gesellschaft durch den Gesellschaftsvertrag ausgeschlossen sein sollte, Mitunternehmerinitiative durch sein Stimmrecht in der Gesellschafterversammlung, durch sein Widerspruchsrecht gegen außergewöhnliche Geschäfte (§ 716 BGB) und durch sein Kontrollrecht. Lediglich rein vermögensverwaltende Gesellschaften, die keine betrieblichen Einkünfte haben, begründen keine Mitunternehmerschaft ihrer Gesellschafter.

1.4.3.2 Offene Handelsgesellschaft

Auch die Gesellschafter einer OHG haften unbeschränkt persönlich und sind schon wegen dieses starken Mitunternehmerrisikos Mitunternehmer, es sei denn, die OHG ist nur vermögensverwaltend tätig.

1.4.3.3 Kommanditgesellschaft

Für die persönlich haftenden Gesellschafter der KG (Komplementäre) gilt dasselbe wie für die OHG-Gesellschafter. Auch die beschränkt haftenden Gesellschafter der KG (Kommanditisten) sind Mitunternehmer, wenn ihre Rechtsstellung dem gesetzlichen Typus entspricht. Ihre Beteiligung am Vermögen, am Gewinn und am Verlust begründet ausreichendes Mitunternehmerrisiko. Das Beispiel des Kommanditisten zeigt, dass im Regelfall auch die auf die Einlage begrenzte Haftung der Annahme von Mitunternehmerrisiko nicht entgegensteht. Der Kommanditist ist aber nur Mitunternehmer, wenn er zusätzlich ein gewisses Maß an Mitunternehmerinitiative entwickeln kann. Hierzu muss er wenigstens die Mindestausstattung an Stimmrechten (§ 161 Abs. 2, 119 HGB), Widerspruchsrechten (§ 164 HGB) und Kontrollrechten (§ 166 HGB) besitzen, die das Gesetz typischerweise vorsieht (BFH GrS vom 25.06.1984 BStBl II 1984, 751).

BEISPIEL ━━━

Im Gesellschaftsvertrag einer KG ist bestimmt, dass der Komplementär 76, der Kommanditist nur 24 von 100 Stimmen hat. Der Komplementär ist Allein-Geschäftsführer. Gesellschafterbeschlüsse sollen (statt einstimmig nach § 119 HGB) mit einfacher Mehrheit, bei Satzungsänderungen mit 3/4-Mehrheit, gefasst werden. Bestimmte Maßnahmen des Geschäftsführers bedürfen der Zustimmung von 75 % der vertretenen Stimmen der Gesellschafterversammlung. Die Gesellschafterversammlung ist nur beschlussfähig, wenn 2/3 der Stimmen vertreten sind. Bei Auflösung der KG nimmt der Kommanditist an den stillen Reserven teil.

LÖSUNG Geht das Stimmrecht eines Kommanditisten in der Gesellschafterversammlung ins Leere und ist für ihn auch das Widerspruchsrecht nach § 164 HGB abbedungen, ist er kein Mitunternehmer. Dem Ausschluss des Stimmrechts steht gleich, wenn Kommanditisten in keinem Fall den Mehrheitsgesellschafter an einer Beschlussfassung hindern können, z. B. auch dann nicht, wenn es um die Änderung der Satzung oder um die Auflösung der Gesellschaft geht (BFH vom 11. 10. 1988 BStBl II 1989, 762).

Mitunternehmerschaft des Kommanditisten ist dagegen anzunehmen, wenn Beschlüsse über die Änderung des Gesellschaftsvertrages und die Auflösung der Gesellschaft nicht gegen die Stimmen des Kommanditisten gefasst werden können (BFH vom 10. 11. 1987 BStBl II 1989, 758).

1.4.3.4 Stille Gesellschaft und Unterbeteiligung

Bei der stillen Gesellschaft kommt es in Regelfall darauf an, ob der Stille nach dem Gesellschaftsvertrag zumindest schuldrechtlich am Vermögen, an den stillen Reserven und am Geschäftswert beteiligt ist. Ist dies der Fall, ist Mitunternehmerschaft in Form der atypischen stillen Gesellschaft anzunehmen. Für die Entfaltung von Mitunternehmerinitiative reicht das Kontrollrecht des stillen Gesellschafters aus (§ 233 HGB). Die atypische stille Gesellschaft ist eine »andere« Gesellschaft i. S. d. § 15 Abs. 1 Satz 1 Nr. 2 EStG. Kann der stille Gesellschafter nur den Nominalwert seiner Einlage zurückfordern, ist er also nicht an den stillen Reserven beteiligt, ist er nicht Mitunternehmer und hat als typisch stiller Gesellschafter Einkünfte aus Kapitalvermögen (§ 20 Abs. 1 Nr. 4 EStG, zur zivilrechtlichen Behandlung der stillen Gesellschaft vgl. A 1.6, zur steuerlichen Behandlung vgl. 9).

Gleiches gilt bei einer Unterbeteiligungsgesellschaft. Der Unterbeteiligte ist im Verhältnis zum Hauptbeteiligten der Personengesellschaft Mitunternehmer, wenn der Hauptbeteiligte den Unterbeteiligten schuldrechtlich am anteiligen Vermögen, an den stillen Reserven und am Geschäftswert beteiligt hat und wenn der Unterbeteiligte dem Hauptbeteiligten gegenüber Kontrollrechte hat. Wenn der Unterbeteiligte nicht an den stillen Reserven beteiligt ist, ist er nicht Mitunternehmer und hat Einkünfte nach § 20 Abs. 1 Nr. 4 EStG analog (zur steuerlichen Behandlung vgl. 10).

Merkmale der Mitunternehmerschaft bei den Gesellschaftsformen

	Mitunternehmerrisiko				Mitunternehmerinitiative	
	Gesamt-handsvermögen	Gewinn und Verlust	Stille Reserven	Haftung	Geschäftsführung, Vertretung	Stimmrecht, Widerspruchsrecht, Kontrollrecht
OHG-Gesellschafter, Komplementär	ja	Ja	ja	voll	ja oder:	Stimmrecht (§ 119 HGB) Widerspruchsrecht (§§ 115, 116, 119 HGB) Kontrollrecht (§§ 126, 127 HGB)

	Mitunternehmerrisiko				Mitunternehmerinitiative	
Komman-ditist	ja	Verlust beschränkt	ja	beschränkt	nein	Stimmrecht (§ 119 HGB) Widerspruchsrecht (§ 164 HGB) Kontrollrecht (§§ 166–168 HGB)
GbR-Gesell-schafter	ja	ja	ja	voll	ja oder:	Stimmrecht Widerspruchsrecht (§ 711 BGB) Kontrollrecht (§§ 716–724 BGB)
Stiller Gesell-schafter	nein	Verlust beschränkt	typisch: nein atypisch: ja	beschränkt	nein	Kontrollrecht (§ 233 HGB)

1.4.4 Verdeckte Mitunternehmerschaft

Nach heute einhelliger Auffassung setzt die Anwendung des § 15 Abs. 1 Satz 1 Nr. 2 EStG voraus:

- Mitunternehmerinitiative und Mitunternehmerrisiko,
- zivilrechtlich Gesellschafter einer Personengesellschaft oder in Ausnahmefällen eine diesem vergleichbare Stellung.

Eine der Gesellschafterstellung wirtschaftlich ausnahmsweise vergleichbare Stellung wird als **»verdeckte«** Mitunternehmerschaft bezeichnet. Die Mitunternehmerschaft ist durch andere zivilrechtliche Schuldverhältnisse (Arbeitsverhältnis, Darlehensvertrag, stilles Gesellschaftsverhältnis, Mietvertrag) verdeckt. Die früher übliche Bezeichnung als »faktische« Mitunternehmerschaft ist überholt. Nach der BFH-Rspr. ist der konkludente Abschluss eines Gesellschaftsvertrages zu prüfen (BFH GrS vom 25. 06. 1984 BStBl II 1984, 751). Wenn jemand in bestimmten Rechtsbeziehungen zu einer OHG, KG, GbR mit Gesamthandsvermögen steht, aber zivilrechtlich nach außen nicht Gesellschafter dieser Personengesellschaft ist, kann er trotzdem Mitunternehmer des Gewerbebetriebs der OHG, KG, GbR sein, wenn die Rechtsbeziehungen zivilrechtlich als Innengesellschaftsverhältnis zur Personengesellschaft oder zu deren Gesellschafter zu werten sind und den übrigen Kriterien des Mitunternehmerbegriffs genügen (vgl. BFH vom 06. 12. 1988 BStBl II 1989, 705). Ein Rechtsverhältnis, das als Dienst-, Darlehens- oder Pachtvertrag bezeichnet wird, kann zivilrechtlich in Wirklichkeit ein Gesellschaftsverhältnis i. S. d. §§ 705 ff. BGB sein.

Eine Innengesellschaft setzt voraus (BFH vom 13. 07. 1993 BStBl II 1994, 282):

- Rechtsbindungswillen zur Bildung der Innengesellschaft,
- gemeinsames Handeln gleichgeordneter Personen zu einem gemeinsamen Zweck,
- Gewinnbeteiligung der Gesellschafter.

Die neuere BFH-Rspr. bejaht verdeckte Mitunternehmerschaft aufgrund eines verdeckten Innengesellschaftsverhältnisses zuungunsten des Stpfl. nur noch in extremen Ausnahmefällen.

Der VIII. Senat des BFH stellte mit Grundsatz-Urteil vom 13. 07. 1993 BStBl II 1994, 282, fest, dass die Annahme einer Mitunternehmerstellung ohne ausdrückliche gesellschaftsrechtliche Vereinbarung gemeinsames Handeln zu einem gemeinsamen Zweck einander gleichgeordneter Personen voraussetzt. Nicht ausreichend ist eine Bündelung von Vermögenspositionen und Einflussmöglichkeiten aufgrund einzelner Schuldverhältnisse, wenn dafür vereinbarungsgemäß angemessene und leistungsbezogene Entgelte entrichtet werden.

BEISPIEL

Einzelunternehmer A veräußert sein Unternehmen an eine GmbH & Co. KG, an der nicht er, sondern nur seine Ehefrau persönlich beteiligt ist. A wird Gesellschafter der alleingeschäftsführungs- und vertretungsbefugten Komplementär-GmbH und deren alleinvertretungsberechtigter, mit starken Rechten ausgestatteter Geschäftsführer. A gewährt der KG Darlehen und erhält 33 1/3 % Gewinntantieme.

LÖSUNG Das Zusammentreffen der Umstände reicht nicht aus, um eine Mitunternehmerstellung des A anzunehmen (BFH vom 13.07.1993 BStBl II 1994, 282). Ein Mitunternehmerrisiko kann nur angenommen werden, wenn sich der Erfolg oder Misserfolg einer geschäftlichen Tätigkeit unmittelbar im Gewinn oder Verlust niederschlägt. A ist jedoch weder am Verlust noch an den stillen Reserven und am Geschäftswert, sondern nur am Jahresgewinn der KG als Bestandteil seiner Tätigkeitsvergütung beteiligt. Das Vergütungsrisiko des leitenden Angestellten für Gehalt und Tantieme entspricht den bei Dienstverträgen üblichen Risiken. Mitunternehmerinitiative und -risiko dürfen nicht lediglich auf einzelne Schuldverhältnisse als gegenseitige Austauschverhältnisse zurückzuführen sein. Eine Bündelung von Vermögenspositionen und Einflussmöglichkeiten aufgrund einzelner Schuldverhältnisse begründet noch kein gesellschaftsrechtliches Risiko, wenn dafür vereinbarungsgemäß angemessene und leistungsbezogene Entgelte entrichtet werden. Offen bleibt in der Rspr., welche prozentuale Höhe der Tantieme noch unbedenklich ist (Entnahme fast des gesamten Gewinns durch den Geschäftsführer wäre schädlich, BFH vom 05.06.1986 BB 1986, 1901).

Ein Geschäftsführer kann als verdeckter Gesellschafter und damit Mitunternehmer anzusehen sein, wenn er für die Geschäftsführung unangemessen hohe gewinnabhängige Bezüge erhält oder erhebliches Ertrags- und Kapitalverlustrisiko trägt und sich als Herr des Unternehmens verhält. Die Gesamtbezüge sind unangemessen, wenn der Geschäftsführer neben einem üblichen Festgehalt eine ungewöhnlich hohe Gewinnbeteiligung erhält, die stets den überwiegenden Teil des Gewinns abschöpft (BFH vom 21.09.1995 BStBl II 1996, 66 zum Fall des Gesellschafter-Geschäftsführers einer geschäftsführenden Komplementär-GmbH bei einer GmbH & Co. KG).

1.5 Nießbrauch bei Personengesellschaften

1.5.1 Überblick

Der Nießbrauch ist die dingliche Belastung eines Wirtschaftsguts, die den Nießbraucher berechtigt, die Nutzungen des belasteten Wirtschaftsguts zu ziehen (§§ 1035, 1068, 1085 BGB). Die Bestellung kann in der Form des **Zuwendungsnießbrauchs** erfolgen, indem der Nießbrauch vom Eigentümer einem Dritten eingeräumt wird. Ein **Vorbehaltsnießbrauch** entsteht dadurch, dass bei der Übereignung des Wirtschaftsguts dem bisherigen Eigentümer ein Nießbrauchsrecht an dem übereigneten Wirtschaftsgut bestellt wird. Bei einem **Vermächtnisnießbrauch** wird ein Nachlassgegenstand mit einer durch den Erblasser bestimmten Verpflichtung belastet, dem Begünstigten den Nießbrauch einzuräumen. Der Nießbrauch kann an einem Unternehmen bestellt werden. Wegen des Spezialitätsgrundsatzes im Sachenrecht muss jedoch ebenso wie bei der Bestellung eines Nießbrauchs am Vermögen jedes einzelne Wirtschaftsgut des Unternehmens mit dem Nießbrauch belastet werden (vgl. Götz/Hülsmann, Der Nießbrauch im Zivil- und Steuerrecht, 9. Aufl., Herne 2013).

Personengesellschaften sind personenbezogen, die Gesellschafterstellung ist grundsätzlich an die Person des Rechtsinhabers gebunden. In §§ 717, 719 BGB ist deshalb der Grundsatz der Unabtretbarkeit der Gesellschafterstellung statuiert, der mit gewissen Ausnahmen für alle Personengesellschaften gilt. Der Ausschluss der Abtretung schützt die Gesellschafter, dass ihnen gegen ihren Willen andere Personen als Vertragspartner aufgezwungen werden. Die Mitgliedschaft im Ganzen ist jedoch nach heute nahezu einhelliger Meinung mit Zustimmung aller Gesellschafter übertragbar. Dies kann schon im Gesellschaftsvertrag geschehen. Nach h. M. ist mit Zustimmung aller Gesellschafter auch die Bestellung eines Nießbrauchs an einem Gesellschaftsanteil anerkannt (BFH vom 01. 03. 1994 BStBl II 1995, 241; Söffing/Jordan BB 2004, 353). Zivilrechtlich ist darin ein Nießbrauch an einem Recht zu sehen, der durch Einigung des Bestellers mit dem Berechtigten eingeräumt wird (§§ 1068, 1069 Abs. 1 BGB). Mit der Einräumung des Nießbrauchs wird eine Aufteilung des Gesellschaftsanteils dergestalt vorgenommen, dass seine Substanz weiterhin dem bisherigen Gesellschafter zusteht und dass die Erträgnisse aus der Beteiligung dem Nießbraucher zufallen. Diese Entkoppelung von Vermögenssubstanz und Ertrag macht den Nießbrauch zu einem beliebten Gestaltungsmittel. Häufig werden dem Nießbraucher darüber hinaus gewisse Rechte zur Mitwirkung in Gesellschaftsangelegenheiten eingeräumt. Der Nießbrauchsbesteller behält die Gesellschafterstellung, sie wird aber vom Nießbraucher ausgeübt. Der Nießbraucher ist zur Substanzerhaltung verpflichtet und hat alles zu unterlassen, was die Gesellschafterstellung des Nießbrauchsbestellers beeinträchtigt. Je nach Ausstattung des Nießbrauchsrechts können sich unterschiedliche Vereinbarungen mit unterschiedlichen steuerlichen Folgen ergeben. Zu unterscheiden ist der Nießbrauch:

- am Gesellschaftsanteil,
- am Gewinnstammrecht,
- an den Gewinnansprüchen und/oder am Auseinandersetzungsguthaben.

1.5.2 Nießbrauch am Gesellschaftsanteil (Vollrechtsnießbrauch)

Die Rechtsstellung des **Zuwendungsnießbrauchers** bestimmt sich nach den vertraglichen Vereinbarungen und hilfsweise nach den Vorschriften des BGB und HGB. Der Nießbraucher übt grundsätzlich die Gesellschafterrechte mit Ausnahme der Rechte zur Kündigung oder Liquidation der Gesellschaft aus. Das Fruchtziehungsrecht des Nießbrauchers beschränkt sich auf den gesellschaftsrechtlich entnahmefähigen laufenden Ertrag. Steuerlich kommt es darauf an, ob der Nießbraucher zum Mitunternehmer geworden ist, also hinreichend Mitunternehmerinitiative und -risiko trägt. Der Nießbraucher hat im Regelfall keinen Anteil an den stillen Reserven des Gesellschaftsvermögens und am Geschäftswert. Nach der Rspr. wird der Nießbraucher am Gesellschaftsanteil deshalb nur dann Mitunternehmer, wenn er einen nennenswerten Einfluss auf die Geschäftsführung hat (BFH vom 11. 04. 1973 BStBl II 1973, 528; BFH vom 29. 01. 1976 BStBl II 1976, 374, 377). Ob daneben auch der bisherige Gesellschafter (= Nießbrauchsbesteller) als Mitunternehmer anzusehen ist, richtet sich in erster Linie nach dem Innenverhältnis zwischen Nießbraucher und Nießbrauchsbesteller. Unter bestimmten Voraussetzungen kommt es zu einer Spaltung des Mitunternehmeranteils zwischen Nießbraucher und Nießbrauchsbesteller. Dem Nießbrauchsbesteller müssen weiterhin die Kernrechte der Gesellschafterstellung zustehen. Er behält auch nach der Einräumung des Nießbrauchs die Befugnis, bei Beschlüssen selber abzustimmen, die die Grundlagen der Gesellschaft betreffen (BGH vom 09. 11. 1998 DB 1999, 208). Dies ist steuerlich u. a. bei Veräußerung oder Aufgabe des Gesellschaftsanteils ist bedeutsam (zu den steuerlichen Folgen beim Tod des Nießbrauchs-Mitunternehmers s. Mielke, DStR 2014, 18).

Die nichtentnahmefähige Gewinn- und Verlustbeteiligung sowie der Anteil an außerordentlichen Gewinnen sind im Regelfall dem Nießbrauchsbesteller zuzurechnen. Unter diesen Umständen ist auch der Nießbrauchsbesteller Mitunternehmer geblieben, wenn er am Geschäftswert und am Auseinandersetzungsguthaben beteiligt bleibt und zumindest die Möglichkeit der Ausübung von Rechten zurückbehalten hat, die den Stimm-, Kontroll- und Widerspruchsrechten eines Kommanditisten angenähert sind (BFH vom 01.03.1994 BStBl II 1995, 241). Er muss gesellschaftsvertraglich das Stimmrecht in außerordentlichen Angelegenheiten oder Grundlagengeschäften haben (BFH vom 23.02.2010, II R 42/08, BStBl II 2010, 555). Wenn der Schenker sich bei der Übertragung eines Personengesellschaftsanteils unter Nießbrauchsvorbehalt die Ausübung der Stimmrechte auch in Grundlagengeschäften der Gesellschaft vorbehält, hat der Bedachte keine Mitunternehmerinitiative (BFH vom 06.05.2015, II R 34/13, BStBl II 2015, 821).

Zu den gewerblichen Einkünften des Nießbrauchsbestellers rechnen auch Sondervergütungen. Wirtschaftsgüter bleiben Sonderbetriebsvermögen des Nießbrauchsbestellers, auch wenn der Nießbraucher am Gesellschaftsanteil auch den Nießbrauch am Sonderbetriebsvermögen erhält.

BEISPIEL

A und B sind Gesellschafter der AB-OHG zu je 1/2. A hat der OHG ein ihm gehöriges Grundstück zur eigenbetrieblichen Nutzung vermietet. A räumt dem N im Jahr 03 an seinem Gesellschaftsanteil und an seinem Grundstück den Nießbrauch mit der Maßgabe ein, dass N für A die Geschäftsführung ausübt. Im Jahr 06 erklärt die OHG die Betriebsaufgabe. Behandlung der stillen Reserven aus dem OHG-Anteil und aus dem Grundstück?

LÖSUNG Die Gesellschafter A und B haben in 06 zu je 1/2 den Aufgabegewinn aus den OHG-Anteilen zu versteuern (§ 16 Abs. 2, 3, § 34 Abs. 2 Nr. 1 EStG). Die Aufgabe des Betriebs der Personengesellschaft löst auch die betriebliche Bindung des Sonderbetriebsvermögens. Die dadurch aufgedeckten stillen Reserven gehören zum begünstigten Aufgabegewinn des A.

Die Bestellung des Nießbrauchs am Gesellschaftsanteil und am zum Sonderbetriebsvermögen gehörenden Grundstück hat weder zur Aufgabe der Mitunternehmerstellung des A noch zur Entnahme des Grundstücks geführt. A hat als Anteilsinhaber einen hinreichenden Bestand an vermögensrechtlicher Substanz des nießbrauchsbelasteten Gesellschaftsanteils (Beteiligung am Geschäftswert und Auseinandersetzungsguthaben) und hinreichende gesellschaftsrechtliche Mitwirkungsrechte (zumindest Rechte, die den Stimm-, Kontroll- und Widerspruchsrechten eines Kommanditisten angenähert sind) zurückbehalten. Durch die Einräumung des Nießbrauchs am Gesellschaftsanteil in 03 wurde die betriebliche Bindung des Grundstücks nicht gelöst. Ein Grundstück, das zum Sonderbetriebsvermögen eines Gesellschafters gehört, wird durch die Bestellung eines Nießbrauchs am Gesellschaftsanteil und am Grundstück grundsätzlich nicht entnommen (BFH vom 01.03.1994 BStBl II 1995, 241). Mit der Nießbrauchsbestellung dient das Grundstück zwar einstweilen nicht mehr der Erzielung eigener gewerblicher Einkünfte des Nießbrauchsbestellers A im Rahmen des Sonderbetriebsvermögens. Damit hat das Grundstück seine Eigenschaft als notwendiges Sonderbetriebsvermögen, verloren, nicht aber seine Eigenschaft als gewillkürtes Sonderbetriebsvermögen, wenn nach Wegfall des Nießbrauchs die eigenbetriebliche Nutzung nach Lage der Dinge wieder in Betracht kommen kann. Die Einräumung des Nießbrauchs führt nur zur Entnahme der mit der Nutzung verbundenen anteiligen jährlichen Wertabgaben des Betriebes für das Grundstück (Aufwandsentnahme, BFH vom 24.05.1989 BStBl II 1990, 8).

Anzutreffen ist der von Rspr. und Finanzverwaltung anerkannte Fall des mitunternehmerischen Zuwendungsnießbrauchs, bei dem der bisherige und zukünftige Gesellschafter und Mitunternehmer einem Dritten den Nießbrauch an der Beteiligung einräumt, sich aber seinen Gesellschaftsanteil zurückbehält. Der Dritte muss zivilrechtlich nicht Gesellschafter werden.

Diese Konstruktion eignet sich besonders zur zielgerichteten Verlagerung von Erträgen unter Zurückbehaltung der Vermögenssubstanz. I. d. R. wird bei der Übertragung eines Anteils an einer Personengesellschaft unter Nießbrauchsvorbehalt angestrebt, dass sowohl der Gesellschafter als auch der Nießbraucher Mitunternehmer sind (BFH vom 01. 09. 2011 BStBl II 2013, 210; Ländererlass vom 02. 11. 2012 BStBl I 2012, 1101; Bisle, NWB 2017, 65).

Bei der Übertragung des Gesellschaftsanteils unter **Vorbehalt des Nießbrauchs** findet zivilrechtlich eine Vollrechtsübertragung des Gesellschaftsanteils statt. Der bisherige Gesellschafter und Mitunternehmer überträgt seinen Gesellschaftsanteil und behält sich den Nießbrauch daran zurück. Der Vorbehaltsnießbrauch wird häufig als Hilfsinstrument bei der vorweggenommenen Erbfolge und Unternehmensnachfolge eingesetzt, weil der Übergeber zwar die Vermögenssubstanz hergibt, aber neben den Fruchtziehungsrechten auch Mitspracherechte behält. Die Übertragung erfolgt stets unentgeltlich, da die Nießbrauchseinräumung kein Entgelt für die Eigentumsübertragung darstellt. Steuerlich ist jedoch im Regelfall der bisherige Gesellschafter und jetzige Vorbehaltsnießbraucher als wirtschaftlicher Eigentümer anzusehen, so dass die Bestellung des Vorbehaltsnießbrauchs an der Mitunternehmerstellung und an der Zurechnung der Einkünfte nichts ändert (BFH vom 16. 05. 2013 DStR 2013, 1380).

1.5.3 Nießbrauch am Gewinnstammrecht

Mit dem Nießbrauch belastet wird der Teil der Mitgliedschaftsrechte des Gesellschafters, der sein Recht auf Beteiligung am Gewinn der Gesellschaft zum Inhalt hat. Ob ein Gewinnstammrecht als von der Mitgliedschaft abspaltbares Teilrecht zivilrechtlich überhaupt besteht, ist streitig, wird aber von der h. M. für zulässig gehalten (offen gelassen von BFH vom 09. 04. 1991 BStBl II 1991, 809, 812 m. w. N.). Ein solcher Nießbrauch hat zur Folge, dass der Nießbraucher ein dingliches Recht auf den Gewinnanspruch des Gesellschafters erwirbt. Eine Verlustbeteiligung ist begrifflich ausgeschlossen. Der Nießbraucher erhält keine gesellschaftsrechtlichen Verwaltungsbefugnisse. Der Gesellschafter behält die Stimmrechte, Geschäftsführung usw. Der Nießbrauch am Gewinnstammrecht stellt aber wirtschaftlich eine Vorausabtretung der Ertragnisansprüche dar und ist steuerlich nicht anzuerkennen (BFH vom 13. 05. 1976 BStBl II 1976, 592).

1.5.4 Ertragsnießbrauch

Die Bestellung eines Nießbrauchs an den vermögensrechtlichen Bezügen ist gem. § 717 Abs. 2 BGB ohne weiteres möglich, da es sich hierbei um abtretbare Rechte handelt (§ 1069 Abs. 2 BGB). Eine gesellschaftsvertragliche Regelung ist nicht erforderlich. Der Ertragsnießbrauch gewährt lediglich einen schuldrechtlichen Anspruch auf Auszahlung des vom Unternehmenseigner erwirtschafteten Gewinns, aber keine dingliche Verfügungsbefugnis. Der Betriebsinhaber bleibt weiterhin Unternehmer. Die Verlagerung der Einkünfte ist steuerlich unzulässig: Die schuldrechtliche Vereinbarung lässt die Versteuerung der Einkünfte aus Gewerbebetrieb beim Unternehmenseigner unberührt. Es gibt grundsätzlich keinen Abzug der Zahlungen beim Unternehmenseigner (§ 12 Nr. 2 EStG) und keine Versteuerung beim Ertragsnießbraucher (h. M., vgl. u. a. Haas in Festschrift für L. Schmidt, 315 ff.; Jansen/Jansen, Der Nießbrauch im Zivil- und Steuerrecht, 8. Aufl., Herne 2009, Tz. 250: Versteuerung durch Nießbraucher nach § 22 Nr. 1 EStG). Eine Ausnahme gilt bei einer Versorgungsrente bzw. Versorgungslast: Diese führt zum Abzug beim Verpflichteten (§ 10 Abs. 1 Nr. 1a EStG) und zur Versteuerung beim Berechtigten (§ 22 Nr. 1 EStG).

	Nießbrauch am Gesellschaftsanteil	Nießbrauch am Gewinnstammrecht	Nießbrauch am Ertragsanspruch
dinglicher Anspruch	Ja	Ja	Nein
gesellschaftsrechtliche Verwaltungsbefugnisse	Ja	Nein	Nein
steuerlich anzuerkennen	Ja, wenn Nießbraucher Mitunternehmer	Nein	Nein

BEISPIELE

a) A, B und C sind zu je 1/3 an der ABC-OHG beteiligt. C vereinbart mit N, dass N den Nießbrauch am Gesellschaftsanteil des C erhält und dass N anstelle von C geschäftsleitende Entscheidungen treffen kann.
LÖSUNG N ist Mitunternehmer und hat Einkünfte aus § 15 Abs. 1 Satz 1 Nr. 2 EStG.

b) A, B und C sind zu je 1/3 an der ABC-OHG beteiligt. C vereinbart mit N, dass N 1/2 des Gewinnanteils des C (also 1/6 des Gewinns der OHG) erhalten soll.
LÖSUNG Der Bruchteilsnießbrauch am Gewinnstammrecht einer Personengesellschaft wird steuerlich nicht anerkannt (BFH vom 13.05.1976 BStBl II 1976, 592).

c) S hält eine typisch stille Beteiligung am Handelsunternehmen des G. S bestellt dem N den Nießbrauch.
LÖSUNG Steuerlich setzt die Anerkennung des Nießbrauchs die Mitunternehmerschaft voraus. Die Einkünfte aus Kapitalvermögen nach § 20 Abs. 1 Nr. 4 EStG sind steuerlich weiterhin dem S zuzurechnen.

2 Gewinnermittlung der Personengesellschaft

2.1 Gemeinsamkeiten mit Einzelunternehmen

Das HGB enthält keine besonderen Gewinnermittlungsvorschriften für Personengesellschaften. Die Personenhandelsgesellschaften sind Kaufleute (§ 6 HGB) und verpflichtet, eine Handelsbilanz zu erstellen. Wie für alle Kaufleute gelten für sie
- die Buchführungspflichten (§§ 238–245 HGB),
- die Bilanzierungs- und Bewertungsvorschriften (§§ 246 ff. HGB).

Grundlage der Gewinnermittlung ist das Betriebsvermögen. Der Gewinn wird wie bei Einzelunternehmen aufgrund Betriebsvermögensvergleichs nach § 4 Abs. 1, § 5 EStG ermittelt. Das Betriebsvermögen wird jedoch im Handelsrecht und im Steuerrecht unterschiedlich definiert (zur handelsrechtlichen Rechnungslegung bei Personenhandelsgesellschaften IDW RS HFA 7, 2016; Künkele/Zwirner, Bilanzierung bei Personengesellschaften, 2. Aufl., Herne 2016).

2.2 Unterschiede zu Einzelunternehmen

Die Personengesellschaft ist als solche Subjekt der Gewinnermittlung, die Gesellschafter sind Subjekte der Einkommensbesteuerung. Die Ermittlung der Einkünfte der Mitunternehmer erfolgt in zwei Stufen:
1. Zunächst werden der steuerliche Gesamtgewinn auf der Ebene der Gesellschaft und der Anteil des einzelnen Gesellschafters an diesem Gewinn ermittelt.

2. Des Weiteren werden die aus den Sondervergütungen zu erfassenden Einkünfte der Gesellschafter ermittelt, welche die Gesellschafter von der Gesellschaft für ihre Tätigkeit im Dienst der Gesellschaft, für die Hingabe von Darlehen und für die Überlassung von Wirtschaftsgütern gezogen haben.

Die Zweistufigkeit der Gewinnermittlung spiegelt sich auch in der Bilanzierung der Personengesellschaft wieder. Beim Jahresabschluss der Gesellschaft finden mehrere Betriebsvermögensvergleiche nach § 4 Abs. 1, § 5 EStG statt, nämlich einmal für das Ergebnis der Gesamthandsbilanz und zum anderen für die Ergebnisse der Sonderbilanzen jedes einzelnen Gesellschafters. Die steuerliche Gesamtbilanz (Steuerbilanz II) erfasst

- das Gesamthandsvermögen der Personengesellschaft (Steuerbilanz I) und
- das steuerliche Sonderbetriebsvermögen der Mitunternehmer.

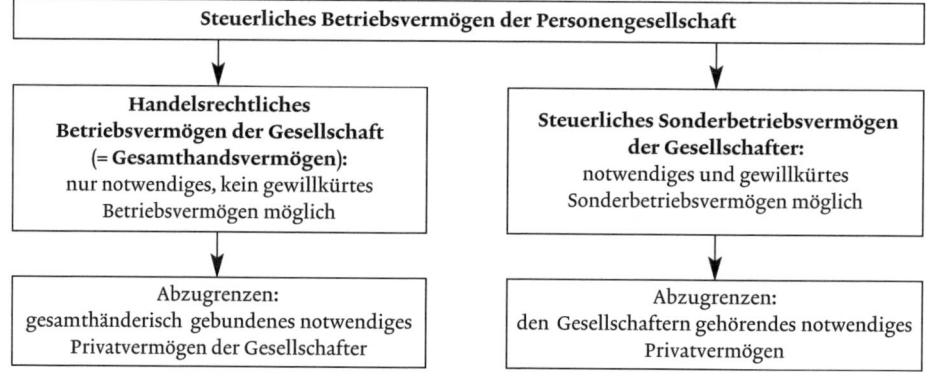

- Wirtschaftsgüter des Gesamthandsvermögens, die von den Gesellschaftern privat genutzt werden, können zwar in der Handelsbilanz erfasst werden, gehören aber steuerlich zum Privatvermögen der Gesellschafter und dürfen deshalb nicht bilanziert werden.
- Wirtschaftsgüter, die einem oder einzelnen Gesellschaftern gehören und die der Gesellschaft zu deren betrieblicher Nutzung überlassen sind, dürfen nicht in die Handelsbilanz aufgenommen werden. Solche Wirtschaftsgüter sind aber Bestandteil der steuerlichen Gesamtbilanz der Gesellschaft und in Sonderbilanzen der überlassenden Gesellschafter zu bilanzieren.

2.3 Betriebsvermögen der Personengesellschaft

2.3.1 Gesellschaftsvermögen (Gesamthandsvermögen)

2.3.1.1 Handelsrechtliches Betriebsvermögen

Handelsrechtlich gehört das Gesellschaftsvermögen (Gesamthandsvermögen) zum Betriebsvermögen der Personengesellschaft. Bilanzierungspflicht besteht für alle Vermögensgegenstände des Gesellschaftsvermögens, soweit keine Aktivierungs- oder Passivierungsverbote bestehen. Es kommt handelsrechtlich nicht auf die Art der Nutzung durch die Gesellschaft oder durch die Gesellschafter an.

- Auch solche Vermögensgegenstände des Gesamthandsvermögens, die von der Gesellschaft nicht eigenbetrieblich genutzt werden, sind zu bilanzieren.
- Dasselbe trifft für Gegenstände des Gesamthandsvermögens zu, die von Gesellschaftern für ihre privaten Zwecke genutzt werden.

- Dagegen dürfen die Vermögensgegenstände, die dem oder den Gesellschaftern gehören, in der Handelsbilanz der Personengesellschaft nicht ausgewiesen werden, Aktiva ebenso wenig wie Schulden.

2.3.1.2 Notwendiges Betriebsvermögen

Steuerlich rechnen Wirtschaftsgüter, die handelsrechtlich zum gemeinschaftlichen Vermögen (Gesamthandsvermögen) der Personengesellschaft gehören, grundsätzlich auch zum steuerlichen Betriebsvermögen. Ausgangspunkt für die steuerliche Bilanzierung ist im Regelfall die zivilrechtliche Zuordnung der Vermögensgegenstände. Wirtschaftsgüter, die unmittelbar dem Betrieb der Personengesellschaft dienen oder zu dienen bestimmt sind, sind steuerlich stets zum notwendigen Betriebsvermögen der Personengesellschaft zuzurechnen.

Darüber hinaus können auch Wirtschaftsgüter, die nicht unmittelbar dem Betrieb der Personengesellschaft dienen (neutrale Wirtschaftsgüter), notwendiges Betriebsvermögen der Personengesellschaft sein. Beim Gesamthandsvermögen der Personengesellschaft gibt es wegen der Maßgeblichkeit der Handelsbilanz für die Steuerbilanz (§ 5 Abs. 1 EStG) nur notwendiges, kein gewillkürtes Betriebsvermögen. Deshalb gehören auch fremdvermietete Wirtschaftsgüter des Gesamthandsvermögens zum notwendigen Betriebsvermögen der Gesellschaft.

BEISPIELE

a) Eine KG erwirbt Wertpapiere.

LÖSUNG Die Wertpapiere gehören bei der KG zum notwendigen Betriebsvermögen. Ein Einzelunternehmer hätte dagegen ein Wahlrecht, die Wertpapiere als gewillkürtes Betriebsvermögen oder als Privatvermögen zu behandeln.

b) Eine OHG nutzt ein zum Gesamthandsvermögen gehörendes Grundstück wie folgt:
- eigenbetriebliche Zwecke   20 %,
- zu fremden betrieblichen Zwecken vermietet   40 %,
- zu fremden Wohnzwecken vermietet   40 %.

LÖSUNG Das Gebäude besteht aus drei Wirtschaftsgütern (R 4.2 Abs. 4 EStR). Im Unterschied zum Einzelunternehmen müssen die Wirtschaftsgüter alle bilanziert werden (Tz. 7, 8 Mitunternehmer-Erlass). Auch der Grund und Boden muss in vollem Umfang aktiviert werden.

Wenn ein zum Gesamthandsvermögen gehörendes Grundstück nur teilweise der Personengesellschaft zu deren eigenbetrieblicher Nutzung dient und wenn diese Nutzung nur von untergeordneter Bedeutung ist, hat die Personengesellschaft ausnahmsweise ein Wahlrecht, den betrieblich genutzten Grundstücksteil in die Steuerbilanz aufzunehmen (§ 8 EStDV). Ein Wahlrecht zur Bilanzierung des eigengenutzten Grundstücksteils von untergeordneter Bedeutung steht der Personengesellschaft auch dann zu, wenn der übrige Grundstücksteil teilweise der privaten Lebensführung eines, mehrerer oder aller Mitunternehmer dient.

BEISPIELE

a) Das zum Gesamthandsvermögen gehörende Grundstück wird von der Personengesellschaft zu 10 % für eigenbetrieblich und zu 90 % für fremdbetriebliche Zwecke genutzt. Der Gesamtwert des Grundstücks (Grund und Boden und Gebäude) beträgt 200 000 €.

LÖSUNG Eigenbetrieblich genutzte Grundstücksteile brauchen nicht als Betriebsvermögen behandelt zu werden, wenn ihr Wert nicht mehr als ein Fünftel des gemeinen Werts des gesamten Grundstücks uns nicht mehr als 20 500 € beträgt (§ 8 EStDV, R 4.2 Abs. 8 EStR).

b) Das obige Grundstück wird von der Personengesellschaft zu 10 % für eigenbetrieblich und zu 90 % für private Zwecke der Gesellschafter genutzt.

LÖSUNG Dasselbe Wahlrecht für die Bilanzierung es eigenbetrieblich genutzten Grundstücksteils von untergeordneter Bedeutung gilt, wenn das Grundstück im Übrigen privat genutzt wird und insoweit nicht bilanziert werden darf (R 4.2 Abs. 11 Satz 3 EStR).

Die steuerliche Gewinnermittlung richtet sich nach dem Betriebsvermögensvergleich (§ 4 Abs. 2 Satz 1 EStG). Dabei gilt grundsätzlich der Maßgeblichkeitsgrundsatz der Handelsbilanz für die Steuerbilanz. Für den Schluss eines Wirtschaftsjahres ist das Betriebsvermögen anzusetzen, das sich nach den handelsrechtlichen Grundsätzen ordnungsmäßiger Buchführung ergibt (formelle Maßgeblichkeit, § 5 Abs. 1 Satz 1 EStG). **Bilanzierungs- und Bewertungswahlrechte** sind im Gesamthandsvermögen von allen Gesellschaftern grundsätzlich einheitlich auszuüben (z. B. Sonder-, Teilwertabschreibungen, GWG, steuerfreie Rücklagen). Eine Ausnahme von der einheitlichen Bilanzierung und Bewertung gilt für personenbezogene Steuervergünstigungen (z. B. § 6b EStG, vgl. 4.6).

Die zivilrechtliche und die steuerliche Zuordnung von Vermögensgegenständen ist aber nicht immer miteinander verknüpft. Der Maßgeblichkeitsgrundsatz hat dort seine Grenzen, wo steuerliche Vorschriften zu einer anderen Behandlung zwingen:

- Vermögensgegenstände, die handelsrechtlich nicht zum Vermögen der Gesellschaft gehören, können steuerrechtlich dennoch Betriebsvermögen darstellen, wenn steuerliche Vorschriften dies erfordern.
- Handelsrechtliches Vermögen der Gesellschaft ist nur dann steuerrechtliches Betriebsvermögen, wenn dem keine steuerlichen Vorschriften entgegenstehen.

Durch das BilMoG (BGBl I 2009, 1102) wurde das Prinzip der umgekehrten Maßgeblichkeit aufgehoben, wonach steuerliche Wahlrechte in Übereinstimmung mit der handelsrechtlichen Bilanzierung auszuüben waren (§ 5 Abs. 1 Satz 2 EStG a. F.). Durch den Wegfall der umgekehrten Maßgeblichkeit entfielen bestimmte Bilanzposten und Posten der GuV in der handelsrechtlichen Gewinnermittlung, z. B. Rücklagen für Ersatzbeschaffung nach R 6.6 Abs. 4 EStR, Reinvestitionsrücklagen nach § 6 Abs. 3 EStG sowie steuerliche Mehrabschreibungen (BMF vom 12. 03. 2010 DStR 2010, 601). Im BilMoG wurden zahlreiche Besonderheiten hinsichtlich der Rechnungslegung und Besteuerung von Personenhandelsgesellschaften nicht berücksichtigt (Künkele/Zwirner, Bilanzierung bei Personengesellschaften, 2. Aufl., Herne 2016, 121 ff.). Damit wurde die Maßgeblichkeit an vielen Stellen durchbrochen und die Möglichkeit einer handels- und steuerrechtlichen Einheitsbilanz erheblich eingeschränkt.

2.3.1.3 Notwendiges Privatvermögen

Wirtschaftsgüter, die zum Gesamthandsvermögen der Personengesellschaft gehören, bei deren Erwerb aber jeglicher betriebliche Anlass fehlt, gehören steuerlich zum notwendigen Privatvermögen der Gesellschafter. In solchen Fällen wird der Grundsatz der Maßgeblichkeit der Handelsbilanz für die Steuerbilanz durchbrochen.

- Das Wirtschaftsgut ist erkennbar für die Personengesellschaft nicht von Nutzen, sondern bringt nur Verluste, z. B. Übernahme einer wertlosen Darlehensforderung eines Gesellschafters (BFH vom 22. 05. 1975 BStBl II 1975, 804), Übernahme einer Bürgschaft zugunsten der Schulden eines Gesellschafters (BFH vom 02. 06. 1976 BStBl II 1976, 668), Gewährung eines zinslosen und ungesicherten Darlehens von der Gesellschaft an den Gesell-

schafter (BFH vom 09. 05. 1996 BStBl II 1996, 642), Aufnahme einer Darlehensschuld für private Zwecke der Gesellschafter.
- Die buchmäßige Behandlung des Geschäfts lässt erkennen, dass es durch die Gesellschafter privat veranlasst ist (BFH vom 15. 11. 1978 BStBl II 1979, 257).

BEISPIELE

a) Die A OHG erwirbt vom Gesellschafter A eine Darlehensforderung, die kurze Zeit später ausfällt.
LÖSUNG Die Darlehensforderung ist notwendiges Privatvermögen. Wenn die Personengesellschaft einen Kaufpreis an den Gesellschafter gezahlt hat, ist dies eine Privatentnahme des Gesellschafters.

b) Die A OHG erwirbt ein EFH (Anschaffungskosten 600 000 €). Gesellschafter B nutzt kostenlos auf Dauer das EFH für seine privaten Wohnzwecke. Zur Bestreitung des Kaufpreises nimmt die Personengesellschaft ein Darlehen i. H. v. 600 000 € auf.
LÖSUNG Das Grundstück ist handelsrechtlich Gesellschaftsvermögen der OHG; entnommen wird die Nutzung.
Das Grundstück gehört aber steuerlich nicht zum Betriebsvermögen der Gesellschaft, sondern zum Privatvermögen der Gesellschafter, weil es zu privaten Zwecken des Gesellschafters bestimmt ist (Durchbrechung des Maßgeblichkeitsgrundsatzes). Mit der Überlassung an B wird das Grundstück durch schlüssige Entnahmehandlung in das Privatvermögen überführt. Der Kaufpreis ist als Entnahme aller Gesellschafter zu buchen. Mangels anderweitiger Vereinbarung ist es nicht möglich, den Entnahmegewinn nur dem nutzenden B zuzurechnen, weil nach wie vor A und B Gesamthandseigentümer des Grundstücks sind.
Das Darlehen ist keine Betriebsschuld, sondern eine Privatschuld. Der entrichtete Kaufpreis stellt eine Entnahme aller Gesellschafter dar, das aufgenommene Darlehen eine Einlage aller Gesellschafter. Die laufenden Grundstücksaufwendungen und die Schuldzinsen sind keine Betriebsausgaben, sondern Privatentnahmen der Gesellschafter.
Die OHG erzielt aus dem EFH keine Einkünfte, da das EFH ein Konsumgut ist. Der zu eigenen Wohnzwecken nutzende Gesellschafter kann die Eigenheimzulage seinem Anteil entsprechend in Anspruch nehmen.

c) Eine Personengesellschaft erwirbt ein EFH in der Nähe des Firmengeländes, das sie auf Dauer an Arbeitnehmer vermieten will. Weil diese Vermietung aber erst in zwei Jahren möglich sein wird, nutzt ein Gesellschafter das EFH in der Zwischenzeit unentgeltlich für eigene Wohnzwecke.
LÖSUNG Ein Wirtschaftsgut scheidet aus dem Betriebsvermögen nur aus bzw. wird von Anfang an nicht Betriebsvermögen, sondern Privatvermögen der Personengesellschaft, wenn es auf Dauer nicht für betriebliche Zwecke der Personengesellschaft vorgesehen ist. Liegt dagegen nur eine vorübergehende private Nutzung vor (z. B. private Kfz-Benutzung), liegt nur eine Nutzungsentnahme, aber keine Entnahme des WG vor. Das gilt auch bei Grundstücken. Nutzt der Gesellschafter das Grundstück des Gesamthandsvermögens nur vorübergehend (bis zu drei Jahren) für eigene Wohnzwecke, liegt keine Entnahme des Grundstücks, sondern nur eine Nutzungsentnahme vor. Das Grundstück und ein evtl. zugehöriges Darlehen sind weiterhin zu bilanzieren. Die angefallenen Grundstückskosten stellen allerdings für die Zeit der unentgeltlichen Nutzung Privatentnahmen der Gesellschafter dar.

Steuerlich zum notwendigen Privatvermögen der Gesellschafter gehören auch Wirtschaftsgüter des Gesamthandsvermögens, die von den Gesellschaftern nur zu privaten Zwecken genutzt werden oder genutzt werden können, z. B.
- persönliche Steuerschuld des Gesellschafters,
- auf das Leben eines Gesellschafters abgeschlossene Lebensversicherung (BFH vom 06. 02. 1992 BStBl II 1992, 653).

Auch Wirtschaftsgüter des Gesamthandsvermögens, die mit Zustimmung aller Gesellschafter **unentgeltlich** und auf Dauer der privaten Lebensführung eines oder mehrerer Gesellschafter dienen, gehören nicht zum steuerlichen Betriebsvermögen der Personengesellschaft, sondern zum (gesamthänderisch gebundenen) Privatvermögen der Gesellschafter.

Nutzt der Gesellschafter Wirtschaftsgüter des Gesamthandsvermögens dagegen **entgeltlich**, ist die Vermietung der Gesellschaft an den Gesellschafter auch steuerlich anzuerkennen, und das Wirtschaftsgut bleibt steuerlich Betriebsvermögen der Gesellschaft. § 15 Abs. 1 Satz 1 Nr. 2 EStG erfasst nur die Überlassung durch den Gesellschafter an seine Gesellschaft. Die umgekehrte Nutzung, die Überlassung der Gesellschaft an den Gesellschafter, ist in § 15 Abs. 1 Satz 1 Nr. 2 EStG nicht geregelt.

BEISPIELE

a) Gesellschafter A der AB-OHG nutzt ein der Gesellschaft gehörendes Grundstück mietweise für seine privaten Zwecke.

LÖSUNG § 15 Abs. 1 Nr. 2 EStG betrifft nur den Fall der Vermietung des Gesellschafters an die Gesellschaft. Der umgekehrte Fall wird, sofern die Vermietung an den Gesellschafter einem Fremdvergleich standhält, auch steuerlich anerkannt. Das Grundstück bleibt daher notwendiges Betriebsvermögen der OHG. Die Mietzahlungen erhöhen den Gewinn der OHG. Die Grundstücksaufwendungen sind in voller Höhe Betriebsausgaben.

b) Eine Personengesellschaft nutzt ein zum Gesamthandsvermögen gehörendes Grundstück (Wert einschl. Grund und Boden: 200 000 €) auf Dauer mit Zustimmung aller Gesellschafter wie folgt: eigenbetriebliche Zwecke 40 %, unentgeltliche Überlassung an einen Gesellschafter zu Wohnzwecken 60 %.

LÖSUNG Das Gebäude besteht aus zwei Wirtschaftsgütern. Der eigenbetriebliche Teil (Grund und Boden- sowie Gebäude-Anteil) muss aktiviert werden, der privat genutzte Teil darf nicht bilanziert werden. Ein evtl. aufgenommenes Darlehen ist aufzuteilen und gehört zu 40 % zum notwendigen Betriebsvermögen und zu 60 % zum notwendigen Privatvermögen der Personengesellschaft.

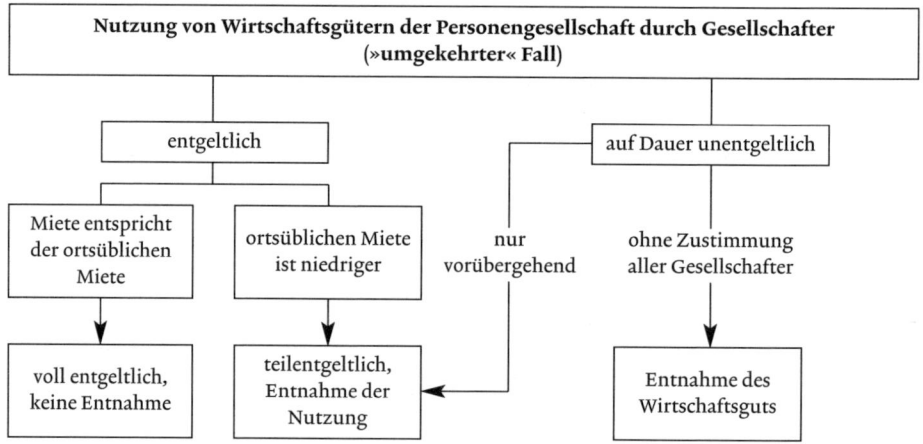

c) Sachverhalt wie b) und Nutzung wie folgt: eigenbetriebliche Zwecke 10 %, unentgeltliche Überlassung an einen Gesellschafter zu Wohnzwecken 90 %.

LÖSUNG Da der eigenbetrieblich genutzte Grundstücksteil von untergeordneter Bedeutung ist, gilt nach R 4.2 Abs. 11 Satz 3 EStR das Wahlrecht nach R 4.2 Abs. 8 EStR für die Personengesellschaft entsprechend. Hier wird also der Grundsatz durchbrochen, dass es – soweit Gesamthandsvermögen vorliegt – kein gewillkürtes Betriebsvermögen gibt.

2.3.2 Sonderbetriebsvermögen

2.3.2.1 Übersicht

Der steuerlich bedeutsamste Unterschied zur Handelsbilanz liegt in der Bilanzierung des Sonderbetriebsvermögens und in der Erfassung der zugehörigen Aufwendungen und Erträge als Sonderbetriebsausgaben und Sonderbetriebseinnahmen (BFH vom 16.02.1996 BStBl II 1996, 342). In der Handelsbilanz dürfen nur Wirtschaftsgüter des Gesamthandsvermögens ausgewiesen werden. Wirtschaftsgüter, die sich nicht Gesamthandseigentum, sondern im Eigentum eines oder mehrerer Gesellschafter befinden, dürfen nicht in die Handelsbilanz aufgenommen werden. Steuerlich ist jedoch die Handelsbilanz auf einer zweiten Stufe der Gewinnermittlung zu vervollständigen, wenn den Personengesellschaftern gehörende Wirtschaftsgüter von der Personengesellschaft betrieblich genutzt werden oder der Beteiligung der Gesellschafter an der Personengesellschaft dienen. Solche Wirtschaftsgüter sind in der Sonderbilanz des jeweiligen Gesellschafters zu erfassen, dem das Wirtschaftsgut gehört. Für jeden Gesellschafter, auf den Sonderbetriebsvermögen entfällt, ist eine eigene Sonderbilanz zu erstellen. Die Handelsbilanz der Gesellschaft und die Sonderbilanzen der Gesellschafter bilden zusammen die steuerliche Gesamtbilanz der Gesellschaft. Dies hat nicht nur für die Bilanzierung in der Sonderbilanz, sondern auch für die Gewerbesteuer Bedeutung. Die Kürzungsvorschrift des § 9 Nr. 1 GewStG ist auch auf Grundstücke im Sonderbetriebsvermögen anzuwenden.

Für das Sonderbetriebsvermögen ist die Personengesellschaft nach § 141 AO buchführungspflichtig (BFH vom 11.03.1992 BStBl II 1992, 797). Der Maßgeblichkeitsgrundsatz des § 5 Abs. 1 EStG gilt nicht. Zum Sonderbetriebsvermögen gehören:

- Wirtschaftsgüter, die einem Gesellschafter zu Alleineigentum gehören,
- Wirtschaftsgüter, die einer Bruchteilsgemeinschaft gehören, an der ein Gesellschafter oder mehrere oder alle Gesellschafter beteiligt sind,
- Wirtschaftsgüter, die einer neben der Personengesellschaft existierenden, nichtgewerblichen Gesamthandsgemeinschaft gehören, an der ein Gesellschafter oder mehrere oder alle Gesellschafter beteiligt sind.

BEISPIELE

a) Gesellschafter A vermietet ab dem 01.01.05 ein ihm gehörendes, im Privatvermögen befindliches Grundstück an die AB-OHG (Anschaffungskosten am 01.01.01: 100 000 €, Teilwert: 200 000 €).
LÖSUNG Das Grundstück gehört ab 01.01.05 zum notwendigen Sonderbetriebsvermögen des A und ist mit dem Teilwert einzulegen. Die Mietzahlungen dürfen den Gewinn der OHG nicht mindern und sind Sonderbetriebseinnahmen des A.

b) Das im Fall a) an die AB-OHG vermietete Grundstück gehört dem Gesellschafter A und seiner Ehefrau in Bruchteilsgemeinschaft zu je 50 %.
LÖSUNG Das Grundstück gehört ab 01.01.05 zum notwendigen Sonderbetriebsvermögen des A zu 50 %. Die Mietzahlungen sind zu 50 % Sonderbetriebseinnahmen des A. die Ehefrau des A erzielt aus der in ihrem Privatvermögen befindlichen Grundstückshälfte Einnahmen aus Vermietung und Verpachtung (§ 21 EStG).

c) Die Gesellschafter A und B der rein vermögensverwaltenden AB-Grundstücks-GbR (Beteiligung je 50 %) vermieten ein Grundstück aus dem Gesamthandsvermögen an die gewerblich tätige AB-OHG, an der sie ebenfalls je zur Hälfte beteiligt sind. Das Grundstück ist nicht wesentliche Betriebsgrundlage der AB-OHG.
LÖSUNG Das Grundstück ist je zur Hälfte Sonderbetriebsvermögen von A und B in der AB-OHG (anders beim Leistungsaustausch gewerblicher Personengesellschaften und bei der mitunternehmerischen Betriebsaufspaltung, vgl. 3.5.5).

Für die Eigenschaft als Sonderbetriebsvermögen ist es unerheblich, ob die Nutzungsüberlassung entgeltlich oder unentgeltlich erfolgt. Die Pflicht zur steuerlichen Bilanzierung der den Gesellschaftern gehörenden Wirtschaftsgüter in Sonderbilanzen besteht auch bei einer unentgeltlichen Überlassung dieser Wirtschaftsgüter an die Gesellschaft.

Während es in der Gesamtbilanz nur notwendiges Betriebsvermögen gibt, wird in der Sonderbilanz zwischen notwendigen Sonderbetriebsvermögen und gewillkürten Sonderbetriebsvermögen unterschieden.

Notwendiges Sonderbetriebsvermögen	Gewillkürtes Sonderbetriebsvermögen
1. WG, die unmittelbar für betriebliche Zwecke der Personengesellschaft genutzt werden (**Sonderbetriebsvermögen I**, Tz. 13 Mitunternehmer-Erlass) 2. WG, die nicht unmittelbar für betriebliche Zwecke der Personengesellschaft genutzt werden, aber in einem unmittelbaren Zusammenhang mit der Beteiligung eines Mitunternehmers an der Personengesellschaft stehen (**Sonderbetriebsvermögen II**, Tz. 14 Mitunternehmer-Erlass)	Bildung grundsätzlich nach den für Einzelunternehmer geltenden Regeln (Tz. 2 und 15 Mitunternehmer-Erlass): 1. Objektiver Zusammenhang mit dem Betrieb der Personengesellschaft (**Sonderbetriebsvermögen I**) 2. Objektiver Zusammenhang mit der Beteiligung (**Sonderbetriebsvermögen II**)

2.3.2.2   Notwendiges Sonderbetriebsvermögen

Zum Sonderbetriebsvermögen eines Mitunternehmers gehören alle Wirtschaftsgüter, die dazu geeignet und bestimmt sind, dem Betrieb der Personengesellschaft (Sonderbetriebsvermögen I) oder der Beteiligung des Mitunternehmers (Sonderbetriebsvermögen II) zu dienen (BFH vom 07.07.1992 BStBl II 1993, 326; BFH GrS 3/92 vom 03.05.1993 BStBl II 1993, 616).

Wirtschaftsgüter gehören zum **notwendigen Sonderbetriebsvermögen I**, wenn sie unmittelbar dem Betrieb der Gesellschaft dienen. Wirtschaftsgüter, die bisher zum Privatvermögen des Gesellschafters gehört haben, gehören von dem Zeitpunkt ab zu seinem notwendigen Sonderbetriebsvermögen, zu dem er sie der Personengesellschaft zur Nutzung überlässt. Es kommt nicht darauf an, ob die Überlassung von Wirtschaftsgütern durch die Gesellschafter an die Gesellschaft auf dem Gesellschaftsvertrag oder auf einem besonderen schuldrechtlichen Vertrag beruht (Tz. 13 Satz 2 Mitunternehmer-Erlass). Es ist auch unerheblich, ob die Überlassung entgeltlich oder unentgeltlich erfolgt.

BEISPIEL

A und B haben sich mit je 20 000 € Einlage zur A-OHG zusammengeschlossen. Gesellschafter A der A-OHG vermietet der OHG sein Grundstück (Teilwert 100 000 €) zu deren betrieblicher Nutzung. Gesellschafter B gibt der A-OHG 10 000 € Darlehen.

LÖSUNG Das Grundstück ist notwendiges Sonderbetriebsvermögen I des A, die Darlehensforderung notwendiges Sonderbetriebsvermögen I des B.

Aktiva		**Handelsbilanz der OHG**	Passiva
Geldkonto	40 000 €	Kapital A	20 000 €
Kasse	10 000 €	Kapital B	20 000 €
		Darlehensverbindlichkeit	10 000 €
	50 000 €		50 000€

Aktiva	**Sonderbilanz des A**		Passiva
Grundstück	100 000 €	Kapital	100 000 €

Aktiva	**Sonderbilanz des B**		Passiva
Darlehensforderung	10 000 €	Kapital	10 000 €

Darüber hinaus gehören Wirtschaftsgüter auch dann zum notwendigen Sonderbetriebsvermögen, wenn sie objektiv erkennbar zum unmittelbaren Einsatz in dem Betrieb der Gesellschaft bestimmt sind.

BEISPIELE

a) Gesellschafter A der ABC-OHG überlässt der OHG unentgeltlich ein ihm gehörendes Grundstück, das diese für eigenbetriebliche Zwecke nutzt.
LÖSUNG Notwendiges Sonderbetriebsvermögen des A.

b) Gesellschafter B der ABC-OHG überlässt der OHG gegen angemessenes Entgelt ein ihm gehörendes Grundstück, das diese zu 40 % für eigenbetriebliche Zwecke nutzt und zu 60 % auf eigene Rechnung an Fremde vermietet.
LÖSUNG Notwendiges Sonderbetriebsvermögen des B in vollem Umfang. Es kommt nicht darauf an, ob die Gesellschaft das Wirtschaftsgut selbst nutzt oder weitervermietet.

c) Gesellschafter C der ABC-OHG überlässt sein Grundstück einem Dritten aufgrund eines entgeltlichen Erbbaurechts zu dem Zweck, dass der Dritte es bebaut und das bebaute Grundstück an die OHG vermietet.
LÖSUNG Notwendiges Sonderbetriebsvermögen des C: Die Bestellung des entgeltlichen Erbbaurechts an den Dritten ist wie eine gewöhnliche Nutzungsüberlassung zu beurteilen (BFH vom 07. 04. 1994 BStBl II 1994, 796). Auch mittelbare Nutzungsüberlassungen können zu Sonderbetriebsvermögen führen.

Wie bei der Zuordnung zum aktiven Sonderbetriebsvermögen stellt die Rspr. auch für den Bereich des passiven Sonderbetriebsvermögens auf den Veranlassungszusammenhang ab. Zum notwendigen Sonderbetriebsvermögen I gehören Verbindlichkeiten, die der Gesellschafter im Zusammenhang mit dem Erwerb von der Gesellschaft überlassenen Wirtschaftsgütern oder der Finanzierung von damit zusammenhängenden Betriebsausgaben eingeht. Wird ein Gesellschafter für Schulden der Gesellschaft in Anspruch genommen, entsteht ein Ausgleichsanspruch im Sonderbetriebsvermögen. Ist dieser wertlos, realisiert sich der Verlust mit der Beendigung des Betriebs der Mitunternehmerschaft (BFH vom 05. 06. 2003 BStBl II 2003, 871). Dasselbe gilt, wenn ein Gesellschafter aus einem Bürgschaftsvertrag für Verbindlichkeiten der Gesellschaft in Anspruch genommen wird (BFH vom 28. 03. 2000 BStBl II 2000, 347). Dabei kommt es nicht darauf an, ob die Leistung aufgrund gewöhnlicher oder aufgrund kapitalersetzender Bürgschaften erfolgt (BFH vom 26. 09. 1996 BStBl II 1997, 277). Die drohende Inanspruchnahme aus der Bürgschaft während des Bestehens des Gesellschaftsverhältnisses ist zwar noch ein schwebendes Geschäft. Aufwendungen eines Mitunternehmers aus der Inanspruchnahme infolge gewährter Sicherheiten werden jedoch unter bestimmten Voraussetzungen anerkannt. Nach früherer Rspr. musste die Inanspruchnahme des Gesellschafters entweder für Verbindlichkeiten der Gesellschaft oder in einem unmittelbaren wirtschaftlichen Zusammenhang mit Wirtschaftsgütern des aktiven Sonderbetriebsvermögens erfolgen. Heute reicht es aus, wenn die Sicherheitenbestellung eindeutig durch die Beteiligung an der Personengesellschaft veranlasst ist und dies nachgewiesen wird. Für die Zuordnung von Sicherheiten eines Kommanditisten zum notwendigen passiven Sonderbetriebsvermögen bei einer KG für die Verbindlichkeiten einer GmbH, die in wirtschaftlicher Verbindung zur KG steht, an der aber nur die KG, nicht jedoch der Gesellschafter beteiligt ist, kommt es auf den Veranlassungszusammenhang an (BFH vom 27. 06. 2006 DStR 2006, 1831). Bei Pensionsansprüchen des Gesellschafter-Geschäftsführers ist in derselben Höhe, in der eine Pensionsrückstellung in der Gesamthandsbilanz passiviert wird, korrespondierend eine Forderung des Gesellschafters auf die Sondervergütungen in seiner Sonderbilanz zu aktivieren (vgl. 3.2.2).

Zum **notwendigen Sonderbetriebsvermögen II** gehören Wirtschaftsgüter, die in einem unmittelbaren wirtschaftlichen Zusammenhang mit der Beteiligung eines Mitunternehmers an der Gesellschaft stehen. Dies ist anzunehmen, wenn sie unmittelbar zur Begründung oder Stärkung der Beteiligung eingesetzt werden oder wenn durch sie ein besonderer Einfluss auf die Gesellschaft ausgeübt werden kann (BFH vom 18. 12. 2001 BStBl II 2002, 733; kritisch Söffing, DStR 2003, 1105; Tiedtke/Hils, DStZ 2004, 482). Ein solches Wirtschaftsgut kann auch die Beteiligung an einer Kapitalgesellschaft sein (BFH vom 07. 07. 1992 BStBl II 1993, 328).

BEISPIELE

a) Kommanditist A der AB-GmbH & Co. KG ist als Gesellschafter an der geschäftsführenden Komplementär-GmbH beteiligt. Außerdem hat A eine Forderung gegen die KG.

LÖSUNG Die Beteiligung eines Kommanditisten an der Komplementär GmbH gehört zum Sonderbetriebsvermögen II des Kommanditisten. Der Kommanditist kann über die Beteiligung an der GmbH auf die GmbH & Co. KG Einfluss nehmen. Dies gilt jedenfalls dann, wenn sich die GmbH auf die Geschäftsführung in der KG beschränkt oder wenn sie nur einen eigenen Geschäftsbetrieb von untergeordneter Bedeutung hat. Dagegen gehört die Forderung des A gegen seine KG zu seinem Sonderbetriebsvermögen I. Die Unterscheidung ist bedeutsam, weil Forderungen im Sonderbetriebsvermögen I wegen des Grundsatzes der korrespondierenden Bilanzierung nicht isoliert von der Gesamthandsbilanz auf den niedrigeren Teilwert abgeschrieben werden dürfen. Bei Bilanzansätzen des Sonderbetriebsvermögens II ist dies wegen des fehlenden Zusammenhangs mit der Gesamthandsbilanz möglich (BFH vom 18. 12. 2001 BStBl II 2002, 733).

b) Bei einer atypischen GmbH & Still ist der Stille auch an der GmbH beteiligt.

LÖSUNG Die Beteiligung des atypisch Stillen an der GmbH gehört zu seinem Sonderbetriebsvermögen II (BFH vom 15. 10. 1998 BStBl II 1999, 286).

c) Die Gesellschafter A und B sind an der AB-GbR zu je 50 % beteiligt und verpachten ein Grundstück an die AB-GmbH, deren Gesellschafter sie ebenfalls zu je 50 % sind. Das Grundstück ist wesentliche Betriebsgrundlage der GmbH.

LÖSUNG Aufgrund der personellen und sachlichen Verflechtung liegt eine Betriebsaufspaltung vor. Die Anteile der Besitzgesellschafter an der Betriebskapitalgesellschaft sind notwendiges Sonderbetriebsvermögen II der Gesellschafter der Besitzpersonengesellschaft.

Zum notwendigen Sonderbetriebsvermögen II gehören auch Verbindlichkeiten, die der Gesellschafter im Zusammenhang mit dem Erwerb seiner Beteiligung eingeht.

BEISPIEL

C tritt gegen Zahlung von 20 000 € in die A-OHG ein (danach ABC-OHG). C finanziert die 20 000 € durch Bankdarlehen und zahlt dafür Schuldzinsen i. H. v. 10 % jährlich.

LÖSUNG Die Darlehensverbindlichkeit ist notwendiges Sonderbetriebsvermögen II. Die Schuld zählt nicht zum Gesamthandsvermögen der OHG, daher ist keine Bilanzierung in der Handelsbilanz der OHG zulässig. Das gleiche gilt, wenn A seine Beteiligung aufstockt und aus diesem Grund ein Darlehen aufnimmt. Die Schuldzinsen sind als Sonderbetriebsausgaben vom Gewinnanteil des Gesellschafters abzuziehen, mindern also auch den Gewerbeertrag der Gesellschaft i. S. d. § 7 GewStG (BFH vom 09. 04. 1981 BStBl II 1981, 621). Die Schuldzinsen sind jedoch grundsätzlich als Entgelte für betriebliche Schulden anzusehen und unterliegen der Hinzurechnungsregelung nach § 8 Nr. 1 GewStG.

Notwendiges Sonderbetriebsvermögen II ist auch anzunehmen, wenn Wirtschaftsgüter eine wesentliche wirtschaftliche Funktion der Mitunternehmerschaft erfüllen (z. B. Einkauf, Produktion, Vertrieb) oder wenn durch sie ein besonderer Einfluss auf die Gesellschaft ausgeübt werden kann.

BEISPIEL

A ist alleiniger Kommanditist der A-GmbH & Co. KG und alleiniger Gesellschafter-Geschäftsführer der A-Komplementär-GmbH. Die A-KG erbringt die redaktionellen Leistungen für eine von der X-AG herausgegebene Zeitschrift. A hält außerdem 1/3 der Aktien der X-AG. Wie ist der Gewinn des A aus der Veräußerung dieser Aktien zu behandeln?

LÖSUNG Die Beteiligung an einer Kapitalgesellschaft kann auch dann notwendiges Sonderbetriebsvermögen II des Gesellschafters einer Personengesellschaft sein, wenn die Beteiligung keinen beherrschenden Einfluss vermittelt (BFH vom 03. 03. 1998 BStBl II 1998, 383). Die Beteiligung an einer Kapitalgesellschaft kann die Beteiligung des Gesellschafters an einer Personengesellschaft sowohl dadurch stärken, dass sie für das Unternehmen der Personengesellschaft vorteilhaft ist, als auch dadurch, dass sie der Mitunternehmerstellung des Gesellschafters selbst dient. Die zweite Alternative scheidet hier aus. A war alleiniger Gesellschafter der A-GmbH und einziger Kommanditist der A-KG; die Beteiligung an der X-AG stellte deshalb kein Mittel dar, um besonderen Einfluss auf die Personengesellschaft auszuüben und damit unmittelbar die Stellung in der Personengesellschaft zu stärken. Die Entscheidung hängt also ausschließlich davon ab, ob die Beteiligung für die A-KG wirtschaftlich von Vorteil ist und A sie aus diesem Grund erworben hat.

Die Geschäftsbeziehungen sind denjenigen zwischen einem Produktions- und Vertriebsunternehmen vergleichbar (zur wirtschaftlichen Verflechtung von Personengesellschaften und Kapitalgesellschaften, wenn die eine Gesellschaft eine wirtschaftliche Funktion der anderen erfüllt, vgl. z. B. BFH vom 07. 07. 1992 BStBl II 1993, 328). Die Beteiligung an der X-AG ist deshalb objektiv geeignet und auch dazu bestimmt, der Beteiligung an der A-KG zu dienen. Davon kann man regelmäßig ausgehen, wenn zwischen den Unternehmen der Personengesellschaft und der Kapitalgesellschaft eine enge wirtschaftliche Verflechtung besteht und der Mitunternehmer – ggf. zusammen mit anderen Mitunternehmern – die Kapitalgesellschaft beherrscht. Beherrscht der Mitunternehmer die Kapitalgesellschaft nicht, muss die Entscheidung der Frage, ob die Beteiligung an der Kapitalgesellschaft zur Stärkung der Beteiligung der Mitunternehmer an der Personengesellschaft bestimmt ist, anhand anderer Indizien getroffen werden. Dabei kann es von Bedeutung sein, ob die Gesellschaften in derselben Branche tätig sind.

2.3.2.3 Gewillkürtes Sonderbetriebsvermögen

Gewillkürtes Sonderbetriebsvermögen können grundsätzlich alle Wirtschaftsgüter sein, die ein Einzelunternehmer als gewillkürtes Betriebsvermögen behandeln könnte. Hierzu ist ein eindeutiger Buchungs- und Bilanzierungsakt erforderlich. Die Wirtschaftsgüter dürfen weder notwendiges Betriebsvermögen noch notwendiges Privatvermögen sein und müssen in einem gewissen objektiven Zusammenhang mit den Betrieb der Mitunternehmerschaft stehen. Dies ist der Fall, wenn die Wirtschaftsgüter objektiv geeignet und subjektiv vom Gesellschafter dazu bestimmt sein,

- den Betrieb der Mitunternehmerschaft (**gewillkürtes Sonderbetriebsvermögen I**),
- oder die Beteiligung des Mitunternehmers an der Personengesellschaft (**gewillkürtes Sonderbetriebsvermögen II**) zu fördern.

In einem gewissen objektiven Zusammenhang mit dem Betrieb der Mitunternehmerschaft stehen Wirtschaftsgüter, wenn sie der Stärkung des Betriebskapitals oder der Erhöhung der betrieblichen Liquidität dienen. Hierunter fallen beispielsweise Wertpapiere, die im Alleineigentum des Mitunternehmers stehen. Nach Einlage der Wertpapiere in das Sonderbetriebsvermögen sind die Erträge Sonderbetriebseinnahmen, Verluste können als Sonderbetriebsausgaben abgezogen werden. Nur wenn jeder betriebliche Zusammenhang fehlt, z. B. wenn lediglich Verluste aus der privaten Sphäre in den Betrieb verlagert werden sollen, bleiben die Wirtschaftsgüter notwendiges Privatvermögen.

BEISPIELE

a) Gesellschafter A der A OHG ist Alleineigentümer eines Mietwohngrundstücks. A vermietet das Grundstück auf Dauer an Personen, die in keiner betrieblichen Verbindung zur OHG stehen.

LÖSUNG Das Grundstück ist gewillkürtes Sonderbetriebsvermögen des A, wenn es einen objektiven Bezug zum Betrieb hat, z. B.
- später für betriebliche Zwecke der OHG genutzt werden soll oder
- zur Sicherung eines der OHG gewährten Kredits dient oder
- als Tauschobjekt vorgesehen ist.

Zum gewillkürten Sonderbetriebsvermögen kann auch ein Grundstück gehören, das der Gesellschafter einem Dritten zu Wohnzwecken überlässt. Dazu ist nicht erforderlich, dass das Grundstück einen erkennbaren Nutzen für die Personengesellschaft hat. Ausreichend ist bereits die bloße Möglichkeit, dass das Grundstück später einmal als Beleihungsgrundlage für Verbindlichkeiten der Personengesellschaft in Betracht kommt oder dass die Mieterträge der Personengesellschaft als Einlage zur betrieblichen Verwendung zugeführt werden können (BFH vom 07. 04. 1992 BStBl II 1993, 21).

b) Das Gebäude im Fall a) wird wie folgt genutzt:
- für betriebliche Zwecke der OHG   60 %,
- zu eigenen Wohnzwecken genutzt   25 %,
- an Dritte zu Wohnzwecken vermietet   15 %.

LÖSUNG Das Gebäude besteht aus drei Wirtschaftsgütern:
- 60 % sind notwendiges Sonderbetriebsvermögen und müssen aktiviert werden.
- 25 % gehören zum notwendigen Privatvermögen und dürfen nicht bilanziert werden.
- er an Dritte für Wohnzwecke vermietete Grundstücksteil (15 %) kann auf jeden Fall dann als gewillkürtes Sonderbetriebsvermögen aktiviert werden, wenn er einen objektiven Bezug zum Betrieb hat. Dieser Grundstücksteil kann aber auch ohne diese Voraussetzung aktiviert werden, weil das Grundstück zu mehr als zur Hälfte die Voraussetzungen für die Behandlung als Betriebsvermögen erfüllt.

c) A und B sind zu je 50 % an der AB-OHG beteiligt. Die OHG nutzt ein Grundstück zu 100 % für betriebliche Zwecke. Das Grundstück gehört der OHG.

LÖSUNG Das Grundstück ist zu 100 % Betriebsvermögen (Gesamthandsvermögen).

d) Sachverhalt wie c). Das Grundstück gehört A und B als Miteigentümer zu je 50 %.

LÖSUNG Das Grundstück ist zu 100 % Sonderbetriebsvermögen (zu je 50 % bei A und bei B).

e) Sachverhalt wie c). Das Grundstück gehört dem Gesellschafter A.

LÖSUNG Das Grundstück ist zu 100 % Sonderbetriebsvermögen des A, auch wenn das Grundstück eines Einzelunternehmens des A verpachtet wird (BFH vom 18. 07. 1979 BStBl II 1979, 750).

f) Sachverhalt wie c). Das Grundstück gehört B, C und D als Miterben zu gleichen Teilen.

LÖSUNG Das Grundstück ist zu 33 1/3 % Sonderbetriebsvermögen des B.

g) Sachverhalt wie c). Das Grundstück gehört B und C als Miteigentümer zu je 50 %.

LÖSUNG Das Grundstück ist zu 50 % Sonderbetriebsvermögen des B.

h) Sachverhalt wie c). Das Grundstück gehört der GbR A, X und Y (Beteiligung zu je 1/3), die keine gewerbliche Tätigkeit ausübt.

LÖSUNG Das Grundstück ist zu 33 1/3 % Sonderbetriebsvermögen des A.

2.3.2.4 Bilanzierungskonkurrenz zwischen Einzelunternehmen und Sonderbetriebsvermögen

Wenn ein Gesellschafter der Gesellschaft unmittelbar ein Wirtschaftsgut aus dem (notwendigen oder gewillkürten) Betriebsvermögen seines Einzelunternehmens entgeltlich oder unentgeltlich zu deren eigenbetrieblicher Nutzung überlässt, ist die Eigenschaft als Sonderbetriebsvermögen vorrangig, nicht subsidiär. Die Bilanzierung ist im Sinne des Vorrangs der Mitunternehmerschaft zu lösen (BFH vom 18.07.1979 BStBl II 1979, 750, BFH vom 24.03.1999 BStBl II 2000, 399; BFH vom 07.12.2000 BStBl II 2001, 316; Tz. 13 S. 3 und Tz. 83 Mitunternehmer-Erlass ist überholt). Das Ergebnis aus dem Wirtschaftsgut wird im Sonderbetriebsvermögen und nicht im Einzelunternehmen erfasst. Forderungen gegen die Gesellschaft werden zu Eigenkapital.

BEISPIEL

Gesellschafter A der A-OHG hat in der Bilanz seines Einzelunternehmens
* ein Grundstück als gewillkürtes BV aktiviert; A vermietet das Grundstück an die OHG, die es eigenbetrieblich nutzt,
* eine Forderung aus einem Darlehen aktiviert, das er der OHG aus seinem Einzelunternehmen gewährt hat.

LÖSUNG Für Grundstück und Forderung ist die Bilanzierung als Sonderbetriebsvermögen des A in der OHG zwingend. Die Subsidiaritätstheorie ist überholt (so schon BFH vom 18.07.1979 BStBl II 1979, 750 gegen die insoweit überholte Tz. 13 Satz 2 Mitunternehmer-Erlass, BMF vom 10.12.1979 BStBl I 1979, 683). Die Aktivierung für im Sonderbetriebsvermögen befindliche WG geht der Bilanzierung im Einzelunternehmen vor.

An der Ablehnung der Subsidiaritätsthese hält die h. M. bei der unmittelbaren Nutzungsüberlassung zwischen Einzelunternehmen und Mitunternehmerschaft weiterhin fest. Bei der (mittelbaren) Nutzungsüberlassung zwischen Schwestergesellschaften wird anders entschieden (vgl. 3.5.5).

2.3.3 Sonderbetriebseinnahmen und Sonderbetriebsausgaben

Zu den Sonderbetriebseinnahmen gehören die Sondervergütungen nach § 15 Abs. 1 Satz 1 Nr. 2 EStG des Gesellschafters sowie die Erträge aus dem Einsatz von Wirtschaftsgütern, die ihm gehören und die der Personengesellschaft oder der Beteiligung an der Personengesellschaft dienen.

BEISPIEL

Kommanditist A ist Gesellschafter der A-GmbH & Co. KG und der A-Komplementär-GmbH. Er erhält Gewinnausschüttungen aus der GmbH.

LÖSUNG Der GmbH-Anteil des A ist sein notwendiges Sonderbetriebsvermögen II. Die Gewinnausschüttung führt zu Sonderbetriebseinnahmen des A bei der A-GmbH & Co. KG.

Sonderbetriebsausgaben sind alle Aufwendungen, die wirtschaftlich mit den Gewinnanteil des Gesellschafters im Sonderbetriebsvermögen zusammenhängen. Hierunter fallen z. B. Schuldzinsen zur Finanzierung der Einlage, Reparaturkosten und Abschreibungen des Sonderbetriebsvermögens und sonstige durch die Gewinnerzielung verursachte Aufwendungen.

BEISPIEL

Gesellschafter A der A-OHG erwirbt am 01. 07. 01 ein bebautes Grundstück (Anschaffungskosten Gebäude 500 000 €, Grund und Boden 100 000 €) und überlässt es ab 01. 07. 01 der Gesellschaft unentgeltlich. Die Gebäude-AfA beträgt gemäß § 7 Abs. 4 Nr. 1 EStG (500 000 € × 3 % × 6/12 =) 7 500 €.

LÖSUNG Das Grundstück ist in einer Sonderbilanz des A bei der A-OHG zu aktivieren. Die Gebäude-AfA ist in der Sonderbuchführung des A als Sonderbetriebsausgabe folgt zu buchen:

Aktiva	**Sonderbilanz des A zum 01. 07. 01**		Passiva
Grund und Boden	100 000	(Sonder-)Kapital	600 000
Gebäude	500 000		

S	**Grund und Boden**		H
AB	100 000	SB	100 000

S	**Gebäude**		H
AB	500 000	AfA	7 500
		SB	492 500

S	**Sonderkapital des A**		H
Verlust	7 500	AB	600 000
SB	592 500		

S	**AfA**		H
Gebäude	7 500	GuV	7 500

S	**Sonder-GuV des A**		H
AfA	7 500	Verlust	7 500

Aktiva	**Sonderbilanz des A zum 31. 12. 01**		Passiva
Grund und Boden	100 000	(Sonder-)Kapital	592 500
Gebäude	492 500		

Für die Sonderbetriebseinnahmen und Sonderbetriebsausgaben aus den im Sonderbetriebsvermögen bilanzierten Wirtschaftsgütern gelten Bilanzierungsgrundsätze. Die zeitliche Erfassung erfolgt nicht nach dem Zu- und Abflussprinzip des § 11 EStG, sondern nach den Grundsätzen periodengerechter Gewinnermittlung.

BEISPIEL

Die AB-OHG zahlt dem A für ein ihm gehörendes und der OHG zur betrieblichen Nutzung überlassenes Grundstück die Miete von 1 000 € monatlich
a) für Dezember 01 erst im Januar 02,
b) für Januar 02 schon im Voraus im Dezember 01.

LÖSUNG

Die OHG bucht in der Gesamthandsbilanz:
a) in 01: Mietaufwand an sonstige Verbindlichkeit,   1 000 €
   in 02: sonstige Verbindlichkeit an Bank   1 000 €
b) in 01: ARAP an Bank   1 000 €
   in 02: Mietaufwand an ARAP   1 000 €

A bucht in der Sonderbuchführung:

a) in 01: Mietforderung an Mietertrag   1 000 €

     in 02: Bank oder Privatentnahme an Mietforderung   1 000 €

b) in 01: Bank an PRAP   1 000 €

     in 02: PRAP an Mietertrag   1 000 €

Sonderbetriebseinnahmen und Sonderbetriebsausgaben sind zwingend in die einheitliche und gesonderte Gewinnfeststellung der Personengesellschaft aufzunehmen (§ 180 AO). Es ist nicht zulässig, solche Einnahmen und Ausgaben erst in der Einkommensteuererklärung des Gesellschafters zu erfassen. Es ist deshalb nicht möglich, Einnahmen und Ausgaben des Gesellschafters vor der Gesellschaft oder vor den übrigen Gesellschaftern geheim zu halten. Das Steuergeheimnis nach § 30 AO wird dadurch nicht verletzt (BFH vom 11. 09. 1991 BStBl II 1992, 4).

Durch das Gesetz zur Umsetzung der Änderungen der EU-Amtshilferichtlinie und von weiteren Maßnahmen gegen Gewinnverkürzungen und -verlagerungen wurde durch § 4i EStG der Doppelabzug von Betriebsausgaben bei Personengesellschaften im grenzüberschreitenden Verkehr (sog. Double Dip) verhindert (»Anti-BEPS-Umsetzungsgesetz«, BGBl I 2016, 3000, BEPS = Base Erosion and Profit Shifting). Die Personengesellschaft ist zwar Gewinnermittlungssubjekt, aber die Gewinne der Personengesellschaft werden unmittelbar den Gesellschaftern zugerechnet. Aus dem Sonderbetriebsvermögen veranlasste Erträge und Aufwendungen eines Gesellschafters werden in die Gewinnermittlung bei der Personengesellschaft mit einbezogen. Da aufgrund abweichender Steuergesetze der Sachverhalt durch die betroffenen Staaten nicht einheitlich beurteilt wird, könnte es im Ergebnis zu einem doppelten Betriebsausgabenabzug in Deutschland und in dem anderen Staat kommen (Merker, SteuerStud 2017, 92; Hörster, NWB 2017, 33; Kanzler, NWB 200017, 326 mit Bsp.). Deshalb dürfen Aufwendungen eines Gesellschafters einer Personengesellschaft nicht als Sonderbetriebsausgaben abgezogen werden, soweit diese Aufwendungen auch die Steuerbemessungsgrundlage in einem anderen Staat mindern (§ 4i Satz 1 EStG).

BEISPIEL

Die M-Ltd., Großbritannien, hält 100 % der Kommanditanteile an der T GmbH & Co. KG, Deutschland, die im Software-Bereich tätig ist. Die M-Ltd. erwarb die Kommanditanteile von einem fremden Dritten und nahm zur Finanzierung des Anteilserwerbs ein Bankdarlehen von einer britischen Bank auf.

LÖSUNG Die Einkünfte der M-Ltd. aus dem Mitunternehmeranteil an der T GmbH & Co. KG unterliegen der inländischen beschränkten Körperschaftsteuerpflicht. Die Einkünfte nach § 15 Abs. 1 Satz 1 Nr. 2 EStG umfassen auch die Sondervergütungen, welche die M-Ltd. von der T GmbH & Co. KG erhält. Die Zinszahlungen der M-Ltd. sind grundsätzlich als Sonderbetriebsausgaben steuerlich abzugsfähig. Der Abzug wird jedoch ab dem 01. 01. 2017 durch § 4i EStG verhindert (Dietz/Quilitsch, DStR 2017, 281).

Das Abzugsverbot gilt nicht, soweit die Aufwendungen Erträge desselben Steuerpflichtigen mindern, die bei ihm sowohl der inländischen Besteuerung als auch nachweislich der tatsächlichen Besteuerung in dem anderen Staat unterliegen (§ 4i Satz 2 EStG). Diese Ausnahme greift ein, wenn der im Ausland ansässige Steuerpflichtige in einem Staat lebt, mit dem Deutschland kein DBA abgeschlossen hat, oder aber, wenn ein einschlägiges DBA für die Einkünfte aus der inländischen Personengesellschaft nicht die Freistellungsmethode, sondern lediglich die Steueranrechnung vorsieht. Der Steuerpflichtige hat die »tatsächliche Besteuerung« von Erträgen in dem anderen Staat nachzuweisen.

2.3.4   Ergänzungsbilanzen der Gesellschafter

In steuerlichen Sonderbilanzen der Gesellschafter werden Wirtschaftsgüter bilanziert, die dem Gesellschafter gehören oder seiner Beteiligung dienen (vgl. 2.3.2). In steuerlichen Ergänzungsbilanzen werden individuelle Korrekturen zu den Wertansätzen in der Gesamthandsbilanz der Gesellschaft bilanziert, die auf einzelne Gesellschafter entfallen (BFH vom 28. 09. 1995 BStBl II 1996, 68). Sonderbilanzen der Gesellschafter werden erst auf der zweiten Stufe, Ergänzungsbilanzen dagegen noch auf der ersten Stufe der Gewinnermittlung, nämlich auf der Ebene des Gesamthandsvermögens der Gesellschaft, erstellt. Wirtschaftsgüter des Sonderbetriebsvermögens dürfen in Ergänzungsbilanzen nicht ausgewiesen werden. Ergänzungsbilanzen setzen Wirtschaftsgüter des Gesamthandsvermögens voraus und erfassen nicht diese Wirtschaftsgüter selbst, sondern Werteabweichungen zwischen dem Kapitalkonto des Gesellschafters in der Gesamthandsbilanz und seinem tatsächlichen steuerlichen Eigenkapital. Die Ergebnisse der steuerlichen Ergänzungsbilanzen gehören zur ersten Gewinnermittlungsstufe des § 15 Abs. 1 Satz 1 Nr. 2 EStG und nicht zur zweiten Gewinnermittlungsstufe der Sonderbetriebseinnahmen und -ausgaben der Gesellschafter. Die in der Person des einzelnen Mitunternehmers begründeten Korrekturen zu Wertansätzen der Gesamthandsbilanz können zu Aufstockungen in einer positiven Ergänzungsbilanz (Mehrwerte), aber auch zu Abstockungen in einer negativen Ergänzungsbilanz (Minderwerte) führen. Ergänzungsbilanzen kommen in folgenden Fällen in Betracht:

- Anteilige Inanspruchnahme personenbezogener Steuervergünstigungen durch einzelne Gesellschafter (z. B. erhöhte Absetzungen, Sonderabschreibungen, unversteuerte Rücklagen nach § 6b EStG),
- Einbringung einzelner Wirtschaftsgüter in eine Personengesellschaft gegen Gewährung von Gesellschaftsrechten (§ 6 Abs. 5 Sätze 3 und 4 EStG),
- entgeltlicher Erwerb eines Mitunternehmeranteils, Gesellschafterwechsel (§ 16 Abs. 1 Nr. 2 EStG),
- Einbringung eines Betriebs, Teilbetriebs oder Mitunternehmeranteils in eine Personengesellschaft (§ 24 UmwStG),
- Umwandlung einer Kapitalgesellschaft in eine Personengesellschaft (§§ 3 ff. UmwStG).

Die Mehr- oder Minderwerte in der Ergänzungsbilanz stellen eine akzessorische Ergänzung zur Gesamthandsbilanz dar. Wenn die Wirtschaftsgüter aus dem Gesamthandsvermögen ausscheiden, sind sie ebenso wie in der Gesamthandsbilanz auch in der Ergänzungsbilanz auszubuchen. Die Ergänzungsbilanz eines Gesellschafters ist auch aufzulösen, wenn er selbst aus der Gesellschaft ausscheidet. Durch das Ergebnis aus der positiven bzw. negativen Ergänzungsbilanz wird der Gewinnanteil des betreffenden Gesellschafters nach § 15 Abs. 1 Satz 1 Nr. 2 EStG vermehrt bzw. vermindert.

2.3.4.1   Positive Ergänzungsbilanz

Eine positive Ergänzungsbilanz wird unter anderem für den Erwerber bei der entgeltlichen Übertragung eines Gesellschaftsanteils aufgestellt, wenn beim Veräußerer stille Reserven aufgelöst werden. In der Steuerbilanz der Gesellschaft werden die Bilanzansätze der Wirtschaftsgüter unverändert weitergeführt. Die Differenz zwischen dem Buchwert des Gesellschaftsanteils des Erwerbers in der Steuerbilanz der Gesellschaft und dem Kaufpreis des Gesellschaftsanteils wird in der Ergänzungsbilanz als Mehrkapital des Neugesellschafters ausgewiesen. Auf der Aktivseite der Ergänzungsbilanz werden die Mehrbeträge entsprechend den

Teilwerten der Einzelwirtschaftsgüter eingestellt. Die Mehrbeträge enthalten die anteilig aufgelösten stillen Reserven der Einzelwirtschaftsgüter.

BEISPIEL ▬▬

An der A-OHG sind A zu 60 % und B zu 40 % an Gewinn, Verlust und stillen Reserven einschließlich des Firmenwerts beteiligt, Die Bilanz weist zum 31. 12. 01 die folgenden Werte aus:

Aktiva			**Bilanz der A-OHG zum 31. 12. 01**	Passiva
	Buchwert	(Teilwert/ gemeiner Wert)		
Grund und Boden	80 000	(100 000)	Kapital A	600 000
Gebäude	120 000	(150 000)	Kapital B	100 000
Maschinen	20 000	(30 000)	Lieferantenschulden	90 000
Einrichtung	10 000	(15 000)	sonstige Verbindlichkeiten	10 000
Waren	50 000	(55 000)		
Firmenwert	0	(50 000)		
	400 000	540 000		400 000

Am 31. 12. 01 veräußert B seinen Gesellschaftsanteil zu einem Kaufpreis von 156 000 € an den C, der ebenfalls mit 40 % beteiligt wird. Das Gebäude wird gemäß § 7 Abs. 4 Nr. 1 EStG mit 3 % abgeschrieben, Die Maschinen und die Einrichtung werden linear gemäß § 7 Abs. 1 EStG abgeschrieben und haben am 01. 01. 02 jeweils noch eine Restnutzungsdauer von 2 Jahren. Die Warenbestände sind am 31. 12. 02 noch zu 20 % vorhanden.

LÖSUNG C erwirbt steuerlich nicht ein Wirtschaftsgut »Gesellschaftsanteil«, sondern den ideellen Anteil an jedem einzelnen Wirtschaftsgut. Die Anschaffungskosten des C betragen insgesamt (100 000 € bisheriger anteiliger Buchwert des Gesellschaftsanteils zzgl. anteilig bezahlte stille Reserven und Firmenwert 56 000 € =) 156 000 €. In der Gesamthandsbilanz der OHG zum 01. 01. 02 führt C das Kapitalkonto des B mit 100 000 € unverändert fort. Die von C bezahlten anteiligen stillen Reserven i. H. v. insgesamt (140 000 € × 40 % =) 56 000 € werden als Mehrwerte auf die entsprechenden Wirtschaftsgüter verteilt in der Ergänzungsbilanz des C ausgewiesen.

Aktiva	**Bilanz der A-OHG zum 01. 01. 02**		Passiva
Grund und Boden	80 000	Kapital A	600 000
Gebäude	120 000	Kapital C	100 000
Maschinen	20 000	Lieferantenschulden	90 000
Einrichtung	10 000	sonstige Verbindlichkeiten	10 000
Waren	50 000		
	400 000		400 000

Aktiva	**Ergänzungsbilanz des C zum 01. 01. 02**		Passiva
Grund und Boden	16 000	Mehrkapital C	56 000
Gebäude	12 000		
Maschinen	4 000		
Einrichtung	2 000		
Waren	2 000		
Firmenwert	20 000		
	56 000		56 000

Steuerliches Kapital des C zum 01. 01. 02:

Kapital in der A-OHG	100 000 €
Mehrkapital in der Ergänzungsbilanz	56 000 €
Steuerliches Kapital C zum 01. 01. 02 zus.	156 000 €

Die Werte in der Ergänzungsbilanz sind zum 31. 12. 02 wie folgt fortzuentwickeln.

Mehrwert Gebäude:

Aus Vereinfachungsründen können die Aufstockungsbeträge wie nachträgliche Anschaffungskosten behandelt werden (BMF vom 13. 01. 1993 BStBl I 1993, 80, Rz. 37; BMF vom 26. 02. 2007 BStBl I 2007, 269). Die AfA beträgt demnach (12 000 € × 3 % =) 360 €.

Mehrwerte Maschinen, Einrichtung:

Aufgrund der Restnutzungsdauer von 2 Jahren beträgt die Afa der Maschinen (4 000 € : 2 =) 2 000 € und bei der Einrichtung (2 000 € : 2 =) 1 000 €.

Mehrwert Waren: Die Waren sind noch zu 20 % vorhanden. Der Mehrwert Waren ist mit (20 % von 2 000 € =) 400 € auszuweisen. Als Wareneinsatz sind (80 % von 2 000 € =) 1 600 € zu erfassen.

Firmenwert:

Der anteilige Firmenwert ist mit den Anschaffungskosten abzgl. AfA gemäß § 7 Abs. 1 Satz 3 EStG auf die Nutzungsdauer von 15 Jahren abzuschreiben: 20 000 €./. (20 000 € : 15 =) 1 333 € = 18 667 €.

Aktiva	Ergänzungsbilanz des C zum 31. 12. 02		Passiva
Grund und Boden	16 000	Mehrkapital C	49 707
Gebäude	11 640		
Maschinen	2 000		
Einrichtung	1 000		
Waren	400		
Firmenwert	18 667		
	49 707		49 707

Soll	Ergänzungs-GuV des C 02		Haben
AfA Gebäude	360	Verlust	6 293
AfA Maschinen	2 000		
AfA Einrichtung	1 000		
Wareneinsatz	1 600		
AfA Firmenwert	1 333		
	6 293		6 293

In einer Ergänzungsbilanz sind Teilwertabschreibungen zulässig, soweit der Anteil am Teilwert des Wirtschaftsguts niedriger ist als die Summe aus dem anteiligen Buchwert in der Steuerbilanz und dem Buchwert in der Ergänzungsbilanz. Wenn für den Erwerber eines Anteils an einer Personengesellschaft eine positive Ergänzungsbilanz aufgestellt wird, sind die darin aktivierten Anschaffungskosten in der Weise fortzuführen, dass der Gesellschafter so weit wie möglich einem Einzelunternehmer gleichgestellt ist, dem Anschaffungskosten für Wirtschaftsgüter entstanden sind. Abschreibungen sind auf die im Zeitpunkt des Anteilserwerbs geltende Restnutzungsdauer eines abnutzbaren Wirtschaftsguts des Gesellschaftsvermögens vorzunehmen. Der Gesellschafter hat die Abschreibungswahlrechte, die auch ein Einzelunternehmer hätte, wenn er ein Wirtschaftsgut zum Zeitpunkt des Anteilserwerbs angeschafft hätte (BFH vom 20. 11. 2014, IV R 1/11, BFH/NV 2015, 409). Zu den Anschaffungskosten gehört aber nicht nur ein in der Ergänzungsbilanz ausgewiesener Mehrwert, sondern auch der in der Gesellschaftsbilanz ausgewiesene, anteilig auf den Erwerber des Mitunternehmeranteils entfallende Buchwert. Die eigene AfA des Erwerbers des Mitunternehmeranteils bezieht sich nicht nur auf die in der Ergänzungsbilanz ausgewiesenen Anschaffungskosten, sondern auch auf die in der Gesellschaftsbilanz angesetzten Anschaffungs- oder Herstellungskosten. Hinsichtlich der AfA-Höhe sind die im Zeitpunkt des Erwerbs für den abschreibungsberechtigten Gesellschafter anwendbaren Abschreibungswahlrechte und AfA-Sätze zu beachten (BMF vom 19. 12. 2016 DStR 2017, 39).

BEISPIEL

A erwirbt am 01.01.01 zum Preis von 35 000 € einen 50 %igen Mitunternehmeranteil an einer KG, zu deren Betriebsvermögen ausschließlich ein abnutzbares Wirtschaftsgut mit einem Buchwert von 20 000 € gehört (ursprüngliche Anschaffungskosten 100 000 €, bisher linear auf eine Nutzungsdauer von 10 Jahren abgeschrieben, jährlicher Abschreibungsbetrag 10 000 €). Im Zeitpunkt des Erwerbs des Mitunternehmeranteils beträgt die Nutzungsdauer für das gebrauchte Wirtschaftsgut noch 5 Jahre. In einer Ergänzungsbilanz des A auf den Erwerbszeitpunkt ist ein Mehrbetrag von 25 000 € (Kaufpreis 35 000 € ./. anteiliger Buchwert 10 000 €) auszuweisen.

LÖSUNG A hat Anschaffungskosten i. H. v. 35 000 € für den Erwerb des Anteils an dem Wirtschaftsgut aufgewendet, wovon 10 000 € in der Gesellschaftsbilanz und 25 000 € in der Ergänzungsbilanz auszuweisen sind.

AfA-Anteil des A insgesamt: AK gesamt 35 000 € x 1/5 =	7 000 €
bereits in der Gesellschaftsbilanz berücksichtigte AfA (1/2 von 10 000 €)	./. 5 000 €
noch in der Ergänzungsbilanz zu berücksichtigende AfA	2 000 €

2.3.4.2 Negative Ergänzungsbilanz

Wenn der Kaufpreis für den Gesellschaftsanteil niedriger ist als sein Buchwert, wird der Differenzbetrag in einer negativen Ergänzungsbilanz erfasst. Auf der Aktivseite wird das Minderkapital ausgewiesen. Auf der Passivseite werden die Minderwerte der einzelnen Wirtschaftsgüter oder eines negativen Firmenwerts als Korrekturposten gebucht. Das Ergebnis einer negativen Ergänzungsbilanz vermindert das Gesamthandsergebnis des Gesellschafters.

Eine negative Ergänzungsbilanz ist auch aufzustellen, wenn ein Gesellschafter bei der Anschaffung eines Wirtschaftsguts Vergünstigungen oder Sonderabschreibungen in Anspruch nimmt. Ein Gesellschafter kann zum Beispiel einen begünstigten Gewinn aus der Veräußerung von Wirtschaftsgütern des Betriebsvermögens in eine Reinvestitionsrücklage einstellen (§ 6b Abs. 3 EStG) oder auf seinen Anteil an dem Wirtschaftsgut des Gesamthandsvermögens übertragen (§ 6b Abs. 1 EStG). Der Gesellschafter muss hierzu auch die gesellschafterbezogenen Voraussetzungen des § 6b Abs. 4 Nr. 2 EStG erfüllen (mindestens 6 Jahre ununterbrochen Gesellschafter). Seit der Aufgabe der umgekehrten Maßgeblichkeit durch das BilMoG 2009 wird das Wahlrecht zur Bildung der Rücklage nicht mehr in Übereinstimmung mit der Handelsbilanz ausgeübt. Wenn alle Gesellschafter die persönlichen Voraussetzungen des § 6b EStG erfüllen, genügt eine Rücklage für alle Gesellschafter in der Steuerbilanz der Gesellschaft. Wenn nur einer oder einige der Gesellschafter die persönlichen Voraussetzungen des § 6b EStG erfüllen, können nur dieser oder diese Gesellschafter eine Rücklage passivieren und zwar in einer negativen Ergänzungsbilanz.

BEISPIEL

An der ABC-OHG sind die Gesellschafter A, B und C beteiligt. Die OHG veräußert am 02. 01. 08 ein unbebautes Grundstück für 500 000 €, das sie im Jahr 01 für 200 000 € erworben und mit den Anschaffungskosten bilanziert hat.
a) Alle Gesellschafter erfüllen die persönlichen Voraussetzungen des § 6b EStG.
b) Nur der Gesellschafter A erfüllt die persönlichen Voraussetzungen des § 6b EStG.

LÖSUNG

a) Die Rücklage kann für alle Gesellschafter in der Steuerbilanz der OHG passiviert werden, wenn die Voraussetzungen der mindestens sechsjährigen Zugehörigkeit zu einer inländischen Betriebsstätte der OHG für alle Gesellschafter erfüllt sind. Da alle Gesellschafter gleich behandelt werden, ist eine Ergänzungsbilanz nicht erforderlich.
Buchungssätze bei der Gesellschaft:

Bank	500 000 €	
an	Grundstück	200 000 €
an	sonstige betriebliche Erträge	300 000 €
Aufwand § 6b-Rücklage an § 6b-Rücklage		300 000 €

Dadurch wird der Steuerbilanzgewinn der Gesellschaft um 300 000 € niedriger ausgewiesen als der Handelsbilanzgewinn.

Aktiva		**Steuerbilanz der OHG 08**	Passiva
Kapital 01. 01.	–	§ 6b-Rücklage	300 000
Aufwand	300 000		
Kapital 31. 12.	300 000		
	300 000		300 000

b) Wenn nur A die personenbezogenen Voraussetzungen des § 6b Abs. 4 Nr. 2 EStG erfüllt und sein Wahlrecht zur Bildung einer Rücklage ausübt, ist der Steuerbilanzgewinn lediglich um (300 000 € : 3 =) 100 000 € niedriger als der Handelsbilanzgewinn. Die auf den A entfallende Differenz von 100 000 € ist in einer negativen Ergänzungsbilanz des A auszuweisen (Buchungssatz in der Ergänzungsbuchführung des A: Aufwand § 6b-Rücklage an § 6b-Rücklage 100 000 €).

Aktiva		**negative Ergänzungsbilanz des A 08**	Passiva
Kapital 01. 01.	–	§ 6b-Rücklage	100 000
Aufwand	100 000		
Kapital 31. 12.	100 000		
	100 000		100 000

2.3.5 Steuerliche Gesamtbilanz der Personengesellschaft

Die Zusammenfassung der Bilanz für die Gesellschaft und der Sonderbilanzen für die Gesellschafter führt in mehreren Stufen zu einer additiven steuerrechtlichen Gewinnermittlung mit korrespondierender Bilanzierung. Ausgangspunkt ist der Gewinn und Verlust aus der **Handelsbilanz der Gesellschaft** nach den handelsrechtlichen Vorschriften. Das handelsrechtliche Ergebnis der Gesellschaft ist zunächst wie bei einem Einzelunternehmen an zwingende steuerliche Vorschriften anzupassen. Handelsrechtliche und steuerliche Bilanzierungs- und Bewertungswahlrechte müssen von allen Gesellschaftern einheitlich ausgeübt werden. Eine Ausnahme gilt für personenbezogene steuerrechtliche Vergünstigungen. Sodann sind steuerliche Ergänzungsbilanzen für einzelne Gesellschafter aufzustellen, deren Kapital in der Handelsbilanz vom tatsächlichen Wert ihres Kapitalkontos abweicht. Die Gesamthandsbilanz der Gesellschaft und die Ergänzungsbilanzen für die Gesellschafter bilden zusammen die **Steuerbilanz 1. Stufe** der Gesellschaft.

Dieses Steuerbilanzergebnis ist durch die Ergebnisse der Sonderbilanzen für die einzelnen Gesellschafter und die sich daraus ergebenden Sonderbetriebseinnahmen und Sonderbetriebsausgaben zur steuerlichen Gesamtbilanz zu korrigieren (**Steuerbilanz 2. Stufe**).

1. Gewinn/Verlust lt. **Handelsbilanz der Gesellschaft** (nach den handelsrechtlichen Vorschriften)
./. / + steuerliche Korrekturen, die die Handelsbilanz der Gesellschaft betreffen, z. B. Ermittlung und Bewertung der AK/HK, AfA bei Wirtschaftsgütern des Gesamthandsvermögens, Bildung und Auflösung von Rückstellungen und Rücklagen.

2. Ergebnisse der **Ergänzungsbilanzen der einzelnen Gesellschafter**
   a) bei Gesellschafterwechsel
   b) bei Einbringung von Betrieben, Tei lbetrieben und Mitunternehmeranteilen in eine Personengesellschaft (§ 24 UmwStG)
   c) bei Einbringung einzelner Wirtschaftsgüter in eine Personengesellschaft (§ 6 Abs. 5 EStG)

d) bei Inanspruchnahme personenbezogener Steuervergünstigungen (erhöhte Absetzungen, Sonderabschreibungen, Bildung von unversteuerten Rücklagen, z. B. § 6b EStG)

1 + 2.= **Steuerbilanz 1. Stufe** der Gesellschaft (Ergebnisse nach §§ 4–7 EStG)

 3. ./. / + Ergebnisse der Sonderbilanzen der einzelnen Gesellschafter

a) Aufwand/Ertrag der aktiven und passiven Wirtschaftsgüter des Sonderbetriebsvermögens jedes Gesellschafters

b) Ergebnisse aus der Hingabe von Darlehen an die Gesellschaft

c) Ergebnisse aus Tätigkeitsvergütungen der Gesellschaft an die Gesellschafter

 4. Gewinne/Verluste aus der Veräußerung von Mitunternehmeranteilen

   1.–4. = **steuerlicher Gesamtgewinn der Mitunternehmerschaft**(Steuerbilanz 2. Stufe der Gesellschaft, Ergebnisse nach § 15 Abs. 1 Satz 1 Nr. 2 EStG)

BEISPIEL

An der AB-OHG sind A und B zu je 1/2 beteiligt. B hat seine Beteiligung im Jahr 01 zum Buchwert von dem bisherigen Gesellschafter C erworben. Der Handelsbilanzgewinn der OHG des Jahres 02 beträgt 200 000 €. A bezog als Geschäftsführer der OHG ein Gehalt von 100 000 €, das in der Handelsbilanz der OHG als Aufwand gebucht wurde. Außerdem veräußerte die OHG im Jahr 02 ein Grundstück, das seit mehr als sechs Jahren zum Gesellschaftsvermögen der OHG gehört hatte. Die OHG realisierte durch den Verkauf dieses Grundstücks stille Reserven i. H. v. 80 000 €, die sie gem. § 6b EStG auf ein anderes Grundstück übertrug, das sie im Jahr 02 für 250 000 € gekauft hatte.

LÖSUNG Der steuerliche Gesamtgewinn und der Gewinnanteil des Gesellschafters A sind gem. § 15 Abs. 1 Satz 1 Nr. 2 EStG um das Geschäftsführergehalt des A i. H. v. 100 000 € zu erhöhen (Buchungssatz in der Sonderbuchführung des A: Privatentnahme an Lohnaufwand 100 000 €). Eine Sonderbilanz für A ist nicht möglich, da keine zu bilanzierenden Wirtschaftsgüter des A vorhanden sind.

Sodann ist die in der Steuerbilanz der Gesellschaft nach § 6b EStG vorgenommene Minderung der Anschaffungskosten des Reinvestitionsobjekts um den Anteil des B zu korrigieren, da er nicht die personenbezogenen Voraussetzungen (sechsjährige Besitzzeit) erfüllt. Dies geschieht in einer positiven Ergänzungsbilanz für B (Buchungssatz in der Ergänzungsbuchführung des B: Mehrwert Grundstück an sonstige betriebliche Erträge 40 000 €).

Aktiva		Ergänzungsbilanz des B zum 31. 12. 02		Passiva
Mehrwert Grundstück	40 000 €	Mehrkapital		40 000 €

Gewinnermittlung:

Gewinn Handelsbilanz/Steuerbilanz I	200 000 €	
+ Sondervergütung A	100 000 €	
+ Ergebnis Ergänzungsbilanz B	40 000 €	
steuerlicher Gesamtgewinn/Steuerbilanz II	340 000 €	

Gewinnverteilung:

			A	B
Steuerlicher Gesamtgewinn/Steuerbilanz II		340 000 €		
./. Sondervergütung A	./.	100 000 €	100 000 €	
./. Ergebnis Ergänzungsbilanz B	./.	40 000 €		40 000 €
Restgewinn		200 000 €		
zu verteilen 50 : 50			100 000 €	100 000 €
zusammen			200 000 €	140 000 €

3 Beziehungen zwischen Gesellschaft und Gesellschafter

3.1 Übersicht

Die steuerliche Gewinnermittlung der Personengesellschaft ist wie gezeigt zweistufig. Die Gesellschafter leisten Beiträge an die Gesellschaft in Form von Einlagen und erhalten hierfür Gewinnanteile nach § 15 Abs. 1 Satz 1 Nr. 2 EStG (1. Stufe). Außerdem leisten sie sonstige Beiträge auf gesellschaftsrechtlicher oder schuldrechtlicher Grundlage durch Tätigkeit, Hingabe von Darlehen und Überlassung von Wirtschaftsgütern und erhalten hierfür Sondervergütungen von der Gesellschaft (2. Stufe).

Sondervergütungen dürfen im Ergebnis den steuerlichen Gewinn bei Personengesellschaftern nicht mindern. Dieses Ergebnis wird erst in der Zusammenschau von Handelsbilanz und Steuerbilanz II erzielt. In der Handelsbilanz und in der Steuerbilanz I (1. Stufe der Gewinnermittlung) werden die Sondervergütungen an die Gesellschafter als Aufwand gebucht. Sonderbetriebseinnahmen der Gesellschafter vermindern also den gesamthänderischen Handelsbilanzgewinn und den Steuerbilanzgewinn I sowie den sich daraus bei der Gewinnverteilung zu ermittelnden Gewinnanteil der einzelnen Gesellschafter. In der Steuerbilanz II (2. Stufe der Gewinnermittlung) werden deshalb die Sonderbetriebseinnahmen der Gesellschafter, die den Handelsbilanzgewinn gemindert haben, dem steuerlichen Gesamtgewinn und den Gewinnanteilen der Gesellschafter wieder hinzugerechnet. Der hieraus ermittelte steuerliche Gesamtgewinn ist zugleich die Ausgangsgröße für die Ermittlung des Gewerbeertrags nach § 7 GewStG.

Umqualifizierung aufgrund § 15 Abs. 1 Satz 1 Nr. 2 EStG		
Beiträge des Gesellschafters	**Zahlungen der Gesellschaft an den Gesellschafter**	
Einlagen zur Erreichung des Gesellschaftszwecks	Gewinnanteile nach § 15 Abs. 1 Nr. 2 EStG	
Sonstige Beiträge auf gesellschaftsrechtlicher oder schuldrechtlicher Grundlage: • Tätigkeit • Hingabe von Darlehen • Überlassung von Wirtschaftsgütern	Handelsbilanz, Steuerbilanz I Lohn = Aufwand Zins = Aufwand Miete = Aufwand	Steuerbilanz II Sonderbetriebseinnahmen Sonderbetriebseinnahmen Sonderbetriebseinnahmen

Nach der **Rspr. des BFH** ist für die steuerliche Umqualifizierung schuldrechtlicher Verträge in Gewinnverteilungsabreden nach § 15 Abs. 1 Satz 1 Nr. 2 EStG erforderlich, dass der Gesellschafter mit seiner Tätigkeit, Darlehenshingabe oder Nutzungsüberlassung eine Förderung des Gesellschaftszwecks bewirkt (sog. **Beitragstheorie**). Der BFH nahm in folgenden Fällen keinen Beitrag zum Gesellschaftszweck an:

- Ein Arbeitnehmer der Personengesellschaft beerbt einen Gesellschafter. Das Arbeitsverhältnis wird kurze Zeit nach dem Erbfall beendet (BFH vom 24. 01. 1980 BStBl II 1980, 271).
- Ein Rechtsanwalt ist an einer KG beteiligt und vertritt diese gelegentlich in Prozessen (BFH vom 24. 01. 1980 BStBl II 1980, 269).

Nach **Auffassung der Finanzverwaltung** (Tz. 81 Mitunternehmer-Erlass) kommt es dagegen nicht darauf an, ob der Gesellschafter einen Beitrag zum Gesellschaftszweck leistet. § 15 Abs. 1 Satz 1 Nr. 2 EStG ist auch anzuwenden, wenn

- der Gesellschafter für die Gesellschaft im Rahmen seines freien Berufs von Fall zu Fall gegen das übliche Honorar tätig wird oder
- der Dienstleistende an der Gesellschaft nur geringfügig beteiligt ist, die Tätigkeit den Tariflohn eines vergleichbaren Arbeitnehmers nicht übersteigt und die geleisteten Dienste von untergeordneter Bedeutung sind.

3.2 Tätigkeitsvergütungen

3.2.1 Laufende Vergütungen

Darunter fallen alle Leistungen aufgrund eines Gesellschafts-, Arbeits-, Dienst-, Werk- oder Geschäftsbesorgungsvertrages.

Bei Arbeitsleistungen ist Sonderbetriebseinnahme bzw. Vorwegvergütung

- der Bruttolohn (inkl. LSt und Arbeitnehmeranteil zur Sozialversicherung, Anrechnung evtl. fälschlich einbehaltener LSt nach § 36 Abs. 2 Nr. 2 EStG),
- der Arbeitgeberanteil zur Sozialversicherung (also nicht nach § 3 Nr. 62 EStG steuerfrei, die Arbeitgeber- und die Arbeitnehmeranteile sind Sonderausgaben, keine Kürzung des Vorwegabzugs nach § 10 Abs. 3 Nr. 2a EStG, keine Vorsorgepauschale, da kein Arbeitslohn vorliegt),
- Zuschüsse zur Lebensversicherung,
- Beiträge an Direktversicherung, Pensionskasse, Unterstützungskasse, Pensionsfonds (§§ 4b–e EStG),
- vermögenswirksame Leistungen,
- Provisionen, Tantiemen usw.,
- Abfindungen, die ein bei einer KG angestellter Kommanditist aus der Auflösung seines Dienstverhältnisses bezieht, fallen nicht unter die Steuerbefreiung nach § 3 Nr. 9 EStG, da es sich um Sondervergütungen nach § 15 Abs. 1 Satz 1 Nr. 2 EStG handelt (BFH vom 23. 04. 1996 BStBl II 1996, 515).

Es spielt keine Rolle, ob der Gesellschafter seine Arbeitsleistungen erbringt

- aufgrund einer gesellschaftsrechtlichen Beitragspflicht (§§ 705 ff. BGB), z. B. bereits im Gesellschaftsvertrag vereinbart, oder
- aufgrund einer schuldrechtlichen Verpflichtung, z. B. erst später oder gesondert in einem Arbeitsvertrag vereinbart.

BEISPIELE

a) An der A OHG sind A und B zu je 50 % als Gesellschafter beteiligt. Die OHG erzielt einen Handelsbilanzgewinn (= Restgewinn nach Abzug der Sonder- bzw. Vorwegvergütungen der Gesellschafter) i. H. v. 100 000 €. Die A OHG zahlt ihrem Gesellschafter-Geschäftsführer A ein Jahresgehalt i. H. v. 60 000 €, das in der HB als Aufwand gebucht ist (Buchungssatz: Lohnaufwand an Bank 60 000 €).

LÖSUNG Handelsbilanz: Die Aufwandsbuchung ist richtig. Der Handelsbilanzgewinn ist also um die Sondervergütung des A gekürzt.

Steuerbilanz: Der Arbeitsvertrag wird steuerlich nicht anerkannt. Die Aufwendungen der OHG sind keine Betriebsausgaben, sondern Sonderbetriebseinnahmen des betreffenden Gesellschafters. Der Gewinnanteil des A und der steuerliche Gesamtgewinn sind um die Sonderbetriebseinnahmen zu erhöhen.

			A	B
Handelsbilanzgewinn/Steuerbilanz I	100 000 €			
+ Sonderbetriebseinnahmen A	60 000 €			
steuerlicher Gewinn/Steuerbilanz II	160 000 €			
./. Sonderbetriebseinnahmen A	./.	60 000 €	60 000 €	–
zu verteilender Restgewinn	100 000 €			
./. 50 %-Anteil A	./.	50 000 €	50 000 €	–
./. 50 %-Anteil B	./.	50 000 €		50 000 €
	0 €		110 000 €	50 000 €

oder Darstellung wie im Formular:

	HB/StB I	Sonderbetriebs-einnahmen	Sonderbetriebs-ausgaben	Gesamtgewinn
A	50 000 €	60 000 €	–	110 000 €
B	50 000 €	–	–	50 000 €
	100 000 €	60 000 €		160 000 €

b) Sachverhalt wie a). Die Tätigkeitsvergütung wird nicht ausbezahlt, sondern handelsrechtlich als Vorwegvergütung behandelt (keine Buchung).
LÖSUNG Wenn die Tätigkeitsvergütung nicht ausbezahlt, sondern handelsrechtlich lediglich in der Gewinnverteilung als Vorwegvergütung behandelt wird (keine Buchung), ist der Handelsbilanzgewinn nicht gekürzt, sondern entspricht dem Steuerbilanzgewinn II:

			A	B
steuerlicher Gewinn/Steuerbilanz II	100 000 €		A	B
./. Sonderbetriebseinnahmen A	./.	60 000 €	60 000 €	–
zu verteilender Restgewinn	40 000 €			
./. 50 %-Anteil A	./.	20 000 €	20 000 €	–
./. 50 %-Anteil B	./.	20 000 €		20 000 €
	0 €		80 000 €	20 000 €

Auch Sondervergütungen für mittelbare Dienstleistungen unterfallen der Regelung des § 15 Abs. 1 Satz 1 Nr. 2 EStG. Dies ist der Fall, wenn ein Dritter in den Leistungsaustausch zwischen der Personengesellschaft und dem Gesellschafter zwischengeschaltet ist und wenn die Leistung des Gesellschafters nicht dem Dritten, sondern der leistungsempfangenden Personengesellschaft zugute kommen soll. Dabei ist es unerheblich, ob das zwischengeschaltete Drittunternehmen in der Rechtsform einer natürlichen Person, einer Personen- oder einer Kapitalgesellschaft betrieben wird. Nach der Rspr. sind bei mittelbar im Dienst der Gesellschaft erbrachten Leistungen Sondervergütungen anzunehmen, wenn die Gesellschaft dem Drittunternehmen Ersatz für die diesem entstandenen Aufwendungen leistet. Das gilt auch dann, wenn das Drittunternehmen einen eigenen Geschäftszweck verfolgt oder wenn der Gesellschafter das Drittunternehmen beherrscht. Entscheidend ist, dass eine Leistung des Gesellschafters im Dienste der Gesellschaft vorliegt, für welche die Gesellschaft eine abgrenzbare Leistung erbringt (BFH vom 14. 02. 2006 BStBl II 2008, 182).

BEISPIEL

Die X-OHG hält alle Anteile an einer Vertriebs-GmbH, die zugleich die laufenden Geschäfte der X-OHG führt und deren Geschäftsführer die Gesellschafter der X-OHG sind. Die X-OHG erstattet der GmbH die Geschäftsführergehälter und die Zuführungen zu den Pensionsrückstellungen.

LÖSUNG Die Zahlungen der X-OHG an die GmbH für die Tätigkeit ihrer Gesellschafter bei der GmbH sind Sondervergütungen der Gesellschafter der X-OHG. Die Gesellschafter der X-OHG nehmen als Geschäftsführer der GmbH die Geschäftsführungsaufgaben für die X-OHG wahr. Diese Leistung kommt nicht der GmbH, sondern der leistungsempfangenden X-OHG zugute. Der Aktivposten aus der Pensionszusage ist in der Sonderbilanz des durch die Pensionszusage begünstigten Gesellschafters zu erfassen.

3.2.2 Versorgungszusagen

3.2.2.1 Pensionszusagen

Sagt die Personengesellschaft ihren Gesellschaftern Leistungen der Alters-, Invaliditäts- oder Hinterbliebenenversorgung aus Anlass ihrer Tätigkeit für das Unternehmen zu, muss die Personengesellschaft handelsrechtlich für Neuzusagen ab 01.01.1987 nach § 249 Abs. 1 HGB eine Rückstellung bilden (Wahlrecht nur bei Altzusagen, Art. 28 EGHGB). Steuerlich darf eine Pensionszusage, die eine Personengesellschaft ihrem Gesellschafter-Geschäftsführer gibt, den Gewinn der Gesellschaft nicht beeinflussen. Die Pensionszusage stellt steuerlich eine bloße Gewinnverteilungsabrede dar.

Der Gesamtgewinn wird in der »Gesamtbilanz der Mitunternehmerschaft« (Steuerbilanz II) ermittelt. Das geschieht für den Bereich der Sondervergütungen in der Weise, dass die in der Handelsbilanz/Steuerbilanz I der Gesellschaft passivierte Verpflichtung zur Zahlung einer Sondervergütung durch einen gleich hohen Aktivposten in der Sonderbilanz ausgeglichen wird (BFH vom 12.12.1995 BStBl II 1996, 219; für laufende Pensionszahlungen BFH vom 09.04.1997 BStBl II 1997, 799; für Pensionsanwartschaften BFH vom 16.12.1992 BStBl II 1993, 792; für bereits entstandene Pensionsansprüche BFH vom 25.01.1994 BStBl II 1994, 455). Dieser **Grundsatz der korrespondierenden Bilanzierung** ergibt sich unmittelbar aus dem mit § 15 Abs. 1 Satz 1 Nr. 2 2. HS EStG verfolgten Zweck, »die Mitunternehmer einer Personengesellschaft dem Einzelunternehmer anzunähern, weil dieser keine Verträge mit sich schließen kann« (BFH vom 25.02.1991 GrS 7/89 BStBl II 1991, 691). Das Ergebnis der Besteuerung soll unabhängig davon sein, ob die Leistungen des Gesellschafters durch einen Vorabgewinn oder durch eine besondere Vergütung abgegolten werden. Die danach für den Bereich der Sondervergütungen gebotene Gleichstellung des Mitunternehmers mit dem Einzelunternehmer und der schuldrechtlichen mit der gesellschaftsrechtlichen Leistungsbeziehung zwischen Gesellschaft und Gesellschafter fordert auch eine zeit- und betragskonforme Bilanzierung der Vergütungen als Aufwand in der Gesellschaftsbilanz und als Ertrag in der Sonderbilanz.

Die Frage, ob die Forderungsaktivierung im Sonderbereich aller Gesellschafter oder nur in der Sonderbilanz des begünstigten Gesellschafters zu erfolgen hat, blieb in der früheren, oben zitierten Rspr. noch offen, wurde aber nunmehr zugunsten der letzteren Lösung entschieden (BFH vom 14.02.2006 BStBl II 2008, 182; BFH vom 30.03.2006 BStBl II 2008, 171; BMF vom 29.01.2008 BStBl I 2008, 317). Der Aktivposten ist in die Sonderbilanz des versorgungsberechtigten Gesellschafters einzustellen und korrespondierend zum Passivposten der Handelsbilanz/Steuerbilanz I der Gesellschaft jährlich fortzuschreiben. Bei den nicht begünstigten Gesellschaftern ist dagegen keine Aktivierung vorzunehmen. Bei Eintritt des Versorgungsfalles ist die Pensionsrückstellung in der Handelsbilanz/Steuerbilanz I der Gesellschaft aufzulösen. Die laufenden Versorgungsleistungen sind Aufwand, der Auflösungsbetrag Ertrag der Personengesellschaft. Wenn die Versorgungsverpflichtung – z.B. durch Tod oder durch Verzicht des Berechtigten – entfällt, ist die Rückstellung erfolgswirksam aufzulösen, und es entsteht ein

Ertrag der Gesellschaft. In der Sonderbilanz des versorgungsberechtigten Gesellschafters ist bei Eintritt des Versorgungsfalls der Aktivposten spiegelbildlich zur Pensionsrückstellung der Gesellschaft zu vermindern. Die Versorgungsbezüge unterliegen in Höhe des Unterschiedsbetrags zwischen den empfangenen Versorgungszahlungen und dem Auflösungsbetrag des Aktivpostens im Sonderbetriebsvermögen als Sondervergütungen nach § 15 Abs. 1 Satz 1 Nr. 2 EStG der Besteuerung. Entfällt der Anspruch auf die Versorgungsbezüge durch Tod oder Verzicht, ist der noch verbliebene Aktivposten erfolgswirksam aufzulösen, und es entsteht ein Verlust im Sonderbetriebsvermögen (Grützner, StuB 2008, 212). Diese Grundsätze gelten für Pensionszusagen, die nach dem 31.12.2007 gewährt wurden. Für Altzusagen kann auf Antrag eine abweichende Behandlung beibehalten werden, wenn alle Gesellschafter dies gemeinsam gegenüber dem Finanzamt erklären und wenn bisher kontinuierlich die anteilige Aktivierung in den Sonderbilanzen aller Gesellschafter vorgenommen wurde (BMF vom 29.01.2008 BStBl I 2008, 317, Rz. 20; Grützner, StuB 2008, 212; Wacker, FR 2008, 801).

BEISPIEL

Die A-OHG hat dem Gesellschafter A eine Pensionszusage erteilt und eine Rückstellung nach § 6a EStG gebildet. Buchungssatz in der Handelsbilanz (zusammengefasst): sonstiger betrieblicher Aufwand an Pensionsrückstellung 100 000 €.
Am 01.01.02 geht A in Pension und bezieht monatlich 1 000 € Versorgungszahlungen. Buchungssatz in der Handelsbilanz: sonstiger betrieblicher Aufwand an Bank 12 000 €. Der Barwert der Pensionsrückstellung zum 31.12.02 beträgt 92 000 €. Über die Verteilung etwaiger steuerlicher Mehrgewinne haben die Gesellschafter keine Vereinbarung getroffen.

LÖSUNG

1. Aufbauphase (Phase der aktiven Erwerbstätigkeit)
Die Pensionsrückstellung ist in der Handelsbilanz und in der Steuerbilanz zu passivieren, die Forderung in der Sonderbilanz des A korrespondierend zu aktivieren. Diese Auffassung entspricht der Theorie der additiven Gewinnermittlung mit korrespondierender Bilanzierung in Handelsbilanz/Steuerbilanz I und Sonderbilanz. Der Gesamtgewinn wird im Ergebnis nicht gemindert. Die Forderung in der Sonderbilanz stellt steuerlich Eigenkapital dar. Der gewinnmindernden Zuführung zur Pensionsrückstellung in der Handelsbilanz/Steuerbilanz I steht die gewinnerhöhende Aktivierung des Pensionsanspruchs in der Sonderbilanz des begünstigten Gesellschafters gegenüber. Im Ergebnis mindert jede Zuführung zur Pensionsrückstellung den Gesellschaftsgewinn und erhöht gleichzeitig die Vergütung des begünstigten Mitunternehmers. Die Rückstellung und die Forderung korrespondieren in der jeweiligen Zuführung und der späteren Auflösung.
In der Höhe des Gesamtgewinns und damit in der gewerbesteuerlichen Belastung tritt keine Änderung ein. Allerdings ändert sich die Gewinnverteilung unter den Gesellschaftern. Die Zuführung zur Rückstellung wird allein vom begünstigten Gesellschafter versteuert. Er zahlt im Ergebnis die ESt auf die Pension im Voraus, und die Mitgesellschafter werden – zeitlich vorgezogen – entlastet.

Aktiva	Handelsbilanz		Passiva
		Pensionsrückstellungen	100 000 €

Aktiva	Steuerbilanz		Passiva
		Pensionsrückstellungen	100 000 €

Gewinnauswirkung A und B je ./. 50 000 €

Aktiva	Sonderbilanz A		Passiva
		Forderung	100 000 €

Gewinnauswirkung A + 100 000 € (Sonderbetriebseinnahmen A)

	HB/StB I	Vorweg-vergütungen	Sonder-betriebs-ausgaben	Gesamtgewinn
A	./. 50 000 €	+ 100 000 €	–	+ 50 000 €
B	./. 50 000 €	–	–	./. 50 000 €
	./. 100 000 €		+ 100 000 €	0 €

2. Versorgungsphase: Versicherungsmathematische Auflösung

Die in der Sonderbilanz aktivierte Versorgungsanwartschaft ist korrespondierend ertragswirksam aufgestockt worden. Nach Eintritt des Versorgungsfalles sind die Versorgungszahlungen in der Sonderbilanz als Entnahmen zu erfassen. Die Differenz zwischen der Barwertminderung und der Zahlung (Zinsanteil) ist dem begünstigten Gesellschafter erfolgswirksam über die Sonderbilanz zuzurechnen. Das heißt, er versteuert jetzt nur noch zusätzlich den an ihn gezahlten Zinsanteil.

Die Sonderbilanz ist daher auch nach Eintritt des Versorgungsfalles weiterzuführen. Die Ergebnisse gehören weiterhin zum Gesamtgewinn der Mitunternehmerschaft. Dem steht nicht entgegen, dass der Berechtigte als Mitunternehmer ausgeschieden ist, weil auch Vergütungen an ehemalige Mitunternehmer unter § 15 fallen (vgl. § 15 Abs. 1 Satz 2 EStG).

Handelsbilanz: Die Zahlung von 12 000 € mindert den Gewinn aller Gesellschafter. Buchungssatz: sonstiger betrieblicher Aufwand an Bank 12 000 €. Die Auflösung der Rückstellung erhöht in Höhe der Barwertminderung den Gewinn aller Gesellschafter. Buchungssatz: Pensionsrückstellung an Ertrag 8 000 €.

Per Saldo ergibt sich eine Gewinnminderung i. H. v. 4 000 € (Zinsanteil).

In der Steuerbilanz I ist wie in der Handelsbilanz vorzugehen.

In der Sonderbilanz des A ist eine versicherungsmathematische Auflösung der Forderung vorzunehmen. Buchungssatz: Privat an Ertrag 12 000 € (volle Zahlung), Aufwand an Forderung 8 000 € (Barwertminderung). Per Saldo ergibt sich eine Gewinnerhöhung um 4 000 € (Zinsanteil).

Bilanzierung 31. 12. 02:

Aktiva	**Handelsbilanz (HB) OHG**	Passiva
	Pensionsrückstellung	92 000 €

Aktiva	**Steuerbilanz (StB) OHG**	Passiva
	Pensionsrückstellung	92 000 €

Aktiva	**Sonderbilanz A**	Passiva
Forderung	92 000 €	

Gewinnverteilung 02:

	HB/StB I	Vorweg-vergütungen	Sonder-betriebs-ausgaben	Gesamtgewinn
A	–	+ 4 000 €	–	+ 4 000 €
B	./. 4 000 €	–	–	./. 4 000 €
	./. 4 000 €	+ 4 000 €	0 €	0 €

3.2.2.2 Witwer-/Witwenrenten

Nach § 15 Abs. 1 Satz 2 EStG ist § 15 Abs. 1 Satz 1 Nr. 2 EStG auch auf Vergütungen anzuwenden, die als nachträgliche Einkünfte (§ 24 Nr. 2 EStG) bezogen werden. Vergütungen für die in § 15 Abs. 1 Satz 1 Nr. 2 EStG bezeichneten Leistungen dürfen danach den Gewinn der Gesellschaft auch dann nicht mindern, wenn sie an einen ausgeschiedenen Gesellschafter oder dessen Rechtsnachfolger gezahlt werden. Wird nach dem Tod des Gesellschafters der Hinterbliebene Gesellschafter, so führt er den Wert des Aktivpostens in seiner Sonderbilanz fort. Andere Hinterbliebene sind mit ihren nachträglichen Einkünften als Rechtsnachfolger des Gesellschafters nach § 24 Nr. 2 EStG in die gesonderte und einheitliche Gewinnfeststellung der Gesellschaft einzubeziehen (BFH vom 25. 01. 1994 BStBl II 1994, 455).

BEISPIELE

a) A ist aus der Gesellschaft ausgeschieden. Nach Eintritt des Versorgungsfalles zahlt die OHG zunächst an ihn, nach seinem Tod an seine Witwe 10 000 € jährlich.

LÖSUNG A hat nachträgliche Einkünfte nach § 15 Abs. 1 Satz 2 i. V. m. § 24 Nr. 2 EStG, ebenso nach seinem Tod seine Witwe. Die Vergütung ist Teil des einheitlich und gesondert festzustellenden Gesamtgewinns der Gesellschaft und dem Rechtsnachfolger als gewerblicher Gewinn zuzurechnen, unabhängig davon, ob dieser ebenfalls Gesellschafter ist oder nicht. Daher kann steuerlich auch für die Versorgungsverpflichtung der Witwe des Gesellschafters keine Rückstellung anerkannt werden.

b) A war, bevor er als Gesellschafter in die OHG aufgenommen wurde, Prokurist der OHG. Für A war bis zum Zeitpunkt seines Eintritts bereits eine Pensionsrückstellung i. H. v. 50 000 € passiviert worden.

LÖSUNG Bei »vorgesellschaftlichen Leistungen« bleibt der Betrag i. H. v. 50 000 € als Rückstellungstorso bestehen, Neuzuführungen sind unzulässig (H 41 Abs. 8 EStH »Wechsel Arbeitnehmer«).

3.2.2.3 Rückdeckungsversicherung

Hat die Personengesellschaft eine Pensionszusage an einen Gesellschafter und dessen Hinterbliebene rückgedeckt, gehört der der Personengesellschaft zustehende Rückdeckungsanspruch gegen die Versicherung nicht zum Betriebsvermögen der Gesellschaft. Die Prämien für die Rückdeckungsversicherung sind keine Betriebsausgaben, sondern als Entnahmen zu behandeln, die allen Gesellschaftern nach Maßgabe ihrer Beteiligung zuzurechnen sind (BFH vom 28. 06. 2001 BStBl II 2002, 724).

3.2.3 Vergütungen für Dienst- und Werkleistungen

Die »Tätigkeit im Dienst der Gesellschaft« ist weit auszulegen. § 15 Abs. 1 Satz 1 Nr. 2 EStG ist auch auf Vergütungen für Dienstleistungen anwendbar, soweit die Leistungen im Rahmen eines Einzelbetriebs des Gesellschafters erbracht werden (BFH vom 18. 07. 1979 BStBl II 1979, 750, Tz. 13, 83 Mitunternehmer-Erlass überholt).

BEISPIELE

Der Steuerberater A ist Kommanditist einer A & B-KG. Für die Steuerberatung der KG erhält er 10 000 € + 19 % USt. Der HB-Gewinn der OHG beträgt 100 000 €.

a) A hat für die KG ein Steuersparmodell entwickelt, das von der KG werbewirksam eingesetzt wird.

b) A ist wie ein fremder Steuerberater von Fall zu Fall gegen das übliche Entgelt tätig.

LÖSUNG A ist in beiden Fällen a) und b) Mitunternehmer. Nach der ursprünglichen Beitragstheorie des BFH wäre im Fall b) die Mitunternehmerschaft zu verneinen gewesen, da S keinen Beitrag zum

Gesellschaftszweck leistet: Schuldet eine Gesellschaft einem freiberuflich tätigen Steuerberater, der an ihr (zu 50 %) als Kommanditist beteiligt ist, aufgrund eines auf Dauer angelegten Beratungsauftrages Vergütungen für Buchführungsarbeiten und für die Erstellung von Jahresabschlüssen und Steuererklärungen, so gehören diese Vergütungen gem. § 15 Abs. 1 Nr. 2 EStG zu den gewerblichen Einkünften (BFH vom 24.01.1980 BStBl II 1980, 269). Nach Verwaltungsauffassung kommt es auf die Höhe der Beteiligung und auf die Dauer der Tätigkeit nicht an: Entsprechend Tz. 81 Mitunternehmer-Erlass ist § 15 Abs. 1 Nr. 2 EStG auch anzuwenden, wenn der Gesellschafter für die Gesellschaft im Rahmen seines freien Berufs von Fall zu Fall gegen das übliche Honorar tätig wird oder wenn die geleisteten Dienst von untergeordneter Bedeutung sind.

Die Rspr. bestätigte, dass zu den hinzuzurechnenden Tätigkeitsvergütungen auch solche gehören, die dem Gesellschafter aufgrund eines neben dem Gesellschaftsvertrag bestehenden Schuldverhältnisses gezahlt werden, und zwar unabhängig von der geringen Höhe des Gesellschaftsanteils und auch dann, wenn die Bezüge aus dem Schuldverhältnis den Gewinnanteil übersteigen (BFH vom 12.02.1992 BFH/NV 1993, 599).

Die OHG bucht:

Aufwand	10 000 €	
Vorsteuer	1 900 €	
an Bank		11 900 €

S bucht in der Sonderbuchführung:

Privat an sonstigen betrieblichen Ertrag	10 000 €

S bucht im Einzelunternehmen:

Bank	11 900 €	
an Privat		10 000 €
an USt		1 900 €

Gewinnverteilung:

	Handelsbilanz	Sonderbetriebs-einnahmen	Sonderbetriebs-ausgaben	Gesamtgewinn
S	50 000 €	10 000 €	–	60 000 €
B	50 000 €	–	–	50 000 €
	100 000 €	10 000 €	–	110 000 €

Auch selbständige Werkleistungen, die aufgrund eines Werkvertrags eines Mitunternehmers für seine Gesellschaft erbracht werden, führen zur Anwendung des § 15 Abs. 1 Nr. 1 Satz 2 EStG (anders bei Werklieferung, vgl. 3.5.2). Es kommt nicht darauf an, ob die Werkleistung in der Handelsbilanz/Steuerbilanz I der Gesellschaft als Aufwand oder als Herstellungskosten zu buchen ist.

BEISPIEL

Der selbständige Architekt A ist Gesellschafter der A OHG und erbringt für diese Architektenleistungen i. H. v. 100 000 € zzgl. 19 % USt. Die OHG bucht den Betrag als Aufwand. A hat in seinem Büro Kosten i. H. v. 10 000 € netto. Der HB-Gewinn der OHG beträgt 100 000 €.

LÖSUNG § 15 Abs. 1 Nr. 2 EStG erfasst auch solche Vergütungen an Gesellschafter, die ohne diese Vorschrift als Einkünfte aus selbständiger Arbeit zu erfassen wären (BFH vom 23.05.1979 BStBl II 1979, 763, 767). Für die Zurechnung der Vergütungen i. S. d. § 15 Abs. 1 Nr. 2 EStG zu den Einkünften des Gesellschafters eines bestimmten Kalenderjahres ist es unerheblich, ob ihm die Vergütungen während dieses Kalenderjahres zugeflossen sind; sie sind Einkünfte des Kalenderjahres, in dem sie als Aufwand bei der Gesellschaft in Erscheinung treten. Die Vergütungen an den Gesellschafter sind als Herstellungskosten der von der Gesellschaft unter Inanspruchnahme des Gesellschafters als Architekten im Dienst der Gesellschaft errichteten Gebäudes zu aktivieren. Wurde der Aufwand bei der Gesellschaft aktiviert, so liegen Einkünfte des Gesellschafters im Jahr der Aktivierung vor (BFH vom 11.12.1986 BStBl II 1986, 553). Der Werklohn geht auch dann in die Herstellungskosten des Gebäudes ein, wenn es sich um eine Tätigkeitsvergütung i. S. d. § 15 Abs. 1 Satz 1 Nr. 2 EStG handelt (BFH vom 08.02.1996 BStBl II 1996, 427).

Die OHG buchte in der HB:

Aufwand	100 000 €	
Vorsteuer	19 000 €	
an Bank		119 000 €

Die OHG bucht richtig:

Gebäude	100 000 €	
Vorsteuer	19 000 €	
an Bank		119 000 €

Folge:

Gewinnerhöhung in der HB	+ 100 000 €

A bucht in der Sonderbuchführung:

Privat an sonstigen betrieblichen Ertrag	100 000 €	(Sonderbetriebseinnahmen)
Sonstiger betrieblicher Aufwand an Privat	10 000 €	(Sonderbetriebsausgaben)

A bucht im Einzelunternehmen:

Bank	119 000 €	
an Privat		100 000 €
an USt		19 000 €
Privat	10 000 €	
Vorsteuer	1 900 €	
an Bank		11 900 €

Gewinnverteilung:
Durch die Korrektur der Handelsbilanz erhöht sich der bisherige Handelsbilanzgewinn von 100 000 € um weitere 100 000 €.

	Handelsbilanz	Sonderbetriebs-einnahmen	Sonderbetriebs-ausgaben	Gesamtgewinn
A	100 000 €	100 000 €	10 000 €	190 000 €
B	100 000 €	–	–	100 000 €
	200 000 €	100 000 €	10 000 €	290 000 €

3.3 Vergütungen für die Hingabe von Darlehen

3.3.1 Forderung des Gesellschafters an die Gesellschaft

Forderungen des Gesellschafters gegen die Gesellschaft aus Darlehen, rückständigen Sondervergütungen usw. sind im Bereich des § 15 Abs. 1 Satz 1 Nr. 2 EStG

- Sonderbetriebsvermögen I des Gesellschafter-Gläubigers und in seiner Sonderbilanz zu aktivieren.
- In der Steuerbilanz der Gesellschaft ist eine Schuld zu passivieren (Fremdkapital).
- In der steuerlichen Gesamtbilanz erhöht die Forderung als Eigenkapital das Gesamtkapitalkonto des Gesellschafter-Gläubigers.
- Zinsen für Gesellschafterdarlehen gehören als Sondervergütungen zum gewerblichen Gewinn des Gesellschafter-Gläubigers.

Es ist hier (im Gegensatz zur Behandlung von Verlusten bei § 15a EStG) nicht erheblich, wie die Konten des Gesellschafters buchmäßig geführt werden (Kapital I, II oder III, Privatkonto) und ob sie gesellschaftsrechtlich als Einlagen oder Forderungen zu behandeln sind.

BEISPIEL

A gibt der A-OHG ein Darlehen i. H. v. 10 000 € und erhält jährlich 10 % Zinsen. Der HB-Gewinn der OHG beträgt 100 000 €.

LÖSUNG Die OHG bucht in der Handelsbilanz:

Bank an Darlehensverbindlichkeiten	10 000 €
Zinsaufwand an Bank	1 000 €

Steuerlich ist das Darlehen in der OHG-Bilanz jedoch keine Verbindlichkeit, sondern Eigenkapital des A. Die Darlehensverbindlichkeit in der Handelsbilanz der OHG und die Darlehensforderung in der Sonderbilanz des A gleichen sich aus.

A bucht in der Sonderbuchführung:

Sonstige Forderung an Privat	10 000 €
Privat an Zinsertrag	1 000 €

Der handelsrechtliche Zinsaufwand in der OHG-Bilanz wird dem steuerlichen Gesamtgewinn der OHG und dem Gewinnanteil des A hinzugerechnet.
Gewinnverteilung:

	Handelsbilanz	Sonderbetriebs-einnahmen	Sonderbetriebs-ausgaben	Gesamtgewinn
A	50 000 €	1 000 €	–	51 000 €
B	50 000 €	–	–	50 000 €
	100 000 €	1 000 €		101 000 €

Entstehen einer Personengesellschaft Finanzierungskosten im Zusammenhang mit einer Zahlung an den Gesellschafter, sind diese betrieblich veranlasst, wenn auf eine Forderung des Gesellschafters gezahlt wird. Entscheidend für die Beurteilung von Zahlungen der Gesellschaft an den Gesellschafter ist die Einordnung des durch den Gesellschafter überlassenen Kapitals. Die Abgrenzung von Eigen- und Fremdkapital der Personengesellschaft richtet sich in erster Linie nach den gesellschaftsrechtlichen Vereinbarungen. Nach dem Grundsatz der Maßgeblichkeit der Handelsbilanz für die Steuerbilanz (§ 5 Abs. 1 EStG) ist die in der Handelsbilanz ausgewiesene Schuld prinzipiell auch bei der steuerlichen Gewinnermittlung zu berücksichtigen. Eine Verbindlichkeit gehört aber nur dann zum Betriebsvermögen der Personengesellschaft, wenn sie zur Finanzierung betrieblich veranlasster Zahlungen eingegangen worden ist. Wenn die Verbindlichkeit aufgenommen wurde, um eine Entnahme des Gesellschafters zu finanzieren, ist sie nicht betrieblich veranlasst. Eine betriebliche Veranlassung liegt dagegen vor, wenn die Gesellschaft auf eine Forderung des Gesellschafters gegen die Gesellschaft zahlt. Davon kann ausgegangen werden, wenn dem Gesellschafter eine Forderung i. H. d. gezahlten Betrags zusteht und die Zahlung auf dem betreffenden Konto gebucht wird. Keine Forderung enthält ein Gesellschafterkonto, das durch das Gesellschaftsverhältnis Ansprüche ausweist, die dem Gesellschafter im Fall seines Ausscheidens zustehen und deshalb aus Sicht der Gesellschaft Eigenkapital darstellen. Für den Eigenkapitalcharakter spricht außerdem eine gesellschaftsvertragliche Regelung, wonach auf dem Konto auch Verlustanteile des Gesellschafters verbucht werden (BFH vom 26. 06. 2007 BStBl II 2008, 103; Röhrig, EStB 2008, 151).

3.3.2 Verzicht des Gesellschafters auf seine Forderung gegen die Personengesellschaft

Die Behandlung hängt davon ab, ob der Verzicht aus eigenbetrieblichem oder aus gesellschaftsrechtlichem Interesse erfolgt.

a) Erfolgt der Verzicht aus eigenbetrieblichem Interesse (z. B. zur Festigung der Geschäftsbeziehungen), gelten die Regeln zum Forderungsverzicht eines Gesellschafters einer Kapitalgesellschaft entsprechend (BFH vom 29.07.1997 BStBl II 1998, 652): Der werthaltige Teil der Forderung ist bei der Personengesellschaft eine Einlage und beim Gesellschafter eine Entnahme. Der nicht werthaltige Teil führt bei der Gesellschaft zu stpfl. Ertrag und beim Gesellschafter zu abzugsfähigem Aufwand.

b) Erfolgt der Verzicht aus gesellschaftsrechtlichen Gründen, ist ein Verzicht (vor dem 01.01.1999 und wieder nach dem 31.12.2000, § 6 Abs. 5 Satz 3 EStG) – unabhängig von der Werthaltigkeit der Forderung – wie eine unentgeltliche Übertragung eines Wirtschaftsguts aus dem eigenen Betriebsvermögen oder Sonderbetriebsvermögen in das Gesamthandvermögen zum Buchwert insgesamt erfolgsneutral. Das Kapital in der Steuerbilanz der Personengesellschaft erhöht sich erfolgsneutral um den Nennwert der Schuld, und das Kapital in der Eigenbilanz oder Sonderbilanz des Gesellschafters vermindert sich erfolgsneutral um denselben Betrag.

3.3.3 Darlehen der Gesellschaft an den Gesellschafter

Auf den umgekehrten Fall der Gewährung eines Darlehens der Gesellschaft an den Gesellschafter ist § 15 Abs. 1 Satz 1 Nr. 2 EStG weder direkt noch entsprechend anzuwenden.

3.3.3.1 Betriebliche Veranlassung des Darlehens

Eine Personengesellschaft und ein ihr angehörender Gesellschafter können sich wie fremde Dritte gegenüber stehen. Dies hat zur Folge, dass ein Darlehen, das die Personengesellschaft ihrem Gesellschafter gewährt, handelsrechtlich Bestandteil des Gesamthandvermögens der Personengesellschaft ist. Ob das Darlehen auch zum steuerlichen Betriebsvermögen der Personengesellschaft gehört und deshalb zu aktivieren ist, hängt davon ab, ob für die Darlehenshingabe eine wesentliche betriebliche Veranlassung bestanden hat (BFH vom 16.10.2014, IV R 15/11, BStBl II 2015, 267; Steger, NWB 2013, 998). Das Darlehen ist dann betrieblich veranlasst, wenn es im Interesse der Gesellschaft (und nicht nur im Eigeninteresse des Gesellschafters) gewährt wird.

Ein betriebliches Interesse ist anzunehmen, wenn (vgl. OFD Münster vom 18.02.1994 BB 1994, 545)

- die Darlehenshingabe aus Sicht der Gesellschaft zu marktüblichen Konditionen erfolgt,
- marktunüblich günstige Konditionen durch ein besonderes Interesse der Gesellschaft an dem Verwendungszweck des Kredits bedingt sind (z. B. wenn der Gesellschafter mit Hilfe des gering verzinsten Darlehens eine Fabrikhalle errichten soll, die später der Gesellschaft zur Verfügung gestellt wird).

BEISPIEL

Die A OHG gewährt dem Gesellschafter A ein Darlehen i. H. v. 10 000 €, zu 10 % pro Jahr verzinslich, und bucht:

Sonstige Forderung an Bank	10 000 €
Bank an Zinsertrag	1 000 €

LÖSUNG Bei einem steuerlich anzuerkennenden Darlehen sind die Darlehenszinsen für die Gesellschaft Betriebseinnahmen. Die Abzugsfähigkeit der Zinsausgaben beim Gesellschafter richtet sich nach der Verwendungsweise des Kredits (BA bzw. Sonderbetriebsausgaben bei betrieblichem Verwendungszweck, Werbungskosten oder nichtabzugsfähige Kosten der Lebensführung bei privatem Verwendungszweck).

Im Übrigen kommt es auch darauf an, auf welchen Konten das Darlehen an den Gesellschafter in der Bilanz der Gesellschaft gebucht wird. Handelt es sich um ein Darlehenskonto, sind die vom Gesellschafter gezahlten Schuldzinsen Betriebseinnahmen der Gesellschaft. Dies führt zur Erhöhung des Gewinns und des Gewerbeertrags der Gesellschaft. Wenn dagegen auf einem negativen Kapitalkonto des Gesellschafters gebucht wird, sind die Schuldzinsen des Gesellschafters keine Betriebseinnahmen der Gesellschaft, sondern Teil der Gewinnverteilung. Ein Kapitalkonto ist anzunehmen, wenn nach den vertraglichen Vereinbarungen darauf auch Verluste gebucht werden. Denn eine Verlustbeteiligung ist mit einem Darlehen nicht vereinbar. Ein Kapitalkonto ist selbst dann anzunehmen, wenn der Gesellschaftsvertrag keine Regelung dazu enthält, auf welchem Konto überschießende Verlustanteile nach Erschöpfung des vertraglich bezeichneten Rücklagekontos zu verrechnen sind (BFH vom 04. 05. 2000 BStBl II 2001, 171).

3.3.3.2   Fehlende betriebliche Veranlassung des Darlehens

Hält das Darlehen der Gesellschaft an den Gesellschafter einem Fremdvergleich nicht stand, gehört es zivilrechtlich zum Gesellschaftsvermögen, aber nicht zum steuerlichen Betriebsvermögen (BFH vom 19. 07. 1984 BStBl II 1985, 6).

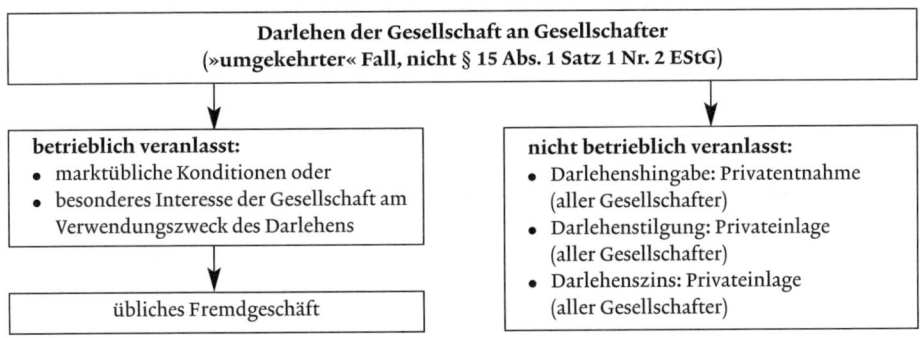

Gewährt die Personengesellschaft einem Gesellschafter ein zinsloses und ungesichertes Darlehen, stellt diese Forderung notwendiges Privatvermögen der Gesellschaft dar; bei Uneinbringlichkeit ist keine Teilwertabschreibung zulässig (BFH vom 09. 05. 1996 BStBl II 1996, 642). Die Gewährung eines außerbetrieblich veranlassten Darlehens stellt eine Entnahme der Darlehensvaluta aus dem Betriebsvermögen der Gesellschaft in das gesamthänderisch gebundene Privatvermögen mit allen steuerlichen Folgen dar (insbes. auch bezüglich § 15a EStG). Die Entnahme ist (mangels einer besonderen Vereinbarung) allen Gesellschaftern nach Maßgabe ihres jeweiligen Anteils am Gesamthandsvermögen zuzurechnen, da ihnen der Darlehensbetrag spätestens im Rahmen der Liquidation anteilig zurückfließt. Dementsprechend sind »Tilgungsleistungen« sowie »Zinsleistungen« des Darlehensnehmers bei allen Gesellschaftern anteilig als Einlage zu erfassen. Sofern die Darlehensvaluta aus dem steuerlichen Betriebsvermögen in das gesamthänderische Privatvermögen »entnommen« wird, sind zugehörige Refinanzierungskosten der Gesellschaft nicht betrieblich veranlasst und daher vom Betriebsausgabenabzug ausgeschlossen. Gezahlte »Zinsen« aus einem nach den vorstehenden Grundsätzen nicht betrieblich veranlassten Darlehen führen nicht zu Betriebseinnahmen bei der Gesellschaft und beim Gesellschafter zu nicht abzugsfähigen Ausgaben.

BEISPIEL

Die A-OHG gewährt dem Gesellschafter B ein zinsloses und ungesichertes Darlehen. Die Darlehensforderung wird uneinbringlich.

LÖSUNG Gewährt eine Personengesellschaft einem Gesellschafter ein zinsloses und ungesichertes Darlehen, gehört die Darlehensforderung zum notwendigen Privatvermögen der Gesellschaft. Wird die Darlehensforderung uneinbringlich, entfällt mithin nicht nur die steuerliche Berechtigung einer Teilwertabschreibung, sondern auch die Möglichkeit, dass beim Ausscheiden des Schuldners aus der Gesellschaft die verbleibenden Gesellschafter einen steuerlichen Verlust geltend machen können (BFH vom 09. 05. 1996 BStBl II 1996, 642).

3.3.4 Refinanzierung durch Gesellschafter

Wenn ein Gesellschafter einen Kredit aufnimmt und Schuldzinsen zahlt, kommt es für die Passivierung der Darlehensschuld im Sonderbetriebsvermögen und für die Abzugsfähigkeit der Schuldzinsen als Sonderbetriebsausgaben darauf an, ob er mit den Darlehensmitteln eine für die betrieblichen Zwecke der Gesellschaft bestimmte Einlage finanziert oder ob er eine steuerlich anerkannte Darlehensverpflichtung gegenüber der Gesellschaft erfüllt. Dies gilt auch dann, wenn der Zinsaufwand dadurch entsteht, dass der Mitunternehmer Darlehensschulden der Gesellschaft übernimmt (BFH vom 28. 10. 1999 BStBl II 2000, 390). Im Fall der Refinanzierung einer Entnahme handelt es sich um nicht betrieblich veranlasste Aufwendungen, so dass der Zinsaufwand nicht als Sonderbetriebsausgabe abgezogen werden kann (BFH vom 27. 06. 1996 BStBl II 1997, 36). Im Fall der Ablösung einer betrieblichen Schuld der Personengesellschaft sind dagegen die hierfür anfallenden Kreditaufwendungen der Gesellschaft als Betriebsausgaben anzuerkennen (BFH vom 05. 03. 1991 BStBl II 1991, 516).

3.4 Vergütungen für die Überlassung von Wirtschaftsgütern

Überlässt der Gesellschafter der Gesellschaft ein Wirtschaftsgut entgeltlich zur Nutzung, ist das von der Gesellschaft gewährte Entgelt eine Sondervergütung i. S. d. § 15 Abs. 1 Satz 1 Nr. 2 EStG. Das überlassene Wirtschaftsgut ist in einer Sonderbilanz des Gesellschafters zu aktivieren und abzuschreiben.

BEISPIEL

A vermietet der A-OHG ab 01. 01. 01 ein zu diesem Zeitpunkt fertig gestelltes, in seinem privaten Alleineigentum stehendes bebautes Grundstück. Teilwert des Grund und Bodens 50 000 €, Teilwert des Gebäudes 200 000 €. Die OHG nutzt das Grundstück betrieblich und zahlt an A monatlich 2 000 € Miete, die sie als Aufwand verbucht. A erklärt Einkünfte aus Vermietung nach § 21 Abs. 1 Nr. 1 EStG wie folgt:

- Einnahmen 12 × 2 000 € =   24 000 €
- AfA 3 % aus 200 000 € =   6 000 €
- sonstige von A getragene Grundstückskosten
  (Schuldzinsen, Steuern, Versicherung, Reparaturen)   5 000 €

LÖSUNG

Buchführung der OHG:

Aktiva	**Handelsbilanz A OHG**		Passiva
Aktiva	100 000 €	Kapital A	50 000 €
		Kapital B	50 000 €

Sonderbuchführung des A:

Aktiva	**Sonderbilanz A 01. 01. 01**		Passiva
Grund und Boden	50 000 €	Kapital	250 000 €
Gebäude	200 000 €		

Soll	**Gebäude**		Haben
AB	200 000 €	(1)	6 000 €
SBK			194 000 €

Soll	**Gebäudeabschreibung**		Haben
(1)	6 000 €	(GuV)	6 000 €

Soll	**Grundstücksaufwendungen**		Haben
(3)	5 000 €	(GuV)	5 000 €

Soll	**Mietertrag**		Haben
(GuV)	24 000 €	(2)	24 000 €

Soll	**Privat**		Haben
(2)	24 000 €	(3)	5 000 €
		(Kapital)	19 000 €

Soll	**Sonderkapital A**		Haben
(Privat)	19 000 €	(AB)	250 000 €
(SBK)	244 000 €	(GuV)	13 000 €

Soll	**Sonder-GuV**		Haben
AfA	6 000 €	Mietertrag	24 000 €
Grundstücksaufwand	5 000 €		
Gewinn	13 000 €		

Aktiva	**Sonderbilanz A 31. 12. 01**		Passiva
GruBo	50 000 €	Kapital 01. 01.	250 000 €
Gebäude	194 000 €	./. Entnahmen	24 000 €
		+ Einlagen	5 000 €
		+ Gewinn	13 000 €
	244 000 €	Kapital 31. 12.	244 000 €

Buchungen in der Sonderbuchführung des A:

1. AfA an Gebäude   6 000 €
2. Privatentnahme an Mietertrag   24 000 €
3. Grundstücksaufwendungen an Privateinlage   5 000 €
4. SBK an Gebäude   194 000 €
5. GuV an AfA   6 000 €
6. Mietertrag an GuV   24 000 €

7. GuV an Grundstücksaufwendungen   5 000 €
8. Kapital an Privat   19 000 €
9. GuV an Kapital   13 000 €
10. Kapital an SBK   44 000 €

Betriebsvermögensvergleich in der Sonderbuchführung des A:

Betriebsvermögen 31. 12. 01		244 000 €
Betriebsvermögen 01. 01. 01		250 000 €
Unterschied	./.	6 000 €
+ Entnahmen	+	24 000 €
./. Einlagen	./.	5 000 €
= Gewinn		13 000 €

Gewinnverteilung der A OHG:

Gesellschafter	Handels-bilanzgewinn	Sonderbetriebs-einnahmen	Sonderbetriebs-ausgaben	Gesamtgewinn
A	50 000 €	24 000 €	11 000 €	63 000 €
B	50 000 €	–	–	50 000 €
	100 000 €	24 000 €	11 000 €	113 000 €

Vergütungen können z. B. Mietzinsen, Erbbauzinsen, Lizenzgebühren und Auslagenersatz sein. § 15 Abs. 1 Satz 1 Nr. 2 EStG ist bei der Überlassung von (materiellen und immateriellen) Wirtschaftsgütern aller Art anwendbar (BFH vom 30. 11. 1978 BStBl II 1979, 237; BFH vom 19. 02. 1991 BStBl II 1991, 789).

BEISPIEL

Die Rechtsanwälte A und B betreiben eine Rechtsanwaltssozietät und ein juristisches Repetitorium als GbR. A überlässt der GbR das Urheberrecht an den von ihm verfassten Skripten zur Nutzung und erhält als Entgelt einen Betrag i. H. v. 10 000 € im Jahr, den die GbR als Aufwand verbucht.

LÖSUNG Zur Anwendung des § 15 Abs. 1 Nr. 2 EStG muss die Leistungsbeziehung durch das Gesellschaftsverhältnis veranlasst sein (BFH vom 23. 05. 1979 BStBl II 1979, 757). Dies ist nach der Beitragstheorie des BFH der Fall, wenn die Vergütungen Entgelt für Leistungen des Gesellschafters sind, die zur Förderung des Gesellschaftszwecks erbracht werden. Dies ist nach Auffassung des BFH zu bejahen, wenn die Honorare für die Urheberrechte im Verhältnis zum Gesamtgewinn hoch sind und weil es sich um den Hauptautor des Verlags handelt. Nach h. M. kommt es hierauf nicht entscheidend an (vgl. Tz. 81 Mitunternehmer-Erlass).

3.5 Ausnahmen von § 15 Abs. 1 Satz 1 Nr. 2 EStG

3.5.1 Veräußerungsgeschäfte zwischen Gesellschafter und Gesellschaft

§ 15 Abs. 1 Satz 1 Nr. 2 EStG erfasst seinem Wortlaut nach nur Vergütungen für Tätigkeit, Hingabe von Darlehen oder Überlassung von Wirtschaftsgütern. Veräußerungsleistungen zwischen Gesellschaft und Gesellschafter, die im üblichen Geschäftsverkehr zum angemessenen Preis erfolgen, sind steuerlich anzuerkennen

BEISPIEL

Einzelhändler A ist Gesellschafter der A OHG und liefert dieser im normalen Geschäftsverkehr zum üblichen Preis Waren für 10 000 € + 19 % USt.

LÖSUNG Bei Veräußerung zu Bedingungen wie unter Fremden ist der Besteuerung sowohl bei der Ermittlung des Veräußerungserlöses im Betrieb des veräußernden Mitunternehmers als auch bei der

Ermittlung der Anschaffungskosten der Personengesellschaft grundsätzlich der vereinbarte Preis zugrunde zu legen. Nur wenn das vereinbarte Entgelt den Preis übersteigt, den die Personengesellschaft einem fremden Dritten bezahlen würde, liegt hinsichtlich des Mehrbetrags eine Entnahme des Veräußerers vor (Tz. 53 Mitunternehmer-Erlass).

3.5.2 Werklieferungen zwischen Gesellschafter und Gesellschaft

§ 15 Abs. 1 Satz 1 Nr. 2 EStG ist nicht anzuwenden, wenn ein Mitunternehmer im Rahmen seines inländischen gewerblichen Betriebs für die Personengesellschaft Leistungen erbringt, bei denen es sich um die Herstellung eines Wirtschaftsguts für die Personengesellschaft im Wege der Werklieferung handelt (so schon Tz. 68 i. V. m. Tz. 52 Mitunternehmer-Erlass).

BEISPIEL

Werklieferung
Bauunternehmer B (Einzelunternehmer) ist an der A-OHG beteiligt. Er errichtet für die Personengesellschaft ein Betriebsgebäude und hat dabei folgende Aufwendungen:
Materialkosten 100 000 €, Löhne 50 000 €, eigene Arbeitsleistung 10 000 € (jeweils netto).

LÖSUNG
Die Personengesellschaft bucht:

Gebäude	160 000 €	
Vorsteuer	30 400 €	
an Finanzkonten		190 400 €
B bucht im Einzelunternehmen:		
Sonstige Forderung	190 400 €	
an Erlöse aus Bauleistungen		160 000 €
an USt		30 400 €

3.5.3 Vergütungen des Gesellschafters an die Gesellschaft

§ 15 Abs. 1 Satz 1 Nr. 2 EStG erfasst nur Vergütungen, die von der Gesellschaft für Tätigkeit, Hingabe von Darlehen oder Überlassung von Wirtschaftsgütern an Gesellschafter gezahlt werden. Vergütungen im umgekehrten Fall, also wenn die Gesellschaft ihren Gesellschaftern Darlehen hingibt oder Wirtschaftsgüter überlässt und die Gesellschafter hierfür Vergütungen an die Gesellschaft zahlen, werden auch steuerlich anerkannt, wenn die Geschäfte wie unter fremden Dritten zu angemessenen Preisen stattfinden (zu Darlehen der Gesellschaft an den Gesellschafter vgl. 3.3.3).

3.5.4 Leistungsaustausch zwischen den Personengesellschaftern untereinander

Auch wenn zwei Gesellschafter derselben Personengesellschaft in einem gemeinsamen Leistungsaustausch treten, ist § 15 Abs. 1 Satz 1 Nr. 2 EStG nicht anwendbar. Es kommt nicht darauf an, ob der entgeltliche Leistungsaustausch unabhängig von der Personengesellschaft oder zwischen den Sonderbetriebsvermögen der Gesellschafter stattfindet.

BEISPIEL

A und B sind Gesellschafter der AB-OHG. A verkauft zu einem angemessenen Preis ein Grundstück, das er der OHG zur Nutzung überlassen hat, an den B, der das Mietverhältnis mit der OHG fortsetzt. **LÖSUNG** Die Veräußerung von Sonderbetriebsvermögen zwischen den Gesellschaftern zum üblichen Preis ist wie ein Fremdgeschäft anzuerkennen (BFH vom 12. 10. 1977 BStBl II 1978, 191, Mitunternehmer-Erlass Tz. 36–39).

3.5.5 Leistungsaustausch zwischen gewerblich tätigen Personengesellschaften

§ 15 Abs. 1 Satz 1 Nr. 2 EStG ist grundsätzlich nur auf den Leistungsaustausch zwischen der Personengesellschaft und ihren Gesellschaftern anwendbar. Nicht anwendbar ist die Vorschrift bei Leistungen der Personengesellschaft an andere (Schwester-)Personengesellschaften aufgrund eines entgeltlichen, mit Fremdgeschäften vergleichbaren Vertrages (Tätigkeit, Darlehen, Nutzungsüberlassung). Schwestergesellschaften sind solche Personengesellschaften, an denen ganz oder teilweise dieselben Gesellschafter beteiligt sind. Die nachfolgenden Grundsätze gelten erst recht für Personengesellschaften, die unterschiedliche Gesellschafter haben. Es kommt aber darauf an, ob die leistende Personengesellschaft, also z. B. die Gesellschaft, die ihre Wirtschaftsgüter an eine andere Gesellschaft vermietet, gewerbliche Einkünfte hat.

3.5.5.1 Leistungen einer Schwestergesellschaft, die gewerbliche Einkünfte hat

Vermietet eine mitunternehmerisch tätige Personengesellschaft Wirtschaftsgüter an eine (ganz oder teilweise gesellschafteridentische) andere Personengesellschaft, so gehören die Wirtschaftsgüter nicht zum Sonderbetriebsvermögen der Gesellschafter bei der mietenden Gesellschaft, sondern zum Betriebsvermögen der überlassenden Gesellschaft (BFH vom 06.07.1999 BStBl II 1999, 720; BMF vom 28.04.1998 BStBl I 1998, 583). Der Leistungsaustausch zwischen den Gesellschaften wird wie unter Fremden anerkannt. Bei der Überlassung von Sachwerten zur Nutzung zwischen Schwestergesellschaften wird also die Subsidiaritätsthese praktiziert; die Sonderbetriebsvermögenseigenschaft ist gegenüber der Bilanzierung in der überlassenden Personengesellschaft subsidiär (zur Ablehnung der Subsidiaritätsthese bei Gesellschaft und Einzelunternehmen vgl. 2.3.2.4).

Die Nutzungsüberlassung zwischen Schwester-Personengesellschaften ist aber nur dann steuerlich anzuerkennen, wenn die überlassende Gesellschaft aus in ihrer eigenen Sphäre liegenden Gründen gewerbliche Einkünfte hat. Der Grund für die Gewerblichkeit der Einkünfte der überlassenden Personengesellschaft kann sein:

- eine eigene gewerbliche Tätigkeit,
- eine gewerblich geprägte Tätigkeit (§ 15 Abs. 3 Nr. 2 EStG),
- gewerbliche Einkünfte als Besitzgesellschaft einer mitunternehmerischen Betriebsaufspaltung.

Die möglichen Sachverhaltsgestaltungen lassen sich in den folgenden Beispielsfällen zusammenfassen:

Das verpachtete Grundstück gehört	und wird verpachtet an die	Rechtliche Beurteilung:
A zu 100 %	AB-KG (A und B zu je 50 % beteiligt)	Das Grundstück ist 100 % Sonderbetriebsvermögen des A bei AB-KG.
A zu 100 %	A-GmbH (A zu 100 % beteiligt) als deren wesentliche Betriebsgrundlage	Betriebsaufspaltung; Grundstück wird im Besitzunternehmen des A aktiviert.

Das verpachtete Grundstück gehört	und wird verpachtet an die	Rechtliche Beurteilung:
der AB-KG I, die gewerblich tätig oder gewerblich geprägt ist (A und B zu je 50 % beteiligt)	AB-KG II (A und B zu je 50 % beteiligt) als deren wesentliche Betriebsgrundlage	Der Leistungsaustausch wird auch steuerlich anerkannt, das Grundstück wird bei der überlassenden AB-KG I aktiviert. Die Mieten sind Betriebseinnahmen bei der überlassenden AB-KG I und Betriebsausgaben bei der nutzenden AB-KG II.
der AB-GbR, die nicht gewerblich tätig und auch nicht gewerblich geprägt ist (A und B zu je 50 % beteiligt)	AB-KG (A und B zu je 50 % beteiligt) als deren wesentliche Betriebsgrundlage	Mitunternehmerische Betriebsaufspaltung: Das Grundstück ist im Besitzunternehmen der AB-GbR zu aktivieren.
der AB-GbR, die nicht gewerblich tätig und auch nicht gewerblich geprägt ist	AB-KG (A und B zu je 50 % beteiligt), wobei das Grundstück keine wesentliche Betriebsgrundlage ist	Die AB-GbR hat keine gewerblichen Einkünfte. Das Grundstück ist Sonderbetriebsvermögen von A und B zu je 50 % bei der nutzenden AB-KG

3.5.5.2 Mitunternehmerische Betriebsaufspaltung

Die mitunternehmerische Betriebsaufspaltung geht dem § 15 Abs. 1 Satz 1 Nr. 2 und der Qualifizierung als Sonderbetriebsvermögen vor. Üblicherweise ist bei der Betriebsaufspaltung die Betriebsgesellschaft eine Kapitalgesellschaft. Nach Auffassung des BFH kann auch eine Personengesellschaft als Betriebsgesellschaft die Rechtsfolgen der Betriebsaufspaltung auslösen (vgl. III H). Dies führt zu einer mitunternehmerischen Betriebsaufspaltung (BFH vom 23.04.1996 BStBl II 1998, 325 unter Abkehr von der früheren Rspr.). Bei einer Besitzpersonengesellschaft hat die Qualifikation des überlassenen Vermögens als Betriebsvermögen der Besitzpersonengesellschaft sowie der Einkünfte aus der Verpachtung als gewerbliche Einkünfte der Gesellschafter der Besitzpersonengesellschaft Vorrang vor der Qualifikation des Vermögens als Sonderbetriebsvermögen und der Einkünfte aus Verpachtung als Sonderbetriebseinkünfte der Gesellschafter bei der Betriebspersonengesellschaft.

Die Finanzverwaltung schränkt diese Grundsätze in folgenden Fällen ein (BMF vom 28.04.1998 BStBl I 1998, 583):

- Im Fall der unentgeltlichen Überlassung von Wirtschaftsgütern liegt keine mitunternehmerische Betriebsaufspaltung vor, weil es an der Gewinnerzielungsabsicht und damit an einer eigenen gewerblichen Tätigkeit der Besitzpersonengesellschaft fehlt.
- Bei einer teilentgeltlichen Nutzungsüberlassung ist eine eigene gewerbliche Tätigkeit der Besitzpersonengesellschaft und damit eine mitunternehmerische Betriebsaufspaltung nur anzunehmen, wenn die Besitzpersonengesellschaft mit Gewinnerzielungsabsicht auftritt.
- Nicht betroffen sind die Fälle der sog. doppel- oder mehrstöckigen Personengesellschaft, also diejenigen Fälle, in denen eine Personengesellschaft selbst unmittelbar oder mittelbar an einer anderen Personengesellschaft als Mitunternehmerin beteiligt ist. In diesen Fällen verbleibt es bei der Anwendung der Regeln zur doppelstöckigen Personengesellschaft nach § 15 Abs. 1 Satz 1 Nr. 2 Satz 2 EStG (vgl. III B).

3.5.5.3   Überlassende Personengesellschaft hat keine gewerblichen Einkünfte

Wenn die überlassende Personengesellschaft keine gewerblichen Einkünfte hat, als weder gewerblich tätig noch gewerblich geprägt ist und auch keine mitunternehmerische Betriebsaufspaltung anzunehmen ist, liegt eine rein vermögensverwaltende Tätigkeit vor. In diesem Fall geht die Eigenschaft als Sonderbetriebsvermögen vor. Die Einkünfte aus Vermögensverwaltung werden nach § 15 Abs. 1 Satz 1 Nr. 2 EStG in gewerbliche Einkünfte umqualifiziert. Das Grundstück ist notwendiges Sonderbetriebsvermögen der Gesellschafter der überlassenden Gesellschaft bei der nutzenden Gesellschaft. Die Mieten sind Sonderbetriebseinnahmen in der nutzenden Gesellschaft.

3.6   Betrieblicher Schuldzinsenabzug nach § 4 Abs. 4a EStG

3.6.1   Grundsatz

Schuldzinsen sind unter den Voraussetzungen des § 4 Abs. 4a EStG nicht abziehbar, wenn Überentnahmen getätigt worden sind. Die Vorschrift ist bei Einzelunternehmen und Personengesellschaften, nicht aber bei Kapitalgesellschaften anwendbar. Die Entnahme des vorhandenen, durch Einlagen oder nicht entnommene Gewinne entstandenen Kapitals soll ohne steuerliche Nachteile möglich sein. Erst darüber hinausgehende Entnahmen lösen die Rechtsfolgen des § 4 Abs. 4a EStG aus, nämlich die Hinzurechnung typisierter, nicht abzugsfähiger Schuldzinsen bei der Ermittlung des zu versteuernden Einkommens. Die Regelung soll verhindern, dass Zinsaufwendungen für den privaten Liquiditätsbedarf des (Mit-)Unternehmers in die einkommensteuerlich relevante betriebliche Sphäre verlagert werden. Dies könnte z. B. durch Nutzung des Zwei-Konten-Modells geschehen, bei dem Betriebseinnahmen und -ausgaben über getrennte Konten abgewickelt werden, wobei die Betriebseinnahmen entnommen und die Betriebsausgaben mit Darlehen fremdfinanziert werden (Brill, EStB 2012, 297). Der Regelung unterliegen nur Schuldzinsen, die betrieblich veranlasst sind; Privatzinsen sind unabhängig von § 4 Abs. 4a EStG keine Betriebsausgaben. Zinsen für über betriebliche Konten finanzierte Privatentnahmen sind vorab aus der Berechnung auszuklammern. § 4 Abs. 4a EStG geht als die speziellere Vorschrift der Zinsschrankenregelung des § 4h EStG vor.

In einem ersten Schritt wird geprüft, ob und inwieweit Schuldzinsen zu den betrieblich veranlassten Aufwendungen gehören. In einem zweiten Schritt ist zu ermitteln, ob der Betriebsausgabenabzug im Hinblick auf Überentnahmen eingeschränkt ist (BMF vom 17. 11. 2005 BStBl I 2005, 1019, ergänzt durch BMF vom 07. 05. 2008 BStBl I 2008, 588). In diesem Rahmen sind die Grundsätze des Großen Senats des BFH zum grundsätzlichen Finanzierungswahlrecht mit Eigen- oder Fremdkapital sowie zu gemischten Kontokorrentkonten und Mehrkontenmodellen anwendbar (BFH vom 04. 07. 1990, GrS 2–3/88, BStBl II 1990, 817; BFH vom 04. 03. 1998, GrS 1–2/95, BStBl II 1998, 193).

3.6.2   Über- und Unterentnahmen

Nicht abziehbare Schuldzinsen entstehen grundsätzlich nur dann, wenn Überentnahmen getätigt worden sind. Eine Überentnahme ist der Betrag, um den die Entnahmen die Summe des Gewinns und der Einlagen des Wj. übersteigen (§ 4 Abs. 4a Satz 2 EStG). Überentnahmen des laufenden Jahres werden durch Unterentnahmen früherer Jahre, d. h. durch den Überschuss nicht entnommener Gewinne und Einlagen über die Entnahmen der Vorjahre, gemindert (§ 4

Abs. 4a Satz 3 EStG). Die Begriffe »Gewinn«, »Entnahmen« und »Einlagen« bestimmen sich nach den allgemeinen Grundsätzen des § 4 Abs. 1 EStG. Beim Gewinnbegriff wird zunächst vom Jahresgewinn ohne Zurechnung von Entnahmen und Kürzung durch Einlagen ausgegangen. Zum Gewinn rechnen auch Veräußerungs- oder Aufgabegewinne. Zu den Entnahmen gehören auch Überführungen von Wirtschaftsgütern des Betriebsvermögens in das Privatvermögen anlässlich einer Betriebsaufgabe und der Erlös aus einer Veräußerung des Betriebs, soweit er in das Privatvermögen überführt wird. Die Überführung oder Übertragung von Wirtschaftsgütern aus dem Betriebsvermögen in ein anderes Betriebsvermögen wird als Entnahme aus dem abgebenden und als Einlage in das aufnehmende Betriebsvermögen behandelt, auch wenn dieser Vorgang nach § 6 Abs. 5 EStG zu Buchwerten erfolgt (vgl. dazu 4).

3.6.3 Berechnungsweise

Die betrieblich veranlassten Schuldzinsen werden pauschal i. H. v. 6 % der Überentnahmen des Wj. zuzüglich der verbliebenen Überentnahme oder abzüglich der verbliebenen Unterentnahme des vorausgegangenen Wj. zu nicht abziehbaren Betriebsausgaben umqualifiziert (§ 4 Abs. 4a Satz 3 EStG). Der sich daraus ergebende Betrag, höchstens jedoch der um 2 050 € verminderte Betrag der im Wj. angefallenen Schuldzinsen, wird dem Gewinn hinzugerechnet (§ 4 Abs. 4a Satz 4 EStG). Von der Abzugsbeschränkung sind Zinsen für Darlehen ausgenommen, die zur Finanzierung von Anschaffungs- oder Herstellungskosten betrieblicher Anlagegüter verwendet werden (Investitionsdarlehen; § 4 Abs. 4a Satz 5 EStG).

Ermittlungsschema (vgl. Schmidt/Heinicke, EStG, § 4 EStG Rz. 531)	
(1)	Ermittlung der Jahresentnahmen/Jahreseinlagen: + Entnahmen im lfd. Wj. ./. Einlagen im lfd. Wj., soweit nicht durch Verluste verbraucht = Entnahmen- oder Einlagenüberschuss im lfd. Wj.
(2)	Ermittlung der Überentnahmen im lfd. Wj. (§ 4 Abs. 4a Satz 2 EStG): Ergebnis (1) ./. Gewinn im lfd. Wj. = vorläufige Über- oder Unterentnahme im lfd. Wj.
(3)	Ermittlung der endgültigen Überentnahmen im lfd. Wj. (§ 4 Abs. 4a Satz 3 EStG): ./. kumulierte Unterentnahmen zum Vorjahresende (ggf. gekürzt um verbliebene Verluste des lfd. Wj.) + kumulierte Überentnahmen zum Vorjahresende (ggf. gekürzt um verbliebenen Einlagenüberschuss des lfd. Wj.) = Bemessungsgrundlage der Überentnahmen für die Hinzurechnung
(4)	Berechnung der Höhe der hinzuzurechnenden Zinsen (ohne Privatzinsen): Grds. 6 % der positiven Bemessungsgrundlage (§ 4 Abs. 4a Satz 3 EStG) Höchstgrenze: tatsächliche Zinszahlung ./. 2 050 € (§ 4 Abs. 4a Satz 4 EStG) ./. Zinsen für Investitionsdarlehen (§ 4 Abs. 4a Satz 5 EStG) = Gewinnzurechnung

3.6.4 Besonderheiten bei Mitunternehmerschaften

Nach früherer Auffassung wurde § 4 Abs. 4a EStG gesellschaftsbezogen angewendet (BMF vom 17. 11. 2005 BStBl I 2005, 1019, Rz. 30 ff.). Die Überentnahmen wurden für die Gesellschaft ermittelt. Es wurde auf den steuerlichen Gesamtgewinn der Gesellschaft abgestellt. Maßgebend war die Summe der Einlagen sowie der Entnahmen aller Mitunternehmer. Der Hinzurechnungsbetrag wurde den Mitunternehmern nach dem Gewinnverteilungsschlüssel hinzugerechnet, es sei denn, es wurde eine abweichende Vereinbarung getroffen.

Diese Auffassung ist durch die BFH-Rechtsprechung überholt. Mit Urteil vom 29. 03. 2007 (BStBl II 2008, 420) entschied der BFH, dass bei Mitunternehmerschaften die Überentnahmen als Bemessungsgrundlage für die nach § 4 Abs. 4a EStG nicht abziehbaren Schuldzinsen **gesellschafterbezogen** zu ermitteln sind. § 4 Abs. 4a EStG sieht zwar eine betriebsbezogene Gewinnzurechnung vor. Soweit eine Person Mitunternehmer mehrerer Mitunternehmerschaften ist, muss für sie in jeder Gesellschaft eine eigenständige Berechnung vorgenommen werden. Der Begriff der »Überentnahme« sowie die ihn bestimmenden Merkmale (Einlage, Entnahme, Gewinn und ggf. Verlust) sind jedoch auf den Gesellschafter bezogen auszulegen. Die Überentnahme bestimmt sich nach dem Anteil des einzelnen Mitunternehmers am Gesamtgewinn der Mitunternehmerschaft (Anteil am Gewinn der Gesellschaft einschließlich Ergänzungsbilanzen zuzüglich/abzüglich seines im Sonderbetriebsvermögen erzielten Ergebnisses) und der Höhe seiner Einlagen und Entnahmen (einschließlich Sonderbetriebsvermögen, vgl. BMF vom 07. 05. 2008 BStBl I 2008, 588, Rz. 30).

Der **Kürzungsbetrag** nach § 4 Abs. 4a Satz 4 EStG i. H. v. 2 050 € ist dagegen **gesellschaftsbezogen** anzuwenden. Der Kürzungsbetrag ist nicht mit der Anzahl der Mitunternehmer zu vervielfältigen, sondern auf die einzelnen Mitunternehmer entsprechend ihrer Schuldzinsenquote aufzuteilen. Dabei sind Schuldzinsen im Zusammenhang mit der Anschaffung oder Herstellung von Wirtschaftsgütern des Sonderbetriebsvermögens zu berücksichtigen.

Bei der **Ermittlung der Schuldzinsen** werden nur solche Schuldzinsen einbezogen, die als Betriebsausgaben berücksichtigt worden sind.

- Die von der Personengesellschaft geleisteten Zinsen sind den Gesellschaftern nach dem Gewinnverteilungsschlüssel zuzurechnen. Zinsen eines Darlehens des Gesellschafters an die Gesellschaft sind keine Schuldzinsen i. S. d. § 4 Abs. 4a EStG, da sie sich im Rahmen ihrer Gesamtauswirkung ausgleichen (Betriebsausgaben im Gesamthandsvermögen und Betriebseinnahmen im Sonderbetriebsvermögen).
- Zinsen, die Sonderbetriebsausgaben eines Mitunternehmers darstellen, sind diesem bei der Ermittlung der nicht abziehbaren Schuldzinsen zuzurechnen.
- Wenn eine Darlehensverbindlichkeit zwar im Sonderbetriebsvermögen ausgewiesen wird, die Darlehensmittel aber zur Finanzierung von Anschaffungs- oder Herstellungskosten von Anlagegütern des Gesamthandsvermögens eingesetzt werden, sind die Schuldzinsen aus Investitionsdarlehen gem. § 4 Abs. 4a Satz 5 EStG in voller Höhe abziehbar.
- Zinsen aus Darlehen im Sonderbetriebsvermögen des Gesellschafters zur Finanzierung des Erwerbs eines Mitunternehmeranteils sind wie Zinsen aus Investitionsdarlehen zu behandeln, soweit sie auf die Finanzierung von anteilig erworbenen Wirtschaftsgütern des Anlagevermögens (Gesamthands- oder Sonderbetriebsvermögen) entfallen. Soweit die Zinsen nicht auf anteilig erworbene Anlagegüter entfallen, sind sie in die Berechnung der nicht abziehbaren Schuldzinsen einzubeziehen. Bei einem einheitlichen Darlehen sind die Schuldzinsen im Verhältnis der Teilwerte der anteilig erworbenen Wirtschaftsgüter aufzuteilen.

Entnahmen liegen vor, wenn Wirtschaftsgüter in den privaten Bereich der Gesellschafter oder in einen anderen betriebsfremden Bereich überführt werden.

- Die Zahlung der Geschäftsführervergütung i. S. d. § 15 Abs. 1 Satz 1 Nr. 2 2. HS EStG auf ein privates Konto des Gesellschafters wird als Entnahme behandelt, nicht jedoch die bloße Gutschrift auf dem Kapitalkonto des Gesellschafters.

- Bei Darlehen des Gesellschafters an die Gesellschaft i. S. d. § 15 Abs. 1 Satz 1 Nr. 2 2. HS EStG stellt die Zuführung des Darlehens eine Einlage und die Rückzahlung des Darlehens an den Gesellschafter eine Entnahme dar.
- Die unentgeltliche Übertragung eines Wirtschaftsguts in das Sonderbetriebsvermögen eines anderen Mitunternehmers derselben Mitunternehmerschaft ist als Entnahme i. S. d. § 4 Abs. 4a EStG beim abgebenden und als Einlage i. S. d. § 4 Abs. 4a EStG beim aufnehmenden Mitunternehmer zu berücksichtigen.

BEISPIEL

An der zum 01. 01. 01 gegründeten X-OHG sind A, B und C zu jeweils 1/3 beteiligt. Der Gewinn der OHG hat im Wj. 01 200 000 € betragen, wovon 150 000 € auf das Gesamthandsvermögen (je 1/3) und 50 000 € auf das Sonderbetriebsvermögen des A entfallen. In der Gesamthandsbilanz wurden 40 000 € Schuldzinsen abgezogen, wovon 10 000 € auf ein Investitionsdarlehen entfielen. A hat in seiner Sonderbilanz 20 000 € Schuldzinsen abgesetzt, wovon 8 000 € auf ein Investitionsdarlehen entfielen. Die Entnahmen verteilen sich auf die Mitunternehmer wie folgt: A 120 000 €, B 60 000 € und C 40 000 €. Einlagen wurden nicht getätigt.

LÖSUNG

Vorläufiger Kürzungsbetrag (in €)

	A	B	C
Gewinn	100 000	50 000	50 000
Entnahmen	120 000	60 000	40 000
Einlagen	0	0	0
Überentnahmen 01	20 000	10 000	0
Unterentnahmen 01	0	0	10 000
zzgl. Überentnahmen der Vorjahre	0	0	0
abzgl. Unterentnahmen der Vorjahre	0	0	0
Bemessungsgrundlage (falls positiv)	20 000	10 000	0
davon 6 % Kürzungsbetrag	1 200	600	0

Höchstbetrag der Kürzung und tatsächlicher Kürzungsbetrag

			A		B		C
Schuldzinsen Gesamthandsbilanz:							
tatsächliche Schuldzinsen	40 000						
Schuldzinsen Investitionsdarlehen	10 000						
= maßgebliche Schuldzinsen (je 1/3)	30 000		10 000		10 000		10 000
Schuldzinsen der Gesellschafter:							
tatsächliche Schuldzinsen Sonderbilanz A	20 000						
Schuldzinsen Investitionsdarlehen Sonderbilanz A	8 000		12 000		0		0
= maßgebliche Schuldzinsen Sonderbilanz A	12 000						
maßgebende Schuldzinsen			22 000		10 000		10 000
Mindestabzugsbetrag	2 050	./.	1 230	./.	410	./.	410
Höchstbetrag der Kürzung (falls positiv)			20 770		9 590		9 590
tatsächlicher Kürzungsbetrag			**1 200**		**600**		**0**

Die Verteilung des Mindestabzugsbetrags von 2 050 € erfolgt nach der Schuldzinsenquote (A 10 000 € + 20 000 € = 30 000 €, B und C je 10 000 €). A erhält einen Anteil von 3/5 von 2 050 € = 1 230 €, B und C erhalten je 1/5 von 2 050 € = 410 €.

Der berichtige Gewinn der X-OHG beträgt (200 000 € + 1 800 € =) 201 800 € und ist A mit 101 200 €, B mit 50 600 € und C mit 50 000 € zuzurechnen.

4 Übertragung von Wirtschaftsgütern

4.1 Problemstellung

Die rechtliche Beurteilung der denkbaren Übertragungsakte hängt von verschiedenen Faktoren ab. Zunächst ist von Bedeutung, wer der Übertragende und wer der Empfänger des Wirtschaftsguts ist.

Beteiligte am Übertragungsakt				
Einzelunter-nehmer	Personen-gesellschaft	andere Personen-gesellschaft	Gesellschafter	Gesellschafter einer anderen Personen-gesellschaft

Außerdem ist darauf abzustellen, welchem Vermögensbereich das Wirtschaftsgut vor und nach der Übertragung zuzurechnen ist.

Vermögensbereiche vor und nach dem Übertragungsakt					
Betriebsver-mögen eines Einzelunter-nehmens	Gesamthands-vermögen	Gesamt-handsvermö-gen einer anderen Per-sonengesell-schaft	Sonder-betriebsver-mögen	Sonderbe-triebsvermö-gen bei einer anderen Per-sonengesell-schaft	Privat-vermögen

Schließlich kommt es auf die Art und Weise der Übertragung und insbesondere darauf an, ob und inwieweit für die Übertragung eine Gegenleistung erbracht wird.

Arten der Übertragung				
gegen fremdübli-ches Entgelt (ent-geltlich)	gegen Gewäh-rung/Minderung von Gesell-schaftsrechten	ohne fremdübli-ches Entgelt und ohne Gewäh-rung/Minderung von Gesell-schaftsrechten (»unentgeltlich«)	teilweise entgelt-lich und teilweise gegen Gewäh-rung/Minderung von Gesell-schaftsrechten	teilweise entgeltlich und teilweise unent-geltlich

Das Zusammenspiel dieser Faktoren ergibt ein komplexes Bild. Vom Grundsatz her soll die Überführung von Wirtschaftsgütern aus einem Betriebsvermögen in das Betriebsvermögen eines anderen Betriebs steuerneutral erfolgen, wenn dies unentgeltlich oder gegen Gewährung bzw. Minderung von Gesellschaftsrechten geschieht. Die Steuerneutralität der Überführung durch das übertragende Unternehmen wird durch den Ansatz der Buchwerte im aufnehmen-den Betriebsvermögen erreicht. Wenn dort die Teilwerte angesetzt werden müssten, würde die Umstrukturierung von Unternehmen durch den steuerlichen Zugriff auf die stillen Reserven erschwert. Es müsste Steuer gezahlt werden, ohne dass die Überführung einen Liquiditätszu-fluss auslösen würde. § 6 Abs. 5 EStG regelt die steuerneutrale Überführung und Übertragung von Einzelwirtschaftsgütern und ermöglicht unter bestimmten Voraussetzungen, die Besteuerung der stillen Reserven trotz Realisationsakts aufzuschieben. Dabei kann es zur interpersonellen Verlagerung der stillen Reserven auf ein anderes Steuerrechtssubjekt kommen. Das Steuersubjektprinzip wird zugunsten des Kontinuitätsprinzips durchbrochen.

Unproblematisch ist dagegen die gewinnrealisierende Überführung von Wirtschaftsgütern, wenn hierfür das übliche Entgelt gezahlt wird, da dann auch für die Steuerzahlung in der Regel genügend Liquidität zur Verfügung steht. Zum andern entzieht auch die Überführung von Wirtschaftsgütern aus dem Betriebsvermögen in das Privatvermögen die stillen Reserven der betrieblichen Besteuerung und muss deshalb grundsätzlich gewinnrealisierend erfolgen.

4.2 Rechtsentwicklung

Der Möglichkeit des Buchwertansatzes war vor dem Jahr 1999 – von den Sonderfällen des UmwStG abgesehen – nicht gesetzlich geregelt, sondern beruhte auf Rechtsprechungsurteilen und Verwaltungserlassen. Im sog. Mitunternehmererlass vom 20.12.1977 (BStBl I 1978, 8) wurde im Grundsatz der sog. finale Entnahmebegriff vertreten. Danach müssen bei der Übertragung von Wirtschaftsgütern zwischen zwei Betriebsvermögen die stillen Reserven nicht aufgedeckt werden, wenn ihre Besteuerung aufgrund der fortdauernden Verstrickung in einem anderen Betriebsvermögen im Inland bei dem Steuerpflichtigen oder bei seinem Rechtsnachfolger auch nach der Übertragung sichergestellt ist. Nur wenn die stillen Reserven durch die Übertragung der Besteuerung entzogen werden, z. B. durch Überführung eines Wirtschaftsguts in eine im Inland steuerbefreite ausländische Betriebsstätte, müssen die stillen Reserven durch Ansatz der Teilwerte besteuert werden (sog. Entstrickungstheorie). Die Überführung von Wirtschaftsgütern gegen Gewährung oder Minderung von Gesellschaftsrechten wurde zwar als ein tauschähnlicher Vorgang gewertet. Dem Steuerpflichtigen wurde jedoch bis zum 31.12.1998 durch den Mitunternehmererlass in bestimmten Fällen ein Wahlrecht zwischen dem Ansatz der Buchwerte oder der Teilwerte eingeräumt.

Im StEntlG 1999/2000/2001 wollte der Gesetzgeber im Interesse der Gleichmäßigkeit der Besteuerung über die im EStG und im UmwStG ausdrücklich enthaltenen Regelungen hinaus keine steuerneutralen Umstrukturierungen mehr zulassen. Die Möglichkeit der steuerneutralen Übertragung von Einzelwirtschaftsgütern wurde stark eingeschränkt. Ein Zwang zur Auflösung der stillen Reserven wurde angeordnet, wenn ein Rechtsträgerwechsel stattfand, d. h. wenn die Wirtschaftsgüter in das Eigentum eines anderen Rechtsträgers übergingen. Buchwertübertragungen waren nicht mehr zulässig. Diese Rechtslage, die nur für die Jahre 1999 und 2000 galt, wurde wegen ihrer die Umstrukturierung von Betrieben hemmenden Wirkung stark kritisiert.

4.3 Geltende Rechtslage

4.3.1 Änderungen

Wenn die Besteuerung der stillen Reserven sichergestellt ist, sind bei Überführungen (ohne Rechtsträgerwechsel) und bei Übertragungen (mit Rechtsträgerwechsel) grundsätzlich die Buchwerte fortzuführen. Überführungen i.S.d. § 6 Abs. 5 Satz 1 und 2 EStG finden grundsätzlich unentgeltlich statt, Übertragungen i.S.d. § 6 Abs. 5 Satz 3 Nr. 1 bis 3 EStG können unentgeltlich oder gegen Gewährung oder Minderung von Gesellschaftsrechten durchgeführt werden. § 6 Abs. 5 Satz 2 EStG gilt seit dem StEntlG 1999/2000/2002 unverändert. § 6 Abs. 5 Satz 3 EStG wurde hingegen seither mehrfach geändert. In § 6 Abs. 5 EStG i. d. F. des StSenkG und des UntStFG wurde im Ergebnis der Mitunternehmererlass revitalisiert und – wenn auch mit Modifikationen – eine Rückkehr zur Rechtslage vor 1999 beschlossen. Die Buchwertfortführung wurde gem. § 6 Abs. 5 Satz 3 EStG mit Wirkung ab 01.01.2001 auch bei einem Rechtsträgerwechsel zwischen verschiedenen Mitunternehmern derselben Mitunternehmerschaft zwingend angeordnet. Der Teilwertansatz ist gem. § 6 Abs. 5 Satz 5, 6 EStG nur noch zwingend, wenn soweit durch die Übertragung die Beteiligung einer Körperschaft an dem Wirtschaftsgut begründet wird oder sich erhöht. Eine Übertragung stiller Reserven zwischen verschiedenen Mitunternehmerschaften und zwischen Mitunternehmern verschiedener Mitunternehmerschaften ist dagegen nicht mehr privilegiert. Auch wurde das bisherige Wahlrecht des Steuerpflichtigen zum Teilwertansatz dort beseitigt, wo das Gesetz den Buchwertansatz anordnet (Schulze, SteuerStud 2016 153, 214; zur Übertragung im Betriebsvermögen vgl. 4.3.2, 4.4; zu umsatzsteuerlichen Aspekten Rennar, NWB 2017, 343).

Änderungen ergaben sich auch durch die Rechtsprechung. Die Einbringung von Wirtschaftsgütern aus den Privatvermögen des Gesellschafters in das Gesellschaftsvermögen gegen Gewährung von Gesellschaftsrechten wurde früher als Einlage behandelt. Die Rechtsprechung nimmt nunmehr entgeltliche Vorgänge an und kommt deshalb zu Veräußerungs- und Anschaffungsgeschäften, die Veräußerungsgewinne und Buchwertaufstockungen zur Folge haben (zur Übertragung zwischen Betriebsvermögen und Privatvermögen vgl. 4.6).

4.3.2 Übersicht über § 6 Abs. 5 EStG

Die Vorschrift des § 6 Abs. 5 EStG regelt die Übertragung von Einzelwirtschaftsgütern des Betriebsvermögens in ein anderes Betriebsvermögen. Unternehmerisches Handeln im mittelständischen Bereich soll nicht durch ertragsteuerliche Regelungen gefährdet werden. Die Steuerneutralität der Übertragung von Wirtschaftsgütern soll erforderliche Umstrukturierungen von Personenunternehmen erleichtern. Der Gesetzeszweck geht dahin, solche Übertragungen grundsätzlich zum Buchwert und damit ohne Aufdeckung stiller Reserven zuzulassen, wenn entweder dieselbe Person oder dieselben Personen vor und nach der Übertragung Rechtsträger sind oder wenn die Übertragung zwar zum Rechtsträgerwechsel führt, aber dies lediglich innerhalb derselben Mitunternehmerschaft geschieht.

In § 6 Abs. 5 Satz 2 EStG wird die Buchwertfortführung bei Überführung von Wirtschaftsgütern **ohne Rechtsträgerwechsel** geregelt. Die Buchwerte sind anzusetzen, wenn Wirtschaftsgüter aus einem eigenen Betriebsvermögen des Steuerpflichtigen in dessen Sonderbetriebsvermögen bei einer Mitunternehmerschaft und umgekehrt sowie zwischen verschiedenen Sonderbetriebsvermögen desselben Steuerpflichtigen bei verschiedenen Mitunternehmerschaften überführt werden. Das bisherige Wahlrecht, statt des Buchwerts den Teilwert oder einen Zwischenwert anzusetzen, gilt seit 01.01.1999 nicht mehr.

In § 6 Abs. 5 Satz 3 EStG wird die Buchwertfortführung auf bestimmte Fälle der Überführung von Wirtschaftsgütern **mit Rechtsträgerwechsel** erstreckt. § 6 Abs. 5 EStG umfasst insgesamt folgende Fälle der Übertragung einzelner Wirtschaftsgüter:

§ 6 Abs. 5 EStG	Sachverhalt: Übertragung/Überführung des Wirtschaftsguts	Rechtsfolge
Satz 1	Überführung von einem Betriebsvermögen in ein anderes Betriebsvermögen desselben Steuerpflichtigen	zwingende Buchwertfortführung, sofern die Besteuerung der stillen Reserven sichergestellt ist
Satz 2	Überführung aus einem eigenen Betriebsvermögen des Steuerpflichtigen in dessen Sonderbetriebsvermögen bei einer Mitunternehmerschaft und umgekehrt	wie Satz 1
Satz 2	Überführung zwischen verschiedenen Sonderbetriebsvermögen desselben Steuerpflichtigen bei verschiedenen Mitunternehmerschaften	wie Satz 1
Satz 3 Nr. 1	Übertragung unentgeltlich oder gegen Gewährung oder Minderung von Gesellschaftsrechten aus dem Betriebsvermögen des Mitunternehmers in das Gesamthandsvermögen einer Mitunternehmerschaft und umgekehrt	wie Satz 1
Satz 3 Nr. 2	Übertragung unentgeltlich oder gegen Gewährung oder Minderung von Gesellschaftsrechten aus dem Sonderbetriebsvermögen eines Mitunternehmers in das Gesamthandsvermögen derselben Mitunternehmerschaft oder einer anderen Mitunternehmerschaft, an der er beteiligt ist, und umgekehrt	wie Satz 1
Satz 3 Nr. 3	Übertragung unentgeltlich zwischen den jeweiligen Sonderbetriebsvermögen verschiedener Mitunternehmer derselben Mitunternehmerschaft	wie Satz 1

Das Gesetz weist einen präzisen Katalog auf. Dies spricht für eine enumerative und nicht lediglich beispielhafte Aufzählung der Übertragungsfälle, die unter die Buchwertfortführung fallen. Nicht ausdrücklich erwähnte Sachverhalte wie z. B. die **Übertragung von Wirtschaftsgütern zwischen Schwesterpersonengesellschaften** werden nicht erfasst. Das Gesetz will das Überspringen stiller Reserven auf andere natürliche Personen zwar zulassen, aber nicht zwischen verschiedenen Mitunternehmerschaften. Nach h. M. sind bei Übertragungen von Wirtschaftsgütern zwischen Schwesterpersonengesellschaften tauschähnliche Vorgänge anzunehmen, die zur Gewinnrealisierung führen. In dieser Allgemeinheit ist das nicht überzeugend. Wenn es der Gesetzeszweck ist, das Überspringen von stillen Reserven zwischen verschiedenen Mitunternehmern verschiedener Mitunternehmerschaften zu verhindern, muss zumindest die Buchwertüberführung zwischen personen- und anteilsidentischen Schwestergesellschaften zulässig sein. Die Buchwertfortführung lässt sich jedoch u. U. dadurch erreichen, dass die Wirtschaftsgüter zunächst aus dem Gesamthandsvermögen in das Sonderbetriebsvermögen und von dort in das Sonderbetriebsvermögen oder Gesamthandsvermögen der Schwesterpersonengesellschaft übertragen werden. Zur Frage der steuerneutralen Übertragung von Einzelwirtschaftsgütern zwischen beteiligungsidentischen Personengesellschaften nahmen der I. Senat und der IV. Senat des BFH gegenläufig Stellung. Der I. Senat des BFH hält in diesen Fällen eine Buchwertfortführung gem. § 6 Abs. 5 Satz 3 EStG für ausgeschlossen, weil keine planwidrige Gesetzeslücke vorliege (Urteil vom 25.11.2009 I R 72/08 BStBl II 2010, 471). Dem widerspricht der IV. Senat des BFH und plädiert für eine verfassungskonforme Auslegung nach dem Gebot der Folgerichtigkeit (Urteil vom 15.04.2010 IV B 105/09 BStBl II 2010, 971). Seine Auffassung würde die Gestaltungsspielräume erheblich erweitern. Klarheit kann nur eine Entscheidung des Großen Senats des BFH bringen.

Der BFH legte dem BVerfG die Entscheidung darüber vor, ob § 6 Abs. 5 Satz 3 EStG insoweit gegen den Gleichheitsgrundsatz des Art. 3 Abs. 1 GG verstößt, als eine Übertragung von Wirtschaftsgütern zwischen beteiligungsidentischen Personengesellschaften nicht zum Buchwert möglich ist (BFH vom 10.04.2013, I R 80/12, BStBl II 2013, 1004; Az. beim BVerfG 2 BvL 8/13).

Der Teilwert ist in den Ausnahmefällen der §§ 6 Abs. 5 Satz 4, 5 EStG anzusetzen (vgl. 4.5.4). Die Übertragung von Einzelwirtschaftsgütern von einem Privatvermögen und in ein Privatvermögen gegen Gewährung oder Minderung von Gesellschaftsrechten ist nicht ausdrücklich geregelt. Auch die entgeltliche Übertragung gegen das übliche Entgelt wird nicht erfasst. Die Übertragung von Betrieben, Teilbetrieben und Mitunternehmeranteilen ist bei unentgeltlicher Übertragung in § 6 Abs. 3 EStG und bei entgeltlicher Übertragung in § 16 EStG geregelt. In der folgenden Darstellung wird danach differenziert, ob die Übertragung ausschließlich im betrieblichen Bereich oder zwischen Betriebs- und Privatvermögen erfolgt.

4.3.3 Überführung von Wirtschaftsgütern ohne Rechtsträgerwechsel (§ 6 Abs. 5 Satz 2 EStG)

Bei der Überführung eines einzelnen Wirtschaftsguts nach § 6 Abs. 5 Satz 1 und 2 EStG ist nach Auffassung der Finanzverwaltung eine Entnahme i. S. d. § 4 Abs. 1 Satz 2 EStG aus dem abgebenden Betriebsvermögen und eine Einlage i. S. d. § 4 Abs. 1 Satz 8 EStG bei dem aufnehmenden Betriebsvermögen anzunehmen, wobei aber die Überführung abweichend von § 6 Abs. 1 Satz 4 und 5 EStG zwingend zum Buchwert vorgenommen werden muss (BMF vom 08.12.2011 BStBl I 2011, 1279, Rz. 1). Damit liegen zumindest von den Rechtsfolgen her keine echten Entnahmen und Einlagen vor. Der BFH lehnt bei Überführung eines Wirtschaftsguts von einem Betrieb in einen anderen Betrieb desselben Steuerpflichtigen eine Entnahme ab, bejaht aber ebenfalls die Buchwertfortführung (BFH vom 17.07.2008 BStBl II 2009, 464). Überführender ist grundsätzlich jede unbeschränkt oder beschränkt steuerpflichtige natürliche Person, die mehrere Betriebe unterhält. Der sachliche Anwendungsbereich bezieht sich auf einzelne Wirtschaftsgüter, die aus einem (Sonder-)Betriebsvermögen in ein anderes Betriebs- oder Sonderbetriebsvermögen desselben Steuerpflichtigen überführt werden, sofern die Besteuerung der stillen Reserven sichergestellt ist (BMF vom 08.12.2011, a. a. O., Rz. 3). Diese Sicherstellung bedeutet, dass im Zeitpunkt der späteren Veräußerung auch diejenigen stillen Reserven zu besteuern sind, die sich in dem überführten Wirtschaftsgut zeitlich erst nach der Überführung gebildet haben. Dies ist beispielsweise nicht gegeben, wenn ein bisher einer inländischen Betriebsstätte des Steuerpflichtigen zugeordnetes Wirtschaftsgut einer ausländischen Betriebsstätte des Steuerpflichtigen zugeordnet wird.

4.3.4 Überführung von Wirtschaftsgütern mit Rechtsträgerwechsel (§ 6 Abs. 5 Satz 3 EStG)

Die Übertragung von Wirtschaftsgütern gegen Gewährung oder Minderung von Gesellschaftsrechten gem. § 6 Abs. 5 Satz 3 EStG wird als Veräußerungsvorgang, nämlich als eine Spezialform des Tausches (tauschähnlicher Vorgang), behandelt. Dessen Bewertung ist aber ebenfalls abweichend von den allgemeinen Grundsätzen zwingend zum Buchwert vorzunehmen (§ 6 Abs. 5 Satz 4 EStG). Übertragender ist ein Mitunternehmer, der neben seiner Beteiligung an einer Mitunternehmerschaft mindestens einen weiteren Betrieb unterhält, oder dem Sonderbetriebsvermögen bei derselben Mitunternehmerschaft oder einer weiteren Mitunternehmerschaft zuzurechnen ist (BMF vom 08.12.2011 a. a. O., Rz. 9). Einzelne Wirtschaftsgüter müssen mit dem Buchwert angesetzt werden, wenn diese

- aus dem Betriebsvermögen des Mitunternehmers in das Gesamthandvermögen einer Mitunternehmerschaft und umgekehrt gegen Gewährung oder Minderung von Gesellschaftsrechten oder unentgeltlich (§ 6 Abs. 5 Satz 3 Nr. 1 EStG),
- aus dem Sonderbetriebsvermögen eines Mitunternehmers in das Gesamthandvermögen derselben Mitunternehmerschaft und umgekehrt gegen Gewährung oder Minderung von Gesellschaftsrechten oder unentgeltlich (§ 6 Abs. 5 Satz 3 Nr. 2 EStG); die teilentgeltliche Übertragung aus dem Sonderbetriebsvermögen auf die Gesamthand derselben Personengesellschaft führt zu keiner Entnahme, wenn das Entgelt den Buchwert nicht überschreitet (BFH vom 19.09.2012, IV R 11/12, DStR 2012, 2051),
- aus dem Sonderbetriebsvermögen eines Mitunternehmers in das Gesamthandvermögen bei einer anderen Mitunternehmerschaft, an der er beteiligt ist, und umgekehrt gegen Gewährung oder Minderung von Gesellschaftsrechten oder unentgeltlich (§ 6 Abs. 5 Satz 3 Nr. 2 EStG),
- unentgeltlich aus seinem Sonderbetriebsvermögen des Mitunternehmers in das Sonderbetriebsvermögen eines anderen Mitunternehmers bei derselben Mitunternehmerschaft (§ 6 Abs. 5 Satz 3 Nr. 3EStG)

übertragen werden und die Besteuerung der stillen Reserven sichergestellt ist (BMF vom 08.12.2011 a. a. O., Rz. 10).

4.4 Übertragungen im Betriebsvermögen

4.4.1 Entgeltliche Übertragungen von Wirtschaftsgütern

4.4.1.1 Veräußerung wie unter fremden Dritten

Die entgeltliche Übertragung einzelner Wirtschaftsgüter führt, auch wenn sie zwischen Personengesellschaft und Gesellschafter erfolgt, grundsätzlich zur Gewinnrealisierung. Veräußerungen von Einzelwirtschaftsgütern wie unter fremden Dritten fallen nicht unter § 6 Abs. 5 EStG. Diese Vorschrift ist nur bei Übertragungen anzuwenden, die unentgeltlich oder gegen Gewährung bzw. Minderung von Gesellschaftsrechten erfolgen. Eine Buchwertfortführung ist daher bei einer entgeltlichen Übertragung zu Bedingungen wie unter fremden Dritten ausgeschlossen. Dies ist anzunehmen, wenn das Entgelt dem tatsächlichen Wert entspricht. Solche Übertragungen sind als einheitliche Veräußerungsvorgänge zu qualifizieren. Sie werden seit Aufgabe der Bilanzbündeltheorie als solche steuerlich anerkannt. Die Personengesellschaft tritt ihren Gesellschaftern ebenso wie Dritten gegenüber als rechtliche Einheit auf. Dies gilt für alle denkbaren Übertragungen

- aus dem Betriebsvermögen eines Einzelunternehmens in das Gesamthandsvermögen der Personengesellschaft und umgekehrt,
- aus dem Sonderbetriebsvermögen eines Gesellschafters in das Gesamthandsvermögen der Personengesellschaft und umgekehrt,
- zwischen den Sonderbetriebsvermögen verschiedener Gesellschafter derselben Personengesellschaft,
- zwischen den Privatvermögen der Gesellschafter und dem Gesellschaftsvermögen.

Der Steuerpflichtige kann also den Buchwertansatz, falls er diesen nicht wünscht, durch die Wahl der Gegenleistung vermeiden. Die entgeltliche Übertragung des Einzelwirtschaftsguts führt zu einem Veräußerungs- und zu einem Anschaffungsgeschäft. Der Veräußerungsgewinn ist grundsätzlich ein nicht begünstigter, laufender Gewinn. Für die aufgedeckten stillen Reserven kann unter den Voraussetzungen des § 6b EStG eine Reinvestitionsrücklage gebildet werden. Der Gewinn aus der Veräußerung einer Beteiligung an einer Kapitalgesellschaft ist bei einkommensteuerpflichtigen Gesellschaftern zu 40 %, bei körperschaftsteuerpflichtigen Gesellschaftern der Personengesellschaft in vollem Umfang steuerbefreit (§ 3 Nr. 40 EStG, § 8b KStG).

BEISPIELE

a) Die AB-OHG veräußert ein Grundstück des Gesamthandsvermögens (Buchwert 100 000 €) zum angemessenen Kaufpreis i. H. v. 250 000 € an ihren Gesellschafter A. Nach dem Erwerb vermietet A das Grundstück an die OHG.

b) Gesellschafter B der AB-OHG veräußert ein Grundstück aus seinem Einzelunternehmen oder aus seinem Sonderbetriebsvermögen (Buchwert 100 000 €) zum angemessenen Kaufpreis i. H. v. 250 000 € an die AB-OHG.

LÖSUNG Da die Veräußerungen zum fremdüblichen Entgelt erfolgen, ist der Veräußerungsgewinn i. H. v. 150 000 € im Fall a) von der OHG und im Fall b) von B in seinem Einzelunternehmen als laufender Gewinn zu versteuern. Unter den Voraussetzungen des § 6b EStG ist eine Reinvestitionsrücklage möglich. Eine Buchwertfortführung ist nicht zulässig. Die Buchwerte können nur bei unentgeltlicher Übertragung und bei Übertragung gegen Gewährung oder Minderung von Gesellschaftsrechten fortgeführt werden.

4.4.1.2 Veräußerung über dem Teilwert

Wenn das Entgelt für die Übertragung des Wirtschaftsguts den Preis übersteigt, den ein fremder Dritter zahlen würde, liegt i. H. d. angemessenen Entgelts ebenfalls ein Veräußerungsgeschäft vor. Der Mehrbetrag stellt jedoch bei privater Veranlassung

- bei Veräußerung durch die Gesellschaft an den Gesellschafter einer Einlage,
- bei Veräußerung durch den Gesellschafter an die Gesellschaft eine Entnahme dar.

BEISPIEL

Gesellschafter A der AB-OHG veräußert an die OHG ein Grundstück seines Sonderbetriebsvermögens (Buchwert 100 000 €, Teilwert 250 000 €) für 450 000 €.

LÖSUNG I. H. d. Teilwerts liegt eine normale Veräußerung (Veräußerungsgewinn 150 000 €) und i. H. d. Mehrbetrages (450 000 € ./. 250 000 € =) 200 000 € eine Entnahme des A vor.

4.4.2 Unentgeltliche Überführung bzw. Übertragung von Wirtschaftsgütern

Ein Wirtschaftsgut wird unentgeltlich übertragen, wenn der Übertragende keine Gegenleistung erhält und dies auch gewollt ist (Schenkung). § 6 Abs. 5 EStG betrifft Einzelwirtschaftsgüter (zur Buchwertfortführung bei der unentgeltlichen Übertragung von Betrieben, Teilbetrieben oder Mitunternehmeranteilen gem. § 6 Abs. 3 EStG vgl. Teil C; BMF vom 03. 03. 2005 BStBl I 2005, 458).

Das Gesetz verwendet den Begriff »Überführung«, wenn die stillen Reserven nach wie vor demselben Steuerpflichtigen zuzurechnen sind (§ 6 Abs. 5 Satz 2 EStG), und den Begriff »Übertragung«, wenn das Wirtschaftsgut danach ganz oder teilweise dem Betriebsvermögen der Gesellschaft oder dem Sonderbetriebsvermögen eines anderen Steuerpflichtigen in derselben Mitunternehmerschaft zuzurechnen ist (§ 6 Abs. 5 Satz 3 Nr. 3 EStG). Eine unentgeltliche Überführung bzw. Übertragung liegt vor, wenn kein Entgelt gewährt wird. In § 6 Abs. 5 Satz 3 Nr. 1 und 2 EStG behandelt das Gesetz die unentgeltliche Übertragung und die Übertragung gegen Gewährung oder Minderung von Gesellschaftsrechten ausdrücklich gleich.

Die Buchwertfortführung ist bei einem Wechsel der Rechtszuständigkeit für das Wirtschaftsgut nicht mehr von vornherein ausgeschlossen. Das Gesetz ordnet zunächst die Buchwertfortführung bei unentgeltlicher Überführung von eigenen Betriebsvermögen des Steuerpflichtigen in sein Sonderbetriebsvermögen und umgekehrt sowie zwischen verschiedenen Sonderbetriebsvermögen desselben Steuerpflichtigen bei verschiedenen Mitunternehmerschaften an (§ 6 Abs. 5 Satz 2 EStG, kein Rechtsträgerwechsel). Zugelassen ist aber beispielsweise auch die unentgeltliche Übertragung zwischen den Sonderbetriebsvermögen verschiedener Mitunternehmer derselben Mitunternehmerschaft (§ 6 Abs. 5 Satz 3 Nr. 3 EStG, Rechtsträgerwechsel). Das Gesetz differenziert jedoch des Weiteren danach, ob der Rechtsträgerwechsel innerhalb oder außerhalb derselben Mitunternehmerschaft stattfindet. Die Übertragung von dem Sonderbetriebsvermögen eines Mitunternehmers auf das Sonderbetriebsvermögen eines andern Mitunternehmers bei einer anderen Mitunternehmerschaft ist nicht gesetzlich geregelt und daher nicht zu Buchwerten möglich.

BEISPIELE

a) Gesellschafter A der AB-OHG, der zugleich ein gewerbliches Einzelunternehmen führt und dort ein Grundstück im Betriebsvermögen hat (Buchwert 100 000 €, Teilwert 250 000 €), vermietet ab 01. 01. 01 dieses Grundstück an die AB-OHG zu deren eigenbetrieblicher Nutzung.
LÖSUNG Das Grundstück wird ab 01. 01. 01 mit der Vermietung an die OHG zum notwendigen Sonderbetriebsvermögen des A bei der OHG und ist mit dem Buchwert aus der Bilanz des Einzelunternehmens in die Sonderbilanz des A bei der OHG zu überführen (§ 6 Abs. 5 Satz 2 EStG). Eine Entnahme und Einlage liegt nicht im Rechtssinne, sondern nur buchungstechnisch vor, d. h. das Grundstück ist nicht mit dem Teilwert, sondern mit dem Buchwert aus- und einzubuchen.

b) Sachverhalt wie a), aber der Gesellschafter A überführt das Grundstück des Weiteren am 01. 07. 01 unentgeltlich in das Sonderbetriebsvermögen des Gesellschafters B der AB-OHG.
LÖSUNG Das Grundstück ist am 01. 07. 01 aus dem Sonderbetriebsvermögen des A zum Buchwert in das Sonderbetriebsvermögen des B zu überführen. Der Rechtsträgerwechsel ist unschädlich (§ 6 Abs. 5 Satz 3 Nr. 3 EStG).

c) Sachverhalt wie a), aber der Gesellschafter A überträgt das Grundstück des weiteren am 01. 07. 01 unentgeltlich in das Sonderbetriebsvermögen des Gesellschafters C der CD-OHG.
LÖSUNG Die Übertragung hat durch Entnahme des A zum Teilwert zu erfolgen, da C an einer anderen Mitunternehmerschaft beteiligt ist. C hat das Grundstück mit dem Teilwert in sein Sonderbetriebsvermögen einzulegen.

Unentgeltliche Übertragungen zwischen dem Gesellschaftsvermögen und einem Sonderbetriebsvermögen des Gesellschafters bei dieser oder einer anderen Personengesellschaft sind ebenfalls seit 2001 zwingend zum Buchwert vorzunehmen, wenn die Besteuerung der stillen Reserven in einem inländischen Betriebsvermögen weiterhin sichergestellt ist (§ 6 Abs. 5 Satz 3 EStG). Das Gesetz behandelt die unentgeltliche Übertragung (verdeckte Einlage) und die Übertragung gegen Gewährung / Minderung von Gesellschaftsrechten hier ausdrücklich gleich. Eine Ausnahme gilt nur dann, wenn eine der Missbrauchsklauseln erfüllt ist (§ 6 Abs. 5 Sätze 4–6 EStG).

Es kann sich um Betriebe derselben oder verschiedener betrieblicher Einkunftsarten handeln. Das Wirtschaftsgut kann aus einem Betriebsvermögen des Mitunternehmers stammen und in das Gesamthandsvermögen oder umgekehrt übertragen werden. Es kann auch aus dem Gesamthandsvermögen in ein Sonderbetriebsvermögen derselben Mitunternehmerschaft oder umgekehrt übertragen werden. § 6 Abs. 5 Satz 3 EStG ist auch bei der Buchwertübertragung zwischen Ober- und Untergesellschaft bei mehrstöckigen Mitunternehmerschaften mit geschlossener Mitunternehmerkette anwendbar (BMF vom 07. 02. 2002 DB 2002, 660). Inkonsequent erscheint dagegen, dass für die Übertragung zwischen den Gesamthandsgemeinschaften verschiedener Mitunternehmerschaften die Buchwertfortführung nicht gesetzlich angeordnet wird (vgl. 4.3.2).

4.4.3 Teilentgeltliche Übertragungen

Eine teilentgeltliche Übertragung liegt vor, wenn für die Übertragung des Wirtschaftsguts vom Gesellschafter an die Gesellschaft oder umgekehrt ein Entgelt vereinbart wird, das unterhalb des Teilwerts liegt (gemischte Schenkung). In der Praxis ist dies häufig in den Fällen der vorweggenommenen Erbfolge, insbesondere bei Abstandszahlungen, Gleichstellungsgeldern und der Übernahme von Verbindlichkeiten anzutreffen. Die rechtliche Behandlung ist zwischen Rspr. und Finanzverwaltung umstritten. Bei teilentgeltlicher Übertragung von einzelnen Wirtschaftsgütern gilt nach Auffassung der **Finanzverwaltung** und des X. Senats des BFH die **strenge Trennungstheorie**. Das Rechtsgeschäft ist im Verhältnis des zu leistenden Entgelts zum Verkehrswert übertragenen Wirtschaftsguts in einen entgeltlichen und in einen unentgeltlichen Teil aufzuspalten (sog. Entgeltlichkeitsquote, BMF vom 07. 06. 2001 BStBl I 2001, 367; BMF vom 08. 12. 2011 BStBl 2011, 1279, Rz. 15; BFH vom 27. 10. 2015, X R 28/12, DStR 2015, 2834). Der Umfang der Entgeltlichkeit bestimmt sich nach dem Verhältnis des Kaufpreises zum Verkehrswert des übertragenen Wirtschaftsguts. Für den entgeltlichen Teil gelten die Grundsätze der Veräußerung wie unter fremden Dritten (vgl. 4.4.1.1). Für den unentgeltlichen Teil sind die Grundsätze der unentgeltlichen Übertragung anzuwenden (vgl. 4.4.2).

BEISPIELE

Vater A überträgt auf seinen Sohn S ein Grundstück (Buchwert 100 000 €, Teilwert 250 000 €). S muss im Gegenzug (alternativ)
a) dem A eine Abstandszahlung i. H. v. 125 000 € zahlen,
b) seiner Schwester T ein Gleichstellungsgeld i. H. v. 125 000 € zahlen,
c) Verbindlichkeiten des A i. H. v. 125 000 € übernehmen.
LÖSUNG S hat in den Fällen a)–c) jeweils zu 1/2 unentgeltlich erworben und führt insoweit den auf ihn entfallenden Buchwert i. H. v. 50 000 € fort. I. H. d. Abstandszahlung, des Gleichstellungsgeldes oder der Übernahme der Verbindlichkeiten liegt eine entgeltliche Anschaffung der anderen Grundstückshälfte vor. Die Differenz zwischen dem Entgelt, jeweils i. H. v. 125 000 €, und dem anteiligen Buchwert 50 000 € führt zu einem Veräußerungsgewinn.

Eine Gegenleistung kann sowohl durch die Hingabe von Aktiva als auch durch die Übernahme von Passiva (z. B. Verbindlichkeiten) erfolgen. In diesen Fällen ist die Übertragung des Wirtschaftsguts nicht vollumfänglich unentgeltlich. Soweit Einzelwirtschaftsgüter gegen Übernahme von Verbindlichkeiten übertragen werden, steht dies einer erfolgsneutralen Übertragung entgegen. Die Übernahme von Verbindlichkeiten ist als besonderes Entgelt anzusehen (BFH vom 11. 12. 2001, VIII R 58/98, BStBl II 2002, 420).

Der Charakter des Kapitalkontos, das bei dem Zugang des Wirtschaftsguts angesprochen wird, entscheidet darüber, ob die Übertragung gegen Gewährung von Gesellschaftsrechten erfolgt (vgl. zur Abgrenzung von Eigenkapital und Darlehenskonten BFH vom 04. 02. 2016, IV R 46/12, BStBl II 2016, 607; BMF vom 26. 07. 2016, BStBl I 2016, 684).

BEISPIEL

a) A und B sind zu je 50 % an der AB-OHG beteiligt. In seinem Einzelunternehmen hat A einen Pkw (Buchwert 1 000 €, Verkehrswert 10 000 €). Zudem hat A eine Verbindlichkeit bei der Bank des Pkw-Herstellers i. H. v. 3 000 €. A überträgt den Pkw nach § 6 Abs. 5 Satz 3 Nr. 1 EStG ohne Gewährung von Gesellschaftsrechten in das Gesamthandsvermögen der AB-OHG. Dabei übernimmt die AB-OHG auch das Darlehen.

LÖSUNG Der Vorgang ist eine teilentgeltliche Übertragung. Der entgeltliche Teil beträgt durch die Übernahme der Verbindlichkeit 30 % (3 000 € von 10 000 €). Im Einzelunternehmen werden durch die Übertragung stille Reserven i. H. v. 2 700 € (3 000 € abzgl. 30 % des Buchwerts = 300 €) aufgedeckt. Die OHG muss den Pkw mit 3 700 € (3 000 € zzgl. 70 % des Buchwerts = 700 €) auf der Aktivseite und die Verbindlichkeit mit 3 000 € auf der Passivseite im Gesamthandsvermögen bilanzieren (BMF vom 08. 12. 2011 BStBl I 2011, 1279, Tz. 15).

b) Fallabwandlung: A überträgt den Pkw (Pkw (Buchwert 1 000 €, Verkehrswert 10 000 €) in das Gesamthandsvermögen der OHG teilweise gegen Gewährung von Gesellschaftsrechten i. H. v. 1 000 € (Buchung auf dem Kapitalkonto des A) und teilweise durch Buchung auf dem gesamthänderisch gebundenen Rücklagenkonto i. H. v. 9 000 €. Die OHG übernimmt keine Verbindlichkeiten und aktiviert den Pkw mit 10 000 € in ihrem Gesamthandsvermögen.

LÖSUNG Die nur teilweise Buchung über ein Gesellschaftsrechte vermittelndes Kapitalkonto führt insgesamt zu einem entgeltlichen Vorgang. Dennoch muss die Übertragung des Pkw zwingend mit dem Buchwert angesetzt werden, weil die Übertragung gegen Gewährung von Gesellschaftsrechten erfolgt ist (§ 6 Abs. 5 Satz 3 Nr. 1 EStG). Wenn mit der Übertragung eine Änderung der Gewinnverteilung und der Beteiligung am Liquidationserlös verbunden ist, haben sowohl A als auch B eine negative Ergänzungsbilanz aufzustellen. In den übrigen Fällen sind die bis zur Übertragung entstandenen stillen Reserven in vollem Umfang dem Einbringenden A zuzurechnen (BMF vom 08. 12. 2011 BStBl I 2011, 1279, Tz. 16).

Der IV. Senat des BFH lehnte die Anwendung der strengen Trennungstheorie ab. Die teilentgeltliche Übertragung eines Wirtschaftsguts des Betriebsvermögens in das Gesamthandsvermögen derselben Personengesellschaft führt demnach nicht zur Realisierung eines Gewinns, sondern zu einem insgesamt unentgeltlichen Vorgang, wenn das (Teil-)Entgelt den gesamten Buchwert des übertragenen Wirtschaftsguts nicht übersteigt. Der Buchwert wird vorrangig bis zur Höhe des Teilentgelts dem entgeltlichen Teil zugerechnet; stille Reserven werden nur insofern realisiert, als das gewährte Entgelt den Buchwert übersteigt. Der Teilwert (Verkehrswert) ist nicht zu ermitteln. Nur wenn das Entgelt den Buchwert übersteigt, wird Gewinn aus dem entgeltlichen Teil des Vorgangs im abgebenden (Sonder-)Betriebsvermögen realisiert (sog. **modifizierte Trennungstheorie**, BFH vom 19. 09. 2012, IV R 11/12, DStR 2012, 2051; Demuth, EStB 2014, 373; Graw, FR 2015, 261; Hoheisel/Tippelhofer, StuB 2016 127 ff. mit Beispielen). Dies gilt auch bei der unentgeltlichen Übertragung eines Grundstücks aus dem Sonderbetriebsvermögen in das Gesamthandsvermögen einer Schwesterpersonengesellschaft, wenn gleichzeitig wesentliche Betriebsgrundlagen des Sonderbetriebsvermögens zu Buchwerten in ein anderes Betriebsvermögen übertragen werden (BFH vom 21.06.2012, IV R 1/08, DStR 2012, 1500). Bei einer teilentgeltlichen Veräußerung ist zur Ermittlung des Veräußerungsgewinns von dem Teilentgelt der gesamte Buchwert des Wirtschaftsguts abzuziehen. Die Übertragung zu einem Entgelt, das dem Buchwert des übertragenen Wirtschaftsguts entspricht, führt zu keinem Gewinn.

Die Finanzverwaltung hielt jedoch an ihrer Auffassung fest und stellte die Veröffentlichung der BFH-Urteile im BStBl bis zur Entscheidung des anhängigen Revisionsverfahrens (Az. des BFH: X R 28/12) zurück (BMF vom 12.09.2013 DStR 2013, 2002; kritisch Gossert/Lippert/Sahn, DStZ 2013, 242; Dornheim, DStZ 2013, 397; Stein/Stein, FR 2013, 156; Strahl, FR 2013, 322; Mitschke, FR 2013, 648; Röhrig, EStB 2013, 106, 144; Krämer, EStB 2013, 378; Förster, DB 2013, 2047; zur Behandlung stiller Lasten Pitzal, DStR 2016,2 1831). Der X. Senat des BFH tritt ebenso wie die Finanzverwaltung für die strenge Trennungstheorie ein und legte dem Großen Senat des BFH die Rechtsfrage zur Entscheidung vor, wie im Fall der teilentgeltlichen Übertragung eines Wirtschaftsguts aus einem Einzelbetriebsvermögen eines Mitunternehmers in das Gesamthandsvermögen einer Mitunternehmerschaft die Höhe eines eventuellen Gewinns aus dem Übertragungsvorgang zu ermitteln ist (BFH vom 27.10.2015, X R 28/12, DStR 2015, 2834).

Ähnliches gilt für die Einschränkung der sog. **Gesamtplanrechtsprechung** des BFH in einem weiteren, ebenfalls nicht im BStBl veröffentlichten Urteil (BFH vom 02.08.2012, IV R 41/11, DStR 2012, 2118; weiteres anhängiges Revisionsverfahren Az. I R 80/12). Bei der unentgeltlichen Übertragung eines Kommanditanteils wurde kurz zuvor ein Betriebsgrundstück des Sonderbetriebsvermögens, das eine wesentliche Betriebsgrundlage der Gesellschaft war, steuerneutral zu Buchwerten nach § 6 Abs. 5 Satz 3 EStG auf eine andere Mitunternehmerschaft übertragen, an der der Gesellschafter ebenfalls beteiligt war. Die Finanzverwaltung lehnte die Buchwertfortführung nach § 6 Abs. 3 EStG ab, da nicht alle wesentlichen Betriebsgrundlagen einheitlich behandelt worden waren (BMF vom 12.09.2013 DStR 2013, 2002, II. 2). Die Finanzverwaltung hält die Ausgliederung von funktional wesentlichem Sonderbetriebsvermögen in zeitlichem und sachlichem Zusammenhang mit der Anteilsübertragung für schädlich. Der BFH sah hingegen kein missbräuchliches Handeln nach einem Gesamtplan, da das Gesetz sowohl die unentgeltliche Übertragung von Sonderbetriebsvermögen nach § 6 Abs. 5 Satz 3 EStG in eine andere Mitunternehmerschaft als auch die unentgeltliche Übertragung des Mitunternehmeranteils zu Buchwerten nach § 6 Abs. 3 EStG vorsehe (vgl. Blumers, DB 2013, 1625; Brandenberg, DB 2013, 743; Wachter, DB 2013, 200; Bohn/Peltap, DStR 2013, 281; Vees, DStR 2013 743; Hubert, StuW 2014, 21; Niehus/Wilke, Besteuerung der Personengesellschaften, 7. Aufl., Stuttgart 2015, 274). Nach Auffassung des BFH lässt die vom Gesetzgeber abschließend formulierte Regelung des § 6 Abs. 5 EStG zwar eine Buchwertübertragung von Wirtschaftsgütern zwischen beteiligungsidentischen Personengesellschaften nicht zu (BFH vom 10.04.2013, I R 80/12, DStR 2013, 2158 m. w. N.; entgegen BFH vom 15.04.2010, IV B 105/09, DStR 2010, 1070). Der BFH legte jedoch dem BVerfG gemäß Art. 100 Abs. 1 Satz 1 GG die Entscheidung über die Frage vor, ob § 6 Abs. 5 Satz 3 EStG insoweit gegen den allgemeinen Gleichheitssatz des Art. 3 Abs. 1 GG verstößt, als hiernach eine Übertragung von Wirtschaftsgütern zwischen beteiligungsidentischen Personengesellschaften nicht zum Buchwert möglich ist (Az. des BVerfG: 2 BvL 8/13).

Die Streitfragen haben erhebliche Auswirkungen auf Vorgänge der Einbringung, der Sachwertabfindung bei Übertragung eines Wirtschaftsguts mit Übernahme einer Verbindlichkeit des Privatvermögens.

4.4.4 Übertragungen gegen Gewährung oder Minderung von Gesellschaftsrechten

4.4.4.1 Grundsätze

Wenn sich durch die Übertragung eines Wirtschaftsguts der Kapitalanteil des Einbringenden erhöht, liegt eine Übertragung gegen Gewährung von Gesellschaftsrechten vor. Die Buchwertfortführung ist bei der Übertragung von Wirtschaftsgütern gegen Gewährung/Minderung von Gesellschaftsrechten in den durch § 6 Abs. 5 Satz 3 EStG geregelten Fällen zwingend angeordnet. Die Gewährung bzw. Minderung von Gesellschaftsrechten erfolgt regelmäßig durch Gutschrift bzw. Belastung auf dem Kapitalkonto des Gesellschafters, das für die Beteiligung am Gesellschaftsvermögen maßgeblich ist (BMF vom 29.03.2000 BStBl I 2000, 462). Dies ist regelmäßig das feste Kapitalkonto (Kapitalkonto 1), das die Gewinnverteilung, die Auseinandersetzungsansprüche und Entnahmerechte bestimmt. Wenn neben dem Kapitalkonto I weitere variable Gesellschafterkonten geführt werden, kommt es auf die vertraglichen Abreden im Gesellschaftsvertrag an. Ein wesentliches Indiz für das Vorliegen eines Kapitalkontos ist die Vereinbarung, dass auf dem Konto auch Verluste gebucht werden (BFH vom 26.06.2007, IV R 29/06, BStBl II 2008, 103). Wenn es sich dagegen bei dem Gesellschafterkonto nicht um ein Kapitalkonto handelt, ist regelmäßig von einem Darlehenskonto auszugehen. Erfolgt die Übertragung von Einzelwirtschaftsgütern gegen Buchung auf einem Darlehenskonto, kann dieses Konto keine Gesellschaftsrechte gewähren; wegen des Erwerbs einer Darlehensforderung durch den übertragenden Gesellschafter liegt ein entgeltlicher Vorgang vor, der nach § 6 Abs. 1 Nr. 1, 2 EStG zu bewerten ist (BMF vom 11.07.2011 BStBl I 2011, 713).

Nach Auffassung des BFH sind Einbringungen in Personengesellschaften gegen Buchung auf einem Gesellschafterkonto nur dann entgeltliche Vorgänge und führen zur Gewährung von Gesellschaftsrechten, wenn sich nach dem Kapitalkonto die maßgebenden Gesellschaftsrechte, insbesondere das Gewinnbezugsrecht, richten; das ist in der Regel das Kapitalkonto I. Die ausschließliche Buchung auf dem Kapitalkonto II führt nicht zu einem entgeltlichen Vorgang und damit nicht zur Gewährung von Gesellschaftsrechten, sondern zu einer Einlage. Wenn es sich nicht um ein Kapitalkonto handelt, ist grundsätzlich von einem Darlehenskonto auszugehen. Auch eine Buchung teilweise auf einem variablen Kapitalkonto und teilweise auf einem gesamthänderisch gebundenen Rücklagenkonto führt nicht zu einer Gewährung von Gesellschaftsrechten (BFH vom 04.02.2016, IV R 46/12, BStBl II 2016, 607; BMF vom 26.07.2016 BStBl I 2016, 684; Schütz, SteuK 2016, 155; Eggert, BBK 2016, 224; Bode, NWB 2016, 464; Tiede, StuB 2016, 610; Rätke, StuB 2016, 287).

Die Übertragung von Wirtschaftsgütern gegen Gewährung oder Minderung von Gesellschaftsrechten ist in allen denkbaren Fällen als eine Spezialform des Tausches ein Veräußerungsvorgang (tauschähnlicher Vorgang), dessen Bewertung abweichend von den allgemeinen Grundsätzen zwingend zum Buchwert vorzunehmen ist. Solche Übertragungsvorgänge kommen in der Praxis häufig vor bei:

- Gründung von Personengesellschaften bzw. Kapitalerhöhung (vgl. 7.1),
- Eintritt eines weiteren Gesellschafters (vgl. 7.5),
- Übertragung gegen Minderung von Gesellschaftsrechten bei Ausscheiden eines Gesellschafters gegen Sachwertabfindung (vgl. Teil C).

Die Rechtsfolgen sind jedoch unterschiedlich (BMF vom 08.12.2011 BStBl I 2011, 1279, Rz. 17–21): Bei Übertragung aus einem Einzelunternehmen oder aus einem Sonderbetriebsvermögen des Gesellschafters in das Gesamthandsvermögen oder umgekehrt sind zwingend die Buchwerte der übertragenen Wirtschaftsgüter fortzuführen (§ 6 Abs. 5 Satz 3 EStG). Der Charakter als tauschähnlicher Vorgang tritt hier zurück (§ 6 Abs. 6 Satz 4 EStG). Es ist für die Buchwertfortführung unerheblich, ob stille Reserven auf andere Steuerpflichtige verlagert werden. Zu einer Verlagerung der stillen Reserven kommt es, wenn in der Steuerbilanz der Gesellschaft der Buchwert angesetzt wird. Dies ist zulässig. Der Buchwertansatz kann jedoch buchungstechnisch dadurch erreicht werden, dass dem Einbringenden in der Handelsbilanz der volle Verkehrswert des Wirtschaftsguts gutgeschrieben und in einer negativen steuerlichen Ergänzungsbilanz des Einbringenden ein Minderwert ausgewiesen wird. Dadurch bleiben die stillen Reserven entsprechend zugeordnet, jedoch weichen dann Handelsbilanz und Steuerbilanz voneinander ab (Groh, DB 2003, 1403).

BEISPIELE

a) Gesellschafter A der AB-OHG, an der A und B zu je 50 % beteiligt sind, bringt im Jahr 01 aus seinem Einzelunternehmen ein Grundstück (Buchwert 100 000 €, Teilwert 250 000 €) gegen Gewährung von Gesellschaftsrechten in die OHG ein. Das Grundstück wird in der Handelsbilanz der OHG mit 100 000 € aktiviert und dem A ein entsprechender Betrag auf seinem Kapitalkonto gutgebracht.
LÖSUNG Die Einbringung hat gem. § 6 Abs. 5 Satz 3 Nr. 1 EStG zwingend mit dem Buchwert zu erfolgen.
Bei Buchwertansatz in der Handelsbilanz/Steuerbilanz springt die Hälfte der stillen Reserven auf den Gesellschafter B über.

b) Sachverhalt wie a). Das Grundstück wird in der Handelsbilanz der OHG mit 250 000 € aktiviert und dem A ein entsprechender Betrag auf seinem Kapitalkonto gutgebracht.
LÖSUNG Der Handelsbilanz kann eine negative Ergänzungsbilanz des Gesellschafters A hinzugefügt werden. Dadurch bleiben die stillen Reserven dem Gesellschafter A zugeordnet.

Aktiva	**Negative Ergänzungsbilanz des A**		Passiva
Minderkapital	150 000 €	Minderwert Grundstück	150 000 €

§ 6 Abs. 5 Satz 3 EStG regelt dagegen nicht die Übertragung von Wirtschaftsgütern aus dem Privatvermögen in das Gesamthandsvermögen und umgekehrt (BMF vom 29. 03. 2000 BStBl I 2000, 462; zur Übertragung von Wirtschaftsgütern des Privatvermögens des Mitunternehmers in das Gesamthandsvermögen der Mitunternehmerschaft vgl. BMF vom 11. 07. 2011 BStBl I 2011, 713 und 4.6).

4.4.4.2 Sperrfrist

Die Übertragung von Wirtschaftsgütern zum Buchwert soll Umstrukturierungen von Unternehmen erleichtern. Bei Übertragungen nach § 6 Abs. 5 Abs. 3 Satz 4 EStG gilt deshalb zur Vermeidung von missbräuchlichen Gestaltungen beim Empfänger eine Sperrfrist von drei Jahren für das Verbleiben im Betriebsvermögen. Wenn das Wirtschaftsgut auf eine natürliche Person übertragen und von diesem Übernehmer innerhalb dieser Frist entnommen oder veräußert wird, wird unwiderleglich vermutet, dass die Übertragung nicht zur Umstrukturierung, sondern zur Vorbereitung der Veräußerung oder Entnahme vorgenommen wurde. Die Frist wird von der Abgabe der Steuererklärung des Übertragenden für den Veranlagungszeitraum gerechnet, in dem die Übertragung erfolgt ist. Der vormals steuerneutrale Einbringungsvorgang wird damit rückwirkend zum Veräußerungsfall. Als Folge ist rückwirkend der Teilwert anzusetzen. Die stillen Reserven sind vom Übertragenden nachzuversteuern, wenn sie nicht unter den Voraussetzungen des § 6b EStG in eine Rücklage eingestellt werden. Der Erwerber hat Anschaffungskosten i. H. d. Teilwerts und damit auch rückwirkend eine neue AfA-Bemessungsgrundlage. Bescheide des Jahres der Veräußerung und wegen der AfA auf abnutzbare Wirtschaftsgüter ggf. auch nachfolgende, inzwischen ergangene Bescheide sind entsprechend zu ändern (rückwirkendes Ereignis gem. § 175 Abs. 1 Satz 1 Nr. 2 AO). Dies kann wegen der AfA auf abnutzbare Wirtschaftsgüter ggf. auch nachfolgende, inzwischen ergangene Bescheide betreffen. Es besteht jedoch die Möglichkeit, die Besteuerung der bis zur Übertragung entstandenen stillen Reserven dadurch zu vermeiden, dass die stillen Reserven durch Erstellung einer negativen Ergänzungsbilanz dem übertragenden Gesellschafter zugeordnet werden. Dann fällt der Gewinn aus der Auflösung der Ergänzungsbilanz erst im Jahr der Veräußerung an.

Dagegen vertritt die Finanzverwaltung die Auffassung, dass in den Fällen des § 6 Abs. 5 Satz 4 EStG rückwirkend auf den Zeitpunkt der Übertragung der Teilwert anzusetzen ist, wenn die bis zur Übertragung entstandenen stillen Reserven durch Erstellung einer Ergänzungsbilanz dem übertragenden Gesellschafter zugeordnet worden sind, durch die Übertragung jedoch keine Änderung des Anteils des übertragenden Gesellschafters an dem übertragenen Wirtschaftsgut eingetreten ist (R 16.15 EStR). Dies ist zum Beispiel der Fall, wenn ein Einzelwirtschaftsgut aus dem Betriebsvermögen eines Einzelunternehmens auf eine Ein-Mann-GmbH & Co. KG übertragen wird. Diese Auffassung der Finanzverwaltung stößt in der Literatur auf Kritik (Schmidt/Kulosa, EStG, § 6 EStG Rz. 718 m. w. N.; Scharfenberg, DB 2012, 193).

BEISPIEL

Das im Beispiel a) unter 4.4.4.1 im Jahr 01 vom Gesellschafter A erworbene Grundstück wird im Jahr 04 durch die AB-OHG veräußert. Die persönliche Steuererklärung für 01 wurde von A in 02 abgegeben.

LÖSUNG Das Grundstück wurde innerhalb der Sperrfrist von drei Jahren – gerechnet von der Abgabe der Steuererklärung des A – veräußert.

Wenn in der Handelsbilanz/Steuerbilanz der OHG der Buchwert angesetzt war, ist rückwirkend im Jahr 01 der Teilwert anzusetzen und der Veräußerungsgewinn im Jahr 01 zu versteuern.

Wenn in der Handelsbilanz der OHG der Teilwert und in der negativen Ergänzungsbilanz des A ein entsprechender Minderwert ausgewiesen war, wird die negative Ergänzungsbilanz im Jahr 04 aufgelöst und erst zu diesem Zeitpunkt dem A der Veräußerungsgewinn zugerechnet. Nach der Verwaltungsauffassung fällt der Veräußerungsgewinn rückwirkend im Jahr 01 an (vgl. BMF vom 08. 12. 2011 BStBl I 2011, 1279, Tz. 22–27).

Der rückwirkende Teilwertansatz kommt unabhängig von der Erstellung einer Ergänzungsbilanz und trotz Veräußerung oder Entnahme innerhalb der Sperrfrist dann nicht in Betracht, wenn die Anwendung des § 6 Abs. 5 Satz 4 EStG ausgeschlossen ist. Keine Verletzung der Sperrfrist liegt vor, wenn die einer Buchwertübertragung nach § 6 Abs. 5 Satz 3 EStG nachfolgende Übertragung ebenfalls wieder unter § 6 Abs. 5 Satz 3 EStG fällt und damit auch zwingend zum Buchwert vorzunehmen ist, wenn bei einer Realteilung für die übertragenen Wirtschaftsgüter eine neue Sperrfrist ausgelöst wird oder wenn das Wirtschaftsgut aufgrund höherer Gewalt aus dem Betriebsvermögen ausgeschieden ist (BMF vom 08. 12. 2011 BStBl I 2011, 1279, Rz. 23).

Auch im Zusammenhang mit einer Ein-Mann-Kapitalgesellschaft bestehen Besonderheiten, also bei zu 100 % am Vermögen und Ergebnis beteiligten Gesellschaftern einer Mitunternehmerschaft. (z. B. Ein-Mann-GmbH & Co. KG). Wenn ein zu 100 % am Vermögen und Ergebnis einer Mitunternehmerschaft beteiligter Mitunternehmer ein Wirtschaftsgut aus seinem (Sonder-)Betriebsvermögen in das Gesamthandsvermögen derselben Mitunternehmerschaft überträgt, erfolgt die Übertragung zwingend zum Buchwert. Wenn das Wirtschaftsgut innerhalb der Sperrfrist veräußert oder entnommen wird, werden grundsätzlich die Rechtsfolgen der Sperrfristverletzung ausgelöst, es sei denn, die Sperrfristregelung ist von vornherein nicht anwendbar. In diesem Fall bedarf es auch keiner Ergänzungsbilanz, um den rückwirkenden Teilwertansatz zu vermeiden. Die Sperrfristregelung ist nicht anwendbar, wenn im Zeitpunkt der Übertragung des Wirtschaftsguts nur der übertragende Mitunternehmer am Ergebnis und Vermögen der übernehmenden Mitunternehmerschaft beteiligt war und sich an den Beteiligungsverhältnissen bis zur Veräußerung oder Entnahme des Wirtschaftsguts innerhalb der Sperrfrist nichts geändert hat (BFH vom 26. 06. 2014, IV R 31/12, BStBl II 2015, 463; Schulze, SteuerStud 2016, 220).

4.4.4.3 Körperschaftsklausel

Bei der Übertragung von Wirtschaftsgütern gegen Gewährung von Gesellschaftsrechten ist von vornherein die Buchwertfortführung ausgeschlossen und stattdessen der Teilwert auch im Herkunftsvermögen anzusetzen, soweit der Anteil einer Körperschaft, Personenvereinigung oder Vermögensmasse an dem Wirtschaftsgut unmittelbar oder mittelbar begründet wird oder dieser sich erhöht (§ 6 Abs. 5 Satz 5 EStG). Es soll verhindert werden, dass Wirtschaftsgüter in u. U. eigens zu diesem Zweck gegründete körperschaftsteuerpflichtige Steuersubjekte (»Objektgesellschaften«) verlagert und dort die stillen Reserven durch das Teileinkünfteverfahren gem. § 3 Nr. 40 EStG zu 40 % oder durch das Schachtelprivileg nach § 8b KStG sogar gänzlich der Besteuerung entzogen werden. Eine Buchwertübertragung des Wirtschaftsguts ist deshalb von vornherein nicht möglich, soweit daran die Beteiligung einer Körperschaft begründet wird oder sich erhöht. Dies ist der Fall, wenn ein Wirtschaftsgut übertragen wird:

- aus dem Betriebsvermögen oder Sonderbetriebsvermögen eines Mitunternehmers auf seine Mitunternehmerschaft, an deren Vermögen eine Kapitalgesellschaft beteiligt ist,
- aus dem Gesamthandsvermögen einer Mitunternehmerschaft in das Betriebsvermögen oder Sonderbetriebsvermögen einer Körperschaft, die ebenfalls Mitunternehmerin ist,
- aus dem Betriebsvermögen oder Sonderbetriebsvermögen eines Mitunternehmers in das Betriebsvermögen oder Sonderbetriebsvermögen einer Körperschaft, die ebenfalls Mitunternehmerin ist.

BEISPIEL

An der A-GmbH & Co. KG sind A als Kommanditist mit 90 % und die A-GmbH als Komplementär mit 10 % beteiligt. A bringt aus seinem Einzelunternehmen oder aus seinem Sonderbetriebsvermögen bei der KG ein Grundstück in das Gesamthandsvermögen der KG ein (Buchwert 100 000 €, Teilwert 250 000 €).

LÖSUNG Die Übertragung des Grundstücks hat grundsätzlich mit dem Buchwert zu erfolgen (§ 6 Abs. 5 Satz 3 EStG). Da die GmbH vermögensmäßig an der KG beteiligt ist, erhält die GmbH ebenfalls einen Anteil an dem Grundstück. Deshalb sind 10 % der stillen Reserven des Grundstücks, nämlich 15 000 €, aufzudecken und zu versteuern (§ 6 Abs. 5 Satz 4, 5 EStG).

Soweit innerhalb von sieben Jahren nach der Übertragung eines Wirtschaftsguts nach § 6 Abs. 5 Satz 3 EStG (unentgeltlich oder gegen Gewährung von Gesellschaftsrechten) zum Buchwert der Anteil einer Körperschaft an dem übertragenen Wirtschaftsgut aus einem anderen Grund begründet wird oder sich erhöht, ist ebenfalls auf den Zeitpunkt der Übertragung rückwirkend der Teilwert anzusetzen (Behaltefrist, § 6 Abs. 5 Satz 6 EStG).

BEISPIEL

Ein Wirtschaftsgut wurde im Jahr 01 zum Buchwert nach § 6 Abs. 5 Satz 3 EStG in das Gesamthandsvermögen einer Mitunternehmerschaft übertragen. Im Jahr 06:

- tritt eine Körperschaft in die Mitunternehmerschaft ein bzw. erhöht sich der Anteil der Körperschaft an der Mitunternehmerschaft,
- wird die Mitunternehmerschaft in eine Körperschaft umgewandelt.

LÖSUNG Soweit der Anteil der Körperschaft innerhalb von sieben Jahren nach der Einbringung des Wirtschaftsguts begründet wird oder sich erhöht, ist das Wirtschaftsgut rückwirkend mit dem Teilwert einzubringen.

Die Anwendung des § 6 Abs. 5 Satz 5, 6 EStG setzt voraus, dass sich durch die Übertragung des Wirtschaftsguts der Anteil der Kapitalgesellschaft an dem übertragenen Wirtschaftsgut erhöht. Nach Auffassung der Finanzverwaltung ist dies nicht der Fall, wenn eine Kapitalgesellschaft ein einzelnes Wirtschaftsgut aus ihrem Betriebsvermögen unentgeltlich oder gegen Gewährung von Gesellschaftsrechten in das Gesamthandsvermögen einer Personengesellschaft überträgt, an der sie zu 100 % vermögensmäßig beteiligt ist (BMF vom 07.02.2002 DStR 2002, 635; BMF vom 08.12.2011 BStBl 2011, 1279, Rz. 29). Bei der Übertragung ist der Buchwert, der sich nach den Vorschriften über die Gewinnermittlung ergibt, anzusetzen, sofern die Besteuerung der stillen Reserven sichergestellt ist. Die Voraussetzungen des § 6 Abs. 5 Satz 4 EStG sind nicht erfüllt, da sich durch die Übertragung der Anteil der Kapitalgesellschaft an dem übertragenen Wirtschaftsgut weder erhöht noch erstmals begründet wird. Die Kapitalgesellschaft ist vor der Übertragung Alleineigentümerin des Wirtschaftsguts. Nach der Übertragung in das gesamthänderisch gebundene Betriebsvermögen ist sie an dem Wirtschaftsgut entsprechend ihrem Anteil weiterhin zu 100 % beteiligt. § 6 Abs. 5 Satz 5 EStG ist auch dann nicht anzuwenden, wenn eine Körperschaft, Personenvereinigung oder Vermögensmasse nicht am Vermögen der Mitunternehmerschaft beteiligt ist, auf die das Wirtschaftsgut übertragen wird.

BEISPIEL

A ist als Kommanditist vermögensmäßig allein an der B-GmbH & Co. KG beteiligt. Die B-GmbH ist als Komplementärin an der B-GmbH & Co. KG vermögensmäßig nicht beteiligt. A hat in seinem Einzelunternehmen einen Pkw (Buchwert 1 000 €, Teilwert 10 000 €). A überträgt den Pkw unentgeltlich in das Gesamthandsvermögen der KG.

LÖSUNG Die Übertragung von Wirtschaftsgütern nach § 6 Abs. 5 Satz 3 Nr. 1 EStG aus einem Betriebsvermögen des Mitunternehmers in das Gesamthandsvermögen der Mitunternehmerschaft hat grundsätzlich mit dem Buchwert zu erfolgen. Mangels vermögensmäßiger Beteiligung der B-GmbH gehen keine stillen Reserven auf die B-GmbH über, da der Pkw vor und nach der Übertragung allein dem A zuzurechnen ist. Deshalb müssen bei der Übertragung des Pkw keine stillen Reserven aufgedeckt werden.

Auch im Fall der Übertragung eines Wirtschaftsguts aus dem Gesamthandsvermögen einer gewerblich geprägten Personengesellschaft in das Gesamthandsvermögen einer anderen gewerblich geprägten Personengesellschaft, an der die Übertragende zu 100 % beteiligt ist, ist bei der Übertragung der Buchwert anzusetzen, sofern die Besteuerung der stillen Reserven sichergestellt ist (§ 6 Abs. 5 Satz 3 Nr. 1 EStG).

4.5 Reinvestitionsrücklage (§ 6b EStG)

4.5.1 Rechtslage

Die Vorschrift des § 6b EStG gestattet, aufgedeckte stille Reserven, die während einer längeren Zeit (sechs Jahre) in bestimmten Wirtschaftsgütern des Anlagevermögens entstanden sind und die bei einer entgeltlichen Veräußerung aufgedeckt werden, auf bestimmte Reinvestitionsgüter zu übertragen. Veräußerungsgewinne können von Reinvestitionen in demselben Betrieb, aber auch in einem anderen Betrieb desselben Steuerpflichtigen abgezogen werden. Veräußerer und Reinvestor müssen grundsätzlich dieselbe Person sein. Zur Rücklagenbildung berechtigt sind natürliche Personen, Personengesellschaften und juristische Personen. Bei Personengesellschaften war umstritten, ob die Rücklagenberechtigung gesellschafter- oder gesellschaftsbezogen anzuwenden war.

- Bis zum Jahr 1999 wurde § 6b EStG bei Personengesellschaften gesellschafterbezogen ausgelegt.
- Das StEntlG 1999/2000/2002 legte dagegen eine rechtsträgerbezogene und damit an der Gesellschaft selbst orientierte Anwendung des § 6b EStG fest.
- In § 6b EStG i. d. F. des UntStFG wurde die rechtsträgerbezogene Anwendung beseitigt und für Veräußerungen nach dem 31. 12. 2001 wieder die **gesellschafterbezogene Anwendung** angeordnet. Nach geltender Rechtslage sind nicht die Gesellschaft oder Gemeinschaft, sondern die einzelnen Gesellschafter nach § 6b EStG berechtigt. Gesellschafter von Personengesellschaften können Veräußerungsgewinne wie in den Wj. bis 1998 wieder ab dem Jahr 2002 zwischen verschiedenen Betriebsvermögen übertragen, die ihnen gehören oder an denen sie beteiligt sind.

Übertragungsfähige Veräußerungsgewinne können aus der Veräußerung (Kauf, Tausch, Einbringung gegen Gewährung von Gesellschaftsrechten) von Grund und Boden, Aufwuchs, Gebäuden und Binnenschiffen entstehen (§ 6b Abs. 1 Satz 1 EStG), die mindestens sechs Jahre zum Anlagevermögen einer inländischen Betriebsstätte gehört haben (§ 6b Abs. 4 Satz 1 Nr. 2 EStG).

Begünstigte Reinvestitionsobjekte können Grund und Boden, Aufwuchs, Gebäude und Binnenschiffe sein (§ 6b Abs. 4 Satz 1 Nr. 1–4 EStG). Darüber hinaus können Gewinne aus der Veräußerung von Anteilen an Kapitalgesellschaften bis zu einem Betrag von 500 000 € auf die Anschaffungskosten neu angeschaffter Anteile an Kapitalgesellschaften oder abnutzbarer beweglicher Wirtschaftsgüter oder Gebäude übertragen werden (§ 6b Abs. 10 EStG, vgl. 4.6.4). Das Reinvestitionsobjekt ist begünstigt, wenn es im Wirtschaftsjahr der Entstehung des Veräußerungsgewinns, im vorangegangenen Wirtschaftsjahr oder innerhalb der gesetzlich geregelten Investitionshilfen angeschafft oder hergestellt wird.

Die Veräußerungsgewinne können entweder im Jahr der Gewinnrealisierung übertragen oder in eine Rücklage eingestellt werden und grundsätzlich auf innerhalb der nächsten vier Wirtschaftsjahre angeschaffte oder hergestellte begünstigte Wirtschaftsgüter übertragen werden. Bei angeschafften Anteilen an Kapitalgesellschaften beträgt die Übertragungsfrist zwei Jahre. Bei neu hergestellten Gebäuden verlängert sich die Vierjahresfrist auf sechs Jahre, wenn am Ende des vierten Jahres mit der Herstellung begonnen worden ist (§ 6b Abs. 3 Satz 2, 3 EStG). Wenn innerhalb der maßgebenden Reinvestitionsfrist kein begünstigtes Wirtschaftsgut angeschafft wird, ist die Rücklage gewinnerhöhend aufzulösen. Der aufzulösende Rücklagenbetrag ist für jedes volle Wirtschaftsjahr mit 6 % jährlich zu verzinsen (§ 6b Abs. 7 EStG).

Über das Vorliegen der Voraussetzungen des § 6b EStG wird dem Grund und der Höhe nach im Verfahren der einheitlichen und gesonderten Gewinnfeststellung für die Gesellschaft entschieden. Dabei werden die persönlichen Voraussetzungen, insbesondere die Vermögenszugehörigkeit der Wirtschaftsgüter und die individuelle Besitzzeit, bei den einzelnen Gesellschaftern geprüft. § 6b EStG lässt zahlreiche Übertragungsmöglichkeiten zu (vgl. R 6b.2 Abs. 6 bis 8 EStR). Die Übertragung der stillen Reserven kann in vollem Umfang oder nur anteilig erfolgen, je nachdem, ob die stillen Reserven und die Anschaffungskosten dem Stpfl. vor und nach der Übertragung voll oder anteilig zuzurechnen sind. Der übertragende Mitunternehmer darf den nach § 6b EStG begünstigten Gewinn nur insoweit übertragen, als der begünstigte Gewinn anteilig auf ihn entfällt. Entsprechend darf bei der Mitunternehmerschaft, auf die der begünstigte Gewinn übertragen wird, der begünstigte Gewinn nur insoweit übertragen werden, als das angeschaffte Wirtschaftsgut dem übertragenden Mitunternehmer zuzurechnen ist.

Stille Reserven aus Wirtschaftsgut	eines Einzelunternehmens oder eines Sonderbetriebsvermögens		
Übertragung auf Wirtschaftsgut	desselben oder eines anderen Einzelunternehmens des Stpfl.	desselben oder eines anderen Sonderbetriebsvermögens des Stpfl.	eines Gesamthandsvermögens derselben oder einer anderen Personengesellschaft, an dem der Stpfl. als Mitunternehmer beteiligt ist
Übertragung möglich	voll	voll	anteilig
Stille Reserven aus Wirtschaftsgut des	Gesamthandsvermögens, an dem der Steuerpflichtige beteiligt ist		
Übertragung auf Wirtschaftsgut des	Gesamthandsvermögens bei dieser oder einer anderen Personengesellschaft, an der der Stpfl. beteiligt ist	des Sonderbetriebsvermögens desselben Stpfl. bei dieser oder einer anderen Personengesellschaft	eines Einzelunternehmens desselben Stpfl.
Übertragung möglich	anteilig	anteilig	anteilig

4.5.2 Veräußerungen der Gesellschaft

Wenn die Personengesellschaft Wirtschaftsgüter ihres Gesamthandsvermögens veräußert, wird § 6b EStG personenbezogen angewendet. Gewinne aus der Veräußerung von Gesellschaftsvermögen können bei Reinvestitionen im Gesellschaftsvermögen abgezogen werden. Der Abzug ist aber auch anteilig von Reinvestitionen möglich, welche die Gesellschafter außerhalb des Gesellschaftsvermögens in einem Einzelunternehmen oder in ihrem Sonderbetriebsvermögen bei derselben oder einer anderen Mitunternehmerschaft tätigen.

BEISPIELE

a) An der AB-KG sind A und B zu je 50 % beteiligt. Die AB-KG veräußert ein Betriebsgrundstück des Gesamthandsvermögens und erzielt einen Veräußerungsgewinn von 100 000 €. Das Reinvestitionsgut wird angeschafft von der AB-KG.
LÖSUNG Die Übertragung der aufgedeckten stillen Reserven ist in vollem Umfang möglich, soweit A und B die persönlichen Voraussetzungen (Besitzzeit) erfüllen. Die Gesellschafter können das Wahlrecht zur Anwendung des § 6b EStG nur einheitlich ausüben.

b) Sachverhalt wie a). Das Reinvestitionsgut wird angeschafft von dem Gesellschafter A zur Nutzung in seinem Einzelunternehmen oder zum Zweck der Vermietung an die KG.

LÖSUNG Das Reinvestitionsgut ist Betriebsvermögen des Einzelunternehmens bzw. Sonderbetriebsvermögen des A bei der KG. Die auf A im Gesamthandsvermögen entfallenden stillen Reserven können anteilig i. H. v. 50 000 € auf die von A angeschafften Wirtschaftsgüter seines Betriebsvermögens oder Sonderbetriebsvermögens übertragen werden.

c) Sachverhalt wie a). A und B sind neben der KG auch noch an einer OHG zu je 50 % beteiligt. Die Reinvestition wird von der OHG vorgenommen.

LÖSUNG Auch wenn die Anschaffung des begünstigten Objekts bei einer anderen Personengesellschaft als der erfolgt, welche die stillen Reserven realisiert hat, ist eine Übertragung der stillen Reserven möglich (OFD Münster vom 12. 04. 2004 DStR 2004, 1041). Wenn die Beteiligungsverhältnisse bei der KG und bei der OHG unterschiedlich sind (z. B. ein Dritter hält eine Beteiligung nur an der OHG), ist eine Übertragung der stillen Reserven nur so weit möglich, als sie auf A und B entfallen und soweit die Reinvestitionsgüter A und B zuzurechnen sind.

Bei der Veräußerung von Wirtschaftsgütern zwischen Schwesterpersonengesellschaften kann demnach dasselbe Objekt bei der einen Mitunternehmerschaft das Veräußerungsobjekt und bei der anderen das nach § 6b EStG begünstigte Anschaffungsobjekt sein. Dies ist für die Praxis bedeutsam, weil eine Buchwertübertragung des Wirtschaftsguts von der einen auf die andere Gesellschaft nach § 6 Abs. 5 EStG nicht anerkannt wird (vgl. 4.4.2).

Bei Personengesellschaften kann der Gesellschafterwechsel Einfluss auf die Berechnung der Sechsjahresfrist des § 6b EStG haben. Wenn ein Mitunternehmeranteil innerhalb der letzten sechs Jahre entgeltlich übertragen worden ist, wird die Sechsjahresfrist unterbrochen und beginnt bei dem eingetretenen Gesellschafter neu zu laufen. Die Neuberechnung der Sechsjahresfrist gilt auch bei Einbringungstatbeständen nach § 24 UmwStG, wenn die übernehmende Gesellschaft das Wirtschaftsgut mit einem über dem Buchwert liegenden Wert angesetzt hat. Hingegen ist die Besitzzeit des Rechtsvorgängers beim Rechtsnachfolger anzurechnen, wenn ein Betrieb, Teilbetrieb oder Mitunternehmeranteil unentgeltlich gem. § 6 Abs. 3 EStG übertragen wird oder wenn bei Einbringungstatbeständen die übernehmende Personengesellschaft das eingebrachte Wirtschaftsgut mit dem Buchwert angesetzt hat.

BEISPIEL

a) An der ABC-OHG sind die Gesellschafter A, B und C zu je 1/3 beteiligt. A und B sind seit der Gründung der OHG am 01. 01. 01, C ist erst seit dem 01. 01. 09 Gesellschafter. Im Jahr 02 hatte die OHG ein Grundstück des Anlagevermögens erworben (Buchwerte zum 31. 12. 12: Grund und Boden 200 000 €, Gebäude 500 000 €). Die OHG verkauft das Grundstück zum 02. 01. 13 zum Kaufpreis von 1 000 000 €. Der Veräußerungsgewinn von 300 000 € entfällt (vereinfacht) nur auf den Grund und Boden. Die OHG reinvestiert im Wirtschaftsjahr 13 nicht und will zum 31. 12. 13 eine Reinvestitionsrücklage bilden.

b) Im Wirtschaftsjahr 14 erwirbt die ABC-OHG ein unbebautes Grundstück des Anlagevermögens.

LÖSUNG

a) C ist nicht mindestens sechs Jahre an der OHG beteiligt und erfüllt nicht die personenbezogenen Voraussetzungen des § 6b Abs. 4 Nr. 2 EStG. Für ihn kann keine Reinvestitionsrücklage gebildet werden. Die Rücklage wird in der steuerlichen Gesamthandsbilanz der ABC-OHG in voller Höhe passiviert. Für C wird eine negative Ergänzungsbilanz erstellt, in welcher der auf ihn entfallende Anteil der Rücklage durch den Einsatz eines Minderwerts ausgeglichen wird.

Buchungssatz in der steuerlichen Gesamthandsbilanz der ABC-OHG:

Aufwand an § 6b-Rücklage	300 000 €

Buchungssatz in der negativen Ergänzungsbilanz des Gesellschafters C:

Minderwert § 6b-Rücklage an Ertrag	100 000 €

b) Buchungssatz in der steuerlichen Gesamthandsbilanz der ABC-OHG:

§ 6b-Rücklage an Grund und Boden	300 000 €

Buchungssatz in der negativen Ergänzungsbilanz des Gesellschafters C:

Mehrwert Grund und Boden an Minderwert § 6b-Rücklage	100 000 €

Wenn das Reinvestitionsobjekt ein abschreibungsfähiges Wirtschaftsgut wäre, wäre der Mehrwert in der Ergänzungsbilanz über die Nutzungsdauer des Wirtschaftsguts aufwandswirksam aufzulösen.

4.5.3 Veräußerungen der Gesellschafter

Veräußert ein Mitunternehmer, der neben seiner Beteiligung an der Mitunternehmerschaft noch ein Einzelunternehmen oder Sonderbetriebsvermögen hat, aus seinem Einzelunternehmen oder Sonderbetriebsvermögen Wirtschaftsgüter i. S. d. § 6b EStG an **Dritte**, sind außer Reinvestitionen im gleichen oder in einem anderen Gewerbebetrieb des veräußernden Steuerpflichtigen auch Reinvestitionen im Sonderbetriebsvermögen sowie anteilige Reinvestitionen in jedem Gesamthandsvermögen begünstigt, an dem er beteiligt ist.

BEISPIEL

A ist an der AB-KG zu 50 % beteiligt und betreibt daneben ein Einzelunternehmen. A veräußert ein Betriebsgrundstück, das er bisher an die KG vermietet hat, an Dritte. Er erwirbt ein neues Grundstück.

LÖSUNG Das an die KG vermietete Grundstück war SBV des A bei der KG. Die aufgedeckten stillen Reserven kann A in vollem Umfang auf ein neues Betriebsgrundstück übertragen, das er im Rahmen seines Einzelunternehmens oder seines Sonderbetriebsvermögens erwirbt.

Veräußert ein Mitunternehmer, der neben seiner Beteiligung an der Mitunternehmerschaft noch ein Einzelunternehmen oder Sonderbetriebsvermögen hat, aus seinem Einzelunternehmen oder Sonderbetriebsvermögen Wirtschaftsgüter i. S. d. § 6b EStG an die **Mitunternehmerschaft** zu Bedingungen wie unter Fremden, liegt bei dem Mitunternehmer ein Veräußerungsgeschäft und bei der Mitunternehmerschaft ein Anschaffungsgeschäft vor. Dasselbe gilt, wenn der Mitunternehmer Wirtschaftsgüter seines Sonderbetriebsvermögens an die Mitunternehmerschaft veräußert. Bei einer Reinvestition im Gesellschaftsvermögen ist eine Übertragung aufgedeckter stiller Reserven des Mitunternehmers insoweit möglich, als das Reinvestitionsgut dem Veräußerer anteilig, d. h. entsprechend seinem Beteiligungsverhältnis, zuzurechnen ist. Begünstigtes Reinvestitionsgut kann auch ein vom Mitunternehmer an seine Mitunternehmerschaft veräußertes Wirtschaftsgut selbst sein. In diesem Fall kann der Mitunternehmer seinen im Einzelunternehmen oder im Sonderbetriebsvermögen erzielten Veräußerungsgewinn von dem auf ihn entfallenden Anteil an den Anschaffungskosten des Reinvestitionsobjekts bei der Mitunternehmerschaft abziehen.

BEISPIEL

Einzelunternehmer A veräußert im Jahr 01 ein ihm länger als sechs Jahre gehörendes Betriebsgrundstück (Buchwert 100 000 €) zum Verkehrswert von 500 000 € an die AB-KG, an der er zu 50 % beteiligt ist.

LÖSUNG A kann die durch den Grundstücksverkauf aufgedeckten stillen Reserven (Veräußerungsgewinn 400 000 €) in voller Höhe in eine § 6b-Rücklage einstellen. Diese Rücklage kann er auf die Anschaffungskosten desselben Grundstücks bei der AB-KG übertragen (Reinvestitionsobjekt). Die Übertragung ist anteilig zulässig, soweit dem A die Anschaffungskosten aufgrund seiner Beteiligung zuzurechnen sind (500 000 € × 50 % = 250 000 €). Die restlichen stillen Reserven i. H. v. 150 000 € kann A im Einzelunternehmen oder in seinem Sonderbetriebsvermögen in eine § 6b-Rücklage einstellen.

Buchungstechnisch kann der Bilanzansatz des angeschafften Reinvestitionsobjekts in der Buchführung der Personengesellschaft entweder durch Minderung der Anschaffungskosten in der Ergänzungsbilanz des veräußernden Gesellschafters (erste Verbuchungsmethode) oder durch Minderung der Anschaffungskosten in der Gesamthandsbilanz (zweite Verbuchungsmethode) erfolgen.

BEISPIEL

a) Im obigen Beispiel wird für A (nur) eine negative Ergänzungsbilanz in Höhe von 250 000 € aufgestellt (erste Verbuchungsmethode).
Buchungssatz in der Ergänzungsbilanz des A:
Minderwert Kapital A an Minderwert Grundstück   250 000 €

b) Im obigen Beispiel werden die Anschaffungskosten des Grundstücks in der Gesamthandsbilanz gemindert (zweite Verbuchungsmethode).
Buchungssatz: Kapitalkonto A an Grundstück   250 000 €

c) Durch die Minderung der Anschaffungskosten in der steuerlichen Gesamthandsbilanz (oben b) werden jedoch die AfA-Beträge den einzelnen Mitunternehmer nicht folgerichtig zugerechnet. Dies kann durch die folgenden Buchungen vermieden werden.
Buchungssatz in der Gesamthandsbilanz der AB-OHG:

Kapitalkonto A	125 000 €	
an Grundstück		250 000 €
Kapitalkonto B		125 000 €

Buchungssatz in der negativen Ergänzungsbilanz des A:
Minderkapital A an Minderwert Grundstück   125 000 €
Buchungssatz in der positiven Ergänzungsbilanz des B:
Mehrwert Grundstück an Mehrkapital A   125 000 €
Dadurch wird die unrichtige Zurechnung der AfA-Beträge in der Gesamthandsbilanz über die Zuweisung einer Mehr-AfA in der Ergänzungsbilanz des B und einer Minder-AfA in der Ergänzungsbilanz des A korrigiert. Durch die entsprechenden Korrekturen in den Ergänzungsbilanzen sind auch die steuerlichen Kapitalkonten der Mitunternehmer richtig ausgewiesen.

4.5.4 Übertragung von Anteilen an Kapitalgesellschaften

Veräußerungen von Anteilen an Kapitalgesellschaften, die im Betriebsvermögen gehalten werden, sind bei natürlichen Personen nach § 6b Abs. 10 EStG begünstigt. Personenunternehmen (Einzelunternehmen und Personengesellschaften) können eine Rücklage bilden. Beteiligte Kapitalgesellschaften können für Anteilsveräußerungen die Steuerbefreiung nach § 8b Abs. 2 i. V. m. Abs. 6 KStG geltend machen und sind daher von der Anwendung des § 6b Abs. 10 EStG ausgeschlossen. Gewinne aus der Veräußerung von Anteilen an Kapitalgesellschaften, die mindestens sechs Jahre ununterbrochen zum Anlagevermögen des Betriebs gehört haben, können im Jahr der Veräußerung auf die Anschaffungskosten von Anteilen an Kapitalgesellschaften, Gebäuden und beweglichen Wirtschaftsgütern übertragen werden. Wenn die Reinvestitionen im Jahr der Veräußerung nicht möglich ist, kann eine Rücklage nach § 6b Abs. 10 Satz 1 EStG wie folgt übertragen werden:

- innerhalb von zwei Jahren auf erworbene Anteile an Kapitalgesellschaften oder erworbene bzw. hergestellte abnutzbare bewegliche Wirtschaftsgüter sowie
- innerhalb von vier Jahren auf erworbene oder hergestellte Gebäude (nicht Grund und Boden).

Es gilt ein Höchstbetrag von 500 000 € für alle Verkäufe von Anteilen an Kapitalgesellschaften in einem Jahr. Der Jahreshöchstbetrag ist personenbezogen (R 6b.2 Abs. 12 EStR). Bei Personengesellschaften steht der Höchstbetrag jedem Gesellschafter zu. Der Höchstbetrag kann von dem jeweiligen Anteil am Veräußerungsgewinn bis zu 500 000 € nach § 6b EStG übertragen bzw. in eine Rücklage eingestellt werden. Ist eine natürliche Person an mehreren Personengesellschaften beteiligt oder führt sie daneben noch ein Einzelunternehmen, kann der Höchstbetrag beliebig auf begünstigte Veräußerungsgewinne verteilt werden.

Der Veräußerungsgewinn aus den Anteilen an der Kapitalgesellschaft unterliegt dem Teileinkünfteverfahren und ist nur zu 60 % steuerpflichtig (§ 3 Nr. 40 EStG). Die Rücklage mindert deshalb bei Übertragung die Anschaffungskosten von Gebäuden und abnutzbaren beweglichen Wirtschaftsgütern nur zu 60 %. Der Restbetrag von 40 % ist steuerfrei aufzulösen (§ 3 Nr. 40 Buchst. a und b EStG), führt aber nicht zur Verzinsung. Hingegen sind die Anschaffungskosten von neuen Anteilen an Kapitalgesellschaften in voller Höhe zu mindern. Wenn eine Rücklage wegen Ablaufs der Reinvestitionsfrist aufgelöst werden muss, sind nur 60 % der stillen Reserven zu verzinsen.

Reinvestition in:	Direktübertragung der stillen Reserven:	Rücklagenbildung:	Übertragung der Rücklage:	Reinvestitionsfrist:	Verzinsung bei Nichtinvestition:
GmbH-Beteiligung, Aktien	100 % (einschl. steuerfreiem Teil)	100 % (einschl. steuerfreiem Teil)	100 % (einschl. steuerfreiem Teil)	zwei Jahre	6 % p. a. des steuerpflichtigen Teils
bewegliches Anlagevermögen	60 % (nur stpfl. Teil)	s. o.	60 % (nur stpfl. Teil)	s. o.	s. o.
Gebäude	s. o.	s. o.	s. o.	vier Jahre	s. o.

BEISPIEL

An der AB-KG sind A zu 60 % und B zu 40 % beteiligt. Die AB-KG verkauft im Jahr 01 ihre Beteiligung an der X-GmbH (Buchwert 100 000 €) zum Kaufpreis von 1 900 000 €.
LÖSUNG Von dem Veräußerungsgewinn von 1 800 000 € entfallen 1 080 000 € auf A und 720 000 € auf B. A und B können jeweils bis zum Höchstbetrag von 500 000 € (insgesamt also 1 000 000 €) in eine § 6 b-Rücklage einstellen und diese auf die Anschaffungskosten von Gebäuden oder beweglichen Wirtschaftsgütern übertragen. Der restliche Gewinn i. H. v. 800 000 € ist nach dem Teileinkünfteverfahren (§ 3 Nr. 40 EStG) nur zu 60 % steuerpflichtig, d. h. von A mit 288 000 € (60 %) und von B mit 192 000 € (40 %) zu versteuern.

4.5.5 Veräußerung des Mitunternehmeranteils

§ 6b EStG ist auch auf stille Reserven anwendbar, die bei der Veräußerung eines Mitunternehmeranteils nach § 16 Abs. 1 Satz 1 Nr. 2 EStG aufgedeckt werden. Dies ist der Fall, soweit die stillen Reserven aus begünstigten Wirtschaftsgütern stammen und soweit der veräußernde Gesellschafter die persönlichen Voraussetzungen (Besitzzeit) erfüllt.

BEISPIEL

An der im Jahr 01 gegründeten ABC-OHG sind A, B und C zu je 1/3 beteiligt. Im Jahr 07 veräußert C seinen Gesellschaftsanteil (Buchwert 100 €) an D zu einem Kaufpreis von 130 €.
LÖSUNG C kann den Veräußerungsgewinn von 30, soweit dieser nach § 6b EStG begünstigt ist, auf Wirtschaftsgüter übertragen, die er in einem Einzelunternehmen, in einem Sonderbetriebsvermögen oder anteilig in einem anderen Gesamthandsvermögen anschafft. Erfolgt die Reinvestition nicht unmittelbar im Anschluss, kann C die stillen Reserven in eine § 6b-Rücklage einstellen und diese bis zum Ende der Reinvestitionsfrist in besonderen Aufzeichnungen weiterführen (vgl. R 6b.2 Abs. 10 EStR).

In aller Regel sind nicht alle Wirtschaftsgüter des Betriebs nach § 6b EStG begünstigt. Der Veräußerungsgewinn ist entsprechend in einen nach § 6b EStG begünstigten und nicht begünstigten Teil aufzuteilen. Der restliche Veräußerungsgewinn, auf den § 6b EStG nicht angewendet wird, unterliegt nicht den Vergünstigungen für Veräußerungsgewinne. Zwar kann der Veräußerungsfreibetrag nach § 16 Abs. 4 EStG abgezogen werden. Die Anwendung des ermäßigten Steuersatzes nach § 34 EStG ist jedoch nicht möglich.

BEISPIEL

An der AB-OHG sind A und B zu je 50 % beteiligt. B veräußert seinen Mitunternehmeranteil an C für 350 T€.

Aktiva	Schlussbilanz der AB-OHG zum Veräußerungszeitpunkt			Passiva
	Buchwert	Teilwert	Buchwert	Teilwert
Wirtschaftsgüter I			Kapital A 275 €	350 €
(§ 6b EStG nicht erfüllt)	500 €	550 €	Kapital B 275 €	350 €
Wirtschaftsgüter II			Sonstige Passiva 100 €	100 €
(§ 6b EStG erfüllt)	150 €	250 €		
	650 €	800 €	650 €	800 €

LÖSUNG Der Veräußerungsgewinn kann von B i. H. v. 50 € in eine § 6b-Rücklage eingestellt werden. Der restliche Veräußerungsgewinn i. H. v. 25 € ist als laufender Gewinn zu versteuern.

Veräußerungspreis		350 €
./. Buchwert des Kapitalkontos	./.	275 €
Veräußerungsgewinn		75 €
./. § 6b-Rücklage	./.	50 €
Restveräußerungsgewinn (nicht nach § 34 EStG begünstigt)		25 €

4.6   Übertragungen zwischen Betriebs- und Privatvermögen

4.6.1   Entgeltliche Übertragungen

Auch Übertragungen zwischen Betriebs- und Privatvermögen können gegen Entgelt, gegen Gewährung oder Minderung von Gesellschaftsrechten sowie unentgeltlich bzw. teilentgeltlich erfolgen. Betroffen können neben dem Privatvermögen das Gesellschaftsvermögen oder das Sonderbetriebsvermögen sein. Übertragungen gegen fremdübliches Entgelt sind als Veräußerungs- und Anschaffungsgeschäfte zu werten.

- Wird aus dem Privatvermögen in das Gesamthandvermögen veräußert, handelt es sich für die Personengesellschaft um eine gewöhnliche Anschaffung mit der Folge der Bewertung nach § 6 Abs. 6 EStG (BMF vom 29.03.2000 BStBl I 2000, 462). Der veräußernde Gesellschafter erzielt im Privatvermögen grundsätzlich keinen Veräußerungsgewinn (Ausnahme §§ 17, 23 EStG, § 21 UmwStG, zur Einbringung aus dem Privatvermögen in eine vermögensverwaltende Personengesellschaft Milatz/Sax, DStR 2017, 141).
- Erfolgt umgekehrt die Veräußerung von Gesamthandvermögen der Gesellschaft in das Privatvermögen eines Gesellschafters, erzielt die Gesellschaft einen laufenden, nicht begünstigten Veräußerungsgewinn. Eine Rücklage nach § 6b EStG ist möglich.

4.6.2 Übertragungen gegen Gewährung oder Minderung von Gesellschaftsrechten

Im Mitunternehmererlass wurde die Einbringung aus den Privatvermögen in das Betriebsvermögen als Einlage und die Ausbringung aus dem Betriebsvermögen in das Privatvermögen als Entnahme behandelt. Die Übertragung von Wirtschaftsgütern aus den Privatvermögen gegen Gewährung oder Minderung von Gesellschaftsrechten wird jedoch inzwischen aufgrund einer Änderung der Rechtsprechung anders behandelt. Wenn die Personengesellschaft dem übertragenden Gesellschafter Gesellschaftsrechte einräumt, wird dies als Gegenleistung und damit als Entgelt angesehen. Die Übertragung eines Einzelwirtschaftsguts aus dem Privatvermögen in das betriebliche Gesamthandsvermögen einer Personengesellschaft stellt einen tauschähnlichen Vorgang dar, wenn dem Einbringenden als Gegenleistung für das eingebrachte Einzelwirtschaftsgut Gesellschaftsrechte gewährt werden, die dem Wert des Wirtschaftsguts entsprechen (offene Sacheinlage). § 6 Abs. 1 Nr. 5 EStG kommt hier nicht zur Anwendung (BFH vom 19. 10. 1998 BStBl II 2000, 230). Die Personengesellschaft hat Anschaffungskosten, die sie zur Inanspruchnahme von AfA berechtigen. Die Einbringung von Wirtschaftsgütern des Privatvermögens in eine gewerbliche Personengesellschaft gegen Gewährung von Mitunternehmeranteilen begründet keine Einlage i. S. d. § 7 Abs. 1 Satz 5 EStG. Eine Erhöhung des Kapitalanteils kann nur dadurch erfolgen, dass die Gutschrift auf demjenigen Kapitalkonto erfolgt, das nach dem Gesellschaftsvertrag den Kapitalanteil wiedergibt. Entscheidend ist dabei der feste Kapitalanteil. Wenn das Kapitalkonto unterteilt ist (Zwei-, Drei- oder Vierkontenmodell), muss die Gutschrift grundsätzlich auf dem Kapitalkonto I erfolgen. Nicht ausreichend für eine Einbringung gegen Gewährung von Gesellschaftsrechten ist eine Gutschrift auf einem Unterkonto des Kapitalkontos, d. h. auf einem variablen Kapitalkonto oder Kapitalkonto II; in solchen Fällen liegt eine Einlage vor (BFH vom 29. 07. 2015, IV R 15/14, BStBl II 2016, 593; BFH vom 04. 02. 2016, IV R 46/12, BStBl II 2016, 607; BMF vom 26. 07. 2016 DStR 2016, 1749; Rätke, StuB 2016, 287).

Die BFH-Rechtsprechung gilt allgemein für die Übertragung einzelner Wirtschaftsgüter aus dem Privatvermögen in das betriebliche Gesamthandsvermögen einer Personengesellschaft gegen Gewährung von Gesellschaftsrechten. Die Einbringung wird als Veräußerung durch den Gesellschafter aus den Privatvermögen (mit der möglichen Rechtsfolge der §§ 17, 23 EStG, 21 UmwStG) und als Anschaffung der Personengesellschaft gewertet, die nach den Regeln des Tauschs vorzunehmen ist (§ 6 Abs. 6 EStG). Übertragungen aus oder in ein Privatvermögen gegen Gewährung bzw. Minderung von Gesellschaftsrechten führen demnach zu denselben Rechtsfolgen wie entgeltliche Veräußerungen (vgl. 4.6.1). Eine Gewährung bzw. Minderung von Gesellschaftsrechten liegt vor, wenn dem Kapitalkonto des Gesellschafters, das für seine Beteiligung am Gesellschaftsvermögen maßgebend ist, Beträge für die Übertragung des Wirtschaftsguts gutgeschrieben bzw. belastet werden (BMF vom 29. 03. 2000 BStBl I 2000, 462.

Da diese Grundsätze nicht nur bei der Einbringung wesentlicher Beteiligungen i. S. d. § 17 EStG, sondern für alle Einzelwirtschaftsgüter gelten, führt z. B. die Einbringung von Grundstücken und grundstücksgleichen Rechten durch offene Sacheinlage in das betriebliche Gesamthandsvermögen einer Personengesellschaft innerhalb von zehn Jahren seit der Anschaffung im Privatvermögen zu einem privaten Veräußerungsgeschäft i. S. d. § 23 Abs. 1 Satz 1 Nr. 1 EStG. Erfolgt die Einlage in das betriebliche Gesamthandsvermögen im Weg der verdeckten Einlage und wurde die Einlage nach dem 31. 12. 1999 vorgenommen, liegt ein privates Veräußerungsgeschäft i. S. d. § 23 Abs. 1 Satz 5 Nr. 1 EStG vor, wenn das eingelegte Wirtschaftsgut innerhalb eines Zeitraums von zehn Jahren seit der Anschaffung im Privatvermögen aus dem Betriebsvermögen veräußert wird.

Die Grundsätze gelten nicht nur bei der Einbringung in eine Personengesellschaft, sondern auch in eine andere Gesamthandsgemeinschaft (Gütergemeinschaft, Erbengemeinschaft). Entsprechendes gilt bei der Übertragung eines Einzelwirtschaftsguts aus dem betrieblichen Gesamthandsvermögen einer Personengesellschaft oder anderen Gesamthandsgemeinschaft in das Privatvermögen. Das bedeutet, dass es sich auch im Fall der Übertragung gegen Minderung von Gesellschaftsrechten um einen tauschähnlichen Vorgang handelt.

Die Einbringung einer wertgeminderten wesentlichen Beteiligung i. S. d. § 17 EStG aus dem Privatvermögen in das betriebliche Gesamthandsvermögen einer Personengesellschaft gegen Gewährung von Gesellschaftsrechten stellt ebenfalls einen tauschähnlichen Vorgang dar (BFH vom 19. 10. 1998 BStBl II 2000, 230). Im Zeitpunkt der Einbringung entsteht ein Veräußerungsverlust, der nach Maßgabe des § 17 Abs. 2 Satz 4 EStG zu berücksichtigen ist. In Fällen der Einlage einer wertgeminderten wesentlichen Beteiligung in einen als Einzelunternehmen geführten Betrieb desselben Stpfl. oder in das Sonderbetriebsvermögen desselben Stpfl. bei einer Mitunternehmerschaft ist der Unterschiedsbetrag zwischen den Anschaffungskosten und dem niedrigeren Teilwert im Zeitpunkt der Einlage festzuhalten und im Zeitpunkt des Ausscheidens der Beteiligung aus dem Betriebsvermögen für Zwecke der Einkommensteuer zu 60 % nach dem Teileinkünfteverfahren gem. § 3c Abs. 2 EStG gewinnmindernd zu berücksichtigen. Gleiches gilt für die Übertragung in das betriebliche Gesamthandsvermögen einer Personengesellschaft, soweit dem Einbringenden keine oder nur teilweise Gesellschaftsrechte gewährt werden.

4.6.3 Unentgeltliche Übertragungen

Wenn ein Wirtschaftsgut ohne Entgelt und ohne Minderung von Gesellschaftsrechten aus dem Gesellschaftsvermögen in das Privatvermögen eines Gesellschafters überführt wird, ist dies eine Entnahme des Wirtschaftsguts (§ 4 Abs. 1 Satz 2, § 6 Abs. 1 Nr. 4 EStG). Die Einlage erfolgt für Rechnung aller Gesellschafter gemeinsam oder auf Rechnung nur des Gesellschafters, aus dessen Privatvermögen das Wirtschaftsgut eingelegt wird, je nachdem, ob das fehlende Entgelt auf privaten oder betrieblichen Gründen beruht. Der Entnahmegewinn ist nur dann allen Gesellschaftern zuzurechnen, wenn der begünstigte Gesellschafter die stillen Reserven geschenkt erhalten soll (BFH vom 28. 09. 1995 BStBl II 1996, 276). Im Regelfall wird eine zumindest konkludente Gewinnverteilungsabrede dergestalt anzunehmen sein, das der Entnahmegewinn dem begünstigten Gesellschafter zuzurechnen ist (BFH vom 06. 08. 1985 BStBl II 1986, 17). Bei der Entnahme ist zu beachten, dass die Überführung des Wirtschaftsguts in das Privatvermögen als Anschaffung gilt (§ 23 Abs. 1 Satz 2 EStG).

Zugehörigkeit zum Betriebsvermögen	Zugehörigkeit zum Privatvermögen	
Verweildauer im Betriebsvermögen unerheblich	**Veräußerung innerhalb der Zehnjahresfrist: privates Veräußerungsgeschäft**	Veräußerung außerhalb der Zehnjahresfrist steuerlich unerheblich
Entnahmezeitpunkt: fiktive Anschaffung, Anschaffungskosten = angesetzter Wert		

BEISPIEL

Der Gesellschafter A der AB-OHG überführt am 31. 12. 01 ein Grundstück seines Sonderbetriebsvermögens (Buchwert Grundstück 100 000 €, Buchwert Gebäude 400 000 €) in sein Privatvermögen (Entnahmewert 700 000 €, Gebäudewert davon 500 000 €). Am 31. 12. 02 veräußerte U das Grundstück für 800 000 €.

LÖSUNG Die Entnahme mit dem Teilwert führt zur Versteuerung der betrieblichen stillen Reserven i. H. v. (700 000 € ./. 100 000 € ./. 400 000 € =) 200 000 €. Durch den Entnahmevorgang wird bei Grundstücken die zehnjährige Spekulationsfrist in Gang gesetzt. Die Überführung des Gebäudes in das Privatvermögen gilt als Anschaffung (§ 23 Abs. 1 Satz 2 EStG). A hat die Veräußerung innerhalb der zehnjährigen Spekulationsfrist (gerechnet ab der Überführung in das Privatvermögen) vorgenommen. Die Spekulationsfrist endet erst mit Ablauf des 31. 12. 11.

Veräußerungserlös			800 000 €
./. Anschaffungskosten (tatsächlicher Entnahmewert)			700 000 €
Gebäude-AfA 02 2 % von 500 000 €	./.	10 000 € ./.	690 000 €
stpfl. Veräußerungsgewinn gem. § 23 EStG			110 000 €

Wenn umgekehrt ein Wirtschaftsgut ohne Entgelt und ohne Mehrung von Gesellschaftsrechten aus den Privatvermögen eines Gesellschafters in sein Sonderbetriebsvermögen oder in das Gesellschaftsvermögen der Personengesellschaft übertragen wird, ist dies eine (verdeckte) Einlage des Wirtschaftsguts. Es gelten die gleichen Regeln wie für die Einlage in ein Einzelunternehmen. Die Einlage ist grundsätzlich mit dem Teilwert bzw. innerhalb der Dreijahresfrist mit den fortgeführten Anschaffungs- oder Herstellungskosten zu bewerten (§ 4 Abs. 1 Satz 5, § 6 Abs. 1 Nr. 5 Buchst. a EStG). Die Einlage von wesentlichen Beteiligungen i. S. d. § 17 EStG ist stets höchstens mit den Anschaffungskosten zu bewerten (§ 6 Abs. 1 Nr. 5 Buchst. b EStG). Die Einlage von Grundstücken kann zusätzlich die Besteuerung eines privaten Veräußerungsgewinns auslösen, wenn später eine Veräußerung des eingelegten Wirtschaftsguts aus dem Betriebsvermögen innerhalb eines Zeitraums von zehn Jahren seit der Anschaffung erfolgt.

BEISPIELE

a) Auswirkungen der Zehnjahresfrist

Anschaffung des Grundstücks im Privatvermögen Anschaffungskosten 100 T€	Einlage in das Betriebsvermögen Teilwert 180 T€	Veräußerung aus dem Betriebsvermögen innerhalb von zehn Jahren Veräußerungspreis 200 T€	Veräußerung aus dem Betriebsvermögen außerhalb von zehn Jahren Veräußerungspreis 210 T€
Zehnjahresfrist			
	Lösung: »Normale Einlage«: noch kein Gewinn (verdeckte Einlage: Sofortgewinn 80 T€)	Lösung: Betrieblicher Gewinn: 20 T€ Gewinn nach § 23 EStG: 80 T€	Lösung: Betrieblicher Gewinn: 30 T€ kein Gewinn nach § 23 EStG mehr

b) A erwarb im Jahr 01 für 100 000 € ein unbebautes Grundstück für sein Privatvermögen. Ab 04 vermietet A das Grundstück als betrieblichen Lagerplatz an die AB-OHG, an der er als Gesellschafter beteiligt ist. Zum Einlagezeitpunkt beträgt der Teilwert 200 000 €. In 09 veräußert A das Grundstück für 300 000 € an B.

LÖSUNG Das Grundstück wird mit der Vermietung an die OHG zum Sonderbetriebsvermögen des A. A erzielt mit der Veräußerung im Jahr 09 einen betrieblichen Veräußerungsgewinn:

Veräußerungspreis		300 000 €
./. Einlagewert	./.	200 000 €
= lfd. gewerblicher Gewinn		100 000 €

Darüber hinaus entsteht ein privater Veräußerungsgewinn i. S. d. § 23 Abs. 1 Satz 5 Nr. 1 EStG, da seit der Anschaffung des Grundstücks im Privatvermögen bis zur Veräußerung aus dem Betriebsvermögen noch nicht zehn Jahre verstrichen sind. Daher gilt die Einlage im Jahr 04 als Veräußerung, die im Jahr 09 besteuert wird.

Einlagewert	200 000 €
./. ursprüngliche Anschaffungskosten	./. 100 000 €
Gewinn aus privatem Veräußerungsgeschäft nach § 23 EStG	100 000 €

Der Betrag entspricht den stillen Reserven, die während der Zugehörigkeit des Grundstücks zum Privatvermögen angewachsen sind.

4.6.4 Teilentgeltliche Übertragungen

Werden für die Übertragung des Wirtschaftsguts zwischen Betriebs- und Privatvermögen Entgelte oder Gesellschaftsrechte gewährt oder gemindert, die dem Wert des Wirtschaftsguts nicht entsprechen, hat wiederum eine Aufteilung in einen unentgeltlichen und einen entgeltlichen Teil zu erfolgen. Wird z. B. ein Entgelt unter dem Teilwert gewährt, kommt es zusätzlich zu einer verdeckten Einlage, wird ein Entgelt unter dem Teilwert gezahlt, ist eine partielle verdeckte Entnahme anzunehmen.

5   Gewinnverteilung

5.1   Gesetzliche Gewinnverteilung

Die Gewinnverteilung ist nach dem Gesetz vorzunehmen, wenn gesellschaftsvertraglich keine andere Regelung getroffen ist. Es ist zwischen den einzelnen Gesellschaftsformen zu unterscheiden:

a) GbR (§ 722 BGB)
- Gewinn- und Verlustverteilung nach Köpfen in gleicher Höhe auf jeden Gesellschafter.

b) OHG (§ 121 HGB)
- Gewinnzurechnung i. H. v. 4 % des Kapitalanteils (§ 121 Abs. 1 HGB),
- Restgewinnverteilung in gleicher Höhe auf jeden Gesellschafter,
- Verlustverteilung in gleicher Höhe auf jeden Gesellschafter (§ 121 Abs. 3 HGB).

c) KG (§§ 167, 168 HGB)
- Gewinnzurechnung i. H. v. 4 % des Kapitalanteils (§ 168 Abs. 1 HGB),
- angemessene Restgewinnverteilung (§ 168 Abs. 2 HGB) unter folgenden Kriterien:
- – Geschäftsführung des Komplementärs,
- – Vollhaftung des Komplementärs,
- – vertraglich vereinbarte Geschäftsführung des Kommanditisten,
- – Risikoverteilung der Haftung durch den Kapitaleinsatz von Komplementär und Kommanditist,
- – entsprechend angemessene Verlustverteilung.

Bei der Kapitalverzinsung handelt es sich um einen Gewinnanteil und nicht um Zins. Ist das Kapitalkonto des Gesellschafters negativ oder erwirtschaftet die Gesellschaft einen Verlust, entfällt die Kapitalverzinsung. Ist der Jahresgewinn geringer als die Summe der Kapitalverzinsung aufgrund des gesetzlichen Zinssatzes von 4 %, ist ein entsprechend geringerer Zinssatz anzuwenden. Einlagen und Entnahmen des Gesellschafters während des Jahres sind bei der Zinsenberechnung zu berücksichtigen, falls keine abweichende Vereinbarung getroffen wird.

BEISPIELE

a) A und B sind Gesellschafter der X-OHG. A hat ein Kapitalkonto im Wj. 01 von gleichbleibend 100 000 €, B ein solches von 50 000 € gehabt.
Die Gesellschaft hat im Wj. 01 einen Gewinn von 80 000 € erzielt.
Welche Gewinn- bzw. Verlustanteile sind A und B unter Beachtung der gesetzlichen Gewinnverteilung zuzurechnen?
LÖSUNG Zunächst erfolgt nach § 121 HGB eine Gewinnzurechnung von 4 % des Kapitalanteils. Der Restgewinn wird in gleicher Höhe auf jeden Gesellschafter verteilt.

	A	B	gesamt
Kapital	100 000 €	50 000 €	150 000 €
Kapitalverzinsung 4 %	4 000 €	2 000 €	6 000 €
Restgewinn	37 000 €	37 000 €	74 000 €
Gewinnanteile	41 000 €	39 000 €	80 000 €

b) Sachverhalt wie a); die Gesellschaft hat im Wj. 01 einen Verlust von 60 000 € erzielt.
Frage: Welche Gewinn- bzw. Verlustanteile sind A und B unter Beachtung der gesetzlichen Gewinnverteilung zuzurechnen?
LÖSUNG Die Verlustverteilung erfolgt in gleicher Höhe auf jeden Gesellschafter:

	A	B	gesamt
Verlustanteile	./. 30 000 €	./. 30 000 €	./. 60 000 €

5.2 Vertragliche Gewinnverteilung

5.2.1 Allgemeines

Die vertragliche Gewinnverteilung schließt die gesetzliche Gewinnverteilung aus (Privatautonomie). Es findet keine Ergänzung einer vertraglichen Gewinnverteilung durch Teilbereiche der gesetzlichen Gewinnverteilung statt.

5.2.2 Kriterien und Möglichkeiten vertraglicher Gewinnverteilung

Die vertragliche Vereinbarung der Gewinnverteilung bezieht sich im Regelfall auf den Handelsbilanzgewinn. Der handelsrechtliche Gewinnverteilungsschlüssel wird auf den aus der Handelsbilanz abgeleiteten Steuerbilanzgewinn angewendet. Die Gewinnverteilung kann vertraglich in unterschiedlicher Weise vereinbart werden:
- in gleicher Höhe auf jeden Gesellschafter,
- Gewinnverteilung nach dem Verhältnis konstanter oder variabler Kapitalkonten,
- Zuweisung von Sondervergütungen aus gesellschaftsvertraglichen Abreden oder aus besonderen schuldrechtlichen Verträgen,
- Berücksichtigung einer Kapitalverzinsung,
- Berücksichtigung des Haftungsrisikos.

Bei der Kapitalverzinsung und der Haftungsvergütung handelt es sich letztlich um eine Gewinnverteilungsabrede, d. h. aus dem handelsrechtlichen Gewinn werden bei der Verteilung dieses

Gewinns die genannten Beträge den Gesellschaftern vorab zugewiesen und erst dann der Restgewinn verteilt. Kapitalverzinsung und Haftungsvergütung haben den handelsrechtlichen
Gewinn noch nicht gemindert und sind daher nicht wie Sonderbetriebsausgaben dem Gewinn
hinzuzurechnen.

5.2.3 Steuerrechtliche Beurteilung

Es gilt der Grundsatz der Maßgeblichkeit der zivilrechtlichen Vereinbarungen im Gesellschaftsvertrag für das Steuerrecht. Dieser Grundsatz wird aber zum Teil durchbrochen:
- Die Sonderregeln für die Angemessenheit der Gewinnverteilung sind insbesondere bei
  den Familienpersonengesellschaften und bei Beteiligungen von personen- und anteilsidentischen Schwesterpersonengesellschaften zu beachten, weil hier häufig der natürliche
  Interessengegensatz fehlt.
- Rückwirkende Vereinbarungen sind zwar zivilrechtlich aufgrund der Vertragsfreiheit
  möglich, aber im Steuerrecht generell unzulässig. Auch vertragliche Änderungen der
  Gewinnverteilung sind nur für die Zukunft möglich.

Außerdem sind die Sonderregelungen des § 15 Abs. 1 Satz 1 Nr. 2 EStG für die Sondervergütungen der Gesellschafter zu beachten:
- Soweit die Sondervergütungen den HB-Gewinn gemindert haben, sind sie bei der
  Gewinnermittlung dem Handelsbilanzgewinn zur Ermittlung des steuerlichen Gesamtgewinns wieder hinzuzurechnen.
- Die Sondervergütungen sind im Sonderbereich des einzelnen Gesellschafters als Einkünfte aus Gewerbebetrieb zu erfassen.
- Die Sondervergütungen (Sonderbetriebseinnahmen und Sonderbetriebsausgaben) erhöhen bzw. ermäßigen den Gewinnanteil des betreffenden Gesellschafters.
- Die Erfassung der Sondervergütungen hat nach Bilanzierungsgrundsätzen periodengerecht zu erfolgen (bei Zahlungen erst im folgenden Jahr durch sonstige Verbindlichkeiten
  bei der Personengesellschaft und sonstige Forderungen im Sonderbereich des einzelnen
  Gesellschafters).

BEISPIEL

A, B und C sind Gesellschafter der X-KG. A ist Komplementär, B und C sind Kommanditisten.
A, B und C sind mit 50 : 30 : 20 % nach der gesellschaftsvertraglichen Gewinnverteilungsabrede
am Gewinn und Verlust beteiligt. Außerdem haben die Gesellschafter vereinbart, dass A für sein
Haftungsrisiko eine Vorabvergütung von 10 000 € erhält. Daneben haben die einzelnen Gesellschaf-
ter mit der Gesellschaft folgende Verträge abgeschlossen:
- A einen Dienstvertrag. Danach erhält A für die Geschäftsführung der Gesellschaft ein monatliches
  Gehalt von 3 000 €.
- B einen Darlehensvertrag. Danach hat B der Gesellschaft ein Darlehen i. H. v. 100 000 € gegen eine
  10 %ige Verzinsung zur Verfügung gestellt.
- C einen Mietvertrag. Danach erhält C für die Überlassung eines bebauten Grundstücks monatlich
  1 000 €. Die von C getragenen Grundstücksaufwendungen einschließlich der AfA haben im Jahr
  3 000 € betragen.

Die X-KG hat im Wj. 01 einen Gewinn von 120 000 € erzielt. Das Gehalt für A, die Darlehenszinsen
für B und den Mietzins für C hat die Kommanditgesellschaft als Aufwand gebucht. Welchen Gewinn
hat die X-KG erzielt und wie ist dieser auf die Gesellschafter zu verteilen?
Abwandlung:
Die X-KG hat im obigen Fall im Jahr 01 einen Verlust von 158 000 € erzielt. Dabei hat sie das Gehalt,
die Darlehenszinsen und den Mietzins ebenfalls zu Lasten des Gewinns gebucht. Wie hoch ist das
Betriebsergebnis der X-KG im Wj. 01 und wie ist es auf die Gesellschafter A, B und C zu verteilen?

LÖSUNG
Gewinnermittlung Grundfall und Fallabwandlung

Gewinn/Verlust lt. Handelsbilanz	120 000 €	./. 158 000 €
+ Gewinn Sonderbereich A	36 000 €	36 000 €
+ Gewinn Sonderbereich B	10 000 €	10 000 €
+ Gewinn Sonderbereich C	9 000 €	9 000 €
= steuerrechtlicher Gewinn	175 000 €	./. 103 000 €

Gewinnverteilung im Grundfall (Gewinn)

	A	B	C	gesamt
Haftungsvergütung	10 000 €	–	–	10 000 €
+ Restgewinn 50 : 30 : 20	55 000 €	33 000 €	22 000 €	110 000 €
= Gewinnanteile lt. HB	65 000 €	33 000 €	22 000 €	120 000 €
+ Gewinne Sonderbereich	36 000 €	10 000 €	9 000 €	55 000 €
= steuerlicher Gewinn	101 000 €	43 000 €	31 000 €	175 000 €

Gewinnverteilung Fallabwandlung (Verlust)

	A	B	C	gesamt
Haftungsvergütung	10 000 €	–	–	10 000 €
+ Restgewinn 50 : 30 : 20	./. 84 000 €	./. 50 400 €	./. 33 600 €	./. 168 000 €
= Gewinnanteile lt. HB	./. 74 000 €	./. 50 400 €	./. 33 600 €	./. 158 000 €
+ Gewinne Sonderbereich	36 000 €	10 000 €	9 000 €	55 000 €
= steuerlicher Gewinn	./. 38 000 €	./. 40 400 €	./. 24 600 €	./. 103 000 €

5.3 Verteilung steuerlicher Mehrgewinne

Die vertragliche Gewinnverteilungsabrede betrifft regelmäßig die Handelsbilanz. An steuerlichen Korrekturen der Handelsbilanz nehmen im Zweifel (mangels anderweitiger gesellschaftsrechtlicher Vereinbarung) ergebnismäßig alle Gesellschafter teil. Nach der Rechtsprechung ist der durch eine Betriebsprüfung nachträglich festgestellte Mehrgewinn einer Personengesellschaft grundsätzlich allen Gesellschaftern nach dem vereinbarten Gewinnverteilungsschlüssel zuzurechnen (BFH vom 24. 10. 1996 BStBl II 1997, 241). Das gilt jedoch nicht uneingeschränkt, wenn die Mehrgewinne ausschließlich einem Gesellschafter zugutegekommen sind. Derartige Mehrgewinne sind unter bestimmten Umständen dem Mitunternehmer zuzurechnen, dem sie endgültig verbleiben, weil kein Steuerpflichtiger ein Einkommen zu versteuern braucht, das tatsächlich einem anderen zugeflossen ist (BFH vom 14. 12. 2000 BStBl II 2001, 238). Hinzukommen muss jedoch, dass weder die Gesellschaft noch die anderen Gesellschafter in der Lage sind, etwa bestehende Ersatzansprüche gegen den Mitunternehmer durchzusetzen, z. B. wegen dessen Vermögenslosigkeit.

BEISPIELE

a) Der Betriebsprüfer erzielt bei der Prüfung einer Mitunternehmerschaft Mehr-/Minderergebnisse wegen Berichtigung falscher Bilanzansätze der Gesamthandsbilanz, nicht verbuchter Einnahmen, falsch verbuchter Betriebsausgaben.
LÖSUNG Die Verteilung des Mehr-/Minderergebnisses ist auf alle Gesellschafter nach dem vereinbarten Gewinnverteilungsschlüssel vorzunehmen.

b) Sachverhalt wie a). Allerdings werden die Mehr-/Minderergebnisse wegen falsch verbuchter Sach-, Nutzungs- oder Leistungsentnahmen erzielt.

LÖSUNG Nach der Rechtsprechung ist regelmäßig eine zumindest konkludente Änderung der Gewinnverteilungsabrede anzunehmen und das Mehr-/Minderergebnis allein dem betroffenen Gesellschafter zuzurechnen, es sei denn, es wurde eine anderweitige Vereinbarung getroffen (BFH vom 06. 08. 1985 BStBl II 1986, 17). Eine Verteilung auf alle Gesellschafter kommt in Betracht, wenn dem betreffenden Gesellschafter die in dem entnommenen Wirtschaftsgut enthaltenen stillen Reserven unentgeltlich zugewendet werden sollen (BFH vom 28. 09. 1995 BStBl II 1996, 276). Nach anderer Auffassung sind Buchgewinne bzw. -verluste aus der Entnahme von Wirtschaftsgütern des Gesamthandsvermögens als Teil des Steuerbilanzgewinns der Gesellschaft allen Gesellschaftern anteilig zuzurechnen, soweit nicht eine vor der Entnahme getroffene und betrieblich veranlasste Abrede der Gesellschafter eine andere Zurechnung vorsieht (Schmidt, EStG, § 15 EStG Rz. 446).

c) Sachverhalt wie a). Allerdings werden die Mehr-/Minderergebnisse wegen falsch verbuchter Sonderbetriebseinnahmen/Sonderbetriebsausgaben und fehlerhaft verbuchtem Sonderbetriebsvermögen erzielt.

LÖSUNG Die Mehr-/Minderergebnisse aus der Sonderbuchführung sind allein dem betreffenden Gesellschafter zuzurechnen.

d) Durch die Betriebsprüfung wird aufgedeckt, dass ein ungetreuer Gesellschafter die der Gesellschaft zustehenden Einnahmen auf ein eigenes Konto umgelenkt hat.

LÖSUNG Wenn Gelder der Gesellschaft durch einen ungetreuen Gesellschafter auf dessen eigenen Konto vereinnahmt werden, handelt es sich um Sonderbetriebseinnahmen des ungetreuen Gesellschafters. Der hiermit korrespondierende Ersatzanspruch der Gesellschaft ist nicht zu aktivieren, wenn die Gesellschaft auf den Anspruch verzichtet, wenn er nicht unbestritten oder nicht werthaltig ist (BFH vom 22. 06. 2006 BStBl II 2006, 838).

5.4 Zinserträge der Personengesellschaft

Wenn eine Personengesellschaft Zinserträge erzielt, muss die kontoführende Bank als Zahlstelle die Zinsabschläge »für Rechnung des Gläubigers der Kapitalerträge« an das Finanzamt abführen (§ 44 Abs. 1 Satz 1, 2 EStG). Die Personengesellschaft ist zwar zivilrechtlich, aber nicht steuerlich Gläubiger der Kapitalerträge i. S. d. § 44 EStG. Als Gläubiger i. S. d. §§ 43 ff. EStG der von der Personengesellschaft bezogenen Kapitalerträge werden die Gesellschafter der Personengesellschaft als Mitunternehmer behandelt, sodass ihnen die Kapitalerträge steuerlich zugerechnet werden (BFH vom 09. 11. 1994 BStBl II 1995, 255). Die Personengesellschaft erhält die Kapitalerträge gekürzt um den Kapitalertragsteuerbetrag und den Solidaritätszuschlag. Die Gesellschafter können diese Beträge auf ihre Einkommensteuerschuld anrechnen oder eine Steuererstattung (§ 36 Abs. 4 Satz 2 EStG) erhalten. Der Liquiditätsabfluss zulasten des Aktivvermögens der Personengesellschaft kommt den Gesellschaftern als Vorauszahlung in ihrer späteren steuerlichen Veranlagung zugute. Sie haben die Kapitalerträge der Personengesellschaft als Einnahmen aus der Mitunternehmerschaft mit ihrem individuellen Steuersatz zu versteuern. Die Vorauszahlung ist eine Entnahme, die bei einer werbenden Personengesellschaft durch gesellschaftsvertragliche Vorschriften begründet sein kann. Wenn solche gesellschaftsvertraglichen Steuerentnahmebefugnisse nicht vorhanden sind, sind die Gesellschafter gegenüber der Gesellschaft für gezahlte Zinsabschläge erstattungspflichtig (BFH vom 05. 04. 2016 DStR 2016, 1273; Kruth, DStR 2016, 1871).

6 Doppelstöckige Personengesellschaft

6.1 Unmittelbare Leistungen bei mittelbarer Beteiligung

Von einer mittelbaren Beteiligung wird gesprochen, wenn jemand eine Leistung an eine Personen(unter)gesellschaft erbringt, an der er nicht unmittelbar, aber mittelbar über eine Beteiligungs(ober)gesellschaft beteiligt ist. Bei der **doppelstöckigen** Personengesellschaft entstehen drei Ebenen: die Ebene der Gesellschafter (Mitunternehmer) der Personen-Obergesellschaft, die Ebene der Personen-Obergesellschaft selbst und die Ebene der Personen-Untergesellschaft. Die Gesellschafter der Obergesellschaft sind deren Mitunternehmer. Mitunternehmer der Untergesellschaft ist die Obergesellschaft. Die Ober- und die Untergesellschaft haben eigenständige Gewinnermittlungen (BFH vom 12.02.2014 BStBl II 2014, 621). Sind an einer Personengesellschaft (Obergesellschaft) Gesellschafter als Mitunternehmer beteiligt und ist die Obergesellschaft ihrerseits Gesellschafterin und Mitunternehmerin in einer anderen Personengesellschaft (Untergesellschaft), so sind nach § 15 Abs. 1 Satz 1 Nr. 2 Satz 2 EStG die Gesellschafter der Obergesellschaft als Mitunternehmer der Untergesellschaft anzusehen (sog. Durchgriff).

BEISPIEL

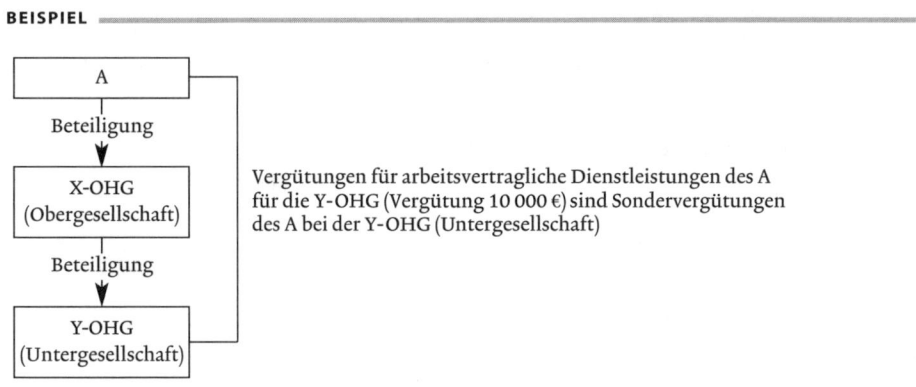

Vergütungen für arbeitsvertragliche Dienstleistungen des A für die Y-OHG (Vergütung 10 000 €) sind Sondervergütungen des A bei der Y-OHG (Untergesellschaft)

Nach § 15 Abs. 1 Satz 1 Nr. 2 Satz 2 EStG ist der Gesellschafter der Obergesellschaft – neben der Obergesellschaft als solcher – auch Mitunternehmer des Betriebs der Untergesellschaft (und nimmt an beiden Gewinnfeststellungen teil), wenn
- er selbst Mitunternehmer der Obergesellschaft ist und
- die Obergesellschaft Mitunternehmerin der Untergesellschaft ist (ununterbrochene Mitunternehmer-Kette).

6.2 Rechtsfolgen

Bei einer sog. geschlossenen Mitunternehmerkette ist zur Missbrauchsvermeidung bestimmt, dass der Gesellschafter der Obergesellschaft zugleich Sondermitunternehmer der Untergesellschaft ist. Die von der Obergesellschaft aus ihrer Beteiligung an der Untergesellschaft erzielten Gewinnanteile sind Teil ihres Gesamtgewinns und werden den Mitunternehmern der Obergesellschaft nach dem Gewinnverteilungsschlüssel zugeordnet. Auf Leistungsvergütungen der Untergesellschaft an den Gesellschafter der Obergesellschaft ist § 15 Abs. 1

Satz 1 Nr. 2 EStG anzuwenden. Er ist mittelbar Mitunternehmer der Untergesellschaft (sog. Durchgriffstheorie). Sondervergütungen, welche die Untergesellschaft einem Gesellschafter der Obergesellschaft für unmittelbare Leistungen (Tätigkeit, Kapital, Nutzungen) an die Untergesellschaft gewährt, werden im Gesamtgewinn der Untergesellschaft nach § 15 Abs. 1 Satz 1 Nr. 2 EStG erfasst. Die Vergütung ist bei der Gewinnfeststellung der Untergesellschaft dem die Leistung erbringenden Gesellschafter allein als Vorwegvergütung zuzurechnen. Er nimmt (nur) mit der Sondervergütung an der Gewinnfeststellung der Untergesellschaft teil, obwohl er nicht (unmittelbar) Gesellschafter der Untergesellschaft ist. Zur Anwendung des § 15a EStG bei doppelstöckigen Personengesellschaften im Fall von Verlusten beschränkt haftender Gesellschafter vgl. E 1.13.

§ 15 Abs. 1 Satz 1 Nr. 2 Satz 2 EStG lässt die Stellung der zwischengeschalteten Personen(ober)gesellschaft unberührt. Sie bleibt Gesellschafterin und Mitunternehmerin der Untergesellschaft. Deshalb ist der auf die Obergesellschaft entfallende Anteil am Gewinn der Untergesellschaft weiterhin der Obergesellschaft und nicht etwa deren Gesellschaftern im Rahmen der Gewinnfeststellung der Untergesellschaft zuzurechnen.

BEISPIEL

Mittelbare Beteiligung
An der ABC-OHG sind A, B und C zu je 1/3 beteiligt. Die ABC-OHG ist an der X-KG mit 90 % beteiligt. Die restlichen 10 % werden von der X-(Komplementär-)GmbH gehalten. A hat der X-KG Geschäfte vermittelt und dafür von ihr Provisionsentgelte i. H. v. 200 000 € erhalten. Der Handelsbilanzgewinn der X-KG im Jahr 01 beträgt 1,5 Mio. €, der Handelsbilanzgewinn der ABC-OHG 750 000 €.

LÖSUNG
Gewinnfeststellung der X-KG

	X-KG	ABC-OHG	X-GmbH	A
Handelsbilanzgewinn	1 500 000 €	1 350 000 €	150 000 €	–
+ Sonderbetriebseinnahmen des A	200 000 €	–	–	200 000 €
steuerlicher Gesamtgewinn	1 700 000 €	1 350 000 €	150 000 €	200 000 €

Gewinnfeststellung der ABC-OHG

	A	B	C
Gesamtgewinn	250 000 €	250 000 €	250 000 €

Die gewerblichen Einkünfte des A betragen insgesamt 450 000 €.

Die Obergesellschaft kann weiterhin Sonderbetriebsvermögen bei der Untergesellschaft haben und von dieser Sondervergütungen i. S. d. § 15 Abs. 1 Satz 1 Nr. 2 EStG beziehen. Die Gesellschafter der Obergesellschaft haben weiterhin bei der Obergesellschaft Sonderbetriebsvermögen und beziehen von dieser Sondervergütungen. § 15 Abs. 1 Satz 1 Nr. 2 Satz 2 EStG erstreckt sich in seiner Auswirkung also nur darauf, dass die Gesellschafter der Obergesellschaft auch bei der Untergesellschaft Sonderbetriebsvermögen haben und von dieser Sondervergütungen beziehen können.

BEISPIEL

Gesellschafter A der X-OHG erbringt Arbeitsleistungen für die Y-OHG, an der er nicht unmittelbar beteiligt ist, und erhält hierfür von der Y-OHG eine Vergütung. Die X-OHG hält eine Beteiligung an der Y-OHG.

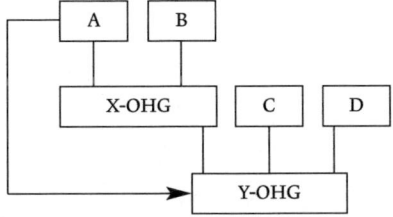

LÖSUNG Mitunternehmer bei der Y-OHG sind unmittelbar die X-OHG, C, D und mittelbar A. Am Gewinn der Y-OHG nehmen jedoch nur die unmittelbaren Gesellschafter (X-OHG, C, D) teil. Bei A ist lediglich die Vergütung aus dem Arbeitsverhältnis als Sonderbetriebseinnahmen i. S. d. § 15 Abs. 1 Satz 1 Nr. 2 EStG anzusetzen. Die damit zusammenhängenden Aufwendungen sind Sonderbetriebsausgaben.

Wirtschaftsgüter, die ein Gesellschafter der Obergesellschaft unmittelbar der Untergesellschaft zur Nutzung überlässt, sowie Forderungen gegen die Untergesellschaft sind als Sonderbetriebsvermögen I Teil des Gesamtbetriebsvermögens der Untergesellschaft. Die Sondervergütungen, welche die Gesellschafter der Obergesellschaft von der Untergesellschaft erhalten, sind bei diesen Sonderbetriebseinnahmen mit der Folge, dass der Gewinn, insbesondere auch der Gewerbeertrag der Untergesellschaft, nicht gemindert wird. Der Gewinn der zwischengeschalteten Obergesellschaft sowie ihr Betriebsvermögen und ihre Gewinnfeststellung werden nicht berührt.

BEISPIEL

Im obigen Beispiel vermietet A ein Grundstück an die Y-OHG.

LÖSUNG Das vermietete Grundstück ist Sonderbetriebsvermögen des A bei der Y-OHG und nicht etwa bei der X-OHG. A nimmt als mittelbarer Mitunternehmer an der Gewinnfeststellung der Y-OHG teil und hat dort die Miete als Sonderbetriebseinnahme zu erfassen.

6.3 Mehrstöckige Personengesellschaft

§ 15 Abs. 1 Satz 1 Nr. 2 Satz 2 EStG betrifft alle Fälle von **mehrstöckigen** Personengesellschaften, wenn alle Personengesellschaften (die Obergesellschaft, die Untergesellschaft und alle zwischengeschalteten Personengesellschaften) als Mitunternehmer anzusehen sind. Das ist der Fall, wenn die Untergesellschaft eine Personenhandelsgesellschaft oder eine mitunternehmerisch tätige GbR ist, weil dann jede zwischengeschaltete Personengesellschaft und auch die Obergesellschaft – auch wenn sie keine Personenhandelsgesellschaft, sondern eine GbR ist – zwangsläufig infolge ihrer Beteiligung an einer mitunternehmerisch tätigen Personengesellschaft ebenfalls mitunternehmerisch tätig ist (Prinz, FR 2016, 589).

BEISPIEL

A ist an der Obergesellschaft X-OHG beteiligt. Die X-OHG ist ihrerseits Gesellschafterin der Y-GbR, die ihrerseits wiederum Gesellschafterin der Z-KG ist.

6.4 Atypische Unterbeteiligung

Nach früherer Rspr. war § 15 Abs. 1 Satz 1 Nr. 2 EStG nicht auf Sondervergütungen anzuwenden, die eine Personengesellschaft für unmittelbare Leistungen an denjenigen zahlt, der am Gesellschaftsanteil eines Mitunternehmers atypisch unterbeteiligt ist, es sei denn, der Unterbeteiligte war wegen besonders starker Stellung in der Hauptgesellschaft unmittelbar Mitunternehmer bei dieser (BFH vom 22. 01. 1985 BStBl II 1985, 363). Diese Auffassung ist durch § 15 Abs. 1 Satz 1 Nr. 2 Satz 2 EStG überholt. Zwar kann eine Innengesellschaft zivilrechtlich als solche nicht Gesellschafterin einer Personengesellschaft sein. Der nach außen allein auftretende Gesellschafter hält die Beteiligung aber für Rechnung der Innengesellschaft, so dass der Unterbeteiligte als Gesellschafter dieser Innengesellschaft mittelbar über eine Personengesellschaft an der Hauptgesellschaft beteiligt ist. Tätigkeitsvergütungen, die eine OHG an atypisch Unterbeteiligte des Hauptgesellschafters zahlt, sind daher dem Gesamtgewinn hinzuzurechnen (BFH vom 02. 10. 1997 BStBl II 1998, 137).

BEISPIEL

C ist zu 1/3 an der ABC-OHG als Mitunternehmer beteiligt (Jahresgewinn 300 000 €). C hat den U vertraglich zu 1/2 an seinem Gesellschaftsanteil sowie an den anteiligen stillen Reserven und am anteiligen Geschäftswert unterbeteiligt. U erhält für die Geschäftsführung in der OHG von dieser eine Geschäftsführervergütung i. H. v. 90 000 €.

LÖSUNG U ist als atypischer Unterbeteiligter über die Unterbeteiligungsgesellschaft mit C mittelbar an der ABC-OHG als Mitunternehmer beteiligt. U ist an der Gewinnfeststellung der ABC-OHG mit der Sondervergütung von 90 000 € beteiligt.

Gewinnfeststellung für die ABC-OHG

	Handels- bilanzgewinn	Sonderbetriebs- einnahmen	Steuerbilanz- gewinn	Gewinnfeststellung Unterbeteiligungsgesellschaft
A	100	–	100	C 50
B	100	–	100	U 50
C	100	–	100	⟶ 100
U	–	90	90	

6.5 Mittelbare Beteiligung über eine Kapitalgesellschaft

Anders wird die mittelbare Beteiligung über eine Kapitalgesellschaft behandelt. Nicht anzuwenden ist § 15 Abs. 1 Satz 1 Nr. 2 Satz 2 EStG, wenn eine Kapitalgesellschaft an einer Personengesellschaft beteiligt ist und ein Gesellschafter der Kapitalgesellschaft, der nicht Gesellschafter der Personengesellschaft ist, für unmittelbare Leistungen von der Personengesellschaft Vergütungen erhält.

7 Gründung von Personengesellschaften

7.1 Überblick

Die Gründung einer Personengesellschaft kann durch Bargründung oder durch Sachgründung erfolgen. In der Praxis vermischen sich zumeist beide Gründungsarten, weil die Gesellschafter ihre Beiträge sowohl in Geld als auch den Sachwerten erbringen können (Mischgründung). Die Erbringung von Sachwerten kann aus dem bisherigen Privatvermögen der

Gesellschafter oder aus einem Betriebsvermögen erfolgen. Außerdem ist bedeutsam, ob es sich bei den Sachwerten um einzelne Wirtschaftsgüter oder um die Einbringung eines Betriebs, Teilbetriebs oder Mitunternehmeranteils handelt. Die Differenzierungen sind wichtig, weil nach ihnen zu entscheiden ist, ob die Übertragung der Wirtschaftsgüter steuerneutral erfolgen kann oder sogar muss oder ob stille Reserven aufzudecken sind, die zu einer zusätzlichen Steuerbelastung führen.

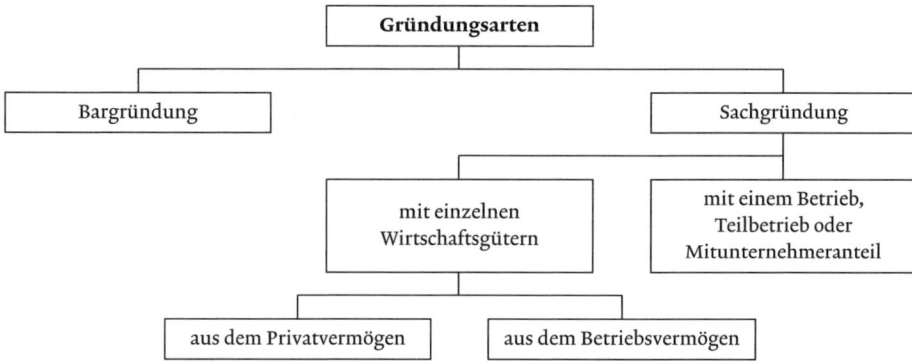

7.2   Bargründung

Bei der Bargründung leisten die Gesellschafter die vereinbarten Beiträge in Geld und erhalten dafür Gesellschaftsrechte. Die Erbringung von Bareinlagen erfolgt zum Nominalbetrag und ist daher von der Bewertung her unproblematisch. Eine Mindesteinlage ist für Personengesellschaften nicht vorgesehen.

Zu Beginn des Handelsgewerbes ist eine Gründungsbilanz aufzustellen (§ 242 Abs. 1 Satz 1 HGB). Stichtag für die Aufstellung der Eröffnungsbilanz und für den Beginn der Buchführungspflicht ist

- bei Ist-Kaufleuten (§ 1 HGB) der Zeitpunkt des tatsächlichen Beginns des Handelsgewerbes,
- bei Kann-Kaufleuten (§§ 2, 3 HGB) der Zeitpunkt der Eintragung in das Handelsregister,
- bei Form-Kaufleuten (§ 6 HGB) der Tag des Abschlusses des Gesellschaftsvertrages.

Die Einlagen werden auf dem betreffenden aktiven Konto und auf dem Kapitalkonto des Gesellschafters gebucht. Für den Ausweis des Eigenkapitals in der Bilanz gibt es unterschiedliche Möglichkeiten.

- Bei der OHG sieht das Gesetz nur ein Kapitalkonto vor, das die geleisteten Einlagen und Gewinne und Verluste sowie die laufenden Entnahmen und Einlagen enthält (§ 120 Abs. 2 HGB). In der Praxis sind verschiedene Varianten anzutreffen (Kresse/Leuz, Sonderbilanzen, Tz. 4.3.5). Üblich ist die Aufspaltung des Kapitalkontos in ein Kapitalkonto I (festes Kapitalkonto), von dem die Beteiligung am Jahresergebnis und die Stimmrechte abhängen, sowie in ein Kapitalkonto II (variables Kapitalkonto), das Entnahmen, Einlagen, Gewinne und Verluste erfasst.
- Bei der KG sind in der Praxis weitere Unterteilungen des Kapitalkontos in ein festes Kapitalkonto (Kapitalkonto I), ein Verlustvortragskonto (Kapitalkonto II, ein Rücklagenkonto (Kapitalkonto III) und ein Privatkonto anzutreffen.
- Ausstehende Pflichteinlagen (bedungene Einlagen) können in entsprechender Anwendung des § 272 Abs. 1 HGB wahlweise auf der Aktivseite der Bilanz ausgewiesen oder auf

der Passivseite offen von den Kapitaleinlagen abgesetzt werden. Eingeforderte Beträge müssen bezeichnet werden.

BEISPIEL ━━━

Ausstehende Einlagen
A und B gründen eine OHG und vereinbaren, eine Einlage von je 100 000 € zu leisten. B leistet zunächst nur eine Einlage von 40 000 €, der Restbetrag wird gestundet.

LÖSUNG

Aktiva		**Eröffnungsbilanz**		Passiva
Bank	140 000 €	Kapital A		100 000 €
noch ausstehende Einlage B	60 000 €	Kapital B		100 000 €
	200 000 €			200 000 €

Oder:

Aktiva		**Eröffnungsbilanz**		Passiva
Bank	140 000 €	Kapital A		
		Pflichteinlage 100 000 €		100 000 €
		Ausstehende Einlage		
		Kapital B 60 000 €		40 000 €
	140 000 €			140 000 €

7.3   Sachgründung

7.3.1   Einbringung gegen Gewährung von Gesellschaftsrechten

Bei der Sachgründung leisten die Gesellschafter ihre Beiträge ganz oder teilweise durch Wirtschaftsgüter, die nicht in Geld bestehen (Sachen, Rechte). Bei der Sachgründung ist die Bewertung der Einlage erforderlich. Die Einbringung der Wirtschaftsgüter ist ein tauschähnlicher Vorgang. Der einbringende Gesellschafter erhält dafür Gesellschaftsrechte. Die steuerrechtliche Behandlung ist unterschiedlich, je nachdem ob die eingebrachten Wirtschaftsgüter aus dem Betriebsvermögen oder aus dem Privatvermögen des zukünftigen Gesellschafters stammen.

7.3.2   Einbringung einzelner Wirtschaftsgüter des Betriebsvermögens

In den vergangenen Jahren wandelte sich die Rechtslage mehrmals. Früher nahmen die Rechtsprechung (BFH vom 15. 07. 1976 BStBl II 1976, 748) und die Finanzverwaltung (Mitunternehmer-Erlass Tz. 56–63) zwar einen tauschähnlichen Vorgang ein, bei dem grundsätzlich Gewinnrealisierung eintritt. Dem Einbringenden wurde jedoch ein Wahlrecht zum Ansatz der eingebrachten Wirtschaftsgüter zu dem Buchwert, dem Teilwert oder einen Zwischenwert gewährt. § 24 UmwStG wurde analog angewendet. Der neu eintretende Gesellschafter war an die von der Personengesellschaft angesetzten Werte gebunden. Sein Einbringungsgewinn bestimmte sich nach dem Wertansatz der eingelegten Wirtschaftsgüter bei der Personengesellschaft.

Mit dem StEntlG 1999/2000/2002 wurde diese Praxis gesetzlich geändert. Die Übertragung in das Gesamthandsvermögen der Personengesellschaft gegen Gewährung von Gesellschaftsrechte führte beim Einbringenden grundsätzlich zur Gewinnrealisierung nach § 6 Abs. 5 Satz 3 EStG a. F. Diese Rechtslage war in den Jahren 1999 und 2000 anzuwenden.

Im StSenkG und im UntStFG kehrte der Gesetzgeber zu der früheren Auffassung zurück, dass eine Gewinnrealisierung nicht erforderlich sei, und ging in der Neuregelung noch einen Schritt weiter. Nach § 6 Abs. 5 Satz 3 EStG sind Übertragungen von Einzelwirtschaftsgütern aus dem Betriebsvermögen oder Sonderbetriebsvermögen in das Gesamthandsvermögen der Mitunternehmerschaft gegen Gewährung von Gesellschaftsrechten zwingend zum Buchwert vorzunehmen. In § 6 Abs. 6 Satz 4 wurde der Vorrang der neuen Vorschrift gegenüber den Regeln des Tauschs (§ 6 Abs. 6 EStG) festgelegt.

Infolge der Buchwerteinbringung springen die in den eingebrachten Wirtschaftsgütern enthaltenen stillen Reserven anteilig auf die übrigen Gesellschafter über und werden auch anteilig von diesen mitversteuert, wenn die Wirtschaftsgüter später von der Personengesellschaft veräußert werden. Die stillen Reserven können aber stattdessen auch mit Hilfe von Ergänzungsbilanzen dem einbringenden Gesellschafter zugeordnet werden, so dass nur dieser Veräußerungsgewinne zu versteuern hat (vgl. 4.5.4).

7.3.3 Einbringung einzelner Wirtschaftsgüter des Privatvermögens

Früher wurde bei der Einbringung einzelner Wirtschaftsgüter aus dem Privatvermögen der Gesellschafter gegen Gewährung von Gesellschaftsrechten eine Einlage nach § 4 Abs. 1 Satz 5 EStG angenommen (Tz. 49 Mitunternehmer-Erlass). Die Einlage führte zur Gewinnrealisierung, wenn die Wirtschaftsgüter mit dem Teilwert bewertet wurden (Normalfall des § 6 Abs. 1 Nr. 5 EStG). In den Fällen, in denen die Einlage mit den privaten Anschaffungs- oder Herstellungskosten zu bewerten war (§ 6 Abs. 1 Nr. 5 Buchst. a und b EStG), wurden dagegen die stillen Reserven erst bei Ausscheiden des Wirtschaftsguts aus dem Betriebsvermögen versteuert.

Nach neuerer Rechtsprechung stellt auch die Einbringung von Wirtschaftsgütern aus dem Privatvermögen der Gesellschafter gegen die Personengesellschaft gegen Gewährung von Gesellschaftsrechten einen tauschähnlichen Vorgang dar (BFH vom 19.10.2000 BStBl II 2000, 230). Die Finanzverwaltung schloss sich der Auffassung des BFH an und hob Tz. 49 Mitunternehmer-Erlass auf (BMF vom 29.03.2000 BStBl I 2000, 462). Der Einbringungsvorgang führt zwingend zur Aufdeckung der stillen Reserven und ist nunmehr wie folgt zu behandeln:
- Für den Einbringenden ist ein entgeltliches Veräußerungsgeschäft anzunehmen. Private Veräußerungsgewinne sind grundsätzlich nicht steuerbar, es sei denn, es liegt ein Fall der §§ 17, 23 EStG oder § 21 UmwStG vor.
- Die Personengesellschaft tätigt ein Anschaffungsgeschäft. Die Anschaffungskosten bestimmen sich nach dem gemeinen Wert des hingegebenen Wirtschaftsguts (§ 6 Abs. 6 Satz 1 EStG). Die Personengesellschaft gibt Gesellschaftsrechte hin, deren Wert im Regelfall dem gemeinen Wert der eingebrachten Wirtschaftsgüter entspricht (vgl. 4.7.2).

7.4 Eintritt von Mitunternehmern

§ 24 UmwStG kann beim Eintritt eines weiteren Gesellschafters in eine bestehende Personengesellschaft entsprechend angewendet werden, wenn ein Betrieb, Teilbetrieb oder Mitunternehmeranteil eingebracht wird. Handelsrechtlich wird die bisherige Personengesellschaft fortgeführt. Ihre Identität wird durch die Erweiterung nicht berührt. Es wird lediglich aufgrund einer Änderung des Gesellschaftsvertrages die personelle Zusammensetzung geändert. Eine Eröffnungsbilanz ist daher handelsrechtlich nicht erforderlich.

Es ist zu unterscheiden, ob der neue Gesellschafter eine Bar- oder Sacheinlage in das Gesellschaftsvermögen oder eine Ausgleichszahlung in das Privatvermögen der bisherigen Gesellschafter leistet. Im Fall der **Bar- oder Sacheinlage in das Gesellschaftsvermögen** ist der Eintritt eines weiteren Gesellschafters nach den gleichen Grundsätzen zu behandeln wie die Gründung der Personengesellschaft. Rechtlich spielt sich der Vorgang wie folgt ab:

- Die bisherigen Gesellschafter bringen ihre Mitunternehmeranteile an der Personengesellschaft in eine neue (durch den eintretenden Gesellschafter vergrößerte) Personengesellschaft ein.
- Der neue Gesellschafter tritt in die Personengesellschaft mit einer Bar- oder Sacheinlage wie bei einer Gründung ein. Ihm wächst eine gesamthänderische dingliche Mitberechtigung am Gesellschaftsvermögen an. Die Geld- oder Sacheinlage ist dem Kapitalkonto des Gesellschafters gutzuschreiben.

Beim Eintritt des Gesellschafters gegen Gewährung von Gesellschaftsrechten treten unterschiedliche Rechtsfolgen ein, je nachdem, ob eine Geldeinlage, eine Sacheinlage aus einem Betriebsvermögen oder eine Sacheinlage aus dem Privatvermögen erfolgt:

- Eine Geldeinlage führt zur Gutschrift des Nominalbetrages auf dem Kapitalkonto des eintretenden Gesellschafters.
- Eine Sacheinlage aus einem Betriebsvermögen des eintretenden Gesellschafters löst, wenn ein Betrieb, Teilbetrieb oder Mitunternehmeranteil eingebracht wird, die Rechtsfolgen des § 24 UmwStG aus. Es besteht ein Wahlrecht zum Ansatz des Buchwerts, des gemeinen Werts oder eines Zwischenwerts. Soweit stille Reserven vorhanden sind und das eingebrachte Betriebsvermögen mit dem gemeinen Wert angesetzt wird, erfolgt der Übergang entweder durch Gesamtrechtsnachfolge (Behandlung wie beim Zwischenwertansatz, § 22 Abs. 2 i. V. m. § 12 Abs. 3 UmwStG) oder durch Einzelrechtsnachfolge (§ 22 Abs. 3 UmwStG mit der Folge, dass die AfA neu ermittelt werden muss).
- Wenn der neue Gesellschafter als Sacheinlage Einzelwirtschaftsgüter aus einem Betriebsvermögen einbringt, löst dies die Rechtsfolgen des § 6 Abs. 5 Satz 3 Nr. 1, 2 EStG aus. Klargestellt wird dies durch § 6 Abs. 5 Satz 1 EStG. Die aufnehmende Personengesellschaft hat die Einzelwirtschaftsgüter zwingend mit dem steuerlichen Buchwert anzusetzen. Dem Gesellschafter wird dieser Wert auf seinem Kapitalkonto gutgeschrieben. Buchungstechnisch kann dies auch durch den Ansatz der gemeinen Werte in der Gesamthandsbilanz und durch deren Neutralisierung über eine negative Ergänzungsbilanz für den eintretenden Gesellschafter erreicht werden.
- Eine Sacheinlage aus dem Privatvermögen des eintretenden Gesellschafters gegen Gewährung von Gesellschaftsrechten stellt einen tauschähnlichen Vorgang dar. Die gewährten Gesellschaftsrechte stellen für den Einbringenden Entgelt und für die aufnehmende Gesellschaft Anschaffungskosten dar. Diese sind mit dem gemeinen Wert zu bewerten. Wird die Einbringung mit einem Wert unterhalb des gemeinen Werts bewertet, erbringt der Einbringende eine zusätzliche verdeckte Einlage bis zur Höhe des gemeinen Werts. Wird die Einbringung höher bewertet, als dies dem gemeinen Wert entspricht, kann dies private Gründe haben und zu einer Schenkung der aufnehmenden Gesellschafter an den Eintretenden führen.

Der Eintritt des neuen Gesellschafters in eine bestehende Personengesellschaft kann auch so erfolgen, dass er an die Altgesellschafter **Zuzahlungen in deren Privatvermögen** leistet. Wenn die Altgesellschafter im übrigen die Buchwerte fortführen, handelt es sich bei den von ihnen realisierten Gewinnen um solche aus der Veräußerung eines Teils eines Mitunternehmeranteils. Solche Gewinne sind nicht tarifbegünstigt (§ 16 Abs. 1 Satz 2 EStG).

7.5   Unentgeltliche Übertragung

Bei der unentgeltlichen Übertragung eines Betriebs, Teilbetriebs oder Mitunternehmeranteils sind vom Übernehmer zwingend die Buchwerte fortzuführen (§ 6 Abs. 3 EStG, vgl. C). Dies gilt nach § 6 Abs. 3 Satz 1 2. HS EStG i. d. F. des UntStFG auch bei der unentgeltlichen Aufnahme einer natürlichen Person in ein bestehendes Einzelunternehmen. Die gesetzliche Regelung stellt die unentgeltliche Aufnahme einer natürlichen Person in ein Einzelunternehmen der unentgeltlichen Übertragung eines Teils eines Mitunternehmeranteils gleich.

BEISPIEL

Einzelunternehmer A nimmt seine beiden Söhne B und C in das Unternehmen auf, indem er mit ihnen eine Personengesellschaft gründet (A 50 %, B und C je 25 %). A bringt zur Erfüllung der Einlageverpflichtung aller Gesellschafter sein bisheriges Einzelunternehmen ein.

LÖSUNG Wenn natürliche Personen unentgeltlich in ein Einzelunternehmen aufgenommen werden, sind in der Bilanz der entstandenen Personengesellschaft die Buchwerte der fortzuführen.

Dies gilt unter bestimmten Voraussetzungen auch dann, wenn der bisherige Betriebsinhaber Wirtschaftsgüter, die weiterhin zum Betriebsvermögen derselben Mitunternehmerschaft gehören, nicht überträgt (§ 6 Abs. 3 Satz 2 EStG i. d. F. des UntStFG). Der bisherige Betriebsinhaber muss die Wirtschaftsgüter der Personengesellschaft weiterhin zu deren betrieblicher Nutzung überlassen. Die Wirtschaftsgüter werden zu seinem Sonderbetriebsvermögen. Der Rechtsnachfolger darf außerdem den übernommenen Mitunternehmeranteil über einen Zeitraum von mindestens fünf Jahren nicht veräußern oder aufgeben. Wird die Sperrfrist nicht eingehalten, entsteht durch die Veräußerung oder Aufgabe des Mitunternehmeranteils in Bezug auf die zu Buchwerten eingebrachten Wirtschaftsgüter rückwirkend ein anteiliger laufender Gewinn. Der Gesetzgeber schuf mit dieser Regelung neue Gestaltungsmöglichkeiten bei der Unternehmensnachfolge.

BEISPIEL

Kommanditist A der AB-KG hat ein Grundstück an die KG verpachtet, das wesentliche Betriebsgrundlage ist und dessen Pachterträge seine Altersversorgung darstellen. A überträgt nach und nach über einen Zeitraum von mehreren Jahren Teile seines Kommanditanteils auf seinen Sohn S, behält aber das Grundstück zurück.

LÖSUNG Die Buchwertübertragung ist auch anzuwenden, wenn nur ein Teil eines Mitunternehmeranteils auf eine natürliche Person übertragen wird (§ 6 Abs. 3 Satz 1 2. HS EStG). S tritt damit in die Fußstapfen des A. Dies gilt, obwohl der bisherige Mitunternehmer A das Grundstück nicht mit überträgt (§ 6 Abs. 3 Satz 2 EStG). Das Grundstück kann im Alleineigentum des A bleiben und muss mit dem Buchwert im Sonderbetriebsvermögen des A bei der KG fortgeführt werden, bis A vollständig aus der KG ausscheidet. Außerdem muss S die übernommenen Mitunternehmeranteile mindestens fünf Jahre fortführen.

Teil C   Wechsel im Gesellschafterbestand

1   Einführung

Bei der Veränderung im Gesellschafterbestand einer Personengesellschaft sind mehrere Varianten denkbar, die jeweils unterschiedliche zivilrechtliche und steuerliche Auswirkungen haben:

- Veräußerung eines Mitunternehmeranteils an einen außenstehenden Dritten;
- Veräußerung eines Mitunternehmeranteils an einen oder mehrere bisherige Gesellschafter (Ausscheiden eines Gesellschafters);
- Aufnahme eines neuen Gesellschafters.

Die Übertragungsvorgänge können dabei

- voll entgeltlich (Kaufpreis wird nach kaufmännischen Gesichtspunkten ermittelt);
- teilentgeltlich (vorweggenommene Erbfolge);
- unentgeltlich (vorweggenommene Erbfolge) oder
- im Wege der Gesamtrechtsnachfolge (Erbschaft) erfolgen.

Im Folgenden werden diese einzelnen Fallgestaltungen dargestellt.

2   Veräußerung eines Mitunternehmeranteils

Wird ein Mitunternehmeranteil an einen außenstehenden Dritten veräußert, so müssen üblicherweise die übrigen Gesellschafter – entsprechend den Regelungen im Gesellschaftsvertrag – der Veräußerung zustimmen.

Der Kaufvertrag über den Gesellschaftsanteil ist grundsätzlich formfrei möglich. Dies gilt selbst dann, wenn sich im Gesamthandsvermögen der Personengesellschaft Wirtschaftsgüter befinden, zu deren Veräußerung Formvorschriften zu beachten sind (z. B. § 311b BGB für die Veräußerung von Grundstücken).

Wird der Mitunternehmeranteil eines Kommanditisten einer GmbH & Co. KG veräußert, so wird in aller Regel auch der Anteil des Kommanditisten an der Komplementär-GmbH mit veräußert. Die Veräußerung des Mitunternehmeranteils und die Veräußerung des Anteils an der Komplementär-GmbH sind zwei getrennt zu beurteilende Vorgänge. Für die Veräußerung des Anteils an der Komplementär-GmbH ist § 15 GmbHG zu beachten (notarielle Beurkundung).

In steuerlicher Hinsicht ist zwischen dem **Veräußerer** (Besteuerung des Veräußerungsgewinns nach § 15 oder § 16 bzw. § 18 Abs. 3 EStG) und dem **Erwerber** (Aktivierung der Anschaffungskosten gemäß § 6 Abs. 1 Nr. 7 EStG) zu differenzieren.

2.1   Ebene des Veräußerers

2.1.1   Veräußerungsgewinn

Veräußert ein Mitunternehmer seinen gesamten Mitunternehmeranteil, so wird der Veräußerungsgewinn nach **§ 16 Abs. 1 Nr. 2 EStG** begünstigt besteuert. Veräußert ein Freiberufler seinen Mitunternehmeranteil, so ist die Vorschrift des § 16 Abs. 1 Nr. 2 EStG über die Verweisungsnorm des **§ 18 Abs. 3 EStG** anwendbar.

Der Veräußerungsgewinn ist nach § 16 Abs. 2 EStG nach **Bilanzierungsgrundsätzen** zu ermitteln (vgl.: »… Wert des Betriebsvermögens …«). Ermittelt die Mitunternehmerschaft ihren Gewinn durch **Einnahmenüberschussrechnung** (§ 4 Abs. 3 EStG), so muss diese auf den Zeitpunkt der Veräußerung zur Bilanzierung übergehen (**Wechsel der Gewinnermittlungsart**). Ein möglicher Übergangsgewinn ist nach den allgemeinen Gewinnverteilungsgrundsätzen allen Mitunternehmern zuzurechnen und kann nicht auf drei Jahre verteilt werden (R 4.6 Abs. 1 EStR sowie H 4.6 EStH »Keine Verteilung des Übergangsgewinns«). Es steht der Mitunternehmerschaft frei, unmittelbar nach der Veräußerung des Mitunternehmeranteils wieder zur Einnahmenüberschussrechnung zurückzukehren.

Die Begünstigung des § 16 EStG besteht zum einen in der Gewährung eines **Freibetrags** nach § 16 Abs. 4 EStG, wenn der Veräußerer entweder das 55. Lebensjahr vollendet hat oder im sozialversicherungsrechtlichen Sinne dauernd berufsunfähig ist. Der Freibetrag wird dem Steuerpflichtigen nur einmal im Leben gewährt. Daher muss die Anwendung des Freibetrags ausdrücklich beantragt werden (es könnte ja sein, dass sich der Steuerpflichtige den Freibetrag für eine spätere Veräußerung »aufheben« möchte). Der Freibetrag beträgt grundsätzlich 45 000 €. Er ermäßigt sich um den Betrag, um den der Veräußerungsgewinn 136 000 € übersteigt.

Neben dem Freibetrag kann der Steuerpflichtige beliebig oft und unabhängig von seinem Alter oder einer eventuellen Berufsunfähigkeit die sog. **Fünftelregelung** des § 34 Abs. 1 EStG in Anspruch nehmen. Erfüllt der Veräußerer die Voraussetzungen des § 16 Abs. 4 EStG für die Gewährung eines Freibetrags, so kann er auf Antrag einmal im Leben den Veräußerungsgewinn mit **56 %** seines durchschnittlichen Steuersatzes versteuern. Der Steuersatz beträgt aber mindestens 14 %.

BEISPIEL

Gesellschafterin G1 gründete 1980 zusammen mit zwei Kollegen eine OHG. Nachdem sie im Jahr 2016 das 65. Lebensjahr vollendete, entschließt sie sich, mit Wirkung zum 01.01.2017 ihren Anteil an der OHG an eine junge Kollegin zu veräußern. Die OHG erstellt zum 31.12.2016 folgende Bilanz:

Aktiva		Passiva	
Grundstück Kaiserstraße 21	60 000 €	Kapital G1	121 300 €
Geschäftsgebäude	210 000 €	Kapital G2	121 300 €
Büro- und Geschäftsausstattung	900 €	Kapital G3	121 300 €
Umlaufvermögen	3 000 €		
Forderungen	60 000 €		
Bank	30 000 €		
	363 900 €		363 900 €

Zum Zwecke der Bestimmung des Kaufpreises erstellt die OHG eine Bilanz zu Teilwerten:

Aktiva		Passiva	
Grundstück Kaiserstraße 21	210 000 €	Kapital G1	463 000 €
Geschäftsgebäude	480 000 €	Kapital G2	463 000 €
Büro- und Geschäftsausstattung	6 000 €	Kapital G3	463 000 €
Umlaufvermögen	3 000 €		
Forderungen	60 000 €		
Bank	30 000 €		
Firmenwert	600 000 €		
	1 389 000 €		1 389 000 €

Dementsprechend veräußert G1 ihren Mitunternehmeranteil für 463 000 €, zahlbar zum 01.01.2017.

LÖSUNG Da nach § 16 Abs. 2 EStG der Veräußerungsgewinn nach Bilanzgrundsätzen ermittelt wird (vgl. die Formulierung »… Wert des Betriebsvermögens …«), muss die OHG auf den Veräußerungszeitpunkt eine Bilanz erstellen.

Der Veräußerungsgewinn ist die Differenz zwischen dem Veräußerungserlös und dem Wert des Betriebsvermögens, soweit dieses auf den veräußernden Mitunternehmer entfällt. Der (buchmäßige) Wert des Betriebsvermögens entspricht dem Kapitalkonto der auf den Veräußerungszeitpunkt aufgestellten Bilanz. Somit ergibt sich im vorliegenden Fall ein Veräußerungsgewinn i. H. v.:

Kaufpreis	463 000 €
./. Kapitalkonto	./. 121 300 €
Veräußerungsgewinn	341 700 €

In einem nächsten Schritt ist zu prüfen, inwieweit ein Freibetrag nach § 16 Abs. 4 EStG infrage kommt. G1 hat im Zeitpunkt der Veräußerung das 55. Lebensjahr vollendet. Es ergibt sich folgende Rechnung:

Freibetrag ungekürzt		45 000 €
Veräußerungsgewinn	341 700 €	
Grenzbetrag	136 000 €	
./. Kürzungsbetrag		./. 205 700 €
zu gewährender Freibetrag		0 €

Wenn die Voraussetzungen des § 16 Abs. 4 EStG dem Grunde nach vorliegen, kann G1 die Tarifermäßigung nach § 34 Abs. 3 EStG in Anspruch nehmen. Stellt sie keinen entsprechenden Antrag, so steht ihr automatisch die Fünftelregelung nach § 34 Abs. 1 EStG zu.

2.1.2 Bildung einer Rücklage nach § 6b EStG

Da der Veräußerer eines Mitunternehmeranteils steuerlich betrachtet Anteile an den einzelnen Wirtschaftsgütern der Gesamthand veräußert, kann er für den Veräußerungsgewinn grundsätzlich eine Rücklage nach § 6b EStG bilden (vgl. R 6b.2 Abs. 10 EStR). Die Rücklage ist in einem fiktiven Rest-Betriebsvermögen zu bilden, das auch noch nach der Veräußerung weiter besteht. Die Rücklage kann innerhalb der Reinvestitionsfrist auf begünstigte Wirtschaftsgüter i. S. d. § 6b EStG übertragen werden. Erfolgt innerhalb der Reinvestitionsfrist keine Anschaffung begünstigter Wirtschaftsgüter, muss die Rücklage gewinnerhöhend aufgelöst werden. Der Auflösungsgewinn ist als nachträgliche Betriebseinnahmen zu versteuern und unterliegt nicht den Vergünstigungen des § 16 EStG.

Voraussetzung der Rücklagenbildung ist allerdings, dass das veräußerte Wirtschaftsgut mindestens **sechs Jahre** ununterbrochen zum Anlagevermögen einer inländischen Betriebsstätte gehört hat (§ 6b Abs. 4 Nr. 2 EStG). Im Falle einer Mitunternehmerschaft ist die Besitzzeit **für jeden einzelnen Mitunternehmer** individuell zu berechnen. Dies bedeutet, dass der Mitunternehmer für seinen Veräußerungsgewinn eine Rücklage nach § 6b EStG nur bilden kann, wenn er am Gesamthandsvermögen mindestens sechs Jahre beteiligt war.

Wird der Veräußerungsgewinn ganz oder teilweise in eine Rücklage nach § 6b EStG eingestellt, geht nach § 34 Abs. 1 Satz 4 bzw. Abs. 3 Satz 6 EStG der Tarifvorteil des § 34 EStG verloren. Da sich der Ausschluss der Tarifvergünstigung nur in § 34 EStG findet, müsste bei strenger Auslegung der Freibetrag des § 16 Abs. 4 EStG trotz Bildung einer Rücklage dennoch gewährt werden. Nach dem Sinn und Zweck des § 16 EStG soll die Vorschrift aber nur dann anwendbar sein, wenn der Mitunternehmer schlagartig alle stille Reserven aufdeckt. Da dies im Falle der Bildung einer Rücklage nach § 6b EStG aber nicht der Fall ist, muss man auch die Gewährung eines Freibetrags verweigern.

BEISPIEL

Wie Beispiel oben; G1 möchte – soweit rechtlich zulässig – den Gewinn in eine Rücklage nach § 6b EStG einstellen.

LÖSUNG Unterstellt man, dass das Grundstück und das Gebäude mindestens sechs Jahre zum Anlagevermögen der OHG gehörten, ist diese Besitzzeit der seit 1980 beteiligten G1 zuzurechnen, so dass die Voraussetzungen des § 6b EStG erfüllt sind. Da die stillen Reserven des Grundstücks (210 000 € ./. 60 000 € =) 150 000 € und die des Gebäudes (480 000 € ./. 210 000 € =) 170 000 € betragen und diese stillen Reserven der R1 zu einem Drittel zuzurechnen sind, kann sie eine Rücklage i. H. v. (320 000 € × 1/3 =) 106 667 € bilden.

Der Veräußerungsgewinn beträgt danach nur noch (341 700 € ./. 106 667 € =) 235 033 €. Dieser Veräußerungsgewinn ist nicht nach § 16 EStG begünstigt und daher als laufender Gewinn nach § 15 EStG zu versteuern.

Die Rücklage kann grundsätzlich vier Jahre im Rest-Betriebsvermögen fortgeführt werden (§ 6b Abs. 3 Satz 2 EStG). Unter den Voraussetzungen von Satz 3 verlängert sich die Reinvestitionsfrist auf sechs Jahre.

BEISPIEL

Fortsetzung des Beispiels:

G1 bildet im Wirtschaftsjahr der Veräußerung (= 2017) die oben dargestellte Rücklage. In 2019 beteiligt sich G1 mit 10 % an einem geschlossenen Fonds in der Rechtsform einer GmbH & Co. KG. Der Fonds erwirbt in 2019 eine Solaranlage. R1 möchte die Rücklage übertragen. Die Bilanz des Fonds sieht wie folgt aus (vor Übertragung der Rücklage):

Aktiva		Passiva	
Solaranlage	2 Mio. €	Darlehen	200 000 €
		Kapital G1	180 000 €
		Kapital übrige Kommanditisten	1 620 000 €
	2 Mio. €		2 Mio. €

LÖSUNG G1 kann die Rücklage insoweit auf die Anschaffung von Wirtschaftsgütern der GmbH & Co. KG übertragen, als diese Wirtschaftsgüter ihr zuzurechnen sind (vgl. R 6b.2 Abs. 6 EStR).

Da G1 ausweislich der Kapitalkonten an der GmbH & Co. KG zu 10 % beteiligt ist, sind ihr die Anschaffungskosten der Solaranlage i. H. v. (2 Mio. € × 10 % =) 200 000 € zuzurechnen. Somit kann die gesamte Rücklage i. H. v. 106 667 € übertragen werden. Die Übertragung der Rücklage erfolgt regelmäßig bilanzierungstechnisch durch Buchung in einer Ergänzungsbilanz der G1:

Aktiva		Passiva	
Minderkapital G1	106 667 €	Minderwert Solaranlage	106 667 €
	106 667 €		106 667 €

Erfolgt innerhalb der Reinvestitionsfrist keine Anschaffung eines Ersatzwirtschaftsguts, muss die Rücklage gewinnerhöhend aufgelöst werden. Dabei ist für jedes volle Wirtschaftsjahr, in dem die Rücklage bestanden hat, eine Gewinnhinzurechnung i. H. v. 6 % vorzunehmen.

BEISPIEL

Im obigen Beispiel bildet G1 im Wirtschaftsjahr der Veräußerung (= 2017) die Rücklage i. H. v. 106 667 €. In den Jahren 2018 bis 2021 (= folgende vier Wirtschaftsjahre) erfolgt keine Reinvestition. G1 muss daher für 2021 einen Gewinn aus der Auflösung der Rücklage i. H. v. 106 667 € zzgl. vier Jahre × (106 667 € × 6 % =) 25 600 €, insgesamt also 132 267 € nach § 24 Nr. 2, § 15 EStG versteuern.

2.1.3 Ergänzungsbilanzen des Verkäufers

Der Mitunternehmeranteil eines Gesellschafters umfasst sowohl den Anteil am Gesamthandsvermögen (plus/minus Korrekturen einer eventuellen **Ergänzungsbilanz**) als auch das dem einzelnen Mitunternehmer zuzurechnende **Sonderbetriebsvermögen** (vgl. BFH vom 12. 04. 2000, IX R 35/99, BStBl II 2001, 26).

Eine Ergänzungsbilanz wird gebildet, um Vorgänge darzustellen, die zwar die Gesamthand betreffen, aber nur bei einem einzelnen Gesellschafter steuerlich relevant sind. Dies ist z. B. der Fall, wenn ein Mitunternehmer einen Gesellschaftsanteil entgeltlich erwirbt oder wenn ein Mitunternehmeranteil (z. B. bei Aufnahme eines weiteren Gesellschafters) nach § 24 UmwStG eingebracht wird und der einzelne Mitunternehmer andere Werte als in der Gesamthandsbilanz wählt. Die Ergebnisse einer Ergänzungsbilanz – die jeweils nur für einen einzelnen Gesellschafter erstellt wird – sind im Rahmen der Berechnung des Veräußerungsgewinns zu berücksichtigen.

BEISPIEL

Die gewerblich tätige XY-OHG stellt zum 31. 12. 2016 folgende Bilanz auf:

Aktiva			Passiva
Wirtschaftsgut 1	500 000 €	Kapital X	440 000 €
Wirtschaftsgut 2	300 000 €	Kapital Y	440 000 €
Firmenwert	80 000 €		
	880 000 €		880 000 €

Am 01. 01. 2016 trat Y in das bisherige Einzelunternehmen des X ein. Im Rahmen der Gründung der OHG brachte X sein bisheriges Einzelunternehmen nach § 24 UmwStG in die OHG ein. Bezüglich Gesellschafter X sollte die Einbringung zum Buchwert erfolgen. Die Gesellschafter X und Y beschlossen, in der Gesamthandsbilanz die gemeinen Werte anzusetzen und die Korrektur über eine (negative) Ergänzungsbilanz des X vorzunehmen. Dementsprechend sieht die Ergänzungsbilanz des X zum 31. 12. 2016 wie folgt aus:

Aktiva			Passiva
Minderwert Kapital X	270 000 €	Minderwert Wirtschaftsgut 1	150 000 €
		Minderwert Wirtschaftsgut 2	120 000 €
	270 000 €		270 000 €

Am 01. 01. 2017 veräußert X seinen Mitunternehmeranteil an Z für 440 000 €.

LÖSUNG Der Veräußerungsgewinn ist nach § 16 Abs. 1 Nr. 2 EStG zu versteuern, da X seinen gesamten Mitunternehmeranteil veräußert. Nach § 16 Abs. 2 EStG ist der Gewinn die Differenz zwischen dem Veräußerungserlös und dem Wert des Betriebsvermögens. Der Wert des Betriebsvermögens ist nach § 4 Abs. 1 EStG zu ermitteln. Die Ergänzungsbilanz stellt eine Korrektur der Werte der Gesamthandsbilanz bezüglich eines Gesellschafters dar. Somit ergibt sich folgender Veräußerungsgewinn (da die Ergänzungsbilanz ein negatives Kapital ausweist, ist das Kapitalkonto hinzuzurechnen (Kaufpreis ./. negatives Kapitalkonto = Kaufpreis + Kapitalkonto):

Kaufpreis		440 000 €
./. Kapitalkonto Gesamthandsbilanz	./.	440 000 €
+ Kapitalkonto Ergänzungsbilanz	+	270 000 €
Gewinn		270 000 €

2.1.4 Sonderbetriebsvermögen des Verkäufers

Wie oben bereits erwähnt, umfasst der Mitunternehmeranteil neben dem Anteil am Gesamthandsvermögen auch das dem einzelnen Mitunternehmer zuzurechnende Sonderbetriebsvermögen. Die Vergünstigung des § 16 Abs. 1 Nr. 2 EStG erhält der veräußernde Mitunternehmer nur, wenn er das **funktional wesentliche Sonderbetriebsvermögen** mit veräußert (BFH vom 12. 04. 2000, IX R 35/99 sowie H 16 Abs. 4 EStH »Sonderbetriebsvermögen«). Sonderbetriebsvermögen, das nicht funktional wesentlich ist, muss nicht mit veräußert werden. Es kann wahlweise in das **Privatvermögen** überführt oder zum **Buchwert** in ein anderes Betriebsvermögen übertragen werden (§ 6 Abs. 5 EStG), ohne dass dies negative Konsequenzen für § 16 EStG hätte.

Für die Frage, ob Sonderbetriebsvermögen **funktional wesentlich** ist, gelten die allgemeinen Grundsätze (vgl. H 15.7 Abs. 5 EStH sowie H 16 Abs. 8 EStH). Funktional wesentlich sind daher vor allem Gebäude, wenn sie die Grundlage für die betriebliche Tätigkeit darstellen, Maschinen, soweit sie nicht jederzeit ersetzbar sind oder immaterielle Wirtschaftsgüter (z. B. Patente), soweit sie für den Betrieb von wesentlicher Bedeutung sind.

Ob die Anteile, die der Kommanditist einer GmbH & Co. KG an der Komplementär-GmbH hält, zum funktional wesentlichen Sonderbetriebsvermögen gehören, ist derzeit nicht endgültig geklärt. Man wird dies aber bejahen müssen, da der Komplementär-GmbH nach § 164 HGB die Geschäftsführung obliegt und sie daher funktional unersetzlich ist.

Wird das funktional wesentliche Sonderbetriebsvermögen im Rahmen der Veräußerung des Mitunternehmeranteils nicht mit veräußert, so ist zu differenzieren:

Wird das Sonderbetriebsvermögen im wirtschaftlichen Zusammenhang mit der Betriebsveräußerung in das **Privatvermögen überführt** (Entnahme), so sind die Voraussetzungen einer Betriebsveräußerung nach § 16 Abs. 1 Nr. 2 EStG nicht erfüllt. Da aber sämtliche stillen Reserven, die in den wesentlichen Betriebsgrundlagen des Mitunternehmeranteils stecken, aufgedeckt werden, liegt insoweit eine **Betriebsaufgabe** des Mitunternehmeranteils vor (§ 16 Abs. 3 EStG).

BEISPIEL

Die Bilanz der ABC-OHG sieht zum 31. 12. 2016 wie folgt aus:

Aktiva		Passiva	
Wirtschaftsgut 1	50 000 €	Kapital A	30 000 €
Wirtschaftsgut 2	180 000 €	Kapital B	40 000 €
Wirtschaftsgut 3	40 000 €	Kapital C	200 000 €
	270 000 €		270 000 €

Gesellschafter A vermietet an die OHG ein Bürogebäude; er erstellt daher zum 31. 12. 2016 folgende Sonderbilanz:

Aktiva		Passiva	
Grundstück	100 000 €	Kapital	480 000 €
Bürogebäude	380 000 €		
	480 000 €		480 000 €

Am 01. 01. 2017 veräußert Mitunternehmer A seinen Mitunternehmeranteil an D für 400 000 €. Von der Veräußerung sind das Grundstück und das Bürogebäude ausgenommen, die A weiterhin an die OHG vermietet. Der gemeine Wert des Grundstücks zum 31. 12. 2016 beträgt 250 000 €, der des Bürogebäudes 510 000 €.

LÖSUNG Ein Bürogebäude stellt regelmäßig eine funktional wesentliche Betriebsgrundlage dar. Da das Bürogebäude nicht an D veräußert wird, sind die Voraussetzungen des § 16 Abs. 1 Nr. 2 EStG nicht erfüllt. Da aber sämtliche stillen Reserven des Mitunternehmeranteils aufgedeckt werden, liegt eine Betriebsaufgabe des Mitunternehmeranteils vor. Dass die OHG weiterhin betrieblich tätig wird, spielt insoweit keine Rolle. Die Betriebsaufgabe ist lediglich auf die Person des A zu beziehen. Bezüglich der Wirtschaftsgüter des Gesamthandsvermögens ist nach § 16 Abs. 3 Satz 6 EStG der **Veräußerungspreis** anzusetzen; bezüglich des entnommenen Sonderbetriebsvermögens sind nach § 16 Abs. 3 Satz 7 EStG die **gemeinen Werte** maßgeblich. Somit erzielt A folgenden Aufgabegewinn:

Erlös Gesamthandsvermögen		400 000 €	
./. Kapitalkonto Gesamthand	./.	30 000 €	
Gewinn			370 000 €
Gemeiner Wert Sonderbetriebsvermögen			
(Entnahme)		760 000 €	
./. Kapitalkonto Sonderbetriebsvermögen	./.	480 000 €	
Gewinn			280 000 €
Gewinn Betriebsaufgabe			650 000 €

Wird das funktional wesentliche Sonderbetriebsvermögen nach **§ 6 Abs. 5 EStG** in ein anderes Betriebsvermögen überführt und anschließend (im wirtschaftlichen Zusammenhang damit) der Mitunternehmeranteil (jetzt ohne das Sonderbetriebsvermögen) veräußert, so ist – wie im Fall der Entnahme – § 16 Abs. 1 Nr. 2 EStG nicht anwendbar. Bei dieser Fallvariante ist aber auch § 16 Abs. 3 EStG nicht einschlägig, da nicht sämtliche stille Reserven des Mitunternehmeranteils bzw. des funktional wesentlichen Sonderbetriebsvermögens aufgedeckt werden. Der Veräußerungsgewinn ist daher als laufender Gewinn zu versteuern (vgl. H 16 Abs. 4 EStH »Buchwertübertragung von wesentlichen Betriebsgrundlagen«; »Sonderbetriebsvermögen«). Damit fällt für den Veräußerungsgewinn nach § 7 GewStG Gewerbesteuer an. Eine Übertragung zum Buchwert ist nach der Rechtsprechung dann schädlich, wenn sie aufgrund einheitlicher Planung und in engem zeitlichem Zusammenhang mit der Anteilsveräußerung erfolgt (sog. **Gesamtplanrechtsprechung** – BFH vom 06. 09. 2000, IV R 18/99, BStBl II 2001, 229).

Die Rechtsprechung des BFH zeigt zwar die Tendenz, die Gesamtplanrechtsprechung aufzugeben. So hat der BFH im Falle der unentgeltlichen Übertragung eines Mitunternehmeranteils nach § 6 Abs. 3 EStG die vorherige Ausgliederung von Sonderbetriebsvermögen nach § 6 Abs. 5 EStG für unschädlich erachtet und die Buchwertfortführung bejaht (BFH vom 02. 08. 2012, IV R 41/11 n. n. v.). Nach Ansicht des BFH kann die Gesamtplanrechtsprechung bei dieser Konstellation nicht angewandt werden, da die Vorschriften des § 6 Abs. 3 EStG und des § 6 Abs. 5 EStG gleiches Gewicht haben und sich nicht gegenseitig ausschließen. Derzeit ist noch nicht absehbar, ob der BFH die Gesamtplanrechtsprechung auch für die Fälle des § 16 Abs. 1 Nr. 2 EStG aufgeben wird. Die Verwaltung wendet sie derzeit noch an (H 16 Abs. 4 EStH »Buchwertübertragung von wesentlichen Betriebsgrundlagen«; »Sonderbetriebsvermögen«).

BEISPIEL ━━━

Wie vorheriges Beispiel; Gesellschafter A überführt aber kurze Zeit vor der Veräußerung und in Ausübung eines Gesamtplans (Tatsachenfrage) das Sonderbetriebsvermögen in das Gesamthandsvermögen der X-GmbH & Co. KG, an der A als Kommanditist beteiligt ist.

LÖSUNG Die Übertragung des Grundstücks und des Gebäudes erfolgt nach **§ 6 Abs. 5 Satz 3 Nr. 2 EStG** zwingend zum Buchwert. Bei der anschließenden Veräußerung wäre grundsätzlich § 16 Abs. 1 Nr. 2 EStG anwendbar, da zu diesem Zeitpunkt kein funktional wesentliches Sonderbetriebsvermögen mehr vorhanden ist. Nach der Gesamtplanrechtsprechung ist der Fall aber so zu beurteilen, als habe A in einem einheitlichen Vorgang den Mitunternehmeranteil ohne das wesentliche Sonderbetriebsvermögen veräußert. Damit ist § 16 Abs. 1 Nr. 2 EStG nicht anwendbar. Eine Anwendung des § 16 Abs. 3 EStG scheidet ebenfalls aus, da nicht alle stille Reserven des Mitunternehmeranteils aufgedeckt werden. Somit muss der Gewinn als laufender Gewinn nach § 15 EStG versteuert werden. Der Gewinn beläuft sich auf (400 000 € ./. 30 000 € =) 370 000 € (siehe Sachverhalt im vorherigen Beispiel).

2.1.5 Unterjähriger Gesellschafterwechsel

Wird ein Mitunternehmeranteil auf einen Zeitpunkt veräußert, der nicht mit dem Bilanzstichtag identisch ist, so muss das Kapitalkonto des veräußernden Mitunternehmers auf diesen Tag festgestellt werden. Dementsprechend ergibt sich auch ein Gewinnanteil auf den Tag der Veräußerung. Eine Zurechnung des GewSt-Messbetrags nach § 35 Abs. 2 EStG ist für den im Laufe des Jahres ausgeschiedenen Mitunternehmer nicht möglich, da die GewSt zum Bilanzstichtag entsteht und der ausgeschiedene Mitunternehmer zu diesem Zeitpunkt nicht mehr beteiligt ist (vgl. BFH vom 14. 01. 2016, IV R 5/14, BFH/NV 2016, 1024).

BEISPIEL

Das Wirtschaftsjahr der X-GmbH & Co. KG ist identisch mit dem Kalenderjahr. Auf den 30. 06. 2016 veräußert Mitunternehmer Y seinen gesamten 10 %igen Mitunternehmeranteil an E für 500 000 €. Der Mitunternehmeranteil des Y beträgt gemäß Steuerbilanz am 31. 12. 2015 100 000 €. Auf den 30. 06. 2016 wird eine Zwischenbilanz erstellt. Es ergibt sich für Mitunternehmer Y ein Kapitalkonto i. H. v. 115 000 €. Der Gesamtgewinn der KG im Wj. 2016 beträgt 240 000 €.

LÖSUNG Mitunternehmer Y hat nach § 15 Abs. 1 Nr. 2 EStG einen laufenden Gewinnanteil für 2016 i. H. v. (115 000 € ./. 100 000 € =) 15 000 € zu versteuern. Aufgrund der Veräußerung ergibt sich nach § 16 Abs. 1 Nr. 2 EStG ein Veräußerungsgewinn i. H. v. (500 000 € ./. 115 000 € =) 385 000 €. Da die GewSt erst auf den 31. 12. 2016 (= Bilanzstichtag) entsteht, kann dem im Laufe des Jahres ausgeschiedenen Mitunternehmer Y ein Anteil am GewSt-Messbetrag nach § 35 Abs. 2 EStG nicht zugerechnet werden, da er zum Bilanzstichtag nicht mehr Mitunternehmer war.

2.1.6 Im Ausland ansässiger Gesellschafter

Veräußert ein im Ausland ansässiger Gesellschafter seinen Mitunternehmeranteil an einer Personengesellschaft mit Sitz in Deutschland, so ist der Veräußerungsgewinn nach Art. 7 OECD-Musterabkommen in Deutschland zu versteuern, da der Veräußerungsgewinn als Gewinn des Mitunternehmers gilt (vgl. ausführlich BMF vom 16. 04. 2010 BStBl I 2010, 354). Der Gewinn unterliegt der beschränkten Steuerpflicht nach § 1 Abs. 4 EStG i. V. m. §§ 49 Abs. 1 Nr. 2 Buchst. a, 50 EStG.

2.1.7 Ausländische Beteiligungen

Hat sich ein in Deutschland ansässiger Mitunternehmer an einer Personengesellschaft mit Sitz im Ausland beteiligt und veräußert er diese Beteiligung, so gelten auch in diesem Fall die Grundsätze des Art. 7 OECD-Musterabkommen i. V. m. BMF vom 16. 04. 2010 BStBl I 2010, 354. Danach ist der Veräußerungsgewinn in dem Staat zu versteuern, in dem die Personengesellschaft ihren Sitz hat. Der Gewinn wird nach Art. 23 A OECD-Musterabkommen von der deutschen Besteuerung ausgenommen (Befreiungsmethode). Allerdings unterliegt der Veräußerungsgewinn nach § 32b Abs. 1 Nr. 3 EStG dem Progressionsvorbehalt. Eine Ausnahme kann nach § 32b Abs. 1 Satz 2 EStG für Mitunternehmerschaften in sog. Drittstaaten gelten, wenn diese nicht produktiv tätig sind (§ 2a Abs. 2 Satz 1 EStG). Hat die Mitunternehmerschaft ihren Sitz in einem sog. Drittstaat und entsteht bei der Veräußerung ein Veräußerungsverlust, so ist dieser nach § 2a Abs. 1 Nr. 2 EStG grundsätzlich in Deutschland nicht berücksichtigungsfähig. Das Verlustverrechnungsverbot des § 2a Abs. 1 Nr. 2 EStG hat im Falle von DBA-Staaten nur eine eingeschränkte Bedeutung, da ja der Veräußerungsgewinn und der Veräußerungsverlust nach Art. 7 OECD-Musterabkommen im jeweiligen Sitzstaat besteuert werden. Das Verlustverrechnungsverbot kann aber zur Nichtanwendung eines negativen Progressionsvorbehalts führen.

2.2 Ebene des Erwerbers

2.2.1 Aktivierung des Kaufpreises

Der Erwerber des Mitunternehmeranteils muss die Anschaffungskosten nach **§ 6 Abs. 1 Nr. 7 EStG** aktivieren. Die Vorschrift spricht zwar nur vom »Erwerb eines Betriebs«, ist aber auf den Erwerb eines Mitunternehmeranteils entsprechend anzuwenden. Die Aktivierung könnte grundsätzlich auch in der Gesamthandsbilanz erfolgen. Dabei entstünden aber Konflikte mit den übrigen Mitunternehmern (die ja bisher die Wirtschaftsgüter zum Buchwert bilanzierten). Um diesen Konflikt zu lösen, wird üblicherweise für die Person des erwerbenden Mitunternehmers eine (positive) **Ergänzungsbilanz** erstellt.

BEISPIEL

Wie Beispiel in 2. 1. 1; G1, G2 und G3 sind paritätisch Gesellschafter einer OHG. Die OHG stellt zum 31. 12. 2016 folgende Bilanz auf:

Aktiva			Passiva
Grundstück Kaiserstraße 21	60 000 €	Kapital G1	121 300 €
Geschäftsgebäude	210 000 €	Kapital G2	121 300 €
Büro- und Geschäfts-		Kapital G3	121 300 €
ausstattung	900 €		
Umlaufvermögen	3 000 €		
Forderungen	60 000 €		
Bank	30 000 €		
	363 900 €		363 900 €

Zur Bestimmung des Kaufpreises erstellt die OHG eine Bilanz zu Teilwerten auf den 31. 12. 2016:

Aktiva			Passiva
Grundstück Kaiserstraße 21	210 000 €	Kapital G1	463 000 €
Geschäftsgebäude	480 000 €	Kapital G2	463 000 €
Büro-und Geschäfts-		Kapital G3	463 000 €
ausstattung	6 000 €		
Umlaufvermögen	3 000 €		
Forderungen gegenüber			
Mandanten	60 000 €		
Bank	30 000 €		
Firmenwert	600 000 €		
	1 389 000 €		1 389 000 €

Am 01.01.2017 veräußert G1 ihren Mitunternehmeranteil an G4 für 463 000 € (zahlbar sofort). Der Kaufpreis entspricht dem Teilwert des Mitunternehmeranteils. Der Kaufpreis wird von G4 aus dessen Privatvermögen aufgebracht.

Das Geschäftsgebäude wurde für 525 000 € (inklusive Anschaffungsnebenkosten) erworben und wird seitdem nach § 7 Abs. 4 Nr. 1 EStG a. F. mit 4 % p. a. abgeschrieben (vgl. § 52 Abs. 21b EStG). Die Büro- und Geschäftsausstattung wurde am 01.01.2013 für 4 500 € erworben und wird linear nach § 7 Abs. 1 EStG auf fünf Jahre abgeschrieben (Restnutzungsdauer am 31.12.2016 sonach noch ein Jahr).

LÖSUNG In der Gesamthandsbilanz ist das Kapitalkonto von G1 steuerneutral auf G4 umzuschreiben. Weitere Änderungen finden in der Gesamthandsbilanz nicht statt. Da die Buchwerte der (anteilig) erworbenen Wirtschaftsgüter bereits in der Gesamthandsbilanz aktiviert sind, dürfen in der Ergänzungsbilanz nur noch die stillen Reserven aktiviert werden (Kaufpreis = Buchwert + stille Reserven).

Für die Ergänzungsbilanz ergeben sich sonach folgende Werte:

Wirtschaftsgut	Buchwert	Teilwert	Stille Reserven	anteilig auf G4
Grundstück	60 000 €	210 000 €	150 000 €	50 000 €
Gebäude	210 000 €	480 000 €	270 000 €	90 000 €
Büro- und Geschäfts- ausstattung	900 €	6 000 €	5 100 €	1 700 €
Umlauf- vermögen	3 000 €	3 000 €	0 €	0 €
Forderungen	60 000 €	60 000 €	0 €	0 €
Bank	30 000 €	30 000 €	0 €	0 €
Firmenwert	0 €	600 000 €	600 000 €	200 000 €

Die Ergänzungsbilanz von G4 sieht daher zum 01.01.2017 wie folgt aus:

Aktiva			Passiva
Grundstück	50 000 €	Mehrkapital G4	341 700 €
Gebäude	90 000 €		
Büro- und Geschäftsausstattung	1 700 €		
Firmenwert	200 000 €		
	341 700 €		341 700 €

Addiert man die Ergebnisse der Gesamthandsbilanz und der Ergänzungsbilanz (121 300 € + 341 700 €), ergibt dies den Kaufpreis i. H. v. 463 000 €. Damit ist gemäß § 6 Abs. 1 Nr. 7 EStG der gesamte Kaufpreis aktiviert.

2.2.2 Abschreibung der erworbenen Wirtschaftsgüter

Bei der Abschreibung ist zu beachten, dass der neue Mitunternehmer als Bemessungsgrundlage seine Anschaffungskosten ansetzen muss. Diese weichen aber regelmäßig von der Bemessungsgrundlage der Abschreibung in der Gesamthandsbilanz ab. Daher ist in einem ersten Schritt die Abschreibung in der Gesamthandsbilanz zu ermitteln und einheitlich und gesondert dem neuen Gesellschafter zuzurechnen. In einem zweiten Schritt ist dann die Abschreibung aus den tatsächlichen Anschaffungskosten (in der Regel Teilwert) des neuen Gesellschafters zu bestimmen. In der Ergänzungsbilanz darf der Gesellschafter nur noch die Differenz zwischen der Abschreibung in der Gesamthandsbilanz und seiner (individuellen) Abschreibung der Anschaffungskosten geltend machen. Dabei kann es zu einer Mehr-AfA kommen, wenn die individuelle Abschreibung des neuen Gesellschafters höher ist als die auf ihn entfallenden Abschreibungen in der Gesamthandsbilanz. Es kann aber auch eine Minder-AfA entstehen, wenn die Abschreibung in der Gesamthandsbilanz höher ist als die Abschreibung aus den konkreten Anschaffungskosten des neuen Gesellschafters. In diesem Fall wirkt sich die (negative) Abschreibung gewinnerhöhend aus.

BEISPIEL

Fortsetzung des Beispiels aus 2.2.1:
Bei der auf den Gesellschafter G4 entfallenden AfA ist zu berücksichtigen, dass dieser das Gebäude nach § 7 Abs. 4 Nr. 1 EStG n. F. mit 3 % p. a. abschreiben muss, da er das Gebäude nach dem 31.12.2000 erwarb (§ 52 Abs. 21b EStG). Demgegenüber schreibt die Gesamthand das Gebäude – wie bisher – nach § 7 Abs. 4 Nr. 1 EStG a. F. mit 4 % p. a. ab.

AfA Gebäude

AfA Gesamthand (525 000 € × 4 % / drei Gesellschafter)	./. 7 000 €
AfA gemäß § 7 Abs. 4 Nr. 1 EStG n. F. aus Anschaffungskosten (= Teilwert) des G4 (480 000 € / drei Gesellschafter =) 160 000 € × 3 % =	./. 4 800 €
Minder-AfA (die, bezogen auf die Anschaffungskosten des G4, zu hohe Abschreibung in der Gesamthandsbilanz muss durch eine negative Abschreibung in der Ergänzungsbilanz korrigiert werden)	+ 2 200 €

Das gleiche Verfahren muss nun zur Bestimmung der Abschreibung der Büro- und Geschäftsausstattung angewandt werden:

AfA Büro- und Geschäftsausstattung

AfA Gesamthand (4 500 € / 5 Jahre / drei Gesellschafter =)	./. 300 €
AfA gemäß § 7 Abs. 1 EStG aus den Anschaffungskosten (= Teilwert) des G4 (6 000 € / drei Gesellschafter / Restnutzungsdauer ein Jahr =)	./. 2 000 €
Die Nutzungsdauer kann sich durch den Kauf nicht verändert haben, da die Ergänzungsbilanz lediglich eine Korrektur der Gesamthandsbilanz darstellt.	
Da die G4 zustehende AfA höher ist als die AfA, die anteilig in der Gesamthand auf ihn entfällt, ergibt sich eine Mehr-AfA in der Ergänzungsbilanz i. H. v.	./. 1 700 €

Der **Firmenwert** ist nach § 5 Abs. 2 EStG zu aktivieren (Anschaffungskosten = Teilwert = 600 000 € / 3 Gesellschafter = 200 000 €) und nach § 7 Abs. 1 Satz 3 EStG linear auf 15 Jahre abzuschreiben. Da der Firmenwert in der Gesamthandsbilanz weder aktiviert ist noch abgeschrieben werden kann, erfolgt die Aktivierung und die Abschreibung ausschließlich in der Ergänzungsbilanz i. H. v. (200 000 € / 15 Jahre =) 13 333 €.
Damit sieht die Ergänzungsbilanz zum 31.12.2017 wie folgt aus:

Aktiva		Passiva	
Grundstück	50 000 €	Mehrkapital G4	328 867 €
Gebäude (90 000 € + 2 200 € =)	92 200 €		
Büro- und Geschäftsausstattung (1 700 € ./. 1 700 € =)	0 €		
Firmenwert (200 000 € ./. 13 333 € =)	186 667 €		
	328 867 €		328 867 €

2.2.3 Finanzierung des Kaufpreises

Finanziert der neue Gesellschafter den Erwerb des Mitunternehmeranteils mittels eines Kredits, so ist insoweit eine Verbindlichkeit in der Sonderbilanz des Mitunternehmers zu passivieren (**Sonderbetriebsvermögen II**). Die Zinsen für das Darlehen stellen Sonderbetriebsausgaben dar und sind im Rahmen der einheitlichen und gesonderten Gewinnfeststellung zu berücksichtigen.

3 Hebung stiller Lasten

Die Steuerbilanz weicht häufig von der Handelsbilanz ab. Dies kann z. B. der Fall sein, wenn handelsrechtlich eine Drohverlustrückstellung gebildet werden muss, steuerlich aber ein Passivierungsverbot gilt (vgl. § 5 Abs. 4a EStG). Bei der Bewertung des Kaufpreises des Betriebs bzw. Mitunternehmeranteils wird der Käufer den drohenden Verlust berücksichtigen. Dabei kann der Käufer die Minderung des Kaufpreises nicht einfach als Minderung des Firmenwerts behandeln. Der Firmenwert berechnet sich handelsrechtlich nach § 246 Abs. 1 Satz 4 HGB als Differenz zwischen dem Kaufpreis und dem Wert der übrigen Wirtschaftsgüter. In die Bewertung der übrigen Wirtschaftsgüter fließt aber die Drohverlustrückstellung ein. Der nach HGB berechnete Firmenwert ist aber nach dem Maßgeblichkeitsgrundsatz auch in der Steuerbilanz anzusetzen (§ 5 Abs. 1 EStG).

Die steuerliche Behandlung sog. angeschaffter Passiva (Hebung stiller Lasten) war lange Zeit streitig. Der BFH entschied mit Urteil vom 16. 12. 2009 (I R 102/08, BStBl II 2011, 566) dass der Erwerber die – bei der Ermittlung des Kaufpreises berücksichtigte – Drohverlustrückstellung entgegen § 5 Abs. 4a EStG in der Steuerbilanz weiterführen müsse, da **§ 6 Abs. 1 Nr. 7 EStG** den Ansatz der Anschaffungskosten gebiete und im vorliegenden Fall die Drohverlustrückstellung »angeschafft« wurde. Die Rechtsprechung ist grundsätzlich auf alle Fälle zu übertragen, in denen Posten der Passivseite nach Handelsrecht anders bewertet werden als nach Steuerrecht (also z. B. auch dann, wenn in der Handelsbilanz eine Pensionsrückstellung höher ausgewiesen wird als die nach § 6a EStG zu bewertende Pensionsrückstellung in der Steuerbilanz) und die handelsrechtliche Bewertung den Kaufpreis beeinflusst.

Der Gesetzgeber reagierte mit dem AIFM-Anpassungsgesetz auf diese Rechtsprechung durch Verabschiedung der §§ **4f** (für die Seite des Verkäufers) **und 5 Abs. 7 EStG** (für die Seite des Käufers). Die Vorschriften sollen rückwirkend für alle offenen Fälle gelten.

Danach muss zwar z. B. die Drohverlustrückstellung in der Eröffnungsbilanz des Käufers gebildet werden, um die tatsächlichen Anschaffungskosten zu aktivieren. Die Drohverlustrückstellung muss aber noch im selben Jahr wieder aufgelöst werden. Der sich daraus ergebende Gewinn kann aber nach § 5 Abs. 7 Satz 5 EStG auf 15 Jahre verteilt werden. Der Verkäufer erzielt durch den geringeren Veräußerungserlös einen niedrigeren Veräußerungsgewinn. Insoweit erfolgt aber nach § 4f Abs. 1 Satz 3 EStG keine Korrektur. Es bleibt also bei dem nach § 16 EStG zu versteuernden (geringeren) Gewinn.

BEISPIEL ━━━

An der ABC-OHG sind die natürlichen Personen A, B und C zu jeweils einem Drittel beteiligt. Zum 31.12.2016 erstellt die OHG folgende Handelsbilanz:

Aktiva			Passiva
Wirtschaftsgut 1	90 000 €	Drohverlustrückstellung	27 000 €
Wirtschaftsgut 2	30 000 €	Kapital A	31 000 €
		Kapital B	31 000 €
		Kapital C	31 000 €
	120 000 €		120 000 €

Der Teilwert von Wirtschaftsgut 1 beträgt 270 000 €, der des Wirtschaftsguts 2 60 000 €. Der Firmenwert ist mit 45 000 € anzunehmen.

Gesellschafter C veräußert seinen Mitunternehmeranteil am 01.01.2017 an D. Den Kaufpreis ermitteln die Parteien wie folgt: (270 000 € + 60 000 € + 45 000 € ./. 27 000 € / drei Gesellschafter =) 116 000 €.

LÖSUNG Gesellschafter C erzielt mit der Veräußerung seines Mitunternehmeranteils einen Veräußerungsgewinn nach § 16 Abs. 1 Nr. 2 EStG. Bei der Berechnung des § 16 EStG ist zu berücksichtigen, dass das steuerliche Kapitalkonto des C ohne die Drohverlustrückstellung (die ja in der Steuerbilanz nicht gebildet werden darf) zu ermitteln ist. Das Kapitalkonto des C beträgt daher (31 000 € + 27 000 € / drei Gesellschafter =) 40 000 €. Der Veräußerungsgewinn beträgt damit (116 000 € ./. 40 000 € =) 76 000 €.

Erwerber D muss nach § 6 Abs. 1 Nr. 7 EStG seine Anschaffungskosten in einer Ergänzungsbilanz aktivieren. Da die Buchwerte bereits in der Gesamthandsbilanz aktiviert sind, muss D in der Ergänzungsbilanz die Differenz zu seinen Anschaffungskosten (= 1/3 der jeweiligen stillen Reserven) aktivieren. Für Wirtschaftsgut 1 einen Wert von (270 000 € ./. 90 000 €) / 3 = 60 000 €, für Wirtschaftsgut 2 (60 000 € ./. 30 000 €) / 3 = 10 000 € und für den Firmenwert 45 000 € / 3 = 15 000 €. Rechnet man nun die Buchwerte der Ergänzungsbilanz zum 01.01.2017 zusammen, ergibt dies ein Mehrkapital i. H. v. 85 000 €. Zusammen mit dem Kapital der Gesamthand ergibt dies (40 000 € + 85 000 € =) 125 000 €. Die Ergänzungsbilanz geht daher nur auf, wenn man – entsprechend der Rechtsprechung des BFH – in der Bilanz zum 01.01.2017 eine Drohverlustrückstellung eingebucht (soweit diese auf den Gesellschafter D) entfällt. Damit sieht die Ergänzungsbilanz zum 01.01.2017 wie folgt aus:

Aktiva	**Ergänzungsbilanz D zum 01.01.2017**		Passiva
Wirtschaftsgut 1	60 000 €	Drohverlustrückstellung	9 000 €
Wirtschaftsgut 2	10 000 €	Mehrkapital D	76 000 €
Firmenwert	15 000 €		
	85 000 €		85 000 €

Damit ist § 6 Abs. 1 Nr. 7 EStG Genüge getan. In der Bilanz zum 31.12.2017 muss D die Drohverlustrückstellung auflösen (= Gewinn in der Ergänzungsbilanz 9 000 €). Gleichzeitig kann D eine gewinnmindernde Rücklage i. H. v. 14/15 bilden, die er dann in den folgenden 14 Wirtschaftsjahren linear auflösen muss. Damit sieht die Ergänzungsbilanz zum 31.12.2017 wie folgt aus (c. p. wird unterstellt, dass Wirtschaftsgut 1 und Wirtschaftsgut 2 nicht abgeschrieben werden; der Firmenwert ist um 1/15 zu vermindern).

Aktiva	**Ergänzungsbilanz D zum 01.01.2017**		Passiva
Wirtschaftsgut 1	60 000 €	Rücklage nach § 5 Abs. 7 EStG	8 400 €
Wirtschaftsgut 2	10 000 €	Mehrkapital D	75 600 €
Firmenwert	14 000 €		
	84 000 €		84 000 €

4 Kaufpreis kleiner als Buchwert (Abstockungsbilanz)

Beruht ein Kaufpreis, der unter dem Buchwert liegt darauf, dass z. B. in der Gesamthandsbilanz steuerliche Abschreibungswahlrechte (z. B. nach § 6 Abs. 1 Nr. 1 Satz 2, Nr. 2 Satz 2 EStG) nicht ausgeübt wurden, müssen die auf den Erwerber entfallenden Buchwerte der Wirtschaftsgüter des Gesamthandsvermögens in einer Ergänzungsbilanz durch Korrekturen herabgesetzt werden (Abstockung). Die Korrekturen werden in der Folge entsprechend dem Verbrauch der Wirtschaftsgüter gewinnerhöhend aufgelöst (vgl. BFH vom 21.04.1994, IV R 70/92, BStBl II 1994, 745 m. w. N.). Letztlich muss die Summe des Kapitals der Gesamthandsbilanz und des Kapitals der Ergänzungsbilanz dem Kaufpreis entsprechen (§ 6 Abs. 1 Nr. 7 EStG).

BEISPIEL

Eine OHG erstellt zum 31.12.2016 folgende Steuerbilanz:

Aktiva			Passiva
Wirtschaftsgut 1	90 000 €	Kapital A	40 000 €
Wirtschaftsgut 2	30 000 €	Kapital B	40 000 €
		Kapital C	40 000 €
	120 000 €		120 000 €

Der Teilwert von Wirtschaftsgut 1 beträgt 1 € (Erinnerungsposten); die OHG hat – obwohl der Teilwert dauerhaft auf 1 € gesunken ist – bisher von einer Teilwertabschreibung nach § 6 Abs. 1 Satz 2 EStG abgesehen. Wirtschaftsgut 1 soll ein bewegliches Wirtschaftsgut sein, das eine Restnutzungsdauer von neun Jahren hat und linear abgeschrieben wird (§ 7 Abs. 1 EStG). Der Teilwert des Wirtschaftsguts 2 beträgt 60 000 €. Wirtschaftsgut 2 ist ein nichtabnutzbares Wirtschaftsgut. Der Firmenwert ist mit 45 000 € anzunehmen.

Gesellschafter C veräußert seinen Mitunternehmeranteil am 01.01.2017 an D. Den Kaufpreis ermitteln die Parteien wie folgt: (1 € + 60 000 € + 45 000 € / drei Gesellschafter =) 35 000 €.

LÖSUNG Veräußerer C erzielt einen Veräußerungsgewinn nach § 16 Abs. 1 Nr. 2 EStG i. H. v. (35 000 € ./. 40 000 € =) ./. 5 000 €. Letztlich realisiert er damit die bisher nicht vorgenommene Teilwertabschreibung auf das Wirtschaftsgut 1. Die stillen Reserven von Wirtschaftsgut 2 (30 000 € / 3), des Firmenwerts (45 000 € / 3) abzüglich der Teilwertminderung von Wirtschaftsgut 1 (90 000 € / 3) ergeben den Veräußerungsverlust von 5 000 €.

Obwohl die Teilwertabschreibung nach § 6 Abs. 1 Satz 2 EStG als Wahlrecht ausgestaltet ist, muss Erwerber D das Wirtschaftsgut 1 faktisch auf 1 € abschreiben, um seinen Kaufpreis nach § 6 Abs. 1 Nr. 7 EStG bilanzieren zu können. Damit ergibt sich folgende Ergänzungsbilanz des D zum 01.01.2017:

Aktiva			Passiva
Wirtschaftsgut 2	10 000 €	Wirtschaftsgut 1	30 000 €
Firmenwert	15 000 €		
Minderkapital	5 000 €		
	30 000 €		30 000 €

Das gesamte Kapital von D beläuft sich auf (40 000 € ./. 5 000 € =) 35 000 €, womit der Kaufpreis in der Gesamthands- und Ergänzungsbilanz bilanziert ist.

Auf Ebene der Gesamthand schreibt im Wj. 2017 die Gesamthand das Wirtschaftsgut 1 mit (90 000 € / 9 Jahre Restnutzungsdauer =) 10 000 € ab, wovon im Wege der einheitlichen und gesonderten Gewinnfeststellung (10 000 € / drei Gesellschafter =) 3 333 € auf D entfallen. In der Ergänzungsbilanz ist das Wirtschaftsgut 1 ebenfalls auf die Restnutzungsdauer abzuschreiben. Die Abschreibung von Wirtschaftsgut 1 in der Ergänzungsbilanz führt allerdings zu einem Ertrag; dieser ist mit (30 000 € / 9 Jahre Restnutzungsdauer =) 3 333 € anzusetzen. Über die Restnutzungsdauer neutralisiert damit die Abschreibung in der Ergänzungsbilanz die auf D entfallende Abschreibung in der Gesamthandsbilanz, die dem D steuerlich nicht zusteht, da er ja für das Wirtschaftsgut 1 lediglich 1 € / drei Gesellschafter bezahlt hat.

5 Kaufpreis kleiner als Buchwert (pauschaler Abschlag)

In der Praxis kommt auch der Fall vor, dass Käufer und Verkäufer einen Kaufpreis vereinbaren, der unter dem steuerlichen Kapitalkonto liegt. Dies kann z. B. der Fall sein, wenn die Zukunftsaussichten eines Unternehmens negativ beurteilt werden (sinkende Umsätze, zu viel Personal bzw. Gefahr von Sozialplänen, veraltete Produktpalette etc.) und sich diese Beurteilung auf den Kaufpreis dergestalt auswirkt, dass ein pauschaler Abschlag vorgenommen wird. Im Extremfall kann der Kaufpreis lediglich 1 € betragen. Nach herrschender Rechtsprechung (BFH vom 21.04.1994, IV R 70/92, BStBl II 1994, 745, m. w. N.) liegt in diesem Fall keine Schenkung vor. Eine Schenkung liegt nur vor, wenn bei der Übertragung des Mitunternehmeranteils Einigkeit darüber besteht, dass der neue Gesellschafter eine unentgeltliche Zuwendung aus dem Vermögen des bisherigen Gesellschafters erhalten solle. Bei einem symbolischen Kaufpreis von 1 € gehen die Parteien von einem Kaufvertrag aus. Der Verkäufer ist sich bewusst, dass ein höherer Kaufpreis angesichts schlechter Geschäftsaussichten o. Ä. nicht durchsetzbar ist. Der Käufer geht davon aus, dass er zwar einen wertlosen Mitunternehmeranteil erhält, er sieht aber die Chance, das Unternehmen in ein besseres Fahrwasser zu manövrieren.

Auch in diesen Fällen muss der Erwerber die auf ihn entfallenden Werte der Gesamthandsbilanz in einer Ergänzungsbilanz abschmelzen, da § 6 Abs. 1 Nr. 7 EStG maximal die Bilanzierung der Anschaffungskosten erlaubt (vgl. BFH vom 21.04.1994, IV R 70/92, BStBl II 1994, 745). Die Bilanzierung eines negativen Firmenwerts ist unzulässig.

BEISPIEL

Eine OHG erstellt zum 31.12.2016 folgende Steuerbilanz:

Aktiva			Passiva
Wirtschaftsgut 1	90 000 €	Kapital A	40 000 €
Wirtschaftsgut 2	30 000 €	Kapital B	40 000 €
		Kapital C	40 000 €
	120 000 €		120 000 €

Da die Geschäftsaussichten der OHG äußerst schlecht sind und die Gefahr besteht, dass im Falle einer Sanierung zahlreiche Arbeitnehmer entlassen und abgefunden werden müssen, veräußert Gesellschafter C am 01.01.2017 seinen Mitunternehmeranteil für 1 € an D.

LÖSUNG Gesellschafter C erzielt einen Veräußerungsverlust nach § 16 Abs. 1 Nr. 2 EStG i. H. v. (1 € ./. 40 000 € =) 39 999 €. Der eintretende D muss das Kapital der Gesamthandsbilanz (40 000 €) mittels Korrekturposten in der Ergänzungsbilanz auf 1 € abschmelzen (§ 6 Abs. 1 Nr. 7 EStG). Damit sieht die Ergänzungsbilanz zum 01.01.2017 wie folgt aus:

Aktiva			Passiva
Minderkapital D	39 999 €	Wirtschaftsgut 1	30 000 €
		Wirtschaftsgut 2	9 999 €
	39 999 €		39 999 €

Wirtschaftsgut 1 und Wirtschaftsgut 2 sind in der Ergänzungsbilanz – entsprechend der Abschreibung in der Gesamthandsbilanz – abzuschreiben, wodurch sich für D eine Gewinnerhöhung ergibt. Dies ist auch gerechtfertigt, da ihm die Abschreibung in der Gesamthandsbilanz anteilig zugerechnet wird, obwohl er keine Anschaffungskosten aufgewendet hat. Ein Firmenwert ist im vorliegenden Fall nicht zu aktivieren, da davon ausgegangen werden muss, dass ein Unternehmen, das für 1 € veräußert wird, über keinen Geschäftswert verfügt (BFH vom 21.04.1994 a. a. O.). Ebenso verbietet es sich, anstelle der Korrekturposten für das Wirtschaftsgut 1 und das Wirtschaftsgut 2 einen negativen Firmenwert zu bilanzieren (BFH vom 21.04.1994 a. a. O.).

6 Veräußerung eines Mitunternehmeranteils mit negativem Kapitalkonto

Die Tatsache, dass für einen Mitunternehmer ein negatives Kapitalkonto ausgewiesen wird, bedeutet nicht automatisch, dass für diesen Mitunternehmeranteil ein Veräußerungspreis nicht gezahlt wird. Der Kaufpreis für einen Mitunternehmeranteil orientiert sich an den Chancen des Unternehmens, die sich letztlich im Firmenwert niederschlagen, der aber erst aktiviert werden kann, wenn er entgeltlich erworben wurde (§ 5 Abs. 2 EStG).

Auf Seiten des Veräußerers führt die Veräußerung zu einem Gewinn nach § 16 Abs. 1 Nr. 2 EStG, der aber mit verrechenbaren Verlusten i. S. v. § 15a Abs. 2 EStG ausgeglichen werden kann. Der Erwerber hat die Anschaffungskosten zu aktivieren (§ 6 Abs. 1 Nr. 7 EStG; BFH vom 21.04.1994, IV R 70/92, BStBl II 1994, 745). Dabei sind grundsätzlich die stillen Reserven in einer Ergänzungsbilanz zu aktivieren. Die Aktivierung eines Firmenwerts verbietet sich zumindest dann, wenn die Ertragslage des Unternehmens von ständigen Verlusten geprägt ist (BFH vom 21.04.1994 a. a. O.). In den übrigen Fällen kann auch bei Vorliegen eines negativen Kapitalkontos durchaus ein positiver Firmenwert vorhanden sein.

BEISPIEL

Eine OHG erstellt zum 31.12.2016 folgende Steuerbilanz:

Aktiva		Passiva	
Wirtschaftsgut 1	90 000 €	Darlehensverbindlichkeiten	300 000 €
Wirtschaftsgut 2	30 000 €		
Kapital A	60 000 €		
Kapital B	60 000 €		
Kapital C	60 000 €		
	300 000 €		300 000 €

Der Teilwert von Wirtschaftsgut 1 beträgt 270 000 €, der des Wirtschaftsguts 260 000 €. Der Firmenwert ist mit 45 000 € anzunehmen. Die OHG hatte in den letzten Jahren durchaus Gewinne gemacht. Das Kapitalkonto der Gesellschafter stand zum 31.12.2014 auf jeweils + 40 000 €. Im Wj. 2015 erzielte die OHG aber einen Verlust i. H. v. 180 000 €, der nach dem Gewinnverteilungsschlüssel jeweils zu einem Drittel auf A, B und C entfiel. Im Wj. 2016 entstand ein Verlust i. H. v. 120 000 €. Am 01.01.2017 veräußert C seinen Mitunternehmeranteil an D für 25 000 €.

LÖSUNG Zunächst ist der verrechenbare Verlust des Jahres 2015 festzustellen. Da das Kapitalkonto zum 31.12.2014 auf jeweils + 40 000 € stand, erzielte jeder Gesellschafter im Wj. 2015 nach § 15a Abs. 1 Satz 1 EStG einen ausgleichsfähigen Verlust i. H. v. 40 000 €. Der übrige Verlust i. H. v. 20 000 € war lediglich nach § 15a Abs. 2 EStG verrechenbar. Im Wj. 2016 war – mangels eines positiven Kapitalkontos – der gesamte Anteil am Verlust jedes Gesellschafters (120 000 € / drei Gesellschafter) nach § 15a Abs. 2 EStG verrechenbar. Damit standen dem veräußernden Gesellschafter C am 31.12.2016 insgesamt verrechenbare Verluste i. H. v. 60 000 € zur Verfügung.

C erzielt am 01.01.2017 nach § 16 Abs. 1 Nr. 2 EStG einen Veräußerungsgewinn i. H. v. (25 000 € abzüglich des negativen Kapitalkontos =) 85 000 €. Nach Berücksichtigung der verrechenbaren Verluste beträgt sein steuerpflichtiger Veräußerungsgewinn 25 000 €.

Der Erwerber D muss seine Anschaffungskosten aktivieren. Da das Kapital in der Gesamthandsbilanz i. H. v. 60 000 € negativ ist, muss mittels Korrekturen in der Ergänzungsbilanz insgesamt ein positives Kapital i. H. v. 25 000 € herauskommen. Dies geschieht durch Aktivierung der auf den Mitunternehmeranteil des C entfallenden stillen Reserven, wobei das Vorhandensein eines positiven Firmenwerts nicht generell ausgeschlossen ist (hier: positive Unternehmensprognose). Damit ergibt sich für D folgende Ergänzungsbilanz auf den 01.01.2017:

Aktiva				Passiva
Wirtschaftsgut 1	60 000 €	Mehrkapital D		85 000 €
Wirtschaftsgut 2	10 000 €			
Firmenwert	15 000 €			
	85 000 €			85 000 €

Damit ist § 6 Abs. 1 Nr. 7 EStG Genüge getan. Die Anschaffungskosten sind aktiviert; das Kapital des D beläuft sich auf (./. 60 000 € + 85 000 € =) + 25 000 €. Dies entspricht seinem Kaufpreis und seinen Anschaffungskosten.

Ein besonderes Problem entsteht, wenn der **Kaufpreis höher ist als die stillen Reserven** abzüglich des negativen Kapitalkontos. In diesem Fall ist ein entsprechender Aktivposten in der Ergänzungsbilanz zu bilden. Der Aktivposten ist gewinnmindernd aufzulösen, wenn und soweit auf den erwerbenden Mitunternehmer Gewinne entfallen (BFH vom 21.04.1994, IV R 70/92, BStBl II 1994, 745).

BEISPIEL

Eine OHG mit den paritätisch beteiligten natürlichen Personen X und Y erstellt zum 31.12.2016 folgende Steuerbilanz:

Aktiva			Passiva
Wirtschaftsgut 1	10 000 €	Darlehensverbindlichkeiten	120 000 €
Bank	20 000 €		
Kapital X	45 000 €		
Kapital Y	45 000 €		
	120 000 €		120 000 €

Die OHG erzielt seit einigen Jahren ausschließlich Verluste. Die stillen Reserven des Wirtschaftsguts 1 sollen 20 000 € betragen; ein positiver Firmenwert ist nicht vorhanden. Dennoch ist Z an dem Erwerb eines Gesellschaftsanteils von Y interessiert, da er Potenzial für die Zukunft sieht. Eigentlich müsste Y 35 000 € dafür bezahlen, dass Z den Mitunternehmeranteil übernimmt (Übernahme des negativen Kapitalkontos abzüglich der stillen Reserven von Wirtschaftsgut 1). Hierzu ist Y nicht bereit. Die Parteien einigen sich daher auf einen Kaufpreis von 1 €.

LÖSUNG Y erzielt einen Veräußerungserlös i. H. v. (1 € abzüglich ./. 45 000 € =) 45 000 €. Soweit verrechenbare Verluste vorhanden sind (§ 15a Abs. 2 EStG), können diese mit dem Veräußerungsgewinn verrechnet werden. Z hat seine Anschaffungskosten (1 €) nach § 6 Abs. 1 Nr. 7 EStG zu aktivieren. Da das Kapital in der Gesamthandsbilanz i. H. v. 45 000 € negativ ist, muss in der Ergänzungsbilanz ein Korrekturbetrag i. H. v. 45 000 € aktiviert werden. Da im Wirtschaftsgut 1 aber lediglich stille Reserven i. H. v. (20 000 € / 2 Gesellschafter =) 10 000 € vorhanden sind, muss die Differenz in Form eines aktiven Ausgleichspostens bilanziert werden. Damit sieht die Ergänzungsbilanz des Z wie folgt aus:

Aktiva			Passiva
Wirtschaftsgut 1	10 000 €	Mehrkapital Z	45 001 €
Ausgleichsposten	35 001 €		
	45 001 €		45 001 €

Rechnet man die Kapitalkonten der Gesamthandsbilanz und der Ergänzungsbilanz zusammen, kommt man auf den symbolischen Kaufpreis von 1 €. Der Ausgleichsposten ist gewinnmindernd aufzulösen, sobald auf Z ein Gewinnanteil entfällt. Letztlich wirkt sich damit der überhöhte Kaufpreis wie eine Betriebsausgabe aus (aber eben erst zu einem späteren Zeitpunkt).

7 Eintritt eines Gesellschafters

Tritt ein neuer Gesellschafter in eine bereits bestehende Mitunternehmerschaft ein, so ist dies steuerlich als **Gründung einer neuen Personengesellschaft** zu beurteilen (BMF vom 11.11.2011 BStBl I 2011, 1314 – Umwandlungssteuererlass – Rz. 01.47). In die neue Personengesellschaft bringen die bisherigen Gesellschafter ihre Mitunternehmeranteile nach **§ 24 UmwStG** ein. Dabei kann die neue Personengesellschaft für jeden Mitunternehmeranteil getrennt wählen, ob sie diesen zum Buchwert, einem Zwischenwert oder zum gemeinen Wert in die Eröffnungsbilanz übernimmt.

Der Wert, mit dem das eingebrachte Betriebsvermögen in der Bilanz der Personengesellschaft einschließlich der Ergänzungsbilanzen für ihre Gesellschafter angesetzt wird, gilt nach § 24 Abs. 3 UmwStG als **Veräußerungspreis** des einbringenden Mitunternehmers. Werden die Wirtschaftsgüter mit dem gemeinen Wert angesetzt, entsteht noch in der alten Mitunternehmerschaft ein Veräußerungsgewinn, der nach § 16 Abs. 1 Nr. 2 EStG besteuert wird. Wird ein Zwischenwert angesetzt, gilt der Veräußerungsgewinn als laufender Gewinn.

7.1 Keine Einlage

Der neue Gesellschafter ist gesellschaftsrechtlich **nicht** verpflichtet, eine **Einlage** in die neue Gesellschaft zu leisten (§ 705 BGB verlangt nur einen Beitrag zum Gesellschaftszweck). Er kann z.B. auch seine Arbeitsleistung, Know-how oder Geschäftsbeziehungen einbringen. Die Beteiligungsverhältnisse der neuen Personengesellschaft müssen nicht mit dem Wert der eingebrachten Wirtschaftsgüter identisch sein. Die Aufnahme eines Gesellschafters ohne Leistung einer Einlage findet z.B. in Freiberuflerpraxen statt. Die Altgesellschafter sind hier häufig nicht an einer Geldeinlage, sondern an der intensiven Mitarbeit einer jungen Kollegin / eines jungen Kollegen interessiert. In der Regel wird der Verzicht auf eine Einlage mit einer **disquotalen Gewinnverteilung** für eine bestimmte Zeit nach Eintritt verbunden (sog. Vorabgewinnmodell). Die Finanzverwaltung ging bisher davon aus, dass es zulässig sei, einen neuen Mitunternehmer ohne Einlage aufzunehmen und diesen dann für eine gewisse Zeit disquotal am Gewinn zu beteiligen. Der Vorteil dieses Modells bestand darin, dass die Altgesellschafter mit der Aufnahme des neuen Gesellschafters keine stillen Reserven aufdecken mussten. Mit Urteil vom 27.10.2015, VIII R 47/12, BFH/NV 2016, 461 geht der BFH nunmehr davon aus, dass, insoweit als der Neugesellschafter auf seinen Gewinnanteil verzichtet, dies eine Kaufpreiszahlung an die Altgesellschafter darstellt.

BEISPIEL

Die Gesellschafter A, B und C betreiben in der Rechtsform einer GbR eine Anwaltskanzlei. Die Buchwerte der Wirtschaftsgüter betragen zum 31.12.2016 300 000 €. Zum 01.01.2017 soll als neue Kollegin die D aufgenommen werden. Neugesellschafterin D muss keine Einlage erbringen. Sie erhält aber in den Jahren 2017–2021 lediglich 10 % des Gewinns, obwohl sie an der GbR paritätisch (also zu 25 %) beteiligt ist. Entsprechend erhalten die Altgesellschafter jeweils 30 % des Gewinns.

LÖSUNG Nach bisheriger Verwaltungsansicht konnten die Altgesellschafter ihre Mitunternehmeranteile zum Buchwert nach § 24 UmwStG in die neue Personengesellschaft (ABCD-GbR) einbringen. Nach neuer Rechtsprechung muss nun jeder der vier Gesellschafter einen Gewinnanteil i.H.v. 25 % versteuern, obwohl die Altgesellschafter jeweils 30 % und die Neugesellschafterin nur 10 % erhalten. Insoweit die Neugesellschafterin den ihr steuerlich zustehenden Gewinnanteil nicht erhält (hier: 15 %), leistet sie eine Kaufpreiszahlung an die Altgesellschafter.

Mit der Aufgabe des Vorabgewinnmodells entstehen zahlreiche neue Probleme. Die Altgesellschafter können für den entstehenden Veräußerungsgewinn § 16 Abs. 1 Nr. 2 EStG nicht in Anspruch nehmen, da sie nicht ihren gesamten Mitunternehmeranteil veräußert haben. Sie realisieren damit jedes Jahr einen Teil des Veräußerungsgewinns, sodass für jedes Wirtschaftsjahr ein Teil der stillen Reserven aufzudecken ist. Eine Reaktion der Finanzverwaltung auf das neue Urteil liegt zum Zeitpunkt der Drucklegung noch nicht vor.

7.2 Einlage von Geld (Buchwertansatz)

Erbringt der neue Gesellschafter eine Geldeinlage, so gelten grundsätzlich die oben gemachten Aussagen. Die Personengesellschaft, die nach dem Beitritt des neuen Gesellschafters entsteht, entscheidet, ob sie die Wirtschaftsgüter der einbringenden Altgesellschafter nach § 24 UmwStG mit dem Buchwert, einem Zwischenwert oder dem gemeinen Wert ansetzt. Das Wahlrecht kann für jeden eingebrachten Mitunternehmeranteil unterschiedlich ausgeübt werden.

Die Geldeinlage des beitretenden Gesellschafters muss in das Vermögen der Gesamthand übergehenden. Es ist grundsätzlich möglich, den Geldbetrag zu einem späteren Zeitpunkt nach den allgemeinen Entnahmeregeln zu entnehmen. Problematisch ist die Darstellung der Kapitalkonten, da sich die Geldeinlage am gemeinen Wert des Mitunternehmeranteils orientiert und damit disquotale Kapitalkonten entstehen.

BEISPIEL

Die AB-OHG erstellt zum 31.12.2016 folgende Steuerbilanz:

Aktiva			Passiva
Grundstück	80 000 €	Verbindlichkeiten	60 000 €
Gebäude	300 000 €	Kapital A	180 000 €
Maschinen	10 000 €	Kapital B	180 000 €
Bank	30 000 €		
Summe	420 000 €	Summe	420 000 €

Die Bilanz zu Teilwerten sieht wie folgt aus:

Aktiva			Passiva
Grundstück	180 000 €	Verbindlichkeiten	60 000 €
Gebäude	740 000 €	Kapital A	585 000 €
Maschinen	10 000 €	Kapital B	585 000 €
Bank	30 000 €		
Firmenwert	270 000 €		
Summe	1 230 000 €	Summe	1 032 000 €

Zum 01.01.2017 soll die C als neue Gesellschafterin aufgenommen werden. Sie soll eine Bareinlage i. H. v. 585 000 € leisten. A und B bringen ihre jeweiligen Mitunternehmeranteile (gemeiner Wert jeweils 585 000 €). Die neue ABC-OHG setzt die eingebrachten Mitunternehmeranteile nach § 24 UmwStG zulässigerweise mit dem Buchwert an.

LÖSUNG Die Eröffnungsbilanz der ABC-OHG sieht dann wie folgt aus:

Aktiva			Passiva
Grundstück	80 000 €	Verbindlichkeiten	60 000 €
Gebäude	300 000 €	Kapital A	180 000 €
Maschinen	10 000 €	Kapital B	180 000 €
Bank	615 000 €	Kapital C	585 000 €
	1 005 000 €		1 005 000 €

Mit dieser Verteilung der Kapitalkonten werden die Altgesellschafter in der Regel nicht einverstanden sein. Daher empfiehlt es sich in diesen Fällen, in der Gesamthandsbilanz die **gemeinen Werte** anzusetzen und für die Altgesellschafter eine **negative Ergänzungsbilanz** zu erstellen.

BEISPIEL

Wie Beispiel oben; die Gesellschafter wollen aber in der Gesamthandsbilanz paritätische Kapitalkonten.
LÖSUNG Die Gesamthandsbilanz der ABC-OHG sieht dann zum 01.01.2017 wie folgt aus:

Aktiva		Passiva	
Grundstück	180 000 €	Verbindlichkeiten	60 000 €
Gebäude	740 000 €	Kapital A	585 000 €
Maschinen	10 000 €	Kapital B	585 000 €
Bank	615 000 €	Kapitel C	585 000 €
Firmenwert	270 000 €		
	1 815 000 €		1 815 000 €

Für die Altgesellschafter A und B ist **jeweils** eine negative Ergänzungsbilanz zum 01.01.2017 zu erstellen:

Aktiva	**Ergänzungsbilanz A (identisch mit B)**		Passiva
Minderkapital	405 000 €	Grundstück	50 000 €
		Gebäude	220 000 €
		Firmenwert	135 000 €
	405 000 €		405 000 €

Addiert man das Kapitalkonto von A (bzw. B) in der Gesamthandsbilanz und in der Ergänzungsbilanz, so ergibt sich der bisherige Buchwert (585 000 € ./. 405 000 € = 180 000 €). Damit ist für die beiden Altgesellschafter die Buchwertfortführung erreicht. In der Gesamthandsbilanz spiegelt das Kapitalkonto der C ihre Geldeinlage wider.

Die **Abschreibung** richtet sich nach der Aufnahme des neuen Gesellschafters nach § 24 Abs. 4, § 23 UmwStG. Bei Buchwertfortführung wird nach § 23 Abs. 1 UmwStG die bisherige AfA weitergeführt. Werden die Wirtschaftsgüter in der Gesamthandsbilanz mit den gemeinen Werten angesetzt, so muss die AfA künftig nach § 23 Abs. 4 UmwStG erfolgen, da sonst der Buchwert in der Gesamthandsbilanz nicht vollständig abgeschrieben werden kann. Da im Falle der Einbringung von Mitunternehmeranteilen in der Regel eine **Einzelrechtsnachfolge** vorliegt (vgl. BMF vom 11.11.2011 BStBl I 2011, 1314 – Umwandlungssteuererlass – Rz. 01.47), gelten die Wirtschaftsgüter als angeschafft.

BEISPIEL

Fortsetzung des Beispiels:
LÖSUNG Das Gebäude ist in der Gesamthandsbilanz in 2017 nach § 7 Abs. 4 Nr. 1 EStG abzuschreiben. Die AfA beträgt (740 000 € × 3 % =) ./. 22 200 €. Gleichzeitig müssen die beiden Altgesellschafter das Gebäude in der Ergänzungsbilanz abschreiben. Da hier ein Passivposten abgeschrieben wird, wirkt sich die AfA gewinnerhöhend i. H. v. (220 000 € × 3 % =) + 6 600 € aus.
Bei den Maschinen ergeben sich über die Ergänzungsbilanzen keine Korrekturen, da der Buchwert der Maschinen dem gemeinen Wert entspricht.
Der Firmenwert ist in der Gesamthandsbilanz auf 15 Jahre abzuschreiben; somit: (270 000 € / 15 Jahre =) ./. 18 000 €. In der jeweiligen Ergänzungsbilanz ergibt sich eine gegenläufige AfA i. H. v. (135 000 € / 15 Jahre =) + 9 000 €. Die Abschreibung des Firmenwerts ist damit insgesamt gesehen neutral.

7.3 Einlage von Geld (Zwischenwertansatz)

Wählt die aufnehmende Personengesellschaft nach § 24 UmwStG den Zwischenwertansatz, so sind die stillen Reserven des jeweiligen Mitunternehmeranteils gleichmäßig um den Prozentsatz zu erhöhen, der sich aus einem Vergleich zwischen den tatsächlich aufgedeckten stillen Reserven und den gesamten vorhandenen stillen Reserven ergibt. Der einbringende Mitunternehmer erzielt in diesem Fall noch in der alten Personengesellschaft einen laufenden Gewinn aus der Aufdeckung der stillen Reserven. Der Gewinn ist nicht nach §§ 16, 34 EStG begünstigt.

BEISPIEL ───

Wie Beispiel oben; die ABC-OHG setzt die Wirtschaftsgüter der bisherigen AB-OHG zu einem Zwischenwert an. Dabei sollen 40 % der stillen Reserven aufgedeckt werden.

LÖSUNG Vor der Einbringung der Mitunternehmeranteile hatte die Bilanz der AB-OHG folgende Werte:

Aktiva	Gesamthandsbilanz AB-OHG vor Aufnahme C		Passiva
Grundstück	80 000 €	Verbindlichkeiten	60 000 €
Gebäude	300 000 €	Kapital A	180 000 €
Maschinen	10 000 €	Kapital B	180 000 €
Bank	30 000 €		
	420 000 €		420 000 €

Die Bilanz nach Teilwerten sieht wie folgt aus:

Aktiva			Passiva
Grundstück	180 000 €	Verbindlichkeiten	60 000 €
Gebäude	740 000 €	Kapital A	585 000 €
Maschinen	10 000 €	Kapital B	585 000 €
Bank	30 000 €		
Firmenwert	270 000 €		
	1 230 000 €		1 230 000 €

Im Falle eines Zwischenwertansatzes ist die Bilanz der alten Personengesellschaft um die aufgedeckten stillen Reserven zu erhöhen. Dies sind hier folgende Bilanzpositionen:

Wirtschaftsgut	100 % stille Reserven	40 % stille Reserven
Grundstück	100 000 €	40 000 €
Gebäude	440 000 €	176 000 €
Firmenwert	270 000 €	108 000 €

Somit ergibt sich nach Aufdeckung von 40 % der stillen Reserven folgende Bilanz der AB-OHG:

Aktiva	Gesamthandsbilanz AB-OHG nach Aufdeckung von 40 % der stillen Reserven		Passiva
Grundstück	120 000 €	Verbindlichkeiten	60 000 €
Gebäude	476 000 €	Kapital A	342 000 €
Maschinen	10 000 €	Kapital B	342 000 €
Bank	30 000 €		
Firmenwert	108 000 €		
	744 000 €		744 000 €

Die Gesellschafter A und B erzielen einen laufenden Gewinn in Höhe der Differenz zwischen dem Kapitalkonto vor und nach Aufdeckung der stillen Reserven, somit (342 000 € ./. 180 000 € =) 162 000 €. Die gesamten stillen Reserven des jeweiligen Mitunternehmeranteils belaufen sich auf (585 000 € ./. 180 000 € =) 405 000 €. Davon werden 40 % aufgedeckt, somit (405 000 € × 40 % =) 162 000 €.

Im nächsten Schritt ist wieder die Eröffnungsbilanz der ABC-OHG zu erstellen. Um einen Gleichlauf der Kapitalkonten zu erreichen, wird auch hier wieder für die Gesamthand eine Bilanz mit den gemeinen Werten erstellt:

Aktiva			Passiva
Grundstück	180 000 €	Verbindlichkeiten	60 000 €
Gebäude	740 000 €	Kapital A	585 000 €
Maschinen	10 000 €	Kapital B	585 000 €
Bank	615 000 €	Kapital C	585 000 €
Firmenwert	270 000 €		
	1 815 000 €		1 815 000 €

Auch bei einem Zwischenwertansatz sind Ergänzungsbilanzen für die beiden Gesellschafter A und B zu erstellen. Das Kapital der beiden Altgesellschafter muss von 585 000 € auf 342 000 €, also um 243 000 € reduziert werden. Dies muss auch das Minderkapital der Ergänzungsbilanz sein. Die Ergänzungsbilanz enthält dann jeweils 60 % der stillen Reserven (40 % der stillen Reserven werden ja im Wege des Zwischenwertansatzes aufgedeckt). Somit ergeben sich folgende Werte:

Wirtschaftsgut	100 % stille Reserven	60 % stille Reserven	Je Altgesellschafter
Grundstück	100 000 €	60 000 €	30 000 €
Gebäude	440 000 €	264 000 €	132 000 €
Firmenwert	270 000 €	162 000 €	81 000 €
Summe			243 000 €

Die Ergänzungsbilanz sieht damit wie folgt aus:

Aktiva	Ergänzungsbilanz A (identisch mit B)		Passiva
Minderkapital	243 000 €	Grundstück	30 000 €
		Gebäude	132 000 €
		Firmenwert	81 000 €
	243 000 €		243 000 €

Die Abschreibung erfolgt im Falle des Zwischenwertansatzes grundsätzlich nach § 24 Abs. 4 i. V. m. § 23 Abs. 3 UmwStG. Danach ist die bisherige Abschreibungsmethode beizubehalten. Die neue Bemessungsgrundlage ergibt sich aus der bisherigen Bemessungsgrundlage zuzüglich der durch den Zwischenwertansatz aufgedeckten stillen Reserven. Werden allerdings – wie in obigem Beispiel – in der Gesamthandsbilanz die gemeinen Werte angesetzt, so hat die Abschreibung in der Gesamthandsbilanz nach § 23 Abs. 4 UmwStG zu erfolgen, da nur so der Buchwert vollständig abgeschrieben werden kann. In der Ergänzungsbilanz erfolgt eine gegenläufige Abschreibung für die jeweiligen Mitunternehmer.

Fortsetzung des Beispiels:

Das Gebäude ist in der Gesamthandsbilanz nach § 7 Abs. 4 Nr. 1 EStG mit (740 000 € × 3 % =) ./. 22 200 € abzuschreiben. In der Ergänzungsbilanz ergibt sich jeweils für A und B eine AfA i. H. v. (132 000 € × 3 % =) + 3 960 €. Der Firmenwert ist in der Gesamthandsbilanz linear auf 15 Jahre zu verteilen; somit ergibt sich eine Abschreibung i. H. v. (270 000 € / 15 Jahre =) 18 000 €. In den jeweiligen Ergänzungsbilanzen ist der Minderwert aufzulösen. Damit ergibt sich für jeden der Altgesellschafter ein gegenläufiger Ertrag i. H. v. (81 000 € / 15 Jahre =) 5 402 €.

7.4 Einlage von Geld (Ansatz der gemeinen Werte)

Setzt die aufnehmende Personengesellschaft die Wirtschaftsgüter der einbringenden Altgesellschafter mit den gemeinen Werten an, so erzielen die Altgesellschafter in der bisherigen Personengesellschaft einen Gewinn, der nun aber nach §§ 16, 34 EStG begünstigt ist, da die Altgesellschafter sämtliche stillen Reserven ihres bisherigen Mitunternehmeranteils schlagartig aufdecken.

Bei der Bilanzierung entstehen beim Ansatz der gemeinen Werte in der Regel keine besonderen Probleme, da die Gesamthandsbilanz die Kapitalkonten entsprechend den Einlagen widergibt. Die Erstellung von Ergänzungsbilanzen erübrigt sich in aller Regel.

7.5 Einlage von Wirtschaftsgütern (Privatvermögen)

Bringt der neue Gesellschafter Wirtschaftsgüter ein, die er bisher in seinem Privatvermögen hielt, so muss für die weitere bilanzsteuerliche Behandlung zwischen der **offenen** und der **verdeckten** Einlage differenziert werden (BMF vom 29. 03. 2000 BStBl I 2000, 462; BMF vom 11. 07. 2011 BStBl I 2011, 713 und BMF vom 26. 07. 2016 BStBl I 2016, 684). Die Unterscheidung zwischen einer offenen und einer verdeckten Einlage hat erhebliche steuerliche Konsequenzen (s. unten). Ob eine offene oder eine verdeckte Einlage vorliegt, hängt im Wesentlichen davon ab, auf welchem Kapitalkonto die Gegenbuchung erfolgt bzw. eine Einbuchung in eine gesamthänderisch gebundene Kapitalrücklage erfolgt.

In der Praxis hat sich ein System von mehreren Kapitalkonten herausgebildet. Typischerweise wird das sog. Kapitalkonto I als Festkapitalkonto geführt. Das Kapitalkonto I dient als Maßstab für die Gewinnverteilung. Auf dem Kapitalkonto II werden typischerweise Gewinne, Verluste, Einlagen und Entnahmen gebucht. Das Kapitalkonto III (oft auch als Darlehenskonto bezeichnet) enthält typischerweise Gewinnanteile, die vereinbarungsgemäß nicht entnommen werden dürfen und der Gesellschaft (i. d. R. gegen eine Verzinsung) als Darlehen zur Verfügung gestellt werden.

7.5.1 Offene Einlagen

Nach BMF vom 29. 03. 2000 BStBl I 2000, 462 liegt eine offene Einlage dann vor, wenn die Gegenbuchung auf dem Kapitalkonto I erfolgt. Die offene Einlage stellt einen Tausch dar (Wirtschaftsgut des Privatvermögens gegen Gesellschaftsrechte). Durch den Tausch werden Gewinne im Privatvermögen nach §§ 17, 20 Abs. 2, 23 EStG realisiert. § 6 Abs. 1 Nr. 5 EStG ist im Falle der offenen Einlage nicht anwendbar.

BEISPIEL

Im Rahmen der Gründung der XYZ-OHG soll Gesellschafter Z eine Beteiligung einbringen, die er bisher im Privatvermögen hielt (Anschaffungskosten 100 000 €, gemeiner Wert 500 000 €). Vereinbarungsgemäß soll der Gegenwert in das Kapitalkonto I gebucht werden (BS: Beteiligung 500 000 € an Kapitalkonto I Gesellschafter Z 500 000 €).

LÖSUNG Es handelt sich um eine offene Einlage, da Gesellschafter Z im Gegenzug für seine Einbringung Gesellschaftsrechte erhält. Da die offene Einlage wie ein Tausch behandelt wird, realisiert Z einen privaten Veräußerungsgewinn nach § 17 EStG i. H. v. (500 000 € ./. 100 000 € =) 400 000 €, der im Teileinkünfteverfahren (§§ 3 Nr. 40 Buchst. c und 3c Abs. 2 EStG) zu versteuern ist, somit in Höhe von (400 000 € x 60 % =) 240 000 €.

7.5.2 Verdeckte Einlagen

Verdeckte Einlagen liegen dann vor, wenn dem Gesellschafter im Gegenzug für seine Einbringung keine Gesellschaftsrechte gewährt werden. Unstreitig ist dieser Fall gegeben, wenn die Gegenbuchung in eine gesamthänderisch gebundene Kapitalrücklage erfolgt (vgl. § 266 Abs. 3 Buchst. A. II. HGB i. V. m. § 272 Abs. 2 Nr. 3 HGB; diese Vorschriften sind für die Personengesellschaft nicht zwingend, aber anwendbar). Im Falle einer verdeckten Einlage ist § 6 Abs. 1 Nr. 5 EStG anzuwenden (BMF vom 29. 03. 2000 a. a. O.).

BEISPIEL

Wie oben; die Buchung erfolgt aber in eine gesamthänderisch gebundene Kapitalrücklage.

LÖSUNG Nach § 6 Abs. 1 Nr. 5 Buchst. b EStG ist die Beteiligung mit den Anschaffungskosten zu aktivieren. Die Buchung lautet daher richtigerweise wie folgt: Beteiligung 100 000 € an Kapitalrücklage 100 000 €. Der einbringende Gesellschafter realisiert somit keinen Veräußerungsgewinn. Die stillen Reserven der Beteiligung gehen auf die Personengesellschaft über.

Die Buchung über eine gesamthänderisch gebundene Kapitalrücklage hat zwar den steuerlichen Vorteil, dass ein Veräußerungsgewinn vermieden wird. Gesellschaftsrechtlich steht die Kapitalrücklage aber allen Gesellschaftern zu. Dies ist insbesondere dann von Nachteil, wenn der einbringende Gesellschafter nur zu einem geringen Prozentsatz an der Gesellschaft beteiligt ist.

Aus diesem Grund stellte sich die Frage, ob alternativ zu einer Buchung in eine Kapitalrücklage eine Buchung in das Kapitalkonto II möglich sei, ohne dass die stillen Reserven des einzubringenden Wirtschaftsguts aufgedeckt werden müssen. Die Verwaltung verneinte dies bisher (BMF vom 11. 07. 2011 BStBl I 2011, 713) und behandelte die Buchung in das Kapitalkonto II in der Vergangenheit als offene Einlage. Die Wende kam mit Urteilen des BFH vom 26. 07. 2015, IV R 15/14, BStBl II 2016, 593 und vom 04. 02. 2016, IV R 46/12, BStBl II 2016, 607. Danach ging der BFH davon aus, dass eine Buchung in das Kapitalkonto II dem Gesellschafter keine Gesellschaftsrechte vermittle und damit eine verdeckte Einlage vorliege. Die Verwaltung folgt dem nun mit BMF-Schreiben vom 26. 07. 2016 BStBl I 2016, 684.

BEISPIEL

Wie oben; die Buchung erfolgt aber in das Kapitalkonto II.

LÖSUNG Nach der neuen Ansicht von Rechtsprechung und Verwaltung liegt in diesem Fall eine verdeckte Einlage vor. Die Beteiligung ist in der aufnehmenden Personengesellschaft mit den Anschaffungskosten zu aktivieren (§ 6 Abs. 1 Nr. 5 Buchst. b EStG). Ein Veräußerungsgewinn entsteht für den einbringenden Gesellschafter nicht.

Wird ein Grundstück verdeckt eingelegt, so gilt dies nach § 23 Abs. 1 Satz 5 Nr. 1 EStG als Veräußerung, wenn die Veräußerung aus dem Betriebsvermögen innerhalb eines Zeitraums von 10 Jahren seit Anschaffung des Wirtschaftsguts erfolgt.

BEISPIEL

G erwarb in 2008 ein Grundstück für 100 000 € im Privatvermögen. Der aktuelle Wert des Grundstücks beträgt unstreitig 200 000 €. Am 01. 01. 2016 legt er das Grundstück verdeckt in die XY-GmbH & Co. KG ein (BS: Grundstück 200 000 € an Kapitalkonto II Gesellschafter G 200 000 €). In 2017 veräußert die KG das Grundstück für 260 000 €.

LÖSUNG Da im Falle der verdeckten Einlage § 6 Abs. 1 Nr. 5 EStG anwendbar ist, ist das Grundstück mit dem Teilwert einzulegen. Insoweit war die Einbuchung korrekt. Die Einlage löst grundsätzlich keinen Veräußerungsgewinn aus. Damit würden stille Reserven des Privatvermögens der Versteuerung entzogen. Aus diesem Grund fingiert § 23 Abs. 1 Satz 5 Nr. 1 EStG eine Veräußerung, wenn das Wirtschaftsgut in einem Zeitraum von 10 Jahren seit Anschaffung veräußert wird. Dies ist hier geschehen (Anschaffung 2008; Veräußerung 2017). Damit löst die Veräußerung in 2017 einen privaten Veräußerungsgewinn in Höhe von (200 000 € ./. 100 000 € =) 100 000 € aus. Im Übrigen versteuert die Gesamthand einen Gewinn nach § 15 EStG in Höhe von (260 000 € ./. 200 000 € =) 60 000 €.

Von einer verdeckten Einlage wird man auch dann ausgehen können, wenn sowohl in eine gesamthänderisch gebundene Kapitalrücklage als auch in das Kapitalkonto II gebucht wird.

Bisher nicht entschieden wurde der Fall, dass die Buchung in das Kapitalkonto III erfolgt. Da aber das Kapitalkonto III wie ein Darlehen behandelt wird, hat dies zur Folge, dass weder eine verdeckte noch eine offene Einlage vorliegt und die Einbringung wie eine Veräußerung zu behandeln ist (Kaufpreis als Darlehen).

7.5.3 Kombinierte offene und verdeckte Einlage

Wird sowohl in das Kapitalkonto I als auch in eine Kapitalrücklage oder in das Kapitalkonto II gebucht, so nehmen sowohl die Rechtsprechung als auch die Verwaltung insgesamt eine offene Einlage an (vgl. BMF vom 11. 07. 2011 a. a. O.).

BEISPIEL

Wie oben; die Buchung erfolgt aber in Höhe von 100 000 € in das Kapitalkonto I im Übrigen in das Kapitalkonto II.

LÖSUNG Es handelt sich insgesamt um eine offene Einlage. Der richtige BS lautet: Beteiligung 500 000 € an Kapitalkonto I 100 000 € und Kapitalkonto II 400 000 €. Der Gesellschafter realisiert in diesem Fall einen Veräußerungsgewinn nach § 17 Abs. 1 Satz 1 EStG (s. oben).

7.5.4 Einlage in eine ausländische Personengesellschaft

Auch in diesem Fall ist zwischen einer offenen und einer verdeckten Einlage zu differenzieren. Wird ein Wirtschaftsgut offen eingelegt, spielt es keine Rolle, ob die aufnehmende Personengesellschaft ihren Sitz in Deutschland oder im Ausland hat. Die im Privatvermögen entstandenen stillen Reserven sind aufzudecken, soweit sie steuerbar sind (§§ 17, 20 Abs. 2, 23 EStG).

Wird eine Beteiligung i. S. v. § 17 EStG verdeckt eingelegt, so ist diese nach § 6 Abs. 1 Nr. 5 Buchst. b EStG grundsätzlich mit den Anschaffungskosten zu aktivieren. Damit gehen die stillen Reserven des Privatvermögens auf die Gesamthand über. Da aber nach Art. 7 OECD-Musterabkommen die Gewinne einer Personengesellschaft mit Sitz im Ausland im Sitzstaat versteuert werden, geht das deutsche Besteuerungsrecht bezüglich dieser stillen Reserven verloren. Aus diesem Grund sieht § 6 Abs. 1 Nr. 3 AStG eine fiktive Veräußerung vor, wenn Anteile in ein ausländisches Betriebsvermögen eingelegt werden.

Der Steuerpflichtige ist seit 2003 Gesellschafter der Y-GmbH. Die Anschaffungskosten für die 20 %ige Beteiligung beliefen sich auf 100 000 €. In 2017 legt der Steuerpflichtige die Beteiligung (aktueller Wert 180 000 €) verdeckt in die österreichische X-KG ein.

LÖSUNG Durch die Einlage (Bewertung mit den Anschaffungskosten) geht das deutsche Besteuerungsrecht bezüglich der stillen Reserven verloren (Art. 7 OECD-Musterabkommen). Nach § 6 Abs. 1 Nr. 3 AStG gelten deshalb die Anteile als veräußert. Der Veräußerungsgewinn unterliegt dem Teileinkünfteverfahren und beträgt sonach (80 000 € x 60 % =) 48 000 €. Nach § 6 Abs. 5 AStG kommt eine Stundung infrage, wenn der Steuerpflichtige Staatsangehöriger eines EU-Mitgliedstaats ist.

Wird ein Grundstück verdeckt in eine ausländische Personengesellschaft eingelegt, so stellt sich die Problematik der stillen Reserven nicht. Wurde das Grundstück vom Gesellschafter vor mehr als zehn Jahren angeschafft, so wäre auch eine Veräußerung nicht steuerbar gewesen. Ist der Spekulationszeitraum noch nicht abgelaufen, so stellt § 23 Abs. 1 Satz 5 EStG die Versteuerung der stillen Reserven sicher. Sollte der Gesellschafter in Deutschland nach der verdeckten Einlage seinen Wohnsitz aufgegeben haben, sieht § 1 Abs. 4 EStG i. V. m. § 49 Abs. 1 Nr. 8 EStG die beschränkte Steuerpflicht des privaten Veräußerungsgewinns vor.

7.6 Überführung von Betriebsvermögen (§ 6 Abs. 5 EStG)

7.6.1 Grundprinzip

Siehe grundlegend B 4.

Befanden sich die Wirtschaftsgüter, die der neue Gesellschafter in die Personengesellschaft einbringt, zuvor in einem Betriebsvermögen des Gesellschafters, so erfolgt die Übertragung des Wirtschaftsguts nach § 6 Abs. 5 Satz 3 EStG zwingend zum Buchwert. Da § 6 Abs. 5 Satz 3 EStG ausdrücklich sowohl für die »**unentgeltliche**« Übertragung (d. h. Übertragung ohne Gewährung von Gesellschaftsrechten, also in der Regel gegen Kapitalrücklage) als auch für die Übertragung »… **gegen Gewährung … von Gesellschaftsrechten …**;« anwendbar ist, hat die Unterscheidung zwischen einer offenen und einer verdeckten Einlage hier keine Bedeutung (im Gegensatz zur Übertragung von Wirtschaftsgütern aus dem Privatvermögen in ein Gesamthandsvermögen).

7.6.2 Teilwertansatz

Die Buchwertfortführung ist nach § 6 Abs. 5 **Satz 5** EStG ausgeschlossen, soweit durch die Übertragung des Wirtschaftsguts der Anteil einer Körperschaft unmittelbar oder mittelbar begründet wird oder dieser sich erhöht. Damit soll vermieden werden, dass stille Reserven von einer natürlichen Person auf eine Kapitalgesellschaft übergehen und die Anteile an dieser Kapitalgesellschaft bei einer Veräußerung dem Teileinkünfteverfahren (§ 3 Nr. 40 Buchst. c EStG) unterliegen. In der Praxis gibt es häufig Probleme mit der Buchwertübertragung, wenn an einer GmbH & Co. KG die Komplementär-Kapitalgesellschaft vermögensmäßig beteiligt ist.

BEISPIELE ▬▬

Die AB-OHG bilanziert zum 31. 12. 2016 wie folgt:

Aktiva		Gesamthandsbilanz AB-OHG vor Aufnahme C	Passiva
Grundstück	80 000 €	Verbindlichkeiten	60 000 €
Gebäude	300 000 €	Kapital A	180 000 €
Maschinen	10 000 €	Kapital B	180 000 €
Bank	30 000 €		
	420 000 €		420 000 €

Die Bilanz nach Teilwerten sieht wie folgt aus:

Aktiva			Passiva
Grundstück	180 000 €	Verbindlichkeiten	60 000 €
Gebäude	740 000 €	Kapital A	585 000 €
Maschinen	10 000 €	Kapital B	585 000 €
Bank	30 000 €		
Firmenwert	270 000 €		
	1 230 000 €		1 230 000 €

a) Die Gesellschafter A und B sind natürliche Personen. Die natürliche Person C soll in die Gesellschaft aufgenommen werden. Die beiden Altgesellschafter A und B bringen ihre Mitunternehmeranteile nach § 24 UmwStG zum Buchwert in die neue ABC-OHG ein. C verpflichtet sich im Gesellschaftsvertrag, ein bisher in seinem Einzelunternehmen bilanziertes Grundstück (Buchwert 100 000 € / Teilwert 585 000 €) auf die OHG zu übertragen. Die Gesellschafter sind damit einverstanden, dass die Kapitalkonten der neuen ABC-OHG die tatsächlichen Beteiligungsverhältnisse (paritätisch je 1/3) nicht wiedergeben sollen.

LÖSUNG Die beiden Altgesellschafter A und B führen ihre Kapitalkonten nach § 24 UmwStG aufgrund des Buchwertansatzes wie bisher fort (jeweils 180 000 €). Gesellschafter C erbringt seinen Gesellschaftsbeitrag durch Überführung des Grundstücks aus seinem Einzelunternehmen in die Gesamthand. Da der Tatbestand des § 6 Abs. 5 Satz 3 Nr. 1 EStG erfüllt ist, ist zwingend der Buchwert anzusetzen. Eine Korrektur mittels Ergänzungsbilanzen erübrigt sich, da die Gesellschafter mit disquotalen Kapitalkonten einverstanden sind. Damit gehen jeweils 1/3 der stillen Reserven auf die beiden Altgesellschafter über.

Die Eröffnungsbilanz der ABC-OHG sieht dann wie folgt aus:

Aktiva		Gesamthandsbilanz ABC-OHG nach Aufnahme von C	Passiva
Grundstück 1	80 000 €	Verbindlichkeiten	60 000 €
Grundstück 2	**100 000 €**	Kapital A	180 000 €
Gebäude	300 000 €	Kapital B	180 000 €
Maschinen	10 000 €	**Kapital C**	**100 000 €**
Bank	30 000 €		
	520 000 €		520 000 €

b) Wie a); Gesellschafterin A ist aber eine Aktiengesellschaft.

LÖSUNG Grundsätzlich greift auch hier die Vorschrift des § 6 Abs. 5 Satz 3 Nr. 1 EStG. Da aber nunmehr 1/3 der stillen Reserven auf die A-AG und somit auf eine Kapitalgesellschaft übergehen, ist nach § 6 Abs. 5 Satz 5 EStG im Einzelunternehmen des C i. H. v. 1/3 der Teilwert anzusetzen bzw. es sind 1/3 der stillen Reserven i. H. v. (485 000 € / 3 =) 161 667 € zu aktivieren. In dieser Höhe erzielt C in seinem Einzelunternehmen einen laufenden Gewinn. In der ABC-OHG sieht die Eröffnungsbilanz dann wie folgt aus:

Aktiva	Gesamthandsbilanz ABC-OHG nach Aufnahme von C		Passiva
Grundstück 1	80 000 €	Verbindlichkeiten	60 000 €
Grundstück 2	**261 667 €**	Kapital A-AG	180 000 €
Gebäude	300 000 €	Kapital B	180 000 €
Maschinen	10 000 €	**Kapital C**	**261 667 €**
Bank	30 000 €		
	681 667 €		681 667 €

c) Wie a); Gesellschafter A und B sind natürliche Personen. Gesellschafterin C ist eine Aktiengesellschaft und hielt das Grundstück vor der Übertragung in ihrem Betriebsvermögen.

LÖSUNG Diese Variante darf nicht mit der Variante b) verwechselt werden. Der Teilwert ist anzusetzen, soweit die stillen Reserven auf eine Kapitalgesellschaft übergehen. Unschädlich ist es dagegen, wenn eine Kapitalgesellschaft aus ihrem Betriebsvermögen Wirtschaftsgüter auf die Gesamthand überträgt (unterstellt, dass die weiteren Gesellschafter der Gesamthand natürliche Personen sind). Bei dieser Variante vermindert sich der Anteil einer Kapitalgesellschaft an einem Wirtschaftsgut. Damit erfolgt die Übertragung zum Buchwert (100 000 €). Die Eröffnungsbilanz sieht wie in a) aus. Gesellschafterin C-AG bucht das Grundstück gegen die Beteiligung an der Gesamthand aus (Spiegelbildmethode); BS: Beteiligung ABC-OHG 100 000 € an Grundstück 100 000 €.

7.6.3 Verbringung ins Ausland

Die Buchwertübertragung nach § 6 Abs. 5 Satz 3 EStG ist auch dann ausgeschlossen, wenn Deutschland das Besteuerungsrecht an den stillen Reserven verliert (§ 6 Abs. 5 Satz 1 i. V. m. § 4 Abs. 1 Satz 4 EStG). Dieser Fall tritt insbesondere dann ein, wenn das Wirtschaftsgut auf eine Personengesellschaft mit ausschließlichem Sitz im Ausland übertragen wird und diese Personengesellschaft in Deutschland keine Betriebsstätte unterhält.

7.6.4 Verletzung der Sperrfrist

§ 6 Abs. 5 Satz 3 EStG ermöglicht die Übertragung stiller Reserven auf andere Personen. Um aber die Übertragung im wirtschaftlichen Zusammenhang mit einer geplanten Veräußerung zu verhindern, sieht § 6 Abs. 5 Satz 4 EStG eine **Sperrfrist** von **drei Jahren** vor. Die Sperrfrist endet drei Jahre nach Abgabe der Steuererklärung des Übertragenden für den Veranlagungszeitraum, in dem die in § 6 Abs. 5 Satz 3 EStG bezeichnete Übertragung erfolgt ist. Die Sperrfrist wird sowohl im Fall der Veräußerung des übertragenen Wirtschaftsguts als auch im Falle der Entnahme (z. B. auch im Rahmen einer Betriebsaufgabe) verletzt. Die Sperrfrist wird nicht verletzt, wenn das Wirtschaftsgut nach einer anderen Vorschrift zum Buchwert weiter übertragen wird (z. B. nach § 6 Abs. 3, § 6 Abs. 5 Satz 3, § 16 Abs. 3 Satz 2 EStG oder §§ 20 und 24 UmwStG).

BEISPIEL

Im Rahmen der Gründung der ABC-OHG überführt Gesellschafter C zum 01. 01. 2014 zulässigerweise ein Grundstück zum Buchwert von 100 000 € aus seinem Einzelunternehmen in das Gesamthandsvermögen nach § 6 Abs. 5 Satz 3 Nr. 1 EStG. C gibt im Juni 2015 die Steuererklärung für das Jahr der Übertragung (2014) ab. Im August 2017 überträgt C das Grundstück in das Sonderbetriebsvermögen der ABC-OHG.

LÖSUNG Die Übertragung aus dem Einzelunternehmen in das Gesamthandsvermögen der ABC-OHG erfolgte nach § 6 Abs. 5 Satz 3 Nr. 1 EStG zwingend zum Buchwert. Mit Abgabe der Steuererklärung im Juni 2015 begann die dreijährige Sperrfrist zu laufen. Im August 2017 war die Sperrfrist noch nicht abgelaufen. Obwohl rein technisch das Grundstück aus der Gesamthand entnommen wird (Buchung gegen Kapital des C), liegt dennoch keine Verletzung der Sperrfrist vor, da die Übertragung aus der Gesamthand in das Sonderbetriebsvermögen nach § 6 Abs. 5 Satz 3 Nr. 2 EStG wiederum zum Buchwert erfolgt (beachte die Worte: »… und umgekehrt«).

Eine Sperrfristverletzung liegt nach der Rechtsprechung auch dann nicht vor, wenn ein Gesellschafter an einer Einmann-GmbH & Co. KG zu 100 % beteiligt ist und aus seinem Betriebsvermögen ein Wirtschaftsgut in das Gesamthandsvermögen überträgt und die KG das Wirtschaftsgut innerhalb der Sperrfrist veräußert (BFH vom 31.07.2013, I R 44/12, BFH/NV 2013, 1855).

Der rückwirkende Ansatz des Teilwerts findet nach § 6 Abs. 5 Satz 4 EStG im Falle der Veräußerung oder Entnahme nicht statt, wenn die stillen Reserven des überführten Wirtschaftsguts mittels einer Ergänzungsbilanz vollständig dem übertragenden Gesellschafter zugeordnet werden. Wie bereits oben erwähnt, soll die Sperrfrist dazu dienen, missbräuchliche Verlagerungen von stillen Reserven auf andere natürliche Personen zu vermeiden. Werden mittels einer Ergänzungsbilanz die stillen Reserven ausschließlich dem einbringenden Gesellschafter zugerechnet, versteuert er letztlich nicht mehr und nicht weniger, als er ohne die Einbringung versteuert hätte.

BEISPIELE

Im Rahmen der Gründung der ABC-OHG überführt Gesellschafter C am 01.01.2014 ein Grundstück, das er bisher in seinem Einzelunternehmen bilanzierte (Buchwert 100000 € / Teilwert 580000 €) in das Gesamthandsvermögen der OHG.

a) In der Gesamthandsbilanz der OHG wird das Grundstück mit dem Buchwert angesetzt (BS: Grundstück 100000 € an Kapitalkonto C 100000 €). Innerhalb der Sperrfrist veräußert die OHG in 2016 das Grundstück für 580000 €.
LÖSUNG Der Veräußerungsgewinn i. H. v. 480000 € entfällt je zu einem Drittel auf die Gesellschafter A, B und C. Damit findet eine (vom Gesetzgeber nicht erwünschte) Verschiebung von stillen Reserven statt. Daher sieht § 6 Abs. 5 Satz 4 EStG vor, dass das Grundstück im Einzelunternehmen des C mit dem Teilwert anzusetzen ist. Der dadurch entstehende Gewinn i. H. v. (580000 € ./. 100000 € =) 480000 € ist von C als laufender Gewinn seines Einzelunternehmens in 2014 zu versteuern. Der Bilanzansatz der OHG zum 01.01.2014 ist zu korrigieren (von 100000 € auf 580000 €). Der Vorgang ist auf der Ebene der OHG gewinnneutral, da ja die Einbuchung korrigiert wird. Bei der anschließenden Veräußerung in 2016 entsteht auf Ebene der OHG kein Veräußerungsgewinn.

b) Wie a) mit folgender Abweichung: In der Bilanz der ABC-OHG wird das Grundstück mit dem Teilwert aktiviert (BS: Grundstück 580000 € an Kapitalkonto C 580000 €). Gleichzeitig wird eine negative Ergänzungsbilanz erstellt (BS: Minderkapital C 480000 € an Grundstück 480000 €).
LÖSUNG Die Übertragung erfolgt nach § 6 Abs. 5 Satz 3 Nr. 1 EStG zum Buchwert (Gesamthand 580000 € abzüglich Ergänzungsbilanz 480000 € = 100000 €). Bei der Veräußerung entsteht nun auf Ebene der Gesamthand kein Veräußerungsgewinn (BS: Geld 580000 € an Grundstück 580000 €). Auf der Ebene der Ergänzungsbilanz ergibt sich durch die Ausbuchung des Grundstücks ein Ertrag i. H. v. 480000 €, der ausschließlich C zuzurechnen ist. Damit versteuert C die gesamten stillen Reserven, die er auch versteuern hätte müssen, wenn das Grundstück weiterhin in seinem Einzelunternehmen geblieben wäre. Damit entfällt – trotz Sperrfristverletzung – der rückwirkende Ansatz des Teilwerts im Einzelunternehmen des C. Für C ist diese Lösung natürlich äußerst negativ, da er am Veräußerungserlös lediglich zu einem Drittel partizipiert, die stillen Reserven aber zu 100 % versteuern muss.

7.6.5 Buchwertübertragung und Entgelt

Überträgt ein Gesellschafter ein Wirtschaftsgut aus seinem Einzelunternehmen (oder seinem Sonderbetriebsvermögen) auf eine Gesamthand, so ist § 6 Abs. 5 Satz 3 EStG nur anzuwenden, wenn die Übertragung **unentgeltlich** erfolgt (BMF vom 08. 12. 2011 BStBl I 2011, 1279, Rz. 15). Wird im Rahmen der Übertragung ein Teilentgelt gezahlt, so trennt die Verwaltung (sog. **Trennungstheorie**) den Übertragungsvorgang in eine voll entgeltliche (= Aufdeckung der stillen Reserven) und eine unentgeltliche Übertragung (= Buchwertfortführung).

BEISPIEL

Bei der Gründung der ABC-OHG überträgt Gesellschafter C ein Grundstück auf die Gesamthand, das er bisher in seinem Einzelunternehmen bilanzierte (Buchwert 100 000 € / Teilwert 775 000 €). Auf dem Grundstück lastet im Zeitpunkt der Übertragung eine Hypothek i. H. v. 200 000 €.

LÖSUNG

Die Übernahme der Hypothek durch die OHG stellt eine Gegenleistung dar (BMF vom 08. 12. 2011 a. a. O., Rz. 15). Nach den Grundsätzen der sog. Trennungstheorie liegt i. H. v. 200 000 € / 775 000 € ein entgeltliches Geschäft vor. Damit entsteht im Einzelunternehmen ein laufender Gewinn i. H. v. (stille Reserven 675 000 € × 200/775 =) 174 194 €. Im Übrigen geht das Grundstück zum Buchwert über. Die OHG bilanziert das Grundstück mit (Buchwert 100 000 € zuzüglich aufgedeckte stille Reserven i. H. v. 174 194 € =) 274 194 €.

Es ist derzeit offen, ob der BFH der Trennungstheorie weiter folgt. Zumindest in der Entscheidung vom 19. 09. 2012, IV R 11/12, DStR 2012, 2051 will er – entgegen seiner bisherigen Rechtsprechung – die Trennungstheorie aufgeben und insgesamt von einer Buchwertfortführung ausgehen, wenn das Entgelt bei der Übertragung von Sonderbetriebsvermögen auf eine Gesamthand geringer ist als der Buchwert. Im Übrigen sollen die Grundsätze der sog. Einheitstheorie anzuwenden sein (vgl. BMF vom 13. 01. 1993 BStBl I 1993, 80, Rz. 35). Die Reaktion der Verwaltung bleibt derzeit abzuwarten.

7.7 Einbringung eines Betriebs durch den Neugesellschafter

7.7.1 Umwandlungsteuerrecht

Bringt der neue Gesellschafter als Gesellschaftsbeitrag einen Betrieb (bzw. Teilbetrieb oder Mitunternehmeranteil) ein, so ist insoweit **§ 24 UmwStG** anzuwenden (hierzu siehe 7.2 sowie Kapitel IV).

7.7.2 Zuzahlungen

7.7.2.1 Buchwertfortführung

§ 24 UmwStG ist nur anwendbar, **soweit** der Einbringende als Gegenleistung für die Einbringung Gesellschaftsrechte erwirbt, d. h. soweit er durch die Einbringung die Rechtsstellung eines Mitunternehmers erlangt. Das erfordert als Gegenleistung die Einräumung von Gesellschaftsrechten (BFH vom 18. 10. 1999, GrS 2/98, BStBl II 2000, 123).

Erfolgt die Einbringung gegen ein **Mischentgelt**, d. h. gegen Gewährung von Gesellschaftsrechten und sonstigen Ausgleichsleistungen, ist der Vorgang in eine entgeltliche Veräußerung und im Übrigen eine Einbringung nach § 24 UmwStG zu zerlegen (BFH vom 18. 10. 1999

a. a. O.; BFH vom 11. 12. 2001, VIII R 58/98, BStBl II 2002, 420; BMF vom 11. 11. 2011 BStBl I 2011, 1314 – Umwandlungssteuererlass – Rz. 24.07 ff.). Soweit im Rahmen des § 24 UmwStG der **Buchwertansatz** gewählt wird, führt die entgeltliche Veräußerung zu einem laufenden Gewinn, da nicht alle stillen Reserven des einzubringenden Betriebs aufgedeckt werden.

BEISPIEL

Die AB-OHG stellt zum 31. 12. 2016 folgende Steuerbilanz auf:

Aktiva	**Gesamthandsbilanz AB-OHG vor Aufnahme C**		Passiva
Grundstück	80 000 €	Verbindlichkeiten	60 000 €
Gebäude	300 000 €	Kapital A	180 000 €
Maschinen	10 000 €	Kapital B	180 000 €
Bank	30 000 €		
	420 000 €		420 000 €

Die Bilanz zu gemeinen Werten sieht wie folgt aus:

Aktiva			Passiva
Grundstück	180 000 €	Verbindlichkeiten	60 000 €
Gebäude	740 000 €	Kapital A	585 000 €
Maschinen	10 000 €	Kapital B	585 000 €
Bank	30 000 €		
Firmenwert	270 000 €		
	1 230 000 €		1 230 000 €

C soll zum 01. 01. 2017 als neuer Gesellschafter aufgenommen werden (= Gründung der ABC-OHG). C soll vereinbarungsgemäß als Gesellschafterbeitrag sein bisheriges Einzelunternehmen einbringen. Das Einzelunternehmen bilanziert nur ein Patent (Buchwert 100 000 € / gemeiner Wert 1 Mio. €). Der Firmenwert hat einen Buchwert von 0 € und einen gemeinen Wert von 600 000 €. Da sonach C Wirtschaftsgüter im Gesamtwert von 1,6 Mio. € einbringt, die beiden bisherigen Gesellschafter aber nur Mitunternehmeranteile im Wert von jeweils 585 000 €, verpflichten sich diese, vom Mehrwert (1,6 Mio. € ./. 585 000 € =) 1 015 000 € jeweils 1/3 (= 338 333 €) an C (in dessen Privatvermögen) zu bezahlen. Die Einbringung des Betriebs soll im Übrigen – soweit steuerrechtlich zulässig – zu Buchwerten erfolgen.

LÖSUNG Soweit C ein Entgelt erhält, veräußert er anteilig die Wirtschaftsgüter seines Betriebs. Da der Wert des Betriebs 1,6 Mio. € beträgt und er (2 × 338 333 € =) 676 666 € erhält, veräußert er 676 666 € / 1,6 Mio. € der Wirtschaftsgüter seines Betriebs. Er veräußert somit einen Buchwert von (676 666 € / 1,6 Mio. € × 100 000 € =) 42 292 €. Der laufende Gewinn des Einzelunternehmens C beläuft sich damit auf (676 666 € ./. 42 292 € =) 634 374 €. Im Übrigen (923 334 € / 1 600 000 € x 100 000 € =) 57 708 € führt er die Buchwerte fort (§ 24 UmwStG).

Die beiden Altgesellschafter A und B müssen ihre Anschaffungskosten aktivieren. Insoweit erhöht sich ihr Kapitalkonto um jeweils 338 333 €. Soweit C kein Entgelt erhält (923 334 € / 1,6 Mio. €) bringt C die Wirtschaftsgüter seines Einzelunternehmens (Patent und Firmenwert) zum Buchwert nach § 24 UmwStG ein. Die Bilanz der ABC-OHG sieht dann zum 01. 01. 2017 wie folgt aus:

Aktiva	**Gesamthandsbilanz**		Passiva
Grundstück	80 000 €	Verbindlichkeiten	60 000 €
Gebäude	300 000 €	Kapital A	518 333 €
Maschinen	10 000 €	Kapital B	518 333 €
Patent	480 624 €	Kapital C	57 708 €
Firmenwert EU C	253 750 €		
Bank	30 000 €		
	1 154 374 €		1 154 374 €

Wie in allen Fällen der Einbringung nach § 24 UmwStG können die Gesellschafter in der Gesamthandsbilanz auch die Teilwerte ansetzen und für den Gesellschafter C eine negative Ergänzungsbilanz erstellen, um gleiche Kapitalkonten zu erzielen.

Es erscheint zunächst erstaunlich, dass C einen Betrieb mit einem Buchwert von 100 000 € einbringt, in der neuen Personengesellschaft aber lediglich ein Kapitalkonto i. H. v. 57 704 € ausweist. Dabei ist aber zu berücksichtigen, dass C einen Teil seines Betriebs entgeltlich an die beiden Altgesellschafter A und B veräußert hat. C bringt damit lediglich ein Kapital i. H. v. (100 000 € × 923 334 € / 1,6 Mio. € =) 57 708 € ein. Dies entspricht seinem Kapitalkonto in der neuen Personengesellschaft.

7.7.2.2   Ansatz der gemeinen Werte

Setzt die aufnehmende Personengesellschaft die Wirtschaftsgüter des einzubringenden Betriebs im Falle einer Zuzahlung mit dem gemeinen Wert an, so werden sämtliche stillen Reserven des Betriebs in einem Vorgang aufgedeckt. Rechtsprechung (BFH vom 21. 09. 2000, IV R 54/99, BStBl II 2001, 178) und Verwaltung (BMF vom 11. 11. 2011 a. a. O., Rz. 24.12) gewähren daher für den Gewinn des einzubringenden Betriebs die §§ 16, 34 EStG. Die Aufteilung in Veräußerung (bezüglich Zuzahlung) und Einbringung nach § 24 UmwStG im Übrigen ist steuerlich entbehrlich, muss aber wegen der Bestimmung der Kapitalkonten dennoch vorgenommen werden.

BEISPIEL

Wie Beispiel oben; die ABC-OHG setzt aber in der Eröffnungsbilanz die gemeinen Werte an.

LÖSUNG Dadurch ergibt sich im Einzelunternehmen des C ein Gewinn i. H. v. (1,6 Mio. € ./. 100 000 € =) 1,5 Mio. €, der nach §§ 16, 34 EStG begünstigt ist, da alle stille Reserven aufgedeckt werden. Werden die gemeinen Werte auch für die Mitunternehmeranteile von A und B im Rahmen des § 24 UmwStG angesetzt, ergeben sich für A und B jeweils ein Gewinn in Höhe der Differenz zwischen dem gemeinen Wert des Mitunternehmeranteils (585 000 € – siehe Bilanz zu gemeinen Werten oben) und dem Kapitalkonto zu Buchwerten (180 000 €) sonach 405 000 €, die nach §§ 16,34 EStG begünstigt sind (vgl. BMF vom 11. 11. 2011 a. a. O., Rz. 24.15). Sollte bezüglich des Mitunternehmeranteils von A oder B der Buchwertansatz gewählt werden, empfiehlt es sich, die Korrekturen über eine negative Ergänzungsbilanz vorzunehmen.

Die Bilanz nach Beitritt des C sieht dann zum 01. 01. 2017 wie folgt aus:

Aktiva		Passiva	
Grundstück	180 000 €	Verbindlichkeiten	60 000 €
Gebäude	740 000 €	Kapital A	923 333 €
Maschinen	10 000 €	Kapital B	923 333 €
Patent	1 000 000 €	Kapital C	923 333 €
Bank	30 000 €		
Firmenwert (AB-OHG)	270 000 €		
Firmenwert (Einzelunternehmen A)	600 000 €		
	2 830 000 €		2 830 000 €

Die Kapitalkonten von A und B entsprechen dem Ansatz in der Bilanz zu gemeinen Werten (585 000 €) zuzüglich des Kaufpreises an C i. H. v. 338 333 €. Das Kapitalkonto des C ergibt sich aus dem gemeinen Wert des eingebrachten Betriebs (1,6 Mio. €) multipliziert mit dem Anteil, der nach § 24 UmwStG eingebracht wird (923 334 € / 1,6 Mio. €).

8   Ausscheiden eines Mitunternehmers

8.1   Gegen Entgelt

Scheidet ein Mitunternehmer aus einer Personengesellschaft aus und erhält er von den verbleibenden Gesellschaftern eine Abfindung, so veräußert er damit seinen Mitunternehmeranteil an die verbleibenden Gesellschafter. Da er seinen gesamten Mitunternehmeranteil veräußert, sind für den Veräußerungsgewinn grundsätzlich die §§ 16, 34 EStG anzuwenden. Die erwerbenden Mitunternehmer müssen die Anschaffungskosten nach § 6 Abs. 1 Nr. 7 EStG aktivieren. Der Fall ist letztlich steuerlich nicht anders zu beurteilen als die Veräußerung eines Mitunternehmeranteils an einen außenstehenden Dritten. Erwerben alle verbleibenden Gesellschafter entsprechend ihrem Anteil an der Personengesellschaft, so können die Anschaffungskosten (bzw. die aufgedeckten stillen Reserven, da ja die Buchwerte bereits bilanziert sind) in der Gesamthandsbilanz aktiviert werden.

BEISPIEL

Die ABC-OHG stellt zum 31. 12. 2016 folgende Bilanz auf:

Aktiva	Gesamthandsbilanz ABC-OHG vor Ausscheiden des C		Passiva
Grundstück	80 000 €	Verbindlichkeiten	60 000 €
Gebäude	300 000 €	Kapital A	120 000 €
Maschinen	10 000 €	Kapital B	120 000 €
Bank	30 000 €	Kapital C	120 000 €
	420 000 €		420 000 €

Die Bilanz zu Teilwerten sieht wie folgt aus:

Aktiva			Passiva
Grundstück	180 000 €	Verbindlichkeiten	60 000 €
Gebäude	740 000 €	Kapital A	390 000 €
Maschinen	10 000 €	Kapital B	390 000 €
Bank	30 000 €	Kapital C	390 000 €
Firmenwert	270 000 €		
	1 230 000 €		1 230 000 €

Am 01. 01. 2017 scheidet C gegen eine Abfindung i. H. v. 390 000 € aus der Personengesellschaft aus. Die Abfindungszahlung wird hälftig von A und B aus deren Privatvermögen erbracht.
LÖSUNG Mit dem Ausscheiden realisiert C einen Veräußerungsgewinn nach § 16 Abs. 1 Nr. 2, § 34 EStG i. H. v. (390 000 € ./. 120 000 € =) 270 000 €. Die verbleibenden Gesellschafter A und B erwerben hälftig den Mitunternehmeranteil des C. Nach Ausscheiden des C sieht dann die Gesamthandsbilanz wie folgt aus:

Aktiva	Gesamthandsbilanz AB-OHG nach Ausscheiden des C		Passiva
Grundstück	113 333 €	Verbindlichkeiten	60 000 €
Gebäude	446 667 €	Kapital A	315 000 €
Maschinen	10 000 €	Kapital B	315 000 €
Bank	30 000 €		
Firmenwert	90 000 €		
	690 000 €		690 000 €

Erläuterung: Die Bilanzpositionen Grundstück, Gebäude und Firmenwert wurden jeweils um 1/3 der stillen Reserven aufgestockt. Das Kapital der verbleibenden Gesellschafter steigt um den jeweiligen Kaufpreis auf (120 000 € + 390 000 € / 2 Gesellschafter =) 315 000 €.

Erwirbt nur einer von mehreren verbleibenden Gesellschaftern den Mitunternehmeranteil, so tritt nur dieser als Käufer auf. In diesem Fall empfiehlt sich die Erstellung einer positiven Ergänzungsbilanz.

Scheidet ein Gesellschafter einer **zweigliedrigen Personengesellschaft** aus, so wandelt sich die Personengesellschaft in ein Einzelunternehmen um. Die Anschaffungskosten sind dann in der Bilanz des Einzelunternehmens zu aktivieren. Scheidet aus einer KG der **Vollhafter** (Komplementär) aus, so wandelt sich die KG zwingend in eine OHG um. Aus den bisherigen Kommanditisten werden Vollhafter. Dies hat insbesondere Bedeutung, wenn aus einer GmbH & Co. KG die Komplementär-GmbH ausscheidet.

Liegt der Kaufpreis unter dem Teilwert der Wirtschaftsgüter des Mitunternehmeranteils, so ist zu differenzieren: Handelt es sich um eine vorweggenommene Erbfolge mit einem Teilentgelt, so sind die Grundsätze der sog. Einheitstheorie zu beachten (vgl. BMF vom 13.01.1993 BStBl I 1993, 80, Rz. 35 – Details siehe unten). Wird aus anderen Gründen ein Kaufpreis gezahlt, der unter dem Buchwert liegt (z. B. weil die Zukunftsaussichten der Gesellschaft negativ eingeschätzt werden, ohne dass sich dies in der Bilanz niederschlägt), so müssen die Buchwerte **abgestockt** werden (Details siehe oben 5 sowie BFH vom 11.07.1973, I R 126/71, BStBl II 1974, 50).

Wird von den verbleibenden Gesellschaftern ein Kaufpreis gezahlt, der über dem Teilwert der Wirtschaftsgüter des Mitunternehmeranteils liegt, so wird dies in aller Regel daran liegen, dass die verbleibenden Gesellschafter den ausscheidenden Gesellschafter »loswerden« wollen. In derartigen Fällen einer **Abfindung** an einen »**lästigen Gesellschafter**« ist der Betrag, der die Teilwerte der erworbenen Wirtschaftsgüter übersteigt, sofort als Betriebsausgabe abziehbar (BFH vom 11.10.1960, I 229/59 U, BStBl III 1960, 509). Dies entspricht auch **§ 6 Abs. 1 Nr. 7 EStG**, wonach maximal der Teilwert aktiviert werden darf (bzw. geringere Anschaffungskosten).

BEISPIEL

Wie Beispiel oben; die Gesellschafter A und B liegen seit Jahren mit Gesellschafter C im Streit. Zuletzt wurden die Streitfragen im Prozesswege ausgetragen. In einem Verfahren vor dem Landgericht schließen die Parteien einen Vergleich, wonach C eine Abfindung i. H. v. 600 000 € erhalten und er im Gegenzug aus der Gesellschaft ausscheiden soll.

LÖSUNG Unabhängig von der Ursache für den hohen Kaufpreis muss C einen Veräußerungsgewinn nach § 16 Abs. 1 Nr. 2 EStG i. H. v. (600 000 € ./. 120 000 € =) 480 000 € versteuern. Die beiden Gesellschafter aktivieren aber den Kaufpreis nur, soweit diesem entsprechende Teilwerte der erworbenen Wirtschaftsgüter gegenüberstehen (hier: 390 000 €). Die Bilanz nach Ausscheiden des C sieht daher wie in obigem Beispiel aus. Soweit eine Überzahlung vorliegt (600 000 € ./. 390 000 € = 210 000 €), können die Gesellschafter A und B diesem Betrag als Betriebsausgabe geltend machen.

8.2 Ausscheiden gegen Sachwertabfindung

8.2.1 Sachwertabfindung ins Privatvermögen

Scheidet ein Gesellschafter einer Personengesellschaft aus, und erhält er anstelle einer Abfindung in Geld ein Wirtschaftsgut des Gesamthandsvermögens, so liegt dennoch eine Veräußerung nach § 16 Abs. 1 Nr. 2 EStG vor, da auch eine Sachleistung als Entgelt gilt (§ 8 Abs. 1 EStG). Damit die stillen Reserven des Wirtschaftsguts, das als Zahlung hingegeben wird, allen Mitunternehmern entsprechend ihrer Beteiligung zugerechnet werden, muss im Falle des Ausscheidens gegen Sachwertabfindung in einem Zwischenschritt die Abfindungsverbindlichkeit eingebucht werden. In einem zweiten Schritt sind die durch das Ausscheiden aufgedeckten stillen Reserven zu aktivieren. In einem letzten Schritt ist das Wirtschaftsgut gegen die Abfindungsverbindlichkeit auszubuchen.

BEISPIEL ━━

An der X-OHG sind die natürlichen Personen X, Y und Z paritätisch beteiligt. Die OHG stellt zum 31. 12. 2016 folgende Bilanz auf:

Aktiva			Passiva
Wirtschaftsgut 1	100 000 €	Kapital X	120 000 €
Wirtschaftsgut 2	170 000 €	Kapital Y	120 000 €
Wirtschaftsgut 3	90 000 €	Kapital Z	120 000 €
	360 000 €		360 000 €

Die Teilwerte betragen: Wirtschaftsgut 1 400 000 €, Wirtschaftsgut 2 600 000 €, Wirtschaftsgut 3 390 000 € und Firmenwert 110 000 €. Am 01. 01. 2017 scheidet Z aus der Gesellschaft aus und erhält vereinbarungsgemäß als Abfindung das Wirtschaftsgut 1.

LÖSUNG In einem Zwischenschritt ist als Abfindungsverbindlichkeit der Wert des Wirtschaftsguts 1 einzubuchen. Durch diesen Vorgang werden 1/3 der stillen Reserven aufgedeckt; es ergeben sich folgende Bilanzansätze:

Aktiva			Passiva
Wirtschaftsgut 1	200 000 €	Kapital X	120 000 €
Wirtschaftsgut 2	313 333 €	Kapital Y	120 000 €
Wirtschaftsgut 3	90 000 €		
Firmenwert		Abfindungsverbindlichkeit	
	36 667 €	(= Wert Wirtschaftsgut 1)	400 000 €
	640 000 €		640 000 €

In einem nächsten Schritt ist nun das Wirtschaftsgut 1 gegen die Abfindung auszubuchen (BS: Abfindung 400 000 € an Wirtschaftsgut 1 200 000 € und Ertrag 200 000 €). Damit steigt das Kapital von X und Y um jeweils die Hälfte des Ertrags, so dass die endgültige Bilanz nach dem Ausscheiden des Z wie folgt aussieht:

Aktiva			Passiva
Wirtschaftsgut 2	313 333 €	Kapital X	220 000 €
Wirtschaftsgut 3	90 000 €	Kapital Y	220 000 €
Firmenwert	36 667 €		
	440 000 €		440 000 €

Gesellschafter Z erzielt aus der Veräußerung seines Mitunternehmeranteils einen Veräußerungsgewinn nach § 16 Abs. 1 Nr. 2 EStG i. H. v. (400 000 € ./. 120 000 € =) 280 000 €. Damit werden die stillen Reserven von Wirtschaftsgut 1 von allen Gesellschaftern entsprechend ihrer Beteiligung versteuert. X und Y versteuern jeweils 100 000 € durch die Ausbuchung gegen die Abfindungsverbindlichkeit. Z versteuert sein Drittel im Rahmen seines Veräußerungsgewinns.

8.2.2 Sachwertabfindung ins Betriebsvermögen

Erhält der ausscheidende Mitunternehmer ein Wirtschaftsgut der Gesamthand als Abfindung und verwendet er dieses Wirtschaftsgut (weiterhin) in einem Betriebsvermögen (z. B. seines Einzelunternehmens oder als Sonderbetriebsvermögen in einer anderen Mitunternehmerschaft), werden die stillen Reserven nicht aufgedeckt (Buchwertübertragung nach § 6 Abs. 5 Satz 3 Nr. 1 oder Nr. 2 EStG). Da in den meisten Fällen das Kapitalkonto des ausscheidenden

Gesellschafters nicht mit dem Buchwert des auszubuchenden Wirtschaftsguts übereinstimmt, müssen die Kapitalkonten steuerneutral angepasst werden.

BEISPIEL

Wie Beispiel oben; Gesellschafter Z überführt das Wirtschaftsgut 1 aber in das Betriebsvermögen seines Einzelunternehmens.

LÖSUNG Es liegt zwar auch in diesem Fall die Veräußerung eines Mitunternehmeranteils vor, § 6 Abs. 5 Satz 3 Nr. 1 EStG sieht aber als lex specialis zu § 16 Abs. 1 Nr. 2 EStG ausdrücklich die Buchwertübertragung »gegen Minderung von Gesellschaftsrechten ...« vor. Um das Wirtschaftsgut 1 steuerneutral ausbuchen zu können, muss das Kapitalkonto von Z von 120 000 € auf 100 000 € reduziert werden (reine Umbuchung ohne Auswirkung auf § 4 Abs. 1 EStG). Die Kapitalkonten von X und Y müssen entsprechend steuerneutral heraufgesetzt werden. Damit ergibt sich vor Ausbuchung des Grundstücks folgende Bilanz:

Aktiva			Passiva
Wirtschaftsgut 1	100 000 €	Kapital X	130 000 €
Wirtschaftsgut 2	170 000 €	Kapital Y	130 000 €
Wirtschaftsgut 3	90 000 €	Kapital Z	100 000 €
	360 000 €		360 000 €

Die Ausbuchung von Wirtschaftsgut 1 erfolgt dann gewinnneutral (BS: Kapital Z 100 000 € an Wirtschaftsgut 1 100 000 €). Anschließend ist das Wirtschaftsgut 1 steuerneutral in das Einzelunternehmen einzubuchen (BS: Wirtschaftsgut 1 100 000 € an Kapital Einzelunternehmer Z 100 000 €).

8.3 Realteilung einer Mitunternehmerschaft

8.3.1 Ohne Ausgleichszahlung

Während beim Ausscheiden gegen Sachwertabfindung die Personengesellschaft weiterhin existiert, stellt die Realteilung eine Beendigung der Gesellschaft dar. Aus diesem Grund findet sich die Realteilung in § 16 Abs. 3 Satz 2 EStG als besonderer Fall der Betriebsaufgabe (Details siehe BMF vom 28. 02. 2006 BStBl I 2006, 228). Werden im Rahmen einer Realteilung die Wirtschaftsgüter ohne eine Ausgleichszahlung in die jeweiligen Betriebsvermögen der Realteiler überführt, so werden keine stillen Reserven aufgedeckt und die Wirtschaftsgüter zwingend zum Buchwert übertragen (§ 16 Abs. 3 Satz 2 EStG ist lex specialis zu § 6 Abs. 5 Satz 3 EStG).

Auch im Fall der Realteilung müssen die Kapitalkonten – wie bei der Sachwertabfindung – steuerneutral an die Buchwerte der einzelnen Wirtschaftsgüter angepasst werden.

BEISPIEL

Eine OHG erstellt zum 31. 12. 2016 folgende Bilanz:

Aktiva			Passiva
Wirtschaftsgut 1	90 000 €	Kapital X	110 000 €
Wirtschaftsgut 2	30 000 €	Kapital Y	110 000 €
Wirtschaftsgut 3	210 000 €	Kapital Z	110 000 €
	330 000 €		330 000 €

Am 01. 01. 2017 beschließen die Gesellschafter die Auflösung der Gesellschaft und die Verteilung der Wirtschaftsgüter. X soll Wirtschaftsgut 1 erhalten, Y das Wirtschaftsgut 2 und Z das Wirtschaftsgut 3. Die Gesellschafter sind sich darüber einig, dass sie die drei Wirtschaftsgüter als gleichwertig beurteilen und daher von einer Ausgleichszahlung absehen. Die Gesellschafter sind sich darüber hin-

aus einig, dass in den Wirtschaftsgütern unterschiedliche stille Reserven stecken und daher einzelne Gesellschafter steuerlich einen Vorteil (wenig stille Reserven; z. B. Wirtschaftsgut 3) bzw. einen Nachteil (hohe stille Reserven; z. B. Wirtschaftsgut 2) erzielen bzw. erleiden.

LÖSUNG In einem ersten Schritt müssen die Kapitalkonten steuerneutral umgebucht werden:

Wirtschaftsgut 1	90 000 €	Kapital X	90 000 €
Wirtschaftsgut 2	30 000 €	Kapital Y	30 000 €
Wirtschaftsgut 3	210 000 €	Kapital Z	210 000 €
	330 000 €		330 000 €

Im nächsten Schritt werden die einzelnen Wirtschaftsgüter ausgebucht (BS: Kapital X 90 000 € an Wirtschaftsgut 1 90 000 € etc.). Die Wirtschaftsgüter werden anschließend in die jeweiligen Einzelunternehmen eingebucht (BS: Wirtschaftsgut 1 90 000 € an Kapital Einzelunternehmen X 90 000 €).

Die **Abschreibung** erfolgt bei den Realteilern nach den gleichen Grundsätzen und Methoden wie in der Gesamthand (**Fußstapfentheorie**).

8.3.2 Mit Ausgleichszahlung

In der Praxis dürfte es selten gelingen, die Wirtschaftsgüter wertmäßig paritätisch auf die einzelnen Mitunternehmer zu verteilen. Daher wird es häufig notwendig werden, dass derjenige Mitunternehmer, der wertmäßig mehr erhält, an die anderen Mitunternehmer einen Ausgleich bezahlt. In Höhe dieser Ausgleichszahlung liegt ein entgeltliches Geschäft vor. Derjenige Mitunternehmer, der eine Ausgleichszahlung erhält, erzielt einen **laufenden Veräußerungsgewinn** (BMF vom 28. 02. 2006 BStBl I 2006, 228, Tz. VI.). Derjenige Mitunternehmer, der eine Ausgleichszahlung leistet, hat insoweit Anschaffungskosten.

BEISPIEL

Wie Beispiel in 8.3.1; die Wirtschaftsgüter haben aber unterschiedliche Teilwerte; Wirtschaftsgut 1 (450 000 €); Wirtschaftsgut 2 (600 000 €) und Wirtschaftsgut 3 (300 000 €). Dementsprechend beschließen die Gesellschafter Folgendes: Der Gesamtwert aller Wirtschaftsgüter beträgt 1,35 Mio. €; somit entfallen wertmäßig auf jeden Gesellschafter 450 000 €. Gesellschafter X erhält daher Wirtschaftsgut 1, das wertmäßig seinem Anteil entspricht und muss sonach keine Ausgleichszahlung leisten. Gesellschafter Y erhält Wirtschaftsgut 2, das 150 000 € über dem Wert seines Mitunternehmeranteils liegt und muss daher an Gesellschafter Z einen Ausgleich in Höhe von 150 000 € bezahlen.

LÖSUNG Es handelt sich insgesamt um eine Realteilung mit Ausgleichszahlung i. S. v. § 16 Abs. 3 Satz 2 EStG, wobei in letzterer Vorschrift die Zahlung eines Spitzenausgleichs nicht geregelt ist (hierzu siehe BMF vom 28. 02. 2006 BStBl I 2006, 228).

Gesellschafter X leistet keine Ausgleichszahlung und führt insoweit in seinem Einzelunternehmen die Buchwerte und die bisherige Abschreibung fort. Gesellschafter Y zahlt für das Wirtschaftsgut einen Spitzenausgleich und erwirbt somit 150 000 € / 600 000 € des Wirtschaftsguts entgeltlich. In Höhe von 450 000 € / 600 000 € führt er in seinem Einzelunternehmen die Buchwerte fort. Damit aktiviert Y das Wirtschaftsgut 2 wie folgt:

Übergang zum Buchwert (30 000 € × 450 / 600 =)	22 500 €
Anschaffungskosten (= Spitzenausgleich)	150 000 €
Neuer Buchwert	172 500 €

Die Anschaffungskosten sind für die weitere AfA wie nachträgliche Anschaffungskosten zu behandeln (bei Gebäuden Erhöhung der Bemessungsgrundlage und Abschreibung mit dem bisherigen

Prozentsatz, bei beweglichen Wirtschaftsgütern Erhöhung des Buchwerts und Verteilung auf die Restnutzungsdauer).

Für Gesellschafter Z bedeutet der Erhalt des Spitzenausgleichs, dass er insoweit einen laufenden Veräußerungsgewinn erzielt:

Spitzenausgleich	150 000 €
Buchwert, soweit er auf den veräußerten Teil entfällt	
(30 000 € × 150 / 600 =)	./. 7 500 €
Gewinn (nicht nach § 16 Abs. 1 Nr. 2 EStG begünstigt)	142 500 €

Im Übrigen übernimmt Z das Wirtschaftsgut 3 zum Buchwert in sein Einzelunternehmen, da er selbst keine Ausgleichszahlung geleistet hat.

9 Übertragung im Wege der vorweggenommenen Erbfolge

Mitunternehmeranteile werden aus verschiedenen Gründen bereits zu Lebzeiten auf potenzielle Erben übertragen. So sollen z. B. Kinder an das Unternehmen herangeführt werden oder erbschaftsteuerliche Vergünstigungen (§ 13a ErbStG) ausgenutzt werden. Die Übertragung kann unentgeltlich, teilentgeltlich oder vollentgeltlich erfolgen. In letzterem Fall bestehen keine Besonderheiten gegenüber der Veräußerung an außenstehende Dritte. Zahlreiche Fragen zur vorweggenommenen Erbfolge sind in dem (leider teilweise veralteten) BMF-Schreiben vom 13. 01. 1993 BStBl I 1993, 80 geregelt.

9.1 Unentgeltliche Übertragung

9.1.1 Übertragung des ganzen Mitunternehmeranteils

Wird ein Mitunternehmeranteil unentgeltlich übertragen, so werden nach **§ 6 Abs. 3 EStG** die Buchwerte zwingend fortgeführt. Es spielt dabei keine Rolle, ob die Übertragung auf Kinder, sonstige Angehörige oder Personen, mit denen kein Verwandtschaftsverhältnis besteht, erfolgt. Entscheidend ist nur, dass der Wille besteht, diesen Personen einen Mitunternehmeranteil schenkweise zuzuwenden. Keine unentgeltliche Übertragung liegt vor, wenn ein Mitunternehmeranteil zu einem symbolischen Kaufpreis von 1 € übertragen wird, weil der Käufer nicht bereit ist, einen höheren Kaufpreis zu bezahlen.

§ 6 Abs. 3 EStG regelt nicht, was konkret unter einem Mitunternehmeranteil zu verstehen ist. Hierzu gehört zum einen das Kapital in der Gesamthandsbilanz, korrigiert durch ein Mehr- oder Minderkapital in der **Ergänzungsbilanz**, zum anderen das **funktional wesentliche Sonderbetriebsvermögen** (BMF vom 03. 03. 2005 BStBl I 2005, 458, Rz. 4). Sonderbetriebsvermögen ist funktional wesentlich, wenn es zur Erreichung des Betriebszwecks erforderlich ist und ein besonderes wirtschaftliches Gewicht hat (vgl. H 15.7 Abs. 5 EStH »Wesentliche Betriebsgrundlage« sowie H 16 Abs. 8 EStH jeweils mit zahlreichen Beispielen).

Wird der Mitunternehmeranteil ohne das funktional wesentliche Sonderbetriebsvermögen übertragen, so ist eine Buchwertfortführung nach § 6 Abs. 3 EStG nicht möglich. Dies bedeutet, dass der Schenker die stillen Reserven seines Mitunternehmeranteils vor der Schenkung aufdecken muss (Betriebsaufgabe des Mitunternehmeranteils nach § 16 Abs. 3 EStG). Der Beschenkte übernimmt den Mitunternehmeranteil zum Teilwert. Dies erfordert in der Regel die Aufstellung einer (negativen) Ergänzungsbilanz.

BEISPIEL

Die ABC-OHG erstellt zum 31. 12. 2016 folgende Bilanz:

Aktiva		Passiva	
Grundstück	300 000 €	Kapital A	445 000 €
Gebäude	500 000 €	Kapital B	445 000 €
Maschinen	10 000 €		
Forderungen	80 000 €		
	890 000 €		890 000 €

Die Teilwerte betragen: Grundstück 500 000 €, Gebäude 800 000 €, Maschinen 20 000 €, Forderungen 80 000 € und Firmenwert 1,2 Mio. €. Gesellschafter B vermietet an die OHG ein Patent (Buchwert 80 000 € / Teilwert = gemeiner Wert 2 Mio. €). Das Patent ist Grundlage der betrieblichen Tätigkeit der OHG.

Am 01. 01. 2017 schenkt B seinem Kind K den Mitunternehmeranteil. Von der Schenkung wird das Patent ausgenommen. B vermietet das Patent weiterhin an die OHG.

LÖSUNG B hat keinen Mitunternehmeranteil i. S. v. § 6 Abs. 3 EStG übertragen, da das Patent für die OHG eine funktional wesentliche Betriebsgrundlage darstellt und von der Schenkung ausgenommen wurde. Das Patent muss von B entnommen werden, da es künftig kein Sonderbetriebsvermögen mehr sein kann (B ist ja nach der Schenkung nicht mehr Mitunternehmer). Da aber B sämtliche stillen Reserven seines Mitunternehmeranteils aufdeckt, fällt folgender Gewinn unter § 16 Abs. 3 EStG:

Teilwert Wirtschaftsgüter der Gesamthand		1 300 000 €
Kapital Gesamthand	./.	445 000 €
Gemeiner Wert Patent (vgl. § 16 Abs. 3 Satz 7 EStG)		2 000 000 €
Buchwert Patent	./.	80 000 €
Gewinn § 16 Abs. 3 EStG		2 775 000 €

Das Kind K übernimmt die anteiligen Wirtschaftsgüter zum Teilwert und erstellt zum 01. 01. 2017 folgende Ergänzungsbilanz (jeweils der Hälfte der stillen Reserven der Wirtschaftsgüter der Gesamthand):

Aktiva		**Ergänzungsbilanz K**	Passiva
Grundstück	100 000 €	Mehrkapital K	855 000 €
Gebäude	150 000 €		
Maschinen	5 000 €		
Forderungen	–		
Firmenwert	600 000 €		
	855 000 €		855 000 €

Anschaffungsnebenkosten (z. B. Entwurf des Schenkungsvertrages, Eintragung des Gesellschafterwechsels im Handelsregister etc.) sind auch bei einer unentgeltlichen Übertragung nach dem Rechtsgedanken des § 255 Abs. 1 Satz 2 HGB im Verhältnis der Teilwerte der einzelnen Wirtschaftsgüter zu aktivieren und gegebenenfalls abzuschreiben (BFH vom 09. 07. 2013, IX R 43/11, BFH/NV 2013, 1853 entgegen BMF vom 13. 01. 1993 BStBl I 1993, 80, Rz. 13).

BEISPIEL

Wie vorheriges Beispiel; für die Übertragung des Mitunternehmeranteils fallen jedoch Anschaffungsnebenkosten (Beratungshonorar, Gebühren des Handelsregisters) i. H. v. 4 000 € an.

LÖSUNG Nach (richtiger) Ansicht der Rechtsprechung sind die Anschaffungsnebenkosten im Verhältnis der Teilwerte der übertragenen Wirtschaftsgüter in der Ergänzungsbilanz von K zu aktivieren. Somit sind jedem Wirtschaftsgut folgende Anschaffungsnebenkosten zuzurechnen:

Wirtschaftsgut	Anteiliger Teilwert	Anteilige Anschaffungskosten
Grundstück	500 000 € / 2,6 Mio. €	769 €
Gebäude	800 000 € / 2,6 Mio. €	1 231 €
Maschinen	20 000 € / 2,6 Mio. €	31 €
Forderungen	80 000 € / 2,6 Mio. €	123 €
Firmenwert	1,2 Mio. € / 2,6 Mio. €	1 846 €
	2,6 Mio. € / 2,6 Mio. €	4 000 €

Da Forderungen nicht höher als der Nominalwert bilanziert werden dürfen, sind die 123 € als Betriebsausgabe sofort abzugsfähig. Im Übrigen sind die Anschaffungsnebenkosten in der Ergänzungsbilanz zu aktivieren; damit ergibt sich folgendes Ergebnis:

Aktiva	**Ergänzungsbilanz K**		Passiva
Grundstück	100 769 €	Mehrkapital K	858 877 €
Gebäude	151 231 €		
Maschinen	5 031 €		
Forderungen	–		
Firmenwert	601 846 €		
	858 877 €		858 877 €

Bei der unentgeltlichen Übertragung eines Mitunternehmeranteils gehen Rücklagen nach § 6b EStG auf den Rechtsnachfolger über, da eine derartige Rücklage letztlich nichts anderes bedeutet als bisher noch nicht versteuerte stille Reserven.

Ein **negatives Kapitalkonto** des Übertragenden geht ebenfalls zum Buchwert auf den Beschenkten über. Die Übernahme des negativen Kapitalkontos stellt insoweit kein Veräußerungsentgelt dar (vgl. BMF vom 13.01.1993 BStBl I 1993, 80, Rz. 30). Damit gehen auch die verrechenbaren Verluste nach § 15a Abs. 2 EStG auf den Beschenkten über.

Überentnahmen und Unterentnahmen, die beim Rechtsvorgänger nach § 4 Abs. 4a EStG entstanden, gehen bei der unentgeltlichen Übertragung auf den Beschenkten über (BMF vom 17.11.2005 BStBl I 2005, 1019, Rz. 10a). Ein vom Rechtsvorgänger gebildeter Investitionsabzugsbetrag geht ebenfalls auf den Beschenkten über (BFH vom 10.03.2016, IV R 14/12, n.n.v.).

Verlustvorträge nach § 10d EStG sind personenbezogen und stehen auch nach einer unentgeltlichen Übertragung des Mitunternehmeranteils dem Übergeber zu.

Die Abschreibung wird bei der unentgeltlichen Übertragung eines Mitunternehmeranteils auf der Ebene der Gesamthand unverändert weitergeführt (Rechtsgedanke des § 23 UmwStG).

9.1.2 Übertragung eines Teils eines Mitunternehmeranteils

Um die gleitende Vermögensübergabe zu ermöglichen, sieht § 6 Abs. 3 Satz 1 2. HS EStG ausdrücklich vor, dass die Buchwerte auch dann fortzuführen sind, wenn eine natürliche Person in ein bestehendes Einzelunternehmen aufgenommen wird (Entstehung einer Personengesellschaft) oder ein Teil eines Mitunternehmeranteils auf eine natürliche Person übergeht.

Problematisch ist die Übertragung eines Teils eines Mitunternehmeranteils, wenn funktional wesentliches Sonderbetriebsvermögen nicht oder unterquotal bzw. überquotal übergeht (vgl. BMF vom 03.03.2005 BStBl I 2005, 458, Rz. 9 ff.). Dabei sind folgende Fallgestaltungen möglich:

Der Schenker überträgt das Sonderbetriebsvermögen entsprechend dem geschenkten Anteil (**quotale Übertragung**).

V ist Gesellschafter der V-OHG. Zum 31.12.2016 sieht die Bilanz wie folgt aus:

Aktiva				Passiva
Diverse Wirtschaftsgüter	300 000 €	Kapital V		100 000 €
		Kapital G		200 000 €
Summe	300 000 €	Summe		300 000 €

V vermietet an die V-OHG ein Grundstück (Buchwert 20 000 €, Teilwert 160 000 €). Das Grundstück ist im Sonderbetriebsvermögen des V aktiviert. Zum 01.01.2017 schenkt V 30 % seines Mitunternehmeranteils und 30 % des Grundstücks seinem Kind K.
LÖSUNG Nach § 6 Abs. 3 EStG sind auch bei einer Schenkung eines Teils eines Mitunternehmeranteils die Buchwerte fortzuführen. Daher werden in der Gesamthandsbilanz lediglich vom Kapital V 30 000 € steuerneutral auf das Kapitalkonto K umgebucht. Das Sonderbetriebsvermögen geht quotal über. Daher wird das Sonderbetriebsvermögen von V steuerneutral um 6 000 € vermindert. K aktiviert in der Sonderbilanz 30 % des Grundstücks mit einem Buchwert von 6 000 €.

Wird das Sonderbetriebsvermögen **unterquotal** übertragen, so ist dies nach § 6 Abs. 3 Satz 2 EStG unschädlich, wenn das Sonderbetriebsvermögen weiterhin in derselben Mitunternehmerschaft bilanziert wird (vgl. BMF vom 03.03.2005 a.a.O., Rz. 10 ff.).

Wie Beispiel oben mit folgender Variante: V behält das Grundstück und schenkt nur 30 % seines Mitunternehmeranteils an K.
LÖSUNG Da V weiterhin Mitunternehmer der V-OHG bleibt und das Grundstück weiterhin an die OHG vermietet, bleibt es bei ihm Sonderbetriebsvermögen. Die Übertragung von 30 % des Mitunternehmeranteils ohne das wesentliche Sonderbetriebsvermögen ist nach § 6 Abs. 3 Satz 2 EStG unschädlich.

Wird das Sonderbetriebsvermögen überquotal übertragen, will die Verwaltung den Vorgang aufspalten: Soweit die Übertragung quotal erfolgt, erfolgt die Buchwertfortführung nach § 6 Abs. 3 EStG. Soweit die Übertragung überquotal erfolgt, soll § 6 Abs. 5 EStG anwendbar sein (vgl. BMF vom 03.03.2005 a.a.O., Rz. 16). Der Unterschied besteht darin, dass z.B. die Übernahme von Schulden im Rahmen des § 6 Abs. 5 EStG als Entgelt gilt (Trennungstheorie; vgl. BMF vom 08.12.2011 BStBl I 2011, Rz. 15), im Rahmen des § 6 Abs. 3 EStG aber einer Buchwertübertragung nicht entgegensteht (Einheitstheorie; vgl. BMF vom 13.01.1993 BStBl I 1993, 80, Rz. 29).

Die Lösung der Finanzverwaltung widerspricht dem Wortlaut des § 6 Abs. 5 EStG. Eine Übertragung nach § 6 Abs. 5 Satz 3 Nr. 3 EStG (und dies ist die einzige Möglichkeit) ist nur bei einer Übertragung von einem Mitunternehmer auf den anderen Mitunternehmer derselben Mitunternehmerschaft zum Buchwert möglich. Der Beschenkte ist aber bei dieser Gestaltung noch nicht Mitunternehmer, sodass er diesen Tatbestand nicht verwirklichen kann.

9.2 Teilentgeltliche Übertragung

9.2.1 Entgelt kleiner als das Kapitalkonto

Wird ein Mitunternehmeranteil teilentgeltlich übertragen, so gilt die sog. **Einheitstheorie** (vgl. BMF vom 13.01.1993 BStBl I 1993, 80, Rz. 35). Danach ist der Vorgang insgesamt als unentgeltliche Übertragung zu behandeln, wenn das Entgelt unter dem steuerlichen Kapitalkonto des Übergebers liegt. Das steuerliche Kapitalkonto besteht dabei aus dem Kapitalkonto der Gesamthandsbilanz, eventuellen Korrekturen durch eine Ergänzungsbilanz sowie dem Kapital der Sonderbilanz (vgl. BMF vom 03. 03. 2005 BStBl I 2005, 458, Rz. 4). Liegt das Entgelt über dem Kapitalkonto, so ist insgesamt von einer entgeltlichen Übertragung auszugehen.

BEISPIEL

Die AB-OHG erstellt zum 31. 12. 2016 folgende Bilanz:

Aktiva		Passiva	
Grundstück	300 000 €	Kapital V	445 000 €
Gebäude	500 000 €	Kapital G	445 000 €
Maschinen	10 000 €		
Forderungen	80 000 €		
	890 000 €		890 000 €

Zum 01. 01. 2017 überträgt V seinen Mitunternehmeranteil auf das Kind K. K verpflichtet sich, an seinen Bruder eine Ausgleichszahlung i. H. v. 200 000 € zu leisten.

LÖSUNG Die Zahlung an den Bruder ist als Entgelt zu beurteilen (BMF vom 13. 01. 1993 BStBl I 1993, 80, Rz. 7). Da die Zahlung unter dem Kapitalkonto liegt, ist insgesamt von einer Übertragung nach § 6 Abs. 3 EStG auszugehen. Damit wird lediglich das Kapitalkonto von V auf K umgeschrieben. Bezüglich der Abschreibung, der Anrechnung von Besitzzeiten i. S. d. § 6b EStG etc. tritt K in die »Fußstapfen« des G3.

Die Einheitstheorie gilt auch dann, wenn nur ein Teil eines Mitunternehmeranteils übertragen wird.

BEISPIEL

Wie vorheriges Beispiel; B überträgt lediglich 1/3 des Mitunternehmeranteils. Entsprechend leistet K lediglich eine Ausgleichszahlung i. H. v. 60 000 €.

LÖSUNG Maßgeblich ist hier der übertragene Mitunternehmeranteil. Da die Ausgleichszahlung geringer ist als das übertragene Kapital (445 000 € × 1/3 = 148 333 €), werden die Buchwerte zwingend fortgeführt. Das Kapitalkonto des B wird um 148 333 € auf (445 000 € ./. 148 133 € =) 296 867 € vermindert und entsprechend ein Kapitalkonto des K i. H. v. 148 333 € neu begründet.

Die Einheitstheorie gilt auch dann, wenn das Kapitalkonto des Übertragenden negativ ist. Da bereits ein Entgelt von 1 € größer ist als ein negatives Kapitalkonto, liegt im Falle einer Ausgleichszahlung aber stets ein voll entgeltliches Geschäft vor (vgl. BMF vom 13. 01. 1993 BStBl I 1993, 80, Rz. 31).

Finanziert der Übernehmer im Falle der teilentgeltlichen Übertragung die Ausgleichszahlung, so liegt auch dann eine betriebliche Schuld vor, wenn das Entgelt kleiner als das Kapitalkonto ist (BMF vom 13. 01. 1993 a. a. O., Rz. 38).

9.2.2 Entgelt größer als das Kapitalkonto

Ist das Entgelt größer als das Kapitalkonto, so ist der Vorgang insgesamt als **voll entgeltlich** zu beurteilen. Der übertragende Mitunternehmer erzielt einen Veräußerungsgewinn, der nach § 15 EStG oder § 16 EStG (wenn die Voraussetzungen gegeben sind) zu versteuern ist. Der Übernehmer hat die Anschaffungskosten zu aktivieren (§ 6 Abs. 1 Nr. 7 EStG). Dabei sind die stillen Reserven gleichmäßig in dem Verhältnis zu aktivieren (in der Regel in einer Ergänzungsbilanz), in dem die tatsächlich aufgedeckten stillen Reserven zu den insgesamt vorhandenen stillen Reserven stehen (BMF vom 13.01.1993 a.a.O., Rz. 35). Die stillen Reserven eines selbst geschaffenen Firmenwerts müssen – entgegen BMF vom 13.01.1993 a.a.O. – ebenfalls anteilig aufgedeckt werden (vergleichbar dem Ansatz eines Zwischenwerts bei einer Einbringung nach § 24 UmwStG). Die Aktivierung des Firmenwerts ergibt sich zwingend aus § 5 Abs. 2 EStG, wonach entgeltlich erworbene immaterielle Wirtschaftsgüter aktiviert werden müssen.

BEISPIEL

Die AB-OHG erstellt zum 31.12.2016 folgende Bilanz:

Aktiva				Passiva
Grundstück	300 000 €	Kapital V		445 000 €
Gebäude	500 000 €	Kapital G		445 000 €
Maschinen	10 000 €			
Forderungen	80 000 €			
	890 000 €			890 000 €

Die Teilwerte betragen: Grundstück 500 000 €, Gebäude 800 000 €, Maschinen 20 000 € und Firmenwert 1,2 Mio. €. Die Gesamthand schreibt das Gebäude mit 3 % p.a. aus Anschaffungskosten i.H.v. 600 000 € ab. Die Maschinen haben am 31.12.2016 noch eine Restnutzungsdauer von drei Jahren. Gesellschafter V überträgt am 01.01.2017 seinen Mitunternehmeranteil auf das Kind K. K verpflichtet sich eine Ausgleichszahlung i.H.v. 500 000 € zu leisten.

LÖSUNG Da das Entgelt größer ist als das Kapitalkonto, ist insgesamt von einer entgeltlichen Übertragung auszugehen. Da V seinen gesamten Mitunternehmeranteil entgeltlich überträgt, ist § 16 Abs. 1 Nr. 2 EStG anzuwenden. Der Veräußerungsgewinn des V beläuft sich auf (500 000 € ./. 445 000 € =) 55 000 € und ist nach § 16 Abs. 4 und § 34 Abs. 1 bzw. Abs. 3 EStG begünstigt. K muss seine Anschaffungskosten aktivieren. Da sich in der Gesamthandsbilanz bereits die Buchwerte befinden, müssen in einer Ergänzungsbilanz lediglich noch die aufgedeckten stillen Reserven aktiviert werden. Die aufgedeckten stillen Reserven sind – soweit keine Veräußerungskosten vorliegen – mit dem Veräußerungsgewinn nach § 16 Abs. 1 Nr. 2 EStG identisch. Somit muss ermittelt werden, wie viele der stillen Reserven bei jedem einzelnen Wirtschaftsgut zu aktivieren sind. Der Teilwert des Mitunternehmeranteils beläuft sich auf (2,6 Mio. € / 2 Gesellschafter =) 1,3 Mio. €. Die gesamten stillen Reserven des Mitunternehmeranteils des B betragen demnach (1,3 Mio. € ./. 445 000 € =) 855 000 €. Damit sind bei jedem einzelnen Wirtschaftsgut 55 000 € / 855 000 € der stillen Reserven in der Ergänzungsbilanz von K zu aktivieren, so dass ein Mehrkapital des K i.H.v. 55 000 € auszuweisen ist.

Wirtschaftsgut	stille Reserven	Anteil B	55 000/855 000
Grundstück	200 000 €	100 000 €	6 433 €
Gebäude	300 000 €	150 000 €	9 649 €
Maschinen	10 000 €	5 000 €	322 €
Firmenwert	1,2 Mio. €	600 000 €	38 596 €
	1 710 000 €	855 000 €	55 000 €

Aus Vereinfachungsgründen lässt es die Verwaltung zu, dass die Aufstockungsbeträge wie nachträgliche Anschaffungskosten behandelt werden (BMF vom 13.01.1993 a.a.O., Rz. 37). Diese Regelung entspricht § 23 Abs. 3 UmwStG, da die teilweise Aufdeckung der stillen Reserven bei der Übertragung im Wege der vorweggenommenen Erbfolge weitgehend dem Zwischenwertansatz im Rahmen des § 24 UmwStG entspricht.

BEISPIEL

Fortsetzung des Beispiels:

Das Gebäude wird im Wj. 2017 in der Gesamthand mit (600 000 € × 3 % =) 18 000 € abgeschrieben. Die Bemessungsgrundlage von K beträgt insgesamt (300 000 € + 9 649 €), die AfA (309 649 € × 3 % =) 9 289 €. Da bereits 9 000 € in der Gesamthandsbilanz abgeschrieben werden, ergibt sich in der Ergänzungsbilanz eine Mehr-AfA i. H. v. 289 €. Die Maschinen werden in der Gesamthandsbilanz mit (10 000 € / 3 Jahre =) 3 333 € abgeschrieben. Die AfA von K beträgt insgesamt (10 000 € + 322 €) / 3 Jahre und somit 3 441. Da die Maschinen in der Gesamthandsbilanz mit 3 333 € abgeschrieben werden, ergibt sich eine Mehr-AfA des K i. H. v. (3 441 € ./. 3 333 € =) 108 €. Der Firmenwert wird nur über die Ergänzungsbilanz abgeschrieben; die AfA beträgt (38 596 € / 15 Jahre =) 2 573 €.

Befindet sich vor der Übertragung in der Bilanz der Gesamthand eine **Rücklage nach § 6b EStG**, so ist diese in demselben Verhältnis wie die übrigen Wirtschaftsgüter anteilig (gewinnerhöhend) aufzulösen.

Die Übernahme von Verbindlichkeiten der Gesamthand durch den Rechtsnachfolger stellt keine Gegenleistung dar (vgl. BMF vom 13. 01. 1993 BStBl I 1993, 80, Rz. 29).

10 Erbfall und Erbauseinandersetzung

Geht ein Mitunternehmeranteil auf einen einzelnen Erben über, so wird lediglich das Kapitalkonto auf den Erben umgeschrieben (§ 1922 BGB; Gesamtrechtsnachfolge). Sind mehrere Erben vorhanden, so bilden diese grundsätzlich eine Erbengemeinschaft (§ 2032 ff. BGB). Der Mitunternehmeranteil geht auf die Erben im Verhältnis ihrer Erbquote über.

BEISPIEL

Eine GbR bilanziert zum 31. 12. 2016 wie folgt:

Aktiva			Passiva
Diverse Wirtschaftsgüter	600 000 €	Kapital X	300 000 €
		Kapital Y	300 000 €
	600 000 €		600 000 €

Am 01. 01. 2017 stirbt Y. Erben werden die Kinder S und T zu jeweils 1/2. Die Erben werden mit dem Erbfall Mitunternehmer der GbR (vgl. BMF vom 14. 03. 2006 BStBl I 2006, 253, Rz. 3).

Setzen sich die Erben auseinander, so ist danach zu differenzieren, ob eine Realteilung **mit oder ohne Ausgleichszahlung** stattfindet (vgl. BMF vom 14. 03. 2006 a. a. O., Rz. 10 und Rz. 14). Übernimmt ein Miterbe den Mitunternehmeranteil ohne Ausgleichszahlung, so führt er im Wege der Gesamtrechtsnachfolge die Buchwerte fort (§ 1922 BGB – nicht § 6 Abs. 3 EStG).

BEISPIEL

Wie Beispiel oben; der Teilwert der Wirtschaftsgüter der GbR beträgt 800 000 €; der Wert des Mitunternehmeranteils demnach 400 000 €. Im Nachlass befindet sich neben dem Mitunternehmeranteil an der GbR ein Einfamilienhaus mit einem gemeinen Wert von 400 000 €. Die Erben setzen sich dahingehend auseinander, dass S das Einfamilienhaus und T den Mitunternehmeranteil übernimmt. **LÖSUNG** Es liegt eine Realteilung eines Nachlasses ohne Abfindungszahlung vor, da keiner der Erben eine Ausgleichszahlung leistet. Somit übernimmt T das Kapitalkonto des Erblassers zum Buchwert. Das Kapitalkonto wird in der Gesamthandsbilanz lediglich auf T umgeschrieben.

Erfordert die Realteilung eine Ausgleichszahlung, weil ein Erbe wertmäßig mehr übernimmt als seiner Erbquote entspricht, so liegt insoweit ein **Anschaffungs- und Veräußerungsgeschäft** vor (BMF vom 14. 03. 2006 BStBl I 2006, 253, Rz. 14). Dieser Fall darf nicht mit dem teilentgeltlichen Erwerb im Wege der vorweggenommenen Erbfolge (siehe oben) verwechselt werden. Bei der vorweggenommenen Erbfolge wird ein Mitunternehmeranteil zu einem Entgelt übernommen, das unter dem Marktpreis liegt. Bei der Erbauseinandersetzung veräußert ein Erbe einen Teil seines Mitunternehmeranteils zum Marktpreis.

BEISPIEL

Wie Beispiel oben; das Einfamilienhaus hat aber lediglich einen gemeinen Wert i. H. v. 250 000 €. Demzufolge zahlt T an S einen Ausgleich i. H. v. 75 000 €. Damit haben die beiden Miterben jeweils gleiche Werte; S (250 000 € + 75 000 € = 325 000 €) und T (400 000 € ./. 75 000 € = 325 000 €).

LÖSUNG Unmittelbar mit dem Tod des Y ging der Mitunternehmeranteil im Verhältnis der Erbquote auf die beiden Erben über; die Bilanz sieht dann wie folgt aus:

Aktiva			Passiva
Diverse Wirtschaftsgüter	600 000 €	Kapital X	300 000 €
		Kapital T	150 000 €
		Kapital S	150 000 €
	600 000 €		600 000 €

Wenn T an S einen Ausgleich i. H. v. 75 000 € bezahlt, erwirbt sie Mitunternehmeranteile von 75 000 € / 400 000 € zum vollen Marktpreis. Bilanziell muss daher das Kapitalkonto von S steuerneutral an den veräußerten Teil angepasst werden. Wenn S 75 000 € / 400 000 € Mitunternehmeranteile veräußert, steht dem ein Kapital von (300 000 € × 75 000 € / 400 000 € =) 56 250 € gegenüber. Die Erben werden also so behandelt, als habe der Erblasser 75 / 400 des Mitunternehmeranteils an S und 325 / 400 an T vererbt. Damit sieht im nächsten Schritt die Bilanz wie folgt aus:

Aktiva			Passiva
Diverse Wirtschaftsgüter	600 000 €	Kapital X	300 000 €
		Kapital T	~~150 000 €~~
			243 750 €
		Kapital S	~~150 000 €~~
			56 250 €
	600 000 €		600 000 €

Die Umbuchung der Kapitalkonten löst noch keinen Gewinn aus. Im nächsten Schritt ist S so zu behandeln, als habe er seinen Mitunternehmeranteil für 75 000 € an T veräußert. Er erzielt dadurch einen Veräußerungsgewinn nach § 16 Abs. 1 Nr. 2 EStG (er veräußert ja seinen gesamten Mitunternehmeranteil) i. H. v. (75 000 € ./. 56 250 € =) 18 750 €.

T führt 325 / 400 des Kapitals im Wege der Gesamtrechtsnachfolge zum Buchwert weiter. 75 / 400 des Kapitals erwirbt sie – wie unter fremden Dritten – entgeltlich. Insoweit muss sie den Kaufpreis aktivieren (§ 6 Abs. 1 Nr. 7 EStG). Da sich die Buchwerte des gekauften Mitunternehmeranteils bereits in der Gesamthandsbilanz befinden, muss sie die stillen Reserven in einer Ergänzungsbilanz aktivieren. Die gesamten stillen Reserven des Erblassers beliefen sich auf (400 000 € ./. 300 000 € =) 100 000 €. Durch den Verkauf wurden stille Reserven i. H. v. (100 000 € × 75 / 400 =) 18 750 € aufgedeckt und müssen in einer Ergänzungsbilanz aktiviert werden (BS: Diverse Wirtschaftsgüter 18 750 € an mehr Kapital T 18 750 €).

Ein besonderes Problem entsteht, wenn die Mitunternehmer im **Gesellschaftsvertrag** Regelungen für den Fall des Todes eines Mitunternehmers getroffen haben (vgl. BMF vom 14. 03. 2006 BStBl I 2006, 253, Rz. 69 ff.). Die Regelungen des Gesellschaftsvertrags können durch ein **Testament** nicht außer Kraft gesetzt werden. Mit anderen Worten: Unabhängig davon, welche Bestimmungen ein Testament enthält, sind die Regelungen des Gesellschaftsvertrags vorrangig zu beachten. Dabei sind vier Regelungen denkbar.

Fortsetzungsklausel: Enthält der Gesellschaftsvertrag eine Bestimmung, wonach im Falle des Todes eines Gesellschafters die Gesellschaft unter den übrigen Gesellschaftern fortgesetzt wird, so werden die Erben – auch wenn sie Gesamtrechtsnachfolger sind – zu keinem Zeitpunkt Mitunternehmer der Personengesellschaft. Sie erben lediglich einen Auseinandersetzungsanspruch. Diese Variante wird so behandelt, als habe der Erblasser durch den Abschluss des Gesellschaftsvertrags noch zu Lebzeiten seinen Mitunternehmeranteil unter der aufschiebenden Bedingung seines Todes veräußert (BMF vom 14. 03. 2006 BStBl I 2006, 253, Rz. 69).

> **BEISPIEL**
>
> Wie Beispiel oben; die Gesellschafter X und Y haben vereinbart, dass die Gesellschaft mit den überlebenden Gesellschaftern fortgesetzt wird und die Erben lediglich einen Auseinandersetzungsanspruch haben.
>
> **LÖSUNG** Da der Mitunternehmeranteil des Y 400 000 € wert ist, entsteht durch den Tod ein Veräußerungsgewinn des Y i. H. v. (400 000 € ./. 300 000 € =) 100 000 €. Die Erben müssen keinen Veräußerungsgewinn versteuern.

Im Falle der **einfachen Nachfolgeklausel** (BMF vom 14. 03. 2006 a. a. O., Rz. 71) werden sämtliche Erben Mitunternehmer. Damit wird mit dem Erbfall lediglich das Kapitalkonto des Erblassers auf die Erben umgeschrieben. Die weitere Behandlung des Mitunternehmeranteils richtet sich dann danach, ob eine Realteilung stattfindet und ob diese mit oder ohne Abfindungszahlung erfolgt.

Sehr häufig wird auch eine **qualifizierte Nachfolgeklausel** (BMF vom 14. 03. 2006 a. a. O., Rz. 72 ff.) vereinbart. Danach wird nur einer von mehreren Miterben Nachfolger in der Personengesellschaft. Dieser folgt dann dem Erblasser im Wege der Gesamtrechtsnachfolge nach. Erhalten die anderen Miterben Ausgleichszahlungen, so handelt es sich insoweit nicht um eine Realteilung mit Ausgleichszahlung. Da der qualifizierte Miterbe zu 100 % Gesellschafter wird, kann eine Ausgleichszahlung kein Entgelt für den Erwerb eines Mitunternehmeranteils von den anderen Erben sein.

Wird im Gesellschaftsvertrag lediglich das Recht eingeräumt, dass ein oder mehrere Erben in den Gesellschaftsanteil nachfolgen können, so handelt es sich um eine sog. **Eintrittsklausel** (BMF vom 14. 03. 2006 a. a. O., Rz. 70). Erfolgt der Eintritt des oder der Erben innerhalb von 6 Monaten seit dem Erbfall, so werden die Erben so behandelt, als sei eine einfache oder qualifizierte Nachfolgeklausel vereinbart worden.

Teil D   Besondere Rechtsformen

1   Stille Gesellschaft

1.1   Grundlagen

Die stille Gesellschaft ist eine Innengesellschaft (§ 230 ff. HGB, vgl. A 1.6). Der stille Gesellschafter fördert den Geschäftsbetrieb des Inhabers eines Handelsgewerbes durch eine Vermögenseinlage, die in das Vermögen des Geschäftsinhabers übergeht. Die stille Gesellschaft tritt nicht nach außen auf und hat selbst kein Gesellschaftsvermögen. Die stille Gesellschaft kann daher auch nicht in das Handelsregister eingetragen werden. Grundlegend für die steuerliche Behandlung ist die Unterscheidung zwischen dem typischen und dem atypischen stillen Gesellschafter. Der **typische Stille** ist der stille Geldgeber, der nicht nach außen in Erscheinung tritt und sich nur kapitalmäßig am Handelsgewerbe eines andern beteiligt. Eine typisch stille Gesellschaft liegt vor, wenn sich der Gesellschaftsvertrag am gesetzlichen Modell der §§ 230 ff. HGB orientiert. Der **atypische Stille** beteiligt sich als Mitunternehmer, nicht lediglich als Kapitalgeber, z. B. durch (schuldrechtliche) Beteiligung an den stillen Reserven und am Geschäftswert. Eine atypisch stille Gesellschaft liegt vor, wenn die Verwaltungs- und/oder Vermögensrechte des stillen Gesellschafters über den gesetzlichen Typus der §§ 230 ff. HGB hinaus ausgeweitet werden. Auch die atypisch stille Gesellschaft bleibt – selbst wenn die gesellschaftsvertraglichen Vereinbarungen so weit gehen, dass der atypisch Stille im Innenverhältnis einem Kommanditisten gleichgestellt wird – stets eine Innengesellschaft.

1.2   Abgrenzung stille Gesellschaft – partiarisches Darlehen

Bei einem partiarischen Darlehen wird statt eines festen Zinssatzes eine Gewinn- oder Umsatzbeteiligung vereinbart. Die Gewinn- oder Umsatzbeteiligung kann auch neben eine feste Verzinsung oder eine Mindestverzinsung treten. In diesem Fall wird bei der Abgrenzung des partiarischen Darlehens vom reinen Darlehen darauf abgestellt, ob die gewinnabhängige Vergütung überwiegt (BFH vom 21. 06. 1983 BStBl II 1983, 563). Das partiarische Darlehen beruht nicht auf einem Gesellschaftsverhältnis, dient also nicht der gemeinsamen Zweckverfolgung, und vermittelt keine Kontrollrechte, wie sie beispielsweise der stille Gesellschafter nach § 233 HGB hat. Ist in dem »Darlehens«-Vertrag eine Verlustbeteiligung vereinbart, liegt eine stille Gesellschaft und kein partiarisches Darlehen vor. Die stille Gesellschaft und das partiarische Darlehen werden einkommensteuerlich gleich behandelt (§ 20 Abs. 1 Nr. 4 EStG). Die Abgrenzung hatte nach altem Recht Bedeutung für die Gewerbesteuer, da die Gewinnanteile des stillen Gesellschafters voll und Zinsen aus partiarischem Darlehen nur zur Hälfte zum Gewerbeertrag hinzuzurechnen waren. Seit 2008 sind gleichlautend nur noch jeweils 25 % hinzuzurechnen (§ 8 Nr. 1 Buchst. a und c GewStG).

	Kapitalertragsteuer	Gewerbesteuer
Reines Darlehen (§ 20 Abs. 1 Nr. 7 EStG)	25 % Kapitalertragsteuer (§ 43 Abs. 1 Nr. 7 EStG)	Hinzurechnung 25 % (§ 8 Nr. 1 Buchst. a GewStG)
Partiarisches Darlehen (§ 20 Abs. 1 Nr. 4 EStG)	25 % Kapitalertragsteuer (§ 43 Abs. 1 Nr. 3 EStG)	Hinzurechnung 25 % (§ 8 Nr. 1 Buchst. a GewStG)
Typisch stille Gesellschaft (§ 20 Abs. 1 Nr. 4 EStG)	25 % Kapitalertragsteuer (§ 43 Abs. 1 Nr. 3 EStG)	Hinzurechnung 25 % (§ 8 Nr. 1 Buchst. c GewStG)
Atypisch stille Gesellschaft (§ 15 Abs. 1 Satz 1 Nr. 2 EStG)	keine Kapitalertragsteuer	keine Hinzurechnung

1.3 Besteuerung des typisch stillen Gesellschafters

1.3.1 Einnahmen des typisch stillen Gesellschafters

Der typisch stille Gesellschafter, der seine **Beteiligung im Privatvermögen** hält, erzielt Einkünfte aus Kapitalvermögen nach § 20 Abs. 1 Nr. 4 EStG. Die Gewinnanteile sind steuerlich in dem Jahr zu erfassen, in dem sie dem Stillen zufließen (§ 11 Abs. 1 EStG). Eine tatsächliche Auszahlung oder Überweisung an den Stillen ist hierfür nicht erforderlich. Es genügt für die Verschaffung der Verfügungsmacht, dass die Gewinnanteile auf dem Einlagekonto des Stillen in der Buchführung des Inhabers des Handelsgewerbes gutgeschrieben werden.

BEISPIEL

S beteiligt sich am 02. 01. 01 mit einer Einlage von 100 000 € an dem Handelsgewerbe des G und nimmt i. H. v. 10 % am Gewinn teil. Nach dem Gesellschaftsvertrag geht die Einlage in das Vermögen des G über. G ist nach Beendigung des Gesellschaftsverhältnisses zur Rückzahlung der Einlage i. H. d. Nennbetrages verpflichtet. Der Handelsbilanzgewinn des G im Jahr 01 betrug 500 000 €, wovon 200 000 € aufgedeckte stille Reserven aus dem Verkauf eines Grundstücks sind. S erhält bei Aufstellung der Bilanz am 31. 03. 02 einen Betrag von 22 087,50 € (nach Abzug von 7 500 € Kapitalertragsteuer und 412,50 € Solidaritätszuschlag) auf seinem Verrechnungskonto gutgeschrieben.
a) Wie erfolgt die Besteuerung des Gewinnanteils des S?
b) Wie hat der Inhaber des Handelsgewerbes G die Beteiligung des S zu behandeln?

LÖSUNG

a) S ist mangels Mitunternehmerinitiative und Mitunternehmerrisiko (keine Beteiligung an stillen Reserven und Geschäftswert) typisch stiller Gesellschafter an dem Handelsgewerbe des G. Der Gewinnanteil des S beträgt (500 000 € ./. 200 000 € = 300 000 € × 10 % =) 30 000 €. S hat seinen Gewinnanteil nach § 11 Abs. 1 Satz 1 EStG mit Gutschrift auf seinem Verrechnungskonto am 31. 03. 02 nach Abzug des Sparerfreibetrags (§ 20 Abs. 9 EStG) als Einkünfte aus Kapitalvermögen gemäß § 20 Abs. 1 Nr. 4 EStG zu versteuern. Die Kapitalerträge von 30 000 € unterliegen in voller Höhe der Kapitalertragsteuer und dem Solidaritätszuschlag:

Gewinnanteil	30 000,00 €
./. 25 % Kapitalertragsteuer (§ 43a Abs. 1 Nr. 1 EStG)	./. 7 500,00 €
./. 5,5 % SolZ (§ 4 Satz 1 SolzG)	./. 412,50 €
Auszahlungsbetrag	22 087,50 €

Es gilt der Abgeltungsteuersatz von 25 % (§ 32d Abs. 1 Satz 1 EStG, vgl. 1.3.4). Für Kapitalerträge nach § 20 EStG, die der Kapitalertragsteuer unterlegen haben, ist grundsätzlich die Einkommensteuer mit dem Steuerabzug abgegolten. Die einbehaltene Steuer wird nicht auf die Einkommensteuerschuld angerechnet. Der Steuerpflichtige S kann aber nach § 32d Abs. 4 EStG die Günstigerprüfung beantragen. Wenn diese positiv ausfällt, wird auf die Kapitaleinkünfte nach Abzug des Sparerfreibe-

trags der besondere Steuersatz nach § 32d Abs. 1 EStG i. H. v. 25 % angewendet und die einbehaltene Kapitalertragsteuer auf die Einkommensteuer des S angerechnet (§ 36 Abs. 2 Nr. 2 EStG).
a) Der Inhaber des Handelsgewerbes G hat die stille Beteiligung des S in seiner Bilanz als Schuld zu passivieren (Buchungssatz: Bank an Verbindlichkeit aus stiller Beteiligung 100 000 €). Der auf S entfallende Gewinnanteil mindert den Gewinn des G, der somit (500 000 € ./. 30 000 € =) 470 000 € beträgt. In der Bilanz zum 31. 12. 01 hat G den Gewinnanteil des S als sonstige Verbindlichkeit i. H. v. 30 000 € zu passivieren. Dem Gewerbeertrag 01 ist der Gewinnanteil des stillen Gesellschafters hinzuzurechnen (§ 8c Nr. 1c GewStG), sofern die Summe aller Hinzurechnungen nach § 8 Nr. 1 a–f GewStG den Freibetrag von 100 000 € übersteigt. Für Zwecke der Kapitalertragsteuer gilt der Kapitalertrag von 30 000 € mit der Bilanzerstellung am 31. 03. 02 als dem S zugeflossen (§ 44 Abs. 3 EStG). G hat als Schuldner der Kapitalerträge am 31. 03. 02 den Steuerabzug für die Rechnung des S vorzunehmen (§ 44 Abs. 1 Satz 3 EStG) und die einbehaltene Kapitalertragsteuer von 7 500 € und den Solidaritätszuschlag von 412,50 € an das Finanzamt abzuführen. G haftet für die abzuführenden Steuer- und Zuschlagsbeträge (§ 44 Abs. 5 EStG, § 1 Abs. 2 SolZG).

Bei einer stillen Beteiligung, die der typisch stille Gesellschafter im **Betriebsvermögen eines Gewerbebetriebs** hält, bezieht er aus den Gewinn- oder Verlustanteilen gewerbliche Einkünfte (§ 20 Abs. 8 EStG). Die stille Einlage ist im Zeitpunkt der Leistung der Vermögenseinlage zu aktivieren. Die Gewinn- und Verlustanteile werden periodengerecht zugeordnet. Der Stille hat in seiner Bilanz im Jahr der Erwirtschaftung des Gewinns durch den Inhaber des Handelsgewerbes eine Forderung zu buchen und den Ertrag auszuweisen. Die Kapitalertragsteuer ist auch einzubehalten, wenn die Kapitalerträge beim Gläubiger zu den Einkünften aus Gewerbebetrieb rechnen (§ 43 Abs. 4 EStG). Die vom Inhaber des Handelsgewerbes an das Finanzamt abgeführten Steuern sind als Entnahme zu buchen. Die Kapitalertragsteuer und der Solidaritätszuschlag sind auf die Einkommensteuerschuld bzw. auf den Zuschlag des Stillen anzurechnen (§ 36 Abs. 2 Nr. 2 EStG, § 1 Abs. 2 SolZ).

BEISPIEL

Im obigen Beispiel hält S die stille Beteiligung i. H. v. 100 000 € im Betriebsvermögen seines Gewerbebetriebs. Wie hat er seine Beteiligung und seinen Gewinnanteil zu behandeln?
LÖSUNG Dem typisch stillen Gesellschafter S sind seine Gewinnanteile aus der Beteiligung als Einkünfte aus Gewerbebetrieb zuzurechnen (§ 20 Nr. 8 EStG). S hat die stille Beteiligung bei Leistung der Einlage an den G am 02. 01. 01 in der Bilanz des S zu aktivieren (Buchungssatz: Stille Beteiligung an Privateinlage 100 000 €). Seinen Gewinnanteil i. H. v. 30 000 € aus dem Jahr 01 hat S in seiner Bilanz zum 31. 12. 01 zu aktivieren (Buchungssatz: Forderungen an Erträge aus stiller Beteiligung 30 000 €). Bei Erhalt des Nettobetrags von 22 087,50 € nach Abzug der Kapitalertragsteuer von 7 500 € und des Solidaritätszuschlags von 412,50 € sind die von G an das Finanzamt abgeführten Steuern bei S als Privatentnahme zu buchen (Buchungssatz: Bank 22 087,50 € und Privatentnahme 7 912,50 € an Forderungen 30 000 €). Die Kapitalertragsteuer und der Solidaritätszuschlag sind schon im Jahr 01 anzurechnen, da die Erträge steuerlich bereits im Jahr 01 erfasst werden.

1.3.2 Werbungskosten bei typisch stiller Gesellschaft

Für den Werbungskostenabzug kamen bis 2008 u. a. Beratungskosten, Reisekosten und Prüfungskosten sowie Schuldzinsen in Betracht. Werbungskosten waren bis 2008 gem. § 9 EStG einkünftemindernd zu berücksichtigen. Ab 2009 sind Werbungskosten aus Kapitalvermögen nicht mehr abziehbar (§ 20 Abs. 9 Satz 1 2. HS EStG). Der Gesetzgeber hat typisierend berücksichtigt, dass mit dem Abgeltungsteuersatz von 25 % die Werbungskosten mit abgegolten sind.

1.3.3 Verluste des stillen Gesellschafters

Nach Handelsrecht (§§ 231, 232 Abs. 2 HGB) zehren Verluste zunächst die Einlage auf. Über die erbrachte Einlage hinausgehende Verlustbeträge sind nicht nachschusspflichtig. Spätere Gewinnanteile sind so lange zur Auffüllung des Einlagekontos zu verwenden, bis der bedungene Stand der Einlage wieder erreicht ist. Es kann auch vereinbart sein, dass der Stille über seine Einlage hinaus am Verlust teilnimmt. Wenn durch Verluste ein negativer Saldo auf dem Einlagekonto entsteht, nachdem der Verlustanteil die Einlage aufgezehrt hat, ist der Saldo für die zukünftige Gewinnberechnung vorzutragen. Der Geschäftsinhaber aktiviert den Negativbetrag auf einem Verlustsonderkonto oder als »Merkposten« (Buchungssatz: Forderung bzw. Verlustsonderkonto an Erträge aus Verlustübernahme).

Steuerlich sind laufende Verluste bis zur Einlage, Verluste über die Einlage hinaus und Vermögensverluste der Einlage zu unterscheiden:

- Laufende Verluste des typisch stillen Gesellschafters bis zur Höhe der Einlage führten bis 2008 zu negativen Einnahmen bei den Einkünften aus Kapitalvermögen (Littmann/Bitz/ Pust, § 20 Rz. 204, str., für Werbungskosten Schmidt/Heinicke, EStG, § 20 EStG Rz. 143), die grundsätzlich in den Verlustausgleich mit anderen Einkunftsarten und in den Verlustabzug gem. § 10d EStG eingingen, es sei denn, auf den Verlust sind die Vorschriften der §§ 15 Abs. 4 Satz 6–8, 15a, 15b EStG anwendbar. Die Verlustanteile wurden dem Stillen im Zeitpunkt der Bilanzaufstellung zugerechnet, weil dann der Verlustanteil in der Bilanz des Inhabers des Handelsgewerbes von der Einlage abgebucht wurde. Ab dem Jahr 2009 sind ebenfalls negative Einnahmen anzunehmen, die jedoch nur noch eingeschränkt verrechenbar sind. Zwar gilt für negative Einnahmen nicht das Werbungskostenabzugsverbot des § 20 Abs. 9 EStG, aber eine Verrechnung von Verlusten aus Kapitalvermögen mit positiven Einkünften aus anderen Einkunftsarten scheidet systembedingt aus (§ 20 Abs. 6 Satz 2 EStG). Dieser Verlusteinschluss betrifft den Verlustausgleich und den Verlustabzug nach § 10d EStG. Andere negative Einkünfte aus Kapitalvermögen (außer aus Aktienverkäufen) können grundsätzlich mit positiven Einkünften aus Kapitalvermögen verrechnet werden. Ein Verlustüberhang wird gesondert festgestellt und kann gem. § 20 Abs. 6 Satz 3 EStG auf die Folgejahre vorgetragen und mit positiven Einkünften aus Kapitalvermögen verrechnet werden.
- Verluste über die Einlage hinaus können schon deshalb nach wie vor nicht abgezogen werden, da der Stille – soweit nichts anderes vereinbart ist – nicht zum Ausgleich des Minuskapitals durch Nachschüsse verpflichtet ist und ihm somit keine Vermögenswerte abfließen.
- Verluste über die Einlage hinaus sind dem Stillen nur zu belasten, wenn dies besonders vereinbart ist. Nur in diesem Fall entsteht ein negatives Einlagekonto. Der Stille muss dann Gewinne, die anfallen, nachdem das Einlagekonto durch die Verluste unter die bedungene Einlage gemindert worden ist, zur Auffüllung des Einlagekontos bis zur bedungenen Höhe verwenden. Auf das negative Einlagekonto des Stillen ist § 15a EStG anwendbar (auch bei typisch stiller Gesellschaft, § 20 Abs. 1 Nr. 4 Satz 2 EStG, vgl. E 1.15). Es entsteht ein verrechenbarer Verlust, der nur mit zukünftigen Gewinnanteilen ausgeglichen werden kann. Ein vom Stillen zur Einlagenfinanzierung aufgenommenes Darlehen mindert das Verlustausgleichsvolumen nicht (BFH vom 14. 05. 1991 BStBl II 1992, 167).
- Ist der Hauptbeteiligte eine Kapitalgesellschaft (z. B. GmbH & Still), gilt ein Verlustausgleichs- und Verlustabzugsverbot gem. § 20 Abs. 1 Nr. 4 Satz 2 i. V. m. § 15 Abs. 4 Sätze 6 bis 8 EStG (vgl. 9.4.3).

BEISPIELE ━━━

Verluste des stillen Gesellschafters

S ist als stiller Gesellschafter am Handelsgewerbe des G mit einer Einlage von 100 000 € beteiligt (Beteiligung am Gewinn und Verlust mit 20 %). Verlust des G lt. Handelsbilanz 01 i. H. v. 750 000 €.

a) S nimmt bis zur Höhe seiner Einlage am Verlust teil. G bucht bei Bilanzerstellung im Jahr 02 den Verlustanteil des S von dessen Einlagekonto ab: Sonstige Verbindlichkeit an Ertrag 100 000 €.

LÖSUNG 20 % von 750 000 € wären 150 000 €, aber S nimmt nur bis zur Höhe seiner Einlage i. H. v. 100 000 € am Verlust teil. Die restlichen 50 000 € trägt G selbst. S entstehen Aufwendungen i. H. v. 100 000 € = Werbungskosten des S, und zwar im Zeitpunkt der Bilanzerstellung des G.

b) Der Sachverhalt entspricht Beispiel a), S ist kraft besonderer Vereinbarung über sein Einlagekonto hinaus an weiteren Verlusten beteiligt. G bucht bei Bilanzerstellung:

Sonstige Verbindlichkeit	100 000 €	
Sonstige Forderung	50 000 €	
an Ertrag		150 000 €

LÖSUNG Der Verlustanteil des S von 150 000 € ist nur in Höhe seiner Beteiligung von 100 000 € als Werbungskosten ausgleichsfähig. Der restliche Verlust ist ein verrechenbarer Verlust, der ohne zeitliche Begrenzung spätere Gewinnanteile des S mindert (§ 15a Abs. 1, 4 EStG).

Vermögensverluste der Einlage durch Konkurs oder Liquidation des Handelsgewerbes liegen im Vermögensbereich und sind steuerlich ohne Bedeutung.

BEISPIEL ━━

S ist seit 02. 01. 01 am Handelsgewerbe des G mit einer Einlage von 100 000 € am Gewinn und Verlust beteiligt. Die Einlage ist durch Verluste des Jahres 01 auf 60 000 € gemindert. Am 01. 04. 02 fällt G in Konkurs. Für 02 wird am 01. 06. 02 ein Verlustanteil des S i. H. v. 20 000 € festgestellt, so dass das Einlagekonto nur noch 40 000 € beträgt. Am 01. 07. 02 erhält S aufgrund einer Konkursquote von 10 % eine Resteinlage von 4 000 € ausbezahlt.

LÖSUNG Der Verlust 01 i. H. v. 40 000 € mindert das positive Einlagekonto und führt zu Werbungskosten bei den Einkünften aus Kapitalvermögen im Jahr 01. Der Verlust 02 i. H. v. 20 000 € zehrt das Einlagekonto auf und führt zu Werbungskosten bei den Einkünften aus Kapitalvermögen im Jahr 02. Die Rückzahlung der Resteinlage i. H. v. 4 000 € sowie der Verlust der Resteinlage i. H. v. 36 000 € ist ein nichtabziehbarer Verlust auf der Vermögensebene.

1.3.4 Kapitalertragsteuer

Die Kapitalertragsteuer wird bei der typisch stillen Gesellschaft erhoben, sofern der Stille keine Freistellungs- oder Nichtveranlagungsbescheinigung vorlegt (§ 43 Abs. 1 Nr. 3, § 43a Abs. 1 Nr. 1, § 44a Abs. 1 EStG). Der Kapitalertragsteuerabzug erfolgt ungeachtet, ob die Beteiligung zum Betriebs- oder Privatvermögen gehört (Klarstellung in § 43 Abs. 4 EStG). Bis 2008 unterlagen die Einnahmen aus der typisch stillen Gesellschaft dem Kapitalertragsteuerabzug von 25 %, wobei die Kapitalertragsteuer auf die persönliche Einkommensteuer angerechnet wurde. Ab 2009 unterliegen die Einnahmen aus einer Beteiligung als typisch stiller Gesellschafter und aus partiarischem Darlehen ebenfalls grundsätzlich dem Kapitalertragsteuerabzug. Die Kapitalertragsteuer ist von der auszahlenden Stelle oder von dem Schuldner der Kapitalerträge einzubehalten. Kapitalerträge, die der Abgeltungsteuer unterlegen haben, bleiben bei der Ermittlung der Einkünfte bzw. des zu versteuernden Einkommens unberücksichtigt (§ 2 Abs. 5b EStG). Gem. § 43 Abs. 5 Satz 1 1. HS EStG ist für Kapitalerträge i. S. d. § 20 EStG, also auch für Einnahmen aus typisch stiller Gesellschaft nach § 20 Abs. 1 Nr. 4 EStG, die Einkommensteuer mit dem Steuerabzug abgegolten (Weber-Grellet, NJW 2008, 545; ders., DStR 2013, 1357). Es gilt ein Abgeltungsteuersatz von 25 % (§ 43a Abs. 1 Nr. 1 EStG). Der Steuerpflichtige kann einen Antrag stellen, dass die Kapitalerträge der tariflichen Einkommensteuer unterworfen werden, wenn dies zu einer niedrigeren Einkommensteuer führt (Günstigerprüfung gem. § 32d Abs. 6 EStG). Ausgeschlossen ist die Abgeltungsteuer gem. § 32d Abs. 2 Satz 1 EStG in drei Fällen, nämlich dann, wenn

- Gläubiger und Schuldner einander nahestehende Personen sind (vgl. H 36 Abs. 3 KStH »Nahestehende Person«),
- eine Zahlung der Kapitalerträge von einer Kapitalgesellschaft an einen zu mindestens 10 % Beteiligten oder an eine diesem nahestehende Person erfolgt,
- zwar ein Dritter die Kapitalerträge schuldet, der aber seinerseits dem Betrieb des Gläubigers Kapital überlassen hat (sog. Back-to-back-Finanzierung).

Diese Vorschrift dient der Missbrauchsvermeidung; sie soll Gestaltungen verhindern, die progressiv besteuerte Einkünfte in solche Einkünfte umwandeln, die als Einkünfte aus Kapitalvermögen der Abgeltungsteuer von 25 % unterliegen, so z. B. wenn einerseits betriebliche Gewinne gemindert werden, aber andererseits die Einnahmen bei Fremdkapitalgeber nur mit dem Abgeltungsteuersatz besteuert werden. In diesen Fällen ist bei Kapitalerträgen i. S. d. § 20 Abs. 4 EStG eine Pflichtveranlagung zum individuellen Steuersatz vorzunehmen. Die atypisch stille Gesellschaft ist dagegen nicht kapitalertragsteuerpflichtig (§ 32d Abs. 1 Satz 1 i. V. m. § 20 Abs. 8 EStG).

Der Kapitalertragsteuerabzug erfolgt im Zeitpunkt des Zuflusses der Kapitalerträge beim Gläubiger (§ 44 Abs. 1 Satz 2 EStG). Wenn über den Zeitpunkt der Ausschüttung keine Vereinbarung getroffen ist, gilt die Zuflussfiktion des § 44 Abs. 3 EStG. Der Kapitalertrag gilt am Tag nach Aufstellung der Bilanz oder einer sonstigen Feststellung des Gewinnanteils des Stillen als zugeflossen, spätestens jedoch sechs Monate nach Ablauf des Wj., für das der Kapitalertrag ausgeschüttet oder gutgeschrieben werden soll.

Verfahrensmäßig gilt Folgendes: Die Einbehaltung der Kapitalertragsteuer erfolgt durch den Schuldner, d. h. durch den Geschäftsinhaber (§ 44 Abs. 1 EStG). Ihn trifft die Pflicht zur Steueranmeldung. Die Kapitalertragsteuer ist bis zum 10. des Folgemonats an das Finanzamt des Schuldners abzuführen. Der Geschäftsinhaber hat auch eine Steuerbescheinigung für den Stillen auszustellen, aus der u. a. die einbehaltene Kapitalertragsteuer hervorgeht (§ 45a Abs. 2 Satz 1 EStG).

1.3.5 Besteuerung des Inhabers des Handelsgewerbes

Buchführungs- und Bilanzierungspflicht besteht weder für die typische noch für die atypische stille Gesellschaft. Buchführungspflichtig ist allein der Inhaber des Handelsgewerbes. Die Gewinnermittlung erfolgt auf der Grundlage des Jahresabschlusses des Geschäftsinhabers. Er weist die Vermögenseinlage des Stillen als Fremdkapital unter den sonstigen Verbindlichkeiten aus. Die Verbindlichkeit besteht in der Verpflichtung zur Rückzahlung der Vermögenseinlage im Fall der Beendigung der stillen Gesellschaft. Der im Schrifttum vertretene Ausweis als besonderer Posten des Eigenkapitals wird handelsrechtlich nur bei entsprechender Vereinbarung zulässig sein. Der Gewinnanteil des Stillen ist beim Geschäftsinhaber als Aufwand zu buchen (Buchungssatz: Aufwand an sonstige Verbindlichkeit, siehe Beispiel 1.3.1).

1.3.6 Gewerbesteuer

Bei der typisch stillen Gesellschaft unterliegt nur der Inhaber des Handelsgeschäfts der Gewerbesteuer. Die vom Geschäftsinhaber als Aufwand gebuchten Gewinnanteile des Stillen wurden dem Gewerbeertrag bis 2007 in voller Höhe hinzugerechnet (§ 8 Nr. 3 GewStG a. F.). Dies galt dann nicht, wenn der Stille seine Beteiligung in einem Betriebsvermögen hielt und deshalb mit seinem Gewinnanteil selbst der Gewerbesteuer unterlag. Auf diese Weise wurde eine gewerbesteuerliche Doppelbelastung vermieden. Seit 2008 erfolgt nur noch eine 25 %ige Zurechnung, jedoch unabhängig von der Person des Zahlungsempfängers (§ 8 Nr. 1 Buchst. c GewStG). Die Abkehr von der Frage, ob die Zahlungen beim Zahlungsempfänger der Hinzurechnung unterliegen, wurde durch das EuGH-Urteil in der Rs. »Eurowings« erzwungen (EuGH vom 26. 10. 1999 Rs. C-297/97, BStBl II 1999, 851).

1.4 Besteuerung des atypisch stillen Gesellschafters

1.4.1 Mitunternehmerschaft

Der atypisch stille Gesellschafter erzielt Einkünfte als Mitunternehmer nach § 15 Abs. 1 Satz 1 Nr. 2 EStG. Die atypisch stille Gesellschaft ist einen »andere« Gesellschaft i. S. dieser Vorschrift und damit Subjekt der Gewinnermittlung. Die Mitunternehmerstellung des Stillen ist auf der Grundlage des Gesellschaftsvertrages, aber auch aufgrund von darüber hinausgehenden wirtschaftlichen und rechtlichen Beziehungen zwischen dem Stillen und dem Geschäftsinhaber zu beurteilen, z. B. Geschäftsführer-, Darlehens-, Pachtvertrag sowie direkte oder indirekte Beteiligung am Inhaber des Handelsgewerbes (OFD Frankfurt vom 14. 03. 2001 DStR 2001, 1159; OFD Erfurt vom 23. 10. 2003 FR 2003, 1299). Der atypische stille Gesellschafter trägt **Mitunternehmerrisiko**, wenn er am Gewinn und Verlust sowie an den stillen Reserven und am Geschäftswert beteiligt ist. In diesem Fall genügt es, wenn der stille Gesellschafter Mitunternehmerinitiative durch Ausübung der Einsichts- und Kontrollrechte des § 233 HGB ausüben kann (BFH vom 09. 12. 2002 BFH/NV 2003, 601). In Ausnahmefällen ist der Stille auch ohne Beteiligung an Verlust, stillen Reserven und Geschäftswert Mitunternehmer, wenn die **Mitunternehmerinitiative** stark ausgeprägt ist, z. B. bei einer stillen Beteiligung an einer GmbH & Co. KG durch den Gesellschafter-Geschäftsführer, der zugleich die Geschäfte der KG führt (BFH vom 15. 12. 1994 BStBl II 1992, 702) oder bei der stillen Beteiligung an einer GmbH durch deren beherrschenden Gesellschafter-Geschäftsführer (BFH vom 15. 10. 1998 BStBl II 1999, 286; BFH vom 01. 07. 2010 BFH/NV 2010, 2056). Der Gesellschafter-Geschäftsführer einer GmbH, der als stiller Gesellschafter der GmbH nicht am Vermögen beteiligt ist, kann dennoch Mitunternehmer sein, wenn seine Mitunternehmerinitiative stark ausgeprägt ist. Dies kann sich auch aus dem Geschäftsführervertrag ergeben (BFH vom 14. 10. 2003 BFH/NV 2004, 188, zur GmbH & Still vgl. III F).

1.4.2 Gewinnermittlung

1.4.2.1 Gewinnermittlung und -feststellung auf der Ebene der atypisch stillen Gesellschaft

Die Gewinnermittlung und -verteilung erfolgt grundsätzlich wie bei einer Personenaußengesellschaft (OHG, KG) nach den für die Mitunternehmerschaft geltenden Vorschriften. Zur Ermittlung des steuerlichen Gesamtgewinns der Mitunternehmerschaft werden die Ergebnisse der Steuerbilanz des Geschäftsinhabers und ggf. einer Sonderbilanz und einer Ergänzungsbilanz des Stillen addiert. Der steuerliche Gesamtgewinn der atypisch stillen Gesellschaft ist wie folgt zu ermitteln (BFH vom 05.07.2002 BFH/NV 2002, 1447; Bitz, in: Littmann, § 15 Rz. 51):

	Jahresüberschuss/Jahresfehlbetrag lt. Steuerbilanz des Geschäftsinhabers
+	als Betriebsausgabe gebuchter Gewinnanteil des atypisch stillen Gesellschafters
./.	Abzug von steuerfreien Erträgen
+ / ./.	Sonderbetriebseinnahmen/Sonderbetriebsausgaben des atypisch stillen Gesellschafters
+ / ./.	Gewinne/Verluste aus Ergänzungsbilanzen
./.	steuerfreie Einkünfte nach § 3 Nr. 40 EStG, § 8b KStG
=	steuerlicher Gesamtgewinn der atypisch stillen Gesellschaft

Der Gewinn der atypisch stillen Gesellschaft ist einheitlich und gesondert festzustellen (§ 180 Abs. 1 Nr. 2a AO). Der Feststellungsbescheid ist gegen die Gesellschafter der atypisch stillen Gesellschaft zu richten (§ 179 Abs. 2 Satz 1 AO) und den Gesellschaftern und nicht der stillen Gesellschaft bekanntzugeben (Anwendungserlass zur Abgabenordnung – AEAO, BMF vom 02.01.2008 BStBl I 2008, 28, Tz. 2.5.1). Die Gesellschafter können einen gemeinsamen Empfangsbevollmächtigten bestellen, z. B. den Inhaber des Handelsgewerbes (a. a. O., Tz. 2.5.2).

1.4.2.2 Besteuerung des Inhabers des Handelsgewerbes

Der Inhaber des Handelsgewerbes ist Mitunternehmer und erzielt Einkünfte nach § 15 Abs. 1 Satz 1 Nr. 2 EStG, die er individuell zu versteuern hat. Wenn die atypische stille Gesellschaft eine gewerbliche Tätigkeit nach § 15 Abs. 2 EStG ausübt, ist sie ein Gewerbebetrieb nach § 2 Abs. 1 GewStG. Wegen des Charakters der stillen Gesellschaft als Innengesellschaft ist jedoch der Inhaber des Handelsgewerbes Steuerschuldner der Gewerbesteuer (vgl. 1.4.4).

1.4.2.3 Besteuerung des atypisch stillen Gesellschafters

Der Gewinnanteil des stillen Gesellschafters wird nach einem prozentualen Verteilungsschlüssel aus dem Gewinn des Geschäftsinhabers ermittelt und ist periodengerecht im Jahr der Erwirtschaftung des Gewinns zu versteuern. Unterhält der Stille über seine Einlage hinaus weitere schuldrechtliche Beziehungen zum Inhaber des Handelsgewerbes (Tätigkeit, Darlehenshingabe, Vermietung), so sind die an den Stillen gezahlten Vergütungen (Gehalt, Zins, Miete) in der Gewinnverteilung als Sonderbetriebseinnahmen des Stillen zu erfassen. Wirtschaftsgüter im Eigentum des stillen Gesellschafters gehören zu seinem Sonderbetriebsvermögen I, wenn sie dem Betrieb des Geschäftsinhabers zu dienen bestimmt sind, bzw. zum Sonderbetriebsvermögen II, wenn sie in einem unmittelbaren wirtschaftlichen Zusammenhang mit der stillen Beteiligung stehen. Bei der stillen Gesellschaft ist auch § 6 Abs. 5 EStG anwendbar, d. h. Wirtschaftsgüter werden zu Buchwerten zwischen Sonderbetriebsvermögen des Stillen und steuerlichem Betriebsvermögen der stillen Gesellschaft überführt.

BEISPIEL

S beteiligt sich am 02.01.01 mit einer Einlage von 100000 € an dem Handelsgewerbe des G und nimmt i. H. v. 20 % am Gewinn teil. Nach dem Gesellschaftsvertrag geht die Einlage in das Vermögen des G über. G ist nach Beendigung des Gesellschaftsverhältnisses zur Rückzahlung der Einlage i. H. d. Nennbetrages verpflichtet. Außerdem soll S bei seinem Ausscheiden auch mit 20 % an den stillen

Reserven und am Geschäftswert beteiligt sein. S gewährt dem G zugleich ein Darlehen über eine Darlehenssumme von 150 000 € gegen 5 % Zinsen. Der Handelsbilanzgewinn des G betrug im Jahr 01 500 000 €. Die an S gezahlten Darlehenszinsen i. H. v. 7 500 € hat G als Aufwand gebucht und auf ein privates Konto des S überwiesen.

LÖSUNG G und S haben einen Vertrag über eine stille Gesellschaft (§ 230 ff. HGB) und einen Darlehensvertrag (§ 488 BGB) geschlossen. Steuerlich liegt eine atypisch stille Gesellschaft und damit eine Mitunternehmerschaft vor, S hat zwar keine ausgeprägte Mitunternehmerinitiative, da ihm als stillem Gesellschafter nicht die Geschäftsführung oder Vertretung, sondern nur die Kontrollrechte nach § 233 HGB zustehen. Er trägt jedoch Mitunternehmerrisiko, da er neben dem laufenden Ergebnis auch an den stillen Reserven und am Geschäftswert beteiligt ist. S ist deshalb Mitunternehmer in der atypisch stillen Gesellschaft. Die Gewinnanteile des S und die Vergütung für die Überlassung des Darlehens an G sind Einkünfte aus Gewerbebetrieb nach § 15 Abs. 1 Satz 1 Nr. 2 EStG. Das Darlehen ist als notwendiges Sonderbetriebsvermögen I in einer Sonderbilanz des S zu aktivieren, die Darlehenszinsen sind als Sonderbetriebseinnahmen des S zu erfassen.

Aktiva	**Sonderbilanz des A zum 02. 01. 01**		Passiva
Darlehensforderung	150 000 €	Kapital	150 000 €

Aktiva	**Sonderbilanz des A zum 31. 12. 01**		Passiva
Darlehensforderung	150 000 €	Kapital	
		Stand 01. 01. 150 000 €	
		Gewinn + 7 500 €	
		Entnahme ./. 7 500 €	150 000 €

Die Zinsen mindern den handelsrechtlichen Gewinn des G, aber nicht den steuerlichen Gesamtgewinn:

Gewinn lt. Handelsbilanz/Steuerbilanz	500 000 €
Gewinn lt. Sonderbilanz des G	7 500 €
Steuerlicher Gesamtgewinn der atypisch stillen Gesellschaft	507 500 €

Gewinnverteilung		G	S
Steuerlicher Gesamtgewinn der atypisch stillen Gesellschaft	507 500 €		
Gewinn lt. Sonderbilanz des S	./. 7 500 €		7 500 €
Restgewinn	500 000 €		
Gewinnanteil S 20 %	./. 100 000 €		100 000 €
Gewinnanteil G 80 %	./. 400 000 €	400 000 €	
zus.	0 €	400 000 €	107 500 €

§ 15a EStG kann auf den atypisch stillen Gesellschafter anwendbar sein, wenn er sich dem Inhaber des Handelsgewerbes gegenüber im Innenverhältnis zur unbeschränkten Haftung für Verluste verpflichtet hat (BFH vom 10. 07. 2001 BStBl II 2002, 339). Für einen erweiterten Verlustausgleich nach § 15a Abs. 1 Satz 2 und 3 EStG sind dagegen die Voraussetzungen nicht gegeben. Der stille Gesellschafter kann nicht mit einer Hafteinlage in das Handelsregister eingetragen werden. Deshalb kann eine über das Kapitalkonto hinausgehende Haftung gegenüber Gesellschaftsgläubigern im Außenverhältnis nicht entstehen. Im Interesse des gemeinsamen Unternehmens eingegangene Verpflichtungen eines atypisch stillen Gesellschafters gegenüber Gläubigern des Geschäftsinhabers begründen keinen erweiterten Verlustausgleich nach § 15a EStG. Die Inanspruchnahme aus solchen Verpflichtungen ist einkommensteuerlich als Einlage zu behandeln, welche die für frühere Jahre festgestellten verrechenbaren Verluste nicht ausgleichsfähig macht (BFH vom 11. 03. 2003 BStBl II 2003, 705).

1.4.3 Verluste aus Innengesellschaften mit Kapitalgesellschaften

Gem. § 15 Abs. 4 Sätze 6 bis 8 EStG gilt ein Ausgleichs- und Abzugsverbot für Verluste aus mitunternehmerischen Innengesellschaften zwischen Kapitalgesellschaften. Die Regelung wurde flankierend zur Abschaffung der Mehrmütterorganschaft getroffen, die bislang eine Verlustnutzung durch einen Beteiligten über eine Mehrmütter-GbR erlaubte, und soll die Erreichung dieses Ziels durch eine stille Gesellschaft verhindern. Verluste aus stillen Gesellschaften, Unterbeteiligungen und Innengesellschaften, bei denen der Gesellschafter eine Kapitalgesellschaft und als Mitunternehmer anzusehen ist (z. B. atypische GmbH & Still, vgl. III F 4.2), sind nach § 10d EStG nur mit Gewinnen derselben Beteiligung verrechenbar. Der Hauptbeteiligte muss die Rechtsform einer Kapitalgesellschaft haben. Betroffen sind Verluste aus der Gesamthandsbilanz, nicht Verluste aus der Veräußerung der Beteiligung oder aus dem Sonderbetriebsvermögen. Das Verbot der einkunftsquellenübergreifenden Verlustverrechnung gilt dem Wortlaut nach für die atypische stillen Gesellschaft, Unterbeteiligung und Innengesellschaft, wird aber durch eine Verweisung in § 20 Abs. 1 Nr. 4 Satz 2 EStG auch auf die typische stille Gesellschaft ausgedehnt.

1.4.4 Gewerbesteuer

Gewerbesteuerlich sind bei der atypischen stillen Gesellschaft die persönliche und die sachliche Steuerpflicht zu unterscheiden. Sachlich steuerpflichtig ist die Mitunternehmerschaft, deren Tätigkeit als in vollem Umfang gewerblich gilt (§ 2 Abs. 2 GewStG). Persönlich steuerpflichtig und Schuldner der GewSt ist aber nur der Inhaber des Handelsgewerbes, da die atypische stille Gesellschaft kein Gesellschaftsvermögen hat und nicht nach außen auftritt. Der GewSt-Messbescheid und der GewSt-Bescheid sind deshalb gem. §§ 184 Abs. 1, 122 AO gegen den Geschäftsinhaber und nicht gegen die atypische stille Gesellschaft oder gegen den Stillen festzusetzen (BFH vom 08. 02. 1995 BStBl II 1995, 626).

Grundlage für die Ermittlung des Gewerbeertrags ist der für die Mitunternehmerschaft ermittelte und einheitlich und gesondert festgestellte Gewinn. Der Gewinnanteil des atypisch Stillen einschließlich aller Sondervergütungen ist darin bereits enthalten. Zinsen für ein Darlehen des Stillen an den Geschäftsinhaber sind folglich nicht als Entgelte für Schulden nach § 8 Nr. 1 Buchst. a GewStG hinzuzurechnen. Eine Hinzurechnung der Gewinnanteile des Stillen (wie bei der typisch stillen Gesellschaft nach § 8 Nr. 1 Buchst. c GewStG) scheidet ebenfalls aus, da die Gewinnanteile ohnehin Bestandteil des gewerblichen Gewinns nach § 15 Abs. 1 Satz 1 Nr. 2 EStG sind. Der GewSt-Freibetrag i. H. v. 24 500 € (§ 11 Abs. 1 Satz 3 Nr. 1 GewStG) ist anwendbar und für jede bestehende Mitunternehmerschaft in der Form einer atypisch stillen Gesellschaft zur berücksichtigen (BFH vom 23. 04. 2009 BStBl II 2010, 40).

Wenn die atypische stille Beteiligung in einem Betriebsvermögen gehalten wird, ist die Kürzungsvorschrift des § 9 Nr. 2 GewStG anzuwenden. Der Gewinnanteil des Stillen ist bei der Ermittlung seines eigenen Gewerbeertrages als Gewinnanteil aus einer Personengesellschaft abzuziehen, bei welcher der Stille als Mitunternehmer anzusehen ist. Auch dadurch wird eine gewerbesteuerliche Doppelbelastung vermieden.

Liegen gewerbliche Einkünfte vor, ist auch die GewSt-Ermäßigung nach § 35 EStG anzuwenden. Der anteilige GewSt-Messbetrag von Mitunternehmern ist nach § 35 Abs. 3 Satz 2 EStG nach Maßgabe des allgemeinen Gewinnverteilungsschlüssels zu berücksichtigen. Sondervergütungen und Ergebnisse aus Sonder- und Ergänzungsbilanzen sind nicht zu berücksichtigen (BMF vom 15. 05. 2002 BStBl I 2002, 533, vgl. 14).

1.5 Umsatzsteuer

Stille Gesellschaften treten als bloße Innengesellschaften nicht im Rechtsverkehr auf. Sie sind deshalb nicht Unternehmer im umsatzsteuerlichen Sinne. Unternehmer ist nur der Inhaber des Handelsgeschäfts. Dies gilt gleichermaßen für die typische und die atypische stille Gesellschaft.

	Typisch stille Gesellschaft	**Atypisch stille Gesellschaft**
Gemeinsamer Inhalt	1. Beteiligung am Handelsgewerbe eines andern, die nach außen nicht in Erscheinung tritt (Innengesellschaft) 2. Vermögenseinlage und (zumindest) Gewinnbeteiligung 3. Nur schuldrechtliche Forderung, keine Beteiligung am Unternehmensvermögen	
Steuerlicher Unterschied	Nur Gewinn- und ggf. Verlustbeteiligung. Keine Beteiligung an den stillen Reserven	Außer Gewinn-(und Verlust-) Beteiligung auch schuldrechtliche Beteiligung an den stillen Reserven und am Geschäftswert
Steuerliche Behandlung des Stillen	Einnahmen aus Kapitalvermögen (§ 20 Abs. 1 Nr. 4 EStG) Verluste sind bei: • positivem Einlagekonto: Werbungskosten • negativem Einlagekonto: keine Werbungskosten Zuflussprinzip (§ 11 EStG)	Einnahmen aus § 15 Abs. 1 Satz 1 Nr. 2 EStG: Der Stille ist Mitunternehmer. Verluste sind nur i. R. d. § 15a EStG ausgleichs- und abzugsfähig (§ 15a Abs. 5 Nr. 1 EStG) Keine Kapitalertragsteuer Periodengerechte Abgrenzung
Steuerliche Behandlung des Unternehmens	Der Gewinnanteil des Stillen ist Aufwand, Buchung: Aufwand an sonst. Verbindlichkeiten und Verbindlichkeiten Kapitalertragsteuer Die Einlage des Stillen ist Schuld. Schuldrechtliche Verträge mit dem Stillen werden steuerlich anerkannt.	Die Bilanz der atypischen stillen Gesellschaft wird aus der Bilanz des Inhabers des Handelsgewerbes abgeleitet. WG, die vom Stillen zur betrieblichen Nutzung überlassen werden, sind sein Sonderbetriebsvermögen. Sondervergütungen des Inhabers an den Stillen sind nach § 15 Abs. 1 Satz 1 Nr. 2 EStG zu behandeln.
Verfahren	Auf keinen Fall – auch nicht auf Wunsch der Beteiligten – einheitliche und gesonderte Gewinnfeststellung	Auf jeden Fall einheitliche und gesonderte Gewinnfeststellung (§ 180 Abs. 1 Nr. 2a AO)
Gewerbesteuer	Die Gesamtbezüge des Stillen sind dem Gewerbeertrag hinzuzurechnen, wenn sie beim Empfänger nicht gewerbesteuerpflichtig sind (§ 8 Nr. 3 GewStG). Wenn die stille Beteiligung zum Gewerbebetrieb des stillen Gesellschafters gehört, unterliegt sie nur dort der GewSt.	Da der Anteil des Stillen im steuerlichen Gesamtgewinn enthalten ist, entfällt eine Zurechnung beim Gewerbeertrag.
Umsatzsteuer	Die stille Gesellschaft ist eine Innengesellschaft und daher umsatzsteuerlich nicht Unternehmer.	

2 Unterbeteiligung

2.1 Überblick

Die Unterbeteiligung ist gesetzlich nicht geregelt. Sie ist am Anteil an einer Personengesellschaft zulässig. Sie wird zivilrechtlich als BGB-Innengesellschaft angesehen, bei der kein gemeinschaftliches Gesamthandsvermögen zwischen Haupt- und Unterbeteiligten besteht, sondern nur schuldrechtliche Beziehungen (BGH vom 11.07.1968 NJW 1968, 2003 m. w. N.; Carlé, KÖSDI 2008, 16166).

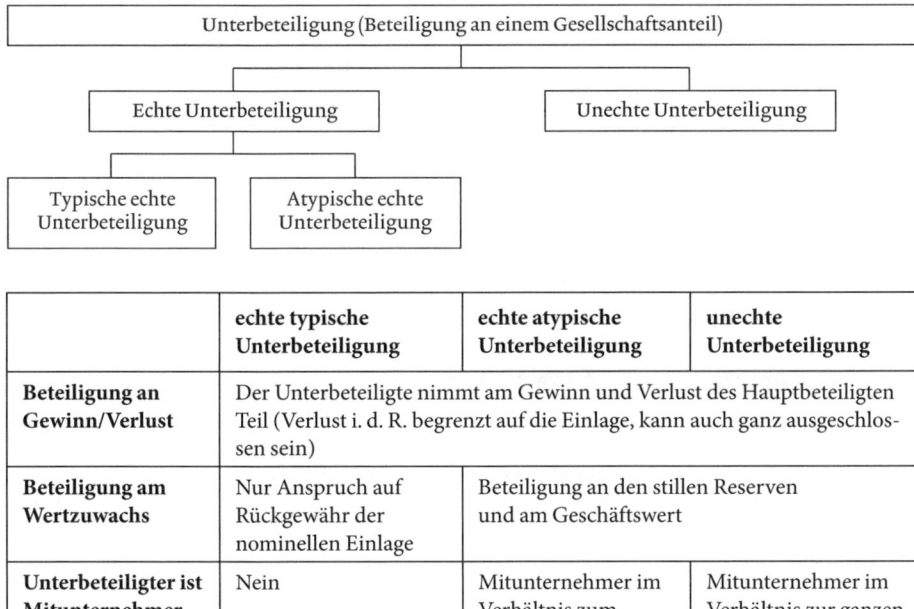

	echte typische Unterbeteiligung	echte atypische Unterbeteiligung	unechte Unterbeteiligung
Beteiligung an Gewinn/Verlust	Der Unterbeteiligte nimmt am Gewinn und Verlust des Hauptbeteiligten Teil (Verlust i. d. R. begrenzt auf die Einlage, kann auch ganz ausgeschlossen sein)		
Beteiligung am Wertzuwachs	Nur Anspruch auf Rückgewähr der nominellen Einlage	Beteiligung an den stillen Reserven und am Geschäftswert	
Unterbeteiligter ist Mitunternehmer	Nein	Mitunternehmer im Verhältnis zum Hauptbeteiligten	Mitunternehmer im Verhältnis zur ganzen Gesellschaft

2.2 Typische echte Unterbeteiligung

Der **Hauptbeteiligte** erfasst den Gewinnanteil des Unterbeteiligten als Sonderbetriebsausgaben. Die Erfassung des Gewinnanteils des Unterbeteiligten in der Gewinnfeststellung der Hauptgesellschaft ist durch § 180 Abs. 1 Nr. 2 Buchst. a AO zwingend gesetzlich vorgeschrieben. Bei mehreren Beteiligten müssen nicht nur die Einkünfte, sondern auch »mit ihnen in Zusammenhang stehende andere Besteuerungsgrundlagen« gesondert festgestellt werden. Durch die Neufassung ist die Geheimhaltung der Unterbeteiligung nicht mehr gewährleistet.

Die beim Hauptgesellschafter als Sonderbetriebsausgaben abgezogenen Gewinnanteile des Unterbeteiligten unterliegen bei der Hauptgesellschaft der GewSt, wenn die Unterbeteiligung im Privatvermögen gehalten wird (Hinzurechnung nach § 8 Nr. 3 GewStG, A 53 Abs. 4 GewStR).

Der **Unterbeteiligte** hat bei Zufluss Einkünfte aus Kapitalvermögen, die er in seiner ESt-Erklärung erfasst. Zum Zufluss gehört, dass die Gewinnanteile entweder ausgezahlt werden oder im Fall der Gutschrift eindeutig bis zur Auszahlung jederzeit abrufbar sind (BFH vom 21.02.1991 BStBl II 1995, 449). Bei typischer Unterbeteiligung gibt es keine eigene Gewinnfeststellung für die Unterbeteiligungsgesellschaft (BFH vom 28.11.1990 BStBl II 1991, 313). Auf Gewinnanteile aus typischen Unterbeteiligungen ist § 20 Abs. 1 Nr. 4 EStG entsprechend anzuwenden. Kapitalertragsteuer ist einzubehalten (§ 43 Abs. 1 Nr. 3 EStG).

BEISPIEL

A, B und C sind zu je 1/3 Gesellschafter einer OHG mit einer Kapitaleinlage von je 100 000 €. C hat seine Einlage durch Aufnahme eines Darlehens von D finanziert. C hat mit D vereinbart, dass D bis zur Rückzahlung des Darlehens zur Hälfte an seinem Gewinn- und Verlustanteil an der OHG beteiligt sein soll. Der Jahresgewinn der OHG beträgt 300 000 €.

LÖSUNG D hält eine typische Unterbeteiligung an dem Mitunternehmeranteil des C. Es findet eine einheitliche und gesonderte Gewinnfeststellung für die ABC-OHG statt. Der Gewinnanteil des D i. H. v. 50 000 € ist beim Hauptbeteiligten C als Sonderbetriebsausgaben zu erfassen. Die Erfassung der Sonderbetriebsausgaben bereits in der Gewinnfeststellung der OHG ist gem. § 180 Abs. 1 Nr. 2 AO zwingend. D hat Einkünfte aus Kapitalvermögen nach § 20 Abs. 1 Nr. 4 EStG.

	Handels- bilanz	Sonderbetriebs- ausgaben	Steuer- bilanz- gewinn II
A	100 000 €	–	100 000 €
B	100 000 €	–	100 000 €
C	100 000 €	50 000 €	50 000 €
Zusammen	300 000 €	50 000 €	250 000 €

2.3   Atypische echte Unterbeteiligung

Der Unterbeteiligte ist im Verhältnis zum Hauptbeteiligten Mitunternehmer, nicht im Verhältnis zur Hauptgesellschaft (BFH vom 27.01.1994 BStBl II 1994, 635).

Der **Hauptbeteiligte** hat im Ergebnis nur den auf ihn letztlich entfallenden Gewinnanteil nach § 15 Abs. 1 Nr. 2 EStG zu versteuern. Es sind grundsätzlich zwei Gewinnfeststellungsverfahren notwendig:

- Gewinnfeststellungsverfahren I für die Hauptgesellschaft,
- Gewinnfeststellungsverfahren II für die Unterbeteiligung.

Der Gewinnfeststellungsbescheid I ist Grundlagenbescheid für die Gewinnfeststellung II. Verfahrensrechtliche Grundlage ist die Vorschrift des § 179 Abs. 2 Satz 3 AO: Eine besondere gesonderte Gewinnfeststellung kann vorgenommen werden, wenn eine Person an dem Gegenstand der Feststellung nur über eine andere Person beteiligt ist. Der Hauptbeteiligte wird im Gewinnfeststellungsverfahren I mit dem vollen Gewinnanteil erfasst. Die Unterbeteiligung ist im Gewinnfeststellungsverfahren I nicht ersichtlich. Es entspricht st. Rechtsprechung des BFH, dass über die Frage, ob eine atypisch stille Unterbeteiligung (Innengesellschaft) an dem Anteil eines Personengesellschafters besteht und wie hoch der Anteil des Unterbeteiligten ist, grundsätzlich in einem besonderen Gewinnfeststellungsverfahren II für die Innengesellschaft entschieden werden muss (BFH GrS vom 05.11.1973 BStBl II 1974, 14). Im Einklang mit der bisherigen Rspr. stellte der BFH mit Urteil vom 02.03.1995 fest (Az: IV R 135/92, DB 1995, 444, Leitsatz):

»Über den Abzug von Aufwendungen eines am Gesellschaftsanteil an einer Personengesellschaft atypisch Unterbeteiligten kann nur dann im Verfahren der gesonderten und einheitlichen Feststellung der Einkünfte aus der Hauptgesellschaft entschieden werden, wenn auch die Hauptgesellschaft mit der Einbeziehung der Unterbeteiligung in ihr Feststellungsverfahren einverstanden ist.«

Der **Unterbeteiligte** hat ebenfalls Einkünfte nach § 15 Abs. 1 Satz 1 Nr. 2 EStG.

BEISPIEL

Wie voriges Beispiel, jedoch soll D nicht nur am Gewinn- und Verlustanteil des C, sondern auch noch zur Hälfte an den dem C anteilig zustehenden stillen Reserven einschließlich des Geschäftswerts beteiligt sein.

LÖSUNG Da D anteilig an den stillen Reserven und am Geschäftswert beteiligt ist, die auf den C entfallen, ist er in der Unterbeteiligungsgesellschaft mit C (nicht in bezug auf die ganze ABC-OHG) als Mitunternehmer und damit als atypischer Unterbeteiligter zu behandeln. Es sind zwei einheitliche und gesonderte Gewinnfeststellungen vorzunehmen. Die Gewinnfeststellung 1 über die ABC-OHG ist Grundlagebescheid für die Gewinnfeststellung 2 über die Unterbeteiligungsgesellschaft CD (vgl. § 179 Abs. 2 Satz 3 AO):

Gewinnfeststellung 1 der ABC-OHG

	Handelsbilanz/ Steuerbilanz
A	100 T€
B	100 T€
C	100 T€
Zusammen	300 T€

Gewinnfeststellung 2 der CD-Unterbeteiligungsgesellschaft

	Handelsbilanz/ Steuerbilanz
C	50 T€
D	50 T€
Zusammen	100 T€

2.4 Unechte Unterbeteiligung

Der Unterbeteiligte ist nicht nur im Verhältnis zum Hauptbeteiligten, sondern im Verhältnis zur Hauptgesellschaft Mitunternehmer (BFH vom 22.01.1985 BStBl II 1985, 363).

BEISPIELE

a) Der Hauptbeteiligte ist lediglich Treuhänder (»Strohmann«) für den Unterbeteiligten als Treugeber.

b) Der Unterbeteiligte hat neben einem Unternehmerrisiko auch wesentliche Unternehmerinitiative (z. B. als leitender Angestellter der Hauptgesellschaft mit grundlegendem Einfluss).

Es bestehen deutliche **Unterschiede zur echten atypischen Unterbeteiligung**:

a) Der Unterbeteiligte wird in der Gewinnfeststellung der Hauptgesellschaft wie jeder andere Gesellschafter behandelt.

b) Sonstige Rechtsbeziehungen des Unterbeteiligten zur ganzen Personengesellschaft (Dienst- Darlehens-, Miet-, Pachtvertrag) führen beim Unterbeteiligten nicht zu Einkünften nach §§ 19, 20, 21 EStG, sondern werden nach § 15 Abs. 1 Satz 1 Nr. 2 EStG behandelt.

c) Hier findet auch bei atypischer Unterbeteiligung ausnahmsweise nur eine Gewinnfeststellung (nämlich für die Hauptgesellschaft) statt.

BEISPIEL

Wie voriges Beispiel, jedoch soll D darüber hinaus noch als Prokurist bei der OHG angestellt sein und die Geschäftspolitik der OHG maßgeblich beherrschen.

LÖSUNG Da D eine ausgeprägte Mitunternehmerinitiative in der ABC-OHG entwickelt, ist er als Mitunternehmer in Bezug auf die gesamte ABC-OHG zu behandeln. Dann kann auch der Gewinnanteil des D in der Gewinnfeststellung für die ABC-OHG erfasst werden, sofern kein Geheimhaltungsproblem besteht (kaum denkbar):

	Handelsbilanz/ Steuerbilanz
A	100 T€
B	100 T€
C	50 T€
D	50 T€
Zusammen	300 T€

3 Familienpersonengesellschaften

3.1 Begriff und Grundsätze

Familiengesellschaften sind Gesellschaften, an denen Familienangehörige (insbesondere minderjährige oder erwachsene Kinder und Ehegatten) beteiligt sind. Es liegt der Begriff des Angehörigen gem. § 15 AO zugrunde. Sofern Fremde beteiligt sind, entfallen die Besonderheiten.

Als **Prüfungsreihenfolge (H 15.9 Abs. 1 EStH »Allgemeines«)** ergibt sich:

Bei einer Familienpersonengesellschaft gelten die Grundsätze, die allgemein bei der steuerlichen Prüfung von Verträgen unter nahen Angehörigen Anwendung finden (BFH vom 28.09.1995 BStBl II 1996, 276).

1. Zivilrechtliche Wirksamkeit der Vereinbarungen (= Anerkennung dem Grunde nach)
2. Tatsächliche Durchführung (= Anerkennung dem Grunde nach)
3. Angemessenheit der Gewinnverteilung (= Anerkennung der Höhe nach)

BEISPIEL

Einzelunternehmer U bucht am 01.01. von seinem Kapitalkonto i.H.v. 50000 € einen Betrag von 5000 € auf ein neu eingerichtetes Kapitalkonto seines 17-jährigen Sohnes S um, den er schenkweise in den Betrieb aufnimmt. S soll mit 10 % an Gewinn, Verlust, stillen Reserven und Geschäftswert beteiligt sein (im Betrieb sind 50000 € stille Reserven inkl. Geschäftswert, also realer Wert des geschenkten Anteils 10000 €), durchschnittlicher Jahresgewinn (nach Abzug einer Tätigkeitsvergütung für U) 100000 €, tatsächlicher Jahresgewinn 01 (nach Abzug einer Tätigkeitsvergütung für U) 120000 €.

S erhält 10 % = 12000 € Gewinn.

LÖSUNG Der minderjährige S bedarf zum Abschluss des Gesellschaftsvertrages eines Ergänzungspflegers (§§ 1795 Abs. 2, 181 BGB) und der Genehmigung durch das Vormundschaftsgericht (§§ 1643, 1822 Nr. 3 BGB). Eine Heilung ist nicht möglich. Da der Vertrag zivilrechtlich unwirksam ist, hat er auch steuerlich keine Folgen. Der gesamte Gewinn ist weiterhin dem V zuzurechnen. Zahlungen des V an S sind Entnahmen. Zur Angemessenheit der Gewinnverteilung vgl. 11.4.

Die fehlende notarielle Beurkundung des Schenkungsversprechens könnte dagegen durch die Umbuchung nach § 518 Abs. 2 BGB geheilt werden. Die Umbuchung von Kapitalanteilen vom Kapitalkonto des Schenkers auf ein Kapitalkonto des Beschenkten ist als Bewirken der versprochenen Leistung anzusehen, da eine gesamthänderische Beteiligung am Gesellschaftsvermögen eintritt (so bei GbR, OHG, KG, anders bei der stillen Gesellschaft, die nur eine schuldrechtliche Beteiligung ist).

3.2 Zivilrechtliche Anerkennung der Familienpersonengesellschaft

3.2.1 Zivilrechtliche Formerfordernisse

Die steuerliche Anerkennung setzt einen zivilrechtlich wirksamen Gesellschaftsvertrag voraus.

- Grundsätzlich ist der formfreie Vertragsschluss möglich, aber in der Praxis ist die Schriftform nötig wegen der Nachweispflicht des Stpfl. für das Zustandekommen des Vertrages.
- Bei Übertragung von Grundstücken ist die notarielle Beurkundung des Kaufvertrags erforderlich (§ 311b BGB). Die Heilung eines formnichtigen Grundstückskaufvertrages ist nach § 311b Abs. 1 Satz 2 BGB durch Auflassung und Eintragung (§§ 873, 925 BGB) möglich. Die Aufnahme eines weiteren Gesellschafters in eine grundbesitzende Personengesellschaft ist nicht formbedürftig, da gesellschaftsrechtliche Anwachsung eintritt.
- Bei Aufnahme von Kindern im Wege der Schenkung ist das Schenkungsversprechen notariell zu beurkunden (§ 518 Abs. 1 BGB).

Bei Gesamthandsgemeinschaften kann durch »Bewirken der Leistung« (z. B. Umbuchung) der Formmangel der fehlenden notariellen Beurkundung geheilt werden (§ 518 Abs. 2 BGB). Bei stiller Gesellschaft und Unterbeteiligung (ungeachtet ob typisch oder atypisch) heilt die bloße Umbuchung den Formmangel nicht, da die bloße Zuwendung einer schuldrechtlichen Forderung kein »Bewirken der Leistung« darstellt (BFH vom 31. 05. 1989 BStBl II 1990, 10). Dies gilt bei Minderjährigen und Volljährigen.

3.2.2 Bestellung eines Ergänzungspflegers

Beim Abschluss oder Änderung des Gesellschaftsvertrages scheiden Eltern, die selbst Gesellschafter sind oder werden, wegen § 181 BGB als gesetzliche Vertreter aus (§ 1909 BGB). Auch ein Elternteil, der nicht Gesellschafter ist oder wird, ist beim Abschluss eines Gesellschaftsvertrages zwischen dem andern Elternteil und dem Kind als Vertreter oder Pfleger ausgeschlossen. Ein Ergänzungspfleger ist stets (auch bei stiller Gesellschaft ohne Verlustbeteiligung!) erforderlich, da der Vertragsschluss auch bei geschenkter Einlage dem Minderjährigen Rechtsnachteile bringt, z. B. die Rechtspflicht, die geschenkten Beträge als Einlage zu leisten (BFH vom 28. 11. 1973 BStBl II 1974, 289; BFH vom 19. 12. 1979 BStBl II 1980, 242). Erforderlich ist bei Gesamthandsgemeinschaft für jedes minderjährige Kind ein fremder Ergänzungspfleger (§§ 1795 Abs. 1, 1629 BGB), da es sich um einen mehrseitigen Vertrag handelt. Bei stiller Gesellschaft und Unterbeteiligung genügt dagegen ein Pfleger für alle Kinder.

Bei der Durchführung des Gesellschaftsvertrages ist dagegen ein Dauerergänzungspfleger nicht erforderlich (BFH vom 29. 01. 1976 BStBl II 1976, 328).

3.2.3 Vormundschaftsgerichtliche Genehmigung

Erforderlich für die Beteiligung minderjähriger Kinder zum entgeltlichen Erwerb eines Erwerbsgeschäfts sowie zum Abschluss eines Gesellschaftsvertrages, der zum Betrieb eines Erwerbsgeschäfts eingegangen wird, ist die vormundschaftsgerichtliche Genehmigung.

- § 1822 Nr. 3 i. V. m. § 1643 BGB bei Vertretung durch die Eltern,
- § 1822 Nr. 3 i. V. m. § 1915 Abs. 1 BGB bei Vertretung durch einen Pfleger.

Die vormundschaftsgerichtliche Genehmigung ist immer erforderlich bei Beteiligung an einer Gesamthandsgemeinschaft (GbR, OHG, KG). Die Beteiligung als stiller Gesellschafter oder

Unterbeteiligter ist bei einmaliger Kapitaleinlage und Verlustausschluss ausnahmsweise genehmigungsfrei (BFH vom 28. 11. 1973 BStBl II 1974, 289).

(Zur folgenden Übersicht vgl. Maier/Grimm, Bürgerliches Recht und Steuerrecht, 13. Aufl., Stuttgart 2014, 279)

	als Gesellschafter einer GbR, OHK, KG	als stiller Gesellschafter
Heilung eines Formmangels der Schenkung?	Umbuchung bewirkt Heilung des Formmangels gem. § 518 Abs. 2 BGB	Umbuchung kann Formmangel nicht heilen; notarielle Beurkundung erforderlich (§ 518 Abs. 1 BGB)
Pflegerbestellung	Ergänzungspfleger zum Vertragsschluss für jedes Kind erforderlich (§§ 1909, 181 BGB)	ein einziger Pfleger kann alle Kinder vertreten
Vormundschaftsgerichtliche Genehmigung	stets erforderlich (§§ 1643 Abs. 1, 1822 Nr. 3 BGB)	nicht erforderlich bei einmaliger Kapitalbeteiligung ohne Beteiligung am Verlust

3.3   Tatsächliche Durchführung des Gesellschaftsvertrages

Im Grundsatz ist der Fremdvergleich maßgeblich. Ein Gesellschaftsvertrag zwischen nahen Angehörigen kann steuerlich nur anerkannt werden, wenn er dem unter fremden Dritten Üblichen entspricht (BFH vom 08. 02. 1979 BStBl II 1979, 405; BFH vom 05. 06. 1986 BStBl II 1986, 798).

3.3.1   Angehörige als stille Gesellschafter oder Unterbeteiligte

Die Unterscheidung typischer – atypischer stiller Gesellschafter/Unterbeteiligter hat grundsätzlich nicht für die steuerliche Anerkennung als solche, sondern nur für die Qualifizierung der Einkünfte Bedeutung. Inhalt und Durchführung des Vertrages müssen dem Fremdvergleich standhalten. Der steuerlichen Anerkennung steht entgegen, wenn im Vertrag:

a) sich der Betriebsinhaber oder Hauptbeteiligte Rücktrittsrechte vorbehält, die über die gesetzlichen Widerrufsmöglichkeiten hinausgehen (BFH vom 18. 07. 1974 BStBl II 1974, 740; BFH vom 03. 05. 1979 BStBl II 1979, 515);

b) dem still Beteiligten oder Unterbeteiligten einseitige Entnahmebeschränkungen in der Verfügung über die Einnahmen aus der Beteiligung auferlegt sind (BFH vom 13. 06. 1989 BStBl II 1989, 720; BFH vom 18. 10. 1989 BStBl II 1990, 68; BFH vom 21. 02. 1991 BB 1991, 1770);

c) der still Beteiligte oder Unterbeteiligte durch länger währende Kündbarkeitsbeschränkungen und/oder durch die Vereinbarung eines längeren Kapitalrückzahlungszeitraumes in seiner Verfügungsmacht über sein Kapital in unter Fremden ungewöhnlicher Weise beschränkt ist (ein einseitiger Kündigungsausschluss zum Nachteil des Stillen/Unterbeteiligten von mehr als fünf Jahren und ein Rückzahlungszeitraum der Vermögenseinlage im Fall der Kündigung von mehr als drei Jahren werden im Allgemeinen als schädlich angesehen (BFH vom 18. 07. 1974 BStBl II 1979, 515));

d) der still Beteiligte nicht die Kontroll- und Informationsrechte besitzt, die § 233 HGB vorsieht (BFH vom 31. 05. 1989 BStBl II 1990, 10). Fehlen die Mindestrechte nach dem Regelstatut des HGB, liegt nicht nur keine Mitunternehmerschaft vor. Vielmehr ist dem Vertrag steuerlich die Anerkennung gänzlich zu versagen, es sei denn, die Gestaltung kann wenigstens als Darlehensverhältnis umgedeutet werden;

e) bei Unterbeteiligung am OHG-Anteil des Vaters der Unterbeteiligte im Fall der Kündigung der Unterbeteiligung durch den Vater von den stillen Reserven und vom Firmenwert ausgeschlossen ist und wenn Einschränkungen der Gewinnentnahme- und Kontrollrechte bestehen (BFH vom 06.07.1995 BStBl II 1996, 269).

f) Da nach der BFH-Rechtsprechung bei typischen stillen Gesellschaftern und Unterbeteiligten verlangt wird, dass der Beteiligte grundsätzlich berechtigt sein muss, seinen ganzen Gewinn zu entnehmen, halten unterbeteiligten Kindern auferlegte Gewinnentnahmebeschränkungen nicht deswegen einem Fremdvergleich stand, weil die familienfremden Kommanditisten von den gleichen Entnahmebeschränkungen betroffen sind (BFH vom 09.08.1996 BFH/NV 1997, 107).

Für **schenkweise begründete stille Beteiligungen** gelten die Regelungen des Darlehenserlasses (BMF vom 01.12.1992 BStBl I 1992, 729, Tz. 12 i. V. m. Tz. 8 bis 11) entsprechend, es sei denn, es ist eine Beteiligung am Verlust vereinbart oder der stille Beteiligte ist als Mitunternehmer anzusehen. Schenkweise begründete stille Beteiligungen ohne Verlustbeteiligung stehen nach der Rechtsprechung einer Darlehensgewährung aus zuvor geschenkten Beträgen gleich, da hierin lediglich die Zuwendung eines Forderungsrechts gesehen werden kann, bei dem gesellschaftsrechtliche Rechte und Pflichten der Vertragsbeteiligten keine Bedeutung erlangen (BFH vom 21.10.1992 BStBl II 1993, 289). Die Gewinnanteile des still Beteiligten sind daher bei der Ermittlung der Einkünfte aus Gewerbebetrieb nicht als Betriebsausgaben, sondern als nicht abzugsfähige Zuwendungen i. S. d. § 12 Nr. 2 EStG zu behandeln.

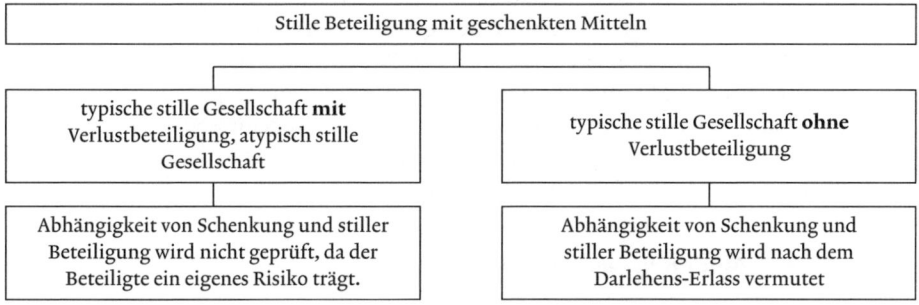

Stille Beteiligung mit geschenkten Mitteln	
typische stille Gesellschaft **mit** Verlustbeteiligung, atypisch stille Gesellschaft	typische stille Gesellschaft **ohne** Verlustbeteiligung
Abhängigkeit von Schenkung und stiller Beteiligung wird nicht geprüft, da der Beteiligte ein eigenes Risiko trägt.	Abhängigkeit von Schenkung und stiller Beteiligung wird nach dem Darlehens-Erlass vermutet

3.3.2 Angehörige als Mitunternehmer

Neben dargestellten Gesichtspunkten ist bei Gesellschaftsverträgen zwischen Familienangehörigen, die auf eine Beteiligung als BGB-Gesellschafter, OHG-Gesellschafter, Kommanditist, atypisch stiller Gesellschafter oder atypischer Unterbeteiligter gerichtet sind, die Mitunternehmerschaft zu prüfen (BFH GrS vom 25.06.1984 BStBl II 1984, 751). Die vom BFH zur Angemessenheit der Gewinnverteilung bei einer Familienpersonengesellschaft im Falle der Schenkung der Beteiligung entwickelten Rechtsgrundsätze sind auch auf eine mitunternehmerschaftliche Unterbeteiligung uneingeschränkt anzuwenden (BFH vom 24.07.1986 BStBl II 1987, 54).

3.3.2.1   Mitunternehmerrisiko

Das im Rahmen der Mitunternehmerschaft zu prüfende Mitunternehmerrisiko setzt voraus:
a) Beteiligung am Vermögen, stillen Reserven und Geschäftswert zumindest bei Liquidation;
b) Beteiligung an Gewinn und Verlust: Beteiligung nur am Gewinn steht i. d. R. der Mitunternehmerschaft entgegen (Ausnahmen BFH vom 09. 10. 1969 BStBl II 1970, 320);
c) Haftung für die Gesellschaftsschulden, wenigstens mit der Einlage, erforderlich;
d) Schädlich sind einseitig zum Nachteil des Kommanditisten verfügte Beschränkungen des Gewinnentnahmerechts (BFH vom 04. 08. 1971 BStBl II 1972, 10). Einer Klausel zur Beschränkung des Entnahmerechts kommt im Rahmen des Fremdvergleichs dann keine wesentliche Indizwirkung zu Lasten des Steuerpflichtigen zu, wenn die stehen gelassenen Beträge angemessen verzinst werden (BFH vom 11. 10. 1987 BStBl II 1989, 758; BFH vom 22. 10. 2013 NZG 2014, 194). Absprachen zwischen den Gesellschaftern einer Familienpersonengesellschaft über die Zurechnung von Barentnahmen sind daraufhin zu prüfen, ob sie auch unter Fremden in dieser oder einer ähnlichen Weise hätten getroffen werden können (BFH vom 19. 01. 1993 BStBl II 1993, 594);
e) Ein Kommanditist, der vom persönlich haftenden Gesellschafter ohne weiteres zum Buchwert aus der Gesellschaft ausgeschlossen werden kann, ist nicht Mitunternehmer. Seine Gewinnanteile können jedoch Betriebsausgaben sein, wenn er im Innenverhältnis die Stellung eines typischen stillen Gesellschafters erlangt hat. Dies setzt voraus, dass dem Gesellschafter wenigstens annäherungsweise die Rechte zustehen, die einem stillen Gesellschafter nach den §§ 230 ff. HGB zukommen (BFH vom 08. 08. 1974 BStBl II 1975, 34; BFH vom 14. 05. 2003 BFH/NV 2003, 1547). Die typisch stille Gesellschaft ist nicht lediglich ein Auffangtatbestand, wenn eine gewollte Mitunternehmerschaft vom Finanzamt nicht anerkannt wird (BFH vom 06. 07. 1995 BStBl II 1996, 269). Sind die Kommanditisten einer KG nicht als Mitunternehmer anzusehen, ist über die Frage ihrer Stellung im Innenverhältnis als typische stille Gesellschafter sowie der Angemessenheit der Gewinnverteilung nur im Rahmen der Einkommensteuerveranlagung des Komplementärs zu befinden (BFH vom 29. 04. 1981 BStBl II 1981, 663).

3.3.2.2   Mitunternehmerinitiative

Die Mitunternehmerinitiative setzt voraus:
a) Die Beteiligung am Entscheidungsprozess (Geschäftsführung, Vertretung, Stimmrecht) und an der Kontrolle (Widerspruchs-, Kontrollrechte) müssen wenigstens annäherungsweise den gesetzlich eingeräumten Kompetenzen entsprechen. Bei der Wahrnehmung von Kindesrechten durch die Eltern müssen diese bei ihren Entscheidungen ausschließlich die Interessen des Kindes berücksichtigen und im Kollisionsfall ihre eigenen Interessen denen der Kinder unterordnen (BFH vom 10. 11. 1987 BStBl II 1989, 758).
b) Entnahmerechte müssen dem Fremdvergleich standhalten.
c) Langfristige Gewinnentnahmebeschränkungen sprechen gegen Mitunternehmer (BFH vom 29. 01. 1976, 324; BFH vom 09. 10. 2001 BStBl II 2002, 460).
d) Kündigungsbeschränkungen:
– Bei der Einräumung von Kündigungsrechten durch die Eltern gilt: Kinder sind nicht Mitunternehmer, wenn sie nach Belieben von den Eltern hinausgekündigt werden können (BFH vom 15. 10. 1981 BStBl II 1982, 342).

- Die Einschränkung von Kündigungsmöglichkeiten durch die Kinder kann für die Mitunternehmerschaft der Kinder schädlich sein (BFH vom 20. 02. 1975 BStBl II 1975, 569; BFH vom 08. 02. 1979 BStBl II 1979, 405).
e) Befristungen der Gesellschafterstellung:
   Die Befristung ihrer Gesellschafterstellung kann gegen die Mitunternehmerschaft der Kinder sprechen (BFH vom 29. 01. 1976 BStBl II 1976, 324). Dagegen soll das Recht unschädlich sein, die Gesellschafterstellung des Kindes zum Ende des Jahres der Erreichung der Volljährigkeit zu kündigen.
f) Eine Rückforderungsklausel ist grundsätzlich schädlich (BFH vom 16. 05. 1989 BStBl II 1989, 877). Die Rspr. nimmt Unschädlichkeit an, wenn die Wahrscheinlichkeit gering ist, dass die Rückfallklausel zum Zuge kommt (vgl. BFH vom 27. 01. 1994 DStR 1994, 1004: Unterbeteiligung sollte nur dann ersatzlos an den Vater zurückfallen, wenn das Kind vor dem Vater stirbt sowie bei Notbedarf des Schenkers oder grobem Undank des Beschenkten).

3.3.3 Zeitliche Aspekte

Verträge können zwar zivilrechtlich rückwirkend abgeschlossen werden. Im Steuerrecht ist das nicht möglich. Die schuldrechtliche Rückbeziehung des Vertragsbeginns ist steuerlich unbeachtlich (§ 38 AO). Auch bei der Beseitigung von Rechtshindernissen für die Anerkennung von Familienverträgen findet steuerlich keine rückwirkende Anerkennung statt. Bei fehlender Genehmigung des Vormundschaftsgerichts gilt jedoch Folgendes:
- Bei verzögerter Genehmigung: Die Genehmigung heilt den Vertrag rückwirkend (BFH vom 08. 11. 1972 BStBl II 1973, 287).
- Bei verspäteter Antragstellung: Der Antrag muss unverzüglich nach Abschluss des Gesellschaftsvertrages gestellt werden, sonst wird der Vertrag erst ab Erteilung der Genehmigung steuerlich anerkannt.

3.4 Prüfung der Angemessenheit der Gewinnverteilung

3.4.1 Angehörige als Mitunternehmer

3.4.1.1 Grundsätze

Der nicht mitarbeitende Familienangehörige darf nur einen solchen Gewinnanteil zugerechnet erhalten, der auf längere Sicht zu einer angemessenen Verzinsung des tatsächlichen (realen, gemeinen) Werts des Gesellschaftsanteils führt (BFH vom 29. 05. 1972 BStBl II 1973, 5). Zur Ermittlung des angemessenen Gewinnanteils sind drei Schätzungen erforderlich:
- realer Wert des Betriebsvermögens (einschließlich stille Reserven und Geschäftswert),
- realer Wert des Gesellschaftsanteils,
- nachhaltig zu erwartender Gewinn.

3.4.1.2 Realer Wert des Betriebsvermögens

Zunächst muss der reale Wert des gesamten Betriebsvermögens der Personengesellschaft (einschließlich stille Reserven und Geschäftswert) zum Zeitpunkt des Vertragsabschlusses festgestellt werden (BFH vom 29. 03. 1973 BStBl II 1973, 489). Der Wert des Betriebes kann in Anlehnung an die zur Geschäftswertermittlung ergangene Rspr. nach der sog. indirekten Methode geschätzt werden (BFH vom 08. 12. 1976 BStBl II 1977, 409).

3.4.1.3 Realer Wert des Gesellschaftsanteils

Der reale Wert des Mitunternehmeranteils ergibt sich, wenn der Gesamtwert des Unternehmens auf die Gesellschafter entsprechend ihren Gesellschafteranteilen verteilt wird. Ist das Familienmitglied mit dem geschenkten Mitunternehmeranteil weder an den stillen Reserven noch am Geschäftswert beteiligt, muss ein entsprechender Abschlag gemacht werden. Ein angemessener Abschlag ist auch bei Verfügungsbeschränkungen erforderlich (BFH vom 29.03.1973 BStBl II 1973, 489; BFH vom 09.10.2001 BStBl II 2002, 460). In die Ermittlung des wirklichen Werts der Beteiligung ist auch das Sonderbetriebsvermögen des Mitunternehmers einzubeziehen.

3.4.1.4 Ermittlung des nachhaltig zu erwartenden Gewinns

Bei der Ermittlung des durchschnittlichen Gewinns der nachfolgenden Jahre handelt es sich um eine Prognose über die zukünftige Gewinnentwicklung im Zeitpunkt des Vertragsschlusses (H 138a Abs. 3 EStH »Allgemeines«: »durchschnittliche Rendite eines Zeitraums von fünf Jahren«), bei der die Ergebnisse der letzten fünf Jahre einen Anhaltspunkt bilden.

BEISPIEL

Bei Vertragsschluss am 01.01.06 sind die Ergebnisse der Jahre 01 bis 05 zugrunde zu legen:

Jahr	voraussichtlicher Steuerbilanzgewinn	Vorwegvergütungen	relevanter Gewinn
06 (01)	130 000 €	40 000 €	90 000 €
07 (02)	130 000 €	50 000 €	80 000 €
08 (03)	160 000 €	60 000 €	100 000 €
09 (04)	180 000 €	60 000 €	120 000 €
10 (05)	180 000 €	70 000 €	110 000 €
			500 000 €

Nachhaltig zu erwartender Jahresgewinn (500 000 € : 5) = 100 000 €.

Sämtliche Leistungen der Gesellschafter, die über die Kapitaleinlage hinausgehen, sind vorweg angemessen zu vergüten. Ist im Gesellschaftsvertrag eine Vorwegvergütung nicht vereinbart, ist dennoch bei der Berechnung der Gewinnanteile der Angehörigen fiktiv eine Vorwegvergütung vorzunehmen.

3.4.2 Angehörige als typische stille Gesellschafter und typisch Unterbeteiligte

Da die Beteiligung an den stillen Reserven und am Geschäftswert bei der typischen stillen Gesellschaft und bei der typischen Unterbeteiligung keine Rolle spielt, ist statt vom Realkapital vom Nominalkapital (Nennwert der Beteiligung) auszugehen.

3.4.3 Kapitalverzinsung bei Beteiligung nicht mitarbeitender Familienangehöriger

3.4.3.1 Bemessungsgrundlage

Für die Bemessungsgrundlage bei der Berechnung der maximalen Kapitalverzinsung im Fall der Beteiligung nicht mitarbeitender Familienangehöriger kommt es darauf an, ob der Gesellschafter als Mitunternehmer an den stillen Reserven beteiligt ist oder als typisch stiller Gesellschafter bzw. als typisch Unterbeteiligter nur den Nominalwert der Einlage zurückfordern kann.

Bemessungsgrundlage bei Mitunternehmerschaft	Bemessungsgrundlage bei typisch stiller Beteiligung
Grundsatz: realer Wert der Beteiligung Ausnahme: Buchwertabfindung	Nominalwert der Beteiligung

3.4.3.2 Renditesätze

Bei der Familien-KG und bei der atypischen stillen Beteiligung ist zu unterscheiden, ob der Beteiligte seinen Gesellschaftsanteil mit Mitteln aus dem eigenen Vermögen oder mit geschenkten Mitteln erworben hat.

Beteiligung erworben mit eigenen Mitteln	Beteiligung erworben mit geschenkten Mitteln
angemessen bei Gestaltung wie unter Fremden	15 % H 138a Abs. 3 EStH

Bei vertraglich eingeschränkter Beteiligung an den stillen Reserven sowie bei Verfügungs- oder Gewinnentnahmebeschränkungen ist ein Abschlag zu machen (H 138 Abs. 3 EStH »Verfügungsbeschränkungen«).

Bei typischer stiller Gesellschaft und typischer Unterbeteiligung		
	Beteiligung erworben mit eigenen Mitteln	Beteiligung erworben mit geschenkten Mitteln
mit Verlustbeteiligung	35 % H 138a Abs. 5 EStH »Eigene Mittel«	15 % H 138a Abs. 5 EStH »Schenkweise eingeräumte stille Beteiligung«
ohne Verlustbeteiligung	25 %	12 %[1]

---

1 Ohne Verlustbeteiligung jedoch nach H 138 Abs. 4 EStH »Verlustbeteiligung«: keine steuerliche Anerkennung (Darlehens-Erlass BMF vom 01.12.1992 BStBl I 1992, 729)

3.4.4 Beispielsfälle zum angemessenen Gewinnanteil

BEISPIELE ——

a) Einzelunternehmer U bucht am 01. 01. von seinem Kapitalkonto i. H. v. 50 000 € einen Betrag von 5 000 € auf ein neu eingerichtetes Kapitalkonto seines Sohnes S um, den er schenkweise in den Betrieb aufnimmt. S soll mit 10 % an Gewinn, Verlust, stillen Reserven und Geschäftswert beteiligt sein (im Betrieb sind 50 000 € stille Reserven inkl. Geschäftswert, also realer Wert des geschenkten Anteils 10 000 €), durchschnittlicher Jahresgewinn (nach Abzug einer Tätigkeitsvergütung für U) 100 000 €, tatsächlicher Jahresgewinn 01 (nach Abzug einer Tätigkeitsvergütung für U) 120 000 €. S erhält nach dem Gesellschaftsvertrag 10 % = 12 000 € Gewinn.

LÖSUNG Im Wege der Schenkung zugewendeter Kommanditanteil für nicht mitarbeitenden Familienangehörigen mit einem realen Wert von 10 000 €:

höchstmöglicher Gewinnanteil =   15 %
nachhaltig zu erwartender Jahresgewinn   100 000 €

Der höchstmögliche Gewinnanteil des tatsächlichen Jahresgewinns beträgt:

$$\frac{\text{realer Wert des Anteils } 10\,000\,€ \times 15\,\%}{\text{nachhaltig zu erwartender Jahresgewinn } 100\,000\,€} = 1,5\,\%$$

Der tatsächliche Gewinn des Jahres 02 (bereinigter Restgewinn, nach Abzug von Vorabvergütungen) beträgt 120 000 €.
Der höchstmögliche Gewinnanteil des Jahres 02: beträgt 1,5 % von 120 000 € = 1 800 €.
Falls 10 % Gewinnanteil vertraglich eingeräumt sind:

	falsch	richtig	
Vater	108 000 €	118 200 €	
Sohn	12 000 €	1 800 €	(12 000 € ./. 1 800 € = 10 200 € Privatentnahme)
	120 000 €	120 000 €	

Berechnung ausführlicher in drei Schritten (ohne Formel):
1. Ermittlung der zulässigen Eigenkapitalrendite in €:
Realkapital × Maximalrendite in % = zulässige EK-Rendite
10 000 € × 15 % = 1 500 €
2. Ermittlung des maximalen prozentualen Gewinnanteils (gilt jedes Jahr):

$$\frac{\text{zulässige EK-Rendite} \times 100\,\%}{\text{nachhaltig erzielbarer Jahresgewinn}} = \frac{1\,500\,€ \times 100\,\%}{100\,000\,€} = 1,5\,\%$$

3. Ermittlung des maximalen Gewinnanteils im konkreten Jahr:
tatsächlicher Jahresgewinn × maximaler prozentualer Gewinnanteil
120 000 € × 1,5 % = 1 800 €

c) Zum Sachverhalt siehe a). Allerdings handelt es ich um eine im Wege der Schenkung zugewendete typische stille Beteiligung mit einem Buchwert von 5 000 €. Der nachhaltig zu erwartende Jahresgewinn beträgt 100 000 €.

LÖSUNG
aa) bei Ausschluss der Verlustbeteiligung
Der Vertragsschluss über die stille Gesellschaft wird steuerlich nicht anerkannt (H 138a Abs. 4 EStH »Verlustbeteiligung«)
bb) bei Verlustbeteiligung:

$$\frac{5\,000\,€ \times 15\,\%}{100\,000\,€} = 0,75\,\%$$

d) Wie voriges Beispiel, jedoch beträgt der Restgewinn unvorhersehbar
aa) im Jahr 01: 200 000 €,
bb) im Jahr 02: 50 000 €.

LÖSUNG Es bleibt bei dem auf den Sohn entfallenden prozentualen Anteil des jeweiligen Restgewinns:

aa) 1,5 % von 200 000 € = 3 000 €
bb) 1,5 % von 50 000 € = 750 €

In die Ermittlung des wirklichen Werts der Beteiligung ist auch das **Sonderbetriebsvermögen** des Mitunternehmers einzubeziehen.

BEISPIELE

a) Der Vater V beteiligt seinen Sohn S an dem bisher als Einzelunternehmen geführten Betrieb schenkweise als Kommanditist. Der Sohn S arbeitet nicht mit. Das Kapitalkonto des Vaters V nach der Kapitalschenkung beträgt 20 000 € (realer Wert 40 000 €). Die Nominalbeteiligung des Sohnes S beläuft sich auf 5 000 € (realer Wert 10 000 €). Ein dem Sohn S gehörendes Werkstattgrundstück (realer Wert 30 000 €) wird bisher und weiterhin ausschließlich von der KG genutzt. Die Mietzahlungen betragen jährlich 4 000 €. Der durchschnittlich erzielbare Restgewinn (nach Abzug der Tätigkeits- und Haftungsvergütung für den Vater V, aber vor Abzug von Mietzahlungen an den Sohn S) beträgt 100 000 €

LÖSUNG Das Grundstück ist notwendiges Sonderbetriebsvermögen I des Sohnes S bei der KG. Für den Sohn S ist folgender Gewinn gerechtfertigt:

Realer Wert des Kommanditanteils	10 000 €
Realer Wert des Sonderbetriebsvermögens	30 000 €
Vom Sohn S eingesetztes Realkapital insgesamt	40 000 €

Die mögliche Gesamtkapitalrendite des S beträgt 15 % von 40 000 € = 6 000 €
Erhält der Sohn S für das Werkstattgebäude jährliche Mietzahlungen i. H. v. 4 000 €, so entfallen von dem danach verbleibenden Restgewinn i. H. v. (100 000 € ./. 4 000 € =) 96 000 € auf ihn noch:

mögliche Gesamtkapitalrendite		6 000 €
./. Sonderbetriebseinnahmen	./.	4 000 €
verbleiben		2 000 €

Das sind 2,1 % der Restgewinnverteilungsbasis von 96 000 €.
Eine Gewinnbeteiligung des Sohnes (neben den Mieteinnahmen) erscheint angemessen i. H. v. 2,1 %. Ohne die Zurverfügungstellung des Grundstücks hätte sein steuerlich zulässiger Gewinnanteil lediglich betragen:

15 % von 10 000 € =	1 500 €
1 500 € bezogen auf 100 000 € =	1,5 %

b) **Angemessenheit der Gewinnverteilung bei stiller Gesellschaft zwischen Familienangehörigen**
Der Gewerbetreibende A beteiligt seine minderjährige Tochter F an seinem als Einzelunternehmen geführten Betrieb schenkweise als stille Gesellschafterin. A schließt zu diesem Zweck am 01. 12. 01 mit F, vertreten durch deren Mutter, welche die geschiedene Ehefrau des A ist, mit Wirkung ab 01. 01. 01 einen notariellen Vertrag. Nach diesem Vertrag, der noch im Dezember 01 vormundschaftsgerichtlich genehmigt wird, schenkt A der F einen Betrag von 300 000 €, den F sogleich in den Betrieb des A einlegt. F ist mit 5 % am Gewinn und Verlust beteiligt. Die Gewinnbeteiligung ist am 01. 03. des Folgejahrs fällig. Die Verlustbeteiligung ist auf die Einlage begrenzt. An den stillen Reserven und am Geschäftswert ist F nicht beteiligt.
A buchte den geschenkten Betrag am 01. 12. 01 wie folgt: Aufwand an sonstige Verbindlichkeit 300 000 €. Außerdem buchte A den Gewinnanteil 01 der A zum 31. 12. 01 wie folgt: Aufwand an Rückstellung 40 000 €.
Am 01. 12. 01 (vor Abbuchung des geschenkten Betrags von 300 000 €) betrug der wirkliche Wert des Betriebsvermögens des A 10 Mio. € und der Buchwert 5 Mio. €. Für die nächsten fünf Jahre beträgt der zu erwartende durchschnittliche Jahresgewinn 2 Mio. €. Das angemessene Entgelt für die Arbeits-

leistung und die persönliche Haftung des A beträgt 400 000 €. A erklärt in seiner Einkommensteuererklärung 01 einen Gewinn von insgesamt 1,5 Mio. €.

Prüfen Sie, wie hoch im Jahr 01 der Gewinnanteil der F und der steuerliche Gesamtgewinn des A ist!

Variante:

Was ändert sich, wenn F laut Gesellschaftsvertrag nicht am Verlust des Unternehmens teilhaben soll?

LÖSUNG

1. Zivilrechtliche Wirksamkeit

Der Vertrag über die stille Gesellschaft ist zivilrechtlich wirksam. Die Bestellung eines Ergänzungspflegers für die minderjährige F war nicht erforderlich. F wurde beim Vertragsschluss wirksam durch die Mutter M vertreten; M ist nicht durch das Verbot des Selbstkontrahierens von der Vertretung ausgeschlossen, da zwischen A und M keine Ehe besteht. Die übrigen zivilrechtlichen Voraussetzungen (notarielle Beurkundung des Schenkungsversprechens, vormundschaftsgerichtliche Genehmigung) sind ebenfalls erfüllt.

2. Tatsächliche Durchführung, Mitunternehmerschaft

Steuerlich handelt es sich bei dem Rechtsverhältnis zwischen A und F um eine typische stille Gesellschaft. Eine atypische stille Beteiligung scheidet aus, da F an den stillen Reserven nicht beteiligt ist. F ist daher nicht Mitunternehmerin geworden (§ 15 Abs. 1 Nr. 2 EStG), sondern bezieht Einkünfte aus Kapitalvermögen (§ 20 Abs. 1 Nr. 4 EStG). Die Zahlungen an F sind bei A insoweit, als sie angemessen sind, Betriebsausgaben. Der auf 01. 01. 01 rückwirkende Vertragsschluss ist zwar zivilrechtlich möglich, da aber steuerlich rückwirkende Vereinbarungen nicht anzuerkennen sind, ist die typische stille Gesellschaft erst ab Vertragsschluss am 01. 07. 01 wirksam.

3. Angemessenheit der Gewinnverteilung

Stammt die Kapitalbeteiligung des stillen Gesellschafters in vollem Umfang aus einer Schenkung des Unternehmers, ist eine Gewinnverteilungsabrede angemessen, die im Zeitpunkt der Vereinbarung bei vernünftiger kaufmännischer Beurteilung eine durchschnittliche Rendite von 15 % der Einlage erwarten lässt, wenn der Beschenkte am Gewinn und Verlust beteiligt ist. Bei der typischen stillen Gesellschaft entspricht der Nominalwert der Einlage des stillen Gesellschafters dem Realwert der Einlage. Der zulässige Prozentsatz vom tatsächlichen Restgewinn beträgt demnach:

$$\frac{\text{Nominalwert der Beteiligung } 300\,000\,€ \times 15\,\%}{\text{durchschnittlicher Jahresgewinn } 2\,000\,000\,€} = 2{,}25\,\%$$

Oder ausführlich in zwei Schritten:

1. Angemessene Eigenkapitalverzinsung in €
Nominalkapital 300 000 € × 15 % = 45 000 €

2. Angemessene Eigenkapitalverzinsung in %:

$$\frac{\text{Eigenkapitalverzinsung } 45\,000 \times 100\,\%}{\text{durchschnittlicher Jahresgewinn } 2\,000\,000\,€} = 2{,}25\,\%$$

Der tatsächliche Restgewinn, auf den dieser Prozentsatz anzuwenden ist, ermittelt sich wie folgt:

Erklärter Gewinn	1 500 000 €
+ unzulässiger Aufwand	+ 300 000 €
Die Schenkung des Kapitals an F ist bei A nicht gewinnmindernd, sondern über Privatentnahme zu buchen.	
+ unzulässige Rückstellung	+ 40 000 €
./. Vorwegvergütung des A	./. 400 000 €
= bereinigter Gesamtgewinn (Gewinnverteilungsbasis)	1 440 000 €

Bei F ist der Gewinnanteil im Jahr des Zuflusses (§ 11 EStG) im Rahmen der Einkünfte aus Kapitalvermögen (§ 20 Abs. 1 Nr. 4 EStG) zu erfassen. Es ist Kapitalertragsteuer i. H. v. 25 % einzubehalten (§ 43 Abs. 1 Nr. 3 EStG).

Der Gewinnanteil der F beträgt 2,25 % von 1 440 000 € = 32 400 €,
davon aber nur (ab 01. 12. 01) 1/12 = 2 700 €.

Buchung bei A:

Aufwand für stillen Gesellschafter	2 700 €	
an Verbindlichkeit gegenüber dem stillen Gesellschafter		2 025 €
an Kapitalertragsteuer (Verbindlichkeiten gegenüber Finanzamt)		675 €

Erklärter Gewinn		1 500 000 €
+ unzulässiger Aufwand	+	300 000 €
+ unzulässige Rückstellung	+	40 000 €
./. zulässiger Gewinnanteil F	./.	2 700 €
= steuerlicher Gesamtgewinn des A in 01		1 837 300 €

Variante:

Wenn F laut Gesellschaftsvertrag nicht am Verlust des Unternehmens teilhat, ist zivilrechtlich zur Wirksamkeit des Vertrages eine vormundschaftsgerichtliche Genehmigung nicht erforderlich.

Steuerlich kann jedoch eine stille Beteiligung nicht anerkannt werden, wenn ein schenkweise still beteiligtes minderjähriges Kind nicht am Verlust der Gesellschaft beteiligt ist (BFH vom 21. 10. 1992 BStBl II 1993, 289). In diesem Beispiel ist der Gewinn in vollem Umfang dem Geschäftsinhaber A zuzurechnen. Zahlungen des A an F sind Unterhaltszahlungen und dürfen den Gewinn nicht mindern (§ 12 Nr. 2 EStG).

Teil E   Verluste bei beschränkter Haftung

1   Verluste bei beschränkt haftenden Gesellschaftern (§ 15a EStG)

1.1   Zielsetzung des § 15a EStG

Die durch Gesetz vom 20. 08. 1980 (BGBl I 1980, 1545) eingefügte Vorschrift des § 15a EStG soll die steuerlichen Vorteile aus sog. Verlustzuweisungsgesellschaften einschränken. Das negative Kapitalkonto beschränkt haftender Gesellschafter hatte sich zu einem planmäßig eingesetzten Instrument zur Schaffung von Verlusten entwickelt, die der Steuerminimierung dienten. § 15a EStG gilt jedoch nicht nur für Verlustzuweisungsgesellschaften, sondern für alle Gesellschaften, bei denen Gesellschafter beschränkt haften (BFH vom 09. 05. 1996 BStBl II 1996, 474). Der Ausgleich von Verlusten mit anderen positiven Einkünften wird auf den Betrag der Einlage beschränkt. Darüber hinausgehende Verluste werden dem beschränkt haftenden Gesellschafter zwar zugerechnet, dürfen aber nicht mit anderen Einkünften ausgeglichen oder nach § 10d EStG abgezogen werden, sondern nur mit in späteren Jahren aus derselben Beteiligung erzielten positiven Einkünften verrechnet werden.

1.2   Handelsrecht

1.2.1   Handelsrechtliche Grundsätze

Handelsrechtlich werden dem beschränkt haftenden Gesellschafter einer Personengesellschaft Verluste auch dann zugerechnet, wenn sie ein negatives Kapitalkonto entstehen lassen oder erhöhen, wenn Verluste also den Betrag seiner geleisteten Einlage übersteigen. § 167 Abs. 3 HGB bestimmt zwar, dass ein Kommanditist der KG nur bis zum Betrag seines Kapitalanteils (geleistete Einlage) und seiner noch rückständigen Einlage am Verlust teilnimmt. Diese Bestimmung findet aber nur auf die Verteilung eines Verlustes aus der Liquidationsschlussbilanz der Gesellschaft Anwendung (BFH vom 10. 11. 1980 BStBl II 1981, 164). Sie findet keine Anwendung auf Verluste aus der Jahresbilanz der KG. Verluste, die nach dem Gewinnverteilungsschlüssel auf den Kommanditisten entfallen, können also zu einem negativen Kapitalkonto des Kommanditisten oder zu einer Erhöhung seines Kapitalkontos führen. Der Kommanditist mit negativem Kapitalkonto kann keine Auszahlung von auf ihn entfallenden Gewinnanteilen verlangen. Er muss die künftigen Gewinne zur Auffüllung seines negativen Kapitalkontos verwenden.

Es gelten die handelsrechtlichen Grundsätze:
* ein negatives Kapitalkonto ist handelsrechtlich zulässig,
* es besteht keine Nachschusspflicht des Kommanditisten,
* aber die Pflicht zur Auffüllung des Kapitalkontos mit künftigen Gewinnen.

1.2.2 Einlage

Handelsrechtlich ist zwischen der Haftsumme, der Pflichteinlage und der Hafteinlage zu unterscheiden.

Haftsumme (Hafteinlage, Haftbetrag) ist der im Handelsregister eingetragene Betrag, bis zu dem der Kommanditist den Gesellschaftsgläubigern, d. h. im Außenverhältnis, haftet, solange er den Betrag nicht in die KG eingebracht hat (§ 171 Abs. 1 HGB).

Pflichteinlage ist der Betrag, den der Kommanditist nach den gesellschaftsvertraglichen Vereinbarungen im Innenverhältnis zu erbringen hat. Haftsumme und Pflichteinlage sind im Regelfall gleich hoch, können aber auch voneinander abweichen.

Einlage ist der Betrag, den der Kommanditist in Erfüllung seiner gesellschaftsrechtlichen Einlageverpflichtung tatsächlich erbracht hat. Die tatsächlich erbrachte Einlage mindert die Haftung des Kommanditisten im Außenverhältnis (§ 171 Abs. 1 HGB). Wenn die Hafteinlage die Einlage übersteigt, so ist in Höhe des Differenzbetrages ein Verlustausgleich auch dann möglich, wenn dadurch ein negatives Kapitalkonto entsteht oder sich erhöht (vgl. 12.6).

BEISPIEL

A ist als Kommanditist im Handelsregister mit 500 000 € eingetragen. Nach dem Gesellschaftsvertrag soll er ein Grundstück im Wert von (unstreitig) 300 000 € und einen Barbetrag von 250 000 € einbringen. Bisher hat A nur 100 000 € auf ein Konto der KG überwiesen.

LÖSUNG Die Haftsumme des A (Eintrag im Handelsregister) beträgt 500 000 €. Die Pflichteinlage im Innenverhältnis beträgt 550 000 €. I. H. d. Differenz zwischen Hafteinlage (500 000 €) und tatsächlich erbrachter Einlage (100 000 €), also i. H. v. 400 000 €, haftet A den Gesellschaftsgläubigern gegenüber noch unmittelbar (§ 171 Abs. 1 HGB).

1.3 Steuerrechtliche Grundsätze

1.3.1 Kein Verlustzurechnungsverbot

Verluste werden dem Kommanditisten bei negativem Kapitalkonto grundsätzlich auch steuerlich zugerechnet (zu Ausnahmen, die zu einem Verlustzurechnungsverbot führen, vgl. 12.4). § 15a EStG zieht nur rechtliche Folgerungen für die Einkommensermittlung. Buchführung und Bilanzierung bleiben grundsätzlich unberührt.

1.3.2 Ausgleichs- und Abzugsverbot

Verluste können nicht mit anderen Einkünften ausgeglichen oder nach § 10d EStG abgezogen werden, soweit sie ein negatives Kapitalkonto entstehen lassen oder erhöhen. Der Regelung des § 15a EStG liegt die Überlegung zugrunde, dass Verluste von nur beschränkt Haftenden sich steuerlich nur bis zum Betrag der Einlage bzw. Hafteinlage auswirken sollen. Grundsätzlich liegen nur bis zu diesen Beträgen ausgleichsfähige Verluste vor. Darüber hinausgehende Verluste werden als verrechenbare Verluste festgestellt. Die Frage der Zurechnung der Einkünfte wird durch § 15a EStG nicht berührt.

1.3.3 Verrechnungsgebot

Nicht ausgleichs-/abzugsfähige Verluste sind gesondert festzustellen (§ 15a Abs. 4 EStG) und mit zukünftigen Gewinnen aus derselben Beteiligung zu verrechnen. Eine zeitliche

Beschränkung für die Verrechnungsmöglichkeit besteht nicht. Der Gewinnfeststellungsbescheid der KG ist Grundlagenbescheid für den Feststellungsbescheid über den verrechenbaren Verlust gem. § 15a Abs. 4 EStG.

BEISPIELE

a) Grundfall Komplementär – Kommanditist

A ist als Komplementär, B als Kommanditist an einer KG je zur Hälfte beteiligt. Die Kapitalkonten betragen zum 31. 12. 01 vor Verlustzuweisung je 100 000 €. Die KG erzielt im Jahr 01 einen Verlust von 300 000 €.

LÖSUNG

Entwicklung der Kapitalkonten

Die Darstellung der Kapitalkonten in der KG-Bilanz ist dieselbe:

Aktiva	**KG-Bilanz zum 31. 12. 01 vor Verlustzuweisung**		Passiva
		Kapital A	100 000 €
		Kapital B	100 000 €

Aktiva	**KG-Bilanz zum 31. 12. 01 nach Verlustzuweisung**		Passiva
Kapital A	50 000 €		
Kapital B	50 000 €		

Besteuerung

Der Verlust von ./. 150 000 € ist beim Komplementär voll ausgleichsfähig bzw. nach § 10d EStG abziehbar, beim Kommanditisten nur bis zur Höhe des Kapitalkontos 100 000 € ausgleichsfähig/abziehbar, im Übrigen (50 000 €) besonders festzustellen und nur mit späteren Gewinnen verrechenbar (§ 15a Abs. 2 und 4 EStG).

b) Grundfall Verlustverrechnung

Kommanditist K ist mit einer Haft- und Pflichteinlage i. H. v. 20 000 € an der A-KG beteiligt. Er hat seine Einlage voll erbracht. Im Jahr 01 entfällt auf ihn ein Verlustanteil von 13 000 €, im Jahr 02 ein Verlustanteil von 10 000 € und im Jahr 03 ein Gewinnanteil von 9 000 €.

LÖSUNG

	Verlustausgleichs-volumen	ausgleichsfähig		verrechenbar	
Einlage 01	20 000 €				
./. Verlust 01	./. 13 000 €	./.	13 000 €		0 €
31. 12. 01	7 000 €				
./. Verlust 02	./. 10 000 €	./.	7 000 €	./.	3 000 €
31. 12. 02	./. 3 000 €			./.	3 000 €
+ Gewinn 03	+ 9 000 €	+	6 000 €	+	3 000 €
31. 12. 03	+ 6 000 €				0 €

Veranlagungszeitraum 01:
Ausgleichsfähiger Verlust = Einkünfte aus Gewerbebetrieb ./. 13 000 €

Veranlagungszeitraum 02:

Ausgleichsfähiger Verlust i. H. v.		7 000 €
= Einkünfte aus Gewerbebetrieb	./.	7 000 €
Daneben Feststellung eines verrechenbaren Verlusts von	./.	3 000 €
in einem besonderen Feststellungsbescheid nach § 15a Abs. 4 EStG.		

Veranlagungszeitraum 03:
Verrechnung eines Gewinnanteils von 3 000 € mit dem verrechenbaren Verlust gem. § 15a Abs. 2 EStG. Es verbleibt ein zu versteuernder Gewinn von 6 000 €
Einkünfte aus Gewerbebetrieb + 6 000 €

Zusammenfassung:

01: ./. 13 000 € ausgleichsfähig,

02: ./. 7 000 € ausgleichsfähig, ./. 3 000 € verrechenbarer Verlust,

03: 6 000 € zu versteuern, ./. 3 000 € zu verrechnen.

Ob ein negatives Kapitalkonto entsteht oder sich erhöht, lässt sich nur durch Gegenüberstellung zweier Bilanzen vor und nach Verlustzuweisung feststellen. Kapitalbewegungen anderer Art vor dem Bilanzstichtag (Entnahmen, Einlagen, Berichtigungen) müssen vor der Verlustzuweisung berücksichtigt werden.

BEISPIEL

Zusätzliche Einlage

Kommanditist K ist mit einer Haft- und Pflichteinlage i. H. v. 20 000 € an der A-KG beteiligt. Er hat seine Einlage voll erbracht. Im Jahr 01 entfällt auf ihn ein Verlustanteil von 30 000 €, im Jahr 02 ein Verlustanteil von 25 000 €. Im Jahr 02 legt K 10 000 € ein.

LÖSUNG

	Verlust-ausgleichs-volumen	ausgleichs-fähig	verrechenbar
Einlage 01	20 000 €		
./. Verlust 01	./. 30 000 €	./. 20 000 €	./. 10 000 €
31. 12. 01	./. 10 000 €		
+ Einlage 02	+ 10 000 €	./. 10 000 €	
	schafft zusätzliches Verlustausgleichsvolumen		
./. Verlust 02	./. 25 000 €		./. 15 000 €
31. 12. 02	./. 25 000 €		./. 25 000 €

VZ 01:

Ausgleichsfähiger Verlust i. H. v.	20 000 €	
= Einkünfte aus Gewerbebetrieb		./. 20 000 €
Daneben Feststellung eines verrechenbaren Verlusts von		./. 10 000 €

in einem besonderen Feststellungsbescheid nach § 15a Abs. 4 EStG.

VZ 02:

Infolge der Einlage von 10 000 € erhöht sich das negative Kapitalkonto nur von ./. 10 000 € auf ./. 25 000 €, also nur um ./. 15 000 €. § 15a Abs. 1 Satz 1 EStG verbietet einen Verlustausgleich aber nur, soweit ein negatives Kapitalkonto entsteht oder sich erhöht. Die Einlage von 10 000 € führt daher zu einem Verlustausgleich von 10 000 €.

Ausgleichsfähiger Verlust = Einkünfte aus Gewerbebetrieb ./. 10 000 €.

Daneben Feststellung eines verrechenbaren Verlusts von ./. 15 000 € in einem besonderen Feststellungsbescheid nach § 15a Abs. 4 EStG.

1.4 Regeln zur Auflösung negativer Kapitalkonten und § 15a EStG

1.4.1 Grundsätze

Sowohl die Rspr. zur Auflösung negativer Kapitalkonten als auch § 15a EStG haben zum Ziel, Verlustzuweisungen beim Mitunternehmer steuerlich nur in dem Maße zu berücksichtigen, in dem eine endgültige Verlusttragung wahrscheinlich ist. Einem Kommanditisten ist ein Verlustanteil, der zu einem negativen Kapitalkonto führen würde, nicht mehr zuzurechnen, soweit bei Aufstellung der Bilanz nach den Verhältnissen am Bilanzstichtag feststeht, dass ein Ausgleich des negativen Kapitalkontos mit künftigen Gewinnanteilen des Kommanditisten nicht mehr in Betracht kommt (BFH GrS vom 10. 11. 1980 BStBl II 1981, 164). Solche Fälle sind vorrangig vor § 15a EStG zu prüfen.

Folgende Grundfälle sind denkbar:

1. Die Verlustzuweisung führt zur Entstehung oder Erhöhung eines negativen Kapitalkontos, mit dessen Ausgleich durch spätere Gewinnanteile aber noch gerechnet werden kann.

   Folge: Die Verlustzuweisung ist zulässig. Allerdings liegt nach § 15a EStG nur ein verrechenbarer Verlust vor, soweit das steuerliche Kapitalkonto negativ wird oder ein bereits vorhandenes negatives Kapitalkonto sich erhöht (Normalfall).

2. Die Verlustzuweisung führt zur Entstehung oder Erhöhung eines negativen Kapitalkontos, mit dessen Ausgleich durch spätere Gewinnanteile nicht mehr gerechnet werden kann.

   Folgen:

   a) Die Verlustzuweisung ist nicht mehr zulässig (**Verlustzurechnungsverbot**, BFH vom 14. 11. 1985 BStBl II 1986, 58). Der Verlust ist auf die persönlich haftenden Gesellschafter und auf die übrigen Kommanditisten bis zur Höhe ihrer Kapitalanteile zu verteilen. Der Kommanditist bleibt bis zur Beendigung der Gesellschaft Mitunternehmer. Verluste aus dem Sonderbetriebsvermögen sind weiter ausgleichs- und abzugsfähig.

   b) Das negative Kapitalkonto ist erfolgswirksam aufzulösen. In Höhe des nachzuversteuernden negativen Kapitalkontos erzielt der Kommanditist einen Gewinn (BFH vom 26. 09. 1996 BStBl II 1996, 574). Die verrechenbaren Verluste der Vorjahre mindern den Auflösungsgewinn (**Nachversteuerungsgebot**).

1.4.2 Fälle des Wegfalls negativer Kapitalkonten

Für den Wegfall des negativen Kapitalkontos ohne Veräußerung oder Aufgabe des Betriebs der KG kommen insbesondere Fälle mit folgenden Sachverhalten in Betracht:

- Die KG ist erheblich überschuldet.
- Die KG hat ihre werbende Tätigkeit so gut wie eingestellt oder hat keine erheblichen Umsätze mehr.
- Es ist ein Antrag auf Eröffnung des Insolvenzverfahrens gestellt, oder trotz erheblicher Überschuldung einer GmbH & Co. KG hat der Geschäftsführer pflichtwidrig keinen solchen Antrag gestellt (§ 161 Abs. 2 i. V. m. § 130a Abs. 1 HGB, vgl. BMF vom 27. 03. 2003 BStBl I 2003, 240; BMF vom 22. 12. 2009 BStBl I 2010, 18).
- Das Konkursverfahren ist eröffnet oder ein Konkursantrag wurde mangels einer die Verfahrenskosten deckenden Masse abgelehnt.

1.4.3 Nachholung unterlassener Nachversteuerung

Das negative Kapitalkonto des Kommanditisten fällt in dem Zeitpunkt weg und muss mithin in dem Zeitpunkt nachversteuert werden, in dem feststeht, dass ein Ausgleich mit Gewinnanteilen nicht mehr möglich ist. Ist dieser Sachverhalt in einem bereits bestandskräftig veranlagten VZ eingetreten und ist bei der Veranlagung die Nachversteuerung unterblieben, so kann im Folgejahr die Auflösung und Nachversteuerung unter dem Gesichtspunkt des Bilanzenzusammenhangs nachgeholt werden, weil das negative Kapitalkonto des Kommanditisten insoweit wie ein negatives Wirtschaftsgut zu behandeln ist (BFH vom 10. 12. 1991 BStBl II 1992, 385).

BEISPIEL

Kommanditist K ist mit einer Haft- und Pflichteinlage i. H. v. 20 000 € an der A-KG beteiligt. Er hat seine Einlage voll erbracht. Im Jahr 01 entfällt auf ihn ein Verlustanteil von 70 000 €. Im Jahr 02 würde nach dem Gewinn- und Verlustverteilungsschlüssel auf K ein Verlustanteil von 80 000 € entfallen. Am 31. 12. 02 steht jedoch fest, dass künftige Gewinnanteile zum Ausgleich des negativen Kapitalkontos nicht mehr anfallen werden.

LÖSUNG

	Verlust-ausgleichs-volumen	ausgleichs-fähig	verrechenbar
Einlage 01	20 000 €		
./. Verlust 01	./. 70 000 €	./. 20 000 €	./. 50 000 €
31. 12. 01	./. 50 000 €		
./. Verlust 02	0 €		
Auflösungsgewinn	+ 50 000 €		+ 50 000 €
31. 12. 02	0 €		0 €

VZ 01:

Ausgleichsfähiger Verlust i. H. v.	20 000 €
= Einkünfte aus Gewerbebetrieb	./. 20 000 €
Daneben Feststellung eines verrechenbaren Verlusts von	./. 50 000 €

in einem besonderen Feststellungsbescheid nach § 15a Abs. 4 EStG.

VZ 02:

Es erfolgt keine Verlustzuweisung. Das negative Kapitalkonto ist gewinnerhöhend aufzulösen. Dadurch ergibt sich ein Auflösungsgewinn von 50 000 €. Dieser ist mit den verrechenbaren Verlusten von 50 000 € zu verrechnen.

Einkünfte aus Gewerbebetrieb (50 000 € ./. 50 000 € =) 0 €

Verrechenbare Verluste 31. 12. 02 (50 000 € ./. 50 000 € =) 0 €

Ist das negative Kapitalkonto des Kommanditisten im Wj. 02 zu Unrecht nicht aufgelöst worden und die Veranlagung 02 bestandskräftig, so kann die Auflösung im Folgejahr 03 nachgeholt werden. Nach dem Grundsatz des formellen Bilanzenzusammenhangs (§ 4 Abs. 1 EStG) ist der Gewinn aus dem Wegfall des negativen Kapitalkontos im Jahr 03 zu erfassen. Formeller Bilanzenzusammenhang heißt, dass als »Betriebsvermögen am Schluss des vorangegangenen Wirtschaftsjahres« das Betriebsvermögen anzusetzen ist, das der Ermittlung des Gewinns dieses Wj. zugrunde gelegt worden ist. Ob zum Betriebsvermögen in diesem Sinne auch das Kapitalkonto gehört, ist zweifelhaft. Nach Auffassung des BFH vom 10. 12. 1991 (BStBl II 1992, 650) ist aber jedenfalls das negative Kapitalkonto des Kommanditisten wie ein (negatives) Wirtschaftsgut zu behandeln. Zwar weist das negative Kapitalkonto zivilrechtlich keine Schuld des Kommanditisten gegenüber der Gesellschaft aus. Der Kommanditist ist aber zum Ausgleich des negativen Kapitalkontos mit künftigen Gewinnen verpflichtet (§ 169 Abs. 1 Satz 2 HGB). Das rechtfertigt eine Gleichstellung mit einem Bilanzansatz i. S. d. § 4 Abs. 1 Satz 1 EStG.

1.5 Grundbegriffe des § 15a EStG

1.5.1 Kapitalkonto i. S. d. § 15a Abs. 1 Satz 1 EStG

1.5.1.1 Begriff des Kapitalkontos im Handelsrecht

Das Kapitalkonto des Gesellschafters wird nach dem HGB grundsätzlich als variables Konto geführt (§ 120 Abs. 2 HGB), d. h. sowohl Gewinne und Verluste als auch Entnahmen und Einlagen werden auf diesem Konto gebucht. Diese Regelung gilt auch für Kommanditisten (§ 161 Abs. 2 HGB), allerdings mit der Besonderheit des § 167 Abs. 2 HGB, wonach der dem

Kommanditisten zukommende Gewinn seinem Kapitalkonto nur so lange gutgeschrieben wird, als dieses den Betrag der bedungenen Einlage nicht erreicht. Weitere Gewinnanteile sind dem Kommanditisten außerhalb seines Kapitalkontos gutzuschreiben bzw. auszuzahlen. Der Kommanditist ist nicht verpflichtet, den gutgeschriebenen oder ausgezahlten Gewinn mit späteren Verlusten zu verrechnen bzw. zurückzuzahlen (§ 169 Abs. 2 HGB). Nach der gesetzlichen Regelung gehören also überschießende Gewinnanteile nicht zum Haftungskapital des Kommanditisten. Sie sind vielmehr rechtlich als Darlehensforderung gegen die KG einzustufen.

1.5.1.2   Begriff des Kapitalkontos im Steuerrecht

Das negative Kapitalkonto i. S. d. § 15a EStG ist gesetzlich nicht definiert. Negative Kapitalkonten können durch Verluste oder durch Entnahmen entstehen. Die Verluste, die damit verbundenen Haftungsbeschränkungen und die damit zusammenhängenden verrechenbaren Verluste sind von den entnahmebedingten Kapitalkontominderungen abzugrenzen. In der Praxis hat sich ein System kombinierter Kapitalanteile und geteilter Kapitalkonten entwickelt. In solchen Fällen kann nicht mehr die Regelung im HGB zugrunde gelegt werden. Es ist darauf abzustellen, welche Funktion das Guthaben auf den gesellschaftsvertraglich vereinbarten zweiten und weiteren Gesellschaftskonten hat. Für die Wertung eines Kontos als positiver bzw. negativer Kapitalanteil einerseits (§ 15a EStG) oder als Forderung bzw. Verbindlichkeit andererseits (kein § 15a EStG) ist allein entscheidend, ob das Kapital durch die Verbuchung von Verlusten gegen den Willen des Kommanditisten entzogen werden kann. Ein Kapitalkonto, auf dem sowohl Gewinne und Verluste als auch Entnahmen des Gesellschafters verbucht werden, ist ein echtes Einlagen- und Beteiligungskonto, das die gegenwärtige Einlage des Gesellschafters darstellt (BFH vom 22. 08. 1991 BStBl II 1991, 415). Der Buchungsvorgang ist allein nicht entscheidend, weil den Gesellschaftern die damit verknüpfte haftungsrechtliche Tragweite häufig nicht bewusst ist. Entscheidend ist auf die Vereinbarungen im Gesellschaftsvertrag abzustellen. Einer gesellschaftsvertraglichen Regelung kann allerdings eine ständige widerspruchsfreie buchtechnische Handhabung gleichgestellt werden. In der gesellschaftsvertraglichen Praxis sind unterschiedliche Fallgestaltungen anzutreffen (Zwei-, Drei-, Vierkontenmodelle; Ley, DStR 2013, 271).

a) Variante 1:
In der KG werden für jeden Gesellschafter zwei Kapitalkonten geführt:
- Konto I: Festes Kapitalkonto, von dem die Beteiligung am Jahresergebnis und Liquidationserlös sowie die Stimmrechte abhängen.
- Konto II: Konto, von dem Verlustanteile und Entnahmen abgebucht und/oder entnahmefähige Gewinnanteile, Zinsen und evtl. Tätigkeitsvergütungen zugebucht werden.

Folge: Unstreitig kann das Kapitalkonto I als Einlagenkonto (kein Forderungskonto) eingestuft werden. Es wird also in die Berechnung des Verlustausgleichsvolumens einbezogen. Dasselbe gilt aber auch für das Konto II, da auf ihm Verluste verbucht werden.

b) Variante 2:
In der KG werden für jeden Gesellschafter drei Kapitalkonten geführt:
- Konto I: Festes Kapitalkonto, von dem die Beteiligung am Jahresergebnis und Liquidationserlös sowie die Stimmrechte abhängen.
- Konto II: Konto, von dem Verlustanteile abgebucht bzw. dem nicht entnahmefähige Gewinnanteile zugebucht werden.

- Konto III: Darlehenskonto, dem entnahmefähige Gewinnanteile, Zinsen und evtl. Tätigkeitsvergütungen zugeschrieben und von dem Entnahmen (nicht aber Verlustanteile) abgebucht werden, z. B. Privatkonto.

Folge: Neben dem Konto I zählt auch das Konto II zum Kapital i. S. d. § 15a EStG. Entgegen §§ 167 Abs. 2, 169 Abs. 2 HGB kann der ursprünglich auf diesem weiteren Konto verbuchte Gewinn durch spätere Verluste aufgezehrt werden. Dagegen ist das Konto III ein bloßes Forderungskonto, das nicht unter § 15a EStG fällt. Diese Beträge können vom Gesellschafter jederzeit entnommen oder im Einzelfall wie ein Darlehen gekündigt werden (bestätigt durch BFH vom 26. 06. 2007 BStBl II 2008, 103; vgl. Röhrig, EStB 2008, 151).

c) Variante 3:
Zusätzlich zu der Dreiteilung wird ein Verlustvortragskonto geführt:
- Konto I: Festes Kapitalkonto, von dem die Beteiligung am Jahresergebnis und Liquidationserlös sowie die Stimmrechte abhängen.
- Konto II: Konto, dem nicht entnahmefähige Gewinnanteile zugebucht werden.
- Konto III: Darlehenskonto, dem entnahmefähige Gewinnanteile, Zinsen und evtl. Tätigkeitsvergütungen zugeschrieben und von dem Entnahmen (nicht aber Verlustanteile) abgebucht werden.
- Konto IV: Verlustvortragskonto (Unterkonto zum Kapitalkonto I)

Folge: Lediglich die Konten I, II und IV bilden die Bemessungsgrundlage für das Verlustausgleichsvolumen i. S. d. § 15a EStG. Das Konto III hingegen ist hier als reines Forderungskonto (= Sonderbetriebsvermögen) zu qualifizieren. Ein evtl. vorhandenes Guthaben wird nicht durch spätere Verluste aufgezehrt. Vgl. BFH vom 15. 05. 2008, IV R 46/05, BStBl II 2008, 812).

Die Verlustverrechnung ist das entscheidende Indiz für die Qualifizierung eines Gesellschafterkontos als Kapital-/Beteiligungskonto. Damit ist für die Abgrenzung zwischen Kapital-/Beteiligungskonten (§ 15a EStG) und Forderungskonten (kein § 15a EStG) von folgenden **Grundsätzen** auszugehen (BMF vom 30. 05. 1997 BStBl I 1997, 627):

a) Zum Kapitalkonto gehört das die erbrachten Haft- und Pflichteinlagen ausweisende positive Gesellschafterkapitalkonto (= sog. **Kapitalkonto I**).

b) Zum Kapitalkonto gehören in der Bilanz ausgewiesene **Kapital-/Gewinnrücklagen**, soweit sie auf den einzelnen Kommanditisten entfallen, und zwar auch dann, wenn sie nur vorübergehend das steuerliche Eigenkapital der KG verstärken (insoweit aber später evtl. Gewinnzurechnung nach § 15a Abs. 3 EStG).

c) Bei den übrigen Gesellschafterkonten kommt es auf deren Rechtsnatur nach den gesellschaftsvertraglichen Vereinbarungen an: **Darlehenskonten** sind nur dann zu berücksichtigen, wenn nach dem Gesellschaftsvertrag auf dem jeweiligen Konto **auch Verluste verbucht** werden. In diesem Fall gehört ein Gesellschafterdarlehen zum steuerlichen Eigenkapital. Wird ein Gesellschafterdarlehen auf einem getrennten Darlehenskonto geführt, auf dem keine Verluste verbucht werden, gehört die Forderung beim Gesellschafter zum Sonderbetriebsvermögen, das nicht in das Verlustausgleichsvolumen einzubeziehen ist.

d) **Kapitalersetzende Darlehen** des Gesellschafters an die KG gehören nicht zum Kapitalkonto i. S. d. § 15a EStG. Es handelt sich um Guthaben auf Gesellschafterkonten mit Forderungscharakter, die im Konkurs der Gesellschaft keine Ansprüche des Gesellschafters repräsentieren (BFH vom 28. 03. 2000 BStBl II 2000, 347).

e) Getrennt geführte **Verlustvortragskonten** mindern regelmäßig das Kapitalkonto des Kommanditisten i. S. d. § 15a EStG.

1.5.1.3 Unterschied Ergänzungsbilanzen – Sonderbilanzen

Im Rahmen der Ermittlung des Verlustausgleichsvolumens nach § 15a EStG ist zwischen Ergänzungsbilanzen und Sonderbilanzen zu unterscheiden.

*   Steuerliche Ergänzungsbilanzen enthalten lediglich Wertkorrekturen zu den Bilanzposten in der Hauptbilanz der Personengesellschaft. Daher ist das Mehr- bzw. Minderkapital des Kommanditisten in seiner steuerlichen Ergänzungsbilanz bei der Ermittlung des Verlustausgleichsvolumens nach § 15a EStG einzubeziehen (BFH vom 30. 03. 1993 BStBl II 1993, 706).

*   Steuerliche Sonderbilanzen erfassen nicht Wertkorrekturen zur Hauptbilanz, sondern Wirtschaftsgüter des Gesellschafters. Das Sonderbetriebsvermögen des Kommanditisten hat bei der Ermittlung der Höhe des Kapitalkontos für die Anwendung des § 15a EStG außer Betracht zu bleiben (BFH vom 14. 05. 2002 BStBl II 2002, 741 m. w. N.).

BEISPIELE

a) Kommanditist A hat seinen Kommanditanteil (Buchwert 100 000 €, Teilwert 300 000 €) von V zum Kaufpreis von 300 000 € gekauft.

LÖSUNG Wird ein Mitunternehmeranteil erworben, so hat der Erwerber seine Aufwendungen, soweit sie den Buchwert des Gesellschaftsanteils übersteigen, als zusätzliche Anschaffungskosten in einer Ergänzungsbilanz zur Steuerbilanz der Gesellschaft zu aktivieren. Auf der Passivseite der Ergänzungsbilanz ist ein entsprechendes Mehrkapital gegenüber der Steuerbilanz der Gesellschaft zu passivieren (ständige Rspr., BFH vom 30. 03. 1993 BStBl II 1993, 706). Kommanditist A hat daher den über den Buchwert des Gesellschaftsanteils hinausgehenden, für die stillen Reserven gezahlten Betrag in einer steuerlichen Ergänzungsbilanz auszuweisen. A hat in der Hauptbilanz der Personengesellschaft ein Kapitalkonto i. H. v. 100 000 € und in seiner Ergänzungsbilanz einen Mehrwert Aktiva i. H. v. 200 000 € und ein steuerliches Mehrkapital i. H. v. 200 000 €. Sein Verlustausgleichsvolumen nach § 15a EStG beträgt 300 000 €.

Aktiva	**Handelsbilanz KG**		Passiva
		Kapital A	100 000 €

Aktiva	**Ergänzungsbilanz Kommanditist A**		Passiva
Mehrwerte Aktiva	200 000 €	Mehrkapital	200 000 €

Das steuerliche Gesamtkapital entspricht dem Verlustausgleichsvolumen 300 000 €.

b) Kommanditist B beteiligt sich an einer neu gegründeten KG mit einer Bareinlage von 100 000 €. Zur Finanzierung nimmt B ein Darlehen i. H. v. 100 000 € auf.

LÖSUNG Kommanditist B hat das zur Finanzierung seiner Einlage aufgenommene Darlehen in seiner Sonderbilanz als Darlehensverbindlichkeit zu passivieren und ein entsprechendes negatives Kapital i. H. v. 100 000 € auszuweisen. Dieses negative Kapital der Sonderbilanz ist zwar Teil des steuerlichen Gesamtkapitals des B, das damit insgesamt 0 € beträgt. Die Sonderbilanz ist jedoch bei der Ermittlung des Verlustausgleichsvolumens nicht zu berücksichtigen. Sein Verlustausgleichsvolumen nach § 15a EStG beträgt daher dem Kapitalkonto in der Hauptbilanz entsprechend 100 000 €.

Aktiva	**Handelsbilanz KG**		Passiva
		Kapital B	100 000 €

Aktiva	**Sonderbilanz Kommanditist B**		Passiva
Kapital	100 000 €	Darlehensverbindlichkeit	100 000 €

Das steuerliche Gesamtkapital beträgt 0 €. Das Verlustausgleichsvolumen nach § 15a EStG beträgt dagegen 100 000 €.

1.5.2 Anteil am Verlust der KG i. S. d. § 15a Abs. 1 Satz 1 EStG

Das Gesellschaftsvermögen laut Gesellschaftsbilanz einschließlich etwaiger Ergänzungsbilanzen einerseits und das Sonderbetriebsvermögen andererseits sind für die Anwendung des § 15a EStG zu trennen. Aus der Trennung der Vermögensbereiche folgt:

- In die Ermittlung der nach § 15a Abs. 1 EStG nicht ausgleichs- und abzugsfähigen Verluste sind einzubeziehen:
- die Verluste aus dem Gesellschaftsvermögen,
- saldiert mit Gewinnen und Verlusten aus Ergänzungsbilanzen (da Ergänzungsbilanzen lediglich Wertkorrekturen des Anteils am Gesamthandsvermögen darstellen),
- aber ohne vorherige Saldierung mit Gewinnen aus dem Sonderbetriebsvermögen. Gewinne aus dem Sonderbetriebsvermögen können nur mit ausgleichsfähigen Verlusten (horizontal oder vertikal) saldiert werden, die nicht unter § 15a EStG fallen. Der positive Saldo der Sonderbetriebserträge ist weder mit Verlusten des betreffenden Jahres aus der Haupt- bzw. Ergänzungsbilanz noch mit verrechenbaren Verlusten der Vorjahre nach § 15a Abs. 2 EStG verrechenbar,
- die sich aus der Sonderbuchführung des Gesellschafters ergebenden Verluste fallen nicht unter § 15a EStG und sind daher voll ausgleichs- und abzugsfähig. Eine Saldierung von Ergebnissen aus dem Gesellschaftsvermögen mit Ergebnissen aus dem Sonderbetriebsvermögen findet nicht statt (BFH vom 13. 10. 1998 BStBl II 1999, 163). § 15a EStG kann demnach durch Verlagerung der Verluste in das Sonderbetriebsvermögen umgangen werden.
- Gewinne späterer Jahre aus dem Gesellschaftsvermögen einschließlich etwaiger Ergänzungsbilanzen müssen mit verrechenbaren Verlusten der Vorjahre verrechnet werden (§ 15a Abs. 2 EStG). Verluste aus dem Sonderbetriebsvermögen können nur mit einem danach verbleibenden Gewinn aus dem Gesellschaftsvermögen einschließlich einer etwaigen Ergänzungsbilanz ausgeglichen werden.

Steuerliches Vermögen und Ergebnis i. S. d. § 15 Abs. 1 Nr. 2 EStG:

Kapitalkonto i. S. d. § 15a Abs. 1 EStG		Kein Kapitalkonto i. S. d. § 15a EStG
Gesamthandsvermögen lt. Hauptbilanz	Vermögen lt. Ergänzungsbilanz	Vermögen lt. Sonderbilanz

Ergebnis i. S. d. § 15a Abs. 1 EStG		Kein Ergebnis i. S. d. § 15a EStG
Ergebnis (Verlust) lt. Hauptbilanz	Ergebnis (Verlust) lt. Ergänzungsbilanz	Ergebnis lt. Sonderbilanz (= Saldo Sonderbetriebseinnahmen ./. Sonderbetriebsausgaben): <ul><li>Gewinn nicht mit verrechenbaren Verlusten saldierbar</li><li>Verlust grundsätzlich voll ausgleichs- und abzugsfähig</li></ul>

Die h. M. lehnt die Saldierung von Verlustanteilen aus der Steuerbilanz der KG mit Gewinnen des Kommanditisten aus seinem Sonderbetriebsvermögen ab (BMF vom 15. 12. 1993 BStBl I 1993, 976). Die Abgrenzung zwischen dem Anteil am Gewinn oder Verlust der KG und dem Sonderbilanzgewinn bzw. -verlust richtet sich nach der Abgrenzung zwischen Gesellschafts- und Sonderbetriebsvermögen. Dem Kommanditisten gutgeschriebene Tätigkeitsvergütungen beruhen im Hinblick auf § 164 HGB mangels anderweitiger Vereinbarungen im Zweifel auf schuldrechtlicher Basis und sind damit als Sondervergütungen zu behandeln. Sie zählen hingegen zum Gewinnanteil aus der Personengesellschaft, wenn die Tätigkeit auf gesellschaftsrechtlicher Grundlage geleistet wird (BFH vom 10. 06. 1987 BStBl II 1987, 816).

Tätigkeitsvergütung gezahlt aufgrund von	
schuldrechtlicher Regelung (z. B. Dienstvertrag)	**gesellschaftsrechtlicher Regelung** (Gesellschaftsvertrag)
stellt Sondervergütung dar, keine Saldierung mit Verlustanteilen aus der Steuerbilanz	zählt zum Gewinnanteil, also mit Verlustanteilen aus der Steuerbilanz der KG zu saldieren

BEISPIELE

a) **Verlustausgleichsvolumen**

Kommanditist B ist an der X-KG mit 100 000 € beteiligt. Er hat seine Einlage im Jahr 01 voll erbracht. Außerdem hat er der KG im Jahr 01 aufgrund eines Darlehensvertrages ein Gelddarlehen i. H. v. 50 000 € gewährt und aufgrund eines Mietvertrages einen betrieblichen Parkplatz vermietet (Teilwert zu Beginn der Vermietung 150 000 €). In den Jahren 01 bis 03 werden B Zinsen von je 5 000 € und Mieten von je 10 000 € ausbezahlt. Außerdem entfällt auf B je ein Verlustanteil von 200 000 €. Bilanzstichtag ist jeweils der 31. 12.

LÖSUNG Nach der Rechtsprechung (BFH vom 14. 05. 1991 BStBl II 1992, 167; BFH vom 13. 10. 1998 BB 1999, 29) und nach der Verwaltungsauffassung (BMF vom 15. 12. 1997 BStBl I 1997, 627) ist »bei der Ermittlung der Höhe des Kapitalkontos i. S. d. § 15a Abs. 1 EStG das Sonderbetriebsvermögen des Kommanditisten außer Betracht zu lassen«. Es wird nur auf das steuerliche Kapitalkonto des Kommanditisten in der Hauptbilanz abgestellt.

Das steuerliche Gesamtkapital des B beträgt zwar zum 31. 12. 01:

Einlage in die KG	100 000 €
Darlehen an die KG	50 000 €
Teilwert vermietetes Grundstück	150 000 €
Kapitalkonto des B insgesamt	300 000 €

Das Grundstück und das Darlehen in der Sonderbilanz des B bleiben aber außer Betracht. B hat daher ein Verlustausgleichsvolumen von 100 000 € (= Kapitalkonto in der Hauptbilanz). Der auf B entfallende Verlust von je 200 000 € in den Jahren 01–03 kann nur im Jahr 01 i. H. v. 100 000 € ausgeglichen werden. Die Sondervergütungen mindern die verrechenbaren Verluste nicht:

	Verlustausgleichs-volumen		ausgleichsfähig		Sonderbetriebs-einnahmen		Verrechenbar
Einlage 01		100 000 €					
./. Verlust 01	./.	200 000 €	./.	100 000 €	+	15 000 €	./.	100 000 €
31. 12. 01	./.	100 000 €					./.	100 000 €
./. Verlust 02	./.	200 000 €		0 €	+	15 000 €	./.	200 000 €
31. 12. 02	./.	300 000 €					./.	300 000 €
+ Gewinn 03	./.	200 000 €		0 €	+	15 000 €	./.	200 000 €
31. 12. 03	./.	500 000 €					./.	500 000 €

b) Negatives Sonderbetriebsvermögen

Kommanditist B ist mit 100 000 € an der X-KG beteiligt. Die im Jahr 01 voll geleistete Einlage hat B zum Teil mit einem Kredit i. H. v. 70 000 € von der Y-Bank finanziert. Der auf B entfallende Verlustanteil im Jahr 01 beträgt 150 000 €. B zahlt im Jahr 01 8 000 € Zins für das Darlehen.

LÖSUNG

Aktiva		**KG-Bilanz**	Passiva
	... €	Kapital A	... €
Aktiva	100 000 €	Kapital B	100 000 €

Aktiva		**Sonderbilanz A**	Passiva
Kapital	70 000 €	Darlehensverbindlichkeit	70 000 €

Steuerliches Gesamtkapital B:

Kapital in KG-Bilanz	100 000 €
Minderkapital in Sonderbilanz	./. 70 000 €
Gesamtkapital	30 000 €

Das für § 15a EStG maßgebliche Kapital (ohne das negative Sonderbetriebsvermögen) beträgt 100 000 €. B kann den Verlust von ./. 150 000 € i. H. v. ./. 100 000 € ausgleichen und i. H. v. ./. 50 000 € in der Zukunft verrechnen.

	Verlustausgleichs-volumen	ausgleichsfähig	Sonderbetriebs-einnahmen	Verrechenbar
Einlage 01	100 000 €			
./. Verlust 01	./. 150 000 €	./. 100 000 €	./. 8 000 € voll aus-gleichsfähig	./. 50 000 €
31. 12. 01	./. 50 000 €			./. 50 000 €

Keine Änderung des verrechenbaren Verlust von ./. 50 000 €. Die 8 000 € Zinsen (Sonderbetriebsausgaben) sind voll ausgleichsfähig. Insgesamt kann B also ./. 108 000 € ausgleichen, nämlich ./. 100 000 € Verlustanteil aus der Handelsbilanz und ./. 8 000 € Verlust aus der Sonderbilanz.

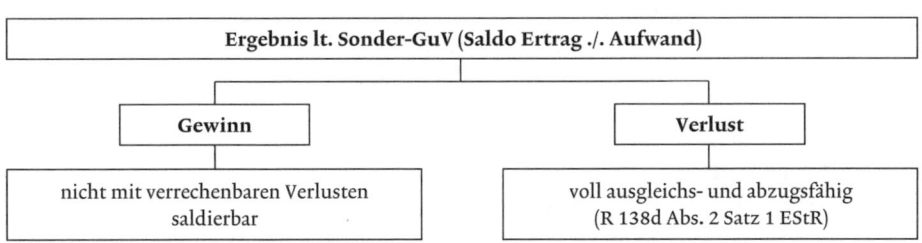

Ist das Darlehen eines Kommanditisten in der Handels- und Steuerbilanz der KG als Fremdkapital auszuweisen, so gehören die als Sonderbetriebseinnahmen zu erfassenden (angemessenen) Zinsen – sofern sie nicht als Gewinnvoraus geschuldet werden – nicht zu den Gewinnen, die dem Kommanditisten nach § 15a Abs. 2 EStG aus einer Beteiligung an der KG zuzurechnen sind (Saldierungsverbot, BFH vom 13. 10. 1998 BStBl II 1999, 163).

1.5.3 Doppelstöckige Personengesellschaft

Wenn eine Personengesellschaft eine Kommanditistenstellung innehat, ist gesellschaftsrechtlich der Anteil am Steuerbilanzverlust der Untergesellschaft, der auf die Obergesellschaft entfällt, grundsätzlich der Obergesellschaft zuzurechnen. Der Steuerbilanzverlust ist in das Gesamtergebnis der Obergesellschaft aus dem eigenen Betrieb und aus dem Betrieb an der Untergesellschaft einzubeziehen. Der auf die Obergesellschaft entfallende Verlustanteil an der Untergesellschaft vermindert in der Steuerbilanz anteilig die Kapitalkonten der Obergesellschafter bei der Obergesellschaft (Ley, KÖSDI 2010, 17148; Dörfler, DStR 2012, 1212; Zerbe, DStR 2015, 1292).

BEISPIEL

Gesellschafter der Ober-KG sind zu je 50 % X als Komplementär und Y (Kapitalkonto 100) als Kommanditist. Die Ober-KG ist Kommanditistin der Unter-KG mit einer Einlage von 100. Der Verlust der Ober-KG und der Unter- KG beträgt jeweils 150.

LÖSUNG Der verrechenbare Verlust der Ober-KG bei der Unter-KG i. H. v. 50 geht anteilig mit 25 auch in den Verlustanteil des Komplementärs X bei der Ober-KG ein (insgesamt 2 × 150 x ½ = 150, davon ausgleichsfähig 125). Für den Kommanditisten Y mindert der Verlust der Unter-KG sein Kapitalkonto bei der Ober-KG auf 25 (= 100 ./. ½ x 150; vgl. Schmidt/Wacker, EStG, § 15a EStG Rz. 61, 235).

1.6 Außenhaftung nach § 171 HGB bei noch nicht erbrachter Hafteinlage

1.6.1 Grundsätze des § 15a Abs. 1 Sätze 2 und 3 EStG

Verlustanteile eines beschränkt haftenden Gesellschafters können nach § 15a Abs. 1 Satz 2 EStG ausnahmsweise mit anderen positiven Einkünften ausgeglichen oder nach § 10d EStG abgezogen werden, obwohl durch sie ein negatives Kapitalkonto entsteht oder sich erhöht. Dieser sog. erweiterte Verlustausgleich ist auf den Betrag beschränkt, für den der Kommanditist nach § 171 Abs. 1 HGB haftet. Nach dieser Vorschrift haftet der Kommanditist den Gläubigern bis zur Höhe seiner im Handelsregister eingetragenen Einlage (Hafteinlage) unmittelbar; die Haftung ist ausgeschlossen, soweit die Einlage geleistet ist. Die erweiterte Haftung des Kommanditisten entsteht, wenn die im Handelsregister eingetragene Einlage (Hafteinlage) höher ist als die tatsächlich erbrachte Einlage (Einlage) oder die nach dem Gesellschaftsvertrag zu leistende Einlage (Pflichteinlage). Falls die Hafteinlage ganz oder teilweise nicht geleistet ist, haftet der Kommanditist bis zu deren Höhe nicht »beschränkt« i. S. d. § 15a EStG, sondern nach § 171 Abs. 1 HGB unbeschränkt. Als Folge ist bis zur Höhe der Hafteinlage der Verlustausgleich bzw. -abzug zulässig, auch wenn er zur Entstehung oder Erhöhung eines negativen Kapitalkontos führt. Der Stpfl. hat ein Wahlrecht. Es ist auch möglich, das Wahlrecht nur bis zur Höhe eines Teilbetrages geltend zu machen (Herrmann/Heuer, § 15a EStG Anm. 282).

Haftsumme des Kommanditisten (§ 172 Abs. 1 HGB)		
noch nicht geleistet	teilweise geleistet	voll geleistet
unbeschränkte Außenhaftung bis zur Höhe der Haftsumme (§ 171 Abs. 1 Satz 1 HGB)		keine Haftung mehr (§ 171 Abs. 1 Satz 2 HGB)
§ 15a Abs. 1 Satz 2 EStG	soweit geleistet: § 15a Abs. 1 Satz 1 EStG soweit nicht geleistet: § 15a Abs. 1 Satz 2 EStG	§ 15a Abs. 1 Satz 1 EStG

Voraussetzungen für den Verlustausgleich oder -abzug nach § 15a Abs. 1 Satz 2 EStG sind **gem. § 15a Abs. 1 Satz 3 EStG:**

a) Der Kommanditist muss im Handelsregister namentlich eingetragen sein. Die Anmeldung zur Eintragung ins Handelsregister oder die Eintragung eines Treuhandkommanditisten reicht nicht aus.

b) Das Bestehen einer über die erbrachte Einlage hinausgehenden Haftung muss nachgewiesen sein (Handelsregisterauszug).

c) Eine Vermögensminderung aufgrund der Haftung darf nicht durch Vertrag ausgeschlossen sein.

d) Eine Vermögensminderung aufgrund der Haftung darf nicht nach Art und Weise des Geschäftsbetriebs unwahrscheinlich sein (BFH vom 14. 05. 1991 BStBl II 1992, 164).

e) Die Haftung muss am Bilanzstichtag bestehen.

BEISPIEL

Kommanditist K ist lt. Handelsregister mit einer Haft- und Pflichteinlage von 10 000 € an der X-KG beteiligt. Als Einlage hat er bisher nur 3 000 € aufgebracht. Im Jahr 01 beträgt der Verlustanteil des K 12 000 €.

LÖSUNG

Aktiva		KG-Bilanz	Passiva
Sonstige Forderung	7 000 €	Kapital A	... €
Bank	3 000 €	Kapital K	10 000 €

Aktiva		KG-Bilanz nach Verlustzuweisung	Passiva
Sonstige Forderung	7 000 €	Kapital A	... €
Bank	3 000 €		
Kapital K	2 000 €		

Das steuerliche Gesamtkapital des K beträgt:

Einlage = steuerliches Kapital vor Verlust		3 000 €
./. Verlustanteil 01	./.	12 000 €
= Steuerliches Kapitalkonto nach Verlust	./.	9 000 €

	steuerliches Kapitalkonto	ausgleichsfähig nach § 15a Abs. 1 Satz 1 EStG	ausgleichsfähig nach § 15a Abs. 1 Satz 2 EStG	verrechenbar
Einlage 01	3 000 €			
./. Verlust 01	./. 12 000 €	./. 3 000 €	./. 7 000 €	./. 2 000 €
31. 12. 01	./. 9 000 €			

Gem. § 15a Abs. 1 Satz 1 EStG wären vom Verlustanteil des K i. H. v. ./. 12 000 € nur ./. 10 000 € ausgleichsfähig. Für K besteht aber nach § 171 Abs. 1 HGB eine erweiterte Außenhaftung i. H. v.

Haftsumme	+	10 000 €
./. Einlage	./.	3 000 €
Sonstige Forderung		7 000 €
Steuerliches Kapital	./.	3 000 €
Außenhaftung	./.	7 000 €
Verlustausgleichsvolumen	./.	10 000 €

Daher ist ein weiterer Verlustausgleich i. H. v. 7 000 € nach § 15a Abs. 1 Satz 2 EStG möglich. Insgesamt sind daher 10 000 € ausgleichsfähig und 2 000 € verrechenbar.

Verlustanteil	12 000 €	
steuerliches Kapital	./. 3 000 €	nach § 15a Abs. 1 Satz 1 EStG ausgleichsfähig
Restverlust	9 000 €	
erweiterte Haftung	./. 7 000 €	nach § 15a Abs. 1 Satz 2 EStG ausgleichsfähig
=	2 000 €	nur verrechenbar

Maßgebend für die Verlustverrechnung nach § 15a EStG Abs. 1 Satz 1 EStG ist der Stand des Kapitalkontos zum Bilanzstichtag. Entnahmen sind vor der Verlustberücksichtigung abzurechnen.

BEISPIEL

K beteiligte sich am 01. 01. 01 als Kommanditist mit einer Haft- und Pflichteinlage von 20 000 € an der X-KG. Er erbrachte am 01. 01. 01 seine Pflichteinlage. Am 01. 11. 01 entnahm er 20 000 €. Für das Jahr 01 erhielt er eine Verlustzuweisung von 40 000 €.

LÖSUNG

Das steuerliche Gesamtkapital des K beträgt:

Einlage (01. 01. 01)	20 000 €
./. Entnahme (01. 11. 01)	./. 20 000 €
./. Verlustanteil 01	./. 40 000 €
= Steuerliches Kapitalkonto 31. 12. 01	./. 40 000 €

	steuerliches Kapitalkonto	ausgleichsfähig nach § 15a Abs. 1 Satz 1 EStG	ausgleichsfähig nach § 15a Abs. 1 Satz 2 EStG	verrechenbar
Einlage 01	20 000 €			
./. Entnahme 01	./. 20 000 €			
./. Verlust 01	./. 40 000 €	0 €	./. 20 000 € da insoweit die unbeschränkte persönliche Haftung auflebt	./. 20 000 €
31. 12. 01	./. 40 000 €			./. 20 000 €

Es entsteht zunächst ein Kapitalkonto von 0 €. Gleichzeitig führt die Entnahme zu einer Haftung nach § 172 Abs. 4 HGB i. H. v. 20 000 €. Ein Verlustausgleich gem. § 15a Abs. 1 Satz 1 EStG ist deshalb nicht möglich. Lediglich gem. § 15a Abs. 1 Satz 2 EStG ergibt sich ein erweiterter Verlustausgleich i. H. v. 20 000 €.

Einkünfte aus Gewerbebetrieb	./.	20 000 €
Feststellung des verrechenbaren Verlustes zum 31. 12. 01	./.	20 000 €

Das Entstehen einer erweiterten Haftung nach § 172 Abs. 4 HGB führt jedoch dann nicht zu einem erweiterten Verlustausgleich, wenn das Verlustausgleichsvolumen bereits gem. § 15a Abs. 1 Satz 1 EStG in Anspruch genommen worden ist.

BEISPIEL

K beteiligte sich am 01. 01. 01 als Kommanditist mit einer Haft- und Pflichteinlage von 20 000 € an der X-KG. Er erbrachte am 01. 01. 01 seine Pflichteinlage. Am 01. 11. 02 entnahm er 20 000 €. Für die Jahre 01 und 02 erhielt K Verlustzuweisungen von je 20 000 €.

LÖSUNG

Das steuerliche Gesamtkapital des K beträgt:

Einlage (01. 01. 01)		20 000 €
./. Verlustanteil 01	./.	20 000 €
= Steuerliches Kapitalkonto 31. 12. 01		0 €
./. Entnahme (01. 11. 02)	./.	20 000 €
./. Verlustanteil 02	./.	20 000 €
= Steuerliches Kapitalkonto 31. 12. 02	./.	40 000 €

	steuerliches Kapitalkonto	ausgleichsfähig nach § 15a Abs. 1 Satz 1 EStG	ausgleichsfähig nach § 15a Abs. 1 Satz 2 EStG	verrechenbar	
Einlage 01	20 000 €				
./. Verlust 01	./. 20 000 €	./. 20 000 €			
31. 12. 01	0 €				
./. Entnahme 02	./. 20 000 €				
./. Verlust 02	./. 20 000 €	0 €	0 €	./.	20 000 €
31. 12. 02	./. 40 000 €			./.	20 000 €

VZ 01:

Verlustausgleich gem. § 15a Abs. 1 Satz 1 EStG i. H. v.		20 000 €
also Einkünfte aus Gewerbebetrieb	./.	20 000 €

VZ 02:

Die Entnahme führt zu einer Haftung gem. § 172 Abs. 4 HGB. Denn nach §§ 169 Abs. 1 Satz 2, 172 Abs. 4 HGB darf grundsätzlich nichts entnommen werden, bis die Hafteinlage wieder aufgefüllt ist. Ein erweiterter Verlustausgleich kommt dennoch nicht in Betracht, weil K schon im Vorjahr 01 den Verlustausgleich nach § 15a Abs. 1 Satz 1 EStG erhalten hat.

Einkünfte aus Gewerbebetrieb		0 €
Verrechenbare Verluste zum 31. 12. 02 festzustellen	./.	20 000 €

1.6.2 Bürgschaftsübernahme durch Kommanditisten

Die **Übernahme einer Bürgschaft** durch einen Kommanditisten für Verbindlichkeiten der KG aus betrieblichen Gründen hat keinen Einfluss auf die Höhe des laufenden Gewinns/ Verlusts der Gesellschaft. Die Bürgschaftsverpflichtung ist lediglich ein schwebendes Geschäft. Die Bürgschaftsübernahme führt auch nicht zu Sonderbetriebsausgaben des Kommanditisten (BFH vom 13. 11. 1997 BStBl II 1998, 109). Droht die Inanspruchnahme des Kommanditisten aus der Bürgschaft oder wurde er bereits aus der Bürgschaft in Anspruch genommen, kann er in seiner Sonderbilanz keine Rückstellung bilden bzw. keine Verbindlichkeit einstellen (BFH vom 12. 07. 1990 BStBl II 1991, 64).

Die in Erfüllung einer Bürgschaftsverpflichtung geleisteten **Zahlungen** sind einkommensteuerrechtlich als **Kapitaleinlage** zu beurteilen. Dies gilt nicht nur für den Fall, dass die Übernahme der Bürgschaft und die Zahlung der Bürgschaftssumme auf dem Gesellschaftsverhältnis beruhende Beitragsleistungen des Kommanditisten darstellen. Eine Einlage liegt vielmehr auch dann vor, wenn dem Kommanditisten zivilrechtlich als Folge der Bürgschaftsleistung ein selbständiger, noch nicht erfüllter Ersatzanspruch gegen die KG oder den persönlich haftenden Gesellschaftern zusteht.

Das **Wertloswerden einer Ersatzforderung** gegen die Gesellschaft wirkt sich **erst im Zeitpunkt der Beendigung der Gesellschafterstellung gewinnmindernd** aus. Bei der Beendigung der Gesellschaft und ihrer Auseinandersetzung wirkt die Ersatzforderung wie eine zusätzlich geleistete Einlage. Erst die Realisierbarkeit des Ausgleichsanspruchs gegen die Mitgesellschafter entscheidet darüber, ob dem Gesellschafter aus seiner Forderung endgültig ein Verlust entsteht (BFH vom 12. 07. 1990 a. a. O.; OFD Frankfurt vom 01. 08. 1996 BB 1996, 1982).

BEISPIEL

K beteiligte sich am 01. 01. 01 als Kommanditist mit einer Haft- und Pflichteinlage von 20 000 € an der X-KG. Er erbrachte am 01. 01. 01 seine Pflichteinlage. Am 01. 07. 01 übernahm K gegenüber einem Gläubiger der X-KG die Bürgschaft für Verbindlichkeiten der X-KG i. H. v. 60 000 €. Am 01. 07. 02 bezahlte K aufgrund der Bürgschaft 60 000 € an die Gläubiger. Auf seine Ansprüche aus dem Bürgschaftsverhältnis verzichtete K. Von den Beteiligten wurde die Bürgschaftszahlung als Einlage behandelt. In den Jahren 01 und 02 erhielt K Verlustzuweisungen von je 70 000 €.

LÖSUNG Das steuerliche Gesamtkapital des K beträgt:

Einlage (01. 01. 01)			20 000 €
./. Verlustanteil 01	./.		70 000 €
= Steuerliches Kapitalkonto 31. 12. 01	./.		50 000 €
+ Einlage (Bürgschaftszahlung)	+		60 000 €
./. Verlustanteil 02	./.		70 000 €
= Steuerliches Kapitalkonto 31. 12. 02	./.		60 000 €

	steuerliches Kapitalkonto		ausgleichsfähig		verrechenbar	
Einlage 01		20 000 €				
./. Verlust 01	./.	70 000 €	./.	20 000 €	./.	50 000 €
31. 12. 01	./.	50 000 €				
+ Einlage 02	+	60 000 €	Einlagenerhöhung			
./. Verlust 02	./.	70 000 €	./.	60 000 €	./.	10 000 €
31. 12. 02	./.	60 000 €			./.	60 000 €

VZ 01:
Da durch die Bürgschaftsübernahme keine Außenhaftung i. S. d. § 15a EStG (Eintragung im Handelsregister fehlt) entsteht, kommt kein erweiterter Verlustausgleich i. S. d. § 15a Abs. 1 Sätze 2 und 3 EStG in Betracht.

Einkünfte aus Gewerbebetrieb	./.	20 000 €
Verrechenbare Verluste zum 31. 12. 02 festzustellen	./.	50 000 €

VZ 02:
Die Bürgschaftszahlung hat nicht zu einer Forderung im Rahmen des Sonderbetriebsvermögens geführt, da K auf seine Ansprüche aus dem Bürgschaftsverhältnis verzichtet hat. Die Bürgschaftszahlung ist als Einlage behandelt worden und erhöht damit das Verlustausgleichsvolumen. Das steuerliche Kapitalkonto zum 31. 12. 01 von ./. 50 000 € erhöht sich durch die Einlage i. H. v. 60 000 € auf + 10 000 €. Es sind 60 000 € ausgleichsfähig und 10 000 € verrechenbar.
Einkünfte aus Gewerbebetrieb ./. 60 000 €
Verrechenbare Verluste zum 31. 12. 02 festzustellen mit (./. 50 000 € ./. 10 000 € =) ./. 60 000 €.

1.6.3 Atypische Unterbeteiligung

Der erweiterte Verlustausgleich nach § 15a Abs. 1 Satz 2 EStG ist eingeschränkt, wenn ein anderer an dem Gesellschaftsanteil des beschränkt haftenden Gesellschafters atypisch still unterbeteiligt ist. Der erweiterte Verlustausgleich ist in diesem Fall auf den Umfang beschränkt, der der Beteiligung des beschränkt haftenden Gesellschafters an der atypischen stillen Gesellschaft entspricht (BFH vom 19. 04. 2007 BFH/NV 2007, 1966). Der atypisch still Unterbeteiligte ist Mitunternehmer und hat ein eigenes Verlustausgleichspotenzial. Er kann zwar mangels Eintragung im Handelsregister davon nicht Gebrauch machen, solange er seine Einlage nicht geleistet hat. Dies ändert sich jedoch, sobald er seiner Einlageverpflichtung nachkommt.

1.7 Haftungsminderung (§ 15a Abs. 3 Sätze 3 und 4 EStG)

Unter einer Haftungsminderung nach § 15a Abs. 3 Satz 3 EStG ist die Herabsetzung der Hafteinlage im Handelsregister zu verstehen. Wenn die Haftungsminderung nach Zurechnung von ausgleichs- bzw. abzugsfähigen Verlusten (§ 15a Abs. 1 Satz 2 EStG) vorgenommen wird, kann dies die Zurechnung eines fiktiven Gewinns auslösen. Dadurch werden früher als ausgleichsfähig behandelte Verluste im Ergebnis in verrechenbare Verluste umgepolt. Die Frage, ob eine Gewinnhinzurechnung nach § 15a Abs. 3 Satz 3 EStG vorzunehmen ist, ist im Rahmen des Verfahrens zur gesonderten und einheitlichen Feststellung der Besteuerungsgrundlagen gemäß § 179 Abs. 2 Satz 2, § 180 Abs. 1 Nr. 2 Buchst. a AO zu klären (BFH vom 20.11.2014, IV R 47/11, BStBl II 2015, 532; Möller, SteuK 2015, 212).

§ 15a Abs. 3 Satz 3 EStG soll dem Missbrauch entgegenwirken. Ausgangspunkt ist der Umstand, dass der Kommanditist in früheren Jahren (im Jahr der Haftungsminderung und in den vorangegangenen zehn Wj.) Verluste nach § 15a Abs. 1 Satz 2 EStG deshalb ausgleichen konnte, weil er seine Hafteinlage noch nicht erbracht und deshalb eine Haftung nach § 171 Abs. 1 HGB herbeigeführt hatte. Ein Missbrauch kann darin liegen, dass der Kommanditist später seine Haftung durch Beschränkung des Handelsregistereintrags auf die bereits erbrachte Einlage beseitigt. Die bereits nach § 15a Abs. 1 Satz 2 EStG ausgeglichenen Verluste sind wie folgt zu behandeln:

a) Der in früheren Jahren als Verlust nach § 15a Abs. 1 Satz 2 EStG behandelte Betrag ist als fiktiver Gewinn hinzuzurechnen (Nachversteuerung nach § 15a Abs. 3 Satz 3 EStG). Da der Gewinn nach § 15a Abs. 3 Satz 3 EStG kein Gewinn aus der Beteiligung an der KG ist, kann er auch nicht mit Verlusten früherer Jahre verrechnet werden.

b) Derselbe Betrag wird zum verrechenbaren Verlust (§ 15a Abs. 3 Satz 4 EStG).

BEISPIEL

Kommanditist K ist mit 10 000 € Hafteinlage im Handelsregister eingetragen, hat aber nur 1 000 € geleistet. Verlustanteil im Jahr 01 10 000 €. Der Verlustanteil ist voll ausgleichsfähig, das negative Kapitalkonto beträgt ./. 9 000 €. Im Jahr 02 setzt Kommanditist K die Hafteinlage im Handelsregister auf 3 000 € herab.

LÖSUNG K hatte im Jahr 01 ausgleichsfähige Verlust von insgesamt ./. 10 000 €, nämlich ./. 1 000 € nach § 15a Abs. 1 Satz 1 EStG und ./. 9 000 € nach § 15a Abs. 1 Satz 2 EStG. Im Jahr 02 kommt es zu einer Haftungsminderung von 10 000 € auf 3 000 €. I.H.d. Differenzbetrages von 7 000 € hat K im Ergebnis zu viel ausgeglichen. Es kommt daher im Jahr der Haftungsminderung 02 zur Nachversteuerung dieses Betrages und zur Umwandlung in einen verrechenbaren Verlust in derselben Höhe.

	Verlustausgleichs-volumen	ausgleichsfähiger Verlust	verrechenbarer Verlust	Gewinnzurechnung nach § 15a Abs. 3 EStG
Einlage 01	1 000 €	./. 1 000 € nach § 15a Abs. 1 Satz 1 EStG		
Verlust 01	./. 10 000 €			0 €
31.12.01	./. 9 000 €			
In 02 Herabsetzung der Hafteinlage auf 3 000 €		./. 9 000 € nach § 15a Abs. 1 Satz 2 EStG	./. 7 000 €	+ 7 000 €

Es kann in einzelnen Jahren zu Haftungsminderungen und in anderen Jahren zu Haftungserhöhungen kommen. Haftungserhöhungen wirken nicht auf Jahre zurück, in denen ein erweitertes Verlustausgleichsvolumen nach § 15a Abs. 1 Satz 2 EStG in Anspruch genommen worden ist.

BEISPIEL

Für Kommanditist K ist im Handelsregister eine Haftsumme von 100 000 € eingetragen. Bis zum Bilanzstichtag 31. 12. 01 hat er tatsächlich 30 000 € in die X-KG eingebracht. Im Jahr 01 wird ihm ein Verlustanteil von 90 000 € zugerechnet und im Februar 02 lässt er seine Haftung durch Eintrag im Handelsregister auf 50 000 € verringern. Im Jahr 02 werden ihm weitere 35 000 € als Verlust zugerechnet. Im April 03 lässt K seine Haftung auf 150 000 € erweitern. Der Verlustanteil 03 beträgt 25 000 €.

LÖSUNG

Kapitalkontenentwicklung:

Einlage 01		30 000 €
Verlustanteil 01	./.	90 000 €
Kapitalkonto 31. 12. 01	./.	60 000 €
Verlustanteil 02	./.	35 000 €
Kapitalkonto 31. 12. 02	./.	95 000 €
Verlustanteil 03	./.	25 000 €
Kapitalkonto 31. 12. 03	./.	120 000 €

	Steuerliches Kapitalkonto	ausgleichs-fähiger Verlust	verrechenbarer Verlust	Gewinn-zurechnung nach § 15a Abs. 3 EStG
Ursprüngliche Hafteinlage: 100 000 €				
Einlage 01	30 000 €	./. 30 000 § 15a Abs. 1 Satz 1 EStG		
Verlust 01	./. 90 000 €			
31. 12. 01	./. 60 000 €		0	
In 02 Herabsetzung Hafteinlage auf 50 000 €		./. 60 000 § 15a Abs. 1 Satz 2 EStG	./. 40 000 €	+ 40 000 €
Verlust 02	./. 35 000 €		./. 35 000 €	
31. 12. 02	./. 95 000 €		./. 75 000 €	
In 03 Haftungserweiterung auf 150 000 €				
Verlust 03	./. 25 000 €	./. 25 000 €		
31. 12. 03	./. 120 000 €			

Besteuerung

Jahr 01 (Haftsumme 100 000 €):

Der Verlust i. H. v. ./. 90 000 € ist voll ausgleichsfähig. 30 000 € sind ausgleichsfähig, da insoweit noch ein positives Kapitalkonto bestand. Die restlichen 60 000 € sind zusätzlich ausgleichsfähig, da B i. H. v.

Hafteinlage		100 000 €
./. erbrachte Einlage	./.	30 000 €
=		70 000 €

unbeschränkt persönlich haftet (§ 15a Abs. 1 Satz 2 EStG)

Jahr 02 (Haftsumme 50 000 €):

Der Verlustanteil ./. 35 000 € ist nur verrechenbar. Die Verringerung der Haftsumme auf 50 000 € hat zur Folge: In 01 wurden 40 000 € zu viel ausgeglichen, nämlich 50 000 € Haftsumme 02 abzgl. 90 000 € Verlust 02. Das Jahr 01 bleibt unberührt.

Im Jahr 02 entstehen zwei Folgen, nämlich zum einen die Gewinnzurechnung des in früheren Jahren im Ergebnis zu Unrecht als ausgleichsfähigen Verlust nach § 15a Abs. 1 Satz 2 EStG behandelten Betrages von 40 000 € (Nachversteuerung nach § 15a Abs. 3 Satz 3 EStG). Einkünfte 02 also + 40 000 €, nicht um einen verrechenbaren Verlust zu vermindern.

Zum andern wird derselbe Betrag zum verrechenbaren Verlust (§ 15a Abs. 3 Satz 4 EStG). Ergebnis: Insgesamt in 02 ./. 75 000 € verrechenbarer Verlust (./. 35 000 € aus 02 und ./. 40 000 € aus 01).

Jahr 03 (Haftsumme 150 000 €):

Der Verlust ./. 25 000 € ist voll ausgleichsfähig. Die Haftsumme erhöht sich von 50 000 € am 31. 12. 02 auf 150 000 € am 31. 12. 03, so dass aufgrund der persönlichen Haftung ein erneutes Verlustausgleichsvolumen von 100 000 € im Jahr 03 zur Verfügung steht. Der Verlust 03 verbraucht davon ./. 25 000 €. Ob der Verlust i. H. v. ./. 75 000 € als Ausgleichsvolumen für die Jahre 04 ff. zur Verfügung steht, ist streitig. Eine Haftungsminderung kann nicht durch eine Haftungserhöhung in späteren Jahren rückgängig gemacht werden, aber für das Jahr der Erhöhung und die Folgejahre entsteht ein erweiterter Verlustausgleich nach § 15a Abs. 1 Sätze 2 und 3 EStG (Schmidt, EStG, § 15a EStG Rz. 174): Damit bleibt der verrechenbare Verlust aus dem Jahr 02 i. H. v. ./. 75 000 € erhalten. K kann aus der Haftungserhöhung in 03 i. H. v. 100 000 €, die in 03 i. H. v. 25 000 € Verlust verbraucht ist, ab 04 ff. noch ./. 75 000 € als Ausgleichsvolumen geltend machen.

1.8 Einlagenminderung (§ 15a Abs. 3 Sätze 1 und 4 EStG)

1.8.1 Grundsätze

Die Entstehung oder Erhöhung eines negativen Kapitalkontos kann auf Verlusten oder auf Entnahmen beruhen. Um zu verhindern, dass durch kurzfristige Einlagen, die nach dem Bilanzstichtag wieder entnommen werden, ein Verlustausgleichsvolumen geschaffen wird, sieht § 15a Abs. 3 Satz 1 EStG im Ergebnis die Rückgängigmachung von Verlusten im Falle der Einlagenminderung vor. Zur Verhinderung von Missbräuchen hat der Kommanditist einen Gewinn i. H. d. Einlagenminderung zu versteuern, wenn

- durch Entnahmen ein negatives Kapitalkonto entsteht oder sich erhöht,
- in diesem oder früheren Wj. Verlustanteile der KG ausgleichs- oder abzugsfähig waren
- und aufgrund der Entnahmen keine im Handelsregister eingetragene und nach § 15a Abs. 1 Satz 2 EStG zu berücksichtigende Außenhaftung besteht oder entsteht.

Es treten dieselben beiden steuerlichen Folgen ein wie bei der Haftungsminderung:

a) **Zurechnung eines Gewinns** in der Höhe, in der ein negatives Kapitalkonto entsteht oder sich erhöht (Nachversteuerung nach § 15a Abs. 3 Satz 1 EStG). In § 15a Abs. 3 Satz 1 EStG wird der Betrag als Einlagenminderung bezeichnet. Der Betrag wird mit Gewinnanteilen verrechnet, die im Jahr der Zurechnung oder in späteren Jahren aus der Beteiligung auf den beschränkt haftenden Gesellschafter entfallen (§ 15a Abs. 3 Satz 4 EStG). Dieser Betrag darf den Betrag der Anteile am Verlust der KG nicht übersteigen, der im Wj. der Einlagenminderung und in den zehn vorangegangenen Jahren ausgleichs- oder abzugsfähig gewesen ist. Der Kommanditist wird wirtschaftlich so gestellt, als habe die geminderte Einlage innerhalb dieses Elfjahreszeitraums von Anfang an bestanden. Die Gewinnzurechnung erfolgt aber im Jahr der Einlagenminderung. Es handelt sich um einen fiktiven Gewinn, der kraft Gesetzes zu versteuern ist, und nicht um einen »Gewinn aus der Beteiligung« i. S. d. § 15a Abs. 3 Satz 4 EStG. Deshalb darf dieser Gewinn nicht um verrechenbare Verluste dieses Jahres oder früherer Jahre vermindert werden. Lediglich ein Ausgleich mit Verlusten aus anderen Beteiligungen oder anderen Einkunftsarten ist möglich.

b) Umwandlung des bisher ausgleichs- oder abzugsfähigen Verlustes in einen **verrechenbaren Verlust** (§ 15a Abs. 3 Satz 4 EStG).

c) Eine die Haftsumme übersteigende Pflichteinlage steht als »Polster« für haftungsunschädliche Entnahmen nicht zur Verfügung, wenn sie durch Verluste verbraucht ist. Das hat für die Gewinnzurechnung wegen Einlageminderung nach § 15 a Abs. 3 EStG zur Folge, dass bei Bestehen eines negativen Kapitalkontos eine Entnahme auch insoweit, als sie die Differenz zwischen Haftsumme und überschießender Pflichteinlage nicht überschreitet, zum Wiederaufleben der nach § 15a Abs. 1 Satz 2 EStG zu berücksichtigenden Haftung führt und mithin eine Zurechnung nach § 15a Abs. 3 EStG zu unterbleiben hat (BFH vom 06. 03. 2008, IV R 15/06, BFH/NV 2008, 1142; BFH vom 06. 03. 2008, IV R 35/07, BStBl II 2008, 676).

BEISPIEL

Kommanditist K hat sich mit einer gesellschaftsvertraglich vereinbarten Haftsumme i. H. v. 60 000 € beteiligt. Sein Kapitalkonto beträgt vor Berücksichtigung des Jahresergebnisses 01 laut Steuerbilanz 100 000 € (tatsächliche Einlage). Der auf K entfallende Verlust 01 beträgt 90 000 €. Im Jahr 02 reduziert K seine tatsächliche Einlage durch Entnahme i. H. v. 40 000 € auf die Haftsumme von 60 000 €. Im Jahr 02 entfällt auf K ein Gewinnanteil i. H. v. 5 000 €.

LÖSUNG

	steuerliches Kapitalkonto		ausgleichs- fähiger Verlust	verrechenbarer Verlust	Gewinn- zurechnung nach § 15a Abs. 3 EStG
Haftsumme 60 000 €					
Einlage 01	100 000 €				
Verlust 01	./.	90 000 €	./. 90 000 €	0 €	
31. 12. 01		10 000 €			
./. Entnahme 02	./.	40 000 €	unbeschränkte Außenhaftung	0 €	0 €
	./.	30 000 €			
Gewinn 02	+	5 000 €			
31. 12. 02	./.	25 000 €			

Der Verlust des Jahres 01 i. H. v. 90 000 € ist voll ausgleichsfähig, da er nicht zu einem negativen Kapitalkonto führt. Das Kapitalkonto beträgt nach der Verlustzurechnung zum 31. 12. 01 + 10 000 €. Die Einlagenminderung in 02 i. H. v. 40 000 € führt zu einem negativen Kapitalkonto i. H. v. ./. 30 000 €. Eine überschießende Außenhaftung nach § 15a Abs. 1 Satz 2 EStG entsteht, obwohl die Entnahme von 40 000 € die tatsächliche Einlage von 100 000 € lediglich auf die gesellschaftsvertraglich vereinbarte Hafteinlage von 60 000 € vermindert. Die Entnahme ist dem K deshalb nicht als fiktiver Gewinn zuzurechnen.

Der Gewinnanteil von 5 000 € im Jahr 02 ist zu versteuern (Schmidt, EStG, § 15a EStG Rz. 160).

Eine Nachversteuerung scheidet trotz eines durch Entnahmen entstandenen oder erhöhten negativen Kapitalkontos insoweit aus, als die Entnahmen ein Wiederaufleben der Haftung nach §§ 171, 172 Abs. 4 HGB auslösen. Der Verlustausgleich ist in diesem Fall statt nach § 15a Abs. 1 Satz 1 EStG nach § 15a Abs. 1 Satz 2 und 3 EStG zulässig.

BEISPIEL

Kommanditist K hat sich am 01. 01. 01 mit einer Haftsumme i. H. v. 200 000 € beteiligt. Sein Kapital-konto beträgt vor Berücksichtigung des Jahresergebnisses 01 laut Steuerbilanz 200 000 € (tatsächliche Einlage). Am 01. 07. 01 tätigt K eine Einlage i. H. v. 120 000 €. Der auf K entfallende Verlust 01 beträgt 350 000 €. Im Jahr 02 reduziert K seine tatsächliche Einlage durch Entnahme i. H. v. 320 000 € auf die Haftsumme. Im Jahr 02 entfällt auf K ein Verlustanteil i. H. v. 50 000 €.

LÖSUNG

		steuerliches Kapitalkonto		ausgleichs-fähiger Verlust		verrechenbarer Verlust		Gewinnzu-rechnung nach § 15a Abs. 3 EStG
01. 01. 01		200 000 €						
Einlage 01	+	120 000 €						
Verlust 01	./.	350 000 €	./.	320 000 €	./.	30 000 €		
31. 12. 01	./.	30 000 €			./.	30 000 €		
./. Entnahme 02	./.	320 000 €			./.	120 000 €	+	120 000 €
	./.	350 000 €						
Verlust 02	./.	50 000 €			./.	50 000 €		
31. 12. 02	./.	400 000 €			./.	200 000 €		

Der Verlust des Jahres 01 i. H. v. 350 000 € führt zu einem negativen Kapitalkonto i. H. v. ./. 30 000 €. Andere positive Einkünfte des K werden um (350 000 € ./. 30 000 € =) 320 000 € ausgleichsfähige Ver-luste gemindert. Der verrechenbare Verlust i. H. v. ./. 30 000 ist zum 31. 12. 01 gesondert festzustellen (§ 15a Abs. 4 EStG).

Die Einlagenminderung in 02 i. H. v. 320 000 € führt zu einem negativen Kapitalkonto i. H. v. ./. 350 000 € und übersteigt nicht den in 01 ausgleichsfähigen Verlust i. H. v. 320 000 €. Die Entnahme führt aber teilweise zu einer überschießenden Außenhaftung nach § 171, § 172 Abs. 4 HGB, weil die Einlage insoweit als zurückgezahlt gilt. Eine Rückzahlung führt auch dann zu einem Wiederaufleben der Haftung, wenn Einlagen durch Verluste aufgebraucht worden sind, welche die Hafteinlage über-steigen (BFH vom 06. 03. 2008 BStBl II 2008, 676; BFH vom 06. 03. 2008 BFH/NV 2008, 1142).Die Haftung lebt aber nur bis zur Höhe der Hafteinlage 200 000 € wieder auf. Deshalb wird dem K nur der Betrag i. H. v. (320 000 € Entnahme ./. 200 000 Haftung nach § 15a Abs. 1 Satz 2 EStG =) 120 000 € wegen der Einlagenminderung als Gewinn 02 gemäß § 15a Abs. 3 Satz 1 EStG zugerechnet und gemäß § 15a Abs. 4 EStG als verrechenbarer Verlust gesondert festgestellt. Die Entnahme i. H. v. 200 000 € ist dem K nicht als fiktiver Gewinn zuzurechnen, da dadurch eine Haftung nach § 15a Abs. 1 Satz 2 EStG entsteht.

Der einem beschränkt haftenden Gesellschafter bei einer Einlagenminderung als fiktiver Gewinn zuzurechnende Betrag ist nach § 15a Abs. 3 Satz 2 EStG auf den Betrag der Verlustan-teile begrenzt, der im Jahr der Einlageminderung und in den zehn vorangegangenen Jahren ausgleichsfähig war. Für die Ermittlung dieses begrenzten Betrages sind die ausgleichsfähigen Verlustanteile mit den Gewinnanteilen zu saldieren, mit denen sie hätten verrechnet werden können, wenn sie mangels eines ausreichenden Kapitalkontos nicht ausgleichsfähig, sondern lediglich verrechenbar i. S. d. § 15a Abs. 2 EStG gewesen wären. Für eine Saldierung kommen nur die Gewinne in Betracht, die für eine Verrechnung mit den jeweiligen Verlusten, wenn sie lediglich verrechenbar gewesen wären, zur Verfügung gestanden hätten. Es kann demnach nicht ein Verlustanteil fiktiv mit dem Gewinnanteil eines vorangegangenen Jahres verrechnet werden (BFH vom 20. 03. 2003 BStBl II 2003, 798).

Der Kommanditist kann das Verlustausgleichsvolumen unter bestimmten Voraussetzun-gen durch zusätzliche Einlagen erhöhen. Ein Kommanditist, der zusätzlich zu der im Handels-register eingetragenen Hafteinlage eine weitere Sacheinlage leistet, kann durch eine negative Tilgungsbestimmung bewirken, dass die Haftungsbefreiung nach § 171 Abs. 1 2. HS HGB nicht eintritt. Das führt dazu, dass die Einlage nicht mit der eingetragenen Haftsumme zu verrechnen ist, sondern im Umfang ihres Wertes die Entstehung oder Erhöhung eines negativen Kapitalkontos verhindert und auf diese Weise nach § 15a Abs. 1 Satz 1 EStG zur Ausgleichs- und Abzugsfähigkeit von Verlusten führt (BFH vom 11. 10. 2007 DStR 2008, 38; BFH vom 16. 10. 2008 BStBl II 2009, 272; BFH vom 16. 10. 2007 BStBl II 2009, 135; Ley, DStR 2009, 613; Hüttemann/Meyer, DB 2009, 1613). Es ist allerdings zu beachten, dass der Kommanditist aufgrund der nicht erbrachten Hafteinlage tatsächlich haftet.

BEISPIEL

In einer GmbH & Co. KG, in der die GmbH am Gewinn und Verlust mit Ausnahme einer festen Haftungsvergütung nicht beteiligt ist, sind auf die vereinbarte und eingetragene Hafteinlage von 25 Mio. € nur 15 Mio. € eingezahlt. Die Kommanditisten tätigen wegen drohender Verluste zusätzliche Einlagen i. H. v. 10 Mio. € und bestimmen, dass diese Einlagen nicht auf die Hafteinlage anzurechnen sind. Später erwirtschaftet die GmbH & Co. KG einen Verlust i. H. v. 30 Mio. €. Die Kapitalanteile der Kommanditisten betragen vor der Verlustverrechnung (15 Mio. € Zahlung auf die Hafteinlage + 10 Mio. € nicht mit der Hafteinlage zu verrechnender Betrag =) 35 Mio. €.

LÖSUNG Der Verlust i. H. v. 30 Mio. € ist in vollem Umfang ausgleichsfähig. Das negative Kapitalkonto beträgt (25 Mio. € ./. 30 Mio. € =) ./. 5 Mio. €. Die Kommanditisten haften jedoch den Gläubigern gegenüber in Höhe von 10 Mio. € nach § 171, § 172 Abs. 1 HGB, da die Hafteinlage i. H. v. 25 Mio. € nur in Höhe von 15 Mio. € eingezahlt ist. Bis zu der Haftung von 10 Mio. € sind Verluste auch dann ausgleichsfähig (§ 15a Abs. 1 Satz 2 EStG), wenn sie ein negatives Kapitalkonto entstehen lassen.

1.8.2   Ausnahmen von § 15a Abs. 3 Satz 1 EStG

1.8.2.1   Entnahmen von Konten mit Forderungscharakter

Wenn der Kommanditist die Entnahme nicht von einem Beteiligungskonto i. S. d. § 15a Abs. 1 EStG, sondern von einem Darlehenskonto mit Forderungscharakter oder aus seinem Sonderbetriebsvermögen tätigt, treten die Rechtsfolgen des § 15a Abs. 3 Satz 1 EStG nicht ein.

1.8.2.2   Einlagenminderung mit Wiederaufleben der unbeschränkt persönlichen Haftung

Einlagenminderungen, die den Kommanditisten unter den Stand seines im Handelsregister eingetragenen Haftungsbetrages führen, verursachen ein Wiederaufleben der Haftung nach § 172 Abs. 4 HGB. Wegen dieser Haftung kann der Fall des § 15a Abs. 3 Satz 1 EStG bei Entnahmen aus dem Gesamthandsvermögen im Allgemeinen nicht eintreten (Ausnahme: Gewinnbezüge, die der Kommanditist gem. § 172 Abs. 5 HGB im guten Glauben erhalten hat). Die Außenhaftung lebt nach § 172 Abs. 4 i. V. m. § 171 Abs. 1 HGB wieder auf, soweit

- die Einlage eines Kommanditisten zurückgezahlt wird und deshalb den Gläubigern gegenüber als nicht geleistet gilt oder
- ein Kommanditist Gewinnanteile entnimmt, während sein Kapitalanteil durch Verlust unter den Betrag der bereits geleisteten Einlage herabgemindert ist oder
- durch die Entnahme der Kapitalanteil unter den Betrag der auf die Haftsumme geleisteten Einlage herabgemindert wird.

BEISPIEL

Kommanditist K hat sich mit einer Hafteinlage von 60 000 € beteiligt, die voll eingezahlt ist. Verlustanteil im Jahr 01 70 000 €. Im Jahr 02 entnimmt K aus der KG 60 000 €. Im Jahr 02 entfällt auf K ein Verlustanteil i. H. v. ./. 30 000 €.

LÖSUNG

		steuerliches Kapitalkonto		ausgleichs-fähiger Verlust		verrechenbarer Verlust	Gewinn-zurechnung nach § 15a Abs. 3 EStG
Haftsumme 60 000 €							
Einlage 01		60 000 €					
Verlust 01	./.	70 000 €	./.	60 000 €	./.	10 000 €	
31. 12. 01	./.	10 000 €					
./. Entnahme 02	./.	60 000 €	Wiederaufleben der Haftung			0 €	0 €
Verlust 02	./.	30 000 €			./.	30 000 €	
31. 12. 02	./.	100 000 €			./.	40 000 €	

Das Kapitalkonto zum 31. 12. 01 beträgt ./. 10 000 €. Von dem Verlust 01 i. H. v. ./. 70 000 € sind ./. 60 000 € ausgleichsfähig und ./. 10 000 € verrechenbar.

Die Entnahme in 02 vermindert das steuerliche Kapitalkonto auf ./. 70 000 €. Handelsrechtlich lebt dadurch die unbeschränkte persönliche Haftung des K wieder voll auf, denn K entnimmt seine einmal erbrachte Einlage (172 Abs. 4 Satz 1 HGB). Daher findet keine Nachversteuerung und keine Umwandlung in einen verrechenbaren Verlust statt. Der Verlust 02 i. H. v. ./. 30 000 € ist in vollem Umfang verrechenbar. Der verrechenbare Verlust 31. 12. 02 beträgt insgesamt (./. 10 000 € aus 01, ./. 30 000 € aus 02 =) ./. 40 000 €.

1.8.3 Behandlung von Einlagen

Ob ein negatives Kapitalkonto entsteht oder sich erhöht, lässt sich nur durch Gegenüberstellung zweier Bilanzen vor und nach Verlustzuweisung feststellen. Kapitalbewegungen anderer Art vor dem Bilanzstichtag (Entnahmen, Einlagen, Berichtigungen) müssen vor der Verlustzuweisung berücksichtigt werden. Für die Berücksichtigung von Verlusten kommt es entscheidend auf die zeitliche Reihenfolge der Einlageleistung und der Verlustentstehung an.

Bei Einlagen ist zu unterscheiden:

Zeitkongruente Einlagen	Nachgelagerte Einlagen	Vorgezogene Einlagen
Einlagen im Verlustentstehungsjahr	Einlagen nach Ablauf des Verlustentstehungsjahres (§ 15a Abs. 1a EStG)	Einlagen, die dem Verlustentstehungsjahr vorangehen

1.8.3.1 Zeitkongruente Einlagen

Wird eine Einlage im Verlustentstehungsjahr getätigt, wird in Höhe der Einlage die Entstehung oder Erhöhung eines negativen Kapitalkontos verhindert, so dass Verluste in dieser Höhe ausgleichsfähig sind. Einlagen schaffen in diesem Fall ein erhöhtes Verlustausgleichsvolumen. Der gesamte Verlustanteil eines Wj. ist ausgleichsfähig, wenn die in demselben Jahr getätigten Einlagen ebenso hoch oder höher sind als der Verlustanteil in dem Wj. Sind die Einlagen niedriger, entsteht nur in Höhe der Differenz ein verrechenbarer Verlust. Einlagen bewirken also, dass ein vorhandenes negatives Kapitalkonto vermindert wird und anfallende weitere Verluste in diesem Wirtschaftsjahr entsprechend nicht zur Erhöhung des vorhandenen Kapitalkontos führen. Bis zur Höhe der Einlage ist ein in demselben Jahr entstandener Verlust trotz eines negativen Kapitalkontos ausgleichs- und abzugsfähig (BFH vom 14. 12. 1995 BStBl II 1996, 226).

BEISPIEL

Kommanditist K ist mit einer Haft- und Pflichteinlage i. H. v. 20 000 € an der A-KG beteiligt. Er hat seine Einlage voll erbracht. Im Jahr 01 entfällt auf ihn ein Verlustanteil von 30 000 €, im Jahr 02 ein Verlustanteil von 25 000 €. Im Jahr 02 legt K 10 000 € ein.

LÖSUNG

	Verlustausgleichs- volumen		ausgleichsfähiger Verlust		verrechenbarer Verlust	
Einlage 01						20 000 €
./. Verlust 01	./.	30 000 €	./.	20 000 €	./.	10 000 €
31. 12. 01	./.	10 000 €				
+ Einlage 02	+	10 000 €	./.	10 000 €		
./. Verlust 02	./.	25 000 €			./.	15 000 €
31. 12. 02	./.	25 000 €			./.	25 000 €

Im VZ 02 erhöht sich infolge der Einlage von 10 000 € das negative Kapitalkonto nur von ./. 10 000 € auf ./. 25 000 €, also nur um ./. 15 000 €. § 15a Abs. 1 Satz 1 EStG verbietet einen Verlustausgleich nur, soweit ein negatives Kapitalkonto entsteht oder sich erhöht. Die Einlage von 10 000 € führt daher zu einem Verlustausgleich von 10 000 €.

1.8.3.2 Nachgelagerte Einlagen

Einlagen nach Ablauf des Verlustentstehungsjahres führen nach ständiger Rspr. des BFH nicht dazu, dass im Verlustentstehungsjahr festgestellte verrechenbare Verluste im Jahr der Einlage in ausgleichsfähige Verluste umzuqualifizieren sind (BFH vom 14. 12. 1995 BStBl II 1996, 226; BFH vom 11. 11. 1997 BFH/NV 1998, 1078). Durch Einlagen kann ein für einen früheren VZ festgestellter verrechenbarer Verlust nicht in einen ausgleichsfähigen Verlust umgewandelt werden. Die Einlage kann nur bewirken, dass bis zu ihrer Höhe ein im Einlagejahr entstehender Verlust ausgleichsfähig wird.

Diese Rechtsauffassung wurde durch § 15a Abs. 1a EStG i. d. F. des JStG 2009 gesetzlich geregelt. Danach führen nachträgliche Einlagen nicht zu einer nachträglichen Ausgleichs- und Abzugsfähigkeit eines vorhandenen verrechenbaren Verlusts, soweit durch den Verlust ein negatives Kapitalkonto des Kommanditisten entsteht oder sich erhöht. Nachträgliche Einlagen in diesem Sinne sind Einlagen, die nach Ablauf eines Wirtschaftsjahrs geleistet werden, in dem ein nicht ausgleichs- oder abzugsfähiger Verlust entstanden oder ein Gewinn i. S. d. § 15a Abs. 3 Satz 1 EStG zugerechnet worden ist.

1.8.3.3 Vorgezogene Einlagen

Ob eine Einlage die Ausgleichs- oder Abzugsfähigkeit des dem Kommanditisten zuzurechnenden Anteils am Verlust eines **zukünftigen** Wirtschaftsjahrs beeinflussen kann, war zwischen Verwaltungspraxis und Rechtsprechung umstritten. Auch diese Frage wurde für Einlagen ab 28. 12. 2008 durch § 15a Abs. 1a EStG i. d. F. des JStG 2009 gesetzlich geklärt.

Nach Verwaltungsauffassung führte eine dem Verlustentstehungsjahr vorangehende Einlage nicht zu ausgleichsfähigen Verlusten, wenn im Verlustentstehungsjahr durch den Verlust ein negatives Kapitalkonto entsteht oder sich erhöht. Dagegen entschied der BFH zugunsten der Stpfl., dass zum Ausgleich eines negativen Einlagekontos geleistete und im Jahr der Einlage nicht durch ausgleichsfähige Verluste verbrauchte Einlagen in späteren Verlustjahren auch dann zu ausgleichfähigen Verlusten führen, wenn ein negatives Kapitalkonto entsteht oder sich erhöht (BFH vom 14. 10. 2003 BStBl II 2004, 359; BFH vom 26. 06. 2007 BStBl II 2007, 934). Nach Meinung des BFH führte die unterschiedliche Behandlung von zeitkongruenten und vorgezogenen Einlagen zu dem Sinn des § 15a Abs. 1 widersprechenden Ergebnissen. Das nicht verbrauchte Verlustausgleichsvolumen sollte nach Auffassung des BFH daher für spätere Jahre erhalten bleiben und zum Ansatz eines fortzuschreibenden **Ausgleichspostens** führen.

BEISPIEL

Das für § 15a EStG maßgebliche negative Kapitalkonto des Kommanditisten K beträgt zum 31. 12. 01 ./. 120 000 €. Im Wj. 02 entsteht ein Verlust des K i. H. v. ./. 50 000 €. Im Wj. 02 werden von K Einlagen von 60 000 € geleistet. Im Wj. 03 entfällt auf K ein Verlust von ./. 20 000 €.

LÖSUNG Für Einlagen bis zum 28. 12. 2009 (vor Inkrafttreten des § 15a Abs. 1a EStG) war das Beispiel wie folgt zu lösen:

Im Jahr 02 entsteht ein Einlageüberhang von 10 000 €, der in einen für Zwecke des § 15a EStG zu bildenden Korrekturposten einzustellen ist. Der Einlageüberhang des Vorjahres 02 erhöht den ausgleichsfähigen Verlust des Folgejahrs 03. Von dem Verlust des Jahres 03 i. H. v. ./. 20 000 € ist, obwohl sich das negative Kapitalkonto in dieser Höhe erhöht, ein Betrag von ./. 10 000 € ausgleichsfähig. Der Ausgleichsposten ist wieder aufzulösen. Der verrechenbare Verlust beträgt damit zum 31. 12. 03 (120 000 € + 10 000 € =) ./. 130 000 €.

	steuerliches Kapitalkonto		ausgleichs- fähiger Verlust		verrechen- barer Verlust		Korrektur- posten
31. 12. 01	./.	120 000 €			./.	120 000 €	10 000 €
+ Einlage 02	+	60 000 €					
./. Verlust 02	./.	50 000 €	./.	50 000 €			
31. 12. 02	./.	110 000 €			./.	120 000 €	
./. Verlust 03	./.	20 000 €	./.	10 000 €	./.	10 000 €	./. 10 000 €
31. 12. 03	./.	130 000 €			./.	130 000 €	0 €

Die Entscheidung des BFH vom 14. 10. 2003 wurde zunächst mit einem Nichtanwendungserlass belegt (BMF vom 14. 04. 2004 BStBl I 2004, 463), der jedoch später aufgehoben wurde (BMF vom 19. 11. 2007 BStBl II 2007, 823). Von da ab behandelte auch die Praxis Verluste späterer Wj. bis zum Verbrauch des Ausgleichspostens als dann ausgleichs- und abzugsfähig, wenn hierdurch ein negatives Kapitalkonto entstand oder sich erhöhte.

Durch die Regelung des § 15a Abs. 1a EStG i. d. F. des JStG 2009 entzog der Gesetzgeber dieser Auffassung für Einlagen ab 28. 12. 2008 die Grundlage. Danach führen Einlagen nicht zur Ausgleichs- oder Abzugsfähigkeit des dem Kommanditisten zuzurechnenden Anteils am Verlust eines zukünftigen Wirtschaftsjahres, soweit durch den Verlust ein negatives Kapitalkonto des Kommanditisten entsteht oder sich erhöht.

BEISPIEL

Sachverhalt siehe vorheriges Beispiel.

LÖSUNG Für Einlagen **ab dem 28. 12. 2009** (nach Inkrafttreten des § 15a Abs. 1a EStG) ist das obige Beispiel wie folgt zu lösen:

Im Jahr 02 entsteht zwar ein Einlageüberhang von 10 000 €, der aber nicht in einen Korrekturposten einzustellen ist. Der Einlageüberhang des Vorjahres 02 erhöht damit nicht den ausgleichsfähigen Verlust des Folgejahrs 03. Der Verlust des Jahres 03 i. H. v. ./. 20 000 € ist in voller Höhe lediglich verrechenbar. Der verrechenbare Verlust beträgt damit zum 31. 12. 03 (120 000 € + 20 000 € =) ./. 140 000 €.

	steuerliches Kapitalkonto	ausgleichsfähiger Verlust	verrechenbarer Verlust
31. 12. 01	./. 120 000 €		./. 120 000 €
+ Einlage 02	+ 60 000 €		
./. Verlust 02	./. 50 000 €	./. 50 000 €	
31. 12. 02	./. 110 000 €		./. 120 000 €
./. Verlust 03	./. 20 000 €		./. 20 000 €
31. 12. 03	./. 130 000 €		./. 140 000 €

1.9 Statuswechsel des Gesellschafters

1.9.1 Kommanditist wird Komplementär

Wenn eine KG ihre Rechtsform ändert und die Gesellschafter den Gläubigern danach unbeschränkt haften, können die verrechenbaren Verlust mit späteren Gewinnen aus dem in neuer Rechtsform fortgeführten Unternehmen verrechnet werden. Die h. M. knüpft an die Verhältnisse am Ende des Wj. der Verlustentstehung an (Stichtagsprinzip). Geschieht die Rechtsformänderung während des Wj., sind die Beschränkungen des § 15a EStG für das gesamte Wj. nicht mehr anzuwenden. Dies gilt auch, wenn durch den Austritt des einzigen Komplementärs ein Einzelunternehmen entsteht oder wenn ein Kommanditist in die Rechtsstellung eines Komplementärs wechselt. Der Wechsel des Kommanditisten in die Rechtsstellung des Komplementärs findet bereits im Zeitpunkt der Beschlussfassung der Gesellschafterversammlung statt, nicht erst mit der Anmeldung oder Eintragung in das Handelsregister (BFH vom 12. 02. 2004 BStBl II 2004, 423).

Die Umwandlung der Rechtsstellung eines Kommanditisten in einen vollhaftenden Gesellschafter führt allerdings nicht dazu, dass ein für die Vorjahre festgestellter verrechenbarer Verlust im Jahr der Statusänderung in einen ausgleichsfähigen Verlust umgewandelt wird. Nach der BFH-Rspr. sind die bisher verrechenbaren Verluste in Analogie zu § 15a Abs. 2 EStG von den zukünftig erzielten Beteiligungsgewinnen zu unterscheiden (kritisch Söffing, DStZ 2008, 175). Lediglich im Fall der Anteilsveräußerung oder Liquidation getragene, bisher nur verrechenbare Verluste werden zu ausgleichsfähigen Verlusten (BFH vom 14. 10. 2003 BStBl II 2004, 118).

1.9.2 Komplementär wird Kommanditist

Tritt ein persönlich haftender Gesellschafter während des Wj. in die Rechtsstellung eines beschränkt haftenden Kommanditisten zurück, fällt sein Verlustanteil für das gesamte Wj. unter § 15a EStG (BFH vom 14. 10. 2003 BStBl II 2004, 118). § 15a EStG knüpft auch hier typisierend an die Verhältnisse zum Schluss des Wj. an (BFH vom 18. 04. 2000 BStBl II 2001, 166). Diese Folge lässt sich in der Praxis nur dadurch vermeiden, dass vor der unterjährigen Änderung des Haftungsstatuts ein neues Wj. für die Gesellschaft gebildet wird.

1.10 Verrechnung mit künftigen Gewinnen (§ 15a Abs. 2 EStG)

Die Teile der einem Kommanditisten zugewiesenen Verluste, die vom Verlustausgleichsverbot erfasst werden, werden als verrechenbare Verlust bezeichnet. Sie mindern künftig die Gewinne, die dem beschränkt haftenden Gesellschafter in späteren Jahren aus seiner Beteiligung an derselben Gesellschaft zu zurechnen sind. Als künftige Gewinne sind anzusehen:

- laufende Handelsbilanz-Gewinnanteile,
- Erträge aus den steuerlichen Ergänzungsbilanzen,
- Gewinne aus der Veräußerung des Mitunternehmeranteils (§ 16 Abs. 1 Nr. 2 EStG).

Die Verrechnung mit künftigen Gewinnen ist – ebenso wie der Verlustvortrag nach § 10d EStG – zeitlich nicht begrenzt. Der verrechenbare Verlust ist grundsätzlich personengebunden, d. h. bei einer entgeltlichen Veräußerung des Kommanditanteils geht ein verrechenbarer Verlust des veräußernden Kommanditisten nicht auf den Erwerber über. Übernimmt der in eine KG eintretende Kommanditist das negative Kapitalkonto des ausscheidenden Kommanditisten, entsteht beim übernehmenden Kommanditisten kein ausgleichs- oder abzugsfähiger Verlust (BFH vom 14.06.1994 DB 1995, 455).

1.11 Gesellschafterwechsel

Bei einer entgeltlichen Anteilsübertragung mit Übernahme des negativen Kapitalkontos oder bei Auflösung der Gesellschaft hat der ausscheidende Gesellschafter in Höhe des Betrages, den er nicht ausgleichen muss, einen Aufgabe- oder Veräußerungsgewinn nach §§ 16, 34 EStG. Das negative Kapitalkonto des Ausscheidenden wird als Gewinn nach § 16 Abs. 1 Nr. 2 EStG behandelt. Es wird bei einer Übertragung unter Fremden vermutet, dass der Anteil des Ausscheidenden am Gesellschaftsvermögen einschließlich der stillen Reserven mindestens dem negativen Kapitalkonto entspricht. In Höhe des als Gewinn zuzurechnenden Betrages sind bei den anderen Mitunternehmern unter Berücksichtigung der für die Zurechnung von Verlusten geltenden Grundsätze Verlustanteile anzusetzen (§ 52 Abs. 33 Satz 4 EStG). Dies bedeutet, dass im Fall der Auflösung der Gesellschaft die Verlustanteile ausschließlich bei den unbeschränkt haftenden Gesellschaftern anzusetzen sind.

BEISPIELE

a) Kommanditist K ist an der X-KG mit 20 000 € beteiligt (Haftsumme und tatsächlich erbrachte Einlage). In den Jahren 01 bis 05 entfällt auf ihn ein Verlust von insgesamt 50 000 €. K veräußert seinen Anteil an M für eine Barzahlung von 10 000 €, wobei M voll in die Rechtsstellung des K in die KG eintritt.

LÖSUNG Der Kommanditist scheidet zu einem Zeitpunkt aus, in dem ein noch nicht verrechneter Verlust vorhanden ist.

Kapitalkontenentwicklung

Einlage 01		20 000 €
Verlust 01–05	./.	50 000 €
Kapitalkonto	./.	30 000 €
Verrechenbarer Verlust aus 01–05	./.	30 000 €

Berechnung des Veräußerungsgewinns

Veräußerungspreis		10 000 €
./. Kapitalkonto	(./. ./. =)	+ 30 000 €
Veräußerungsgewinn		40 000 €
./. verrechenbarer Verlust 01–05	./.	30 000 €
= Verbleibender Veräußerungsgewinn		10 000 €

b) Wie voriges Beispiel, jedoch findet K keinen Übernehmer des Anteils und scheidet daher einfach aus der KG durch entsprechende Austrittserklärung aus. K muss das negative Kapitalkonto nicht durch eine Zahlung an die KG ausgleichen.

LÖSUNG Kapitalkontenentwicklung

Einlage 01		20 000 €
Verlust 01–05	./.	50 000 €
Kapitalkonto	./.	30 000 €
Verrechenbarer Verlust aus 01–05	./.	30 000 €

Veräußerungsgewinn i. H. d. negativen Kapitalkontos 30 000 €.

Nach Verrechnung ergibt sich ein Veräußerungsgewinn von 0 €.

Das negative Kapitalkonto wird auf die verbleibenden Gesellschafter umgebucht, so dass bei ihnen Verlustanteile entstehen. Dabei ist beim Kommanditisten § 15a Abs. 1 EStG zu beachten.

c) Wie Beispiel b), jedoch muss K das negative Kapitalkonto durch Zahlung an die KG ausgleichen.

LÖSUNG Kapitalkontenentwicklung

Einlage 01		20 000 €
Verlust 01–05	./.	50 000 €
Ausgleichszahlung		30 000 €
Kapitalkonto		0 €
Verrechenbarer Verlust aus 01–05	./.	30 000 €

Es entsteht kein Veräußerungsgewinn. Eine Umbuchung findet nicht statt. Das Verlustausgleichsvolumen hat sich durch die Nachschusspflicht nicht vergrößert. Ob der verrechenbare Verlust beim Ausscheiden als gewerblicher Verlust ausgeglichen werden kann, wird durch § 15a EStG nicht ausdrücklich angesprochen. Aus dem Sinn des § 15a EStG, dass der die Verluste ausgleichen darf, der sie tatsächlich trägt, ist diese Frage jedoch zu bejahen (vgl. hierzu BFH vom 01. 06. 1989 BStBl II 1989, 1018).

Trifft ein nicht ausgleichsfähiger Anteil am laufenden Verlust mit einem an sich nach §§ 16, 34 EStG begünstigten Veräußerungsgewinn zusammen, werden der laufende Verlust und der Veräußerungsgewinn miteinander verrechnet. Nur der danach noch verbleibende Verlust ist als nach § 15a Abs. 1 Satz 1 EStG nicht ausgleichsfähiger Verlust anzusehen. Nur dieser Betrag kann in die Feststellung des verrechenbaren Verlustes nach § 15a Abs. 4 EStG eingehen (BFH vom 26. 01. 1995 BStBl II 1995, 467).

Der unentgeltliche Erwerber (Erbe) tritt in die Fußstapfen des Übertragenden, so dass ihm die verrechenbaren Verluste des Rechtsvorgängers zuzurechnen sind.

Als unentgeltlicher Erwerb gilt auch die formwechselnde Umwandlung. Geht bei einer zweigliedrigen Kommanditgesellschaft der KG-Anteil eines Gesellschafters unentgeltlich auf einen anderen Gesellschafter über, der den Betrieb als Einzelunternehmen fortführt, sind ihm auch die auf den Kommanditisten entfallenden verrechenbaren Verluste i. S. d. § 15a EStG zuzurechnen, so dass er diese mit späteren Gewinnen aus dem Einzelunternehmen verrechnen kann (BFH vom 11. 05. 1995 DB 1995, 1690).

Bringt eine KG ihren Geschäftsbetrieb gegen Ausgabe neuer Anteile in eine Kapitalgesellschaft ein (§ 20 UmwStG) und bestehen bei der KG verrechenbare Verluste für einen Kommanditisten, geht dagegen auch bei Buchwertfortführung in der Kapitalgesellschaft ein verrechenbarer Verlust nicht auf die Kapitalgesellschaft über (BFH vom 28. 04. 1988 BStBl II 1988, 829).

1.12 Gesonderte Feststellung des verrechenbaren Verlusts

Der verrechenbare Verlust wird jährlich auf der Ebene der Gesellschaft gesondert festgestellt (§ 15a Abs. 4 Satz 1 EStG, § 179 AO). Inhalt der gesonderten Feststellung sind das Verrechnungsvolumen und dessen Berechnungsgrößen. Der Feststellungsbescheid über den verrechenbaren Verlust ist ein selbständiger Bescheid neben dem allgemeinen Gewinnfeststellungsbescheid und ist getrennt anzufechten. Der Bescheid über die Feststellung des verrechenbaren Verlusts ist Grundlagenbescheid für die Feststellung der bei der Veranlagung der Gesellschafter anzusetzenden steuerpflichtigen Einkünfte (BFH vom 20. 08. 2015, IV R 541/12, BFH/NV 2016, 226). Der Feststellungsbescheid kann nur insoweit angegriffen werden, als der verrechenbare Verlust gegenüber dem verrechenbaren Verlust des vorangegangenen Wj. sich verändert hat (§ 15a Abs. 4 Satz 4 EStG).

Berechnungsweise:

	Gesondert festgestellter verrechenbarer Verlust des Vorjahres
+	nicht ausgleichsfähiger Verlust des laufenden Jahres (§ 15a Abs. 1 EStG)
./.	mit Gewinnen verrechneter Verlust (§ 15a Abs. 2 EStG)
+	Gewinnhinzurechnung wegen Einlage- bzw. Haftungsminderung (§ 15a Abs. 3 Satz 4 EStG)
=	verrechenbarer Verlust am Schluss des Wj.

1.13 Entsprechende Anwendung des § 15a EStG in anderen Fällen von Mitunternehmerschaften

Gem. § 15a Abs. 5 EStG ist die Vorschrift entsprechend anwendbar bei allen anderen Mitunternehmern, die eine hinsichtlich der Haftung einem Kommanditisten vergleichbare Stellung haben. Grundbedingung für die Vergleichbarkeit des Mitunternehmers mit einem Kommanditisten ist dessen beschränkte Haftung im Außenverhältnis zu den Gesellschaftsgläubigern (BFH vom 10. 07. 2001, VIII R 45/98, BStBl II 2002, 339). Das Gesetz nennt als Beispiele:

a) Atypisch stille Gesellschaften (BFH vom 11. 03. 2003 DStR 2003, 1288). Bei ihnen ist ein Abweichen der tatsächlichen Einlage von der Hafteinlage gem. § 15a Abs. 1 Satz 2 EStG ausgeschlossen, da der stille Gesellschafter nicht im Handelsregister eingetragen wird (vgl. D 1.4.2.3).

b) BGB-Gesellschaften in Ausnahmefällen, in denen ein Gesellschafter nicht unbeschränkt haftet, z. B. wenn die Haftung durch Vertrag ausgeschlossen wurde oder bei wirtschaftlicher Betrachtung unwahrscheinlich ist. Trotz Beschränkung der Haftung auf das Gesellschaftsvermögen gem. Gesellschaftsvertrag ist eine Inanspruchnahme nicht ausgeschlossen (Folge: § 15a nicht anwendbar), falls und soweit Gesellschafter für Verbindlichkeiten der Gesellschaft persönlich bürgen oder sich durch Freistellungserklärungen verpflichten, bürgende Gesellschafter anteilig von der Inanspruchnahme aus den übernommenen Bürgschaften freizustellen (BMF vom 30. 06. 1994 BStBl I 1994, 355; BFH vom 25. 07. 1995 BStBl II 1996, 128). Dies gilt auch, wenn der Innengesellschafter Mitschuldner von Verbindlichkeiten wird, die im Interesse der Innengesellschaft begründet worden sind (BFH vom 05. 02. 2002 DB 2002, 1351).

c) Gesellschafter einer vergleichbaren ausländischen Personengesellschaft,

d) sog. haftungslose Darlehen (Verbindlichkeiten, die nur durch Erlöse aus der Verwertung, insbesondere Nutzung oder Veräußerung von Wirtschaftsgütern, zu tilgen sind). Ein Unternehmer, der mit haftungslosen Verbindlichkeiten arbeitet, steht wirtschaftlich einem Kommanditisten gleich, der seine Einlage erbracht hat und daher nicht für Verbindlichkeiten der KG haftet.

Da grundsätzlich jeder Gesellschafter einer Personengesellschaft der Verlustausgleichsbeschränkung des § 15a EStG unterliegen kann, ist die Aufzählung in § 15a Abs. 5 EStG nicht abschließend. Nicht nur Gesellschaften mit Gesamthandsvermögen, sondern auch reine Innengesellschaften wie z. B. die atypische Unterbeteiligung fallen unter diese Vorschrift.

Nach der Rechtsprechung ist § 15a EStG auch auf **doppelstöckige Gesellschaften** anwendbar (BFH vom 18.12.2003 DB 2004, 357). § 15a EStG lässt sich nicht durch Zwischenschaltung einer weiteren Personengesellschaft umgehen. Die Frage der Anwendbarkeit des § 15a EStG stellt sich auf der Ebene der Obergesellschaft und auf der Ebene der Untergesellschaft (Grützner, StuB 2004, 577). Das Kapitalkonto der Obergesellschaft in der Steuerbilanz der Untergesellschaft entspricht nach der Spiegelbildmethode dem Beteiligungsansatz der Obergesellschaft an der Untergesellschaft in ihrer eigenen Steuerbilanz. Die Gewinn- und Verlustanteile der Obergesellschaft an der Untergesellschaft werden in voller Höhe in der Steuerbilanz der Obergesellschaft gewinnwirksam erfasst und wirken sich dadurch auf das Kapitalkonto des Gesellschafters der Obergesellschaft aus. Das gilt auch für die auf der Ebene der Untergesellschaft nur als verrechenbar festgestellten Verluste, da die Frage der Zurechnung von Einkünften durch die Regelung des § 15a Abs. 1 bis 4 EStG nicht berührt wird. Der als nur verrechenbar festgestellte Verlust kann also durch die Zwischenschaltung einer weiteren Personengesellschaft nicht in einen ausgleichsfähigen Verlust umqualifiziert werden (OFD Frankfurt/Main vom 23.07.2013 DStR 2013, 2699).

BEISPIEL

Die A-GmbH & Co. KG (Obergesellschaft) ist zu 100 % als Kommanditistin an der B-KG (Untergesellschaft) beteiligt. Alleiniger Kommanditist der A-GmbH & Co. KG ist die natürliche Person A, ebenfalls mit einer Kapitalbeteiligung von 100 %. Im Wj. 01 haben sich die Kapitalkonten der Gesellschafter in der jeweiligen Steuerbilanz wie folgt entwickelt:

Untergesellschaft:

Kapitalkonto der Obergesellschaft am 01.01.01	400 000 €
Verlust 01	./. 500 000 €
Kapitalkonto der Obergesellschaft am 31.12.01	./. 100 000 €

Obergesellschaft:

Kapitalkonto des A am 01.01.01	1 100 000 €
originärer Verlust der Obergesellschaft 01	./. 650 000 €
Verlustanteil 01 aus der Untergesellschaft	./. 500 000 €
Kapitalkonto des A am 31.12.01	./. 50 000 €

LÖSUNG Der Verlustanteil der Obergesellschaft ist gem. § 15a Abs. 1 EStG i. H. v. 400 000 € ausgleichsfähig und i. H. v. 100 000 € nur mit künftigen Gewinnen verrechenbar.

Zur Anwendung des § 15a EStG ergibt sich für A ein korrigiertes Kapitalkonto:

Kapitalkonto des A am 01.01.01 lt. Steuerbilanz		1 100 000 €
Verlustanteil 01 der Obergesellschaft 01	./. 650 000 €	
Verlustanteil aus der Untergesellschaft 01	./. 500 000 €	./. 1 150 000 €
Kapitalkonto des A am 31.12.01 lt. Steuerbilanz		./. 50 000 €
Außerbilanzieller Merkposten für Zwecke des § 15a EStG		
(Höhe des verrechenbaren Verlusts aus der Untergesellschaft)		100 000 €
Maßgebliches Kapital am 31.12.01		
(Verlustausgleichspotenzial für künftige Verluste)		50 000 €

Auf der Ebene der Obergesellschaft sind für A folgende Besteuerungsgrundlagen einheitlich und gesondert festzustellen:

Zuzurechnender Verlust	1 150 000 €
Davon sind ausgleichsfähig	1 050 000 €
Davon sind nur verrechenbar	100 000 €

Im Fall einer Veräußerung des Anteils an der Obergesellschaft kann ein verrechenbarer Verlust aus der Untergesellschaft mit dem Gewinn aus der Veräußerung des Anteils an der Obergesellschaft insoweit verrechnet werden, als diesem entsprechende stille Reserven im Betriebsvermögen der Untergesellschaft gegenüberstehen.

1.14 Entsprechende Anwendung des § 15a EStG auf andere Gewinneinkunftsarten

Gem. § 13 Abs. 5 und § 18 Abs. 5 EStG ist § 15a EStG auch auf Land- und Forstwirte und auf Selbständige anwendbar, sofern der Betrieb in der Rechtsform einer KG oder in anderen vergleichbar haftungsbeschränkenden Formen betrieben wird.

1.15 Sinngemäße Anwendung des § 15a EStG in Fällen der Überschusseinkunftsarten (§§ 20 Abs. 1 Nr. 4, 21 Abs. 1 Satz 2 EStG)

Einkünfte nach §§ 20, 21 EStG werden durch Einnahme-Überschuss-Rechnung ermittelt. Diese Vorschriften der Überschusseinkunftsarten verweisen auf § 15a EStG, wo ein Betriebsvermögensvergleich vorausgesetzt wird. Eine rein vermögensverwaltende KG hat kein Betriebsvermögen und kein Kapitalkonto. Für Zwecke des § 15a EStG müsste also ein fiktives steuerliches Kapitalkonto ermittelt werden. Die Rechtslage ist streitig. Verluste können bei Personengesellschaften, die lediglich vermögensverwaltend tätig sind, einem beschränkt haftenden Gesellschafter grundsätzlich nur bis zur Höhe seiner geleisteten Einlage zugerechnet werden. Bei ihm kann infolge dieses Verlustverrechnungsverbots kein negatives Kapitalkonto entstehen. Für eine sinngemäße Anwendung des Verlustausgleichsverbots nach § 15a EStG gibt es dann keinen Anwendungsbereich; denn ein Verlustausgleich setzt eine Verlustzurechnung voraus. Es kann aber gesellschaftsrechtlich vereinbart werden, dass eine Verlustteilnahme über die Einlage hinaus stattfindet. In diesen Fällen ist § 15a EStG entsprechend anwendbar. Ob eine Verrechnung von positiven und negativen Einkünften aus verschiedenen Einkunftsarten zulässig ist, ist streitig (vgl. zur Anwendung bei einer vermögensverwaltenden GmbH & Co. KG FinMin Schleswig-Holstein vom 04.02.2014 DStR 2014, 802).

Nach § 21 Abs. 1 Satz 2 EStG ist die Verlustausgleichs- und Abzugsbeschränkung des § 15a EStG bei beschränkt haftenden Gesellschaftern (z. B. Kommanditisten einer vermögensverwaltenden KG) sinngemäß anzuwenden. Der einem Kommanditisten zuzurechnende Anteil der negativen Einkünfte aus Vermietung und Verpachtung einer KG ist bei der Ermittlung der Einkünfte nicht ausgleichs- oder abzugsfähig, soweit ein negatives Kapitalkonto des Kommanditisten entsteht oder sich erhöht. Soweit ein Verlust nicht ausgeglichen oder abgezogen werden kann, mindert er nach § 15a Abs. 2 Satz 1 EStG die Gewinne, die dem Kommanditisten in späteren Wirtschaftsjahren aus seiner Beteiligung an der KG zuzurechnen sind. Zu solchen Überschüssen zählen auch positive Einkünfte aus privaten Veräußerungsgeschäften nach § 23 EStG (BFH vom 02.09.2014, IX R 52/13, BStBl II 2015, 263).

Die sinngemäße Anwendung des § 15a Abs. 5 EStG bei Gesellschaftern einer Gesellschaft bürgerlichen Rechts mit Einkünften aus Vermietung und Verpachtung setzt voraus, dass ihre Haftung der eines Kommanditisten vergleichbar ist. Liegt diese Voraussetzung vor, ist der Ausgleich und Abzug von negativen Einkünften aus Vermietung und Verpachtung über den Betrag der Einlage des jeweiligen Gesellschafters hinaus ausgeschlossen, soweit die Inanspruchnahme des Gesellschafters für Schulden der Gesellschaft im Zusammenhang mit dem Betrieb nach Art und Weise des Geschäftsbetriebs unwahrscheinlich ist. Eine Inanspruchnahme ist unwahrscheinlich, wenn der kalkulierte Gesamtaufwand durch Eigenkapital und im Wesentlichen durch gesichertes Fremdkapital gedeckt und eine Kostenerhöhung bei normalem Verlauf der Dinge nicht zu erwarten ist (BFH vom 17. 12. 1992 und 30. 11. 1993 BStBl II 1994, 490, 492, 496; zur Auslegung dieser Rspr. durch die Finanzverwaltung BMF vom 30. 06. 1994 BStBl I 1994, 355).

BEISPIELE

S ist seit 01 als stiller Gesellschafter am Gewinn und Verlust des Einzelunternehmens des U beteiligt. S hat die vereinbarte Einlage von 50 000 € im Jahr 01 geleistet. In den Bilanzen bis 31. 12. 08 wurden S nur Verluste zugewiesen. Sein Konto bei U betrug am 31. 12. 08 ./. 15 000 €. Zum 31. 12. 09 erhält S einen weiteren Verlust i. H. v. 8 000 € zugerechnet.

a) S ist als atypisch stiller Gesellschafter an dem Unternehmen des U beteiligt.

LÖSUNG **Atypisch stiller Gesellschafter**

§ 15a EStG ist auf andere Mitunternehmer nur dann entsprechend anwendbar, wenn sie über ihre Einlage hinaus am Verlust teilnehmen, so dass ein negatives Kapitalkonto entstehen kann, das durch spätere Gewinne wieder aufzufüllen ist. Das ist beim stillen Gesellschafter nur ausnahmsweise der Fall, wenn abweichend vom Gesetz vereinbart ist, dass der auf den Stillen entfallende vertragliche Verlustanteil von seinem Kapitalkonto auch dann noch abzuschreiben ist, wenn dieses dadurch negativ wird mit der Folge, dass der Stille künftige vertragliche Gewinnanteile in Höhe dieser negativen Beträge und seiner ursprünglichen Einlage zur Deckung früherer Verluste zur Verfügung stellen muss (Schmidt, EStG, § 15a EStG Rz. 76). Denn nach der gesetzlichen Regelung in § 232 Abs. 2 Satz 1 HGB nimmt der Stille an dem Verlust nur bis zum Betrag seiner eingezahlten oder rückständigen Einlage teil; ohne besondere Vereinbarung kann das Kapitalkonto des Stillen daher nicht negativ werden. Der Unterschied zur KG, wo eine solche besondere Vereinbarung zur Entstehung eines negativen Kapitalkontos des Kommanditisten nicht notwendig ist, erklärt sich wie folgt: Die stille Gesellschaft ist eine Innengesellschaft, für deren Verbindlichkeiten ausschließlich der Inhaber des Handelsgewerbes haftet.

Also ist zu unterscheiden:

Wenn vereinbart ist, dass S über seine Einlage hinaus am Verlust teilnimmt:

Einlagekonto 09 ./. 23 000 €, Einkünfte 09 nach § 15 Abs. 1 Nr. 2 EStG = 0 €

Verrechenbarer Verlust 09 ./. 8 000 €

Wenn die Verlusttragung über die Einlage hinaus nicht vereinbart ist:

Einlagekonto wird nicht negativ, Verlust wird ab Einlagekonto 0 dem Geschäftsinhaber zugerechnet.

b) Wie Beispiel a), jedoch ist S als typisch stiller Gesellschafter an dem Unternehmen des U beteiligt.

LÖSUNG **Typisch stiller Gesellschafter**

Sinngemäße Anwendung des § 15a EStG bei Einkünften aus § 20 Abs. 1 Nr. 4 EStG (vgl. § 20 Abs. 1 Nr. 4 Satz 2 EStG): Lösung wie a) mit den beiden Möglichkeiten:

1. Wenn besondere Vereinbarung über die Verlusttragung:

Einkünfte des S nach § 20 Abs. 1 Nr. 4 in 09:	0 €
verrechenbarer Verlust 09:	./. 8 000 €

2. Wenn keine besondere Vereinbarung über die Verlusttragung:

Verlust wird ab Einlagekonto 0 dem Geschäftsinhaber zugerechnet.

1.16 Konkurrenzverhältnis zu anderen Vorschriften

1.16.1 Verhältnis des § 15a EStG zu § 2 Abs. 3, § 10d Abs. 2 EStG

Ab 2004 wurde die bisherige Mindestbesteuerung nach § 2 Abs. 3 EStG abgeschafft und eine interperiodische Mindestbesteuerung eingeführt, die den Verlustvortrag nach § 10d Abs. 2 EStG betrifft. Durch die Neuregelung in § 10d Abs. 2 EStG gehen keine Verlust endgültig verloren, der Verlustvortrag wird jedoch für hohe Verluste zeitlich gestreckt.

- Der Verlustabzug ist i. H. eines Sockelbetrages von 1 000 000 €/bei zusammenveranlagten Ehegatten 2 000 000 € uneingeschränkt möglich.
- Über den Sockelbetrag hinausgehende positive Einkünfte können bis maximal um 60 % durch vorgetragene Verluste gemindert werden. Die verbleibenden 40 % unterliegen der Einkommensbesteuerung.
- Anwendung erstmals auf Verluste, die in den VZ 2004 vorgetragen werden, d. h. schon der Verlustausgleich des VZ 2003 ist betroffen.

Bei der Verlustberücksichtigung ist generell die folgende Reihenfolge zu beachten:
  a) horizontaler Verlustausgleich innerhalb der Einkunftsart (nur hier wirkt § 15a EStG),
  b) vertikaler Verlustausgleich zwischen verschiedenen Einkunftsarten,
  c) Verlustrücktrag (Ausnahme § 10d Abs. 1 Sätze 4 und 5 EStG),
  d) Verlustvortrag.

§ 15a EStG ging der Vorschrift des § 2 Abs. 3 EStG vor, da § 2 Abs. 3 EStG lediglich den vertikalen Verlustausgleich beschränkte, aber § 15a EStG schon beim horizontalen Verlustausgleich ansetzt. Ähnlich ist das Konkurrenzverhältnis des § 15a EStG zu der Mindestbesteuerung nach § 10d Abs. 2 Satz 1 EStG, weil diese erst beim Verlustvortrag ansetzt. Der Kommanditist wird hinsichtlich der nach § 15a EStG verrechenbaren Verluste von der Mindestbesteuerung nicht berührt. Die Tatsache, dass verrechenbare Verlust nach § 15a EStG im Gegensatz zu vortragsfähigen Verlusten nach § 10d Abs. 2 EStG betragsmäßig nicht begrenzt sind, führt jedoch zu Auswirkungen, die den Kommanditisten in bestimmten Fällen besser stellen können als den Komplementär (Brandenberg, DB 2004, 1632).

BEISPIEL

An der AB-KG sind die A-GmbH als Komplementärin und die B-GmbH als Kommanditistin je zu 50 % mit einer Einlage von je 1 Mio. € beteiligt. In 01 erzielt die KG einen Verlust i. H. v. 5 Mio. €, in 02 einen Gewinn von 5 Mio. €. Außer den Ergebnissen aus der AB-KG haben die Gesellschafter keine weiteren Einkünfte.

LÖSUNG Verlustbehandlung im Jahr 01:
Die Komplementärin A-GmbH kann den Verlustanteil von 2,5 Mio. € unbeschränkt ausgleichen und rück- oder vortragen. Die Kommanditistin B-GmbH erzielt einen ausgleichs- und abzugsfähigen Verlust i. H. v. 1 Mio. € und einen verrechenbaren Verlust gem. § 15a EStG i. H. v. 1,5 Mio. €.
Verlustbehandlung im Jahr 02:
Die Komplementärin A-GmbH kann nach § 10d Abs. 2 Satz 1 EStG zunächst einen Sockelbetrag von 1 Mio. € und darüber hinaus 60 % des verbleibenden Gewinnanteils von 1,5 Mio. €, also einen Betrag von 0,9 Mio. €, verrechnen. Den restlichen Betrag i. H. v. 0,6 Mio. € hat die A-GmbH zu versteuern. Zum Schluss des Wj. 02 ist ein verbleibender Verlustabzug i. H. v. 0,6 Mio. € gem. § 10d Abs. 4 EStG festzustellen.
Die Kommanditistin B-GmbH ist dagegen bessergestellt. Sie kann die nicht ausgeglichenen Verluste in voller Höhe mit dem auf sie entfallenden Gewinnanteil i. H. v. 2,5 Mio. € verrechnen, nämlich 1,5 Mio. € nach § 15a EStG und den Sockelbetrag i. H. v. 1 Mio. € gem. § 10d Abs. 2 EStG.
Eine Schlechterstellung der Komplementärin würde dagegen nicht eintreten, wenn sie weitere positive Einkünfte aus anderen Einkunftsquellen erzielen würde, mit denen sie ihre Verluste verrechnen könnte.

1.16.2 Verhältnis des § 15a EStG zu § 2a EStG

Bei Verlusten aus der Beteiligung eines beschränkt haftenden Gesellschafters im Ausland geht § 15a EStG als die speziellere Vorschrift der Verlustausgleichsbegrenzung des § 2a EStG vor, soweit durch den Verlust ein negatives Kapitalkonto entsteht oder sich erhöht. § 15a EStG kann für Gesellschafter mit negativem Kapitalkonto zum Ausschluss eines nach § 2a Abs. 1, 2 EStG grundsätzlich möglichen Verlustausgleichs führen.

BEISPIELE

a) G ist Gesellschafter einer in einem Nicht-DBA-Staat ansässigen KG, die dort ein Ferienzentrum betreibt, mit einer Einlage von 100 000 € und erhält 01 eine Verlustzuweisung von 100 000 €.
LÖSUNG Der Verlust ist in 01 in vollem Umfang nach § 2a Abs. 1 EStG nicht ausgleichs- oder abzugs- fähig. Die Produktivitätsklausel des § 2a Abs. 2 EStG greift nicht ein, da der Verlust aus einem Betrieb des Fremdenverkehrs stammt.

b) Wie Beispiel a), die Verlustzuweisung in 01 beträgt aber 150 000 €, so dass ein negatives Kapital- konto von 50 000 € entsteht.
G erwirbt im VZ 02 eine weitere, nicht aktiv tätige gewerbliche Beteiligung in demselben Staat, auf- grund derer auf G in 02 ein Gewinn von 200 000 € entfällt.
LÖSUNG Der Verlust i. H. v. 150 000 € ist i. H. v. 100 000 € nach § 2a Abs. 1 EStG nicht ausgleichs- oder abzugsfähig. In Höhe des Betrages von 50 000 € ist der Verlust nach § 15a EStG nicht ausgleichs- oder abzugsfähig, da insoweit ein negatives Kapitalkonto des Gesellschafters entsteht. Soweit der Ver- lust aus der KG-Beteiligung im VZ 01 zu einem negativen Kapitalkonto geführt hat (50 000 €), kann eine Verrechnung nach § 15a Abs. 2 ESG mit dem Gewinn aus der zweiten Beteiligung nicht erfolgen, da § 15a EStG die Verrechnung nur mit Gewinnen aus derselben Beteiligung zulässt. Es kann aber nach § 2a Abs. 1 EStG eine Verlustverrechnung stattfinden, soweit § 15a EStG nicht greift, d. h. der bis zur Höhe des Kapitalkontos nach § 2a Abs. 1 EStG in 01 nicht ausgleichsfähige Verlust kann im VZ 02 bis zur Höhe von 100 000 € mit dem Gewinn aus der zweiten Beteiligung ausgeglichen werden.

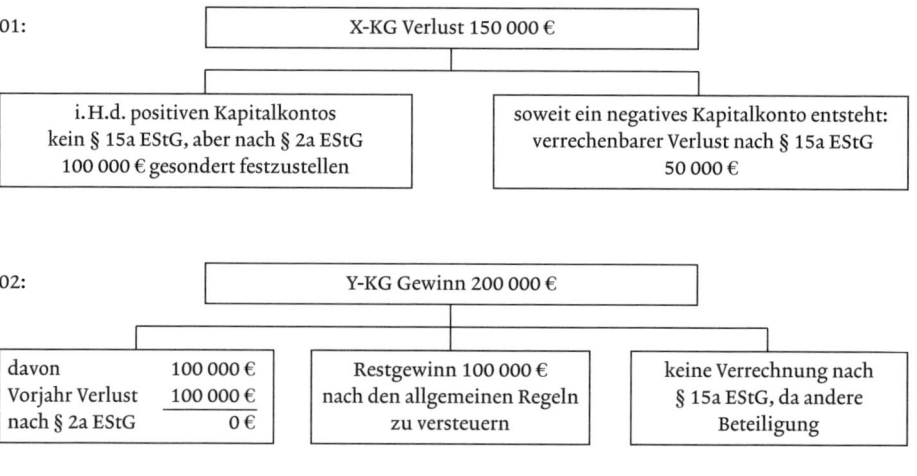

1.17 Übertragung des KG-Anteils durch Schenkung oder Erbschaft

Wenn der KG-Anteil unentgeltlich unter Lebenden oder von Todes wegen übertragen wird, tritt der Übernehmer, wenn er Mitunternehmer wird, in das Recht zur Verlustverrech- nung nach § 15a Abs. 2 oder Abs. 3 Satz 4 EStG ein. Der Übernehmer muss die ihm zuzurechnenden künftigen Gewinnanteile bis zur Höhe des verrechenbaren Verlustes nicht versteuern (BFH vom 10.03.1998, VIII R 76/96, BStBl II 1999, 269; Schmidt/Wacker, EStG, § 15a EStG Rz. 234).

2 Verluste im Zusammenhang mit Steuerstundungsmodellen (§ 15b EStG)

2.1 Zweck und Wirkungsweise des § 15b EStG

Durch das Gesetz zur Beschränkung der Verlustverrechnung im Zusammenhang mit Steuerstundungsmodellen vom 22.12.2005 (BStBl I 2006, 80) wurde § 15b EStG eingeführt. Die Vorschrift verfolgt den Zweck, wirtschaftlich unangemessene Steuerstundungen zu unterbinden, die auf vorgefertigten Modellen beruhen. Danach sind Verluste im Zusammenhang mit Steuerstundungsmodellen nicht mehr mit den übrigen Einkünften im Jahr der Verlustentstehung, sondern lediglich mit Gewinnen aus späteren Veranlagungszeiträumen aus »derselben Einkunftsquelle«, d. h. demselben Steuerstundungsmodell, verrechenbar, wenn die prognostizierten Verluste mehr als 10 % des gezeichneten und aufzubringenden oder eingesetzten Kapitals betragen (Nacke, NWB 2014, 1939; Ronig, NWB 2014, 1490). § 15b EStG ist bei den gewerblichen Einkünften (§ 15 EStG) und bei den übrigen betrieblichen Einkunftsarten (§ 13 Abs. 7, § 18 Abs. 4 Satz 2 EStG) sowie bei Einkünften aus Kapitalvermögen (§ 20 Abs. 1 Nr. 4 Satz 2 EStG), Vermietung und Verpachtung (§ 21 Abs. 1 Satz 2 EStG) und bei sonstigen Einkünften (§ 22 Nr. 1 Satz 1 EStG) anwendbar.

§ 15b EStG löst die aufgehobene Vorschrift des § 2b EStG ab und wurde in der Absicht geschaffen, genauere Tatbestandsvoraussetzungen und schärfere Rechtsfolgen zu regeln. Wie die Vorgängervorschrift des § 2b EStG geht der Gesetzgeber in § 15b EStG gesetzestechnisch den Weg, eine allgemein auf Steuervorteile gerichtete Vertragsgestaltung als Tatbestandsvoraussetzung festzulegen. Es handelt sich bei den Steuervorteilen jedoch lediglich um Steuerstundungseffekte und nicht mehr um endgültige Steuervorteile. Verluste können nur mit positiven Einkünften aus derselben Einkunftsquelle ausgeglichen werden, die in nachfolgenden Jahren erzielt werden. Das Gesetz enthält weiterhin nicht hinreichend definierte Begriffe wie »Einkunftsquelle«, »Steuerstundungsmodell«, »modellhafte Gestaltung« und »vorgefertigtes Konzept«, die durch Verwaltung und Rechtsprechung präziser umschrieben werden müssen (vgl. BMF vom 17.07.2007 BStBl I 2007, 542). Wenn ein Gesetz wesentliche Fragen seines Anwendungsbereichs offen lässt, wirft dies Fragen nach der Tatbestandsmäßigkeit und Gesetzmäßigkeit der Besteuerung auf (Schmidt/Seeger, EStG, § 15d EStG Rz. 10; Bock/Raatz, DStR 2008, 1407). Anders als mit unbestimmten und auslegungsbedürftigen Rechtsbegriffen kann jedoch der gestalterischen Vielfalt der auf Steuervermeidung gerichteten Kautelarjurisprudenz kaum begegnet werden. Die Geltendmachung von Verlusten im Zusammenhang mit Steuerstundungsmodellen nach § 15b EStG wird insbesondere in den »Goldfinger«-Fällen (BFH vom 25.06.2014, I R 3/13, DStR 2015, 253; BFH vom 10.12.2014 DStR 2014, 629; vgl. 3) und im Fall von Inhaberschuldverschreibungen über eine vermögensverwaltende Personengesellschaft diskutiert (Schuska, DStR 2014, 825). Nach Auffassung der Rspr. ist § 15b EStG verfassungsgemäß (BFH vom 06.02.2014 DStR 2014, 688 m. Anm. Lüdicke).

§ 15b EStG setzt eine einkommensteuerlich relevante Tätigkeit und damit das Vorliegen einer Gewinn- oder Überschusserzielungsabsicht voraus. Auf Anlaufverluste von Existenz- und

Firmengründern findet § 15b EStG grundsätzlich keine Anwendung. Was das Konkurrenzverhältnis zu § 15a EStG anbelangt, ist § 15b EStG die speziellere Vorschrift (§ 15b Abs. 1 Satz 3 EStG).

2.2 Modellhafte Gestaltung (§ 15b Abs. 2 EStG)

Ein Steuerstundungsmodell liegt vor, wenn aufgrund einer modellhaften Gestaltung steuerliche Vorteile in Form negativer Einkünfte erzielt werden sollen. Dies ist gegeben, wenn aufgrund eines vorgefertigten Konzepts die Möglichkeit geboten werden soll, zumindest in der Anfangsphase der Investition Verluste mit übrigen Einkünften zu verrechnen, und wenn gleichgerichtete Leistungsbeziehungen vorliegen, die im Wesentlichen identisch sind. Dabei ist es ohne Belang, auf welchen Vorschriften die negativen Einkünfte beruhen. Die modellhafte Gestaltung kann den Erwerb von Anteilen an Personengesellschaften (sog. Fondsanteile) oder Einzelinvestitionen vorsehen. Eine Fondsbeteiligung ist modellhaft, wenn sie auf einem vorkonzipierten Vertragswerk beruht und dem Anleger keinen ins Gewicht fallenden Einfluss auf den Vertragsabschluss und auf die Geschäftsführung des Fonds belässt. Als Indiz für die Annahme eines Steuerstundungsmodells wird angesehen, wenn der Anleger vorrangig eine kapitalmäßige Beteiligung ohne Interesse an einem Einfluss auf die Geschäftsführung anstrebt. Dies kann auch bei für die Annahme einer Mitunternehmerstellung ausreichender Einflussmöglichkeit auf die Geschäftsführung der Fall sein. Nach der Gesetzesbegründung erfasst § 15b EStG z. B. Medienfonds, Schiffsbeteiligungen, Leasingfonds, New Energy Fonds, Lebensversicherungszweitmarktfonds, Wertpapierhandelsfonds und geschlossene Immobilienfonds.

2.3 Verlustquote (§ 15b Abs. 3 EStG)

Das beschränkte Verlustverrechnungsverbot des § 15b EStG ist nur anzuwenden, wenn innerhalb der Anfangsphase das Verhältnis der prognostizierten Verluste zur Höhe des gezeichneten und nach dem Konzept auch aufzubringenden Kapitals 10 % nicht übersteigt. Es ist auf das Verhältnis der prognostizierten Verluste zur Höhe des eingesetzten Eigenkapitals abzustellen. Auf die Gestaltung der Finanzierung des Anteils oder der Einzelinvestition kommt es nicht an.

Nach § 15b Abs. 3a EStG i. d. F. des vom 18. 12. 2013 (BGBl I 2013, 4318) liegt ein Steuerstundungsmodell i. S. d. § 15b Abs. 1 EStG insbesondere vor, wenn ein Verlust aus Gewerbebetrieb entsteht oder sich erhöht, indem ein nicht gesetzlich buchführungspflichtiger Steuerpflichtiger aufgrund des Erwerbs von Wirtschaftsgütern des Umlaufvermögens sofort abziehbare Betriebsausgaben tätigt, wenn er nicht das Eigentum durch den körperlichen Besitz der Wirtschaftsgüter erlangt, sondern nur durch Besitzkonstitut nach § 930 BGB oder durch Abtretung des Herausgabeanspruchs nach § 931 BGB. Mit Hilfe der Neuregelung sollen Modelle eingeschränkt werden, die unter dem Namen »Goldfinger«-Modell bekannt sind, die neben Edelmetallen auch mit anderen Wirtschaftsgütern des Umlaufvermögens wie Containern, Holz, Kunstgegenständen usw. getätigt werden. Dabei beteiligen sich in Deutschland unbeschränkt Einkommensteuerpflichtige mit hohen Einkünften an einer in einem ausländischen Staat ansässigen gewerblichen Personengesellschaft, mit dem Deutschland abkommensrechtlich die Freistellungsmethode vereinbart hat. Aufgrund ihrer gewerblichen Tätigkeit vermittelt die Personengesellschaft dem inländischen Beteiligten abkommensrechtlich eine Betriebsstätte, wobei das Besteuerungsrecht im Ausland liegt (Dißars, NWB 2015, 3170; Hennrichs, DStR 2015, 1420; Krää, FR 2015, 928; Mann/Stahl, DStR 2015, 1425; Preißer, DB 2015, 1558).

BEISPIEL

A kauft am 31. 12. 01 über eine in England ansässige Personengesellschaft Gold für 10 Mio. € und verkauft dieses am 10. 01. 02 für 10,5 Mio. €.

LÖSUNG Die Einkünfte sind im Inland steuerfrei, aber unter Progressionsvorbehalt in die Berechnung des Steuertarifs einzubeziehen. Nach alter Rechtslage wurden die Anschaffungskosten von 10 Mio. € bereits im Jahr 01 in die Berechnung des besonderen Steuersatzes nach § 32b Abs. 2 EStG einbezogen mit der Folge, dass sich für die Berechnung des inländischen zu versteuernden Einkommens ein Steuersatz von 0 % ergab. Nach neuer Rechtslage sind die Anschaffungskosten erst im Jahr 02 (Jahr des Zuflusses des Veräußerungserlöses) zu berücksichtigen. Damit fließt in die Tarifbemessung die Differenz zwischen dem Erlös i. H. v. 10,5 Mio. € und den Anschaffungskosten von 10 Mio. €, also insgesamt 0,5 Mio. €, ein (vgl. Heuermann, DStR 2014, 169; Oertel/Haberstock/Guth, DStR 2013, 785 mit weiteren Beispielen).

2.4 Nicht betroffene Steuersparmodelle

Die von § 15b EStG betroffenen Gestaltungen müssen auf die Entstehung negativer Einkünfte abzielen, auch wenn dies nur in der Anfangsphase geschieht. Wenn Modelle bereits in der Anfangphase auf die Erzielung positiver Einkünfte gerichtet sind (z. B. Venture Capital Fonds, Private Equity Fonds), werden sie von § 15b EStG nicht erfasst.

2.5 Geschlossene Fonds

Als geschlossener Fonds ist ein Fonds anzusehen, der mit einem festen Anlegerkreis begründet wird. Geschlossene Fonds in der Rechtsform einer Personengesellschaft, die ihren Anlegern in der Anfangsphase steuerliche Verluste zuweisen, werden regelmäßig als Steuerstundungsmodelle behandelt. Dies gilt selbst dann, wenn die Gesellschafter in ihrer gesellschaftsrechtlichen Verbundenheit die Möglichkeit haben, auf die Vertragsgestaltung Einfluss zu nehmen. Ein Außenvertrieb ist nicht notwendiger Bestandteil geschlossener Fonds (zur zeitlichen Anwendung BFH vom 01. 09. 2016, IV R 17/13, DStR 2016, 2573). Für geschlossene Fonds und für Anleger im Rahmen von Gesamtobjekten gelten die Grundsätze des sog. Fondserlasses (BMF vom 20. 10. 2003 BStBl I 2003, 546) und des sog. Medienerlasses (BMF vom 05. 08. 2003 BStBl I 2003, 406).

2.6 Einzelinvestitionen

Einzelinvestitionen (vgl. § 52 Abs. 33a Satz 4 EStG) sind gegeben, wenn der Käufer einzelne Wirtschaftsgüter oder Sachgesamtheiten erwirbt und der Verkäufer gesondert zu begleichende Nebenleistungen, wie z. B. Finanzierungsvermittlung oder Mietausfallgarantie, übernimmt. Wenn die Entgelte für die Zusatzleistungen zu negativen Einkünften führen, kann ein Steuerstundungsmodell vorliegen.

BEISPIELE

a) Kein Modell nach § 15b EStG liegt vor, wenn ein Gebäude mit Modernisierungszusage zu einem Gesamtpreis verkauft wird und wenn auch bei einer Vielzahl von abgeschlossenen Verträgen von einem einheitlichen Vertragswerk und von dem Erwerb des modernisierten Gebäudes auszugehen ist (BMF vom 20. 10. 2003 BStBl I 2003, 546, Rz. 1; BFH vom 27. 10. 2004 BStBl II 2005, 220).

b) Ein Steuerstundungsmodell liegt dagegen vor, wenn die Entgelte in dem einheitlichen Vertragswerk als »gesonderte Gebühren« ausgewiesen sind, die nicht Teil der Anschaffungs- oder Herstellungskosten, sondern sofort abzugsfähige Betriebsausgaben oder Werbungskosten sind und zu einem Verlust führen.

c) Ein Steuerstundungsmodell scheidet auch bei gesondertem Ausweis von Gebühren aus, wenn diese für laufend zu erbringende Gegenleistungen des Empfängers gezahlt werden, z. B. für Hausverwaltung oder nachträglich erforderliche Reparaturen.

2.7   Rechtsfolgen

Verluste, die unter § 15b EStG fallen, sind nicht mit anderen Einkünften ausgleichsfähig. Ein Verlustabzug nach § 10d EStG ist ebenfalls nicht möglich. Verluste aus einer »§ 15b-Beteiligung« dürfen nur mit Gewinnen/Überschüssen aus derselben Einkunftsquelle verrechnet werden. Auch die Verrechnung mit einer anderen »§ 15b-Beteiligung« ist nicht zulässig. Der Begriff der Einkunftsquelle hat keine scharf umrissenen Tatbestandsmerkmale. Nach der Gesetzesbegründung ist die Beteiligung an dem Steuerstundungsmodell die Einkunftsquelle. Deshalb ist Sonderbetriebsvermögen einzubeziehen. Positive und negative Ergebnisse unterschiedlicher Vermögensanlagen eines Fonds können ausgeglichen werden. Bei Dachfonds werden die saldierten Ergebnisse jedes Teilfonds und nicht das Ergebnis des gesamten Dachfonds betrachtet (so schon zu § 2b EStG BMF vom 22. 08. 2001 BStBl I 2001, 588, Rz. 13a). Ein Prüfschema für § 15b EStG ist enthalten in BMF vom 17. 07. 2007 BStBl I 2007, 542 a. E.

2.8   Verfahren (§ 15b Abs. 4 EStG)

Der nach § 15b Abs. 1 EStG nicht ausgleichsfähige Verlust, der mit späteren positiven Einkünften aus derselben Einkunftsquelle verrechnet werden kann, ist (der Regelung in § 15a Abs. 4 EStG entsprechend) jährlich gesondert festzustellen. Der Verlust des Jahres wird zum Verlustbetrag des Vorjahrs hinzuaddiert. Die Verlustfeststellung kann nur hinsichtlich des jeweiligen Jahresbetrages angefochten werden. Zuständig für den Erlass des Feststellungsbescheids ist bei Gesellschaften oder Gemeinschaften gem. § 180 Abs. 1 Nr. 2 Buchst. a AO das für die gesonderte Feststellung zuständige Finanzamt, in anderen Fällen das Betriebsfinanzamt (§ 18 Abs. 1 Nr. 2 AO). Die gesonderten Feststellungen des Verlusts nach § 15b EStG können mit der gesonderten und einheitlichen Feststellung der Einkünfte aus dem Steuerstundungsmodell verbunden werden und sind dann einheitlich durchzuführen.

Teil F   Sondervorschriften für Finanzierungs- aufwendungen und Gewinnthesaurierung

1   Zinsschranke (§ 4h EStG)

1.1   Übersicht

Durch das UntStRefG 2008 wurde als bedeutsame Gegenfinanzierungsmaßnahme die sog. Zinsschranke gemäß § 4h EStG eingeführt, die gleichermaßen für Einzelunternehmen, Personengesellschaften und Körperschaften gilt. Bei der Gesellschafterfremdfinanzierung von Körperschaften wird die Regelung durch § 8a KStG verstärkt. Deutsche Unternehmen weisen im internationalen Vergleich eine hohe Fremdkapitalquote auf. Der Gesetzgeber will die Eigenkapitalquote der Unternehmen stärken und eine übermäßige Fremdkapitalfinanzierung allein aus Gründen der Steueroptimierung verhindern. Als problematisch wird vor allem die Gewinnabsaugung durch Gestaltungen von Finanzierungsaufwand über die Grenze eingestuft, die bisher in verschiedenen Formen praktiziert wird.

BEISPIELE

a) **Up-Stream-Inbound-Finanzierung**
Eine inländische Muttergesellschaft M stattet ihre ausländische Tochtergesellschaft T übermäßig mit Eigenkapital aus, finanziert aber ihre Geschäftsaktivitäten im Inland mit Fremdkapital, wobei die Zinsaufwendungen der M ihre inländische Besteuerungsgrundlage mindern.
LÖSUNG Wenn die T der M ein Darlehen gibt, sind die Zinsaufwendungen bei der M zusätzlich als Betriebsausgaben abzugsfähig.

b) **Down-Stream-Inbound-Finanzierung**
Eine ausländische Muttergesellschaft M stattet ihre inländische Tochtergesellschaft T übermäßig mit Fremdkapital aus.
LÖSUNG Die Zinszahlungen der T an die M für das überlassene Fremdkapital mindern den inländischen Gewinn der T.

c) **Down-Stream-Outbound-Finanzierung**
Eine inländische Muttergesellschaft M refinanziert das Eigenkapital der ausländischen Tochtergesellschaft T durch Bankdarlehen.
LÖSUNG Die Zinsaufwendungen für das Darlehen mindern das zu versteuernde Einkommen der M. Für die Gewinnausschüttungen der T greift dagegen bei der M die Freistellung i. H. v. 95 % nach § 8b Abs. 1 und 5 KStG.

Im Jahr 1993 wurde die Vorschrift des § 8a KStG eingeführt, die nur für Kapitalgesellschaften galt. Danach wurden Zinszahlungen einer Kapitalgesellschaft an ihre im Ausland ansässigen, wesentlich beteiligten Anteilseigner in vGA umqualifiziert, wenn ein bestimmtes Maß der Fremdfinanzierung überschritten wurde. Diese Regelung wurde als Ausländerdiskriminierung wegen Verstoßes gegen die Niederlassungsfreiheit des Art. 43 EG aufgehoben (EuGH vom 12. 12. 2002 Rs. C-324/00, »Lankhorst-Hohorst GmbH«). In der ab 2004 geltenden Fassung des § 8a KStG wurde daher die Umqualifizierung in vGA europarechtskonform auf Inlandsfälle ausgedehnt.

Die rechtsformunabhängige Vorschrift des § 4h EStG reformierte ab 2008 grundlegend die Regeln zur Verlagerung von Besteuerungsgrundlagen. § 4h EStG erfasst alle Darlehen unabhän-

gig davon, ob der Darlehensgeber seinen Sitz im In- oder Ausland hat, so dass die europarechtlichen Bedenken beseitigt sind. Auch die für Körperschaften geltende Regelung des § 8a KStG
wurde vollständig neu gefasst und um Ausnahmen von der Konzernklausel und der Escape-
Klausel ergänzt. Schädliche Zinsaufwendungen werden nicht mehr in vGA umqualifiziert, sondern auf der Ebene des zinszahlenden Rechtsträgers zumindest zeitweise vom Betriebsausgabenabzug ausgeschlossen. Die Zinsschranke erfasst alle steuerlich dem EStG und dem KStG
unterworfenen Gesellschaftsformen. Es wird nicht mehr darauf abgestellt, ob der Darlehensgeber Gesellschafter oder eine diesem nahe stehende Person ist. Auch ein Fremdvergleich wird
nicht mehr vorgenommen. Die Zinsschranke erfasst auch reguläre Bankdarlehen. Dies kann bei
Gesellschaften mit hohem Fremdfinanzierungsanteil dazu führen, dass nicht mehr alle Finanzierungsaufwendungen sofort den Gewinn mindern. Der Gesetzgeber nahm diese Abweichung
vom Nettoprinzip bewusst in Kauf.

Zinsaufwendungen sind generell ohne Rücksicht auf die Rechtsform i. H. d. Zinsertrags
desselben Wirtschaftsjahres als Betriebsausgaben abziehbar, darüber hinaus nur i. H. v. 30 %
eines modifizierten Betriebsergebnisses, des sog. steuerlichen EBITDA (steuerlicher Gewinn
vor Zinsen und Abschreibungen). Die Abzugsfähigkeit von Zinsaufwendungen wird im Entste-
hungszeitraum eingeschränkt, verbunden mit der Möglichkeit, die Zinsen in den Folgejahren
geltend zu machen. Wenn die nach § 4h EStG nicht abzugsfähigen Zinsen vom Darlehensneh-
mer in nachfolgende Veranlagungszeiträume vorgetragen und dort verrechnet werden können,
wird bei ihm der Zinsabzug zeitlich verschoben. Endgültig nicht berücksichtigt werden die Zinsaufwendungen nur dann, wenn der Zinsvortrag aus den gesetzlich bestimmten Gründen
untergeht oder wenn eine Verrechnung wegen der ungünstigen Eigenkapitalausstattung auch
zukünftig ausscheidet. Der Wirkungsbereich des § 4h EStG beschränkt sich nicht mehr auf
Gesellschafterdarlehen, sondern umfasst jede Art von Zinsen, die Teil einer inländischen
Gewinnermittlung sind. Da für die Zinsaufwendungen, die den Saldo von Zinsaufwendungen
und -erträgen übersteigen, ein Freibetrag von 3 Mio. € pro Betrieb gilt, sind kleine und mittlere
Unternehmen von dem Abzugsverbot im Regelfall nicht betroffen. Auf der Empfängerseite wird
keine Steuerbefreiung (z. B. nach § 3 Nr. 40 EStG oder § 8b Abs. 1 KStG) mehr gewährt; der
Empfänger muss die Fremdkapitalzinsen ohne Rücksicht auf die Behandlung beim zinszahlenden Rechtsträger sofort in voller Höhe als Einnahmen versteuern.

Weitere gesetzgeberische Maßnahmen sollen die Anwendung der Zinsschranke handhab-
bar machen und auf große Unternehmen beschränken. Die Freigrenze wurde zunächst durch
das BürgEntlG (BGBl I 2009, 1959) rückwirkend zeitlich befristet von 1 Mio. € auf 3 Mio. €
erhöht. Diese Erhöhung wurde durch das WachsBeschlG (BGBl I 2009, 3950) dauerhaft festgelegt. Außerdem wurde durch das WachsBeschlG für Wirtschaftsjahre, die nach dem 31. 12. 2009
enden, ein EBITDA-Vortrag eingeführt (§ 52 Abs. 12d Satz 4 EStG). In der Literatur werden
verfassungsrechtliche Bedenken wegen Verstoßes des § 4h EStG gegen das objektive Nettoprinzip und das Gleichbehandlungsgebot geäußert (Hey, BB 2007, 1303; Scheunemann/Socher, BB
2007, 1144; Henningfeld, EFH 2012, 360). Der BFH stufte § 4h EStG in einem AdV-Beschluss
insgesamt als verfassungswidrig ein (BFH vom 18. 12. 2013 DB 2014, 596; ähnlich zu § 8a Abs. 2
KStG BFH vom 13. 03. 2012 BStBl II 2012, 611; Prinz, FR 2012, 541; BMF vom 13. 11. 2014 BStBl
I 2014, 947; Marquard/Jehlin, DStR 2013, 2301; Liekenbrock, DStR 2014, 991; München/Mückl,
DStR 2014, 1469). Der BFH legte dem BVerfG die Frage vor, ob § 4h EStG i. V. m. § 8 Abs. 1 und
§ 8a KStG gegen den Gleichheitssatz nach Art. 3 Abs. 1 GG verstößt (BFH vom 14. 10. 2015, I R
20/15, BFH/NV 2016, 475; s. auch I R 18/15, I R 21/15). Auch ein Verstoß der Zinsschranke
gegen Europarecht (Niederlassungsfreiheit) wird diskutiert (Göbel/Eilinghoff, DStZ 2010, 550;
Hiller, BB 2011, 2715).

1.2 Abzugsfähigkeit der Zinsaufwendungen

1.2.1 Grundsatz

§ 4h Abs. 1 Satz 1 EStG verlangt eine mehrstufige Prüfung. Zuerst sind die jährlichen Zinsaufwendungen und Zinserträge des Betriebs gegenüberzustellen, wobei der Zinssaldo an der Freigrenze von 3 Mio. € zu messen ist. Zinsaufwendungen bis zur Höhe der Zinserträge sind unbeschränkt abzugsfähig. An zweiter Stelle sind die Konzernzugehörigkeit und die Eigenkapitalquote zu prüfen (§ 4h Abs. 2 Buchst. b und c EStG). Wenn die Voraussetzungen der Zinsschranke erfüllt sind, sind in einem dritten Schritt die Zinsaufwendungen nur noch bis zu 30 % des um die Zinsaufwendungen und Abschreibungen erhöhten und um die Zinserträge verminderten maßgeblichen Gewinns (steuerliches EBITDA) als Betriebsausgaben abzugsfähig.

Im Rahmen des § 4h EStG sind der steuerliche Gewinn und die Zinsaufwendungen des Unternehmens zueinander in Beziehung zu setzen. Die Zinsschranke soll nur übermäßige Fremdfinanzierungen verhindern. Unbeschränkt abzugsfähig sind gemäß § 4h Abs. 1 EStG Zinsaufwendungen, soweit sie die ihnen gegenüberstehenden Zinserträge nicht übersteigen. Erfasst wird von der Zinsschranke nur der negative Zinssaldo, also die den Zinsertrag übersteigenden Zinsaufwendungen. Überschießende Zinsaufwendungen werden i. R. d. Zinsschranke als momentan nicht abzugsfähige Betriebsausgaben behandelt und in spätere Wj. vorgetragen (Timing-Effekt). Ein Rücktrag ist nicht vorgesehen.

BEISPIELE

a) Zinsaufwendungen	4 Mio. €
./. Zinserträge	8 Mio. €
= Zinssaldo (positiv)	4 Mio. €

LÖSUNG Die Zinsen sind bei positivem Zinssaldo immer ohne Einschränkung abziehbar.

b) Zinsaufwendungen	8 Mio. €
./. Zinserträge	4 Mio. €
= Zinssaldo (negativ)	4 Mio. €

LÖSUNG Der negative Zinssaldo unterliegt der Abzugsbeschränkung des § 4h EStG, wenn er 3 Mio. € übersteigt (Freigrenze).

Soweit die Zinsaufwendungen höher sind als die Zinserträge, kann dieser negative Zinssaldo nur bis zur Höhe von 30 % des Rohgewinns vor Minderung durch Zinsen, Steuern und Abschreibungen (EBITDA, earnings before interest, taxes, depreciation and amortization) berücksichtigt werden. Das steuerliche EBITDA ist wie folgt zu ermitteln:

	Maßgeblicher Gewinn (Gewinn vor Zinsschranke)
+	Zinsaufwendungen
./.	Zinserträge
+	Sofortabschreibungen von GWG gem. § 6 Abs. 2 Satz 1 EStG
+	Poolabschreibungen gem. § 6 Abs. 2a Satz 2 EStG
+	Abschreibungen gem. § 7 EStG
=	Steuerliches EBITDA (§ 4h Abs. 1 Satz 1 EStG)

Wenn der Zinsüberhang 30 % des steuerlichen EBITDA nicht übersteigt, sind die Schuldzinsen in voller Höhe abzugsfähig. Übersteigt der Zinsüberhang diese Grenze und die Freigrenze von 3 Mio. €, ist ein Zinsvortrag in die nachfolgenden Wj. vorzunehmen (vgl. 1.4). Die vorgetragenen Zinsen bleiben bei der Prüfung der Grenze von 30 % unberücksichtigt. Dies kann zur Folge haben, dass Unternehmen, die tatsächlich Verluste erwirtschaften, Gewinne zu versteuern haben.

BEISPIEL

Die X-KG erzielt ein steuerliches EBITDA (Gewinn vor Zinsergebnis und Abschreibungen) i. H. v. 1 Mio. €. Die Zinsaufwendungen betragen 1,5 Mio. € und die Abschreibungen 500 000 €. Unter Berücksichtigung dieses Aufwandes ergibt sich in der GuV ein Verlust von 1 Mio. €:

steuerliches EBITDA (Gewinn vor Zinsergebnis und Abschreibungen)		10 000 000 €
abzgl. Zinsaufwendungen	./.	15 000 000 €
abzgl. Abschreibungen	./.	5 000 000 €
= steuerlicher Gewinn lt. GuV	./.	10 000 000 €

LÖSUNG Obwohl die X-KG tatsächlich einen Verlust erzielt, ergibt sich ein zu versteuernder Gewinn, da gem. § 4h EStG die Zinsaufwendungen nur i. H. v. 30 % des steuerlichen EBITDA abzugsfähig sind:

steuerliches EBITDA (Gewinn vor Zinsergebnis und Abschreibungen)		10 000 000 €
abzgl. Zinsaufwendungen (30 % von 1 000 000 €)	./.	3 000 000 €
abzgl. Abschreibungen	./.	5 000 000 €
= zu versteuernder Gewinn		2 000 000 €

Die übersteigenden Zinsaufwendungen i. H. v. (15 000 000 € ./. 3 000 000 € =) 12 000 000 € sind gesondert festzustellen und in die Folgejahre vorzutragen.

1.2.2 Betriebsbezogene Ermittlung

§ 4h EStG ist bei der Ermittlung des Zinssaldos und bei der Anwendung der Escape-Klauseln betriebsbezogen ausgestaltet. Das Abzugsverbot gilt für Einzelunternehmen, Personengesellschaften und Körperschaften, wenn die Zinsen in einem »Betrieb« anfallen. Eine Definition des »Betriebs« ist in § 4h EStG nicht enthalten. Mitunternehmerschaften und Kapitalgesellschaften haben grundsätzlich nur einen einheitlichen Betrieb. Nach h. M. liegt ein Zinsschrankenbetrieb immer dann vor, wenn der Steuerpflichtige originäre oder fiktive Gewinnanteile erzielt (sog. einkunftsabhängiges Betriebsverständnis, Liekenbrock, DStR 2014, 991). Nach Auffassung der Finanzverwaltung müssen betriebliche Einkünfte nach §§ 13, 15 oder 18 EStG vorliegen (BMF vom 04.07.2008 BStBl I 2008, 718). Ob der Gewinn aufgrund Bestandsvergleichs nach § 4 Abs. 1, § 5 EStG oder aufgrund Einnahmen-Überschuss-Rechnung nach § 4 Abs. 3 EStG ermittelt wird, ist unerheblich.

BEISPIELE

a) Ein Einzelunternehmer kann mehrere Betriebe haben und damit § 4h EStG mehrfach anwenden.

b) Eine Mitunternehmerschaft hat nur einen Betrieb, zu dem neben dem Gesamthandvermögen einschließlich Ergänzungsbilanzen auch das Sonderbetriebsvermögen der Gesellschafter gehört. Der Sonderbetriebsbereich der Mitunternehmer bildet keinen eigenständigen Betrieb.

c) Eine vermögensverwaltende Personengesellschaft ist kein Betrieb, es sei denn, sie ist nach § 15 Abs. 3 Nr. 2 EStG gewerblich geprägt.

d) Bei doppel- oder mehrstöckigen Personengesellschaften hat jede Gesellschaft einen eigenen Betrieb.

e) Eine Kapitalgesellschaft hat grundsätzlich nur einen Betrieb. Unter bestimmten Umständen müssen jedoch mehrere Betriebe zusammen als ein Betrieb behandelt werden. Organträger und Organgesellschaften innerhalb eines Organkreises gelten für Zwecke der Zinsschranke nur als ein Betrieb.

f) Betriebsstätten bilden keine eigenständigen Betriebe.

1.2.3 Maßgeblicher Gewinn

§ 4h EStG ist eine Gewinnermittlungsvorschrift, die sich auf den Betrieb des Einzelunternehmens, der Personengesellschaft oder der Kapitalgesellschaft und nur auf Gewinneinkünfte bezieht. Überschusseinkünfte sind nicht betroffen. Ausgangsgröße ist der steuerrechtlich nach dem EStG ermittelte Gewinn vor Anwendung der Zinsschranke (§ 4h Abs. 3 Satz 1 EStG); nur bei Kapitalgesellschaften wird vom Einkommen ausgegangen. Der maßgebliche Gewinn i. S. d. § 4h Abs. 1 EStG ist bei Einzelunternehmen und bei Personengesellschaften der inländische steuerliche Gewinn, der um die Zinsaufwendungen und die Abschreibungen nach § 6 Abs. 2 Satz 1 und § 6 Abs. 2a Satz 2 und § 7 EStG zu erhöhen und um die Zinserträge zu vermindern ist. Die zum Abzug zugelassenen Zinsvorträge erhöhen den Gewinn i. S. d. § 4h EStG nicht (§ 4h Abs. 1 Satz 3 EStG). Persönliche Besteuerungsmerkmale der Mitunternehmer sind zu berücksichtigen, die zum Beispiel die Steuerfreiheit von Gewinnausschüttungen und von Veräußerungsgewinnen von Kapitalgesellschaftsanteilen betreffen (§ 3 Nr. 40 EStG, § 8b KStG). Soweit Gewinnbestandteile steuerfrei sind, erhöhen sie nicht das verrechenbare EBITDA der Mitunternehmerschaft.

Bei einer doppelstöckigen Gesellschaft ist der Ergebnisanteil einer Oberpersonengesellschaft aus der Beteiligung an einer Unterpersonengesellschaft bei der EBITDA-Ermittlung der Oberpersonengesellschaft zu berücksichtigen (FG Köln vom 19. 12. 2013 DStR 2014, 995 gegen BMF vom 04. 07. 2008 BStBl I 2008, 718 Rz 42; anhängig BFH IV R 4/14; Ernst, BB 2014, 677).

1.2.4 Zinsaufwendungen

Zinsaufwendungen sind alle Vergütungen für Fremdkapital, die den maßgeblichen Gewinn gemindert haben (§ 4h Abs. 3 Satz 2 EStG). Die Aufwendungen und Erträge müssen sich aus der vorübergehenden Überlassung von Geldkapital ergeben. Dies ist der Fall, wenn die Rückzahlung von Fremdkapital bzw. Kapitalforderungen oder ein Entgelt für die Überlassung zur Nutzung zugesagt oder gewährt worden ist, auch wenn die Höhe des Entgelts von einem ungewissen Ereignis abhängt. Auf die Dauer der Überlassung kommt es nicht an. Auch Aufwendungen, die sich aus der Aufzinsung unverzinslicher oder niedrig verzinslicher Verbindlichkeiten und aus der Abzinsung unverzinslicher oder niedrig verzinslicher Forderungen mit einer gewissen Laufzeit ergeben, fallen unter die Zinsschranke (§ 4h Abs. 3 Satz 4 EStG).

Alle Zinsaufwendungen sind ohne Rücksicht darauf anzusetzen, wer Kreditgeber ist. Die Zinsschranke erfasst nicht nur Zinsaufwendungen an Gesellschafter und diesen nahestehende Personen, sondern auch solche Zinsen, die an fremde Dritte gezahlt werden, also im Ergebnis jedes fremdübliche Bankdarlehen. Entscheidend ist lediglich, dass die Vergütungen für Fremdkapital den steuerlichen Gewinn gem. § 4 Abs. 4 EStG gemindert haben. Erfasst werden nur Vergütungen für die Überlassung von Geldkapital, jedoch nicht für Sachkapital (z. B. Miete, Leasing, Leihe usw.). Neben den reinen Zinsbeträgen werden auch Beträge aus Disagio, Damnum, Provisionen und Gebühren hinzugerechnet. Dagegen werden in den Zinssaldo nach § 4h EStG nicht einbezogen:

- die nach § 3c Abs. 1 und Abs. 2, § 4 Abs. 4a, Abs. 5 EStG oder nach § 8 Abs. 3 Satz 2 KStG nicht abzugsfähigen Aufwendungen,
- Steuerzinsen nach §§ 233 ff. AO,
- Skonti und Boni,
- Aufzinsungen von Rückstellungen (z. B. von Pensionsrückstellungen)
- Vergütungen für Fremdkapital einer ausländischen Betriebsstätte, deren Ergebnis von der inländischen Besteuerung freigestellt ist.

1.2.5 Zinserträge

Als Zinserträge sind Erträge aus Kapitalforderungen jeder Art zu erfassen, soweit sie den maßgeblichen Gewinn erhöht haben (§ 4h Abs. 3 Satz 3 EStG). Nicht zu berücksichtigen sind entsprechend der Behandlung der Zinsaufwendungen Erträge aus der Sachkapitalüberlassung (Miet-, Pacht-, Lizenzerträge) und Zinsen nach §§ 233 ff. AO sowie Skonti und Boni und Ergebnisse einer ausländischen Freistellungsbetriebsstätte.

Die Zinserträge und -aufwendungen sind zu saldieren. Wenn die Zinserträge höher sind als die Zinsaufwendungen, ist § 4h EStG ungeachtet der Höhe der Zinsaufwendungen nicht anwendbar.

BEISPIEL

Die X-KG erzielt Zinserträge i. H. v. 9 Mio. € und trägt Zinsaufwendungen i. H. v. 7 Mio. €. Der steuerliche EBITDA beträgt 15 Mio. €.

LÖSUNG Da die Zinsaufwendungen i. H. v. 7 Mio. € gem. § 4h Abs. 1 Satz 1 EStG bis zur Höhe der Zinserträge i. H. v. 9 Mio. € abziehbar sind, ist die Abzugsbeschränkung nicht anwendbar. Es spielt daher keine Rolle, dass die Zinsaufwendungen 30 % des EBITDA (4,5 Mio. €) übersteigen.

1.3 Grenzen der Zinsschranke

1.3.1 Freigrenze (§ 4h Abs. 2 Buchst. a EStG)

Die Rechtslage des § 4h EStG ist wegen des mehrstufigen Regel-Ausnahme-Verhältnisses kompliziert. § 4h Abs. 2 Buchst. a–c EStG sieht drei Ausschlussgründe vor, in denen die Zinsschranke nicht anzuwenden ist. Die Zinsschranke greift zunächst dann nicht, wenn der Zinssaldo, d. h. der Betrag der Zinsaufwendungen, der den Betrag der Zinserträge übersteigt, weniger als 3 Mio. € beträgt (§ 4h Abs. 2 Buchst. a EStG). Durch diesen hohen Betrag ist nur ein kleiner Teil der Unternehmen, nach Schätzungen weit weniger als 1 % aller Betriebe, betroffen. Der Gesetzgeber will kleine und mittlere Unternehmen von der Zinsschranke verschonen. Es handelt sich um eine Freigrenze, die alle Zinsaufwendungen erfasst, die Teil einer inländischen Gewinnermittlung sind. Sobald der Zinssaldo den Betrag von 3 Mio. € auch nur um 1 € übersteigt, ist der Teil des Zinssaldos nicht abziehbar, der 30 % des EBITDA übersteigt (sog. Belastungssprung). Die Freigrenze ist betriebsbezogen und kann bei mehreren Betrieben mehrfach angewendet werden. Bei Mitunternehmerschaften ist die Freigrenze gesellschaftsbezogen zu ermitteln. Auch bei konzernabhängigen Betrieben ist die Freigrenze bei jedem einzelnen Betrieb anwendbar. Unter bestimmten Umständen müssen aber mehrere Betriebe zusammen als ein Betrieb behandelt werden. Für Organträger und Organgesellschaften innerhalb eines Organkreises gilt die Freigrenze nur einmal.

1.3.2 Nicht konzernangehörige Betriebe (§ 4h Abs. 2 Buchst. b EStG)

Grundsätzlich ist die Zinsschranke nur anwendbar, wenn das Unternehmen einem Konzern angehört. Die Zinsschranke ist nicht anwendbar, wenn der Betrieb nicht oder nur anteilmäßig zu einem Konzern gehört und wenn keine schädliche Gesellschafterfremdfinanzierung vorliegt (sog. Stand-Alone-Escape-Klausel, § 4h Abs. 2 Buchst. b EStG i. V. m. § 8a Abs. 2 KStG). Anwendbar ist ein erweiterter Konzernbegriff. Als nicht konzerngebunden sind Einzelunternehmer zu behandeln, die keine weiteren Beteiligungen halten, sowie Kapitalgesellschaften, deren Anteile sich im Streubesitz befinden und die keine weiteren Beteiligungen halten. Einzelunternehmen oder Gesellschaften gelten nicht schon deshalb als zu einem Konzern gehörig, wenn sie Betriebsstätten im Ausland haben. Die Konzernzugehörigkeit ist aber anzunehmen, wenn der Betrieb mit anderen Betrieben konsolidiert wird; es genügt auch, wenn die Konsolidierung vorgenommen werden könnte. Außerdem gehört ein Betrieb dann zu einem Konzern, wenn seine Finanz- oder Geschäftspolitik mit einem oder mehreren anderen Betrieben einheitlich bestimmt werden kann (§ 4h Abs. 2 Buchst. b Satz 4, 5 EStG).

1.3.3 Konzern-Escape-Klausel (§ 4h Abs. 2 Buchst. c EStG)

Die Zinsschranke ist ebenfalls nicht anwendbar, wenn der Betrieb zu einem Konzern gehört, seine Eigenkapitalquote am Schluss des vorangegangenen Abschlussstichtags gleich oder höher ist als die des Konzerns (Eigenkapitalvergleich) und wenn keine Gesellschafterfremdfinanzierung vorliegt (sog. Konzern-Escape-Klausel, § 4h Abs. 2 Buchst. c EStG). Dabei ist ein Unterschreiten der Eigenkapitalquote des Konzerns bis zu einem Prozentpunkt bzw. ab 2010 bis zu zwei Prozentpunkten unschädlich (WachsBeschlG, BGBl I 2009, 3950). Die für den Eigenkapitalquotenvergleich maßgeblichen Abschlüsse sind vorrangig nach den International Financial Reporting Standards (IFRS) zu erstellen. Damit finden die IFRS erstmals Eingang in das deutsche Steuerrecht. Alternativ, wenn kein IFRS-Abschluss erstellt wird, kann der Eigenkapitalvergleich auch nach dem Handelsrecht eines EU-Mitgliedstaats (z. B. nach dem deutschen HGB) oder nach den US-GAAP erfolgen. Wenn der Abschluss des Betriebs nicht nach denselben Standards wie der Konzernabschluss aufgestellt wurde, muss die Eigenkapitalquote des Betriebs aufgrund einer Überleitungsrechnung ermittelt werden. Abschluss oder Überleitungsrechnung sind auf Verlangen des Finanzamts von einem Abschlussprüfer zu testieren. Die Escape-Klausel wird Körperschaften unter den Voraussetzungen des § 8a Abs. 3 KStG und gem. § 4h Abs. 2 Satz 2 EStG auch diesen nachgeordneten Personengesellschaften versagt. Die Eigenkapitalquote setzt das Eigenkapital in das Verhältnis zur Bilanzsumme. Es kommt nicht zu einer Beschränkung des Zinsabzugs, wenn der Betrieb nicht innerhalb eines Konzerns vollkonsolidiert wird. Der Konzernbegriff des § 4h EStG ist weiter als der des HGB: Ein Konzern ist schon dann gegeben, wenn der Betrieb in einen handelsrechtlichen Konzernabschluss einbezogen wird oder wenn seine Finanzen oder seine Geschäftspolitik einheitlich mit anderen Betrieben bestimmt werden können.

1.4 EBITDA-Vortrag

Für Wirtschaftsjahre, die nach dem 31.12.2009 enden, wurde ein EBITDA-Vortrag geschaffen (§ 4h Abs. 1 Sätze 3 und 4, § 52 Abs. 12d Sätze 4 und 5 EStG). Soweit das verrechenbare EBITDA die um die Zinserträge geminderten Zinsaufwendungen des Betriebs (negativer Zinssaldo) übersteigt, ist es in die folgenden fünf Wirtschaftsjahre vorzutragen. Es ist zu rechnen:

	Verrechenbares EBITDA
+	Zinsertrag
./.	Zinsaufwendungen
=	EBITDA-Vortrag

Die Regelung ist nur anwendbar, wenn keine der in § 4h Abs. 2 EStG geregelten Ausnahmen eingreift. Der EBITDA-Vortrag wird amtlich festgestellt (§ 4h Abs. 4 EStG). Die Reihenfolge der Verwendung des EBITDA ist wie folgt geregelt:

- Prüfung, inwieweit Zinsaufwendungen eines Wj. durch Zinserträge und ein verrechenbares EBITDA dieses Wj. ausgeglichen werden;
- Verrechnung der EBITDA-Vorträge aus vorangegangenen Wj., wobei mit dem ältesten EBITDA-Vortrag begonnen wird (Fifo-Methode);
- EBITDA-Vorträge, die in dem fünften auf seine Feststellung folgenden Wj. noch nicht mit Zinsaufwendungen verrechnet worden sind, verfallen.

1.5   Zinsvortrag

Durch die Zinsschranke wird der Aufwand zeitlich verschoben. Die nicht abzugsfähigen Zinsen werden unbeschränkt in die folgenden Wj. vorgetragen. Sie erhöhen die Zinsaufwendungen dieser Wj., nicht aber den maßgeblichen Gewinn, da sie diesen im Vortragsjahr auch nicht gemindert haben. Der Abzug erfolgt in den Folgejahren bis zur Höhe der Zinsschranke (§ 4h Abs. 1 Sätze 5 und 6 EStG). Dadurch wird im Regelfall der in früheren Jahren nichtabziehbare Teil der Zinsaufwendungen über den Zinsvortrag gewinnmindernd berücksichtigt. Es ist jedoch möglich, dass die Zinsaufwendungen auch im Rahmen des Zinsvortrags endgültig nicht berücksichtigt werden, z. B. weil sich die Zinssituation des Betriebs in den späteren Wj. nicht wesentlich ändert oder weil der Betrieb aufgegeben oder übertragen wird.

BEISPIEL

Die XY-GmbH & Co. KG erzielt einen Verlust von 1 Mio. €. Der Überschuss der Zinsaufwendungen über die Zinserträge (Nettozinsaufwand) beträgt 9 Mio. €, die Abschreibungen nach § 7 EStG 0,5 Mio. €.

LÖSUNG Der maßgebliche Gewinn vor Zinsen, Steuern und Abschreibungen (EBITDA) beläuft sich auf 8,5 Mio. €. Es können lediglich Zinsaufwendungen i. H. v. 2,55 Mio. € (30 % des EBITDA) sofort als Betriebsausgaben abgezogen werden. Der übersteigende Zinsaufwand i. H. v. 5,95 Mio. € kann im Rahmen der Zinsschranke in künftigen Jahren als Betriebsausgaben geltend gemacht werden, solange der Betrieb existiert.

Der Zinsvortrag ist in sinngemäßer Anwendung des § 10d Abs. 4 EStG gesondert festzustellen; zuständig ist grundsätzlich das für die gesonderte Feststellung des Gewinns und Verlusts der Gesellschaft zuständige Finanzamt, im Übrigen das für die Besteuerung zuständige Finanzamt (§ 4h Abs. 4 EStG). Bei Personengesellschafter ist die Gesellschaft selbst Adressat der Feststellung des Zinsvortrags, nicht die einzelnen Mitunternehmer.

1.6   Weitere Regeln zur Anwendung bei Personengesellschaften

1.6.1   Zinsen aus Gesellschafterdarlehen

Die Zinsschranke betrifft Zinsaufwendungen, die den maßgeblichen Gewinn gemindert haben (§ 4h Abs. 2 Satz 3 EStG). Für Personengesellschaften ergeben sich Besonderheiten aus den Sonderbilanzen und Ergänzungsbilanzen der Gesellschafter.

- Zinsen aus Gesellschafterdarlehen, welche die Gesellschaft an die Gesellschafter zahlt, werden dem Steuerbilanzgewinn als Sonderbetriebseinnahmen des Gesellschafters wieder hinzugerechnet. Soweit Zinsen für ein von einem Mitunternehmer an die Gesellschaft gewährtes Darlehen als Sondervergütungen zu qualifizieren sind, mindert sich der steuerliche Gesamtgewinn der Mitunternehmerschaft nicht. Die Zinsaufwendungen werden daher nicht von § 4h EStG erfasst.

- Darlehenszinsen, die der Gesellschafter zur Fremdfinanzierung des Erwerbs seiner Beteiligung an Dritte zahlt, mindern den maßgeblichen Gewinn der Personengesellschaft, unterliegen demnach der Zinsabzugsbeschränkung.

Hohe Fremdfinanzierungen der Beteiligungen einzelner Gesellschafter können die Anwendbarkeit der Zinsschranke für die ganze Personengesellschaft zur Folge haben. Aus dem Gesetz ergibt sich nicht, ob § 4h EStG gesellschafterbezogen oder gesellschaftsbezogen anzuwenden ist. Diese Frage stellt sich beispielsweise bei Zinsaufwendungen eines Gesellschafters, die er als Sonderbetriebsausgaben bei der Gesellschaft geltend macht. Ein vorrangiger Abzug der Zinsen im Gesamthandsbereich oder im Sonderbereich ist nicht begründbar. Die h. M. geht wie bei der Anwendung des § 4 Abs. 4a EStG von einer gesellschaftsbezogenen Betrachtungsweise aus (Breithecker/Förster, § 4h EStG Rz. 53; Middendorf/Stegemann, Inf 2007, 305; Schaumburg/Rödder, Unternehmensteuerreform 2008, 456). Dies bedeutet, dass Zinserträge und Zinsaufwendungen im Sonder- oder Ergänzungsbereich eines Mitunternehmers dem Betrieb der Mitunternehmerschaft zuzurechnen sind. Danach ist der nicht abziehbare Zinsaufwand des Gesellschafters nach dem allgemeinen Gewinnverteilungsschlüssel aufzuteilen und nicht lediglich bei demjenigen Mitunternehmer anzusetzen, der den tatsächlichen Zinsaufwand getragen hat.

BEISPIEL

An der X-KG sind die Gesellschafter X und Y zu je 50 % beteiligt. Der maßgebliche Gewinn i. H .v. 10 Mio. € wurde um Zinsaufwendungen im Gesamthandsvermögen von 6 Mio. € und um Zinsaufwendungen im Sonderbetriebsvermögen des Gesellschafters X von 4 Mio. € gemindert.

LÖSUNG

	€	€	€
maßgeblicher Gewinn	10 Mio.		
+ Zinsaufwendungen Gesamthandsvermögen	6 Mio.		
+ Zinsaufwendungen Sonderbetriebsvermögen X	4 Mio.		
= steuerliches EBITDA	20 Mio.		
abziehbarer Zinsaufwand 30 % von 20 Mio. €	6 Mio.		
Gesellschafter		X	Y
steuerliches EBITDA	20 Mio.		
./. Zinsaufwendungen Gesamthandsvermögen	6 Mio.		
davon abziehbar 6/10 von 6 Mio. € = 3,6 Mio. €			
(Rest 2,4 Mio. €)	./. 3,6 Mio.		
= steuerliches Ergebnis Gesamthandsvermögen	16,4 Mio.	8,2 Mio.	8,2 Mio.
./. Zinsaufwendungen Sonderbetriebsvermögen X	4 Mio.		
davon abziehbar 6/10 von 4 Mio. € = 2,4 Mio. €			
(Rest 1,6 Mio. €)	2,4 Mio.	./. 2,4 Mio.	
= Gewinn aus Gewerbebetrieb		5,8 Mio.	8,2 Mio.
Zinsvortrag entspr. Beteiligungsquote i. H. d. Rests			
(2,4 Mio. € + 1,6 Mio. €)	4 Mio.	2 Mio.	2 Mio.

Da die Zinsaufwendungen insgesamt durch den Betrieb der Personengesellschaft veranlasst sind, ist der Zinsvortrag dem Gewinnverteilungsschlüssel entsprechend auf die Mitunternehmer zu verteilen. Zinsaufwendungen eines Gesellschafters aus seinem Sonderbereich stehen in den Vortragsjahren anteilig auch den Mitgesellschaftern über den Zinsvortrag zur Verfügung. Als Folge ergeben sich steuerbedingte Drittwirkungen für die anderen Gesellschafter. Zum Ausgleich können gesellschaftsvertragliche Regelungen für den benachteiligten Gesellschafter X in Form eines Ausgleichsanspruchs getroffen werden, den er mit seinem Mitgesellschafter Y vereinbart, um zu einer verursachungsgerechten Verteilung zu gelangen.

1.6.2   Zinssaldo

Der schädliche negative Zinssaldo besteht aus den Zinsaufwendungen, welche die Zinserträge übersteigen (vgl. 1.2.1). Bei der Ermittlung des Zinssaldos sind alle Zinsaufwendungen und Zinserträge auszuklammern, die als Gesellschafterleistungen gem. § 15 Abs. 1 Satz 1 Nr. 2 EStG gewerbliche Aufwendungen und Erträge darstellen. Keine Zinserträge i. S. d. § 4h EStG sind Dividendenerträge und Gewinnanteile eines Mitunternehmers einschließlich der Erträge aus Ergänzungsbilanzen und Sonderbilanzen. Entsprechendes gilt für Zinsaufwendungen eines Mitunternehmers im Zusammenhang mit Ergänzungsbilanzen und Sonderbilanzen.

1.6.3   Zu hohe Gesellschafterfremdfinanzierung

Die Escape-Klauseln gem. § 4h Abs. 2b und 2c EStG werden durch § 8a Abs. 2 und 3 KStG für Körperschaften mit zu hoher Gesellschafterfremdfinanzierung erweitert. Durch § 4h Abs. 2 Satz 2 EStG wird diese körperschaftsteuerliche Regelung auf Personengesellschaften ausgedehnt, die Körperschaften nachgeordnet sind. Der weitreichende Verweis macht eine teleologische Begrenzung erforderlich. Ein von einem Mitunternehmer der Personengesellschaft überlassenes Darlehen fällt unter § 15 Abs. 1 Satz 1 Nr. 2 EStG und damit nicht unter die Zinsschranke. § 4h EStG ist daher nur anwendbar, wenn ein an einer Personengesellschaft nur mittelbar Beteiligter von ihr Zinsaufwendungen erhält oder wenn Zinsaufwendungen eines anderen Konzernunternehmens an einen an der Personengesellschaft qualifiziert Beteiligten vorliegen (Herzig, Handbuch der Unternehmensteuerreform 2008, Rz. 240).

1.6.4   Zinsschranke bei vermögensverwaltenden Personengesellschaften

Die Zinsschranke ist bei vermögensverwaltenden Personengesellschaften grundsätzlich nicht anwendbar, sofern sie Überschusseinkünfte haben. Eine Ausnahme gilt dann, wenn die Einkünfte gem. § 15 Abs. 3 Nr. 2 EStG gewerblich geprägt oder durch eine Betriebsaufspaltung zu Gewinneinkünften umqualifiziert werden. Die Lösung der Geprägefälle hängt davon ab, ob die Umqualifizierung der Einkünfte auf der Ebene der vermögensverwaltenden Personengesellschaft oder auf der Ebene der betreffenden Gesellschafter erfolgt. Die Umqualifizierung auf der Ebene der vermögensverwaltenden Personengesellschaft ist nicht möglich, weil die Einkünfte einer Personengesellschaft durch die Tätigkeit der Gesellschaft bestimmt werden und die Gesellschafter insoweit lediglich Einkünfte aus einer Überschusseinkunftsart erzielen (BFH vom 11. 04. 2005 GrS 2/02 BStBl II 2005, 679, vgl. 1.3.4). Zweckmäßigerweise wird der Gewinn für die Gemeinschaft der betroffenen Gesellschafter ermittelt, wobei die Anteile derjenigen Gesellschafter herausgerechnet werden, die nur Überschusseinkünfte erzielen.

1.6.5   Untergang des Zinsvortrags bei Mitunternehmern

Bei Aufgabe oder Übertragung des Betriebes geht ein nicht verbrauchter Zinsvortrag unter. Wenn ein Mitunternehmer aus der Gesellschaft ausscheidet, geht der Zinsvortrag anteilig mit der Quote unter, mit welcher der ausgeschiedene Gesellschafter an der Gesellschaft beteiligt war (§ 4h Abs. 5 EStG). Der Zinsvortrag bleibt dagegen bestehen, wenn nur ein Teilbetrieb veräußert wird oder wenn ein Mitunternehmer nur einen Teil seines Mitunternehmeranteils veräußert, aber im Übrigen weiterhin Mitunternehmer bleibt.

1.7 Verhältnis des § 4h EStG zu anderen Vorschriften

Zu den übrigen Vorschriften des EStG, die den Betriebsausgabenabzug von Finanzierungsaufwendungen beschränken, bestehen folgende Konkurrenzverhältnisse (Hick, in Herrmann/Heuer/Raupach § 4h EStG Anm. J 07–6 ff.; Hoffmann, in Littmann, § 4h EStG):

- § 4 Abs. 4 EStG (Abzugsverbot bei nicht betrieblich veranlassten Zinsaufwendungen) und § 4 Abs. 4a EStG (Abzugsverbot bei Überentnahmen) gehen der Vorschrift des § 4h EStG als lex specialis vor.
- Nach § 3c Abs. 1 und Abs. 2 EStG ganz oder nach dem Teileinkünfteverfahren zu 40 % nicht abzugsfähige Zinsaufwendungen rechnen nicht zu den Zinsaufwendungen nach § 4h EStG.
- § 4h EStG als im Rahmen der steuerlichen Gewinnermittlung anwendbare Vorschrift geht der allgemeinen Verlustabzugsvorschrift des § 10d EStG vor. Wenn der Abzug von Zinsaufwendungen infolge von § 4h EStG versagt wird, erhöht sich der Gesamtbetrag der Einkünfte, der dann für einen Ausgleich mit einem bestehenden Verlustvortrag aus dem Vorjahr zur Verfügung steht. Als Folge vermindert sich der Verlustvortrag nach § 10d EStG zugunsten des Aufbaus eines Zinsvortrags nach § 4h EStG. In Vortragsjahren kann die Nutzung eines Zinsvortrags dazu führen, dass aus der steuerwirksamen Berücksichtigung der Zinsaufwendungen ein Verlustabzug nach § 10d EStG verursacht wird.
- Die besonderen Verlustverrechnungsvorschriften der §§ 2a, 15 Abs. 4, 15a, 15b EStG lassen die Verrechnung von Verlusten nur mit gleichartigen Gewinnen anderer Wj. zu. Die nur beschränkt ausgleichsfähigen Verluste mindern den Gewinn nicht im Jahr der Verlustentstehung, sondern erst im Verlustabzugsjahr.
- § 4h EStG ist auf Körperschaften nach § 8 Abs. 1 KStG entsprechend anzuwenden, wobei die ergänzenden Vorschriften des § 8a KStG zu beachten sind.
- Gewerbesteuerlich sind im steuerpflichtigen Gewerbeertrag auch die nach § 4h EStG nicht abziehbaren Schuldzinsen enthalten (§ 7 Satz 1 GewStG). Soweit Zinsaufwendungen den Gewinn aufgrund von § 4h EStG nicht gemindert haben, entfällt eine Hinzurechnung von 25 % der Entgelte für Schulden gem. § 8 Nr. 1 Buchst. a GewStG). Eine Hinzurechnung hat zu erfolgen, wenn sich der Gewinn in den folgenden Jahren durch vorgetragene Zinsaufwendungen mindert.

1.8 Zinsschranke bei Körperschaften

Nach § 8a Abs. 1 KStG ist die Vorschrift des § 4h EStG mit Modifikationen anzuwenden. § 4h Abs. 1 Satz 2 EStG gilt mit der Maßgabe, dass anstelle des maßgeblichen Gewinns das maßgebliche Einkommen tritt. Maßgebliches Einkommen ist das nach den Vorschriften des EStG und des KStG ermittelte Einkommen mit Ausnahme der §§ 4h und 10d EStG und des § 9 Abs. 1 Nr. 2 KStG. In § 8a Abs. 2 und 3 KStG sind (Rück)ausnahmen von der Konzernklausel und der Escape-Klausel geregelt (vgl. III F 2.4.3).

2 Gewinnthesaurierung bei Personenunternehmen (§ 34a EStG)

2.1 Überblick

Das Unternehmensteuerreformgesetz 2008 (UntStRefG, BGBl I 2007, 1912; BStBl I 2007, 630) senkte zum Zweck der Verbesserung des Steuerstandorts Deutschland die Gesamtsteuerbelastung bei Kapitalgesellschaften von bisher ca. 40 % auf ca. 29,825 %. Zum Ausgleich hierzu können bilanzierende Personenunternehmer auf Grund des § 34a EStG den nicht entnommenen Gewinn ebenfalls einer abgesenkten Thesaurierungsbelastung unterwerfen. Allein- und Mitunternehmer können auf Antrag die nicht entnommenen Gewinne zunächst mit einem ESt-Satz von 28,25 % zzgl. SolZ versteuern und im Zeitpunkt der späteren Entnahme mit einem ESt-Satz von 25 % zzgl. SolZ nachversteuern. Im Grundfall kann bei Personenunternehmen im Fall der Thesaurierung zumindest nominell fast dieselbe Steuerbelastung wie bei Kapitalgesellschaften erzielt werden, für die mit der Unternehmensteuerreform 2008 die Gesamtbelastung mit KSt und GewSt auf knapp unter 30 % abgesenkt wurde. Die Thesaurierungsbesteuerung macht es möglich, die Vorteile einer Personengesellschaft zu nutzen und die steuerlichen Nachteile des Transparenzprinzips gestalterisch in den Hintergrund treten zu lassen (Blöchle/Menninger, DStR 2016, 1974).

Thesaurierungsbelastung der Personenunternehmen gem. § 34a EStG

Gewinn vor Steuern		100	
./. Gewerbesteuer (nicht abzugsfähig, § 4 Abs. 5d EStG):			
100 × 3,5 % × 400 % = 14			
Thesaurierungsvolumen beträgt wegen der Nichtabzugs-			
fähigkeit der GewSt immer noch		100	
./. ESt-Belastung gem. § 34a EStG 28,25 %			
(statt individuellem ESt-Tarif)	./.	28,25	28,25
+ GewSt-Anrechnung (§ 35 EStG): GewSt-Messbetrag 3,5 × 3,8		13,3	
./. SolZ 5,5 % von (28,25 ./. 13,3 =) 14,95	./.	0,82	0,82
= Nettoertrag		70,23	
= Gesamtsteuern (ESt und SolZ)			29,77

Die Gesamtbelastung mit ESt zzgl. SolZ von 29,77 % lässt sich allerdings in der Praxis aus zwei Gründen nicht erreichen. Zum einen sind nicht abziehbare Betriebsausgaben nicht tarifbegünstigt und aus der Bemessungsgrundlage auszuscheiden. Zum andern mindern Entnahmen für den Lebensunterhalt und die Einkommensteuer zzgl. SolZ das Begünstigungsvolumen. Dies lässt sich nur vermeiden, wenn der (Mit-)Unternehmer seinen Lebensunterhalt und seine ESt-Schuld aus anderen, nicht tarifbegünstigten Einkünften bestreiten kann.

§ 34a EStG soll zu mehr Belastungsneutralität zwischen Kapital- und Personengesellschaften sowie zu einer verbesserten Eigenkapitalsituation bei Personenunternehmen führen (Frede/Friedrich, Stbg 2010, 57; Bodden, FR 2012, 68). Die Steuerbegünstigung steht nur natürlichen Personen mit Gewinnen zu, die aufgrund Betriebsvermögensvergleichs ermittelt sind. Einzelunternehmer und Personengesellschafter haben bei im zu versteuernden Einkommen enthaltenen, nicht entnommenen Gewinnen ein Wahlrecht, im Rahmen der Einkommensteuer einen Sondertarif anzuwenden. Der ermäßigte proportionale Steuersatz beträgt 28,25 % zzgl. SolZ. Im Gegensatz zur früheren Rechtslage ändert sich bei Personenunternehmen die Steuerbelastung durch das Entnahmeverhalten. Die Gewinnthesaurierung wird auf Antrag privilegiert. Bei einer späteren Entnahme erfolgt mit dem Abgeltungssatz für Dividenden i. H. v. 25 % eine Nachbesteuerung, die zu einer erheblichen Gesamtsteuerbelastung führen kann.

Gesamtsteuerbelastung nach Nachversteuerung gem. § 34a Abs. 4 EStG

	Gewinn	100	
./.	ESt-Belastung gem. § 34a EStG 28,25 %	./. 28,25	
./.	SolZ 5,5 %	./. 1,55	
=	nachversteuerungspflichtiger Betrag	70,20	
	Nachversteuerung 25 % von 70,20	17,55	
+	SolZ 5,5 %	0,97	
=	Nachsteuer	18,51	18,51
+	Vorbelastung (s. o.)		29,77
=	Gesamtsteuern		48,28

Die Regelung des § 34a EStG ist sehr komplex. Die Inanspruchnahme der Thesaurierungsbegünstigung bedarf der gestalterischen Planung der Entnahmen und Einlagen schon während des Wj. Ihre Inanspruchnahme soll nach der Gesetzesbegründung bei einem Gewinn von 100 vor Steuern und einem Gewerbesteuerhebesatz von 400 % sowie maximaler Gewinnthesaurierung im Vergleich zu Normalbesteuerung zu der etwa gleichen Steuerbelastung wie bei einer Kapitalgesellschaft führen. Wegen der Nachversteuerung der bei Entnahme zuvor begünstigten Gewinne verschafft die Thesaurierungsbegünstigung den Personenunternehmen nur einen zeitlich begrenzten Steuervorteil. Die Beantwortung der Frage, ab wann sich die Thesaurierungsbesteuerung steuerlich lohnt, hängt vom persönlichen Steuersatz, von der Thesaurierungsdauer und von der internen Verzinsung der thesaurierten Beträge ab. Die Inanspruchnahme ist sinnvoll, wenn der individuelle Steuersatz entsprechend hoch ist und begünstigte thesaurierte Gewinnanteile nicht umgehend wieder entnommen werden müssen. Eine niedrigere Steuerbelastung wird zunächst nur erzielt, wenn der Grenzsteuersatz (28,25 % zzgl. SolZ =) 29,8 % übersteigt. Die Gesamtsteuerbelastung beträgt jedoch bei späterer Nachbesteuerung immer über 48 %. Die Inanspruchnahme des § 34a EStG ist deshalb vor allem für Steuerpflichtige mit einer Steuerbelastung in der Nähe des Spitzensteuersatzes von 45 % günstig, für Steuerpflichtige mit niedrigerer Steuerbelastung dagegen nur dann, wenn das begünstigte Eigenkapital längerfristig im Unternehmen bleibt. Unterhalb eines persönlichen Steuersatzes von 28,25 % ist der Sondertarif des § 34a EStG immer nachteilig.

Mit § 34a EStG wird der grundsätzlich begrüßenswerte Zweck verfolgt, mehr steuerliche Belastungsparallelität zwischen Personenunternehmen und Kapitalgesellschaften herzustellen. Die Steuerbelastung ist jedoch umso größer, je geringer der persönliche Steuersatz des Unternehmers ist. Durch § 34a EStG werden ertragsstarke Personenunternehmen erheblich begünstigt. Dies ist verfassungsrechtlich unter dem Gesichtspunkt der Besteuerung nach der Leistungsfähigkeit bedenklich (Wilke, DStZ 2007, 216; Paus, EStB 2008, 324; van Heek, SteuerStud 2010, 503; a. A. Schmidt/Wacker, EStG, § 34a EStG Rz 12).

2.2 Thesaurierungsbegünstigung

2.2.1 Persönlicher Anwendungsbereich

Begünstigt sind auf entsprechenden Antrag die Bezieher von Gewinneinkünften (§§ 13, 15, 18 EStG), die ihren Gewinn durch Bestandsvergleich (§§ 4 Abs. 1, § 5 EStG) ermitteln. § 34a EStG wird unternehmer- bzw. gesellschafterbezogen angewendet. Die einzelnen Mitunternehmer können deshalb unabhängig voneinander entscheiden, ob sie einen Antrag stellen. Die Mitunternehmer können unterschiedlich zu behandeln sein. Der Antrag ist nicht form- oder fristgebunden und kann bei Einzelunternehmern mit der Abgabe der Steuererklärung, bei Mitunternehmern im Rahmen des Feststellungsverfahrens der Gesellschaft gestellt werden. Bei Mitunternehmern ist der Antrag nur zulässig, wenn der Anteil am steuerlichen Gesamtgewinn (einschließlich Sonder- und Ergänzungsbilanzen) 10 % bzw. 10 000 € übersteigt.

2.2.2 Sachlicher Anwendungsbereich

§ 34a EStG beeinflusst lediglich den Steuersatz. Weitere Konten in der Buchführung sind nicht notwendig. Die Ermittlung des zu versteuernden Einkommens (§ 2 Abs. 5 EStG) und die Vorschriften über die Gewinnermittlung bleiben unberührt. Deshalb ist zunächst die Bemessungsgrundlage des zu versteuernden Einkommens bzw. des Gewinns nach den herkömmlichen Verfahren zu ermitteln, wobei auch die Regelungen über den Verlustausgleich und -abzug zu beachten sind. Ein Mindestgewinn ist nur bei Mitunternehmern erforderlich (§ 34 Abs. 1 Satz 3 EStG). Nicht abzugsfähige Betriebsausgaben und steuerfreie Einnahmen sind nicht begünstigungsfähig. Vom Thesaurierungssteuersatz ausgenommen sind auch Gewinne, für die der Freibetrag nach § 16 Abs. 4 EStG oder die Steuerermäßigung nach § 34 Abs. 3 EStG beantragt wurde.

2.3 Thesaurierung im Einzelnen

2.3.1 Grundsatz

Die Thesaurierungsbegünstigung nach § 34a EStG ist veranlagungsbezogen und personenbezogen anzuwenden (Individualbegünstigung). Das Wahlrecht kann in jedem Veranlagungszeitraum und für jeden Betrieb bzw. Mitunternehmeranteil neu ausgeübt werden (vgl. BMF vom 11. 08. 2008 BStBl I 2008, 838).

2.3.2 Begünstigungsfähiger Gewinn, Begünstigungsbetrag und nachzuversteuernder Betrag

Ausgangspunkt für die Thesaurierungsbegünstigung ist der **nicht entnommene Gewinn** nach § 4 Abs. 1, § 5 EStG, der um den positiven Saldo der Entnahmen und Einlagen des Wj. (§ 34a Abs. 2 EStG) vermindert ist. Entnahmen und Einlagen sind zu saldieren. Unterjährige Entnahmen können durch Einlagen vor dem Bilanzstichtag kompensiert werden.

	Laufender Gewinn lt. Steuerbilanz gem. § 4 Abs. 1 oder § 5 EStG
./.	positiver Saldo aus Entnahmen und Einlagen des Wj.
=	nicht entnommener Gewinn gem. § 34a Abs. 2 EStG (maximal begünstigungsfähiger Gewinn)
./.	normal versteuerter nicht entnommener Gewinn (sofern insoweit kein Antrag vorliegt)
=	Begünstigungsbetrag (Antrag nach § 34a EStG gestellt)

Der **Begünstigungsbetrag** ist der Teil des nicht entnommenen Gewinns, für den der (Mit-)Unternehmer den Antrag gestellt hat. Der Begünstigungsbetrag ist die Bemessungsgrundlage für den Sondertarif gem. § 34a Abs. 1 EStG (28,25 % ESt zzgl. SolZ und ggf. KiSt).

Der **nachzuversteuernde Betrag** des (Mit-)Unternehmers für den laufenden Veranlagungszeitraum errechnet sich aus dem Begünstigungsbetrag durch Abzug der darauf entfallenden Steuerbelastung (ESt und SolZ, ohne KiSt, vgl. 15.5.2).

BEISPIEL

Auf den Mitunternehmer X der XY-OHG entfällt ein nicht entnommener Gewinn von 150 000 €. X stellt einen Antrag auf Tarifbegünstigung gem. § 34a EStG für 60 000 €.

LÖSUNG Von dem nicht entnommenen Gewinn von 150 000 € versteuert X 90 000 € normal und 60 000 € begünstigt. Für den Begünstigungsbetrag versteuert er (60 000 € × 28,25 % =) 16 950 € ESt zzgl. (16 950 € × 5,5 % =) 932 € SolZ. Daraus ergibt sich der folgende nachzuversteuernde Betrag:

Begünstigungsbetrag		60 000 €
abzgl. 16 950 € ESt und 932 € SolZ	./.	17 882 €
= nachzuversteuernder Betrag		42 118 €

Korrekturen des begünstigungsfähigen Gewinns sind vorzunehmen, wenn Beträge außerhalb der Bilanz abgezogen oder hinzugerechnet worden sind. Auch Mehrfachbegünstigungen sind nicht zulässig. Bei der Ermittlung der Begünstigungsbasis sind entsprechende Korrekturen vorzunehmen.

- Begünstigungsfähig ist grundsätzlich nur der laufende steuerliche Gewinn. Veräußerungs- und Aufgabegewinne sind nur tarifbegünstigt, wenn sie nicht entnommen und nicht nach § 16 Abs. 4 oder § 34 EStG begünstigt wurden (§ 34a Abs. 1 Satz 1 EStG). Eine Mehrfachbegünstigung ist ausgeschlossen. Bei Gewinnanteilen, die sowohl nach der Fünftelregelung des § 34 EStG als auch nach § 34a EStG begünstigt sind, besteht ein Wahlrecht für eine der beiden Begünstigungen.
- Steuerfreie Gewinnanteile, z. B. nach DBA steuerfreie Auslandsgewinne, sind aus der Berechnung ebenfalls auszunehmen. Die Frage der steuerbegünstigten Gewinnthesaurierung stellt sich für steuerfreie Gewinne nicht.
- Nicht entnommene Dividenden sind im Umfang von 60 % steuerpflichtig und können mit diesem steuerpflichtigen Teil von 60 % in die Thesaurierungsbegünstigung nach § 34a EStG einbezogen werden.

Außerbilanzielle Gewinnzurechnungen wie z. B. nichtabziehbare Betriebsausgaben dürfen in die Thesaurierungsbegünstigung nicht eingerechnet werden. Sie führen nicht zu einer bilanziellen Gewinnerhöhung nach § 34a EStG, da sie verausgabt wurden und daher auch nicht entnommen werden können. Die nichtabzugsfähigen Ausgaben erhöhen zwar den steuerlichen Gesamtgewinn, aber nicht den Thesaurierungshöchstbetrag i. S. d. § 34a Abs. 2 EStG. Dazu gehören:

- die nichtabziehbaren Betriebsausgaben nach § 4 Abs. 4a, Abs. 5 EStG,
- die nichtabziehbaren Betriebsausgaben nach § 3c Abs. 2 EStG,
- die nicht als Betriebsausgabe abziehbare Gewerbesteuer nach § 4 Abs. 5b EStG.

BEISPIEL

Mitunternehmer A hat einen bilanziellen Gewinnanteil von 100 000 €. Dieser Gewinnanteil erhöht sich aufgrund außerbilanziell hinzuzurechnender nicht abzugsfähiger Betriebsausgaben i. H. v. 20 000 € auf 120 000 €. A hat im Wj. keine Entnahmen getätigt.

LÖSUNG Der Betrag von 120 000 € wird zwar voll im zu versteuernden Einkommen, aber bei der Thesaurierung nicht in voller Höhe erfasst. A kann nur für 100 000 € den begünstigten Steuersatz geltend machen.

2.4 Besonderheiten bei Personengesellschaften

2.4.1 Ermittlung des nicht entnommenen Gewinns

§ 34a EStG enthält keine ausdrücklichen Regelungen für Mitunternehmerschaften. Aus steuersystematischen Gründen ist der steuerliche Gesamtgewinn des Gesellschafters die Basis für die Ermittlung des nicht entnommenen Gewinns. Der steuerliche Gesamtgewinn setzt sich aus dem Anteil am Gesamthandsgewinn und aus den Ergebnissen der Sonder- und Ergänzungsbilanzen einschließlich der Entnahmen und Einlagen in diesen Bereichen zusammen. § 34a EStG legt den steuerrechtlichen Eigenkapitalbegriff zugrunde. Die Höhe des nicht entnommenen Gewinns beeinflussen nur Einlagen aus und Entnahmen in das Privatvermögen. Die Zahlung von Sondervergütungen gem. § 15 Abs. 1 Satz 1 Nr. 2 EStG führt nur dann zu einer Entnahme gem. § 34a EStG, wenn die Zahlung in das Privatvermögen des Mitunternehmers erfolgt. Die bloße Gutschrift auf ein Gesellschafter-Darlehenskonto ist keine Entnahme. Auch die Übertragung von Wirtschaftsgütern innerhalb der steuerlichen Gesamtbilanz, z. B. aus dem Gesamthandsvermögen in das Sonderbetriebsvermögen und umgekehrt, führt nicht zu Entnahmen. Bei der Ermittlung des nicht entnommenen Gewinns des Mitunternehmers können seine Entnahmen und Einlagen aus den verschiedenen Bereichen verrechnet werden, z. B. Entnahmen aus der Gesamthandsbilanz mit Einlagen in die Sonderbilanz.

	Ergebnis der Steuerbilanz
+	Ergebnis der Ergänzungsbilanz
+	Ergebnis der Sonderbilanz
=	Gewinn i. S. d. § 4 Abs. 1 i. V. m. § 5 EStG
./.	Entnahmen gem. § 6 Abs. 1 Nr. 4 EStG
+	Einlagen gem. § 6 Abs. 1 Nr. 5 EStG
./.	steuerfreie Einnahmen
=	nicht entnommener Gewinn gem. § 34a Abs. 1, 2 EStG

BEISPIEL

X, Y und Z sind an der XYZ-OHG zu je 1/3 beteiligt. Der Gewinn der OHG beträgt 750 000 €. Der Gesellschafter X bezieht als Geschäftsführer ein Gehalt von 100 000 €, das auf sein privates Bankkonto überwiesen wird. Weitere Entnahmen und Einlagen hat X nicht vorgenommen. Außerdem wird für X aus dem Erwerb seines Gesellschaftsanteils eine positive Ergänzungsbilanz geführt, die jährlich mit 10 000 € gewinnmindernd aufgelöst wird.

LÖSUNG Der für die Ermittlung des nicht entnommenen Gewinns maßgebliche steuerliche Gewinnanteil des X beträgt (250 000 € + 100 000 € ./. 10 000 € =) 340 000 €. Der nicht entnommene Gewinn beträgt (340 000 € ./. 100 000 € =) 240 000 €, da X sein Gehalt durch Zahlung auf das Privatkonto entnommen hat.

Die nach § 4 Abs. 4a, 5, 5a, 5b und § 4h EStG nicht abzugsfähigen Betriebsausgaben haben den nach § 4 Abs. 1 oder § 5 EStG ermittelten Gewinn nicht gemindert, da sie außerbilanziell hinzuzurechnen sind. Soweit der steuerpflichtige Gewinn auf Betriebsausgabenabzugsverboten beruht, kann die Tarifbegünstigung nach § 34a EStG nicht in Anspruch genommen werden (BMF vom 11. 08. 2008 BStBl I 2008, 838, Rz 16).

BEISPIEL

Der Gewinn des Unternehmens beträgt 330 000 €. Es sind nicht abzugsfähige Betriebsausgaben nach § 4 Abs. 5 EStG i. H. v. 45 000 € angefallen. Der Unternehmer hat Entnahmen i. H. v. 70 000 € und Einlagen i. H. v. 10 000 € getätigt.

LÖSUNG Der nicht entnommene Gewinn beträgt 270 000 € (330 000 € abzgl. des Saldos aus Entnahmen 70 000 € und Einlagen 10 000 € = 60 000 €). Der steuerpflichtige Gewinn beträgt 375 000 € (330 000 € zzgl. 45 000 € nicht abzugsfähige Betriebsausgaben). Der Steuerpflichtige kann einen Antrag nach § 34a EStG für einen Gewinn bis zu 270 000 € stellen.

2.4.2 Ausübung des Wahlrechts

Der Antrag auf die Tarifbegünstigung nach § 34a EStG ist für jeden Betrieb oder Mitunternehmeranteil und für jeden Veranlagungszeitraum gesondert zu stellen. Eine Bindungswirkung des Antrags für die Folgejahre tritt nicht ein. Die Frage der Tarifbegünstigung stellt sich erst auf der Ebene der Besteuerung des Gesellschafters. Bei Mitunternehmerschaften steht das Antragsrecht jedem einzelnen Gesellschafter getrennt ohne Rücksicht darauf zu, wie sich die anderen Gesellschafter entscheiden. Jeder Mitunternehmer kann wählen, ob und in welcher Höhe er für seinen nicht entnommenen Gewinn die Tarifbegünstigung in Anspruch nehmen will. Eine Höchstgrenze gibt es nicht. Im Gegensatz zu Einzelunternehmen sieht das Gesetz bei Personengesellschaften aber eine gesellschafterbezogene Bagatellgrenze vor (§ 34a Abs. 1 Satz 3 EStG). Der Antrag kann nur von dem Personengesellschafter gestellt werden, dessen Anteil am steuerlichen Gesamtgewinn aus Gesamthands-, Sonder- und Ergänzungsbilanzen (einschließlich steuerfreier Gewinnanteile, aber ohne außerbilanziell hinzuzurechnende Bestandteile des steuerlichen Gewinns) mehr als 10 % beträgt oder 10 000 € übersteigt. Ausreichend ist das Übersteigen einer der beiden Grenzen. Gesellschaftsvertragliche Gewinnverteilungsabreden sind unerheblich. Diese sog. »Fondsklausel« soll vor allem Kleinstgesellschafter großer Publikumsgesellschaften von der Vergünstigung ausschließen.

BEISPIEL

A und B sind Mitunternehmer der AB-OHG, A zu 90 % und B zu 10 % am Gesamthandsgewinn beteiligt. Der Gewinn aus dem Gesamthandsbereich beträgt 200 000 €. Es sind 30 000 € nicht abzugsfähige Betriebsausgaben angefallen. B hat in seiner Sonderbilanz aus der Vermietung eines Grundstücks an die AB-OHG einen Verlust von 12 000 € erzielt.

LÖSUNG Der nach § 4 Abs. 1, § 5 EStG ermittelte Gewinn der Mitunternehmerschaft beträgt 188 000 € (200 000 € Gesamthandsbereich abzgl. 12 000 € Sonderbilanz des B; die nicht abzugsfähigen Betriebsausgaben haben den Gewinn nach § 4 Abs. 1 Satz 1 EStG gemindert). Hieran ist B mit weniger als 10 000 € (20 000 € Gesamthandsbereich abzgl. 12 000 € aus Sonderbilanz = 8 000 €) und nicht zu mehr als 10 % (8/188 = 4,25 %) beteiligt. Die Anwendung des § 34a EStG ist nur für A (Gewinnanteil 180 000 €) zulässig (BMF vom 11. 08. 2008 BStBl I 2008, 838, Rz 9).

Der Antrag wird grundsätzlich bei Abgabe der Einkommensteuererklärung getrennt für jeden Betrieb oder Mitunternehmeranteil beim zuständigen Wohnsitzfinanzamt gestellt. Einer einheitlichen Antragstellung aller Mitunternehmer einer Personengesellschaft bedarf es nicht. Bei Personengesellschaften muss das Feststellungsfinanzamt dem Wohnsitzfinanzamt die für die Anwendung der Tarifermäßigung nach § 34a notwendigen Angaben mitteilen. Der Feststellungsbescheid ist dabei auch hinsichtlich der Besteuerungsgrundlagen des § 34a EStG Grundlagenbescheid für den ESt-Bescheid (Folgebescheid). Der Antrag kann nach § 34a Abs. 1 Satz 4 EStG bis zur Unanfechtbarkeit des Einkommensteuerbescheids für den nächsten Veranlagungszeitraum ganz oder teilweise zurückgenommen werden. Die Änderung erfolgt nach § 175 Abs. 1

Satz 1 Nr. 2 AO. Damit kann der (Mit-)Unternehmer auf Änderungen seines zu versteuernden Einkommens und seines persönlichen Steuersatzes bis zur Bestandskraft des Steuerbescheids reagieren. Es ist nicht zulässig, einen Antrag für ein Vorjahr erstmals zu stellen oder einen gestellten Antrag zu erweitern, wenn der betreffende Steuerbescheid bereits bestandskräftig ist.

Die Tarifbegünstigung berührt nicht die Gewinnermittlung der Personengesellschaft, sondern lediglich den persönlichen ESt-Tarif und kann von jedem einzelnen Gesellschafter unterschiedlich ausgeübt werden. Dies führt zu unterschiedlichen Steuerbelastungen.

BEISPIEL

Vgl. Wiese/Klaas/Möhrle, GmbHR 2007, 412; Helmreich/Rupp, Gewinnthesaurierung bei Personengesellschaften, Weil im Schönbuch, 2008, 16 f.:
X und Y sind Gesellschafter der XY-OHG und zu je 50 % am Ergebnis beteiligt. X entnimmt seinen Gewinnanteil, während Y seinen Gewinnanteil stehen lässt und den Antrag auf Begünstigung nach § 34a EStG stellt. Es wird von einem GewSt-Hebesatz von 400 % und einem individuellen ESt-Satz von jeweils 42 % ausgegangen.

LÖSUNG

	Gesellschafter X (Gewinnentnahme)	Gesellschafter Y (Gewinnthesaurierung)
Gewinn	100,00	100,00
GewSt (je hälftig pro Gesellschafter)	14,00	14,00
gewerbliche Einkünfte	100,00	100,00
ESt	42,00	28,25
Anrechnung der GewSt (3,8-Faches des GewSt-Messbetrags von 3,5)	13,30	13,30
ESt nach Anrechnung	28,70	14,95
Gesamtsteuerbelastung (ESt und GewSt)	42,70	28,95

Wenn der Gesellschafter Y in nachfolgenden Veranlagungszeiträumen den verbleibenden Betrag entnimmt, tritt eine Nachversteuerung ein:

	Gesellschafter X (Gewinnentnahme)	Gesellschafter Y (Gewinnthesaurierung)
ESt bei Nachversteuerung (25 % auf den verbleibenden Betrag von 71,05)	–	17,76
Gesamtsteuerbelastung inkl. Nachversteuerung	42,70	46,71

2.4.3 Doppel- und mehrstöckige Personengesellschaften

Wenn eine Personengesellschaft als Obergesellschaft ihrerseits Gesellschafterin und Mitunternehmerin an einer anderen Personengesellschaft (Untergesellschaft) ist, so werden die Gesellschafter der Obergesellschaft als Mitunternehmer der Untergesellschaft behandelt (vgl. 6). Bei doppel- und mehrstöckigen Personengesellschaften wird für Zwecke der Tarifbegünstigung nach § 34a EStG für jeden Mitunternehmer der Obergesellschaft nur ein einheitlicher Gesamtgewinn ermittelt. In diesem sind neben dem steuerlichen Gesamtgewinn aus der Obergesellschaft auch die Ergebnisse aus Sonderbilanzen gem. § 15 Abs. 1 Satz 1 Nr. 2 Satz 2 EStG in der Untergesellschaft enthalten. Zahlungen zwischen der Obergesellschaft und der Untergesellschaft, z. B. Gewinnauszahlungen der Untergesellschaft an die Obergesellschaft, haben keinen Einfluss auf das Begünstigungsvolumen. Gewinne auf der Ebene der Untergesellschaft sind tarifbegünstigt, soweit sie bei der Obergesellschaft nicht entnommen werden.

BEISPIEL

Gesellschafter X ist zu 50 % an der X-KG beteiligt (Obergesellschaft), die an der Y-OHG (Untergesellschaft) beteiligt ist. Die X-KG erzielt einen steuerlichen Gesamtgewinn i. H. v. 100 000 €, der sich aus ihrem eigenen Gewinnanteil i. H. v. 65 000 € und dem Gewinnanteil der Y-OHG i. H. v. 35 000 € zusammensetzt. Aus der X-KG entnimmt X 20 000 €. X erzielt außerdem bei der Y-OHG Sonderbetriebseinnahmen i. H. v. 10 000 €, die er privat verwendet.

LÖSUNG

Gewinnanteil aus der X-KG (Obergesellschaft) 50 % von 100 000 €		50 000 €
+ Sonderbetriebseinnahmen aus der Untergesellschaft Y-OHG		10 000 €
steuerlicher Gesamtgewinn aus der X-KG (Obergesellschaft)		60 000 €
Entnahmen aus der Obergesellschaft	20 000 €	
+ Entnahmen aus SBV bei der Untergesellschaft	10 000 €	
ergibt Entnahmen	./.	30 000 €
= nicht entnommener, tarifbegünstigter Gewinn des X		30 000 €

2.5 Nachversteuerung

2.5.1 Nachversteuerungsbetrag

Wenn begünstigt besteuerte Gewinne in späteren Jahren entnommen werden, werden sie grundsätzlich im Jahr der Entnahme nachbelastet. Der Nachversteuerungsbetrag ist gem. § 34a Abs. 3, 4 EStG der Betrag, für den der Thesaurierungssteuersatz in Anspruch genommen worden ist. Der Nachversteuerungsbetrag entsteht, wenn bei betriebs- oder mitunternehmerbezogener Betrachtung der positive Saldo der Entnahmen und Einlagen den nach §§ 4 Abs. 1, 5 EStG ermittelten Gewinn übersteigt; der Entnahmenüberhang ist Bemessungsgrundlage der Nachsteuer (§ 34a Abs. 4 Satz 2 EStG). Dieser Betrag ist zum Ende jedes Veranlagungszeitraums gesondert festzustellen. Die Einkommensteuer auf den Nachversteuerungsbetrag beträgt 25 % zzgl. SolZ, d. h. insgesamt 26,375 %. Voraussetzung ist die Feststellung eines nachversteuerungspflichtigen Betrags zum Ende des vorangegangenen Veranlagungszeitraums.

BEISPIEL

Gesellschafter X der XY-OHG hat im Jahr 02 einen steuerlichen Gesamtgewinnanteil von 70 000 €. Die Entnahmen des X betragen insgesamt 100 000 € und die Einlagen insgesamt 20 000 €. Der im Vorjahr zum 31. 12. für X festgestellte nachversteuerungspflichtige Betrag beläuft sich auf 50 000 €.

LÖSUNG

festgestellter nachversteuerungspflichtiger Betrag 31. 12. 01		50 000 €
Gewinnanteil 02 des X gem. § 4 Abs. 1, § 5 EStG	70 000 €	
./. Entnahmen 02 des X	./. 100 000 €	
+ Einlagen 02 des X	20 000 €	
Entnahmenüberhang 02 des X (Nachversteuerungsbetrag)		./. 10 000 €
festzustellender nachversteuerungspflichtiger Betrag 31. 12. 02		40 000 €

X hat den laufenden Gewinnanteil 02 von 70 000 € mit seinem individuellen Steuersatz gem. § 32a EStG und den Entnahmenüberhang von 10 000 € als Nachversteuerungsbetrag gem. § 34a Abs. 4 EStG mit 25 % (2 500 €) zzgl. 5,5 % SolZ (137,50 €) zu versteuern.

2.5.2 Entnahme der Thesaurierungssteuer

Zu beachten ist, dass die Thesaurierungssteuer nachversteuerungsfrei entnommen werden kann. Wenn in einem späteren Jahr der Überschuss der Entnahmen über die Einlagen den laufenden Gewinn übersteigt, führt dies nur insoweit zur Nachbelastung, als die Überentnahme den um die Thesaurierungsbelastung geminderten begünstigten Gewinn nicht übersteigt. Als nachversteuerungspflichtiger Betrag wird der begünstigt besteuerte, nicht entnommene Gewinn lediglich nach Abzug der hierauf entrichteten Einkommensteuer von 28,25 % zzgl. SolZ behandelt (§ 34a Abs. 3 Satz 2 EStG). Diese Kürzung soll verhindern, dass die durch die Thesaurierungsbegünstigung ausgelöste Einkommensteuer selbst eine Besteuerung bzw. Nachbelastung hervorruft.

BEISPIEL

Gesellschafter X beantragt für 30 000 € seines im Jahr 01 nicht entnommenen Gewinnanteils die Thesaurierungsbegünstigung gem. § 34a EStG.

LÖSUNG

Begünstigungsbetrag 01	30 000 €
abzgl. Einkommensteuer (28,25 % von 30 000 €)	./. 8 475 €
abzgl. SolZ (5,5 % von 8 475 €)	./. 466 €
= nachversteuerungspflichtiger Betrag 31. 12. 01	21 059 €

2.5.3 Reihenfolge der Verwendung des nicht entnommenen Gewinns

Bei der Reihenfolge der Verwendung des nicht entnommenen Gewinns gilt das Last-in-first-out-Prinzip. Die zuletzt thesaurierten Gewinne werden bei einer Entnahme als erste aufgelöst. Damit soll verhindert werden, dass nicht nachversteuerungspflichtige Gewinne aus der Zeit vor der Gesetzesänderung entnommen und neue Gewinne steuerbegünstigt thesauriert werden. Dies bedeutet, dass Gewinne ohne Thesaurierungsbegünstigung erst verwendet werden können, wenn die nachversteuerungspflichtigen Beträge verbraucht sind. Regelbesteuerte Neubestände werden zunächst im Unternehmen »eingeschlossen«. Das Gesetz legt bei der Zuordnung der Entnahmen zu den Bestandteilen des Eigenkapitals folgende Verwendungsreihenfolge zugrunde:

1. Zunächst ist der Saldo aus Entnahmen und Einlagen zu bilden.
2. Ein positiver Entnahmen-/Einlagen-Saldo (Entnahmeüberhang) ist mit dem steuerfreien Gewinn des laufenden Jahres
3. und anschließend mit dem positiven steuerpflichtigen Gewinn des laufenden Jahres zu verrechnen.
4. Darauf erfolgt die Verrechnung mit dem auf das Ende des Vorjahrs festgestellten nachversteuerungspflichtigen Betrag, der aus dem Begünstigungsbetrag abgeleitet wurde.
5. Es kann auch noch eine Verrechnung mit steuerfreien oder steuerpflichtigen, aber nicht entnommenen, mit dem persönlichen Steuersatz versteuerten Gewinnen der Vorjahre in Betracht kommen.

2.5.4 Ermittlung des nachversteuerungspflichtigen Betrags

Der nachversteuerungspflichtige Betrag ist jährlich fortschreiben und zum Ende des Veranlagungszeitraums für jeden Mitunternehmeranteil gesondert festzustellen (§ 34a Abs. 3 Satz 3 EStG). Die jährliche Fortschreibung erfolgt nach dem folgenden Schema (§ 34a Abs. 3 Satz 2 EStG):

	Begünstigungsbetrag des VZ
	(auf Antrag begünstigter Gewinn nach § 34a Abs. 1 Satz 1 EStG)
./.	ESt 28,25 % auf den Begünstigungsbetrag
./.	SolZ 5,5 % auf die ESt
=	**nachversteuerungspflichtiger Betrag des VZ**
+	nachversteuerungspflichtiger Betrag zum 31. 12. des vorangegangenen VZ
+	auf diesen Betrieb oder Mitunternehmeranteil von einem anderen Betrieb oder Mitunternehmeranteil desselben Steuerpflichtigen übertragener nachversteuerungspflichtiger Betrag (§ 34a Abs. 5 EStG)
./.	auf einen anderen Betrieb oder Mitunternehmeranteil desselben Steuerpflichtigen von diesem Mitunternehmer übertragener nachversteuerungspflichtiger Betrag (§ 34a Abs. 5 EStG)
./.	Nachversteuerungsbetrag des laufenden Veranlagungszeitraums (§ 34a Abs. 4 EStG)
=	**nachversteuerungspflichtiger Betrag zum 31. 12. des VZ**

2.5.5 Übertragung und Überführung von Wirtschaftsgütern

Die Übertragung oder Überführung eines Wirtschaftsguts nach § 6 Abs. 5 Satz 1 bis 3 EStG führt unter den Voraussetzungen des § 34a Abs. 4 EStG zur Nachversteuerung (§ 34a Abs. 5 Satz 1 EStG). Eine Nachversteuerung findet jedoch nicht statt, wenn der Steuerpflichtige beantragt, den nachzuversteuernden Betrag auf einen anderen Betrieb oder Mitunternehmeranteil zu übertragen. Die Übertragung muss i. H. d. Buchwerts des übertragenen oder überführten Wirtschaftsguts erfolgen, höchstens jedoch i. H. d. Nachversteuerungsbetrags, den die Übertragung oder Überführung ausgelöst hätte (§ 34a Abs. 5 Satz 2 EStG). Der übertragene nachversteuerungspflichtige Betrag erhöht den nachversteuerungspflichtigen Betrag des Betriebs oder Mitunternehmeranteils, auf den der Betrag übertragen wurde. Die Regelung ist nicht anwendbar, wenn die Übertragung oder Überführung des Wirtschaftsguts aus Sicht des abgebenden Betriebs oder Mitunternehmeranteils keine Entnahme bewirkt.

BEISPIELE

a) Eine Entnahme liegt vor, wenn Sonderbetriebsvermögen des Mitunternehmers A unentgeltlich in das Sonderbetriebsvermögen des Mitunternehmers B bei derselben Mitunternehmerschaft überführt wird (§ 6 Abs. 5 Satz 3 Nr. 3 EStG).

b) Eine Entnahme scheidet dagegen aus, wenn Sonderbetriebsvermögen in das Gesamthandsvermögen der Mitunternehmerschaft zugunsten des Kapitalkontos des Einbringenden überführt wird.

2.5.6 Gesetzliche Fälle der Nachversteuerung

Die Nachversteuerung des nachversteuerungspflichtigen Betrags ist nach § 34a Abs. 6 EStG in bestimmten Fällen kraft Gesetzes auch ohne das Vorliegen von Entnahmen durchzuführen, insbesondere in den Fällen des Wechsels des Besteuerungssubjekts oder des Besteuerungssystems oder wenn der Steuerpflichtige einen Antrag stellt.

Das Gesetz sieht dies vor:

1. in den Fällen der Betriebsveräußerung oder -aufgabe i. S. d. §§ 14, 16 Abs. 1 und 3 sowie des § 18 Abs. 3 EStG,
2. in den Fällen der Einbringung eines Betriebs oder Mitunternehmeranteils in eine Kapitalgesellschaft oder eine Genossenschaft sowie in den Fällen des Formwechsels einer Personengesellschaft in eine Kapitalgesellschaft oder Genossenschaft,
3. wenn der Gewinn nicht mehr nach § 4 Abs. 1 Satz 1 oder § 5 EStG ermittelt wird,
4. wenn der Steuerpflichtige dies beantragt.

Teil G   Gewerbesteuer

1   Rechtsentwicklung

Die Gewerbesteuer wurde im 19. Jahrhundert aus dem Bestand der bis dahin erhobenen Abgaben übernommen, um den Kommunen Einnahmen zu sichern. Zu Beginn des 19. Jahrhunderts wurde in den deutschen Staaten eine allgemeine Gewerbesteuer als Staatssteuer geschaffen. Seit der Miquel'schen Steuerreform von 1891 wurden alle Gewerbebetriebe der Steuerpflicht unterworfen. Das Kommunalabgabengesetz von 1893 gestaltete die Gewerbesteuer als Gemeindesteuer aus. Auch in der Weimarer Republik war die Gewerbesteuer als Gemeindesteuer anerkannt, stand aber unter dem Vorbehalt der reichsgesetzlichen Regelung und der Ertragshoheit der Länder. Die landesrechtlichen Regelungen wichen besonders in der Steuerberechtigung stark voneinander ab. Durch die Realsteuerreform 1936 wurde die Gewerbesteuer zur reinen Gemeindesteuer. Im Jahr 1951 übte der Bund sein Recht zur konkurrierenden Gesetzgebung gem. Art. 105 Abs. 2 GG aus und legte in § 1 GewStG fest, dass die Gewerbesteuer eine Gemeindesteuer ist. Die verfassungsrechtliche Garantie der Gewerbesteuer wurde im Finanzreformgesetz 1970 in der Form ergänzt, dass die Gemeinden am Aufkommen der Einkommensteuer beteiligt sind und Bund und Länder im Wege der Umlage am Gewerbesteueraufkommen beteiligt werden können. Ab 1998 wurde die Gewerbekapitalsteuer abgeschafft, und die Gemeinden wurden zum Ausgleich am Aufkommen der Umsatzsteuer beteiligt. Die Gewerbeertragsteuer und das Hebesatzrecht der Gemeinden wurden durch ausdrückliche Nennung in Art. 106 Abs. 6 und in Art. 28 Abs. 2 Satz 3 GG abgesichert. Die Gemeinden haben nach Art. 106 Abs. 6 GG das Recht, die Höhe der Gewerbesteuer durch Festsetzung und Anwendung der Hebesätze i. R. d. Gesetze zu bestimmen. Seit 2004 besteht auch eine gesetzliche Verpflichtung für alle Gemeinden, die Gewerbesteuer zu erheben; seither gilt ein Mindesthebesatz von 200 %, um Steueroasen einzudämmen und den Steuerwettbewerb zu Lasten anderer Gemeinden zu verhindern.

In der Steuerrechtswissenschaft wird seit langem die Forderung erhoben, die Gewerbesteuer abzuschaffen und durch eine zeitgemäße Form der Kommunalfinanzierung zu ersetzen. Als ein denkbares Modell gilt die Ersetzung der Gewerbesteuer durch ein kommunales Zuschlagsrecht zur Einkommen- und Körperschaftsteuer. Andere fordern dagegen die Ausdehnung der Gewerbesteuerpflicht auf Freiberufler und die Verbreiterung der Bemessungsgrundlage durch weitere Hinzurechnungen. Der Sachverständigenrat schlug vor, anstelle der Körperschaftsteuer eine föderale Unternehmensteuer und statt der Gewerbesteuer eine kommunale Unternehmensteuer mit einheitlicher Bemessungsgrundlage vorzusehen (Sachverständigengutachten 2006/07, 316). Diese »große Lösung« wurde jedoch von der Bund-Länder-Arbeitsgruppe nicht weiter verfolgt. Die Reformmaßnahmen der letzten Jahre haben am System der Gewerbesteuer nichts Wesentliches geändert. Bis auf die Abschaffung der Lohnsummensteuer und der Gewerbekapitalsteuer wurde keiner der Reformvorschläge verwirklicht. In den vergangenen Jahren wurde die Belastung der Unternehmen mit Gewerbesteuer fortlaufend verringert, insbesondere durch die inzwischen wieder abgeschaffte Tarifbegrenzung für gewerbliche Einkünfte bei der Einkommensteuer (§ 32c EStG) und durch die Anrechnung der Gewerbesteuer als Steuerermäßigung bei den Einkünften aus Gewerbebetrieb (§ 35 EStG).

Die im Zuge der **Unternehmensteuerreform 2008** eingeführten Regelungen führten aber in umgekehrter Richtung zu einer Revitalisierung der Gewerbesteuer. Durch die Unternehmensteuerreform 2008 wurde die rechtsformabhängige Belastungswirkung der Gewerbesteuer verstärkt. Die Absenkung der Gewerbesteuermesszahl von 5 % auf 3,5 % ging einher mit der neu eingeführten Nichtabziehbarkeit der Gewerbesteuer, der Ausweitung der Hinzurechnungstatbestände und der Abschaffung der Eingangsstaffel bei Personenunternehmen. Damit entfernen sich die Bemessungsgrundlagen der ESt/KSt und der Gewerbesteuer noch weiter voneinander. Bei Personenunternehmen verliert die Gewerbesteuer durch die Ausweitung der pauschalierten Anrechnung auf die Einkommensteuer (§ 35 EStG) an Gewicht. Die Anrechnung der Gewerbesteuer auf die Einkommensteuer wird durch die Erhöhung des Anrechnungsfaktors von 1,8 auf 3,8 ausgedehnt, um einen Ausgleich für den Wegfall der Abziehbarkeit der Gewerbesteuer zu schaffen. Dadurch verliert die Gewerbesteuer im Regelfall bis zu einem Hebesatz von 380 % (einschließlich SolZ 400 %) ihre Belastungswirkung. Im Bereich der Kapitalgesellschaften geht die Gewerbesteuer dagegen in vollem Umfang in die Unternehmensteuerbelastung ein und wird dadurch häufig zur dominierenden Unternehmensteuer. Das Ziel der kommunalen Unternehmensteuer ist damit in weite Ferne gerückt.

Es wird kritisiert, dass die verstärkte Besteuerung ertragsunabhängiger Elemente bei der Gewerbesteuer zu einer Ausweitung der Substanzbesteuerung führen kann. Als weitere Gegenargumente gegen die Gewerbesteuer werden ihr Charakter als deutsche Spezialität und die Gefahr von Wettbewerbsverzerrungen im nationalen und internationalen Vergleich angeführt. Das Problem der Gewerbesteuer als der immer noch wichtigsten kommunalen Finanzquelle kann jedoch nur im Rahmen einer grundlegenden Neugestaltung der Finanzbeziehungen zwischen Bund, Ländern und Gemeinden gelöst werden.

2   Zuständigkeiten und Steuerverfahren

Der **Bund** hat mit dem Gewerbesteuergesetz von seinem Gesetzgebungsrecht auf dem Gebiet der konkurrierenden Gesetzgebung gemäß Art. 105 Abs. 2, 72 Abs. 2 GG Gebrauch gemacht. Die Verwaltungshoheit steht den **Bundesländern** zu (Art. 108 Abs. 2 GG), welche mit Ausnahme der Stadtstaaten das Recht zur Festsetzung und Erhebung der Gewerbesteuer auf die **Gemeinden** übertragen haben. Die Zuständigkeitsaufteilung ist zweigeteilt:

- Die Finanzämter erlassen den Gewerbesteuermessbescheid. Sie sind zuständig für die Ermittlung der Besteuerungsgrundlagen, für die Festsetzung des Steuermessbetrags und ggf. für die Zerlegung des Steuermessbetrags.
- Die Gemeinden erlassen den Gewerbesteuerbescheid. Sie sind zuständig für die Festsetzung und Erhebung der Gewerbesteuer.

Der **Steuermessbetrag** wird vom Betriebsfinanzamt als Grundlagenbescheid für den Gewerbesteuerbescheid der Gemeinde festgesetzt. Wenn in mehr als einer Gemeinde Betriebsstätten bestehen, wird der Gewerbeertrag auf die einzelnen Gemeinden aufgeteilt. Diese sog. Zerlegung muss im Rahmen der Steuererklärung mit angegeben werden (§ 14a GewStG). Die Zerlegung erfolgt grundsätzlich auf der Grundlage der innerhalb des Erhebungszeitraums in den jeweiligen Gemeinden gezahlten Löhne (§ 29 GewStG).

Auf dieser Grundlage erlassen die beteiligten Gemeinden die **Gewerbesteuerbescheide**. Die Gewerbesteuer wird von den Gemeinden auf Grund des gemeindlich festgesetzten Hebesatzes (§ 16 GewStG) i. H. v. mindestens 200 % festgesetzt. Der Hebesatz wird auf den Steuermessbetrag angewendet. Der Steuermessbetrag beläuft sich auf 3,5 % des auf volle 100 € abgerundeten Gewerbeertrages. Bei Personengesellschaften wird der Gewerbeertrag um einen Freibetrag von 24 500 € (höchstens aber um den abgerundeten Gewerbeertrag) gekürzt.

3 Steuergegenstand

Steuergegenstand der Gewerbesteuer ist der **Gewerbebetrieb**, soweit er im Inland betrieben wird (§ 2 Abs. 1 GewStG). Für den Begriff des Gewerbebetriebes verweist das Gesetz auf das Einkommensteuergesetz. § 15 Abs. 2 EStG nennt die Tatbestandsmerkmale des Gewerbebetriebs kraft gewerblicher Betätigung (vgl. 1.3.1). Erforderlich ist eine selbständige nachhaltige Betätigung, die mit Gewinnerzielungsabsicht unternommen wird und sich als eine Beteiligung am allgemeinen wirtschaftlichen Verkehr darstellt, wenn sie weder als Ausübung von Land- und Forstwirtschaft noch als Ausübung eines freien Berufs noch als eine andere selbständige Arbeit anzusehen ist. Der Regelfall des Gewerbebetriebs ist der stehende Gewerbebetrieb, der aus mindestens einer inländischen Betriebsstätte besteht (§ 2 Abs. 1 Satz 1, 3 GewStG). Betriebsstätte ist jede feste Geschäftseinrichtung oder Anlage, die der Tätigkeit eines Unternehmens dient (§ 12 AO). Wenn keine Betriebsstätte vorhanden ist, kann ein Reisegewerbebetrieb vorliegen (§ 35a GewStG).

4 Gewerbesteuerpflicht

4.1 Gewerbesteuerpflicht der Einzelunternehmen

Steuersubjekt (Steuerschuldner) der Gewerbesteuer ist der **Unternehmer**, d. h. derjenige, für dessen Rechnung das Gewerbe betrieben wird (§ 5 Abs. 1 GewStG). Gewerbesteuermessbescheide und Gewerbesteuerbescheide sind an den Einzelunternehmer zu richten.

4.2 Gewerbesteuerpflicht der Personengesellschaften

Die **Personengesellschaft** ist mit dem Ergebnis ihrer gewerblichen Tätigkeit selbst Steuerschuldnerin der Gewerbesteuer (§ 5 Abs. 1 Satz 3 GewStG). Sie unterliegt wie ein Einzelunternehmen mit ihrem Gewerbeertrag der Gewerbesteuer, wenn ihre Betätigung die Voraussetzungen des § 15 Abs. 2 EStG erfüllt. Auch aus gewerbesteuerlicher Sicht sind die Gesellschafter, die als Mitunternehmer anzusehen sind, damit auch Unternehmer des Betriebs gemäß § 2 Abs. 1 GewStG (BFH vom 03. 04. 2008 BStBl II 2008, 742). Die Vorschrift des § 5 Abs. 1 Satz 3 GewStG ändert nicht die Mitunternehmerstellung der Gesellschafter, ermöglicht es aber, GewSt-Messbescheide und GewSt-Bescheide an die Gesellschaft selbst zu richten und wegen rückständiger GewSt-Beträge unmittelbar in das Gesellschaftsvermögen zu vollstrecken.

BEISPIELE

a) Personenhandelsgesellschaften (OHG, KG) haben die Kaufmannseigenschaft der Gesellschaft als sog. Formkaufmann (§ 6 Abs. 1 HGB). Damit ist in der Regel zugleich ein Gewerbebetrieb i. S. d. GewStG gegeben. Eine Ausnahme gilt dann, wenn die Gesellschaft ausschließlich vermögensverwaltend tätig ist.

b) Personenhandelsgesellschaften, die als Wirtschaftsprüfungsgesellschaften oder als Steuerberatungsgesellschaften freie Berufstätigkeiten ausüben, unterliegen nicht der Gewerbesteuer. Dabei müssen aber alle Mitunternehmer die freiberufliche Tätigkeit ausüben; sonst ist § 15 Abs. 3 Nr. 1 EStG (Abfärbung) anzuwenden. Bei Beteiligung berufsfremder Personen als Mitunternehmer ist die gesamte Betätigung gewerblich. Steuerberatungsgesellschaften (§ 50 StBerG) und Wirtschaftsprüfer-gesellschaften (§ 28 WPO) in der Rechtsform der GmbH & Co. KG sind selbst dann als gewerblich zu qualifizieren, wenn die Komplementär-GmbH neben der Übernahme der persönlichen Haftung keine eigene Tätigkeit ausübt, am Gewinn und Vermögen der KG nicht beteiligt ist und auch keine Geschäftsführungsbefugnisse hat (BMF vom 16. 11. 2007, IV B 2 – S 2246/0).

c) Wenn sich zwei oder mehr Gewerbebetriebe zu einer Arbeitsgemeinschaft mit dem Ziel zusammenschließen, gemeinsam einen Auftrag auszuführen, entsteht in der Regel eine Gesellschaft bürgerlichen Rechts. Diese ist grundsätzlich gewerbesteuerpflichtig, da sie eine gewerbliche Tätigkeit ausübt. Eine Ausnahme von der Gewerbesteuerpflicht gilt nach § 2a Satz 1 GewStG dann, wenn der alleinige Zweck der Arbeitsgemeinschaft in der Erfüllung eines einzigen Werkvertrags oder Werklieferungsvertrags besteht. Solche Gestaltungen treten im Baugewerbe häufig auf. Als Folge wird der Gewerbeertrag den beteiligten Unternehmen direkt zugerechnet, da die Betriebsstätten der Arbeitsgemeinschaft anteilig als solche der beteiligten Unternehmen gelten (§ 2a Satz 2 GewStG).

d) Die atypisch stille Gesellschaft kann nicht Steuerschuldnerin i. S. d. § 5 Abs. 1 Satz 3 GewStG sein (BFH vom 12. 11. 1985 BStBl II 1986, 311). Auch der atypisch stille Gesellschafter kann nicht für die GewSt-Schulden des Unternehmens in Anspruch genommen werden. Als Schuldner der GewSt kommt nur der Inhaber des Handelsgewerbes in Betracht. Deshalb sind beispielsweise im Fall der GmbH & Still die GewSt-Erklärungen von der GmbH abzugeben und die GewSt-Bescheide an die GmbH zu adressieren. Lediglich wenn die den einzelnen atypisch stillen Gesellschaftern und dem Inhaber des Handelsgeschäfts steuerrechtlich zuzuordnenden gewerblichen Tätigkeiten nicht identisch sind, können getrennt zu beurteilende gewerbliche Tätigkeiten vorliegen. Dies ist z. B. dann der Fall, wenn die atypischen stillen Gesellschafter nur an bestimmten Geschäften oder nur an einem bestimmten Geschäftsbereich des Handelsgewerbes beteiligt sind (BFH vom 06. 12. 1995 BStBl I 1998, 685).

e) Die durch Gesetz vom 15. 07. 2013 (BGBl I 2013, 2386) eingeführte Partnerschaftsgesellschaft mit beschränkter Berufshaftung (PartGmbB, vgl. I A 1.5.8) ist eine Personengesellschaft, auf die nach § 1 Abs. 4 PartGG grundsätzlich die Regelungen über die GbR (§§ 705 ff. BGB) anwendbar sind. Als Personengesellschaft ist die PartGmbB nicht selbst Steuersubjekt. Die Gesellschafter erzielen in ihrer mitunternehmerischen Verbundenheit gemeinschaftlich Einkünfte, die ihnen nach dem Transparenzprinzip als originäre eigene Einkünfte zuzurechnen sind (§ 18 Abs. 4 Satz 2 i. V. m. § 15 Abs. 1 Nr. 2 EStG). Die Beschränkung der Berufshaftung führt nicht dazu, dass die PartGmbB kraft Rechtsform der GewSt-Pflicht unterliegt (OFD NRW DB 2014, 214). Die Gewerblichkeit kann aber aus anderen Gründen anzunehmen sein, z. B. durch Infizierung der freiberuflichen Tätigkeit durch eine auch nur geringfügig ausgeübte gewerbliche Tätigkeit nach § 15 Abs. 3 Nr. 1 EStG oder durch Beteiligung berufsfremder Personen an der Gesellschaft.

f) Als Berufsfremde wird in der Freiberufler-GmbH & Co. KG auch die mitunternehmerische Beteiligung der Komplementär-GmbH angesehen mit der Folge der GewSt-Pflicht (BFH vom 03. 12. 2003 BStBl II 2004, 303; BFH vom 10. 10. 2012 BStBl 2013, 79).

g) Die EWIV kann wegen der EU-rechtlich angeordneten Steuerfreiheit nicht Steuerschuldnerin der Gewerbesteuer sein. Steuerschuldner sind deren Mitglieder, die aber gesamtschuldnerisch haften (§ 5 Abs. 1 Satz 4 GewStG).

Gewerbesteuermessbescheide und Gewerbesteuerbescheide sind an die Personengesellschaft zu richten. Die Vollstreckung ist unmittelbar in das Vermögen der Gesellschaft möglich. Für die Schulden der Gesellschaft können die Gesellschafter als Haftungsschuldner herangezogen werden (§§ 44, 191 AO).

Bei Personengesellschaften und anderen Mitunternehmerschaften kann eine Beteiligung von berufsfremden Personen oder bei einer gemischten Tätigkeit eine nicht völlig untergeordnete gewerbliche Betätigung dazu führen, dass die gesamte Tätigkeit der Mitunternehmerschaft nach § 15 Abs. 3 Nr. 1 EStG gewerblich wird und damit auch der Gewerbesteuer unterliegt

(**Abfärbetheorie**, vgl. 1.3.2). Nach der Rechtsprechung ist es zulässig, in solchen Fällen die gewerbliche Tätigkeit in eine zweite, personengleiche Gesellschaft auszulagern.

Eine Mitunternehmerschaft, die keine gewerbliche Tätigkeit ausübt, erzielt kraft gewerblicher Prägung unter den Voraussetzungen des § 15 Abs. 3 Nr. 2 EStG gewerbliche Einkünfte, wenn ausschließlich eine oder mehrere Kapitalgesellschaften persönlich haftende Gesellschafter sind und nur diese oder Personen, die nicht Gesellschafter sind, zur Geschäftsführung befugt sind (**gewerbliche Prägung**, vgl. 1.3.3). Gewerblich geprägt ist vor allem die GmbH & Co KG, die selbst keine gewerbliche Tätigkeit ausübt (vgl. C 4.2).

Auch wenn eine Personengesellschaft verschiedene Tätigkeiten ausübt, kann sie nur einen **einheitlichen Gewerbebetrieb** haben. Andererseits ist es nicht zulässig, mehrere Personengesellschaften zu einem Gewerbebetrieb zusammenzufassen; dies gilt selbst bei Gesellschafter- und Beteiligungsidentität. Die Gewerbesteuerpflicht beginnt zu dem Zeitpunkt, zu dem erstmals alle Voraussetzungen für die Annahme eines Gewerbebetriebs nach § 15 Abs. 2 EStG erfüllt sind. Bloße Vorbereitungshandlungen, z. B. die Anmietung von Geschäftsräumen, die erst eingerichtet werden müssen, reichen hierfür nicht aus. Die Personengesellschaft muss ihre eigentliche betriebliche Tätigkeit tatsächlich aufgenommen haben. Ausgaben, die durch Vorbereitungshandlungen anfallen (vorweggenommene Betriebsausgaben), mindern zwar den einkommensteuerlichen Gewinn, aber nicht den Gewerbeertrag. Die Eintragung einer Personenhandelsgesellschaft in das Handelsregister ist keine zwingende Voraussetzung für den Beginn der gewerblichen Tätigkeit. Die Gewerbesteuerpflicht endet mit der Einstellung des Gewerbebetriebs, d. h. mit Beendigung der erwerbenden Tätigkeit für eine gewisse Dauer. Tätigkeiten im Zusammenhang mit der Betriebseinstellung sind nicht mehr gewerbesteuerpflichtig.

Geht ein Gewerbebetrieb im Ganzen auf einen anderen Unternehmer über (**Unternehmerwechsel**), so gilt der Gewerbebetrieb als durch den bisherigen Unternehmer eingestellt und durch den anderen Unternehmer neu gegründet, wenn er nicht mit einem bereits bestehenden Gewerbebetrieb vereinigt wird (§ 2 Abs. 5 GewStG). Nach einem Unternehmerwechsel ist der bisherige Unternehmer nur noch bis zum Erlöschen der sachlichen Steuerpflicht persönlich steuerpflichtig. Danach wird der neue Unternehmer zum Steuerschuldner. Zugleich entfällt für das Betriebsergebnis der Vergangenheit die für den Verlustabzug nach § 10a GewStG notwendige Unternehmergleichheit. Ab dem Unternehmerwechsel ist von zwei selbständigen Gewerbebetrieben auszugehen, unter denen Verluste nicht miteinander ausgeglichen werden können.

BEISPIELE

a) Änderungen im Gesellschafterbestand führen zu keinem Unternehmerwechsel im Ganzen, wenn mindestens ein bisheriger Unternehmer den Betrieb fortführt. Steuerschuldner bleibt die Personengesellschaft. Der oder die verbleibende/n Gesellschafter kann/können jeweils einen anteiligen Verlustvortrag geltend machen.

b) Eine formwechselnde Umwandlung (z. B. OHG in KG) führt bei Personengesellschaften nicht zu einem Unternehmerwechsel.

c) Wenn ein Einzelunternehmen in eine Personengesellschaft eingebracht wird, an der der bisherige Inhaber des Einzelunternehmens beteiligt ist, geht die Steuerschuldnerschaft vom Einzelunternehmen auf die Personengesellschaft über. Es liegt jedoch kein Unternehmerwechsel vor, so dass zwei getrennte Gewerbesteuererklärungen abzugeben und auf Grund der jeweils erzielten Gewerbeerträge zwei getrennte Gewerbesteuermessbeträge festzusetzen sind.

d) Ein Unternehmerwechsel liegt nicht vor, wenn der Betrieb einer Personengesellschaft durch einen der bisherigen Gesellschafter als Einzelunternehmen fortgeführt wird.

e) Von einem Unternehmerwechsel ist in den Fällen der Verpachtung des Gewerbebetriebs oder der Gesamtrechtsnachfolge auszugehen.

4.3 Gewerbesteuerpflicht der Kapitalgesellschaften und wirtschaftlichen Geschäftsbetriebe

Als Gewerbebetrieb gilt im Wege der gesetzlichen Fiktion stets und in vollem Umfang die Tätigkeit von Kapitalgesellschaften, Erwerbs- und Wirtschaftsgenossenschaften und Versicherungsvereinen auf Gegenseitigkeit (§ 2 Abs. 2 GewStG). Diese Gesellschaften werden auch als **Gewerbebetrieb kraft Rechtsform** bezeichnet. Auf die Art der Tätigkeit kommt es nicht an. Auch Gesellschaften, die ausschließlich Land- und Forstwirtschaft oder freie Berufe ausüben, unterliegen der Gewerbesteuer. Außerdem gilt als Gewerbebetrieb die Tätigkeit der sonstigen juristischen Personen des privaten Rechts und der nichtrechtsfähigen Vereine, soweit sie einen wirtschaftlichen Geschäftsbetrieb mit Ausnahme der Land- und Forstwirtschaft unterhalten (§ 2 Abs. 3 GewStG). Gewerbebetriebe kraft Rechtsform haben auch bei mehreren Betätigungen nur einen Gewerbebetrieb. Auch mehrere wirtschaftliche Geschäftsbetriebe einer juristischen Person des privaten Rechts oder eines nicht rechtsfähigen Vereins gelten als einheitliche Gewerbebetriebe.

Die Steuerpflicht beginnt mit dem Zeitpunkt der rechtlichen Entstehung der Gesellschaft. Abzustellen ist bei

- Kapitalgesellschaften auf die Eintragung ins Handelsregister (wobei eine bereits nach außen tätige Vorgesellschaft mit der später entstandenen Kapitalgesellschaft gewerbesteuerlich einheitlich zu behandeln ist),
- Erwerbs- und Wirtschaftsgenossenschaften auf die Eintragung ins Genossenschaftsregister,
- Versicherungsvereinen auf Gegenseitigkeit auf die aufsichtsrechtliche Erlaubnis zum Geschäftsbetrieb.

Die Gewerbesteuerpflicht beginnt spätestens mit der Eintragung in das Handelsregister. Wenn die Gründergesellschaft schon vorher durch Aufnahme der Geschäftstätigkeit nach außen aktiv wird, beginnt die Steuerpflicht schon zu diesem Zeitpunkt. Die Gewerbesteuerpflicht endet bei kraft Rechtsform steuerpflichtigen Gesellschaften erst mit der Beendigung jeglicher Tätigkeit. Bei Kapitalgesellschaften ist dies erst dann der Fall, wenn das Vermögen vollständig an die Gesellschafter verteilt worden ist. Auf die Löschung im Handelsregister kommt es nicht an. Vorübergehende Unterbrechungen des Gewerbebetriebs, die durch die Art des Betriebs veranlasst sind, heben die Steuerpflicht für die Zeit bis zur Wiederaufnahme des Betriebs nicht auf (§ 2 Abs. 4 GewStG). Im Fall des Unternehmerwechsels ist von zwei selbständigen Gewerbebetrieben auszugehen. Der Gewerbebetrieb gilt als durch den bisherigen Unternehmer eingestellt und durch den anderen Unternehmern neu gegründet (§ 2 Abs. 5 GewStG). Deshalb endet die Gewerbesteuerpflicht grundsätzlich am Tag der Übernahme für den übergebenden Unternehmer und beginnt zugleich für den übernehmenden Unternehmer neu. Eine Ausnahme gilt nur dann, wenn der Erwerber bereits einen Gewerbebetrieb hat und den übernommenen Betrieb mit dem bestehenden vereinigt.

4.4 Gewerbesteuerliche Organschaft

Wenn eine Kapitalgesellschaft Organgesellschaft ist, gilt sie als Betriebsstätte des Organträgers (§ 2 Abs. 2 Satz 2 GewStG). Durch diese gesetzliche Fiktion ist die Organgesellschaft nicht selbst persönlich gewerbesteuerpflichtig. Ihre persönliche Steuerpflicht wird dem Organträger zugerechnet. Organgesellschaften können nur Kapitalgesellschaften mit Geschäftsleitung und Sitz im Inland sein (§§ 14 Abs. 1, 17 KStG). Organträger können sein (§ 14 Abs. 1 Satz 1 Nr. 2 KStG):

- unbeschränkt steuerpflichtige natürliche Personen,
- nicht steuerbefreite Körperschaften, Personenvereinigungen und Vermögensmassen mit Geschäftsleitung im Inland,
- Personengesellschaften i. S. d. § 15 Abs. 1 Satz 1 Nr. 2 EStG mit Geschäftsleitung im Inland, wenn sie eine originär gewerbliche Tätigkeit ausüben. Die Anteile an der Organgesellschaft müssen zum Gesamthandsvermögen der Personengesellschaft gehören (§ 14 Abs. 1 Satz 1 Nr. 2 Satz 3 KStG).

Seit 2002 wurde die gewerbesteuerliche Organschaft an die Voraussetzungen der körperschaftsteuerlichen Organschaft (§§ 14, 17, 18 KStG) angeglichen. Danach ist die finanzielle Eingliederung der Organgesellschaft und der Abschluss eines Ergebnisabführungsvertrags erforderlich. Aufgegeben wurde die Voraussetzung, dass die Organgesellschaft wirtschaftlich und organisatorisch in das Unternehmen des Organträgers eingegliedert sein muss.

Gewerbesteuerlich wird die Organgesellschaft wie eine Betriebsstätte des Organträgers behandelt. Organträger und Organgesellschaft sind aber nicht als ein einheitliches Unternehmen zu behandeln. Auch wenn die persönliche Steuerpflicht der Organgesellschaft auf den Organträger übergeht, bleibt die sachliche Steuerpflicht der Organgesellschaft zunächst bestehen. Der Gewerbeertrag wird bei der Organgesellschaft getrennt ermittelt und dem Organträger erst bei der Berechnung seines Steuermessbetrags zugerechnet. Der Organträger und die Organgesellschaft müssen jeweils eigene Gewerbesteuererklärungen abgeben.

5   Gewerbeertrag

5.1   Ermittlung des Gewerbeertrags

Die Gewerbesteuer wird auf der Basis des Gewerbeertrags ermittelt. Der Gewerbeertrag bestimmt sich gem. § 7 Satz 1 GewStG nach dem Gewinn aus Gewerbebetriebs, der nach den Vorschriften des EStG bzw. KStG ermittelt wird, vermehrt und vermindert um Hinzurechnungen und Kürzungen gem. §§ 8 und 9 GewStG. Der Gewinn wird für gewerbesteuerliche Zwecke eigenständig hergeleitet. Es gibt jedoch keine getrennten Gewinnermittlungen. Bilanzielle und außerbilanzielle Korrekturen wirken sich auch auf den gewerbesteuerlichen Ertrag aus. Der für einkommen- bzw. körperschaftsteuerliche Zwecke ermittelte Gewinn bildet die Ausgangsgröße für den Gewerbeertrag. Davon ist nur insoweit abzuweichen, als sich unmittelbar aus dem GewStG etwas anderes ergibt oder soweit die Vorschriften des Einkommensteuerrechts mit dem besonderen Charakter der Gewerbesteuer als Objektsteuer nicht in Einklang stehen (BFH vom 26. 06. 2007 BStBl II 2009, 289).

5.2   Ermittlung des Gewinns aus Gewerbebetrieb bei Personenunternehmen

5.2.1   Gewerbesteuerlicher Gewinn

Bei Einzelunternehmen und Personengesellschaften wird der Gewerbeertrag kraft der Verweisung in § 7 GewStG aus dem einkommensteuerlichen Ergebnis aus Gewerbebetrieb hergeleitet. Bei Personengesellschaften ergibt sich die Gewerbesteuer aus der einkommensteuerlichen Ergebnisermittlung für die Mitunternehmerschaft. Der Gewerbeertrag ist jedoch auch bei der Personengesellschaft eigenständig zu ermitteln. Die gesonderte und einheitliche Gewinnfeststellung hat keine Bindungswirkung für die Gewerbesteuer. Gegen die Festsetzung des einheitlichen Gewerbesteuermessbetrags kann deshalb unabhängig von der gesonderten und einheitlichen Gewinnfeststellung Einspruch eingelegt werden. Wenn allerdings der Bescheid über die gesonderte und einheitliche Gewinnfeststellung aufgehoben oder geändert wird, ist auch der Gewerbesteuermessbescheid gem. § 35b GewStG von Amts wegen aufzuheben oder zu ändern.

Der gewerbesteuerliche Gewinn der Personengesellschaft umfasst den **steuerlichen Gesamtgewinn**.

Dazu gehören neben dem handelsrechtlichen Gewinn

- die Vergütungen, die der Gesellschafter gem. § 15 Abs. 1 Satz 1 Nr. 2 Satz 1 EStG von der Gesellschaft für seine Tätigkeit im Dienste der Gesellschaft oder für die Hingabe von Darlehen oder für die Überlassung von Wirtschaftsgütern bezogen hat; solche Sondervergütungen an Mitunternehmer mindern auch im Rahmen des gewerblichen Gewinns des § 7 GewStG nicht den Gewerbeertrag; Zinsen, die ein Mitunternehmer für ein Darlehen aufwendet, das er zum Erwerb eines Mitunternehmeranteils aufgenommen hat, mindern den Gewinn der Personengesellschaft, sind aber nach § 8 Nr. 1 GewStG dem Gewerbeertrag wieder hinzuzurechnen (BFH vom 09. 04. 1981 BStBl II 1981, 621; BFH vom 03. 04. 2008 BStBl II 2008, 742);
- die Gewinne aus der Veräußerung oder Entnahme von Sonderbetriebsvermögen, das der Betätigung der Gesellschaft dient (BFH vom 06. 11. 1980 BStBl II 1981, 220);
- Tätigkeitsvergütungen an atypisch stille Gesellschafter oder an atypisch still Unterbeteiligte des Hauptgesellschafters;
- Gehaltszahlungen einer Komplementär-GmbH an den Gesellschafter-Geschäftsführer einer GmbH & Co. KG (BFH vom 14. 12. 1978 BStBl II 1979, 284).

5.2.2 Veräußerungs- und Aufgabegewinne bei Personenunternehmen

Bei der Ermittlung des Gewerbeertrags für Personenunternehmen sind Unterschiede zwischen dem einkommensteuerlichen Gewinn aus Gewerbebetrieb und dem Gewerbeertrag gem. § 7 GewStG zu beachten. Nur die Ergebnisse der aktiven Betriebsphase unterliegen der Gewerbesteuer. Nach dem EStG mit dem ermäßigten Steuersatz zu versteuernde Gewinne natürlicher Personen aus der Veräußerung oder Aufgabe des Gewerbebetriebs oder aus der Veräußerung oder Aufgabe einer Beteiligung an Personengesellschaften sind nicht gewerbesteuerpflichtig (BFH vom 26. 06. 2007 BStBl II 2009, 289). Dies gilt auch dann, wenn die Beteiligung zum Betriebsvermögen gehört. Solche Gewinne sind, wenn sie im einkommensteuerlichen Gewinn aus Gewerbebetrieb enthalten sind, vom Gewerbeertrag zu kürzen. Verluste aus der Veräußerung oder Aufgabe eines Gewerbebetriebs oder Mitunternehmeranteils sind dem Gewerbeertrag hinzuzurechnen, wenn sie den einkommensteuerlichen Gewinn gemindert haben. Veräußerungs- und Aufgabegewinne unterliegen nur dann der Gewerbesteuer, wenn auf der Seite des Veräußerers und auf der Seite des Erwerbers dieselben Personen Unternehmer oder Mitunternehmer sind (§ 16 Abs. 2 Satz 3, Abs. 3 Satz 2 EStG). Soweit einzelne, dem Betrieb gewidmete Wirtschaftsgüter im Rahmen der Aufgabe des Betriebs veräußert werden und soweit auf der Seite des Veräußerers und auf der Seite des Erwerbers dieselben Personen Unternehmer oder Mitunternehmer sind, gilt der Gewinn aus der Aufgabe des Gewerbebetriebs als laufender Gewinn (§ 16 Abs. 2 Satz 5 EStG).

BEISPIEL

Wenn ein Mitunternehmer zunächst eine in seinem Sonderbetriebsvermögen gehaltene GmbH-Beteiligung an seine Mitunternehmerschaft veräußert, um sodann seinen gesamten Mitunternehmeranteil an einen Dritten zu veräußern, entsteht aus der Veräußerung der GmbH-Beteiligung ein laufender Gewinn, der nach § 7 Abs. 1 GewStG auch der Gewerbesteuer unterliegt (BFH vom 03. 12. 2015 FR 2016, 478). Der Mitunternehmer steht dann bei der Übertragung der GmbH-Beteiligung sowohl auf der Veräußerer- als auch auf der Erwerberseite. Die Missbrauchsvorschrift des § 16 Abs. 3 Satz 5 EStG gilt über § 7 Abs. 1 GewStG auch für die Gewerbesteuer und stellt sicher, dass Veräußerungsgewinne nur steuerlich begünstigt werden, soweit Wirtschaftsgüter an Dritte und nicht »an sich selbst« veräußert werden.

5.2.3 Beteiligungen an Kapitalgesellschaften

Dividenden und Gewinne aus der Veräußerung von Beteiligungen an Kapitalgesellschaften gehören i. d. R. zum laufenden Gewinn und sind deshalb grundsätzlich gewerbesteuerpflichtig. Dies gilt auch dann, wenn die Veräußerung nach § 16 Abs. 1 Satz 1 Nr. 1 Satz 2 EStG deshalb begünstigt ist, weil die veräußerten Anteile das gesamte Nennkapital umfassen. Die Gewerbesteuerpflicht tritt nur dann nicht ein, wenn der Gewinn aus der Veräußerung der Anteile an Kapitalgesellschaften durch die Betriebsveräußerung oder Betriebsaufgabe des Personenunternehmens anfällt (BFH vom 02. 02. 1972 BStBl II 1972, 470).

Einkommensteuerlich waren Dividenden und Veräußerungsgewinne aus Beteiligungen an Kapitalgesellschaften in den Jahren 2002 bis 2008 bei natürlichen Personen zur Hälfte steuerfrei (Halbeinkünfteverfahren gem. § 3 Nr. 40 i. V. m. § 3c EStG). Ab 2009 wurde für natürliche Personen, die entsprechende Einkommenserhöhungen innerhalb eines Betriebsvermögens realisieren, das Halbeinkünfteverfahren durch das sog. Teileinkünfteverfahren ersetzt. Der Unterschied besteht darin, dass nicht mehr die Hälfte der Kapitalerträge aus Beteiligungen an Kapitalgesellschaften, sondern nur noch 40 % freigestellt sind.

Körperschaftsteuerlich sind solche Erträge und Veräußerungsgewinne aus Beteiligungen an Kapitalgesellschaften zu 95 % nicht im Gewinn der beteiligten Kapitalgesellschaft zu erfassen (§ 8b KStG). Grundsätzlich sind die einkommen- und körperschaftsteuerlichen Vorschriften auch bei der Ermittlung des Ergebnisses von Mitunternehmerschaften anzuwenden, d. h. die Mitunternehmer sind, soweit sie natürliche Personen sind, hälftig bzw. zu 40 % und, soweit sie Kapitalgesellschaften sind, zu 95 % mit ihrem Anteil an den Dividenden und Veräußerungsgewinnen aus Beteiligungen an Kapitalgesellschaften befreit.

Gewerbesteuerlich sind die Vorschriften des § 3 Nr. 40 und des § 3c Abs. 2 EStG bei der Ermittlung des Gewerbeertrags von Mitunternehmerschaften anzuwenden, soweit an der Mitunternehmerschaft natürliche Personen unmittelbar oder mittelbar über eine oder mehrere Personengesellschaften beteiligt sind (§ 7 Satz 4 GewStG). Das Teileinkünfteverfahren gilt auch für die Gewerbesteuer. Gewinnanteile und gleichgestellte Bezüge nach § 3 Nr. 40 EStG und § 8b Abs. 1 KStG sind jedoch gem. § 8b Abs. 5 KStG dem Gewinn aus Gewerbebetrieb wieder hinzuzurechnen, soweit es sich nicht um Schachtelbeteiligungen gem. § 9 Nr. 2a, 7 GewStG handelt.

5.2.4 Weitere Besonderheiten bei der Ermittlung des Gewerbeertrags

Bei der Ermittlung des Gewinns für Zwecke der Gewerbesteuer sind weitere Vorschriften des EStG nicht anzuwenden:
- Veräußerungen wesentlicher Beteiligungen i. S. d. § 17 EStG, da es sich in diesen Fällen um die Veräußerung von Privatvermögen handelt;

- nach § 24 i. V. m. § 34 EStG tarifbegünstigte Entschädigungen unterliegen ebenfalls nicht der GewSt; diese Einkünfte gehören jedoch zum laufenden Gewinn und damit auch zum Gewerbeertrag, wenn sie innerhalb eines Gewerbebetriebs anfallen und unmittelbar Erträge des werbenden Betriebs sind. Eine Ausnahme gilt dann, wenn die Entschädigung im Zusammenhang mit einer Betriebsaufgabe gezahlt wird.

In vollem Umfang mindern bestimmte Verluste den Gewerbeertrag gem. § 7 GewStG, obwohl sie einkommensteuerlich nicht oder nur beschränkt abziehbar sind, so z. B. Verluste aus gewerblicher Tierzucht (§ 15 Abs. 4 EStG) sowie Verluste bei beschränkter Haftung (§ 15a EStG).

5.3 Gewerbeverlust (§ 10a GewStG)

Ergibt sich ein Gewerbeverlust, beträgt der Steuermessbetrag 0 €. Der Gewerbeverlust geht nicht verloren, sondern kann vorgetragen werden, bis eine Verrechnung mit zukünftigen positiven Gewerbeerträgen möglich ist. Im GewStG gibt es keinen Verlustrücktrag, aber einen **Verlustvortrag**, der hinsichtlich des Begünstigungszeitraums unbegrenzt möglich ist. Ein Gewerbeverlust ist in den Folgejahren vom Gewerbeertrag abzuziehen, sobald und soweit positive Gewerbeerträge vorliegen. Betragsmäßig sind die Beschränkungen der sog. Mindestbesteuerung zu beachten. Gewerbeverluste, die in den vorangegangenen Erhebungszeiträumen bei der Ermittlung des Gewerbeertrags nicht berücksichtigt werden konnten, können gem. § 10a Satz 1 GewStG bis zu einem Betrag von 1 Mio. € vom Gewerbeertrag gekürzt werden. Wenn danach ein positiver Gewerbeertrag verbleibt, kann der den Betrag von 1 Mio. € übersteigende maßgebende Gewerbeertrag bis zu 60 % um nicht berücksichtigte Fehlbeträge der vorangegangenen Erhebungszeiträume gekürzt werden. Der Gewerbeverlust ist vom maßgebenden Gewerbeertrag, also nach Hinzurechnungen und Kürzungen (§§ 8, 9 GewStG), abzuziehen. Der Abzug von positiven Gewerbeerträgen ist auch dann vorzunehmen, wenn der maßgebende Gewerbeertrag unter den Freibetrag i. H. v. 24 500 € (§ 11 Abs. 1 Satz 3 Nr. 1 GewStG) sinkt.

Bei Einzelunternehmen und Personengesellschaften ist Voraussetzung für den Verlustabzug nach § 10a GewStG sowohl die Unternehmensidentität als auch die Unternehmeridentität. Dies folgt aus dem Charakter der Gewerbesteuer als Objektsteuer und aus den personenbezogenen Elementen des § 10a GewStG. **Unternehmensidentität** bedeutet, dass der im Anrechnungsjahr bestehende Gewerbebetrieb identisch ist mit dem Gewerbebetrieb, der im Jahr der Verlustentstehung bestanden hat. Eine Verrechnung zwischen mehreren Betrieben desselben Steuerpflichtigen ist nicht zulässig. Der Gewerbeverlust darf nur bei dem Unternehmen gekürzt werden, bei dem er entstanden ist. **Unternehmeridentität** erfordert, dass der Unternehmer, der den Verlust erlitten hat, diesen in eigener Person erlitten haben muss (A 68 GewStR). Ein Unternehmerwechsel lässt den Verlustabzug entfallen, selbst wenn das Unternehmen von dem neuen Betriebsinhaber unverändert fortgeführt wird.

Bei **Personengesellschaften** ist der Gewerbeverlust im Verlustjahr nach dem allgemeinen Gewinnverteilungsschlüssel ohne Berücksichtigung von Vorabgewinnen rechnerisch dem einzelnen Gesellschafter zuzurechnen. Die Berücksichtigung des Gewerbeverlusts setzt voraus, dass bei der Gesellschaft im Entstehungsjahr ein negativer und im Abzugsjahr ein positiver Gewerbeertrag vorliegt; in die Ermittlung dieser Beträge sind Sonderbetriebseinnahmen und Sonderbetriebsausgaben einzubeziehen. Bei gleichem Gesellschafterbestand bleibt das Gesamtergebnis im Verlustentstehungsjahr und im Abzugsjahr maßgebend. Bei einem Wechsel im Gesellschafterbestand oder bei Änderung der Beteiligungsquote können sich jedoch Auswirkungen auf den Gewerbeverlust ergeben.

Bei einer **Körperschaft** setzt der Verlustabzug voraus, dass sie nicht nur rechtlich, sondern auch wirtschaftlich mit der Körperschaft identisch ist, die den Verlust erlitten hat. Als Folgeänderung zur Neuregelung des Verlustabzugs bei Körperschaften (Mantelkauf) gehen gem. § 10a Satz 8 GewStG i. d. F. des UntStRefG 2008 gewerbesteuerliche Verlustvorträge unter den Voraussetzungen des § 8c KStG unter. Wenn innerhalb von fünf Jahren unmittelbar oder mittelbar mehr als 25 % der Anteile an einer Körperschaft übertragen werden, geht ein entsprechender Anteil der Verlustvorträge unter. Wenn mehr als 50 % der Anteile übertragen werden, gehen die Verlustvorträge vollständig verloren. Damit wird sichergestellt, dass die Verlustverrechnungsbeschränkung bei Körperschaften für die Körperschaftsteuer und die Gewerbesteuer gleichermaßen gilt.

5.4 Ermittlung des Gewinns aus Gewerbebetrieb bei Körperschaften, Personenvereinigungen und Vermögensmassen

Bei Kapitalgesellschaften, Erwerbs- und Wirtschaftsgenossenschaften sowie bei Versicherungsvereinen auf Gegenseitigkeit zählen Gewinne aus der Veräußerung oder Aufgabe von Betrieben, Teilbetrieben und Mitunternehmeranteilen zum Gewerbeertrag (§ 7 Satz 2 GewStG). Nicht gemindert wird der als Ausgangspunkt für die Ermittlung des Gewerbeertrags zu Grunde zu legende Gewinn i. S. d. § 7 GewStG durch den Verlustabzug nach § 10d EStG und durch die Freibeträge nach §§ 24, 25 KStG.

5.5 Wegfall des Abzugs der Gewerbesteuer als Betriebsausgabe

Das frühere Recht sah zwei Entlastungstatbestände vor, um die Doppelbelastung des Ertrags mit Einkommensteuer bzw. Körperschaftsteuer und mit Gewerbesteuer abzuschwächen, nämlich neben der Anrechnung der Gewerbesteuer gem. § 35 EStG (vgl. 9) die Abzugsfähigkeit der Gewerbesteuer als Betriebsausgabe gem. § 4 Abs. 4 EStG. Durch § 4 Abs. 5b EStG i. d. F. des Unternehmensteuerreformgesetzes 2008 wurde die Abzugsfähigkeit der Gewerbesteuer und der darauf entfallenden Nebenleistungen als Betriebsausgaben beseitigt. Die Gewerbesteuer und die darauf entfallenden Nebenleistungen (Säumniszuschläge, Verspätungszuschläge, Zinsen und Zwangsgelder) sind nicht als Betriebsausgaben abziehbar und mindern nicht den Gewerbeertrag. Die Regelung ist verfassungsgemäß (BFH vom 16. 01. 2014 DStR 2014, 941). Umgekehrt führen Erstattungen von Gewerbesteuer nicht zu einer Gewinnerhöhung. § 4 Abs. 5b EStG ist eine Gewinnermittlungsvorschrift und gilt für den Bestandsvergleich (§ 4 Abs. 1, § 5 EStG) und für die Einnahme-Überschuss-Rechnung (§ 4 Abs. 3 EStG).

6 Gewerbesteuerliche Hinzurechnungen

6.1 Übersicht

Die Gewerbesteuer ist eine Objekt- oder Realsteuer, die an die objektivierte Wirtschaftskraft des Unternehmens anknüpft. Umstände, welche sich auf die Einkommensteuer oder Körperschaftsteuer auswirken, aber die Wirtschaftskraft des Unternehmens nicht beeinflussen, werden bei der Ermittlung des Gewerbeertrags durch Hinzurechnungen (§ 8 GewStG) und Kürzungen (§ 9 GewStG) bereinigt. Auf Grund der gewerbesteuerlichen Hinzurechnungen und Kürzungen weicht die gewerbesteuerliche Bemessungsgrundlage i. H. d. ertragsunabhängigen

Bestandteile von der einkommensteuerlichen bzw. körperschaftsteuerlichen Bemessungs-grundlage ab. Dadurch kann sich eine Gewerbesteuerlast ergeben, die nicht mehr aus den erzielten Gewinnen beglichen werden kann, so dass es zu einer Substanzbesteuerung kommen kann.

Gewerbesteuerliche Hinzurechnungstatbestände	
1/4 der Summe aus Entgelten für Schulden	§ 8 Nr. 1 Buchst. a GewStG
1/4 der Summe aus Renten und dauernden Lasten	§ 8 Nr. 1 Buchst. b GewStG
1/4 der Summe aus Gewinnanteilen des stillen Gesellschafters	§ 8 Nr. 1 Buchst. c GewStG
1/4 der Summe aus 1/5 der Miet- und Pachtzinsen bei beweglichen Wirtschaftsgütern des Anlagevermögens	§ 8 Nr. 1 Buchst. d GewStG
1/4 der Summe aus 50 % der Miet- und Pachtzinsen bei unbeweglichen Wirtschaftsgütern des Anlagevermögens	§ 8 Nr. 1 Buchst. e GewStG
1/4 der Summe aus 25 % der Aufwendungen für die zeitlich befris-tete Überlassung von Rechten	§ 8 Nr. 1 Buchst. f GewStG
Gewinnanteile von Komplementären bei KGaA	§ 8 Nr. 4 GewStG
Dividendenerträge aus Anteilen im Streubesitz	§ 8 Nr. 5 GewStG
Anteile am Verlust in- oder ausländischer Personengesellschaften	§ 8 Nr. 8 GewStG
Spenden, die nach § 9 Abs. 1 Nr. 2 KStG abgezogen wurden	§ 8 Nr. 9 GewStG
Ausschüttungsbedingte Teilwertabschreibungen und Veräußerungsverluste	§ 8 Nr. 10 GewStG
nach § 34c EStG abgezogene ausländische Steuern	§ 8 Nr. 12 GewStG

6.2 Hinzurechnungstatbestände nach § 8 Nr. 1 Buchst. a–f GewStG

6.2.1 Entgelte für Schulden (§ 8 Nr. 1 Buchst. a GewStG)

Die Besteuerung soll im Bereich der Gewerbesteuer unabhängig davon erfolgen, ob das Unternehmen sich durch Eigen- oder Fremdkapital finanziert. Die gewerbesteuerlichen Hinzu-rechnungstatbestände erfassen vor allem bestimmte Entgelte für die Nutzung von Geld- oder Sachkapital. Durch die Unternehmensteuerreform 2008 wurden die bisherigen Hinzurech-nungstatbestände des § 8 Nr. 1, 2, 3 und 7 GewStG a. F. vereinheitlicht und in § 8 Nr. 1 GewStG zusammengefasst. Damit wurde ein erweiterter, einheitlicher Hinzurechnungstatbestand für Finanzierungsaufwendungen eingeführt. Der Tatbestand wurde um die Hinzurechnung der in Mieten, Leasingzahlungen und Lizenzgebühren fiktiv enthaltenen Finanzierungsanteile ergänzt, womit die Bemessungsgrundlage für die Gewerbesteuer verbreitert wurde. Gleichzeitig wurde die Höhe der Hinzurechnung reduziert. Die Hinzurechnung von Dauerschuldentgelten wurde auf Entgelte für Schulden gem. § 8 Nr. 1 Buchst. a Satz 1 GewStG ausgedehnt. Nach § 8 Nr. 1 GewStG ist eine Hinzurechnung von 25 % der Summe typisiert ermittelter Finanzierungs-anteile zur Ermittlung des Gewerbeertrags vorzunehmen, soweit sie den Freibetrag von 100 000 € übersteigen. Auf die Laufzeit der Schuld oder auf einen Zusammenhang mit der Gründung des Betriebes kommt es nicht mehr an. Die umstrittene Abgrenzung der Dauer-schulden von den übrigen Schulden ist damit entfallen.

Entgelte für Schulden sind Leistungen, die eine Gegenleistung für die Zurverfügungstellung der den Schulden korrespondierenden Betriebsmittel darstellen. Dazu gehören neben den Zinszahlungen auch Vergütungen für partiarische Darlehen, Genussrechte und Gewinnobligationen sowie Damnum, Disagio und Vorfälligkeitsentschädigungen, darüber hinaus auch Kreditprovisionen, Geldbeschaffungskosten, Verwaltungskosten, Vermittlungsprovisionen und Maklergebühren. Neue Abgrenzungsprobleme entstehen dadurch, dass gem. § 8 Nr. 1 Buchst. a Satz 2 GewStG im Wege der Fiktion weitere Aufwendungen zu erfassen sind. Der Aufwand aus nicht dem gewöhnlichen Geschäftsverkehr entsprechenden gewährten Skonti oder wirtschaftlich vergleichbaren Vorteilen im Zusammenhang mit der Erfüllung von Forderungen aus Lieferungen und Leistungen vor Fälligkeit in Bezug auf die Zinsschranke gilt als Entgelt. Außerdem werden kraft gesetzlicher Fiktion auch Diskontbeträge bei der Veräußerung von Wechsel- und anderen Geldforderungen erfasst, insbesondere Abschläge bei Forfaitierung und Factoring. Dagegen bleibt das Bankenprivileg (§ 19 GewStDV) unverändert bestehen. Danach sind Schuldentgelte nur i. H. d. Betrags hinzuzurechnen, um den die Wertansätze bestimmter Güter des Anlagevermögens das steuerliche Eigenkapital überschreiten.

In Bezug auf die Zinsschranke gem. § 4h EStG, § 8a KStG ist die 25 %ige Hinzurechnung nach § 8 Nr. 1 GewStG auf diejenigen Schuldzinsen beschränkt, die bei der Gewinnermittlung abgezogen worden sind. Zinsaufwendungen, die im wirtschaftlichen Zusammenhang mit steuerfreien Einnahmen stehen (§ 3c EStG), fallen nicht unter den Hinzurechnungstatbestand. Soweit wegen der Zinsschranke kein Schuldzinsenabzug vorgenommen und lediglich ein Zinsvortrag durchgeführt wird, erfolgt keine gewerbesteuerliche Hinzurechnung. Dies ist sachgerecht, da die nach der Zinsschranke nicht abzugsfähigen Zinsen ohnehin der Gewerbesteuer unterliegen.

6.2.2 Renten und dauernde Lasten (§ 8 Nr. 1 Buchst. b GewStG)

Die Hinzurechnung von Renten und dauernden Lasten ist unabhängig von der Behandlung beim Empfänger und unabhängig vom Finanzierungszweck vorzunehmen. Das Erfordernis, dass die Zahlungen wirtschaftlich mit der Gründung oder dem Erwerb des Betriebes, eines Teilbetriebs oder eines Anteils am Betrieb zusammenhängen, ist entfallen. Um die Altersvorsorge zu fördern, gelten Pensionszahlungen auf Grund einer unmittelbar vom Arbeitgeber erteilten Versorgungszusage ausdrücklich nicht als dauernde Last. Der Hinzurechnungsbetrag ist auf 25 % der Rente oder dauernden Last reduziert.

6.2.3 Gewinnanteile des stillen Gesellschafters (§ 8 Nr. 1 Buchst. c GewStG)

Gewinnanteile, die einem typisch stillen Gesellschafter gezahlt werden, werden dem Gewerbeertrag seit 2008 nicht mehr zu 100 %, sondern nur noch zu 25 % hinzugerechnet. Die Hinzurechnung erfolgt auch dann, wenn die Gewinnanteile beim empfangenden stillen Gesellschafter der Gewerbesteuer unterliegen. Umgekehrt ist ein Verlust aus Gewerbebetrieb um den Verlustanteil des stillen Gesellschafters zu erhöhen.

Der atypisch stille Gesellschafter unterfällt nicht der Hinzurechnungsvorschrift, da er als Mitunternehmer gem. § 15 Abs. 1 Satz 1 Nr. 2 EStG behandelt wird und sein Gewinnanteil ohnehin Bestandteil der gewerbesteuerlichen Bemessungsgrundlage ist.

6.2.4   Miet- und Pachtzinsen (§ 8 Nr. 1 Buchst. d und e GewStG)

Nach alter Rechtslage wurde die Hälfte der Miet- und Pachtzinsen für die Benutzung der nicht in Grundbesitz bestehenden Wirtschaftsgüter des Anlagevermögens, die im Eigentum eines anderen stehen, hinzugerechnet. Die Hinzurechnung erfolgte nicht, wenn die Miet- oder Pachtzinsen beim Empfänger der Gewerbesteuer unterlagen. Eine doppelte gewerbesteuerrechtliche Belastung desselben wirtschaftlichen Vorgangs beim Leistenden und beim Empfänger wurde durch das sog. Korrespondenzprinzip vermieden; die Hinzurechnung beim Leistenden fand nur statt, wenn die Zahlungen beim Empfänger nicht auch der Gewerbesteuer unterlagen (§ 8 Nr. 7 GewStG a. F.). Dieser Vorbehalt gilt nach neuer Rechtslage nicht mehr. Der Gesetzgeber will der durch die Eurowings-Entscheidung des EuGH aufgeworfenen Problematik begegnen (EuGH vom 26. 10. 1999 Rs. C-294/97, BStBl II 1999, 851). Dadurch kann es zu gewerbesteuerlichen Doppelbelastungen derselben Zahlung, bei mehrfacher Überlassung (Haupt- und Untermieter) auch zu Mehrfachbelastungen kommen. Nach neuer Rechtslage werden außer den Miet- und Pachtzinsen für bewegliche Wirtschaftsgüter des Anlagevermögens (§ 8 Nr. 1 Buchst. d GewStG) erstmals auch Miet- und Pachtzinsen für unbewegliche Wirtschaftsgüter des Anlagevermögens (§ 8 Nr. 1 Buchst. e GewStG) hinzugerechnet, die im Eigentum eines anderen stehen. Wirtschaftsgüter des Anlagevermögens sind solche Wirtschaftsgüter, die beim Mieter oder Pächter bilanzsteuerrechtlich dem Anlagevermögen zuzurechnen wären, wenn er Eigentümer des Wirtschaftsguts wäre. Die Hinzurechnung gilt auch für Leasingraten. Die Hinzurechnung wird auf den gesetzlich pauschalierten Finanzierungsanteil der Aufwendungen beschränkt. Der Finanzierungsanteil beträgt bei beweglichen Wirtschaftsgütern 20 % und bei unbeweglichen Wirtschaftsgütern nach dem UntStRefG 75 %. Durch das JStG 2008 wurde der Finanzierungsanteil bei unbeweglichen Wirtschaftsgütern auf 65 % herabgesetzt; ab 2010 beträgt der Finanzierungsanteil nur noch 50 %. Die Hinzurechnung erfolgt unabhängig davon, ob die Miet- oder Pachtzinsen beim Empfänger der Gewerbesteuer unterliegen. Die Hinzurechnung der ermittelten Finanzierungsanteile von Mieten und Pachten zum Gewerbeertrag erfolgt i. H. v. 25 %. Damit beläuft sich die effektive Hinzurechnungsquote bei beweglichen Wirtschaftsgütern auf (25 % von 20 % =) 5 % und bei unbeweglichen Wirtschaftsgütern auf (25 % von 50 % =) 12,5 % der Miet- und Pachtzinsen, soweit der Freibetrag überschritten wird.

6.2.5   Aufwendungen für die zeitlich befristete Überlassung von Rechten (§ 8 Abs. 1 Buchst. f GewStG)

Die Hinzurechnung von Aufwendungen für die zeitlich befristete Überlassung von Rechten wurde seit 2008 neu geschaffen. Die Vorschrift soll vor allem der grenzüberschreitenden Gewinnverlagerung durch Lizenzen entgegenwirken, erfasst aber alle Konzessionen und Lizenzen. Ausgenommen sind lediglich die Vertriebslizenzen, die ausschließlich dazu berechtigen, daraus abgeleitete Rechte Dritten zu überlassen. Eine weitere Ausnahme von der Hinzurechnung besteht für bestimmte Honorare an Künstler und Publizisten. Die Hinzurechnung ist in Höhe eines gesetzlich pauschalierten Finanzierungsanteils von 25 % vorzunehmen. Die Hinzurechnungsquote beträgt 25 %, so dass die effektive Hinzurechnung 6,25 % beträgt.

Zusammengefasst haben die Hinzurechnungstatbestände des § 8 Abs. 1 GewStG folgende Auswirkungen:

	Betriebs- ausgaben- abzug	Zinsanteil (%)	Hinzu- rechnungs- betrag 25 %	Gewerbe- steuer (Hebesatz 400 %)
Zinsen, Renten, dauernde Lasten, Gewinnanteile des stillen Gesellschafters	100,00	100,00	25,00	3,50
Mieten bewegliche WG	100,00	20,00	5,00	0,70
Mieten unbewegliche WG	100,00	50,00	12,50	1,75
Konzessionen und Lizenzen	100,00	25,00	6,25	0,88

6.2.6 Hinzurechnungsfreibetrag

Für Finanzierungsaufwendungen gilt ein Hinzurechnungsfreibetrag i. H. v. 100 000 € (§ 8 Nr. 1 letzter HS GewStG). Der Hinzurechnungsfreibetrag ist einheitlich auf alle Hinzurechnungstatbestände des § 8 Nr. 1a–f GewStG anwendbar und gilt insgesamt nur einmal für sämtliche dort geregelten Aufwendungen und Finanzierungsanteile. Die Hinzurechnung der Finanzierungsbestandteile zu 25 % ist nur vorzunehmen, soweit die Summe der Finanzierungsanteile den Freibetrag von 100 000 € übersteigt.

BEISPIEL

Die X-OHG finanziert den Erwerb von beweglichen Anlagegütern durch einen Kredit i. H. v. 4 Mio. € und zahlt hierfür 240 000 € Zinsen. In den betrieblichen Aufwendungen sind Kontokorrentzinsen von 100 000 €, Pachtzahlungen für das Betriebsgrundstück samt Gebäude von 140 000 €, Leasingraten für den Fuhrpark von 80 000 € sowie Aufwendungen für Software-Lizenzen von 40 000 € enthalten.

LÖSUNG

Die hinzuzurechnenden Finanzierungsaufwendungen betragen

	Entgelt	Finanzierungsanteil
Entgelte für Schulden (100 %):		
Zinsen und vergleichbare Entgelte	340 000	340 000
Skonti und Diskontbeträge	0	0
Renten und dauernde Lasten (100 %)	0	0
Gewinnanteile des typisch stillen Gesellschafters (100 %)	0	0
Miet-, Pacht-, Leasingzahlungen (100 %):		
– von beweglichen WG des Anlagevermögens (20 %)	80 000	16 000
– von unbeweglichen WG des Anlagevermögens (65 %)	140 000	70 000
Entgelte für die Überlassung von Rechten (25 %)	40 000	10 000
= Finanzierungsaufwendungen		436 000
abzgl. Freibetrag		./. 100 000
= Finanzierungsaufwendungen nach Freibetrag		336 000
Hinzurechnung nach § 8 Nr. 1 GewStG (25 %)		84 000

6.3 Gewinnanteile von Komplementären bei KGaA (§ 8 Nr. 4 GewStG)

Dem Gewinn aus Gewerbebetrieb (§ 7 GewStG) einer Kommanditgesellschaft auf Aktien (KGaA) sind die Beträge hinzuzurechnen, die auf Grund von § 9 Nr. 1 KStG bei der Ermittlung des körperschaftsteuerlichen Einkommens abgezogen wurden. Die KGaA ist eine Mischform aus einer Personengesellschaft (Bereich des Komplementärs) und einer Kapitalgesellschaft (Bereich der Kommanditisten). Ihr Gewinn wird einkommensteuerlich (§ 15 Abs. 1 Nr. 3 EStG) bzw. körperschaftsteuerlich (§ 1 Abs. 1 Nr. 1 KStG) ermittelt. Die Einkünfte aus Gewerbebetrieb des Komplementärs gem. § 15 Abs. 1 Nr. 3 EStG sind bei der Ermittlung des körperschaftsteuerlichen Einkommens der Gesellschaft gem. § 9 Nr. 1 KStG abziehbar, werden aber dem Gewerbebetrieb der KGaA durch die Hinzurechnung nach § 8 Nr. 4 GewStG zugeordnet.

6.4 Dividendenerträge aus Anteilen im Streubesitz (§ 8 Nr. 5 GewStG)

Ausschüttungen von Kapitalgesellschaften sind je nach der Rechtsform des Empfängers zu 95 % bzw. zu 40 % körperschaftsteuerfrei bzw. einkommensteuerfrei.

- Körperschaftsteuerpflichtige Ausschüttungsempfänger erhalten eine 95 %ige Freistellung der Dividenden (§ 8b Abs. 1, 5 KStG); Betriebsausgaben im unmittelbaren wirtschaftlichen Zusammenhang mit den Dividenden sind nicht abzugsfähig (§ 3c Abs. 1 EStG i. V. m. § 8b KStG).
- Einkommensteuerpflichtige Ausschüttungsempfänger erhalten eine 40 %ige Freistellung der Dividenden (Teileinkünfteverfahren gem. § 3 Nr. 40 EStG); Betriebsausgaben im unmittelbaren wirtschaftlichen Zusammenhang mit den Dividenden sind entsprechend nur noch zu 60 % abziehbar (§ 3c Abs. 2 Satz 1 EStG). Das Teileinkünfteverfahren ist ausschließlich auf Kapitaleinkünfte im betrieblichen Bereich von Personenunternehmen beschränkt (§ 3 Nr. 40 Satz 2 EStG).

Durch § 8 Nr. 5 GewStG wird in Bezug auf das Freistellungsverfahren (§ 8b KStG) und das Teileinkünfteverfahren (§ 3 Nr. 40 EStG) die gewerbesteuerliche Begünstigung auf Schachtelerträge beschränkt. Gem. § 8 Nr. 5 GewStG sind die nach dem EStG bzw. KStG steuerbefreiten Beträge nach Abzug der nach § 3c EStG nicht abziehbaren Betriebsausgaben dem Gewinn hinzuzurechnen, soweit sie nicht die Voraussetzungen des § 9 Nr. 2a oder Nr. 7 GewStG erfüllen. Ohne die gewerbesteuerliche Hinzurechnung würden sich die einkommensteuerlichen bzw. körperschaftsteuerlichen Befreiungsvorschriften auch beim Gewerbeertrag auswirken. Vor der Abschaffung des KSt-Anrechnungsverfahrens waren die Erträge grundsätzlich einkommen- bzw. körperschaftsteuerpflichtig, wurden aber beim Anteilseigner durch die KSt-Anrechnung entlastet. Lediglich bei Dividenden auf Grund von Schachtelbeteiligungen gem. § 9 Nr. 2a, Nr. 7 und Nr. 8 GewStG wurden Kürzungen vorgenommen. Damit waren im Ergebnis nur Dividenden aus Anteilen im Streubesitz gewerbesteuerpflichtig. Diese Rechtslage soll auch nach Abschaffung des KSt-Anrechnungsverfahrens mit Hilfe der Vorschrift des § 8 Nr. 5 GewStG erhalten bleiben.

- Wenn die Voraussetzungen des gewerbesteuerlichen Schachtelprivilegs gem. § 9 Nr. 2a oder Nr. 7 GewStG erfüllt sind, scheidet eine Hinzurechnung gem. § 8 Nr. 5 GewStG aus. Im Falle von Auslandsdividenden, die unter § 9 Nr. 7 und unter § 9 Nr. 8 GewStG fallen, besteht ein Wahlrecht des Steuerpflichtigen zugunsten einer der beiden Vorschriften.
- Wenn Streudividenden vorliegen, welche die Voraussetzungen des gewerbesteuerlichen Schachtelprivilegs gem. § 9 Nr. 2a oder Nr. 7 GewStG nicht erfüllen, wird der Saldo aus

steuerfreien Erträgen und damit zusammenhängenden nicht abziehbaren Betriebsausgaben hinzugerechnet.

6.5 Anteile am Verlust in- oder ausländischer Personengesellschaften (§ 8 Nr. 8 GewStG)

Die Hinzurechnungsvorschrift des § 8 Nr. 8 GewStG steht im Zusammenhang mit der Kürzungsvorschrift des § 9 Nr. 2 GewStG.

- Im Gewinn enthaltene Anteile an Gewinn von in- oder ausländischen gewerblichen Personengesellschaften müssen vom Gewerbeertrag gekürzt werden (§ 9 Nr. 2 GewStG).
- Verlustanteile, die den Gewinn aus Gewerbebetrieb gemindert haben, müssen dem Gewerbeertrag hinzugerechnet werden (§ 8 Nr. 8 GewStG). Die Vorschrift soll die doppelte Erfassung der Verluste von Mitunternehmerschaften vermeiden, wenn die Anteile zu einem Betriebsvermögen gehören.

7 Gewerbesteuerliche Kürzungen

7.1 Übersicht

Gewerbesteuerliche Kürzungstatbestände	
Kürzung für Betriebsgrundstücke	§ 9 Nr. 1 GewStG
Anteile am Gewinn von in- oder ausländischen Personengesellschaften	§ 9 Nr. 2 GewStG
Erträge aus inländischen Schachtelbeteiligungen	§ 9 Nr. 2a GewStG
Gewinne aus ausländischen Betriebsstätten	§ 9 Nr. 3 GewStG
Spenden	§ 9 Nr. 5 GewStG
Gewinne aus Schachtelbeteiligungen an aktiv tätigen Auslandsgesellschaften	§ 9 Nr. 7 GewStG
Gewinne aus Beteiligungen an Auslandsgesellschaften im DBA-Fall	§ 9 Nr. 8 GewStG

7.2 Kürzung für betrieblichen Grundbesitz (§ 9 Nr. 1 GewStG)

Gemäß § 9 Nr. 1 Satz 1 GewStG ist eine gewerbesteuerliche Kürzung i. H. v. 1,2 % des Einheitswerts des zum Betriebsvermögen gehörenden Grundbesitzes vorzunehmen (sog. einfache Kürzung). Maßgebend ist der Einheitswert, der auf den letzten Feststellungszeitpunkt vor dem Ende des Erhebungszeitraums lautet. Die Regelung soll eine Doppelbelastung des betrieblichen Grundbesitzes mit Grundsteuer und Gewerbesteuer verhindern. Die Kürzung ist seit 2008 nur noch dann zulässig, wenn der zum Betriebsvermögen gehörende Grundbesitz nicht von der Grundsteuer befreit ist. Anstelle der einfachen Kürzung tritt nach § 9 Nr. 1 Satz 2 GewStG auf Antrag bei Unternehmen, die ausschließlich eigenen Grundbesitz oder neben eigenem Grundbesitz eigenes Kapitalvermögen verwalten und nutzen oder daneben Wohnungsbauten betreuen oder Gebäude errichten und veräußern, die Kürzung um den Teil des Gewerbeertrags, der auf die Verwaltung und Nutzung des eigenen Grundbesitzes entfällt (sog. erweiterte Kürzung). Dieser Teil des Gewerbeertrags geht also nicht in die Bemessungsgrundlage für die Gewerbesteuer ein und wird im Ergebnis nicht mit Gewerbesteuer belastet (BFH-Vorlagebeschluss vom 21.07.2016, IV R 26/14, DStR 2016, 2516).

7.3 Anteile am Gewinn von Personengesellschaften (§ 9 Nr. 2 GewStG)

Im Gewinn enthaltene Anteile am Gewinn von in- oder ausländischen gewerblichen Personengesellschaften müssen vom Gewerbeertrag gekürzt werden. Diese Gewinnanteile wurde bei inländischen Gesellschaften bereits der Gewerbesteuer unterworfen, sollen aber nur einmal steuerbelastet sein. Bei ausländischen Gesellschaften soll auf Grund des Inlandsbezugs der Gewerbesteuer keine Steuerbelastung eintreten.

BEISPIELE

Die X-GmbH ist an der Y-KG mit einer Kommanditeinlage i. H. v. 100 000 € beteiligt.
a) Die X-GmbH weist in ihrer GuV einen Gewinnanteil des Jahres 01 aus der Y-KG i. H. v. 20 000 € als Beteiligungsertrag aus.
b) Die X-GmbH weist in ihrer GuV einen Verlustanteil des Jahres 01 aus der Y-KG i. H. v. ./. 20 000 € aus, der den Gewinn gemindert hat.

LÖSUNG

a) Der Gewinnanteil von 20 000 € ist bei der Ermittlung des Gewerbeertrags der X-GmbH gem. § 9 Nr. 2 GewStG zu kürzen.
b) Der Verlustanteil von ./. 20 000 € ist bei der Ermittlung des Gewerbeertrags der X-GmbH gem. § 8 Nr. 5 GewStG hinzuzurechnen.

7.4 Erträge aus inländischen Schachtelbeteiligungen (§ 9 Nr. 2a GewStG)

Die Vorschrift des § 9 Nr. 2a GewStG soll zusammen mit § 8 Nr. 5 GewStG Doppelbelastungen bei Gewinnausschüttungen aus Kapitalgesellschaften beseitigen und weicht deshalb von den einkommen- und körperschaftsteuerlichen Regelungen ab. Die im Gewinn aus Gewerbebetrieb enthaltenen Teile der Dividende werden nach § 9 Nr. 2a GewStG gekürzt, wodurch eine Doppelbelastung mit Gewerbesteuer vermieden wird. Auf die tatsächliche Belastung mit Gewerbesteuer bei der Kapitalgesellschaft kommt es nicht an. Wenn die Voraussetzungen des § 9 Nr. 2a GewStG nicht erfüllt sind, werden auch die nach den einkommen- und körperschaftsteuerlichen Vorschriften steuerfreien Teile der Dividende gem. § 8 Nr. 5 GewStG hinzugerechnet.

Beteiligungserträge sind bei der Ermittlung des Gewerbeertrags zu kürzen, wenn sie von Kapitalgesellschaften ausgeschüttet werden, an denen eine Schachtelbeteiligung besteht, d. h. die Beteiligung muss zu Beginn des Erhebungszeitraums mindestens 15 % des Grund- oder Stammkapitals betragen. Es muss sich um nicht steuerbefreite inländische Kapitalgesellschaften, Erwerbs- oder Wirtschaftsgenossenschaften handeln. Erfasst werden Anteile an der Kapitalgesellschaft im Gesamthandsvermögen der Personengesellschaft und im Sonderbetriebsvermögen I und II der Gesellschafter. Die Dividende muss bei der Gewinnermittlung angesetzt worden sein. Solche Schachtelbeteiligungen an Kapitalgesellschaften werden im Ergebnis ähnlich wie Beteiligungen an Personengesellschaften behandelt, bei denen im Gewinn enthaltene Anteile am Gewinn vom Gewerbeertrag gekürzt werden. Damit wird der Zweck verfolgt, Gewinnanteile nur einmal bei der Kapitalgesellschaft und bei Schachteldividenden nicht zusätzlich bei deren Gesellschaftern gewerbesteuerlich zu belasten. Diese Begünstigung wird für gewerbesteuerliche Zwecke gemäß § 8 Nr. 5 GewStG für Ausschüttungen aus Anteilen unter 15 % (»Streubesitzdividenden«) zurückgenommen.

Soweit die in den Kürzungsvorschriften des § 9 Nr. 2, Nr. 7 oder Nr. 8 GewStG enthaltenen Voraussetzungen für das gewerbesteuerliche Schachtelprivileg erfüllt sind, unterbleibt die Hinzurechnung. Wesentliche Voraussetzung für die Kürzung ist, dass zu Beginn eines Erhebungszeitraums eine Mindestbeteiligungshöhe erreicht wird. Im UntStRefG 2008 wurde die Mindestbeteiligungshöhe von 10 % auf 15 % angehoben. Damit sind Dividenden aus Beteiligungen von unter 15 % (»Streubeteiligungen«) bei der Ermittlung des Gewerbeertrags gemäß § 8 Nr. 5 GewStG wieder hinzuzurechnen. Dies führt bei allen gewerbesteuerpflichtigen Anteilseignern zu einer vollständigen Doppelbelastung mit Gewerbesteuer. Die Anhebung der Beteiligungsgrenze gilt nicht im Fall von Auslandsbeteiligungen gemäß § 9 Nr. 8 GewStG, soweit auf Grund eines DBA die Mindestbeteiligungsgrenze niedriger ist (derzeit 10 %). Auch bei Beteiligungen, für welche die Mutter-Tochter-Richtlinie gilt, sind die Vorteile ab 2009 zwingend bereits ab einer Beteiligungshöhe von 10 % zu gewähren (Art. 3 Abs. 1 der Mutter-Tochter-Richtlinie).

7.5 Gewinne aus ausländischen Betriebsstätten (§ 9 Nr. 3 GewStG)

Der Gewerbesteuer unterliegt jeder stehende Gewerbebetrieb, soweit er im Inland betrieben wird (§ 2 Abs. 1 GewStG). Die Kürzungsvorschrift des § 9 Nr. 3 GewStG hat im Wesentlichen klarstellende Wirkung, weil auch ohne diese Regelung das auf ausländische Betriebsstätten entfallende Ergebnis nicht zu berücksichtigen wäre.

7.6 Spenden (§ 9 Nr. 5 GewStG)

Gewerbebetrieben steht ohne Rücksicht auf die Rechtsform den Regelungen im Einkommensteuerrecht (§ 10b EStG) und im Körperschaftssteuerrecht (§ 9 Nr. 2 KStG) entsprechend auch gewerbesteuerlich der Spendenabzug zu. Bei Kapitalgesellschaften werden die Spenden bei der Ermittlung des körperschaftsteuerlichen Einkommens abgezogen und deshalb zunächst gem. § 8 Nr. 9 GewStG hinzugerechnet. Bei Personenunternehmen mindern Spenden den Gewinn nicht, da sie sich lediglich im privaten Besteuerungsbereich bei den Sonderausgaben auswirken. Ausgangsbasis für § 9 Nr. 5 GewStG ist daher bei allen Rechtsformen der Gewinn vor Abzug der Spenden.

7.7 Gewinne aus Schachtelbeteiligungen an aktiv tätigen Auslandsgesellschaften (§ 9 Nr. 7 GewStG)

Entsprechend der Steuerbefreiung für ausländische Betriebsstätten (§ 9 Nr. 3 GewStG) werden gem. § 9 Nr. 7 GewStG bestimmte von ausländischen Kapitalgesellschaften an inländische Gewerbebetriebe ausgeschüttete Gewinne durch Kürzung von der Gewerbesteuer ausgenommen. Die Kürzung setzt voraus, dass eine Schachtelbeteiligung i. H. v. 15 % ununterbrochen seit Beginn des Erhebungszeitraums vorliegt und dass die ausländische Gesellschaft ausschließlich oder fast ausschließlich i. S. d. § 8 AStG aktiv tätig ist oder in einem EU-Staat unter die Mutter-Tochter-Richtlinie fällt. Dadurch werden ausländische Schachtelbeteiligungen den inländischen Schachtelbeteiligungen weitgehend gleichgestellt (§ 9 Nr. 2a GewStG). Beim Zusammentreffen mit abweichenden Vorschriften in DBA sind die dem Steuerpflichtigen jeweils günstigeren Vorschriften anzuwenden.

7.8 Gewinne aus Beteiligungen an Auslandsgesellschaften im DBA-Fall (§ 9 Nr. 8 GewStG)

Die Hinzurechnungsvorschrift des § 9 Nr. 8 GewStG ergänzt die Vorschriften des § 9 Nr. 2a und Nr. 7 GewStG. Gewinnanteile aus Anteilen an ausländischen Gesellschaften, die nach einem DBA unter der Voraussetzung einer Mindestbeteiligung von der Gewerbesteuer befreit sind, sind zu kürzen. Der Gewerbebetrieb muss zu mindestens 15 % an der Auslandsgesellschaft beteiligt sein. Wenn in einem DBA eine höhere Schachtelgrenze vorgesehen ist, soll sie gewerbesteuerlich ebenfalls nur 15 % betragen. Begünstigt sind Beteiligungen an Personen- und Kapitalgesellschaften. Auf eine aktive Tätigkeit kommt es nicht an.

8 Ermittlung der Gewerbesteuer

8.1 Grundsatz

Die Gewerbesteuer wird in zwei Schritten ermittelt. Zuerst wird auf den nach §§ 7 ff. GewStG ermittelten Gewerbeertrag ein bestimmter Prozentsatz, nämlich die Steuermesszahl, angewendet (§ 11 Abs. 2 GewStG). Dass Ergebnis ist der sog. Steuermessbetrag. In einem weiteren Schritt wird der von der jeweiligen Gemeinde festgesetzte Hebesatz auf den Steuermessbetrag angewendet (§ 16 GewStG). Daraus ergibt sich die zu erhebende Gewerbesteuer. Aus den Vorschriften der §§ 7 bis 16 GewStG ergibt sich das folgende Ermittlungsschema für die Berechnung der Gewerbesteuer:

	Gewinn nach EStG/Einkommen nach KStG
+/./.	Berichtigungen nach A 38 bis A 42 GewStR
=	Gewinn nach § 7 GewStG
+	Hinzurechnungen nach § 8 GewStG
./.	Kürzungen nach § 9 GewStG
=	Zwischensumme
./.	Gewerbeverlust nach § 10a GewStG
=	Gewerbeertrag vor Abrundung/Freibetrag
	Abrundung auf volle 100 € nach § 11 Abs. 1 GewStG
./.	Freibetrag von 24 500 € nach § 11 Abs. 1 GewStG
=	maßgebender Gewerbeertrag
×	Steuermesszahl von 3,5 % nach § 11 Abs. 2 GewStG
=	Steuermessbetrag
×	Hebesatz der Gemeinde nach § 16 Abs. 1 GewStG
=	Gewerbesteuerschuld

8.2 Steuermesszahl (§ 11 Abs. 2 GewStG)

Nach alter Rechtslage wurde bei der Steuermesszahl zwischen Gewerbebetrieben unterschieden, die von natürlichen Personen oder Personengesellschaften betrieben werden, und den Gewerbebetrieben von Kapitalgesellschaften. Bei Kapitalgesellschaften war eine einheitliche Gewerbesteuermesszahl von 5 % anzuwenden. Für Gewerbebetriebe von natürlichen Personen und Personengesellschaften galt ein vom Gewerbeertrag abhängiger Staffeltarif von 1 % bis 5 %.

Auf Grund der Unternehmensteuerreform 2008 gilt eine für alle Gewerbebetriebe einheitliche Steuermesszahl von 3,5 %. Die Abschaffung des Staffeltarifs führt bei kleinen Gewerbebetrieben von natürlichen Personen und Personengesellschaften zu einer Steuererhöhung, bei Kapitalgesellschaften dagegen zu einer zum Teil erheblichen Steuersenkung. Die effektive Steuerbelastung hängt von den Hebesätzen ab, welche die Gemeinden festsetzen.

	Alte Rechtslage (in €)			Neue Rechtslage (in €)		
Gewerbeertrag	84 500	104 500	124 500	84 500	104 500	124 500
abzgl. Freibetrag	./. 24 500	./. 24 500	./. 24 500	./. 24 500	./. 24 500	./. 24 500
gekürzter Gewerbeertrag	60 000	80 000	100 000	60 000	80 000	100 000
Steuermesszahl neu				3,5 %	3,5 %	3,5 %
Steuermesszahl alt: für die ersten 12 000 € (1 %) für die weiteren 12 000 € (2 %) für die weiteren 12 000 € (3 %) für die weiteren 12 000 € (4 %) für alle weiteren Beträge (5 %)	120 240 360 480 600	120 240 360 480 1 600	120 240 360 480 2 600			
Steuermessbetrag	1 800	2 800	3 800	2 100	2 800	3 500

Bei einem Gewerbeertrag i. H. v. 104 500 € ändert sich die Steuerbelastung nicht. Durch die Abschaffung des Staffeltarifs entsteht bei Einzelunternehmen und Personengesellschaften eine Steuererhöhung, wenn der Gewerbeertrag geringer ist als 104 500 €, dagegen eine Steuerermäßigung, wenn der Gewerbeertrag höher ist als 104 500 €.

9 Gewerbesteueranrechnung nach § 35 EStG

9.1 Inhalt und Zielrichtung

Ab 01. 01. 2001 wurde die Vorschrift des § 32c EStG a. F. durch die Steuerbetragsermäßigung gem. § 35 EStG ersetzt (Steuersenkungsgesetz vom 23. 10. 2000 BStBl I 2000, 1428). Die Steuerentlastungen sind als Übergangsvorschriften auf dem Weg zu einer grundlegenden Reform der Unternehmensbesteuerung gedacht, die dem Gesetzgeber kurzfristig nicht realisierbar erscheint: Die steuerliche Entlastung der Personenunternehmen soll einen pragmatischen Ausgleich zu der systematischen Entlastung der Kapitalgesellschaften schaffen und die Steuerbelastungen beider Rechtsformen einander annähern. Die Gewerbesteuer wird damit zunehmend zum bloßen Rechenposten bei Festlegung einer vom Gesetzgeber beabsichtigten Gesamtsteuerbelastung. Die Entlastung gewerblicher Personenunternehmen von der Gewerbesteuer wird durch eine pauschale Teilanrechnung der Gewerbesteuer auf die Einkommensteuer erreicht. Die tarifliche Einkommensteuer, vermindert um die sonstigen Steuerermäßigungen mit Ausnahme der §§ 34f und 34 g EStG, ermäßigt sich, soweit sie anteilig auf im zu versteuernden Einkommen enthaltene gewerbliche Einkünfte entfällt. Die Anrechnung erfolgt lediglich pauschal, damit die Kommunen durch ihr Hebesatzrecht bei der Gewerbesteuer die Höhe der Einkommensteuer nicht beeinflussen können.

Die Steuerermäßigung wurde durch das UntStRefG 2008 (BGBl I 2007, 1912) mit Wirkung ab 01.01.2008 auf das 3,8-Fache (zuvor 1,8-Fache) des Steuermessbetrags erhöht. Durch die Erhöhung des Faktors soll die gleichzeitige Abschaffung des Betriebsausgabenabzugs der Gewerbesteuer (§ 4 Abs. 5b EStG) kompensiert werden. Die pauschale Anrechnung ist für eine punktgenaue Entlastung nicht geeignet. Nach Wegfall der Abzugsfähigkeit der Gewerbesteuer als Betriebsausgabe und nach Erhöhung des Anrechnungsfaktors auf 3,8 tritt nur dann eine vollständige Entlastung von der Gewerbesteuer ein, wenn der gemeindliche Hebesatz 400 % nicht übersteigt. Wenn der konkrete Hebesatz höher liegt oder die Gewerbesteuer aufgrund von Hinzurechnungstatbeständen gem. § 8 GewStG erhöht wird, wird die Gewerbesteuer nicht vollständig durch die Anrechnung bei der Einkommensteuer ausgeglichen (sog. Anrechnungsüberhang). Ungerechtfertigte Begünstigungen bei geringeren Hebesätzen werden durch die Begrenzung der Anrechnung auf die tatsächlich gezahlte Gewerbesteuer verhindert (§ 35 Abs. 1 Satz 2 EStG). Vgl. BMF vom 03.11.2016, IV C 6 – S 2296-a/08/10002 :003, DStR 2016, 2653.

BEISPIEL

Der Gewerbesteuermessbetrag i. H. v. 3,5 % und der Anrechnungsfaktor i. H. v. 3,8 ergeben bei einem Gewerbesteuerhebesatz von 400 % eine Minderung der ESt um 13,3 % und des SolZ um 0,7 %, also insgesamt eine Gesamtentlastung bei ESt und SolZ um 14,0 %. Daraus ergibt sich bei einem ESt-Tarif von 42 % bzw. 45 % die folgende Steuerbelastung (vgl. Ernst & Young, Unternehmensteuerreform 2008, A. II. 4):

ESt-Tarif		42 %		45 %
GewSt-Hebesatz		400 %		400 %
Gewinn		100,00 €		100,00 €
GewSt		14,00 €		14,00 €
Gewerbliche Einkünfte		100,00 €		100,00 €
ESt		42,00 €		45,00 €
abzgl. GewSt-Anrechnung gem. § 35 EStG	./.	13,30 €	./.	13,30 €
ESt nach GewSt-Anrechnung		28,70 €		31,70 €
SolZ 5,5 %		1,58 €		1,74 €
Belastung mit GewSt, ESt, SolZ		44,28 €		47,44 €

9.2 Gewerbliche Einkünfte

Begünstigt sind natürliche Personen, wenn sie gewerblichen Einkünfte i. S. d. § 15 EStG erzielen, sei es als Einzelunternehmer, als an einer Personengesellschaft beteiligte Mitunternehmer oder als persönlich haftende Gesellschafter einer KGaA. Gewerbliche Einkünfte sind gem. § 35 Abs. 1 Satz 3 EStG die der GewSt unterliegenden Gewinne und Gewinnanteile, soweit sie nicht nach anderen Vorschriften von der Steuerermäßigung nach § 35 EStG ausgenommen sind. Einkünfte aus §§ 16 und 17 EStG gehören grundsätzlich nicht zu den gewerblichen Einkünften i. S. d. § 35 EStG. Einzubeziehen sind jedoch die gewerbesteuerpflichtigen Veräußerungsgewinne aus der 100 %igen Beteiligung an einer Kapitalgesellschaft (§ 16 Abs. 1 Satz 1 Nr. 1 Satz 2 EStG), wenn die Veräußerung nicht in einem engen Zusammenhang mit der Aufgabe eines Betriebs erfolgt. Gewinne aus der Veräußerung eines Teils eines Mitunternehmeranteils nach § 16 Abs. 1 Satz 2 EStG gehören als laufender Gewinn zu den gewerblichen Einkünften i. S. d. § 35 EStG. Außerdem sind als gewerbliche Einkünfte auch Gewinne zu erfassen, die bei der Veräußerung oder Aufgabe von Betrieben, Teilbetrieben oder Mitunternehmeranteilen anfallen und nicht auf eine natürliche Person als unmittelbar beteiligter Mitunternehmer entfallen (§ 7 Abs. 2 GewStG).

9.3   Anrechnungsvolumen

Die Höhe der Steuerermäßigung bei der Einkommensteuer beträgt das 3,8-Fache des nach § 14 GewStG festgesetzten Gewerbesteuermessbetrags bzw. des anteiligen Gewerbesteuermessbetrags (Anrechnungsvolumen). Maßgebend ist der Gewerbesteuermessbetrag, der für den Erhebungszeitraum festgesetzt worden ist, der dem Veranlagungszeitraum entspricht. Bei einem abweichenden Wj. wird der Gewerbeertrag dem Erhebungszeitraum zugerechnet, in dem das Wj. endet (§ 10 Abs. 2 GewStG). Sind dem Steuerpflichtigen als Einzelunternehmer oder als unmittelbarer oder mittelbarer Mitunternehmer Gewinne aus mehreren Gewerbebetrieben zuzurechnen, sind die jeweiligen Gewerbesteuermessbeträge für jeden Gewerbebetrieb und für jede Mitunternehmerschaft getrennt zu ermitteln und dann zur Berechnung des Anrechnungsvolumens zusammenzufassen.

9.4   Begrenzung der Tarifermäßigung

Die Steuerermäßigung wird in der Weise vorgenommen, dass die tarifliche Einkommensteuer durch eine pauschalierte Anrechnung der Gewerbesteuer gemindert wird. Das Ermäßigungspotenzial i. H. d. 3,8-Fachen des anteiligen GewSt-Messbetrags ist nicht mit dem Betrag identisch, um den die Einkommensteuer tatsächlich gemindert wird. Vielmehr wird das Ermäßigungspotenzial nur innerhalb der Schranken eines absoluten und eines relativen Ermäßigungshöchstbetrages wirksam. Die tatsächliche Steuerermäßigung wird durch die niedrigste dieser Schranken bestimmt. Nicht berücksichtigtes Ermäßigungspotenzial (sog. Anrechnungsübergang) geht endgültig verloren. Soweit das Anrechnungsvolumen den Ermäßigungshöchstbetrag übersteigt, ist eine Erstattung nicht möglich; ein Vor- oder Rücktrag auf ein anderes Jahr ist ebenfalls nicht zulässig.

Der absolute Ermäßigungshöchstbetrag begrenzt das Anrechnungsvolumen auf die Höhe der tariflichen Einkommensteuer i. S. d. § 32a Abs. 1 und 5 EStG, die um die sonstigen Steuerermäßigungen mit Ausnahme der Steuerermäßigungen gem. §§ 34 g, 34f EStG vermindert ist (§ 35 Abs. 1 EStG). Vor Anwendung des § 35 EStG muss eine Einkommensteuerschuld bestehen. Ohne eine solche kann die Entlastung nicht wirksam werden. Der Abzug der Steuerermäßigung ist außerdem gem. § 35 Abs. 1 Satz 5 EStG auf die tatsächlich gezahlte Gewerbesteuer beschränkt; dieser gewerbesteuerliche Höchstbetrag ist nach dem einkommensteuerlichen Höchstbetrag der anteilig entfallenden ESt zu prüfen. Damit kann die Entlastung bei der Einkommensteuer nicht mehr über der Belastung mit Gewerbesteuer liegen.

Der relative Ermäßigungshöchstbetrag ist der Teil der Einkommensteuer, der anteilig auf die im zu versteuernden Einkommen enthaltenen gewerblichen Einkünfte entfällt (§ 35 Abs. 1 EStG). Diese Begrenzung soll verhindern, dass eine Steuerermäßigung gewährt wird, ohne dass die einkommensteuerpflichtigen Einkünfte mit Gewerbesteuer belastet sind. § 35 Abs. 1 Satz 2 EStG legt den relativen Ermäßigungshöchstbetrag der anteilig auf die gewerblichen Einkünfte entfallenden ESt wie folgt fest:

$$\frac{\text{Summe der positiven gewerblichen Einkünfte} \times \text{geminderte tarifliche Steuer}}{\text{Summe aller positiven Einkünfte}}$$

Die Rspr. interpretiert den Begriff »Einkünfte« als saldiertes Ergebnis einer Einkunftsart (BFH vom 23. 06. 2015, III R 7/14, BStBl II 2016, 871; Staaden, DStR 2016, 184 mit Bsp.). Die »Summe der positiven gewerblichen Einkünfte« und die »Summe aller positiven Einkünfte« im Sinne dieser Berechnungsformel sind die positiven Einkünfte aus der jeweiligen Einkunftsart.

Positive und negative Einkünfte innerhalb einer Einkunftsart sind zu saldieren (horizontaler Verlustausgleich). Eine negative Summe der Einkünfte aus einer Einkunftsart kann nicht mit der positiven Summe der Einkünfte aus einer anderen Einkunftsart verrechnet werden (vertikaler Verlustausgleich). Bei der Ermittlung der Summe der positiven gewerblichen Einkünfte sind nur positive und negative gewerbliche Einkünfte i. S. d. § 35 EStG zu berücksichtigen. Andere gewerbliche Einkünfte bleiben unberücksichtigt. Dagegen sind bei der Ermittlung der Summe aller positiven Einkünfte jegliche positiven und negativen gewerblichen Einkünfte – auch solche, die nicht gewerbesteuerpflichtig oder von der Anwendung des § 35 EStG ausgeschlossen sind – zu saldieren.

BEISPIEL

Ein Steuerpflichtiger erzielt folgende Einkünfte:	./. 50 000 €
§ 15 EStG, Betrieb 1	120 000 €
§ 15 EStG, Betrieb 2	./. 30 000 €
§ 17 EStG (keine Einkünfte i. S. d. § 35 EStG)	./. 100 000 €
§ 18 EStG	./. 100 000 €
§ 21 EStG, Grundstück	1 200 000 €
§ 21 EStG, Grundstück 2	40 000 €

LÖSUNG Der Ermäßigungshöchstbetrag ermittelt sich wie folgt (BMF vom 03. 11. 2016 a. a. O., Rz. 17):

$$\frac{70\,000\,€\,(\text{Summe der positiven gewerblichen Einkünfte aus Betrieb 1 und 2})}{140\,000\,€\,(\text{gewerbliche Einkünfte nach §§ 15, 17 EStG und Einkünfte nach § 21 EStG})} \times \text{geminderte tarifliche Steuer}$$

9.5   Besonderheiten bei Mitunternehmerschaften

§ 35 EStG gilt nur für natürliche Personen, die mit gewerblichen Einkünften der Einkommensteuer unterliegen. Dies können Einzelunternehmer, aber auch unmittelbar oder mittelbar beteiligte Personengesellschafter sein. § 35 EStG wirft bei Mitunternehmerschaften besondere Probleme auf. Steuerschuldner der Gewerbesteuer ist nicht der einzelne Mitunternehmer, sondern die Mitunternehmerschaft selbst. Die Entlastungswirkung des § 35 EStG soll bei Mitunternehmerschaften den Gesellschaftern in dem Verhältnis zugute kommen, in dem sie die GewSt-Belastung getragen haben. Da der Steuermessbetrag einheitlich gegenüber der Mitunternehmerschaft als Steuerschuldnerin festgesetzt wird (§ 5 Abs. 1 Satz 3 GewStG), ist er für Zwecke des § 35 EStG in einem besonderen Verfahren zu ermitteln und aufzuteilen. Deshalb ist sowohl der Betrag des GewSt-Messbetrags und die tatsächlich zu zahlende GewSt als auch der auf die einzelnen Mitunternehmer entfallende Anteil am GewSt-Messbetrag gesondert und einheitlich festzustellen (§ 35 Abs. 2 Satz 1 EStG).

Die Festsetzung des GewSt-Messbetrags, die Feststellung des Anteils an dem festzusetzenden GewSt-Messbetrag und die Festsetzung der GewSt selbst sind Grundlagenbescheide für die Ermittlung der Steuerermäßigung (§ 35 Abs. 3 Satz 2 EStG). Das für die Einkünfte bei Mitunternehmerschaften zuständige Finanzamt ist zugleich für die gesonderte Feststellung nach § 35 EStG zuständig. Der Anteil eines Mitunternehmers am GewSt-Messbetrag richtet sich nach seinem Anteil am Gewinn der Mitunternehmerschaft nach Maßgabe des allgemeinen Gewinnverteilungsschlüssels im Gesellschaftsvertrag bzw. nach den Vorschriften des BGB und HGB. Dabei kann es durch Sonderbetriebseinnahmen zu Verzerrungen bei der Ermittlung des Ermäßigungsbetrags kommen. Auch wenn der nach dem allgemeinen Gewinnverteilungsschlüssel unterliegende Gewinn durch Vorabgewinne oder Sondervergütungen aufgebraucht oder negativ ist, bleibt er Maßstab für die Verteilung des Gewerbesteuermessbetrags. Beim allgemeinen Gewinnverteilungsschlüssel sind auch Kapitalgesellschaften als Mitgesellschafter zu berücksichtigen, obwohl sie vom Anwendungsbereich des § 35 EStG nicht erfasst werden. Der den beteiligten Kapitalgesellschaften zugewiesene Gewerbesteuermessbetrag steht nicht mehr für die Ermäßigung bei den übrigen Mitunternehmern zur Verfügung und geht damit verloren. Auf die Gewinnverteilung im Rahmen der einheitlichen und gesonderten Gewinnfeststellung der Einkünfte aus Gewerbebetrieb kommt es nicht an. Der anteilige GewSt-Messbetrag wird als Prozentsatz mit zwei Nachkommastellen gerundet ermittelt. Bei der Feststellung werden anteilige GewSt-Messbeträge aus einer Beteiligung an einer Mitunternehmerschaft einbezogen.

Berechnungsgrundlage für die Verteilung aufgrund des allgemeinen Gewinnverteilungsschlüssels ist der Gewinn lt. Handelsbilanz, soweit die handelsrechtliche Gewinnverteilung auch steuerlich anzuerkennen ist. Vorabgewinne und Ergebnisse aus Sonder- und Ergänzungsbilanzen sind nicht zu berücksichtigen. Dies gilt jedenfalls insoweit, als die Vorab- und Sondergewinne in ihrer Höhe nicht vom Gewinn abhängig sind. Abgrenzungsprobleme ergeben sich bei Gewinnabhängigkeit der Ansprüche. Nach ursprünglicher Auffassung der Finanzverwaltung waren die gewinnabhängigen Vorabgewinnbestandteile und Sondervergütungen als Bestandteil des allgemeinen Gewinnverteilungsschlüssels i. S. d. § 35 Abs. 3 Satz 2 EStG zu behandeln (BMF vom 19.09.2007 BStBl I 2007, 701). Nach der Rspr. ist jedoch zur Ermittlung des Anteils eines Mitunternehmers am GewSt-Messbetrag allein auf den allgemeinen Gewinnverteilungsschlüssel abzustellen. Vorabgewinnanteile sind unter keinen Umständen zu berücksichtigen (BFH vom 07.07.2009 BStBl II 2010, 116). Die Finanzverwaltung folgt dieser Auffassung des BFH (BMF vom 03.11.2016, a.a.O., Rz. 19 ff.).

BEISPIELE

Bei der X-OHG ist folgende gesellschaftsvertragliche Gewinnverteilung vorgesehen:
a) Als Gewinnvoraus erhalten die Geschäftsführer vertraglich vereinbarte Tantiemen, für alle Geschäftsführer begrenzt auf höchstens 10 % des Jahresergebnisses. In diesem Rahmen kann jeder Geschäftsführer bis zu 2 % des Jahresergebnisses als Tantieme erhalten.
b) Von dem verbleibenden Betrag erhält jeder Gesellschafter in Gewinnjahren eine Vorabzuweisung i. H. v. bis zu 7 % des Nominalbetrags seines Kapitalanteils (Kapitalkonto I).
c) Der Restbetrag ist nach Maßgabe des allgemeinen Gewinnverteilungsschlüssels auf die Gesellschafter zu verteilen.

LÖSUNG Die gewinnabhängigen Gewinnbestandteile a) und b), die vor der abschließenden Gewinnschlüsselung eines Restbetrages den Gesellschaftern zugerechnet werden, sind gewinnabhängig. Die Gewinnabreden a) und b) sind aber ebenfalls nicht als Bestandteil des allgemeinen Gewinnverteilungsschlüssels anzusehen.

Bei mehrstöckigen Mitunternehmerschaften sind die anteilig auf die Obergesellschaft entfallenden Gewerbesteuermessbeträge sämtlicher Untergesellschaften den Gesellschaftern der Obergesellschaft nach Maßgabe des allgemeinen Gewinnverteilungsschlüssels zuzurechnen (§ 35 Abs. 3 Satz 3 EStG). Die aus der Untergesellschaft herrührenden anteiligen GewSt-Messbeträge sind in die Feststellung der GewSt-Messbeträge der Obergesellschaft und in die Feststellung der Anteile der Gesellschafter einzubeziehen. Dies gilt auch im Fall der Zurechnung eines anteiligen GewSt-Messbetrags einer Untergesellschaft auf einen mittelbar beteiligten Gesellschafter, wenn bei der Obergesellschaft eine negativer Gewerbeertrag und damit ein GewSt-Messbetrag von 0 € entsteht.

BEISPIEL

A ist zu 70 % an der GmbH & Co. KG I (Obergesellschaft) beteiligt, die wiederum zu 50 % an der GmbH & Co. KG II (Untergesellschaft) beteiligt ist. Für die GmbH & Co. KG II wird ein GewSt-Messbetrag von 100 festgestellt. Dies führt zu einem der GmbH & Co. KG I zuzurechnenden GewSt-Messbetrags von 50 € entsprechend dem allgemeinen Gewinnverteilungsschlüssel. Die GmbH & Co. KG I erzielt einen negativen Gewerbeertrag.

LÖSUNG Bei der GmbH & Co. KG I ist ein GewSt-Messbetrag von 0 € festzusetzen. Dieser Betrag ist um den aus der Beteiligung an der GmbH & Co. KG II stammenden anteiligen GewSt-Messbetrag von 50 € zu erhöhen und anteilig nach dem allgemeinen Gewinnverteilungsschlüssel dem Gesellschafter A zuzurechnen. Bei A ist ein anteiliger GewSt-Messbetrag von (70 % von 50 % =) 35 € bei der Berechnung der Steuerermäßigung nach § 35 EStG zugrunde zu legen.

Bei einer KGaA führt nur der auf die persönlich haftenden Gesellschafter entfallende Teil des Gewerbesteuermessbetrags zu einer Steuerermäßigung. Für die erforderliche Aufteilung des Gewerbesteuermessbetrags gilt § 35 Abs. 2 EStG. Zur Ermittlung des anteilig auf den persönlich haftenden Gesellschafter entfallenden Gewerbesteuermessbetrags ist ebenfalls auf den allgemeinen Gewinnverteilungsschlüssel abzustellen.

Wenn ein Gesellschafter während des Wirtschaftsjahrs in eine Personengesellschaft eintritt oder aus dieser ausscheidet, und wenn die Personengesellschaft fortbesteht, geht der Gewerbebetrieb nicht im Ganzen auf einen anderen Unternehmer über. Für Zwecke der Berechnung der Steuerermäßigung ist der für den Erhebungszeitraum festgestellte Gewerbesteuermessbetrag auf die Gesellschafter aufzuteilen, die zum Ende des gewerbesteuerrechtlichen Erhebungszeitraums noch an der Personengesellschaft beteiligt sind (BFH vom 14. 01. 2016, IV R 5/14, BStBl II 2016, 875; BMF vom 03. 11. 2016, a. a. O., Rz. 28ff).

Nach § 7 Satz 2 GewStG gewerbesteuerpflichtige Veräußerungs- und Aufgabegewinne gehen in den Gewerbeertrag der Mitunternehmerschaft ein. Der festgesetzte Gewerbesteuermessbetrag sowie die gezahlte Gewerbesteuer sind nach Maßgabe des allgemeinen, zum Ende des Erhebungszeitraums geltenden Gewinnverteilungsschlüssels auf die Mitunternehmer zu verteilen.

BEISPIEL

A und die B-GmbH sind zu 50 % an der C-OHG beteiligt. Der laufende Gewinn in 01 beträgt 0 €. Der Betrieb der C-OHG wird zum 31.12.01 aufgegeben. Der Aufgabegewinn i. H. v. 100 000 € entfällt i. H. v. jeweils 50 000 € auf A und die B-GmbH. Der Gewerbesteuermessbetrag wird auf Grundlage eines Gewerbeertrags i. H. v. 25 500 € (nach § 7 Satz 2 GewStG gewerbesteuerpflichtiger Aufgabegewinn i. H. v. 50 000 € abzüglich Freibetrag nach § 11 Abs. 1 Satz 3 GewStG i. H. v. 24 500 €) festgesetzt (Gewerbesteuermessbetrag: 892 €).

LÖSUNG Der auf A entfallende, nach § 35 EStG begünstigte Gewerbesteuermessbetrag beträgt 446 € (50 % von 892 €). Er geht in das Anrechnungsvolumen i. S. d. § 35 Abs. 1 Satz 1 EStG ein. Bei der Ermittlung des Ermäßigungshöchstbetrages i. S. d. § 35 Abs. 1 Satz 2 EStG sind bei der Ermittlung der »Summe der positiven gewerblichen Einkünfte« die Einkünfte aus der Beteiligung an der C-OHG mit 0 € anzusetzen, weil der auf A entfallende Aufgabegewinn nicht der Gewerbesteuer unterlegen hat (§ 35 Abs. 1 Satz 3 EStG). Bei der Ermittlung der »Summe aller positiven Einkünfte« i. S. d. § 35 Abs. 1 Satz 2 EStG sind die Einkünfte aus der Beteiligung an der C-OHG mit 50 000 € anzusetzen (BMF vom 03. 11. 2016, a. a. O., Rz. 33).

Teil H   GmbH & Co. KG und UG & Co. KG

1   Besonderheiten der Rechtsform

Das Gesellschaftsrecht lässt aufgrund der Privatautonomie Modifikationen und Verbindungen der gesetzlich geregelten Gesellschaftsformen zu. Die GmbH & Co. KG ist eine Mischform aus Personen- und Kapitalgesellschaft, dem Grunde nach aber eine Personengesellschaft in der Form einer Kommanditgesellschaft, an der eine GmbH beteiligt ist. Die Typenvermischung von KG und GmbH macht Regelungen möglich, die jede Rechtsform für sich allein nicht bieten kann. Im Wirtschaftsleben kommt der GmbH & Co. KG eine besondere Bedeutung zu. In der Bundesrepublik Deutschland gibt es etwa 211 000 Kommanditgesellschaften. Davon sind etwa 172 000 Gesellschaften in der Rechtsform der GmbH & Co. KG gegründet.

Eine GmbH & Co. KG ist dadurch charakterisiert, dass im Rahmen der Kommanditgesellschaft eine GmbH die Stellung des persönlich haftenden Gesellschafters (Komplementärs) übernimmt. Im Regelfall ist die Komplementär-GmbH die einzige Gesellschafterin, die voll haftet. Die übrigen beteiligten Gesellschafter sind regelmäßig natürliche Personen, die als Kommanditisten eintreten und auf ihre Kapitaleinlage beschränkt haften. Je nach der Gleichläufigkeit der Beteiligungsverhältnisse in der KG und in der GmbH wird zwischen der GmbH & Co. KG im engeren Sinne und der GmbH & Co. KG im weiteren Sinne unterschieden.

	GmbH & Co. KG im engeren Sinne	GmbH & Co. KG im weiteren Sinne
Definition	• Die Gesellschafter der KG sind zugleich Gesellschafter der Komplementär-GmbH (Personenidentität) und • die Beteiligungsverhältnisse am Kommanditkapital der KG und am Stammkapital der GmbH stimmen überein (Beteiligungsidentität)	• Die Gesellschafter der KG sind nicht zugleich Gesellschafter der Komplementär-GmbH (keine Personenidentität) und /oder • die Beteiligungsverhältnisse am Kommanditkapital der KG und am Stammkapital der GmbH stimmen nicht überein (keine Beteiligungsidentität)
Beispiele	An der GmbH & Co. KG sind A und B je hälftig als Kommanditisten, an der Komplementär-GmbH sind A und B je hälftig als Gesellschafter beteiligt.	An der GmbH & Co. KG sind A und B je hälftig als Kommanditisten, an der Komplementär-GmbH ist C als Alleingesellschafter beteiligt.

Der Wegfall der unbeschränkten Haftung für die Kommanditisten und für die an der Komplementär-GmbH beteiligten Gesellschafter und die daraus folgende Risikobeschränkung ist ein häufiges Motiv für die Gründung einer GmbH & Co. KG. Die Gestaltung des Gesellschaftsvertrags kann flexibler vorgenommen werden, da das Recht der Personengesellschaften mehr gestalterischen Freiraum als das Recht der GmbH gewährt. Außerdem kann die Finanzierung freier gestaltet werden. Im Vergleich zur GmbH kann das Kommanditkapital einfacher verändert werden. Allerdings unterliegt die GmbH & Co. KG hinsichtlich ihres Jahresabschlusses nach § 264 ff. HGB der Offenlegungspflicht. Die Kapitalbeschaffung kann durch die GmbH & Co. KG erleichtert werden, wenn die übrigen Gesellschafter nur bereit sind, Kapital in Form von Kommanditeinlagen einzulegen. Die Geschäftsführerstellung ist nicht an die Gesellschafterstellung gebunden (Fremdorganschaft). Die GmbH & Co. KG eignet sich außerdem als Dachorganisation für den Zusammenschluss mehrerer Unternehmen sowie als Nachfolgeunternehmen, wenn der einzige persönlich haftende Gesellschafter einer KG ausscheidet und kein Nachfolger zu finden ist.

Steuerlich war vor der Körperschaftsteuerreform 1977 ein Hauptmotiv für die Gründung der GmbH & Co. KG die Doppelbelastung der reinen GmbH und ihrer Gesellschafter. Zu Zeiten des Anrechnungsverfahrens, das diese Doppelbelastung beseitigte, nahm die Bedeutung der GmbH & Co. KG aus steuerlicher Sicht ab. Das Interesse an reinen Abschreibungsgesellschaften in der Form der GmbH & Co. KG wurde auch wegen der Vorschrift des § 15a EStG geringer, die die steuerlich wirksamen Verlustzuweisungen bei negativem Kapitalkonto begrenzte. Nach dem Wegfall des Anrechnungsverfahrens seit 01.01.2001 ist eine Wiederbelebung der GmbH & Co. KG festzustellen. Gründe hierfür sind die Senkung des Steuersatzes für ausgeschüttete Gewinne von 30 % auf definitiv 25 % (ab 2001) bzw. von 25 % auf 15 % (ab 2008) und die Beseitigung der Nachteile für Steuerausländer im Bereich der Körperschaftsteuer sowie die GewSt-Anrechnung gem. § 35 EStG im Bereich der Einkommensteuer.

Durch die Unternehmensteuerreform 2008 wurden Personengesellschaften bei kleineren Gewinnen begünstigt, da thesaurierte Gewinne gem. § 34a EStG günstiger besteuert werden (vgl. II B 15) und die Anrechnung der Gewerbesteuer auf die Einkommensteuer gem. § 35 EStG auf das 3,8-Fache erhöht wurde (vgl. II B 16.9).

2   Arten

2.1   Personen- und beteiligungsidentische GmbH & Co. KG

Die in der Praxis am häufigsten anzutreffende Erscheinungsform ist die Personen- und beteiligungsidentische GmbH & Co. KG, bei der die Personen der GmbH und der KG identisch sind und in beiden Gesellschaften dieselben Beteiligungsverhältnisse haben (vgl. H 1, GmbH & Co. KG im engeren Sinne). Zulässig ist diese Form auch als Einmann-GmbH & Co. KG, bei eine Person Alleingesellschafter der GmbH und zugleich der alleinige Kommanditist der KG ist.

In der Praxis wird auch oft bei der Errichtung der GmbH, die als Komplementärin der neu zu errichtenden GmbH & Co. KG vorgesehen ist, das Stammkapital der GmbH zunächst eingezahlt und nach der Errichtung der GmbH & Co. KG von der GmbH der GmbH & Co. KG als Darlehen zur Verfügung gestellt. Dabei werden die Kommanditanteile an der GmbH & Co. KG von denselben Personen gehalten, die auch die Geschäftsanteile an der Komplementär-GmbH halten. Die allgemeinen Kapitalaufbringungsregeln (§ 19 GmbHG) gelten aber auch bei der Komplementär-GmbH einer GmbH & Co. KG. Nach steuerlicher Rspr. hat die unmittelbar im Anschluss an die Einzahlung erfolgende Rückzahlung des Stammkapitals durch Darlehen an den einlegenden Gesellschafter zur Folge, dass das Stammkapital der GmbH als nicht aufgebracht gilt und die Einlageforderung fortbesteht (sog. Hin- und Herzahlen, BGH vom 12.06.2006 DStR 2007, 731; BFH vom 10.12.2007 DStR 2008, 311; Werner, NWB, Fach 18, 4705). Dies muss vermieden werden, da aufgrund des Fortbestands der Haftung der verpflichtete Gesellschafter im Fall der Insolvenz der GmbH zur Deckung aufgelaufener Schulden verpflichtet sein kann.

Eine günstigere Rechtslage ergibt sich nach dem Inkrafttreten des § 19 Abs. 5 GmbHG i.d.F. des MoMiG, wonach der Gesellschafter von seiner Einlageverpflichtung befreit wird, wenn die Leistung durch einen vollwertigen Rückgewähranspruch gedeckt ist, der jederzeit fällig ist oder durch fristlose Kündigung fällig werden kann. Im Rahmen der Handelsregisteranmeldung muss darauf hingewiesen werden, damit der Registerrichter prüfen kann, ob der Gesellschafter von seiner Einlageverpflichtung frei geworden ist.

2.2 GmbH-beherrschte GmbH & Co. KG

Die GmbH kann sich an der KG mit einer Kapitaleinlage beteiligen, muss dies jedoch nicht tun. Die GmbH wird in vielen Fällen aus Haftungsgründen wenig oder kein Kapital in die KG einlegen und sich auf ihre Rolle als Vollhafterin und Geschäftsführerin der KG beschränken. Es ist aber ausnahmsweise auch denkbar, dass die GmbH innerhalb der KG die beherrschende Stellung einnimmt, wobei die Gesellschafter-Geschäftsführer der GmbH aber nicht Kommanditisten der KG sind.

2.3 Einheits-GmbH & Co. KG

Im Fall der Einheits-GmbH & Co. KG besteht das Vermögen der GmbH nur aus einer Beteiligung an der KG, d. h. die GmbH ist Gesellschafterin der KG. Umgekehrt sind alle Geschäftsanteile der Komplementär-GmbH Gesamthandsvermögen der KG, d. h. die KG selbst ist Alleingesellschafterin der GmbH (BFH vom 09. 05. 1985 BStBl II 1985, 683). GmbH und KG sind also wechselseitig aneinander beteiligt. Die Kommanditisten haben keinen Anteil an der GmbH, sondern sind nur am Kommanditkapital beteiligt. Aufgrund ihrer organisationsrechtlichen Vorteile ist die Einheits-GmbH & Co. KG besonders bei mittelständischen (Familien-) Unternehmen häufig anzutreffen. Sie wirft besondere Bilanzierungsprobleme auf, so z. B. beim Ausweis der Anteile an der Komplementär-GmbH gem. § 264c Abs. 4 Satz 1 HGB im Finanzanlagevermögen unter dem Posten »Beteiligungen« oder gem. §§ 271 Abs. 2, 290 HGB unter dem Posten »Anteile an verbundenen Unternehmen«, sofern die Verbundmerkmale erfüllt sind (Zeyer, BB 2008, 1442).

2.4 Doppelstöckige GmbH & Co. KG

Die doppelstöckige GmbH & Co. KG besteht aus drei Gesellschaften. Eine GmbH ist Komplementärin der GmbH & Co. KG. Diese ist wiederum Komplementärin einer weiteren KG. Die Gründe für dieses als zulässig anerkannte Konstrukt sind steuer-, mitbestimmungs- und umwandlungsrechtlicher Natur (Schmidt, DB 1990, 93).

2.5 Publikums-GmbH & Co. KG

Beteiligt sind häufig zahlreiche in der Öffentlichkeit als Kapitalanleger geworbene Kommanditisten. Sie haben auf den vor ihrem Eintritt fertigen, standardisierten Gesellschaftsvertrag keinen Einfluss und sind in ihren Kontrollrechten beschränkt. Die Anteile an der Komplementär-GmbH werden von den Gründern bzw. Initiatoren gehalten. Das Betätigungsfeld liegt im Regelfall auf dem Gebiet der Abschreibungs- und Verlustzuweisungsgesellschaften. Eine KG, deren einziger persönlich haftender Gesellschafter eine GmbH ist, stellt keine Kapitalgesellschaft i. S. d. § 1 Abs. 1 Nr. 1 KStG dar, selbst wenn viele Kommanditisten beteiligt sind, deren Einfluss sich auf den von Kapitalanlegern beschränkt (grundlegend BFH GrS vom 25. 06. 1984 BStBl II 1984, 751). Der Begriff der Kapitalgesellschaft ist abschließend geregelt und kann nicht erweiternd ausgelegt werden. Eine Publikums-GmbH & Co. KG ist daher als solche nicht körperschaftsteuerpflichtig. Nur die Komplementär-GmbH unterliegt der Körperschaftsteuerpflicht.

2.6 Komplementärgesellschaften der KG in anderen Rechtsformen

2.6.1 UG & Co. KG

Die Unternehmergesellschaft (haftungsbeschränkt), abgekürzt UG (haftungsbeschränkt), wurde durch § 5a GmbHG i. d. F. des Gesetzes zur Modernisierung des GmbH-Rechts und zur Bekämpfung von Missbräuchen vom 23. 10. 2008 eingeführt (BGBl I 2008, 2026). Die Unternehmergesellschaft ist keine neue Rechtsform, sondern eine GmbH, die ohne das in § 5 Abs. 1 GmbHG vorgeschriebene Mindestkapital gegründet werden kann. Sie kann mit einem Stammkapital von 1 € bis 24 999 € in einem vereinfachten Verfahren gegründet werden (§ 2 Abs. 1a GmbHG) und wird deshalb umgangssprachlich auch als »Mini-GmbH« bezeichnet.

In der UG & Co. KG übernimmt die UG (haftungsbeschränkt) die Komplementärstellung. Diese Rechtsform kann zum Beispiel gewählt werden, wenn die Rücklagenbildung in der GmbH mangels Liquidität vermieden werden soll. Es ist allerdings zu beachten, dass bei der UG (haftungsbeschränkt) jeweils 25 % des um den Verlustvortrag geminderten Jahresüberschusses in eine gesetzliche Rücklage einzustellen sind. Dadurch wird ratierlich das gesetzliche Mindestkapital der GmbH i. H. v. 25 000 € angespart. Die Rücklage bewirkt außerdem eine Ausschüttungssperre. Steuerlich ist die UG & Co. KG wie die GmbH & Co. KG eine Personengesellschaft, auf welche das Gepräge nach § 15 Abs. 3 Nr. 2 Satz 1 EStG anzuwenden ist.

2.6.2 AG & Co. KG

Bei der AG & Co. KG kann eine AG die einzige geschäftsführende Komplementärin der KG sein. Diese Rechtsform bietet aufgrund der strengeren Vorgaben des Aktienrechts nicht dieselben Gestaltungsspielräume wie die GmbH & Co. KG (Beckmann, Die AG & Co. KG, Köln 1992).

2.6.3 Stiftung & Co. KG

Die Stiftung & Co. KG besteht aus einer privatnützigen Stiftung als Komplementärin und aus natürlichen Personen als Kommanditisten. Sie bietet aus bilanzrechtlichen Gründen und aufgrund der Unabhängigkeit der Stiftung von einem Garantiekapital Vorteile. Die Stiftung übernimmt in der Regel die Rolle der einzigen Komplementärin der KG und der Geschäftsführerin. Die Stiftung & Co. KG kann zur Vermeidung der Zersplitterung von Familienunternehmen und wegen der steuerlichen Erleichterungen für Stiftungen und Stifter zur Regelung der Unternehmensnachfolge dienen (Spiegelberger, ErbStB 2005, 43; Hävelmann, Die Stiftung & Co. KG als Unternehmensnachfolge, Saarbrücken 2006). Steuerlich ist die Stiftung & Co. KG eine Personengesellschaft, auf welche das Gepräge nach § 15 Abs. 3 Nr. 2 Satz 1 EStG nicht anzuwenden ist.

2.6.4 Ausländische Komplementärgesellschaft

Komplementärin der KG kann als Alternative zur GmbH auch eine ausländische Kapitalgesellschaft sein, beispielsweise in der Form der Private Company Limited by Shares (abgekürzt: Limited oder Ltd.). Die dadurch entstehende **Limited & Co. KG** ist eine deutsche KG, deren einzige Komplementärin eine englische Limited ist. Die Limited ist nach der inzwischen geltenden Gründungstheorie (vgl. II A 2.3) als rechtsfähige Kapitalgesellschaft anerkannt. Die Limited ist die international meistverbreitete Rechtsform und auch in Deutschland zunehmend anzutreffen. Die Kapitalausstattung ist frei wählbar. Die Limited kann in England mit einem Kapital von 1 GBP ohne notarielle Beurkundung gegründet werden und unterliegt der Rechnungslegung nach englischem Recht. Außerdem gelten die deutschen Rechnungslegungsvorschriften für die KG. Die Vorschriften über Kapitalgesellschaften sind anwendbar, wenn die Limited die einzige Komplementärin der Limited & Co. KG ist (§ 264a Abs. 1 HGB). Eine Limited mit Verwaltungssitz und Geschäftsleitung im Inland unterliegt in Deutschland der unbeschränkten Steuerpflicht nach § 1 Abs. 1 Nr. 1 KStG. Sofern die Limited & Co. KG selbst keinen Gewerbebetrieb betreibt, kann ein solcher dennoch unter den Voraussetzungen des § 15 Abs. 3 Nr. 2 Satz 1 EStG vorliegen, wenn ausschließlich eine oder mehrere Limited persönlich haftende Gesellschafter sind und nur diese oder Personen, die keine Gesellschafter der KG sind, zur Geschäftsführung befugt sind (gewerbliches Gepräge, vgl. BFH vom 14. 03. 2007 BStBl II 2007, 924). Zur steuerlichen Behandlung der Limited & Co. KG vgl. Preisser/Pung, Besteuerung der Personen- und Kapitalgesellschaften, 2. Aufl., Stuttgart 2012, 756 ff.; Just, Die englische Limited in der Praxis, 4. Aufl., München 2012).

2.7 GmbH & Co. KGaA

Die KGaA weist Elemente der AG und der KG auf. Trotz der vorhandenen Merkmale einer Personengesellschaft ist die KGaA eine Kapitalgesellschaft und eine rechtsfähige juristische Person. Die KGaA ist eine Aktiengesellschaft, die anstelle eines Vorstandes über persönlich haftende Gesellschafter (Komplementäre) verfügt. Das Gesamtkapital der KGaA besteht grundsätzlich aus der Vermögenseinlage der Komplementäre und aus dem Grundkapital der Kommanditaktionäre (Bielinis, DStR 2014, 769). Bei der **GmbH & Co. KGaA** ist der Komplementär der Kommanditgesellschaft auf Aktien (KGaA) eine GmbH. Dadurch kann die Haftung der KGaA auf das Vermögen der GmbH beschränkt werden, ohne dass natürliche Personen haften und ohne dass die Rechtsform der KGaA aufgegeben werden muss. Die Kommanditisten sind Kommanditaktionäre der KGaA (BGH vom 24. 02. 1997 BGHZ 134, 392; Freudenberg/Sorg, Die KGaA mit beschränkter Haftung, 2. Aufl., Frankfurt 2009). Die GmbH & Co. KGaA gewährt Möglichkeiten, die in der begrenzten Gestaltungsfreiheit liegenden Nachteile der AG (§ 23 Abs. 5 AktG) zu vermeiden. Außerdem bietet sie insbesondere für börsenfähige Familienunternehmen den uneingeschränkten Kapitalmarktzugang.

3 Handelsrechtliche Verhältnisse

3.1 Rechtsnatur und Entstehung

Die GmbH & Co. KG ist eine Personengesellschaft. Es bestehen zwei Gesellschaften, nämlich eine GmbH und eine Kommanditgesellschaft. Durch die Beteiligung der GmbH an einer KG wird die Selbständigkeit der GmbH nicht berührt. Die Komplementär-GmbH entsteht mit der Eintragung in das Handelsregister (§ 11 Abs. 1 GmbHG). Die GmbH & Co. KG entsteht wie jede normale KG im Innenverhältnis mit dem Abschluss des Gesellschaftsvertrages und im Außenverhältnis mit der Eintragung in das Handelsregister (§ 123 Abs. 1 HGB), es sei denn, sie hat schon vor der Eintragung mit einer gewerblichen Betätigung gem. § 1 Abs. 2 HGB begonnen (§ 123 Abs. 2 HGB). Für die Firma gelten die Vorschriften der §§ 18, 19 HGB. Die Firma der KG muss den Zusatz »Kommanditgesellschaft« oder »KG« enthalten (§ 19 Abs. 1 Nr. 3 HGB). Die alleinige Bezeichnung »GmbH & Co« ist daher nicht zulässig. Außerdem muss die Firma die Haftungsbeschränkung enthalten, wenn keine natürliche Person unbeschränkt haftet.

3.2 Jahresabschluss, Prüfung und Offenlegung

GmbH und GmbH & Co. KG sind getrennte Unternehmen; sie haben deshalb ihre eigene Buchführung und ihren eigenen Jahresabschluss (§§ 238 ff. HGB). Die Rechnungslegung folgt entsprechend der GmbH & Co.-Richtlinie 90/605/EWG vom 08. 11. 1990 den Vorschriften für Kapitalgesellschaften (§ 264a HGB). Seit dem KapCoRiLiG vom 24. 02. 2000 (BGBl I 2000, 154) gelten für die GmbH & Co. KG die Vorschriften über den Jahresabschluss, Lagebericht, Konzernabschluss und Konzernlagebericht, Prüfung und Offenlegung für Kapitalgesellschaften nach den §§ 264 ff. HGB. § 264a HGB ordnet die Anwendung dieser Vorschriften auf eine OHG oder KG an, bei der nicht wenigstens ein persönlich haftender Gesellschafter

- eine natürliche Person oder
- bei doppel- oder mehrstöckigen Gesellschaften als persönlich haftender Gesellschafter eine natürliche Person beteiligt ist.

Aus diesem Grund unterliegt die typische GmbH & Co. KG der Prüfung und Offenlegung. Der Pflichtenumfang ist verschieden, je nachdem, ob es sich bei der GmbH & Co. KG um eine große, mittelgroße oder kleine Gesellschaft handelt (§ 267 HGB, vgl. I B 4.7).

3.3 Finanzierung

Das Eigenkapital der GmbH & Co. KG besteht im Wesentlichen aus den Einlagen der Kommanditisten und ggf. aus der Einlage der GmbH. Das Schwergewicht liegt auf den Kommanditeinlagen. Im Gesellschaftsvertrag der KG wird mit Wirkung im Innenverhältnis die Pflichteinlage festgelegt. Aus dem Eintrag im Handelsregister ist mit Wirkung im Außenverhältnis die Hafteinlage zu entnehmen, nach der sich die Haftung des Kommanditisten gem. § 171 HGB bestimmt. Sofern keine natürliche Person Vollhafter ist, sind das Stammkapital der GmbH und die Einlage des Kommanditisten getrennt aufzubringen (§ 172 Abs. 6 HGB).

Daneben können die Gesellschafter der KG auch Gesellschafterdarlehen oder Einlagen in der Form stiller Beteiligungen zur Verfügung stellen (gesplittete Einlage). Wenn die zusätzlichen Mittel für die Erreichung des Gesellschaftszwecks erforderlich sind, handelt es sich um sog. Finanzplankredite, die eine neben den eigenkapitalersetzenden Darlehen eigenständige Finanzierungsform mit an die Pflichteinlage angenäherten Rechtsfolgen darstellen (BGH vom 28. 06. 1999 DStR 1999, 1198). Indizien hierfür sind die Gewährung in der Gründungsphase, lange Laufzeit, günstige Konditionen, Bindung an die Gesellschafterstellung und Fehlen von Kündigungsrechten.

Zu beachten ist, dass auf die GmbH & Co. KG die Kapitalschutzvorschriften des GmbH-Rechts sinngemäß anzuwenden sind. Dies gilt insbesondere für die §§ 30, 31 GmbHG über Gesellschafterdarlehen (BGHZ 60, 324). Zahlungen aus dem Vermögen der KG an einen Kommanditisten, der zugleich GmbH-Gesellschafter ist, sind unzulässig, wenn dadurch das Vermögen der GmbH unter den Nennwert des Stammkapitals sinkt. Dies gilt auch dann, wenn einem aus der GmbH & Co. KG austretenden Gesellschafter seine Einlage zurückgezahlt wird (BGHZ 69, 274). Nach der Rechtsprechung gilt § 30 GmbHG auch für solche Kommanditisten, die nicht zugleich Gesellschafter der Komplementär-GmbH sind (BGHZ 100, 342). Darüber hinaus sind die Schutzvorschriften der §§ 129a, 172a HGB zu beachten. Danach gelten bei einer KG, bei der

kein persönlich haftender Gesellschafter eine natürliche Person ist, die Vorschriften über eigenkapitalersetzende Gesellschafterdarlehen und zurückgewährte Darlehen (§§ 32a, 32b GmbHG)
sinngemäß.

3.4 Gewinnanteile

Vielfach wird die GmbH überhaupt nicht oder nur gering am Kapital – und damit am
Gewinn – der GmbH & Co. KG beteiligt. Die GmbH muss jedoch mindestens eine Haftungsvergütung und ggf. eine Tätigkeitsvergütung und eine Kapitalverzinsung erhalten (vgl. 6). Der
Gewinnanspruch aus der Beteiligung an der KG entsteht mit dem Bilanzstichtag der KG. In der
Buchführung der GmbH ist der Gewinnanteil aus der KG ein laufender Geschäftsvorfall. Wenn
das Wirtschaftsjahr der GmbH mit dem Wirtschaftsjahr der KG übereinstimmt, ist der Gewinnanspruch bei der KG zum Bilanzstichtag zu ermitteln und zugleich im Wege der Gewinnverteilung anteilig der GmbH zuzuweisen. Dies setzt jedoch voraus, dass die Bilanz der KG vor der
Bilanz der GmbH aufgestellt wird. Bei abweichendem Wirtschaftsjahr der GmbH ist der
Gewinnanteil bei der GmbH in dem Wirtschaftsjahr entstanden, in dem das Wirtschaftsjahr
der KG endet, aber im Ergebnis erst zum Ende des abweichenden Wirtschaftsjahrs der GmbH
auszuweisen. Bei den Anteilseignern der GmbH wiederum ist der Gewinnanteil aus der Beteiligung an der GmbH erst auszuweisen, wenn die GmbH den Gewinn an die Anteilseigner ausschüttet.

BEISPIELE

a) An der X-GmbH & Co. KG (Wirtschaftsjahr entspricht dem Kalenderjahr) ist die Y-GmbH als
Komplementärin (Wj. 01. 03. 01 bis 28. 02. 02) mit 10 % und die natürliche Person X mit 90 % am
Gewinn und Verlust beteiligt. Anteilseigner der GmbH ist die natürliche Person Y, die ihre Beteili-
gung an der GmbH im Privatvermögen hält. X ist an der GmbH nicht beteiligt.
LÖSUNG Der von der GmbH & Co. KG im Wj. 01 erzielte Gewinn ist zum 31. 12. 01 entstanden und
anteilig mit 10 % als laufender Geschäftsvorfall der GmbH in ihrem Abschluss zum 28. 02. 02 und im
Übrigen mit 90 % bei X zum 31. 12. 01 zu erfassen.

b) Die Y-GmbH schüttet ihren Gewinn des Wj. 01/02 aufgrund Ausschüttungsbeschlusses am 01. 06. 02
an ihre Anteilseigner aus.
LÖSUNG Bei dem Anteilseigner Y der Y-GmbH ist die Gewinnausschüttung der Y-GmbH am 01. 06. 02
mit Zufluss zu erfassen.

3.5 Geschäftsführung

In einer KG obliegt die Geschäftsführung in der Regel dem Komplementär, in einer typischen GmbH & Co. KG der Komplementär-GmbH. Die GmbH handelt durch ihren Geschäftsführer, der unmittelbar die Geschäfte der GmbH und mittelbar die Geschäfte der GmbH & Co.
KG führt. Als persönlich haftender Gesellschafter ist die GmbH zur Führung der Geschäfte der
GmbH & Co. KG berechtigt und verpflichtet (§§ 161 Abs. 2, 114 Abs. 1 HGB). Die Kommanditisten sind als solche von der Geschäftsführung ausgeschlossen (§ 164 HGB). Durch Gesellschaftsvertrag kann jedoch eine abweichende Regelung erfolgen (BGH vom 15. 03. 2016 DStR
2016, 1618). Da die GmbH zu ihrer Vertretung selbst einen oder mehrere Geschäftsführer
benötigt (§§ 6, 35 Abs. 1 GmbHG), kann sie ihre Aufgabe nur durch diese wahrnehmen lassen.

3.6 Haftung

Für die Verbindlichkeiten der GmbH & Co. KG haftet den Gläubigern das Gesellschaftsvermögen. Daneben haftet den Gläubigern der GmbH die persönlich haftende Gesellschafterin, die GmbH, mit ihrem ganzen Vermögen persönlich, unmittelbar und unbeschränkt (§ 161 Abs. 2, 128 HGB). Allerdings beschränkt sich diese Haftung auf das Gesellschaftsvermögen der GmbH (§ 13 Abs. 2 GmbHG). Die Kommanditisten haften den Gläubigern lediglich bis zu ihrer Hafteinlage. Soweit die Einlage geleistet ist, ist die Haftung ausgeschlossen (§ 171 Abs. 1 HGB).

4 Grundsätze der steuerlichen Behandlung

4.1 Allgemeines

Die GmbH & Co. KG wird auch steuerlich als eine Personengesellschaft behandelt. Einkommensteuerlich ist die GmbH & Co. KG kein selbständiges Steuersubjekt. Die Gesellschafter selbst werden als Mitunternehmer mit ihrem Anteil am Gesamtgewinn zur Steuer herangezogen. Der auf die natürlichen Personen entfallende Gewinnanteil unterliegt nach § 2 Abs. 1 Nr. 2 i. V. m. § 15 Abs. 1 Satz 1 Nr. 2 EStG als Einkünfte aus Gewerbebetrieb der Einkommensteuer, der auf die GmbH entfallende Anteil der Körperschaftsteuer. Voraussetzung ist jedoch, dass die Gesellschafter Mitunternehmer sind. Dafür gelten die allgemeinen Grundsätze wie für andere Personengesellschaften (auch im Sonderfall einer Publikumsgesellschaft, vgl. BFH GrS vom 25. 06. 1984 BStBl II 1984, 751).

4.2 Gewerbliche Einkünfte

Die GmbH & Co. KG hat gewerbliche Einkünfte, wenn die KG
a) ein gewerbliches Unternehmen betreibt (dann sind Ausführungen zum Gepräge überflüssig) oder
b) mindestens auch einen Gewerbebetrieb nach § 15 Abs. 2 EStG betreibt (§ 15 Abs. 3 Nr. 1 EStG, sog. Infektions- oder Abfärbetheorie) oder
c) Gewerbebetrieb kraft Gepräges ist (§ 15 Abs. 3 Nr. 2 EStG)
   Die GmbH & Co. KG gilt als Gewerbebetrieb, auch wenn nur Vermögensverwaltung betrieben wird, und zwar unter den folgenden Voraussetzungen (vgl. B 1.3.3):
   – nicht gewerblich tätige Personengesellschaft,
   – bei der ausschließlich eine oder mehrere Kapitalgesellschaften oder diesen nach Satz 2 insoweit gleichgestellte gewerblich geprägte Personengesellschaften nach Satz 1 persönlich haftende Gesellschafter sind,
   – und bei der nur diese oder Personen, die nicht Gesellschafter sind, zur Geschäftsführung befugt sind
   – mit Einkünfteerzielungsabsicht unternommene Tätigkeit dieser Personengesellschaft. Kein Gepräge ist anzunehmen, wenn
   • die GmbH von der Geschäftsführung ausgeschlossen ist oder
   • neben der GmbH weitere Gesellschafter persönlich haften oder
   • nicht persönlich haftende Gesellschafter zu Geschäftsführern bestellt sind.

BEISPIELE

a) Die X-GmbH & Co. KG ist Eigentümerin von Grundstücken, die sie vermietet. Sie betreibt keinen gewerblichen Grundstückshandel und auch keinen sonstigen Geschäftsbetrieb. Die X-GmbH ist die Komplementärin und die alleinige Geschäftsführerin. Am 01. 07. 11 veräußert die X-GmbH & Co. KG ein Grundstück (Anschaffungskosten am 02. 01. 01 100 000 €) für 150 000 €.

LÖSUNG Es liegt eine gewerblich geprägte KG vor, da die GmbH (die kraft Rechtsform gewerbliche Einkünfte hat) als persönlich haftende Gesellschafterin und Geschäftsführerin der KG die Einkünfte der KG prägt (§ 15 Abs. 3 Nr. 2 EStG). Neben der GmbH haften keine weiteren Gesellschafter persönlich, und es sind neben der GmbH auch nicht weitere Gesellschafter zu Geschäftsführern bestellt. Die KG hat daher in vollem Umfang gewerbliche Einkünfte. Die aufgedeckten stillen Reserven aus dem Grundstück sind als laufender gewerblicher Gewinn nach § 15 Abs. 1 Satz 1 Nr. 2 EStG zu erfassen (ohne die Vorschrift des § 15 Abs. 3 Nr. 2 EStG hätte es sich lediglich um einen privaten Vermögensanfall gehandelt).

b) Der Sachverhalt entspricht a). Ändert sich etwas am Ergebnis, wenn zur Führung der Geschäfte der X-GmbH der Kommanditist A der X-GmbH & Co. KG berufen ist?

LÖSUNG Geschäftsführung im Sinne der Regelung über die gewerblich geprägte Personengesellschaft ist die organschaftliche Geschäftsführung des Gesellschafters für die Gesellschaft. Bei einer GmbH & Co. KG, deren alleinige Geschäftsführerin die Komplementär-GmbH ist, ist der zur Führung der Geschäfte der GmbH berufene Kommanditist nicht wegen dieser Geschäftsführungsbefugnis auch als zur Führung der Geschäfte der KG berufen anzusehen (BFH vom 23. 05. 1996 BStBl II 1996, 523).

4.3　Mitunternehmerschaft

4.3.1　Mitunternehmerschaft der Komplementär-GmbH

Die Mitunternehmerschaft der GmbH richtet sich nach § 15 Abs. 1 Satz 1 Nr. 2 EStG. Im Regelfall wird die GmbH Mitunternehmerin sein, auch wenn sie keine Kapitaleinlage in die KG leistet, sondern nur ihre Arbeitskraft in die KG einbringt. Die Geschäftsführung der GmbH für die KG indiziert ihre Mitunternehmerinitiative, die unbeschränkte Außenhaftung für die Schulden der KG sowie ihre Gewinnbeteiligung begründen das Mitunternehmerrisiko. Unter Umständen reicht auch eine feste Vergütung aus. Die fehlende Beteiligung am Vermögen, Ausschluss der Verlustbeteiligung und Weisungsgebundenheit im Innenverhältnis sind für die Eigenschaft als Mitunternehmer grundsätzlich nicht schädlich.

4.3.2　Mitunternehmerschaft der Kommanditisten

Kommanditisten der GmbH & Co. KG sind grundsätzlich Mitunternehmer, wenn sie die Rechte haben, die einem Kommanditisten nach dem Regelstatut des HGB zustehen.

Denkbar ist in Ausnahmefällen eine verdeckte Mitunternehmerschaft, wenn ein anderes zivilrechtliches Rechtsverhältnis (z. B. Arbeitsvertrag, Darlehensvertrag, Mietvertrag) ein zumindest konkludent abgeschlossenes Gesellschaftsverhältnis verdeckt (vgl. B 1.4.4). Die Stellung als alleiniger Gesellschafter-Geschäftsführer der Komplementär-GmbH reicht hierfür allein noch nicht aus. Wenn er aber aufgrund von schuldrechtlichen Verträgen ein zusätzliches hohes Kapitalnutzungs- und -verlustrisiko trägt und wenn er insbesondere ein unangemessenes Geschäftsführergehalt bezieht, das stets den überwiegenden Teil des Gewinn der KG absaugt, kann er als verdeckter Mitunternehmer der GmbH & Co. KG behandelt werden (BFH vom 21. 09. 1995 BStBl II 1996, 66). Die hierdurch entstehende zusätzliche GewSt-Belastung auf die

Sondervergütungen ist seit 2001 wegen der Möglichkeit der Gewerbesteueranrechnung nach § 35 EStG weniger bedeutsam geworden.

Auch eine aus Familienmitgliedern, z. B. aus Eltern und Kindern, bestehende GmbH & Co. KG ist anzuerkennen, wenn die Kommanditisten annähernd die Rechte haben, welche das HGB typischerweise vorsieht (vgl. B 11).

5 Betriebsvermögen der GmbH & Co. KG und Sondervergütungen

5.1 Betriebsvermögen und Sonderbetriebsvermögen bei der KG

Das steuerliche Betriebsvermögen der KG besteht aus dem Gesamthandsvermögen der KG lt. Handelsbilanz und aus den Sonderbetriebsvermögen der Gesellschafter. Wirtschaftsgüter der GmbH, welche die KG nutzt, sind nach den allgemeinen Regeln Sonderbetriebsvermögen I der GmbH bei der KG. Die Sonderbetriebsvermögenseigenschaft in der KG ist vorrangig vor der Bilanzierung in der Bilanz der GmbH, nicht subsidiär (BFH vom 18. 07. 1979 BStBl II 1979, 750).

Für die Sondervergütungen der KG an die Gesellschafter gelten die allgemeinen Regeln. So sind z. B. die Miete für die der KG überlassenen WG oder der von der KG an die GmbH gezahlte Auslagenersatz oder das an die GmbH gezahlte Geschäftsführergehalt Sonderbetriebseinnahmen der GmbH. Kosten der GmbH im Zusammenhang mit der Mitunternehmerschaft (z. B. das von der GmbH getragene Gehalt des Geschäftsführers) sind Sonderbetriebsausgaben der GmbH. Aufwendungen einer Komplementär-GmbH, die nicht unmittelbar durch die Beteiligung an der GmbH & Co. KG veranlasst sind, sind nicht als Sonderbetriebsausgaben bei der Gewinnermittlung der KG abziehbar (BFH vom 18. 05. 1995 BStBl II 1996, 295 zu Aufwendungen der GmbH für ihre Jahresabschlüsse und ihre Steuerberatung).

5.2 Anteile an der Komplementär-GmbH, GmbH-Ausschüttungen

Zum **notwendigen Sonderbetriebsvermögen II** der Kommanditisten bei der KG gehören grundsätzlich deren Anteile an der Komplementär-GmbH, weil die GmbH-Anteile einen Einfluss auf die Geschäftsführung der KG vermitteln. Dies gilt jedenfalls dann, wenn die GmbH

- keinen eigenen Geschäftsbetrieb hat, sondern sich auf die Geschäftsführung für die KG beschränkt oder
- neben ihrer Komplementärtätigkeit einen eigenen Geschäftsbetrieb von nur ganz untergeordneter Bedeutung hat (BFH vom 30. 03. 1993, BStBl II 1993, 706) oder
- einen gewichtigen eigenen Geschäftsbetrieb hat, diesen aber im Interesse der KG betreibt (z. B. Alleinvertrieb der Produkte der KG).

Wenn die GmbH-Gesellschafter zugleich Kommanditisten der KG sind, werden die offenen und verdeckten Gewinnausschüttungen der GmbH als Sondervergütungen der Kommanditisten nach § 15 Abs. 1 Satz 1 Nr. 2 EStG zu deren Gewinnanteil und zum steuerlichen Gesamtgewinn der KG hinzugerechnet. Für die Versteuerung der Gewinnausschüttungen gilt, soweit die GmbH-Gesellschafter natürliche Personen sind, bis 2008 das Halbeinkünfteverfahren (§ 3 Nr. 40 Buchst. a EStG). Ab 2009 wird das Halbeinkünfteverfahren durch das Teileinkünfteverfahren ersetzt; die Steuerbefreiung wird von 50 % auf 40 % abgesenkt, sofern die Ausschüttungsempfänger als natürliche Personen die Einkommenserhöhung innerhalb des Betriebsvermögens realisieren. Dies ist bei der GmbH & Co. KG der Fall, wenn die GmbH-Anteile Sonderbetriebsvermögen der Kommanditisten und die GmbH-Ausschüttungen Sonderbetriebseinnahmen sind. Soweit Sonderbetriebseinnahmen bei juristischen Personen anfallen, gilt das Freistellungsverfahren; die Sonderbetriebseinnahmen sind zu 95 % steuerfrei (§ 8b Abs. 2 i. V. m. Abs. 3 KStG). Einnahmemindernde Abzüge korrespondieren mit der teilweisen Steuerfreistellung der Gewinnausschüttungen und sind

- bei natürlichen Personen infolge des Halbeinkünfteverfahrens bis 2008 zur Hälfte und infolge des Teileinkünfteverfahrens ab 2009 zu 60 % abziehbar (§ 3c Abs. 2 EStG),
- bei Körperschaften infolge des Freistellungsverfahrens nach § 8b Abs. 5 KStG beschränkt abziehbar, d. h. 5 % der Dividendeneinnahmen i. S. d. § 8b Abs. 1 KStG gelten fiktiv als nicht abziehbare Betriebsausgaben. Tatsächliche Betriebsausgaben im Zusammenhang mit den Beteiligungserträgen sind stets in voller Höhe abziehbar.

Nicht ausdrücklich geregelt ist, ob die Steuerfreistellung verfahrensrechtlich aufgrund des Teileinkünfteverfahrens erst bei der Veranlagung der Gesellschafter oder schon bei der Gewinnfeststellung der Gesellschaft zu berücksichtigen ist. Da auf der Ebene der Gesellschaft keine Steuer anfällt, handelt es sich eher um ein technisches Problem, wie die Gewinnanteile den Sitzämtern der Gesellschafter mitgeteilt werden.

- Nach der Bruttomethode wird der Gewinn der Mitunternehmerschaft einschließlich der vollen darin enthaltenen Einnahmen aus der Beteiligung festgestellt. Die Beteiligungsstruktur (natürliche oder juristische Person) ist unerheblich. Die steuerbefreiten Beträge (§ 3 Nr. 40 EStG, § 8b KStG) sowie die entsprechend nicht abziehbaren Betriebsausgaben (§ 3c EStG) werden den Gesellschaftern lediglich nachrichtlich mitgeteilt. Über die Anwendung dieser Vorschriften wird erst in den Folgebescheiden der Wohnsitzfinanzämter der Gesellschafter entschieden.
- Nach der Nettomethode sind bereits bei der einheitlichen und gesonderten Gewinnfeststellung die nach dem Teileinkünfteverfahren (§ 3 Nr. 40 EStG) oder nach dem Freistellungsverfahren (§ 8b Abs. 1 KStG) steuerbefreiten Einkünfte abzuziehen und damit im Gesamtgewinn der Mitunternehmerschaft und in den Gewinnanteilen der Gesellschafter nicht mehr enthalten. Hierbei ist zu berücksichtigen, ob Mitunternehmer eine Körperschaft oder eine natürliche Person ist. Deshalb setzt die Nettomethode voraus, dass dem Betriebsfinanzamt der Gesellschaft die Rechtsform der Gesellschafter bekannt ist.

Nach §§ 179, 180 Abs. 1 Nr. 2 Buchst. a AO werden nur steuerpflichtige Einkünfte gesondert und einheitlich festgestellt. Es spricht daher einiges für die Nettomethode, die auch die Finanzverwaltung in ihren Formularen anwendet.

BEISPIEL

An der gewerblich tätigen A-GmbH & Co. KG ist A als alleiniger Kommanditist beteiligt. Außerdem ist A alleiniger Inhaber der Geschäftsanteile der A-GmbH. Die A-GmbH hat für das Jahr 01 einen Handelsbilanzgewinn erzielt, der nach der Absicht des A zur Ausschüttung gelangen soll. Am 31. 03. 02 schüttet die A-GmbH aufgrund des am selben Tag gefassten Gewinnverteilungsbeschlusses 85 000 € aus dem Gewinn des Geschäftsjahres 01 an A aus. Die Bilanz der A-GmbH & Co. KG ist zu diesem Zeitpunkt noch nicht aufgestellt. Die erforderlichen Steuerbescheinigungen liegen vor. Wie ist die Gewinnausschüttung der A-GmbH steuerlich bei dem Empfänger A zu behandeln?

LÖSUNG Die GmbH-Anteile gehören zum Sonderbetriebsvermögen II des A bei der KG. Die Gewinnausschüttung der GmbH an ihren Gesellschafter A ist als Sonderbetriebseinnahmen des A im Rahmen der einheitlichen und gesonderten Gewinnfeststellung der A-GmbH & Co. KG zu erfassen (§ 15 Abs. 1 Satz 1 Nr. 2 2. HS EStG). Die Gewinnausschüttung unterliegt dem Teileinkünfteverfahren und bleibt zu 50 % (bis 2008) bzw. zu 40 % (ab 2009) steuerfrei (§ 3 Nr. 40 EStG). Die Vorschriften über die Abgeltungsteuer sind bei Beteiligungen im Betriebsvermögen nicht anzuwenden

(§ 20 Abs. 8, § 43 Abs. 5 Satz 2 EStG). Die Gewinnausschüttung unterliegt gem. § 43 Abs. 1 Nr. 1, § 43a Nr. 1 EStG dem Kapitalertragsteuerabzug (20 % bis 2008, 25 % ab 2009)

Beteiligungsbezogene Aufwendungen (z. B. Finanzierungskosten zum Erwerb der GmbH-Beteiligung) können von A entsprechend nur zu 50 % (bis 2008) bzw. zu 60 % (ab 2009) als Sonderbetriebsausgaben abgezogen werden (§ 3c Abs. 2 EStG).

Zum Zeitpunkt der Gewinnrealisierung in der Sonderbilanz des A:

a) Nach früherer Auffassung wurde das handelsrechtliche Wahlrecht zur Aktivierung des Gewinnanspruchs schon im Jahr der Erwirtschaftung des Gewinns (hier: 01) steuerlich zur Aktivierungspflicht. Dies war zumindest dann der Fall, wenn bei Aufstellung der Bilanz der A-GmbH & Co. KG ein entsprechender Gewinnverteilungsbeschluss der A-GmbH vorlag. Die zivilrechtliche Konzern-Rspr. (BGHZ 65, 230; vgl. BFH vom 08.03.1989 BStBl II 1989, 714; Tomberger-Entscheidung des EuGH, DStR 1996, 1093) galt bei einer GmbH & Co. KG entsprechend, wenn die Mehrheit der GmbH-Anteile von den Kommanditisten gehalten wurde und wenn der Anspruch auf Ausschüttung tatsächlich gesichert erschien (BMF vom 24.08.1999 BStBl I 1999, 822). Damit war der Gewinnanspruch des A in seiner Sonderbilanz bereits zum 31.12.01 zu aktivieren, also in dem Jahr, für das die GmbH in 02 ausschüttete (sog. phasengleiche Bilanzierung).

b) Auffassung für Jahre des Halb- bzw. Teileinkünfteverfahrens: Der GrS des BFH verwarf durch Beschluss vom 07.08.2000 (DB 2000, 1993) die phasengleiche Aktivierung von Gewinnansprüchen (so auch BMF vom 01.11.2000 BStBl I 2000, 1510). Folge: Der Gewinnanspruch des A aus der GmbH ist nach den allgemeinen Regeln in dem Jahr zu aktivieren, in dem die Gesellschafterversammlung der GmbH den Ausschüttungsbeschluss trifft, hier also aufgrund des Gewinnverwendungsbeschlusses vom 31.03.02 in der Sonderbilanz des A im Jahr 02.

Die auf dem Konto des A eingehende Nettodividende errechnet sich wie folgt (Rechtslage ab 2009)

Dividende		85 000 €
./. 25 % KapESt	./.	21 250 €
./. 5,5 % SolZ auf die KapESt	./.	1 168 €
ergibt		62 582 €

Der Gesamtgewinn und der Gewinnanteil des A erhöhen sich um:

Dividende		85 000 €
./. 40 % steuerfrei nach § 3 Nr. 40 EStG	./.	34 000 €
ergibt steuerpflichtige Dividende des A		51 000 €

Buchung in der Sonderbuchführung des A bei der GmbH & Co. KG:

Sonstige Forderung	62 582 €	
Privatentnahme	22 418 €	
an Beteiligungserträge		85 000 €

Der nach § 3 Nr. 40 EStG steuerfreie Teil der Ausschüttung wird durch Abrechnung von ./. 34 000 € außerhalb der Sonderbilanz in der Gewinnverteilung korrigiert.

Wenn die Beteiligung an der Komplementär-GmbH zum notwendigen Sonderbetriebsvermögen II der Kommanditisten gehört, gilt für Veräußerungsgewinne bei natürlichen Personen das Teileinkünfteverfahren (§ 3 Nr. 40 EStG) und bei juristischen Personen das Freistellungsverfahren (§ 8b Abs. 6 KStG).

BEISPIEL

Beteiligung wie voriges Beispiel. Der 50-jährige A veräußert an B am 31.12.02 seine Kommanditbeteiligung für 300 000 € und seine GmbH-Anteile für 22 000 €. Das steuerliche Buchkapital zum 31.12.02 beträgt 280 000 €. Davon entfallen 20 000 € auf die GmbH-Anteile.

LÖSUNG Die GmbH-Anteile gehören zum Sonderbetriebsvermögen des A bei der KG. Daher ist auch der Veräußerungserlös im Rahmen des gewerblichen Gewinns der KG – hier beim Veräußerungsgewinn nach §§ 16, 34 EStG – zu erfassen.

		KG-Anteil		GmbH-Anteile
Veräußerungspreis für		300 000 €		22 000 €
./. Veräußerungskosten		0 €		0 €
./. Steuerliches Buchkapital	./.	260 000 €	./.	20 000 €
=		40 000 €		2 000 €
./. 40 % steuerfrei nach § 3 Nr. 40 EStG			./.	800 €
Veräußerungsgewinn gem. § 16 EStG		40 000 €		1 200 €

Um diesen Betrag erhöhen sich der Gesamtgewinn der KG und der Gewinnanteil des A. Der Betrag von 40 000 € ist nach §§ 16, 34 EStG zu versteuern und unterliegt entweder nach § 34 Abs. 3 EStG dem ermäßigten Steuersatz (halber Durchschnittssteuersatz auf außerordentliche Einkünfte). Stattdessen können außerordentliche Einkünfte steuerlich auch mit einem Fünftel erfasst und die hierauf entfallende Steuer verfünffacht werden (§ 34 Abs. 1 EStG).

Eine Veräußerung der GmbH-Anteile zusammen mit der KG-Beteiligung führte nach alter Rechtslage stets zu einem insgesamt nach §§ 16, 34 EStG begünstigten Veräußerungsgewinn. Seit 2002 ist bei einer Betriebsveräußerung oder -aufgabe nach § 16 EStG der anteilige auf Anteile an Kapitalgesellschaften entfallende Veräußerungspreis bzw. gemeine Wert nach dem Teileinkünfteverfahren nur anteilig zu erfassen (bis 2008: 50 %, ab 2009: 40 %, § 3 Nr. 40 Buchst. b EStG). Die Tarifbegünstigung für außerordentliche Einkünfte wird nur auf den übrigen Veräußerungsgewinn und nicht auf den steuerpflichtigen Teil des Veräußerungsgewinns gewährt, der nach § 3 Nr. 40 Buchst. a und § 3c Abs. 2 EStG teilweise steuerbefreit ist (§ 34 Abs. 2 Nr. 1 EStG).

BEISPIELE

Der Kommanditist K ist mit einem Anteil von 50 % am Kapital einer gewerblich tätigen GmbH & Co. KG beteiligt. Außerdem gehören ihm 50 % der Geschäftsanteile der Komplementär-GmbH.

a) K veräußert seinen Kommanditanteil und gleichzeitig seinen GmbH-Anteil.

LÖSUNG Die Veräußerung des gesamten Gesellschaftsanteils und die gleichzeitige Veräußerung des gesamten Sonderbetriebsvermögens führt zu einer durch Freibetrag und Tarifermäßigung begünstigten Veräußerung eines Mitunternehmeranteils (§§ 16, 34 EStG). Der Gewinn aus dem GmbH-Anteil ist jedoch herauszurechnen und nach dem Teileinkünfteverfahren als laufender Gewinn zu versteuern.

b) Der Sachverhalt entspricht Beispiel a). K veräußert nur seinen GmbH-Anteil.

LÖSUNG Die Veräußerung nur des Sonderbetriebsvermögens ohne gleichzeitige Veräußerung des Gesellschaftsanteils stellt einen laufenden Geschäftsvorfall dar, der beim Kommanditisten zu laufenden gewerblichen Einkünften i. S. d. § 15 Abs. 1 Satz 1 Nr. 2 EStG führt. Hierfür kann weder der Freibetrag nach § 16 Abs. 4 EStG noch die Tarifvergünstigung nach § 34 EStG gewährt werden. Die Versteuerung erfolgt nach dem Teileinkünfteverfahren (§ 3 Nr. 40 Buchst. b EStG).

Anmerkung: Handelt es sich um eine 100 %ige Beteiligung an der GmbH, gilt die Beteiligung als Teilbetrieb i. S. d. § 16 Abs. 1 EStG. Bis 2001 wurden für den Veräußerungsgewinn die Vergünstigungen nach §§ 16, 34 gewährt. Ab 2002 (bzw. bei abw. Wj. 2003) ist die Tarifvergünstigung nach § 34 Abs. 2 Nr. 1 auch für die 100 %-Beteiligung entfallen und durch die hälftige Freistellung für Veräußerungsgewinne/-verluste ersetzt. Jedoch wird unter den Voraussetzungen des § 16 Abs. 4 EStG der Veräußerungsfreibetrag bis zu 45 000 € gewährt.

c) Der Sachverhalt entspricht Beispiel a). K veräußert nur seinen Kommanditanteil.

LÖSUNG Mit der Veräußerung des Gesellschaftsanteils wird das Sonderbetriebsvermögen notwendiges Privatvermögen, auch wenn es weiterhin der Gesellschaft zur Nutzung überlassen wird. Der gesamte Vorgang ist als Betriebsaufgabe anzusehen mit der Folge, dass die Steuervergünstigungen der §§ 16 Abs. 4, 34 EStG für den Mitunternehmeranteil und des § 16 Abs. 4 EStG für den GmbH-Anteil zu gewähren sind.

d) Der Sachverhalt entspricht Beispiel a). K veräußert einen Teil seines Kommanditanteils und gleichzeitig seinen gesamten GmbH-Anteil.

LÖSUNG Alte Rechtslage: Wurde in einem einheitlichen Vorgang ein Teil eines Gesellschaftsanteils mit dem gesamten Sonderbetriebsvermögen (oder einem entsprechenden Teil hiervon) veräußert, war nach Auffassung der Finanzverwaltung und der h. L. der dabei insgesamt entstandene Veräußerungsgewinn nach §§ 16, 34 EStG begünstigt. Wurde zur Erreichung der Steuervergünstigung neben dem Sonderbetriebsvermögen ein geringer Teil der Kommanditbeteiligung oder neben einem Teil des Kommanditanteils ein geringer Teil von Sonderbetriebsvermögen mit wesentlichen Betriebsgrundlagen mitveräußert, so konnte ein Gestaltungsmissbrauch i. S. d. § 42 AO vorliegen. Wenn nur ein Teil eines Mitunternehmeranteils ohne Sonderbetriebsvermögen (das wesentliche Betriebsgrundlage ist) veräußert wird, ist der Veräußerungsgewinn nicht nach §§ 16, 34 EStG begünstigt und außerdem gewerbesteuerpflichtig (BFH vom 24. 08. 2000 DStR 2000, 1768).

Rechtslage seit 2002: Mangels vollständiger Aufdeckung der stillen Reserven unterfällt die Veräußerung von Teilen von Mitunternehmeranteilen in jedem Fall nicht mehr den §§ 16, 34, wenn die Veräußerung nach dem 31. 12. 2001 erfolgt (§ 16 Abs. 1 Satz 1 Nr. 2, Satz 2 i. d. F. des UntStFG). Maßgeblicher Zeitpunkt ist der Übergang des wirtschaftlichen Eigentums an dem GmbH-Anteil. Es fällt ein laufender, dem Teileinkünfteverfahren unterliegender Gewinn an, der auch der GewSt unterliegt.

5.3 Tätigkeitsvergütungen

5.3.1 Geschäftsführergehälter

Vergütungen eines Gesellschafters für seine Tätigkeit im Dienste der Personengesellschaft sind in der Gewinnermittlung der Personengesellschaft gem. § 15 Abs. 1 Satz 1 Nr. 2 EStG als Sonderbetriebseinnahmen des Gesellschafters zu behandeln. Die GmbH erhält für die Geschäftsführung der KG ein Geschäftsführergehalt oder Auslagenersatz. Das von der KG empfangene Gehalt erhöht als Sonderbetriebseinnahmen den Gewinnanteil der GmbH und den steuerlichen Gesamtgewinn der KG. Wenn die GmbH ihrem Geschäftsführer ein Geschäftsführergehalt zahlt, hat sie die Zahlungen in der einheitlichen und gesonderten Gewinnfeststellung der KG insoweit als Sonderbetriebsausgaben abzuziehen, als die Tätigkeit ihres Geschäftsführers die Geschäftsführung für die KG betrifft. Wenn die GmbH außer der Geschäftsführung für die KG keine erhebliche eigene gewerbliche Tätigkeit ausübt, sind die gesamten von der GmbH gezahlten Geschäftsführergehälter Sonderbetriebsausgaben bei der KG. Wie die Geschäftsführervergütung bei den Geschäftsführern der GmbH zu behandeln sind, welche für die GmbH die Geschäfte der KG führen, hängt davon ab, ob die Geschäftsführer der GmbH dritte Personen (Fremdgeschäftsführer) oder zugleich Kommanditisten der KG sind. Es sind folgende Fälle denkbar.

5.3.1.1 Der Geschäftsführer der GmbH ist nicht Personengesellschafter der KG (Fremdgeschäftsführer)

Der Geschäftsführer der GmbH bezieht in diesem Fall Einkünfte nach § 19 EStG. Wenn der Geschäftsführer sein Gehalt von der GmbH erhält und die GmbH ihrerseits ihre Aufwendungen von der KG ersetzt erhält, sind die Aufwendungen der GmbH für ihren Geschäftsführer bei der Gewinnfeststellung der KG als ihre Sonderbetriebseinnahmen zu berücksichtigen. Aus dem Kostenersatz hat die GmbH Sonderbetriebseinnahmen bei der KG. Daran ändert sich grundsätzlich nichts, wenn der Geschäftsführer sein Gehalt unmittelbar von der KG erhält und die KG an den Geschäftsführer als Organ der GmbH zahlt, welche die Zahlung auf dessen Gehalt als GmbH-Geschäftsführer anrechnet.

BEISPIELE

a) Die A %) als Kommanditisten und der Komplementär-GmbH (angemessener Gewinnanteil 20 %). An der GmbH sind A und B zu je 50 % beteiligt. Die KG hat im Wj. 01 einen Gewinn von 200 000 € (nach Abzug des Geschäftsführergehalts von 50 000 €) erzielt. Die GmbH hat außer ihrem Gewinnanteil keine Einkünfte. Die KG hat ihre Geschäftsführung auf die GmbH übertragen. GmbH-Geschäftsführer ist C, der sein Gehalt von der GmbH erhält.

b) Sachverhalt wie a), jedoch zahlt die KG das Gehalt an den Geschäftsführer C.

LÖSUNG In den Fällen a) und b) hat der Geschäftsführer C, der nicht Gesellschafter der KG ist, Einkünfte aus § 19 EStG. Der steuerliche Gesamtgewinn der KG beträgt:

Gewinn der KG vor Abzug des Geschäftsführergehalts	250 000 €
./. Betriebsausgabe der GmbH im Interesse der KG	./. 50 000 €
steuerlicher Gesamtgewinn der KG	200 000 €

a) Geschäftsführer C erhält sein Gehalt von der GmbH, die das Gehalt von der KG ersetzt erhält.

	Handelsbilanz-gewinn	Sonderbetriebs-einnahmen	Sonderbetriebs-ausgaben	Gesamtgewinn
GmbH	40 000 €	50 000 €	50 000 €	40 000 €
A	80 000 €	–	–	80 000 €
B	80 000 €	–	–	80 000 €
	200 000 €	50 000 €	50 000 €	200 000 €

b) Geschäftsführer C erhält sein Gehalt direkt von der KG.

	Handelsbilanz-gewinn	Sonderbetriebs-einnahmen	Sonderbetriebs-ausgaben	Gesamtgewinn
GmbH	40 000 €	–	–	40 000 €
A	80 000 €	–	–	80 000 €
B	80 000 €	–	–	80 000 €
	200 000 €	–	–	200 000 €

Erhält der Geschäftsführer die Vergütung von der GmbH & Co. KG nicht persönlich, sondern in seiner Eigenschaft als Organ der GmbH, so liegt steuerlich ein Vorweggewinn der GmbH vor. Dann zahlt die GmbH & Co. KG die Vergütung zu Lasten der GmbH an deren Geschäftsführer, wobei die Zahlung im Verhältnis zwischen der GmbH und ihrem Geschäftsführer auf dessen Gehaltsanspruch angerechnet wird. In diesem Fall ist die Variante b) wie Variante a) zu lösen.

5.3.1.2 Der Geschäftsführer der GmbH ist Personengesellschafter der KG

Vergütungen, die ein Kommanditist für die Geschäftsführung der KG erhält, stellen für ihn Sonderbetriebseinnahmen nach § 15 Abs. 1 Satz 1 Nr. 2 EStG dar. Dabei spielt es grundsätzlich keine Rolle, ob er sein »Gehalt« von der GmbH oder direkt von der KG bezieht. Erhält die GmbH für die Geschäftsführung der KG eine Vergütung, ist ihr zunächst in der Gewinnverteilung der KG eine Sonderbetriebseinnahme zuzurechnen. Zahlt die GmbH ihrerseits an ihren Gesellschafter-Geschäftsführer ein Gehalt für die Geschäftsführung in der GmbH, so hat die GmbH in der Gewinnfeststellung der KG Sonderbetriebsausgaben und der betreffende GmbH-Geschäftsführer, sofern er zugleich Kommanditist ist, Sonderbetriebseinnahmen.

Ausnahmsweise erzielt der Kommanditist Einkünfte nach § 19 EStG, wenn und soweit seine Geschäftsführervergütung auf eine Tätigkeit der GmbH entfällt, die mit der KG nicht in Zusammenhang steht (z. B. eigene geschäftliche Betätigung der GmbH). In diesem Fall bleibt es auch steuerlich bei der handelsrechtlichen Aufwandsbuchung der GmbH (Lohnaufwand an Geldkonto).

BEISPIELE

a) Im obigen Beispiel hat die A & B GmbH & Co. KG die Geschäftsführung auf die GmbH übertragen. Die GmbH hat dem Kommanditisten A als Geschäftsführer angestellt und zahlt ihm das Gehalt.

b) Sachverhalt wie a), jedoch zahlt die KG das Gehalt an den Geschäftsführer A.

LÖSUNG In den Fällen a) und b) ist der Geschäftsführer A zugleich Kommanditist der KG. Daher führt das Geschäftsführergehalt zu Einkünften nach § 15 Abs. 1 Satz 1 Nr. 2 EStG. Der steuerliche Gesamtgewinn der KG beträgt:

Gewinn der KG vor Abzug des Geschäftsführergehalts		250 000 €
./. Betriebsausgabe der GmbH im Interesse der KG	./.	50 000 €
+ Vorwegvergütung an den Geschäftsführer	+	50 000 €
steuerlicher Gesamtgewinn der KG		250 000 €

a) Geschäftsführer A erhält sein Gehalt von der GmbH, die das Gehalt von der KG ersetzt erhält.

	Handels-bilanzgewinn	Sonderbetriebs-einnahmen	Sonderbetriebs-ausgaben	Gesamtgewinn
GmbH	40 000 €	50 000 €	50 000 €	40 000 €
A	80 000 €	50 000 €	–	130 000 €
B	80 000 €	–	–	80 000 €
	200 000 €	100 000 €	50 000 €	250 000 €

b) Geschäftsführer A erhält sein Gehalt direkt von der KG.

	Handels-bilanzgewinn	Sonderbetriebs-einnahmen	Sonderbetriebs-ausgaben	Gesamtgewinn
GmbH	40 000 €	–	–	40 000 €
A	80 000 €	50 000 €	–	130 000 €
B	80 000 €	–	–	80 000 €
	200 000 €	50 000 €	–	200 000 €

5.3.2 Pensionszusagen

Wenn der Geschäftsführer der Komplementär-GmbH, dem die Pensionszusage durch die GmbH erteilt ist, nicht zugleich Mitunternehmer der KG ist, hat die KG wegen ihrer Aufwandsersatzpflicht in ihrer Handelsbilanz/Steuerbilanz eine Pensionsrückstellung nach § 6a EStG zu bilden (BFH vom 07.02.2002 DB 2002, 1247). Zunächst hat die GmbH eine Pensionsrückstellung zu bilden und im Hinblick auf den Aufwendungsersatzanspruch eine Forderung zu aktivieren. Sodann hat die KG die Pensionsrückstellung zu passivieren, auch wenn die KG dem Geschäftsführer der GmbH nicht unmittelbar eine Zusage erteilt hat. Es ist unerheblich, ob die KG die Zusage selbst erteilt oder ob sie eine Verpflichtung zur Zahlung von Aufwendungsersatz an die GmbH eingeht. Anders ist dies nur, wenn die Komplementär-GmbH statt eines Aufwendungsersatzanspruchs lediglich einen Anspruch auf Gewinnvoraus hätte, der in Verlustjahren nicht zu gewähren ist.

Wenn die Komplementär-GmbH, die lediglich die Geschäfte der KG führt, ihrem Geschäftsführer eine Pensionszusage erteilt, der zugleich Kommanditist ist, hat die GmbH eine

Rückstellung zu passivieren. Diese ist in der Steuerbilanz der GmbH nach allgemeinen Grundsätzen zu behandeln. Bildet die GmbH in der Zeit der aktiven Erwerbszeit des Geschäftsführers (Aufbauphase) eine Pensionsrückstellung, hat sie einen Sonderaufwand, der innerhalb der Gewinnermittlung der KG zu berücksichtigen und nach dem Grundsatz korrespondierender Bilanzierung durch einen gleich hohen Ansatz des Anspruchs auf die Sondervergütung entweder in der Sonderbilanz des Kommanditisten-Geschäftsführers oder anteilig in den Sonderbilanzen aller Kommanditisten unter Beachtung des Grundsatzes der korrespondierenden Bilanzierung auszugleichen ist (BFH vom 16. 12. 1992 BStBl II 1993, 792). In der späteren Versorgungsphase sind die Zahlungen mit dem in der Sonderbilanz aktivierten Versorgungsanspruch zu verrechnen.

6 Gewinnverteilung bei der GmbH & Co. KG

6.1 Grundsätze

Wenn GmbH-Gesellschafter oder ihnen nahe stehende Personen zugleich Kommanditisten sind, kommt es für das Vorliegen oder Vermeiden einer verdeckten Gewinnausschüttung auf die Angemessenheit der Gewinnverteilung an. Die Komplementär-GmbH muss nach der BFH-Rechtsprechung einen angemessenen Gewinnanteil erhalten. Dieser muss mindestens umfassen:

- Arbeitseinsatz (Aufwendungsersatz für die Führung der Geschäfte der KG),
- Risikotragung (für das erhöhte Haftungsrisiko als Komplementärin),
- Kapitaleinsatz (Verzinsung, sofern die GmbH am Kapital beteiligt ist).

Die vertragliche Gewinnverteilung ist anzuerkennen, wenn einer auf die Führung der Geschäfte der KG beschränkten GmbH auf die Dauer Ersatz ihrer Auslagen und eine den Kapitaleinsatz und das evtl. vorhandene Haftungsrisiko gebührend berücksichtigende Beteiligung am Gewinn in einer Höhe eingeräumt ist, mit der sich eine aus gesellschaftsfremden Personen bestehende GmbH zufrieden gegeben hätte (BFH vom 15. 11. 1967 BStBl II 1968, 152; BFH vom 24. 07. 1990 BB 1990, 2025).

6.2 Arbeitseinsatz

Die GmbH kann Ersatz ihrer Aufwendungen verlangen, wenn sie gem. § 164 HGB die Geschäfte der KG führt. Der Anspruch kann in Form der Kostenerstattung durch die KG oder durch eine entsprechend höhere Quote am Gesamtgewinn der KG erfüllt werden. Der Anspruch der GmbH auf Aufwendungsersatz rechnet zu ihrem Sonderbetriebsvermögen bei der KG.

6.3 Risikotragung

Als Haftungsvergütung ist ein Entgelt zu gewähren, für dessen Höhe eine dem Risiko des Einzelfalls entsprechende, im Wirtschaftsleben für einen derartigen Fall übliche Avalprovision einen Anhaltspunkt bietet (BFH vom 03. 02. 1977 BStBl II 1977, 346). Die Finanzverwaltung geht in Anlehnung an die BFH-Rspr. von etwa 2–6 % des potenziellen Haftungsvermögens der GmbH als angemessene Haftungsvergütung – auch in Verlustjahren – aus. Es ist darauf zu achten, dass sich das Haftungsentgelt nicht nur auf das Stammkapital allein bezieht; Rücklage und Gewinn-/Verlustvortrag haften ebenso und sind in die Bemessungsgrundlage einzubeziehen.

Eine Prämie für die Übernahme der unbeschränkten Haftung scheidet dann aus, wenn die GmbH vertraglich im Innenverhältnis durch die Kommanditisten von der Haftung freigestellt ist.

In Fällen, in denen die Komplementär-GmbH ein hohes Vermögen zur Verfügung stellt und die KG auf dieses Kapital dringend angewiesen ist, ist dieses Vermögen steuerlich als Kapitaleinlage mit den sich daraus ergebenden Folgen – z. B. Beteiligung am Restgewinn – zu behandeln. Dies gilt insbesondere dann, wenn sich die KG in finanziellen Schwierigkeiten befindet und das erforderliche Kapital am Kapitalmarkt nicht oder nur schwer zu bekommen wäre.

6.4   Kapitaleinsatz

Wenn die GmbH mit einem Kapitalanteil am Gesellschaftsvermögen der KG beteiligt ist, muss sie einen Gewinnanteil mindestens in Höhe einer angemessenen Kapitalverzinsung erhalten (i. d. R. 10–15 %). Maßgebend sind ähnlich wie bei der GmbH & Still die jeweiligen Wertbeiträge (BFH vom 12. 12. 1990 BFH/NV 1992, 59).

Wenn die GmbH nicht mit einer Vermögenseinlage am Gesellschaftsvermögen der KG beteiligt ist, ist eine Gewinnverteilungsabrede angemessen, wenn die KG der GmbH Ersatz für sämtliche durch die Geschäftsführung entstandenen Auslagen und eine angemessene Vergütung für die Übernahme des Haftungsrisikos zahlt.

6.5   Unangemessene Gewinnbeteiligung

6.5.1 Verdeckte Gewinnausschüttung

Eine verdeckte Gewinnausschüttung wird immer dann angenommen, wenn den Gesellschaftern der Kapitalgesellschaft neben oder anstelle einer förmlichen Gewinnausschüttung Vorteile zugewendet werden, welche die Gesellschaft Personen, die der Gesellschaft fremd gegenüber stehen, nicht zuwenden würde (R 36 KStR). Verdeckte Gewinnausschüttungen können sich ergeben, wenn z. B.

- die GmbH eine zu niedrige Gewinnbeteiligung erhält,
- die Gewinnbeteiligung der GmbH nachträglich herabgesetzt wird, es sei denn, die Gewinnverteilung hätte einem fremden, in der KG tätigen Kommanditisten Anlass gegeben, das Gesellschaftsverhältnis zu kündigen (BFH vom 03. 02. 1977 BStBl II 1977, 504),
- nachträglich die Beteiligungsquote zu Lasten der Komplementär-GmbH geändert wird, sofern diese mit Fremden als Gesellschaftern ihrem Ausschluss von der Kapitalerhöhung nicht zugestimmt hätte (BFH vom 25. 11. 1976 BStBl II 1977, 467),
- die GmbH & Co. KG an den Gesellschafter-Geschäftsführer überhöhte Vergütungen jeder Art zahlt (Gehalt, Darlehenszinsen, Mieten usw.),
- die KG steuerlich nicht abzugsfähige Aufwendungen für die Lebensführung der Gesellschafter (§ 12 EStG) zu Lasten des auf die Gesellschafter zu verteilenden Gewinns getragen hat,
- die GmbH & Co. KG, vertreten durch die geschäftsführende GmbH, Wirtschaftsgüter des Betriebsvermögens der KG unter dem erzielbaren Marktpreis an Gesellschafter oder nahe stehende Personen überlässt oder veräußert (BFH vom 06. 08. 1985 BStBl II 1986, 17).

BEISPIEL

An der A-GmbH & Co. KG sind die A-GmbH als Komplementärin mit 20 % sowie A als Kommanditist mit 80 % beteiligt. Der StB-Gewinn beträgt 400 000 €. Die KG verkauft ein Grundstück ihres Gesamthandsvermögens (Buchwert 50 000 €) an A zum Kaufpreis von 60 000 € (Teilwert 100 000 €). Die KG bucht: Bank 60 000 € an Grundstück 50 000 € und sonst. betrieblicher Ertrag 10 000 €. A bebaut das Grundstück mit einem privaten EFH.

LÖSUNG Die KG hat für das Grundstück von ihrem Gesellschafter 40 000 € zu wenig verlangt. Veräußert eine GmbH & Co. KG ein Wirtschaftsgut ihres Gesamthandsvermögens an einen Gesellschafter unter dem erzielbaren Marktpreis, führt der Wertabfluss i. H. d. Beteiligungsquote der GmbH an der KG zu einer vGA (hier zu 20 % von 40 000 € = 8 000 €, davon bei A bis 2008 50 % und ab 2009 40 % steuerfrei nach § 3 Nr. 40 Buchst. d EStG). Der übrige Wertabfluss führt zu einer verdeckten Entnahme, die ohne anderslautende Vereinbarungen den Gewinnanteil des Gesellschafters A erhöht, nämlich (80 % von 40 000 € =) 32 000 €.

	Handels-bilanzgewinn	Sonderbetriebs-einnahmen	vGA = Sonder-betriebs-einnahmen	Gesamtgewinn	zu versteuern
GmbH	80 000 €	–	–	80 000 €	80 000 €
A	320 000 €	32 000 €	8 000 €	360 000 €	356 000 €
	400 000 €	32 000 €	8 000 €	440 000 €	436 000 €

6.5.2 Unangemessen niedriger Gewinnanteil der GmbH

Eine unangemessen niedrige Gewinnbeteiligung der GmbH stellt einen Forderungsverzicht zugunsten der Gesellschafter dar und ist daher eine verdeckte Gewinnausschüttung. Erhält nämlich die GmbH nur einen nicht angemessenen, zu niedrigen Gewinnanteil von der GmbH & Co. KG, so ist hierin ein Verzicht der GmbH zugunsten der Kommanditisten in ihrer Eigenschaft als Gesellschafter der GmbH zu sehen, da ein Dritter auf einer angemessenen, üblich hohen Beteiligung am Gewinn bestehen würde. Dasselbe gilt, wenn der von der GmbH & Co. KG gewährte Auslagenersatz zu niedrig, also nicht angemessen ist. Es ist dann davon auszugehen, dass die GmbH im Rahmen der Gewinnverteilung der KG laufend zu Lasten der Kommanditisten einen angemessenen Gewinnanteil erhält, dass die GmbH aber laufend die Differenz zum tatsächlichen Gewinnanteil an ihre Gesellschafter (Kommanditisten) ausschüttet und dass diese insoweit, da die GmbH-Anteile ihr Sonderbetriebsvermögen sind, Sonderbetriebseinnahmen bei der KG haben. Die Gewinnanteile der GmbH und der Gesamtgewinn der KG erhöhen sich um die vGA. Der Gewinnanteil der an der GmbH beteiligten Kommanditisten bleibt grundsätzlich betragsmäßig unverändert; er setzt sich nur anders zusammen als bisher, nämlich aus dem um die vGA verminderten Anteil am Steuerbilanzgewinn und aus den Sonderbetriebseinnahmen i. H. d. vGA. Zu beachten ist jedoch, dass die vGA bei natürlichen Personen als Anteilseigner nur anteilig (bis 2008: 50 % und ab 2009: 60 %) als Sonderbetriebseinnahmen zu versteuern ist.

BEISPIELE

a) An der AB-GmbH & Co. KG ist die X-GmbH als Komplementärin und Geschäftsführerin sowie A und B als Kommanditisten beteiligt. Der Gewinn der KG beträgt 100 T€. Die GmbH erhält keinen Gewinnanteil der KG. Ihr angemessener Gewinnanteil würde 10 T€ betragen.

LÖSUNG

	vereinbarter Gewinnanteil	angemessener Gewinnanteil		vGA	neuer Gewinnanteil	zu versteuern
X-GmbH (Kompl.)	0 T€	10 T€			10 T€	10 T€
A (Kommanditist)	50 T€	./.	5 T€	+ 5 T€	50 T€	47,5 T€
B (Kommanditist)	50 T€	./.	5 T€	+ 5 T€	50 T€	47,5 T€
	100 T€		0 T€	+ 10 T€	110 T€	105 T€

b) An einer GmbH & Co. KG sind die Gesellschafter mit folgenden Einlagen beteiligt: Komplementär-GmbH 100 000 €, Kommanditisten A und B je 500 000 €. A und B sind an der GmbH (Stammkapital 25 000 €) zu je 50 % beteiligt und erhalten von der GmbH für die Geschäftsführung der GmbH je 50 000 € angemessenes Gehalt. Der KG-Vertrag sieht vor, dass die GmbH lediglich Auslagenersatz erhält. Den Restgewinn der KG erhalten A und B zu je 50 %. A und B haben demgemäß den steuerlichen Gewinn 01 der KG i. H. v. 500 000 € mit je 250 000 € entnommen.
Bisherige Erklärung der KG:

	Gewinnanteil	Sonderbetriebseinnahmen	Sonderbetriebsausgaben	Summe
GmbH	0 €	100 000 €	100 000 €	0 €
A	200 000 €	50 000 €	–	250 000 €
B	200 000 €	50 000 €	–	250 000 €
	400 000 €	200 000 €	100 000 €	500 000 €

Beurteilen Sie die Angemessenheit der Gewinnausstattung der Komplementär-GmbH.
Stellen Sie die entsprechende einheitliche und gesonderte Gewinnfeststellung der GmbH & Co. KG auf.

LÖSUNG Die Angemessenheit der Gewinnausstattung der GmbH ist nur gegeben, wenn sie für ihr Haftungsrisiko, ihren Kapitaleinsatz in der KG und ihre Tätigkeit eine angemessene Vergütung erhält. Die GmbH erhält nur Auslagenersatz (Geschäftsführergehälter Sonderbetriebseinnahmen ./. Sonderbetriebsausgaben = 0 €). Die Gewinnverteilung ist wegen der fehlenden Vergütung für Haftungsrisiko und Kapitaleinsatz nicht angemessen. Die GmbH müsste als angemessenen Gewinnanteil von der KG erhalten:

für das Haftungsrisiko eine Risikoprämie in Höhe einer Avalprovision, d. h. 6 % vom Stammkapital 25 000 €	1 500 €
für den Kapitaleinsatz eine Kapitalverzinsung i. H. v. 10 % von 100 000 € Einlage bei der KG	10 000 €
ergibt Mindestgewinnanteil der GmbH (zusätzlich zum Auslagenersatz)	11 500 €

In Höhe dieses Betrages liegt eine vGA an die GmbH-Gesellschafter A und B vor. Die vGA ist im Rahmen der Gewinnfeststellung der KG zu erfassen:
Gewinnanteil der GmbH + 11 500 €
Bei A und B stellt der Betrag von je 5 750 € Sonderbetriebseinnahmen dar. Aber: Die vGA ist dem A und dem B in ihren Gewinnanteilen von je 200 000 € durch den Gewinnverzicht der GmbH schon zugeflossen, wird ihnen also nicht nochmals zugerechnet. Der Gewinnanteil von A und B setzt sich jetzt jeweils wie folgt zusammen: 194 250 € Handelsbilanzgewinnanteil + 5 750 € vGA als Sonderbetriebseinnahmen = 200 000 €.
Die vGA ist bei A und B nach dem Teileinkünfteverfahren (§ 3 Nr. 40 EStG) nur zu 60 % als Sonderbetriebseinnahme, also insgesamt je (194 250 € Handelsbilanzgewinnanteil + 3 450 € vGA als Sonderbetriebseinnahmen =) 197 700 €, zu erfassen und im Übrigen nach § 3 Nr. 40 Buchst. d EStG steuerfrei.

	Handelsbilanz-gewinn	Vorweg	Sonder-betriebs-ausgaben	vGA = Sonder-betriebs-einnahmen	Gesamt-gewinn	zu versteuern
GmbH	11 500 €	100 000 €	100 000 €	–	11 500 €	11 500 €
A	194 250 €	50 000 €	–	5 750 €	250 000 €	247 125 €
B	194 250 €	50 000 €	–	5 750 €	250 000 €	247 125 €
	400 000 €	200 000 €	100 000 €	11 500 €	511 500 €	505 750 €

6.5.3 Unangemessen hoher Gewinnanteil der GmbH

Verzichtet in einer GmbH & Co. KG dagegen der Kommanditist und Gesellschafter der GmbH zugunsten der GmbH aus außerbetrieblichen Gründen auf die ihm als Kommanditisten zustehende Gewinnbeteiligung oder erhält die GmbH aus sonstigen außerbetrieblichen Gründen eine zu hohe Gewinnbeteiligung, liegt darin eine verdeckte Einlage in die GmbH (BFH vom 23. 08. 1990 BStBl II 1991, 172). Daraus folgt:

- Dem Kommanditisten ist ein entsprechend höherer und der GmbH ein entsprechend niedrigerer Gewinnanteil zuzurechnen.
- Der dem Kommanditisten zusätzlich zugerechnete Gewinnanteil führt zu nachträglichen Anschaffungskosten für seinen dem Sonderbetriebsvermögen zuzurechnenden Anteil an der Komplementär-GmbH.

BEISPIELE

a) An der A-GmbH & Co. KG sind als Komplementärin die A-GmbH mit 10 % und als Kommanditist A mit 90 % an Gewinn, Verlust, stillen Reserven und Geschäftswert beteiligt. Der Handelsbilanz-Gewinn der A-GmbH & Co. KG beträgt 500 000 € (nach Abzug des Geschäftsführergehalts an A). Die A-GmbH führt die Geschäfte der A-GmbH & Co. KG und erhält hierfür 130 000 € Geschäftsführervergütung (Aufwendungsersatz). Gesellschafter-Geschäftsführer der A-GmbH ist A, der für die Geschäftsführung ein überhöhtes Gehalt i. H. v. 200 000 € erhält (angemessen wären nur 130 000 €). Die A-GmbH & Co. KG bucht bei Zahlung des Aufwendungsersatzes an die A-GmbH:
Lohnaufwand an Bank 130 000 €
Die A-GmbH bucht bei Gehaltszahlung an A: Lohnaufwand an Bank 200 000 € (= vGA 70 000 €)
Die A-GmbH bucht bei Erstattung durch KG: Bank an Erträge Personaleinsatz 130 000 €.
LÖSUNG Die Kostenerstattung an die GmbH, die in der Handelsbilanz der KG als Aufwand gebucht wurde, ist als Sonderbetriebseinnahme der GmbH deren Gewinnanteil und dem steuerlichen Gesamtgewinn der KG in der richtigen Höhe (130 000 €) hinzuzurechnen. In dieser Höhe sind infolge der Gehaltszahlung der GmbH an ihren Geschäftsführer A bei der GmbH Sonderbetriebsausgaben anzusetzen. I. H. d. unangemessenen Gehaltsteils liegt eine vGA der A-GmbH an ihren Gesellschafter A vor. Die vGA i. H. v. 70 000 € wird dem Einkommen der GmbH zugerechnet, soweit sich der Sachverhalt bisher einkommensmindernd ausgewirkt hat (§ 8 Abs. 3 Satz 2 KStG). Die vGA unterliegt damit auf der Ebene der GmbH der KSt und der GewSt. Beim Gesellschafter A unterliegt die vGA dem Teileinkünfteverfahren (§ 3 Nr. 40 EStG). A erzielt Sonderbetriebseinnahmen i. H. d. angemessenen Gehaltsteils i. H. v. 130 000 € zzgl. 60 % des unangemessenen Gehaltsteils i. H. v. 42 000 € (60 % von 70 000 €).

b) Sachverhalt wie a). Wie ist der Fall zu lösen, wenn die A-GmbH & Co. KG der A-GmbH einen Betrag von 200 000 € ersetzen würde?
LÖSUNG Wenn die KG der GmbH 200 000 €, also auch den unangemessenen Gehaltsteil, ersetzt, liegt zusätzlich eine verdeckte Einlage des A in die GmbH i. H. v. 70 000 € vor. Dies führt zu einer Privatentnahme bei KG i. H. v. 70 000 € und zur Erhöhung der Anschaffungskosten der GmbH-Anteile des A in der Sonderbilanz bei der KG i. H. v. 70 000 €.

Teil I   Umsatzsteuerliche Fragen

1   Die Unternehmereigenschaft der Personengesellschaft

Im Umsatzsteuerrecht ist der Unternehmer das Steuersubjekt, d. h. nur er ist der Träger von Rechten und Pflichten (§ 33 AO). Grundsätzlich kann nur er – mit wenigen Ausnahmen (vgl. § 14c Abs. 2 und § 2a UStG) – steuerbare Umsätze ausführen, von den Berechtigungen Gebrauch machen und er allein ist als Steuerschuldner zur Abgabe von Erklärungen und zur Zahlung der Steuer verpflichtet.

Die Unternehmereigenschaft hat z. B. Bedeutung für
- die Steuerbarkeit (§ 1 Abs. 1 Nr. 1 und Nr. 5 i. V. m. § 1a Abs. 1 Nr. 2a UStG),
- die Bestimmung des Leistungsortes (§ 3a Abs. 2 UStG),
- das Eingreifen von Steuerbefreiungsvorschriften (§ 4 Nr. 1a i. V. m. § 6 Abs. 1 Nr. 1, 3a und Abs. 3 Nr. 1, § 6a Abs. 1 Nr. 2b, § 7 Abs. 1 Nr. 1 und 3b UStG),
- die Option zur Steuerpflicht (§ 9 Abs. 1 UStG) und
- den Vorsteuerabzug und dessen Berichtigung (§ 15 Abs. 1, § 15a Abs. 1 UStG).

Die Personengesellschaft in jeglicher Form der zivilrechtlichen Ausgestaltung (GbR, OHG, KG oder PartG) ist umsatzsteuerrechtsfähig (sog. »Unternehmerfähigkeit«); sie ist das Steuerrechtssubjekt mit der Folge, dass die ihr zugerechneten Umsätze der USt unterliegen und sie selbst Steuererklärungen abzugeben hat. Die Rechtslage ist damit völlig anders als bei der ESt, bei der die von der Personengesellschaft erzielten Einkünfte den Gesellschaftern zugerechnet werden – bei der USt werden die zu versteuernden Umsätze der Personengesellschaft selbst und nicht den Gesellschaftern zugerechnet.

Ob eine Personengesellschaft im konkreten Einzelfall Unternehmer ist, richtet sich nach den allgemeinen Voraussetzungen des § 2 Abs. 1 UStG. Sie ist Unternehmer, wenn sie eine gewerbliche oder berufliche Tätigkeit selbständig ausübt. Die gewerbliche oder berufliche Tätigkeit ist dabei in § 2 Abs. 1 Satz 3 UStG besonders definiert. Gewerblich oder beruflich ist danach jede nachhaltige Tätigkeit zur Erzielung von Einnahmen, auch wenn die Absicht, Gewinn zu erzielen, fehlt oder die Personengesellschaft nur gegenüber ihren Gesellschaftern tätig wird. Da die **Selbständigkeit** bei einer Personengesellschaft stets gegeben ist, sind die beiden anderen Merkmale näher zu betrachten.

Die **nachhaltige Tätigkeit** hat zwei Merkmale: einerseits die Nachhaltigkeit und zum anderen die Tätigkeit, d. h. nach außen durch ein Tun, Dulden oder Unterlassen in Erscheinung zu treten. Eine Personengesellschaft übt die gewerbliche oder berufliche Tätigkeit **nachhaltig** aus, wenn ihre Tätigkeit auf Dauer zur Erzielung von Entgelten angelegt ist. Maßgeblich ist das Gesamtbild der Verhältnisse. Das bedeutet, dass die für und gegen die Nachhaltigkeit sprechenden Merkmale gegeneinander abzuwägen sind. Kriterien der Nachhaltigkeit sind:
- mehrjährige oder auf Wiederholung angelegte Tätigkeit,
- planmäßiges Handeln,
- die Ausführung mehr als nur eines Umsatzes,
- Beteiligung am Markt bzw. Auftreten wie ein Händler,
- Vornahme mehrerer gleichartiger Handlungen unter Ausnutzung derselben Gelegenheit oder desselben dauernden Verhältnisses,
- Intensität des Tätigwerdens,

- Unterhalten eines Geschäftslokals,
- Auftreten nach außen.

Des Weiteren ist grundsätzlich nur derjenige Unternehmer, der nach außen durch ein Tätigwerden in Erscheinung tritt. Deshalb ist eine reine Innengesellschaft, die nach außen nicht durch Leistungen in Erscheinung tritt, nicht Unternehmer (vgl. A 2.1 Abs. 5 UStAE). Eine typische Innengesellschaft liegt z. B. bei der stillen Gesellschaft (sowohl typische als auch atypische stille Gesellschaft) i. S. d. §§ 230 ff. HGB vor. Unternehmer ist hier nicht die stille Gesellschaft, sondern der nach außen auftretende Inhaber des Handelsgeschäfts.

BEISPIEL

Kaufmann K hat mit S eine stille Gesellschaft i. S. d. §§ 230 ff. HGB gebildet. Gegen eine Einlage von 100 000 € ist S mit 20 % am Gewinn und Verlust einschließlich der stillen Reserven beteiligt. K betreibt ein Einzelhandelsgeschäft.

LÖSUNG Die Umsätze des K in seinem Einzelhandelsgeschäft werden nicht der stillen Gesellschaft zugerechnet, da nicht diese, sondern K gegenüber den Kunden als Schuldner der Warenlieferungen auftritt. K ist also Unternehmer, dessen Unternehmen das Einzelhandelsgeschäft darstellt. Dass es sich nicht um eine typische, sondern eine atypische stille Gesellschaft handelt, vermag daran nichts zu ändern.

S bewirkt seinerseits mit seiner Einlage ebenfalls eine Leistung gegenüber K, die darin besteht, dass er einen Teil des Unternehmerwagnisses gegen Entgelt (Gewinnbeteiligung) übernimmt. Er erbringt seine Leistung jedoch nicht an die stille Gesellschaft, sondern an K. Mit seiner Dauerleistung wird S jedoch nicht zum Unternehmer, da aufgrund der geänderten Rspr. des EuGH (s. D 5.1) der Erwerb von Gesellschaftsanteilen keine unternehmerische Tätigkeit darstellt.

Bezüglich des Auftretens nach außen stellt § 2 Abs. 1 letzter HS UStG klar, dass ein solches auch dann anzunehmen ist, wenn die Gesellschaft ausschließlich gegenüber ihren Gesellschaftern Leistungen erbringt.

BEISPIEL

A und B schließen sich zu einer GbR zusammen. Die GbR erwirbt ein Geschäftsgrundstück, das sie an das Einzelunternehmen des A vermietet.

LÖSUNG Die GbR ist Unternehmer; sie erbringt mit der Grundstücksvermietung eine steuerbare sonstige Leistung (§ 3 Abs. 9 i. V. m. § 3a Abs. 3 Nr. 1 UStG), die vorbehaltlich einer Option steuerfrei ist (§ 4 Nr. 12 i. V. m. § 9 UStG).

Das Merkmal der **Einnahmeerzielungsabsicht** ist bei Gesellschaften auch dann gegeben, wenn die Gesellschaft nur Leistungen an ihre Gesellschafter erbringt und diesen hierfür lediglich die bei der Gesellschaft anfallenden Kosten berechnet.

2 Beginn der unternehmerischen Tätigkeit

Die Unternehmereigenschaft beginnt bereits mit dem ersten nach außen erkennbaren Tätigwerden, also bereits mit dem Bezug von Eingangsleistungen. Der sog. »Unternehmensbeginner« ist hieraus sofort zum Vorsteuerabzug berechtigt. Die Unternehmereigenschaft setzt nicht voraus, dass tatsächlich nachhaltig Leistungen erbracht werden.

BEISPIEL

A und B wollen gemeinsam ein Handelsgeschäft eröffnen und erwerben im zweiten Halbjahr 2016 Anlage- und Umlaufvermögen. Steuerbare und steuerpflichtige Ausgangsleistungen erbringen sie erst ab Januar 2017.

LÖSUNG Die AB-OHG ist, sofern die übrigen Voraussetzungen vorliegen, schon im zweiten Halbjahr 2016 unternehmerisch tätig. Sie ist zum Vorsteuerabzug auf die Anlaufkosten berechtigt (A 2.6 und A 15.1 Abs. 1 UStAE).

Auch der erfolglose Unternehmensbeginner ist Unternehmer, sofern die Ausführung entgeltlicher Leistungen ernsthaft beabsichtigt war. Gibt er seine Absicht auf bevor er nachhaltig Leistungen in Einnahmeerzielungsabsicht erbracht hat, behält er den Vorsteuerabzug, sofern er die Ernsthaftigkeit seiner Absicht durch objektive Merkmale nachweist oder glaubhaft macht (EuGH vom 29. 02. 1996, C-110/94, Inzo, BStBl II 1996, 655; vom 08. 06. 2000, C-400/98, Breitsohl, BStBl II 2003, 452; BFH vom 22. 02. 2001, V R 77/96, BStBl II 2003, 426 und vom 08. 03. 2001, V R 24/98, BStBl II 2003, 430). Die Ernsthaftigkeit der Absicht, nachhaltig Leistungen in Einnahmeerzielungsabsicht zu erbringen, kann der erfolglose Unternehmensbeginner nachweisen bzw. glaubhaft machen, wenn er Eingangsleistungen bezogen hat, die dem Gesamtbild der Verhältnisse ihrer Art nach nur unternehmerisch genutzt werden können. Hierunter fallen nach A 2.6 Abs. 2 UStAE u. a.:

- der Erwerb umfangreichen Inventars,
- die Durchführung einer größeren Anzeigenaktion oder die Abgabe eines Angebots für eine Lieferung oder eine sonstige Leistung gegen Entgelt,
- der Wareneinkauf vor Betriebseröffnung oder die Anmietung oder die Errichtung von Büro- oder Lagerräumen,
- die Anforderung einer Rentabilitätsstudie.

Werden dagegen nur Eingangsleistungen bezogen, die ihrer Art nach sowohl zur unternehmerischen als auch zur nichtunternehmerischen Verwendung bestimmt sein können (z. B. Erwerb eines Computers oder eines Pkw), so prüft die Verwaltung, ob die Verwendungsabsicht durch objektive Anhaltspunkte nachgewiesen ist (A 2.6 Abs. 3 UStAE). Eine zunächst angenommene Unternehmereigenschaft ist nur dann nach den Korrekturnormen der Abgabenordnung (§ 164 Abs. 2, § 165 Abs. 2 oder § 173 Abs. 1 AO) durch Änderung der ursprünglichen Steuerfestsetzung rückgängig zu machen, wenn später festgestellt wird, dass objektive Anhaltspunkte für die Verwendungsabsicht im Zeitpunkt des Leistungsbezugs nicht vorlagen, die Verwendungsabsicht nicht in gutem Glauben erklärt wurde oder ein Fall von Betrug oder Missbrauch vorliegt.

Besonders kritisch ist die Verwaltung hinsichtlich der Unternehmereigenschaft, wenn nur Eingangsleistungen bezogen wurden, die ihrer Art nach typischerweise zur nichtunternehmerischen Verwendung bestimmt sind (z. B. Erwerb eines Segelschiffs). Ist in diesem Fall der Nachweis nicht geführt, lehnt die Verwaltung den Vorsteuerabzug grundsätzlich ab bzw. gewährt ihn erst dann, wenn tatsächlich nachhaltig Ausgangsumsätze bewirkt werden.

3   Ende der unternehmerischen Tätigkeit

Die Unternehmereigenschaft der Personengesellschaft endet erst mit der letzten Abwicklungshandlung und nicht schon mit einer Unterbrechung oder der Einstellung des Betriebs (A 2.6 Abs. 6 UStAE, BFH vom 09. 12. 1993 BStBl II 1994, 483). Unternehmereigenschaft und Unternehmen erlöschen erst, wenn der Unternehmer alle Rechtsbeziehungen abgewickelt hat, die mit dem (aufgegebenen) Betrieb in Zusammenhang stehen. Die spätere Veräußerung von Gegenständen des Unternehmensvermögens oder die nachträgliche Vereinnahmung von Entgelten gehören noch zur Unternehmertätigkeit. Eine Gesellschaft besteht als Unternehmer so lange fort, bis alle Rechtsbeziehungen, zu denen insbesondere auch das Rechtsverhältnis zwischen der Gesellschaft und dem Finanzamt gehört, erledigt sind (vgl. A 2.6 Abs. 6 UStAE m. w. N.).

Eine Personengesellschaft kann auf drei Arten beendet werden:

- durch Liquidation,
- durch Austritt aller Gesellschafter aus der Personengesellschaft bis auf einen,
- durch Verschmelzung.

3.1 Auflösung einer Personengesellschaft durch Liquidation

Auch im Falle der Liquidation (planmäßige Abwicklung des Unternehmens durch Ausverkauf) bleibt eine Personengesellschaft umsatzsteuerrechtlich so lange Unternehmer, bis der letzte Besitzposten veräußert und die letzte USt-Schuld beglichen ist. Erfolgt die Veräußerung des Gesellschaftsvermögens an Dritte oder an Gesellschafter außerhalb des Gesellschaftsverhältnisses, ergeben sich keine Besonderheiten. Die Verteilung des Liquidationserlöses unter den Gesellschaftern ist umsatzsteuerrechtlich irrelevant. Auch wenn man darin – was z. T. vertreten wird – den Rückerwerb der Gesellschaftsanteile von den Gesellschaftern durch die Gesellschaft sieht, führt dies nicht zur Entstehung von USt, da der Vorgang gem. § 4 Nr. 8 Buchst. f UStG steuerfrei ist und eine Option zur Steuerpflicht von vornherein ausscheidet, da die Personengesellschaft die Anteile nicht für ihr Unternehmen, sondern zwecks Auflösung erwirbt.

BEISPIEL

Die AB-OHG veräußert im Januar 2017 ihren Gewerbebetrieb an den gesellschaftsfremden K, ausgenommen den Pkw. Im gleichen Zusammenhang veräußert A einen Parkplatz an K, den er bisher an die OHG gegen ein Sonderentgelt von monatlich 100 € zur Nutzung vermietet hatte. Den Pkw übernimmt A für seine ausschließlich private Nutzung. Der Teilwert des Pkw entspricht dem Netto-Einkaufspreis eines vergleichbaren Pkw und beträgt 25 000 € (netto). Die Übernahme des Pkw wird auf sein Auseinandersetzungsguthaben mit 25 000 € angerechnet.

LÖSUNG Bei der Veräußerung des Gewerbebetriebes an K handelt es sich um eine Geschäftsveräußerung im Ganzen gem. § 1 Abs. 1a UStG, die nicht steuerbar ist. Die Zurückbehaltung des Pkw vermag daran nichts zu ändern, da der Pkw keine wesentliche Betriebsgrundlage darstellt.

Aufgrund der Vermietung des Parkplatzes an die AB-OHG war A ebenfalls Unternehmer. Der Parkplatz stellte sein Unternehmen dar. Die Veräußerung des Parkplatzes an K stellt somit eine weitere nichtsteuerbare Geschäftsveräußerung dar. Der Berichtigungszeitraum des § 15a UStG läuft bei K gem. § 1 Abs. 1a Satz 3 i. V. m. § 15a Abs. 10 UStG weiter.

Die Übernahme des Pkw von A erfolgt im Rahmen eines Leistungsaustauschs mit der OHG. Die OHG tätigt insoweit eine steuerbare und steuerpflichtige Lieferung an A. Da es sich bei dem Anrechnungsbetrag auf das Auseinandersetzungsguthaben um einen Bruttobetrag handelt, greift nach § 10 Abs. 5 Nr. 1 i. V. m. Abs. 4 Nr. 1 UStG die Mindestbemessungsgrundlage ein, denn das Entgelt nach § 10 Abs. 1 UStG (25 000 € abzüglich enthaltener USt = 21 008,40 €) ist niedriger als der Wert nach § 10 Abs. 4 Nr. 1 UStG (Einkaufspreis netto 25 000 €). Die hieraus resultierende USt beträgt somit 19 % von 25 000 € = 4 750 €.

Sollte die Liquidation durch Realteilung des Gesellschaftsvermögens unter allen Gesellschaftern erfolgen, würde die Personengesellschaft steuerbare und i. d. R. auch steuerpflichtige Umsätze in Form von tauschähnlichen Umsätzen erbringen, da die Gegenleistung der Gesellschafter in der Verrechnung mit dem Auseinandersetzungshaben bzw. in der Rückgewähr ihrer Gesellschaftsanteile besteht.

3.2 Auflösung einer Personengesellschaft durch Austritt aller Gesellschafter bis auf einen

Der Austritt der Gesellschafter geschieht:
- entweder dadurch, dass ein Gesellschafter die Anteile aller übrigen Gesellschafter erwirbt (vgl. 3.2.1) oder
- dass alle Gesellschafter bis auf einen gegen Abfindung seitens der Gesellschaft aus der Gesellschaft ausscheiden (vgl. 3.2.2).

3.2.1 Ein Gesellschafter erwirbt alle Anteile der übrigen Gesellschafter

Da die Gesellschafter allein aufgrund ihrer Gesellschaftereigenschaft grundsätzlich keine Unternehmer sind, ist die Veräußerung ihres Gesellschaftsanteils nicht steuerbar. Sollte der Gesellschaftsanteil ausnahmsweise zum Unternehmensvermögen eines Einzelunternehmers gehören, wäre die Veräußerung des Gesellschaftsanteils zwar steuerbar, jedoch nach § 4 Nr. 8 Buchst. f UStG steuerfrei. In diesem Fall könnte allerdings zur Steuerpflicht optiert werden, wenn der erwerbende Gesellschafter den Erwerb von vornherein im Hinblick auf sein Einzelunternehmen tätigt.

Mit der Vereinigung aller Anteile in der Hand eines Gesellschafters erlischt die Personengesellschaft. Das Gesellschaftsvermögen wird kraft Anwachsung Alleineigentum des verbleibenden Gesellschafters (§ 738 Abs. 1 Satz 1 BGB; ggf. analog bei Handelsgesellschaften). Dieser Vorgang ist nicht steuerbar.

3.2.2 Ausscheiden aller Gesellschafter bis auf einen gegen Abfindung seitens der Gesellschaft

Sollte die Abfindung der ausscheidenden Gesellschafter gegen Abfindung seitens der Gesellschaft in Geld erfolgen, so liegen nur Umsätze bei den Gesellschaftern vor. Diese bestehen in der Rückgewähr ihrer Gesellschaftsanteile an der Personengesellschaft und sind i. d. R. nicht steuerbar, da die Gesellschafter grundsätzlich keine Unternehmer i. S. d. UStG sind. Befindet sich der Anteil ausnahmsweise im Unternehmensvermögen eines Einzelunternehmers, ist die Rückgewähr der Anteile zwar steuerbar, jedoch nach § 4 Nr. 8 Buchst. f UStG steuerfrei. Der Gesellschafter kann allerdings in diesem Fall nach § 9 UStG auf die Steuerfreiheit verzichten, da er seine Leistung an ein noch existentes Unternehmen erbringt.

Erfolgt die Abfindung der ausscheidenden Gesellschafter in Sachwerten, so erbringt auch die OHG i. R. v. tauschähnlichen Umsätzen steuerbare Umsätze. Sie sind steuerpflichtig, sofern keine Befreiungsvorschrift eingreift.

3.3 Verschmelzung

Sowohl die Verschmelzung durch Aufnahme als auch die Verschmelzung durch Neugründung vollziehen sich in Form der Übertragung von Gesellschaftsanteilen.

BEISPIEL

A und B als Gesellschafter der AB-OHG und C und D als Gesellschafter der CD-OHG übertragen jeweils ihre Gesellschaftsanteile auf die ABCD-OHG. Sie erhalten dafür Anteile an dieser Gesellschaft.

LÖSUNG Die Übertragung der Anteile von A, B, C und D auf die neu gegründete OHG ist nicht steuerbar, da A, B, C und D ihre Anteile nicht im Rahmen eines Unternehmens veräußern. Durch Vereinigung sämtlicher Anteile in der Hand der ABCD-OHG lösen sich sowohl die AB-OHG als auch die CD-OHG auf.

Die ABCD-OHG gewährt im Rahmen eines tauschähnlichen Umsatzes ihrerseits Gesellschaftsanteile an A, B, C und D. Diese Leistungen sind steuerbar, jedoch gem. § 4 Nr. 8 Buchst. f UStG steuerfrei. Eine Optionsmöglichkeit zur Steuerpflicht besteht nicht.

4 Die Unternehmereigenschaft des Gesellschafters einer Personengesellschaft

Da die Umsätze der Personengesellschaft der Personengesellschaft selbst als Unternehmer zugerechnet werden, können sie nicht zugleich auch den Gesellschaftern der Personengesellschaft zugerechnet werden. Gesellschafter einer Personengesellschaft sind deshalb grundsätzlich keine Unternehmer im Sinne des Umsatzsteuerrechts. Die Rechtsfigur der »Mitunternehmerschaft« des Einkommensteuerrechts ist auf die USt nicht übertragbar.

Die Gesellschafter der Personengesellschaft können jedoch ebenfalls Unternehmer sein, soweit sie in eigener Person die Kriterien des § 2 Abs. 1 UStG erfüllen, sie also selbständig und nachhaltig mit Einnahmeerzielungsabsicht tätig werden. Ein Gesellschafter kann dabei die Unternehmereigenschaft auch dadurch begründen, dass er ausschließlich gegenüber der Personengesellschaft Leistungen erbringen.

BEISPIEL

Die Rechtsanwälte A und B haben sich zu der Anwaltssozietät AB zusammengeschlossen. Ihre anwaltliche Tätigkeit erfolgt stets im Namen der AB-Sozietät. A erwirbt einen Pkw zum Preis von 30 000 € zzgl. 5 700 € USt. A schließt mit B, der dabei als Vertreter der AB-Sozietät auftritt, einen Mietvertrag ab, in dem A den Pkw der Sozietät für eine kostendeckende Miete von 600 € zzgl. 114 € USt in vollem Umfang (keine Privatnutzung) zur Nutzung überlässt. Außerhalb der Sozietät entfaltet A im Übrigen keinerlei unternehmerische Tätigkeit.

LÖSUNG A wird allein durch die Vermietung des Pkw an die Sozietät zum Unternehmer i. S. d. § 2 Abs. 1 UStG. Er fällt zwar aufgrund seines geringen Jahresumsatzes grundsätzlich unter die Kleinunternehmerregelung des § 19 Abs. 1 UStG, kann jedoch nach § 19 Abs. 2 UStG auf die Anwendung dieser Regelung verzichten. Als Folge darf er die beim Erwerb des Pkw angefallene USt von 5 700 € als Vorsteuer geltend machen. Andererseits hat er seine Vermietungsumsätze gegenüber der AB-Sozietät der USt zu unterwerfen; diese hat bezüglich der im Zusammenhang mit der Pkw-Anmietung angefallenen USt den Vorsteuerabzug.

Zur umsatzsteuerrechtlichen Behandlung der Geschäftsführungs- und Vertretungsleistungen eines Gesellschafters an die Gesellschaft gegen Entgelt hat der BFH (BFH vom 06. 06. 2002 BStBl II 2003, 36) seine bisherige Rechtsprechung aufgegeben, nach der die Ausübung der Mitgliedschaftsrechte nicht als Leistung eines Gesellschafters an die Gesellschaft zu beurteilen ist (BFH vom 17. 07. 1980 BStBl II 1980, 622). In Fällen von Geschäftsführungs- und Vertretungsleistungen für eine Personengesellschaft durch einen Gesellschafter gegen Vergütung setzt ein Leistungsaustausch danach lediglich voraus, dass ein Leistender und ein Leistungsempfänger vorhanden sind und der Leistung eine Gegenleistung gegenübersteht, also ein unmittelbarer Zusammenhang zwischen Leistung und Gegenleistung besteht. Näheres unter 7.1 sowie in B 3.

5 Leistungsaustausch bei der Gründung einer Personengesellschaft

5.1 Leistungen der Personengesellschaft

Ob es bei der Gründung einer Personengesellschaft zu einem umsatzsteuerrechtlichen Leistungsaustausch kommt, war lange umstritten. Nach der früher von der Finanzverwaltung vertretenen Auffassung (so noch A 6 Abs. 2 UStR 2005) erbringt die Personengesellschaft bei Gründung eine steuerbare, jedoch nach § 4 Nr. 8 Buchst. f UStG steuerfreie sonstige Leistung durch die Gewährung von Gesellschaftsanteilen an die Gesellschafter der eben entstehenden Personengesellschaft, wobei das Entgelt in der Bar- oder auch Sacheinlage der Gesellschafter zu erblicken ist.

In der Rs. C-442/01 (»KapHag Renditefonds«, HFR 2003, 922) hat der EuGH am 26.06.2003 indes entschieden, dass eine Personengesellschaft mit der Aufnahme eines Gesellschafters gegen Zahlung einer Bareinlage an diesen keine Dienstleistung gegen Entgelt i. S. d. Art. 2 Nr. 1 der 6. Richtlinie 77/388/EWG erbringt. Der EuGH führt hierzu aus, dass das Halten und der Erwerb von Gesellschaftsanteilen keine wirtschaftliche Tätigkeit darstellen. Die Steuerbefreiung des § 4 Nr. 8 Buchst. f UStG läuft damit ins Leere.

Mit seiner weiteren Entscheidung vom 29.04.2004 (»EDM« Rs. C-77/01, HFR 2004, 812) hat der EuGH diese Grundsätze im Falle einer Holding-Gesellschaft bestätigt. Der BFH hat diese Auffassung in seiner Entscheidung vom 01.07.2004 (BStBl II 2004, 1022) übernommen.

Auch bei der Gründung einer Gesellschaft durch die ursprünglichen Gesellschafter liegt kein steuerbarer Umsatz der Gesellschaft an die Gesellschafter vor. Die Ausgabe neuer Aktien zur Aufbringung von Kapital stellt keinen Umsatz dar, der in den Anwendungsbereich von Art. 2 Abs. 1 MwStSystRL fällt. Dabei kommt es nicht darauf an, ob die Ausgabe der Aktien durch den Unternehmer im Rahmen einer Börseneinführung erfolgt oder von einem nicht börsennotierten Unternehmen ausgeführt wird (vgl. EuGH vom 26.05.2005, C-465/03, Kretztechnik).

In diesem Zusammenhang war des Weiteren streitig, ob die im Zusammenhang mit der Gründung des Unternehmens anfallenden Vorsteuerbeträge unter das Abzugsverbot nach § 15 Abs. 2 UStG fallen.

Da die Gesellschaft von Beginn des Gründungsstadiums an als Unternehmer zu betrachten ist, ist die USt, die bei der Gesellschaftsgründung für Kosten anfällt, die mit USt belastet sind, bei Vorliegen ordnungsgemäßer Rechnungen i. S. d. § 14 UStG abziehbar gem. § 15 Abs. 1 UStG. Bei der Prüfung, ob das Vorsteuerabzugsverbot gem. § 15 Abs. 2 UStG eingreift, galt nach früherer Auffassung, dass die Gesellschaft mit den Umsätzen von Gesellschaftsanteilen gem. § 4 Nr. 8 Buchst. f UStG steuerfreie und damit vorsteuerschädliche Leistungen bewirkt (BFH vom 08.12.1975 BStBl II 1976, 265). Diese Auffassung ist indes abzulehnen: Die Gewährung von Gesellschaftsanteilen stellt ein einmaliges Hilfsgeschäft i. R. d. Unternehmens der Personengesellschaft dar, das letztlich den Zweck hat, der Gesellschaft ihre normalerweise steuerpflichtigen Umsätze gegenüber Dritten zu ermöglichen. Die Gewährung von Gesellschaftsanteilen stellt dabei lediglich eine für den Vorsteuerabzug unschädliche Zwischenstufe dar, die notwendig ist, damit die Gesellschaft ihre (i. d. R.) steuerpflichtigen Leistungen ausführen kann.

Der BFH hat sich in seiner zuvor erwähnten Entscheidung vom 01.07.2004 (s. o.) auch mit dieser Frage auseinandergesetzt und festgestellt, dass eine Personengesellschaft, die im Zusammenhang mit ihrer Gründung und der Aufnahme von Gesellschaftern rechtlich beraten wird, die Beratungsleistungen im Hinblick auf § 15 Abs. 1 Nr. 1 UStG für ihr Unternehmen bezieht. Der Vorsteuerabzug für die rechtliche Beratung der Gesellschaft anlässlich ihrer Gründung ist nicht nach § 15 Abs. 2 UStG oder Art. 17 der Richtlinie 77/388/EWG ausgeschlossen. Entscheidend ist, dass die Kosten der bezogenen Beratungsleistungen allgemeine Kosten des Unternehmens sind und deshalb grundsätzlich direkt und unmittelbar mit der wirtschaftlichen Tätigkeit des Unternehmers zusammenhängen.

Die Finanzverwaltung hatte mit Schreiben des BMF vom 26.01.2007 (BStBl I 2007, 211) zu umsatzsteuerlichen Fragen in Zusammenhang mit dem Halten von Beteiligungen umfassend Stellung genommen. Die Inhalte dieses Schreibens sind an mehreren Stellen in den UStAE übernommen worden (A 2.3 Abs. 1a und Abs. 2 UStAE zum Erwerben, Halten und Veräußern von gesellschaftsrechtlichen Beteiligungen; A 2.8 UStAE zur Organschaft; A 15.21 und 15.22 UStAE zum Vorsteuerabzug in Zusammenhang mit dem Erwerb sowie dem Halten von gesellschaftsrechtlichen Beteiligungen). Danach gelten für die Gründung von Personengesellschaften folgende Grundsätze:

- Die Personengesellschaft ist bereits während des Gründungsvorgangs als Unternehmer existent, wenn die spätere Ausführung entgeltlicher Leistungen beabsichtigt ist. Demzufolge können auch Beratungsleistungen im Zusammenhang mit der Gründung einer Gesellschaft und der Aufnahme von Gesellschaftern für das Unternehmen der Gesellschaft bezogen werden.

- Das bloße Erwerben, Halten und Veräußern von gesellschaftsrechtlichen Beteiligungen wird von A 2.3 Abs. 1a und Abs. 2 UStAE nicht als unternehmerische Tätigkeit angesehen.

- Dementsprechend bewirkt die Personengesellschaft mit der Gewährung von Gesellschaftsanteilen an die Gesellschafter gegen Einlage in Form von Geld oder Sachwerten keine steuerbaren und somit gem. § 4 Nr. 8 Buchst. f UStG steuerfreien sonstigen Leistungen (Merksatz: »Was nicht steuerbar ist, kann auch nicht steuerfrei sein!«), vgl. A 15.21 Abs. 1 UStAE.

- Unternehmer, die neben ihrer unternehmerischen Tätigkeit auch Beteiligungen an Gesellschaften halten, können diese Beteiligungen grundsätzlich nicht dem Unternehmensvermögen zuordnen. In diesen Fällen ist eine Trennung des unternehmerischen Bereichs vom nichtunternehmerischen Bereich geboten (A 2.3 Abs. 2 Satz 5 und 6 UStAE). Dieser Grundsatz gilt für alle Unternehmer, gleich welcher Rechtsform. Auch Erwerbsgesellschaften können daher gesellschaftsrechtliche Beteiligungen im nichtunternehmerischen Bereich halten. Dies bedeutet, dass eine »Finanzholding« nicht Unternehmer i. S. d. § 2 UStG ist; andererseits ist aber eine »Führungs- oder Funktionsholding« unternehmerisch tätig. Eine gemischte Holding hat einen unternehmerischen und einen nichtunternehmerischen Bereich. (A 2.3 Abs. 3 UStAE).

- Ausnahmsweise stellt das Erwerben, Halten und Veräußern einer gesellschaftsrechtlichen Beteiligung nach A 2.3 Abs. 3 Satz 2 und Abs. 4 UStAE eine unternehmerische Tätigkeit dar bei gewerblichen Wertpapierhändlern, bei Beteiligung zur Förderung der eigenen unternehmerischen Tätigkeit (Sicherung günstiger Einkaufs- oder Absatzmöglichkeiten, Verschaffung von Einfluss bei Konkurrenten). Dabei reicht nicht jeder beliebige Zusammenhang zwischen dem Erwerb und Halten der gesellschaftsrechtlichen Beteiligung und der unternehmerischen Haupttätigkeit aus. Vielmehr muss zwischen der gesellschaftsrechtlichen Beteiligung und der unternehmerischen Haupttätigkeit ein erkennbarer und objektiver wirtschaftlicher Zusammenhang bestehen (A 15.2b Abs. 3 UStAE). Das ist der Fall, wenn die Aufwendungen für die gesellschaftsrechtliche Beteiligung zu den Kostenelementen der Umsätze aus der Haupttätigkeit gehören.

- In diesem Ausnahmefall ist die Veräußerung der Beteiligung eine steuerbare (zu prüfen sind hier § 3a Abs. 2 bzw. Abs. 4 Nr. 6a oder § 3a Abs. 1 UStG), aber nach § 4 Nr. 8 Buchst. e oder f UStG steuerfreie sonstige Leistung, für die gemäß § 9 Abs. 1 UStG zur Steuerpflicht optiert werden kann.

- Des Weiteren ist im Fall der unternehmerischen Tätigkeit nach A 25.22 UStAE unter den allgemeinen Voraussetzungen des § 15 Abs. 1 UStG der Vorsteuerabzug gegeben. Soweit Eingangsleistungen auch für den nichtunternehmerischen Bereich bezogen werden, ist ggf. aufzuteilen.

BEISPIEL

Der selbständige Steuerberater A hält Anteile an der Genossenschaft G, deren Geschäftsfeld im Wesentlichen die EDV-mäßige Abwicklung von Buchführungs- und Bilanzierungsarbeiten ist.
LÖSUNG Als selbständiger Steuerberater ist A Unternehmer. Da die Beteiligung an der Genossenschaft der Förderung seiner Tätigkeit als Steuerberater dient, hält er die Anteile in seinem Unternehmensvermögen. Aufgrund seiner steuerpflichtigen Ausgangsumsätze als Steuerberater kann A die aus der Beteiligung an der Genossenschaft anfallenden Vorsteuern unter den weiteren Voraussetzungen des § 15 UStG abziehen.

Die Verwaltungsauffassung versagt das Recht auf Vorsteuerabzug aus dem Erwerb von gesellschaftsrechtlichen Beteiligungen, soweit diese – bei grundsätzlichem Vorliegen der Unternehmereigenschaft – dem nichtunternehmerischen Bereich zuzuordnen sind (A 15.21 Abs. 6 Nr. 3 UStAE). Dies entspricht wohl auch der Rechtsprechung des EuGH. Zum einen hat der EuGH in seiner Entscheidung vom 29.07.2001 (»Cibo Participations« Rs. C-16/00) einer unternehmerisch tätigen Holding den Vorsteuerabzug aus Kosten für den Beteiligungserwerb gewährt, obwohl das Erwerben und Halten der Beteiligung keine unternehmerische Tätigkeit darstellte. Zum anderen hat der EuGH in seinem Urteil vom 26.05.2005 (»Kretztechnik« Rs. C-465/03) den Vorsteuerabzug gewährt, obwohl es sich bei der Ausgabe von Aktien um einen Umsatz handelt, der nicht in den Anwendungsbereich der 6. EG-Richtlinie (ab 2007: MwStSyst-Richtlinie) fällt. In seiner Entscheidung vom 13.03.2008 zu diesem Problembereich (»Securenta« Rs. C-437/06) führt der EuGH aus, dass für den Fall, dass ein Steuerpflichtiger zugleich steuerpflichtigen oder steuerfreien wirtschaftlichen Tätigkeiten und nichtwirtschaftlichen, nicht in den Anwendungsbereich der 6. EG-Richtlinie fallenden Tätigkeiten nachgeht, der Abzug der Vorsteuer auf Aufwendungen im Zusammenhang mit der Ausgabe von Aktien u. a. nur insoweit zulässig ist, als diese Aufwendungen der wirtschaftlichen Tätigkeit des Steuerpflichtigen zuzurechnen sind. Der BFH hat diese – allgemein als »Sphärentheorie« bezeichneten Grundsätze – in seiner Rechtsprechung weiterentwickelt, s. z. B. BFH vom 06.05.2010, V R 29/09 (BStBl II 2010, 885) und vom 27.01.2011, V R 38/09 (BStBl II 2012, 68). Die Finanzverwaltung folgt dieser Rspr. und unterscheidet – auf der 1. Stufe – zwischen der unternehmerischen und der nichtunternehmerischen Tätigkeit und auf der 2. Stufe innerhalb der nichtunternehmerischen Tätigkeit zwischen der »unternehmensfremden Tätigkeit« (z. B. Entnahmen für private Zwecke des Gesellschafters) und der »nichtunternehmerischen Tätigkeit im engeren Sinne«, wozu das bloße Erwerben, Halten und Veräußern von gesellschaftsrechtlichen Beteiligungen zählen (vgl. A 2.3 Abs. 1 a und Abs. 2 – 4 sowie A 15.2b UStAE). Im letztgenannten Fall ist mangels Bezug für das Unternehmen die ggfs. insoweit anfallende Vorsteuer nicht abziehbar.

In seiner Entscheidung vom 06. 04. 2016 (V R 6/14, BFH/NV 2016, 1236) hat der BFH (nach EuGH vom 16. 07. 2015, Rs. C-108/14 und C-109/14, Larentia und Minerva) zum Vorsteuerabzug bei Einwerbung von Kapital für einen Beteiligungserwerb festgestellt, dass Kosten, die einer Holdinggesellschaft im Zusammenhang mit dem Erwerb von Beteiligungen an Tochtergesellschaften entstehen, in deren Verwaltung sie durch das Erbringen von administrativen, finanziellen, kaufmännischen oder technischen Dienstleistungen Eingriffe vornimmt, ihr hinsichtlich der für diese Kosten bezahlten Mehrwertsteuer grundsätzlich ein Recht auf vollständigen Vorsteuerabzug eröffnen. An dem erforderlichen Zusammenhang mit dem Beteiligungserwerb soll es jedoch fehlen, wenn das eingeworbene Kapital in keinem Verhältnis zu dem Beteiligungserwerb steht. Werden Leistungsbezüge sowohl für eine wirtschaftliche als auch für eine nichtwirtschaftliche Tätigkeit verwendet, ist eine Vorsteueraufteilung analog § 15 Abs. 4 UStG vorzunehmen (**vgl. A 15.22 Abs. 1 Satz 4 UStAE**).

5.2   Leistungen des Gesellschafters bei Gründung

Leistet der Gesellschafter seine Einlage in Geld (Bargründung), so erbringt er keine Leistung i. S. d. Umsatzsteuerrechts, denn seine Geldzahlung stellt lediglich das Entgelt für den – i. d. R. nicht steuerbaren – Erwerb des Gesellschaftsanteils dar.

Erbringt der Gesellschafter seine Einlage ganz oder teilweise in Sachwerten (Sachgründung), ist für die umsatzsteuerrechtliche Behandlung beim Gesellschafter entscheidend, ob dieser die Sacheinlage aus seinem nichtunternehmerischen Bereich oder aus seinem unternehmerischen Bereich erbringt. Erbringt er die Sacheinlage aus seinem nichtunternehmerischen Bereich, ergibt sich bei ihm kein steuerbarer Umsatz.

> **BEISPIEL**
>
> A ist Eigentümer eines Pkw, den er bisher ausschließlich privat genutzt hat. Bei der Gründung der AB-OHG bringt er diesen Pkw in die Gesellschaft ein.
>
> **LÖSUNG** Da die Einbringung des Pkw bei A nicht im Rahmen eines Unternehmens erfolgt, ist sie nicht steuerbar. Der Pkw stellt lediglich das Entgelt für die Gewährung des Gesellschaftsanteils seitens der Gesellschaft dar.

Davon zu unterscheiden ist folgendes Beispiel:

> **BEISPIEL**
>
> B ist Eigentümer eines Grundstücks, das er bisher ausschließlich privat genutzt hat. Bei Gründung der AB-OHG verpflichtet er sich, dieses Grundstück der Gesellschaft für zwölf Jahre zur Nutzung zu überlassen, ohne dass diese hierfür ein Entgelt zu zahlen hat.
>
> **LÖSUNG** Mit der Nutzungsüberlassung erbringt B eine Dauerleistung und damit eine nachhaltige Tätigkeit. Dieser Leistung steht auch ein Entgelt in Form der Einräumung der Gesellschaftsbeteiligung seitens der Gesellschaft gegenüber; es liegt deshalb ein tauschähnlicher Umsatz gem. § 3 Abs. 12 UStG vor. B wird dadurch zum Unternehmer, da er mit der Nutzungsüberlassung in Einnahmeerzielungsabsicht handelt. Das der OHG überlassene Grundstück wird bei B eine logische Sekunde vor der Nutzungsüberlassung Unternehmensvermögen, so dass er seine Sacheinlage aus seinem unternehmerischen Bereich erbringt. B tätigt damit einen steuerbaren Umsatz.

Erbringt der Gesellschafter die Sacheinlage aus seinem Unternehmensvermögen, liegt grundsätzlich ein steuerbarer Umsatz des Gesellschafters vor. Die Gründung stellt somit einen tauschähnlichen Umsatz i. S. d. § 3 Abs. 12 UStG dar. Als Gegenleistung für seine Sacheinlage erhält der Gesellschafter eine grds. nicht steuerbare Leistung in Form der Übertragung der Gesellschaftsanteile.

Im oben erwähnten Ausnahmefall der Steuerbarkeit und Steuerpflicht ist als Bruttobemessungsgrundlage gem. § 10 Abs. 2 Satz 2 UStG der gemeine Wert des erhaltenen Gesellschaftsanteils anzusetzen. Im Regelfall kann davon ausgegangen werden, dass zwischen der erbrachten Sacheinlage und dem erhaltenen Gesellschaftsanteil in etwa Wertgleichheit besteht oder eine Wertungleichheit zumindest durch Baraufgabe ausgeglichen wird.

Sollte aber ausnahmsweise der Wert des erhaltenen Gesellschaftsanteils niedriger sein als der Wert der Sacheinlage, ist zu untersuchen, ob die Mindestbemessungsgrundlage gem. § 10 Abs. 5 Nr. 1 i. V. m. § 10 Abs. 4 UStG eingreift.

Dabei darf nicht verkannt werden, dass der Wert der Sacheinlage meist nur dann höher ist als der Wert des Gesellschaftsanteils, wenn die Sacheinlagen falsch bewertet wurden und dadurch ein anderer Gesellschafter einen höherwertigen Gesellschaftsanteil erhält, als ihm aufgrund seiner Einlage zustünde. Die verbilligte Zuwendung kommt dann dem anderen Gesellschafter zugute. Das Eingreifen der Mindest-Bemessungsgrundlage ist hier nur dann zu bejahen, wenn der andere Gesellschafter, dem die verbilligte Zuwendung zugute kommt, eine dem Gesellschafter nahestehende Person ist.

Falls ein Einzelunternehmer eine weitere Person in sein Unternehmen als Gesellschafter aufnimmt und das Unternehmen auch nach außen hin ersichtlich als Gesellschaft fortführt, handelt es sich bei der Aufnahme der weiteren Person als Gesellschafter umsatzsteuerrechtlich aus Sicht des bisherigen Einzelunternehmers um eine nicht steuerbare Geschäftsveräußerung im Ganzen an die neu gegründete Gesellschaft (§ 1 Abs. 1a Satz 2 UStG). Nimmt eine bestehende Personengesellschaft weitere Mitglieder auf, bleibt die Unternehmeridentität gewahrt. Die Aufnahme eines oder mehrerer weiterer Gesellschafter ist ein nicht steuerbarer Vorgang (vgl. A 15.21 Abs. 1 UStAE).

BEISPIEL

Die Ingenieure A und B gründen ein gemeinsames Entwicklungsbüro in der Form einer Partnerschaft nach § 1 PartG. A hatte sich bisher als freiberuflicher Ingenieur betätigt. Er bringt sein bisheriges Einzelunternehmen, bestehend aus diversen beweglichen Gegenständen im Wert von netto 20 000 € sowie dem Firmenwert i. H. v. 30 000 €, in die Partnerschaft ein. B zahlt 50 000 € ein. A und B sind an der Partnerschaft zu je 50 % beteiligt. Die Gesellschaft verpflichtet sich, A die aus der Einbringung anfallende USt zu vergüten.

LÖSUNG Von Seiten des A liegt eine Geschäftsveräußerung im Ganzen an die Partnerschaft vor. Gemäß § 1 Abs. 1a UStG ist diese nicht steuerbar. Aus der Übertragung der Wirtschaftsgüter aus dem Einzelunternehmen des A fällt somit keine USt an. Hinsichtlich einer eventuell notwendig werdenden Vorsteuerberichtigung tritt die Gesellschaft »in die Fußstapfen« des Einzelunternehmers A, vgl. § 15a Abs. 10 UStG.

Im Gegenzug gewährt die Gesellschaft an A und B Gesellschaftsanteile. Dies ist ebenfalls ein nicht steuerbarer Vorgang (vgl. A 15.21 Abs. 1 UStAE).

6 Leistungen der Gesellschaft an Gesellschafter oder diesen nahestehende Personen außerhalb des Gründungsvorganges

6.1 Unentgeltliche Leistungen der Gesellschaft

Unentgeltliche Leistungen an Gesellschafter oder diesen nahestehenden Personen werden unter den Voraussetzungen des § 3 Abs. 1b Nr. 1 bzw. des § 3 Abs. 9a UStG entgeltlichen Leistungen gleichgestellt. Im Falle der Steuerpflicht bestimmt sich die Bemessungsgrundlage nach § 10 Abs. 4 UStG. Unentgeltlichkeit liegt jedoch nicht vor, wenn dem Gesellschafter für die gewährte Leistung in der handelsrechtlichen Buchführung das Privatkonto belastet wird. In diesem Fall stellt der jeweilige Belastungsbetrag das Bruttoentgelt dar. Erfolgt jedoch die Belastung des Privatkontos außerhalb der handelsrechtlichen Buchführung z. B. durch außerbilanzielle Zurechnung aufgrund einkommensteuerrechtlicher Vorschriften, so ist in dieser Belastung kein Entgelt zu sehen. Die sich aufgrund einer unentgeltlichen Leistungsabgabe ergebende USt darf dem Leistungsempfänger nicht gesondert in Rechnung gestellt werden. Dies folgt aus einem Umkehrschluss aus § 14 Abs. 4 Satz 2 UStG.

BEISPIELE

a) Die ABC-OHG überlässt ihrem Gesellschafter A unentgeltlich Halbfertigprodukte, die dieser in seinem Einzelunternehmen zu Endprodukten weiterverarbeitet. Die Schenkung an A erfolgt ausschließlich aufgrund der Gesellschafterstellung und nicht aus unternehmerischen Gründen.

LÖSUNG Die Schenkung ist nach § 3 Abs. 1b Nr. 1 UStG einer entgeltlichen Lieferung gleichgestellt. Sie ist somit nach § 1 Abs. 1 Nr. 1 i. V. m. § 3f UStG steuerbar und mangels Befreiung steuerpflichtig. Bemessungsgrundlage ist nach § 10 Abs. 4 Nr. 1 UStG der Einkaufspreis der Waren. Die ABC-OHG darf A die anfallende USt nicht in Rechnung stellen. Wird dem A die USt gleichwohl gesondert berechnet, schuldet die ABC-OHG diese USt nach § 14c Abs. 1 UStG zusätzlich. A darf sie nicht als Vorsteuer abziehen, da nur regulär geschuldete USt und keine Steuer nach § 14c UStG als Vorsteuer abgezogen werden darf (BFH vom 02. 04. 1998 BStBl II 1998, 695 und A 14c.1 Abs. 1 Satz 5 Nr. 3 und Satz 6 UStAE).

b) Die ABC-OHG erwirbt im März 2017 einen Pkw für 50 000 € zzgl. 9 500 € USt, den sie ihrem Gesellschafter und Geschäftsführer A (Nicht-Arbeitnehmer) unentgeltlich zur Verfügung stellt. A darf den Pkw benutzen
- für Fahrten als Geschäftsführer der ABC-OHG,
- für Fahrten zwischen Wohnung und OHG, Entfernung 10 km (180 Tage im Jahr),
- für Privatfahrten.

LÖSUNG Die ABC-OHG kann den Pkw zu 100 % ihrem Unternehmen zuordnen. Damit erfüllen die Vorsteuern aus der Anschaffung und dem Betrieb des Pkw die Voraussetzungen des § 15 Abs. 1 UStG.

Die Privatnutzung wird gem. § 3 Abs. 9a Nr. 1 UStG einer entgeltlichen Leistung der ABC-OHG an A gleichgestellt. Der Ort dieser Leistung bestimmt sich gem. § 3f UStG und befindet sich somit am Sitz des Unternehmens. Die Leistung ist nach § 1 Abs. 1 Nr. 1 UStG steuerbar und steuerpflichtig zu 19 %. Die Bemessungsgrundlage bilden gem. § 10 Abs. 4 Nr. 2 UStG die Ausgaben abzüglich der darin enthaltenen USt.

Zur Ermittlung der Bemessungsgrundlage kann die ABC-OHG von der Vereinfachungsregelung der Verwaltung Gebrauch machen, wonach die 1 %-Regelung bei der ESt auch für die USt zugelassen wird (A 15.23 UStAE; Voraussetzung ist aber, dass diese auch bei der einkommensteuerrechtlichen Behandlung des Sachverhalts angewandt wird). Die USt für die Privatnutzung des Fahrzeugs im Kalenderjahr 2017 errechnet sich somit wie folgt:

1 % vom Listenpreis brutto (59 500 €)	595,00 €
Betrag für zehn Monate (März bis Dezember)	5 950,00 €
abzüglich 20 % für nicht vorsteuerbelastete Kosten	./. 1 190,00 €
Bemessungsgrundlage	4 760,00 €
USt 19 %	904,40 €

Die Fahrten zwischen Wohnung und Betrieb sind unternehmerisch veranlasst. Einkommensteuerrechtlich liegen zwar nichtabzugsfähige Betriebsausgaben nach § 4 Abs. 5 Nr. 6 EStG vor. Diese führen jedoch zu keiner Vorsteuerkürzung nach § 15 Abs. 1a Nr. 1 UStG, da § 4 Abs. 5 Nr. 6 EStG in § 15 Abs. 1a Nr. 1 UStG ausgespart wurde.

6.2 Entgeltliche Leistungen der Gesellschaft

Eine entgeltliche Leistung der Gesellschaft an ihre Gesellschafter, z. B. die Überlassung eines Fahrzeuges liegt vor, wenn das Fahrzeug im Rahmen eines Mietverhältnisses überlassen wird. Entgelt ist in derartigen Fällen die Belastung des Privatkontos des Gesellschafters (A 10.7 UStAE). Werden von der Personengesellschaft Leistungen an Gesellschafter oder an diesen nahe stehende Personen erbracht und wird hierfür ein Entgelt vereinbart, das unter den marktüblichen Konditionen liegt, ist stets die Mindestbemessungsgrundlage gem. § 10 Abs. 5 Nr. 1 i. V. m. § 10 Abs. 4 UStG zu prüfen. Dabei ist das entrichtete Entgelt nach § 10 Abs. 1 UStG zu ermitteln und dem Wert gegenüberzustellen, der nach § 10 Abs. 4 UStG anzusetzen wäre, wenn die Leistung unentgeltlich wäre. Ist der Wert nach § 10 Abs. 4 UStG höher, so ist dieser höhere Wert als Bemessungsgrundlage anzusetzen. Ist dies nicht der Fall, ist die USt aufgrund des Werts nach § 10 Abs. 1 UStG zu errechnen.

7 Leistungen des Gesellschafters an die Gesellschaft

Der Gesellschafter stellt gegenüber der Gesellschaft ein eigenständiges umsatzsteuerrechtliches Rechtssubjekt dar. Als solches kann er Unternehmer im Sinne des Umsatzsteuerrechts sein. Soweit er in dieser Eigenschaft Leistungen an Dritte erbringt, gelten keine Besonderheiten. Soweit er dagegen Leistungen an die Gesellschaft erbringt, müssen einige Besonderheiten beachtet werden. Zunächst ist zu unterscheiden, ob es sich um eine Leistung handelt, die der Gesellschafter als Organ der Gesellschaft erbringt, oder ob es sich um keine derartige Leistung handelt.

7.1 Geschäftsführungsleistungen

Personengesellschaften sind zwar umsatzsteuerrechtsfähig, als ideelle Gebilde sind sie jedoch nicht selbst handlungsfähig; sie handeln ausschließlich über ihre Organe. Dabei gilt bei den Personengesellschaften der Grundsatz der Selbstorganschaft, der besagt, dass nur ein Gesellschafter Geschäftsführer (= Organ) einer Personengesellschaft sein kann. Soweit dabei ein Gesellschafter in Ausübung seiner Mitgliedschaftsrechte als Organ der Gesellschaft tätig war, hatte er nach überholter Auffassung der Rechtsprechung und Finanzverwaltung keine Leistungen an die Gesellschaft erbracht. Der BFH führte in einem Urteil vom 17. 07. 1980 (BStBl II 1980, 622) dazu aus: »Der Gesellschafter leistet nicht an die Gesellschaft, sondern die Gesellschaft verkörpert sich in seinem Handeln.« Mit Urteil vom 06. 06. 2002 hat der BFH (BStBl II 2003, 36) jedoch seine bisherige Rechtsprechung aufgegeben und festgestellt, dass – bezogen auf Geschäftsführungs- und Vertretungsleistungen durch einen Gesellschafter für eine Personengesellschaft – ein Leistungsaustausch lediglich voraussetzt, dass ein Leistender und ein Leistungsempfänger vorhanden sind und der Leistung eine Gegenleistung gegenübersteht, also ein unmittelbarer Zusammenhang zwischen Leistung und Gegenleistung besteht.

Nach dieser Entscheidung und den hierzu ergangenen Schreiben des BMF, die nunmehr in A 1.6 Abs. 3 ff. UStAE eingearbeitet wurden, gilt nunmehr Folgendes.

Bei der Beurteilung der Geschäftsführungs- und Vertretungsleistungen durch Gesellschafter sind zwei Fragen zu unterscheiden:

1. In welchen Fällen ist der Gesellschafter selbständig tätig?
2. Wann kommt es zwischen Gesellschafter und Gesellschaft zu einem umsatzsteuerlichen Leistungsaustausch?

1. Selbständigkeit des Geschäftsführers? Der Geschäftsführer ist	
Natürliche Person: • Kriterien zur Selbständigkeit in R 19.0 LStR 2011 Amtliche Hinweise • § 15 Abs. 1 Nr. 2 EStG ist ohne Bedeutung	**Juristische Person:** • diese ist grds. selbständig • Ausnahme: Organschaft
Folge: Der Geschäftsführer ist	
Selbständig! Dann weiter mit 2.	**Unselbständig!** Dann kein steuerbarer Umsatz!
2. Liegt ein Leistungsaustausch gegen Sonderentgelt vor? • Die Bezeichnung ist irrelevant! • Die handelsrechtliche Behandlung als Aufwand ist ein Indiz für Sonderentgelt. • Es liegt kein Leistungsaustausch vor, wenn der Gesellschafter nur am Gewinn und Verlust beteiligt ist.	
Wenn nach diesen Kriterien ein Leistungsaustausch vorliegt: steuerbarer Umsatz des Geschäftsführers.	Wenn nach diesen Kriterien ein Leistungsaustausch nicht vorliegt: kein steuerbarer Umsatz des Geschäftsführers.

Natürliche Personen als Gesellschafter, die Geschäftsführungs- und Vertretungsleistungen an eine Personengesellschaft erbringen, werden unter den Voraussetzungen des § 2 Abs. 1 UStG selbständig tätig. Gem. A 2.2 Abs. 2 UStAE ist die Frage der Selbständigkeit natürlicher Personen für die USt, ESt und GewSt nach denselben Grundsätzen zu beurteilen. Der EuGH hat mit seinem Urteil vom 18. 10. 2007 (»van der Stehen« Rs. C-355/06) diese Betrachtungsweise, die die Frage der Selbständigkeit nach einer Würdigung der vertraglichen Beziehungen zwischen der Gesellschaft und dem Gesellschafter ausrichtet, bestätigt. Da es somit nicht mehr entscheidend auf die Organstellung des Gesellschafters ankommt, könnte unter gewissen Voraussetzungen auch ein Komplementär nicht selbständig tätig sein.

In diesem Kontext hat der BFH mit Urteil vom 14. 04. 2010 (XI R 14/09 BStBl II 2011, 433) entschieden, dass ein geschäftsführender Komplementär einer KG in umsatzsteuerlicher Hinsicht unselbständig sein kann. Danach sind die einzelnen Merkmale, die für und gegen die Selbständigkeit i. S. v. § 2 Abs. 2 Nr. 1 UStG sprechen, unter Berücksichtigung des Gesamtbildes der Verhältnisse gegeneinander abzuwägen. Selbständigkeit in der Organisation und bei der Durchführung der Tätigkeit, Unternehmerrisiko, Unternehmerinitiative, Bindung nur für bestimmte Tage an den Betrieb, geschäftliche Beziehungen zu mehreren Vertragspartnern sprechen für persönliche Selbständigkeit. Weisungsgebundenheit bezüglich Ort, Zeit und Inhalt der Tätigkeit, feste Arbeitszeiten, Ausübung der Tätigkeit gleichbleibend an einem bestimmten Ort, feste Bezüge, Urlaubsanspruch, Anspruch auf sonstige Sozialleistungen, Fortzahlung der Bezüge im Krankheitsfall, die Notwendigkeit der engen ständigen Zusammenarbeit mit anderen Mitarbeitern, Eingliederung in den Betrieb, Schulden der Arbeitskraft und nicht eines Erfolgs, Ausführung von einfachen Tätigkeiten, die regelmäßig weisungsgebunden sind, sprechen gegen die Selbständigkeit der Tätigkeit. Besondere Bedeutung kommt dem Handeln auf eigene Rechnung und Eigenverantwortung und dem Unternehmerrisiko (Vergütungsrisiko) zu. Wird eine Vergütung für Ausfallzeiten nicht gezahlt, spricht dies für Selbständigkeit; ist der Steuerpflichtige von einem Vermögensrisiko der Erwerbstätigkeit grundsätzlich freigestellt, spricht dies gegen Selbständigkeit. Die Finanzverwaltung hat in A 2.2 Abs. 2 Satz 3 UStAE dieses Urteil übernommen.

Ausnahme: Wenn Vergütungen aufgrund der ertragsteuerlichen Sonderregelung des § 15 Abs. 1 Nr. 2 EStG zu Gewinneinkünften umqualifiziert werden, wird dies für die umsatzsteuerliche Behandlung nicht übernommen. Auch ein gesellschaftsvertraglich vereinbartes Weisungsrecht der Personengesellschaft gegenüber ihrem Gesellschafter kann nicht zu einer Weisungsgebundenheit i. S. d. § 2 Abs. 2 Nr. 1 UStG führen.

BEISPIELE

a) Der Komplementär A einer aus natürlichen Personen bestehenden KG erhält von dieser eine Tätigkeitsvergütung für seine Geschäftsführungsleistung gegenüber der KG.
LÖSUNG Der Komplementär kann sowohl selbständig, d. h. unternehmerisch (Regelfall), als auch unselbständig, d. h. nichtunternehmerisch (Ausnahme) tätig sein. Maßgebend sind die Umstände des Einzelfalles.

b) Der Kommanditist B einer aus natürlichen Personen bestehenden KG erhält von dieser eine Tätigkeitsvergütung für seine Geschäftsführungsleistung gegenüber der KG. Zwischen B und der KG ist ein Arbeitsvertrag abgeschlossen, nach welchem für B feste Arbeitszeiten, Lohnfortzahlung im Krankheitsfall, Weisungsgebundenheit sowie ein Urlaubsanspruch geregelt sind.
LÖSUNG Der Komplementär B erzielt aus einkommensteuerlicher Sicht Mitunternehmereinkünfte i. S. d. § 15 Abs. 1 Nr. 2 EStG, umsatzsteuerlich ist er hingegen nichtselbständig, d. h. nicht-unternehmerisch, tätig.

Juristische Personen als Gesellschafter, die Geschäftsführungs- und Vertretungsleistungen an die Gesellschaft erbringen, werden grundsätzlich selbständig – also unternehmerisch – tätig. Das Weisungsrecht der Gesellschafterversammlung gegenüber dem Geschäftsführer führt nicht zur Unselbständigkeit.

Die Tätigkeit wird jedoch dann nicht selbständig ausgeübt, wenn die juristische Person im Rahmen einer Organschaft nach § 2 Abs. 2 Nr. 2 UStG (vgl. III K 4) in ein anderes Unternehmen eingegliedert ist (A 2.2 Abs. 6 UStAE).

Eine GmbH, die an einer KG als persönlich haftende Gesellschafterin beteiligt ist, kann grundsätzlich nicht als Organgesellschaft in das Unternehmen dieser KG eingegliedert sein (BFH vom 14. 12. 1978, V R 85/74, BStBl II 1979, 288). Dies gilt auch in den Fällen, in denen die übrigen Kommanditisten der KG sämtliche Gesellschaftsanteile der GmbH halten (vgl. BFH vom 19.05.2005, V R 31/03, BStBl II 2005, 671).

Ist jedoch die KG mehrheitlich an der Komplementär-GmbH beteiligt, kann nach geänderter Auffassung des BFH und der Finanzverwaltung (vgl. BMF vom 26.05.2017, III C 2 – S 7105/15/10002 und A 2.8 Abs. 2 Satz 8 UStAE) die GmbH als Organgesellschaft in die KG eingegliedert sein, da die KG auf Grund ihrer Gesellschafterstellung sicherstellen kann, dass ihr Wille auch in der GmbH durchgesetzt wird (vgl. auch A 2.2 Abs. 6 Beispiel 2 UStAE).

Zur sog. Einheits-GmbH & Co. KG s. die Ausführungen in III K 4.5.

BEISPIELE

a) Die Komplementär-GmbH erbringt Geschäftsführungs- und Vertretungsleistungen gegen Sonderentgelt an die KG. Der Kommanditist K dieser KG ist gleichzeitig angestellter Geschäftsführer der Komplementär-GmbH.
LÖSUNG Die Komplementär-GmbH ist mit ihren Geschäftsführungs- und Vertretungsleistungen selbständig, d. h. unternehmerisch, tätig. Diese werden von der Komplementär-GmbH an die KG im Rahmen eines umsatzsteuerbaren Leistungsaustausches erbracht, auch wenn z. B. die Vergütung unmittelbar an den Geschäftsführer der Komplementär-GmbH gezahlt wird. K als angestellter Geschäftsführer der GmbH ist jedoch als Arbeitnehmer der GmbH nicht selbständig.

b) Die Komplementär-GmbH einer GmbH & Co. KG erbringt Geschäftsführungs- und Vertretungsleistungen gegen Sonderentgelt an die KG, die gleichzeitig Alleingesellschafterin ihrer Komplementär-GmbH ist, wodurch die Mehrheit der Stimmrechte in der Gesellschafterversammlung der Komplementär-GmbH gewährleistet ist.

LÖSUNG Die Komplementär-GmbH ist finanziell in das Unternehmen der KG eingegliedert. Bei Vorliegen der übrigen Eingliederungsvoraussetzungen übt sie ihre Geschäftsführungs- und Vertretungsleistungen gegenüber der KG nicht selbständig (§ 2 Abs. 2 Nr. 2 UStG) aus.

Die Frage, ob ein Leistungsaustausch zwischen dem Geschäftsführer und der Gesellschaft anzunehmen ist, entscheidet sich danach, ob es sich um Leistungen handelt, die als Gesellschafterbeitrag durch die Beteiligung am Ergebnis (Gewinn oder Verlust) der Gesellschaft abgegolten werden, oder ob Leistungen vorliegen, die gegen Sonderentgelt ausgeführt werden und damit auf einen Leistungsaustausch ausgerichtet sind. Hierzu hat die Finanzverwaltung in A 1.6 Abs. 3 ff. UStAE umfassend Stellung genommen. Ein Gesellschafter kann demnach an die Gesellschaft sowohl Leistungen erbringen, die ihren Grund in einem gesellschaftsrechtlichen Beitragsverhältnis haben – dann unterliegen sie nicht der USt –, als auch Leistungen, die auf einem gesonderten schuldrechtlichen (Leistungs-)Austauschverhältnis beruhen, die nur gegen Sonderentgelt ausgeführt werden. Entscheidend für die umsatzsteuerliche Beurteilung ist die tatsächliche Ausführung des Leistungsaustausches und nicht allein die gesellschaftsrechtliche Verpflichtung. Maßgebend für das Vorliegen eines Leistungsaustausches ist, dass ein Leistender und ein Leistungsempfänger vorhanden sind und der Leistung eine Gegenleistung gegenübersteht. Die Steuerbarkeit der Geschäftsführungs- und Vertretungsleistungen setzt das Bestehen eines unmittelbaren Zusammenhangs zwischen der erbrachten Leistung und dem empfangenen Sonderentgelt voraus; unerheblich ist, dass der Gesellschafter zugleich seine Mitgliedschaftsrechte ausübt. Auf die Bezeichnung der Gegenleistung z. B. als Gewinnvorab/Vorabgewinn, als Vorwegvergütung, als Aufwendungsersatz, als Umsatzbeteiligung, als Kostenerstattung o. ä. kommt es dabei nicht an. Bei Leistungen aufgrund eines gegenseitigen Vertrages i. S. d. §§ 320 ff. BGB, durch den sich der Gesellschafter zu einem Tun, Dulden oder Unterlassen und die Gesellschaft sich hierfür zu einer Gegenleistung (i. d. R. Zahlung eines Geldbetrages) verpflichtet, sind die Voraussetzungen für einen Leistungsaustausch regelmäßig erfüllt.

BEISPIELE

a) Den Gesellschaftern A, B und C einer offenen Handelsgesellschaft (OHG) obliegt die Führung der Geschäfte und die Vertretung der OHG. Diese Leistungen werden mit dem nach der Anzahl der beteiligten Gesellschafter und ihrem Kapitaleinsatz bemessenen Anteil am Ergebnis (Gewinn und Verlust) der OHG abgegolten.

LÖSUNG Die Ergebnisanteile von A, B und C sind kein Sonderentgelt; die Geschäftsführungs- und Vertretungsleistungen werden nicht im Rahmen eines Leistungsaustauschs ausgeführt, sondern als Gesellschafterbeitrag erbracht. Dies gilt auch, wenn nicht alle Gesellschafter tatsächlich die Führung der Geschäfte und die Vertretung der Gesellschaft übernehmen bzw. die Geschäftsführungs- und Vertretungsleistungen mit einem erhöhten Anteil am Ergebnis (Gewinn und Verlust) oder am Gewinn der Gesellschaft abgegolten werden.

b) Die Führung der Geschäfte und die Vertretung der aus den Gesellschaftern A, B und C bestehenden OHG obliegt nach den gesellschaftsrechtlichen Vereinbarungen ausschließlich dem C. Die Leistung des C ist mit seinem nach der Anzahl der beteiligten Gesellschafter und ihrem Kapitaleinsatz bemessenen Anteil am Ergebnis (Gewinn und Verlust) der OHG abgegolten; A, B und C sind zu gleichen Teilen daran beteiligt; C ist mit 40 %, A und B mit jeweils 30 % am Ergebnis (Gewinn und Verlust) der OHG beteiligt. C erhält im Gewinnfall 25 % des Gewinns vorab, im Übrigen wird der Gewinn nach der Anzahl der Gesellschafter und ihrem Kapitaleinsatz verteilt; ein Verlust wird ausschließlich nach der Anzahl der Gesellschafter und ihrem Kapitaleinsatz verteilt.

LÖSUNG Die ergebnisabhängigen Gewinn- bzw. Verlustanteile des C sind kein Sonderentgelt; C führt seine Geschäftsführungs- und Vertretungsleistungen nicht im Rahmen eines Leistungsaustauschs aus, sondern erbringt jeweils Gesellschafterbeiträge.

c) Der Gesellschafter A einer OHG erhält neben seinem nach der Anzahl der Gesellschafter und ihrem Kapitaleinsatz bemessenen Gewinnanteil für die Führung der Geschäfte und die Vertretung der OHG eine zu Lasten des Geschäftsergebnisses verbuchte Vorwegvergütung von jährlich 120 000 € als Festbetrag.

LÖSUNG Die Vorwegvergütung ist Sonderentgelt; der Gesellschafter führt seine Geschäftsführungs- und Vertretungsleistungen im Rahmen eines Leistungsaustauschs aus.

Wird i. R. d. Ergebnisverwendung ein Gewinnvorab aus dem Bilanzgewinn verteilt (z. B. an den geschäftsführenden Gesellschafter), ist dieser Gewinnvorab kein Sonderentgelt. Dabei ist der handelsbilanzielle Gewinn maßgebend. Ein Leistungsaustausch zwischen Gesellschaft und Gesellschafter liegt hingegen vor, wenn der Gesellschafter für seine Geschäftsführungs- und Vertretungsleistung an die Gesellschaft eine Vergütung erhält (auch wenn diese als Gewinnvorab bezeichnet wird), die i. R. d. Ergebnisermittlung bei der Handelsbilanz als Aufwand behandelt wird. Die Vergütung ist in diesem Fall Gegenleistung für die erbrachte Leistung. Auch gewinnabhängige Vergütungen können ein zur Steuerbarkeit führendes Sonderentgelt darstellen, wenn sie sich nicht nach den vermuteten, sondern nach den tatsächlich erbrachten Gesellschafterleistungen bemessen. Dabei ist es unerheblich, dass der Gesellschafter zugleich seine Mitgliedschaftsrechte ausübt.

Auch andere gesellschaftsrechtlich zu erbringende Leistungen der Gesellschafter an die Gesellschaft können bei Zahlung eines Sonderentgelts als Gegenleistung für diese Leistung einen umsatzsteuerbaren Leistungsaustausch begründen. Haftungsvergütungen einer Personengesellschaft an einen persönlich haftenden Gesellschafter werden deshalb grundsätzlich nicht im Rahmen eines eigenen Leistungsaustauschverhältnisses gewährt (A 1.6 Abs. 6 UStAE). Erbringt der persönlich haftende Gesellschafter gegenüber der Personengesellschaft zudem steuerbare Geschäftsführungs- und Vertretungsleistungen, ist die pauschale jährliche Haftungsvergütung zusätzliches Entgelt für die im Fall der selbständigen Ausübung dieser Tätigkeit umsatzsteuerpflichtige Geschäftsführungsleistung des persönlich haftenden Gesellschafters an die Personengesellschaft (so auch BFH vom 03.03.2011 V R 24/10 BStBl II 2011, 950).

BEISPIEL

Die geschäftsführende Komplementär-GmbH einer KG, die ihrerseits keine Anteile an der GmbH besitzt, erhält neben ihrer als Sonderentgelt gezahlten Geschäftsführungsvergütung eine pauschale jährliche Vergütung für die Übernahme der Haftung.

LÖSUNG Die Haftungsvergütung ist zusätzliches Sonderentgelt für die steuerpflichtige Geschäftsführungsleistung.

Wird für die Geschäftsführungs- und Vertretungsleistung neben einem Sonderentgelt auch eine gewinnabhängige Vergütung gezahlt (sog. Mischentgelt), sind das Sonderentgelt und die gewinnabhängige Vergütung umsatzsteuerrechtlich getrennt zu beurteilen. Das Sonderentgelt ist als Entgelt einzuordnen, da es einer bestimmten Leistung zugeordnet werden kann. Die gewinnabhängige Vergütung ist dagegen kein Entgelt.

7.2 Leistungen außerhalb der Geschäftsführung

Soweit ein Gesellschafter außerhalb seiner Stellung als Organ der Gesellschaft Leistungen im wirtschaftlichen Sinne an die Gesellschaft erbringt, liegen »normale« Leistungen i. S. d. Umsatzsteuerrechts vor. Damit eine solche Leistung steuerbar ist, müssen auch die übrigen Tatbestandsmerkmale eines der Steuerbarkeitstatbestände des § 1 UStG erfüllt sein. So ist § 1 Abs. 1 Nr. 1 UStG nur dann erfüllt, wenn die Leistung gegen Entgelt erfolgt. Am Entgelt fehlt es dann, wenn die Leistung lediglich durch eine von der Leistung unabhängige prozentuale Gewinnbeteiligung abgegolten wird.

Erhält dagegen der Gesellschafter für seine Leistung eine besondere Vergütung (Sonderrentgelt), so liegt das Tatbestandsmerkmal »gegen Entgelt« vor. Ein solches Sonderentgelt liegt auch dann vor, wenn der Gesellschafter für die Einbringung eines Wirtschaftsguts eine Gutschrift auf seinem handelsrechtlichen Kapitalkonto erhält (BFH vom 18. 12. 2008, V R 73/07 in BStBl II 2009, 612).

Erbringt der Gesellschafter die Leistung gegen Entgelt, hängt die Steuerbarkeit nach § 1 Abs. 1 Nr. 1 UStG weiter davon ab, ob der Gesellschafter Unternehmer ist und die Leistung im Rahmen seines Unternehmens erbringt. Hierbei gelten die allgemeinen Grundsätze, wobei zu beachten ist, dass der Gesellschafter schon zum Unternehmer werden kann, wenn er nachhaltig entgeltliche Leistungen gegenüber der Gesellschaft bewirkt.

Unentgeltliche Leistungen des Gesellschafters sind nur dann steuerbar, wenn sie aus seinem bereits vorhandenen (Einzel-)Unternehmensbereich des Gesellschafters kommen. In diesem Fall können die Leistungen nach § 3 Abs. 1b Nr. 1, Nr. 3 und Abs. 9a UStG entgeltlichen Leistungen gleichgestellt sein.

Ein Leistungsaustausch zwischen Gesellschafter und Gesellschaft findet jedoch nur insoweit statt, als der Gegenstand für Zwecke der Gesellschaft überlassen wird (A 1.6 Abs. 7 Nr. 1 Buchst. a Bsp. 2 UStAE). Die Nutzung für private Fahrten stellt beim Gesellschafter im Beispielsfall eine unentgeltliche Wertabgabe nach § 3 Abs. 9a Nr. 1 UStG dar.

BEISPIEL

Der selbständige Steuerberater S in Heilbronn hat einen Gesellschaftsanteil an einer Export-KG in Bremen erworben. Die KG in Bremen hat keinerlei Geschäftsbeziehungen zur Kanzlei des S. S fährt jedoch mit dem seinem Unternehmensvermögen zugeordneten Pkw mehrmals im Jahr zu Gesellschafterversammlungen nach Bremen.

LÖSUNG Die Nutzung des Pkw für die Fahrten nach Bremen ist nach § 3 Abs. 9a Nr. 1 UStG einer entgeltlichen Leistung gleichgestellt, denn sie erfolgt für Zwecke, die außerhalb seines Steuerberater-Unternehmens liegen. Die Leistung ist steuerbar (§ 3f UStG) und steuerpflichtig.

Die Fahrten nach Hamburg sind folglich bei der Ermittlung des Anteils der betrieblichen und privaten Nutzung zu berücksichtigen und der privaten Nutzung zuzurechnen.

Bei verbilligten Leistungen des Gesellschafters an die Gesellschaft ist die Mindestbemessungsgrundlage gem. § 10 Abs. 5 Nr. 1 UStG zu prüfen. Da die Gesellschaft aufgrund der Beteiligung des Gesellschafters eine dem Gesellschafter nahestehende Person i. S. v. § 10 Abs. 5 Nr. 1 UStG sein kann, kann die Mindestbemessungsgrundlage eingreifen, wenn die sich nach § 10 Abs. 4 UStG ergebenden Werte höher sind als das Entgelt gem. § 10 Abs. 1 UStG. Allerdings macht eine unwesentliche Beteiligung den Gesellschafter noch nicht zu einer der Gesellschaft nahestehenden Person. Analog § 138 Abs. 2 Nr. 1 InsO ist davon auszugehen, dass ein Gesellschafter einer Gesellschaft erst dann nahesteht, wenn er an ihr zu wenigstens einem Viertel beteiligt ist.

Teil J   Verfahrensrechtliche Besonderheiten

1   Einheitliche und gesonderte Feststellung der Besteuerungsgrundlagen

Die verfahrensrechtlichen Besonderheiten bei Personengesellschaften sind darauf zurückzuführen, dass bei den Steuerarten, die in Folge des Bestehens einer Personengesellschaft eingreifen können, danach zu unterscheiden ist, ob es sich um Steuern handelt, die die Personengesellschaft als solche betreffen, oder um Steuern, die die Gesellschafter der Personengesellschaft betreffen. Bei Steuern, welche die Personengesellschaft als solche betreffen, ist die Personengesellschaft selbst Steuerschuldner und damit Steuerpflichtiger i. S. d. § 33 AO: Sie selbst hat in diesen Fällen über ihre Geschäftsführer Steuererklärungen abzugeben und auch sonst alle Pflichten zu erfüllen, die sich aus den Vorschriften der AO ergeben. Steuern, die die Personengesellschaft als solche betreffen, sind in erster Linie die Umsatzsteuer und die Gewerbesteuer, aber z. B. auch die Kraftfahrzeugsteuer für Fahrzeuge die für die Personengesellschaft zugelassen sind sowie die pauschale Lohnsteuer und die Grunderwerbsteuer.

Anders ist die Rechtslage jedoch bei der Einkommensteuer: diese richtet sich gegen die Gesellschafter der Personengesellschaft, so dass hier Steuerschuldner der jeweilige Gesellschafter der Personengesellschaft ist. Soweit sich die Besteuerungsgrundlagen – also die Einkünfte – für die Einkommensteuer aus der Personengesellschaft ergeben, werden diese nach § 180 Abs. 1 Nr. 2a i. V. m. § 179 Abs. 2 Satz 2 AO einheitlich und gesondert festgestellt.

Gesonderte Feststellung bedeutet dabei, dass die Besteuerungsgrundlage nicht als unselbständiger Bestandteil des Steuerbescheides des jeweiligen Gesellschafters ermittelt wird (vgl. § 157 Abs. 2 AO), sondern in einem eigenständigen Steuerverwaltungsakt, dem Feststellungsbescheid, festgestellt wird. Dieser Feststellungsbescheid entfaltet gem. § 182 Abs. 1 AO Bindungswirkung für die ESt-Bescheide der Gesellschafter.

Einheitlichkeit der Feststellung bedeutet, dass die Besteuerungsgrundlagen für alle Gesellschafter der Personengesellschaft in einem einheitlichen Verfahren festgestellt werden, dass die Entscheidung eine einheitliche ist und mehreren Personen gegenüber als Betroffenen ergeht. Es handelt sich also nicht um eine Zusammenfassung von Einzelentscheidungen gegen jeden Betroffenen, die auch isoliert ergehen könnten. Es ergeht vielmehr nur eine einzige Entscheidung, die nicht nach den betroffenen Personen aufgespalten werden kann. Diese einheitliche, unteilbare Entscheidung hat Wirkung gegenüber mehreren Personen. Die einheitliche Feststellung verwirklicht damit den Grundsatz, dass die gesonderte Feststellung der Vereinheitlichung des Besteuerungsverfahrens dienen soll. Durch die einheitliche Feststellung wird die unterschiedliche steuerliche Würdigung bei den einzelnen Steuerfestsetzungen gegen mehrere Personen, die gemeinsam einen Steuertatbestand verwirklicht haben, vermieden.

Eine Besonderheit bei den einheitlichen Feststellungen ist, dass die Summe der auf die Beteiligten verteilten Werte (z. B. Einkunftteile) identisch sein muss mit dem festgestellten Gesamtwert (Einkünfte). Es ist aus verfahrensrechtlichen Gründen ausgeschlossen, einen Teil der (insgesamt) festgestellten Besteuerungsgrundlagen bei den einzelnen Beteiligten nicht zu berücksichtigen oder einen höheren Wert anzusetzen. Ist der Gesamtwert bestandskräftig festgestellt, darf auch nur dieser Wert auf die Beteiligten verteilt werden (BFH vom 31. 03. 1992 BStBl II 1992, 890; BFH vom 17. 09. 1992 BFH/NV 1993, 476).

Bei diesem einheitlich und gesonderten Feststellungsbescheid handelt es sich um einen typischen Sammelverwaltungsakt: Er »zerfällt« in mindestens drei eigenständige Verwaltungsakte, nämlich je einen Verwaltungsakt über

- **Art** der Feststellung,
- **Höhe** des jeweiligen Wertes und
- **Zurechnung** an die einzelnen Feststellungsbeteiligten.

Entsprechend der Zahl der Feststellungsbeteiligten entfalten diese Verwaltungsakte jeweils Wirkung gegenüber den genannten Adressaten.

Die Wirkung der Feststellungsbescheide ist in § 182 Abs. 1 AO geregelt. Die Norm enthält eine Legaldefinition des Begriffs der »Folgebescheide«; die damit zusammenhängende Legaldefinition der »Grundlagenbescheide« ist in § 171 Abs. 10 AO enthalten. Ein Grundlagenbescheid ergeht, um eine sachgerechte, einheitliche Entscheidung sicherzustellen. Diese Entscheidung kann gegenüber mehreren Betroffenen wirken (einheitliche Feststellung) und/oder hinsichtlich mehrerer Steuerarten. Diesen Zweck kann die gesonderte Feststellung als Grundlagenbescheid aber nur erfüllen, wenn ihr maßgebender Inhalt bei Erlass des Folgebescheides unverändert und ohne erneute Prüfung zu übernehmen ist. Dieses Prinzip regelt § 182 Abs. 1 AO. Soweit danach die Wirkung des Grundlagenbescheides reicht, darf bei Erlass des Folgebescheides keine erneute Prüfung erfolgen. In den Folgebescheid ist der Inhalt des Grundlagenbescheids zu übernehmen, ohne Rücksicht darauf, ob er richtig oder falsch ist. Das gilt unabhängig davon, ob bei Erlass des Folgebescheids der Umfang des Regelungsbereichs des Grundlagenbescheids erkannt wurde oder erkannt werden konnte (BFH vom 10. 06. 1999 BStBl II 1999, 545).

Neben der in § 182 Abs. 1 AO enthaltenen materiellen Wirkung des Feststellungsbescheides als Grundlagenbescheid für den Folgebescheid wird die unveränderte Übernahme seines Inhalts in den Folgebescheid noch durch einige formelle Vorschriften sichergestellt. Es handelt sich dabei um folgende Regelungen:

- § 171 Abs. 10 AO: Der Übernahme des Inhalts des Grundlagenbescheides in den Folgebescheid steht der Ablauf der Festsetzungsfrist des Folgebescheides nicht entgegen. Ab Bekanntgabe des Grundlagenbescheids (z. B. Gewinnfeststellungsbescheid) hat das Finanzamt für den Folgebescheid (z. B. den ESt-Bescheid) zwei Jahre Zeit, die Bindungswirkung umzusetzen.
- § 175 Abs. 1 Nr. 1 AO: Auch die Bestandskraft des Folgebescheides verhindert die Übernahme des Inhalts des Grundlagenbescheides nicht.
- § 351 Abs. 2 AO: Soweit der Inhalt eines Grundlagenbescheides bindend ist, wird Rechtsschutz nur durch Anfechtung des Grundlagenbescheides, nicht des Folgebescheides gewährt.

BEISPIEL

Der nach den Vorschriften des EStG ermittelte Gesamtgewinn aus gewerblicher Betätigung der AB-OHG beträgt 1 000 000 €. Er verteilt sich entsprechend dem Gesellschaftsvertrag auf A und B zu je 500 000 €.

Das Finanzamt hat den Gesamtgewinn durch materiell bestandskräftigen Feststellungsbescheid aufgrund fehlerhafter Rechtsanwendung mit nur 900 000 € festgestellt und auf A und B mit je 450 000 € verteilt. Bei der Einkommensteuerveranlagung des A wird der Fehler entdeckt.

LÖSUNG Der Feststellungsbescheid enthält drei Verwaltungsakte (Artfeststellung: Einkünfte aus Gewerbebetrieb; Höhe der Feststellung: 900 000 €; Zurechnungsverfügung: A = 450 000 €/B = 450 000 €) mit jeweils zwei Adressaten (A und B).

Der festgestellte Gewinnanteil des A i. H. v. 450 000 € muss gem. § 182 Abs. 1 AO bei seiner Einkommensteuerveranlagung vom Wohnsitzfinanzamt (§ 19 Abs. 1 AO) zu Grunde gelegt werden. Der richtige Gewinnanteil von 500 000 € darf der Einkommensteuerveranlagung erst zugrunde gelegt werden, wenn der Gewinnfeststellungsbescheid korrigiert worden ist. Das für den Feststellungsbescheid zuständige Finanzamt (§ 18 Abs. 1 Nr. 2 AO) muss prüfen, ob Korrekturmöglichkeiten bestehen (§§ 164 f., 172 ff. AO).

Wenn während eines Kalenderjahres ein Gesellschafter aus einer Gesellschaft ausscheidet, so ist er dennoch für das betreffende Kalenderjahr in den Feststellungsbescheid für dieses Kalenderjahr aufzunehmen.

Die gesonderte Feststellung nach § 180 Abs. 1 Satz 1 Nr. 2 a AO umfasst in erster Linie die von den Feststellungsbeteiligten gemeinschaftlich erzielten Einkünfte. Sie umfasst auch die bei Ermittlung dieser Einkünfte zu berücksichtigenden Sonderbetriebseinnahmen und -ausgaben oder Sonderwerbungskosten eines oder mehrerer Feststellungsbeteiligten. Darüber hinaus sind solche Besteuerungsgrundlagen gesondert festzustellen, die in einem rechtlichen, wirtschaftlichen oder tatsächlichen Zusammenhang mit den gemeinschaftlich erzielten Einkünften stehen, aber bei Ermittlung der gemeinschaftlich erzielten Einkünfte nicht zu berücksichtigen sind. Hiernach sind z. B. solche Aufwendungen gesondert festzustellen, die aus Mitteln der Gesellschaft oder Gemeinschaft geleistet werden und für die Besteuerung der Feststellungsbeteiligten, z. B. als Sonderausgaben, von Bedeutung sind.

Soweit derartige Besteuerungsgrundlagen bei Erlass des Feststellungsbescheids nicht berücksichtigt worden sind, ist ihre gesonderte Feststellung durch Ergänzungsbescheid (§ 179 Abs. 3 AO) nachzuholen. Dies setzt voraus, dass der vorangegangene Feststellungsbescheid wirksam, aber unvollständig bzw. lückenhaft ist. Die Vorschrift des § 179 Abs. 3 AO durchbricht nicht die Bestandskraft wirksam ergangener Feststellungsbescheide. Inhaltliche Fehler in rechtlicher oder tatsächlicher Hinsicht können daher nicht in einem Ergänzungsbescheid korrigiert werden (BFH vom 15. 06. 1994 II R 120/91 BStBl II 1994, 819; BFH vom 11. 05. 1999 IX R 72/96 BFH/NV, 1446). weitere Beispiele in AEAO zu § 179 Nr. 2.

Ein Ergänzungsbescheid ist beispielsweise zulässig zur Nachholung der Feststellung, wie der Gewinn zu verteilen ist (vgl. BFH vom 13. 12. 1983, VIII R 90/81 BStBl II 1984, 474) oder der Feststellung über das Ausscheiden eines Gesellschafters während eines abweichenden Wirtschaftsjahres (BFH vom 22. 09. 1997 IV B 113/96 BFH/NV 1998, 454).

2 Erklärungspflichten im Feststellungsverfahren

Erklärungspflichtig ist gem. § 181 Abs. 2 AO grundsätzlich jeder, dem der Gegenstand der Feststellung ganz oder teilweise zuzurechnen ist. Verpflichtet ist daher bei der einheitlichen Feststellung nicht die Gesellschaft, sondern im Grundsatz jeder einzelne Beteiligte (BFH vom 21. 05. 1987 BStBl II 1987, 764). Danach sind nicht erklärungspflichtig diejenigen Personen, deren Beteiligung durch den Feststellungsbescheid verneint wird (negativer Feststellungsbescheid). Für diese Personen kann eine Feststellungserklärungspflicht nur durch Aufforderung nach § 149 Abs. 1 Satz 2 AO begründet werden.

Das Anknüpfen der Verpflichtung zur Abgabe der Feststellungserklärung an die steuerliche Zurechnung des Gegenstandes der Feststellung kann zu einem »Zirkel« führen, wenn durch das Feststellungsverfahren gerade ermittelt und entschieden werden soll, wem der Gegenstand der Feststellung zuzurechnen ist. In einem derartigen Fall ist die Erklärungspflicht als Voraussetzung des Feststellungsverfahrens abhängig von dem Ausgang dieses Verfahrens. In Zweifelsfällen sollte die Erklärungspflicht in diesen Fällen durch Aufforderung nach § 149 Abs. 1 Satz 2 AO begründet werden.

§ 181 Abs. 2 Nr. 1 AO regelt die Erklärungspflicht für die gesonderte Feststellung der Einkünfte nach § 180 Abs. 1 Nr. 2a AO. Erklärungspflichtig ist jede Person, der Einkünfte mit steuerlicher Wirkung zuzurechnen sind. Bei Mitunternehmerschaften und Gemeinschaften sind daher nicht nur die in § 34 AO genannten Personen (vgl. § 181 Abs. 2 Nr. 4 AO) verpflichtet,

eine Erklärung abzugeben, sondern auch jeder Beteiligte. Das gilt auch für Sozietäten von Freiberuflern (BFH vom 21.05.1987 BFH/NV 1988, 760).

In der Literatur wird vertreten, dass die Abgabe einer Feststellungserklärung nur von den
vertretungsberechtigten Personen verlangt werden kann, nicht aber von den übrigen Gesellschaftern (Brandis in Tipke/Kruse, AO, § 181 Rz. 13). M. E. ist dies unrichtig, denn es darf nicht darüber hinweggesehen werden, dass diese Personen die materiell Berechtigten sind, die primär von
der Steuererklärung betroffen sind. Das Ausmaß ihres Wissens und die Frage, ob sie objektiv über
die erforderlichen Informationen verfügen, sind i. R. d. Ermessensentscheidung der Finanzbehörde, welcher von den mehreren Verpflichteten herangezogen werden soll, zu berücksichtigen
(im Ergebnis ebenso Frotscher in Schwarz, Kommentar zur AO, § 181 Rz. 9 m. w. N.).

Diese Auffassung wird von § 181 Abs. 1 Nr. 4 AO bestätigt. Die Norm erfasst die Fälle der
Gesellschaften und Gemeinschaften, in denen die gesonderte Feststellung einheitlich erfolgt.
Dann haben nicht nur die Beteiligten, sondern auch die in § 34 AO genannten Personen (gesetzliche Vertreter, Vermögensverwalter) eine Feststellungserklärung abzugeben. Bei einer KG ist
das der Komplementär; ist dieser eine Kapitalgesellschaft (GmbH), hat deren Geschäftsführer
die Feststellungserklärung abzugeben (vgl. BFH vom 21.05.1987 BFH/NV 1989, 21).

Sind nach dieser Regelung mehrere Personen verpflichtet, Feststellungserklärungen abzugeben, so ist jeder selbständig hierzu verpflichtet. Es liegt im Ermessen der Finanzbehörde, an
welchen Verpflichteten sie sich im Einzelfall halten will. I. d. R. liegt eine fehlerfreie Ermessensausübung dann vor, wenn sie sich an denjenigen hält, der über die vollständigsten Informationen verfügt (das sind i. d. R. die in § 34 AO bezeichneten Personen); die Verpflichtung der übrigen Personen bleibt aber bestehen, was für etwaige Verspätungszuschläge (§ 152 AO) von
Bedeutung ist.

Hat ein Beteiligter eine richtige und vollständige Erklärung zur gesonderten Feststellung
abgegeben, werden auch die anderen von ihrer Verpflichtung befreit. Soweit die Erklärung
unrichtig oder unvollständig ist, bleibt die Verpflichtung aller Beteiligter insoweit bestehen, die
Unrichtigkeit zu berichtigen bzw. die unvollständigen Angaben zu ergänzen. Damit besteht
bezüglich der Erklärungspflicht eine Art Gesamtschuldnerschaft, durch die gewährleistet werden soll, dass sich keiner der Feststellungsbeteiligten seiner steuerstrafrechtlichen Verantwortung entziehen kann.

BEISPIEL

A und B sind Geschäftsführer der AB-OHG. Nach der internen Aufgabenverteilung ist A für den
kaufmännischen Bereich und B für den technischen Bereich verantwortlich.
A gibt beim Finanzamt eine Erklärung zur einheitlichen und gesonderten Gewinnfeststellung der
OHG ab, in welcher der Gewinn fälschlicherweise an Stelle von 1 000 000 € nur mit 700 000 € erklärt
wird. Obwohl B die Situation genau kennt, bleibt er untätig und stellt gegenüber dem Finanzamt den
Fehler nicht richtig. Infolge der fehlerhaften Feststellungserklärung wird der Gewinn vom Finanzamt
mit nur 700 000 € festgestellt und entsprechend auf A und B verteilt. Die Feststellung wird deren Einkommensteuerveranlagung zugrunde gelegt mit der Folge, dass die Einkommensteuer von A und B
zu niedrig festgesetzt wird.
LÖSUNG Obwohl B überhaupt nicht tätig geworden ist, hat er sich der Steuerhinterziehung schuldig
gemacht, da er das Finanzamt vorsätzlich und pflichtwidrig über steuerlich erhebliche Tatsachen in
Unkenntnis gelassen hat (vgl. § 370 Abs. 1 Nr. 2 AO). Durch die in falscher Höhe festgesetzte ESt ist
die Tat auch vollendet (vgl. § 370 Abs. 4 Satz 1 AO). Solange »nur« der Feststellungsbescheid unzutreffend ist und sich dies noch nicht in einer fehlerhaften Steuerfestsetzung ausgewirkt hat, liegt der
– ebenfalls strafbare (vgl. § 370 Abs. 2 AO) – Versuch einer Steuerhinterziehung vor. Liegt »nur« der
unzutreffende Feststellungsbescheid vor und ist bei Tatentdeckung noch keine fehlerhafte Steuerfestsetzung erfolgt, liegt ebenfalls eine vollendete Steuerhinterziehung vor in Form des »Erlangens eines
nicht gerechtfertigten Vorteils« (vgl. BGH vom 10.12.2008 1 StR 322/08, HFR 2009, 615).

3 Adressierung und Bekanntgabe von Bescheiden an Personengesellschaften

Da ein Steuer-VA nur wirksam wird, wenn er den betroffenen Steuerpflichtigen als Adressaten genau bezeichnet, ist bezüglich der Adressierung von Bescheiden zu unterscheiden, ob die Personengesellschaft selbst Steuerschuldner ist oder ob sich der Bescheid (Feststellungsbescheid) gegen die Gesellschafter richtet. In AEAO zu § 122 – Nr. 2.4 ff. – ist eine ausführliche Verwaltungsanweisung zu Adressierungsfragen vorhanden.

3.1 Adressierung und Bekanntgabe bei Bescheiden, die die Personengesellschaft als solche betreffen

Verwaltungsakte über Steuern, bei denen die Personenhandelsgesellschaft (OHG, KG) selbst Steuerpflichtiger ist, sind an die Gesellschaft zu richten. Dies gilt vor allem bei den sog. Betriebssteuern, z. B. der USt und der GewSt einschließlich der Festsetzung des Messbetrages und der Zerlegung (AEAO zu § 122 Nr. 2.4.1).

Die gleiche Rechtslage gilt bei
- der GrSt, wenn der Gesellschaft der Steuergegenstand nach § 10 Abs. 1 GrStG zugerechnet worden ist,
- bei der GrESt, wenn das Grundstück für das Gesamthandsvermögen erworben wird;
- bei der Kfz-Steuer, wenn das Fahrzeug für die Gesellschaft zugelassen ist;
- bei der pauschalen LSt und
- bei Haftungsansprüchen für Abzugsteuern.

Die Handelsgesellschaft ist durch die Angabe der Firma zu bezeichnen (BFH vom 16. 12. 1997 BStBl II 1998, 480; AEAO zu § 122, Nr. 2.4.1.1); i. d. R. wird auch die Person benannt, durch die die Gesellschaft vertreten wird und zu deren Händen bekannt gegeben werden soll. Die Angabe der Firma genügt auch dann, wenn durch Austausch aller Gesellschafter ein Wechsel in der Identität erfolgt ist, die Firma aber fortgeführt wird (BFH vom 18. 03. 1998 BFH/NV 1998, 1255).

BEISPIEL

Ein Umsatzsteuerbescheid für die Firma Knallinger & Söhne KG muss folgende Angaben enthalten: Steuerschuldner und Inhaltsadressat (zugleich Bekanntgabeadressat und Empfänger):

Firma
Knallinger & Söhne KG
Postfach 47 11
75 085 Karlsruhe

Da die Angabe der Firma genügt, müssen nicht alle Mitunternehmer aufgeführt werden. Die Adressierung ist daher auch dann richtig, wenn unklar ist, wer Miteigentümer ist (z. B. im Fall der verdeckten Mitunternehmerschaft; vgl. BFH vom 16. 12. 1997 BStBl II 1998, 480). Die unrichtige Angabe der Rechtsform nach einer formwechselnden Umwandlung macht die Adressierung nicht unrichtig; die falsche Angabe der Rechtsform kann berichtigt werden (BFH vom 18. 03. 1998 BFH/NV 1998, 1255 für einen Formwechsel von KG in OHG).

Auf eine unrichtige Adressierung kann sich die Gesellschaft nicht berufen, wenn sie die unrichtige Bezeichnung im Rechtsverkehr selbst benutzt hat; Adressierung und Bekanntgabe können an die Personengesellschaft unter dem Namen und in der Form erfolgen, die sie sich selbst im Geschäftsverkehr beilegt (BFH vom 16. 12. 1997 BStBl II 1998, 480).

Auch eine Prüfungsanordnung, durch die eine gesonderte Feststellung überprüft werden soll, ist an die Gesellschaft, nicht an die Gesellschafter zu adressieren. Nach AEAO zu § 197 Nr. 5.1 ist es auch nicht erforderlich, der Prüfungsanordnung eine Anlage beizufügen, in der die Feststellungsbeteiligten aufgeführt sind. Die Außenprüfung wird bei der Personengesellschaft durchgeführt; sie ist insoweit Steuerpflichtiger nach § 33 AO mit eigenen Rechten und Pflichten und von der Prüfung betroffene Verfahrensbeteiligte. Entsprechend ist die Prüfungsanordnung der Personengesellschaft bekannt zu geben, nicht den Gesellschaftern; eine Bekanntgabe an die Gesellschafter erfolgt nur dann und nur zusätzlich, wenn ihre persönlichen Verhältnisse in die Prüfung einbezogen werden. Die Bekanntgabe erfolgt daher an die nach §§ 79 Abs. 1 Nr. 3, 34 AO vertretungsberechtigten Personen, nicht nach § 183 AO.

Bei Personengesellschaften, die keine Firma haben, wird die Identität des Steuerschuldners durch Angabe des geschäftsüblichen Namens ausreichend gekennzeichnet.

BEISPIEL

Das Sportartikelgeschäft des verstorbenen Fritz Walter wird von seinen Erben als GbR fortgeführt. Der Umsatzsteuerbescheid ist folgendermaßen zu adressieren:

Fritz Walter Erben GbR
Sportartikel
Postfach 19 54
67 100 Kaiserslautern

Personengesellschaften sind nur über ihre Organe handlungsfähig. Eine wirksame Bekanntgabe eines Bescheids an eine Personengesellschaft setzt voraus, dass der Bescheid in den Machtbereich des zuständigen Organs, z. B. des Geschäftsführers, gelangt. Hierfür genügt im Allgemeinen, dass der Bescheid an die Personengesellschaft adressiert ist, da unterstellt werden kann, dass in einem solchen Fall der Bescheid automatisch an den Geschäftsführer gelangt. Hat jedoch die nichtrechtsfähige Personenvereinigung keine Geschäftsadresse, so ist als Empfänger eine natürliche Person (z. B. der Geschäftsführer) anzugeben mit dem Hinweis, dass der Bescheid die Personengesellschaft betrifft.

Hat eine nichtrechtsfähige Personenvereinigung keinen Geschäftsführer, so kann der Bescheid einem der Mitglieder nach Wahl des Finanzamts bekannt gegeben werden. Damit der Bescheid gegenüber der Personengesellschaft wirksam wird, ist bei der Bekanntgabe an das Mitglied darauf hinzuweisen, dass ihm der Bescheid als einem Vertreter der Personengesellschaft bekannt gegeben wird.

Soweit bei Steuerbescheiden an Personenvereinigungen kein geschäftsüblicher Name vorhanden ist, sind die Bescheide an alle Mitglieder (Gemeinschafter, Gesellschafter) zu richten. Die Bescheide werden durch Bekanntgabe an ein vertretungsberechtigtes Mitglied gegenüber der Personenvereinigung wirksam. Bei mehreren vertretungsberechtigten Mitgliedern reicht die Bekanntgabe an eines von ihnen (BFH vom 27. 04. 1993 BStBl II 1994, 3 und BFH vom 08. 11. 1995 BStBl II 1996, 256). Es genügt, wenn dem Bekanntgabeadressaten eine Ausfertigung des Steuerbescheides zugeht. Ausfertigungen für alle Mitglieder sind in der Regel nicht erforderlich. Als Bekanntgabeadressat kommen vor allem der von den Mitgliedern bestellte Geschäftsführer (§ 34 Abs. 1 AO) oder die als Verfügungsberechtigter auftretende Person (§ 35 AO) in Betracht. Hat eine nichtrechtsfähige Personenvereinigung keinen Geschäftsführer, kann der Bescheid einem der Mitglieder nach Wahl des Finanzamts bekannt gegeben werden (§ 34 Abs. 2 AO). In den Bescheid ist dann folgender Erläuterungstext aufzunehmen: »Der Bescheid ergeht an Sie als Mitglied der Gemeinschaft/Gesellschaft mit Wirkung für und gegen die Gemeinschaft/Gesellschaft«. Im Bescheid ist zum Ausdruck zu bringen, dass er dieser Person als Vertreter der Personenvereinigung bzw. ihrer Mitglieder zugeht.

Ist für die Mitglieder einer Personenvereinigung kein gemeinsamer Bekanntgabeadressat vorhanden oder wird von der Bestimmung eines Bekanntgabeadressaten abgesehen, so ist jedem der Mitglieder eine Ausfertigung des Steuerbescheides bekannt zu geben.

Adressat der Verwaltungsakte, die während des Insolvenzverfahrens erlassen werden (z. B. Steuerbescheide über Ansprüche gegen die Masse), ist der Insolvenzverwalter (AEAO zu § 122 Nr. 2.7.2). Es ist deshalb klarzustellen, dass der Verwaltungsakt dem Adressaten in seiner Eigenschaft als Insolvenzverwalter für einen bestimmten Schuldner bekannt gegeben wird. Die Bezeichnung »zu Händen« ohne Bezeichnung als Insolvenzverwalter genügt nicht (BFH vom 15. 03. 1994 BStBl II 1994, 600; AEAO zu § 122 Nr. 2.9). Bei mehreren Liquidatoren genügt die Bekanntgabe an einen von ihnen. Sind gegenüber einer GmbH & Co. KG nach Löschung im Handelsregister noch Verwaltungsakte zu erlassen, ist die Bestellung eines Nachlassliquidators für die bereits im Handelsregister gelöschte GmbH entbehrlich. Die ehemaligen Kommanditisten vertreten hier als gesetzliche Liquidatoren die KG (§ 161 Abs. 2 HGB i. V. m. § 146 Abs. 1 Satz 1 HGB). Auch insoweit genügt die Bekanntgabe an einen der Liquidatoren (§ 150 Abs. 2 Satz 2 HGB i. V. m. § 125 Abs. 2 Satz 3 HGB). Ist über das Vermögen einer Personengesellschaft das Insolvenzverfahren eröffnet worden und die Verfügungsbefugnis auf den Insolvenzverwalter übergegangen, so reicht es für eine wirksame Bekanntgabe eines Bescheids an die Personengesellschaft nicht mehr aus, dass der Bescheid an die Personengesellschaft gerichtet ist. Der nur an die Personengesellschaft gerichtete Bescheid würde möglicherweise in die Hände ihrer bisherigen Geschäftsführer gelangen. Diese können jedoch nach der Eröffnung des Insolvenzverfahrens für die Personengesellschaft nicht mehr wirksam Bescheide entgegennehmen.

Dagegen übt der Treuhänder im Restschuldbefreiungsverfahren nicht das Verwaltungs- und Verfügungsrecht für den Schuldner aus; Bescheide sind daher an den Schuldner zu adressieren und ihm bekannt zu geben.

Hat das Insolvenzgericht vor Eröffnung des Insolvenzverfahrens einen vorläufigen Insolvenzverwalter bestellt, geht die Verwaltungs- und Verfügungsbefugnis nur insoweit auf den vorläufigen Insolvenzverwalter über, wie das Gericht dies anordnet; in diesem Umfang sind die Verwaltungsakte an den vorläufigen Insolvenzverwalter (in seiner Eigenschaft als vorläufiger Insolvenzverwalter über das Vermögen des Schuldners) zu adressieren und ihm bekannt zu geben.

Bei einer Gesellschaft bürgerlichen Rechts steht mit der Auflösung der Gesellschaft die Geschäftsführung grundsätzlich allen Gesellschaftern gemeinschaftlich zu (§ 730 Abs. 2 BGB).

Wird eine Personengesellschaft ohne Liquidation durch Ausscheiden ihres vorletzten Gesellschafters und Anwachsung des Anteils am Gesamthandsvermögen bei dem übernehmenden Gesellschafter oder durch Umwandlung auf eine Kapitalgesellschaft beendet, gehen in der Gesellschaft entstandene Ansprüche aus dem Steuerschuldverhältnis (z. B. Umsatzsteuer, Gewerbesteuer) auf den Gesamtrechtsnachfolger über (vgl. auch AEAO zu § 122 Nr. 2.12.2). In den Bescheidkopf ist hier der Hinweis aufzunehmen, dass der Steuerschuldner als Gesamtrechtsnachfolger des Rechtsvorgängers in Anspruch genommen wird. Entsprechendes gilt, wenn der Steuerschuldner zugleich aufgrund eines eigenen Steuerschuldverhältnisses und als Gesamtrechtsnachfolger in Anspruch genommen wird.

Die A-KG befindet sich in Liquidation. Zum Liquidator ist L bestellt. Gegen die A-KG soll Umsatzsteuer festgesetzt werden. Der Bescheid ist folgendermaßen zu adressieren:

Herrn L
als Liquidator der A-KG

Würde der Bescheid lediglich an die A-KG adressiert, so bestünde die Möglichkeit, dass der Bescheid in die Hände der bisherigen Geschäftsführer gelangt. Er wäre damit inhaltlich nicht hinreichend bestimmt und somit nichtig.

3.2 Adressierung und Bekanntgabe bei Bescheiden, welche die Gesellschafter betreffen

Einheitliche und gesonderte Feststellungsbescheide betreffen nicht die Gesellschaft selbst; steuerpflichtig sind die einzelnen Gesellschafter. Einheitliche Feststellungsbescheide nach § 179 Abs. 2 Satz 2 AO sind deshalb an alle Personen zu richten, d. h. zu adressieren, die an der wirtschaftlichen Einheit (z. B. Einkünfte aus dem Gewerbebetrieb der AB-OHG) beteiligt sind. Wird der Bescheid nicht an alle Beteiligten adressiert, ist er unwirksam, da dann nicht klar bestimmt ist, wem der Gegenstand zugerechnet wird. In den Feststellungsbescheiden muss deshalb zum Ausdruck kommen, dass sie mit Wirkung für und gegen die Gesellschafter ergehen.

Es genügt in diesen Fällen i. d. R., wenn im Bescheidkopf die Personengesellschaft unter ihrer Sammelbezeichnung als solche bezeichnet wird und sich alle Gesellschafter eindeutig als Betroffene (Inhaltsadressaten) aus dem für die Verteilung der Besteuerungsgrundlagen vorgesehenen Teil des Bescheids ergeben. Aus einem kombinierten positiv-negativen Feststellungsbescheid muss eindeutig hervorgehen, welchen Beteiligten Besteuerungsgrundlagen zugerechnet werden und für welche Beteiligte eine Feststellung abgelehnt wird (vgl. BFH vom 07.04.1987 BStBl II 1987, 766).

Es soll der Gewinnfeststellungsbescheid betreffend den Gewinn der AB-OHG erlassen werden. Gesellschafter der AB-OHG sind A und B.
LÖSUNG Der Gewinnfeststellungsbescheid betrifft nicht die AB-OHG, sondern A und B als Gesellschafter der AB-OHG, da Steuersubjekt bei der Einkommensteuer die Gesellschafter der Personengesellschaft sind. Demzufolge müssten die Gewinnfeststellungsbescheide grundsätzlich folgendermaßen adressiert sein:

Herrn A
als Gesellschafter der AB-OHG

Herrn B
als Gesellschafter der AB-OHG
In der Praxis ergeht jedoch der Bescheid regelmäßig an einen Empfangsbevollmächtigten. Deshalb ist auch folgende Adressierung ausreichend:

Herrn A
als Geschäftsführer der AB-OHG
Der Bescheid ergeht an Sie als Empfangsbevollmächtigten der AB-OHG mit Wirkung für und gegen alle Feststellungsbeteiligten. (Im Feststellungsbescheid sind A und B als Feststellungsbeteiligte mit ihrem jeweiligen Gewinnanteil aufgeführt.)

Keine zutreffende Adressierung läge jedoch dann vor, wenn in dem Bescheid nicht darauf hingewiesen wird, dass der Bescheid an den Empfangsbevollmächtigten mit Wirkung für und gegen die im Bescheid aufgeführten Feststellungsbeteiligten ergeht. Dann könnte man ggf. aus der Adressierung entnehmen, dass der Bescheid – so wie etwa der Umsatzsteuerbescheid – die Personengesellschaft selbst betrifft. Der Bescheid ist deshalb wegen fehlender inhaltlicher Bestimmtheit (§ 119 Abs. 1 AO) nichtig.

Der einheitliche Feststellungsbescheid erlangt volle Wirksamkeit, wenn er allen Feststellungsbeteiligten bekannt gegeben wird. Mit seiner Bekanntgabe an einzelne Feststellungsbeteiligte entfaltet er nur diesen gegenüber Wirksamkeit. Eine unterlassene oder unwirksame Bekanntgabe gegenüber einzelnen Feststellungsbeteiligten kann noch im Klageverfahren nachgeholt werden (BFH vom 19. 05. 1983 BStBl II 1984, 15). Der Bescheid ist diesen mit unverändertem Inhalt bekannt zu geben.

Die Bekanntgabe des einheitlichen und gesonderten Feststellungsbescheides erfolgt nach § 183 Abs. 1 AO an einen Empfangsbevollmächtigten (vgl. 3.3). Der Empfangsbevollmächtigte muss im Kopf des Bescheids genannt werden; geschieht dies nicht, handelt es sich nicht um einen Mangel der Adressierung, sondern um einen formellen Mangel des Bekanntgabevorgangs. Dieser Mangel kann dadurch geheilt werden, dass der Empfangsbevollmächtigte den Verwaltungsakt tatsächlich erhält (BFH vom 08. 02. 1974 BStBl II 1974, 367).

Es schadet nicht, wenn der Feststellungsbescheid an die Gesellschaft gerichtet ist, wenn sich nur aus dem Bescheid, z. B. aus der Verteilung des Gewinns auf die einzelnen Gesellschafter, unzweifelhaft ergibt, dass sich der Bescheid mit der Besteuerung der Gesellschafter, nicht der Gesellschaft befasst. Die Firma der Gesellschaft im Anschriftenfeld ist dann lediglich die Sammelbezeichnung der Gesellschafter. Die Bezeichnung der Gesellschafter als der Adressaten muss sich aber aus dem Bescheid selbst ergeben; ein Verweis auf einen dem Bescheid nicht beigefügten Fahndungs- oder Außenprüfungsbericht genügt nicht.

Aus dem gleichen Grund ist es unbedenklich, wenn insoweit unentschieden bleibt, ob es sich bei der Gesellschaft um eine OHG (Bezeichnung mit der Firma) oder eine GbR (Bezeichnung mit allen Gesellschaftern) handelt. Ebenfalls unschädlich ist es, wenn eine bereits voll beendete Gesellschaft im Anschriftenfeld angegeben ist, da Adressat nicht die nicht mehr existente Gesellschaft ist, sondern die Gesellschafter. Ergibt sich daher aus einem solchen Bescheid eindeutig, dass er sich gegen die Gesellschafter richtet, ist er wirksam, wenn er den Gesellschaftern bekannt gegeben wurde.

Enthält ein Feststellungsbescheid auch negative Feststellungen in der Weise, dass zivilrechtlich Beteiligte als steuerrechtlich nicht beteiligt und zivilrechtlich nicht Beteiligte als steuerrechtlich beteiligt angesehen werden, genügt die Angabe der Firma der Personengesellschaft zur Adressierung des (negativen oder positiv-negativen) Feststellungsbescheides nicht. Durch die Firma werden nur die zivilrechtlich Beteiligten zutreffend erfasst, nicht auch die zivilrechtlich nicht Beteiligten, über deren Beteiligung steuerrechtlich bindend positiv oder negativ entschieden wird. Zur zutreffenden Bezeichnung muss dann der Name des zivilrechtlich nicht Beteiligten mit in die Adressierung aufgenommen werden (BFH vom 02. 12. 1989 BFH/NV 1990, 343). Der Bescheid ist den positiv Beteiligten nach § 183 Abs. 1 AO und daneben auch denjenigen bekannt zu geben, die nach der Entscheidung nicht an der Personengesellschaft beteiligt sind; für diese durch die negative Feststellung betroffenen Personen gilt § 183 AO nicht.

Ist in einem Feststellungsbescheid ein Beteiligter unrichtig bezeichnet, z. B. weil ein Beteiligter verstorben ist und an seine Stelle die Erben getreten sind, so führt die unrichtige Bezeichnung den Bescheid gegenüber den richtig bezeichneten Gesellschaftern nicht unwirksam. Es handelt sich insoweit um einen unbedeutenden Begründungsmangel. Der Bescheid kann lediglich gegenüber den nicht aufgeführten Beteiligten keine Wirksamkeit erlangen. Die Wirksamkeit gegenüber dem nicht aufgeführten Beteiligten kann dadurch herbeigeführt werden, dass ihm gegenüber ein besonderer berichtigter Bescheid ergeht (vgl. § 182 Abs. 3 AO).

BEISPIEL

An der A-KG sind B und C als Kommanditisten beteiligt. Im Februar 2014 ist C verstorben. Erben des C sind D und E. Das Finanzamt hat den einheitlichen und gesonderten Gewinnfeststellungsbescheid für das Jahr 2011 an A im März 2014 mit dem Hinweis bekannt gegeben: »Der Bescheid ergeht an Sie als Empfangsbevollmächtigten mit Wirkung für und gegen alle Feststellungsbeteiligten.« Im Feststellungsbescheid ist noch C als Beteiligter aufgeführt.

LÖSUNG Der Bescheid kann gegen C nicht mehr wirksam werden, da er im Zeitpunkt der Bekanntgabe an A bereits verstorben war – der Bescheid geht insoweit ins Leere. Da D und E als Rechtsnachfolger des C im Bescheid nicht aufgeführt worden sind, kann der Bescheid auch nicht gegen sie wirksam werden. Gegen die übrigen Feststellungsbeteiligten (A und B) ist der Bescheid jedoch wirksam geworden. Damit der Bescheid auch gegenüber D und E wirksam wird, ist eine Ausfertigung des Bescheids mit der Maßgabe herzustellen, dass an die Stelle von C seine Gesamtrechtsnachfolger D und E getreten sind. Dieser Bescheid könnte entweder D und E unmittelbar oder über einen Empfangsbevollmächtigten bekannt gegeben werden.

3.3 Die Bekanntgabe von einheitlichen Feststellungsbescheiden an Empfangsbevollmächtigte gemäß § 183 AO

§ 183 AO stellt eine Sonderregelung zur Bekanntgabe von Verwaltungsakten dar, die die allgemeinen Regeln über die Bekanntgabe ergänzt. Soweit mehrere Feststellungsbeteiligten betroffen sind, schafft § 183 AO die Möglichkeit, den Verwaltungsakt nur einer Person (Empfangsbevollmächtigter, Geschäftsführer) bekannt zu geben. Die Vorschrift korrespondiert mit § 352 AO und § 48 FGO, die die Rechtsbehelfsbefugnis in ähnlicher Weise regeln und beschränken. Durch die Norm soll verhindert werden, dass – wie es gem. §§ 122, 124 AO eigentlich geboten wäre – bei mehreren oder vielen Beteiligten die Feststellungsbescheide jeder Person bekannt gegeben werden müssen, die an dem Gegenstand der Feststellung (Einkünfte, Einheitswert) beteiligt ist.

§ 183 Abs. 1 AO enthält eine Stufenfolge der Empfangsbevollmächtigung, die in dieser Reihenfolge zwingend von der Finanzverwaltung einzuhalten ist:

- Vorrang hat der rechtsgeschäftlich bestellte »gemeinsame« Empfangsbevollmächtigte nach Abs. 1 Satz 1.
- Ist ein rechtsgeschäftlich bestellter Empfangsbevollmächtigter nicht vorhanden, hat die Bekanntgabe an den »fingierten Empfangsbevollmächtigten« nach Abs. 1 Satz 2 zu erfolgen.
- Erst wenn weder ein rechtsgeschäftlich bestellter Empfangsbevollmächtigter noch ein Vertretungsberechtigter vorhanden ist, kann die Bekanntgabe an den »fiktiven Empfangsbevollmächtigten« nach Abs. 1 Satz 3 i .V .m. Satz 4 erfolgen.

Vorrangig ist die Bekanntgabe an einen von den Beteiligten rechtsgeschäftlich bestellten gemeinsamen Empfangsbevollmächtigten. Sind mehrere Personen an dem Feststellungsverfahren beteiligt, trifft diese Beteiligten nach § 183 Abs. 1 Satz 1 AO die Obliegenheit, einen gemeinsamen Empfangsbevollmächtigten zu bestellen, der ermächtigt ist, Verwaltungsakte und Mitteilungen für das Feststellungsverfahren und ein diesbezügliches Einspruchsverfahren (nicht aber für das gerichtliche Verfahren) entgegenzunehmen. Es handelt sich nicht um eine erzwingbare Verpflichtung, sondern um eine Obliegenheit. Ihre Verletzung hat lediglich die in § 183 Abs. 1

Sätze 2 ff. AO enthaltenen Folgerungen. Haben die Beteiligten ihre Obliegenheit nach Abs. 1 Satz 1 erfüllt, kann die Verwaltung von den Regelungen des Abs. 1 Sätze 2 und 3 keinen Gebrauch machen.

Grundsätzlich ist ein gemeinsamer Empfangsbevollmächtigter zu bestellen. Ist dies für die Beteiligten unzumutbar, kann die Verwaltung im Rahmen ihrer Ermessensentscheidung zulassen, dass jeweils ein Empfangsbevollmächtigter für verschiedene Gruppen von Beteiligten bestellt wird. Diese Entscheidung liegt im Ermessen der Behörde; es ist ermessensfehlerhaft, wenn die Finanzbehörde auf einem gemeinsamen Empfangsbevollmächtigten besteht, wenn das Verwaltungsverfahren nicht wesentlich erschwert würde.

Erfüllen die Beteiligten ihre Obliegenheit, einen gemeinsamen Empfangsbevollmächtigten zu ernennen, nicht, gilt nach § 183 Abs. 1 Satz 2 AO der Vertretungs- oder Verwaltungsberechtigte als Empfangsbevollmächtigter (»fingierter Empfangsbevollmächtigter«).

Der Rechtsschutz des Beteiligten soll durch die fingierte Empfangsvollmacht aber nicht vermindert werden. Daher ist die Bekanntgabe an den Vertretungsberechtigten nicht ausreichend, wenn z. B. der Steuerpflichtige bestreitet, an der Gesellschaft oder Gemeinschaft beteiligt zu sein, oder andere Beteiligte bestreiten, dass der Steuerpflichtige beteiligt ist, und erstmals über das Bestehen der Gesellschaft und die Beteiligung des Steuerpflichtigen entschieden wird; in einem solchen Fall hat Einzelbekanntgabe zu erfolgen.

Wer der »fingierte Empfangsbevollmächtigte« jeweils ist, ist im Einzelfall zu entscheiden. Bei Personengesellschaften ist dies der vertretungsberechtigte Geschäftsführer, bei Liquidation der Liquidator. Die Vorschrift ist auch anwendbar, wenn mehrere vertretungsberechtigte Personen vorhanden sind. Sind diese Personen einzelvertretungsberechtigt, genügt die Bekanntgabe an einen von ihnen, den die Finanzbehörde nach pflichtgemäßem Ermessen auswählen kann. Sind mehrere Bevollmächtigte nur gesamtvertretungsberechtigt, genügt ebenfalls die Bekanntgabe an einen von ihnen; es braucht keine Bekanntgabe an alle Bevollmächtigten gemeinsam zu erfolgen.

Ist auch kein zur Vertretung oder Verwaltung Berechtigter bestellt, kann die Finanzbehörde die Beteiligten auffordern, binnen einer bestimmten angemessenen Frist einen Empfangsbevollmächtigten zu bestellen. In dieser Aufforderung ist ein Beteiligter als Empfangsbevollmächtigter vorzuschlagen. Es ist nicht zulässig, einen Nichtbeteiligten vorzuschlagen. In der Aufforderung ist darauf hinzuweisen, dass an den Benannten mit Wirkung für und gegen alle Beteiligten Bekanntgaben vorgenommen werden, wenn sich die Beteiligten nicht doch noch während der gesetzten Frist auf einen gemeinsamen Empfangsbevollmächtigten einigen. Diese Aufforderung muss an alle Beteiligten ergehen, also auch allen bekannt gegeben werden.

Bestellen die Beteiligten auf diese Aufforderung hin einen anderen als den Vorgeschlagenen als Empfangsbevollmächtigten, ist dieser rechtsgeschäftlich bestellter Empfangsbevollmächtigter nach Abs. 1 Satz 1, so dass die diesbezüglichen Regeln Anwendung finden. Bestellen sie keinen Empfangsbevollmächtigten, gilt der von der Finanzbehörde vorgeschlagene Beteiligte als Empfangsbevollmächtigter. In der Aufforderung muss den Beteiligten eine bestimmte, angemessene Frist gesetzt werden, binnen deren sie einen Empfangsbevollmächtigten rechtsgeschäftlich bestellen können. Die Frist ist angemessen, wenn sie so bemessen ist, dass die Beteiligten Gelegenheit haben, sich auf einen rechtsgeschäftlich zu bestellenden Empfangsbevollmächtigten zu einigen. Die notwendige Länge der Frist hängt also von den Umständen des Einzelfalles ab, insbesondere der Zahl der Beteiligten. Bei vielen Beteiligten muss die Frist länger sein als bei wenigen Beteiligten.

Erfolgt die Bekanntgabe an einen Empfangsbevollmächtigten i. S. d. Sätze 1–4 , ist nach § 183 Abs. 1 Satz 5 AO in dem bekannt gegebenen Schriftstück darauf hinzuweisen, dass die

Bekanntgabe mit Wirkung für und gegen alle Feststellungsbeteiligten erfolgt. Der Zweck dieses Hinweises liegt darin, den gemeinsamen Empfangsbevollmächtigten davon zu informieren, dass keine Bekanntgabe an die einzelnen Beteiligten erfolgt ist und der Empfangsbevollmächtigte diese nunmehr zu informieren hat. Der Empfangsbevollmächtigte muss aus dem Hinweis also erkennen können, dass die Finanzbehörde von der Bekanntgabeerleichterung des § 183 AO Gebrauch macht und dass die Bekanntgabe daher nicht an die einzelnen Beteiligten erfolgt ist. Wird der Hinweis unterlassen oder nicht wirksam erteilt, liegt ein Mangel in der Bekanntgabe vor; die Bescheide sind nicht wirksam bekannt gegeben. Der Mangel kann durch Nachholung des Hinweises behoben werden mit der Wirkung, dass der Verwaltungsakt im Zeitpunkt des Behebens des Mangels als bekannt gegeben gilt. Die Nachholung des Hinweises wirkt nicht zurück.

§ 183 Abs. 1 AO setzt ein Vertrauensverhältnis zwischen den Beteiligten voraus. Die Regelung ist daher nicht anwendbar, wenn dieses Vertrauensverhältnis nicht besteht und der Finanzbehörde dies bekannt ist. Die in § 183 Abs. 1 AO zugelassene Vereinfachung darf nicht so weit gehen, dass der Steuerpflichtige in seinen Rechten eingeschränkt wird. Diese Art der Bekanntgabe ist daher gem. § 183 Abs. 2 AO unzulässig (vgl. AEAO zu § 122 Nr. 2.5.5), soweit

a) ein Gesellschafter im Zeitpunkt der Bekanntgabe des Feststellungsbescheides bereits ausgeschieden und dies dem für den Erlass des Feststellungsbescheides zuständigen Finanzamt bekannt ist oder wegen einer entsprechenden Eintragung im Handelsregister als bekannt gelten muss;

b) die Zusendung eines Feststellungsbescheides an einen Erben erforderlich wird, der nicht in die Gesellschafterstellung des Rechtsvorgängers eintritt;

c) die Gesellschaft im Zeitpunkt der Zusendung des Bescheides nicht mehr besteht;

d) über das Vermögen der Gesellschaft, aber nicht ihrer Gesellschafter, das Insolvenzverfahren eröffnet worden ist;

e) zwischen den Gesellschaftern erkennbar ernstliche Meinungsverschiedenheiten bestehen;

f) durch einen Bescheid das Bestehen oder Nichtbestehen einer Gesellschaft erstmals mit steuerlicher Wirkung festgestellt wird und die Gesellschafter noch keinen Empfangsbevollmächtigten i. S. d. § 183 Abs. 1 AO benannt haben.

In den Fällen a) und b) ist auch dem ausgeschiedenen Gesellschafter bzw. dem Erben, in den übrigen Fällen jedem der Gesellschafter, ein Bescheid einzeln bekannt zu geben. In den Fällen a), c) und e) wirkt eine von den Beteiligten nach § 183 Abs. 1 Satz 1 AO erteilte Vollmacht bis zum Widerruf fort (§ 183 Abs. 3 AO; vgl. BFH vom 07. 02. 1995 BStBl II 1995, 357). Der Widerruf wird dem Finanzamt gegenüber erst mit seinem Zugang wirksam.

Soweit nach § 183 Abs. 2 Satz 1 AO Einzelbekanntgabe erforderlich wird, ist grundsätzlich ein verkürzter Feststellungsbescheid bekannt zu geben (§ 183 Abs. 2 Satz 2 AO). Bei berechtigtem Interesse ist den Beteiligten allerdings der gesamte Inhalt des Feststellungsbescheides mitzuteilen (§ 183 Abs. 2 Satz 3 AO). Der AEAO zu § 183 sieht in Nr. 2 vor, dass in den Fällen der Einzelbekanntgabe nach § 183 Abs. 2 Satz 1 AO regelmäßig davon auszugehen ist, dass der betroffene Feststellungsbeteiligte an der Erstellung der Feststellungserklärung nicht mitgewirkt hat und ihm deshalb bei der Bekanntgabe des Feststellungsbescheides die zum Verständnis des Bescheides erforderlichen Grundlagen der gesonderten Feststellung, d. h. insbesondere die Wertermittlung und die Aufteilungsgrundlagen, mitzuteilen sind.

Zu e): Für den Tatbestand der ernstlichen Meinungsverschiedenheiten müssen Meinungsverschiedenheiten zwischen den Beteiligten vorliegen, die das Vertrauensverhältnis in einer Weise zerstören, dass es untragbar erscheint, Verwaltungsakte ohne Bekanntgabe an jeden Betroffenen Wirkung erlangen zu lassen. Das ist bei einer sachlichen Meinungsverschiedenheit nicht der Fall; es muss ein Streit vorliegen, der die Basis der Zusammenarbeit in weitem Umfang zerstört. Ernstliche Meinungsverschiedenheiten liegen z. B. dann vor, wenn die Ebene einer sachlichen Auseinandersetzung über unklare Fragen verlassen worden ist und an deren Stelle persönliche Angriffe getreten sind.

§ 183 Abs. 3 AO enthält den Grundsatz der »Beständigkeit« der nach § 183 Abs. 1 Satz 1 AO rechtsgeschäftlich erteilten Empfangsvollmacht. Diese Beständigkeit beruht auf dem Gedanken, dass der Beteiligte, der sich den Bevollmächtigten selbst aussucht, zu ihm ein besonderes Vertrauensverhältnis hat. Die Vollmacht bleibt grundsätzlich auch dann bestehen, wenn der Beteiligte aus der Gesellschaft ausgeschieden ist oder ernsthafte Meinungsverschiedenheiten zwischen den Beteiligten bestehen und der Finanzbehörde dies bekannt ist. Will ein Beteiligter die Bekanntgabe an den Empfangsbevollmächtigten ausschließen, muss er gegenüber der Finanzbehörde die Empfangsvollmacht rechtzeitig widerrufen bzw. der Bekanntgabe an den Empfangsbevollmächtigten widersprechen. Der Widerruf bzw. Widerspruch kann schriftlich oder mündlich durch ausdrückliches oder konkludentes Handeln erfolgen, notwendig ist aber immer, dass gegenüber der Finanzbehörde hinreichend bestimmt und für diese erkennbar zum Ausdruck gebracht wird, dass die Vollmacht nicht mehr gelten soll. Wird die Empfangsvollmacht widerrufen, wird dieser Widerruf der Finanzbehörde gegenüber erst wirksam, wenn er dieser zugeht.

BEISPIELE

a) Aus der ABC-OHG ist C mit Wirkung zum 31. 12. 16 ausgeschieden. Zum gemeinsamen Empfangsbevollmächtigten i. S. d. § 183 Abs. 1 Satz 1 AO war vor langer Zeit A benannt worden. Das Ausscheiden des C wurde im Februar 17 im Handelsregister eingetragen und in der üblichen Form bekannt gemacht. Im März 17 gibt das Finanzamt dem A den Gewinnfeststellungsbescheid für 15 wie im Vorjahr bekannt. Der Bescheid enthält den Hinweis, er ergehe mit Wirkung für und gegen alle Feststellungsbeteiligten.
LÖSUNG Da C seine Vollmacht für A nicht widerrufen hat, kann das Finanzamt gem. § 183 Abs. 3 Satz 1 AO auch nach dem Ausscheiden des D dem A den Bescheid mit Wirkung für und gegen C bekannt geben.

b) Aus der ABC-OHG ist C mit Wirkung zum 31. 12. 15 ausgeschieden. Ein gemeinsamer Empfangsbevollmächtigter i. S. d. § 183 Abs. 1 Satz 1 AO war dem Finanzamt nicht benannt worden; vielmehr nahm das Finanzamt in den Vorjahren die Bekanntgabeerleichterung des § 183 Abs. 1 Satz 2 AO an. Das Ausscheiden des C wurde im Februar 17 im Handelsregister eingetragen und in der üblichen Form bekannt gemacht. Im März 17 gibt das Finanzamt dem A als Geschäftsführer den Gewinnfeststellungsbescheid für 15 wie im Vorjahr bekannt. Der Bescheid enthält den Hinweis, er ergehe an ihn als Empfangsbevollmächtigten mit Wirkung für und gegen alle Feststellungsbeteiligten.
LÖSUNG Das Finanzamt hat A als Empfangsbevollmächtigten nach § 183 Abs. 1 Satz 2 AO behandelt. Gem. § 183 Abs. 2 Satz 1 AO kann A nach dem Ausscheiden des C nicht mehr als Empfangsbevollmächtigter des C fingiert werden. Der Bescheid ist somit zwar für die übrigen Gesellschafter wirksam bekannt gegeben, nicht jedoch für C. Solange C keinen wirksamen Bescheid hat, kann der Bescheid ihm gegenüber nicht bestandskräftig werden. Damit ist aber wegen der Notwendigkeit einer einheitlichen Entscheidung auch die formelle Bestandskraft bezüglich der übrigen Gesellschafter in Frage gestellt. Legt C später Einspruch ein, sind die übrigen (geschäftsführenden) Gesellschafter gem. § 360 Abs. 3 AO zum Verfahren hinzuzuziehen (vgl. unten), und die Einspruchsentscheidung hat allen Gesellschaftern gegenüber einheitlich zu ergehen.
C braucht, um Einspruch einlegen zu können, nicht abzuwarten, bis ihm gegenüber der Feststellungsbescheid wirksam bekannt gegeben ist. Für seine Beschwer genügt es, dass durch die Bekanntgabe gegenüber den übrigen Gesellschaftern der Rechtsschein eines Bescheids geschaffen worden ist.

4 Besonderheiten in Rechtsbehelfsverfahren gegen einheitliche und gesonderte Feststellungsbescheide

Die einheitliche und gesonderte Feststellung ist gem. § 347 Abs. 1 Satz 1 Nr. 1 AO selbständig durch den Einspruch anfechtbar. Da der Feststellungsbescheid als »Sammelverwaltungsakt« in eine Vielzahl unterschiedlicher Verwaltungsakte bezüglich der jeweiligen Besteuerungsgrundlagen teilbar ist, von denen jeder selbständig mit Rechtsbehelf angegriffen werden kann, kommt es u. U. zu einer Vielzahl von Rechtbehelfsverfahren. Soweit eine selbständige Besteuerungsgrundlage nicht angefochten wird, ist der Eintritt einer Teilbestandskraft denkbar (Tipke/Kruse, § 180 AO Rz. 11).

Da der Feststellungsbescheid Grundlagenbescheid für den Einkommensteuerbescheid als Folgebescheid ist, können Einwendungen gegen den Inhalt des Feststellungsbescheids nach § 351 Abs. 2 AO nicht durch Anfechtung des Folgebescheids, sondern nur durch Anfechtung des Feststellungsbescheids geltend gemacht werden. Ein Rechtsbehelf oder Rechtsmittel gegen einen Folgebescheid, welcher der Sache nach gegen Feststellungen des Grundlagenbescheids gerichtet ist, ist unbegründet.

4.1 Einschränkung der Rechtsbehelfsbefugnis (§ 352 AO)

§ 352 AO und inhaltsgleich § 48 FGO schränken bei einheitlichen und gesonderten Feststellungsbescheiden die Einspruchsbefugnis der an der Feststellung beteiligten Gesellschafter ein. Die Regelung ist für andere Steuerverwaltungsakte gegen eine Gesellschaft, in der diese selbst als Steuerpflichtige i. S. v. § 33 AO in Anspruch genommen wird, nicht entsprechend anwendbar (BFH vom 10. 04. 2001 BFH/NV 2001, 1220 für einen USt-Bescheid; BFH vom 12. 10. 2000 IV B 145/99, n. v. für den GewSt-Bescheid bzw. GewSt-Messbescheid; vgl. für eine Prüfungsanordnung hinsichtlich der gesonderten Feststellung der Einkünfte BFH vom 19. 02. 1996 BFH/NV 1996, 660).

Da der Feststellungsbescheid Bindungswirkung für alle Feststellungsbeteiligten hat, müssen, soweit die im Bescheid getroffene Feststellung für andere Steuerbescheide (Folgebescheide; § 182 Abs. 1 Satz 1 AO) rechtliche Folgewirkung hat, die steuerlichen Konsequenzen gezogen werden (§ 175 Abs. 1 Satz 1 Nr. 1 AO). Durch den Feststellungsbescheid wird somit die Rechtsstellung der Feststellungsbeteiligten unmittelbar berührt, so dass ihnen grundsätzlich auch Rechtsschutz zu gewähren ist und grundsätzlich jedem Feststellungsbeteiligten die Einspruchs- und Klagebefugnis gegen den Feststellungsbescheid zusteht, wenn er geltend macht, durch den Feststellungsbescheid beschwert zu sein (§ 350 AO; § 40 Abs. 2 FGO).

Dieser Grundsatz wird aber dann eingeschränkt, wenn sich die Feststellungsbeteiligten hinsichtlich des Gegenstands der Feststellung zivilrechtlich in einer Rechtsform so zusammengeschlossen haben, dass für die Geschäftsführung ein vertretungsberechtigter Geschäftsführer bestellt ist, der die rechtlichen Interessen der Gesamtheit der Gesellschafter oder Mitberechtigten dieses Zusammenschlusses wahrzunehmen hat.

Diese Selbstbeschränkung der Gesellschafter hinsichtlich der Geschäftsführung wirkt sich auch auf den steuerlichen Rechtsschutz aus. Der für die Gesamtheit der Feststellungsbeteiligten nicht vertretungsberechtigte Gesellschafter ist dann auch nicht befugt, deren steuerliche Rechte geltend zu machen. Die Einschränkung des Rechtsschutzes kann allerdings nur dann gelten, wenn ihre gedankliche Grundlage – die freiwillige Vertreterbestellung – noch vorliegt. Der Zusammenschluss der Feststellungsbeteiligten zur Gesellschaft muss insgesamt noch rechtlich existent sein und der Gesellschafter muss dem Zusammenschluss noch angehören. Die Einschränkung des Rechtsschutzes kann zudem nicht gelten, wenn es um die Beteiligung des Gesellschafters als solche oder um ihn ausschließlich betreffende persönliche Fragen geht.

Die Einschränkung des Rechtsbehelfsmöglichkeiten durch § 352 Abs. 1 Nr. 1 AO und § 48 FGO gilt nicht nur im Einspruchs- und Klageverfahren, sondern auch im Verfahren wegen Aussetzung der Vollziehung (BFH vom 15.01.1998 BFH/NV 1998, 994; BFH vom 03.03.1998 BStBl II 1998, 401).

Nach dem Wortlaut des § 352 Abs. 1 Nr. 1 AO können die zur Vertretung berufenen Geschäftsführer Einspruch einlegen. Diese Formulierung ist jedoch missverständlich: Einspruchsbefugt ist nur die Gesellschaft selbst; diese wird vertreten durch den vertretungsberechtigten Gesellschafter. § 352 AO gibt dem vertretungsberechtigten Gesellschafter kein eigenes Recht zum Einspruch, sondern er handelt in »Prozessstandschaft« für die Gesellschaft. Diese ist Beteiligte des Einspruchsverfahrens (§ 359 Nr. 1 AO). Die Gesellschaft nimmt in »Prozessstandschaft« wiederum die rechtlichen Interessen ihrer Gesellschafter wahr (BFH vom 19.05.2000 BFH/NV 2000, 1444). Nach BFH vom 11.04.2013 (BStBl II 2013, 705) erlischt die Befugnis der Personengesellschaft, in Prozessstandschaft für ihre Gesellschafter Rechtsbehelfe gegen Gewinnfeststellungsbescheide einzulegen, mit deren Vollbeendigung. Die Klagebefugnis geht nicht auf den Rechtsnachfolger der vollbeendeten Personengesellschaft über, vielmehr lebt die bis dahin überlagerte Klagebefugnis der einzelnen Gesellschafter auf.

4.1.1 Einspruchsbefugnis des vertretungsberechtigten Geschäftsführers

Das Recht, Verfahrenshandlungen im finanzbehördlichen Einspruchsverfahren vorzunehmen, besteht nach § 352 Abs. 1 Nr. 1 AO nur für zur Vertretung berufene Geschäftsführer. Die Berufung zum vertretungsbefugten Geschäftsführer erfolgt durch die zwischen den Gesellschaftern geschlossenen Verträge bzw. tritt als Rechtsfolge der geschlossenen Verträge nach den zivilrechtlichen Bestimmungen des BGB oder des HGB ein, wenn es sich bei dem Zusammenschluss um eine der dort geregelten Gesellschaftsformen handelt (vgl. z. B. § 714 BGB, §§ 125, 170 HGB. Bei einer GbR (§§ 705 ff. BGB), bei der im Gesellschaftsvertrag keine Regelung zur Vertretung getroffen ist und demgemäß die Gesamtvertretungsbefugnis sämtlicher Gesellschafter nach §§ 709, 714 BGB gilt, sind sämtliche Gesellschafter als zur Vertretung berufene Geschäftsführer i. S. v. § 352 Abs. 1 Satz 1 AO anzusehen.

Sind mehrere Geschäftsführer vorhanden, so regelt sich die Vertretungsbefugnis und damit die Einspruchsbefugnis nach dem Inhalt des Gesellschaftsvertrages, so dass – wenn der Gesellschaftsvertrag dies vorsieht – nur eine gemeinsame Vertretungsbefugnis bestehen kann. Von mehreren alleinvertretungsberechtigten Geschäftsführern gleichzeitig vorgenommene Verfahrenshandlungen sind unwirksam, wenn sie sich inhaltlich widersprechen.

Da die Einspruchsbefugnis der Gesellschaft das Bestehen der Gesellschaft und damit das Bestehen der Vertretungsbefugnis für den Geschäftsführer voraussetzt, endet dessen Einspruchsbefugnis mit der Vollbeendigung der Gesellschaft. Mit der Vollbeendigung endet die Rechtsstellung der Prozessstandschaft (BFH vom 29.03.2001 BFH/NV 2001, 1280). Dies gilt auch, wenn die Vollbeendigung während des anhängigen Einspruchsverfahrens eintritt. In einem solchen Fall sind allein die von dem angefochtenen Feststellungsbescheid betroffenen Feststellungsbeteiligten einspruchsbefugt (§ 352 Abs. 1 Nr. 2 AO; BFH vom 29.05.2001 BFH/NV 2001, 1498). Bei Ausscheiden aller Kommanditisten aus einer KG erlischt die Einspruchsbefugnis der Gesellschaft. Der als Einzelunternehmer allein verbleibende Komplementär ist nicht Rechtsnachfolger der KG und demgemäß nicht einspruchsbefugt. Die Umwandlung einer KG in eine GmbH bewirkt handels- und steuerrechtlich die Vollbeendigung der KG. Die GmbH ist nicht als Rechtsnachfolgerin der KG zum Einspruch gegen die Feststellungsbescheide befugt, vielmehr ist die Einspruchsbefugnis auf die Feststellungsbeteiligten übergegangen.

Die Liquidation einer Gesellschaft bzw. Gemeinschaft berührt nicht ihre Rechtsstellung als Verfahrensbeteiligte, sie bewirkt aber eine Veränderung der Geschäftsführungs- und Vertretungsbefugnis. Wird vertraglich kein geschäftsführender Liquidator bestellt, so werden alle Geschäftsführer Liquidatoren, unabhängig davon, ob sie vor der Liquidation Vertretungsbefugnis hatten. Mehrere Liquidatoren sind, sofern nicht eine abweichende vertragliche Regelung getroffen worden ist, nur gemeinschaftlich vertretungsberechtigt (§ 150 HGB) und damit nur gemeinsam handelnd einspruchsbefugt.

4.1.2 Der Einspruchsbevollmächtigte i. S. v. § 352 Abs. 2 AO

Ist kein zur Vertretung der Gesellschaft berufener Geschäftsführer vorhanden, so gilt nach § 352 Abs. 1 Nr. 1 i. V. m. Abs. 2 AO ein Empfangsbevollmächtigter i. S. v. § 183 Abs. 1 Satz 1 AO als Einspruchsbevollmächtigter. Dieser erlangt für das Einspruchsverfahren die Rechtsstellung eines vertretungsberechtigten Geschäftsführers. Der Umfang der Empfangsvollmacht wird kraft Gesetzes erweitert zur Vollmacht für die Einlegung des Einspruchs und Vertretung im Einspruchsverfahren. Sinn dieser Regelung ist auch wieder die gemeinsame Willensbildung der Gesellschafter bzw. die widerspruchslose Duldung in Kenntnis dieser zusätzlichen Befugnisse des Empfangsbevollmächtigten. Gem. § 352 Abs. 2 Satz 3 AO müssen die Feststellungsbeteiligten in der Feststellungserklärung oder in der Aufforderung zur Benennung eines Empfangsbevollmächtigten eine Belehrung über die Einspruchsbefugnis des Empfangsbevollmächtigten erhalten haben. Diese Belehrung ist in ihrer Rechtsqualität lediglich eine inhaltliche Erweiterung der Rechtsbehelfsbelehrung. Für die Form und den Inhalt ist § 356 Abs. 1 Satz 1 AO entsprechend anzuwenden.

Das Finanzamt hat von Amts wegen bei der Zulässigkeitsprüfung die ordnungsgemäße Erteilung der Belehrung festzustellen. Fehlt die Belehrung, so fehlt auch dem Empfangsbevollmächtigten die Einspruchsbefugnis. Der Einspruch ist damit unzulässig. Die Einspruchsbefugnis besteht in diesem Fall gem. § 352 Abs. 1 Nr. 2 AO nur für jeden einzelnen Gesellschafter.

Für den gemeinsamen Empfangsbevollmächtigten gem. § 183 Abs. 3 Satz 1 AO ergeben sich für die Einspruchsbefugnis keine Einschränkungen.

Ist ein gemeinsamer Empfangsbevollmächtigter nicht bestellt, so erlangen die nach § 183 Abs. 1 Satz 2 AO fingierten oder die nach § 183 Abs. 1 Sätze 3 und 4 AO von der Finanzbehörde bestellten Empfangsbevollmächtigten die Rechtsstellung des Einspruchsbevollmächtigten. Diese Rechtslage tritt allerdings nur für die Feststellungsbeteiligten ein, die der Finanzbehörde gegenüber der Einspruchsbefugnis des so bestimmten Empfangsbevollmächtigten nicht widersprechen. Der Widerspruch wird (analog § 183 Abs. 3 Satz 2 AO) erst wirksam, wenn er der Finanzbehörde zugegangen ist.

4.1.3 Einspruchsbefugnis einzelner Feststellungsbeteiligter

Ein einzelner Feststellungsbeteiligter ist gem. § 352 Abs. 1 Nr. 2 AO nur dann einspruchsbefugt, wenn ein zur Vertretung berufener Geschäftsführer oder ein Einspruchsbevollmächtigter i. S. v. § 352 Abs. 2 AO nicht vorhanden ist. Die Einspruchsbefugnis des einzelnen Feststellungsbeteiligten ist jedoch dem Umfang nach beschränkt: Er kann nur die ihn selbst betreffenden Feststellungen angreifen. Er ist nicht befugt, auch die rechtlichen Interessen der Gesamtheit der Gesellschafter wahrzunehmen (BFH vom 03. 03. 1998 BStBl II 1998, 401).

Die Einschränkung der Rechtsbehelfsmöglichkeiten besteht dann nicht, wenn durch den Feststellungsbescheid in die eigene Rechtssphäre des einzelnen Gesellschafters eingegriffen wird und seine Interessen durch den bestellten Vertreter oder Einspruchsbevollmächtigten i. S. v. § 352 Abs. 2 AO insoweit nicht wahrgenommen werden können. Die individuelle Einspruchsbefugnis des Gesellschafters ist in den in § 352 Abs. 1 Nr. 3 bis 5 AO aufgeführten Fällen auch dann gegeben, wenn ein vertretungsberechtigter Geschäftsführer oder Einspruchsbevollmächtigter i. S. v. § 352 Abs. 2 AO vorhanden ist.

Ergibt sich nach § 352 Abs. 1 Nr. 3 bis 5 die individuelle Einspruchsbefugnis des einzelnen Gesellschafters, so bleibt daneben auch die Gesellschaft zur Wahrnehmung der Interessen der einzelnen Gesellschafter einspruchsbefugt ist (h. M.: BFH vom 10.01.1973 BStBl II 1973, 263; Tipke/Kruse, AO, § 48 FGO Rz. 17 m. w. N.). Anderer Auffassung hierzu ist z. B. Dumke in Schwarz, AO, § 352 Rz. 32 und Woerner, BB 1975, 355: Der geschäftsführende Gesellschafter darf die Gesamtheit der Gesellschafter nur in Fragen vertreten, die die Gesamtheit als solche angehen, nicht jedoch den einzelnen Gesellschafter in seinen persönlichen Angelegenheiten.

Soweit der den Einspruch führende Gesellschafter sowohl in seiner Eigenschaft als vertretungsberechtigter Geschäftsführer (nach § 352 Abs. 1 Nr. 1 AO) als auch als einspruchsbefugter Gesellschafter (nach § 352 Abs. 1 Nr. 4 oder Nr. 5 AO) handeln kann, hat er seine Rechtsstellung zweifelsfrei zu klären. Das Finanzamt darf nicht unterstellen, dass der Einspruch sowohl für die Gesellschaft als auch in eigenem Namen eingelegt sein soll. Dies wird in der Praxis vielfach missachtet.

Da die Vertretungsbefugnis des Geschäftsführers mit dem Ausscheiden eines Gesellschafters im Verhältnis zu dem Ausgeschiedenen endet, ist dieser nunmehr selbständig einspruchsbefugt (§ 352 Abs. 1 Nr. 3 AO).

»Ausgeschiedener Gesellschafter« i. S. d. § 352 Abs. 1 Nr. 3 AO ist ein Gesellschafter im Fall der Liquidation der Gesellschaft erst nach deren Vollbeendigung. Solange die Personengesellschaft noch einen Rechtsstreit gegen einen Gewerbesteuermessbescheid führt, ist sie nicht vollbeendet. Das von der Personengesellschaft geführte Einspruchsverfahren gegen einen Gewinnfeststellungsbescheid kann nur einem selbst rechtsbehelfsbefugten Gesellschafter als Vorverfahren zugerechnet werden (BFH vom 31.01.2008 BFH/NV 2008, 1101).

Die Einspruchsbefugnis des ausgeschiedenen Gesellschafters setzt nicht voraus, dass ihm der Feststellungsbescheid auch bekannt gegeben worden ist. Die Finanzbehörde hat die Bekanntgabe nachzuholen, da der Bekanntgabemangel durch eine Hinzuziehung nicht geheilt werden kann.

Nach § 352 Abs. 1 Nr. 4 AO ist jeder Gesellschafter selbständig einspruchsbefugt, wenn es im Einspruchsverfahren um die Frage geht, ob und wie er an dem in dem Feststellungsbescheid festgestellten Betrag beteiligt ist und wie sich der festgestellte Betrag auf die Feststellungsbeteiligten verteilt. Die Höhe des festgestellten Betrags kann der einzelne Gesellschafter nicht zum Inhalt des Einspruchsverfahrens machen.

Nach § 352 Abs. 1 Nr. 5 AO ist ferner jeder Gesellschafter einspruchsbefugt, soweit Inhalt des Einspruchsverfahrens eine Frage ist, die ihn persönlich angeht. Hierzu zählen Streitigkeiten über:

- Sonderbetriebseinnahmen bzw. Sonderbetriebsausgaben einzelner Gesellschafter;
- verdeckte Gewinnausschüttungen;
- Veräußerung von Sonderbetriebsvermögen (BFH vom 28.08.2001 BFH/NV 2002, 61);
- Tarifbelastung des Gewinns aus der Entnahme von Sonderbetriebsvermögen (BFH vom 11.08.1994 BStBl II 1995, 253; BFH vom 18.10.2001 BFH/NV 2002, 497).

4.2   Einschränkung der Hinzuziehung (§ 360 AO)

§ 352 AO bzw. § 48 FGO hat zusammen mit § 360 Abs. 3 AO bzw. § 60 Abs. 3 FGO grundsätzliche Bedeutung für die Verfahrensbeteiligung von Feststellungsbeteiligten:

Die Einschränkung des Rechtsschutzes für den nicht einspruchsbefugten Gesellschafter erstreckt sich insgesamt auf die Fähigkeit, Beteiligter am Einspruchsverfahren zu sein. Es unterbleibt auch die »notwendige« Hinzuziehung derjenigen Feststellungsbeteiligten, die nach § 352 AO nicht einspruchsbefugt sind.

Haben dagegen nicht alle von mehreren nach § 352 AO einspruchsbefugten Feststellungsbeteiligten den Einspruch gegen den Feststellungsbescheid eingelegt, so hat für die nicht einspruchsführenden Feststellungsbeteiligten gem. § 360 Abs. 3 AO eine »notwendige« Hinzuziehung zu erfolgen.

Bei dem Einspruch eines einspruchsbefugten Gesellschafters gegen den Gewinnfeststellungsbescheid in Fragen, die die Gesellschaft oder andere Gesellschafter berühren, ist die Gesellschaft hinzuzuziehen. Bei deren Vollbeendigung sind grundsätzlich alle ehemaligen Gesellschafter hinzuzuziehen (BFH vom 11. 02. 2002 BFH/NV 2002, 796).

Bei einem Einspruch der Gesellschaft gegen den festgestellten Gewinn aus der Veräußerung von Sonderbetriebsvermögen ist der betroffene Gesellschafter notwendig hinzuzuziehen (BFH vom 28. 08. 2001 BFH/NV 2001, 61).

Bei einem Einspruch eines Feststellungsbeteiligten zu Fragen, die ausschließlich nur ihn selbst berühren, ist streitig, ob die Gesellschaft hinzuzuziehen ist, da diese in diesem Fall für die übrigen Gesellschafter nicht einspruchsbefugt sind (BFH vom 04. 12. 1996 BFH/NV 1997, 498; a. A. BFH vom 30. 03. 1999 BFH/NV 1999, 1468).

Sofern eine notwendige Hinzuziehung z. B. eines ausgeschiedenen Gesellschafters unterlassen wurde, kann diese Hinzuziehung ggf. noch im Klageverfahren nachgeholt und der Fehler dadurch geheilt werden (Dumke in Schwarz, § 360 AO Rz. 39). Dies soll selbst bei einer bewussten Unterlassung der Hinzuziehung durch die Finanzbehörde gelten (BFH vom 28. 10. 1999 BHF/NV 2000, 579).

4.3   Besonderheiten bei der Aussetzung der Vollziehung (§ 361 Abs. 2 und 3 AO, § 69 Abs. 2 FGO)

Die Möglichkeit der Gewährung vorläufigen Rechtschutzes gegen das Verhalten von Behörden ist notwendiger Bestandteil der durch Art. 19 Abs. 4 GG gewährleisteten Rechtsweggarantie. Für steuerliche Angelegenheiten tragen die AO und die FGO diesem rechtstaatlichen Erfordernis insofern Rechnung, als sie zwei Formen des vorläufigen Rechtschutzes vorsehen:

- Aussetzung bzw. Aufhebung der Vollziehung – nachfolgend AdV – und
- einstweilige Anordnung.

Die AdV gewährt hierbei vorläufigen Rechtschutz gegen die Vollziehung angefochtener, vollziehbarer Verwaltungsakte, über deren Rechtmäßigkeit in einem Einspruchs- oder Klageverfahren noch nicht bestandskräftig bzw. rechtskräftig entschieden ist. Die AdV kann sowohl durch das Finanzamt (§§ 361 Abs. 2 und 3 AO, 69 Abs. 2 FGO) als auch durch die Finanzgerichtsbarkeit (§ 69 Abs. 3 FGO) ausgesprochen werden.

Auch die eine Personengesellschaft betreffenden einheitlichen und gesonderten Feststellungsbescheide sind vollziehbare und damit aussetzungsfähige Verwaltungsakte. Eine AdV ist aber mangels Vollziehbarkeit nicht möglich, wenn ein Antrag auf Änderung eines Feststellungsbescheides abgelehnt wurde. Besondere Bedeutung kommt hier der Frage zu, welcher der verschiedenen Verwaltungsakte mit Einspruch angefochten ist. Wurde z. B. nur die Artfeststellung mit Rechtsbehelf angegriffen, kann nur bezüglich dieses Verwaltungsaktes, nicht aber bezüglich des nicht mit Rechtsbehelf angefochtenen Feststellungsbescheides der Höhe des Gewinns AdV gewährt werden.

Etwas Besonderes gilt bei sog. »negativen Feststellungsbescheiden«. Dies sind Bescheide, die den Erlass eines Gewinn- bzw. Verlustfeststellungsbescheides ablehnen. Da hier nichts vollzogen werden muss, liegt eigentlich kein vollziehbarer Verwaltungsakt vor. Aufgrund des Beschlusses des Großen Senats des BFH vom 14. 04. 1987 (BStBl II 1987, 637) ist aber dennoch von einer Vollziehbarkeit auszugehen, da die Interessenlage der Betroffenen dem Fall eines Verlustfeststellungsbescheides, bei dem die Feststellung eines höheren Verlusts begehrt wird, entsprechen soll. M. E. ist diese Auffassung systemwidrig.

Eine weitere Besonderheit für die AdV ergibt sich aus der Wirkung des Feststellungsbescheides als Grundlagenbescheid für die Steuerbescheide der Gesellschafter: Wird die Vollziehung eines angefochtenen Grundlagenbescheides ausgesetzt, ist auch die Vollziehung von Folgebescheiden gehemmt (§ 361 Abs. 3 AO und § 69 Abs. 2 Satz 4 FGO). Das für den Folgebescheid zuständige Finanzamt ist an die Entscheidung bezüglich des Grundlagenbescheides gebunden. Die AdV des Folgebescheides ist auch dann auszusprechen, wenn der Folgebescheid bereits unanfechtbar bzw. nicht angefochten ist (vgl. AEAO zu § 361 Nr. 6). Hier kommt es aufgrund der Zweistufigkeit des Verfahrens also zur AdV eines Verwaltungsaktes, der u. U. gar nicht mit Rechtsbehelf angefochten ist.

BEISPIELE

a) Die AB-OHG erklärt einen Gewinn von 100 000 €, die Gewinnbeteiligung beträgt jeweils 50 %. Das Finanzamt stellt einen Gewinn von 150 000 € einheitlich und gesondert fest (§§ 179 Abs. 2 Satz 2, 180 Abs. 1 Nr. 2a AO). Hiergegen wird Einspruch mit AdV-Antrag eingelegt. Das Betriebsfinanzamt (§ 18 Abs. 1 Nr. 2 AO) entspricht dem AdV-Antrag i. H. v. 30 000 € Gesamtgewinn.

LÖSUNG Die ESt-Bescheide der Gesellschafter A und B ergehen dennoch mit den im Gewinnfeststellungsbescheid festgestellten Gewinnanteilen (§ 15 Abs. 1 Nr. 2 EStG) i. H. v. jeweils 75 000 €. Die Wohnsitzfinanzämter (§ 19 Abs. 1 AO) von A und B müssen aber die Vollziehung der ESt-Bescheide von A und B i. H. v. jeweils 15 000 € aussetzen (§ 361 Abs. 3 AO).

b) Was gilt, wenn es nun aufgrund der AdV des ESt-Bescheides des Gesellschafters A zu einer Erstattung bereits gezahlter ESt-Vorauszahlungen kommen würde?

LÖSUNG Die Beschränkung der AdV durch § 361 Abs. 2 Satz 4 AO ist bei der AdV des Steuerbescheides zu beachten (AEAO zu § 361 Nr. 5.1 Satz 5 und Nr. 6 Satz 7). Es kann also nicht zu einer Erstattung von z. B. im Wege der ESt-Vorauszahlung geleisteter Steuern kommen.

5 Verfahrensrechtliche Behandlung der stillen Gesellschaft

Für die einkommensteuerrechtliche Behandlung der stillen Gesellschaft ist zu unterscheiden, ob es sich um eine typische oder atypische stille Gesellschaft handelt. Während der Stille bei der typischen stillen Gesellschaft Einkünfte aus Kapitalvermögen bezieht, hat er bei der atypisch stillen Gesellschaft Einkünfte aus Gewerbebetrieb. Dies führt auch zu verfahrensrechtlichen Konsequenzen. Vgl. allgemein zur stillen Gesellschaft A 1.6 sowie Teil D.

Bei beiden Formen der stillen Gesellschaft handelt es sich um reine Innengesellschaften ohne Außenwirkung und ohne Betriebsvermögen. Die Einkünfte werden also vom Tätigen erzielt, das Betriebsvermögen ist Vermögen des Tätigen (einschließlich der Einlage des Stillen), wenn auch steuerrechtlich der Stille hieran jeweils beteiligt ist. Somit ist der Gewinn gesondert festzustellen, aber nicht der Gewinn der stillen Gesellschaft, die keinen Gewinn hat, sondern der Gewinn des Tätigen. Die Feststellungsbescheide sind nicht an die stille Gesellschaft zu adressieren, die als Innengesellschaft keine Firma hat, sondern an den Tätigen und den Stillen. Da eine typisch oder atypisch stille Gesellschaft nicht selbst Steuerschuldnerin ist, sind nach AEAO zu § 122 Nr. 2.4.1 Steuerbescheide und Steuermessbescheide an den Inhaber des Handelsgeschäfts zu richten (vgl. BFH vom 12. 11. 1985 BStBl II 1986, 311). Entsprechendes gilt bei einer verdeckten Mitunternehmerschaft (BFH vom 16. 12. 1997 BStBl II 1998, 480). Entsprechende Grundsätze gelten auch für die Adressierung anderer Verwaltungsakte. Eine Außenprüfung wird nicht bei der (typischen oder atypischen) stillen Gesellschaft durchgeführt, sondern bei dem Tätigen. Daher ist die Prüfungsanordnung an den Tätigen zu adressieren, ergänzt um den Hinweis, dass die Prüfung auch die steuerlichen Verhältnisse der stillen Gesellschaft erfassen soll (BFH vom 03. 05. 2000 BStBl II 2000, 376). GewSt-Mess- und GewSt-Bescheide sind nur an den Tätigen zu adressieren und nur ihm bekannt zu geben. Die stille Gesellschaft betreibt kein Gewerbe und ist damit nicht Schuldner der GewSt; das ist nur der Tätige. Der stille Gesellschafter ist an dem GewSt-Verfahren nicht beteiligt. Entsprechendes gilt für die USt.

5.1 Verfahrensrechtliche Behandlung der typisch stillen Gesellschaft

Da bei der typisch stillen Gesellschaft die Voraussetzungen des § 180 Abs. 1 Nr. 2a AO nicht erfüllt sind und sich auch keine Möglichkeit zur Feststellung über § 180 Abs. 2 AO ergibt, sind die Einkünfte des Stillen aus seiner Beteiligung als Einkünfte aus Kapitalvermögen wie andere Einkünfte ohne gesonderte Feststellung bei der Einkommensteuerveranlagung als unselbständige Besteuerungsgrundlage zu erfassen.

Bei dem nach außen auftretenden Gesellschafter stellen die Ausschüttungen an den Stillen Betriebsausgaben dar. Sie werden bei ihm ebenso wie andere Betriebsausgaben erfasst, also entweder bei seiner Einkommensteuerfestsetzung oder im Falle einer gesonderten Gewinnfeststellung (§ 180 Abs. 1 Nr. 2b AO) bei dieser.

5.2 Verfahrensrechtliche Behandlung der atypisch stillen Gesellschaft

Da die Voraussetzungen von § 180 Abs. 1 Nr. 2a AO vorliegen, sind einheitliche und gesonderte Gewinnfeststellungen und Einheitswertfeststellungen zu treffen. In einem Einspruchsverfahren gegen den Feststellungsbescheid ist bei einer atypisch stillen Gesellschaft zwar die Beteiligungsfähigkeit gegeben ist, der Inhaber des Handelsgeschäfts ist aber nicht der zur Vertretung berufene Geschäftsführer der Gesellschaft i. S. v. § 352 Abs. 1 Nr. 1 AO (BFH vom 03. 03. 1998 BStBl II 1998, 401). Die Einspruchsbefugnis hinsichtlich des Gewinnfeststellungsbescheids steht nur dem Inhaber des Handelsgeschäfts und dem atypisch stillen Beteiligten gemeinsam zu, sofern nicht ein Empfangsbevollmächtigter i. S. v. § 352 Abs. 2 AO bestellt ist (BFH vom 14. 12. 2000 BFH/NV 2001, 792; BFH vom 11. 01. 2001 BFH/NV 2001, 578).

Bei dem Einspruch eines atypisch stillen Gesellschafters gegen den Gewinnfeststellungsbescheid ist der Geschäftsinhaber bzw. der Insolvenzverwalter notwendig hinzuzuziehen (BFH vom 05. 07. 2002 BFH/NV 2002, 1477).

6 Unterbeteiligung an einer Personengesellschaft

Die Gesellschafter von Personengesellschaften können eine andere Person an ihrer Gesellschaftsbeteiligung derart (unter-)beteiligen, dass diese andere Person – ohne selbst Gesellschafter der Personengesellschaft zu werden – mittelbar über den Gesellschafter der Personengesellschaft am Gewinn der Personengesellschaft beteiligt wird. Die Gesellschafter der Personengesellschaft werden dabei als Hauptbeteiligte, der mittelbar Beteiligte als Unterbeteiligter bezeichnet. Zwischen dem jeweiligen Hauptbeteiligtem und Unterbeteiligtem besteht eine Gesellschaft (sog. Untergesellschaft), nämlich eine Innengesellschaft in Form einer GbR, für die die Bestimmungen der stillen Gesellschaft (§§ 230 ff. HGB) entsprechend gelten. Ebenso wie bei der stillen Gesellschaft ist zwischen der typischen und der atypischen stillen Unterbeteiligung zu unterscheiden.

§ 179 Abs. 2 Satz 3 AO ermöglicht eine besondere gesonderte Feststellung der Besteuerungsgrundlagen bei Vorliegen einer Unterbeteiligung in Form der Mitunternehmerschaft (atypisch stille Unterbeteiligung, vgl. AEAO zu § 179 Nr. 4). Eine nicht mitunternehmerische Unterbeteiligung, die nur zu Einkünften aus Kapitalvermögen nach § 20 EStG führt, genügt nicht für eine besondere gesonderte Feststellung. Für den Inhalt der besonderen gesonderten Feststellung ist § 15 Abs. 1 Satz 1 Nr. 2 EStG zu berücksichtigen. Nach dieser Vorschrift steht der Unterbeteiligte dem Hauptbeteiligten materiell-rechtlich gleich; er ist Mitunternehmer der Gesellschaft, an der er mittelbar beteiligt ist. Dies hat Folgerungen für die gesonderten Feststellungen. Alle Beziehungen zwischen dem Unterbeteiligten und der Gesellschaft, an der er mittelbar beteiligt ist, sind grundsätzlich in der gesonderten Feststellung dieser Gesellschaft zu erfassen. Es sind damit alle Verhältnisse des Hauptbeteiligten und des Unterbeteiligten an der Gesellschaft, an der die mittelbare Beteiligung besteht, in der gesonderten Feststellung der Hauptgesellschaft zu erfassen, jedoch nur, soweit sie eine sachliche Beziehung zu dieser Gesellschaft aufweisen. Diese Verhältnisse sind zunächst dem Hauptbeteiligten zuzurechnen und dann bei dem Hauptbeteiligten weiter aufzuteilen auf ihn selbst und den Unterbeteiligten; dies geschieht in der besonderen gesonderten Feststellung.

An Stelle einer besonderen gesonderten Feststellung kann die Unterbeteiligung auch in die Feststellung der Hauptgesellschaft aufgenommen werden. Ob die Unterbeteiligung in den Feststellungsbescheid der Hauptgesellschaft aufgenommen wird oder ob eine besondere gesonderte Feststellung für diese Unterbeteiligung durchzuführen ist, liegt im Ermessen der Finanzbehörde. Bei der Ermessensentscheidung ist zu berücksichtigen, dass die Durchführung der besonderen gesonderten Feststellung die Regel ist; die Zusammenfassung mit der Hauptfeststellung ist die Ausnahme, die nur zulässig ist, wenn alle Beteiligten damit einverstanden sind (BFH vom 02.03.1995 BStBl II 1995, 531). Eine besondere gesonderte Feststellung muss durchgeführt werden, wenn die Unterbeteiligung vor den anderen Beteiligten geheim gehalten werden soll (Frotscher in Schwarz, AO, § 179 Rz. 36; ähnlich Söhn, in H/H/S, AO, § 179 Rz. 11). Bei neu gegründeten Unterbeteiligungen muss es den Beteiligten überlassen bleiben, ihre Wünsche hinsichtlich einer besonderen gesonderten Feststellung vorzubringen. Wird die Unterbeteiligung in der Feststellungserklärung für die Hauptgesellschaft geltend gemacht, kann sie in das Feststellungsverfahren der Hauptgesellschaft aufgenommen werden. Wird die Unterbeteiligung dagegen in der Feststellungserklärung für die Hauptgesellschaft nicht erwähnt, hat i. d. R. eine besondere gesonderte Feststellung zu erfolgen (BFH vom 02.03.1995 BStBl II 1995, 531). Ist für die vergangenen Besteuerungszeiträume eine besondere gesonderte Feststellung vorgenommen worden, darf die Unterbeteiligung nicht ohne vorherige Anhörung des Unter- und des Hauptbeteiligten in die Feststellung für die Hauptgesellschaft aufgenommen werden.

Die Feststellung für die Hauptgesellschaft, für deren Anteil die Unterbeteiligung besteht, ist ihrem Inhalt nach nicht nur für die Gesellschafter, sondern auch für die Unterbeteiligten bestimmt und ihnen daher – evtl. unter Anwendung des § 183 AO – bekannt zu geben. Der Unterbeteiligte ist von der Feststellung der Hauptgesellschaft betroffen, da sich der Wert des Anteils und der Einkünfte aus dem Anteil, an dem die Unterbeteiligung besteht, aus dieser Feststellung ergeben; Wert und Einkünfte der Unterbeteiligung sind also von der Feststellung der Hauptgesellschaft abhängig.

Die Bekanntgabe der besonderen gesonderten Feststellung hat an den Hauptbeteiligten und den Unterbeteiligten zu erfolgen, da beide hiervon betroffen sind. Auch hierbei kann von der Erleichterung des § 183 AO Gebrauch gemacht werden. Dabei dürfte der Hauptbeteiligte durch seine nach außen wirkende Stellung i. d. R. »der zur Verwaltung des Gegenstandes Berechtigte« i. S. d. § 183 Abs. 1 Satz 2 AO sein.

Ebenso wie bei der atypischen stillen Unterbeteiligung besteht auch bei einer (geheim gehaltenen) typischen stillen Unterbeteiligung u. U. ein Bedürfnis, die Gewinnanteile außerhalb der Gewinnfeststellung der Hauptbeteiligung zu berücksichtigen. Das gleiche Bedürfnis besteht auch für sonstige Sonderbetriebsausgaben; z. B. kann sich bei der Fremdfinanzierung der Beteiligung das Bedürfnis ergeben, den Zinsaufwand vor dem anderen Beteiligten geheim zu halten. Das Gesetz ist insoweit lückenhaft; die praktisch bestehende Alternative, die Geheimhaltung aufzugeben oder auf den Ansatz der Sonderbetriebsausgaben zu verzichten, beruht zwar auf dem Wortlaut des Gesetzes, ist aber unsachgemäß. M. E. ist daher der Gedanke des § 179 Abs. 2 Satz 3 AO sinngemäß anzuwenden und zuzulassen, dass der Gewinnanteil des typischen stillen Gesellschafters oder sonstige Sonderbetriebsausgaben, für die ein beachtenswertes Geheimhaltungsinteresse besteht, als Sonderbetriebsausgaben des Hauptbeteiligten bei dessen ESt-Veranlagung berücksichtigt werden, ohne dass sie in der Feststellung der Hauptgesellschaft erfasst sind. Dies stellt eine Durchbrechung des Prinzips dar, dass bei Mitunternehmerschaften betriebliche Vorgänge nur in der Gewinnfeststellung der (Haupt-)Gesellschaft, nicht bei der Einzelveranlagung berücksichtigt werden können; diese Durchbrechung beruht auf Gründen der sachlichen Billigkeit (so auch Tipke/Kruse, AO, § 179 Rz. 2). Nach Auffassung des BFH vom 09. 11. 1988 (BStBl II 1989, 343), vom 11. 09. 1991 (BStBl II 1992, 4) und der Finanzverwaltung hat die Berücksichtigung der Sonderbetriebsausgaben des Beteiligten im Feststellungsverfahren (AEAO zu § 179 Nr. 5) zu erfolgen. M. E. stellt diese Auffassung von Rspr. und Verwaltung keine angemessene Lösung für die Behandlung einer geheim zu haltenden typischen stillen Unterbeteiligung sowie von geheim zu haltenden Sonderbetriebsausgaben dar. Es sollte ausnahmsweise – contra legem – zugelassen werden, dass derartige Konstellationen in der ESt-Festsetzung des Hauptbeteiligten berücksichtigt werden. Folge einer solchen Lösung wäre, dass die diesbezüglichen Aufwendungen – vorbehaltlich § 8 Nr. 3 GewStG – nicht bei der GewSt angesetzt werden können, da die GewSt-Veranlagung auf der Ebene der Personengesellschaft erfolgt. Dies könnte aber für den Steuerpflichtigen u. U. gegenüber der Offenlegung vor den anderen Berechtigten das kleinere Übel sein.

BEISPIEL

Der Kommanditist B der A-KG hat an seinem Kommanditanteil ohne Wissen der Mitgesellschafter den C unterbeteiligt. Dies geschah, obwohl im Gesellschaftsvertrag vereinbart war, dass Unterbeteiligungen nur mit Zustimmung aller Gesellschafter erfolgen dürfen. Im Gesellschaftsvertrag war vereinbart, dass im Falle einer Zuwiderhandlung der Gesellschafter aus der Gesellschaft ausgeschlossen werden kann. Bei der Beteiligung des C handelt es sich um eine typisch stille Unterbeteiligung.
Für das Jahr 02 entfiel auf B ein Gewinnanteil in Höhe von 100 000 €, von diesem führte B 25 000 € an C ab, i. R. d. Gewinnfeststellung bei der KG für das Jahr 02 machte B diese Sonderbetriebsausgaben

i. H. v. 25 000 € nicht geltend. Der Gewinnanteil des B wurde somit im Rahmen eines Gesamtgewinnes von 1 000 000 € auf 100 000 € für das Jahr 02 bestandskräftig festgestellt. Erst bei seiner Einkommensteuerveranlagung für das Jahr 02 machte B die 25 000 € als Sonderbetriebsausgaben geltend und wies auf sein Geheimhaltungsinteresse gegenüber den Mitgesellschaftern hin.

Nach BFH vom 11. 09. 1991 (BStBl II 1992, 4) können Sonderbetriebsausgaben nur i. R. d. für die Gesellschaft durchzuführenden Gewinnfeststellungsverfahrens geltend gemacht werden: Die einheitliche und gesonderte Feststellung von Einkünften dient danach der Richtigkeit, der Rechtssicherheit und der Gleichbehandlung, indem durch ein Finanzamt für alle Beteiligten die in tatsächlicher und rechtlicher Hinsicht erforderlichen Beurteilungen getroffen werden. Gegenüber diesen Gesichtspunkten hat das Interesse des einzelnen Beteiligten, seine Verhältnisse vor den Mitbeteiligten geheim zu halten, prinzipiell zurückzutreten, zumal er sich freiwillig mit den anderen Mitbeteiligten zur gemeinsamen Einkunftserzielung verbunden hat. Darüber hinaus sind die Schwierigkeiten zu berücksichtigen, die sich bei Aussonderung von Sonderbetriebseinnahmen und Sonderbetriebsausgaben aus dem Feststellungsverfahren ergeben, wenn diese zugleich mehrere Beteiligte betreffen.

Werden die Sonderbetriebsausgaben entgegen diesen Grundsätzen nicht bei der Feststellung des Gewinns der Hauptgesellschaft berücksichtigt, führt der Weg zur Berücksichtigung derartiger geheim zu haltender Sachverhalte nur über eine abweichende Festsetzung aus Billigkeitsgründen gem. § 163 AO bei der Einkommensteuerfestsetzung des Hauptbeteiligten oder einen – nachgelagerten – Billigkeitserlass gem. § 227 AO. Deckt der Hauptbeteiligte entsprechend der hier vertretenen Auffassung gegenüber der Finanzverwaltung das Geheimhaltungsinteresse rechtzeitig auf, dürfen verfahrensrechtliche Schwierigkeiten diesen Billigkeitsmaßnahmen nicht entgegenstehen.

7 Korrekturen von einheitlichen und gesonderten Feststellungen

Wegen der Verweisung in § 181 Abs. 1 AO kann die gesonderte Feststellung gemäß §§ 164, 165 AO unter Vorbehalt der Nachprüfung oder vorläufig ergehen und somit unter den Voraussetzungen der jeweiligen Abs. 2 aufgehoben oder geändert werden.

Soweit die Feststellung nicht vorläufig erfolgt noch unter dem Vorbehalt der Nachprüfung steht, wird die Bestandskraft nur unter den Voraussetzungen der §§ 172–177 AO durchbrochen. Gesonderte Feststellungen können als den Steuerbescheiden gleich gestellte Bescheide nicht nach §§ 130, 131 AO zurückgenommen oder widerrufen werden.

Bei der Korrektur eines Feststellungsbescheides nach § 173 AO kann es dabei fraglich sein, ob es zu einer »höheren Steuer« (§ 173 Abs. 1 Nr. 1 AO) oder »niedrigeren Steuer« (§ 173 Abs. 1 Nr. 2 AO) kommt. Bei Feststellungsbescheiden ist entscheidend die Erhöhung oder Verminderung der Besteuerungsgrundlage. Lautet eine gesonderte Feststellung auf einen in Euro bemessenen Betrag (Wert, Einkünfte etc.), ist bei Anwendung des § 173 Abs. 1 AO auf die Änderungen dieses Betrags abzustellen. Erfolgt eine gesonderte Feststellung auch einheitlich (§ 179 Abs. 2 Satz 2 AO), ist hierbei nicht auf die Verhältnisse der Gesellschaft/Gemeinschaft insgesamt, sondern auf die Verhältnisse jedes einzelnen Feststellungsbeteiligten individuell abzustellen.

Ein Sonderfall liegt vor bei einer nachträglich bekannt gewordenen, steuerrechtlich beachtlichen Gewinnverteilungsabrede: Hier sind die Voraussetzungen des § 173 Abs. 1 Nr. 1 AO erfüllt, soweit sich die Gewinnanteile erhöhen. Der Bescheid ist hingegen nach § 173 Abs. 1 Nr. 2 AO zu ändern, soweit sich die Gewinnanteile verringern; auf ein grobes Verschulden am nachträglichen Bekanntwerden einer Gewinnverteilungsabrede kommt es dabei nach § 173 Abs. 1 Nr. 2 Satz 2 AO nicht an, weil die nachträglich bekannt gewordene Gewinnverteilungsabrede zugleich bei dem Feststellungsbeteiligten, dessen Gewinnanteil sich erhöht, eine Tatsache i. S. des § 173 Abs. 1 Nr. 1 AO ist (BFH vom 24. 06. 2009 BStBl II 2009, 950).

Hat der Feststellungsbescheid Eigenschaften oder rechtliche Bewertungen zum Gegenstand (z. B. Art der Einkünfte, Grundstücksart, Zurechnung des Grundstücks) und werden hierfür neue Tatsachen oder Beweismittel bekannt, so findet § 173 Abs. 1 Nr. 2 AO Anwendung, wenn der Steuerpflichtige die Änderung des Feststellungsbescheids begehrt. In diesem Fall ist die Änderung daher nur zulässig, wenn den Steuerpflichtigen kein grobes Verschulden am nachträglichen Bekanntwerden der Tatsachen oder Beweismittel trifft; § 173 Abs. 1 Nr. 2 Satz 2 AO bleibt unberührt. § 173 Abs. 1 Nr. 1 AO kommt hingegen zur Anwendung, wenn das Finanzamt von Amts wegen tätig wird (vgl. das zur Frage der Änderung der Artfeststellung für ein Grundstück ergangene BFH-Urteil vom 16. 09. 1987 BStBl II 1988, 174).

8 Feststellungsverjährung für einheitliche und gesonderte Feststellungen

Gem. § 181 Abs. 1 AO finden die Vorschriften über die Steuerfestsetzung sinngemäß auch Anwendung auf die gesonderte Feststellung von Besteuerungsgrundlagen. Daraus folgt, dass die die Personengesellschaften betreffenden einheitlichen und gesonderten Feststellungen der Feststellungsverjährung unterliegen.

Aus der »sinngemäßen« Anwendung der Vorschriften über die Festsetzungsfrist schließt der BFH vom 27. 04. 1993 (BStBl II 1994, 3), dass die Feststellungsfrist allen Beteiligten gegenüber gewahrt ist, wenn der Bescheid nur einem Beteiligten bekannt gegeben wird. Dementsprechend soll die Festsetzungsfrist allen Beteiligten gegenüber gehemmt sein, wenn nur ein einziger Beteiligter Einspruch eingelegt hat (§ 171 Abs. 3a AO; BFH vom 13. 09. 1994 BStBl II 1995, 39).

Die Verjährung beginnt mit Ablauf des Jahres, in dem die Erklärung zur einheitlichen und gesonderten Gewinnfeststellung abgegeben wird (§ 170 Abs. 2 Nr. 1 i. V. m. § 181 Abs. 1 Satz 2 AO). Wird die Erklärung allerdings erst nach mehr als drei Jahren nach Ablauf des Jahres, für welches die Gewinnfeststellung zu treffen ist, abgegeben, beginnt die Verjährung mit Ablauf des dritten Jahres, das auf das Jahr der Gewinnfeststellung folgt.

Die Feststellungsfrist dauert gem. § 169 Abs. 2 Nr. 2 AO im Normalfall vier Jahre. Die Verlängerung der Festsetzungsfrist von vier auf fünf bzw. zehn Jahre bei leichtfertiger Steuerverkürzung bzw. Steuerhinterziehung nach § 169 Abs. 2 Satz AO gilt auch für die Feststellungsfrist. Die verlängerte Feststellungsfrist tritt ein, wenn die Handlung, die die leichtfertige Steuerverkürzung bzw. die Steuerhinterziehung begründet, hinsichtlich einer Besteuerungsgrundlage vorgenommen wurde, die gesondert festzustellen ist. Es genügt nicht, dass die anhängige Steuer, ohne Bezug auf die Feststellung, verkürzt oder hinterzogen wird (Söhn in H/H/S, AO, § 181 Rz. 35).

Der Ablauf der Feststellungsfrist kann aufgrund der verschiedenen Tatbestände des § 171 AO gehemmt sein. Daneben kann jedoch auch noch die besondere Ablaufhemmung gem. § 181 Abs. 5 AO eingreifen. Nach dieser Vorschrift kann trotz Ablaufs der Feststellungsfrist noch eine gesonderte Feststellung erfolgen, wenn für mindestens eine der auf der gesonderten Feststellung beruhenden Steuern die Festsetzungsfrist noch nicht abgelaufen ist. Es kann sich bei der Steuer, für die die Festsetzungsfrist noch nicht abgelaufen ist, um eine von mehreren Folgesteuern handeln, bei der der Adressat des Feststellungsbescheids Steuerpflichtiger ist. Es kann sich aber bei einer einheitlichen Feststellung auch um die Folgesteuer gegen einen von mehreren Feststellungsbeteiligten handeln

Die Forderung, dass für mindestens eine (Folge-)Steuer die Festsetzungsfrist noch nicht abgelaufen ist, folgt aus dem Verbot, Feststellungen durchzuführen, die unter keinem Gesichtspunkt steuerliche Auswirkungen haben können. Ob dies der Fall ist, entscheidet sich in dem Verfahren über den Folgebescheid; sonst würde eine eindeutig auf die Ebene des Folgebescheids gehörende Entscheidung in den Feststellungsbescheid gezogen. Die Frage, ob die (Folge-)Steuer bereits verjährt war oder nicht, gehört in die Entscheidung über die (Folge-)Steuer.

Soweit nach § 181 Abs. 5 AO ein Feststellungsbescheid trotz Ablaufs der Festsetzungsfrist erstmals ergehen kann, ist bei Vorliegen der Voraussetzungen (§§ 172 ff. AO bzw. § 129 AO) auch eine Änderung oder Berichtigung des Feststellungsbescheides zulässig.

§ 181 Abs. 5 AO bestimmt, dass »§ 171 Abs. 10 außer Betracht« bleibt. Da § 181 Abs. 5 AO eine gesonderte Feststellung zulässt, soweit die Festsetzungsfrist des Folgebescheides nicht entgegensteht, gem. § 171 Abs. 10 AO aber bei Ergehen eines Grundlagenbescheides die Festsetzungsfrist des Folgebescheides immer durchbrochen wird, besteht hier die Gefahr eines »Zirkels«. Dieser wird jedoch durch die Formulierung, dass § 171 Abs. 10 nicht anzuwenden sei, verhindert: nur bei der Prüfung, ob die Festsetzungsfrist des Folgebescheides noch durchbrochen und damit der Feststellungsbescheid noch erlassen werden kann, ist § 171 Abs. 10 AO nicht anzuwenden. Wenn dann aber der Feststellungsbescheid ergangen ist, muss § 171 Abs. 10 AO bei Erlass des Folgebescheides wieder berücksichtigt werden. Nach dem zulässigen Erlass des Grundlagenbescheides stehen dem für den Folgebescheid zuständigen Finanzamt mindestens zwei Jahre zur Umsetzung zur Verfügung.

Nach § 181 Abs. 5 Satz 2 AO ist »hierauf« in dem Feststellungsbescheid hinzuweisen. Da es sich insoweit um den Regelungsgehalt des Bescheides handelt, nicht nur um die Begründung, macht ein fehlender oder unrichtiger Hinweis den Bescheid materiell fehlerhaft (BFH vom 18.03.1998 BStBl II 1998, 555); er ist aufzuheben und kann nur erneut erlassen werden, wenn in der Zwischenzeit die Festsetzungsfrist für den Folgebescheid nicht verstrichen ist. §§ 126, 127 AO sind nicht anzuwenden, insbesondere kann der Fehler nicht geheilt werden.

Zum Inhalt des Hinweises vgl. Erlass des FinMin Nordrhein-Westfalen vom 15.06.2011 DStR 2011, 2298, den der BFH vom 18.03.1998 (BStBl II 1998, 555) ausdrücklich als ausreichend akzeptiert hat. Der Hinweistext lautet:

»Der Feststellungsbescheid ist nach Ablauf der Feststellungsfrist ergangen. Nach § 181 Abs. 5 AO kann er deshalb nur solchen Steuerfestsetzungen zugrunde gelegt werden, deren Festsetzungsfrist im Zeitpunkt der gesonderten Feststellung noch nicht abgelaufen war.«

Fehlt der Hinweis oder entspricht er nicht den inhaltlichen Anforderungen, so ist der Feststellungsbescheid rechtswidrig und aufzuheben. Eine Nachholung durch Ergänzungsbescheid gem. § 179 Abs. 3 AO ist nicht zulässig (BFH vom 18.03.1998 BStBl II 1998, 426 und vom 24.06.1998 BFH/NV 1999, 282).

§ 181 Abs. 5 AO hat in erster Linie den Fall im Auge, dass nur ein Steuerpflichtiger von der gesonderten Feststellung betroffen ist. Schwierigkeiten entstehen jedoch, wenn bei einer einheitlichen und gesonderten Feststellung mehrere Personen betroffen sind. Geben z. B. bei einer bilanzierenden Personengesellschaft alle Gesellschafter bis auf einen ihre Steuererklärungen im gleichen Jahr wie die Erklärung zur einheitlichen und gesonderten Gewinnfeststellung ab, der eine Gesellschafter aber nicht, kann die Situation eintreten, dass die Feststellungsfrist und die Festsetzungsfristen für die ESt der anderen Gesellschafter abgelaufen sind, die des einen Gesellschafters aber nicht. Stellt sich sodann heraus, dass die Gewinnfeststellung unrichtig war, könnte sie – bei Vorliegen der Voraussetzungen einer Änderungsvorschrift – nach § 181 Abs. 5 AO noch geändert werden. Wirkungen dürfte diese Änderung aber nur gegenüber dem einen Gesellschafter entfalten, dessen Festsetzungsfrist für die ESt noch nicht abgelaufen ist.

BEISPIEL ━━━

Entsprechend der im Kalenderjahr 2009 abgegebenen Erklärung zur einheitlichen und gesonderten Gewinnfeststellung wurde der Gewinn der ABCD-OHG für das Kalenderjahr 2008 auf insgesamt 200 000 € festgestellt und den Gesellschaftern i. H. v. jeweils 50 000 € zugerechnet. Die Gewinnanteile wurden bei deren Einkommensteuerveranlagung für das Kalenderjahr 2008 berücksichtigt. Während A, B und C ihre Einkommensteuererklärungen für das Kalenderjahr 2008 im Kalenderjahr 2009 abgegeben hatten, hat D seine Einkommensteuererklärung für 2008 erst im Kalenderjahr 2010 abgegeben.

Im Kalenderjahr 2014 werden Tatsachen bekannt, die eine Erhöhung des Gesamtgewinns der OHG auf 300 000 € gem. § 173 Abs. 1 Nr. 1 AO rechtfertigen würden.

LÖSUNG Die Feststellungsverjährungsfrist für das Kalenderjahr 2008 begann gem. § 181 Abs. 1 i. V. m. § 170 Abs. 2 Nr. 1 AO mit Ablauf 2009, dauerte vier Jahre (§ 169 Abs. 2 Satz 1 Nr. 2 AO) und endete mit Ablauf 2013. Im Jahr 2014 war die Feststellungsverjährungsfrist vorbehaltlich des § 181 Abs. 5 AO bereits abgelaufen.

Die Festsetzungsfrist für A, B und C endet ebenfalls mit Ablauf 2013, während bei B die Festsetzungsverjährungsfrist für das Kalenderjahr 2008 erst mit Ablauf des Jahres 2014 abläuft (§ 170 Abs. 2 Nr. 1 2. Alt. AO).

D die Gewinnfeststellung für die Einkommensteuerfestsetzung von A, B, C und D von Bedeutung (vgl. § 175 Abs. 1 Satz 1 Nr. 1 AO), kann gem. § 181 Abs. 5 Satz 1 AO ein Gewinnfeststellungsänderungsbescheid im Kalenderjahr 2014 noch ergehen. Dieser Änderungsbescheid darf jedoch lediglich noch bei D berücksichtigt werden.

━━

Der IV. Senat des BFH vom 23. 09. 1999 (BFH/NV 2000, 254) lässt eine gesonderte Feststellung bei bilanzierenden Mitunternehmerschaften zu, die nicht allen Gesellschaftern gegenüber wirksam werden kann. Als maßgebend sieht er an, dass hierdurch diejenigen Mitunternehmer, denen gegenüber die Steuer bereits verjährt ist, keinen Nachteil erleiden können; soweit es zu einer Steuererhöhung kommt, kann diese Steuer ihnen gegenüber nicht mehr festgesetzt werden.

9 Beteiligung von Familienangehörigen

Bei Verträgen zwischen Eltern und Kindern gehen Rspr. und Finanzverwaltung ebenso wie bei Verträgen zwischen Ehegatten und anderen nahen Angehörigen davon aus, dass bei dem nahen Verwandtschaftsverhältnis und den meist gleichlaufenden Interessen der Beteiligten gegenüber dem Steuergläubiger die Gefahr von Manipulation und Missbrauch rechtlicher Gestaltungsmöglichkeiten besonders nahe liegt (vgl. z. B. BFH vom 07. 05. 1996 BStBl II 1997, 196). Nach ständiger Rspr. des BFH ist dabei § 41 Abs. 1 AO (Unerheblichkeit von unwirksamen Rechtsgeschäften, soweit und solange die Beteiligten das wirtschaftliche Ergebnis dieses Rechtsgeschäftes gleichwohl eintreten lassen) auf die steuerliche Behandlung der Rechtsbeziehungen zwischen Familienangehörigen und anderen nahestehenden Personen grundsätzlich nicht anwendbar. Ernsthaft gemeinte Vereinbarungen zwischen Familienangehörigen liegen nach Auffassung des BFH nur bei Erfüllung der vom bürgerlichen Recht vorgeschriebenen Voraussetzungen und Formbestimmungen vor. Umgekehrt sieht die Rspr. häufig trotz Vorliegens aller zivilrechtlichen Voraussetzungen für das auch durchgeführte Rechtsgeschäft einen Missbrauch von Gestaltungsmöglichkeiten (§ 42 AO) als gegeben an.

Bei Gesellschaftsverträgen zwischen Eltern und minderjährigen Kindern verlangt der BFH in ständiger Rspr. schriftliche und vom Vormundschaftsgericht gemäß §§ 1643 und 1822 Nr. 3 BGB genehmigte Verträge (BFH vom 29. 01. 1976 BStBl II 1976, 332). Bei Formmängeln soll eine Heilung nur ex nunc wirken und zwar selbst dann, wenn der Vertrag vorher schon in das Handelsregister eingetragen worden ist (Nds. FG in EFG 1975, 527, bestätigt vom BFH vom 04. 10. 1979, IV R 185/75, n. v.). Im Übrigen besteht der BFH auch bei Rechtsgeschäften unter entfernten Verwandten auf der Erfüllung bürgerlich-rechtlicher Formvorschriften: So hat er z. B. die Einbringung eines Grundstückes in die Personengesellschaft eines Schwagers für in steuerrechtlicher Hinsicht unbeachtlich gehalten, weil die Beteiligten die Form des § 311b BGB nicht gewahrt hatten.

Nach BFH vom 05. 05. 1986 (BStBl II 1986, 798) kann auch ein Gesellschaftsvertrag zwischen Angehörigen steuerlich nur berücksichtigt werden, falls er dem unter Dritten Üblichen entspricht und auch wie unter Dritten vollzogen wird. Das gilt auch für eine Familien-GmbH & Co. KG, in der die GmbH durch ein Familienmitglied beherrscht wird. In die Prüfung können auch die Bedingungen eines die Grundlage der Gesellschaft bildenden Pachtvertrags einbezogen werden, mit dem der familienzugehörige bisherige Alleininhaber sein Geschäft an die GmbH & Co. KG verpachtet hat.

Ist in dem Gesellschaftsvertrag einer Familienpersonengesellschaft, durch den die minderjährigen Kinder des Hauptgesellschafters als Kommanditisten in die KG aufgenommen werden, bestimmt, dass Beschlüsse in der Gesellschafterversammlung abweichend vom Einstimmigkeitsprinzip des § 119 Abs. 1 HGB mit einfacher Mehrheit zu fassen sind, steht diese Vertragsklausel der Anerkennung der Kinder als Mitunternehmer nicht entgegen. Eine solche Klausel ist nach BFH vom 07. 11. 2000 (BStBl II 2001, 186) dahingehend auszulegen, dass sie nur Beschlüsse über die laufenden Geschäfte der KG betrifft.

Etwas »großzügiger« hat das Niedersächsische FG (vom 29. 09. 2011 EFG 2012, 46) Gesellschaftsverträge zwischen nahen Angehörigen beurteilt: Diese können bei Vorliegen der weiteren Voraussetzungen auch dann anerkannt werden, wenn die Beteiligung oder die zu deren Erwerb aufzuwendenden Mittel dem in die Gesellschaft aufgenommenen Angehörigen unentgeltlich zugewendet werden. Bei schenkweiser Einräumung einer typisch stillen (Unter-)Beteiligung wird danach kein Vermögensgegenstand zugewendet, über den der Empfänger bereits verfügen kann. Bereichert ist der Zuwendungsempfänger erst in dem Zeitpunkt, wenn ihm aus der (Unter-)Beteiligung tatsächlich Gewinnausschüttungen oder Liquidationserlöse zufließen.

BEISPIEL ──

Vater V beteiligt seine beiden minderjährigen Kinder K 1 und K 2 als Kommanditisten an seinem bisherigen Einzelunternehmen. Im Gesellschaftsvertrag ist bestimmt, dass die Kinder gegen eine Einlage von jeweils 50 000 €: mit je 20 % am Gewinn und Verlust der KG beteiligt sind, dass sie aber bis zur Vollendung des 25. Lebensjahres kein Stimmrecht und auch kein Kontrollrecht nach § 166 HGB haben. Ihre Entnahmerechte sind auf ihre persönlichen Steuern und Versicherungsbeiträge beschränkt. Darüber hinaus können sie Entnahmen nur mit Zustimmung des V als Komplementär tätigen. Bis zur Vollendung des 25. Lebensjahres beider Kinder kann V den Gesellschaftsvertrag kündigen, K 1 und K 2 erhalten in diesem Fall nur ihre Einlage zurück.
Bei Abschluss des Gesellschaftsvertrages sind die Kinder durch einen Pfleger vertreten worden. Auch wurde der Gesellschaftsvertrag durch das Vormundschaftsgericht genehmigt und die KG im Handelsregister eingetragen.
Die Einlage von K 1 und K 2 erfolgte schenkweise durch Umbuchung vom Kapitalkonto des V.
LÖSUNG Nach BFH vom 29. 01. 1976 BStBl II 1976, 324 sind die Kinder keine Mitunternehmer, da sie gegen den Willen des V keinen Einfluss auf die Geschäftsführung haben, sie beim Ausscheiden

aus der KG nicht an den stillen Reserven beteiligt sind und sie für Entnahmen die Zustimmung des V einholen müssen.

Die ihnen vertraglich zustehenden Gewinnanteile können somit K 1 und K 2 nicht als eigene Einkünfte aus Gewerbebetrieb zugerechnet werden. Stattdessen liegt insoweit eine nach § 12 EStG unbeachtliche Einkommensverwendung des V vor. Die Einkünfte sind dem V in voller Höhe zuzurechnen. Wegen Ablehnung der Mitunternehmerschaft durch den BFH war ein negativer Feststellungsbescheid (Ablehnungsbescheid gem. §§ 181 Abs. 1, 155 Abs. 1 Satz 3 AO) zu erteilen.

Die Nichtanwendbarkeit des § 41 Abs. 1 AO im Bereich der Beteiligung von Familienangehörigen sowie damit zusammen hängender Rechtsgeschäfte bedeutet in der Praxis, dass trotz tatsächlicher Durchführung die ggf. zivilrechtlich nicht wirksamen Vereinbarungen auch im Steuerrecht nicht anerkannt werden. Diese seit langem bestehende ständige Rspr. ist in der Fachliteratur immer wieder heftig kritisiert worden (vgl. z. B. Tipke/Kruse, AO, § 41 Rz. 28 ff., m. w. N.) Die Annahme des BFH, Form- oder andere Mängel bei Vereinbarungen unter Familienangehörigen bedeuten meist das Fehlen der tatsächlichen Durchführung, mag ja manchmal zutreffend sein. Ob dies aber tatsächlich so ist, ist jedoch eine Frage der Sachverhaltsermittlung, die gem. § 88 Abs. 1 Satz 1 AO grundsätzlich dem Finanzamt obliegt und an der die Beteiligten gem. §§ 90, 92, 93 oder 200 AO mitzuwirken haben. Sollten aber nach Abschluss der Sachverhaltsermittlung noch Zweifel an der tatsächlichen wirtschaftlichen Gestaltung bestehen, so hat derjenige, der sich auf sie trotz der bürgerlich-rechtlichen Unwirksamkeit beruft, die Feststellungslast zu tragen.

Im Übrigen definiert der EuGH in seinem Urteil vom 21. 02 .2006 (C-255/02 »Halifax«, HFR 2006, 411), wann Umsätze i. S. d. 6. Richtlinie 77/388/EWG des Rates vom 17. 05. 1977 zur Harmonisierung der Rechtsvorschriften der Mitgliedstaaten über die Umsatzsteuern vorliegen und stellt klar, dass es sich um Umsätze im Sinne dieser Rechtsnorm auch dann handelt, wenn diese ausschließlich den Zweck verfolgen, einen Steuervorteil zu erlangen: »Wenn der Steuerpflichtige die Wahl zwischen zwei Umsätzen hat, schreibt ihm die 6. Richtlinie nicht vor, den Umsatz zu wählen, der die höhere Mehrwertsteuer nach sich zieht. Der Steuerpflichtige hat vielmehr, wie der Generalanwalt in Nr. 85 seiner Schlussanträge ausgeführt hat, das Recht, seine Tätigkeit so zu gestalten, dass er seine Steuerschuld in Grenzen hält.«

10 Besonderheiten bei Personengesellschaften im Insolvenzverfahren

10.1 Insolvenz der Personengesellschaft

Ist über das Vermögen einer Personengesellschaft das Insolvenzverfahren eröffnet worden, können die Finanzbehörden ihre Ansprüche während der Dauer des Verfahrens nur nach den Vorschriften der Insolvenzordnung geltend machen (§ 251 Abs. 2 Satz 1 AO). Das Insolvenzverfahren einer Personengesellschaft umfasst nur das Gesamthandsvermögen, nicht jedoch das persönliche Vermögen der Gesellschafter oder das Sonderbetriebsvermögen einzelner Gesellschafter.

Nach § 16 InsO sind Gründe für die Eröffnung des Insolvenzverfahrens neben der Zahlungsunfähigkeit (§ 17 InsO) oder der drohenden Zahlungsunfähigkeit (§ 18 InsO) bei juristischen Personen Personengesellschaften ohne eine persönlich haftende natürliche Person sowie die Überschuldung (§ 19 InsO). Eine Überschuldung liegt vor, wenn das Vermögen des Schuldners die bestehenden Verbindlichkeiten nicht mehr deckt, es sei denn, die Fortführung des Unternehmens ist den Umständen nach überwiegend wahrscheinlich (§ 19 Abs. 2 Satz 1 InsO). Eine Ausnahme gilt in den Fällen des § 19 Abs. 3 Satz 2 InsO.

Zivilrechtlich wird die Personengesellschaft durch die Eröffnung des Insolvenzverfahrens aufgelöst (§ 728 Abs. 1 BGB, § 131 Abs. 1 Nr. 3 und § 161 Abs. 2 HGB). Steuerrechtlich ist die Personengesellschaft erst dann vollständig abgewickelt, wenn alle gemeinsamen Rechtsbeziehungen, also auch die Rechtsbeziehungen zwischen Personengesellschaft und Finanzamt, unter den Gesellschaftern beseitigt sind (BFH vom 01. 10. 1992, IV R 60/91, BStBl II 1993, 82).

Ist ausschließlich über das Vermögen der Gesellschaft – nicht aber auch über das Vermögen eines Gesellschafters – ein Insolvenzverfahren eröffnet worden, unterbricht diese Verfahrenseröffnung das (Gewinn-)Feststellungsverfahren nicht, weil dessen steuerlichen Folgen nicht die Insolvenzmasse, sondern ausschließlich die Gesellschafter treffen (BFH vom 24. 07. 1990, VIII R 194/84, BStBl II 1992, 508). Daher sind weiterhin Feststellungserklärungen abzugeben. Die Pflicht zur Abgabe der Feststellungserklärung obliegt wie bisher den Beteiligten (§§ 179 Abs. 1, 181 Abs. 2 AO), nicht dem Insolvenzverwalter. Dieser ist nur dann zur Abgabe der Feststellungserklärung verpflichtet, wenn er Insolvenzverwalter im Insolvenzverfahren über das Vermögen eines Beteiligten ist. Seine ggf. bestehende Pflicht zur Abgabe einer Gewerbesteuererklärung bleibt davon unberührt.

Da die Gesellschaft durch die Eröffnung des Insolvenzverfahrens aufgelöst wird, ist der Feststellungsbescheid den Gesellschaftern einzeln bekannt zu geben (§ 183 Abs. 2 AO). Wurde eine Empfangsvollmacht gem. § 183 Abs. 1 Satz 1 AO erteilt, ist jedoch weiterhin eine Bekanntgabe gem. § 183 Abs. 3 AO an den Empfangsbevollmächtigten möglich.

10.2 Insolvenz eines (oder mehrerer) Gesellschafters der Personengesellschaft

Mit der Eröffnung des Insolvenzverfahrens über das Vermögen eines Feststellungsbeteiligten wird das Gewinnfeststellungsverfahren ausschließlich hinsichtlich der Feststellung des Anteils des in der Insolvenz befindlichen Gesellschafters unterbrochen. Entgegen dem Grundsatz der Einheitlichkeit des Feststellungsverfahrens (§ 179 Abs. 2 Satz 2 AO) hindert diese Unterbrechung nicht den Fortgang des Gewinnfeststellungsverfahrens gegenüber den übrigen Beteiligten. Sobald dem für die Besteuerung eines Feststellungsbeteiligten zuständigen Finanzamt bekannt wird, dass über das Vermögen dieses Steuerpflichtigen das Insolvenzverfahren eröffnet worden ist, hat es das für die Durchführung der gesonderten und einheitlichen Feststellung zuständige Finanzamt unverzüglich hierüber zu unterrichten.

Liegt im Zeitpunkt der Insolvenzeröffnung noch kein Gewinnfeststellungsbescheid vor, ist für die Besteuerung des Anteils des insolventen Beteiligten eine Unterscheidung zwischen Insolvenz- und Masseforderungen bereits im Gewinnfeststellungsbescheid gegenüber dem in Insolvenz befindlichen Mitunternehmer vorzunehmen. Werden durch die gesonderte und einheitliche Feststellung gegenüber dem Schuldner (insolventer Feststellungsbeteiligter) sowohl Besteuerungsgrundlagen, welche der Anmeldung von Insolvenzforderungen dienen, als auch Besteuerungsgrundlagen, welche der Festsetzung von Masseforderungen dienen, festgestellt, so sind die Besteuerungsgrundlagen, welche der Anmeldung von Insolvenzforderungen dienen, gesondert aufzuführen. Dieser Bescheid ist dem Insolvenzverwalter bekannt zu geben, und es ist darauf hinzuweisen, dass der Bescheid, soweit er Besteuerungsgrundlagen betrifft, die der Anmeldung von Insolvenzforderungen dienen, lediglich ein »informatorischer Bescheid« über die Berechnungsgrundlage ist (BFH vom 24. 08. 2004, VIII R 14/02, BStBl II 2005, 246). Zuständig für die Anmeldung der Forderungen zur Tabelle ist und bleibt das für die Besteuerung des Schuldners zuständige Finanzamt, welches bei Bedarf auch am Prüfungstermin teilnehmen kann.

Wird die von dem Finanzamt angemeldete Forderung im Prüfungstermin bestritten, hat das für die Besteuerung des Schuldners zuständige Finanzamt einen Feststellungsbescheid nach § 251 Abs. 3 AO zu erlassen, der auf Feststellung zur Insolvenztabelle gerichtet ist. Der Feststellungsbescheid nach § 251 Abs. 3 AO ist an die widersprechenden Insolvenzgläubiger bzw. den widersprechenden Insolvenzverwalter zu richten.

Wird kein Einspruch gegen den Feststellungsbescheid nach § 251 Abs. 3 AO eingelegt, gilt die Forderung als festgestellt. Die Berichtigung der Tabelle ist von dem für die Besteuerung des Schuldners zuständigen Finanzamt zu beantragen.

Wird gegen den Feststellungsbescheid nach § 251 Abs. 3 AO Einspruch eingelegt und damit begründet, dass die festgestellte Forderung auf einer Gewinnfeststellung beruht, ist das Gewinnfeststellungsverfahren wieder aufzunehmen. Der Rechtsstreit über den Feststellungsbescheid nach § 251 Abs. 3 AO ist bis zu der abschließenden Entscheidung in dem Gewinnfeststellungsverfahren gem. § 363 Abs. 1 AO auszusetzen.

An diesem Gewinnfeststellungsverfahren sind anstelle des Schuldners die im Prüfungstermin widersprechenden Insolvenzgläubiger bzw. der widersprechende Insolvenzverwalter beteiligt; ihnen ist deshalb auch ein sog. »verkürzter« Gewinnfeststellungsbescheid (§ 183 Abs. 2 Satz 2 AO) bekannt zu geben (BFH vom 24.08.2004, VIII R 14/02 , BStBl II 2005, 246). Die Entscheidung im Gewinnfeststellungsverfahren ist bei der Entscheidung über den Feststellungsbescheid nach § 251 Abs. 3 AO zu berücksichtigen. Die Berichtigung der Tabelle beim Insolvenzgericht ist dann von dem für die Besteuerung des Schuldners zuständigen Finanzamt zu beantragen.

Kapitel III
Die Besteuerung der Kapitalgesellschaften

Teil A   Allgemeines zur GmbH

Es gibt vielfältige Motive, die GmbH (oder eine andere Kapitalgesellschaft) als Gesellschaftsform für wirtschaftliche Aktivitäten zu wählen. Daher nimmt die Anzahl der GmbHs in den letzten Jahren stetig zu.

Als besondere Vorteile sind hervorzuheben:

- Haftungsbegrenzung (diese lässt sich auch über eine GmbH & Co. KG erreichen).
- Einkünfte des Gesellschafter-Geschäftsführers sind – im Gegensatz zur Personengesellschaft – nach § 19 EStG zu versteuern. Dadurch
- mindern diese bei der GmbH den Jahresüberschuss;
- kann der Gesellschafter-Geschäftsführer den Pauschbetrag nach § 9a EStG geltend machen;
- erhält der Geschäftsführer alle steuerlichen Vorteile eines Arbeitnehmers (z. B. § 3 Nr. 63 EStG, Möglichkeit der Entgeltumwandlung);
- kann die GmbH für eine Pensionszusage eine den Gewinn mindernde Pensionsrückstellung bilden;
- muss der Gesellschafter-Geschäftsführer seine Pension erst mit tatsächlichem Zufluss (§ 11 EStG) versteuern.
- Dividenden müssen nur versteuert werden, wenn auch tatsächlich eine Ausschüttung beschlossen und durchgeführt wird.
- Dividenden unterliegen ab VZ 2009 der Abgeltungsteuer (25 %) bzw. dem Teileinkünfteverfahren (60 % der Dividende), wenn sich die Beteiligung im Betriebsvermögen befindet.
- Die Veräußerung der Anteile fällt unter das Teileinkünfteverfahren (§ 17 EStG, 60 % des Gewinns) und zwar auch, wenn nur Teile der Beteiligung veräußert werden.

Dem stehen auch Nachteile gegenüber; z. B.:

- Ist das GmbH-Recht formalistischer (notarielle Beurkundung des Gesellschaftsvertrags etc.).
- Können Verluste nicht auf die Gesellschafter übertragen werden.
- Werden steuerfreie Einnahmen (z. B. Gewinne einer ausländischen Betriebsstätte) bei der Ausschüttung an die Gesellschafter steuerpflichtig.
- Sind strengere Bilanzierungsregeln zu beachten.
- Besteht bei Verträgen zwischen GmbH und Gesellschafter stets die Gefahr einer verdeckten Gewinnausschüttung.

Letztlich muss jeder Unternehmer die für seine Zwecke richtige Gesellschaftsform anhand seiner Pläne individuell bestimmen.

Teil B   Gründung

1   Besonderheiten

Während eine Personengesellschaft einfach und ohne besondere Formerfordernisse gegründet werden kann, müssen bei der Gründung einer GmbH zahlreiche Vorschriften beachtet werden. Dies hat seinen Grund darin, dass bei einer Personengesellschaft stets mindestens eine Person mit ihrem gesamten Vermögen unbeschränkt haftet, während bei der GmbH die Haftung grundsätzlich auf das Gesellschaftsvermögen beschränkt ist. Daher muss verhindert werden, dass vermögenslose GmbHs gegründet werden, die Dritten gegenüber für ihre Schulden nicht einstehen können. Dass dies in der Praxis nicht immer gelingt, zeigen die zahlreichen Insolvenzfälle, in denen häufig nicht einmal genügend Mittel vorhanden sind, um die Kosten des Insolvenzverfahrens aufzubringen.

2   Die Gründungsgesellschafter

Eine GmbH kann einen oder mehrere Gesellschafter haben. Gesellschafter kann jede natürliche oder juristische Person sein. Gesellschafter können auch Personengesellschaften sein (zur GbR vgl. BGH vom 29.01.2001 BB 2001, 374). Beteiligen sich Minderjährige an einer GmbH, so werden sie durch ihre gesetzlichen Vertreter (i. d. R. die Eltern) vertreten. Veräußern oder schenken Eltern eine Beteiligung an ihre minderjährigen Kinder, so muss wegen des Verbots des Selbstkontrahierens (§ 181 BGB) ein Pfleger bestellt werden. Die Pflegerbestellung ist aber nur für den Abschluss des Gesellschaftsvertrags erforderlich. In allen Fällen ist aber die Genehmigung des Familiengerichts erforderlich (§§ 1643, 1822 BGB).

Die Gesellschafter müssen weder Wohnsitz noch dauernden Aufenthalt in Deutschland haben. Für Angehörige eines EU-Mitgliedstaates ergibt sich dies aus Art. 12, 18 EG-Vertrag. Angehörige eines EU-Mitgliedstaates dürfen in keiner Weise gegenüber in Deutschland ansässigen Gesellschaftern diskriminiert werden.

Die GmbH kann nach ihrer Gründung auch eigene Anteile erwerben (vgl. § 272 Abs. 1a HGB). Sie kann sich jedoch nicht zu 100 % selbst gehören. Es muss also immer mindestens ein Gesellschafter vorhanden sein.

3   Sitz der Gesellschaft

Die Gesellschaft hat an dem Ort ihren Sitz, den der Gesellschaftsvertrag bestimmt (§ 4a GmbHG). Als Sitz der Gesellschaft hat der Gesellschaftsvertrag in der Regel den Ort zu bestimmen, an dem die Gesellschaft einen Betrieb hat, sich die Geschäftsleitung befindet oder die Verwaltung geführt wird. Eine GmbH kann nach derzeitigem Recht (noch) keinen Sitz im Ausland haben. Im Hinblick auf die Niederlassungs- und Kapitalverkehrsfreiheit in der EU (Art. 43, 56 EG-Vertrag) ist dies nicht unbedenklich. Insbesondere führt eine spätere Sitzverlegung ins Ausland dazu, dass die Rechtsfähigkeit der GmbH endet und sie mit allen zivilrechtlichen und steuerrechtlichen Folgen (Aufdeckung der stillen Reserven) zu liquidieren ist (s. BayObLG vom

11.02.2004 GmbHR 2004, 490). Durch das MoMiG wurde in **§ 4a GmbHG** ausdrücklich festgelegt, dass sich der Sitz einer GmbH im **Inland** befinden müsse.

4   Firma

Die Regelungen des Firmenrechtes sind seit der Änderung durch das Handelsrechtsreformgesetz von 1998 relativ großzügig. Nach **§ 18 HGB ff.** muss die Firma zur Kennzeichnung des Kaufmanns geeignet sein und Unterscheidungskraft besitzen. Die Firma darf keine Angaben enthalten, die geeignet sind, über geschäftliche Verhältnisse, die für die angesprochenen Verkehrskreise wesentlich sind, irrezuführen. So ist z. B. für eine regional tätige GmbH die Bezeichnung »Euro-« oder »Inter-« unzulässig.

Die Firma einer GmbH muss stets den Zusatz »Gesellschaft mit beschränkter Haftung« bzw. »GmbH« führen (§ 4 GmbHG). Dies gilt auch, wenn die Firma nach § 22 HGB erworben und fortgeführt wird.

Eine Gesellschaft, die mit einem Stammkapital von weniger als 25 000 € gegründet wird (Unternehmergesellschaft) muss in der Firma die Bezeichnung »Unternehmergesellschaft (haftungsbeschränkt)« oder »UG (haftungsbeschränkt)« führen (§ 5a GmbHG).

5   Gegenstand des Unternehmens

Eine GmbH kann nach **§ 1 GmbHG** zu jedem gesetzlich zulässigen Zweck errichtet werden. Insbesondere ist es mittlerweile auch den freien Berufen gestattet, zum Zwecke der Berufsausübung eine GmbH zu gründen (»Rechtsanwalts-GmbH gemäß § 59c BundesrechtsanwaltsO, Steuerberatungs-GmbH gemäß § 49 StBerG, Ärzte-GmbH gemäß § 23a Musterberufsordnung für Ärzte, Architekten-GmbH gemäß § 2b ArchitektenG BW etc.«). Auch die bloße Vermögensverwaltung kann Gegenstand einer GmbH sein.

Der Gegenstand des Unternehmens ist im Gesellschaftsvertrag festzulegen (§ 3 GmbHG) und im Handelsregister einzutragen (§ 10 GmbHG).

Der Gegenstand des Unternehmens wird in aller Regel weit gefasst, um sich eine Erweiterung der Tätigkeitsbereiche offen zu halten. Dies ist insoweit unproblematisch, als die GmbH die im Gesellschaftsvertrag festgelegten Tätigkeitsbereiche nicht zwingend auch tatsächlich ausüben muss (so ist es z. B. unschädlich, wenn eine GmbH den Bau und die Vermarktung von Immobilien zum Gegenstand hat, vorläufig aber ihre Tätigkeit auf die Errichtung von Immobilien beschränkt).

Allzu nichtssagende Formulierungen wurden allerdings schon von der Rechtsprechung für unzulässig erachtet (z. B. BayObLG vom 22.06.1995 GmbHR 1995, 722 für den Fall »Betreiben von Handelsgeschäften«; BayObLG vom 01.08.1994 GmbHR 1994, 705 »Produktion und Vertrieb von Waren aller Art«).

6   Der Gesellschaftsvertrag

Der Gesellschaftsvertrag (die Satzung) ist das juristische Fundament der Gesellschaft. Neben den gesetzlich zwingenden Regelungen müssen zahlreiche Fragen geregelt werden, die den Gesellschaftern im Zeitpunkt der Gründung oft unwichtig erscheinen, die aber im Laufe der Jahre wichtig werden können. Erwähnt seien hier nur die Fragen der Veräußerung von Anteilen, der Nachfolge in Geschäftsführerpositionen, der Aufbringung von Kapital für eine mögliche Expansion u. Ä.

Grundsätzlich kann der Gesellschaftsvertrag zu jeder Zeit geändert werden. Dafür müssen dann aber die erforderlichen Mehrheiten vorhanden sein.

6.1 Rechtsnatur

Der Gesellschaftsvertrag ist ein schuldrechtlicher Vertrag eigener Art, der zum einen die Einigung der Gründer über die Errichtung der GmbH enthält. Zum anderen regelt er die Organisation der GmbH und die mitgliedschaftlichen Rechte und Pflichten der Gesellschafter. Insoweit bezeichnet man den Gesellschaftsvertrag auch **als Satzung**.

6.2 Notwendiger Inhalt

Der Gesellschaftsvertrag muss nach § 3 GmbHG mindestens Folgendes enthalten:
- die Firma und den Sitz der Gesellschaft (§§ 4, 4a GmbHG);
- den Gegenstand des Unternehmens;
- den Betrag des Stammkapitals (§ 5 GmbHG) und
- den Betrag, der von jedem Gesellschafter auf das Stammkapital zu leistenden Einlage (Stammeinlage).

6.3 Fakultativer Inhalt

Das Gesetz bietet zahlreiche Varianten der Gestaltung. Zahlreiche Vereinbarungen werden nur anerkannt, wenn sie im Gesellschaftsvertrag geregelt werden, so z. B.:
- zeitliche Beschränkung der Gesellschaft (§ 3 Abs. 2 GmbHG);
- Vereinbarung einer Sacheinlage (§ 5 Abs. 4 GmbHG);
- Übernahme des Gründungsaufwands durch die GmbH (analog § 9a GmbHG); analog § 26 Abs. 2 AktG ist zusätzlich der zu erwartende Gesamtbetrag festzulegen (vgl. OLG Düsseldorf vom 28. 02. 1986 GmbHR 1987, 59);
- besondere Voraussetzungen für die Veräußerung von Gesellschaftsanteilen (z. B. bei Freiberuflerpraxen, Familiengesellschaften u. Ä.; § 15 Abs. 5 GmbHG);
- Vereinbarung einer Nachschusspflicht (§§ 26, 27 Abs. 4, 28 GmbHG);
- besondere Regelung der Gewinnverteilung (§ 29 GmbHG);
- Einziehung von Geschäftsanteilen (§ 34 GmbHG);
- Regelung der Vertretungsbefugnis der Geschäftsführer (§§ 35 ff. GmbHG);
- Beschränkung des Rechts auf Widerruf der Geschäftsführerbestellung auf besondere Fälle (§ 38 GmbHG);
- Bestellung eines Aufsichtsrates oder Beirates (§ 52 GmbHG);
- Besondere Stimmrechtsregelungen für die Auflösung (§ 60 Abs. 1 Nr. 2 GmbHG);
- Zuständigkeit für die Liquidation (§ 66 Abs. 1 GmbHG);
- Regelung über die Verteilung des Gesellschaftsvermögens nach Liquidation (§ 72 GmbHG);
- Befreiung des Geschäftsführers vom Selbstkontrahierungsverbot (§ 181 BGB);
- Schiedsklauseln (vgl. § 1031 Abs. 5 ZPO).

Darüber hinaus **kann** im Gesellschaftsvertrag jede für die Gesellschaft und die Gesellschafter bedeutende Frage geregelt werden. So kann z. B. eine besondere Ausbildung der Gesellschafter (Meister, Steuerberater, Ingenieur etc.) gefordert werden oder es kann vereinbart werden, dass nur Angehörige einer bestimmten Familie oder eines bestimmten Familienstammes Gesellschafter werden dürfen. Wird gegen eine solche Bestimmung verstoßen, so ist der Beitritt nicht unwirksam. Die anderen Gesellschafter können aber die Erteilung der Abtretungsgenehmigung verweigern (vgl. § 15 Abs. 5 GmbHG) oder einen Erwerber, der die Anforderungen nicht erfüllt, ausschließen (§ 34 GmbHG).

Für die Auswahl eines Geschäftsführers können bestimmte Kriterien festgelegt werden (z. B. Alter, Ausbildung, Familienstand). Es kann bestimmten Personen ein Vorschlagsrecht für die Person des Geschäftsführers eingeräumt werden, von dem die Gesellschafterversammlung (vgl. § 46 Nr. 5 GmbHG) nur aus wichtigem Grund abweichen darf.

Häufig finden sich in den Gesellschaftsverträgen auch Regelungen zur Durchführung der Gesellschafterversammlung (Ort, Einladung, Vertretung der Gesellschafter etc.) oder Vereinbarungen über das Stimmrecht (Mehrheitserfordernisse, Entziehung des Stimmrechts u. Ä.).

BEISPIEL ▬▬

Gesellschaftsvertrag zur Errichtung einer Unternehmensberatungsgesellschaft mit Sacheinlage
Gesellschaftsvertrag

§ 1 Sitz der Gesellschaft
Der Sitz der Gesellschaft ist in 74 189 Weinsberg.

§ 2 Firma
Die Firma der Gesellschaft heißt: Innova GmbH.

§ 3 Gegenstand des Unternehmens
Gegenstand der Gesellschaft ist die betriebswirtschaftliche Beratung von Unternehmen und Gewerbetreibenden. Die Gesellschaft kann gleichartige oder ähnliche Unternehmen erwerben, sich an solchen beteiligen, deren Vertretung übernehmen und Zweigniederlassungen errichten. Sie darf alle Geschäfte vornehmen, die den Gesellschaftszweck zu fördern geeignet sind.

§ 4 Dauer der Gesellschaft
Die Gesellschaft ist auf unbestimmte Zeit errichtet.

§ 5 Geschäftsjahr
Das Geschäftsjahr der Gesellschaft ist das Kalenderjahr. Das erste Geschäftsjahr beginnt mit der Eintragung im Handelsregister und endet mit dem darauf folgenden 31. Dezember.

§ 6 Stammkapital
1. Das Stammkapital der Gesellschaft beträgt 50 000 € (in Worten: fünfzigtausend Euro).
2. Auf dieses Stammkapital übernehmen die Gesellschafter folgende Stammeinlagen:
a) Herr Franz Müller, Stadtseestraße 34, 74 189 Weinsberg eine Stammeinlage im Nennbetrag von 25 000 €.
b) Frau Andrea Schulz, Stadtseestraße 34, 74 189 Weinsberg eine Stammeinlage im Nennbetrag von 25 000 €.
3. Herr Franz Müller leistet seine Einlage durch Einbringung des im Grundbuch von Weinsberg, Blatt 6542, Flurstück 2211 verzeichneten Grundstücks.
Dieser Grundbesitz ist lastenfrei. Die Vertragsbeteiligten sind sich darüber einig, dass das Eigentum an dem vorgenannten Grundstück auf die Gesellschaft übergeht. Die Vertragsschließenden bewilligen und beantragen die Eintragung der Eigentumsänderung im Grundbuch. Der Gutachterausschuss

der Gemeinde Weinsberg hat den Verkehrswert des Grundbesitzes am 15.01.2016 mit 25 000 € begutachtet.

Das Grundstück wird auf die Gesellschaft übertragen ohne eine Gewähr für seine bestimmte Größe, Güte oder Beschaffenheit, auch nicht für eventuelle Kontaminierungen, über die im Übrigen nichts bekannt ist. Besitz, Nutzungen, Lasten und alle Rechte und Pflichten hinsichtlich des eingebrachten Grundstückes gehen mit sofortiger Wirkung auf die Innova-GmbH über.

§ 7 Veräußerungen und Belastungen von Geschäftsanteilen
Zur Veräußerung und Belastung eines Geschäftsanteils oder eines Teils eines Geschäftsanteils ist die Zustimmung sämtlicher Gesellschafter erforderlich. Die Abfindung des Gesellschafters hat mit dem wahren Vermögenswert seiner Beteiligung zu geschehen ohne Ansatz eines Firmenwertes. Im Streitfall entscheidet ein Gutachter, den die örtliche IHK auf Kosten der Gesellschaft zu bestellen hat.

§ 8 Einziehung
1. Ein Geschäftsanteil eines Gesellschafters kann eingezogen werden, wenn dieser der Einziehung zustimmt. Für die Berechnung der Abfindung gilt § 7 entsprechend.
2. Ohne Zustimmung des betroffenen Gesellschafters können Gesellschaftsanteile eingezogen werden,
– wenn über das Vermögen des Gesellschafters das Insolvenzverfahren eröffnet wird oder wenn die Eröffnung eines solchen Verfahrens mangels Masse abgelehnt wird,
– wenn ein Geschäftsanteil gepfändet wird und die Pfändung nicht innerhalb von zwei Monaten aufgehoben wird,
– bei Tod eines Gesellschafters (vgl. § 10 Nr. 9),
– wenn in der Person des Gesellschafters ein anderer wichtiger Grund gegeben ist, der seine Ausschließung aus der Gesellschaft rechtfertigt.
3. Der Abfindungsbetrag (§ 7 Nr. 2) ist dem ausscheidenden Gesellschafter längstens in drei gleichen Halbjahresraten auszuzahlen, davon die erste Rate ein halbes Jahr nach dem Datum des Ausscheidens. Der Forderungsbetrag kann auch vorher angewiesen werden. Er ist mit 7 % zu verzinsen.

§ 9 Geschäftsführung und Vertretung
Die Gesellschaft hat einen Geschäftsführer. Dieser ist von den Beschränkungen des § 181 BGB befreit.

§ 10 Gesellschafterversammlung
1. Die Gesellschafterversammlung wird durch die Gesellschafter einberufen. Es genügt die Einberufung durch einen Geschäftsführer. Die ordentliche Gesellschafterversammlung hat innerhalb der ersten fünf Monate eines jeden Geschäftsjahres stattzufinden. Sie beschließt über den von den Geschäftsführern vorgelegten Jahresabschluss, über die Verwendung des Ergebnisses nach § 29 GmbHG, über die Deckung eines Verlusts und über die Entlastung der Geschäftsführer.
2. Ist außer der Reihe die Beschlussfassung der Gesellschafter erforderlich, so ist eine außerordentliche Gesellschafterversammlung einzuberufen. Wird eine außerordentliche Gesellschafterversammlung von Gesellschaftern verlangt, die insgesamt einen Geschäftsanteil von mindestens 10 % des Stammkapitals vertreten, so ist die Versammlung einzuberufen. Kommt die Geschäftsführung einem derartigen Verlangen innerhalb von zwei Wochen nach schriftlicher Beantragung nicht nach, dann haben die betreffenden Gesellschafter das Recht, selbst die Gesellschafterversammlung einzuberufen.
3. Die Einberufung der Gesellschafterversammlung hat durch eingeschriebenen Brief zu erfolgen, und zwar an alle Gesellschafter unter Mitteilung der Tagesordnung, des Orts und des Datums. Zwischen dem Tag der Absendung (Poststempel) und dem Tag der Gesellschafterversammlung muss eine Frist von mindestens drei Wochen liegen (der Tag der Abstempelung und der Tag der Versammlung selbst nicht mitgerechnet). Die Einladung kann auch per E-Mail erfolgen. Die Gesellschafterversammlung findet am Sitz der Gesellschaft statt. Ein Gesellschafter kann sich durch einen anderen Gesellschafter vertreten lassen. Desgleichen kann sich ein Gesellschafter durch einen Rechtsanwalt,

Steuerberater oder Wirtschaftsprüfer in der Gesellschafterversammlung vertreten lassen. In jedem Fall hat der Vertreter eine schriftliche Vollmacht vorzulegen. Die Gesellschafterversammlung ist beschlussfähig, wenn durch die anwesenden Gesellschafter oder ihre Vertreter mindestens 3/4 aller Stimmen repräsentiert sind. Eine außerordentlich einberufene Gesellschafterversammlung ist immer beschlussfähig. Ist die Gesellschafterversammlung beschlussunfähig, so kann eine weitere Gesellschafterversammlung nach den hier vorgegebenen Maßgaben einberufen werden, jedoch mit einer Frist von sieben Tagen. Diese Gesellschafterversammlung ist in jedem Falle beschlussfähig.

4. Je 100 € eines Geschäftsanteils entsprechen einer Stimme.

5. Ist ein Gesellschafter verstorben, so ruht das Stimmrecht der Erben bis zur Vorlage eines Erbscheins. Gibt es in diesem Fall mehrere Personen als Rechtsnachfolger eines Gesellschafters, so haben diese einen gemeinsamen Bevollmächtigten aus ihren Reihen oder einen Rechtsanwalt, Steuerberater oder Wirtschaftsprüfer zu benennen. Bis zur Benennung dieses Bevollmächtigten ruht das Stimmrecht dieses Stammes. Dies soll auch gelten nach Teilung des Geschäftsanteils unter den Erben eines verstorbenen Gesellschafters. Im Falle des Todes eines Gesellschafters kann sein Geschäftsanteil eingezogen werden (§ 8 Nr. 2). Diese Möglichkeit besteht zwei Monate lang, gerechnet ab dem Zeitpunkt, zu dem die Gesellschaft vom Tod erfährt.

6. Beschlüsse der Gesellschafterversammlung kommen mit einfacher Mehrheit zustande, soweit nicht dieser Vertrag oder das Gesetz zwingend eine größere Mehrheit vorschreibt. Zur Änderung dieses Gesellschaftsvertrages und zur Auflösung der Gesellschaft ist eine Mehrheit von 3/4 aller Stimmen der Gesellschafter erforderlich.

7. Über jede Gesellschafterversammlung ist ein Protokoll abzufassen, in dem die Beschlüsse niedergelegt sind. Es ist vom Vorsitzenden der Gesellschafterversammlung zu unterzeichnen.

8. Beschlüsse können nur innerhalb eines Monats nach Kenntnis der Niederschrift über die Gesellschafterbeschlüsse angefochten werden. Eine Anfechtung ist nach Ablauf von sechs Monaten nach der Beschlussfassung nicht mehr möglich.

§ 11 Bekanntmachungen
Die gesetzlich vorgeschriebenen Bekanntmachungen erfolgen nur im Bundesanzeiger.

§ 12 Gründungskosten
Die Gründungskosten in Höhe bis zu 2 000 € trägt die Gesellschaft. Darüber hinaus gehende Gründungskosten tragen die Gesellschafter anteilig.

§ 13 Schlussbestimmungen
Sollten einzelne Bestimmungen dieses Vertrages unwirksam sein oder dieser Vertrag Lücken enthalten, wird dadurch die Wirksamkeit der übrigen Bestimmungen nicht berührt. Anstelle der unwirksamen Bestimmungen oder der Lücke gilt diejenige Regelung als vereinbart, die dem Gewollten wirtschaftlich und in rechtlich zulässiger Weise am nächsten kommt.

Weinsberg am 15. 04. 2016

Franz Müller   Andrea Schulz

. . . .

6.4   Formvorschriften

Der Gesellschaftsvertrag ist von sämtlichen Gesellschaftern zu unterzeichnen und notariell zu beurkunden (§ 2 GmbHG).

Dabei können sich die Gesellschafter mittels notariell beglaubigter Vollmacht vertreten lassen (§§ 2 Abs. 2 GmbHG; 129 BGB; 40 BeurkG). Eine notariell beglaubigte Generalvollmacht oder Prokura ist ausreichend.

Soll ein minderjähriges Kind an einer GmbH beteiligt werden, bedarf dies der Genehmigung durch das Familiengericht (§§ 1643, 1822 Nr. 3 BGB). Bei der laufenden Verwaltung (z. B. Gesellschafterversammlung) wird das Kind durch seine gesetzlichen Vertreter vertreten.

Eine Beurkundung durch einen ausländischen Notar ist zulässig, wenn der ausländische Notar nach Ausbildung, Stellung und Funktion dem deutschen Notar vergleichbar ist und ein deutschen Grundsätzen entsprechendes Beurkundungsrecht angewendet wird. Insbesondere für schweizerische und österreichische Notare ist dies anerkannt (vgl. OLG Düsseldorf vom 02. 03. 2011 GmbHR 2011, 417 ff.).

6.5   Vereinfachte Gründung

Nach **§ 2 Abs. 1a GmbHG** kann die GmbH auch in einem vereinfachten Verfahren gegründet werden, wenn sie höchstens drei Gesellschafter und einen Geschäftsführer hat. Für die Gründung im vereinfachten Verfahren ist ein Muster-Gesellschaftsvertrag (Musterprotokoll) zu verwenden, der sich in einer Anlage zum GmbHG befindet. Eine Änderung des Musterprotokolls ist nicht zulässig. Trotz der Verwendung eines Musterprotokolls bleibt die notarielle Beurkundung weiterhin erforderlich. Das Musterprotokoll kann später jederzeit durch einen individuell vereinbarten Gesellschaftsvertrag ersetzt werden.

6.6   Fehlerhafter Gesellschaftsvertrag

In seltenen Fällen kann es vorkommen, dass trotz des Erfordernisses notarieller Beurkundung der Gesellschaftsvertrag Formmängel aufweist (Beispiel: Ein Elternteil hatte keine Vertretungsmacht). Wird die Gesellschaft eingetragen, so heilt dies grundsätzlich die Formmängel (BGH vom 09. 10. 1956 BGHZ 21, 378 ff.). Enthält der Gesellschaftsvertrag keine Bestimmungen über die Höhe des Stammkapitals oder über den Gegenstand des Unternehmens, so kann jeder Gesellschafter, jeder Geschäftsführer oder (soweit vorhanden) jedes Aufsichtsratsmitglied Klage auf Nichtigerklärung der GmbH erheben (§ 75 GmbHG). Eine Heilungsmöglichkeit besteht unter den Voraussetzungen des § 76 GmbHG. Nach § 144 FGG kann in den Fällen des § 76 GmbHG auch die Löschung von Amts wegen betrieben werden.

Unter den Voraussetzungen des § 9c GmbHG hat das Registergericht die Eintragung der GmbH abzulehnen.

7   Die einzelnen Stadien der Gründung – Vorgründungsstadium

Rechtsprechung und Lehre haben im Laufe der Jahre ein Stufenmodell für die einzelnen Gründungsphasen entwickelt. Danach sind folgende Stadien der Gründung zu unterscheiden:
- Vorgründungsstadium;
- Gründungsstadium;
- eingetragene GmbH.

7.1 Gesellschaftsrechtliche Beurteilung

Finden sich mehrere Personen zusammen, um eine GmbH zu gründen, so verfolgen sie einen gemeinsamen Zweck. Sie gründen damit – bewusst oder unbewusst – eine Gesellschaft. Die Rechtsform dieser Gesellschaft ist mangels einer anderen Vereinbarung regelmäßig eine Personengesellschaft (BFH vom 29. 11. 2000 BFH/NV 2001, 573). Je nach verfolgtem Ziel liegt entweder eine Gesellschaft bürgerlichen Rechts (GbR) oder eine Offene Handelsgesellschaft (OHG) vor. Der Gesellschaftsvertrag (§ 705 BGB bzw. § 109 HGB) muss nicht zwingend schriftlich geschlossen werden. Die Anmeldung zum Handelsregister ist in den Fällen des § 1 Abs. 2 HGB (Betreiben eines Gewerbes, es sei denn, dass das Unternehmen nach Art oder Umfang einen in kaufmännischer Weise eingerichteten Geschäftsbetrieb nicht erfordert) für das Entstehen einer OHG nicht erforderlich (§ 105 Abs. 2 HGB). Die Eintragung in das Handelsregister hat in diesen Fällen lediglich eine deklaratorische Wirkung.

BEISPIEL

A, B und C sind angestellte Werkzeugmacher. Sie finden sich zusammen, um eine Maschinenbau-GmbH zu gründen. Sie beauftragen ein Rechtsanwaltsbüro mit dem Entwurf eines Gesellschaftsvertrags. Außerdem führen sie Gespräche mit Banken über die Finanzierung der Gründung.
LÖSUNG Unabhängig von der Frage, ob A, B und C bereits ein Gewerbe betreiben, ist für die Vorarbeiten zur Gründung der Maschinenbau-GmbH ein in kaufmännischer Weise eingerichteter Geschäftsbetrieb nicht erforderlich. Eine Eintragung ins Handelsregister ist daher nicht erforderlich.

Die Vorgründungsgesellschaft endet mit der Errichtung der GmbH oder mit der Aufgabe der Absicht, eine GmbH gründen zu wollen. Die Vorgründungsgesellschaft geht nicht in der später entstehenden GmbH auf. Es findet auch **kein automatischer Übergang** des Gesamthandsvermögens auf die GmbH statt.

Tätigen die Gesellschafter im Namen der Vorgründungsgesellschaft (häufig fälschlicherweise als GmbH i. G. bezeichnet) Geschäfte, so wird dadurch **nur die Vorgründungsgesellschaft berechtigt und verpflichtet**. Die Ansprüche gehen nicht automatisch auf die spätere GmbH über.

Im Übrigen gelten die allgemeinen Regeln des Personengesellschaftsrechts. Nach § 709 BGB steht die Geschäftsführung den Gesellschaftern gemeinschaftlich zu. Für jedes Geschäft ist die Zustimmung aller Gesellschafter erforderlich. Die Geschäftsführung kann aber auch auf einen oder mehrere Geschäftsführer übertragen werden (§ 710 BGB). In diesem Fall sind die übrigen Gesellschafter von der Geschäftsführung ausgeschlossen. Von der Frage der Geschäftsführung ist die Frage der Vertretungsmacht nach außen zu unterscheiden. Handeln einzelne Gesellschafter für die Gesamthand, verpflichten sie diese nur kraft rechtsgeschäftlicher Vertretungsmacht (§§ 164 ff. BGB). Steht einem Gesellschafter allerdings die Befugnis zur Geschäftsführung zu, ist er im Zweifel auch ermächtigt, die anderen Gesellschafter Dritten gegenüber zu vertreten (§ 714 BGB).

BEISPIEL

A, B und C haben in obigem Beispiel den C mündlich beauftragt, die Vorarbeiten zur GmbH-Gründung zu übernehmen. C beauftragt ein Rechtsanwaltsbüro im Namen von A, B und C mit dem Entwurf eines Gesellschaftsvertrags. Einige Wochen später kommt es zum Streit zwischen A, B und C. Das Vorhaben der GmbH-Gründung wird aufgegeben.
LÖSUNG A hat im Zweifel Vertretungsmacht nach außen. Er hat daher wirksam im Namen von A, B und C gehandelt.

Auch bei einer Vorgründungs-OHG sind zur Führung der Geschäfte alle Gesellschafter berechtigt und verpflichtet (§ 114 HGB). Im Gesellschaftsvertrag kann die Geschäftsführung einem oder mehreren Gesellschaftern übertragen werden. Die anderen Gesellschafter sind dann von der Geschäftsführung ausgeschlossen. Zur Vertretung der Gesellschaft ist jeder Gesellschafter ermächtigt, soweit er nicht durch den Gesellschaftsvertrag von der Geschäftsführung ausgeschlossen ist.

7.2   Steuerliche Beurteilung

Vorgründungsgesellschaft (GbR bzw. OHG) und die spätere GmbH sind **steuerlich völlig getrennt** zu beurteilen. Als Personengesellschaft ist die Vorgründungsgesellschaft selbst nicht einkommensteuerpflichtig. Der Gewinn der Vorgründungsgesellschaft ist einheitlich und gesondert festzustellen (§ 180 AO) und von den Gesellschaftern (Mitunternehmern) nach § 15 Abs. 1 Nr. 2 EStG individuell zu versteuern (vgl. BFH vom 05. 09. 2008, IV B 1/08 n. v.). Für die an den Betrieb des Unternehmens anknüpfenden Steuern (vgl. § 2 GewStG) ist die Vorgründungsgesellschaft selbst Steuersubjekt.

Auch wenn die Gründung einer GmbH beabsichtigt ist, die die Voraussetzungen des § 17 Abs. 1 Satz 1 EStG erfüllt, können – wenn die Gründung fehlschlägt – Beratungskosten weder als Werbungskosten bei den Einkünften aus Kapitalvermögen noch als Liquidationsverlust nach § 17 Abs. 4 EStG geltend gemacht werden (BFH vom 20. 04. 2004, VIII R 4/02, BStBl II 2004, 597). Zum Beginn der Unternehmereigenschaft in Gründungsfällen vgl. K 2.1.

7.3   Buchführungspflicht

Die Vorgründungsgesellschaft ist nach den allgemeinen Vorschriften für Personengesellschaften buchführungs- und bilanzierungspflichtig (§§ 238 ff. HGB, §§ 140, 141 AO, §§ 4–7 EStG). Die ergänzenden Vorschriften für Kapitalgesellschaften (§§ 264 ff. HGB) sind für die Vorgründungsgesellschaft nicht anwendbar.

7.4   Haftung der Gesellschafter

Die Gesellschafter der Vorgründungsgesellschaft haften nach den allgemeinen Grundsätzen der §§ 705, 426 BGB bzw. des § 128 HGB unbeschränkt und gesamtschuldnerisch. Schulden und vertragliche Verpflichtungen der Vorgründungsgesellschaft gehen nicht automatisch auf die spätere GmbH über. Hierzu bedarf es einer **befreienden Schuldübernahme** (§ 415 BGB), die nur mit Genehmigung der Gläubiger möglich ist. Eine generelle Beschränkung der Haftung nach außen ist grundsätzlich nicht möglich (keine GbRmbH; vgl. BGH vom 29. 01. 2001 NJW 2001, 1056).

Die unbeschränkte und unbeschränkbare Haftung der Gesellschafter gilt auch für Steuerschulden (BFH vom 07. 04. 1998 BStBl II 1998, 531). Die Haftung erfordert aber eine Mitwirkung des Gesellschafters an der Gestaltung, die den Steuertatbestand ausgelöst hat (BFH vom 02. 02. 1994 BStBl II 1995, 300).

Besondere Regeln gelten für die Haftung des Geschäftsführers. Dabei ist es unerheblich, ob der Geschäftsführer Gesellschafter ist oder nicht. Nach § 34 Abs. 1 AO hat der Geschäftsführer einer nicht rechtsfähigen Personenvereinigung deren steuerliche Pflichten zu erfüllen. Er hat insbesondere dafür zu sorgen, dass die Steuern aus den Mitteln entrichtet werden, die er verwaltet. Verletzt er seine Pflichten vorsätzlich oder grob fahrlässig, so haftet er persönlich nach § 69

AO. Diese Haftung ist insbesondere für Nichtgesellschafter von Bedeutung, da ja die Gesellschafter bereits nach Gesellschaftsrecht unbeschränkt haften.

8 Das eigentliche Gründungsstadium (Vorgesellschaft)

8.1 Gesellschaftsrechtliche Beurteilung

Mit dem Abschluss des Gesellschaftsvertrags entsteht eine sog. **Vorgesellschaft** (BFH vom 08. 11. 1989 BStBl II 1990, 91; BMF vom 20. 12. 1999 BStBl I 1999, 1135). Im Gegensatz zur Vorgründungsgesellschaft ist die Vorgesellschaft keine Personengesellschaft, sondern eine Personenvereinigung eigener Art, die sich dem gesetzlichen Typenkatalog von Gesellschaftsformen entzieht (BGH vom 20. 06. 1983 DB 1983, 1970). Die Vorgesellschaft ist identisch mit der späteren GmbH. Sie unterscheidet sich von der späteren GmbH im Wesentlichen dadurch, dass sie mangels Eintragung im Handelsregister noch nicht rechtsfähig ist. Mit der Eintragung in das Handelsregister wandelt sich die Vorgesellschaft in eine GmbH, mit der sie **rechtlich identisch** ist. Wegen der Identität muss das Vermögen der Vorgesellschaft nicht auf die spätere GmbH übertragen werden, Verträge gelten als von der späteren GmbH geschlossen, Darlehen als von der späteren GmbH aufgenommen (BFH vom 05. 02. 1998 BStBl II 1999, 836).

Grundsätzlich sind auf die Vorgesellschaft (GmbH i. G.) die Vorschriften für die GmbH anwendbar, soweit diese nicht die Eintragung in das Handelsregister voraussetzen (vgl. § 11 Abs. 1 GmbHG). Obwohl die Vorgesellschaft mangels Eintragung in das Handelsregister nicht rechtsfähig ist, ist sie bereits aktiv und passiv parteifähig (BGH vom 28. 11. 1997 DB 1998, 302). Sie führt auch bereits den Firmennamen der künftigen GmbH mit dem Zusatz »in Gründung« (i. G.).

8.2 Steuerliche Beurteilung

Steuerrechtlich wird die Vorgesellschaft bereits als Kapitalgesellschaft behandelt, sofern sie später als GmbH ins Handelsregister eingetragen wird (BFH vom 14. 10. 1992 BStBl II 1993, 352 m. w. N.). Der Grund dafür liegt in der rechtlichen Identität zwischen Vorgesellschaft und der ins Handelsregister eingetragenen GmbH (BFH vom 14. 10. 1992 a. a. O.). Damit ist bereits die Vorgesellschaft körperschaftsteuerpflichtig, auch wenn in § 1 KStG nur von der GmbH die Rede ist.

Eine GmbH-Vorgesellschaft, die später nicht als GmbH eingetragen wird, ist nicht körperschaftsteuerpflichtig (BFH vom 18. 03. 2010, IV R 88/06, BStBl II 2010, 991). Sie wird daher wie eine Vorgründungsgesellschaft behandelt.

Übt die Vorgesellschaft eine nach außen in Erscheinung tretende Geschäftstätigkeit aus, so ist sie gewerbesteuerpflichtig (R 2.5 Abs. 2 GewStR). Mit der Eintragung ins Handelsregister entsteht die Gewerbesteuerpflicht kraft Rechtsform (§ 2 Abs. 2 GewStG).

Die Umsatzsteuerpflicht tritt ein, sobald die Vorgesellschaft künftige Umsätze vorbereitet. Mit der späteren GmbH ist sie als ein Unternehmer zu behandeln. Die an die Vorgesellschaft erbrachten Leistungen werden so behandelt, als seien sie an die eingetragene GmbH bewirkt worden, mit der Folge, dass ihr auch der Vorsteuerabzug aus diesen Leistungen zusteht (OFD Frankfurt vom 06. 01. 1999 UR 1999, 336).

Auch bei der Grunderwerbsteuer werden Vorgesellschaft und spätere GmbH als Einheit behandelt (BFH vom 05. 12. 1956 BStBl III 1957, 28).

8.3   Buchführungspflicht

Die Vorgesellschaft ist nach denselben Regeln wie die spätere GmbH buchführungs- und bilanzierungspflichtig. Die Rechnungslegungspflicht beginnt mit Abschluss des Gesellschaftsvertrages. Auch für die Rechnungslegung gilt die Einheitstheorie. Erfolgt die Eintragung ins Handelsregister im laufenden Jahr, so ist ein Zwischenabschluss auf den Zeitpunkt der Handelsregistereintragung nicht erforderlich. Die Ergebnisse der Vorgesellschaft gehen nahtlos auf die eingetragene GmbH über.

9   Stammkapital und Stammeinlage

Bis zur Verabschiedung des MoMiG in 2008 musste eine GmbH nach § 5 Abs. 1 GmbHG ein Mindeststammkapital von **25 000 €** haben. Nach heftigen Diskussionen wurde dieses Mindeststammkapital zwar grundsätzlich beibehalten. Allerdings sieht das GmbHG in der Fassung des MoMiG nun vor, dass eine GmbH auch mit einem Stammkapital von **unter** 25 000 € gegründet werden kann (im Extremfall 1 €). Diese Gesellschaft ist auch eine GmbH, muss aber nach § 5a GmbHG in der Firma abweichend von § 4 GmbHG die Bezeichnung »Unternehmergesellschaft (haftungsbeschränkt)« oder »UG (haftungsbeschränkt)« führen. Zum Ausgleich der Unterkapitalisierung ist eine **gesetzliche Rücklage** zu bilden, in die ein Viertel des Jahresüberschusses eingestellt wird. Die gesetzliche Rücklage darf nicht ausgeschüttet, sondern nur zum Ausgleich eines Jahresfehlbetrages verwendet werden.

Ob Kunden, Lieferanten und Banken der Unternehmergesellschaft genügend Vertrauen entgegenbringen, bleibt abzuwarten. Die Gesellschafter werden sicherlich durch persönliche Schuldbeitritte, Bürgschaften, Hypotheken u. Ä. in weitem Umfang in persönliche Haftung genommen werden.

Die Gesellschafter können jederzeit ein höheres Stammkapital bestimmen. Die Höhe sollte sich insbesondere an folgenden Faktoren orientieren (vgl. BGH vom 15. 12. 1959 BGHZ 31, 258 ff.):

- Branche und Zweck der Gesellschaft (ein Immobilienbüro wird weniger Eigenkapital erfordern als ein Unternehmen des Maschinenbaus);
- Haftungsrisiken (die oft durch Versicherungen nicht mehr oder nur mit unverhältnismäßigem Aufwand abdeckbar sind);
- zu erwartende Anlaufverluste, die möglicherweise das Stammkapital aufzehren können, bevor die GmbH sich im Markt stabilisiert hat;
- finanzielle Ausstattung der GmbH im Übrigen (Kapitalrücklagen, Gesellschafterdarlehen u. Ä.).

Der Nennbetrag jedes Geschäftsanteils muss gemäß § 5 Abs. 2 GmbHG auf volle Euro lauten. Gemäß § 5 Abs. 2 Satz 2 GmbHG kann ein Gesellschafter bei Errichtung der Gesellschaft mehrere Geschäftsanteile übernehmen. Der Betrag der Stammeinlage kann für die einzelnen Gesellschafter verschieden bestimmt werden. Der Gesamtbetrag der Stammeinlagen muss mit dem Stammkapital übereinstimmen (§ 5 Abs. 3 GmbHG).

Die Vereinbarung eines Agios (Aufgeld) auf die Stammeinlage ist grundsätzlich möglich (zur bilanziellen Behandlung siehe § 272 Abs. 2 HGB). Dieses unterliegt nicht den strengen Regeln für das Stammkapital. Es kann daher z. B. auch befristet oder mit einer Bedingung versehen werden. Abschläge von der Stammeinlage (Disagio) sind unzulässig und verstoßen sowohl gegen § 5 Abs. 3 Satz 3 GmbH (Übereinstimmung von Stammeinlage und Stammkapital) als auch gegen § 19 Abs. 2 GmbHG (Verbot der Befreiung von der Einlagepflicht).

Die GmbH selbst kann bei der Gründung keine Stammeinlage übernehmen (§ 33 Abs. 1 GmbHG). Sie kann erst nach vollständiger Leistung der Einlage eigene Geschäftsanteile erwerben, sofern der Erwerb aus dem über den Betrag des Stammkapitals hinaus vorhandenen Vermögen geschehen kann. Zur Bilanzierung eigener Anteile siehe im Übrigen § 272 Abs. 1a HGB.

Die Höhe des Stammkapitals muss im Gesellschaftsvertrag ausdrücklich festgelegt werden. Die Leistung der Stammeinlage kann in Geld (Bareinlage) oder als Sacheinlage bestimmt werden. Das Gesetz sieht die Sacheinlage als Ausnahme und die Bareinlage als Normalfall an (vgl. §§ 5 Abs. 4 und 7 Abs. 2 GmbHG). Bei der Gründung einer Unternehmergesellschaft ist die Leistung einer Sacheinlage nach § 5a Abs. 1 Satz 2 GmbHG ausgeschlossen.

9.1 Bareinlage

Bareinlagen sind Einlagen in Geld. Da das GmbHG keine expliziten Regeln für die Art der Erbringung der Leistung enthält (Regelungslücke), ist § 54 Abs. 2 AktG analog anzuwenden. Danach kann der eingeforderte Betrag nur in inländischen gesetzlichen Zahlungsmitteln, bestätigten Bundesbanksschecks oder durch Gutschrift auf einem Bankkonto der GmbH (Vorgesellschaft) erbracht werden. Fraglich ist, ob dieses ein inländisches Bankkonto sein muss. Angesichts der Kapitalverkehrsfreiheit in der EU (Art. 56 EG-Vertrag) müsste eine Einzahlung auf jedes Konto einer europäischen Bank möglich sein. Möglich ist auch die Einzahlung auf ein Treuhandkonto (Notar-Anderkonto).

Die Hingabe eines Schecks oder eines Wechsels führt erst dann zur Schuldbefreiung, wenn der Scheck endgültig und vorbehaltlos gutgeschrieben oder der Wechsel in bar bezahlt wird. Die Abtretung einer Forderung gilt erst dann als Erbringung der Stammeinlage, wenn die abgetretene Forderung eingezogen ist (OLG Düsseldorf vom 03. 08. 1988 BB 1988, 2126). Eine Aufrechnung mit anderweitigen Ansprüchen gegen die Gesellschaft ist grundsätzlich ausgeschlossen (§ 19 Abs. 2 Satz 2 GmbHG).

Leistet die GmbH Sicherheit für einen Kredit, den der Gesellschafter aufnimmt, um die Einlage zu erbringen, so wird der Gesellschafter insoweit von seiner Leistungspflicht nicht befreit.

Hat der Gesellschafter die Mindesteinzahlung (§ 7 Abs. 2 GmbHG) erbracht, so kann die Zahlung der restlichen Einlage gestundet werden (Argument aus § 7 Abs. 2 GmbHG und § 272 HGB). Häufig erfolgt die Einzahlung der restlichen Einlage durch Verrechnung mit künftigen Dividendenausschüttungen. Bei der ausstehenden Einlage ist zwischen nicht eingeforderten und eingeforderten ausstehenden Einlagen zu differenzieren (vgl. § 272 Abs. 1 Satz 3 HGB). Solange die Einlage noch nicht eingefordert ist, muss die Forderung der GmbH auf Leistung der Einlage nicht verzinst werden, selbst wenn die Gesellschaft ihren Kapitalbedarf mit Fremdmitteln deckt und dafür Zinsen aufwendet (BFH vom 29. 05. 1968 BStBl II 1969, 11).

Leistet der Gesellschafter den auf die Stammeinlage eingeforderten Betrag nicht zur rechten Zeit, gerät er in Verzug und ist zur Entrichtung von Verzugszinsen verpflichtet (§ 20 GmbHG). Zahlt der Gesellschafter die fällige Einlage nicht, so kann ihm eine Nachfrist von mindestens einem Monat unter Androhung seines Ausschlusses gesetzt werden (§ 21 Abs. 1 GmbHG). Die Fristsetzung muss mittels eines eingeschriebenen Briefes erfolgen. Lässt der Gesellschafter die Frist fruchtlos verstreichen, so kann durch erneuten Einschreibebrief der Gesellschafter ausgeschlossen werden (sog. Kaduzierung). In diesem Fall geht der Gesellschaftsanteil nicht unter, sondern fällt an die GmbH selbst. Der Ausschluss hat dingliche Wirkung und ist unwiderruflich.

Die Kaduzierung ist nur im Falle rückständiger Bareinlagen möglich. Bei verspäteten Sacheinlagen oder Schlechtleistung der Sacheinlage ist § 21 GmbHG nicht anwendbar.

Während Sacheinlagen vor Anmeldung der Gesellschaft stets voll zu erbringen sind (§ 7 Abs. 3 GmbHG), genügt es bei Bareinlagen, wenn auf jeden Geschäftsanteil **mindestens ein Viertel** eingezahlt ist (§ 7 Abs. 2 GmbHG). Ein im Gesellschaftsvertrag vereinbartes Aufgeld bleibt hierbei außer Betracht. Bei Gründung einer Unternehmergesellschaft muss das Stammkapital abweichend von § 7 Abs. 2 GmbHG in voller Höhe eingezahlt sein (§ 5a Abs. 2 Satz 1 GmbHG). Werden neben Bareinlagen auch Sacheinlagen satzungsgemäß erbracht, so darf die Gesellschaft erst dann zur Eintragung in das Handelsregister angemeldet werden, wenn der **Gesamtbetrag von Bar- und Sacheinlage** mindestens die **Hälfte des Mindeststammkapitals** (§ 5 Abs. 1 GmbHG) erreicht. Da bei der Gründung einer Unternehmergesellschaft die Leistung einer Sacheinlage nach § 5a Abs. 2 Satz 2 GmbHG ausgeschlossen ist, hat die Regelung über die gesplittete Bar- und Sacheinlage insoweit keine Bedeutung.

> **BEISPIELE**
>
> a) Gesellschafter der X-GmbH i. G. (Vorgesellschaft) sind A, B und C zu je einem Drittel. Das Stammkapital beträgt nach Satzung 30 000 €. Es sind ausschließlich Bareinlagen zu leisten. Jeder der Gesellschafter hat 5 000 € einbezahlt.
> **LÖSUNG** Da auf jeden Geschäftsanteil mindestens ein Viertel des Nennbetrags (10 000 € je Gesellschafter) einbezahlt ist, kann die GmbH in das Handelsregister eingetragen werden.
>
> b) Wie oben; Gesellschafter A hat seine Einlage vollständig erbracht; die beiden anderen Gesellschafter haben noch keine Beträge auf die Stammeinlage geleistet.
> **LÖSUNG** Eine Eintragung in das Handelsregister ist nicht möglich. Die Einzahlungen erreichen zwar insgesamt ein Viertel der Stammeinlage, sie sind aber nicht auf jeden Geschäftsanteil erfolgt.
>
> c) Wie oben a); vereinbart wurde eine Bareinlage der Gesellschafter A und B; Gesellschafter C soll eine Sacheinlage erbringen. Gesellschafter A und B haben jeweils 5 000 € einbezahlt. Gesellschafter C hat seine Sacheinlage im Wert von 10 000 € erbracht.
> **LÖSUNG** Da eine kombinierte Bar-/Sacheinlage vereinbart wurde, muss auf jeden Geschäftsanteil mindestens ein Viertel des Nennbetrags eingezahlt sein und zusätzlich die Summe von Bar- und Sacheinlagen die Hälfte des Mindeststammkapitals nach § 5 Abs. 1 erreichen. Alle drei Gesellschafter haben jeweils mindestens ein Viertel des auf sie entfallenden Nennbetrags einbezahlt. Die Summe aus Bareinlage (2 × 5 000 €) und Sacheinlage (10 000 €) erreicht mindestens die Hälfte von 25 000 €. Daher kann die GmbH eingetragen werden.

Erbringen die Gesellschafter bis zur Eintragung der Gesellschaft freiwillig eine höhere Leistung als die eingeforderten Mindestbeträge nach § 7 Abs. 2 GmbHG, so führen die vor Fälligkeit erbrachten Mehrleistungen zum Erlöschen der Einlageschuld (BGH vom 24. 10. 1988 DB 1989, 217).

9.2 Sacheinlage

9.2.1 Überblick

Sollen Sacheinlagen geleistet werden, so müssen der Gegenstand der Sacheinlage und der Betrag der Stammeinlage, auf die sich die Sacheinlage bezieht, im Gesellschaftsvertrag festgelegt werden (§ 5 Abs. 4 GmbHG).

Die Vereinbarung von Sacheinlagen ist stets kritisch zu sehen, da die Gefahr besteht, dass die GmbH nicht mit dem erforderlichen Mindestkapital ausgestattet wird. Insbesondere besteht immer **die Gefahr einer Überbewertung** der Sacheinlagen durch die Gesellschafter.

Sacheinlagen sind alle Leistungen, die nicht in Geld bestehen. Sacheinlagen sind nur unter den engen Voraussetzungen des § 5 Abs. 4 GmbHG zulässig. Danach muss der Gegenstand der Sacheinlage und der Betrag der Stammeinlage, auf den sich die Sacheinlage bezieht, im Gesellschaftsvertrag festgesetzt werden. Der Gegenstand ist – insbesondere bei Gattungssachen (Pkw) – so genau zu bezeichnen, dass eine eindeutige Identifizierung möglich ist.

Im Gegensatz zu den Bareinlagen müssen Sacheinlagen **vor Anmeldung** der Gesellschaft zum Handelsregister erbracht werden (vgl. § 7 Abs. 2 GmbH). Der Sachgründungsbericht ist dem Registergericht vorzulegen. Die zutreffende Bewertung ist nachzuweisen (§ 8 Abs. 1 Nr. 5 GmbHG). Das Registergericht hat die Erbringung und die Bewertung der Sacheinlagen zu prüfen (§ 9c Abs. 1 GmbHG).

Wird eine Unternehmergesellschaft gegründet, ist die Vereinbarung einer Sacheinlage nach § 5a Abs. 2 GmbHG ausgeschlossen.

9.2.2 Bewertung

Erreicht der Wert einer Sacheinlage im Zeitpunkt der Anmeldung der Gesellschaft zur Eintragung in das Handelsregister nicht den Betrag des dafür übernommenen Geschäftsanteils, hat der Gesellschafter i. H. d. Betrags eine Einlage in Geld zu leisten (§ 9 GmbHG; **Differenzhaftung**). Maßgeblich ist der Wert der Sacheinlage im Zeitpunkt der Handelsregistereintragung (§ 9 GmbHG). Bewertungen auf einen früheren Zeitpunkt können übernommen werden, wenn dieser nicht zu weit entfernt liegt und sich der Wert nur unmaßgeblich geändert hat (z. B. einige Monate bei Grundstücken).

Die Bewertung ist nach objektiven Kriterien vorzunehmen. Soweit vorhanden, ist von einem Marktpreis auszugehen (z. B. »Schwacke-Liste« u. Ä.), alternativ können die Wiederbeschaffungskosten herangezogen werden. Bei Unternehmen wird man eine Kombination aus Ertrags- und Sachwertverfahren anwenden müssen.

Unmaßgeblich ist, welchen subjektiven Wert der Gegenstand für die GmbH hat (der wertlose Lkw kann der GmbH vielleicht noch einige Jahre gute Dienste leisten).

Stellt das Registergericht fest, dass Sacheinlagen nicht unwesentlich überbewertet worden sind, so hat es die Eintragung nach § 9c Abs. 1 Satz 2 GmbHG abzulehnen.

9.2.3 Sachgründungsbericht

Nach § 5 Abs. 4 GmbHG haben die Gesellschafter in einem Sachgründungsbericht die für die Angemessenheit der Leistungen für Sacheinlagen wesentlichen Umstände darzulegen und beim Übergang eines Unternehmens auf die Gesellschaft die Jahresergebnisse der beiden letzten Geschäftsjahre anzugeben. Die Bewertung ist insbesondere bei der Einbringung von Unternehmen problematisch. Hier müssen die Aktiva und Passiva zweifelsfrei festgelegt und erkennbar sein (vgl. OLG Düsseldorf vom 30. 07. 1992 NJW 1993, 2123).

Der Sachgründungsbericht muss dem Registergericht nachvollziehbar darstellen, welche Überlegungen der Bewertung zugrunde liegen. Die Bewertungsmethode ist anzugeben (Marktpreis, Bewertung eines Grundstücks durch den Gutachterausschuss, Bewertung eines Kfz nach »Schwacke-Liste« oder durch einen Sachverständigen, Bewertung eines Gebäudes anhand nachweisbarer Herstellungskosten u. Ä.).

Der Bericht ist schriftlich abzufassen und von allen Gründern persönlich zu unterschreiben. Über die Handelsregistereinsicht erhalten auch außen stehende Dritte die Möglichkeit der Einsichtnahme. Dies kann bei der Einbringung von Unternehmen erhebliche Probleme aufwerfen.

BEISPIEL

Als Gründungsgesellschafter der Innova-GmbH, Weinsberg überreichen wir beiliegend die Unterlagen für die Bewertung der Sacheinlage des Gesellschafters Franz Müller, und erstatten gem. § 5 Abs. 4 Satz 2 GmbHG folgenden Sachgründungsbericht.

In dem Gesellschaftsvertrag der Innova-GmbH vom 15.04.2016 wurde vereinbart, dass der Gesellschafter Franz Müller die von ihm übernommene Stammeinlage von 25 000 € durch Übertragung des Grundstücks Flurstück 2211, Grundbuch von Weinsberg Blatt 6542 erbringt.

Die Sacheinlage erreicht gem. Gutachten des Gutachterausschusses der Gemeinde Weinsberg vom 15.01.2016 mindestens den im Gesellschaftsvertrag festgestellten Wert i. H. v. 25 000 €. Das Grundstück wurde 25.06.2016 auf die Innova-GmbH übertragen.

Wir halten in Folge dieser Tatsachen den Wert der Sacheinlage des Gesellschafters Franz Müller durch das erwähnte Grundstück als für erbracht.

Weinsberg, den 31.06.2016

Franz Müller   Andrea Schulz

. . . .

Anlage: Gutachten des Gutachterausschusses der Gemeinde Weinsberg sowie Grundbuchauszug

9.2.4 Gegenstand der Einlage

Einlagefähig sind grundsätzlich alle einlagefähigen Gegenstände, soweit der GmbH dadurch reales und verwertbares Vermögen zufließt. Erforderlich ist nicht zwingend die Bilanzierungsfähigkeit. Darunter fallen auf jeden Fall Sachen (Grundstücke, Gebäude, Maschinen, Pkw, Büroeinrichtung etc.). Auch Forderungen, die einlagefähig und übertragbar sind (§ 399 BGB), erfüllen die Voraussetzungen einer Sacheinlage. Künftige Ansprüche (z. B. auf künftige Geschäftsführervergütung) haben noch keinen Gegenwartswert und sind daher nicht einlagefähig. Dies gilt auch für bedingte Forderungen (vgl. BGH vom 21.09.1978 BB 1978, 1635). Grundsätzlich sind auch Forderungen gegen die (Vor-)GmbH einlagefähig (z. B. Anspruch der Gründer auf Auslagenersatz). Diese Forderungen erlöschen mit Einbringung und Erhöhen dadurch das Vermögen der Gesellschaft.

Auch sonstige Rechte (Erbbaurecht, Nießbrauch etc.) können Gegenstand einer Sacheinlage ein, auch wenn sie grundsätzlich nicht bilanzierungsfähig sind. Eine besondere Bedeutung haben in diesem Zusammenhang Patente, Gebrauchsmuster, Urheberrechte u. ä. Die Rechtsprechung hält selbst nicht patentierte Erfindungen oder Know-how für einlagefähig. Hier wird aber die Frage der Bewertung besonders sorgfältig zu prüfen sein.

Streitig ist die Behandlung von Nutzungsrechten (Beispiel: Überlassung einer Fabrikhalle an die GmbH durch den Gesellschafter). Derartige Rechte wird man nur anerkennen können, wenn sie für die GmbH auch wirklich einen Vermögenswert haben. Dies ist nicht der Fall, wenn das Nutzungsrecht jederzeit entzogen werden kann (Kündigung der Nutzung durch den Gesellschafter, Insolvenz des Gesellschafters etc.).

Besondere Probleme birgt die Einbringung von Unternehmen mit ihren sich ständig ändernden Aktiva und Passiva. Neben der Festsetzung eines Übertragungsstichtags ist hier die Aufstellung einer Einbringungsbilanz erforderlich.

Ist der Gegenstand der Sacheinlage mit Mängeln behaftet, so hat die GmbH die entsprechenden Gewährleistungsrechte des Zivilrechts. Gegebenenfalls muss der Gesellschafter dann nachbessern (z. B. den Motor des eingebrachten Pkw reparieren lassen) oder die Differenz zur Stammeinlage in bar erbringen.

9.3 Verdeckte Sacheinlage

Sollen die Gesellschafter ihre Einlageverpflichtung durch eine Sacheinlage (z. B. Pkw) erfüllen, so ist dies nur unter strengen Auflagen möglich (vgl. § 5 Abs. 4 GmbHG). Um diese strengen Auflagen zu umgehen, könnte man daran denken, eine Bareinlagepflicht zu vereinbaren und anschließend an die GmbH den für die Sacheinlage vorgesehenen Gegenstand zu veräußern.

Nach **§ 19 Abs. 4 GmbHG** befreit eine verdeckte Sacheinlage den Gesellschafter nicht von seiner Einlageverpflichtung. Jedoch sind die Verträge über die Sacheinlage und die Rechtshandlungen zu ihrer Ausführung nicht unwirksam. Auf die fortbestehende Geldeinlageverpflichtung wird aber der Wert des Vermögensgegenstandes angerechnet. Die Anrechnung erfolgt aber nicht vor Eintragung der Gesellschaft in das Handelsregister.

BEISPIEL

Bei der Gründung der X-GmbH haben die Gesellschafter A und B je eine Bareinlage i. H. v. 50 000 € zu erbringen. Gesellschafter A leistet die Einlage in bar. Gesellschafter B veräußert an die GmbH einen Pkw und verrechnet den Kaufpreis mit der ausstehenden Einlage. Der Pkw hat ausweislich eines Gutachtens einen Wert von 50 000 €.

LÖSUNG Der Kaufvertrag über den Pkw ist zivilrechtlich wirksam. Da eine verdeckte Sacheinlage vorliegt, gilt die Geldeinlage des B als nicht erbracht (§ 19 Abs. 4 GmbHG). Damit ist nach § 7 Abs. 2 GmbHG eine Eintragung der GmbH ins Handelsregister nicht möglich, da nicht jeder Gesellschafter mindestens ein Viertel der Stammeinlage erbracht hat. B müsste also mindestens 12 500 € bar einzahlen.

Nach Eintragung der Gesellschaft kann dann B auf die noch ausstehende Bareinlageverpflichtung den Wert des übertragenen Pkw anrechnen (37 500 €). Damit gilt die Bareinlage als erbracht. Aus dem Kaufvertrag kann B dann die Zahlung der noch verbleibenden 12 500 € verlangen.

9.4 Änderung von Bar- in Sacheinlagen und umgekehrt

Vor der Eintragung der GmbH ins Handelsregister ist eine Änderung des GmbH-Vertrags dahingehend möglich, dass anstelle einer Sacheinlage eine Bareinlage (und umgekehrt) vereinbart wird. Ist eine Anmeldung zum Handelsregister bereits erfolgt, muss diese wiederholt bzw. korrigiert werden, da nach § 10 Abs. 3 GmbHG die Vereinbarung von Sacheinlagen (§ 5 Abs. 4 GmbHG) in die Veröffentlichung aufzunehmen ist.

Nach Eintragung ins Handelsregister kann durch Änderung des Gesellschaftsvertrages eine Sacheinlageverpflichtung in eine Bareinlageverpflichtung umgewandelt werden, da die Bareinlage dem gesetzlichen Normalfall entspricht (vgl. § 5 Abs. 4 GmbHG).

Der umgekehrte Fall ist wesentlich komplizierter, da hier stets die Gefahr besteht, dass die Gesellschaft eine nicht voll werthaltige Einlage erhält.

Nach Ansicht der Rechtsprechung (BGH vom 04. 03. 1996 NJW 1996, 1473) ist eine nachträgliche Änderung grundsätzlich durch einen mit satzungsändernder Mehrheit gefassten Gesellschafterbeschluss möglich. Dieser hat die Gesellschafter aufzuführen, die ihre Einlage umwandeln wollen, sowie die genaue Bezeichnung der Sacheinlage. Der Beschluss ist unter Vorlage eines von allen Geschäftsführern und von allen durch die Änderung betroffenen Gesellschaftern unterzeichneten Berichts über die Einlagenänderung und einer Versicherung der Gesellschafter hinsichtlich der Werthaltigkeit und des Empfangs der Gegenstände beim Handelsregister anzumelden. Maßgebend für die Frage der Vollwertigkeit (vgl. § 9c GmbHG) ist der Zeitpunkt der Eintragung ins Handelsregister.

10 Die bilanzielle und steuerliche Behandlung der Einlagen

10.1 Allgemeines

Die Leistung der Einlage hat ihre Ursache im Gesellschaftsverhältnis. Die Verpflichtung zur Übernahme der Gründungseinlagen führt beim Gesellschafter zu Anschaffungskosten auf die Beteiligung. Befindet sich die Beteiligung im Privatvermögen, so hat die Höhe der Anschaffungskosten Auswirkungen auf die Höhe eines eventuell entstehenden privaten Veräußerungsgewinnes nach § 20 Abs. 2 Nr. 1 EStG bzw. § 17 EStG.

Befindet sich die Beteiligung im Betriebsvermögen, so ist die Beteiligung mit den Anschaffungskosten zu aktivieren (§§ 253, 266 Abs. 2 III. Nr. 1 HGB; § 6 Abs. 1 Nr. 2 EStG). Dabei spielt es keine Rolle, ob die Gründungseinlage eingefordert ist oder nicht (vgl. FinMin Niedersachsen vom 30. 01. 1989 GmbHR 1989, 226). In der Bilanz des Gesellschafters ist die Beteiligung auf der Aktivseite mit den geleisteten zzgl. den geschuldeten Einlagen zu aktivieren. Die geschuldeten Einlagen sind zu passivieren. Eine Verrechnung der beiden Positionen ist nicht zulässig.

Auf der Seite der Gesellschaft sind die geleisteten Einlagen auf der Passivseite als Stammkapital (gezeichnetes Kapital) auszuweisen. Soweit Einlagen noch nicht vollständig geleistet wurden, ist zu differenzieren (§ 272 Abs. 1 HGB): Die **nicht eingeforderten** ausstehenden Einlagen auf das gezeichnete Kapital sind von dem Posten »Gezeichnetes Kapital« offen abzusetzen. Wurden die Einlagen **eingefordert**, so sind sie insoweit als Posten »Eingefordertes Kapital« in der Hauptspalte der Passivseite auszuweisen. Der eingeforderte, aber noch nicht einbezahlte Betrag ist unter den Forderungen gesondert auszuweisen und entsprechend zu bezeichnen.

BEISPIELE

a) Bei der Gründung der XY-GmbH haben die beiden Gesellschafter X und Y je 100 000 € als Gründungseinlage zu erbringen. X leistet seine Einlage vereinbarungsgemäß durch Übereignung einer Maschine. Y zahlt 25 000 € bar ein. Die restlichen 75 000 € werden von der GmbH vorläufig noch nicht eingefordert.

LÖSUNG Die Eintragung der GmbH in das Handelsregister kann erst erfolgen, wenn die Sacheinlage geleistet ist (§ 7 Abs. 3 GmbHG). Die Bareinlage des X muss mindestens zu einem Viertel erbracht sein (§ 7 Abs. 2 GmbHG). Dies ist hier der Fall, da X die 25 000 € bar einbezahlt hat. Sacheinlage zzgl. eingezahlte Bareinlage müssen nach § 7 Abs. 2 GmbHG mindestens die Hälfte des Mindeststammkapitals nach § 5 Abs. 1 GmbHG erreichen. Auch diese Bedingung ist erfüllt, da Einlagen i. H. v. 125 000 € geleistet wurden.

Die Eröffnungsbilanz der GmbH sieht wie folgt aus:

Aktiva		Passiva		
Maschine	100 000 €	Gezeichnetes Kapital		200 000 €
Bank	25 000 €	Nicht eingefordertes		
		Kapital	./.	75 000 €
				125 000 €
	125 000			125 000 €

b) Wie oben; die ausstehende Einlage i. H. v. 75 000 € wurde von der GmbH eingefordert.

LÖSUNG Die Eröffnungsbilanz weist nun auf der Passivseite folgende Beträge aus:

Aktiva		Passiva	
Maschine	100 000 €	Einbezahltes Kapital	125 000 €
Bank	25 000 €	Eingefordertes Kapital	75 000 €
Forderung Einlage	75 000 €	Gezeichnetes Kapital	200 000 €
	200 000 €		200 000 €

10.2 Behandlung eines Agios

Wird von den Gesellschaftern eine Bareinlage verlangt, die über dem entsprechenden gezeichneten Kapital liegt, so ist der Mehrbetrag (Agio) handelsrechtlich als Kapitalrücklage auszuweisen (§ 272 Abs. 2 Nr. 1 HGB). Dies gilt aufgrund des Maßgeblichkeitsgrundsatzes (§ 5 Abs. 1 EStG) auch für die Steuerbilanz.

BEISPIEL

Bei der Gründung der XY-GmbH wird vereinbart, dass die Gesellschafter A und B je 25 000 € Stammeinlage und 5 000 € Agio einzahlen müssen.

LÖSUNG Die Eröffnungsbilanz der GmbH sieht dann wie folgt aus:

Aktiva	Eröffnungsbilanz XY-GmbH		Passiva
Bank	60 000 €	Gezeichnetes Kapital	50 000 €
		Kapitalrücklage	10 000 €

Steuerrechtlich handelt es sich um einen Zugang im Einlagekonto (§ 27 KStG). Wird die Kapitalrücklage aufgelöst und erfolgt eine Ausschüttung aus dem Einlagekonto, so ist die Ausschüttung für den Gesellschafter nicht nach § 20 Abs. 1 Nr. 1 EStG, sondern nach § 17 Abs. 4 EStG steuerbar.

10.3 Sacheinlage

Bei der Erbringung der Sacheinlage entstehen zahlreiche bilanzielle und steuerliche Probleme. Dabei ist nach der Art der Sacheinlage zu differenzieren.

10.3.1 Übertragung eines Wirtschaftsguts aus dem Privatvermögen

Überträgt der Gesellschafter ein Wirtschaftsgut des Privatvermögens (häufig Grundstück oder Pkw) auf die GmbH, so kann dies bei ihm einen privaten Veräußerungsgewinn nach § 17, 20 Abs. 2 oder § 23 EStG auslösen, da die Übertragung als **Tausch** (§ 6 Abs. 6 EStG) und somit als entgeltliches Geschäft gilt (**offene Einlage**). Die Vorschrift des § 23 Abs. 1 Satz 5 EStG ist nicht anzuwenden, da keine Einlage in das Betriebsvermögen des Gesellschafters vorliegt.

BEISPIELE

a) Gesellschafter G, der zu 45 % an der neu gegründeten G-GmbH beteiligt ist, hat am 01.01.2017 als Sacheinlage vereinbarungsgemäß eine Eigentumswohnung auf die GmbH zu übertragen. Die Eigentumswohnung hat lt. Sachverständigengutachten einen Wert von 125 000 € (Anteil Grund und Boden 25 000 €). G hat die Eigentumswohnung am 01.01.2013 für 115 000 € erworben (Anteil Grund und Boden 22 000 €). Er hat die Wohnung bis zur Leistung der Sacheinlage zu fremden Wohnzwecken vermietet und nach § 7 Abs. 4 Nr. 2 Buchst. a EStG mit 2 % jährlich abgeschrieben.

LÖSUNG Der Vorgang ist so zu beurteilen, als habe G die Eigentumswohnung gegen die Anteile an der GmbH getauscht. G erzielt einen privaten Veräußerungsgewinn nach §§ 6 Abs. 6, 23 Abs. 1 Nr. 1 EStG. Bei der Berechnung der Anschaffungskosten ist nach § 23 Abs. 3 Satz 4 EStG die tatsächlich in Anspruch genommene AfA abzuziehen. Als Erlös gilt der Betrag, mit dem die Sacheinlage bewertet wurde. Somit ergibt sich folgender Gewinn:

Erlös		125 000 €
Anschaffungskosten des Gebäudes	93 000 €	
2013–2016; 4 × 2 %	./. 7 440 €	
	85 560 €	
zzgl. Anschaffungskosten des Grundstücks	22 000 €	
maßgebliche Anschaffungskosten		./. 107 560 €
privater Veräußerungsgewinn		17 440 €

b) Gesellschafter G, der zu 45 % an der neu gegründeten G-GmbH beteiligt ist, hat am 01. 01. 2017 als Sacheinlage vereinbarungsgemäß eine 5 %ige Beteiligung an der A-AG auf die GmbH zu übertragen. Der Wert der Beteiligung wird von einem Wirtschaftsprüfer mit 125 000 € ermittelt. G hat die Beteiligung am 01. 07. 2006 für 100 000 € erworben.

Da G innerhalb der letzten fünf Jahre an der AG zu mindestens 1 % beteiligt war, ist ein Veräußerungsgewinn nach § 17 Abs. 1 Satz 1 EStG zu versteuern. Nach § 3 Nr. 40 Buchst. c) EStG ist der Erlös nur zu 60 % anzusetzen (Teileinkünfteverfahren). Im Gegenzug dürfen bei der Berechnung des Veräußerungsgewinns (§ 17 Abs. 2 EStG) auch die Anschaffungskosten nach § 3c Abs. 2 EStG nur zu 60 % abgezogen werden. Für den Veräußerungsgewinn ist ein Freibetrag nach § 17 Abs. 3 EStG zu gewähren. Ein besonderer Steuersatz kommt wegen des Teileinkünfteverfahrens nicht in Frage (vgl. § 34 Abs. 2 EStG). Damit ergibt sich folgender Gewinn:

Veräußerungserlös (125 000 € × 60 %)		75 000 €
Anschaffungskosten (100 000 € × 60 %)	./.	60 000 €
Gewinn		15 000 €

Ein Freibetrag kommt wegen der Höhe des Gewinns nicht in Frage (Details siehe Teil K).

10.3.2 Übertragung von Wirtschaftsgütern des Betriebsvermögens

Überträgt ein Gesellschafter ein Wirtschaftsgut aus seinem Betriebsvermögen auf die neu gegründete GmbH als Sacheinlage, so sind nach **§ 6 Abs. 6 Satz 1 EStG** zwingend die stillen Reserven aufzudecken, da es sich um ein entgeltliches Rechtsgeschäft handelt (Tausch Wirtschaftsgut gegen Gesellschaftsanteile).

Die Vorschrift des § 6 Abs. 5 Satz 3 Nr. 3 EStG ermöglicht es zwar unter bestimmten Voraussetzungen, Wirtschaftsgüter zum Buchwert auf eine andere Person zu übertragen, wenn Übertragender und Aufnehmender Mitunternehmer derselben Personengesellschaft sind.

Da aber die stillen Reserven, die in einer GmbH ruhen, im Falle der Veräußerung oder Liquidation nur im Teileinkünfteverfahren besteuert werden (§§ 3 Nr. 40, 17 EStG), verbietet der Gesetzgeber die Übertragung stiller Reserven von einem Einzelunternehmen oder einer Personengesellschaft auf eine Kapitalgesellschaft durch ausdrückliche Regelung in **§ 6 Abs. 5 Satz 5 EStG**. Nach dieser Vorschrift ist der Teilwert anzusetzen, soweit bei der Übertragung des Wirtschaftsguts der Anteil einer Körperschaft an dem Wirtschaftsgut unmittelbar oder mittelbar begründet wird oder dieser sich erhöht.

Die Vorschrift des § 20 UmwStG ist bei der Übertragung **einzelner** Wirtschaftsgüter **nicht** anzuwenden.

10.3.3 Übertragung eines Betriebs, Teilbetriebs oder Mitunternehmeranteils

Eine Sacheinlage kann auch durch Einbringung eines Betriebs, Teilbetriebs oder Mitunternehmeranteils erbracht werden (BMF vom 11.11.2011 BStBl I 2011, 1314 – Umwandlungssteuererlass – Rz. E 20.06).

Dabei ist zu differenzieren: Die Einbringung kann im Wege der **Einzelrechtsnachfolge** stattfinden. In diesem Fall sind alle Gegenstände des Handelsgeschäfts einzeln zu übertragen und als Sacheinlage in die GmbH einzulegen (§ 5 Abs. 4 GmbHG).

Die Einbringung erfolgt im Wege der **Gesamtrechtsnachfolge** durch:
- Ausgliederung aus dem Vermögen eines Einzelkaufmanns (§ 152 ff. UmwG),
- Verschmelzung einer Personengesellschaft auf eine Kapitalgesellschaft (§§ 2, 3 Abs. 1 UmwG),
- Auf- und Abspaltung von Vermögensteilen einer Personengesellschaft auf eine Kapitalgesellschaft (§ 123 Abs. 1 und 2 UmwG) oder
- im Wege des Formwechsels einer Personengesellschaft in eine Kapitalgesellschaft (§ 190 UmwG).

Steuerlich gilt sowohl bei Einzel- als auch Gesamtrechtsnachfolge **§ 20 UmwStG** (Details s. IV 5.6). Für den Formwechsel, der steuerlich wie ein Rechtsträgerwechsel zu behandeln ist erklärt § 25 UmwStG die Vorschrift des § 20 UmwStG für anwendbar.

Da die Einbringung eines Betriebs im Wege der Sachgründung insbesondere Probleme bei der Bewertung aufwirft (siehe oben; § 5 Abs. 4 GmbHG) hat es sich in der Praxis durchgesetzt, eine Bargründung vorzunehmen und die Übertragung des Betriebs, Teilbetriebs oder Mitunternehmeranteils als Sachagio vorzunehmen. In diesem Fall ist § 20 UmwStG für die Einbringung des Betriebs, Teilbetriebs oder Mitunternehmeranteils anzuwenden (also insbesondere die Möglichkeit der Buchwertübertragung). Rechtsprechung (BFH vom 07.04.2010, I R 55/09, BStBl II 2010, 1094) und Verwaltung (BMF vom 11.11.2011 a. a. O., Rz. E 20.09) billigen dieses Verfahren.

10.3.4 Einbringung von Anteilen an einer Kapitalgesellschaft

10.3.4.1 Ansatz durch die GmbH

Werden Anteile an einer Kapitalgesellschaft im Wege der Sacheinlage gegen Gewährung neuer Anteile in eine GmbH eingebracht, so hat die übernehmende Gesellschaft die eingebrachten Anteile grundsätzlich mit dem gemeinen Wert anzusetzen (§ 21 UmwStG). Die eingebrachten Anteile können auf Antrag mit dem Buch- oder einem Zwischenwert angesetzt werden, wenn die übernehmende Kapitalgesellschaft aufgrund ihrer Beteiligung einschließlich der übernommenen Anteile nachweisbar unmittelbar die Mehrheit der **Stimmrechte** an der Gesellschaft hat, deren Anteile eingebracht werden. Der Wortlaut der Vorschrift stellt ausdrücklich nicht auf die Mehrheit der Anteile, sondern auf die Mehrheit der Stimmrechte ab. Erhält der Einbringende neben den Gesellschaftsanteilen auch andere Wirtschaftsgüter, deren gemeiner Wert den Buchwert der eingebrachten Anteile übersteigt, hat die übernehmende Gesellschaft die eingebrachten Anteile mindestens mit dem gemeinen Wert der anderen Wirtschaftsgüter anzusetzen.

Haben die eingebrachten Anteile beim Einbringenden nicht zu einem Betriebsvermögen gehört, treten an die Stelle des Buchwertes die Anschaffungskosten (§ 21 Abs. 2 Satz 5 UmwStG). Auch hier ist der Ansatz eines Zwischenwertes möglich.

Bei der Gründung der XY-GmbH bringt Gesellschafter A eine
a) 60 %ige Beteiligung,
b) 20 %ige Beteiligung
an der AB-AG ein.

LÖSUNG In der Variante a) verfügt die XY-GmbH über die Mehrheit der Stimmrechte. Sie kann die Beteiligung mit dem Buchwert, einem Zwischenwert oder maximal dem gemeinen Wert aktivieren. In der Variante b) wäre nur die Aktivierung mit dem gemeinen Wert möglich.

10.3.4.2   Folgen für den Gesellschafter

Sind die Voraussetzungen des § 21 Abs. 1 **Satz 2** UmwStG gegeben und setzt die GmbH die Beteiligung mit dem Buchwert an, so entsteht bei dem Gesellschafter kein Veräußerungsgewinn.

Gesellschafter G leistet seine Sacheinlage in die XY-GmbH durch Einbringung einer bisher privat gehaltenen 75 %igen Beteiligung an der Z-AG (Anschaffungskosten: 100 000 €; Wert: 300 000 €; Stimmrechte entsprechend dem Anteil).

LÖSUNG Da die Voraussetzungen von § 21 Abs. 1 Satz 2 UmwStG erfüllt sind, kann die GmbH die Beteiligung mit dem Buchwert bzw. den Anschaffungskosten ansetzen, somit mit 100 000 €. Damit gehen die stillen Reserven der Beteiligung an der Z-AG von G auf die GmbH über.

Setzt die aufnehmende GmbH die Anteile mit einem über dem Buchwert (bzw. den Anschaffungskosten) liegenden Wert an (Zwischenwert bzw. maximal gemeiner Wert), so entsteht beim Gesellschafter ein Veräußerungsgewinn. Die Behandlung des Veräußerungsgewinns richtet sich danach, ob die Beteiligung im Betriebs- oder Privatvermögen gehalten wird.

Wird die Beteiligung im **Betriebsvermögen** gehalten, so ist ein Veräußerungsgewinn grundsätzlich nach § 15 EStG zu versteuern. Wird eine 100 %ige Beteiligung eingebracht, die sich im Betriebsvermögen des Einbringenden befand, so ist § 16 Abs. 1 Nr. 1 EStG anzuwenden; § 34 EStG findet aber keine Anwendung (§ 21 Abs. 3 UmwStG). Die Veräußerung von Anteilen im Betriebsvermögen erfolgt grundsätzlich im Teileinkünfteverfahren (§ 3 Nr. 40 Buchst. a und b EStG).

Befindet sich die Beteiligung im **Privatvermögen**, so löst die Einbringung einen Gewinn nach § 17 EStG aus, wenn der Einbringende innerhalb der letzten fünf Jahre zu mindestens 1 % beteiligt war. Der Einbringungsgewinn fällt wieder unter das Teileinkünfteverfahren (§ 3 Nr. 40 Buchst. c EStG). Den Freibetrag des § 17 Abs. 3 EStG kann der Einbringende aber nur in Anspruch nehmen, wenn die GmbH den gemeinen Wert ansetzt (§ 21 Abs. 3 Satz 1 UmwStG).

Gesellschafter G leistet seine Sacheinlage in die XY-GmbH durch Einbringung einer bisher im Privatvermögen gehaltenen 75 %igen Beteiligung an der Z-AG (Anschaffungskosten: 100 000 €; gemeiner Wert 300 000 €). Die GmbH setzt die Beteiligung mit dem gemeinen Wert an.

LÖSUNG Die Einbringung fällt unter § 17 EStG. Der Gewinn fällt unter das Teileinkünfteverfahren, somit (180 000 € ./. 60 000 € =) 120 000 €.

Der Freibetrag nach § 17 Abs. 3 EStG kann zwar grundsätzlich gewährt werden, kommt hier aber wegen der Höhe des Veräußerungsgewinnes nicht in Frage.

Liegen die Voraussetzungen des § 17 EStG (Beteiligung < 1 %) nicht vor, so ist zu differenzieren: Wurde die Beteiligung vor dem 01.01.2009 erworben, fällt ein Veräußerungsgewinn nach § 52 Abs. 31 Satz 2 EStG unter §§ 23 Abs. 1 Nr. 2, 3 Nr. 40 Buchst. j EStG a. F. Nach Ablauf der einjährigen Spekulationsfrist ist der Gewinn nicht mehr steuerbar. Wurde die Beteiligung nach dem 31.12.2008 erworben, so fällt ein Veräußerungsgewinn nach § 52 Abs. 28 Satz 11 EStG unter § 20 Abs. 2 Nr. 1 EStG. Der Gewinn ist zu 100 % zu erfassen und unterliegt grundsätzlich der Abgeltungsteuer (§ 32d Abs. 1 EStG).

BEISPIEL

G erwarb eine 0,2 %ige Beteiligung an der Z-AG für 100 000 €. I. R. d. Gründung der XY-GmbH leistet G in 2017 seine Sacheinlage durch Einbringung der Beteiligung an der AG. Zu diesem Zeitpunkt ist die GmbH 300 000 € wert.
a) Die Anteile an der Z-AG wurden in 2008 erworben.
b) Die Anteile an der Z-AG wurden in 2009 erworben.
LÖSUNG In der Variante a) ist § 23 Abs. 1 Nr. 2 EStG a. F. anzuwenden. Die Spekulationsfrist ist abgelaufen. In der Variante b) ist ein Veräußerungsgewinn zu erfassen (§ 20 Abs. 2 Nr. 1 EStG); dieser berechnet sich nach § 20 Abs. 4 EStG wie folgt: (300 000 € ./. 100 000 € =) 200 000 €. Das Teileinkünfteverfahren ist nicht anzuwenden, da der Gewinn nach § 32d EStG besteuert wird (Abgeltungsteuer).

10.3.5 Veräußerung nach Einbringung (sperrfristverhaftete Anteile)

10.3.5.1 Einbringungsgewinn I

Da die Veräußerung eines Betriebs, Teilbetriebs oder Mitunternehmeranteils nach § 16 EStG in vollem Umfang, die Veräußerung eines Anteils an einer Kapitalgesellschaft nach §§ 17, 3 Nr. 40 Buchst. c EStG aber im Teileinkünfteverfahren erfolgt, könnte eine missbräuchliche Einbringung nach § 20 UmwStG steuerliche Vorteile bringen.

Um dies zu verhindern, sah § 21 UmwStG a. F. bis VZ 2006 vor, dass bei der Veräußerung sog. einbringungsgeborener Anteile innerhalb von sieben Jahren nach Einbringung zum Buchwert oder Zwischenwert das Halbeinkünfteverfahren (heute: Teileinkünfteverfahren) komplett nicht anwendbar war (§ 3 Nr. 40 Sätze 3 und 4 EStG; weitere Details s. 3. Aufl.).

Mit dem SEStEG erfolgte ab VZ 2007 eine völlig neue Regelung der einbringungsgeborenen Anteile (heute: **sperrfristverhaftete Anteile**, § 22 UmwStG n. F.).

Wird ein Betrieb, Teilbetrieb oder Mitunternehmeranteil zum Buchwert oder einem Zwischenwert in eine Kapitalgesellschaft eingebracht und werden die Anteile an der Kapitalgesellschaft innerhalb von sieben Jahren nach Einbringung veräußert, so werden die stillen Reserven im Zeitpunkt der Einbringung (**Einbringungsgewinn I**) rückwirkend nach § 16 EStG besteuert. §§ 16 Abs. 4 und 34 EStG sind in diesem Fall aber **nicht** anwendbar (§ 22 Abs. 1 UmwStG). Insoweit greift auch das Teileinkünfteverfahren nicht.

Der Einbringungsgewinn I wird pro Jahr um ein Siebtel abgeschmolzen. Der Einbringungsgewinn I gilt als nachträgliche Anschaffungskosten der erhaltenen Anteile (§ 22 Abs. 1 Satz 4 UmwStG). Insoweit wird eine doppelte Erfassung der stillen Reserven vermieden.

BEISPIEL

Das Einzelunternehmen des U hat einen Buchwert von 100 000 € und einen gemeinen Wert von 800 000 €. Am 01.01.2014 bringt U sein Einzelunternehmen gegen Gewährung von Gesellschaftsrechten in die X-GmbH ein. Die GmbH bilanziert die WG mit dem Buchwert. U veräußert zum 01.01.2017 seine Anteile an der X-GmbH für 2 Mio. € (die Anteile sind also im Wert stark gestiegen).

LÖSUNG Grundsätzlich fällt die Veräußerung von Anteilen an einer GmbH unter § 17 EStG. Da hier aber der Tatbestand des § 22 UmwStG gegeben ist, muss differenziert werden:

Die stillen Reserven im Zeitpunkt der Einbringung (Einbringungsgewinn I) betragen 700 000 €. Da die Veräußerung drei Jahre nach der Einbringung erfolgte, wird der Einbringungsgewinn um 3/7 abgeschmolzen; er beträgt somit nur noch 400 000 €.

Insoweit erfolgt eine Besteuerung nach § 16 EStG rückwirkend auf den 01.01.2014. Ein Freibetrag sowie die Tarifvergünstigung des § 34 EStG wird nicht gewährt. Das Teileinkünfteverfahren greift ebenfalls nicht, da U so behandelt wird, als habe er einen Betrieb veräußert.

Im Übrigen wird der Veräußerungsgewinn nach § 17 Abs. 1 Satz 1 EStG besteuert, wobei das Teileinkünfteverfahren anzuwenden ist (§ 3 Nr. 40 Buchst. c EStG). Die Anschaffungskosten berechnen sich zum einen nach dem Ansatz der Wirtschaftsgüter durch die GmbH (§ 20 Abs. 3 UmwStG = 100 000 €), zum anderen aus den nachträglichen Anschaffungskosten (§ 22 Abs. 1 Satz 4 UmwStG = 400 000 €).

Erlös (2 Mio. € × 60 % =)		1 200 000 €
Anschaffungskosten (500 000 € × 60 % =)	./.	300 000 €
Gewinn		900 000 €

Der Vorteil der neuen Regelung besteht darin, dass die stillen Reserven, die nach der Einbringung entstehen, nur im Teileinkünfteverfahren versteuert werden.

Die nachträgliche Versteuerung eingebrachter Betriebsvermögen erfolgt aber nicht nur im Fall der Veräußerung der Anteile. § 22 Abs. 1 Satz 6 UmwStG enthält zahlreiche weitere **gleichgestellte Sachverhalte** (z. B. Auflösung der aufnehmenden Kapitalgesellschaft).

10.3.5.2   Einbringungsgewinn II

Soweit im Rahmen einer Sacheinlage (§ 20 Abs. 1 UmwStG) oder eines Anteilstausches (§ 21 Abs. 1 UmwStG) unter dem gemeinen Wert eingebrachte Anteile innerhalb eines Zeitraums von sieben Jahren nach dem Einbringungszeitraum **durch die übernehmende Gesellschaft** veräußert werden und der Einbringende keine durch § 8b Abs. 2 KStG begünstigte Person ist, ist der Gewinn aus der Einbringung im Wirtschaftsjahr der Einbringung nach § 22 Abs. 2 UmwStG rückwirkend als Gewinn des Einbringenden aus der Veräußerung von Anteilen zu versteuern (**Einbringungsgewinn II**).

Der Gewinn unterliegt somit i. d. R. dem Teileinkünfteverfahren (§§ 17, 3 Nr. 40 Buchst. c bzw. § 16 Abs. 1 Nr. 1 Satz 2, 3 Nr. 40 Buchst. b EStG). Die Vorschrift des § 22 Abs. 2 UmwStG verhindert damit, dass durch eine Einbringung die Anwendung des § 8b KStG erreicht wird.

BEISPIEL

U ist Inhaber eines Einzelunternehmens (BW 100 000 €, gemeiner Wert 2 Mio. €). Im Betriebsvermögen ist eine Beteiligung an der X-GmbH aktiviert (BW 20 000 €, gemeiner Wert 90 000 €). U bringt am 01.01.2016 sein Einzelunternehmen zu Buchwerten in die A-AG gegen Gesellschaftsrechte ein. Die A-AG bilanziert die Beteiligung an der X-GmbH mit 20 000 €.

Am 01.01.2017 veräußert die A-AG die Anteile an der X-GmbH für 90 000 €.

LÖSUNG Veräußert eine Kapitalgesellschaft Anteile an einer anderen Kapitalgesellschaft, so wäre der Gewinn (hier: 70 000 €) nach § 8b Abs. 2 KStG zu 95 % steuerfrei. Hier greift nun aber die Vorschrift des § 22 Abs. 2 UmwStG. U wird so behandelt als habe er im Einbringungszeitraum die Beteiligung an der X-GmbH für 90 000 € veräußert. Zu seinen Gunsten wird der Gewinn aber für jedes Jahr seit Einbringung um 1/7 verringert; somit versteuert U rückwirkend auf den 01.01.2016 (70 000 € × 6/7 =) 60 000 €. Er kann aber nach §§ 17, 3 Nr. 40 Buchst. c EStG das Teileinkünfteverfahren in Anspruch nehmen; somit ergibt sich für ihn ein Veräußerungsgewinn von (60 000 € × 60 % =) 36 000 €.

Gleichzeitig erhöht der Einbringungsgewinn II (60 000 €) die Anschaffungskosten des U für die Beteiligung an der A-AG. Dies hat aber erst Auswirkungen bei einer späteren Veräußerung der Anteile an der A-AG.

Die A-AG aktiviert die Anteile rückwirkend zum 01. 01. 2016 mit (20 000 € zzgl. 60 000 € =) 80 000 €. Der Veräußerungsgewinn i. H. v. 90 000 € ist nach § 8b Abs. 2 KStG zu 95 % steuerfrei.

10.3.5.3 Nachweispflicht

§ 22 Abs. 3 UmwStG statuiert eine umfassende **Nachweispflicht**. Danach muss der Einbringende **sieben Jahre** lang bis zum 31. Mai eines jeden Jahres dem Finanzamt gegenüber nachweisen, dass er noch Gesellschafter der aufnehmenden Kapitalgesellschaft ist. Erbringt er den Nachweis nicht, gelten die Anteile als veräußert.

11 Gründungskosten

Als Gründungsaufwand kommen insbesondere die Kosten für den Entwurf des Gesellschaftsvertrags, Beratungskosten, Notarkosten sowie die Kosten der Eintragung und Bekanntmachung in Frage.

Soll die GmbH den Gründungsaufwand tragen, so ist es erforderlich, die einzelnen Positionen des Gründungsaufwands und den Gesamtbetrag des Gründungsaufwandes sowie die Verpflichtung der GmbH, den Gründungsaufwand zu tragen in die GmbH-Satzung aufzunehmen (BGH vom 20. 02. 1989 GmbHR 1989, 250).

Hat die GmbH die Gründungskosten wirksam übernommen, so ist die Vorbelastung des Stammkapitals durch den Gründungsaufwand unschädlich (BGH vom 09. 03. 1981 GmbHR 1981, 114). Die GmbH kann den Gründungsaufwand steuerlich als **Betriebsausgaben** geltend machen (BFH vom 11. 10. 1989, I R 12/87, BStBl II 1990, 89).

Hat sich die GmbH nicht wirksam in der Satzung zur Übernahme der Gründungskosten verpflichtet und trägt sie diese dennoch, so liegt hierin eine verdeckte Gewinnausschüttung an die Gründungsgesellschafter (BFH vom 11. 10. 1989 a. a. O.).

Im Zusammenhang mit der fehlgeschlagenen Gründung einer Kapitalgesellschaft entstandene Beratungskosten können auch dann weder als Werbungskosten bei den Einkünften aus Kapitalvermögen noch als Liquidationsverlust nach § 17 Abs. 4 EStG geltend gemacht werden, wenn eine Beteiligung i. S. v. § 17 Abs. 1 Satz 1 EStG beabsichtigt war (BFH vom 20. 04. 2004, VIII R 4/02, BStBl II 2004, 597).

12 Haftungsfragen

Das mit der Gründung angestrebte Ziel einer Haftungsbeschränkung ist erst erreicht, wenn die GmbH in das Handelsregister eingetragen ist und sämtliche Gründungsvorschriften erfüllt sind. In der Gründungsphase besteht für die Gesellschafter und Geschäftsführer stets die Gefahr einer persönlichen Haftung. Im Einzelnen sind dabei mehrere Tatbestände zu unterscheiden.

12.1 »Unechte« Vorgesellschaft

Fehlt die Eintragungsabsicht schon von vornherein oder wird sie später aufgegeben, ohne dass die Gesellschafter ihre geschäftliche Tätigkeit sofort einstellen, so haften die Gesellschafter nach den für Personengesellschaften geltenden zivilrechtlichen Vorschriften unmittelbar und unbeschränkt (BFH vom 07. 04. 1998 BStBl II 1998, 531).

12.2 Die Vorgesellschaft gelangt nicht zur Eintragung

Nach der bisherigen Rechtsprechung des BGH vom 07. 05. 1984 (BGHZ 91, 148) hafteten die Gesellschafter einer nicht zur Eintragung gelangten Vorgesellschaft den Gläubigern der Vorgesellschaft persönlich mit ihrem Privatvermögen bis zur Höhe ihrer noch offenen Einlageverpflichtung. Die Haftung trat nur ein, wenn für den Vertragspartner die Vertretungsmacht erkennbar war und die entsprechenden Willenserklärungen des Geschäftsführers darauf beschränkt waren, die Gründer nur bis zur Höhe ihrer Einlagen zu verpflichten. Dies geschah regelmäßig durch das Auftreten gegenüber Dritten als »GmbH i. G.«. Die Haftung erlosch mit der Eintragung der GmbH.

Der BGH hat die Theorie einer während der Gründungsphase auf den Betrag der ausstehenden Einlage beschränkten Außenhaftung aufgegeben (BGH vom 27. 01. 1997 BGHZ 134, 333). Er geht nun davon aus, dass die Gründer für die Verbindlichkeiten der Vorgesellschaft **unbeschränkt** haften. Die Haftung ist aber als reine Innenhaftung gegenüber der Gesellschaft ausgestaltet (sog. Verlustdeckungshaftung). Danach haben die Gründer anteilig die über den Betrag des verbrauchten Stammkapitals hinausgehenden Verluste gegenüber der Vorgesellschaft grundsätzlich unbeschränkt auszugleichen. Das Stammkapital, das durch Geschäfte der Vorgesellschaft verbraucht ist, braucht aber in dem Fall, in dem es nicht zur Eintragung der GmbH kommt, nicht wieder aufgefüllt zu werden.

Gläubiger der Vorgesellschaft können somit die Gründer nicht unmittelbar in persönliche Haftung nehmen. Sie müssen ihre Ansprüche grundsätzlich gegenüber der Vorgesellschaft geltend machen. Zur Vollstreckung ihrer Ansprüche können sie aber den Verlustdeckungsanspruch, den die Vorgesellschaft gegen die Gründer hat pfänden und an sich überweisen lassen.

12.3 Haftung nach § 11 Abs. 2 GmbHG

Ist vor der Eintragung der Gesellschaft ins Handelsregister im Namen der Gesellschaft gehandelt worden, so haften die Handelnden persönlich und solidarisch. Die Haftung erlischt mit der Eintragung ins Handelsregister. Die Haftung nach § 11 Abs. 2 GmbHG (sog. Handelndenhaftung) tritt ein, wenn Gesellschafter oder Dritte im Namen der künftigen GmbH rechtsgeschäftliche Verbindlichkeiten begründeten. Daher fallen z. B. Schadensersatzansprüche aus unerlaubter Handlung nicht unter diese Haftungsvorschrift. Handelnder i. S. d. § 11 Abs. 2 GmbHG kann regelmäßig nur derjenige sein, der als **Geschäftsführer** der Vorgesellschaft bestellt worden ist. Denkbar ist aber auch der Fall, dass ein Gesellschafter oder ein Dritter wie ein Geschäftsführer auftritt, ohne als solcher bestellt zu sein. Prokuristen und andere Personen, die eine Vollmacht besitzen, Verträge im Namen der GmbH zu schließen, fallen damit grundsätzlich nicht unter diese Haftungsvorschrift.

Die Haftung ist nach § 11 Abs. 2 GmbHG zum einen »**persönlich**«, d. h. grundsätzlich unbeschränkt mit dem gesamten Vermögen. Die Gläubiger sollen aber nicht besser gestellt werden, als sie bei Eintragung der GmbH stünden. Der Handelnde und Haftende kann daher den

Gläubigern sämtliche Einreden und Einwendungen entgegenhalten, die der Gesellschaft zustehen. Außerdem ist die Haftung auf die Höhe des Mindeststammkapitals beschränkt (LG Hamburg vom 29.02.1996 GmbHR 1996, 763).

§ 11 Abs. 2 GmbHG statuiert eine Außenhaftung, d.h. die Gläubiger können direkt auf den Handelnden zugreifen. Ein Verschulden des Haftenden ist nicht erforderlich. Der in Anspruch genommene Geschäftsführer hat aus seinem Anstellungsvertrag einen Aufwendungsersatzanspruch gegen die Gesellschaft, wenn er pflichtgemäß gehandelt hat und somit die Gesellschaft durch sein Handeln nicht rechtswidrig geschädigt worden ist. Er kann er sich zur Erfüllung seiner Ansprüche den Verlustdeckungsanspruch der Vorgesellschaft gegen die Gesellschafter abtreten lassen bzw. pfänden lassen.

Zum anderen haften die Handelnden **solidarisch**. Sind also mehrere Geschäftsführer bestellt, und wird einer von ihnen in Haftung genommen, so erlangt er aus § 426 BGB einen Ausgleichsanspruch gegen die übrigen Geschäftsführer (Gesamtschuldnerausgleich).

12.4 Vorbelastungs- und Unterbilanzhaftung

Haben die Gründungsgesellschafter schon vor der Eintragung der GmbH die Geschäftstätigkeit aufgenommen und steht im Zeitpunkt des Handelsregistereintrags aus diesem Grund das Stammkapital nicht mehr zur Verfügung, so sind die Gründungsgesellschafter verpflichtet, entsprechend ihrer Beteiligung die Vorbelastungen der GmbH auszugleichen und das Stammkapital wieder aufzufüllen. Die Haftsumme kann im Falle einer Überschuldung den Betrag der Stammeinlage übersteigen. Entscheidend ist, dass die GmbH im Zeitpunkt ihrer Entstehung mindestens das Stammkapital zur Verfügung hat. Auch die Vorbelastungshaftung ist als reine Innenhaftung konzipiert. Nur die Gesellschaft hat einen (allerdings pfändbaren) Anspruch gegen die Gründungsgesellschafter. Ist der Haftungsbetrag von einzelnen Gesellschaftern nicht zu erlangen (z.B. wegen Zahlungsunfähigkeit), so haften die übrigen Gesellschafter nach dem Verhältnis ihrer Geschäftsanteile (§ 24 GmbHG).

Unter Umständen kann es erforderlich sein, zur Feststellung eines eventuellen Haftungsanspruchs eine Vorbelastungsbilanz aufzustellen.

Die Vorbelastungs- oder Unterbilanzhaftung verjährt analog § 9 Abs. 2 GmbHG zehn Jahre nach Eintragung.

12.5 Differenzhaftung (§ 9 GmbHG)

Erreicht der Wert einer Sacheinlage im Zeitpunkt der Anmeldung der Gesellschaft zur Eintragung in das Handelsregister nicht den Betrag der dafür übernommenen Stammeinlage, hat der Gesellschafter in Höhe des Fehlbetrags eine Einlage in Geld zu leisten. § 9 GmbHG bezweckt die Sicherung der Kapitalaufbringung bei einer Sachgründung. Anspruchsberechtigter ist die GmbH (Innenhaftung). Zuständig für die Geltendmachung des Anspruchs ist grundsätzlich die Geschäftsführung. Der Anspruch kann aber von außenstehenden Gläubigern gepfändet werden.

Der Anspruch auf Differenzhaftung verjährt nach § 9 Abs. 2 GmbHG in zehn Jahren seit der Eintragung der Gesellschaft in das Handelsregister.

12.6 Gründerhaftung (§ 9a GmbHG)

Werden zum Zweck der Errichtung der Gesellschaft falsche Angaben gemacht, so haften die Gesellschafter und Geschäftsführer der Gesellschaft für daraus entstehende Schäden (Innenhaftung). Die falschen Angaben müssen im Zusammenhang mit der Gründung gemacht worden sein. Denkbar sind z. B. falsche Angaben gegenüber einem Sachverständigen in Zusammenhang mit dem Gründungsbericht, gegenüber den anderen Gesellschaftern oder gegenüber dem Handelsregister. Die Angaben sind falsch, wenn sie unzutreffend oder unvollständig sind oder wenn entgegen einer Erklärungspflicht Tatsachen verschwiegen werden. Falsche Angaben können bis zur Eintragung in das Handelsregister berichtigt werden.

Die Gründerhaftung ist verschuldensabhängig. Ein Gesellschafter oder Geschäftsführer, der die die Ersatzpflicht begründenden Tatsachen weder kannte, noch bei Anwendung der Sorgfalt eines ordentlichen Geschäftsmannes kennen musste, ist von der Haftung insoweit befreit.

Der Haftungsanspruch geht darauf, die Gesellschaft so zu stellen, wie sie ohne die falschen Angaben stehen würde.

Einen besonderen Haftungstatbestand enthält § 9a Abs. 2 GmbHG. Danach haften die Gesellschafter (im Gegensatz zu Abs. 1 aber nicht die Geschäftsführer), wenn sie die Gesellschaft durch Einlagen oder Gründungsaufwand vorsätzlich oder aus grober Fahrlässigkeit schädigen. Die Haftung knüpft also nicht an falsche Angaben an. Denkbar sind hier etwa Fälle, in denen die Sacheinlagen zwar grundsätzlich ihren angegebenen Wert haben, für die GmbH aber vollkommen ungeeignet sind.

Gegenüber § 9a Abs. 1 GmbHG ist die Vorschrift des § 9a Abs. 2 GmbHG subsidiär.

12.7 Voreinzahlung von Einlagen

Problematisch kann es sein, wenn die Gesellschafter bereits vor Abschluss des notariellen GmbH-Vertrags ihre künftig zu erbringenden Einlagen an die Vorgründungsgesellschaft erbringen.

In diesem Fall können sich die Gesellschafter auf die Einzahlung nur berufen, wenn bei Anmeldung der GmbH die von ihnen geleistete Einlage der Gesellschaft noch zur freien Verfügung steht (OLG Hamm vom 25. 05. 1992 GmbHR 1992, 750).

12.8 Ausfallhaftung (§ 24 GmbHG)

Soweit die Stammeinlage von einem Gesellschafter nicht erlangt werden kann und auch nicht durch Verkauf des Geschäftsanteils gedeckt werden kann, müssen die übrigen Gesellschafter den Fehlbetrag nach § 24 GmbHG nach dem Verhältnis ihrer Geschäftsanteile aufbringen.

12.9 Grundsatz der Kapitalerhaltung

Das Stammkapital einer GmbH soll als Mindesthaftungsmasse auch nach der Gründung den Gesellschaftsgläubigern erhalten bleiben. Daher sieht **§ 30 Abs. 1 GmbHG** vor, dass das zur Erhaltung des Stammkapitals erforderliche Vermögen der Gesellschaft an die Gesellschafter nicht ausgezahlt werden darf. Zahlungen, die dieser Vorschrift zuwider geleistet werden, müssen der Gesellschaft erstattet werden. Gläubiger können diesen Anspruch pfänden.

Die Haftung nach § 30 Abs. 1 GmbHG greift auch dann, wenn die Gesellschaft an ihre Gesellschafter Darlehen vergibt, die nicht aus Rücklagen oder Gewinnvorträgen finanziert werden können und somit zu Lasten des gebundenen Kapitals gehen (BGH vom 24.11.2003 GmbHR 2004, 302). Es kommt dabei nicht darauf an, ob der Darlehensanspruch gegen den Gesellschafter werthaltig ist oder nicht.

Für Darlehensgewährungen an Geschäftsführer und ähnliche Personen sieht § **43a GmbHG** eine entsprechende Haftungsregelung vor.

Teil C   Die Organe der GmbH

1   Die Gesellschafterversammlung

Die Gesellschafterversammlung ist das **oberste Willensbildungsorgan** der GmbH. Sie ist aber nicht befugt, die Gesellschaft zu vertreten. Dieses Recht steht ausschließlich dem oder den Geschäftsführern zu. Die Zuständigkeit der Gesellschafterversammlung ist in **§ 46 GmbHG** umfassend geregelt. Danach unterliegt der Bestimmung der Gesellschafterversammlung:

* die Feststellung des Jahresabschlusses und die Verwendung des Ergebnisses;
* die Einforderung von Einzahlungen auf die Stammeinlagen;
* die Rückzahlung von Nachschüssen;
* die Teilung sowie die Einziehung von Geschäftsanteilen;
* die Bestellung und die Abberufung von Geschäftsführern sowie die Entlastung derselben;
* die Maßregeln zur Prüfung und Überwachung der Geschäftsführung;
* die Bestellung von Prokuristen und von Handlungsbevollmächtigten zum gesamten Geschäftsbetrieb sowie
* die Geltendmachung von Ersatzansprüchen, welche der Gesellschaft aus der Gründung oder Geschäftsführung gegen Geschäftsführer oder Gesellschafter zustehen, sowie die Vertretung der Gesellschaft in Prozessen, welche sie gegen die Geschäftsführer zu führen hat.

Grundsätzlich können die Gesellschafter ihre Befugnisse im Gesellschaftsvertrag auf andere Organe (Geschäftsführer, Aufsichtsrat, Gesellschafterbeirat o. Ä.) oder einzelne Gesellschafter übertragen. Dies gilt insbesondere auch für die in § 46 GmbHG aufgeführten Angelegenheiten (BGH vom 21.06.1999 NJW 1999, 3263). Den Gesellschaftern müssen aber gewisse Grundlagenentscheidungen zwingend vorbehalten bleiben. Insbesondere darf das Recht zur Satzungsänderung nicht ausgeschlossen werden.

Die Gesellschafterversammlung trifft ihre Entscheidungen im Wege der Beschlussfassung nach der Mehrheit der abgegebenen Stimmen (§ 47 GmbHG). Grundsätzlich ist dabei die einfache Mehrheit der Stimmen maßgeblich, soweit nicht das Gesetz andere Mehrheiten vorsieht (vgl. §§ 53 Abs. 2 und 60 Abs. 1 Nr. 2 GmbHG). Im Falle der Stimmengleichheit gilt ein Beschluss als nicht zustande gekommen.

Der Gesellschaftsvertrag kann für die Beschlussfassung besondere Mehrheitsregelungen treffen. So kann z. B. für besonders wichtige Fragen Einstimmigkeit verlangt werden oder für die Einleitung von Kontrollmaßnahmen eine bestimmte Minderheit ausreichend sein.

Grundsätzlich sieht § 47 Abs. 2 GmbHG vor, dass jeder Euro eines Geschäftsanteils eine Stimme gewährt. Von dieser gesetzlichen Stimmengewichtung kann durch Regelung im Gesellschaftsvertrag abgewichen werden (z. B. Stimmrecht nach Köpfen). Es ist allerdings nicht zulässig, dass einzelne Gesellschafter überhaupt kein Stimmrecht haben (sog. stimmrechtslose Geschäftsanteile). Umgekehrt ist es auch nicht möglich, einem Nichtgesellschafter ein Stimmrecht einzuräumen oder die Stimmrechte losgelöst vom Geschäftsanteil zu übertragen.

In der Regel treffen sich die Gesellschafter persönlich zur Gesellschafterversammlung (§ 48 Abs. 1 GmbHG). Im Gesellschaftsvertrag können jedoch abweichende Regelungen getroffen werden. Gesellschafterbeschlüsse können z. B. im Umlaufverfahren per Fax oder E-Mail, ja sogar mündlich getroffen werden, wenn dies in der Satzung entsprechend geregelt ist. Mündliche Beschlüsse sollten aber zu Beweiszwecken protokolliert werden. Im Übrigen ist ein Sitzungsprotokoll üblich, aber außer im Fall der Einpersonen-GmbH (§ 48 Abs. 3 GmbHG) gesetzlich nicht vorgeschrieben.

Die Gesellschafterversammlung wird durch den Geschäftsführer einberufen (§ 49 Abs. 1 GmbHG). Die Einladung erfolgt mittels eingeschriebenen Briefs mit einer Frist von mindestens einer Woche (§ 51 Abs. 1 GmbHG), wobei auch diese Regelung dispositiv ist (§ 45 Abs. 2 GmbHG). Der Zweck der Versammlung soll angekündigt werden (§ 51 Abs. 2 GmbHG). Eine ausformulierte Tagesordnung ist üblich und empfehlenswert, aber nicht zwingend.

Gesellschafterversammlungen müssen nicht in einem bestimmten Turnus abgehalten werden, da die Beschlüsse der Gesellschaft auch in anderer Form getroffen werden können. Üblich ist es jedoch, mindestens eine Gesellschafterversammlung im Jahr abzuhalten, um über die Verwendung des Jahresergebnisses (§ 29 GmbHG) zu entscheiden. Ergibt sich aber aus der Jahresbilanz oder aus einer im Laufe des Geschäftsjahres aufgestellten Bilanz, dass die Hälfte des Stammkapitals verloren ist, so muss eine Versammlung einberufen werden (§ 49 Abs. 3 GmbHG), damit die Gesellschafter gegebenenfalls Sanierungsmaßnahmen rechtzeitig einleiten können.

Eine Gesellschafterversammlung muss ebenfalls einberufen werden, wenn Gesellschafter, die über mindestens 10 % des Stammkapitals verfügen dies verlangen (§ 50 Abs. 1 GmbHG).

Während von den Vorschriften der §§ 49 Abs. 3 und 50 Abs. 1 GmbHG durch Satzungsregelung abgewichen werden kann (§ 45 Abs. 2 GmbHG), müssen die Geschäftsführer nach § 51a GmbHG zwingend auf Verlangen unverzüglich Auskunft über die Angelegenheiten der Gesellschaft geben und die Einsicht in die Bücher gestatten. Die Geschäftsführer dürfen die Auskunft und Einsicht nur verweigern, wenn zu befürchten ist, dass ein Gesellschafter die Informationen zum Schaden der Gesellschaft verwenden wird (§ 51a Abs. 2 GmbHG). Die Verweigerung muss aber von den Gesellschaftern beschlossen werden.

Soll der Gesellschaftsvertrag geändert werden, so ist dafür zwingend eine Gesellschafterversammlung erforderlich (§ 53 Abs. 2 GmbHG).

2   Beirat/Aufsichtsrat

Im Gegensatz zu §§ 95 ff. AktG sieht das GmbHG keinen obligatorischen Aufsichtsrat vor. Die Einrichtung eines Aufsichtsrates oder Gesellschafterbeirates mit Beratungs- und Überwachungsfunktion ist aber möglich und wird in letzter Zeit immer häufiger vorgenommen.

Allerdings kann sich die Pflicht zur Einrichtung eines Aufsichtsrates in Abhängigkeit von der Mitarbeiterzahl aus den Mitbestimmungsgesetzen ergeben (vgl. §§ 1, 6 MitbestG, §§ 3, 4 MontanMitbestG).

Die Hälfte der Vergütungen, die an Mitglieder des Aufsichtsrats gezahlt werden, ist nach § 10 Nr. 4 KStG nicht abzugsfähig. Diese Regelung gilt auch für die Vergütungen an einen Beirat, der mit der Überwachung der Geschäftsführung beauftragt worden ist. Hat der Beirat ausschließlich eine beratende Funktion, so ist § 10 Nr. 4 KStG nicht anwendbar.

3   Geschäftsführer

Unabhängig davon, wie die Zuständigkeiten der Gesellschafterversammlung satzungsgemäß geregelt sind, bedarf die GmbH zu ihrer rechtlichen Handlungsfähigkeit eines oder mehrerer Geschäftsführer (§ 6 GmbHG). Die Gesellschaft muss auch schon vor der Eintragung in das

Handelsregister einen Geschäftsführer haben (vgl. § 8 Abs. 1 Nr. 2 GmbHG). Sind keine Geschäftsführer vorhanden, so ist dies ein Eintragungshindernis (§ 10 Abs. 1 GmbHG).

Der Gesellschafter hat eine doppelte Rechtstellung (sog. Trennungstheorie). Zum einen ist er Organ der GmbH, zum anderen regelt das Anstellungsverhältnis seine Beziehungen zur Gesellschaft.

3.1 Organ der Gesellschaft

3.1.1 Bestellung des Geschäftsführers

Im Gegensatz zur Personengesellschaft (vgl. insbesondere die GmbH & Co. KG) verlangt das Gesetz, dass nur eine natürliche und unbeschränkt geschäftsfähige Person Geschäftsführer sein kann (§ 6 Abs. 2 GmbHG). Eine bestimmte Staatsbürgerschaft oder ein Wohnsitz in Deutschland ist weder erforderlich, noch wäre dies mit den Regeln des europäischen Rechts vereinbar. Zu der Frage, in welchem Land ein im Ausland ansässiger Geschäftsführer sein Geschäftsführergehalt versteuern muss, siehe BFH vom 05. 10. 1994, I R 67/93, BStBl II 1995, 95.

Eine Person, für die ein Betreuer bestellt ist, kann nicht Geschäftsführer sein. Ebenso ist die Geschäftsführerstellung für Personen ausgeschlossen, die wegen einer Insolvenzstraftat oder anderer Wirtschaftsdelikte innerhalb der letzten fünf Jahre rechtskräftig verurteilt worden sind.

Zum Geschäftsführer können Gesellschafter oder auch andere Personen bestellt werden (Fremdgeschäftsführer, § 6 Abs. 3 GmbHG). Die Bestellung des Geschäftsführers kann bereits in die Satzung aufgenommen werden (insbesondere bei erstmaliger Bestellung; § 6 Abs. 3 GmbHG). Im Übrigen fällt die Bestellung in die Zuständigkeit der Gesellschafterversammlung (§ 46 Nr. 5 GmbHG), soweit die Satzung nicht abweichende Regelungen vorsieht (z. B. Übertragung des Bestellungsrechts auf einen Beirat).

Die Bestellung erfolgt mit der einfachen Mehrheit der abgegebenen Stimmen (§§ 47 Abs. 1, 48 Abs. 1 GmbHG). Derjenige Gesellschafter, der zum Geschäftsführer bestellt werden soll ist dabei von der Abstimmung nicht ausgeschlossen. Damit kann ein Mehrheitsgesellschafter unter Umständen einen erheblichen Einfluss auf die Gestaltung der GmbH erlangen.

3.1.2 Vertretungsbefugnis

Der oder die Geschäftsführer vertreten die GmbH nach außen (§§ 35 ff. GmbHG). Dabei ist es gleichgültig, ob das Geschäft ausdrücklich im Namen der Gesellschaft vorgenommen worden ist oder ob die Umstände ergeben, dass es nach dem Willen der Beteiligten für die Gesellschaft vorgenommen werden sollte.

Bei einer Einpersonen-GmbH, deren einziger Gesellschafter auch die Geschäftsführung innehat, gilt das Selbstkontrahierungsverbot des **§ 181 BGB**, wonach ein Vertreter nicht mit sich selbst als Vertretenem Verträge abschließen kann. Der Geschäftsführer wird regelmäßig in der Satzung vom Verbot des Selbstkontrahierens befreit.

Sind mehrere Geschäftsführer bestellt, so gilt nach § 35 Abs. 2 GmbHG das Prinzip der Gesamtvertretungsbefugnis (§ 35 Abs. 2 Satz 2 GmbHG), d. h. jeder Geschäftsführer bedarf der Gegenzeichnung durch den oder die anderen Geschäftsführer. Da die Gesamtvertretungsbefugnis sehr schwerfällig ist, wird sie regelmäßig satzungsgemäß anders geregelt. Es ist auch möglich, durch Satzung der Gesellschafterversammlung das Recht einzuräumen, die Vertretungsbefugnis der Geschäftsführer im Detail zu regeln.

Dabei ist aber stets zu beachten, dass die Vertretungsbefugnis zwar durchaus im Innenverhältnis modifiziert oder beschränkt werden kann, im Außenverhältnis diese Beschränkungen aber keine rechtliche Wirkung haben (§ 37 GmbHG).

Neben der organschaftlichen Vertretung, die zwingend durch den Geschäftsführer erfolgen muss, kann die GmbH weiteren Personen (z. B. Prokuristen) rechtsgeschäftliche Vertretungsbefugnisse einräumen.

Handelt der Geschäftsführer für die GmbH ohne Vertretungsmacht, so haftet er nach den allgemeinen Grundsätzen (§§ 177 ff. BGB).

3.1.3 Geschäftsführungsbefugnis

Die Geschäftsführungsbefugnis ist von der Vertretungsbefugnis zu unterscheiden. Der Geschäftsführer hat i. R. d. ihm eingeräumten Befugnisse die Aufgabe, den Gesellschaftszweck zu realisieren (vgl. § 43 GmbHG). Dazu hat der Geschäftsführer die Gesellschaft in wirtschaftlicher, technischer und organisatorischer Hinsicht im Innenverhältnis zu leiten. Beschränkungen oder Erweiterungen der Geschäftsführungsbefugnis sind möglich. Die dazu erforderlichen Regelungen können im Gesellschaftsvertrag, im Bestellungsbeschluss oder im Anstellungsvertrag enthalten sein.

Neben den allgemeinen Geschäftsführungsaufgaben weist das Gesetz dem Geschäftsführer bestimmte Aufgaben zu. So hat er die Gesellschaft zum Handelsregister anzumelden (§ 40 GmbHG), für eine ordnungsmäßige Buchführung der Gesellschaft zu sorgen (§ 41 GmbHG) oder einen erforderlichen Insolvenzantrag zu stellen (§ 64 GmbHG).

3.1.4 Abberufung

Die Bestellung der Geschäftsführer ist nach § 38 GmbHG jederzeit und nach Belieben widerruflich. Der Geschäftsführer hat insoweit eine äußerst schwache Rechtsposition. Von der organschaftlichen Abberufung ist die Kündigung des Anstellungsvertrags zu unterscheiden, die eigenen Regeln unterliegt.

3.2 Anstellungsvertrag

Neben der organschaftlichen Stellung besteht zwischen der GmbH und dem Geschäftsführer ein Vertragsverhältnis, das aber nicht als Arbeitsvertrag zu beurteilen ist. Es handelt sich vielmehr um einen Dienstvertrag sui generis, der eine Geschäftsbesorgung zum Gegenstand hat (§§ 611 ff., 675 BGB). Der Geschäftsführer unterliegt damit **nicht den arbeitsrechtlichen Schutzvorschriften**. Allerdings kann der Dienstvertrag – solange keine anderweitige Regelung getroffen wurde – nur bei Vorliegen eines wichtigen Grundes gekündigt werden. Es kann damit die Situation eintreten, dass die Geschäftsführerstellung nach § 38 GmbH gekündigt wurde, wohingegen das Dienstverhältnis noch weiter besteht.

Es ist grundsätzlich auch möglich, mit dem Geschäftsführer lediglich einen Beratervertrag abzuschließen. Der Abschluss eines Beratervertrags kommt insbesondere dann infrage, wenn der Geschäftsführer nach Erreichen des Pensionsalters eine Pension erhält (Direktzusage) und dennoch weiterhin Geschäftsführer bleiben will. Eine Vergütung für den Geschäftsführer ist im Übrigen nicht zwingend erforderlich; es ist z. B. auch möglich, dem Geschäftsführer nur eine Aufwandserstattung oder überhaupt nichts zu zahlen. Die Vereinbarung einer Nur-Tantieme bzw. einer Nur-Pensionszusage ist steuerlich nicht zulässig (vgl. zu Letzterem BMF vom 13. 12. 2012 BStBl I 2013, 35).

Zuständig für den Abschluss des Anstellungsvertrags ist die Gesellschafterversammlung (BGH vom 27. 01. 1997 GmbHR 1997, 547), die ihn auch aufzuheben oder zu ändern hat (BGH vom 25. 03. 1991 GmbHR 1991, 363).

3.3 Pflichten und Haftung des Geschäftsführers

Aus seiner organschaftlichen Stellung heraus besteht für den Geschäftsführer die Pflicht, die Interessen der GmbH zu wahren und zu fördern und Schaden von ihr abzuwenden (vgl. § 43 Abs. 1 GmbHG).

Damit sind insbesondere folgende Pflichten verbunden:
- Der Geschäftsführer muss sich laufend über die wirtschaftliche Lage der Gesellschaft informieren;
- er hat für eine wirtschaftlich effiziente Unternehmensführung zu sorgen;
- er muss existenzbedrohende oder unverhältnismäßige Risiken vermeiden;
- er muss mit den anderen Gesellschaftsorganen zusammen arbeiten (Gesellschaftsversammlung, Aufsichtsrat, Mitgeschäftsführer);
- er muss die anderen Gesellschaftsorgane gleichzeitig überwachen;
- er ist zur Verschwiegenheit verpflichtet;
- er darf die Geschäftschancen der Gesellschaft nicht für eigene Geschäfte nutzen bzw. in Wettbewerb zur Gesellschaft treten.

Verletzt er diese Obliegenheiten, so haftet er der Gesellschaft für den daraus entstehenden Schaden (§ 43 Abs. 2 GmbHG). Handeln mehrere Geschäftsführer, so haften sie als Gesamtschuldner (§ 426 BGB). § 43 Abs. 2 GmbHG setzt schuldhaftes Verhalten, also vorsätzliches oder fahrlässiges Handeln voraus. Analog § 93 Abs. 2 Satz 2 AktG hat der Geschäftsführer zu beweisen, dass er die erforderliche Sorgfalt angewandt hat (Beweislastumkehr; BGH vom 08. 07. 1985 NJW 1986, 54 ff.).

Neben die Haftung nach § 43 Abs. 2 GmbHG kann auch eine deliktische Haftung nach § 823 Abs. 2 BGB treten (z. B. bei Urkundenfälschung, Unterschlagung, Betrug).

Das GmbHG normiert außerdem weitere spezialgesetzliche Haftungstatbestände. Nach § 9a GmbHG haftet der Geschäftsführer neben den Gesellschaftern für falsche Angaben bei Gründung. Wurde den Bestimmungen des § 30 GmbHG zuwider Zahlungen aus dem zur Erhaltung des Stammkapitals erforderlichen Vermögen der Gesellschaft gemacht oder § 33 GmbHG zuwider eigene Geschäftsanteile der Gesellschaft erworben, so löst auch dies eine Haftung aus (§ 43 Abs. 3 GmbHG). Werden bei einer Kapitalerhöhung falsche Angaben gemacht, so haftet auch hierfür der Geschäftsführer (§ 57 Abs. 4 GmbHG). Werden nach Eintritt der Zahlungsunfähig der Gesellschaft oder nach Feststellung ihrer Überschuldung Zahlungen geleistet, so ist der Geschäftsführer der Gesellschaft zum Ersatz der Zahlungen verpflichtet (§ 64 Abs. 2 GmbHG).

Von besonderer Bedeutung sind die steuerlichen Haftungstatbestände. Nach **§ 34 Abs. 1 Satz 1 AO** hat der Geschäftsführer einer GmbH deren steuerliche Pflichten zu erfüllen. Er hat insbesondere dafür zu sorgen, dass die Steuern aus den Mitteln entrichtet werden, die er verwaltet. Nach **§ 69 AO** haftet der Geschäftsführer, soweit Ansprüche aus dem Steuerschuldverhältnis infolge vorsätzlicher oder grob fahrlässiger Verletzung der ihm auferlegten Pflichten nicht oder nicht rechtzeitig festgesetzt oder erfüllt oder soweit infolgedessen Steuervergütungen oder Steuererstattungen ohne rechtlichen Grund gezahlt werden. Die Haftung umfasst auch die infolge der Pflichtverletzung zu zahlenden Säumniszuschläge.

Gem. § 191 AO steht es im pflichtgemäßen Ermessen des Finanzamts, die nach § 69 AO bestehende Haftung des Geschäftsführers durch Erlass eines Haftungsbescheides geltend zu machen.

Teil D   Verträge zwischen Gesellschaftern und der GmbH

1   Die Geschäftsführervergütung im Steuerrecht

1.1   Allgemeines

Auch wenn der Geschäftsführer arbeitsrechtlich nicht als Arbeitnehmer zu beurteilen ist, erzielt er sowohl mit dem Festgehalt als auch mit einer eventuellen Tantieme Einkünfte nach § 19 EStG. Damit kann er für steuerliche Zwecke alle Regelungen in Anspruch nehmen, die an die Arbeitnehmereigenschaft anknüpfen. Im (seltenen) Falle eines Werkvertrags erzielt der Geschäftsführer Einkünfte nach § 15 oder 18 EStG. Er verliert dann die steuerlichen Vorteile eines Arbeitnehmers (z. B. § 3 Nr. 62 EStG).

Der Geschäftsführer der Komplementär-GmbH einer **GmbH & Co. KG** erzielt allerdings Einkünfte nach **§ 15 Abs. 1 Nr. 2 EStG**, da er die Anteile an der Komplementär-GmbH im Sonderbetriebsvermögen hält (vgl. H 4.2 Abs. 2 [Anteile an Kapitalgesellschaften – Einzelfälle] EStH mit weiteren Nachweisen).

Ist ein Gesellschafter an einer GmbH gleichzeitig **atypisch still** beteiligt, so hat er die Anteile an der GmbH im Sonderbetriebsvermögen der atypisch stillen Beteiligung zu aktivieren. Die Rechtsfolgen sind dann mit der GmbH & Co. KG vergleichbar. Das Geschäftsführergehalt stellt Sonderbetriebseinnahmen nach § 15 Abs. 1 Nr. 2 EStG dar (BFH vom 15. 10. 1998 BStBl II 1999, 286).

Obwohl auch in einer **Betriebsaufspaltung** die Anteile an der Betriebsgesellschaft (GmbH) im Betriebsvermögen bzw. Sonderbetriebsvermögen der Besitzgesellschaft aktiviert werden müssen, sind die Einkünfte des Geschäftsführers der Betriebsgesellschaft i. R. d. § 19 EStG zu versteuern.

Sind Teile der Geschäftsführervergütung als vGA zu beurteilen (Details s. E 2.3), so liegen insoweit Einkünfte nach § 20 Abs. 1 Nr. 1 Satz 2 EStG vor. Für den Geschäftsführer hat dies den Vorteil, der Abgeltungsteuer (§ 32d EStG) zu unterliegen, soweit kein Antrag nach § 32d Abs. 2 Nr. 3 EStG gestellt wird. Werden die Einkünfte des Geschäftsführers nach § 15 EStG besteuert (s. o.), so unterliegt die vGA dem Teileinkünfteverfahren (= 60 % steuerpflichtig).

Arbeitszeitkonten sind bei einem Gesellschafter-Geschäftsführer nicht zulässig (BMF vom 17. 06. 2009 BStBl I 2009, 1286).

1.2   Angemessenheit der Geschäftsführervergütung

Zwischen einer GmbH und ihren Gesellschaftern können schuldrechtliche Verträge (insbesondere Arbeits- und Dienstverträge) geschlossen werden.

Handelsrechtlich führt die Zahlung eines Geschäftsführergehalts zu abziehbaren Betriebsausgaben. Steuerrechtlich ist aber stets zu prüfen, ob die Höhe des Geschäftsführergehalts durch das Gesellschaftsverhältnis veranlasst ist und in dieser Art und Höhe von einem gewissenhaften Geschäftsleiter so nicht gewährt worden wäre. In diesem Fall erfolgt eine außerbilanzielle Korrektur als vGA.

Zu zahlreichen Fragen der Angemessenheit siehe BMF vom 14. 10. 2002 BStBl I 2002, 972. Im Einzelnen ergeben sich danach folgende Prüfungspunkte.

In die Angemessenheitsprüfung sind alle **Vergütungsbestandteile** einzubeziehen (sog. Gesamtausstattung). Hierzu gehören insbesondere:

- Festgehalt,
- feste jährliche Einmalzahlungen (Weihnachts-, Urlaubsgeld),
- variable Gehaltsbestandteile (Tantiemen, Gratifikationen),
- Leistungen der betrieblichen Altersversorgung (Pensionszusagen u. Ä.) sowie
- Sachbezüge (Fahrzeugüberlassung, private Telefonnutzung etc.).

Die Prüfung der Angemessenheit erfolgt in mehreren Schritten:

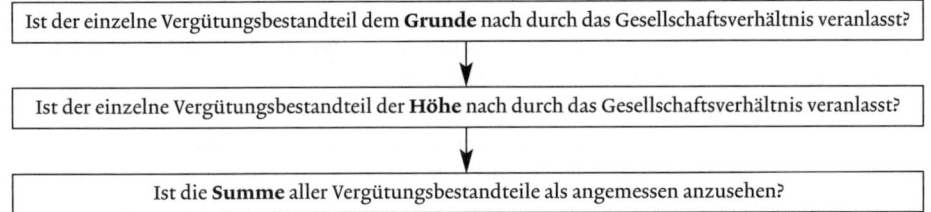

Ist der einzelne Vergütungsbestandteil dem **Grunde** nach durch das Gesellschaftsverhältnis veranlasst?

Ist der einzelne Vergütungsbestandteil der **Höhe** nach durch das Gesellschaftsverhältnis veranlasst?

Ist die **Summe** aller Vergütungsbestandteile als angemessen anzusehen?

1.2.1 Anerkennung der Vergütungsbestandteile dem Grunde nach

Ist die Vereinbarung eines Vergütungsbestandteils dem Grunde nach nicht anzuerkennen, so spielt die Höhe der vereinbarten Leistung keine Rolle. Es liegt auf jeden Fall eine vGA vor.

So müssen z. B. alle Vereinbarungen zwischen einem **beherrschenden Gesellschafter-Geschäftsführer** und der Kapitalgesellschaft im Vorhinein **klar und eindeutig** getroffen sein, um steuerlich anerkannt zu werden (R 8.5 Abs. 2 KStR; BFH vom 24.07.1996 BStBl II 1997, 138 m. w. N.). Ohne eine klare und eindeutige Vereinbarung kann eine Gegenleistung nicht als schuldrechtlich begründet angesehen werden. Dies gilt selbst dann, wenn ein Vergütungsanspruch aufgrund gesetzlicher Regelung bestehen sollte (vgl. z. B. § 612 BGB oder §§ 352, 354 HGB).

Es ist allerdings möglich, Berechnungsgrundlagen für Gehaltserhöhungen im Voraus festzulegen. Diese müssen dann aber so bestimmt sein, dass allein durch Rechenvorgänge die Höhe der Vergütung ermittelt werden kann, ohne dass es noch der Ausübung irgendwelcher Ermessensakte seitens der Geschäftsführung oder Gesellschafterversammlung bedarf (BFH vom 17.12.1997 BStBl II 1998, 545 m. w. N.).

BEISPIEL

Zwischen beherrschendem Gesellschafter und einer GmbH ist vereinbart, dass ein Festgehalt von 85 000 € zu zahlen ist. Dieses soll sich um den Betrag erhöhen, um den sich die Besoldung nach Besoldungsgruppe A 13 gem. Besoldungsanpassungsgesetz jeweils erhöht.

LÖSUNG Eine solche Klausel wäre zulässig, da hier die Berechnung des Festgehaltes ohne irgendeine Ermessensentscheidung erfolgen kann.

Vereinbaren Kapitalgesellschaft und beherrschender Gesellschafter lediglich, dass der Gesellschafter eine »angemessene« Vergütung erhalten soll, so ist die gezahlte Vergütung – unabhängig von ihrer Höhe – stets eine vGA (BFH vom 17.12.1997 a. a. O.). Ist eine Gehaltsvereinbarung zwischen einer Kapitalgesellschaft und ihren beherrschenden Gesellschafter nicht ordnungsgemäß durchgeführt worden (z. B. Vereinbarung im Nachhinein), so ist der gesamte Gehaltsaufwand steuerrechtlich eine verdeckte Gewinnausschüttung. Bei deren Bemessung darf nicht mindernd berücksichtigt werden, dass dem Gesellschafter bei Fehlen einer Vergütungsabrede kraft Gesetzes eine angemessene Vergütung zugestanden hätte (BFH vom 20. 02. 2004 BFH/NV 2005, 723).

Ein Gesellschafter ist im Regelfall **beherrschend**, wenn er die Mehrheit der Stimmrechte (> 50 %) besitzt und deshalb bei Gesellschaftsversammlungen entscheidenden Einfluss ausüben kann (H 8.5 KStH »Beherrschender Gesellschafter« m. w. N.). Eine Beteiligung von 50 % oder weniger reicht zur Annahme einer beherrschenden Stellung aus, wenn besondere Umstände hinzutreten, die die Beherrschung der Gesellschaft begründen (BFH vom 23. 10. 1985 BStBl II 1986, 195; vertragliche Vereinbarung, wonach die Gesellschaft sich ausschließlich dem Willen eines Gesellschafters beugen musste). Eine beherrschende Stellung kann sich auch dadurch ergeben, dass mehrere Gesellschafter einer Kapitalgesellschaft mit gleichgerichteten Interessen zusammenwirken, um eine ihren Interessen entsprechende einheitliche Willensbildung herbeizuführen (BFH vom 25. 10. 1995 BStBl II 1997, 703).

Die Zahlung einer **Überstundenvergütung** an den Gesellschafter-Geschäftsführer (gleichgültig ob beherrschend oder nicht) ist stets eine vGA, da die gesonderte Vergütung von Überstunden nicht dem entspricht, was ein ordentlicher und gewissenhafter Geschäftsleiter einer GmbH mit einem Fremdgeschäftsführer vereinbaren würde. Dies gilt erst recht dann, wenn die Vereinbarung von vorneherein auf die Vergütung von Überstunden an Sonntagen, Feiertagen und zur Nachtzeit beschränkt ist (vgl. H 8.5 KStH »IV. Vergütung der Gesellschafter-Geschäftsführer«; BFH vom 13. 12. 2006 BStBl II 2007, 393; vom 19. 03. 1997 BStBl II 1997, 577; vom 27. 03. 2001 BStBl II 2001, 655; BMF vom 28. 09. 1998 BStBl I 1998, 1194).

1.2.2   Gesamtausstattung

Die Angemessenheit der Gesamtausstattung eines Gesellschafter-Geschäftsführers muss grundsätzlich anhand derjenigen Umstände und Erwägungen beurteilt werden, die im Zeitpunkt der Gehaltsvereinbarung vorgelegen haben und angestellt worden sind (BFH vom 04. 06. 2003 BStBl II 2004, 136). Die Höhe der angemessenen Bezüge ist im Einzelfall durch Schätzung zu ermitteln. Dabei ist zu berücksichtigen, dass der Bereich des Angemessenen sich auf eine Bandbreite von Beträgen erstrecken kann. Unangemessen sind nur diejenigen Bezüge, die den oberen Rand dieser Bandbreite übersteigen. Die Entscheidung darüber, wie ein ordentlicher Geschäftsleiter eine gewinnabhängige Vergütung bemessen und ggf. nach oben begrenzt hätte, ist eine Tatsachenfrage, die vom FG zu prüfen ist (BFH vom 27. 02. 2003 BStBl II 2004, 132, vom 04. 06. 2003 BStBl II 2004, 136 und vom 04. 06. 2003 BStBl II 2004, 139).

Für die Frage, ob eine Gesamtausstattung der Höhe nach angemessen ist, gibt es keine festen betragsmäßigen Werte. Die Verwaltung kann weder Nichtaufgriffsgrenzen festlegen noch Obergrenzen definieren, die stets zu einer vGA führen).

Beurteilungskriterien für die Angemessenheit sind (BMF vom 14. 10. 2002 BStBl I 2002, 972, Rz. 10):

- Art und Umfang der Tätigkeit,
- künftige Ertragsaussichten des Unternehmens,
- Verhältnis des Geschäftsführergehalts zum Gesamtgewinn und zur verbleibenden Eigenkapitalverzinsung,
- sowie Art und Höhe der Vergütungen, die im selben Betrieb gezahlt werden oder in gleichartigen Betrieben an Geschäftsführer für entsprechende Leistungen gewährt werden.

Zuschläge für Sonntags-, Feiertags-, Mehr- und Nachtarbeit sind bei Geschäftsführern nicht üblich und führen daher stets zu einer vGA (BFH vom 27. 03. 2012, VIII R 27/09, BFH/NV 2012, 1127).

1.2.3 Art und Umfang der Tätigkeit

Art und Umfang der Tätigkeit werden vorrangig durch die Größe des Unternehmens bestimmt. Je größer ein Unternehmen ist, desto höher kann das angemessene Gehalt des Geschäftsführers liegen, da mit der Größe eines Unternehmens auch Arbeitseinsatz, Anforderung und Verantwortung steigen. Die Unternehmensgröße ist vorrangig anhand der Umsatzhöhe und der Beschäftigtenzahl zu bestimmen (BMF vom 14. 10. 2002 a. a. O., Rz. 11; BFH vom 04. 06. 2003 BStBl II 2004, 139).

Die Unternehmensgröße kann aber nur einer von mehreren Aspekten sein. Außerdem wird man auch die **Ausbildung** des Geschäftsführers und die **Funktion** im Unternehmen entsprechend honorieren müssen (BFH vom 11. 12. 1991 BStBl II 1992, 690). So wird man sicher dem Gesellschafter-Geschäftsführer einer Wirtschaftsprüfungsgesellschaft mit wenigen Angestellten eine höhere Gesamtausstattung zubilligen müssen als dem ungelernten Gesellschafter-Geschäftsführer einer Reinigungsfirma mit zahlreichen Angestellten. Auf diesen Aspekt geht allerdings das BMF-Schreiben vom 14. 10. 2002 a. a. O. zu Unrecht nicht ein.

Arbeitet ein Gesellschafter-Geschäftsführer für **mehrere Unternehmen** (Mehrfachgeschäftsführung), so kann er dem einzelnen Unternehmen nicht die volle Arbeitskraft zur Verfügung stellen. Daher ist zu Recht bei der Bestimmung des angemessenen Gehalts ein Abschlag vorzunehmen (BFH vom 09. 10. 2013, I B 100/12, BFH/NV 2014, 385 m. w. N.). Eine (vollständige oder teilweise) Nichtberücksichtigung anderweitiger Tätigkeiten kann jedoch in Betracht kommen, wenn gerade die anderweitige Tätigkeit für die zu beurteilende Gesellschaft Vorteile mit sich bringt, die den Verlust an zeitlichem Einsatz des Geschäftsführers ausgleichen (BFH vom 15. 12. 2004 BFH/NV 2005, 1147).

Teilen sich **zwei** oder **mehrere Geschäftsführer** die Verantwortung für die Kapitalgesellschaft, so kann ein gewisser Abschlag gerechtfertigt sein, wenn die Anforderungen und der Arbeitseinsatz des einzelnen Geschäftsführers durch die Mehrfachgeschäftsführung tatsächlich geringer sind. Dabei kommt es aber stets auf die Verhältnisse des Einzelfalles an (vgl. BFH vom 04. 06. 2003, I R 38/02, BStBl II 2004, 139).

Ein Anhaltspunkt für die Bemessung der angemessenen Gesamtausstattung wird in der Praxis regelmäßig ein **Fremdvergleich** sein (BMF vom 14. 10. 2002 a. a. O., Rz. 19; BFH vom 17. 05. 1995, I R 147/93, BStBl II 1996, 204).

Wird in der Gesellschaft neben dem Gesellschafter-Geschäftsführer ein Fremdgeschäftsführer beschäftigt, stellt dessen Vergütungshöhe ein wesentliches Indiz bei der Festlegung der Angemessenheitsgrenze der Vergütung des Gesellschafter-Geschäftsführers dar (sog. **interner Betriebsvergleich**; BMF vom 14. 10. 2002 a. a. O., Rz. 20). Entscheidend sind aber auch hier immer wieder die Umstände des Einzelfalles.

Grundsätzlich können auch wissenschaftlich anerkannte Gehaltsuntersuchungen (z. B. Kienbaum-Studien) oder branchenspezifische Erfahrungswerte als Anhaltspunkt herangezogen werden (BMF vom 14. 10. 2002 a. a. O., Rz. 21; sog. **externer Betriebsvergleich**).

Erbringt der Gesellschafter-Geschäftsführer gewerbliche oder freiberufliche Leistungen an die Kapitalgesellschaft (z. B. als Rechtsanwalt, Steuerberater oder Architekt), so ist dies grundsätzlich unabhängig von der Geschäftsführervergütung zu beurteilen, soweit die Leistung nicht zur Tätigkeit des Geschäftsführers gehört. Insoweit müssen klare und eindeutige Regelungen getroffen werden (BFH vom 17. 12. 2003 BFH/NV 2004, 819).

BEISPIEL

G ist Gesellschafter-Geschäftsführer der X-GmbH. Er erhält hierfür ein angemessenes Gehalt i. H. v. 100 000 €. G ist außerdem selbständiger Rechtsanwalt mit eigener Kanzlei.

a) Er führt für die GmbH einen Arbeitsrechtsprozess und rechnet nach der Gebührenordnung für Rechtsanwälte ab.

b) Er berät die GmbH bezüglich der Optimierung der Geschäftstätigkeit und rechnet dafür ein Honorar nach der Gebührenordnung für Rechtsanwälte ab.

LÖSUNG In der Variante a) besteht eine klare Trennung zwischen Geschäftsführertätigkeit und Prozessführung als Rechtsanwalt. Das Honorar ist bei der Berücksichtigung der Angemessenheit der Geschäftsführerbezüge grundsätzlich nicht zu berücksichtigen. In der Variante b) gehört die Optimierung der Geschäftstätigkeit grundsätzlich zu den typischen Aufgaben eines Geschäftsführers. Hier darf die Auslagerung in die freiberufliche Tätigkeit nicht dazu führen, dass über eine angemessene Geschäftsführervergütung hinaus weitere Zahlungen an den Gesellschafter geleistet werden.

1.2.4 Ertragsaussichten der Gesellschaft

Neben der Unternehmensgröße stellt die Ertragssituation ein wichtiges Kriterium für die Angemessenheitsprüfung dar (BMF vom 14. 10. 2002 a. a. O., Rz. 14 ff.). Maßgebend ist hierbei vor allem das Verhältnis der Gesamtausstattung des Geschäftsführergehalts zum Gesamtgewinn der Gesellschaft und zur verbleibenden Eigenkapitalverzinsung.

Der Kapitalgesellschaft muss nach Zahlung der Gesamtbezüge des Geschäftsführers immer noch eine **angemessene Eigenkapitalverzinsung** verbleiben, da es Aufgabe der Kapitalgesellschaft ist, Gewinne zu erzielen und nach Möglichkeit zu steigern (BFH vom 28. 06. 1989, I R 89/85, BStBl II 1989, 854).

Die angemessene Verzinsung des Eigenkapitals ist dabei aus dem gesamten von der Gesellschaft eingesetzten Eigenkapital (vgl. § 266 HGB) zu ermitteln. Wird nahezu der gesamte Gewinn einer Kapitalgesellschaft durch die Gesamtvergütung »**abgesaugt**«, so ist dies ein wesentliches Indiz für die Annahme einer unangemessenen Gesamtvergütung.

Nach Ansicht der Rechtsprechung (vgl. z. B. BFH vom 05. 10. 1994, I R 50/94, BStBl II 1995, 549) und der Verwaltung (vgl. BMF-Schreiben vom 14. 10. 2002 a. a. O., Tz. 16) sollte im Regelfall der Gesellschaft nach Abzug der Geschäftsführervergütungen noch ein Jahresüberschuss vor Ertragsteuern in mindestens gleicher Höhe wie die Geschäftsführervergütungen verbleiben (»Halbteilungsgrundsatz«). Diese »Halbteilung« stellt aber nur eine Richtschnur da. Es liegt nicht immer dann eine vGA vor, wenn das Geschäftsführergehalt über dem der GmbH noch verbleibenden Gewinn liegt. Es ist aber ein starkes Indiz für die Angemessenheit, wenn die Halbteilung erreicht wird. Letztlich kommt es – wie bei allen diesen Fragen – sehr stark auf den Einzelfall an.

Bei mehreren Gesellschafter-Geschäftsführern ist hierbei auf die Gesamtsumme der diesen gewährten Vergütungen abzustellen.

Aber auch, wenn der Gesellschaft eine angemessene Eigenkapitalverzinsung verbleibt, kann bei **sehr ertragstarken** Gesellschaften die Vergütung nicht unbegrenzt gesteigert werden. Entscheidend bleibt immer noch die Einzelfallbetrachtung unter Berücksichtigung von Branche, Größe des Unternehmens etc.

Bei **ertragsschwachen** Gesellschaften ist hingegen davon auszugehen, dass auch ein Fremdgeschäftsführer selbst in Verlustjahren nicht auf ein angemessenes Gehalt verzichten würde. Das Unterschreiten einer Mindestverzinsung des eingesetzten Kapitals führt daher nicht zwangsläufig zu einer verdeckten Gewinnausschüttung.

Für die Beurteilung der angemessenen Eigenkapitalverzinsung sind – wie auch bei der übrigen Angemessenheitsprüfung – stets die **Verhältnisse bei Vertragsabschluss** maßgebend (BFH vom 27.02.2003 BStBl II 2004, 132). Steht allerdings im Zeitpunkt des Vertragsabschlusses ein **sprunghafter Gewinnanstieg** ernsthaft im Raum, so kann es bei Vereinbarung einer gewinnabhängigen Vergütung geboten sein, diese auf einen bestimmten Höchstbetrag zu begrenzen (BFH vom 27.02.2003 a. a. O.).

Umgekehrt kann es in Zeiten **sinkender Gewinnerwartungen** notwendig sein, Gehaltsanpassungen vorzunehmen.

BEISPIEL

Die Software-GmbH verzeichnet seit Jahren einen stetigen Zuwachs bei Umsatz und Gewinn. Dementsprechend wird dem Gesellschafter-Geschäftsführer im Dezember 2014 eine Erhöhung seiner Gesamtausstattung ab Januar 2015 zugesagt.

Im Juli 2017 zeigt sich plötzlich, dass die Umsatz- und Gewinnerwartungen in der GmbH zu optimistisch gesehen wurden. Sowohl für das Jahr 2015 als auch für 2016 lagen die Ergebnisse deutlich unter den Prognosen. Ein objektiver verständiger Marktbeobachter würde auf mittlere Sicht die Wachstumsprognosen deutlich senken.

LÖSUNG Aus der Sicht des Jahres 2014 war die Prognose richtig und rechtfertigte eine Erhöhung der Geschäftsführerbezüge. Dass das Ergebnis der Jahre 2015 und 2016 die Erwartungen nicht erfüllte, führt nicht zu einer Unangemessenheit der Gesamtausstattung.

Ab Juli 2017 müssen aus den neuen Erkenntnissen die Konsequenzen gezogen werden. Wird wider besseres Wissen ein überhöhtes Gehalt gezahlt, führt dies zu einer entsprechenden vGA. Das Gehalt muss daher an die neuen Prognosen angepasst werden.

Besteht eine Betriebsaufspaltung, so dürfen in die Prüfung der Angemessenheit der Geschäftsführergehälter nur die Umsätze bzw. Umsatzrenditen der Betriebs-GmbH einbezogen werden. Die Gewinne der Besitzgesellschaft sind nicht zu berücksichtigen (BFH vom 09.11.2009, I B 77/09, BFH/NV 2010, 472).

1.2.5 Pensionszusage als Teil der Gesamtausstattung

In die Prüfung der Angemessenheit der Gesamtbezüge des Gesellschafter-Geschäftsführers ist auch die ihm erteilte Pensionszusage einzubeziehen. Diese ist mit der **fiktiven Jahresnettoprämie** nach dem Alter des Gesellschafter-Geschäftsführers im Zeitpunkt der Pensionszusage anzusetzen, die er selbst für eine entsprechende Versicherung zu zahlen hätte, abzüglich etwaiger Abschluss- und Verwaltungskosten. Sieht die Pensionszusage spätere Erhöhungen vor oder wird sie später erhöht, ist die fiktive Jahresnettoprämie für den Erhöhungsbetrag auf den Zeitpunkt der Erhöhung der Pensionszusage zu berechnen. Dabei ist von den Rechnungsgrundlagen auszugehen, die für die Berechnung der Pensionsrückstellung verwendet werden (H 8.7 KStH »Angemessenheit«).

Eine Gehaltsumwandlung nach § 3 Nr. 63 EStG ist bei der Frage der Angemessenheit der Gesamtausstattung nicht zu berücksichtigen, da der umgewandelte Gehaltsbestandteil bereits in der Gesamtvergütung enthalten ist und die Einzahlungen in eine Direktversicherung, einen Pensionsfonds oder eine Pensionskasse lediglich eine Einkommensverwendung des Geschäftsführers darstellen.

1.2.6 Rechtsfolgen der Unangemessenheit

Ist die Gesamtausstattung lediglich der Höhe nach unangemessen, so führt dies nur insoweit zu einer vGA, als die angemessene Höhe überschritten wird. Problematisch ist dann die Frage, welcher Vergütungsbestandteil gekürzt werden soll.

Sind die einzelnen Vergütungsbestandteile **nicht zeitgleich** vereinbart worden und übersteigt die Vergütung die Angemessenheitsgrenze, ist der unangemessene Betrag in der Regel dem bzw. den zuletzt vereinbarten Bestandteilen zuzuordnen.

Sind die einzelnen Vergütungsbestandteile zeitgleich vereinbart worden, ist der die Angemessenheitsgrenze übersteigende Betrag nach sachgerechten Kriterien (z. B. quotal) auf die einzelnen Vergütungsbestandteile zu verteilen (BMF vom 14. 10. 2002 a. a. O., Rz. 8).

Die Fragen der steuerlichen Angemessenheit haben grundsätzlich keine Auswirkungen auf die zivilrechtlichen Ansprüche des Gesellschafter-Geschäftsführers. Auch wenn ein Gehaltsbestandteil allein oder die Gesamtvergütung insgesamt unangemessen ist, hat er zivilrechtlich Anspruch auf Erhalt des Vereinbarten. Empfehlenswert ist hier eine Klausel im Anstellungsvertrag, wonach bei Feststellung der Unangemessenheit durch die Finanzverwaltung eine entsprechende Anpassung der Verträge erfolgen kann.

1.3 Tantieme

Tantiemen, d. h. gewinnabhängige Vergütungsbestandteile, sind regelmäßig Teil der Gesamtausstattung eines Gesellschafter-Geschäftsführers (vgl. H 8.8 KStH m. w. N.). Es ist betriebswirtschaftlich sinnvoll, einem Geschäftsführer anstelle einer starren und leistungsunabhängigen Vergütung eine in hohem Maße erfolgsorientierte Honorierung zu gewähren. Leider engen Rechtsprechung und Verwaltung den Handlungsspielraum einer Kapitalgesellschaft in teilweise verfassungsrechtlich bedenklicher Weise ein (insbesondere Verstoß gegen die unternehmerische Freiheit des Art. 2 GG). Zumindest die jüngere Rechtsprechung scheint aber wieder von den starren Regeln abzugehen.

Die Tantieme ist grundsätzlich erst mit Zufluss, d. h. mit Erlangung der wirtschaftlichen Verfügungsmacht (§ 11 EStG) zu versteuern (z. B. BFH vom 01. 02. 2007, VI R 73/04, BFH/NV 2007, 896). In der Regel fließt die Tantieme dadurch zu, dass sie auf einem Konto des Empfängers bei einem Kreditinstitut gutgeschrieben wird. Der BFH geht jedoch in ständiger Rechtsprechung davon aus, dass bei beherrschenden Gesellschafter-Geschäftsführern ein Zufluss von Einnahmen auch ohne Zahlung oder Gutschrift bereits früher vorliegen kann. Danach fließt dem alleinigen oder jedenfalls beherrschenden Gesellschafter eine eindeutige und unbestrittene Forderung gegen seine Kapitalgesellschaft bereits mit deren Fälligkeit zu, denn ein beherrschender Gesellschafter hat es regelmäßig in der Hand, sich geschuldete Beträge auszahlen zu lassen, wenn der Anspruch eindeutig, unbestritten und fällig ist (BFH vom 08. 05. 2007, VIII 13/06, BFH/NV 2007, 2249 m. w. N.). Allerdings werden von dieser Zuflussfiktion nur Gehaltsbeträge und sonstige Vergütungen erfasst, die die Kapitalgesellschaft dem beherrschenden Gesellschafter schuldet und die sich bei der Ermittlung des Einkommens der Kapitalgesellschaft ausgewirkt haben. Der Anspruch auf eine Tantieme wird demgegenüber erst mit **Feststellung des Jahresabschlusses fällig**, sofern die Vertragsparteien nicht zivilrechtlich wirksam und fremdüblich eine andere Fälligkeit vereinbart haben (BFH vom 03. 02. 2011, VI R 66/09 n. v.).

Auch wenn die Gesamtausstattung insgesamt angemessen ist, kann die Tantiemeregelung – für sich betrachtet – den Tatbestand einer vGA erfüllen (BMF vom 01. 02. 2002 BStBl I 2002, 219).

1.3.1 Angemessenheit dem Grunde nach

Wie auch bei der Prüfung der Gesamtausstattung ist zu prüfen, ob die Tantieme in rechtlich einwandfreier Form vereinbart wurde.

Die Tantieme muss bei beherrschenden Gesellschafter-Geschäftsführern im Vorhinein klar und eindeutig festgelegt sein. Dies gilt sowohl für die Frage der Bemessungsgrundlage als auch für den Prozentsatz. Die Berechnungsgrundlagen müssen dabei so bestimmt sein, dass allein durch Rechenvorgänge die Höhe der Vergütung ermittelt werden kann, ohne dass es noch der Ausübung irgendwelcher Ermessensakte seitens der Geschäftsführung oder Gesellschafterversammlung bedarf (BFH vom 17. 12. 1997, I R 70/97, BStBl II 1998, 545).

BEISPIEL

Zwischen GmbH und Geschäftsführer ist eine »angemessene« Tantieme vereinbart, die der Beirat der Gesellschaft unter Berücksichtigung des Jahresergebnisses festsetzen soll.

LÖSUNG Eine derartige Tantiemeregelung ist bereits dem Grunde nach nicht anzuerkennen. Sie stellt selbst dann eine verdeckte Gewinnausschüttung dar, wenn sie betragsmäßig angemessen ist.

Nach ständiger Rechtsprechung (vgl. BFH vom 19. 02. 1999, I R 105–107/97, BStBl II 1999, 321; BFH vom 09. 07. 2007, I B 123/06, BFH/NV 2007, 2148) ist im Zusammenhang mit der Frage nach der steuerlichen Anerkennung von Erfolgsbeteiligungen für einen Gesellschafter-Geschäftsführer davon auszugehen, dass ein ordentlicher und gewissenhafter Geschäftsleiter im Regelfall eine Erfolgsvergütung in Form einer gewinnabhängigen Tantieme und nicht in Form einer **Umsatztantieme** gewährt, da eine Umsatzbeteiligung unter Vernachlässigung des eigenen Gewinnstrebens der Kapitalgesellschaft die Gefahr einer Gewinnabsaugung in sich birgt (BFH vom 06. 04. 2005, I R 10/04, BFH/NV 2005, 2058, H 8.8 KStH »Umsatztantieme« m. w. N.).

In seltenen Ausnahmefällen kann eine Umsatztantieme vereinbart werden, wenn überzeugende betriebliche und/oder unternehmerische Gründe für die Gewährung einer Umsatztantieme vorliegen (BFH vom 19. 02. 1999 a. a. O.). Dies kann z. B. der Fall sein bei einer Gesellschaft, die sich noch im Aufbau befindet und bei der sich auch ein Fremdgeschäftsführer nicht mit einer gewinnabhängigen Vergütung zufriedengeben würde.

Voraussetzung der (ausnahmsweisen) Anerkennung einer derartigen Umsatztantieme ist aber eine zeitliche (z. B. auf die Gründungsphase) und höhenmäßige Begrenzung. Eine derartige Begrenzung ist zur Vermeidung einer künftigen Gewinnabsaugung und einer die Rendite vernachlässigenden Umsatzsteigerung notwendig (BFH vom 19. 02. 1999 a. a. O.).

Die Grundsätze der Umsatztantieme sind auch bei nicht beherrschenden Gesellschafter-Geschäftsführern zu beachten. Die Beweislast für die Anerkennung einer der für eine umsatzabhängige Tantieme sprechenden Umstände trägt der Steuerpflichtige (BFH vom 28. 06. 1989, I R 89/85, BStBl II 1989, 854).

Besteht die Vergütung des Gesellschafter-Geschäftsführers ausschließlich in einer Gewinntantieme (sog. **Nur-Gewinntantieme**), ist dies ein Indiz für die Mitveranlassung der Tantiemevereinbarung durch das Gesellschaftsverhältnis. Solche Vereinbarungen werden mit Fremdgeschäftsführern in der Regel nicht abgeschlossen. Ein Fremdgeschäftsführer wird – anders als ein Gesellschafter – grundsätzlich nicht bewusst das Risiko eingehen, für seine Arbeitsleistung im Ergebnis keine Vergütung zu erhalten. Ein ordentlicher und gewissenhafter Geschäftsleiter wird dies bei der Ausgestaltung der Tantiemevereinbarung berücksichtigen. Er wird sich nicht ausschließlich von dem Interesse der Gesellschaft an einer Minderung der Fixkosten leiten lassen, sondern auch auf das berechtigte Interesse des Geschäftsführers Rücksicht nehmen, für seine Dienste in Verlustjahren eine Mindestvergütung zu erhalten (BFH vom 18.03.2002, I B 156/01, BFH/NV 2002, 1178 m. w. N.). In Ausnahmefällen kann eine Nur-Gewinntantieme für einen **begrenzten Zeitraum** vereinbart werden (BFH vom 27.03.2001, I R 27/99, BStBl II 2002, 111).

Als Ausnahmefälle kommen insbesondere die Gründungsphase der Gesellschaft, Phasen vorübergehender wirtschaftlicher Schwierigkeiten oder Tätigkeiten in stark risikobehafteten Geschäftszweigen in Betracht.

Grundsätzlich muss die Nur-Gewinntantieme betragsmäßig begrenzt werden. Der BFH (BFH vom 18.03.2002 a. a. O.) will von dem Erfordernis einer betragsmäßigen Begrenzung absehen, wenn die Nur-Gewinntantieme auf die Aufbauphase begrenzt ist und in dieser Zeit nicht mit hohen Erträgen zu rechnen ist.

Wird eine klar und eindeutig vereinbarte Gewinntantieme an einen beherrschenden Gesellschafter-Geschäftsführer nicht bereits bei **Fälligkeit ausbezahlt**, so führt dies nicht notwendigerweise zu einer vGA. Entscheidend ist, ob unter Würdigung aller Umstände die verspätete Auszahlung Ausdruck mangelnder **Ernsthaftigkeit** der Tantiemevereinbarung ist (BFH vom 29.06.1994, I R 11/94, BStBl II 1994, 952).

Steht eine im Übrigen klare Tantiemevereinbarung mit einem beherrschenden Gesellschafter-Geschäftsführer unter dem **Vorbehalt**, dass die Gesellschafterversammlung die Tantieme anderweitig höher oder niedriger festsetzen kann, dann besteht Unsicherheit und damit auch Unklarheit, ob der Tantiemeanspruch des Gesellschafter-Geschäftsführers letztlich Bestand haben wird. Deshalb ist i. H. d. Betrags der gebildeten Rückstellung für die Tantieme eine vGA anzunehmen (BFH vom 29.04.1992, I R 21/90, BStBl II 1992, 851).

1.3.2 Angemessenheit der Höhe nach

Da die Tantieme Teil der Gesamtausstattung ist, beeinflusst die Tantieme zunächst einmal die Angemessenheit der Gesamtausstattung (s. oben). Darüber hinaus ist zu prüfen, ob die Tantieme für sich (bei Angemessenheit der Gesamtausstattung) die Grenzen der Angemessenheit einhält. Dabei ist zu berücksichtigen, dass der Bereich des Angemessenen sich auf eine Bandbreite von Beträgen erstrecken kann. Allerdings gehen Rechtsprechung und Verwaltung davon aus, dass die Zahlung einer Gewinntantieme i. d. R. eine verdeckte Gewinnausschüttung darstellt, soweit sie 50 % des Jahresgewinns übersteigt (BFH vom 15.03.2000, I R 74/99, BStBl II 2000, 547 und vom 04.06.2003, I R 24/02, BStBl II 2004, 136 sowie vom 06.05.2004, I B 223/03, BFH/NV 2004, 1294 sowie BMF vom 01.02.2002, BStBl I 2002, 219). Bemessungsgrundlage dieser Regelvermutung ist der Jahresüberschuss vor Abzug der Steuern und der Tantieme (aber nach Berücksichtigung der fixen Geschäftsführervergütung).

BEISPIEL

Geschäftsführer G der XY-GmbH soll neben einem Festgehalt eine Gewinntantieme erhalten. Beim Abschluss der Vereinbarung über das Geschäftsführergehalt gehen die Gesellschafter von einem Jahresüberschuss vor Abzug der Gewinntantieme und der ertragsabhängigen Steuern von 63 000 € aus. Die Ertragsteuern (KSt, SolZ, GewSt) sollen aus Vereinfachungsgründen mit 60 000 € angesetzt werden. Der Geschäftsführer soll ein Festgehalt i. H. v. 150 000 € sowie eine Tantieme von einem Dritten des Jahresüberschusses vor Abzug der Tantieme und der ertragsabhängigen Steuern erhalten.

LÖSUNG In einem ersten Schritt ist zu prüfen, ob die Tantieme als solche angemessen ist. Der Jahresüberschuss vor Abzug der Tantieme beträgt 360 000 €. Die Tantieme beläuft sich vereinbarungsgemäß auf (360 000 € x 1/3 =) 120 000 €. Damit beträgt der Jahresüberschuss nach Abzug der Tantieme 240 000 €. Da der GmbH damit nach Abzug der Tantieme noch mindestens 50 % des Jahresüberschusses verbleiben, ist die Tantieme insoweit angemessen.

In einem zweiten Schritt ist nun die Gesamtausstattung auf die Angemessenheit hin zu überprüfen. Der Jahresüberschuss vor Abzug der Geschäftsführervergütung und der Tantieme beläuft sich auf (240 000 € + 120 000 € + 150 000 € =) 510 000 €. Nach Abzug der Gesamtvergütung verbleiben der Gesellschaft 240 000 €. Damit verbleibt der Gesellschaft nach Abzug der Gesamtvergütung nicht mindestens 50 % des Jahresüberschusses vor Steuern. Die Gesamtvergütung müsste auf 255 000 € (= die Hälfte des Jahresüberschusses vor Abzug der Geschäftsführervergütung und der Tantieme) reduziert werden. Es steht der Gesellschaft frei, ob sie die Tantieme oder das Festgehalt entsprechend absenkt.

Neben der 50 %-Regelung ist nach Ansicht von Rechtsprechung und Verwaltung (vgl. H 8.8 KStH »Grundsätze« m. w. N. sowie BFH vom 04. 06. 2003, I R 24/02, BStBl II 2004, 136) zu beachten, dass die Bezüge im Allgemeinen wenigstens zu 75 % aus einem festen und höchstens zu 25 % aus erfolgsabhängigen Bestandteilen bestehen dürfen. Übersteigt der variable Anteil der Vergütung diese Grenze, ist im Einzelfall zu ermitteln, ob die gewählte Gestaltung betriebliche Ursachen hat oder gesellschaftsrechtlich veranlasst ist. In letzterem Fall liegt eine verdeckte Gewinnausschüttung vor.

BEISPIEL

Die angemessene Gesamtausstattung eines Gesellschafter-Geschäftsführers soll 400 000 €/Jahr betragen. Der Jahresüberschuss vor Tantieme und Steuern wird mit 1,6 Mio. € geschätzt.
LÖSUNG Bei einer angemessenen Gesamtausstattung von 400 000 € darf die Tantieme (absolut) nicht mehr als 25 % = 100 000 € betragen.
Damit ergibt sich ein Tantiemesatz von 100 000 €/1,6 Mio. € = 6,25 %.
Dieser Satz kann bis zu einer wesentlichen Änderung der Gewinnsituation vereinbart werden.

Die Verwaltung (BMF vom 01. 02. 2002 a. a. O.) will für die Fälle, in denen eine Nur-Tantieme zulässig ist (also insbesondere Gründungsphase; s. oben), ein Abweichen vom 75 : 25-Maßstab zulassen.

Wie auch die 50 %-Regel darf auch die 75/25-Regel nur als Richtschnur angenommen werden. Es kommt jeweils entscheidend auf die Verhältnisse des einzelnen Falles an (so ausdrücklich BFH vom 04. 06. 2003 a. a. O.).

1.3.3 Tantieme bei Verlustvorträgen

Die Frage, ob und inwieweit die Nichteinbeziehung von Verlustvorträgen bei der Tantiemeberechnung dem Drittvergleich entspricht, ist umstritten.

Werden Vorjahresverluste in die Bemessungsgrundlage nicht einbezogen, so erhält der Gesellschafter-Geschäftsführer wirtschaftlich betrachtet eine Vergütung, die er nicht erwirtschaftet hat.

BEISPIEL

Eine GmbH gewährt ihrem Gesellschafter-Geschäftsführer eine Tantieme i. H. v. 5 % des Jahresüberschusses vor Tantieme und Steuern.
Im Wj. 2016 beträgt der Jahresüberschuss ./. 100 000 €. Der Geschäftsführer erhält entsprechend der Vereinbarung keine Tantieme.
Im Wj. 2017 wird ein Jahresüberschuss vor Tantieme und Steuern i. H. v. 100 000 € erwirtschaftet. Vereinbarungsgemäß erhält der Geschäftsführer nun 5 000 € Tantieme, obwohl der Gewinnsaldo der beiden Jahre 0 € beträgt.

Wie dieses Beispiel zeigt, besteht bei einer Tantiemevereinbarung ohne Berücksichtigung von Verlustvorträgen stets die Gefahr, dass der Geschäftsführer über Bilanzierungswahlrechte oder Abschreibungswahlrechte den Aufwand in Verlustjahre verlagert, um so später höhere Jahresüberschüsse und damit eine höhere Tantieme zu erhalten.

Man wird daher – zumindest die Verluste – die der Gesellschafter-Geschäftsführer zu verantworten hat, in die Bemessungsgrundlage einrechnen müssen (BFH vom 17.12.2003, I R 22/03, BStBl II 2004, 524; H 8.8 KStH »Verlustvorträge«).

1.3.4 Auslegung unklarer Tantiemevereinbarungen

Eine Tantiemevereinbarung muss dem Klarheitsgebot entsprechen, d. h. der Tantiemebetrag muss allein durch einen Rechenvorgang bestimmt werden können. Dies setzt u. a. voraus, dass die Bemessungsgrundlage für die Tantieme eindeutig festgelegt wird (BFH vom 01.04.2003, I R 79/02, BFH/NV 2004, 86).

Dem BFH lag folgender Sachverhalt zugrunde: Eine GmbH vereinbarte mit ihrem Gesellschafter-Geschäftsführer eine Tantieme i. H. v. 10 % des vorläufigen Ergebnisses vor Berücksichtigung von Gewerbesteuer, Körperschaftsteuer und Solidaritätszuschlag, höchstens 25 % der jährlichen Bruttogesamtbezüge.

Die Vorinstanz war der Ansicht, diese Formulierung könne dahingehend ausgelegt werden, dass damit eine Zwischengröße bei der Aufstellung des Jahresabschlusses gemeint und der Begriff des Jahresüberschusses durch § 266 HGB als Ergebnis des abgelaufenen Jahres definiert sei.

Der BFH vertrat hier eine strengere Auffassung. Der Begriff des »vorläufigen Ergebnisses« sei weder gesetzlich noch durch den allgemeinen oder den kaufmännischen Sprachgebrauch festgelegt. Damit erteilt der BFH einer Interpretation unklare Tantiemeregelungen eine klare Absage.

1.4 Sozialversicherungspflicht

Auch für angestellte Gesellschafter-Geschäftsführer gilt Steuerfreiheit der Arbeitgeberleistungen nach § 3 Nr. 62 EStG.

Die Frage der Sozialversicherungspflichtig von GmbH-Geschäftsführern ist von erheblicher wirtschaftlicher Bedeutung, da bei Bestehen der Versicherungspflicht die GmbH und der Geschäftsführer Beiträge zur

- Krankenversicherung (SGB V),
- Pflegeversicherung (SGB XI),
- Arbeitslosenversicherung (SGB III),
- Rentenversicherung (SGB VI) und
- Unfallversicherung (SGB VII)

abführen müssen.

Nicht jeder Gesellschafter-Geschäftsführer einer GmbH unterliegt der Sozialversicherungspflicht.

Beherrschende Gesellschafter-Geschäftsführer (Beteiligung über 50 %) stehen aufgrund ihrer Beteiligungshöhe in keinem abhängigen Rechtsverhältnis, sind somit sozialversicherungsrechtlich nicht als Arbeitnehmer zu beurteilen und unterliegen nicht der Sozialversicherungspflicht (BSG vom 08.08.1990 GmbHR 1991, 461).

Ein Geschäftsführer mit **Minderheitsbeteiligung** ist grundsätzlich weisungsgebunden und damit sozialversicherungsrechtlich wie ein Arbeitnehmer zu beurteilen. Ausnahmsweise kann aber auch der Minderheitsgesellschafter so umfassende Freiheiten haben (freie Einteilung der Arbeitszeit, Befreiung vom Selbstkontrahierungsverbot, keine wesentlichen Zustimmungs- erfordernisse der Gesellschafterversammlung), dass er im Ausnahmefall nicht mehr wie ein Arbeitnehmer zu beurteilen ist. Dann unterliegt auch der Minderheitsgesellschafter nicht der Sozialversicherungspflicht.

Ob es sich um einen beherrschenden, nicht sozialversicherungspflichtigen Gesellschafter- Geschäftsführer oder um einen abhängigen Arbeitnehmer handelt, beurteilt sich allein nach den sozialversicherungsrechtlichen Vorschriften. Die Entscheidung trifft die zuständige Ein- zugsstelle der Sozialversicherungsträger. Sie ist auch grundsätzlich für **steuerliche Zwecke** maßgebend (OFD Rheinland vom 16.01.2006 GmbHR 2006, 332) und von der Finanzverwal- tung zu akzeptieren, soweit nicht offensichtliche und schwere Mängel zu erkennen sind (BFH vom 21.01.2010, VI R 52/08, BStBl II 2010, 703). Dies gebietet schon das allgemeine verwal- tungsrechtliche Prinzip von der Einheit der Verwaltung (Art. 20 GG).

Stellt der Sozialversicherungsträger nachträglich fest, dass eine Sozialversicherungspflicht in der Vergangenheit nicht bestanden hat, so stellen die in der Vergangenheit gezahlten Arbeit- geberanteile im Jahr der Umwandlung in freiwillige Arbeitgeberbeiträge steuerpflichtigen Arbeitslohn dar (OFD Karlsruhe vom 19.11.2008, StEK EStG § 19/410).

1.5 Pkw-Gestellung durch die GmbH

Stellt eine GmbH ihrem Gesellschafter-Geschäftsführer ein Fahrzeug kostenlos zur priva- ten Nutzung zur Verfügung, so handelt es sich hierbei um einen **geldwerten** Vorteil, der zum steuerpflichtigen Arbeitslohn gehört (§ 8 EStG; vgl. H 8.5 KStH »Private Kfz-Nutzung« m. w. N. sowie BMF vom 03.04.2012 BStBl II 2012, 478).

In § 8 Abs. 2 Sätze 2–5 EStG hat der Gesetzgeber für die Besteuerung des geldwerten Vor- teils besondere Regelungen getroffen. Diese Regelungen gelten auch für angestellte Gesellschaf- ter-Geschäftsführer.

Danach kann der geldwerte Vorteil nach zwei **verschiedenen Berechnungsarten** ermit- telt werden (vgl. R 8.1 Abs. 9 LStR).

Die GmbH kann den privaten Nutzungswert mit monatlich **1 %** des inländischen Brutto- Listenpreises des Kraftfahrzeugs ansetzen. Kann das Kraftfahrzeug auch zu Fahrten zwischen Wohnung und erster Tätigkeitsstätte genutzt werden, so ist diese Nutzungsmöglichkeit unab- hängig von der Nutzung des Fahrzeugs zu Privatfahrten zusätzlich mit **0,03 %** des inländischen Listenpreises des Kraftfahrzeugs für jeden Kilometer der Entfernung zwischen Wohnung und erster Tätigkeitsstätte zu bewerten und dem Arbeitslohn zuzurechnen. Der Geschäftsführer kann die Fahrten zwischen Wohnung und erster Tätigkeitsstätte als **Werbungskosten** geltend machen (§ 9 Abs. 2 EStG).

Listenpreis ist – auch bei gebrauchten oder geleasten – Fahrzeugen die auf volle hundert Euro abgerundete unverbindliche Preisempfehlung des Herstellers für das genutzte Fahrzeug im Zeitpunkt seiner Erstzulassung zzgl. der Kosten für Sonderausstattungen (z. B. Navigations- geräte, Diebstahlssicherungssysteme) und der USt. Der Wert eines Autotelefons einschließlich Freisprecheinrichtung bleibt außer Ansatz.

BEISPIEL

Die X-GmbH stellt ihrer Geschäftsführerin im Veranlagungszeitraum 2017 einen Pkw unentgeltlich zur Verfügung. Der Listenpreis beträgt 55 000 € (inkl. USt). Die Geschäftsführerin darf das Fahrzeug auch für die Fahrten zwischen Wohnung und erster Tätigkeitsstätte (ca. 230 Tage/Jahr; einfache Entfernung 17 km) nutzen.

LÖSUNG G muss im Veranlagungszeitraum 2017 folgende Beträge versteuern:

1 % von 55 000 € × 12 Monate	6 600 €
0,03 % × 55 000 € × 17 km × 12 Monate	3 366 €
=	9 966 €

G kann nach § 9 Abs. 1 Nr. 4 EStG Werbungskosten i. H. v. (230 Tage × 17 km × 0,30 € =) 1 173 € geltend machen.

Die Lohnsteuer für die Nutzung des Fahrzeugs zu Fahrten zwischen Wohnung und erster Tätigkeitsstätte kann nach § 40 Abs. 2 Satz 2 EStG mit pauschal 15 % angesetzt werden. In diesem Fall muss aber der Arbeitgeber die Lohnsteuer übernehmen (§ 40 Abs. 3 EStG). Die Pauschalierung ist aber begrenzt auf die Beträge, die der Arbeitnehmer nach § 9 Abs. 1 Nr. 4 EStG als Werbungskosten geltend machen kann. Die pauschal besteuerten Arbeitgeberleistungen mindern die Werbungskosten.

BEISPIEL

Die GmbH könnte die 0,03 % pauschal mit 15 % besteuern.

Die pauschale Nutzungswertermittlung ist auch dann anzusetzen, wenn der Arbeitnehmer das Fahrzeug nur gelegentlich nutzt. Für **volle** Monate, in denen das Kraftfahrzeug dem Geschäftsführer nicht zur Verfügung steht, brauchen allerdings keine Einnahmen angesetzt werden (z. B. längerer Krankenhausaufenthalt o. Ä.).

Wenn dem Geschäftsführer das Kraftfahrzeug aus besonderem Anlass oder zu einem besonderen Zweck nur gelegentlich (von Fall zu Fall) für nicht mehr als fünf Kalendertage im Monat überlassen wird, ist die Nutzung zu Privatfahrten je Fahrtkilometer mit 0,001 % des inländischen Listenpreises zu bewerten. Nutzt der Geschäftsführer das Fahrzeug nur gelegentlich für Fahrten zwischen Wohnung und erster Tätigkeitsstätte, so kann er alternativ zu den 0,03 % je Entfernungskilometer 0,002 % je Entfernungskilometer ansetzen (BFH vom 04. 04. 2008 BStBl II 2008, 887 und BFH vom 22. 09. 2010, VI R 57/09, BStBl II 2011). Die Verwaltung wendet diese Urteile an (BMF vom 01. 04. 2011 BStBl I 2011, 301).

Zahlt der Geschäftsführer an die GmbH für die Nutzung des Kraftfahrzeugs ein **Entgelt**, so mindert dies den Nutzungswert. Dabei ist es gleichgültig, ob das Nutzungsentgelt pauschal oder entsprechend der tatsächlichen Nutzung des Kraftfahrzeugs bemessen wird.

Beteiligt sich der Geschäftsführer an den Anschaffungskosten des Fahrzeugs, so ist die Zuzahlung im Zahlungsjahr und ggf. in den Folgejahren auf den geldwerten Vorteil anzurechnen (BMF vom 06. 02. 2009 BStBl I 2009, 413 – gegen BFH vom 18. 10. 2007, VI R 59/06).

BEISPIEL

Ein Geschäftsführer bekommt von der GmbH ein Firmenfahrzeug zur privaten Nutzung (Listenpreis 50 000 € inkl. USt). Er beteiligt sich mit 10 000 € an den Anschaffungskosten.

LÖSUNG Im ersten Jahr versteuert der Geschäftsführer (50 000 € × 1 % × 12 Monate =) 6 000 €. Auf diese 6 000 € wird die Eigenbeteiligung angerechnet, so dass in diesem Jahr ein steuerpflichtiger Vorteil von 0 € übrig bleibt. Im nächsten Jahr versteuert der Geschäftsführer wiederum 6 000 €, auf die der Rest der Anzahlung angerechnet wird, sodass ein Betrag von 2 000 € übrig bleibt.

Nach § 8 Abs. 2 Satz 4 EStG kann der geldwerte Vorteil wahlweise auch mit dem auf die **private Nutzung** entfallenden **Teil** der gesamten Kraftfahrzeugaufwendungen angesetzt werden, wenn die durch das Kraftfahrzeug insgesamt entstehenden Aufwendungen durch Belege und das Verhältnis der privaten Fahrten zu den übrigen Fahrten durch ein ordnungsgemäß geführtes **Fahrtenbuch** nachgewiesen werden. Die Führung des Fahrtenbuchs kann nicht auf einen repräsentativen Zeitraum beschränkt werden. Elektronische Fahrtenbücher werden von der Finanzverwaltung grundsätzlich anerkannt, wenn sie die geforderten Daten speichern und eine zeitnahe (!) Übertragung auf ein festes unabänderbares Medium stattfindet (BMF vom 18.11.2009 BStBl I 2009, 1326). Ist das Fahrtenbuch nicht ordnungsgemäß, ist ein Nachweis der privaten Nutzung durch dieses Fahrtenbuch i. S. d. § 6 Abs. 1 Nr. 4 Satz 3 EStG ausgeschlossen: Kleinere Mängel sind allerdings unschädlich (BFH vom 10.04.2008 BStBl II 2008, 768).

Der **private Nutzungsanteil** ist der Anteil an den Gesamtkosten des Fahrzeugs, der dem Verhältnis der Privatfahrten zur Gesamtfahrstrecke entspricht. Die **Gesamtkosten** sind als Summe der Nettoaufwendungen zzgl. USt und AfA zu ermitteln.

BEISPIEL

Die X-GmbH stellt ihrer Geschäftsführerin im Veranlagungszeitraum 2017 einen Pkw unentgeltlich zur Verfügung. Der Listenpreis beträgt 55 000 € (inkl. USt). Die GmbH erwarb das Fahrzeug für 42 000 € zzgl. USt. Die Geschäftsführerin darf das Fahrzeug auch für die Fahrten zwischen Wohnung und erster Tätigkeitsstätte (ca. 230 Tage/Jahr; einfache Entfernung 17 km) nutzen. G führt ein anerkanntes Fahrtenbuch, wonach 13 000 km auf Privatfahrten entfallen bei einer Gesamtleistung des Fahrzeugs von 30 000 km in 2017.

Der GmbH sind für das Fahrzeug folgende Kosten entstanden:

AfA linear auf sechs Jahre Nutzungsdauer; Bemessungsgrundlage 42 000 €

AfA	7 000 €	
USt 19 %	1 330 €	
=	8 330 €	8 330 €
Inspektionen, Benzin u. Ä.	3 100 €	
USt 19 %	589 €	
=	3 689 €	3 689 €
Versicherung, Steuer (keine USt)	1 700 €	1 700 €
Gesamtkosten		13 719 €

LÖSUNG Davon entfallen auf G:

13 000 km/30 000 km	5 945 €

G kann Werbungskosten i. H. v. (230 Tage × 17 km × 0,30 € =) 1 173 € geltend machen.

Nicht zu den Gesamtkosten gehören Unfallkosten. Verbleiben nach Erstattungen durch Dritte Unfallkosten bis zur Höhe von 1 000 € (zzgl. USt) je Schaden, ist es nicht zu beanstanden, wenn diese als Reparaturkosten in die Gesamtkosten einbezogen werden (R 8.1 Abs. 9 Satz 12 LStR). Ist der Arbeitnehmer gegenüber dem Arbeitgeber wegen Unfallkosten nach allgemeinen zivilrechtlichen Regeln schadensersatzpflichtig (z. B. Privatfahrten, Trunkenheitsfahrten) und verzichtet der Arbeitgeber auf diesen Schadensersatz, liegt in Höhe des Verzichts ein gesonderter geldwerter Vorteil vor (§ 8 Abs. 2 Satz 1 EStG). Erstattungen durch Dritte (z. B. Versicherung) sind unabhängig vom Zahlungszeitpunkt zu berücksichtigen, sodass der geldwerte Vorteil regelmäßig in Höhe des vereinbarten Selbstbehalts anzusetzen ist.

Ist die private Nutzung eines betrieblichen Pkw durch den Gesellschafter-Geschäftsführer im Anstellungsvertrag mit der GmbH ausdrücklich gestattet, kommt der Ansatz einer vGA in Höhe der Vorteilsgewährung nicht in Betracht. Nach Ansicht der Rechtsprechung (BFH vom

23.04.2009, VI R 81/06, BStBl II 2012, 262) liegt in einem solchen Fall immer Sachlohn und keine vGA vor. Dagegen ist eine vertragswidrige private Nutzung eines betrieblichen Fahrzeugs durch einen Gesellschafter-Geschäftsführer nicht stets als Arbeitslohn zu qualifizieren. Bei einer nachhaltigen vertragswidrigen privaten Nutzung eines betrieblichen Pkw durch den Gesellschafter-Geschäftsführer liegt der Schluss nahe, dass Nutzungsbeschränkungen oder Nutzungsverbote nicht ernstlich gewollt sind, sondern lediglich »auf dem Papier stehen«. Unterbindet die Kapitalgesellschaft die unbefugte Nutzung durch den Gesellschafter-Geschäftsführer nicht, so kann insoweit eine vGA vorliegen (BFH vom 23.04.2009 a.a.O.; BMF vom 03.04.2012 BStBl I 2012, 478).

1.6   Überlassung eines PC oder Smartphone etc.

Die Vorteile eines Gesellschafter-Geschäftsführers aus der privaten Nutzung von betrieblichen Datenverarbeitungsgeräten (PC, Laptop ö. Ä.) und Telekommunikationsgeräten (Smartphone) sowie deren Zubehör, aus zur privaten Nutzung überlassenen System- und Anwendungsprogrammen (z. B. MS-Office), die der Arbeitgeber auch in seinem Betrieb einsetzt und aus den im Zusammenhang mit diesen Zuwendungen erbrachten Dienstleistungen (z. B. Reparaturen) sind nach § 3 **Nr. 45 EStG** steuerfrei. Die Steuerfreiheit ist dabei nicht nur auf die private Nutzung des Geräts im Betrieb beschränkt, sondern gilt auch für die private Nutzung eines Geräts, das sich in der Wohnung oder sonst im Besitz des Geschäftsführers befindet (z. B. Mitnahme auf eine Urlaubsreise).

In welchem Verhältnis die berufliche Nutzung zur privaten Nutzung steht, ist für die Steuerfreiheit unerheblich. Ebenfalls unerheblich ist die Höhe der privat verursachten Aufwendungen (z. B. sehr teures Smartphone). Dabei muss es sich aber noch um angemessene Aufwendungen handeln, da ansonsten eine verdeckte Gewinnausschüttung vorliegt.

Voraussetzung ist jedoch, dass es sich um Geräte handelt, die zum **Betriebsvermögen der GmbH** gehören und dem Geschäftsführer zur Nutzung überlassen werden. Damit sind Fälle der Schenkung und des verbilligten Erwerbs von der Steuerfreiheit ausgeschlossen.

Damit muss z. B. auch der Vertrag mit einem Internetanbieter von der GmbH abgeschlossen werden.

Problematisch ist der Ersatz von Kosten eines Festnetzanschlusses im Haus des Geschäftsführers, da es sich hier in der Regel nicht um eine Anlage der GmbH handelt. Ist jedoch die GmbH Eigentümerin oder Mieterin der Telefonanlage und läuft der Festnetzanschluss auf die GmbH so kann die Steuerfreiheit des § 3 Nr. 45 EStG ausgenutzt werden, wenn die Anlage dem Geschäftsführer (auch) zur privaten Nutzung zur Verfügung gestellt wird.

Die Regelung des § 3 Nr. 45 EStG ist eng auszulegen. So muss z. B. die Überlassung eines Navigationsgerätes, das ja technisch nichts anderes als ein PC ist, i. R. d. 1 %-Regelung für die Pkw-Überlassung versteuert werden.

Fallen erfahrungsgemäß beruflich veranlasste Telekommunikationsaufwendungen an – bei GmbH-Geschäftsführern ist dies stets der Fall – können aus Vereinfachungsgründen **ohne** Einzelnachweis bis zu **20 %** des Rechnungsbetrags, **höchstens 20 €** monatlich steuerfrei ersetzt werden (R 9.1 Abs. 5 LStR). Die 20 € sind also ein Maximalbetrag für tatsächlich nachgewiesene Telefonkosten und nicht i. S. eines Pauschbetrages zu verstehen.

Zur weiteren Vereinfachung kann der monatliche Durchschnittsbetrag, der sich aus den Rechnungsbeträgen für einen repräsentativen Zeitraum von drei Monaten ergibt, für den pauschalen Auslagenersatz fortgeführt werden. Der pauschale Auslagenersatz bleibt grundsätzlich so lange steuerfrei, bis sich die Verhältnisse wesentlich ändern.

1.7   Überlassung einer Wohnung oder Unterkunft

Eine GmbH kann an ihren Geschäftsführer Wohnräume zur privaten Nutzung vermieten. Dabei sind aber bei einer Vermietung an einen beherrschenden Gesellschafter-Geschäftsführer die formalen Kriterien zur Verhinderung einer vGA zu beachten (klare und eindeutige im Voraus abgeschlossene Vereinbarung etc.).

Problematisch ist die Höhe der Miete, die die GmbH zur Vermeidung einer verdeckten Gewinnausschüttung verlangen muss. Obwohl die GmbH die ortsübliche Miete verlangte, ging der BFH in seiner Entscheidung vom 27.07.2016, I R 8/15, BStBl II 2017, 214) davon aus, dass in Höhe des durch die Vermietung entstandenen Verlustes (Mieteinnahmen 24 T€ / Betriebsausgaben 30 T€) eine vGA anzunehmen ist. Er erhöhte dementsprechend das Einkommen der GmbH um die Differenz von 6 T€ und nahm beim Gesellschafter einen Zufluss gemäß § 20 Abs. 1 Nr. 1 EStG in derselben Höhe an.

Da die verbilligte bzw. unentgeltliche Wohnungsüberlassung zu einer vGA führt, sind die für sonstige Arbeitnehmer geltenden Grundsätze des § 8 Abs. 2 EStG i. V. m. der Sozialversicherungsentgelt VO nicht anwendbar.

1.8   Versicherung gegen Haftungsrisiken des Geschäftsführers

Zur Absicherung der zunehmenden Haftungsrisiken schließen Kapitalgesellschaften vermehrt entsprechende Versicherungen für ihre Geschäftsführer ab (sog. **Directors & Officers-Versicherungen; kurz: DO**).

Nach der bundeseinheitlich abgestimmten Verwaltungsauffassung (vgl. FinMin Niedersachsen vom 15.01.2002 DStR 2002, 678) ist von einem überwiegend **eigenbetrieblichen Interesse** des Arbeitgebers auszugehen, so dass die Beiträge nicht zum Arbeitslohn der versicherten Arbeitnehmer gehören, wenn

- es sich bei der DO-Versicherung um eine Vermögensschaden-Haftpflichtversicherung handelt, die in erster Linie der Absicherung des Unternehmens oder des Unternehmenswerts gegen Schadensersatzforderungen Dritter gegenüber dem Unternehmen dient, die ihren Grund in dem Tätigwerden oder Untätigbleiben der für das Unternehmen verantwortlich handelnden und entscheidenden Organe und Leitungsverantwortlichen haben;
- die DO-Verträge besondere Klauseln zur Firmenhaftung enthalten, die im Ergebnis dazu führen, dass der Versicherungsanspruch aus der Versicherungsleistung dem Unternehmen als Versicherungsnehmer zusteht;
- des Weiteren die DO-Versicherung dadurch gekennzeichnet ist, dass
- regelmäßig das Management als Ganzes versichert ist und Versicherungsschutz für einzelne Personen nicht in Betracht kommt,
- Basis der Prämienkalkulation nicht individuelle Merkmale der versicherten Organmitglieder sind, sondern Betriebsdaten des Unternehmens und dabei die Versicherungssummen deutlich höher sind als typischerweise Privatvermögen.

Ein überwiegend eigenbetriebliches Interesse des Arbeitgebers ist hingegen zu verneinen, wenn Risiken versichert werden, die üblicherweise durch eine individuelle Berufshaftpflichtversicherung abgedeckt werden. In diesem Fall sind die Beiträge als **Arbeitslohn** zu versteuern. In gleicher Höhe liegen beim Arbeitnehmer jedoch Werbungskosten vor.

Bei Versicherten, die nicht Arbeitnehmer sind (Aufsichtsrats-, Beiratsmitglieder), gelten die gleichen Grundsätze. Daher führt die Zahlung von Versicherungsprämien für DO-Versicherungen durch die Gesellschaft weder zu Betriebseinnahmen noch zu Betriebsausgaben des versicherten Aufsichtsratsmitglieds, wenn die oben genannten Voraussetzungen vorliegen.

1.9 Abfindungen

Abfindungen, die an einen Geschäftsführer im Zusammenhang mit der Auflösung seines Geschäftsführervertrags gezahlt werden, stellen steuerpflichtigen Arbeitslohn (§ 19 EStG) dar.

Der Geschäftsführer kann die Tarifvergünstigung der §§ 24 Nr. 1, 34 Abs. 1 EStG (sog. Fünftelregelung) in Anspruch nehmen. Dies gilt aber nur, wenn die Entschädigung **zusammengeballt** in einem Veranlagungszeitraum gezahlt wird (BMF vom 01.11.2013 BStBl I 2013, 1326). Erforderlich ist außerdem, dass der Geschäftsführer der Aufhebung seines Vertrags nicht freiwillig, sondern nur unter erheblichem rechtlichem, wirtschaftlichem oder tatsächlichem Druck zugestimmt hat (BFH vom 04.09.2002 BStBl II 2003, 177). Die Tarifbegünstigung ist daher ausgeschlossen, wenn der Geschäftsführer gleichzeitig Gesellschafter ist und durch den Verkauf seiner Beteiligung die Aufhebung des Vertrags selbst herbeigeführt hat (BFH vom 13.08.2003 BStBl II 2004, 106).

Die Tarifermäßigung des § 34 Abs. 1 EStG kann auch gewährt werden, wenn der Geschäftsführer unter wirtschaftlichem Druck auf seine Pensionsansprüche verzichtet (BFH vom 10.04.2003 BStBl II 2003, 748).

1.10 Betriebliche Altersversorgung

Ein Gesellschafter-Geschäftsführer kann grundsätzlich alle Durchführungswege der betrieblichen Altersversorgung in Anspruch nehmen (umfassend: BMF vom 24.07.2013 BStBl I 2013, 1022). Er kann insbesondere – da er steuerlich als Arbeitnehmer i. S. v. § 19 EStG gehandelt wird – die Möglichkeiten der **Gehaltsumwandlung** nach § 3 Nr. 63 EStG in Anspruch nehmen (Altersversorgung über eine Direktversicherung, einen Pensionsfonds oder eine Pensionskasse). Als Teil der arbeitgeberfinanzierten Alterversorgung hat insbesondere die Pensionszusage eine große Bedeutung.

1.11 Pensionszusage

Erteilt die GmbH eine Pensionszusage, muss sie in der Handels- und Steuerbilanz eine **Pensionsrückstellung** bilden (§ 249 HGB, § 5 Abs. 1 und 6a EStG; zu Bilanzierungsfragen s. E 2.1.9 ff.). Der Gesellschafter-Geschäftsführer muss in seiner aktiven Berufszeit die Pensionszusage nicht versteuern, da er wirtschaftlich über die Pension erst mit Eintritt in den Ruhestand verfügen kann (§ 11 Abs. 1 EStG). Erhält der Gesellschafter-Geschäftsführer die Pension, so hat er diese nach § 19 EStG zu versteuern.

Wird jedoch die Pensionszusage als **verdeckte Gewinnausschüttung** behandelt, so ist auf der Ebene der GmbH die Pensionsrückstellung nicht zu korrigieren, da die Hinzurechnung zum Einkommen nach § 8 Abs. 3 Satz 2 KStG außerbilanziell erfolgt (vgl. BMF vom 28.05.2002 BStBl I 2002, 603). Der Gesellschafter-Geschäftsführer versteuert auch bei Vorliegen einer verdeckten Gewinnausschüttung die Zusage zunächst nicht, sondern erst im Rahmen seiner späteren Altersversorgung, dann aber nach § 20 Abs. 1 Nr. 1, § 32d Abs. 1 EStG. Gegebenenfalls ist die Pension aufzuteilen (§ 19 EStG – § 20 Abs. 1 Nr. 1 EStG). Wegen der besonderen Bedeutung der Pensionszusagen soll im Folgenden auf die wichtigsten Probleme eingegangen werden.

Pensionszusagen sind für den Fall der Insolvenz durch das Gesetz zur Verbesserung der betrieblichen Altersversorgung abgesichert. Gegebenenfalls tritt der Pensionssicherungsverein in Köln für die insolvente Kapitalgesellschaft ein. Allerdings gilt dieser besondere Schutz nur für Fremdgeschäftsführer und nicht für beherrschende Gesellschafter-Geschäftsführer (§ 17 BetrAVG).

Da Pensionszusagen zu einer erheblichen Verschiebung der steuerlichen Belastung führen, haben Rechtsprechung und Verwaltung in zahlreichen Einzelregelungen die Möglichkeit der Bildung von Pensionsrückstellungen geregelt und eingeengt. Hierbei sind die Hürden für Zusagen an beherrschende Gesellschafter-Geschäftsführer höher.

1.11.1 Allgemeine zivilrechtliche Voraussetzungen

Bei Pensionsverpflichtungen ist in einem ersten Schritt zu prüfen, ob und in welchem Umfang eine Rückstellung gebildet werden darf. Ist eine Pensionszusage bereits zivilrechtlich unwirksam, ist die Pensionsrückstellung in der Handelsbilanz und nach dem Maßgeblichkeitsgrundsatz auch in der Steuerbilanz erfolgswirksam aufzulösen (vgl. R 8.7 KStR).

Für den Abschluss und die Änderung des Anstellungsvertrages (und als Teil damit auch für die Pensionszusage) ist die **Gesellschafterversammlung** zuständig (BGH vom 25.03.1991 GmbHR 1991, 363; BFH vom 11.12.1991 BStBl II 1992, 434).

Bei dem Gesellschafterbeschluss über die Einräumung einer Pensionszusage darf der Gesellschafter-Geschäftsführer mitstimmen. Er ist nicht gem. § 47 Abs. 4 Satz 2 GmbHG ausgeschlossen.

Bei der Einmann-GmbH muss die Vorschrift des § 35 Abs. 4 GmbHG beachtet werden. Danach ist der Gesellschafter-Geschäftsführer vom Selbstkontrahierungsverbot des § 181 BGB zu befreien und Schriftform vorgeschrieben.

Daneben müssen die Voraussetzungen des § 6a EStG erfüllt sein. Insbesondere muss die Pensionszusage schriftlich erteilt werden (§ 6a Abs. 1 Nr. 3 EStG).

1.11.2 Steuerliche Prüfung

Ist die Pensionsrückstellung dem Grunde und der Höhe nach zutreffend bilanziert, ist in einem zweiten Schritt zu prüfen, ob und inwieweit die Pensionsverpflichtung auf einer vGA beruht (R 8.7 KStR).

Bei dieser Prüfung sind insbesondere die Aspekte Ernsthaftigkeit, Finanzierbarkeit, Erdienbarkeit und Angemessenheit zu prüfen.

1.11.3 Ernsthaftigkeit (Maßgebendes Pensionsalter)

Bei der Frage des maßgebenden Pensionsalters ist zwischen der bilanzsteuerrechtlichen Bewertung von Pensionszusagen nach § 6a EStG und der Beurteilung der Zusage als **verdeckter Gewinnausschüttung** zu differenzieren.

Der BFH hat mit Urteil vom 11.09.2013, I R 72/12, BStBl II 2016, 1008 entschieden, dass nach dem eindeutigen Wortlaut des § 6a EStG bei der Bewertung von Pensionsverpflichtungen grundsätzlich das Pensionsalter maßgebend ist, das in der jeweiligen Versorgungszusage festgeschrieben wurde. Die Verwaltung folgt dem – unter Aufhebung der bisherigen Regelung in R 6a Abs. 8 EStR (BMF vom 09.12.2016 BStBl I 2016, 1427). Wird in der Pensionszusage ausschließlich auf die Regelaltersgrenze in der gesetzlichen Rentenversicherung Bezug genommen (keine

Angabe des Pensionsalters), ist als Pensionsalter die gesetzliche Regelaltersgrenze der Rückstellungsbewertung zugrunde zu legen, die am Bilanzstichtag für den Eintritt des Versorgungsfalles maßgebend ist (BMF vom 05.05.2008 BStBl I 2008, 569).

Davon zu unterscheiden ist die Frage, ob die Pensionszusage an den Gesellschafter-Geschäftsführer von Kapitalgesellschaften zu einer verdeckten Gewinnausschüttung führt (BMF vom 09.12.2016 a. a. O., Rz. 7 ff.). Bei Neuzusagen (Erteilung nach dem 09.12.2016) ist bei einer vertraglichen Altersgrenze von **weniger als 62 Jahren** davon auszugehen, dass keine ernsthafte Vereinbarung vorliegt (vGA dem Grunde nach). Zuführungen zur Pensionsrückstellung sind in diesem Fall in voller Höhe vGA. Bei zum 09.12.2016 bereits bestehenden Zusagen gilt die Altersgrenze von **60 Jahren** weiter.

Bei beherrschenden Gesellschafter-Geschäftsführern ist bei **Neuzusagen** nach dem 09.12.2016 grundsätzlich davon auszugehen, dass eine Pensionszusage insoweit unangemessen ist, als eine geringere vertragliche Altersgrenze als **67 Jahre** vereinbart wird (vGA der Höhe nach). Zuführungen zur Pensionsrückstellung sind dann insoweit vGA, als diese nicht auf das 67. Lebensjahr, sondern auf das vertraglich vereinbarte geringere Pensionsalter berechnet werden.

Bei zum 09.12.2016 bereits bestehenden Zusagen wird es nicht beanstandet, wenn eine vertragliche Altersgrenze von **mindestens 65 Jahren** vereinbart wurde.

Bei Neuzusagen nach dem 09.12.2016 an beherrschende Gesellschafter-Geschäftsführer mit **Behinderung** im Sinne des § 2 Abs. 2 Sozialgesetzbuch IX ist es nicht zu beanstanden, wenn eine vertragliche Altersgrenze von mindestens 62 Jahren zugrunde gelegt wird. Bei zum 09.12.2016 bereits bestehenden Zusagen ist es nicht zu beanstanden, wenn eine vertragliche Altersgrenze von mindestens 60 Jahren zugrunde gelegt wird.

Wird der Gesellschafter-Geschäftsführer über die vertraglich festgelegte Altersgrenze hinaus weiterhin im Rahmen eines Dienstvertrages tätig, so kann die Weiterbeschäftigung als ein **Verzicht** auf die Pensionszusage beurteilt werden (vgl. BFH vom 23.10.2013, I R 60/12, BStBl II 2015, 413). Nach der Auffassung des BFH schließen sich die Zahlung von Gehalt und Pension aus demselben Dienstverhältnis gegenseitig aus. Unschädlich ist es, wenn der Gesellschafter-Geschäftsführer unentgeltlich oder im Rahmen eines freiberuflichen Beratervertrages tätig wird.

1.11.4 Probezeit

Kein Unternehmen wird kurz nach der Gründung seinen Mitarbeitern eine Pension zusagen, wenn die Ertragslage überhaupt noch nicht absehbar ist. Ein Unternehmen wird auch in aller Regel einem neu eingestellten Mitarbeiter erst dann eine Pension zusagen, wenn absehbar ist, dass sich der Mitarbeiter bewährt hat. Rechtsprechung und Verwaltung haben diese für alle Arbeitgeber und Arbeitnehmer geltenden Prinzipien (Fremdvergleich) auf die Zusage an Gesellschafter-Geschäftsführer übertragen. Diese Grundsätze gelten unabhängig davon, ob der Gesellschafter-Geschäftsführer beherrschend ist oder nicht, da der Fremdvergleich auch bei nicht beherrschenden Gesellschaftern durchzuführen ist.

Wird eine GmbH **neu gegründet**, so wird ein gewissenhafter Geschäftsleiter mit Pensionszusagen abwarten, bis die Ertragslage der Gesellschaft abschätzbar ist. Hierzu bedarf es nach Ansicht der Verwaltung eines Zeitraums von wenigstens **fünf Jahren** (H 8.7 KStH »Warte-/Probezeit« sowie BMF vom 14.12.2012 BStBl I 2013, 58). Dies gilt allerdings nicht, wenn die künftige wirtschaftliche Entwicklung aufgrund der bisherigen unternehmerischen Tätigkeit hinreichend deutlich abgeschätzt werden kann (z. B. bei Umwandlung eines Einzelunternehmens in eine GmbH).

Zum anderen ist die Probezeit **nach Anstellung** zu beachten. Auch ein Fremdgeschäftsführer wird in der Regel nicht mit Abschluss des Arbeitsvertrages sofort eine betriebliche Altersversorgung zugesagt bekommen. Das Unternehmen muss die Leistungen des Geschäftsführers in ihrer praktischen Bewährung abschätzen können.

Die Verwaltung hält für den Gesellschafter-Geschäftsführer im Allgemeinen eine Probezeit von **zwei bis drei Jahren** für ausreichend. Der BFH hat 2 1/4 Jahre für ausreichend erachtet und hätte sogar eine kürzere Probezeit akzeptiert, da der Geschäftsführer in kurzer Zeit den Umsatz der Gesellschaft verdoppeln konnte (BFH vom 20.08.2003 BFH/NV 2004, 373).

Eine Probezeit ist bei entsprechenden Vortätigkeiten des Gesellschafter-Geschäftsführers entbehrlich. So hat der BFH keine erneute Probezeit verlangt, wenn ein Einzelunternehmen in eine Kapitalgesellschaft umgewandelt wird und der bisherige, bereits erprobte Geschäftsführer des Einzelunternehmens als Geschäftsführer der Kapitalgesellschaft das Unternehmen fortführt (BFH vom 29.10.1997 BStBl II 1999, 318).

Eine unter **Verstoß** gegen eine angemessene Probezeit erteilte Pensionszusage ist durch das Gesellschaftsverhältnis veranlasst und führt zu verdeckten Gewinnausschüttungen (Änderung der bisherigen Verwaltungsauffassung; BMF vom 14.12.2012 a.a.O.; BMF vom 28.05.2002 BStBl I 2002, 603). Ausschlaggebend ist die Situation im Zeitpunkt der Zusage, so dass die Anwartschaft auch nach Ablauf der angemessenen Probezeit nicht zu einer fremdvergleichsgerechten Pensionszusage wird (BMF vom 14.12.2012 a.a.O.; BFH vom 28.04.2010, I R 78/08, BStBl II 2013, 41). Die Pensionszusage ist somit auch dann noch durch das Gesellschaftsverhältnis veranlasst (Folge: vGA), wenn die Probezeit abgelaufen ist. Es bleibt in diesen Fällen nur die Aufhebung der ursprünglichen (also gegen die Probezeit verstoßenden) Zusage und der Abschluss einer neuen Pensionszusage nach angemessener Probezeit.

1.11.5 Finanzierbarkeit

Die betriebliche Veranlassung einer Pensionszusage setzt u.a. voraus, dass die Zusage finanzierbar ist (vgl. H 8.7 KStH »Finanzierbarkeit« m.w.N.).

Fraglich war in der Vergangenheit, ob die Finanzierbarkeit nur im Zusagezeitpunkt oder in jedem späteren Wirtschaftsjahr gegeben sein müsse. Der BFH beschränkt die Prüfung auf den Zusagezeitpunkt (BFH vom 31.03.2004 BStBl II 2005, 664). Die Verwaltung ging ursprünglich von einer jährlichen Angemessenheitsprüfung aus (BMF vom 14.05.1999 BStBl I 1999, 512), folgt nun aber der Rechtsprechung (BMF vom 06.09.2005 BStBl I 2005, 875).

Für die Prüfung der insolvenzrechtlichen Überschuldung sind diejenigen Bilanzansätze maßgeblich, die in eine (handelsrechtliche) Überschuldungsbilanz aufzunehmen wären. Dabei ist die Pensionsverpflichtung grundsätzlich mit dem nach § 6a Abs. 3 Satz 2 Nr. 2 EStG zu bestimmenden Barwert der Pensionsanwartschaft anzusetzen. Weist jedoch die GmbH nach, dass der handelsrechtlich maßgebliche Teilwert der Pensionsverpflichtung niedriger ist als der Anwartschaftsbarwert, so ist dieser Teilwert anzusetzen (BFH vom 31.03.2004 a.a.O.).

Der Anwartschaftsbarwert oder ggf. der Teilwert sowie die übrigen in einer (fiktiven) Überschuldungsbilanz als Passivposten anzusetzenden Beträge sind den aktiven Wirtschaftsgütern mit ihren für eine Überschuldungsbilanz maßgeblichen Werten (= Teilwert) gegenüberzustellen. Dabei sind auch immaterielle Vermögensgegenstände und auch der (originäre) Geschäftswert des Unternehmens zu erfassen, wenn das Unternehmen fortgeführt werden soll oder wenn konkrete Aussichten dafür bestehen, dass das Unternehmen als Ganzes veräußert werden kann (BFH vom 31.03.2004 a.a.O.).

BEISPIEL

Die Bilanz der X-GmbH weist auf der Aktivseite diverse Wirtschaftsgüter mit einem Buchwert von 80 000 € aus. Nicht aktiviert ist ein Firmenwert von 500 000 € und ein selbst geschaffenes Patent mit einem Teilwert von 200 000 €. Dem Gesellschafter-Geschäftsführer wurde eine Pension zugesagt und dafür eine Rückstellung i. H. v. 200 000 € gebildet.

LÖSUNG Bezogen auf die Buchwerte würde hier eine Überschuldung vorliegen. Setzt man jedoch die Teilwerte ein, so reichen diese aus, um die Pensionszusage zu finanzieren.

Bei der Beurteilung der Finanzierbarkeit ist auch die Ertragslage der Gesellschaft zu berücksichtigen, da diese auch für die Insolvenzreife einer Kapitalgesellschaft bedeutsam ist (BFH vom 04. 09. 2002 BStBl II 2005, 662).

Streitig ist, ob bei Zusage einer Invaliditäts- oder Witwenversorgung das mögliche Risiko des Eintritts des Versorgungsfalles finanzierbar sein muss (sog. **Bilanzsprungtheorie**).

BEISPIEL

Dem heute 40-jährigen Gesellschafter-Geschäftsführer wurden eine Pension und eine Versorgung im Invaliditätsfalle zugesagt. Die Pensionsrückstellung wurde versicherungsmathematisch zum Bilanzstichtag mit 100 000 € errechnet. Würde der Geschäftsführer – z. B. aufgrund eines Verkehrsunfalls – invalide, müsste die Rückstellung auf 500 000 € erhöht werden, da ja nun der Versorgungsfall früher als geplant eintritt und die Rentenzahlung sehr viel länger erfolgt. Den Bilanzsprung auf 500 000 € könnte die Gesellschaft nicht finanzieren.

LÖSUNG Es ist lediglich zu prüfen, ob die derzeitige Zusage (100 000 €) finanzierbar ist.

Das Bilanzsprungrisiko muss nicht abgedeckt sein, da bei der Frage der Finanzierbarkeit auf die Umstände am Bilanzstichtag abgestellt werden muss und hypothetische Verläufe nicht Gegenstand der Betrachtung sein können (so auch BFH vom 31. 03. 2004 a. a. O.).

Hat die Kapitalgesellschaft zum Ausgleich der Pensionslasten eine sog. **Rückdeckungsversicherung** abgeschlossen, so ist in aller Regel von der Finanzierbarkeit der Zusage auszugehen. Dabei stellen Beiträge, die die GmbH für eine Lebensversicherung entrichtet, die sie zur Rückdeckung einer ihrem Gesellschafter-Geschäftsführer zugesagten Pension abgeschlossen hat, auch dann keine vGA dar, wenn die Pensionszusage durch das Gesellschaftsverhältnis veranlasst ist (BFH vom 07. 08. 2002 BStBl II 2004, 131).

1.11.6 Erdienbarkeit

Die Zusage einer Pension an einen **nicht** beherrschenden Gesellschafter-Geschäftsführer stellt eine vGA dar, wenn der Zeitraum zwischen dem Zeitpunkt der Zusage der Pension und dem vorgesehenen Zeitpunkt des Eintritts in den Ruhestand (frühestens Vollendung des 62. Lebensjahrs) weniger als **zehn Jahre** beträgt oder wenn dieser Zeitraum zwar mindestens **drei Jahre** beträgt, der Gesellschafter-Geschäftsführer dem Betrieb aber weniger als **zwölf Jahre** angehört (vgl. H 8.7 KStH »Erdienbarkeit« m. w. N.; BFH vom 24. 01. 1996 BStBl II 1997, 440; BMF vom 07. 03. 1997 BStBl I 1997, 637). Diese Fristen ergeben sich in Anlehnung an die Regeln der Unverfallbarkeit nach dem BetrAVG.

Da bei **beherrschenden** Gesellschafter-Geschäftsführern rückwirkende Vereinbarungen nicht getroffenen werden dürfen (vgl. H 8.5 KStH), verlangen Rechtsprechung (BFH vom 21. 12. 1994 BStBl II 1995, 419) und Verwaltung einen Zeitraum von mindestens **zehn Jahren** zwischen dem Zeitpunkt der Zusage und dem vorgesehenen Zeitpunkt des Eintritts in den Ruhestand (BMF vom 09. 12. 2002 BStBl I 2002, 1393 und BFH vom 25. 06. 2014, I R 76/13, BStBl II 2015, 665).

Wird einem bisher beherrschenden Gesellschafter-Geschäftsführer eine Pensionszusage erteilt, nachdem sich sein Beteiligungsbesitz auf eine nicht beherrschende Beteiligung **verringert** hat, ist die Pensionszusage steuerlich nach den für nicht beherrschende Gesellschafter-Geschäftsführer geltenden Grundsätzen zu beurteilen. Ein Pensionsanspruch kann auf jeden Fall nicht mehr erdient werden, wenn der Gesellschafter-Geschäftsführer im Zeitpunkt der Pensionszusage das 60. Lebensjahr überschritten hat. Ob es sich dabei um einen beherrschenden oder einen nicht beherrschenden Gesellschafter-Geschäftsführer handelt, ist insoweit nicht von Belang. Daran ändert grundsätzlich auch die Anhebung der Regelaltersgrenze auf 67 Jahre nichts (BFH vom 11. 09. 2013, I R 26/12, BFH/NV 2014, 728).

1.11.7 Überversorgung

Bei der Prüfung der Überversorgung ist zunächst einmal zwischen der Zusage eines Festbetrags (endgehaltsunabhängige Pension) und der gehaltsabhängigen Pension zu differenzieren.

Bei Zusage eines Festbetrags geht die Verwaltung davon aus, dass eine unzulässige Vorwegnahme künftiger Einkommensentwicklungen i. S. v. § 6a Abs. 3 Satz 2 Nr. 1 Satz 4 EStG vorliegt, wenn der Festbetrag zusammen mit einer zu erwartenden Rente aus der gesetzlichen Rentenversicherung 75 % der aktuellen Bezüge des Versorgungsberechtigten übersteigt (vgl. H 8.7 KStH »Angemessenheit« und »Überversorgung«; umfassend: BMF vom 03. 11. 2004 BStBl I 2004, 1045 sowie BFH vom 27. 03. 2012, I R 56/11, BStBl II 2012, 665). Maßgeblich sind dabei sämtliche Aktivbezüge des Versorgungsberechtigten am Bilanzstichtag. Soweit Versorgungsleistungen auf einer Entgeltumwandlung i. S. v. § 3 Nr. 63 EStG beruhen, bleiben sie bei der Ermittlung der 75 %-Grenze unberücksichtigt.

Liegt im Rahmen einer Festbetragszusage eine Überversorgung vor, muss die GmbH die Pensionsrückstellung an das angemessene Niveau anpassen. Es liegt also insoweit keine verdeckte Gewinnausschüttung vor. Auf die Handelsbilanz hat die Überversorgung keine Auswirkung. Die Überversorgung hat auch auf den Gesellschafter-Geschäftsführer keine Auswirkungen, da er die Pensionszusage in seiner aktiven Berufzeit nicht versteuern muss. Da bei einem Verstoß gegen § 6a EStG keine verdeckte Gewinnausschüttung vorliegt, versteuert der Gesellschafter-Geschäftsführer später seine Pension (auch wenn Sie auf eine Überversorgung beruht) nach § 19 EStG.

Beruht die Versorgungszusage auf gehaltsabhängigen Leistungen (Prozentsatz des letzten Aktivlohnes oder Durchschnitt der letzten Aktivbezüge vor Eintritt des Versorgungsfalles), liegt ein Verstoß gegen § 6a Abs. 3 Satz 2 Nr. 1 Satz 4 EStG regelmäßig nicht vor (BMF vom 03. 11. 2004 a. a. O., Rz. 16).

Erhält der Gesellschafter-Geschäftsführer kein Aktivgehalt, wird ihm aber dennoch eine Pension zugesagt (sog. Nur-Pensionszusage), so geht die Rechtsprechung davon aus, dass eine Überversorgung vorliegt, welche die Auflösung der Pensionsrückstellung in der Bilanz wegen eines Verstoßes gegen § 6a EStG zur Folge hat (BFH vom 28. 04. 2010, I R 78/08, BStBl II 2013, 41). Die Verwaltung ging ursprünglich davon aus, dass die Zusage einer Nur-Pension eine vGA darstelle (BMF vom 16. 06. 2008 BStBl I 2008, 681). Mit Schreiben vom 13. 12. 2012 BStBl I 2013, 35 hat die Verwaltung diese Ansicht aufgegeben und folgt nunmehr der Rechtsprechung des BFH.

Problematisch ist die Frage, ob im Falle einer **Gehaltsreduzierung** die Pensionszusage reduziert werden muss. Die Rechtsprechung geht davon aus, dass eine Überversorgung zumindest dann vorliegt, wenn bei der Zusage eines Festbetrags die Versorgungsanwartschaft trotz dauerhaft abgesenkter Aktivbezüge unverändert beibehalten und nicht gekürzt wird (BFH vom

27.03.2012, I R 56/11, BStBl II 2012, 665). Die Verwaltung will aber bei der Berechnung der Rückstellung die bisher bereits erdienten Ansprüche (vor Gehaltsabsenkung) bestehen lassen und die Anpassung der Pensionszusage lediglich für die Zukunft vornehmen (Mischberechnung; BMF vom 03.11.2004 a. a. O., Rz. 18 – für den Fall des Wechsels von der Vollzeit zu einem Teilzeit-Beschäftigungsverhältnis).

1.11.8 Auslagerung der Pensionsverpflichtung

Insbesondere im Zusammenhang mit der Veräußerung einer GmbH entsteht immer wieder das Problem, dass eine Pensionsverpflichtung, die auf einer langjährigen Zusage beruht, auf einen anderen Rechtsträger übertragen werden soll. Für den Gesellschafter ist die Auslagerung stets gefährlich, da die Gefahr besteht, dass er langjährig erdiente Ansprüche in einem Betrag versteuern muss (Zufluss der Altersversorgung gemäß § 11 EStG; BFH vom 12.04.2007, VI R 6/02, BStBl II 2007, 581). Dass insoweit § 34 EStG anwendbar ist, mag nur ein geringer Trost sein.

Eine Möglichkeit besteht darin, die Pensionsverpflichtung auf einen externen Pensionsfonds – gegen entsprechende Vergütung – zu übertragen. In diesem Fall führt die Auslagerung bei dem Gesellschafter-Geschäftsführer nicht zu steuerpflichtigen Einkünften, wenn die GmbH den Aufwand aus der Übertragung auf 10 Jahre verteilt (§ 3 Nr. 66, § 4e Abs. 3 EStG). Der Nachteil dieser steuerlich günstigen Regelung besteht darin, dass die Zahlungen an den Pensionsfonds wesentlich höher sind als der Betrag der Rückstellung in der Steuerbilanz, da der Pensionsfonds die tatsächlichen Risiken einer Pensionszusage der Berechnung zu Grunde legt und nicht die steuerlichen (deutlich niedrigeren) Beträge des § 6a EStG. Die Anwendung des § 3 Nr. 66 EStG kommt aber nur für Zahlungen an den Pensionsfonds in Betracht, die für die bis zum Zeitpunkt der Übertragung bereits erdienten Versorgungsanwartschaften geleistet werden (sog.»Past Service«). Zahlungen an den Pensionsfonds für zukünftig noch zu erdienten Anwartschaften (sog.»Future Service«) sind ausschließlich in dem begrenzten Rahmen des § 3 Nr. 63 EStG lohnsteuerfrei (vgl. BMF vom 24.07.2013 BStBl I 2013, 1022, Rz. 322).

Ein weiterer Weg ist die Auslagerung auf eine sog.»**Pensionärs-GmbH**«. Hierzu wird eine (Schwester-)GmbH gegründet, deren meist einziger Zweck darin besteht, die Pensionsverpflichtung zu übernehmen.

Der BFH nahm bisher stets einen Zufluss von Arbeitslohn an, wenn die Pensionsverpflichtung auf die neu gegründete Schwester-GmbH übergeht (Wechsel des Schuldners der Altersversorgung). Nach seiner Ansicht regelt § 3 Nr. 66 EStG diese Frage abschließend. § 3 Nr. 66 EStG ist aber bei dieser Konstellation nicht anwendbar, da keine Übertragung auf einen Pensionsfonds erfolgt. Damit führte in der Vergangenheit die Auslagerung der Pensionsverpflichtung regelmäßig zum Zufluss der gesamten Pensionsansprüche. Die Befreiungsvorschrift des § 3 Nr. 55 EStG (Portabilität bei Arbeitgeberwechsel) half hier auch nicht weiter, da der Pensionär mit der »Pensions-GmbH« regelmäßig kein Arbeitsverhältnis vereinbarte bzw. vereinbaren konnte.

Mit dem Urteil des BFH vom 18.08.2016, VI R 18/13, DStR 2016, 2635 trat nun eine Wende ein. Der BFH verneinte im Falle der Auslagerung der Pensionsverpflichtung auf eine Schwester-GmbH zumindest dann den Zufluss von Arbeitslohn gem. § 11 Abs. 1 EStG, wenn der Geschäftsführer keine Wahl hat, die vorzeitige Auszahlung der Pension zu verlangen.

Bei der abgebenden Gesellschaft führt die Ausbuchung der Pensionsrückstellung zu einem Ertrag und die Zahlung für die Übernahme zu Personalaufwand. Bei der aufnehmenden Gesellschaft liegen spiegelbildlich Betriebseinnahmen vor. Die Einbuchung der Rückstellung mindert insoweit den Gewinn.

1.11.9 Verzicht auf eine Pensionszusage

Verzichtet der Gesellschafter-Geschäftsführer aus gesellschaftsrechtlichen Gründen auf einen werthaltigen Pensionsanspruch, so führt dies bei ihm zu einem Zufluss von Einnahmen in Höhe des Wertes der Pensionsanwartschaft (vgl. BMF vom 14.08.2012 BStBl I 2012, 874, Rz. 1). Die Einnahmen sind grundsätzlich nach § 34 Abs. 2 Nr. 4 EStG begünstigt. Auf der Ebene der GmbH ist die Pensionsrückstellung gewinnerhöhend auszubuchen. Da der Verzicht aber zu einer verdeckten Einlage nach § 8 Abs. 3 Satz 3 KStG führt, ist außerbilanziell der Ertrag um den Teilwert der Pensionsanwartschaft zu mindern. Die verdeckte Einlage führt im Übrigen zu nachträglichen Anschaffungskosten im Rahmen des § 17 EStG.

Verzichtet der Gesellschafter-Geschäftsführer aus betrieblichen Gründen, so führt dies beim Gesellschafter nicht zu einem Zufluss von Einnahmen. Ein Verzicht aus betrieblichen Gründen wird in den (seltenen) Fällen vorliegen, in denen auch ein Arbeitnehmer, der nicht Gesellschafter ist, auf seine Ansprüche verzichtet hätte (z. B. Sanierung des Unternehmens). Auf der Ebene der GmbH ist auch bei einem betrieblich begründeten Verzicht die Rückstellung gewinnerhöhend auszubuchen.

Verzichtet der Gesellschafter-Geschäftsführer nur für die Zukunft, bleiben also die bisher erdienten Ansprüche bestehen (sog. Future Service), so muss die GmbH die Rückstellung grundsätzlich nicht ausbuchen. Für den Gesellschafter hat der Future Service grundsätzlich keine lohnsteuerlichen Folgen (BMF vom 14.08.2012 a. a. O., Rz. 2).

Verzichtet der Gesellschafter-Geschäftsführer gegen Entgelt auf seine Pensionsansprüche, so liegt ebenfalls steuerpflichtiger Arbeitslohn gemäß § 24 Nr. 1, § 19 EStG vor. Wurde für einen Gesellschafter-Geschäftsführer das BetrAVG für anwendbar erklärt und greift somit das Abfindungsverbot des § 3 BetrAVG, führt die Abfindungszahlung zu einer vGA, da sie gegen die Pensionsvereinbarung verstoßen und somit im Gesellschaftsverhältnis begründet ist.

2 Verstoß gegen ein Wettbewerbsverbot

Der Gesellschafter-Geschäftsführer unterliegt einem Wettbewerbsverbot, das sich zwar nicht direkt aus dem GmbHG, aber entweder aus dem Gesellschaftsvertrag oder aus der allgemeinen Treuepflicht und dem der Gesellschaft geschuldeten loyalen Verhalten ergibt.

Daher darf der Gesellschafter-Geschäftsführer **Geschäftschancen**, die der Gesellschaft zustehen, nicht persönlich auf eigene Rechnung ausnutzen (BMF vom 04.02.1992 BStBl I 1992, 137 und BMF vom 29.06.1993 BStBl I 1993, 556).

BEISPIEL

Der Gesellschafter-Geschäftsführer einer Steuerberatungs-GmbH lernt in dieser Funktion einen potenziellen Mandanten kennen. Er überzeugt diesen, das Mandat nicht mit der GmbH, sondern mit dem Büro seiner Ehefrau abzuschließen.

Die Gesellschaft muss die Geschäftschancen aber auch tatsächlich wahrnehmen können. Steht fest, dass die Gesellschaft das Geschäft überhaupt nicht abgeschlossen hätte, so kann auch kein Verstoß gegen ein Wettbewerbsverbot vorliegen.

Die Steuerberatungsgesellschaft berät ausschließlich große Industriefirmen und hat an privaten Einkommensteuererklärungen kein Interesse. Der potenzielle Mandant wünscht lediglich die Erstellung einer privaten Einkommensteuererklärung.

LÖSUNG Diesen Mandanten hätte die GmbH überhaupt nicht angenommen. Der Gesellschafter-Geschäftsführer verstößt daher nicht gegen seine Loyalitätspflichten, wenn er den Mandanten an seine Ehefrau weiterverweist.

Eine Gesellschaft kann ihrem Gesellschafter-Geschäftsführer eine **Befreiung** von dem Wettbewerbsverbot erteilen. Befreit sie ihn jedoch **unentgeltlich** und hätte ein fremder Dritter für diese Befreiung ein entsprechendes Entgelt zu zahlen gehabt, so liegt insoweit eine vGA vor (BFH vom 09. 07. 2003 BFH/NV 2003, 1349). Diese Grundsätze gelten auch bei einer unentgeltlichen Verlagerung von Geschäftschancen auf Schwestergesellschaften (BFH vom 07. 08. 2002 BFH/NV 2003, 205).

Der Alleingesellschafter unterliegt nach Ansicht der Rechtsprechung grundsätzlich nicht dem Wettbewerbsverbot (BFH vom 12. 10. 1995 DB 1996, 507), da er sich selbst davon befreien könne. Dies erscheint fraglich, da es für die Entstehung einer vGA nicht auf die Frage ankommt, ob der Gesellschafter vom Wettbewerbsverbot befreit ist. Entscheidend ist vielmehr, ob ein fremder Dritter für eine derartige Befreiung ein Entgelt verlangt hätte. Die vGA liegt dann in dem entgangenen Entgelt.

Verstößt ein Gesellschafter gegen ein Wettbewerbsverbot, ohne dass ihm eine Befreiung erteilt wurde, so erlangt die Gesellschaft einen zivilrechtlichen Schadensersatzanspruch wegen Verletzung des Geschäftsführervertrags. Die Gesellschaft muss diesen Anspruch zwingend aktivieren; ggf. ist die Bilanz zu berichtigen. Da bei Bilanzierung des Schadensersatzanspruchs die Gesellschaft keinen Nachteil erleidet, liegt insoweit auch keine verdeckte Gewinnausschüttung vor (vgl. zu Recht BFH vom 24. 03. 1998 BFH/NV 1998, 1374).

3 Risikogeschäfte

Problematisch ist die Frage, ob die Vermögensminderung, die eine Gesellschaft dadurch erleidet, dass der Gesellschafter-Geschäftsführer namens der Gesellschaft risikobehaftete Geschäfte tätigt, zu einer vGA führt.

Grundsätzlich ist es eine unternehmerische Entscheidung, Risikogeschäfte und die damit verbundenen Chancen, zugleich aber auch Verlustgefahren, wahrzunehmen. Auch der ordentliche und gewissenhafte Geschäftsleiter wird häufig hohe Risiken eingehen, da diese untrennbare Grundlage jedes geschäftlichen Erfolges sind.

Der Gesellschafter-Geschäftsführer einer Baugesellschaft GmbH erwirbt für 1,2 Mio. € Bauerwartungsland, von dem nicht sicher ist, ob überhaupt und wann diese Fläche bebaubar sind wird.

LÖSUNG Hier handelt es sich um übliche, wenn auch hohe Geschäftsrisiken. Eine vGA ist zu verneinen.

Anders sieht dies aus, wenn die Risikogeschäfte **geschäftsfremd** sind und im **privaten** Interesse des Gesellschafters ausgeübt wurden.

Der Gesellschafter-Geschäftsführer schließt namens der GmbH Pferdewetten ab, wodurch die GmbH erhebliche Verluste erleidet.
LÖSUNG Hier wird man von einem ausschließlich privaten Interesse des Gesellschafters ausgehen müssen, das dieser auf die GmbH verlagert hat. Der Vermögensverlust ist außerbilanziell durch Hinzurechnung einer vGA zu kompensieren. Beim Gesellschafter liegt in Höhe der ersparten Wettbeiträge eine zugeflossene vGA nach § 20 Abs. 1 Nr. 1 EStG vor.

Die Durchführung hoch riskanter Devisentermingeschäfte durch einen Gesellschafter-Geschäftsführer, der als Werkzeugmacher von dieser Materie nur wenig Ahnung hat, stellt für die Rechtsprechung noch keine vGA dar (BFH vom 08. 08. 2001 BStBl II 2003, 487). Die Verwaltung will das Urteil nicht über den entschiedenen Einzelfall hinaus anwenden (BMF vom 20. 05. 2003 BStBl I 2003, 333).

4 Werbungskosten

Erzielt der Geschäftsführer Einkünfte nach § 19 EStG, so kann er – wie jeder Arbeitnehmer – Werbungskosten (§ 9 EStG) geltend machen bzw. den Werbungskostenpauschbetrag (§ 9a Nr. 1 EStG) in Anspruch nehmen.

4.1 Arbeitszimmer

Unterhält der Geschäftsführer ein häusliches Arbeitszimmer, in dem er für die GmbH Tätigkeiten ausübt, so kann er die Aufwendungen nach §§ 9 Abs. 5, 4 Abs. 5 Nr. 6b EStG nur dann unbegrenzt als Werbungskosten geltend machen, wenn das Arbeitszimmer den Mittelpunkt der gesamten beruflichen und betrieblichen Tätigkeit bildet (Details s. BMF vom 02. 03. 2011 BStBl I 2011, 195). Steht dem Geschäftsführer in den Räumen der GmbH kein Arbeitsplatz zur Verfügung, so kann er die (tatsächlich angefallenen und ggf. nachgewiesenen) Aufwendungen bis zu 1 250 € im Jahr geltend machen. Da der Geschäftsführer im Regelfall seine Haupttätigkeit in den Geschäftsräumen der GmbH ausüben wird, werden die Möglichkeiten zur Geltendmachung eines häuslichen Arbeitszimmers nur in seltenen Ausnahmefällen gegeben sein. Die Beschränkungen des § 4 Abs. 5 Nr. 6b EStG können aber vermieden werden, wenn die GmbH das Arbeitszimmer vom Geschäftsführer mietet und ihm dieses unentgeltlich zur Verfügung stellt. In diesem Fall muss der Geschäftsführer die Miete nach § 21 EStG versteuern, kann aber im Gegenzug sämtliche Werbungskosten unbegrenzt abziehen (vgl. BMF vom 13. 12. 2005 BStBl I 2006, 4 und BStBl I 2006, 212). Die Zurverfügungstellung des Arbeitszimmers stellt lohnsteuerlich keinen Arbeitslohn dar, da sie im überwiegenden Interesse des Arbeitgebers erfolgt. Die Verwaltung anerkennt das Vermietungsmodell allerdings nur dann, wenn die Nutzung des Arbeitszimmers im vorrangigen Interesse der GmbH liegt.

Kein häusliches Arbeitszimmer liegt vor, wenn die GmbH ihren Sitz im Privathaus des Gesellschafter-Geschäftsführers hat. Hier liegt eine sog. **Betriebsstätte** vor, für die die Arbeitszimmerregelungen nicht gelten (BMF vom 02. 03. 2011 a. a. O.). In der Regel wird in diesen Fällen der Geschäftsführer einen Mietvertrag mit der GmbH abschließen und insoweit Einkünfte nach § 21 EStG erzielen. Dies ist aber nicht zwingend. Überlässt der Gesellschafter der GmbH die Räume unentgeltlich, so ist dies nicht als verdeckte Einlage zu beurteilen, da eine verdeckte Einlage einen bilanzierungsfähigen Vermögensvorteil für die GmbH erfordert. Die bloße Nutzungsüberlassung von Räumen kann nicht bilanziert werden. Allerdings kann der Gesellschafter dann die Aufwendungen für die Räume grundsätzlich als Werbungskosten geltend machen, da er insoweit höhere Dividenden aus der GmbH-Beteiligung erzielt. Dies wird dem Geschäftsführer in der Regel aber nichts nützen, da ab VZ 2009 Werbungskosten bei den Einkünften aus Kapitalvermögen nicht mehr geltend gemacht werden können (§ 20 Abs. 9 EStG). Eine Ausnahme gilt nur dann, wenn der Geschäftsführer nach § 32d Abs. 2 Nr. 3 EStG zur Normalversteuerung optiert. In diesem Fall findet § 20 Abs. 9 EStG keine Anwendung. Allerdings können die Aufwendungen nach § 3c Abs. 2 EStG nur i. H. v. 60 % angesetzt werden (Teileinkünfteverfahren).

4.2 Sonstige Werbungskosten

Bewirtet ein Geschäftsführer Geschäftsfreunde, Mitarbeiter oder Kunden der GmbH, so lässt die neuere Rechtsprechung den Abzug der Aufwendungen als Werbungskosten nach §§ 19, 9 Abs. 5, 4 Abs. 5 Nr. 2 EStG auch dann zu, wenn der Geschäftsführer keine erfolgsabhängige Vergütung erhält (BFH vom 24. 05. 2007 BStBl II 2007, 721).

Dies gilt selbst dann, wenn die Bewirtung im eigenen Haus stattfindet (Gartenparty; BFH vom 01. 02. 2007 BStBl II 2007, 459).

Auch Einladungen des Geschäftsführers aus Anlass des Eintritts in den Ruhestand bzw. bei einem runden Geburtstag werden als beruflich veranlasst anerkannt, wenn eine private (Mit-) Veranlassung ausgeschlossen ist (BFH vom 10. 01. 2007 BStBl II 2007, 317). Dies kann z. B. durch eine Gästeliste (Geschäftsfreunde, Presse, örtliche Repräsentanten etc.) belegt werden.

Gewährt ein Gesellschafter-Geschäftsführer der GmbH ein **Darlehen** und fällt damit aus, so kann er den Vermögensverlust grundsätzlich nicht als Werbungskosten i. R. d. § 19 EStG geltend machen (BFH vom 07. 05. 1993 BStBl II 1993, 663). Ein derartiger privater Vermögensverlust ist grundsätzlich nur im Rahmen des § 17 EStG (nachträgliche Anschaffungskosten) zu berücksichtigen. Dies gilt auch für den Verlust der Beteiligung (BFH vom 12. 05. 1995 BStBl II 1995, 644) oder die Gewährung eines verlorenen Zuschusses (BFH vom 26. 11. 1993 BStBl II 1994, 242). Eine Ausnahme soll in diesen Fällen nur dann gelten, wenn die Stellung als Gesellschafter gegenüber der Einnahmeerzielung als Geschäftsführer bedeutungslos ist (z. B. Splitterbeteiligung; Erwerb der Anteile ausschließlich um den Arbeitsplatz zu erhalten und Insolvenz oder drohende Kündigung abzuwenden; vgl. BFH vom 16. 02. 2011 BFH/NV 2011, 680 für den Fall einer Beteiligung i. H. v. 1,6 %).

5 Sonderausgaben

5.1 Beiträge zur Rentenversicherung (Rechtslage bis Veranlagungszeitraum 2004)

Die alte Rechtslage hat weiterhin Bedeutung, da sie im Rahmen der Günstigerprüfung bis zum Jahr 2019 nach § 10 Abs. 4a EStG Anwendung finden kann.

Gesellschafter-Geschäftsführer können – wie jeder andere Steuerpflichtige auch – eigene Beiträge zu einer Kranken-, Pflege- oder Unfallversicherung nach § 10 Abs. 1 Nr. 2 Buchst. a EStG i. R. d. Höchstbeträge für Vorsorgeaufwendungen geltend machen. Diese Abzugsmöglichkeit ist unabhängig davon, ob der Geschäftsführer sozialversicherungspflichtig ist oder nicht.

Der Gesellschafter-Geschäftsführer kann ebenfalls – unabhängig von der Frage der Sozialversicherungspflicht – eigene Beiträge zu einer Risiko- oder Kapitallebensversicherung i. R. d. Höchstbeträge abziehen.

Bei der Berechnung der Vorsorgehöchstbeträge ist zwischen beherrschenden und nicht beherrschenden Gesellschafter-Geschäftsführern zu differenzieren.

Nach **§ 10 Abs. 3 EStG** gelten für Vorsorgeaufwendungen Höchstbeträge, nämlich ein Grundhöchstbetrag von 1 334 €/2 668 € sowie ein **Vorwegabzug** von 3 068 €/6 136 €. Der Vorwegabzug ist zu kürzen um **16 %** der Summe der Einnahmen aus nichtselbständiger Arbeit i. S. d. § 19 EStG, wenn für die Zukunftssicherung des Steuerpflichtigen Leistungen i. S. d. § 3 Nr. 62 EStG erbracht werden oder der Steuerpflichtige zum Personenkreis des § 10c Abs. 3 Nr. 1 oder 2 EStG gehört.

Erzielt also der Geschäftsführer Einnahmen nach §§ 15 EStG, so entfällt auf jeden Fall eine Kürzung des Vorwegabzugs. Ebenfalls ohne Auswirkung für den Vorwegabzug sind Beträge, die der Geschäftsführer nach § 20 Abs. 1 Nr. 1 EStG als vGA versteuern muss.

Erzielt der Geschäftsführer Einnahmen nach § 19 EStG und ist er **nicht beherrschend**, dann ist er wie ein sozialversicherungspflichtiger Arbeitnehmer zu behandeln. Die Arbeitgeberbeiträge zur Sozialversicherung sind nach § 3 Nr. 62 EStG steuerfrei. Umgekehrt ist der Vorwegabzug um 16 % des Arbeitslohns zu kürzen.

Ist der Gesellschafter-Geschäftsführer **beherrschend**, so kommt es darauf an, ob er Anwartschaftsrechte auf eine Altersversorgung ganz oder teilweise ohne eigene Beitragsleistung erhält. Dies ist der Fall, wenn ihm die GmbH eine **Pensionszusage** erteilt hat. Entscheidend für die Kürzung des Vorwegabzugs ist allein das Bestehen einer Anwartschaft, gleich von welcher Art und von welchem Wert. Es spielt keine Rolle, ob die Versorgungszusage bereits unverfallbar ist oder nicht (Hessisches FG vom 04. 09. 1985 EFG 1986, 19).

Eine Kürzung des Vorwegabzugs entfällt, wenn der Gesellschafter-Geschäftsführer für seine Altersversorgung vollständig selbst aufkommt, indem der Rückstellungsaufwand der GmbH spiegelbildlich zu einem geringeren Jahresüberschuss und damit zu einer verminderten Dividende führt. Der Gesellschafter-Geschäftsführer bezahlt damit für seine Direktzusage in Form verringerter Dividenden. Diese neue Rechtsprechung ist nicht nur auf die Einpersonen-GmbH (so BFH vom 16. 10. 2002, XI R 25/01), sondern auch auf mehrere Gesellschafter-Geschäftsführer anwendbar, wenn der Pensionsaufwand der Beteiligungshöhe entspricht (BFH vom 23. 02. 2005 BStBl II 2005, 634 und BMF vom 22. 05. 2007 BStBl I 2007, 493).

Die Kürzung des Vorwegabzugs ist aber nur bei einer erteilten Direktzusage vorzunehmen. Wird eine Pensionszusage nur in Aussicht gestellt (z. B. nach Ablauf einer Probezeit), so erwirbt der Geschäftsführer noch keine Anwartschaftsrechte (vgl. OFD Frankfurt vom 24. 02. 2003 DStR 2003, 549).

Wird zu Gunsten des Gesellschafter-Geschäftsführers eine **Direktversicherung** abgeschlossen, so sind die Beiträge des Arbeitgebers für diese Direktversicherung steuerrechtlich so zu behandeln, als ob sie der Gesellschafter-Geschäftsführer geleistet und der Arbeitgeber einen entsprechend höheren Barlohn gezahlt habe. In diesen Fällen erbringt der Gesellschafter-Geschäftsführer die Beiträge zu seiner Altersversorgung somit aus eigenen Mitteln, so dass hier der Vorwegabzug nicht zu kürzen ist (OFD Frankfurt vom 24. 02. 2003 a. a. O.).

Gleiches gilt, wenn der von der Rentenversicherung befreite Gesellschafter-Geschäftsführer Anwartschaftsrechte auf eine Altersversorgung allein durch Beiträge erwirbt, die nach § 3 Nr. 63 EStG (**Entgeltumwandlung**) steuerfrei sind. Grundsätzlich handelt es sich bei Beiträgen an eine Pensionskasse oder einen Pensionsfonds um Zufluss von Arbeitslohn, weil die Beiträge im Zeitpunkt der Zahlung zu einem unmittelbaren Anspruch des Arbeitnehmers auf Versorgungsleistungen gegenüber einem Dritten führen. Dass der Gesetzgeber entschieden hat, diese Beiträge unter bestimmten Voraussetzungen und bis zu bestimmten Grenzen steuerfrei zu stellen, kann nicht mit einer Anwartschaft auf Altersversorgung ganz oder teilweise gleichgestellt werden. Der Vorwegabzug ist daher in diesen Fällen ebenfalls nicht zu kürzen.

Streitig war bisher, ob bei zusammen veranlagten Ehegatten bei denen nur auf einen Ehegatten § 3 Nr. 62 EStG bzw. § 10c Abs. 3 Nr. 1 oder 2 EStG zutrifft, die 16 %ige Kürzung aus dem gemeinsamen Arbeitslohn zu berechnen ist.

BEISPIEL

Der Ehemann arbeitet nur in Teilzeit und verdient (sozialversicherungspflichtig) monatlich 500 €. Die Ehefrau hält 80 % der Anteile an der X-GmbH und ist Gesellschafter-Geschäftsführerin mit einem Jahreslohn von 60 000 €. Eine Altersversorgung wurde ihr nicht zugesagt.
Nach BFH vom 03. 12. 2003 BStBl II 2004, 709 und BMF vom 13. 08. 2004 BStBl I 2004, 848 werden bei der Kürzung nur die Einnahmen aus solchen Beschäftigungsverhältnissen einbezogen, in deren Zusammenhang der Arbeitgeber Zukunftssicherungsleistungen i. S. d. § 3 Nr. 62 EStG erbracht hat oder bei denen der Steuerpflichtige zum Personenkreis des § 10c Abs. 3 Nr. 1 und 2 EStG gehört.
LÖSUNG Der Vorwegabzug (6 136 €) ist lediglich um 16 % aus 6 000 € zu kürzen.

5.2 Rechtslage ab Veranlagungszeitraum 2005

Die Beiträge zur gesetzlichen Rentenversicherung (Arbeitnehmer- und Arbeitgeberbeitrag), zu den landwirtschaftlichen Alterskassen, zu den berufsständischen Versorgungseinrichtungen sowie zur eigenen kapitalgedeckten Altersversorgung können im Jahr 2005 bis zu **60 %** als Sonderausgaben geltend gemacht werden. Dieser Prozentsatz steigt im Laufe der Jahre jeweils um **zwei Prozentpunkte** an, so dass in 2025 die Beiträge zu 100 % abgesetzt werden können (§ 10 Abs. 3 EStG n. F.).

Vorsorgeaufwendungen Nach § 10 Abs. 1 Nr. 2 EStG sind bis zu dem Höchstbeitrag zur knappschaftlichen Rentenversicherung zu berücksichtigen (§ 10 Abs. 3 EStG). Bei zusammen veranlagten Ehegatten verdoppelt sich der Höchstbetrag. Bei Arbeitnehmern, denen ohne eigene Aufwendungen eine lebenslängliche Versorgung zugesagt wird, vermindert sich der Höchstbetrag um die fiktiven Arbeitgeber-/Arbeitnehmerbeiträge für diese Zusage (§ 10 Abs. 3 Satz 3 EStG). Diese Kürzungsvorschrift hat insbesondere für Geschäftsführer mit Pensionszusagen eine Bedeutung.

5.3 Beiträge zur Krankenversicherung

Nach § 10 Abs. 1 Nr. 3 Buchst. a EStG können Steuerpflichtige die Beiträge zur Erlangung eines Basis-Krankenversicherungsschutzes in unbegrenzter Höhe abziehen. Diese Regelung gilt auch für Gesellschafter-Geschäftsführer unabhängig davon, ob diese sozialversicherungspflichtig sind oder nicht. Enthalten die Beiträge zur Krankenversicherung ein Krankengeld, so sind die Beiträge um 4 % zu vermindern. Unbegrenzt abzugsfähig sind auch die Beiträge zur gesetzlichen Pflegeversicherung.

Soweit die Versicherungsbeiträge den Basis-Versicherungsschutz übersteigen, können Sie im Rahmen des § 10 Abs. 1 Nr. 3a EStG abgezogen werden. Die Beiträge nach § 10 Abs. 1 Nr. 3a EStG können nach § 10 Abs. 4 EStG nur im Rahmen eines Höchstbetrags i. H. v. 2 800 € bzw. 1 900 € abgezogen werden. Die 1 900 € sind anzusetzen bei Steuerpflichtigen, die ganz oder teilweise ohne eigene Aufwendungen einen Anspruch auf vollständige oder teilweise Erstattung oder Übernahme von Krankheitskosten haben oder für deren Krankenversicherung Leistungen

i. S. v. § 3 Nr. 62 EStG erbracht werden. Auf die Höchstgrenze von 2 800 € bzw. 1 900 € sind die unbegrenzt abzugsfähigen Beiträge zur Erlangung eines Basis-Krankenversicherungsschutzes anzurechnen, sodass der Höchstbetrag in aller Regel bereits dadurch ausgeschöpft ist.

6 Darlehensverträge zwischen Gesellschaft und Gesellschaftern

6.1 Allgemeines

Häufig werden Darlehen von Gesellschaftern zur Finanzierung der GmbH eingesetzt, da diese Darlehen bezüglich Sicherheiten, Konditionen, Rückzahlungsmodalitäten etc. flexibler zu handhaben sind als Darlehen, die bei einer Bank aufgenommen werden. Bezüglich der Bilanzierung der Darlehensverbindlichkeiten sowie der Verbuchung der Zinsen als Betriebsausgaben bestehen keine Besonderheiten gegenüber dritten Darlehensgebern.

Für die Bilanzierung der Darlehensverbindlichkeit gilt der allgemeine Maßgeblichkeitsgrundsatz (§ 5 Abs. 1 EStG). Wird also ein Darlehen zivilrechtlich wirksam vereinbart (vgl. §§ 488 ff. BGB), so ist die Darlehensverbindlichkeit nach § 246 HGB zwingend in der Handelsbilanz zu passivieren. Aufgrund des Maßgeblichkeitsgrundsatzes muss die Schuld zwingend auch in der Steuerbilanz passiviert werden. Es ist nicht möglich, dass die Finanzverwaltung das Bestehen einer (zivilrechtlich wirksamen) Darlehensverbindlichkeit aus steuerlicher Sicht infrage stellt oder ein (unstreitig zivilrechtlich bestehendes) Darlehen als verdeckte Einlage behandelt. Korrekturen können nur über das Rechtsinstitut der verdeckten Gewinnausschüttung erfolgen.

Eine Ausnahme gilt für den Fall, dass die Parteien vereinbaren, dass die Darlehensverbindlichkeiten nur aus künftigen Einnahmen oder Gewinnen getilgt werden können. In diesem Fall darf in der Steuerbilanz nach § 5 Abs. 2a EStG eine Darlehensverbindlichkeit nicht passiviert werden (vgl. BFH vom 10.08.2016, I R 25/15, www.bundesfinanzhof.de). Insoweit ist die Handelsbilanz nicht maßgeblich.

Eine weitere Abweichung von der handelsrechtlichen Passivierung liegt vor, wenn für das Darlehen keine Zinsen vereinbart werden. In diesem Fall ist die Darlehensverbindlichkeit zwingend nach § 12 Abs. 3 BewG abzuzinsen. Die Vorschriften des Bewertungsgesetzes gelten über § 1 BewG auch im Einkommensteuerrecht bzw. Körperschaftsteuerrecht. Die Nichterhebung von Zinsen stellt keine verdeckte Einlage dar, da es insoweit an einem bilanziellen Vorteil mangelt.

Bei der Ermittlung des gewerbesteuerlichen Ertrags ist auch bei Gesellschafterdarlehen eine Hinzurechnung der Zinsen gemäß § 8 Abs. 1 Nr. 1 Buchst. a GewStG vorzunehmen.

Gesellschafterdarlehen sind gegen die anderen sog. mezzaninen Finanzierungsmöglichkeiten abzugrenzen. Ist ein Zinssatz vereinbart, der von der Höhe des Gewinns abhängt, so kann ein sog. partiarisches Darlehen vorliegen. Bezüglich der Passivierung der Darlehensschuld besteht hier kein Unterschied zu gewöhnlichen Gesellschafterdarlehen. Lediglich die Zinseinnahmen fallen unter die Bestimmung des § 20 Abs. 1 Nr. 4 EStG. Die Abgrenzung der partiarischen Darlehen zu den stillen Beteiligungen verursacht mitunter Probleme. Da aber auch stille Beteiligungen wie Darlehen passiviert werden (vgl. § 230 HGB) und auch die Gewinnanteile des Stillen als Finanzierungsaufwendungen den Gewinn mindern, kann die Unterscheidung häufig dahingestellt bleiben.

Wegen der unterschiedlichen Behandlung der Darlehenszinsen auf der Ebene des Gesellschafters wird im Folgenden zwischen Beteiligungen im Privatvermögen, Beteiligungen im Betriebsvermögen und Beteiligungen einer Kapitalgesellschaft unterschieden.

6.2 Beteiligungen im Privatvermögen

Die Tatsache, dass sich die Beteiligung beim Gesellschafter im Privatvermögen befindet, hat für die Frage der Bilanzierung der Darlehensverbindlichkeiten und den Abzug der Zinszahlungen als Betriebsausgaben auf der Ebene der GmbH keine Bedeutung.

Der Gesellschafter hat die Zinsen nach § 20 Abs. 1 Nr. 7 EStG zu versteuern. Dabei gilt das Zuflussprinzip des § 11 Abs. 1 EStG. Ein Zufluss kann insbesondere auch dann vorliegen, wenn die Zinsen einem Gesellschafter-Verrechnungskonto gutgeschrieben werden. Die GmbH hat für die Zinszahlungen keine Kapitalertragsteuer abzuführen (§ 43 Abs. 1 Nr. 7 Buchst. b EStG). Daher hat der Gesellschafter die Einnahmen nach § 32d Abs. 3 EStG zwingend der Veranlagung zu unterwerfen.

Ausländische Gesellschafter versteuern die Zinsen nach den Grundsätzen des Art. 11 OECD-Musterabkommen in dem Staat, in dem sie ansässig sind.

Verzichtet ein Gesellschafter auf die Rückzahlung des Darlehens, so hat die GmbH das Darlehen gewinnerhöhend auszubuchen. In Höhe der Werthaltigkeit des Darlehens liegt eine verdeckte Einlage des Gesellschafters vor (§ 27 KStG). Daher ist der Gewinn aus der Ausbuchung der Darlehensverbindlichkeit außerbilanziell nach § 8 Abs. 3 Satz 3 KStG zu korrigieren. Da die verdeckte Einlage mit dem Teilwert zu bewerten ist, führt der Verzicht auf eine nicht mehr voll werthaltige Darlehensforderung auf der Ebene der GmbH insoweit zu einem Ertrag.

Auf der Ebene des Gesellschafters führt der Verzicht in Höhe der Werthaltigkeit des Darlehensanspruchs zu nachträglichen Anschaffungskosten im Rahmen des § 17 EStG (Details s. G).

Wird die Kapitalgesellschaft zahlungsunfähig, so kann der Verlust der Darlehensforderung vom Gesellschafter steuerlich grundsätzlich nicht geltend gemacht werden (nicht steuerbarer Verlust im Privatvermögen). Eine Ausnahme gilt nur dann, wenn es sich um sog. eigenkapitalersetzende Darlehen handelt (Details s. G 4.2). In diesem Fall handelt es sich um nachträgliche Anschaffungskosten im Rahmen des § 17 EStG (vgl. BMF vom 21. 10. 2010 BStBl I 2010, 832).

Stand bei der Gewährung des Darlehens die Erhaltung des Arbeitsplatzes eines Gesellschafter-Geschäftsführers im Vordergrund, so kann der Darlehensverlust ausnahmsweise im Rahmen der Werbungskosten nach §§ 19, 9 EStG geltend gemacht werden (vgl. BFH vom 25. 11. 2010, VI R 34/08, BStBl II 2012, 24). Bei der Beurteilung, ob bei der Gewährung eines Darlehens die Gesellschafterstellung oder die Arbeitnehmereigenschaft im Vordergrund stand, kommt es entscheidend darauf an, in welcher Höhe der Gesellschafter an der Gesellschaft beteiligt ist. Je höher die Beteiligung ist, umso eher wird man davon ausgehen müssen, dass das Darlehen aus gesellschaftlichen Gründen gewährt wurde.

Veräußert der Gesellschafter seine Darlehensforderung (unter Umständen zu einem Betrag unter dem Nennwert), so fällt ein eventueller Veräußerungsgewinn (unwahrscheinlich) bzw. Veräußerungsverlust (eher wahrscheinlich) unter § 20 Abs. 2 Nr. 7 EStG. Die Veräußerung einer völlig wertlos gewordenen Darlehensforderung zu einem Kaufpreis von 1 € wird regelmäßig einen Missbrauch von Gestaltungsmöglichkeiten darstellen und steuerlich nicht anerkannt werden. Dies gilt insbesondere dann, wenn der Verkauf an nahe Angehörige erfolgt.

6.3   Beteiligungen im Betriebsvermögen

Befindet sich die Beteiligung an einer Kapitalgesellschaft in einem Betriebsvermögen (vgl. H 4.2 Abs. 2 EStH), so ist die Darlehensforderung bei bilanzierenden Steuerpflichtigen mit den Anschaffungskosten (i. d. R. mit dem Nennwert) zu aktivieren.

Die Zinsen stellen Betriebseinnahmen dar. Im Falle der Einnahmen-Überschuss-Rechnung (§ 4 Abs. 3 EStG) gilt das Zuflussprinzip (§ 11 Abs. 1 EStG). Bei bilanzierenden Steuerpflichtigen ist mit Entstehen der Zinsforderungen eine Forderung gewinnerhöhend zu aktivieren.

Problematisch ist die Frage, ob und inwieweit eine Teilwertabschreibung auf die Darlehensforderung erfolgen kann (vgl. § 253 HGB i. V. m. 6 Abs. 1 Nr. 2 EStG). Eine Abschreibung in der Steuerbilanz kann nur erfolgen, wenn der Wert der Darlehensforderung voraussichtlich dauernd gemindert ist (vgl. BMF vom 02. 09. 2016 BStBl I 2016, 995). Das Vorliegen dieses Tatbestandsmerkmals ist im Einzelfall anhand der konkreten Tatsachen (Zahlungsverhalten, Vermögensstatus, zukünftig abzusehende Entwicklungen etc.) zu bestimmen. Ein vorübergehender finanzieller Engpass (Liquiditätsschwierigkeiten) wird auf jeden Fall nicht zu einer Teilwertabschreibung berechtigen.

Eine Teilwertabschreibung kommt nur für bilanzierende Steuerpflichtige infrage.

Der Abschreibungsaufwand darf nach § 3c Abs. 2 Satz 2 EStG nur zu 60 % den steuerlichen Gewinn mindern (außerbilanzielle Korrektur). Dies gilt aber nur dann, wenn der Gesellschafter, der das Darlehen gewährt hat, zu mehr als einem Viertel unmittelbar oder mittelbar am Stammkapital der Körperschaft beteiligt ist oder war.

Erholt sich die Darlehensnehmerin (Kapitalgesellschaft) finanziell wieder, so muss die Darlehensforderung in der Bilanz gewinnerhöhend wieder aktiviert werden. Der Zuschreibungsgewinn unterliegt nach § 3 Nr. 40 Buchst. a EStG spiegelbildlich dem Teileinkünfteverfahren (60 %).

Verzichtet der Gesellschafter auf die Darlehensforderung, so ist die Darlehensverbindlichkeit bei der GmbH gewinnerhöhend auszubuchen. Insoweit wird auf die Ausführungen oben verwiesen.

Auf der Ebene des Gesellschafters liegt ebenfalls eine verdeckte Einlage in die Beteiligung vor (vgl. H 8.9 KStH »Forderungsverzicht«). Damit erhöht sich der Buchwertansatz der Beteiligung um den Teilwert der Darlehensforderung. Ist sonach die Darlehensforderung im Zeitpunkt des Verzichts voll werthaltig, so hat der Verzicht keine steuerlichen Auswirkungen (BS: Darlehensforderung an Beteiligung). Ist die Darlehensforderung dagegen nicht voll werthaltig, liegt in Höhe der Differenz zwischen dem Nominalbetrag der Darlehensforderung und dem Betrag der verdeckten Einlage eine Minderung des Betriebsvermögens vor, auf die grundsätzlich § 3c Abs. 2 Satz 2 EStG anzuwenden ist.

Tritt der Gesellschafter lediglich im Range hinter die anderen Gesellschaftsgläubiger zurück, so bleibt die Darlehensverbindlichkeit in der GmbH passiviert, und die Darlehensforderung ist weiterhin beim Gesellschafter zu aktivieren. Eventuell kann dies aber dazu führen, dass eine Teilwertabschreibung auf die Darlehensforderung zulässig ist.

Liegen die Voraussetzungen des § 5 Abs. 2a EStG vor, ist die Darlehensverbindlichkeit bei der Gesellschaft gewinnerhöhend auszubuchen (s. oben). Die Darlehensforderung ist aber zivilrechtlich nicht erloschen und daher weiterhin in der Handelsbilanz zu aktivieren.

Ist der Gesellschafter, der die Beteiligung im Betriebsvermögen hält, im Ausland ansässig, so hat dies im Falle eines Verzichts keine Auswirkungen auf die Bilanzierung der Darlehensverbindlichkeit bei der deutschen Gesellschaft. Die Folgen für den Gesellschafter sind aber in dem Staat zu ziehen, in dem sich der Gewerbebetrieb des Gesellschafters befindet (vgl. Art. 7 OECD-Musterabkommen).

Bezüglich eines Darlehensverzichts gegenüber verbundenen ausländischen Unternehmen ist im Übrigen grundsätzlich die Vorschrift des § 1 AStG zu beachten (Details siehe BMF vom 29.03.2011 BStBl I 2011, 277).

6.4 Beteiligung im Betriebsvermögen einer Kapitalgesellschaft

Befindet sich die Beteiligung im Betriebsvermögen einer Kapitalgesellschaft, so gelten für die Ebene der Darlehensnehmerin grundsätzlich die obigen Ausführungen.

Auf der Ebene der Darlehensgeber sind aber die Besonderheiten des § 8b KStG zu beachten. Nach § 8b Abs. 3 Satz 2 KStG ist die Vorschrift des § 3c Abs. 1 EStG nicht anzuwenden, so dass Aufwendungen auf die Beteiligung grundsätzlich zu 100 % abgezogen werden dürfen.

Allerdings sieht § 8b Abs. 3 Sätze 3 und 4 KStG für Darlehensforderungen eine Sonderregelung vor. Danach dürfen Gewinnminderungen im Zusammenhang mit einer Darlehensforderung steuerlich nicht geltend gemacht werden, wenn der das Darlehen gewährende Gesellschafter unmittelbar oder mittelbar am Stammkapital der Körperschaft zu mehr als einem Viertel beteiligt ist (vgl. die Parallelregelung in § 3c Abs. 2 Satz 2 EStG, die dem § 8b Abs. 3 Satz 4 KStG nachgebildet ist).

BEISPIEL

Die X-AG hält in ihrem Betriebsvermögen eine 20 %ige Beteiligung an der Y-GmbH. Die X-AG hat der GmbH ein Darlehen über 2 Mio. € gewährt. Aufgrund anhaltender Zahlungsschwierigkeiten wird die Darlehensforderung zulässigerweise nach § 6 Abs. 1 Nr. 2 EStG auf 1 € abgeschrieben.
LÖSUNG Der steuerliche Abschreibungsaufwand i. H. v. 2 Mio. € ist in voller Höhe als Betriebsausgabe abzugsfähig, da § 3c Abs. 1 EStG nicht anwendbar ist (§ 8b Abs. 3 Satz 2 KStG).
Abwandlung des Beispiels Die X-AG hält eine 30 %ige Beteiligung an der Y-GmbH.
LÖSUNG Handelsrechtlich liegt ein Abschreibungsaufwand i. H. v. 2 Mio. € vor. Die Darlehensforderung ist auch in der Steuerbilanz nach § 6 Abs. 1 Nr. 2 EStG i. V. m. § 8 KStG mit 1 € anzusetzen. Allerdings ist die Gewinnminderung i. H. v. 2 Mio. € nach § 8b Abs. 3 Satz 4 KStG außerbilanziell dem Einkommen (§ 8 KStG) wieder hinzuzurechnen.
Verzichtet die Gesellschafterin auf die Darlehensforderung, so liegt auch insoweit eine verdeckte Einlage vor (siehe oben). Ist die Darlehensforderung im Zeitpunkt ihres Verzichts nicht mehr vollwerthaltig, so gilt für den Abschreibungsaufwand, der sich aus der Differenz zwischen dem Buchwert der Forderung und der Erhöhung der Aktivierung der Beteiligung ergibt, die Abzugsbeschränkung des § 8b Abs. 3 Satz 4 KStG.
Gewerbesteuerlich sind die Grundsätze des § 8b Abs. 3 Satz 4 KStG über die Verweisung in § 7 GewStG ebenfalls anzuwenden (Ermittlung des Gewinns nach den Vorschriften des Einkommensteuer- bzw. Körperschaftsteuerrechts).

6.5 Sonderproblem: Bürgschaften

Häufig sind Gesellschafter einer Kapitalgesellschaft gezwungen, sich für Darlehen der Gesellschaft zu verbürgen. Die Abgabe der Bürgschaftserklärung selbst hat zunächst keine steuerlichen Auswirkungen.

6.5.1 Beteiligung im Betriebsvermögen

Befindet sich die Beteiligung an der Kapitalgesellschaft in einem Betriebsvermögen, so kann für eine abstrakte Bürgschaftsverpflichtung noch keine Rückstellung gebildet werden. Droht jedoch die Inanspruchnahme aus der Bürgschaft, so muss eine Rückstellung für die Zahlungsverpflichtung gebildet werden (§§ 249 HGB, 5 Abs. 1 EStG; vgl. BFH vom 15. 10. 1998, IV R 8/98, BStBl II 1999, 333 sowie BFH vom 18. 12. 2001, VIII R 27/00, BStBl II 2002, 733 – für den Fall einer im Rahmen einer Betriebsaufspaltung abgegebenen Bürgschaft für das Betriebsunternehmen).

Mit Zahlung der Bürgschaftssumme geht nach § 774 BGB der Darlehensanspruch auf den Bürgen über (sog. Bürgenregress). Mit Zahlung der Bürgschaft ist daher in der Bilanz des Bürgen die Regressforderungen (Darlehensforderung) mit dem Nominalbetrag zu aktivieren. Da die Regressforderungen in der Regel wertlos ist (sonst würde der Bürge nicht in Anspruch genommen) kann die Regressforderungen nach § 6 Abs. 1 Nr. 2 EStG abgeschrieben werden.

Verzichtet der Gesellschafter auf den Bürgenregress, so hat dies die gleichen Auswirkungen wie der Verzicht auf eine Darlehensforderung (siehe oben). In Höhe des Teilwerts des Darlehensanspruchs liegt sonach eine verdeckte Einlage vor, die grundsätzlich die Anschaffungskosten der Beteiligung erhöht.

Auf der Ebene der Kapitalgesellschaft führt die Bürgschaftszahlung zunächst zu keinen bilanzsteuerlichen Auswirkungen, da lediglich die Darlehensverbindlichkeit gegenüber der Bank durch eine Darlehensverbindlichkeit gegenüber dem Gesellschafter ausgetauscht wird.

6.5.2 Beteiligung im Privatvermögen

Befindet sich die Beteiligung im Privatvermögen, so greift auch hier im Falle der Bezahlung der Bürgschaftssumme der Bürgenregress nach § 774 BGB. Die Regressforderung ist eine private Darlehensforderung. Fällt der Gesellschafter mit seiner Regressforderung aus, so führt dies zu nachträglichen Anschaffungskosten im Rahmen des § EStG (Details siehe G). Die Bürgschaftszahlung wirkt sich daher steuerlich erst aus, wenn der Gesellschafter seine Beteiligung veräußert oder die Kapitalgesellschaft liquidiert wird (§ 17 Abs. 4 EStG).

Verzichtet der Gesellschafter auf seine Regressforderung, so liegt eine verdeckte Einlage vor, die zu nachträglichen Anschaffungskosten in Höhe des Teilwerts der Regressforderung (also in der Regel 1 €) führt.

7 Mietverträge zwischen Gesellschafter und Gesellschaft

Häufig vermieten Gesellschafter an die Kapitalgesellschaft Grundstücke und Gebäude. Hierbei ist zunächst zu beachten, dass die Vermietung unter Umständen zu einer Betriebsaufspaltung führt (Details siehe Teil I).

7.1 Beteiligung im Privatvermögen

Überlässt ein Gesellschafter, der die Beteiligung im Privatvermögen hält, Grundstück und Gebäude unentgeltlich, so kann er keine Werbungskosten geltend machen, da insoweit die Einkünfteerzielungsabsicht fehlt. Die unentgeltliche Überlassung wird in der Regel ihren Grund darin haben, dass der Gesellschafter die Erzielung einer höheren Dividende anstrebt (ggf. nach einer gewissen Sanierungsphase). Insoweit führen die Grundstücksaufwendungen grundsätzlich zu Werbungskosten bei den Einkünften aus Kapitalvermögen. Der Geltendmachung der Werbungskosten steht aber § 20 Abs. 9 EStG entgegen, soweit nicht ein Antrag nach § 32d Abs. 2 Nr. 3 EStG gestellt wird. In letzterem Fall sind die Aufwendungen als Werbungskosten abzugsfähig, unterliegen aber dem Teilabzugsverbot gemäß § 3c Abs. 2 EStG.

Überlässt der Gesellschafter Grundstück und Gebäude zu einer nicht ortsüblichen Miete, so ist der Vorgang aufzuteilen. Soweit die Überlassung entgeltlich erfolgt, kann der Gesellschafter die Aufwendungen als Werbungskosten im Rahmen des § 21 EStG geltend machen. Soweit die Überlassung unentgeltlich erfolgt, gelten die im vorgenannten Abschnitt dargestellten Rechtsfolgen. Die Vorschrift des § 21 Abs. 2 EStG ist bei der Vermietung an eine Kapitalgesellschaft nicht einschlägig (keine Vermietung zu Wohnzwecken).

7.2 Beteiligung im Betriebsvermögen

Befindet sich die Beteiligung in einem Betriebsvermögen des Gesellschafters, so bedeutet dies nicht automatisch, dass die vermietete Immobilie ebenfalls Betriebsvermögen darstellt (außer es handelt sich um einen Fall der Betriebsaufspaltung).

Befindet sich die Immobilie im Privatvermögen, gelten die oben dargestellten Grundsätze. Ist die Immobilie im Betriebsvermögen aktiviert, so können die Betriebsausgaben zu 100 % abgezogen werden, wenn die Vermietung zu einem ortsüblichen Preis erfolgt. Liegt die vereinbarte Miete unter dem ortsüblichen Niveau, so ist auch hier aufzuteilen: Soweit die Miete unter dem ortsüblichen Niveau liegt, wird unterstellt, dass die Aufwendungen auf die Immobilie zur Erzielung von höheren Dividenden getätigt werden. Daher ist insoweit das Teilabzugsverbot nach § 3c Abs. 2 EStG zu beachten.

Teil E   Die Besteuerung der GmbH

1   Steuerpflicht

Eine Kapitalgesellschaft unterliegt der deutschen Körperschaftsteuer, wenn sie entweder unbeschränkt (§ 1 KStG) oder beschränkt (§ 2 KStG) steuerpflichtig ist.

1.1   Unbeschränkte Steuerpflicht

Nach § 1 Abs. 1 Nr. 1 KStG ist eine Kapitalgesellschaft unbeschränkt körperschaftsteuerpflichtig, wenn sie ihre Geschäftsleitung **oder** ihren Sitz im Inland hat.

1.1.1   Beginn

Die Steuerpflicht beginnt bei Kapitalgesellschaften nicht erst mit der Erlangung der Rechtsfähigkeit durch die Eintragung im Handelsregister (§§ 41, 278 AktG, § 11 GmbHG), sondern erstreckt sich auch auf die mit Abschluss des notariellen Gesellschaftsvertrags (§ 2 GmbHG) oder durch notarielle Festsetzung der Satzung (§ 23 Abs. 1, § 280 Abs. 1 AktG) errichtete Vorgesellschaft, d. h. die Kapitalgesellschaft im Gründungsstadium (H 2 »Beginn der Steuerpflicht« KStH).

1.1.2   Geschäftsleitung

Geschäftsleitung ist der Mittelpunkt der geschäftlichen Oberleitung (§ 10 AO). Der steuerliche Begriff der Geschäftsleitung entspricht im Wesentlichen dem Begriff des tatsächlichen Verwaltungssitzes im Zivil- und Handelsrecht (BFH vom 23.06.1992 BStBl II 1992, 972). Entscheidend sind jeweils die tatsächlichen Verhältnisse im Einzelfall (BFH vom 03.07.1997 BStBl II 1998, 86).

Der Mittelpunkt der geschäftlichen Oberleitung ist dort, wo der für die Geschäftsführung maßgebliche Wille gebildet wird, d. h. wo die für die Geschäftsführung nötigen Maßnahmen von einiger Wichtigkeit angeordnet werden. Maßgeblich ist der Ort, an dem die laufende Geschäftsführung stattfindet. Zu ihr gehören die tatsächlichen und rechtsgeschäftlichen Handlungen, die der gewöhnliche Geschäftsbetrieb der Gesellschaft mit sich bringt (BFH vom 19.03.2002 BFH/NV 02, 1411). Nicht entscheidend ist, wo die abgegebenen Willenserklärungen wirksam werden oder sich die Geschäftsführungsmaßnahmen auswirken bzw. durchzuführen sind.

Regelmäßig wird der maßgebende Wille in den Büroräumen der Gesellschaft gebildet (BFH vom 23.01.1991 BStBl II 1991, 554). Wird eine Gesellschaft an verschiedenen Orten geschäftsführend tätig, so sind die an verschiedenen Orten ausgeübten Tätigkeiten nach ihrer Bedeutung für die Gesellschaft zu gewichten, um auf diese Weise den Ort der Geschäftsleitung zu bestimmen (BFH vom 03.07.1997 BStBl II 1998, 86). Die Geschäftsleitung einer Organgesellschaft liegt nicht notwendigerweise beim Organträger (BFH vom 09.08.1957 BStBl III 1957, 341).

1.1.3 Sitz

Den Sitz hat eine Körperschaft an dem Ort, der durch Gesetz, Gesellschaftsvertrag, Satzung, Stiftungsgeschäft oder dergleichen bestimmt ist (§ 11 AO). Nach § 3 GmbHG muss der Sitz der Gesellschaft im Gesellschaftsvertrag festgelegt werden. Nach § 4a GmbHG i. d. F. des MoMiG muss der statutarische Sitz einer GmbH zwingend in Deutschland sein.

1.1.4 Ausländische Kapitalgesellschaften

Da für die Begründung einer unbeschränkten Steuerpflicht nach § 1 KStG Sitz **oder** Geschäftsleitung in Deutschland sein müssen, kann eine Kapitalgesellschaft mit Sitz im Ausland und Geschäftsleitung in Deutschland der unbeschränkten Steuerpflicht unterliegen. Dabei ergibt sich die Körperschaftsteuerpflicht einer im Ausland gegründeten Kapitalgesellschaft mit Geschäftsleitung im Inland nicht aus § 1 Abs. 1 Nr. 1 oder Nr. 4 KStG. Bei der Beurteilung eines Rechtsgebildes als Kapitalgesellschaft oder als sonstige juristische Person des privaten Rechts ist an die Rechtsform anzuknüpfen (BFH GrS vom 25. 06. 1984 BStBl II 1984, 751).

Das deutsche internationale Privatrecht knüpft bei der Beurteilung der Rechtsfähigkeit an die Rechtsordnung an, die am tatsächlichen Sitz der **Hauptverwaltung** gilt (**Sitztheorie**; BFH vom 23. 06. 1992 BStBl II 1992, 972 m. w. N.). Eine ausländische Gesellschaft, die den Sitz der Hauptverwaltung (= Geschäftsführung) in Deutschland hat, kann daher nach deutschem Recht mangels Eintragung in das deutsche Handelsregister nicht rechtsfähig sein.

Der Mangel der Rechtsfähigkeit im Inland schließt die unbeschränkte Körperschaftsteuerpflicht aber nicht von vornherein aus (BFH vom 23. 06. 1992 a. a. O.). Die Körperschaftsteuerpflicht kann sich nämlich aus § 1 Abs. 1 Nr. 5 KStG ergeben, wenn die ausländische Gesellschaft die für die Körperschaftsteuerpflicht nach deutschem Körperschaftsteuerrecht erforderlichen Merkmale aufweist. Entscheidend ist, ob die ausländische Gesellschaft bei einem Typenvergleich einer inländischen körperschaftsteuerpflichtigen Gesellschaft entspricht (eine solche Typenübersicht findet sich in BMF vom 14. 12. 1999 BStBl I 1999, 1076, Tabellen 1 und im Anhang).

> **BEISPIEL**
>
> Eine Private Company limited by Shares (Ltd.) mit statutarischem Sitz in London hat den Sitz der Geschäftsleitung in Stuttgart.
> **LÖSUNG** Die Ltd. ist der deutschen GmbH vergleichbar (vgl. BMF vom 14. 12. 1999 a. a. O.). § 1 Abs. 1 Nr. 1 KStG kann zur Begründung der unbeschränkten Steuerpflicht nicht herangezogen werden, da die Ltd. nicht im deutschen Handelsregister eingetragen ist. Die unbeschränkte Steuerpflicht ergibt sich aber aus § 1 Abs. 1 Nr. 5 KStG.

Ausländische Kapitalgesellschaften mit Geschäftsleitung in Deutschland sind regelmäßig sowohl im Sitzland als auch in Deutschland unbeschränkt steuerpflichtig. Daraus können sich besondere Probleme der Doppelbesteuerung ergeben. Erfolgt im Sitzstaat eine Besteuerung der in Deutschland erzielten Einkünfte, so kann die im Ausland gezahlte Steuer nicht nach §§ 26 KStG, 34c EStG angerechnet oder abgezogen werden, weil es sich bei den in Deutschland erzielten Einkünften nicht um ausländische Einkünfte handelt (BFH vom 24. 03. 1998 BStBl II 1998, 471).

Zumindest für die dem europäischen Recht unterliegenden Kapitalgesellschaften hat die bisherige Sitztheorie keine Bedeutung mehr. Mit Urteil vom 05. 11. 2002 (»**Überseering**«; GmbHR 2002, 1137) hat der EuGH entschieden, dass eine Kapitalgesellschaft, die nach dem

Recht eines Mitgliedstaates gegründet wurde, in dessen Hoheitsgebiet sie ihren satzungsmäßigen Sitz hat, nach den Art. 43 und 48 EG in allen Mitgliedstaaten als rechtsfähig zu gelten hat. Damit erübrigt sich eine Prüfung der Rechtsfähigkeit, wenn eine europäische Kapitalgesellschaft aufgrund ihrer Geschäftsleitung in Deutschland unbeschränkt steuerpflichtig ist. Nach diesen Grundsätzen ergibt sich nun die unbeschränkte Steuerpflicht (entgegen BFH vom 23. 06. 1992 a. a. O.) auch direkt aus § 1 Abs. 1 Nr. 1 KStG.

Diese Linie hat der EuGH mit der Entscheidung »**Inspire Art**« (EuGH vom 30. 09. 2003 DB 2003, 2219, GmbHR 2003, 1260) konsequent fortgesetzt und nun dem Prinzip der Niederlassungsfreiheit uneingeschränkten Vorrang vor anderslautenden nationalen Regelungen verschafft. Damit muss Deutschland einer in einem europäischen Staat und nach dessen Recht gegründete Kapitalgesellschaft die Begründung eines Sitzes und die Eintragung ins Handelsregister gestatten.

Aufgrund dieser Rechtsprechung ist es nun möglich, z. B. eine Ltd. in England zu gründen und anschließend den Verwaltungssitz der Gesellschaft nach Deutschland zu verlegen (der statutarische Sitz muss in England bleiben). Trotz der niedrigen Gründungskosten, des geringen Stammkapitals (ca. zwei Euro reichen aus) und der einfachen Gründungsvorschriften (z. B. keine Prüfung der Werthaltigkeit von Sacheinlagen) ist es bisher nicht zu einer Gründungswelle englischer Ltd. mit Verwaltungssitz in Deutschland kommen. Zu groß sind die Risiken und Nachteile, zumal durch das MoMiG die Gründung einer GmbH vereinfacht und das Mindest-Stammkapital auf 1 € herabgesetzt wurde.

1.2 Beschränkte Steuerpflicht

Das KStG unterscheidet in **§ 2 KStG** zwei Gruppen beschränkt Steuerpflichtiger: Zum einen sind dies Körperschaften, Personenvereinigungen und Vermögensmassen, die weder Geschäftsleitung noch Sitz im Inland haben (§ 2 Nr. 1 KStG). Diese sind mit ihren inländischen Einkünften steuerpflichtig.

> **BEISPIEL**
> Eine Aktiengesellschaft mit Sitz und Geschäftsleitung in Wien produziert in einem Werk in Deutschland Maschinenteile.
> **LÖSUNG** Bei dem deutschen Werk handelt es sich um die Betriebsstätte einer ausländischen Kapitalgesellschaft (Art. 5 DBA-Österreich). Nach Art. 7 des österreichischen Abkommens sind Betriebsstättengewinne ausschließlich im Betriebsstättenstaat zu versteuern, somit in Deutschland.
> Die österreichische Aktiengesellschaft ist daher mit dem Gewinn des deutschen Werkes beschränkt steuerpflichtig. In Österreich ist der Gewinn als steuerfrei zu behandeln (Art. 23 DBA).

Zum anderen werden sonstige Körperschaften, Personenvereinigungen und Vermögensmassen erfasst, die inländische Einkünfte erzielen, die dem Steuerabzug vollständig oder teilweise unterliegen (§ 2 Nr. 2 KStG). Dies sind z. B. Körperschaften des öffentlichen Rechts mit kapitalertragsteuerpflichtigen inländischen Einkünften.

Die Regeln der DBA gehen den nationalen Regeln der §§ 1 ff. KStG vor und können daher das Besteuerungsrecht Deutschlands trotz § 2 KStG ausschließen.

BEISPIEL

Eine englische Kapitalgesellschaft mit Sitz und Geschäftsleitung in London ist an einer deutschen GmbH beteiligt. Die deutsche GmbH schüttet eine Dividende i. H. v. 1,2 Mio. € an die englische Muttergesellschaft aus.

LÖSUNG Die englische Kapitalgesellschaft ist zwar nach § 2 Nr. 1 KStG grundsätzlich in Deutschland beschränkt steuerpflichtig. Nach Art. VI DBA-Großbritannien werden Dividenden aber ausschließlich in dem Staat besteuert, in dem der Dividendenempfänger seinen Sitz hat (= Großbritannien). Deutschland darf daher die Dividende nicht besteuern. Eine Quellensteuer ist in Deutschland zwar grundsätzlich möglich, vorrangig richtet sich diese aber nach der Europäischen Mutter-Tochter-Richtlinie.

Für die Einkommensermittlung beschränkt Körperschaftsteuerpflichtiger gelten grundsätzlich dieselben Vorschriften wie bei unbeschränkter Körperschaftsteuerpflicht. Es gibt auch keinen besonderen Körperschaftsteuersatz. Die Buchführungspflicht beschränkt Steuerpflichtiger richtet sich nach §§ 140, 141 AO (vgl. BMF vom 16. 05. 2011 BStBl I 2011, 530, Rz. 3).

2 Ermittlung des zu versteuernden Einkommens

Bemessungsgrundlage für die tarifliche Körperschaftsteuer ist das zu versteuernde Einkommen (§ 7 KStG). Das zu versteuernde Einkommen ergibt sich aus dem handelsrechtlichen Jahresüberschuss (§ 266 HGB), erhöht oder vermindert um die steuerlichen Korrekturen (vgl. das Ermittlungsschema in R 7.1 KStR).

BEISPIEL

In der Handelsbilanz weist die X-GmbH zum Bilanzstichtag 31. 12. 2016 einen (vorläufigen) Jahresüberschuss i. H. v. 1,4 Mio. € aus. Noch nicht berücksichtigt ist die Steuerrückstellung. Aus Vereinfachungsgründen soll davon ausgegangen werden, dass bisher keine Vorauszahlungen geleistet wurden. Bei der Ermittlung der GewSt soll von einem Hebesatz von 400 % ausgegangen werden. Im Jahresüberschuss ist eine Dividende i. H. v. 100 000 € enthalten, die die GmbH aus ihrer 50 %igen Beteiligung an der Y-AG im Wj. erhielt. Ebenfalls ist im Jahresüberschuss eine verdeckte Einlage des Gesellschafters i. H. v. 500 000 € enthalten, die (zulässigerweise) als Ertrag gebucht wurde.

LÖSUNG Um die Steuerrückstellung ermitteln zu können, muss in einem ersten Schritt das zu versteuernde Einkommen gemäß § 7 KStG ermittelt werden. Die Dividende ist nach § 8b Abs. 1 KStG zu 100 % steuerfrei. Nach § 8b Abs. 5 KStG sind 5 % der Dividende als nicht abzugsfähige Betriebsausgaben wieder hinzuzurechnen.

Nach § 8 Abs. 3 Satz 3 KStG darf eine verdeckte Einlage das Einkommen nicht erhöhen. Damit ist der Jahresüberschuss außerbilanziell um den Betrag der verdeckten Einlage zu vermindern.

Es ergibt sich somit ein zu versteuerndes Einkommen i. H. v. (1,4 Mio. € ./. 100 000 € + 5 000 € ./. 500 000 € =) 805 000 €. Somit beträgt die KSt (805 000 € x 15 % =) 120 750 €; der SolZ beläuft sich auf (120 750 € x 5,5 % =) 6 641 €.

Bei der Berechnung der Gewerbesteuerbelastung ist die Dividende nach § 9 Nr. 2a GewStG nicht einzurechnen (sog. Schachteldividenden). Dies gilt nicht für die nichtabzugsfähigen 5 %. Da die Dividende bereits bei der Berechnung des Einkommens herausgerechnet wurde, erübrigt sich insoweit eine weitere Korrektur. Nach § 11 GewStG ergibt sich eine Steuermesszahl i. H. v. (805 000 € x 3,5 % =) 28 175 € und eine Gewerbesteuerbelastung i. H. v. (28 175 € x 400 % =) 112 700 €.

Auf die KSt ist die Kapitalertragsteuer auf die Dividende (100 000 € x 25 % =) 25 000 € anzurechnen. Entsprechendes gilt für den SolZ (25 000 € x 5,5 % =) 1 375 €. Damit ergibt sich eine KSt i. H. v. (120 750 € ./. 25 000 € =) 95 750 € und ein SolZ i. H. v. (6 641 € ./. 1 375 € =) 5 266 €. Die Steuerrückstellung ist daher i. H. v. (95 750 € + 5 266 € + 112 700 € =) 213 716 € zu bilden. Unter Berücksichtigung der Steuerrückstellung ergibt sich sonach ein endgültiger (handelsrechtlicher) Jahresüberschuss i. H. v. (1,4 Mio. € ./. 213 716 € =) 1 186 284 €.

2.1 Der Jahresabschluss der Kapitalgesellschaft

Nach § 238 HGB i. V. m. §§ 41 ff. GmbHG muss jede GmbH eine Bilanz aufstellen. Der Jahresabschluss der Kapitalgesellschaft ist wesentlich stärker reglementiert als der der Personengesellschaft (vgl. insbesondere die Gliederungsvorschrift des § 266 HGB). Zu Bilanzierungsfragen bei Personen- und Kapitalgesellschaften s. grundsätzlich I B.

2.1.1 Handelsrechtliche Bilanzierungspflicht

Nach § 42 GmbHG und § 242 HGB hat die GmbH für den Schluss eines jeden Geschäftsjahrs einen Jahresabschluss bestehend aus **Bilanz** sowie **Gewinn- und Verlustrechnung** zu erstellen.

Der Jahresabschluss ist um einen die einzelnen Bilanzpositionen erläuternden **Anhang** zu erweitern, der mit der Bilanz- und der Gewinn- und Verlustrechnung eine Einheit bildet (§ 264 HGB).

Mit Ausnahme kleiner Kapitalgesellschaften muss zusätzlich ein **Lagebericht** erstellt werden (§ 264 HGB). In diesem ist zumindest der Geschäftsverlauf und die Lage der Kapitalgesellschaft so darzustellen, dass ein den tatsächlichen Verhältnissen entsprechendes Bild vermittelt wird (§ 289 Abs. 1 HGB). Der Lagebericht soll außerdem auf Vorgänge von besonderer Bedeutung eingehen, die nach dem Schluss des Geschäftsjahrs eingetreten sind. Er soll darüber hinaus auf die voraussichtliche Entwicklung der Kapitalgesellschaft eingehen, die Bereiche Forschung und Entwicklung darstellen und bestehende Zweigniederlassungen der Gesellschaft auflisten (§ 289 Abs. 2 HGB).

Der Jahresabschluss einer Kapitalgesellschaft hat unter Beachtung der Grundsätze ordnungsmäßiger Buchführung ein den tatsächlichen Verhältnissen entsprechendes Bild der Vermögens-, Finanz- und Ertragslage der Kapitalgesellschaft zu vermitteln. Führen besondere Umstände dazu, dass der Jahresabschluss ein den tatsächlichen Verhältnissen entsprechendes Bild nicht vermittelt, so sind im Anhang zusätzliche Angaben zu machen.

In der Satzung der GmbH können Regelungen über Form und Inhalt des Jahresabschlusses und des Lageberichts getroffen werden. Diese Regelungen dürfen aber nicht gegen zwingendes Recht oder gegen die Grundsätze ordnungsgemäßer Buchführung verstoßen. Es ist daher z. B. möglich, auch für eine kleine GmbH (§ 276 HGB) die Aufstellung eines Lageberichtes zu verlangen.

Die Geschäftsführung hat den Jahresabschluss binnen **drei Monaten** nach Ende eines Geschäftsjahres aufzustellen. Bei kleinen Kapitalgesellschaften verlängert sich diese Frist auf **sechs Monate** (§ 264 Abs. 1 HGB). Der Jahresabschluss ist von allen Geschäftsführern zu unterzeichnen. Ein Geschäftsführer kann und muss seine Unterschrift verweigern, falls der Jahresabschluss gegen gesetzliche Bestimmungen verstößt.

Zwischen der Aufstellung des Jahresabschlusses und seiner **Feststellung** ist zu differenzieren. Durch den Feststellungsbeschluss (§ 46 Abs. 1 GmbHG) wird der Jahresabschluss rechtsverbindlich. Die Gesellschafterversammlung hat spätestens bis zum Ablauf der ersten acht

Monate oder wenn es sich um eine kleine Gesellschaft handelt bis zum Ablauf der ersten elf Monate des Geschäftsjahrs über die Feststellung des Jahresabschlusses und über die Ergebnisverwendung zu beschließen (§ 42a Abs. 2 GmbHG). Die Feststellung des Jahresabschlusses ist Voraussetzung für den Beschluss über die Ergebnisverwendung.

2.1.2   Publizitätspflichten

Jede GmbH muss ihren Jahresabschluss offenlegen (§ 325 HGB). Kleine und mittelgroße Gesellschaften (§ 267 Abs. 1, 2 HGB) haben den Jahresabschluss beim Handelsregister zu hinterlegen. Große Gesellschaften müssen den Jahresabschluss zuvor im Bundesanzeiger bekannt machen.

Dabei muss der Jahresabschluss seit 2007 in elektronischer Form eingereicht werden (§§ 8 ff., 325 HGB). Das Bundesamt für Justiz kann die Einreichung des Jahresabschlusses durch die Androhung und Verhängung von Ordnungsgeldern erzwingen (§ 335 HGB). Der Jahresabschluss kann weltweit über das Internet eingesehen werden (www.handelsregister.de). Damit haben die Publizitätspflichten – gegen die in der Vergangenheit häufig sanktionslos verstoßen wurde – eine erhebliche Bedeutung für die Unternehmen erlangt.

2.1.3   Abschlussprüfung

Mittlere und große GmbH müssen ihren Jahresabschluss durch einen Abschlussprüfer prüfen lassen (§ 316 Abs. 1 HGB). Hat keine Prüfung stattgefunden, kann der Jahresabschluss nicht festgestellt werden.

Werden der Jahresabschluss oder der Lagebericht nach Vorlage des Prüfungsberichts geändert, so hat der Abschlussprüfer diese Unterlagen erneut zu prüfen, soweit es die Änderung erfordert. Über das Ergebnis der Prüfung ist zu berichten. Der Bestätigungsvermerk ist entsprechend zu ergänzen (§ 316 Abs. 3 HGB).

In die Prüfung des Jahresabschlusses ist die Buchführung einzubeziehen. Die Prüfung des Jahresabschlusses hat sich darauf zu erstrecken, ob die gesetzlichen Vorschriften und sie ergänzende Bestimmungen des Gesellschaftsvertrags oder der Satzung beachtet worden sind (§ 317 Abs. 1 HGB).

Der Lagebericht ist darauf zu prüfen, ob er mit dem Jahresabschluss sowie mit den bei der Prüfung gewonnenen Erkenntnissen des Abschlussprüfers in Einklang steht und insgesamt eine zutreffende Vorstellung von der Lage des Unternehmens vermittelt. Dabei ist auch zu prüfen, ob die Risiken der künftigen Entwicklung zutreffend dargestellt sind (§ 317 Abs. 2 HGB).

Der Abschlussprüfer ist von der Gesellschafterversammlung zu wählen (§ 318 Abs. 1 HGB), soweit der Gesellschaftsvertrag nicht etwas anderes bestimmt (z. B. Bestimmung durch den Aufsichtsrat oder einzelne Gesellschafter).

Der Abschlussprüfer soll jeweils vor Ablauf des Geschäftsjahrs gewählt werden, auf das sich seine Prüfungstätigkeit erstreckt. Ist bis zum Ablauf eines Geschäftsjahrs der Abschlussprüfer nicht gewählt worden, so hat das Registergericht auf Antrag der Geschäftsführung, des Aufsichtsrats oder eines Gesellschafters den Abschlussprüfer zu bestellen (§ 318 Abs. 4 HGB).

2.1.4   Die Bilanzgliederung nach § 266 HGB

Kapitalgesellschaften müssen ihre Bilanz in Kontoform nach der vorgegebenen Gliederung des § 266 HGB aufstellen.

2.1.5 Bilanzierung der Finanzanlagen

Unter dem Posten »Finanzanlagen« werden auf Dauer angelegte Finanzinvestitionen in andere Unternehmen ausgewiesen. Dabei sind mehrere Fallgruppen zu unterscheiden.

2.1.5.1 Anteile an verbundenen Unternehmen

Verbundene Unternehmen sind nach § 271 Abs. 2 HGB solche Unternehmen, die als Mutter- oder Tochterunternehmen (vgl. § 290 HGB) in den **Konzernabschluss** eines Mutterunternehmens nach den Vorschriften über die Vollkonsolidierung einzubeziehen sind.

Verbundene Unternehmen können sowohl Kapitalgesellschaften als auch Personengesellschaften oder stille Beteiligungen sein.

Ein einheitlicher Konzernabschluss ist nach § 290 Abs. 1 HGB zu erstellen, wenn in einem Konzern die Tochterunternehmen unter der einheitlichen Leitung einer Kapitalgesellschaft (Mutterunternehmen) mit Sitz im Inland stehen und die Muttergesellschaft an den Töchtern eine Beteiligung i. S. d. § 271 Abs. 1 HGB hält.

Ein Konzernabschluss ist nach § 290 Abs. 2 HGB auch zu erstellen, wenn einer Kapitalgesellschaft mit Sitz im Inland (Mutterunternehmen) bei einem oder mehreren Tochterunternehmen

- die Mehrheit der Stimmrechte der Gesellschafter zusteht,
- das Recht zusteht, die Mehrheit der Mitglieder des Verwaltungs-, Leitungs- oder Aufsichtsorgans zu bestellen oder abzuberufen, und sie gleichzeitig Gesellschafter ist oder
- das Recht zusteht, einen beherrschenden Einfluss aufgrund eines mit diesem Unternehmen geschlossenen Beherrschungsvertrags oder aufgrund einer Satzungsbestimmung dieses Unternehmens auszuüben.

2.1.5.2 Ausleihungen an verbundene Unternehmen

Unter dieser Bilanzposition werden Finanz- und Kapitalforderungen ausgewiesen, die dazu bestimmt sind, den Tochterunternehmen eines Konzerns nicht nur vorübergehend, sondern dauernd zu dienen. Ein Indiz hierfür ist eine entsprechend lange Laufzeit der Darlehen (i. d. R. mehr als vier Jahre).

2.1.5.3 Beteiligungen

Beteiligungen sind Anteile an anderen Unternehmen (Kapital- und Personengesellschaft), die bestimmt sind, dem eigenen Geschäftsbetrieb durch Herstellung einer dauernden Verbindung zu jenen Unternehmen zu dienen.

Anteile an Kapitalgesellschaften gelten im Zweifel als Beteiligung i. S. d. § 271 Abs. 1 HGB, wenn sie mehr als 20 % des Nennkapitals umfassen. Bei der Berechnung der Beteiligungshöhe sind eigene Anteile, die das Beteiligungsunternehmen hält, vom Nennkapital zu kürzen.

Anteile an Personengesellschaften gelten stets als Beteiligung i. S. d. § 271 Abs. 1 HGB.

2.1.5.4 Buchmäßige Behandlung der Finanzanlagen

Hierbei ist zum einen zwischen der handels- und der steuerrechtlichen Behandlung zu differenzieren, zum anderen zwischen Beteiligungen an Kapital- und Personengesellschaften.

2.1.5.4.1 Beteiligungen an einer anderen Kapitalgesellschaft

Beteiligungen an Kapitalgesellschaften sind nach § 253 HGB bzw. § 6 Abs. 1 Nr. 2 EStG grundsätzlich mit den Anschaffungskosten zu aktivieren. Nachträgliche Anschaffungskosten sind zu aktivieren, nachträgliche Minderungen der Anschaffungskosten sind abzusetzen.

Bei voraussichtlich dauernder Wertminderung sind Beteiligungen nach § 253 Abs. 3 Satz 3 HGB außerplanmäßig abzuschreiben. In der Steuerbilanz kann nach § 6 Abs. 1 Nr. 2 Satz 2 EStG der niedrigere Teilwert angesetzt werden (= Wahlrecht). Die Frage, wann eine dauernde Wertminderung vorliegt, ist nicht immer einfach zu beantworten. Konjunkturelle Schwankungen führen grundsätzlich nicht zu einer dauernden Wertminderung, da davon ausgegangen werden kann, dass bei einer günstigen Konjunktur der Wert der Beteiligung wieder steigt. Eine dauernde Wertminderung wird nur dann anzunehmen sein, wenn strukturelle Ursachen in der Beteiligung für das Absinken des Marktwertes ursächlich sind (lang andauernde Verluste, schlechte Branchenaussichten etc.). Zumindest für börsennotierte Beteiligungen geht die steuerrechtliche Rechtsprechung davon aus, dass die Voraussetzungen einer dauernden Wertminderung vorliegen, wenn der Wert am Bilanzstichtag um 40 % gesunken ist (vgl. BFH vom 26. 09. 2007 BStBl II 2009, 294).

Steigt der Wert einer Beteiligung wieder, so ist nach § 253 Abs. 5 HGB bzw. § 6 Abs. 1 Nr. 1 Satz 4 EStG zwingend eine Zuschreibung vorzunehmen.

Wird die Beteiligung in der Steuerbilanz auf einen niedrigeren Teilwert abgeschrieben, wird der Abschreibungsaufwand nach § 8b Abs. 3 Satz 3 KStG außerbilanziell dem Einkommen wieder hinzugerechnet. Im Umkehrschluss ist die Zuschreibung ebenfalls außerbilanziell zu neutralisieren.

Erträge aus Beteiligungen an Kapitalgesellschaften sind nicht erst bei Auszahlung, sondern bereits mit der Entstehung des Anspruchs zu erfassen. Der Gewinnanspruch gegenüber Kapitalgesellschaften entsteht nicht mit Ablauf des Wj. (die Rechtsprechung zur sog. phasengleichen Aktivierung wurde aufgegeben; vgl. BFH GrS vom 28. 06. 2000 BStBl II 2000, 632; BMF vom 11. 11. 2000 BStBl I 2000, 1510), sondern erst mit der Beschlussfassung der Gesellschafterversammlung. In den Bilanzen, die auf einen nach der Beschlussfassung liegenden Stichtag aufzustellen sind, ist für den Anspruch bis zu seiner Auszahlung ein besonderer Aktivposten unter gleichzeitiger Buchung des Ertrags zu bilden (Buchungssatz: Forderung an Beteiligungserträge). Die Steuerfreiheit des § 8b Abs. 1 KStG ist durch außerbilanzielle Korrektur herbeizuführen.

Zu aktivieren ist auch die von der ausschüttenden Körperschaft einbehaltene **Kapitalertragsteuer** (§§ 43 Abs. 1 Nr. 1, 43a Abs. 1 Nr. 1 EStG), da der Anrechnungsanspruch dem Dividendenempfänger zusteht. Wegen des Korrekturerfordernisses des § 8b Abs. 1 KStG ist es empfehlenswert, den (Netto-)Dividendenanspruch und den Anspruch auf Erstattung bzw. Anrechung der Kapitalertragsteuer getrennt zu buchen.

Eine Saldierung der Beteiligungserträge mit Verlusten aus anderen Beteiligungen ist mit dem Grundsatz der Bilanzklarheit und dem Saldierungsverbot (§ 246 Abs. 2 HGB) nicht vereinbar.

Liegt eine Ausschüttung aus dem **Einlagekonto** (§ 27 KStG) vor, so ist diese als Kapitalrückzahlung zu behandeln. Die Bezüge sind insoweit vom Buchwert der Anteile abzusetzen, als es sich um eine Minderung der Anschaffungskosten handelt. Übersteigen die Bezüge den Buchwert der Anteile, so liegen insoweit Betriebseinnahmen vor (BFH vom 20. 04. 1999 BStBl II 1999, 647).

2.1.5.4.2 Bilanzierung eigener Anteile

Mit dem Einfügen von § 272 Abs. 1a und Abs. 1b HGB durch das BilMoG wurde der handelsbilanzielle Ausweis eigener Anteile neu geregelt. Der Nennbetrag der eigenen Anteile ist nunmehr nach § 272 Abs. 1a Satz 1 HGB stets auf der Passivseite in der Vorspalte offen von dem

Posten »Gezeichnetes Kapital« abzusetzen. Der Unterschiedsbetrag zwischen dem Nennbetrag und den Anschaffungskosten der eigenen Anteile ist mit den frei verfügbaren Rücklagen zu verrechnen. Aufwendungen, die Anschaffungsnebenkosten sind, sind Aufwand des Geschäftsjahrs.

Nach der Veräußerung der eigenen Anteile entfällt der Ausweis nach Abs. 1a Satz 1. Ein den Nennbetrag übersteigender Differenzbetrag aus dem Veräußerungserlös ist bis zur Höhe des mit den frei verfügbaren Rücklagen verrechneten Betrags in die jeweiligen Rücklagen einzustellen. Ein darüber hinausgehender Differenzbetrag ist in die Kapitalrücklage gemäß § 272 Abs. 2 Nr. 1 HGB einzustellen. Die Nebenkosten der Veräußerung sind Aufwand des Geschäftsjahrs.

BEISPIELE

a) Die X-GmbH hat ein Stammkapital von 100 000 €. Zum 31. 12. 2015 stellt sie folgende Handelsbilanz auf:

Aktiva			Passiva
Geld	500 000 €	Stammkapital	100 000 €
		Gewinnrücklagen	400 000 €
	500 000 €		500 000 €

Am 01. 07. 2016 erwirbt die X-GmbH eigene Anteile im Nennbetrag von 20 000 € für 300 000 €.

LÖSUNG Zum 31. 12. 2016 bilanziert die GmbH wie folgt (es wird davon ausgegangen, dass keine Gewinne entstehen):

Aktiva				Passiva
Geld	200 000 €	Stammkapital		100 000 €
		Eigene Anteile	./.	20 000 €
		Summe		80 000 €
		Gewinnrücklage		120 000 €
	200 000 €			200 000 €

b) Weiterführung des Beispiels: Zum 31. 12. 2017 veräußert die GmbH die eigenen Anteile für 380 000 €. Die Bilanz zum 31. 12. 2017 sieht dann wie folgt aus:

Aktiva			Passiva
Geld	580 000 €	Stammkapital	100 000 €
		Gewinnrücklage	400 000 €
		Kapitalrücklage	80 000 €
	580 000 €		580 000 €

Zu den steuerrechtlichen Konsequenzen des Erwerbs bzw. der Veräußerung eigener Anteile siehe BMF vom 27. 11. 2013 BStBl I 2013, 1615. Auf der Ebene der Gesellschaft folgt die steuerrechtliche Behandlung des Erwerbs eigener Anteile grundsätzlich dem Steuerrecht. Danach ist der Erwerb eigener Anteile in der Steuerbilanz nicht als Anschaffungsvorgang, sondern wie eine Kapitalherabsetzung zu behandeln. In Höhe des Nennbetrags der eigenen Anteile ist folglich § 28 Abs. 2 KStG entsprechend anzuwenden. Abweichend von § 28 Abs. 2 Satz 1 KStG ist aber ein bestehender Sonderausweis nicht zu mindern. Der über die Rückzahlung des herabgesetzten Nennkapitals hinausgehende Betrag stellt eine Leistung der Gesellschaft an den veräußernden Anteilseigner dar, die nach den Grundsätzen des § 27 Abs. 1 Satz 3 KStG zu einer

Minderung des steuerlichen Einlagekontos führt, soweit sie den maßgebenden ausschüttbaren Gewinn übersteigt.

Bei Zahlung eines überhöhten Kaufpreises kann eine verdeckte Gewinnausschüttung i. S. d. § 20 Abs. 1 Nr. 1 Satz 2 EStG vorliegen, die nach den allgemeinen Grundsätzen zu behandeln ist.

Die Weiterveräußerung eigenen Anteile stellt bei der Gesellschaft steuerlich keinen Veräußerungsvorgang dar, sondern ist wie eine Erhöhung des Nennkapitals zu behandeln. Sie führt nicht zu einem steuerlichen Veräußerungsgewinn. In Höhe des Nennbetrags der eigenen Anteile ergeben sich keine Auswirkungen auf den Bestand des steuerlichen Einlagekontos oder einen bestehenden Sonderausweis. Ein den Nennbetrag übersteigender Betrag erhöht den Bestand des steuerlichen Einlagekontos.

Werden eigene Anteile zu einem (angemessenen) Kaufpreis unterhalb des Nennbetrags weiter veräußert, ist der Differenzbetrag zwischen dem Kaufpreis und dem Nennbetrag der Anteile als Kapitalerhöhung aus Gesellschaftsmitteln zu behandeln. In entsprechender Anwendung des § 28 Abs. 1 KStG vermindert der Differenzbetrag den Bestand des steuerlichen Einlagekontos und führt, soweit der Bestand nicht ausreicht, zur Bildung bzw. Erhöhung eines Sonderausweises.

Bei Zahlung eines zu niedrigen Kaufpreises kann eine verdeckte Gewinnausschüttung i. S. d. § 20 Abs. 1 Nr. 1 Satz 2 EStG vorliegen, die nach den allgemeinen Grundsätzen zu behandeln ist.

Die Aufwendungen im Zusammenhang mit dem Erwerb und der Veräußerung der eigenen Anteile sind als Betriebsausgaben abziehbar, soweit sie angemessen sind.

2.1.5.4.3   Beteiligung an einer Personengesellschaft

In der Handelsbilanz ist die Beteiligung an einer Personengesellschaft als selbständiger und einheitlicher Vermögensgegenstand mit den Anschaffungskosten zu aktivieren. Insoweit bestehen keine Unterschiede zur Aktivierung einer Beteiligung an einer Kapitalgesellschaft. Handelsrechtlich kann auch eine Beteiligung an einer Personengesellschaft teilwertberichtigt werden.

Handelsrechtlich sind die Gewinnanteile bzw. Verlustanteile als Beteiligungsertrag bzw. Beteiligungsverlust zu erfassen. Es spielt dabei keine Rolle, ob die Gewinnanteile entnommen worden sind oder nicht.

Für die **Steuerbilanz** hat der Posten »Beteiligung an einer Personengesellschaft« keine selbständige Bedeutung, weil für die Mitunternehmerschaft (§ 15 Abs. 1 Nr. 2 EStG) eine einheitliche und gesonderte Gewinnfeststellung durchzuführen ist (§§ 179, 180 AO). Für die Kapitalgesellschaft ergeben sich die zuzurechnenden Einkünfte aus der einheitlichen und gesonderten Feststellung (BFH vom 23. 07. 1975 BStBl II 1976, 73 und vom 29. 09. 1976 BStBl II 1977, 259).

Aus diesen Grundsätzen folgert die Rechtsprechung (BFH vom 19. 02. 1981 BStBl II 1981, 730), dass die Beteiligung an einer Personengesellschaft **kein selbständiges Wirtschaftsgut** bildet. Gleichwohl ist die Beteiligung **spiegelbildlich** zum Kapitalkonto des Mitunternehmers in der Steuerbilanz auszuweisen. Ein festgestellter Gewinnanteil erhöht, ein festgestellter Verlustanteil vermindert dementsprechend in der Steuerbilanz den Wert des Kapitalkontos. Dies gilt auch, wenn dadurch bei dem Gesellschafter ein negatives Kapitalkonto entsteht.

2.1.6 Die bilanzmäßige Darstellung des Eigenkapitals

Nach § 266 Abs. 3 A HGB muss das Eigenkapital einer Kapitalgesellschaft nach bestimmten Kriterien gegliedert werden:

a) **Gezeichnetes Kapital** ist das im Handelsregister eingetragene Stammkapital (§§ 7 und 42 Abs. 1 GmbHG). Es kann nur durch eine Kapitalerhöhung (§§ 55 ff. GmbHG) oder eine Kapitalherabsetzung (§§ 58 ff. GmbHG) verändert werden.

b) Als **Kapitalrücklagen** sind Zahlungen des Gesellschafters in das Eigenkapital auszuweisen (§ 272 Abs. 2 HGB).

c) Als **Gewinnrücklagen** dürfen nach § 272 Abs. 3 HGB nur Beträge ausgewiesen werden, die im Geschäftsjahr oder in einem früheren Geschäftsjahr aus dem Ergebnis gebildet worden sind. Dazu gehören aus dem Ergebnis zu bildende gesetzliche (z. B. § 5a GmbHG) oder auf Gesellschaftsvertrag oder Satzung beruhende Rücklagen und andere Gewinnrücklagen.

d) Beim **Gewinnvortrag** handelt es sich um Gewinne früherer Wirtschaftsjahre, die nicht ausgeschüttet und auch nicht den Rücklagen zugeführt wurden. Häufig enthält der Gewinnvortrag nur Differenzbeträge, die sich aus einer gerundeten Ausschüttung oder gerundeten Zuweisung von Rücklagen ergeben.

e) Der **Verlustvortrag** stellt den noch nicht durch spätere Gewinne oder aufgelöste Rücklagen ausgeglichenen Verlust früherer Wirtschaftsjahre dar.

f) **Jahresüberschuss** ist das Ergebnis des abgelaufenen Geschäftsjahres, das sich als Saldo der **Gewinn- und Verlustrechnung** (§ 275 Abs. 2 Nr. 20 bzw. Abs. 3 Nr. 19 HGB) und gleichzeitig als Überschuss der Aktiv- über die Passivposten der **Bilanz** (§ 266 Abs. 3 A V HGB) ergibt.

g) Ein **Jahresfehlbetrag** wird nach § 266 Abs. 3 HGB auf der Passivseite der Bilanz ausgewiesen. Ist jedoch das Eigenkapital durch Verluste aufgebraucht **und** ergibt sich ein Überschuss der Passivposten über die Aktivposten, so ist dieser Betrag nach § 268 Abs. 3 HGB am Schluss der Bilanz auf der Aktivseite gesondert unter der Bezeichnung »nicht durch Eigenkapital gedeckter Fehlbetrag« auszuweisen.

BEISPIEL

Eine Kapitalgesellschaft stellt zum 31. 12. 2014 folgende Bilanz auf:

Aktiva		Passiva	
Bank	120 000 €	Gezeichnetes Kapital	50 000 €
		Jahresüberschuss	70 000 €

Die Gesellschafterversammlung beschließt im März 2015, den Jahresüberschuss des Wirtschaftsjahrs 2014 vollständig zu thesaurieren (= in eine Gewinnrücklage einzustellen). Zum 31. 12. 2015 ergibt sich ein Jahresfehlbetrag i. H. v. 30 000 €. Der Jahresfehlbetrag geht zu Lasten der Position »Bank«, so dass diese auf 90 000 € sinkt. Damit sieht die Bilanz zum 31. 12. 2015 wie folgt aus:

Aktiva		Passiva		
Bank	90 000 €	Gezeichnetes Kapital		50 000 €
		Gewinnrücklage		70 000 €
		Jahresfehlbetrag	./.	30 000 €

Im Wirtschaftsjahr 2016 entsteht ein weiterer Verlust i. H. v. 120 000 €. Dieser Verlust verzehrt den Aktivposten »Bank«. Darüber hinaus muss das Unternehmen ein Darlehen i. H. v. 30 000 € aufnehmen, um den Verlust abzudecken. Der Jahresfehlbetrag ist mit der Gewinnrücklage zu verrechnen.

Der neue Jahresfehlbetrag ist auf der Passivseite auszuweisen, soweit er durch vorhandenes Eigenkapital gedeckt ist. Im Übrigen ist ein entsprechender Aktivposten zu bilden. Somit sieht die Bilanz zum 31. 12. 2016 wie folgt aus:

Aktiva				Passiva
Nicht durch Eigenkapital gedeckter Fehlbetrag	120 000 €	Gezeichnetes Kapital		50 000 €
		Gewinnrücklage		40 000 €
		Verbindlichkeit		30 000 €

Die Gesellschafterversammlung hat nach **§ 29 GmbHG** zwingend darüber zu entscheiden, wie das Ergebnis des abgelaufenen Wirtschaftsjahrs verwendet wird. Die Gesellschafterversammlung kann beschließen, den Jahresüberschuss ganz auszuschütten oder eine teilweise Ausschüttung vorzunehmen und den Rest der Gewinnrücklage zuzuführen oder den gesamten Gewinn zu thesaurieren. Die Gewinnrücklagen vorangegangener Jahre können jederzeit durch Gesellschafterbeschluss aufgelöst und als Dividende ausgeschüttet werden.

BEISPIEL

Eine Kapitalgesellschaft erzielt im Wj. 2015 einen Jahresüberschuss i. H. v. 70 000 €. Die nicht ausgeschütteten Gewinne der Vorjahre wurden in eine Gewinnrücklage eingestellt. Damit sieht die Bilanz zum 31. 12. 2015 wie folgt aus:

Aktiva			Passiva
Diverse Aktiva	280 000 €	Gezeichnetes Kapital	50 000 €
		Gewinnrücklage	160 000 €
		Jahresüberschuss	70 000 €

Im März 2016 beschließt die Gesellschafterversammlung, das Ergebnis des Wirtschaftsjahres 2015 wie folgt zu verwenden: es erfolgt eine Ausschüttung i. H. v. 50 000 €; 20 000 € werden in die Gewinnrücklage eingestellt. Im Übrigen beträgt der Jahresüberschuss des Jahres 2016 40 000 €. Damit sieht die Bilanz zum 31. 12. 2016 wie folgt aus:

Aktiva			Passiva
Diverse Aktiva	270 000 €	Gezeichnetes Kapital	50 000 €
		Gewinnrücklage	180 000 €
		Jahresüberschuss	40 000 €

Zur Erläuterung: die Aktiva haben sich um die Ausschüttung i. H. v. 50 000 € vermindert und sind im Laufe des Jahres 2016 um den Jahresüberschuss i. H. v. 40 000 € wieder gestiegen, also insgesamt um 10 000 € gesunken. Die Gewinnrücklage ist um 20 000 € gestiegen. Der Posten »Jahresüberschuss« enthält nun das Ergebnis des Wirtschaftsjahres 2016.

Bei einer **Unternehmergesellschaft** (UG) ist eine **gesetzliche Rücklage** zu bilden, in die ein Viertel des um einen Verlustvortrag aus dem Vorjahr geminderten Jahresüberschusses einzustellen ist (§ 5a Abs. 2 GmbHG). Erhöht die Gesellschaft ihr Stammkapital, so dass es den Betrag des Mindeststammkapitals nach § 5 Abs. 1 EStG erreicht (25 000 €), muss die Rücklage nicht mehr gebildet werden (§ 5a Abs. 5 GmbHG). Die Rücklage darf dabei für eine Kapitalerhöhung aus Gesellschaftsmitteln (§ 57c GmbHG) verwendet werden.

BEISPIEL ━━

Zum 01.01.2015 wurde die Y-GmbH als UG (haftungsbeschränkt) mit einem Stammkapital von 1 000 € gegründet. Einziger Aktivposten ist ein Bankkonto i. H. v. 1 000 €. Der Jahresüberschuss des Wirtschaftsjahres (= Kalenderjahres) 2015 beträgt 60 000 €. Im März 2016 beschließt die Gesellschafterversammlung eine Dividende von 45 000 €. Im Übrigen soll der Jahresüberschuss des Jahres 2015 in die gesetzliche Rücklage eingestellt werden. Der Jahresüberschuss des Jahres 2016 beträgt 30 000 €. Die Bilanz zum 31.12.2015 sieht sonach wie folgt aus:

Aktiva			Passiva
Bank	61 000 €	Stammkapital	1 000 €
		Jahresüberschuss	60 000 €
	61 000 €		61 000 €

Unter Berücksichtigung der Verwendung des Jahresergebnisses 2015 und des Jahresüberschusses 2016 ergibt sich folgende Bilanz:

Aktiva			Passiva
Bank	46 000 €	Stammkapital	1 000 €
		Gewinnrücklage	15 000 €
		Jahresüberschuss	30 000 €
	46 000 €		46 000 €

Anstelle der Positionen »Jahresüberschuss/Jahresfehlbetrag« und »Gewinnvortrag/Verlustvortrag« kann auch ein Posten »Bilanzgewinn/Bilanzverlust« ausgewiesen werden (§ 268 HGB). Der Posten ist jeweils um den Zugang des Jahresüberschusses/Abgang des Jahresfehlbetrags sowie die erfolgten Ausschüttungen fortzuschreiben.

BEISPIEL ━━

Eine GmbH erstellt zum 31.12.2015 folgende Bilanz:

Aktiva			Passiva
Bank	125 000 €	Stammkapital	25 000 €
		Bilanzgewinn	100 000 €

Im März 2016 beschließt die Gesellschafterversammlung eine Ausschüttung für das abgelaufene Wirtschaftsjahr 2015 i. H. v. 80 000 €. Im Übrigen soll der Gewinn auf neue Rechnung vorgetragen werden. Der Jahresüberschuss des Wirtschaftsjahrs 2016 beläuft sich auf 60 000 €. Damit Sie die Bilanz zum 31.12.2016 wie folgt aus:

Aktiva			Passiva
Bank	105 000 €	Stammkapital	25 000 €
		Bilanzgewinn	80 000 €

Die Position »Bilanzgewinn« hat sich um die Dividende i. H. v. 80 000 € vermindert und um den Jahresüberschuss 2016 erhöht. In demselben Maß hat sich die Position »Bank« vermindert.

2.1.7 Ergebnisverwendung

Über die Verwendung des Ergebnisses ist nach § 29 GmbHG ein förmlicher **Beschluss** nach Ablauf des jeweiligen Wj. zu fassen. Es ist üblich, dass die Geschäftsführung der Gesellschafterversammlung einen entsprechenden Vorschlag unterbreitet.

Grundsätzlich können die Gesellschafter den ihnen zustehenden Teil des Jahresergebnisses vollständig ausschütten, soweit keine gesetzliche Rücklage nach § 5a Abs. 3 GmbHG gebildet werden muss. Ausschüttbar ist grundsätzlich das gesamte Eigenkapital abzüglich des Stammkapitals, also die Positionen »Jahresüberschuss«, »Gewinnvortrag«, »Gewinnrücklagen« sowie »Kapitalrücklagen«. Es ist also z. B. möglich, den Jahresüberschuss einige Jahre zu thesaurieren und dann später ganz oder teilweise in einem Jahr auszuschütten.

BEISPIEL

Die Y GmbH stellt zum 31. 12. 2016 folgende Bilanz auf:

Aktiva		Passiva	
Bank	455 000 €	Stammkapital	25 000 €
		Kapitalrücklage	100 000 €
		Gewinnrücklage	250 000 €
		Jahresüberschuss	80 000 €

Die Gesellschafterversammlung beschließt im März 2017, eine maximal mögliche Dividende auszuschütten.

LÖSUNG Sämtliche Positionen des Eigenkapitals – mit Ausnahme des Stammkapitals – können ausgeschüttet werden, so dass eine Ausschüttung i. H. v. 430 000 € möglich ist.

Die Ausschüttungen basieren stets auf dem Eigenkapital, das in der **Handelsbilanz** ausgewiesen wird. Die Verwendung der Bilanzpositionen aus der Handelsbilanz hat für die Besteuerung der Dividende bzw. die Berechnung des ausschüttbaren Gewinns (§ 27 KStG) keine Bedeutung. Insbesondere darf die Position »Kapitalrücklage« nicht mit dem steuerlichen Einlagekonto gleichgesetzt werden.

BEISPIEL

Wie oben. Das steuerliche Einlagekonto wurde auf den 31. 12. 2016 mit 30 000 € festgestellt. Die Gesellschafterversammlung beschließt im März 2017, die Kapitalrücklage aufzulösen, aus der Gewinnrücklage 50 000 € zu entnehmen und den Jahresüberschuss auf neue Rechnung vorzutragen.

LÖSUNG Handelsrechtlich wird die Position »Kapitalrücklage« vollständig aufgelöst und die Position »Gewinnrücklage« um 50 000 € vermindert und um 80 000 € erhöht. Für steuerliche Zwecke ist der ausschüttbare Gewinn (§ 27 KStG) zu ermitteln:

Gesamtes Eigenkapital		455 000 €
abzüglich Stammkapital	./.	25 000 €
abzüglich Einlagekonto	./.	30 000 €
ausschüttbarer Gewinn		400 000 €

Da die Dividende den ausschüttbaren Gewinn nicht übersteigt, liegt keine Ausschüttung aus dem Einlagekonto vor. Die Dividende ist von den Gesellschaftern nach §§ 20 Abs. 1 Nr. 1, 32d Abs. 1 EStG zu versteuern.

Weist die Bilanz anstelle des Postens »Jahresüberschuss/Jahresfehlbetrag« den »Bilanzgewinn« aus, so beschließen die Gesellschafter nach § 29 GmbHG über die Verwendung des Bilanzgewinns.

Im Hinblick auf eine gesunde **Eigenkapitalquote** sollte jedoch nur so viel ausgeschüttet werden, wie die Gesellschafter unbedingt benötigen. Die Eigenkapitalrichtlinie der Banken (»Basel III«) hat hier sicherlich zu einem Umdenken geführt. Zahlreiche Kapitalgesellschaften sind heute derart unterkapitalisiert, dass sie beim Kreditrating so schlecht abschließen, dass sie überhaupt keine Bankkredite mehr bekommen oder aber wirtschaftlich untragbare Zinsen bezahlen müssen.

Das früher häufig empfohlene Ausschütten und Wiedereinlegen der Dividenden (»**Schütt-aus-hol-zurück-Verfahren**«) hatte unter der Geltung des Anrechnungsverfahrens einen Sinn, da ausgeschüttete Gewinne geringer besteuert wurden (30 %) als thesaurierte (40 %). Bei Anwendung der Definitivbesteuerung besteht heute kein steuerlicher Grund mehr, dieses Verfahren anzuwenden.

Grundsätzlich können die Gesellschafter auch bereits vor Erstellung der Bilanz eine **Vorabausschüttung** beschließen. Diese ist aber sowohl gesellschaftsrechtlich als auch steuerlich problematisch. Erreicht der zu erwartende Jahresüberschuss nicht die vorgenommene Vorabausschüttung, so ist die Ausschüttung zurückzuzahlen, da der Ausschüttungsbeschluss unter der auflösenden Bedingung der Finanzierung steht.

Steuerlich kann die Vorabausschüttung aber nicht mehr rückgängig gemacht werden (H 20.2 EStH »Rückgängigmachung einer Gewinnausschüttung«). Die zugeflossene Dividende ist ohne Einschränkung zu versteuern (§§ 11, 20 Abs. 1 Nr. 1 EStG). Die Rückzahlung stellt eine verdeckte Einlage dar und ist als Zugang im steuerlichen Einlagekonto (§ 27 KStG) zu buchen. Für den Gesellschafter erhöhen sich die Anschaffungskosten seiner Beteiligung. Dies hat aber erst Bedeutung, wenn er die Beteiligung veräußert (§ 17 Abs. 1 EStG) oder das Kapital herabsetzt oder die Gesellschaft liquidiert wird (§ 17 Abs. 4 EStG).

2.1.8 Verstoß gegen den Grundsatz der Kapitalerhaltung

Die Gesellschafter haben bei der Ergebnisverwendung stets die Vorschrift des § 30 **GmbHG** im Auge zu behalten. Nach § 30 GmbHG darf das zur Erhaltung des Stammkapitals erforderliche Vermögen an die Gesellschafter nicht ausbezahlt werden. Die Dividende darf daher nicht höher sein als das Eigenkapital abzüglich des Stammkapitals; dieses umfasst somit die Positionen Jahresüberschuss/Gewinnvortrag/Gewinnrücklage bzw. Bilanzgewinn sowie Kapitalrücklage.

BEISPIEL

Die Bilanz der B-GmbH sieht zum 31.12.2016 wie folgt aus:

Aktiva			Passiva
Diverse Aktiva	120 000 €	Gezeichnetes Kapital	50 000 €
		Gewinnvortrag	30 000 €
		Jahresüberschuss	40 000 €
	120 000 €		120 000 €

LÖSUNG Nach § 29 GmbHG dürfen die Gesellschafter maximal eine Ausschüttung i. H. v. 70 000 € beschließen. Damit bleibt das Stammkapital erhalten.

Ein Verstoß gegen § 30 GmbHG kann aber z. B. dann eintreten, wenn zwar der Ausschüttungsbeschluss den Vorgaben des § 29 GmbHG entspricht, bei der Auszahlung der Dividende aber das entsprechende Aktivvermögen nicht mehr vorhanden ist. Grundsätzlich sind zwar die Aktiva dem letzten Jahresabschluss zu entnehmen, sie sind aber zeitanteilig fortzuschreiben.

BEISPIEL

Sachverhalt wie voriges Beispiel. Die Gesellschafter beschließen am 01.02.2017 für das abgelaufene Wirtschaftsjahr eine Ausschüttung von 70 000 €. Die Auszahlung soll im August 2017 erfolgen. Zu diesem Zeitpunkt sind die Aktiva auf 10 000 € gesunken.

LÖSUNG Würde nun die Dividende ausbezahlt, so stünde der Gesellschaft das zur Erhaltung des Stammkapitals erforderliche Kapital nicht mehr zur Verfügung. Die Auszahlung würde zu einer Überschuldung führen.

Im Hinblick auf das Auszahlungsverbot des § 30 GmbHG ist ein gegenseitiger Vertrag zwischen Gesellschaft und Gesellschafter grundsätzlich unschädlich, wenn Leistung und Gegenleistung gleichwertig sind und sicher zu erwarten ist, dass der Gesellschafter seine Verpflichtung erfüllen wird.

BEISPIEL

Sachverhalt wie voriges Beispiel. Gesellschafter G vermietet an die B-GmbH eine Fabrikhalle für angemessene 2 000 € monatlich.

LÖSUNG Obwohl im August 2015 die Aktiva nicht einmal mehr das Stammkapital abdecken, kann die Miete weiterhin an G bezahlt werden, ohne dass dieser eine Haftung nach § 30 GmbHG befürchten muss.

Wurden unter Verstoß gegen § 30 GmbHG Leistungen an den Gesellschafter erbracht, so muss der Gesellschafter diese nach **§ 31 GmbHG** der Gesellschaft wieder erstatten. Ist die Erstattung von dem Empfänger nicht zu erlangen, so haften für den zu erstattenden Betrag, soweit er zur Befriedigung der Gesellschaftsgläubiger erforderlich ist, die übrigen Gesellschafter nach Verhältnis ihrer Geschäftsanteile. Beiträge, welche von einzelnen Gesellschaftern nicht zu erlangen sind, werden nach dem bezeichneten Verhältnis auf die übrigen verteilt.

I.R.d. § 31 GmbHG kommt es nicht darauf an, ob der Gesellschafter beim Empfang der Leistung wusste oder wissen musste, dass die Leistung gegen § 30 GmbH verstößt. § 31 Abs. 2 GmbHG regelt nämlich ausdrücklich die Bedingungen, unter denen der gutgläubige Gesellschafter haftet (nämlich nur zur Befriedigung der Gesellschaftsgläubiger).

Im Übrigen haften die Geschäftsführer nach § 43 Abs. 3 GmbHG, wenn den Bestimmungen des § 30 zuwider Zahlungen aus dem zur Erhaltung des Stammkapitals erforderlichen Vermögen geleistet werden.

Die Haftung nach § 31 GmbHG kann – insbesondere im Insolvenzverfahren – für die Gesellschafter erhebliche Vermögensrisiken bergen, zumal die Ansprüche der Gesellschaft erst in fünf Jahren verjähren.

BEISPIEL

Gesellschafter der C-GmbH sind G 1 zu 95 % und G 2 zu 5 %. Die Gesellschaft ist bereits seit Januar 2016 überschuldet, was sich allerdings erst bei Erstellung der Bilanz im Juli 2017 herausstellt. In 2016 hat G 2 für seine Geschäftsführung monatlich 10 000 € erhalten. Im August 2017 wird das Insolvenzverfahren beantragt. G 2 ist zu diesem Zeitpunkt völlig mittellos. Der Insolvenzverwalter stellt fest, dass das Gehalt i.H.v. 4 000 € monatlich unangemessen ist und fordert für 2016 von den Gesellschaftern die Rückzahlung von 48 000 € nach § 31 GmbHG.

LÖSUNG I.R.d. § 31 GmbHG kommt es auf ein Verschulden der Gesellschafter nicht an. Es spielt daher keine Rolle, dass die Gesellschafter von der Überschuldung erst in 2017 erfahren haben.

Da G 2 zahlungsunfähig ist, haftet G 1 auf 95 % der 48 000 €, somit auf 45 600 €.

Die Gesellschafter können die Leistungen nach § 31 GmbHG nicht als Werbungskosten geltend machen, da sie die Zahlungen nicht leisten, um eine entsprechend höhere Dividende zu erlangen. Die Haftungsbeträge mindern auch nicht eine mögliche verdeckte Gewinnausschüttung, da selbst die Rückzahlung einer verdeckten Gewinnausschüttung keinen Einfluss auf die Höhe der Besteuerung nach § 20 Abs. 1 Nr. 1 EStG hat.

Wie bei der Rückzahlung der verdeckten Gewinnausschüttung ist die Leistung des Gesellschafters allerdings steuerlich als verdeckte Einlage zu werten. Insoweit erhöhen sich seine Anschaffungskosten. Dies hat insbesondere i. R. d. § 17 EStG Bedeutung.

2.1.9 Pensionsrückstellungen

Zu den steuerlichen Problemen im Zusammenhang mit Pensionszusagen s. grundlegend D 1.11.

Die Zusage einer Pension an den Gesellschafter Geschäftsführer (Direktzusage) ist eine der wesentlichen Säulen der betrieblichen Altersversorgung. Da bei Verpflichtungen aus betrieblicher Altersversorgung unklar ist, ob, wann und in welcher Höhe es zu einer Zahlung an den Versorgungsberechtigten kommt, muss für die künftige Verpflichtung zur Zahlung einer Altersversorgung sowohl in der Handelsbilanz (§ 249 HGB) als auch in der Steuerbilanz (§ 5 Abs. 1 EStG i. V. m. § 6a EStG) eine Rückstellung gebildet werden. Eine Rückstellung ist auch dann zu bilden, wenn die Finanzierung der Direktzusage über eine Rückdeckungsversicherung erfolgt. Wird die Altersversorgung auf eine Unterstützungskasse ausgelagert, so wird in der Bilanz der GmbH keine Rückstellung gebildet. Die Zuführungen an die Unterstützungskasse sind sofort abzugsfähiger Personalaufwand (§ 4d Abs. 1 EStG). Ebenfalls keinen Niederschlag in der Bilanz finden die Modelle der Gehaltsumwandlung nach § 3 Nr. 63 EStG, da in diesen Fällen keine Ansprüche des Gesellschafters gegen die GmbH bestehen.

Die Bildung einer Pensionsrückstellung bewirkt, dass die späteren Pensionsleistungen schon vor ihrer Zahlung gewinnmindernd berücksichtigt werden. Steuerlich führt dies zu einer Steuerstundung bzw. zu einer Steuerverlagerung in spätere Jahre. Daraus resultiert ein erheblicher Finanzierungseffekt.

BEISPIELE

a) Ein Unternehmen gewährt einem Mitarbeiter eine Direktzusage und führt im Wirtschaftsjahr 20 000 € einer Pensionsrückstellung zu.
LÖSUNG Das Unternehmen muss aktuell wirtschaftlich für die Pensionszusage nichts aufwenden, kann aber dennoch seinen Gewinn um 20 000 € mindern.

b) Das Unternehmen finanziert die Altersversorgung über eine Unterstützungskasse und zahlt dafür im Wirtschaftsjahr 20 000 € in die Unterstützungskasse ein.
LÖSUNG Hier mindert sich auch der Gewinn um 20 000 €. Das Unternehmen muss den Aufwand für die Altersversorgung aber sofort tätigen, weshalb insoweit ein Finanzierungseffekt entfällt.

2.1.9.1 Handelsrechtliche Passivierungspflicht

Nach Art. 28 EGHGB braucht für Pensionszusagen, die vor dem 31. 12. 1986 erfolgten (sog. Altzusagen) keine Rückstellung bilanziert zu werden. Insoweit besteht ein Passivierungswahlrecht. Damit hätte sich nach dem Maßgeblichkeitsprinzip steuerlich ein Passivierungsverbot ergeben. § 6a EStG räumt aber für derartige Altzusagen ein selbständiges steuerliches Passivierungswahlrecht ein. Damit können Pensionsrückstellungen für Altzusagen in der Steuerbilanz gebildet werden, wenn sie auch in der Handelsbilanz passiviert werden (BMF vom 12. 03. 2010 BStBl I 2010, 239, Rz. 11).

Für Zusagen, die nach dem 31. 12. 1986 erfolgten, besteht demgegenüber eine Passivierungspflicht (**§ 249 Abs. 1 HGB**), die über den **Maßgeblichkeitsgrundsatz** grundsätzlich auch im Steuerrecht gilt. Das in § 6a EStG dargestellte Wahlrecht (§ 6a Abs. 1: »Für eine Pensionsverpflichtung darf eine Rückstellung gebildet werden«) hat daher wegen der Maßgeblichkeit der Handelsbilanz keine Bedeutung (vgl. BMF vom 12. 03. 2010 a. a. O., Rz. 9).

Durch das BilMoG wurden die handelsrechtlichen Vorschriften für Pensionsrückstellungen erheblich geändert. Dadurch verliert der Maßgeblichkeitsgrundsatz (§ 5 Abs. 1 EStG) immer mehr an Bedeutung. Während das Handelsrecht die tatsächlichen Risiken für das Unternehmen abbilden will, können diese Risiken aus rein fiskalischen Gründen in § 6a EStG nicht berücksichtigt werden.

An der Rückstellungsbildung dem Grunde nach hat sich nichts geändert. Die Höhe der Pensionsrückstellungen in der Handelsbilanz orientiert sich zukünftig jedoch am erwarteten Erfüllungsbetrag (§ 253 Abs. 1 Satz 1 HGB), sodass zukünftige Gehalts- und Rentensteigerungen einzurechnen sind. Allein dadurch ergibt sich in der Regel eine deutliche Erhöhung der Pensionsrückstellung. Des Weiteren müssen die Rückstellungen mit einem durchschnittlichen Marktzinssatz der vergangenen zehn Geschäftsjahre abgezinst werden (§ 253 Abs. 2 HGB). Dabei kann pauschal eine Restlaufzeit von 15 Jahren angenommen werden. Die Höhe des Zinssatzes hat erhebliche Auswirkungen auf die Höhe der Rückstellungen, da der Rückstellungsbetrag umso höher ist, je geringer der Zinssatz ist. Der zu verwendende Zinssatz wird regelmäßig von der Deutschen Bundesbank festgesetzt und kann unter www.bundesbank.de abgerufen werden.

Sollte es durch die erstmalige Anwendung des BilMoG zu einer Erhöhung der Pensionsrückstellungen kommen (was die Regel sein dürfte), kann der dadurch entstandene Mehraufwand nach Art. 67 EGHGB bis spätestens zum 31. 12. 2024 verteilt werden. Eine gleichmäßige Verteilung wird nicht gefordert, allerdings muss in jedem Jahr mindestens 1/15 des Unterschiedsbetrags angesammelt werden. Ist aufgrund der geänderten Bewertung von Pensionsrückstellungen eine Auflösung der Rückstellungen erforderlich, dürfen diese beibehalten werden, soweit der aufzulösende Betrag bis spätestens zum 31. 12. 2024 wieder zugeführt werden müsste. Wird von diesem Wahlrecht kein Gebrauch gemacht und die Rückstellung aufgelöst, sind die aus der Auflösung resultierenden Beträge unmittelbar in die Gewinnrücklagen einzustellen.

Ebenfalls durch das BilMoG wurde die Regelung in § 246 Abs. 2 Satz 2 HGB eingeführt. Danach sind Vermögensgegenstände, die dem Zugriff aller übrigen Gläubiger entzogen sind und ausschließlich der Erfüllung von Schulden aus Altersversorgungsverpflichtungen oder vergleichbaren langfristigen fälligen Verpflichtungen dienen (z. B. Rückdeckungsversicherungen, deren Ansprüche an die Arbeitnehmer verpfändet sind) mit den entsprechenden Passivposten zu verrechnen.

Pensionsrückstellungen sind in der Bilanz nach § 266 Abs. 3 B. 1. HGB auszuweisen.

2.1.9.2   § 6a EStG

§ 6a EStG ist lex specialis für die Bilanzierung von Pensionsverpflichtungen in der Steuerbilanz dem Grunde und der Höhe nach und geht als solche den §§ 5 und 6 EStG vor (BMF vom 12. 03. 2010 BStBl I 2010, 239, Rz. 2 und 9).

Gem. § 6a Abs. 1 Nr. 1–3 EStG darf eine Pensionsrückstellung nur gebildet werden, wenn folgende vier elementare Tatbestandsmerkmale vorliegen:

- eine rechtsverbindliche Zusage (§ 6a Abs. 1 Nr. 1 EStG),
- keine Abhängigkeit von gewinnabhängigen Bezügen (§ 6a Abs. 1 Nr. 2 EStG),
- kein schädlicher Widerrufsvorbehalt (§ 6a Abs. 1 Nr. 2 EStG) und
- Schriftform (§ 6a Abs. 1 Nr. 3 EStG).

2.1.9.2.1 Rechtsverbindliche Zusage

Die Bildung einer Pensionsrückstellung setzt voraus, dass eine rechtsverbindliche Pensionsverpflichtung vorliegt. Eine rechtsverbindliche Pensionsverpflichtung kann sich aus einer Einzelzusage, einer Gesamtzusage (Pensionsordnung), einer Betriebsvereinbarung, einem Tarifvertrag oder einer Besoldungsordnung ergeben. Bei Pensionsverpflichtungen, die nicht auf einem Einzelvertrag beruhen, ist eine besondere Verpflichtungserklärung gegenüber dem einzelnen Berechtigten nicht erforderlich. Ob eine rechtsverbindliche Pensionsverpflichtung vorliegt, ist nach arbeitsrechtlichen Grundsätzen zu beurteilen (R 6a Abs. 2 Satz 3 EStR). Für ausländische Arbeitnehmer sind Pensionsrückstellungen unter den gleichen Voraussetzungen zu bilden wie für inländische Arbeitnehmer. Für die Zulässigkeit einer Pensionsrückstellung ist es unerheblich, ob die Pensionsanwartschaft des Berechtigten arbeitsrechtlich bereits unverfallbar ist.

2.1.9.2.2 Keine gewinnabhängigen Bezüge

Eine Pensionsrückstellung darf nicht gebildet werden, wenn und soweit die Pensionszusage in Abhängigkeit von künftigen gewinnabhängigen Bezügen steht.

2.1.9.2.3 Widerrufsvorbehalte

Die der Pensionsverpflichtung zugrunde liegende Zusage darf keinen Vorbehalt beinhalten, nach dem die Pensionsanwartschaft oder Pensionsleistung gemindert oder entzogen werden kann, ohne dass diese Entscheidung den Grundsätzen billigen Ermessens entspricht. Eine Pensionszusage, die nach freiem Belieben widerrufen werden kann, darf nicht zur Minderung des steuerlichen Gewinns führen.

Finanzverwaltung und Rechtsprechung unterscheiden dabei zwischen schädlichen und unschädlichen Vorbehalten. Ein schädlicher Vorbehalt liegt vor (R 6a Abs. 3 EStR), wenn der Arbeitgeber die Pensionszusage nach freiem Belieben widerrufen kann (z. B. Formulierungen wie »freiwillig und ohne Rechtsanspruch«, »jederzeitiger Widerruf vorbehalten« u. Ä.).

Die unschädlichen Vorbehalte sind in R 6a Abs. 4 EStR aufgeführt. Demnach handelt es sich um einen unschädlichen Vorbehalt, wenn der Arbeitgeber den Widerruf der Pensionszusage bei geänderten Verhältnissen nur nach billigem Ermessen (§ 315 BGB), d. h. unter verständiger Abwägung der berechtigten Interessen des Pensionsberechtigten einerseits und des Unternehmers andererseits aussprechen kann.

2.1.9.2.4 Schriftform

Voraussetzung für die steuerliche Anerkennung einer Pensionsrückstellung nach § 6a EStG ist eine schriftlich erteilte Pensionszusage. Die Vereinbarung muss neben dem Zusagezeitpunkt eindeutige und präzise Angaben zu Art, Form, Voraussetzungen und Höhe der in Aussicht gestellten künftigen Leistungen enthalten. Sofern es zur eindeutigen Ermittlung der in Aussicht gestellten Leistungen erforderlich ist, sind auch Angaben für die versicherungsmathematische Ermittlung der Höhe der Versorgungsverpflichtung schriftlich festzulegen. Sind diese

Angaben nicht vorhanden, scheidet die Bildung einer Pensionsrückstellung jedenfalls in der Steuerbilanz aus (vgl. H 6a Abs. 7 EStH »Schriftformerfordernis«).

2.1.9.2.5 Beginn der Rückstellungsbildung

Vor Eintritt des Versorgungsfalls darf gem. § 6a Abs. 2 Nr. 1 EStG eine Pensionsrückstellung erstmals für das Wirtschaftsjahr gebildet werden, in dem die Pensionszusage erteilt wird, jedoch nicht, bevor der Berechtigte das **27. Lebensjahr** vollendet hat.

Die Rückstellung darf im Erstjahr stets als voller Jahresbetrag gebildet werden, auch wenn die Zusage innerhalb des Wirtschaftsjahres erteilt wird.

Nach Eintritt des Versorgungsfalls darf eine Pensionsrückstellung erstmals für das Wirtschaftsjahr gebildet werden, in dem der Versorgungsfall eintritt (§ 6a Abs. 2 Nr. 2 EStG).

2.1.9.2.6 Höhe der Pensionsrückstellung

Bei der Höhe des Teilwerts der Pensionsverpflichtung ist nach § 6a Abs. 3 Satz 3 EStG ein Rechnungszinsfuß von 6 % und die anerkannten Regeln der Versicherungsmathematik anzuwenden.

Vor Beendigung des Dienstverhältnisses ist der Teilwert nach § 6a Abs. 3 Nr. 1 1. Alt. EStG, nach Beendigung des Dienstverhältnisses der Barwert nach § 6a Abs. 3 Nr. 2 EStG maßgebend.

Bei der Ermittlung des Teilwerts der Pensionsanwartschaft ist grundsätzlich das vertraglich vereinbarte Pensionsalter zugrunde zu legen (BMF vom 09. 12. 2016 BStBl I 2016, 1427).

Für die Bildung der Pensionsrückstellung sind die Verhältnisse am Bilanzstichtag maßgebend. Änderungen der Bemessungsgrundlagen, die erst nach dem Bilanzstichtag wirksam werden, sind zu berücksichtigen, wenn sie am Bilanzstichtag feststehen (R 6a Abs. 17 EStR).

Sieht die Pensionszusage vor, dass die Höhe der betrieblichen Rente in bestimmter Weise von der Höhe der Renten aus der gesetzlichen Rentenversicherung abhängt, so darf die Pensionsrückstellung nur auf der Grundlage der von dem Unternehmen nach Berücksichtigung der Renten aus der gesetzlichen Rentenversicherung tatsächlich noch selbst zu zahlenden Beträge berechnet werden (R 6a Abs. 14 EStR).

Die Bewertung der Pensionsverpflichtungen nach § 6a EStG führt im Zweifel zu einer zu geringen Rückstellung, da der für die Ermittlung zwingend vorgeschriebene Rechnungszinsfuß von 6 % im Vergleich mit der Praxis der Lebensversicherungen hoch ist und zukünftige Risiken aus einer Anpassung gem. § 16 BetrAVG im Rahmen einer Bewertung nicht berücksichtigt werden dürfen.

Sind Versorgungsbezüge in Höhe eines festen Betrags zugesagt, der im Verhältnis zu den Aktivbezügen am Bilanzstichtag überhöht ist (sog. Überversorgung; 75 %-Grenze), so ist die Pensionsrückstellung zu korrigieren. Es liegt insoweit ein Verstoß gegen § 6a Abs. 3 Nr. 1 Satz 4 EStG vor. Die Korrektur erfolgt also nicht im Wege der verdeckten Gewinnausschüttung. Diese Grundsätze gelten auch, wenn die Aktivbezüge herabgesetzt werden (BFH vom 27. 03. 2012, I R 56/11, BStBl II 2012, 665).

2.1.9.2.7 Nachholverbot

Nach dem Grundsatz des § 6a Abs. 4 Satz 1 EStG darf die Pensionsrückstellung in einem Wirtschaftsjahr höchstens um den Unterschied zwischen dem Teilwert der Pensionsverpflichtung am Schluss des Wirtschaftsjahres und am Schluss des vorangegangenen Wirtschaftsjahres erhöht werden. Damit soll eine willkürliche Gewinnverschiebung durch Unterlassen und Nachholen der Rückstellungsbildung verhindert werden.

Diese Vorschrift hat eigentlich nur Bedeutung für Altzusagen, bei denen ein Wahlrecht zur Passivierung der Rückstellung bestand (vgl. § 28 EGHGB). Bei Neuzusagen (Erteilung nach dem 31. 12. 1985) muss die Rückstellung sowohl handels- als auch steuerrechtlich kontinuierlich erhöht bzw. angepasst werden (§ 249 HGB i. V. m. § 5 EStG).

Ist die Bilanz unter Verstoß gegen die Vorschriften des § 249 HGB und § 5 EStG erstellt worden, so ist sie falsch und muss berichtigt werden (§ 4 Abs. 2 Satz 1 EStG). Dies ist dann kein Fall des § 6a Abs. 4 Satz 1 EStG.

BEISPIEL

Eine GmbH hat in 2014 ihrem Gesellschafter-Geschäftsführer eine Pensionszusage erteilt. Irrtümlich wird keine Rückstellung gebildet, obwohl pro Wj. versicherungsmathematisch eine Zufuhr von 10 000 € geboten wäre. Die Veranlagungen der Jahre 2014 und 2015 werden bestandskräftig. Bei der Erstellung der Bilanz zum 31. 12. 2016 wird der Fehler entdeckt.

LÖSUNG § 6a Abs. 4 Satz 1 EStG ist nicht anzuwenden. Da die fehlerhaften Bilanzen der Jahre 2014 und 2015 nicht mehr korrigiert werden können, muss die Korrektur in der ersten noch offenen Bilanz erfolgen. Damit ist zum 31. 12. 2016 eine Pensionsrückstellung i. H. v. 30 000 € zu bilden.

Die Rechtsprechung statuiert demgegenüber auch in Fällen zu geringer oder unterlassener Passivierung ein Nachholverbot aufgrund § 6a Abs. 4 EStG (BFH vom 13. 02. 2008 BStBl II 2008, 673).

Wurde versicherungsmathematisch nach den Richttafeln von Heubeck zwar richtig gerechnet, ist aber die Zuführung zur Rückstellung aufgrund eines zulässigen versicherungsmathematischen Wahlrechts zu gering ausgefallen, so kann die Minderzuführung wegen § 6a Abs. 4 Satz 1 EStG nicht mehr nachgeholt werden (BFH vom 10. 07. 2002 BStBl II 2003, 936). Die Verwaltung dehnt diesen Grundsatz auch auf den Fall aus, dass eine zulässige versicherungsrechtliche Bewertungsmethode aufgrund eines Rechtsirrtums gewählt wurde (BMF vom 11. 12. 2003 BStBl I 2003, 746). § 6a Abs. 4 EStG ist in diesen Fällen anwendbar, weil die Bilanz rechtlich nicht fehlerhaft ist und deshalb kein Fall des § 4 Abs. 2 Satz 1 EStG (Bilanzberichtigung) vorliegt (vgl. auch BFH vom 14. 01. 2009, I R 5/08, BStBl II 2009, 457).

Ergibt sich aufgrund der Anwendung geänderter biometrischer Rechnungsgrundlagen ein erhöhter Zuführungsbedarf, so kann dieser nur auf mindestens drei Wirtschaftsjahre verteilt zugeführt werden (§ 6a Abs. 2 EStG).

Wird eine Pensionsrückstellung erstmals gebildet (Erstjahr), so darf die Rückstellung auf das Erstjahr und die beiden folgenden Wj. gleichmäßig verteilt werden (§ 6a Abs. 4 Satz 3 EStG).

Steigt die Pensionsrückstellung um mehr als 25 %, so kann die Zuführung ebenfalls auf das Wirtschaftsjahr und die die beiden folgenden Wj. gleichmäßig verteilt werden (§ 6a Abs. 4 Satz 4 EStG).

Die steuerliche Verteilungsmöglichkeit nach § 6a Abs. 1 Sätze 2–4 EStG besteht nicht für den Ansatz der Rückstellung in der Handelsbilanz. Insoweit können Differenzen zwischen Handels- und Steuerbilanz entstehen.

Mit Eintritt des Versorgungsfalls kann die Pensionsrückstellung bis zur Höhe ihres vollen Teilwertes gebildet werden (§ 6a Abs. 4 Satz 5 EStG). Auch diese Vorschrift hat nur insoweit Bedeutung, als die Bildung der Rückstellung zum Teilwert zulässigerweise unterblieben ist. Ist die Rückstellung aufgrund eines Verstoßes gegen die Grundsätze ordnungsmäßiger Buchführung zu niedrig, so muss die Bilanz berichtigt werden (§ 4 Abs. 2 Satz 1 EStG).

2.1.9.2.8 Dynamisierung

Die Vereinbarung einer Dynamisierung laufender Renten (Rentendynamik) und die Dynamisierung von Rentenanwartschaften (Anwartschaftsdynamik) in Form fest vereinbarter prozentualer Erhöhungen stellen keine ungewisse Erhöhung i. S. d. § 6a Abs. 3 Nr. 1 Satz 4 EStG dar (BFH vom 17. 05. 1995 BStBl II 1996, 423 und BFH vom 25. 10. 1995 BStBl II 1996, 403).

Allerdings ist zu beachten, dass gemessen an den aktuellen Aktivbezügen keine Überversorgung eintreten darf.

2.1.9.3   Auflösung der Pensionsrückstellung

Mit Eintritt des Versorgungsfalls ist die Pensionsrückstellung in jedem Wj. i. H. d. Unterschiedsbetrags zwischen dem versicherungsmathematischen Barwert der künftigen Pensionsleistungen am Schluss des Wj. und am Schluss des vorangegangenen Wj. gewinnerhöhend aufzulösen (R 6a Abs. 22 EStR). Die laufenden Pensionsleistungen sind dabei als Betriebsausgaben abzusetzen.

BEISPIEL

Der versicherungsmathematische Barwert einer Pensionsrückstellung beträgt am 31. 12. 2015 420 000 € und am 31. 12. 2016 390 000 €. Der Gesellschafter-Geschäftsführer tritt mit Vollendung des 65. Lebensjahres am 01. 01. 2016 in den Ruhestand und erhält vereinbarungsgemäß eine Pension von monatlich 3 000 €.

LÖSUNG Die GmbH bucht in 2016 die Auflösung der Rückstellung als Ertrag (Buchungssatz: Rückstellung an Erträge 30 000 €). Die Zahlung der Pension wird als Aufwand gebucht (Buchungssatz: Pensionsaufwand an Bank 36 000 €).

Beim Gesellschafter-Geschäftsführer liegt nunmehr ein Zufluss vor (sog. nachgelagerte Besteuerung; §§ 24 Nr. 2, 19, 11 EStG). Er muss die 36 000 € als Einnahme nach § 19 EStG versteuern, kann aber nach § 19 Abs. 2 EStG einen Versorgungsfreibetrag und einen Werbungskosten-Pauschbetrag nach § 9a Nr. 1 EStG i. H. v. 102 € geltend machen.

Die Pensionsrückstellung ist auch im Falle des Todes des Gesellschafter-Geschäftsführers aufzulösen, wenn keine Hinterbliebenenversorgung zugesagt wurde.

2.1.9.4   Verdeckte Gewinnausschüttungen

Wurde die Zuführung zur Pensionsrückstellung ganz oder teilweise als verdeckte Gewinnausschüttung beurteilt, so hat dies auf die handelsrechtliche Rückstellung keinen Einfluss, da es das Rechtsinstitut der verdeckten Gewinnausschüttung nur im Steuerrecht gibt (vgl. § 8 Abs. 3 Satz 2 KStG und § 20 Abs. 1 Nr. 1 Satz 2 EStG). Aber auch die Pensionsrückstellung in der Steuerbilanz darf aufgrund der verdeckten Gewinnausschüttung nicht korrigiert werden (BMF vom 28. 05. 2002 BStBl I 2002, 603, Rz. 7; weitere Details s. 2.3). Die Korrekturen nach § 8 Abs. 3 Satz 2 KStG sind daher außerbilanziell vorzunehmen (Erhöhung des Einkommens).

In der Auszahlungsphase kann sonach rein bilanziell betrachtet nicht erkannt werden, dass in der Vergangenheit außerbilanziell die Rückstellungsbildung bereits neutralisiert wurde. Daher ist insoweit auch der Gewinn aus der Auflösung der Rückstellung außerbilanziell steuerfrei zu stellen (BMF vom 28. 05. 2002 a. a. O., Rz. 30).

BEISPIEL

Eine GmbH hat ihrem Gesellschafter-Geschäftsführer eine Pension zugesagt. Mit Eintritt des Ruhestandes am 31.12.2016 beläuft sich die Rückstellung auf 200 000 €. Bei einer Betriebsprüfung im Jahre 1997 wurde eine Zuführung zur Rückstellung i. H. v. 50 000 € als verdeckte Gewinnausschüttung gewertet.

LÖSUNG Die Rückstellung hat sich durch die Hinzurechnung nach § 8 Abs. 3 Satz 2 KStG i. H. v. 50 000 € nicht gewinnmäßig ausgewirkt. Damit ist bei der Auflösung der Rückstellung jeweils (50 000 €/200 000 € =) 1/4 außerbilanziell vom Einkommen abzuziehen.

Für den Gesellschafter hat die verdeckte Gewinnausschüttung ebenfalls Auswirkungen. In der Auszahlungsphase muss er seine Pension i. H. v. 3/4 nach § 19 EStG und 1/4 nach § 20 Abs. 1 Nr. 1 Satz 2 EStG versteuern.

2.1.9.5 Rückdeckungsversicherungen

Die Rückdeckungsversicherung besteht in der Regel im Abschluss einer Lebensversicherung auf das Leben des Pensionsberechtigten durch das pensionsverpflichtete Unternehmen. Versicherungsnehmer und Bezugsberechtigter ist das Unternehmen und nicht der Arbeitnehmer (R 6a Abs. 23 EStR).

Die Rückdeckung einer Pensionsverpflichtung ist keine besondere Gestaltungsform der betrieblichen Altersversorgung. Sie hat nur die Funktion der Finanzierung und Sicherung der Pensionsverpflichtung. Damit kann insbesondere der Gefahr einer verdeckten Gewinnausschüttung mangels Finanzierbarkeit der Zusage begegnet werden (BFH vom 31.03.2004 BStBl II 2005, 664).

Die Ansprüche aus einer Rückdeckungsversicherung müssen grundsätzlich nach § 246 Abs. 1 Satz 1 HGB in der Handelsbilanz bilanziert werden. Eine Verrechnung mit der Pensionsrückstellung ist grundsätzlich ausgeschlossen (Saldierungsverbot). Eine Ausnahme gilt dann, wenn die Ansprüche aus der Rückdeckungsversicherung dem Zugriff aller übrigen Gläubiger entzogen sind. In diesem Fall **müssen** die Ansprüche aus der Rückdeckungsversicherung nach § 246 Abs. 2 Satz 2 HGB mit der Pensionsrückstellung verrechnet werden. Die Ansprüche aus der Rückdeckungsversicherung sind insbesondere dann dem Zugriff aller übrigen Gläubiger entzogen, wenn sie – wie in der Praxis üblich – an den Versorgungsberechtigten verpfändet werden.

In der Steuerbilanz darf eine Saldierung der Ansprüche mit der Pensionsrückstellung nicht erfolgen. § 5 Abs. 1a Satz 1 EStG durchbricht insoweit den Maßgeblichkeitsgrundsatz (siehe auch H 6a Abs. 23 EStH »Getrennte Bilanzierung«).

Da bei reinen Risikoversicherungen der Versicherer nur leistet, falls das versicherte Risiko während der Vertragslaufzeit eintritt (z. B. Berufsunfähigkeit), hat der Arbeitgeber keinen vermögensmäßigen Anspruch gegen den Versicherer. Reine Risikoversicherungen dürfen deshalb in der Anwartschaftsphase nicht aktiviert werden.

Der Anspruch aus der Rückdeckungsversicherung ist bei einer Kapital-Lebensversicherung mit Eintritt der Bezugsberechtigung aufzulösen (Buchungssatz: Bank an Rückdeckungsversicherung). Wird die Rückdeckungsversicherung in Form einer monatlichen Rente gezahlt, so bucht die Kapitalgesellschaft die Rente als Betriebseinnahme und die Auflösung der Forderung als Aufwand.

Die Rückdeckungsversicherung darf nicht mit der Direktversicherung verwechselt werden. Bei dieser steht das Bezugsrecht dem Gesellschafter-Geschäftsführer bzw. seinen Hinterbliebenen zu (vgl. § 3 Nr. 63 EStG; sog. Gehaltsumwandlung). Die Ansprüche sind daher in der Kapitalgesellschaft nicht zu aktivieren.

2.1.9.6   Verzicht auf die Pensionszusage

Ein Verzicht auf eine Pensionszusage kann verschiedene Motive und Ursachen haben. Zum einen wollen Erwerber einer Kapitalgesellschaft bestehende Pensionszusagen häufig nicht übernehmen. Zum anderen kann der Verzicht im Zuge einer Sanierung oder auf Druck der Gläubiger (insbesondere Banken) notwendig werden.

Bei den Auswirkungen des Verzichts ist zwischen den bilanziellen Folgen bei der Kapitalgesellschaft und den Auswirkungen auf die Besteuerung des Gesellschafters zu differenzieren.

Der Verzicht führt auf der Ebene der Gesellschaft dazu, dass die Pensionsrückstellung gewinnerhöhend auszubuchen ist. Gleichzeitig liegt aber eine verdeckte Einlage i. S. v. § 8 Abs. 3 Satz 3 KStG vor. Die Höhe der verdeckten Einlage ist nicht zwingend identisch mit dem Betrag der Rückstellung.

Abzustellen ist nämlich auf den Teilwert der Pensionsanwartschaft des Gesellschafters und nicht auf den gem. § 6a EStG ermittelten Teilwert der Pensionsverbindlichkeit der Kapitalgesellschaft (BFH vom 15.10.1997 BStBl II 1997, 305; H 8.9 KStH »Verzicht auf Pensionsanwartschaftsrechte«).

Der Teilwert ist unter Beachtung der allgemeinen Teilwertermittlungsgrundsätze im Zweifel nach den Wiederbeschaffungskosten zu ermitteln. Demnach kommt es darauf an, welchen Betrag der Gesellschafter zu dem Zeitpunkt des Verzichts hätte aufwenden müssen, um eine gleich hohe Pensionsanwartschaft gegen einen **vergleichbaren Schuldner** zu erwerben. Dabei kann die Bonität des Forderungsschuldners berücksichtigt werden.

Sollte der Teilwert der Pensionsanwartschaft unter dem Buchwert der Pensionsrückstellung liegen (z. B. weil die Gesellschaft ganz oder teilweise zahlungsunfähig ist), so ergibt sich in Höhe des Differenzbetrages ein laufender Gewinn. Sollte der Teilwert der Pensionsanwartschaft über dem Buchwert der Pensionsrückstellung liegen, so ist der Differenzbetrag zum Stichtag des Forderungsverzichts als Aufwand der Gesellschaft zu behandeln.

I. H. d. verdeckten Einlage ist ein Zugang im steuerlichen Einlagekonto (§ 27 KStG) zu buchen.

BEISPIEL

Die X-GmbH bilanziert zum 31.12.2016 eine Pensionsrückstellung i. H. v. 200 000 €. Der Gesellschafter verzichtet ersatzlos auf seine Pensionsansprüche gegenüber der GmbH. Zu diesem Zeitpunkt beträgt der Teilwert des Pensionsanspruchs
a) 50 000 €,
b) 220 000 €.

LÖSUNG In beiden Varianten hat die GmbH die Rückstellung auszubuchen; der außerordentliche Ertrag ist unabhängig von der Werthaltigkeit der Rückstellung und beträgt 200 000 €. Außerbilanziell ist nun nach § 8 Abs. 3 Satz 3 KStG zu prüfen, in welcher Höhe eine verdeckte Einlage vorliegt. In der Variante a) wird der Gewinn außerbilanziell lediglich um 50 000 € vermindert. Damit bleibt die Ausbuchung i. H. v. 150 000 € gewinnwirksam. Der Zugang im Einlagekonto (§ 27 KStG) beträgt 50 000 €. In der Variante b) ist der Gewinn aus der Ausbuchung außerbilanziell um 200 000 € zu vermindern. I. H. d. die Rückstellung übersteigenden Betrags entsteht ein Aufwand der GmbH (i. H. v. 20 000 €). Die Zuführung zum Einlagekonto beträgt 220 000 €.

Beim **Gesellschafter** führt der Verzicht zu einem Zufluss (§ 11 EStG) von Arbeitslohn (§ 19 EStG) i. H. d. Werts des Pensionsanspruchs (§ 8 Abs. 1 EStG), da er mit dem Verzicht über seinen Pensionsanspruch verfügt (Details s. C 3.4.10 m. w. N.).

BEISPIEL

Wie im vorigen Beispiel. Der Gesellschafter versteuert in der Variante a) 50 000 € und in der Variante b) 220 000 €.

LÖSUNG In beiden Fällen kann er § 34 Abs. 2 Nr. 4 EStG in Anspruch nehmen. Die Anschaffungskosten der Beteiligung erhöhen sich nach § 17 Abs. 2 EStG um a) 50 000 € bzw. b) 220 000 €.

Erfolgt der Verzicht gegen sog. **Besserungsschein**, wonach die Forderung des Gesellschafters auf eine Pensionszusage wieder auflebt, wenn es der Gesellschaft finanziell besser geht, so sind die bilanziellen Folgen grundsätzlich gleich wie beim endgültigen Verzicht (vgl. BMF vom 02. 12. 2003 BStBl I 2003, 648). Tritt der Besserungsfall ein, so ist die Rückstellung wieder gewinnmindernd einzubuchen. Soweit die ursprüngliche Ausbuchung als verdeckte Einlage zu beurteilen war, gilt diese nunmehr als zurück gewährt. Die dadurch verursachte Aufwandsbuchung ist außerbilanziell wieder zu korrigieren.

Erfolgt der Verzicht gegen Abfindung, so liegt keine verdeckte Einlage vor. Die Zahlung der Abfindung führt zu Aufwand bei der Kapitalgesellschaft.

2.1.9.7 Verzicht für die Zukunft (sog. Future Service)

Verzichtet der Gesellschafter lediglich für die Zukunft auf ein weiteres Anwachsen seiner Ansprüche (»Einfrieren« des Pensionsanspruchs), so wird die Rückstellung künftig nicht weiter aufgebaut. Sie ist aber grundsätzlich nicht aufzulösen, da sie das Risiko wiedergibt, das bis zum Tag des Verzichts existierte. Insoweit liegt auch keine verdeckte Einlage des Gesellschafters vor (BMF vom 14. 08. 2012 BStBl I 2012, 874). Ebenfalls führt der Verzicht auf das Zuwachsen künftiger Ansprüche beim Gesellschafter nicht zu einem Zufluss, da er nicht über die erzielten Ansprüche verfügt und die Nichtgewährung einer Zusage für die Zukunft keinen wirtschaftlichen Vorteil i. S. d. § 11 Abs. 1 EStG darstellt (Details siehe C 3.4.10).

2.1.9.8 Übertragung einer Pensionsverpflichtung

Sowohl im Falle einer Veräußerung als auch für Zwecke der Verbesserung des Ratings i. R. d. neuen Kreditrichtlichtlinien »Basel III « stellt sich die Frage, ob eine Kapitalgesellschaft eine Pensionsverpflichtung auf andere Träger auslagern kann (vgl. auch die Ausführungen in C 1.11.8 ff.).

BEISPIEL

Die X-GmbH hat ihrem Gesellschafter-Geschäftsführer G eine Pension zugesagt und dafür zum 31. 12. 2016 eine Pensionsrückstellung i. H. v. 500 000 € gebildet. Der Anspruch des G soll der Rückstellung entsprechen. Die GmbH ist zahlungsfähig und erfüllt alle ihre finanziellen Verpflichtungen. In 2016 will G die Anteile an der GmbH veräußern. Der Erwerber ist allerdings nicht bereit, die Pensionsverpflichtung zu übernehmen.

Verzichtet der Gesellschafter in diesem Fall auf die Pensionszusage, so entsteht bei der Kapitalgesellschaft i. H. d. Nennbetrags der Rückstellung ein Ausbuchungsgewinn. Dieser wird außerbilanziell durch eine entsprechende verdeckte Einlage des Gesellschafters ausgeglichen, da davon auszugehen ist, dass ein Fremdgeschäftsführer nicht auf seine Pensionsansprüche verzichtet hätte (s. oben).

Auf der Ebene des Gesellschafters führt der Verzicht zu einem Zufluss von Arbeitslohn nach § 19 EStG in Höhe des Werts seines Pensionsanspruchs (BFH vom 12. 04. 2007 BStBl II 2007, 581). Dies ist in der Regel nicht erwünscht.

Hier bietet sich die Möglichkeit an, die Pensionsverpflichtung auf einen externen **Pensionsfonds** zu übertragen. In diesem Fall ist die Pensionsrückstellung gewinnerhöhend auszubuchen. Auf der anderen Seite kann die Zahlung an den Pensionsfonds als Personalaufwand geltend gemacht werden. Da die Zahlung an den Pensionsfonds regelmäßig höher ist als die Rückstellung entsteht bei der Gesellschaft ein Aufwand i. H. d. Differenz.

Diesen Aufwand kann die Gesellschaft nach **§ 4e Abs. 3 EStG** auf zehn Wirtschaftsjahre gleichmäßig verteilen. Hierzu hat sie einen aktiven Ausgleichsposten zu bilden, den sie dann im Laufe der Jahre ratierlich auflöst.

> **BEISPIEL**
>
> **Fortsetzung des vorigen Beispiels**
> Die X-GmbH überträgt in 2016 die Pensionsverpflichtung gegen Zahlung von 600 000 € auf einen Pensionsfonds.
> **LÖSUNG** Damit entsteht saldiert ein Aufwand von 100 000 €, den die X-GmbH entweder in voller Höhe in 2016 geltend machen kann oder i. H. v. jeweils 10 000 € auf 2017 und die folgenden neun Wj. verteilen kann.

Beim Gesellschafter führt die Übertragung der Pensionsverpflichtung auf einen externen Träger zu einem Zufluss seines Pensionsanspruchs, da er so behandelt wird, als habe die Gesellschaft seine Pension in voller Höhe an ihn ausbezahlt und er mit diesem Kapital einen neuen Anspruch gegenüber dem Pensionsfonds erkauft (vgl. § 19 Abs. 1 Nr. 3 EStG).

Die Sofortversteuerung kann aber nach **§ 3 Nr. 66 EStG** vermieden werden, wenn die Gesellschaft einen Antrag auf Verteilung des Aufwands nach § 4e Abs. 3 EStG stellt. § 3 Nr. 65 EStG enthält eine Parallelregelung für den Fall der Auslagerung im Zuge eines Insolvenzfalles.

> **BEISPIEL**
>
> **Fortsetzung des Beispiels**
> Die Übertragung der Pensionsverpflichtung führt grundsätzlich bei G zu einem Zufluss (§§ 11, 19 EStG) i. H. v. 500 000 €.
> Stellt allerdings die X-GmbH den Antrag nach § 4e Abs. 3 EStG, so ist der Vorgang für G steuerfrei. Er versteuert dann seine Altersversorgung erst mit späterem Zufluss (nachgelagerte Versteuerung).

Auf eine mögliche Rückdeckungsversicherung hat die Ausbuchung der Pensionsverpflichtung grundsätzlich keine Auswirkung. Der aktivierte Anspruch auf die Rückdeckungsversicherung kann in der Bilanz bestehen bleiben.

Die gleichen Rechtsfolgen treten auch ein, wenn eine Unterstützungskasse die Pensionsverpflichtung auf einen Pensionsfonds auslagert (§ 4d Abs. 3 EStG).

Zur Auslagerung einer Pensionsverpflichtung auf eine Schwester-Kapitalgesellschaft (»Rentner-GmbH«) siehe BFH vom 18. 08. 2016, VI R 18/13, DStR 2016, 2635 sowie D 1.11.8.

2.1.10 Steuerrückstellungen

2.1.10.1 Gewerbesteuerrückstellung

Abschlusszahlungen an Gewerbesteuer, die sich auf der Grundlage des ermittelten Gewerbeertrags für ein Wirtschaftsjahr ergeben, müssen durch Bildung oder Erhöhung einer Rückstellung für das entsprechende Wirtschaftsjahr gewinnmindernd berücksichtigt werden. Die bis zum Ende des Wirtschaftsjahres entstandene Gewerbesteuer ist in der Bilanz als Rückstellung für ungewisse Verbindlichkeiten (§ 249 Abs. 1 Satz 1 HGB) auszuweisen. Kapitalgesellschaften haben die Gewerbesteuerrückstellung gesondert unter den Steuerrückstellungen auszuweisen (§ 266 Abs. 3 B. 2 HGB). Ebenso sind die Steuerverbindlichkeiten gesondert zu vermerken (§ 266 Abs. 3 C. 8 HGB). Kleine Kapitalgesellschaften dürfen die Gewerbesteuerrückstellung bzw. -verbindlichkeit mit anderen Rückstellungen bzw. Verbindlichkeiten zusammen ausweisen (§ 266 Abs. 1 Satz 3 HGB). In der GuV ist die Gewerbesteuer unter dem Posten »Steuern vom Einkommen und Ertrag« auszuweisen (§ 275 Abs. 2 Nr. 18 HGB).

Die Rückstellung ist stets zu Lasten des Wirtschaftsjahres zu bilden, zu dem die Gewerbesteuer wirtschaftlich gehört. Ein Wahlrecht, von der Bildung der Rückstellung abzusehen und die Steuer im Jahr des Erlasses des Steuerbescheids oder erst im Jahr der Zahlung zu erfassen besteht nicht (BFH vom 13. 05. 1998 BFH/NV 1999, 27).

Im Falle einer Gewerbesteuerüberzahlung ist auf der Aktivseite unter »sonstige Vermögensgegenstände« eine Forderung einzustellen (§ 266 Abs. 2 B II. 4 HGB).

Die Rückstellung ist mit Erlass des Gewerbesteuerbescheides aufzulösen und soweit die Steuer noch nicht gezahlt ist, eine entsprechende **Steuerverbindlichkeit** einzubuchen (§ 266 Abs. 3 C. 8 HGB).

Bestrittene Gewerbesteuernachforderungen sind stets als Rückstellung auszuweisen, also auch dann, wenn bereits ein Steuerbescheid vorliegt.

Die Berechnung der Gewerbesteuerrückstellung erfolgt in mehreren Schritten (vgl. II B 16). Zuerst ist der **Gewerbeertrag** (§ 7 GewStG) zu ermitteln. Gewerbeertrag ist der nach den Vorschriften des Einkommensteuergesetzes oder des Körperschaftsteuergesetzes zu ermittelnde Gewinn aus dem Gewerbebetrieb vermehrt oder vermindert um die in den §§ **8 und 9 GewStG** bezeichneten Beträge.

Zum Gewerbeertrag gehört auch der Gewinn aus der Veräußerung oder Aufgabe eines Mitunternehmeranteils, soweit eine Kapitalgesellschaft den Gewinn erzielt (§ 7 Abs. 1 Satz 2 GewStG).

Der Gewerbeertrag ist nach § 11 Abs. 1 Satz 3 GewStG auf volle 100 € abzurunden. Dann ist durch Anwendung der **Steuermesszahl** (3,5 %) der **Steuermessbetrag** zu ermitteln. Ein Freibetrag (vgl. § 11 Abs. 1 Nr. 1 GewStG kommt nur für die Gewerbesteuer von Einzelunternehmern bzw. von Mitunternehmerschaften zur Anwendung. Damit soll der Nachteil ausgeglichen werden, dass Einzelunternehmen und Personengesellschaften Arbeitslöhne an die Gesellschafter steuerlich nicht als Betriebsausgabe angesetzt werden können (sog. Sonderbetriebseinnahmen, § 15 Abs. 1 Nr. 2 EStG).

Der Steuermessbetrag ist mit dem **Hebesatz** zu multiplizieren, der von der hebeberechtigten Gemeinde zu bestimmen ist (§ 16 GewStG).

Betreibt die GmbH **Betriebsstätten** (§ 12 AO; R 28.1 GewStR) in verschiedenen Gemeinden, so ist der einheitliche Steuermessbetrag auf die einzelnen Gemeinden zu zerlegen (§ 28 GewStG). Zerlegungsmaßstab ist das Verhältnis der Arbeitslöhne, die für die jeweilige Betriebsstätte anfallen (§ 29 GewStG). Die Festsetzung des einheitlichen Steuermessbetrags und gegebenenfalls dessen Zerlegung auf die beteiligten Gemeinden wird vom Betriebsfinanzamt der GmbH mit dem Gewerbesteuermessbescheid vorgenommen (§§ 14, 28 GewStG i. V. m. § 184 AO). Die Gemeinden sind gem. §§ 185 ff. AO am Zerlegungsverfahren beteiligt. Anschließend setzen die Gemeinden die Gewerbesteuer aufgrund ihres individuellen Hebesatzes fest.

Mit Wirkung ab Erhebungszeitraum 2008 ist die Gewerbesteuer und die darauf entfallenden Nebenleistungen **steuerlich nicht mehr als Betriebsausgabe abziehbar** (§ 4 Abs. 5b EStG). In der Handelsbilanz muss sie aber als Aufwand gebucht werden (s. o.) und mindert somit den Jahresüberschuss. Auch in der Steuerbilanz ist aufgrund des Maßgeblichkeitsgrundsatzes die Gewerbesteuerrückstellung zu passivieren.

Außerbilanziell ist dann bei der Ermittlung des Einkommens (§ 8 KStG) die Gewerbe-steuerbelastung wieder hinzuzurechnen.

2.1.10.2 Rückstellungen für Körperschaftsteuer und Solidaritätszuschlag

Nach § 266 Abs. 3 B. 2 HGB ist in der Handelsbilanz und nach § 5 Abs. 1 EStG auch in der Steuerbilanz für die zu leistende **Körperschaftsteuer- und Solidaritätszuschlagszahlung** eine entsprechende Rückstellung zu bilden.

Nach § 275 Abs. 2 Nr. 18 bzw. Abs. 3 Nr. 17 HGB sind Steuern vom Einkommen und Ertrag auch in die GuV aufzunehmen.

Die Körperschaftsteuer beträgt nach § 23 KStG 15 %. Der Solidaritätszuschlag, der auf die Körperschaftsteuer erhoben wird, beträgt nach § 4 SolzG 5,5 %.

Da aber Körperschaftsteuer und Solidaritätszuschlag nach **§ 10 Nr. 2 KStG** (vgl. die Paral-lelvorschrift des § 12 Nr. 3 EStG für die Personengesellschaft) den steuerlichen Gewinn nicht mindern dürfen, muss die Körperschaftsteuer und der Solidaritätszuschlag dem Jahresüber-schuss wieder hinzugerechnet werden.

BEISPIEL

Die X-GmbH erzielt im Wirtschaftsjahr = Kalenderjahr 2016 einen vorläufigen Jahresüberschuss lt. Handelsbilanz i. II. v. 500 487 €. Die Rückstellungen für Gewerbesteuer, Körperschaftsteuer und SolZ sind noch zu ermitteln. Der Hebesatz der Sitzgemeinde beträgt 400 %. I. H. v. 35 000 € liegt eine ver-deckte Gewinnausschüttung vor. Hinzurechnungen nach § 8 GewStG sind i. H. v. 22 000 € vorzuneh-men.

LÖSUNG In einem ersten Schritt ist die Gewerbesteuerrückstellung zu berechnen. Grundlage der Gewerbesteuer ist nach § 7 GewStG der Gewerbeertrag, der aus dem steuerlichen Einkommen ver-mehrt und vermindert um die in den §§ 8 und 9 GewStG bezeichneten Beträge zu korrigieren ist.

Jahresüberschuss vor Steuerrückstellungen	500 487 €
Außerbilanzielle Hinzurechnung vGA	35 000 €
Steuerliches Einkommen	535 487 €
Hinzurechnung (§ 8 GewStG)	22 000 €
Gewerbeertrag	557 487 €
Kürzung auf volle 100 € nach unten	557 400 €
Steuermessbetrag (3,5 %)	19 509 €
Hebesatz (400 %) = Gewerbesteuerrückstellung	78 036 €

Im nächsten Schritt kann die Körperschaftsteuer-/SolZ-Rückstellung berechnet werden; dabei spielt die Gewerbesteuerrückstellung keine Rolle, da sie das steuerliche Einkommen nicht mindert.

Steuerliches Einkommen	535 487 €
Steuersatz gem. § 23 KStG (15 %) = Rückstellung	80 323 €
Steuersatz gem. § 4 SolZG (5,5 %) = Rückstellung	4 418 €

Im dritten Schritt ergibt sich nun der endgültige Jahresüberschuss:

Vorläufiger Jahresüberschuss		500 487 €
Gewerbesteuerrückstellung	./.	78 036 €
Körperschaftsteuerrückstellung	./.	80 323 €
SolZ-Rückstellung	./.	4 418 €
Endgültiger handelsrechtlicher Jahresüberschuss		337 710 €

Aufgrund des Maßgeblichkeitsgrundsatzes sind diese Werte auch in der Steuerbilanz auszuweisen. Will man aus dem Jahresüberschuss das steuerliche Einkommen i. S. v. § 8 Abs. 1 KStG ermitteln, sind folgende Schritte erforderlich:

Jahresüberschuss	337 710 €
Außerbilanzielle Hinzurechnung (§ 4 Abs. 5b EStG)	78 036 €
Außerbilanzielle Hinzurechnung (§ 10 Nr. 2 KStG)	80 323 €
Dto.	4 418 €
Außerbilanzielle Hinzurechnung vGA	35 000 €
Steuerliches Einkommen	535 487 €

Wurden im laufenden Jahr **Vorauszahlungen** geleistet, so ist dies bei der Berechnung der Steuerrückstellungen zu berücksichtigen.

BEISPIEL

Wie voriges Beispiel, die GmbH hat aber im Laufe des Wj. 2016 folgende Vorauszahlungen geleistet: Gewerbesteuer (50 000 €); Körperschaftsteuer (70 000 €) und SolZ (3 850 €).

LÖSUNG Da die Steuerzahlungen im laufenden Jahr bereits als Aufwand gebucht werden müssen, beträgt der vorläufige Jahresüberschuss vor Steuerrückstellungen (500 487 € ./. 50 000 € ./. 70 000 € ./. 3 850 € =) 376 637 €.

Für die Gewerbesteuerrückstellung ergibt sich dann folgende Rechnung:

Jahresüberschuss vorläufig	376 637 €
Außerbilanzielle Hinzurechnung vGA	35 000 €
Hinzurechnung Vorauszahlung GewSt	50 000 €
Hinzurechnung Vorauszahlung KSt	70 000 €
Hinzurechnung SolZ	3 850 €
Steuerliches Einkommen	535 487 €
Hinzurechnung (§ 8 GewStG)	22 000 €
Gewerbeertrag	557 487 €
Kürzung auf volle 100 € nach unten	557 400 €
Steuermessbetrag (3,5 %)	19 509 €
Hebesatz (400 %) = Gewerbesteuerrückstellung	78 036 €
Vorauszahlung Gewerbesteuer	./. 50 000 €
Gewerbesteuerrückstellung	28 036 €

Für die Körperschaftsteuer ergibt sich folgende Rückstellung:

Steuerliches Einkommen	535 487 €
KSt (15 %)	80 323 €
Vorauszahlung	./. 70 000 €
Körperschaftsteuerrückstellung	10 323 €
SolZ (5,5 % auf Körperschaftsteuerrückstellung)	568 €

Im dritten Schritt ergibt sich wieder der endgültige Jahresüberschuss:

Vorläufiger Jahresüberschuss	376 637 €
Gewerbesteuerrückstellung	./. 28 036 €
Körperschaftsteuerrückstellung	./. 10 323 €
SolZ-Rückstellung	./. 568 €
Endgültiger handelsrechtlicher Jahresüberschuss	337 710 €

2.1.11 Sonderposten mit Rücklagenanteil

Ein Sonderposten mit Rücklageanteil konnte nach § 247 Abs. 3 HGB in der Fassung bis 2008 in der Handelsbilanz gebildet werden, um dem steuerrechtlichen Gebot der umgekehrten Maßgeblichkeit (§ 5 Abs. 1 Satz 2 EStG a. F.) gerecht zu werden. Danach mussten steuerliche

Wahlrechte in Übereinstimmung mit der Handelsbilanz ausgeübt werden (Details s. Vorauflage Kap. III D 2.1.11).

BEISPIEL

Die X-GmbH bilanzierte ein Grundstück mit einem Buchwert von 100 000 €. Sie veräußerte in 2008 das Grundstück für 500 000 €.
LÖSUNG Nach § 6b Abs. 1 EStG kann die GmbH in der Steuerbilanz den realisierten Gewinn i. H. v. 400 000 € in eine Rücklage einstellen und diese auf die Anschaffungskosten künftiger Wirtschaftsgüter i. S. v. § 6b EStG übertragen. Bis zum VZ 2008 war die Bildung der Rücklage davon abhängig, dass in der Handelsbilanz nach § 247 Abs. 3 HGB a. F. parallel ein Sonderposten mit Rücklageanteil ausgewiesen wurde.

Durch das BilMoG wurde die Möglichkeit der Bildung eines Sonderpostens mit Rücklageanteil aufgegeben und parallel dazu das Prinzip der umgekehrten Maßgeblichkeit durch Streichung des § 5 Abs. 1 Satz 2 EStG mit Wirkung ab VZ 2009 abgeschafft. Damit fallen nun die Handelsbilanz und die Steuerbilanz z. B. bei Bildung einer Rücklage nach § 6b EStG auseinander.

BEISPIEL

Wie oben. Die GmbH veräußerte das Grundstück im Wirtschaftsjahr 2014.
LÖSUNG In der Handelsbilanz ist ein Ertrag i. H. v. 400 000 € auszuweisen. Unabhängig davon kann der Gewinn in der Steuerbilanz nach § 6b Abs. 1 EStG in eine Rücklage eingestellt werden.

Sonderposten mit Rücklageanteil, die bis zur Einführung des BilMoG gebildet wurden, können nach § 67 Abs. 3 EGHGB weitergeführt werden.

2.1.12 Die Gewinn- und Verlustrechnung

Die Gewinn- und Verlustrechnung ist ein unverzichtbarer Teil des Jahresabschlusses (§ 242 Abs. 3 HGB). Im Gegensatz zu Personengesellschaften müssen Kapitalgesellschaften ihre GuV nach bestimmten Kriterien des HGB gliedern (§ 275 HBG; vgl. I B). Das Gesetz bietet zwei Verfahren zur Auswahl, nämlich entweder das Gesamtkostenverfahren oder das Umsatzkostenverfahren. Wegen des Kontinuitätsgrundsatzes (§ 265 Abs. 1 HGB) kann zwischen den beiden Verfahren nicht gewechselt werden.

2.2 Steuerbilanz

Während nach § 238 HGB die Pflicht besteht, eine Handelsbilanz zu erstellen, genügt es, die Ansätze der Handelsbilanz durch Zusätze oder Anmerkungen den steuerlichen Vorschriften anzupassen (§ 60 Abs. 2 EStDV). Die Kapitalgesellschaft kann aber auch eine eigenständige Steuerbilanz aufstellen. Da die Abweichungen zwischen Handels- und Steuerbilanz in den letzten Jahren immer größer wurden und insbesondere der Maßgeblichkeitsgrundsatz immer mehr an Bedeutung verliert, empfiehlt sich die Erstellung einer Steuerbilanz.

2.2.1 Maßgeblichkeitsgrundsatz

Der in § 5 Abs. 1 EStG niedergelegte Grundsatz der Maßgeblichkeit bedeutet, dass grundsätzlich nach § 4 Abs. 1 EStG für steuerliche Zwecke das Betriebsvermögen anzusetzen ist, das nach den handelsrechtlichen Grundsätzen ordnungsmäßiger Buchführung auszuweisen ist (vgl. BMF vom 12. 03. 2010 BStBl I 2010, 239; Details s. I B).

Die allgemeinen Grundsätze zur Aktivierung, Passivierung und Bewertung der einzelnen Bilanzposten wurden durch das BilMoG nicht geändert und sind für die steuerliche Gewinnermittlung maßgeblich. Allerdings ist stets zu prüfen, ob nicht spezielle steuerliche Vorschriften existieren, die dem allgemeinen Maßgeblichkeitsgrundsatz vorgehen (BMF vom 12.03.2010 a. a. O., Rz. 2).

Dabei gelten folgende Grundsätze: **Handelsrechtliche Aktivierungsgebote** und **Aktivierungswahlrechte** führen zu Aktivierungsgeboten in der Steuerbilanz, es sei denn, die Aktivierung in der Steuerbilanz ist aufgrund einer steuerlichen Regelung ausgeschlossen (BMF vom 12.03.2010 a. a. O., Rz. 3).

BEISPIELE

a) Ein Unternehmen erwirbt ein Gewerbegrundstück für 500 000 € zzgl. Nebenkosten i. H. v. 50 000 € und errichtet auf diesem Gelände eine Halle. Die Herstellungskosten betragen 800 000 €.

LÖSUNG Nach § 253 Abs. 1 HGB besteht ein handelsrechtliches Aktivierungsgebot. Das Grundstück darf höchstens mit den Anschaffungskosten angesetzt werden. Die Anschaffungskosten beinhalten nach Handelsrecht stets auch die Anschaffungsnebenkosten (§ 255 Abs. 1 Satz 2 HGB). Damit ist das Grundstück in der Handelsbilanz mit 550 000 € zu aktivieren. Aufgrund der Maßgeblichkeit (§ 5 Abs. 1 EStG) ist dieser Wert auch in der Steuerbilanz auszuweisen. Die Herstellungskosten der Halle sind nach § 255 Abs. 2 HGB zwingend zu aktivieren. Die Halle ist sonach in der Handelsbilanz mit 800 000 € einzubuchen. Aufgrund der Maßgeblichkeit gilt dieser Ansatz auch in der Steuerbilanz.

b) Ein Unternehmen meldet eine Erfindung zum Patent an. Die Entwicklungskosten belaufen sich auf 1,8 Mio. €.

LÖSUNG Nach § 248 Abs. 2 HGB können selbst geschaffene immaterielle Vermögensgegenstände des Anlagevermögens als Aktivposten in die Handelsbilanz aufgenommen werden (Aktivierungswahlrecht). Nach dem Grundsatz der Maßgeblichkeit müsste das Patent auch in der Steuerbilanz mit 1,8 Mio. € aktiviert werden. Dem steht aber § 5 Abs. 2 EStG (= lex specialis zu § 5 Abs. 1 EStG) entgegen. Danach darf das Patent in der Steuerbilanz nicht aktiviert werden, da es nicht entgeltlich erworben wurde.

Handelsrechtliche Passivierungsgebote sind – vorbehaltlich steuerlicher Vorschriften – auch für die steuerliche Gewinnermittlung maßgeblich.

BEISPIELE

a) Ein Unternehmen hat das Grundwasser durch Chemikalien erheblich verunreinigt. Die zuständige Behörde hat das Unternehmen aufgefordert, entsprechende Maßnahmen zur Beseitigung der Umweltverschmutzung einzuleiten.

LÖSUNG Nach § 249 HGB muss das Unternehmen eine Rückstellung für die Beseitigung der Umweltlasten in seiner Handelsbilanz passivieren. Nach § 5 Abs. 1 EStG muss diese Rückstellung – sowohl dem Grunde als auch der Höhe nach – auch in der Steuerbilanz ausgewiesen werden.

b) Ein Unternehmen hat dem Geschäftsführer eine Pension zugesagt.

LÖSUNG Nach §§ 249, 253 Abs. 2 HGB ergibt sich unter Berücksichtigung eines durchschnittlichen Marktzinssatzes eine Rückstellung i. H. v. 200 000 €, die zwingend zu passivieren ist (handelsrechtliches Passivierungsgebot). Nach § 5 Abs. 1 EStG ist damit auch in der Steuerbilanz zwingend eine Pensionsrückstellung auszuweisen. Bezüglich der Höhe der Rückstellung gilt aber die Spezialvorschrift des § 6a EStG (= lex specialis zu § 5 Abs. 1 EStG). Damit ergibt sich in der Regel in der Steuerbilanz ein anderer Rückstellungsbetrag.

Handelsrechtliche **Passivierungsverbote** und **Passivierungswahlrechte** führen zu Passivierungsverboten in der Steuerbilanz (BMF vom 12.03.2010 a. a. O., Rz. 4).

Bewertungswahlrechte, die in der Handelsbilanz ausgeübt werden können, ohne dass eine eigenständige steuerliche Regelung besteht, wirken aufgrund des Maßgeblichkeitsgrundsatzes auch auf den Wertansatz in der Steuerbilanz (BMF vom 12. 03. 2010 a. a. O., Rz. 5).

BEISPIEL

Eine Bauunternehmung verfügt über einen Bestand an Baugerüsten, der laufend durch Zukauf einzelner Teile (Rahmen, Trittbretter, Leitern etc.) ergänzt wird. Aufgrund von Verschleiß müssen laufend Einzelteile aussortiert werden.

LÖSUNG Nach § 240 Abs. 3 HGB kann ein sog. Festwert gebildet werden, da die Gerüstteile regelmäßig ersetzt werden und ihr Gesamtwert für das Unternehmen von nachrangiger Bedeutung ist. Der Festwert ist in der Handelsbilanz zu aktivieren. Der Erwerb einzelner Teile kann sofort als Betriebsausgabe geltend gemacht werden. Da zur Festwert-Bildung keine steuerlichen Regelungen existieren, kann nach dem Maßgeblichkeitsgrundsatz auch in der Steuerbilanz ein Festwert gebildet werden.

Nach Abschaffung der umgekehrten Maßgeblichkeit (§ 5 Abs. 1 Satz 2 EStG in der bis zum VZ 2008 geltenden Fassung) enthält der neue § 5 Abs. 1 Satz 2 EStG keinen Hinweis auf die Handelsbilanz mehr (BMF vom 12. 03. 2010 a. a. O., Rz. 12). Damit können Wahlrechte, die nur steuerlich bestehen, unabhängig vom handelsrechtlichen Wertansatz ausgeübt werden.

BEISPIEL

Ein Unternehmen erwirbt für 2 Mio. € ein Grundstück, um dort einen Verbrauchermarkt zu errichten. Der Bebauungsplan wird geändert und die Errichtung eines Verbrauchermarktes ausgeschlossen. Das Grundstück ist dauerhaft lediglich 500 000 € wert.

LÖSUNG Nach § 253 Abs. 3 Satz 3 HGB muss das Grundstück in der Handelsbilanz auf dem voraussichtlich dauernd niedrigeren Wert abgeschrieben werden (Vorsichtsprinzip). Nach § 6 Abs. 1 Nr. 2 EStG ist die Teilwertberichtigung in der Steuerbilanz nicht zwingend vorzunehmen (steuerliches Wahlrecht). Damit kann das Grundstück in der Handelsbilanz mit 500 000 € und in der Steuerbilanz mit 2 Mio. € aktiviert sein.

2.2.2 Latente Steuern

Die Steuerrückstellung wird stets auf der Basis des steuerlichen Einkommens (§ 8 KStG) berechnet. Weicht der handelsrechtliche Jahresüberschuss vom steuerlichen Einkommen ab, so stimmt die Steuerrückstellung in der Handelsbilanz nicht mehr mit dem Jahresüberschuss überein. Um diese Differenzen handelsrechtlich darstellen zu können, wurde § 274 HGB durch das BilMoG neu geregelt (zur Anwendung vgl. Art. 66 Abs. 3 EGHGB).

BEISPIEL

Der Jahresüberschuss der X-GmbH beträgt (vor Steuerrückstellung) 100 000 €; das steuerliche Einkommen beläuft sich auf 300 000 €, da Betriebsausgaben steuerlich nicht anerkannt wurden. Bei einem durchschnittlichen Steuersatz für Gewerbesteuer, Körperschaftsteuer und Solidaritätszuschlag i. H. v. 30 % ergibt sich eine Steuerrückstellung i. H. v. (300 000 € × 30 % =) 90 000 €. Unter Berücksichtigung der Steuerrückstellung ergibt sich ein endgültiger Jahresüberschuss i. H. v. (100 000 € ./. 90 000 =) 10 000 €. Bezogen auf diese 10 000 € ist die Steuerrückstellung zu hoch. Hier greift nun die Korrektur über das handelsrechtliche Rechtsinstitut der latenten Steuern.

Latente Steuern sind ein Bilanzposten, der nach **§ 274 HGB** in der Handelsbilanz gebucht wird, wenn zwischen den handelsrechtlichen Wertansätzen von Vermögensgegenständen, Schulden und Rechnungsabgrenzungsposten und ihren steuerlichen Wertansätzen Differenzen bestehen, die sich in späteren Geschäftsjahren voraussichtlich abbauen.

BEISPIEL

Im obigen Beispiel wird sich die Nichtanerkennung von Betriebsausgaben im Steuerrecht (z. B. Bestechungsgelder) in späteren Geschäftsjahren nicht abbauen. Daher ist in diesem Beispiel die Buchung latenter Steuern schon aus diesem Grund ausgeschlossen.

Ist aufgrund der unterschiedlichen Ansätze die Steuerrückstellung zu niedrig, so ist ein Posten »**passive latente Steuern**« (vgl. § 266 Abs. 3 E HGB) zu buchen. Der Aufwand aus der Einbuchung passiver latenter Steuern ist in der Gewinn- und Verlustrechnung gesondert unter dem Posten »Steuern vom Einkommen und vom Ertrag« auszuweisen (§ 274 Abs. 2 Satz 3 i. V. m. § 275 Abs. 2 Nr. 18 HGB). Damit wird letztlich in der Handelsbilanz die Steuerbelastung vorweg genommen, die sich ergibt, wenn sich die Differenz zwischen der Handels- und der Steuerbilanz in späteren Wirtschaftsjahren abbaut.

BEISPIEL

Der handelsrechtliche Jahresüberschuss der X-GmbH im Wirtschaftsjahr 1 beträgt vorläufig 500 000 €. Der Ertrag soll vollständig aus dem Verkauf eines Grundstücks A entstanden sein (Buchwert 100 000 € / Verkaufserlös 600 000 €). In der Steuerbilanz bildet die GmbH eine zulässige Rücklage nach § 6b EStG i. H. v. 500 000 €. Damit beträgt das steuerliche Einkommen 0 €; die Steuerrückstellung ist ebenfalls mit 0 € anzusetzen. In der Handelsbilanz sind aber passive latente Steuern i. H. d. Differenz zwischen Handels- und Steuerbilanz anzusetzen, also (500 000 € × 30 % =) 150 000 €. Da passive latente Steuern in der Gewinn- und Verlustrechnung einen steuerlichen Aufwand darstellen, beträgt der endgültige handelsrechtliche Jahresüberschuss 350 000 €. Damit hat die GmbH in ihrer Bilanz eine Steuerbelastung vorweggenommen, die in späteren Wirtschaftsjahren entstehen wird, wie die Fortsetzung des Beispiels zeigt.

Das Unternehmen erwirbt im Wirtschaftsjahr 2 ein neues Grundstück B für 600 000 €. In der Handelsbilanz ist dieses Grundstück mit 600 000 € zu aktivieren. In der Steuerbilanz ist die Rücklage nach § 6b EStG auf die Anschaffungskosten des Grundstücks zu übertragen, so dass dieses mit (600 000 € ./. 500 000 € =) 100 000 € anzusetzen ist.

Wird nun dieses Grundstück im Wirtschaftsjahr 3 für 600 000 € veräußert, so entsteht handelsrechtlich kein Gewinn. Steuerrechtlich wird aber ein Gewinn i. H. v. (600 000 € ./. 100 000 € =) 500 000 € realisiert. Dies führt nun zu einer Steuerrückstellung i. H. v. (500 000 € × 30 % =) 150 000 €. In der Handelsbilanz wird nun die Steuerrückstellung gewinnmindernd eingebucht, gleichzeitig werden aber die passiven latenten Steuern aufgelöst (= Ertrag i. H. v. 150 000 €). Damit ist die Belastung bei Veräußerung des Grundstücks B in der Handelsbilanz neutral. Die GmbH hat in ihrer Handelsbilanz die Steuerbelastung über die Buchung der passiven latenten Steuern bereits vorweggenommen.

Ist aufgrund der unterschiedlichen Ansätze die Steuerrückstellung zu hoch, so kann nach § 274 Abs. 1 Satz 2 HGB ein Posten »**aktive latente Steuern**« gewinnerhöhend gebucht werden (vgl. § 266 Abs. 2 D HGB). Im Gegensatz zum zwingenden Ansatz passiver latenter Steuern, besteht bezüglich der Buchung aktiver latenter Steuern ein **Wahlrecht**. Letztlich ist dies eine Ausprägung des handelsrechtlichen Vorsichtsprinzips.

BEISPIEL

Die Y-GmbH erzielt im Wj. 01 einen handelsrechtlichen Jahresüberschuss von vorläufig 2 Mio. €. In der Handelsbilanz wurde eine Rückstellung für drohende Verluste i. H. v. 500 000 € gebildet. In der Steuerbilanz ist eine derartige Rückstellung nach § 5 Abs. 4a EStG unzulässig. Dadurch beträgt das steuerliche Einkommen 2,5 Mio. €. Auf dieser Basis ergibt sich eine Steuerrückstellung i. H. v. (2,5 Mio. € × 30 % =) 750 000 €. Bezogen auf den Jahresüberschuss von 2 Mio. € ist diese Rückstellung zu hoch. Daher können aktive latente Steuern i. H. d. Differenz (500 000 € × 30 % =) 150 000 € gebucht werden. Damit beträgt der endgültige handelsrechtliche Jahresüberschuss (2 Mio. € abzüglich Steuerrückstellung 750 000 € und zzgl. aktive latente Steuern 150 000 € =) 1,4 Mio. €.

Auch hier zeigt sich, dass die Buchung der aktiven latenten Steuern lediglich eine Steuerentlastung vorwegnimmt, die in der Steuerbilanz später entstehen wird. Dies zeigt die Fortführung des Beispiels. Im Wj. 02 realisiert sich der Verlust. Steuerlich wirkt sich der nun realisierte Verlust durch eine Steuerminderung i. H. v. (500 000 € × 30 % =) 150 000 € im Wj. 02 aus. In der Handelsbilanz wurde über die Buchung latenter Steuern diese Steuerminderung bereits vorweggenommen. Mit Realisierung des Verlustes ist daher in der Handelsbilanz die Rückstellung für Drohverluste und der Posten aktive latente Steuern aufzulösen. Im Gegenzug wirkt sich die Steuerentlastung über eine Verminderung der Steuerrückstellung aus.

Aktive latente Steuern und passive latente Steuern können grundsätzlich nach § 274 Abs. 1 Satz 3 HGB getrennt bilanziert werden. Es ist aber auch möglich, den Saldo zu bilden. Führt der Saldo zu einem Überschuss passiver latenter Steuern, so müssen diese bilanziert werden. Ergibt der Saldo einen Überschuss aktiver latenter Steuern, so besteht ein Bilanzierungswahlrecht.

Kleine Kapitalgesellschaften sind gemäß § 274a Nr. 5 HGB vom Ansatz latenter Steuern befreit. Sie können aber freiwillig die Vorschrift des § 274 HGB anwenden.

2.2.3 Notwendigkeit steuerlicher Ausgleichsposten

Die handelsrechtlichen und die steuerlichen Bilanzierungsvorschriften laufen immer weiter auseinander (s. o.). Auf der einen Seite steht das handelsrechtliche Vorsichtsprinzip (§ 252 Abs. 1 Nr. 4 HGB), auf der anderen Seite das fiskalische Interesse an hohen Steuereinnahmen.

Aufgrund des Maßgeblichkeitsgrundsatzes muss der Posten »Jahresüberschuss« aus der Handelsbilanz in die Steuerbilanz übernommen werden. Damit kann sich in der Steuerbilanz ein Korrekturbedarf ergeben, wenn Aktiv- oder Passivposten nicht mit der Handelsbilanz übereinstimmen. Hierzu wird entweder ein aktiver oder ein passiver steuerlicher Ausgleichsposten in die Steuerbilanz aufgenommen. Der steuerliche Ausgleichsposten hat grundsätzlich keine steuerlichen Folgen, sondern dient letztlich nur dazu, die Steuerbilanz abschließen zu können.

BEISPIELE

a) Die Handelsbilanz der Y-GmbH sieht zum 31. 12. 2016 wie folgt aus:

Aktiva			Passiva
Grundstück	100 000 €	Gezeichnetes Kapital	50 000 €
Diverse Wirtschaftsgüter	500 000 €	Jahresüberschuss	400 000 €
		Verbindlichkeiten	150 000 €

Das Grundstück wurde ursprünglich für 300 000 € erworben. Aufgrund einer unstreitig vorliegenden dauernden Wertminderung wurde nach § 253 Abs. 3 Satz 3 HGB eine außerplanmäßige Abschreibung auf den 31. 12. 2016 vorgenommen.

LÖSUNG In der Steuerbilanz will die GmbH zulässigerweise nach § 6 Nr. 2 Satz 2 EStG von einer Teilwertabschreibung absehen. Damit ist das Grundstück in der Steuerbilanz mit 300 000 € auszuweisen. Da die Position »Jahresüberschuss« aufgrund des Maßgeblichkeitsgrundsatzes zwingend mit der Handelsbilanz übereinstimmen muss, fehlt in der Steuerbilanz auf der Passivseite ein Betrag von 200 000 €. Diesen Platz nimmt der steuerliche Ausgleichsposten ein.

Damit sieht die Steuerbilanz zum 31.12.2016 wie folgt aus:

Aktiva		Passiva	
Grundstück	300 000 €	Gezeichnetes Kapital	50 000 €
Diverse Wirtschaftsgüter	500 000 €	Jahresüberschuss	400 000 €
		Steuerlicher Ausgleichsposten	**200 000 €**
		Verbindlichkeiten	150 000 €

Bei der Ermittlung des Einkommens ist vom handelsrechtlichen Jahresüberschuss i. H. v. 400 000 € auszugehen. Da steuerlich keine Teilwertabschreibung vorgenommen wird, der Abschreibungsaufwand im Jahresüberschuss aber enthalten ist, muss dieser wieder hinzugerechnet werden. Damit beträgt das steuerliche Einkommen 600 000 €.

b) Die Handelsbilanz der Y-GmbH sieht zum 31.12.2016 wie folgt aus:

Aktiva		Passiva	
Diverse Aktiva	5 200 000 €	Stammkapital	500 000 €
		Drohverlustrückstellung	**1 800 000 €**
		Jahresüberschuss	2 900 000 €

LÖSUNG Eine Drohverlustrückstellung muss wegen des handelsrechtlichen Vorsichtsprinzips nach § 249 Abs. 1 HGB gebildet werden.
Steuerlich verbietet § 5 Abs. 4a EStG die Bildung von Drohverlustrückstellungen. Damit kann die Steuerbilanz nur folgendermaßen aufgestellt werden:

Aktiva		Passiva	
Diverse Aktiva	5 200 000 €	Stammkapital	500 000 €
		Steuerlicher Ausgleichsposten	**1 800 000 €**
		Jahresüberschuss	2 900 000 €

Das steuerliche Einkommen ist wie folgt zu berechnen:

Jahresüberschuss	2 900 000 €
Korrektur Rückstellung	1 800 000 €
Steuerliches Einkommen	4 700 000 €

Wird die Drohverlustrückstellung später aufgelöst, erhöht sich der handelsrechtliche Jahresüberschuss um 1,8 Mio. €. Bei der Berechnung des steuerlichen Einkommens ist dieser Betrag aber wieder zu korrigieren. In der Bilanz erscheinen dann die Drohverlustrückstellung bzw. der steuerliche Ausgleichsposten nicht mehr.

2.3 Verdeckte Gewinnausschüttungen

Schuldrechtliche Verträge zwischen Gesellschafter und Kapitalgesellschaft (z. B. Arbeits-, Miet- oder Darlehensverträge) bewirken eine **Steuerverlagerung** von der Kapitalgesellschaft auf den Gesellschafter. Damit stellt sich die Frage, ob sich die Verlagerung insgesamt (also für Gesellschafter und GmbH saldiert) steuerlich lohnt.

BEISPIELE

a) Eine GmbH hat einen vorläufigen Jahresüberschuss i. H. v. 100 000 €. Sie schließt mit ihrem Gesellschafter-Geschäftsführer einen Arbeitsvertrag ab. Der Geschäftsführer bekommt in ein (sozialversicherungsfreies) Gehalt i. H. v. 100 000 €.

LÖSUNG Auf der Ebene der GmbH mindert das Gehalt den Jahresüberschuss und das Einkommen um 100 000 € auf 0 €. Damit muss die Gesellschaft keine Steuern bezahlen.

Auf der anderen Seite muss der Gesellschafter das
Gehalt versteuern:

Einkommensteuer (100 000 € × 42 % =)	42 000 €
SolZ (5,5 % × 42 000 € =)	2 310 €
Steuerbelastung Gesellschafter	**44 310 €**
Es bleiben ihm netto	55 690 €

b) Wie Beispiel a), die GmbH zahlt dem Gesellschafter-Geschäftsführer aber kein Gehalt (seine organschaftliche Stellung als Geschäftsführer wird davon nicht berührt).

LÖSUNG Damit erzielt die GmbH einen Jahresüberschuss i. H. v. 100 000 € und kann nach Abzug der Steuerbelastung folgende Dividende ausschütten:

Jahresüberschuss vor Steuern		100 000 €
Gewerbesteuer (100 000 € × 3,5 % × 400 % =)	./.	14 000 €
Körperschaftsteuer (100 000 € × 15 % =)	./.	15 000 €
SolZ (15 000 € × 5,5 % =)	./.	825 €
Mögliche Dividende		70 175 €
Steuerbelastung		**29 825 €**

Der Gesellschafter erhält eine Dividende i. H. v. 70 175 €. Diese fällt natürlich geringer aus als das Gehalt, da die Steuerbelastung auf der Ebene der GmbH das Ausschüttungsvolumen vermindert.

Der Gesellschafter kann nun die Abgeltungsteuer in Anspruch nehmen:

Dividende		70 175 €
Abgeltungsteuer (70 175 € × 25 % =)	./.	17 544 €
SolZ (5,5 % × 17 544 € =)	./.	965 €
Es verbleiben ihm netto		51 666 €
Steuerbelastung Gesellschafter		**18 509 €**

Die Gesamtsteuerbelastung (GmbH und Gesellschafter) beläuft sich auf (29 825 € + 18 509 € =) **48 334 €**. Gegenüber Beispiel a) bedeutet dies einen **Nachteil** von (48 334 € ./. 44 310 € =) **4 024 €**.

Die beiden Beispiele zeigen, dass es sich steuerlich – selbst bei einem Spitzensteuersatz des Gesellschafters – lohnt, schuldrechtliche Verträge zwischen Gesellschafter und Gesellschaft zu schließen. Noch interessanter wird der Vorteil dann, wenn es gelingt, die Steuerbelastung auf Personen abzuwälzen, die unter den Grundfreibetrag fallen (z. B. minderjährige Kinder) oder im niedrig besteuerten Ausland leben.

Daher ist die Prüfung schuldrechtlicher Vereinbarungen zwischen Kapitalgesellschaft und Gesellschafter bei Betriebsprüfungen regelmäßig Prüfungsgegenstand und führt häufig zu Streit. Die Rechtsprechung zu diesem Thema ist mittlerweile kaum mehr zu überschauen. Schon der RFH hat sich mit dieser Problematik befasst; so führt z. B. der RFH bereits in einem Urteil vom 10. 07. 1934 RFHE 36, 315 ff. aus: »Errichtet eine Gesellschaft für ihren Gesellschafter-Geschäftsführer mit einem über das Normale hinausgehenden Kostenaufwand ein Wohnhaus, so kann der Unterschied zwischen dem Wert, den die Gesellschaft im Falle der Veräußerung des Hauses erhalten würde, und den Herstellungskosten eine **verdeckte Gewinnausschüttung** darstellen …«.

Das Rechtsinstitut der vGA ist rein steuerrechtlicher Natur. Auf die Berechnung des (handelsrechtlichen) Jahresüberschusses hat eine vGA keinen Einfluss.

BEISPIEL

Gesellschafter G gewährt der X-GmbH ein Darlehen über 1 Mio. € zu einem Zinssatz von 4 %; angemessen und marktüblich wären lediglich 2 %.
LÖSUNG Die GmbH bucht die gesamten Zinsen als Aufwand (BS: Zinsaufwand 40 000 € an Bank). Der Jahresüberschuss mindert sich um 40 000 €. Steuerlich liegt i. H. v. 20 000 € eine vGA vor. Die Korrektur erfolgt dadurch, dass dem Jahresüberschuss außerbilanziell 20 000 € hinzugerechnet werden. Das Einkommen der GmbH erhöht sich damit um 20 000 €.

Bei vGA ist streng zwischen den Auswirkungen auf die Kapitalgesellschaft und den Folgen beim Gesellschafter zu unterscheiden. Nicht jede vGA führt beim Gesellschafter zu einem **Zufluss** (§ 11 EStG) von Dividende (§ 20 Abs. 1 Nr. 1 EStG). Der Gesellschafter muss die vGA nur versteuern, wenn er wirtschaftlich über sie verfügen kann.

BEISPIEL

Die Z-GmbH gewährt ihrem Gesellschafter-Geschäftsführer unmittelbar nach der Gründung eine Pensionszusage und bildet dafür im Wj. 2016 eine Pensionsrückstellung.
LÖSUNG Mangels Einhaltung einer Probezeit (Details s. D 1.10 ff.) stellt die Zusage eine verdeckte Gewinnausschüttung dar. Das Einkommen der GmbH ist außerbilanziell zu erhöhen. Der Gesellschafter muss die vGA aber in 2016 nicht versteuern, da er über die Pension wirtschaftlich nicht verfügen kann. Wird ihm die Pension später ausbezahlt, so muss er insoweit einen Teil nach § 20 Abs. 1 Nr. 1 EStG versteuern.

Streitig war lange Zeit, ob in grenzüberschreitenden Fällen die Regelungen der Doppelbesteuerungsabkommen Vorrang vor § 8 Abs. 3 Satz 2 KStG haben. Nach der Rechtsprechung (BFH vom 11. 10. 2012, I R 75/11, BFH/NV 2013, 324) entfalten die Regelungen der DBA (hier: Art. 9 Abs. 1 OECD-Musterabkommen = Art. 6 Abs. 1 DBA Niederlande; Grundsatz des »dealing at arms length«) bei verbundenen Unternehmen eine Sperrwirkung gegenüber den sog. Sonderbedingungen, denen beherrschende Unternehmen im Rahmen der Einkommenskorrektur nach § 8 Abs. 3 Satz 2 KStG bei Annahme einer verdeckten Gewinnausschüttung unterworfen sind.

BEISPIEL

Beispiel nach BFH vom 11. 10. 2012 a. a. O.:
Die deutsche T-GmbH betreibt eine Spedition. Alleinige Gesellschafterin der T-GmbH ist die niederländische M-B. V.(Muttergesellschaft = niederländische Kapitalgesellschaft). Mit Rechnung vom 31. 12. 2014 machte die Muttergesellschaft Aufwendungen i. H. v. 70 000 € für die konzerninterne Erbringung von Dienstleistungen im Jahr 2014 gegen Kostenumlage geltend. Es bestehen keine Zweifel, dass die Muttergesellschaft diese Leistungen tatsächlich erbracht hat und dass die in Rechnung gestellte Vergütung angemessen ist. Die entsprechende vertragliche Vereinbarung wurde allerdings erst im Dezember 2014 getroffen. Streitig war, ob eine verdeckte Gewinnausschüttung aufgrund eines Verstoßes gegen das sog. Rückwirkungsverbot vorliegt.
LÖSUNG Art. 9 des OECD-Musterabkommen sieht vor, dass bei voneinander abhängigen Unternehmen die wirtschaftlichen oder finanziellen Bedingungen wie unter fremden Dritten vereinbart werden müssen. Art. 9 OECD-Musterabkommen regelt aber ausdrücklich nur die wirtschaftlichen oder finanziellen Bedingungen und sieht dementsprechend eine Gewinnkorrektur vor. Art. 9 OECD-Musterabkommen enthält aber keine Regelungen bezüglich des Rückwirkungsverbots. Obwohl damit der Tatbestand grundsätzlich unter § 8 Abs. 3 Satz 2 KStG fällt (die Tochtergesellschaft ist ja eine deutsche Kapitalgesellschaft), entfaltet Art. 9 OECD-Musterabkommen bzw. Art. 6 DBA Nie-

derlande eine Sperrwirkung dahingehend, dass die Frage der Rückwirkung im Rahmen der vGA nicht geprüft werden darf. Mit anderen Worten: Die Regeln der DBA sind lex specialis gegenüber § 8 Abs. 3 Satz 2 KStG.

Ebenfalls streitig war das Verhältnis zwischen vGA und Korrekturen nach § 1 AStG (Fremdvergleichsgrundsatz; vgl. z. B. BFH vom 17. 02. 1993 BStBl II 1993, 457 zur alten Rechtslage). Durch das Unternehmensteuerreformgesetz 2008 wurde in § 1 Abs. 1 AStG eine Regelung aufgenommen, wonach neben der Anwendung des Fremdvergleichsgrundsatzes weitergehende Berichtigungen (z. B. wegen vGA) durchgeführt werden können.

2.3.1 Tatbestand einer verdeckten Gewinnausschüttung

Eine vGA i. S. d. § 8 Abs. 3 Satz 2 KStG ist eine Vermögensminderung oder verhinderte Vermögensmehrung, die durch das Gesellschaftsverhältnis veranlasst ist, sich auf die Höhe des Unterschiedsbetrags i. S. d. § 4 Abs. 1 Satz 1 EStG auswirkt und nicht auf einem den gesellschaftsrechtlichen Vorschriften entsprechenden Gewinnverteilungsbeschluss beruht (R 8.5 Abs. 1 KStR).

2.3.1.1 Vermögensminderung oder verhinderte Vermögensmehrung

Eine vGA kann nur dann angenommen werden, wenn bei der GmbH eine tatsächliche Vermögensminderung eingetreten ist oder eine Vermögensmehrung verhindert wurde.

BEISPIELE

a) Eine GmbH veräußert an ihren Geschäftsführer ein Grundstück für 200 000 €, obwohl der Verkehrswert 250 000 € beträgt.
LÖSUNG Das Vermögen der GmbH wurde um 50 000 € gemindert, da einem Abgang des Grundstücks mit 250 000 € nur ein Zuwachs im Bankkonto von 200 000 € entgegensteht. Damit liegt eine vGA vor.

b) Eine GmbH vermietet an ihren Gesellschafter eine Wohnung für 500 € monatlich, obwohl ein Mietzins von 800 € monatlich angemessen wäre.
LÖSUNG Hätte die GmbH den Mietvertrag zu Konditionen abgeschlossen, wie sie unter fremden Dritten üblich sind, dann hätte sich das Vermögen der GmbH im Wj. um (12 × 300 € =) 3 600 € erhöht. Insoweit liegt eine vGA vor.

2.3.1.1.1 Rückgängigmachung der verdeckten Gewinnausschüttung

Eine Vermögensminderung oder verhinderte Vermögensmehrung wird nicht dadurch ausgeschlossen oder rückgängig gemacht, dass der Gesellschafter den Betrag der vGA an die Gesellschaft nachzahlen bzw. zurückzahlen muss.

In vielen Gesellschaftsverträgen finden sich entsprechende Klauseln. Diese sind gesellschaftsrechtlich sinnvoll, da damit ein Streit unter den Gesellschaftern über ungerechtfertigte Zuwendungen an einzelne Gesellschafter vermieden werden kann.

Steuerrechtlich vermögen derartige Vereinbarungen eine vGA weder zu verhindern noch rückgängig zu machen (vgl. BFH vom 25. 05. 1999 BStBl II 2001, 226 und vom 29. 08. 2000 BStBl II 2001, 173).

Die Rückzahlung einer vGA durch den Gesellschafter, an den verdeckt ausgeschüttet worden war, stellt nämlich – ebenso wie bei der Rückzahlung einer offenen Ausschüttung – eine **verdeckte Einlage** in die Kapitalgesellschaft dar. Entscheidend hierfür ist, dass die Rückzahlung der vGA – wie diese selbst – ihre Ursache in dem Gesellschaftsverhältnis hat. Die steuerlichen Rechtsfolgen hängen nicht davon ab, ob die Rückzahlung auf einer gesetzlichen Verpflichtung (§ 62 AktG; § 31 GmbHG) oder auf einer Vereinbarung zwischen der Kapitalgesellschaft und dem Gesellschafter beruht oder ob sie freiwillig erfolgt.

Als Einlage wirkt sich die Rückzahlung nicht auf die Höhe des Einkommens der Kapitalgesellschaft aus (§ 8 Abs. 3 Satz 3 KStG). Die Einlage ist als Zuführung im steuerlichen Einlagekonto (§ 27 KStG) zu behandeln und führt beim Gesellschafter zu nachträglichen Anschaffungskosten i. S. d. § 17 EStG. Ein Abzug als negative Einnahmen ist ausgeschlossen (BFH vom 18. 02. 1966 BStBl III 1966, 250).

2.3.1.1.2 Vorteilsausgleich

Erleidet die Kapitalgesellschaft einen Vermögensnachteil, der grundsätzlich als vGA zu beurteilen ist, erhält sie gleichzeitig aber von ihrem Gesellschafter Leistungen, die nicht wie unter fremden Dritten abgerechnet werden, so stellt sich die Frage, ob Vorteil und Nachteil saldiert werden können (sog. Vorteilsausgleich).

BEISPIEL

Gesellschafter G vermietet an die GmbH eine Halle für monatlich 1 500 €. Als es der GmbH finanziell schlecht geht, reduziert er den Mietzins auf 200 € monatlich. Gleichzeitig vereinbart er, dass ihm die GmbH unentgeltlich Räume zu Wohnzwecken überlässt. Die angemessene Miete hierfür liegt bei 800 € monatlich.

Es stellt sich nun die Frage, ob die vGA wegen der Überlassung der Wohnräume mit dem Vorteil, den die GmbH aus der verbilligten Überlassung der Halle erzielt, saldiert werden kann.

LÖSUNG Die unentgeltliche Überlassung der Wohnräume steht hier in einem engen wirtschaftlichen Zusammenhang mit der verbilligten Überlassung der Halle. Man könnte auch die Überlassung der Wohnräume als Mietzahlung für die Halle werten. In diesem Falle kann saldiert werden. Da G einen Vorteil von monatlich 800 € erhält, gleichzeitig aber der GmbH einen Vorteil von 1 300 € zuwendet, liegt keine vGA vor.

Die Rechtsprechung bejaht grundsätzlich die Möglichkeit des Vorteilsausgleichs, wenn Leistung und Gegenleistung aus den auszugleichenden Rechtsgeschäften so eng zusammenhängen, dass sie **wirtschaftlich** als ein **einheitliches Geschäft** anzusehen sind (BFH vom 08. 06. 1977 BStBl II 1977, 704).

Die Rechtsprechung sieht aber den Vorteilsausgleich als Ausnahme an. Im Grundsatz sind Verträge zwischen Gesellschaft und Gesellschafter jeweils getrennt zu beurteilen (kein Vorteilsausgleich zwischen Gehaltsnachzahlung und unentgeltlicher Überlassung von Geschäftsräumen, BFH vom 03. 04. 1974 BStBl II 1974, 497; kein Vorteilsausgleich zwischen überhöhtem Gehalt an die Ehefrau und Gehaltsverzicht des Ehemannes als Gesellschafter-Geschäftsführer, BFH vom 07. 12. 1988 BStBl II 1988, 248).

Die Grundsätze des Vorteilsausgleichs können nur dann zum Zuge kommen, wenn die gegenseitig gewährten Vermögensvorteile jeweils auf schuldrechtlicher Grundlage erbracht werden (BFH vom 21. 08. 2007 I R 27/07 n. v.).

Die Möglichkeit eines Vorteilsausgleiches ist bei **beherrschenden Gesellschaftern** grundsätzlich ausgeschlossen, da ein Vorteilsausgleich bei diesen nur berücksichtigt werden könnte, wenn hierüber eine im Voraus getroffene klare und eindeutige Vereinbarung bestünde (BFH vom 07. 12. 1988 BStBl II 1989, 248; vom 13. 10. 1999 BFH/NV 2000, 750).

2.3.1.1.3 Schadenersatzforderungen

Eine vGA kann nur dann vorliegen, wenn die Gesellschaft einen Vermögensnachteil erleidet oder ein Vermögenszuwachs verhindert wird. Macht sich ein Gesellschafter gegenüber der Gesellschaft schadenersatzpflichtig, und aktiviert die Gesellschaft in ihrer Bilanz keinen Schadenersatzanspruch gegen den Gesellschafter, so ist die Bilanz zu berichtigen (§ 4 Abs. 2 Satz 1 EStG). Kann die Gesellschaft den Schadenersatzanspruch aktivieren, so fehlt es an einem Vermögensnachteil und damit an den Tatbestandsvoraussetzungen einer vGA (so zu Recht BFH vom 18. 12. 1996 BFHE 182, 190).

BEISPIEL

G ist Gesellschafter-Geschäftsführer einer Immobilien-GmbH. In dieser Funktion erfährt er von einem lukrativen Geschäft. Er gibt seiner Lebensgefährtin L, die ebenfalls ein Immobilienbüro betreibt, einen Hinweis auf das Objekt. L erzielt mit diesem Geschäft einen Gewinn von 125 000 €, den die GmbH auch hätte erzielen können. Die GmbH aktiviert in ihrer Bilanz keine Schadenersatzansprüche.

LÖSUNG Da die GmbH aus der Verletzung des Gesellschaftsvertrags Ersatzansprüche gegen G hat, müssen diese aktiviert werden. Insoweit kann keine vGA vorliegen.

Verzichtet die Gesellschaft (ausdrücklich oder konkludent) auf die Geltendmachung der zivilrechtlichen Ersatzansprüche, so liegt im Verzicht eine vGA, da ein fremder Dritter derartige Ansprüche – notfalls gerichtlich – durchsetzen würde.

2.3.1.2   Veranlassung durch das Gesellschaftsverhältnis

Eine Veranlassung durch das Gesellschaftsverhältnis liegt dann vor, wenn ein ordentlicher und gewissenhafter Geschäftsführer (§ 93 Abs. 1 Satz 1 AktG, § 43 Abs. 1 GmbHG, § 34 Abs. 1 Satz 1 GenG) die Vermögensminderung oder verhinderte Vermögensmehrung gegenüber einer Person, die nicht Gesellschafter ist, unter sonst gleichen Umständen nicht hingenommen hätte (BFH vom 17. 05. 1995 BStBl II 1996, 204 m. w. N.).

2.3.1.2.1 Beherrschende Gesellschafter

Vereinbarungen mit beherrschenden Gesellschaftern müssen, um steuerlich wirksam zu sein, im **Vorhinein klar und eindeutig** getroffen sein. Ohne eine klare und eindeutige Vereinbarung kann eine Gegenleistung nicht als schuldrechtlich begründet angesehen werden (ständige Rechtsprechung s. BFH vom 18. 12. 2002 BFH/NV 2003, 824 und vom 24. 03. 1990 BStBl II 1990, 795). In einem solchen Fall besteht wegen des fehlenden Interessengegensatzes zwischen der Gesellschaft und dem beherrschenden Gesellschafter die Möglichkeit, den Gewinn der Gesellschaft mehr oder weniger beliebig festzusetzen und ihn so zu beeinflussen, wie es bei der steuerlichen Gesamtbetrachtung der Einkommen der Gesellschaft einerseits und des Gesellschafters andererseits am günstigsten ist (vgl. BFH vom 26. 04. 1989 BStBl II 1989, 673).

BEISPIEL

G ist beherrschender Gesellschafter-Geschäftsführer einer GmbH. Im November beschließt die Gesellschafterversammlung, dem G eine Tantieme für das laufende Wj. (= Kalenderjahr) zu gewähren, da sich die Geschäfte der GmbH erfreulich entwickelt haben.

LÖSUNG Die Tantiemevereinbarung hätte zu Beginn des Wirtschaftsjahres getroffen werden müssen. Selbst wenn die Tantieme im Übrigen angemessen ist, liegt in voller Höhe eine vGA vor.

Ein Gesellschafter hat eine beherrschende Stellung, wenn er die Mehrheit der Stimmrechte besitzt und deshalb bei Gesellschafterversammlungen entscheidenden Einfluss ausüben kann (H 8.5 »Beherrschender Gesellschafter« KStH; BFH vom 13. 12. 1989 BStBl II 1990, 454). Eine Beteiligung von 50 % oder weniger kann eine beherrschende Stellung begründen, wenn besondere Umstände vorliegen (z. B. Stimmrechtsvereinbarungen, vgl. BFH vom 23. 10. 1985 BStBl II 1986, 195).

Ausnahmsweise können mehrere Gesellschafter als beherrschend anzusehen sein, wenn sie gleichgerichtete Interessen verfolgen (BFH vom 25. 10. 1995 BStBl II 1997, 703: zwei Gesellschafter-Geschäftsführer mit je 50 % Anteil, denen eine gleich hohe Tantieme versprochen worden war).

Ein Gesellschafter ist auch dann beherrschend, wenn er nach § 47 Abs. 4 GmbHG bei bestimmten Abstimmungen ausgeschlossen ist (BFH vom 21. 08. 1996 BStBl II 1997, 44).

2.3.1.2.2 Nahestehende Person

Im Regelfall ist eine Vermögensminderung oder verhinderte Vermögensmehrung durch das Gesellschaftsverhältnis veranlasst, wenn die Kapitalgesellschaft einem Gesellschafter einen Vermögensvorteil zuwendet, den sie bei Anwendung der Sorgfalt eines ordentlichen und gewissenhaften Geschäftsleiters einem Nichtgesellschafter nicht gewährt hätte (BFH vom 14. 03. 1990 BStBl II 1990, 795).

Der unmittelbaren Zuwendung an einen Gesellschafter steht die Zuwendung an einen Dritten gleich, wenn sie durch das Gesellschaftsverhältnis veranlasst ist. Falls der Dritte eine einem Gesellschafter nahestehende Person ist, wertet die Rechtsprechung dies als Indiz für die Veranlassung durch das Gesellschaftsverhältnis. Entscheidend ist in diesem Fall, ob die Kapitalgesellschaft dem Dritten einen Vermögensvorteil zuwendet, den sie bei Anwendung der Sorgfalt eines ordentlichen und gewissenhaften Geschäftsleiters einer Person, die dem betreffenden Gesellschafter nicht nahesteht, nicht gewährt hätte (BFH vom 18. 12. 1996 BStBl II 1997, 301).

Da das »Nahestehen« lediglich ein Indiz für eine Veranlassung durch das Gesellschaftsverhältnis ist, reicht zur Begründung des »Nahestehens« jede Beziehung zwischen einem Gesellschafter und dem Dritten aus, die den Schluss zulässt, sie habe die Vorteilszuwendung der Kapitalgesellschaft an den Dritten beeinflusst.

Derartige Beziehungen können **familienrechtlicher**, **gesellschaftsrechtlicher**, **schuldrechtlicher** oder auch rein **tatsächlicher** Art sein (H 8.5 »Nahestehende Person« KStH; BFH vom 18. 12. 1996 a. a. O.).

BEISPIEL

G ist zusammen mit A, B und C Gesellschafter einer GmbH. Außerdem ist G zusammen mit K 1 und K 2 Gesellschafter der XY-KG. Die GmbH schließt mit K1 einen Werkvertrag und zahlt einen Werklohn, der 25 % über dem Üblichen liegt.

LÖSUNG Das »Nahestehen« führt nicht automatisch zu einer vGA. Es muss immer noch die gesellschaftsrechtliche Veranlassung hinzukommen. Es besteht aber die Vermutung, dass die gesellschaftsrechtliche Beziehung zwischen G und K 1 die Vorteilszuwendung beeinflusst hat.

Je enger die Beziehung ist, umso schwerer wird die Vermutung zu widerlegen sein, das »Nahestehen« habe die Vorteilszuwendung beeinflusst.

BEISPIEL

Gesellschafterin G der XY-GmbH schließt mit ihrem Schwager einen Anstellungsvertrag, wonach dieser als Monteur einen Arbeitslohn von 75 000 € erhält, obwohl seiner Ausbildung und seiner Berufserfahrung entsprechend ein fremder dritter Arbeitgeber maximal 55 000 € gezahlt hätte.

LÖSUNG Hier dürfte es der GmbH kaum gelingen nachzuweisen, dass die familiäre Beziehung keine Auswirkung auf das überhöhte Gehalt hat.

Fließt eine vGA einer Person zu, die einem Gesellschafter nahe steht, ist die vGA **steuerrechtlich stets dem Gesellschafter als Einnahme zuzurechnen** (§§ 11, 20 Abs. 1 Nr. 1 EStG). Es spielt keine Rolle, ob der Gesellschafter durch die vGA selbst einen **Vermögensvorteil** erlangt (BFH vom 18. 12. 1996 a. a. O.; BMF vom 20. 05. 1999 BStBl I 1999, 514).

BEISPIEL

In obigem Beispiel muss G eine vGA i. H. v. 20 000 € als Einnahme versteuern (§§ 11, 20 Abs. 1 Nr. 1 EStG).

Im Gegenzug muss konsequenterweise der Schwager nach § 19 EStG lediglich 55 000 € als Einnahme versteuern (keine doppelte Besteuerung des Vorteils).

2.3.2 Bewertung der verdeckten Gewinnausschüttung

Die Kapitalgesellschaft ist im Falle einer vGA so zu stellen, wie sie stehen würde, wenn sie das Geschäft mit fremden Dritten zu angemessenen Bedingungen abgeschlossen hätte. Gegebenenfalls kann die Höhe der vGA geschätzt werden (BFH vom 25. 05. 2004 BFHE 207, 103).

Für die Bemessung der vGA ist bei Hingabe von Wirtschaftsgütern der gemeine Wert maßgebend (BFH vom 27. 11. 1974 BStBl II 1975, 306), also der Wert, der im gewöhnlichen Geschäftsverkehr im Zeitpunkt des Eintritts der vGA zu erzielen gewesen wäre. Bei Nutzungsüberlassungen bildet die erzielbare Vergütung die Grundlage für die Bewertung der vGA (BFH vom 28. 02. 1990 BStBl II 1990, 649).

Bei der Bewertung ist ein bei der Kapitalgesellschaft üblicher Gewinnaufschlag einzurechnen (vgl. BFH vom 27. 07. 2016, I R 8/15, DStR 2016, 2649 zur Vermietung eines EFH an den Gesellschafter; vGA trotz ortsüblicher Miete).

Da die vGA nach dem Entgelt zu berechnen ist, das ein ordentlicher und gewissenhafter Geschäftsleiter verlangt haben würde, schließt die vGA auch die **Umsatzsteuer** ein. Auszugehen ist also von einem Bruttobetrag (BFH vom 06. 12. 2005 BFH/NV 2006, 722). Dies gilt sowohl für die Hinzurechnung nach § 8 Abs. 3 KStG als auch für die Versteuerung durch den Gesellschafter.

BEISPIEL

(nach BFH vom 06. 12. 2005 a. a. O.)

Eine GmbH schließt mit der Ehefrau des Gesellschafters einen Beratervertrag ab, den sie mit einem fremden Dritten nicht abgeschlossen hätte. Die Ehefrau stellt der GmbH 10 000 € zzgl. 19 % USt in Rechnung.

LÖSUNG Ist die Bezahlung des Honorars als vGA zu werten, so ist das Einkommen der GmbH außerbilanziell um 11 900 € zu erhöhen, obwohl die GmbH die Vorsteuer aus der Rechnung geltend machen kann.

Der Gesellschafter (= Ehemann) versteuert nach § 20 Abs. 1 Nr. 1 EStG ebenfalls 11 900 €.

Auf Ebene des Gesellschafters ist die vGA nach § 8 Abs. 1 EStG zu bewerten. Dadurch kann sich eine andere Bewertung als bei der Gesellschaft ergeben.

BEISPIEL

(nach BFH vom 14. 07. 2004 I R 57/03 n. v.)
Eine GmbH richtet für den Gesellschafter-Geschäftsführer zu dessen 60. Geburtstag eine Geburtstagsfeier aus, an der neben Geschäftsfreunden in erheblichem Umfang auch Freunde und Familienangehörige teilnehmen. Da die GmbH mit dem Partyservice sehr häufig zusammen arbeitet, bekommt sie die Feier für 8 000 €. Diesen Betrag verbucht sie als Personalaufwand. Ein fremder Dritter hätte für diese Feier 10 000 € bezahlen müssen. Die Betriebsprüfung wertet die Aufwendungen als vGA.

LÖSUNG Auf der Ebene der GmbH ist das Einkommen außerbilanziell um 8 000 € zu erhöhen. Beim Gesellschafter ist jedoch nach §§ 20 Abs. 1 Nr. 1, 8 Abs. 2 EStG der übliche Endpreis am Abgabeort, somit 10 000 € anzusetzen. (Der BFH ist auf dieses Problem nicht näher eingegangen.)

2.3.3 Rechtsfolgen der verdeckten Gewinnausschüttung

2.3.3.1 Hinzurechnung bei der Kapitalgesellschaft

Soweit eine vGA i. S. d. § 8 Abs. 3 Satz 2 KStG vorliegt, ist sie **außerhalb der Steuerbilanz** i. R. d. Ermittlung des Einkommens der Körperschaft hinzuzurechnen (BFH vom 29. 06. 1994 BStBl II 2002, 366; BMF vom 28. 05. 2002 BStBl I 2002, 603). Im Einzelnen wirft die Hinzurechnung zahlreiche bilanzsteuerliche Fragen auf.

Ist die vGA bei der erstmaligen Veranlagung des Wj., in dem es zu der Vermögensminderung bzw. zu der verhinderten Vermögensmehrung gekommen ist, nicht hinzugerechnet worden und kann diese Veranlagung nach den Vorschriften der AO nicht mehr berichtigt oder geändert werden, so **unterbleibt** eine Hinzurechnung nach § 8 Abs. 3 Satz 2 KStG, soweit kein Fall des § **32a KStG** vorliegt.

Beim **Gesellschafter** ist die vGA nach den für ihn geltenden steuerlichen Grundsätzen unabhängig davon zu erfassen, ob sie auf der Ebene der Kapitalgesellschaft dem Einkommen hinzugerechnet wurde oder nicht.

BEISPIEL

Eine GmbH veräußert in 2016 an ihren Gesellschafter ein Grundstück (Buchwert 10 000 €, Teilwert 130 000 €) für 100 000 €. Die Veranlagung 2016 wird bestandskräftig, ohne dass das Grundstücksgeschäft von der Finanzverwaltung beanstandet wird. Die Veranlagung des Gesellschafters ist für das Jahr 2016 noch nicht bestandskräftig.

LÖSUNG Aus dem o. g. BFH-Urteil ergeben sich drei Konsequenzen. Der Gewinn aus der Veräußerung des Grundstücks wurde i. H. v. 90 000 € (Erlös 100 000 € ./. Buchwert 10 000 €) erfasst. Bei der GmbH müsste grundsätzlich eine außerbilanzielle Korrektur erfolgen (Hinzurechnung von 30 000 €). Da die Veranlagung der GmbH aber bestandskräftig ist, kann der Fehler nicht mehr korrigiert werden (Achtung: Kein Fall des § 32a KStG; dieser erfasst nur den Fall, dass die Veranlagung der GmbH noch offen und die des Gesellschafters bestandskräftig ist – also genau den umgekehrten Fall).
Die Besteuerung des Gesellschafters erfolgt unabhängig von dem körperschaftsteuerlichen Hinzurechnungstatbestand des § 8 Abs. 3 Satz 2 KStG. Der Gesellschafter muss den Vorteil (30 000 €) nach § 20 Abs. 1 Nr. 1 EStG versteuern.

2.3.3.1.1 Verdeckte Gewinnausschüttungen bei der Passivierung von Verpflichtungen

Im Falle einer vGA darf die Bilanz nicht geändert werden. Die Korrekturen erfolgen außerhalb der Steuerbilanz. Dies kann dazu führen, dass sich ein Fehler zweimal auswirkt.

BEISPIEL

Eine GmbH bilanziert eine Pensionsrückstellung gegenüber ihrem Gesellschafter-Geschäftsführer in der Bilanz zum 31. 12. 2011 mit 120 000 €, obwohl lediglich ein Betrag i. H. v. 50 000 € angemessen wäre. Bei der Betriebsprüfung wird die vGA erkannt. In 2016 stirbt der Gesellschafter.
LÖSUNG Für das Wj. 2011 bewirkt die vGA eine außerbilanzielle Hinzurechnung i. H. v. 70 000 €. Die Rückstellung wird weiterhin mit 120 000 € bilanziert.
Das Ausbuchen der Pensionsverpflichtung führt bei der GmbH zu einem Ertrag i. H. v. 120 000 €. Von diesen 120 000 € hat die GmbH aber in 2011 bereits 70 000 € als vGA versteuert. Ohne Korrektur würde es zu einer Doppelbesteuerung kommen.

Zur Vermeidung der Doppelbesteuerung bildet die Verwaltung eine **Nebenrechnung** (BMF vom 28. 05. 2002 a. a. O., Rz. 8). I. H. d. vGA ist ein **Teilbetrag I** zu bilden. Die Höhe des Teilbetrags I ist nicht davon abhängig, dass ein entsprechender Betrag i. R. d. Einkommensermittlung der Gesellschaft hinzugerechnet worden ist. Ergänzend ist festzuhalten, in welchem Umfang der Teilbetrag I bei der Einkommensermittlung dem Steuerbilanzgewinn hinzugerechnet worden ist (**Teilbetrag II**). Die Nebenrechnung als Folge einer vGA ist für jeden betroffenen Passivposten gesondert vorzunehmen.

Die beiden Teilbeträge sind entsprechend der Entwicklung des Passivpostens in der Steuerbilanz fortzuschreiben. Sie sind aufzulösen, soweit die Verpflichtung in der Steuerbilanz gewinnerhöhend aufzulösen ist. Die Gewinnerhöhung, die sich durch die Auflösung der Verpflichtung in der Steuerbilanz ergibt, ist, soweit sie anteilig auf den durch das Gesellschaftsverhältnis veranlassten Teil der Verpflichtung fällt, bis zur Höhe des aufzulösenden Teilbetrags II außerhalb der Steuerbilanz vom Steuerbilanzgewinn zur Vermeidung einer doppelten Erfassung abzuziehen.

Ein Abzug erfolgt aber **nur** dann, wenn die Auflösung des Passivpostens **Einfluss** auf die **Einkommensermittlung** der Gesellschaft hat (BMF vom 28. 05. 2002 a. a. O., Rz. 12 ff.)

BEISPIEL

Eine GmbH bildet zum 31. 12. 2015 eine Tantiemerückstellung i. H. v. 20 000 €. Die Tantiemezusage erfüllt den Tatbestand einer vGA, da die Zusage an den beherrschenden Gesellschafter-Geschäftsführer erst gegen Ende des Wirtschaftsjahrs erfolgte.
LÖSUNG Die Steuerbilanz wird nicht korrigiert. Die Rückstellung bleibt mit 20 000 € als Passivposten. Das Einkommen der GmbH ist im Wj. 2015 außerbilanziell um 20 000 € zu erhöhen.
In Höhe der vGA ist ein Teilbetrag I i. H. v. 20 000 € zu bilden. I. H. d. außerbilanziellen Korrektur ist ein Teilbetrag II i. H. v. ebenfalls 20 000 € anzusetzen.
Wird die Tantieme in 2016 ausbezahlt, so hat dies auf das Einkommen der GmbH keine Auswirkungen (Buchungssatz: Tantiemeverbindlichkeit an Bank 20 000 €). Die Teilbeträge I und II sind aufzulösen. Mangels einer Doppelbesteuerung erfolgt kein Abzug des Teilbetrags II.
Beim Gesellschafter führt die Auszahlung der Tantieme in 2016 zum Zufluss (§ 11 EStG) einer vGA (§ 20 Abs. 1 Nr. 1 Satz 2 EStG).

Dieses Ergebnis erfährt auch dann keine Änderung, wenn die vGA auf der Ebene der GmbH wegen bestandskräftiger Veranlagung nicht mehr erfasst werden kann.

BEISPIEL

Sachverhalt wie voriges Beispiel. Die vGA kann aber nicht mehr außerbilanziell hinzugerechnet werden, da die Veranlagung 2015 bestandskräftig ist.

LÖSUNG Das Einbuchen der Tantieme führt bei der GmbH zu Personalaufwand i. H. v. 20 000 €. Eine Korrektur nach § 8 Abs. 3 Satz 2 KStG ist nicht (mehr) möglich, so dass es bei dem Aufwand in 2015 bleibt.

Der Teilbetrag I ist mit 20 000 €, der Teilbetrag II mit 0 € festzustellen.

Das Ausbuchen der Verbindlichkeit hat auch in dieser Variante keinen Einfluss auf das Einkommen, weshalb eine Korrektur entfällt (im Übrigen wäre der Teilbetrag II auch nur mit 0 € abzuziehen).

Verzichtet ein Gesellschafter auf Ansprüche gegen die Gesellschaft, für die ein Passivposten gebildet wurde, der als vGA zu beurteilen ist, so erfolgt ebenfalls nur dann ein Abzug des Teilbetrags II, wenn der Verzicht Auswirkung auf das Einkommen der GmbH hat. Dies hängt davon ab, ob der Anspruch des Gesellschafters **werthaltig** ist oder nicht (vgl. BMF vom 28. 05. 2002 a. a. O., Rz. 20 ff.).

Ist der Anspruch des Gesellschafters werthaltig, so liegt gleichzeitig eine **verdeckte Einlage** in Höhe des Verzichts vor. Die verdeckte Einlage führt zu einem außerbilanziellen Abzug bei der Einkommensermittlung. Damit löst der Verzicht keinen Gewinn aus. Eine Korrektur (Teilbetrag II) ist nicht notwendig.

BEISPIEL

Eine GmbH bilanziert zum 31. 12. 2015 eine Gehaltsverbindlichkeit gegenüber ihrem Gesellschafter-Geschäftsführer i. H. v. 200 000 €. Das Gehalt wurde bei einer Betriebsprüfung i. H. v. 80 000 € als unangemessen beurteilt. Es erfolgte eine außerbilanzielle Korrektur des Einkommens wegen vGA um 80 000 € (Teilbetrag I und II 80 000 €).

In 2016 verzichtet der Gesellschafter auf den zu diesem Zeitpunkt voll werthaltigen Gehaltsanspruch.

LÖSUNG Die GmbH hat die Verbindlichkeit gewinnerhöhend auszubuchen (Verbindlichkeit an sonstiger betrieblicher Ertrag 200 000 €). In 2016 erfolgt aber wegen der verdeckten Einlage des Gesellschafters eine außerbilanzielle Korrektur um ./. 200 000 €.

Da sonach eine Doppelbesteuerung (vGA und Verzicht) nicht entsteht, sind die Teilbeträge I und II aufzulösen, ohne dass dies Auswirkungen auf das Einkommen der GmbH hätte.

Beim Gesellschafter liegt mit dem Verzicht ein Zufluss (§ 11 EStG) vor. Soweit das Gehalt als vGA zu beurteilen ist, ist es nach §§ 20 Abs. 1 Nr. 1 Satz 2 EStG zu versteuern (= 80 000 €). Im Übrigen liegen Einnahmen aus nichtselbständiger Tätigkeit vor (§ 19 EStG; 120 000 €).

Sind die Ansprüche des Gesellschafters nicht oder nur zum Teil werthaltig, so führt der Verzicht in Höhe des nicht werthaltigen Teils zu einem Gewinn der GmbH. Der Gewinn aus der Ausbuchung ist zu korrigieren, soweit er bereits als vGA versteuert wurde.

2.3.3.1.2 Verdeckte Gewinnausschüttungen bei Pensionsrückstellungen in der Anwartschaftsphase

Auch hier gilt wieder der Grundsatz, dass die Pensionsrückstellung in der Steuerbilanz nicht geändert werden darf, wenn die Zuführung ganz oder zum Teil als vGA zu werten ist.

Wird die Pensionsrückstellung aus irgendeinem Grund aufgelöst oder reduziert, so ist der daraus entstehende Gewinn zur Vermeidung einer Doppelbesteuerung im Verhältnis der vGA zur gesamten Rückstellung außerbilanziell zu vermindern.

a) Eine GmbH führt in den Jahren 2013 bis 2015 jeweils 20 000 € einer Pensionsrückstellung zu. Von diesen Zuführungen sind jeweils 40 % als vGA zu behandeln, da gewisse Angemessenheitsgrenzen überschritten wurden. Die Veranlagungen 2013 bis 2015 sind noch nicht bestandskräftig. In 2016 wird auf Grund einer Gehaltskürzung die Rückstellung um 10 000 € vermindert.

LÖSUNG In den Jahren 2013 bis 2015 führt die Bildung der Rückstellung zu einem Aufwand von je 20 000 €. Dieser Aufwand wird außerbilanziell i. H. v. je 8 000 € als vGA dem Einkommen der entsprechenden Wj. wieder hinzugerechnet. Am 31. 12. 2015 betragen der Teilbetrag I und II je 24 000 €. Die Verminderung der Rückstellung in 2016 stellt grundsätzlich einen Ertrag i. H. v. 10 000 € dar. Da aber bereits 40 % der Rückstellung in Form der vGA wieder dem Einkommen hinzugerechnet wurden, müssen von den 10 000 € 40 % zur Vermeidung einer doppelten Besteuerung wieder abgezogen werden. Es ist damit nur noch ein Ausbuchungsgewinn i. H. v. 6 000 € zu erfassen.

b) Sachverhalt wie a). Die vGA konnte aber in 2013 bis 2015 nicht hinzugerechnet werden, da die Veranlagungen bereits bestandskräftig waren.

LÖSUNG In diesem Fall besteht kein Grund, den Ausbuchungsgewinn i. H. v. 10 000 € zu korrigieren. Eine Doppelerfassung kommt nicht in Frage.

2.3.3.1.3 Verdeckte Gewinnausschüttung bei Pensionsrückstellungen in der Leistungsphase

Die fällige Pensionsverpflichtung führt nach den Grundsätzen von R 6a Abs. 23 EStR zu einer gewinnerhöhenden Auflösung der Pensionsrückstellung in der Steuerbilanz. Die laufenden Pensionszahlungen führen zu Betriebsausgaben. Im Ergebnis kommt es i. R. d. Einkommensermittlung auf der Ebene der Gesellschaft nur i. H. d. Saldos beider Größen zu einer Vermögensminderung und damit zu einer verdeckten Gewinnausschüttung. Beide Vorgänge sind für die Ausschüttung auf der Ebene der Gesellschaft und auf der Ebene des Gesellschafters aber getrennt zu betrachten (BMF vom 28. 05. 2002 a. a. O., Rz. 30).

(nach BMF vom 28. 05. 2002 a. a. O.)

a) Dem Gesellschafter-Geschäftsführer ist im Wj. 2001 eine Pensionszusage erteilt worden, für die am 31. 12. 2015 eine Rückstellung i. H. v. 100 000 € zu bilden ist. Die Zusage ist i. H. v. 40 % als vGA einzustufen. In den Jahren 2001 bis 2015 erfolgte eine entsprechende außerbilanzielle Korrektur. Am 01. 01. 2016 tritt planmäßig der Versorgungsfall ein. Als Pensionsleistungen werden jährlich 7 500 € ausbezahlt. Die Pensionsrückstellung am 31. 12. 2016 beträgt 93 000 €.

LÖSUNG Im Wj. 2016 kommt es in der Handelsbilanz und in der Steuerbilanz in Folge der Rückstellungsauflösung zu einer Gewinnerhöhung um 7 000 €. Von diesen 7 000 € sind aber 40 % bereits als vGA versteuert (in den Jahren 2001 bis 2015). Damit erfolgt eine außerbilanzielle Minderung um 2 800 €, so dass sich saldiert eine Einkommenserhöhung von 4 200 € ergibt.

Die Pensionszahlungen führen im Wj. 2016 zu laufenden Betriebsausgaben von 7 500 €. Diese sind i. H. v. (40 % von 7 500 € =) 3 000 € durch das Gesellschaftsverhältnis veranlasst und insoweit dem Steuerbilanzgewinn außerbilanziell hinzuzurechnen.

Damit kommt es zu einer effektiven außerbilanziellen Hinzurechung von (./. 2 800 € + 3 000 € =) 200 €. Beim Gesellschafter müssen 40 % der Pension als vGA versteuert werden, somit (7 500 € × 40 %) 3 000 €. Diese Einkünfte unterliegen der Abgeltungsteuer (§ 32d EStG). Die restliche Pension (= 4 500 €) ist nach § 19 EStG zu versteuern.

b) Sachverhalt wie a). Die vGA wurde in den Jahren 2001 bis 2015 nicht versteuert.

LÖSUNG Damit ist eine Korrektur nicht erforderlich, da eine doppelte Erfassung (vGA und Auflösung der Rückstellung) nicht möglich ist.

Die Auflösung der Rückstellung ergibt einen Gewinn von 7 000 €. Die Pensionszahlung führt zu einem Aufwand i. H. v. 7 500 €.

Bei der Besteuerung des Gesellschafters ergibt sich das gleiche Ergebnis wie im Beispiel a).

2.3.3.1.4 Vollständiger Wegfall der Pensionsverpflichtung durch Tod

In diesem Fall ist die Pensionsrückstellung gewinnerhöhend auszubuchen. Soweit Zuführungen zur Rückstellung bereits außerbilanziell als vGA versteuert wurden (erkennbar am Teilbetrag II), erfolgt eine außerbilanzielle Abrechnung, um eine doppelte Erfassung zu vermeiden.

2.3.3.1.5 Verdeckte Gewinnausschüttung bei Posten der Aktivseite

Erwirbt die Gesellschaft von ihrem Gesellschafter ein Wirtschaftsgut zu einem überhöhten Preis, so ist dieses Wirtschaftsgut mit den unter fremden Dritten üblichen Anschaffungskosten zu bilanzieren (BFH vom 13.03.1985 BFH/NV 1986, 116). I. H. d. Differenz zum tatsächlich gezahlten Betrag kommt es zu einem durch das Gesellschaftsverhältnis veranlassten Aufwand, der als verdeckte Gewinnausschüttung gilt.

BEISPIEL

Eine GmbH erwirbt am 01.01.2014 von ihrem Gesellschafter ein Grundstück (Wert: 80000 €) mit einem darauf befindlichen Bürogebäude (Wert: 200000 €). Als Kaufpreis wird für das Grundstück ein Betrag von 100000 € und für das Bürogebäude ein Betrag von 250000 € vereinbart. Die Veranlagung für das Jahr 2014 ist noch offen. Die Abschreibung erfolgt mit 3 % linear.

LÖSUNG Das Grundstück ist mit Anschaffungskosten von 80000 € einzubuchen (Buchungssatz: Grundstück 80000 € und sonstige betriebliche Aufwendungen 20000 € an Bank 100000 €). Der Aufwand ist durch eine außerbilanzielle Korrektur i. H. v. 20000 € zu neutralisieren.

Das Gebäude ist mit Anschaffungskosten von 200000 € einzubuchen:

Gebäude	200000 €	
Sonstige betriebliche Aufwendungen	50000 €	
an Bank		250000 €

Der Aufwand ist durch eine außerbilanzielle Korrektur i. H. v. 50000 € zu korrigieren. Die Abschreibung ist aus den Anschaffungskosten i. H. v. 200000 € vorzunehmen. Der Gesellschafter realisiert mit Erhalt der Kaufpreiszahlung eine vGA i. H. v. 70000 €.

Kann die Veranlagung für das Wj. der Anschaffung nach den Vorschriften der AO nicht mehr berichtigt oder geändert werden, ist das Wirtschaftsgut im Wj. des ersten offenen VZ mit dem Wert zu bewerten, der sich unter Berücksichtigung der Abschreibungen bezogen auf die unter Fremden üblichen Anschaffungskosten ergibt. Die sich hierbei ergebende Vermögensminderung stellt eine verdeckte Gewinnausschüttung dar (BMF vom 28.05.2002 a. a. O., Rz. 43).

BEISPIEL

Sachverhalt wie voriges Beispiel. Der Fehler wird erst in 2016 entdeckt. Die Veranlagungen der Jahre 2014 und 2015 sind sowohl bei der GmbH als auch beim Gesellschafter bereits bestandskräftig.

LÖSUNG Das Grundstück ist in der Bilanz zum 31.12.2016 mit 80000 € zu aktivieren. Aus der Korrektur des Wertansatzes ergibt sich ein Aufwand i. H. v. 20000 €, der außerbilanziell als vGA zu korrigieren ist.

Das Gebäude steht zum 31.12.2016 mit (250000 € abzgl. drei Jahre × 3 % =) 227500 € in der Bilanz. Der korrekte Buchwert beträgt (200000 € abzgl. drei Jahre × 3 % =) 182000 €.

Die Bilanzkorrektur hat einen Aufwand i. H. v. (227500 € ./. 182000 € =) 45500 € zur Folge, der außerbilanziell durch eine entsprechende Hinzurechnung neutralisiert wird.

Beim Gesellschafter ist der Vermögensvorteil in 2014 zugeflossen (§ 11 EStG).

2.3.3.2 Steuerliche Folgen der verdeckten Gewinnausschüttung beim Gesellschafter

Auf der Ebene des Gesellschafters wird die verdeckte Gewinnausschüttung wie eine Dividende behandelt (§ 20 Abs. 1 Nr. 1 Satz 2 EStG). Insbesondere bei zinslosen Darlehen stellt sich immer wieder die Frage, ob die im Wege der verdeckten Gewinnausschüttung fiktiv hinzugerechneten Zinsen im Rahmen einer anderen Einkunftsart (z. B. Einkünfte aus Vermietung und Verpachtung) als Werbungskosten oder Betriebsausgaben berücksichtigt werden können. Dies wird man bejahen müssen (sog. **Fiktionstheorie**).

> **BEISPIEL**
>
> G ist Gesellschafter der A-GmbH. Er hält die Anteile im Privatvermögen. Die GmbH gewährt G ein zinsloses Darlehen i. H. v. 500 000 €, obwohl ein Zinssatz von 4 % angemessen wäre. G verwendet das Darlehen zur Finanzierung eines Mehrfamilienhauses, mit dem er Einkünfte nach § 21 EStG erzielt. Im Rahmen einer Betriebsprüfung der GmbH wird dem Einkommen der GmbH die verdeckte Gewinnausschüttung i. H. v. (500 000 € × 4 % =) 20 000 € hinzugerechnet. Beim Gesellschafter G wird die verdeckte Gewinnausschüttung als Einnahmen aus Kapitalvermögen gemäß § 20 Abs. 1 Nr. 1, § 32d Abs. 1 EStG erfasst.
>
> **LÖSUNG** Hätte G für das Darlehen 20 000 € Zinsen bezahlt, hätte er die Ausgaben als Werbungskosten im Rahmen des § 21 EStG geltend machen können. Aufgrund der verdeckten Gewinnausschüttung wird das Darlehen so behandelt, als habe die GmbH 20 000 € an G ausgeschüttet und dieser die 20 000 € als Zinsen bezahlt (daher ja auch die Erfassung bei der GmbH als Einnahmen). Aus diesem Grund muss man die Zinsen auch »fiktiv« als Werbungskosten zulassen.

Die Behandlung der vGA beim Gesellschafter richtet sich im Übrigen danach, ob sich die Beteiligung im Privat- oder Betriebsvermögen befindet.

2.3.3.2.1 Beteiligung im Privatvermögen

Beim Gesellschafter, der seine Beteiligung an der Kapitalgesellschaft im Privatvermögen hält, führt eine vGA zu Einnahmen aus Kapitalvermögen nach § 20 Abs. 1 Nr. 1 Satz 2 EStG. Der Gesellschafter muss die vGA aber nur und erst dann versteuern, wenn er die wirtschaftliche Verfügungsmacht über den Vermögensvorteil erlangt (§ 11 EStG; H 11 EStH »Allgemeines«). Ersparte Aufwendungen sind dem Gesellschafter in dem Zeitpunkt zugeflossen, in dem er über den Vorteil wirtschaftlich verfügen kann.

> **BEISPIEL**
>
> Eine GmbH überlässt einem Gesellschafter unentgeltlich eine Wohnung für private Wohnzwecke. Die vGA i. H. d. ersparten Miete fließt dem Gesellschafter monatlich zu.

Zwischen den steuerlichen Folgen einer vGA beim Gesellschafter und bei der Kapitalgesellschaft ist stets zu unterscheiden. Nicht jeder Tatbestand des § 8 Abs. 3 Satz 2 KStG führt automatisch zu einer Einnahme nach § 20 Abs. 1 Nr. 1 Satz 2 EStG.

Der Körperschaftsteuerbescheid ist kein Grundlagenbescheid für die Besteuerung des Gesellschafters.

> **BEISPIEL**
>
> Eine GmbH bildet für eine Pensionszusage an ihren Gesellschafter-Geschäftsführer eine Pensionsrückstellung i. H. v. 125 000 €. Bei einer Betriebsprüfung wird die Pensionszusage nicht anerkannt und das Einkommen der GmbH nach § 8 Abs. 3 Satz 2 KStG um 125 000 € erhöht.
> Für den Gesellschafter hat diese vGA keine Auswirkung. Aus der Pensionszusage fließt ihm noch kein Vorteil zu.

Bis VZ 2008 wurde eine vGA im Halbeinkünfteverfahren versteuert (§§ 20 Abs. 1 Nr. 1, 3 Nr. 40 Buchst. d EStG). Werbungskosten konnten zur Hälfte geltend gemacht werden (§ 3c Abs. 2 EStG). Für den Gesellschafter war es daher steuerlich vorteilhaft, wenn z. B. sein Gehalt (§ 19 EStG, voll besteuert) in eine vGA umqualifiziert wurde (§ 20 Abs. 1 Nr. 1 EStG, zur Hälfte steuerpflichtig).

Im Zuge der Unternehmenssteuerreform wurde mit Wirkung ab VZ 2009 das Halbeinkünfteverfahren abgeschafft. VGA unterliegen der Abgeltungsteuer i. H. v. 25 % (**§ 32d EStG**) zzgl. 5,5 % SolZ. Damit ist die Umqualifizierung der Einkünfte in eine vGA weiterhin für den Gesellschafter (isoliert betrachtet) steuerlich günstig, wenn sein Spitzensteuersatz über 25 % liegt.

Mit Wirkung ab VZ 2011 wurde die Besteuerung der verdeckten Gewinnausschüttungen auf Gesellschafterebene wiederum geändert, da man erkannte, dass es für Gesellschafter interessant sein konnte, bewusst verdeckte Gewinnausschüttungen zu provozieren, um die gegenüber dem Spitzensteuersatz günstigere Abgeltungsteuer zu erlangen. **§ 32d Abs. 2 Nr. 4 EStG** sieht nun vor, dass verdeckte Gewinnausschüttungen dem allgemeinen Steuersatz unterliegen, soweit sie das **Einkommen** der leistenden Körperschaft **gemindert** haben. Dieser Tatbestand kann nur selten vorkommen, da die verdeckte Gewinnausschüttung nach § 8 Abs. 3 Satz 2 KStG das Einkommen der leistenden Körperschaft erhöht. Eine Minderung ist z. B. dann gegeben, wenn die Veranlagung der Körperschaft bestandskräftig ist und die Leistung (z. B. überhöhte Zinsen) als Betriebsausgabe gebucht wurde. In diesem Fall ist eine Erhöhung nach § 8 Abs. 3 Satz 2 KStG nicht mehr möglich. Der Gesellschafter muss dann die verdeckte Gewinnausschüttung im Teileinkünfteverfahren versteuern. Der Tatbestand des § 32d Abs. 2 Nr. 4 EStG kann aber auch z. B. dann erfüllt sein, wenn eine im Ausland ansässige Kapitalgesellschaft an den in Deutschland ansässigen Gesellschafter eine Leistung erbringt, die aus deutscher Sicht eine verdeckte Gewinnausschüttung darstellt.

BEISPIEL

Eine in den USA ansässige Kapitalgesellschaft bezahlt an den in Deutschland ansässigen Gesellschafter überhöhte Zinsen für ein Darlehen. In den USA werden die Zinsen als Betriebsausgabe anerkannt und mindern dementsprechend den Gewinn.

LÖSUNG Aus deutscher Sicht liegt eine vGA vor, die der Gesellschafter nach Art. 10 DBA USA in Deutschland versteuern muss. Die Anwendung der Abgeltungsteuer ist ausgeschlossen.

Hat die vGA zwar das Einkommen der leistenden Körperschaft gemindert, gleichzeitig aber das Einkommen einer dem Steuerpflichtigen nahestehenden Person erhöht, so schließt § 32d Abs. 2 Nr. 4 EStG die Anwendung der Abgeltungsteuer nicht aus.

BEISPIEL

Eine in den USA ansässige Kapitalgesellschaft schließt mit der Tochter des in Deutschland ansässigen Gesellschafters einen Arbeitsvertrag ab und zahlt ein aus deutscher Sicht um monatlich 2 000 € überhöhtes Gehalt. Die Tochter versteuert das Gehalt in den USA.

LÖSUNG Aus deutscher Sicht liegt eine verdeckte Gewinnausschüttung an den deutschen Gesellschafter vor. Der Vater hat jährlich 24 000 € zu versteuern (§ 20 Abs. 1 Nr. 1 Satz 2 EStG i. V. m. Art. 10 DBA USA). Die Abgeltungsteuer ist anwendbar, da die vGA das Einkommen der Tochter erhöht hat.

Verdeckte Gewinnausschüttungen unterliegen nach §§ 20 Abs. 1 Nr. 1 Satz 2, 43 Abs. 1 Nr. 1, 43a Abs. 1 Nr. 1 EStG der Kapitalertragsteuer, die die leistende Kapitalgesellschaft abzuführen hat. Dies gilt auch, wenn die verdeckte Gewinnausschüttung erst in einer späteren Betriebsprüfung erkannt wird. Wird die Kapitalertragsteuer für die vGA von der Kapitalgesellschaft nicht abgeführt, muss der Gesellschafter diese nach § 32d Abs. 3 EStG zwingend der Veranlagung unterwerfen.

Ab VZ 2009 ist der Abzug tatsächlicher Werbungskosten ausgeschlossen (**§ 20 Abs. 9 EStG**). Dies gilt selbst dann, wenn die Anwendung der Abgeltungsteuer nach § 32d Abs. 2 Nr. 4 EStG ausgeschlossen ist. Diese Regelung wird insbesondere dann erhebliche Probleme aufwerfen, wenn bei einem Gesellschafter-Geschäftsführer ein Teil des Gehalts als vGA beurteilt wird. In diesem Fall wird das Abzugsverbot des § 20 Abs. 9 EStG nicht greifen können, da ja die Werbungskosten gleichzeitig unter §§ 19, 9 EStG fallen.

BEISPIEL

Ein Gesellschafter-Geschäftsführer einer GmbH bekommt ein jährliches Gehalt i. H. v. 180 000 €. Seine Werbungskosten (Fahrten zwischen Wohnung und Arbeitsstätte, Weiterbildung, Versicherungen) belaufen sich auf 9 000 € p. a. Bei einer Betriebsprüfung beanstandet der Prüfer die Angemessenheit des Gehaltes und setzt i. H. v. 30 000 € eine vGA an.

LÖSUNG Auch bei einem Gehalt i. H. v. 150 000 € wären die 9 000 € als Werbungskosten angefallen. Man wird daher für den Geschäftsführer Einkünfte nach § 19 EStG i. H. v. (150 000 € ./. 9 000 € =) 141 000 € ansetzen müssen.

Geht die Finanzverwaltung von einer verdeckten Gewinnausschüttung aus, so ist die sog. Fiktionstheorie anzuwenden (z. B. BFH vom 14. 08. 1975 BStBl II 1976, 88). Danach sind bei Vorliegen einer vGA die weiteren Rechtsfolgen so anzunehmen, als ob eine angemessene Gestaltung gewählt worden wäre.

BEISPIEL

Eine GmbH gewährt ihrem Gesellschafter ein Darlehen über 100 000 € zu einem Zinssatz von 2 %. Der Gesellschafter verwendet das Darlehen zur Finanzierung einer vermieteten Immobilie. Bei einer Betriebsprüfung beanstandet die Prüferin den Zinssatz und geht von angemessenen 6 % p. a. aus. Dementsprechend setzt sie eine vGA i. H. v. 4 000 € an.

LÖSUNG Da der Gesellschafter durch die vGA so gestellt wird, als habe er einen angemessenen Zinssatz bezahlt (der dann im Wege der vGA wieder an ihn ausgeschüttet wurde), kann der Gesellschafter bei seinen Einkünften aus Vermietung und Verpachtung Finanzierungskosten (§ 9 Abs. 1 Nr. 1 EStG) i. H. v. 6 000 € geltend machen.

2.3.3.2.2   Beteiligung im Betriebsvermögen

Die Vorschrift des § 20 EStG ist subsidiär gegenüber den Gewinneinkünften (§ 20 Abs. 8 EStG). Hält der Gesellschafter die Beteiligung im Betriebsvermögen, so ist eine vGA nach §§ 13, 15 oder 18 EStG zu versteuern.

Die verdeckte Gewinnausschüttung unterliegt nach § 3 Nr. 40 Buchst. a EStG dem Teileinkünfteverfahren (60 %).

Die Abgeltungsteuer ist für Beteiligungen im Betriebsvermögen nicht anzuwenden, da § 32d Abs. 1 EStG ausdrücklich Einkünfte nach § 20 Abs. 8 EStG ausschließt. Allerdings kann der Gesellschafter Betriebsausgaben weiterhin geltend machen, da § 20 Abs. 9 EStG i. R. d. Gewinneinkünfte nicht anzuwenden ist. Die Betriebsausgaben können zu **60 %** angesetzt werden (§ 3c Abs. 2 EStG).

Die zeitliche Erfassung der vGA erfolgt im Betriebsvermögen nach den allgemeinen Grundsätzen (§ 4 Abs. 1 oder 3 EStG).

2.3.3.2.3 Gesellschafter ist eine Kapitalgesellschaft

§ 8b Abs. 1 KStG greift nach seinem Wortlaut auch für verdeckte Gewinnausschüttungen. Dabei ist aber zu differenzieren:

Nach der bis zum VZ 2003 geltenden Fassung des § 8b KStG (zur Anwendung s. § 34 Abs. 7 KStG) waren die Einnahmen komplett steuerfrei. Umgekehrt konnten Aufwendungen auf die Beteiligung in einem Jahr, in dem Ausschüttungen erfolgten, nicht als Betriebsausgaben geltend gemacht werden (§§ 7 KStG, 3c Abs. 1 EStG).

Ab dem Veranlagungszeitraum 2004 wurde die Regelung für ausländische Schachteldividenden auch für deutsche Kapitalgesellschaften übernommen. Danach gelten 5 % der Dividende (offene oder verdeckte) als Ausgaben, die nicht als Betriebsausgaben abgezogen werden dürfen (§ 8 Abs. 5 KStG n. F.). Im Gegenzug dürfen die Betriebsausgaben uneingeschränkt geltend gemacht werden. Die Anwendung des § 3c Abs. 1 EStG ist nun ausdrücklich ausgeschlossen. Letztlich führt die Neuregelung dazu, dass 5 % der Dividende als Einnahme erfasst werden und zwar unabhängig davon, ob Betriebsausgaben anfallen oder nicht (Details s. 2.6).

BEISPIEL

Die A-AG ist Gesellschafterin der X-GmbH. Im Rahmen einer Betriebsprüfung wird festgestellt, dass die A-AG ein Darlehen über 2 Mio. € zinslos erhalten hat, obwohl ein Zinssatz von 6 % angemessen gewesen wäre.

LÖSUNG Bei der X-GmbH ist das Einkommen außerbilanziell um 120 000 € zu erhöhen (§ 8 KStG). Bei der A-AG ist die vGA nach § 8b Abs. 1 KStG steuerfrei. 5 % der vGA (= 6 000 €) werden nach § 8b Abs. 5 KStG als nicht abziehbare Betriebsausgabe behandelt und somit außerbilanziell dem Einkommen hinzugerechnet. Im Gegenzug darf die A-AG ihre Betriebsausgaben, die wirtschaftlich mit der Beteiligung an der X-GmbH zusammenhängen, zu 100 % geltend machen.

Ein besonderes Problem entsteht, wenn vGA zwischen **Schwestergesellschaften** stattfinden.

Mit diesem Sachverhalt hatte sich der Große Senat des BFH (BFH vom 26. 10. 1987 BStBl II 1988, 348) zu befassen.Danach war eine Kapitalgesellschaft (Mutter M) an zwei Kapitalgesellschaften (Tochter T 1 und T 2) beteiligt. Die Tochter T 1 gewährte der T 2 ein zinsloses Darlehen.

Als Schwestergesellschaften bezeichnet der BFH Kapitalgesellschaften, an denen ein und derselbe Gesellschafter maßgeblich beteiligt ist. Ist eine Kapitalgesellschaft Gesellschafterin, so wird sie als Muttergesellschaft bezeichnet. Die Schwestergesellschaften stellen sich im Verhältnis zu ihr als Tochtergesellschaften dar.

Erbringt eine Schwestergesellschaft (T 1) an die andere Schwestergesellschaft (T 2) eine unentgeltliche Leistung, so erlangt die Muttergesellschaft (M) hierdurch einen Vorteil, da sie keine eigenen Mittel aufzuwenden braucht, um ihrerseits diese Leistung als zusätzlichen Gesellschafterbeitrag bei T 2 zu erbringen. Dabei spielt es keine Rolle, ob die unentgeltliche Leistung in der Übertragung von Wirtschaftsgütern oder in der Überlassung von Nutzungen besteht.

Der Vorgang ist letztlich so zu sehen, als hätte T 1 ihrer Mutter M die Mittel für diese Leistungen zur Verfügung gestellt. Da dieser Vorteil außerhalb der gesellschaftsrechtlichen Gewinnverteilung zugewendet wird und bei Anwendung der Sorgfalt eines ordentlichen und gewissenhaften Geschäftsleiters einem Nichtgesellschafter nicht gewährt worden wäre, liegt darin – wie auch in anderen Fällen der Leistung an eine dem Gesellschafter nahestehende Person – eine **vGA** von T 1 an M.

Auf der Ebene der Tochter sind die nicht verlangten Zinsen nach § 8 Abs. 3 Satz 2 KStG außerbilanziell dem Einkommen hinzuzurechnen.

Die Muttergesellschaft ist Empfängerin der vGA.

Die oben dargestellten Grundsätze gelten auch, wenn eine sog. Enkelgesellschaft Vorteile an die Schwestergesellschaft ihrer Gesellschafterin zuwendet (BFH vom 23. 10. 1985 BStBl II 1986, 195).

Für verdeckte Gewinnausschüttungen, die nach dem 28. 02. 2013 zufließen (§ 34 Abs. 7a Satz 2 KStG), gilt **§ 8b Abs. 4 KStG**. Danach unterliegen verdeckte Gewinnausschüttungen an eine Kapitalgesellschaft der vollen Besteuerung, wenn die Beteiligung zu Beginn des Kalenderjahres unmittelbar **weniger als 10 % des Stammkapitals** betragen hat (zu Details siehe 2.6).

BEISPIEL

Gesellschafter der Y-AG ist unter anderem die G-GmbH. Die Y-AG gewährt der G-GmbH in 2016 ein zinsloses Darlehen i. H. v. 1 Mio. €, obwohl ein Zinssatz von 4 % angemessen wäre.
Variante a): Die G-GmbH ist zu 20 % am Stammkapital beteiligt;
Variante b): Die G-GmbH ist zu 8 % am Stammkapital beteiligt.
LÖSUNG Es liegt eine verdeckte Gewinnausschüttung vor, da die Y-AG auf angemessene Zinsen verzichtet. Nach § 8 Abs. 3 Satz 2 KStG ist das Einkommen der Y-AG außerbilanziell um (1 Mio. € × 4 % =) 40 000 € zu erhöhen. Auf der Ebene der G-GmbH ist die verdeckte Gewinnausschüttung wie eine Dividende nach § 20 Abs. 1 Nr. 1 Satz 2 EStG i. V. m. § 8b KStG zu behandeln. In der Variante a) ist die Dividende nach § 8b Abs. 1 KStG steuerfrei; nach § 8b Abs. 5 KStG sind 5 % der Dividende (= 2 000 €) als nicht abziehbare Betriebsausgabe dem Einkommen hinzuzurechnen.
In der Variante b) greift § 8b Abs. 4 KStG. Danach führt die verdeckte Gewinnausschüttung in Höhe von 40 000 € zu steuerpflichtigen Einnahmen der G-GmbH.

2.3.4 Gewerbesteuer

Da die GewSt nach § 7 GewStG an den nach dem EStG oder dem KStG zu ermittelnden Gewinn anknüpft, führt eine verdeckte Gewinnausschüttung bei der ausschüttenden Körperschaft zu einem gewerbesteuerpflichtigen Ertrag. Ist der Gesellschafter eine natürliche Person und hält er die Beteiligung im Privatvermögen, so hat die Frage der Gewerbesteuerpflicht auf seiner Ebene eine Bedeutung. Ist der Gesellschafter eine natürliche Person und hält er die Beteiligung im Betriebsvermögen, so ist die Kürzungsvorschrift des **§ 9 Nr. 2a GewStG** zu beachten. Danach ist die verdeckte Gewinnausschüttung vollständig gewerbesteuerfrei, wenn die Beteiligung zu Beginn des Erhebungszeitraums mindestens 15 % des Stammkapitals beträgt (gewerbesteuerliches Schachtelprivileg). Ist der Gesellschafter weniger als 15 % am Stammkapital beteiligt, so erfolgt nach § 8 Nr. 5 GewStG eine Hinzurechnung, die zu einer vollständigen Besteuerung der verdeckten Gewinnausschüttung führt.

BEISPIEL

Gesellschafter der Z-AG ist die in Deutschland ansässige natürliche Person G. Die Z-AG gewährt G ein zinsloses Darlehen in Höhe von 1 Mio. €, obwohl ein Zinssatz von 4 % angemessen wäre. Gesellschafter G hält die Beteiligung
Variante a) im Privatvermögen;
Variante b) im Betriebsvermögen und ist zu 20 % am Stammkapital beteiligt;
Variante c) im Betriebsvermögen und ist zu 10 % am Stammkapital beteiligt.
LÖSUNG Auf der Ebene der Z-AG ist die verdeckte Gewinnausschüttung i. H. v. (1 Mio. € × 4 % =) 40 000 € nach § 8 Abs. 3 Satz 2 KStG dem Einkommen außerbilanziell zuzurechnen. In der Variante a) liegen auf der Ebene des Gesellschafters Einnahmen gemäß § 20 Abs. 1 Satz 2 EStG i. H. v. 40 000 € vor, die grundsätzlich der Abgeltungsteuer unterliegen (§ 32d Abs. 1 EStG). In der Variante b) ist die verdeckte Gewinnausschüttung nach §§ 15, 20 Abs. 1 Nr. 1 Satz 2, Abs. 8 i. V. m. § 3 Nr. 40 Buchst. a EStG bei G als Betriebseinnahme i. H. v. (40 000 € × 60 % =) 24 000 € zu erfassen. Da gewerbesteuerlich ein sog. Schachtelprivileg vorliegt, sind die Betriebseinnahmen für Zwecke der GewSt um die

24 000 € zu vermindern. Die verdeckte Gewinnausschüttung ist damit vollständig von der GewSt befreit. In der Variante c) ist die Lösung auf Ebene der Z-AG gleich. Beim Gesellschafter G liegen Betriebseinnahmen i. H. v. 24 000 € vor. Da aber nun das gewerbesteuerliche Schachtelprivileg nicht greift, ist die verdeckte Gewinnausschüttung zu 100 % gewerbesteuerpflichtig, so dass den Betriebseinnahmen (40 000 € × 40 % =) 16 000 € hinzuzurechnen sind.

Die Regelungen der § 8 Nr. 5, § 9 Nr. 2a GewStG gelten auch, wenn Empfänger der verdeckten Gewinnausschüttung eine **Kapitalgesellschaft** ist. Dabei ist die verdeckte Gewinnausschüttung vollständig von der GewSt befreit, wenn die Beteiligung mindestens 15 % beträgt. Aufgrund des klaren Wortlauts in § 9 Nr. 2a EStG gilt die Befreiung aber nicht für die 5 % Hinzurechnung nach § 8b Abs. 5 KStG.

BEISPIEL

Gesellschafter der Z-AG ist die in Deutschland ansässige G-GmbH. Die Z-AG gewährt G ein zinsloses Darlehen in Höhe von 1 Mio. €, obwohl ein Zinssatz von 4 % angemessen wäre. Gesellschafter G-GmbH ist
a) zu 20 % am Stammkapital beteiligt;
b) zu 10 % am Stammkapital beteiligt.
LÖSUNG In der Variante a) liegt grundsätzlich eine verdeckte Gewinnausschüttung i. H. v. 40 000 € vor. Nach § 8b Abs. 1 KStG ist die verdeckte Gewinnausschüttung außerbilanziell aber um 40 000 € zu korrigieren und außerbilanziell um (40 000 € × 5 % =) 2 000 € zu erhöhen. Da die Voraussetzungen des gewerbesteuerlichen Schachtelprivilegs nach § 9 Nr. 2a GewStG erfüllt sind, ist die verdeckte Gewinnausschüttung grundsätzlich auch von der GewSt befreit. Da im Rahmen der Berechnung des körperschaftsteuerlichen Einkommens die verdeckte Gewinnausschüttung mit 0 € erfasst ist, bedarf es insoweit keiner weiteren Korrektur. Die dem Einkommen nach § 8b Abs. 5 KStG hinzugerechneten 5 % sind allerdings gewerbesteuerpflichtig.
In der Variante b) greift das gewerbesteuerliche Schachtelprivileg nicht. Nach § 8 Nr. 5 GewStG ist daher die verdeckte Gewinnausschüttung zu 100 % bei der Ermittlung des gewerbesteuerlichen Ertrags zu erfassen. Da die verdeckte Gewinnausschüttung bisher nach § 8b Abs. 1 KStG faktisch zu 95 % steuerfrei war, muss eine Hinzurechnung von (40 000 € × 95 % =) 38 000 € erfolgen.

2.3.5 Kapitalertragsteuer

Nach § 20 Abs. 1 Nr. 1 Satz 2, § 43 Abs. 1 Nr. 1, § 43a Abs. 1 Nr. 1 EStG i. V. m. § 1 SolZG unterliegt die verdeckte Gewinnausschüttung einer 25 %igen Kapitalertragsteuer zzgl. 5,5 % SolZ. Dies gilt unabhängig davon, ob sich die Beteiligung im Privatvermögen oder im Betriebsvermögen befindet und unabhängig davon, ob der Gesellschafter eine natürliche Person oder eine Kapitalgesellschaft ist. Die Grundsätze der Europäischen Mutter-Tochter-Richtlinie, wonach eine Kapitalertragsteuer nicht erhoben wird, wenn eine Beteiligung von mindestens 10 % besteht (vgl. § 43b EStG) gilt auch für verdeckte Gewinnausschüttungen.

2.3.6 Änderung von Steuerbescheiden bei verdeckten Gewinnausschüttungen

In der Vergangenheit war es immer problematisch, wenn die Betriebsprüfung bei der Kapitalgesellschaft eine vGA feststellte, beim Gesellschafter die Einkommensteuerveranlagung des Prüfungsjahres aber bereits bestandskräftig war.

Hier wurde eine Lösung durch die Einfügung des **§ 32a KStG** geschaffen. Danach kann ein Steuerbescheid gegenüber dem Gesellschafter, dem die vGA zuzurechnen ist, geändert werden, soweit gegenüber einer Körperschaft ein Steuerbescheid hinsichtlich der Berücksichtigung einer vGA erlassen, aufgehoben oder geändert wird.

BEISPIEL ───

Bei einer Betriebsprüfung der X-GmbH in 2016 wird festgestellt, dass eine Tantiemezahlung im Jahr 2014 an den Gesellschafter-Geschäftsführer i. H. v. 50 000 € wegen des Nachzahlungsverbotes steuerlich nicht anerkannt werden kann. Der Gesellschafter hat die Tantieme in 2014 nach § 19 EStG in voller Höhe versteuert. Seine Einkommensteuerveranlagung ist bestandskräftig.

LÖSUNG Nach § 32a KStG wird die Bestandskraft der Einkommensteuerveranlagung des Gesellschafters durchbrochen. Die Tantieme wird beim Gesellschafter – trotz seiner bestandskräftigen Veranlagung – als Einkünfte aus Kapitalvermögen nach §§ 20 Abs. 1 Nr. 1 Satz 2, 32d Abs. 1 EStG erfasst. Die Einkünfte nach § 19 EStG des Jahres 2014 sind um 50 000 € zu reduzieren.

§ 32a KStG schafft nur eine Änderungsmöglichkeit für die Veranlagung des Gesellschafters. Ist die Veranlagung des Gesellschafters noch offen, die Veranlagung der Kapitalgesellschaft aber bestandskräftig, so kann die Feststellung einer vGA nur auf Gesellschafterebene berücksichtigt werden. (Anmerkung: Beachte, dass die Vorschrift des § 32a Abs. 2 KStG, wonach sich auch eine Änderung auf der Ebene der Körperschaft ergibt, nur für die Fälle einer verdeckten Einlage anzuwenden ist.)

2.4   Zinsschranke (§ 8a KStG)

2.4.1 Allgemeines

Die Vorschrift des § 8a KStG diente ursprünglich dazu, Gewinnverlagerungen ins niedrig besteuernde Ausland mittels Kreditgewährungen an die in Deutschland ansässigen Kapitalgesellschaften zu verhindern. Die Vorschrift wurde in der Vergangenheit mehrfach grundlegend geändert (Details s. 3. Aufl.).

Die heutige Fassung des § 8a KStG knüpft nun an die Zinsschranke des § 4h Abs. 1 EStG an (vgl. umfassend Kapitel II Teil B 14 sowie BMF vom 04. 07. 2008 BStBl I 2008, 718).

2.4.2 Zinsschranke bei Körperschaften (§ 8a KStG)

2.4.2.1   Verhältnis zu § 4h EStG

Die Vorschrift des § 4h EStG wird durch § 8a KStG in mehreren Punkten modifiziert. Systematisch ist zuerst die Anwendung des § 4h EStG zu prüfen. Verneint man dessen Anwendung, so kommt man nicht zur weiteren Prüfung des § 8a KStG.

BEISPIEL ───

Die X-GmbH erzielt in 2016 einen Gewinn i. H. v. 13 Mio. €. Der Gewinn soll mit dem steuerlichen Einkommen i. S. v. § 8 KStG identisch sein. Die Abschreibungen haben mit 3 Mio. €, die Zinsaufwendungen mit
a) 800 T€,
b) 4 Mio. €
den Gewinn und das Einkommen gemindert.

LÖSUNG Nach § 8a KStG ist § 4h Abs. 1 EStG auch für Körperschaften anwendbar. Nach § 4h Abs. 2 Satz 1a EStG ist die Zinsschranke in der Variante a) nicht anwendbar, da die Zinsaufwendungen weniger als 3 Mio. € betragen. Eine weitere Prüfung von § 8a KStG erübrigt sich.

In der Variante b) ist in einem ersten Schritt das EBITDA zu ermitteln:

Gewinn/Einkommen		13 Mio. €
Abschreibungen	+	3 Mio. €
Zinsen	+	4 Mio. €
EBITDA		20 Mio. €
Davon 30 %		6 Mio. €

Da die Zinsaufwendungen unter der 30 %-Grenze liegen, können sie nach § 4h Abs. 1 EStG unbeschränkt abgezogen werden. Eine weitere Prüfung des § 8a KStG erübrigt sich daher auch in dieser Variante.

2.4.2.2 Bemessungsgrundlage

Nach § 8a Abs. 1 KStG ist § 4h Abs. 1 Satz 2 EStG mit der Maßgabe anzuwenden, dass anstelle des maßgeblichen Gewinns das maßgebliche Einkommen (§ 8 Abs. 1 KStG) tritt. Maßgebliches Einkommen ist das nach den Vorschriften des Einkommensteuergesetzes und des Körperschaftsteuergesetzes ermittelte Einkommen mit Ausnahme der §§ 4h und 10d EStG und des § 9 Abs. 1 Nr. 2 KStG.

BEISPIEL

Die A-GmbH erzielt in 2016 einen Jahresüberschuss i. H. v. 16 Mio. €. Darin enthalten sind Abschreibungen i. H. v. 2 Mio. € und Zinsaufwendungen i. H. v. 8 Mio. € aus einem Bankdarlehen. Aus dem Wj. 2015 existiert ein Verlustvortrag i. H. v. 200 T€. Die A-GmbH ist zu 25 % an der X-AG beteiligt. In 2016 schüttet die X-AG an die A-GmbH eine Dividende i. H. v. 1,5 Mio. € aus.

LÖSUNG Ausgangsbasis für §§ 8a KStG, 4h EStG ist das steuerliche Einkommen der A-GmbH gem. § 8 Abs. 1 KStG:

Handelsrechtlicher Jahresüberschuss (§ 266 HGB)		16 000 000 €
Verlustvortrag § 10d EStG	./.	200 000 €
§ 8b Abs. 1 KStG (Dividende)	./.	1 500 000 €
§ 8b Abs. 5 KStG (5 % nicht abzugsfähige Betriebsausgaben)	+	75 000 €
Einkommen		14 375 000 €
Abschreibungen	+	2 000 000 €
Zinsaufwendungen	+	8 000 000 €
EBITDA (§ 4h Abs. 1 EStG)		24 375 000 €
Davon 30 %		7 312 500 €

Damit sind von den Zinsaufwendungen i. H. v. 8 Mio. € lediglich 7 312 500 € abzugsfähig; i. H. v. 687 500 € erfolgt ein Zinsvortrag nach § 4h Abs. 4 EStG.

Nach § 8a Abs. 1 Satz 3 KStG ist **§ 8c KStG** für den Zinsvortrag nach § 4h Abs. 1 Satz 5 EStG entsprechend anzuwenden. Damit geht bei einer Veräußerung von mehr als 50 % der Anteile der Zinsvortrag grundsätzlich verloren; bei einer Veräußerung von mehr als 25 % bis zu 50 % geht der Zinsvortrag anteilig unter.

BEISPIEL

Im obigen Beispiel veräußert der bisherige Alleingesellschafter A in 2017 45 % der Anteile an B.

LÖSUNG Nach §§ 4h Abs. 1 Satz 5 EStG, 8a Abs. 1 Satz 3 und 8c KStG geht der Zinsvortrag i. H. v. (687 500 € × 45 % =) 309 375 € verloren.

2.4.2.3 Ausnahmetatbestände

Die Freigrenze des § 4h Abs. 2 Satz 1a EStG gilt auch für Kapitalgesellschaften. § 8a Abs. 2 KStG nimmt zwar keinen Bezug auf die Freigrenze; diese gilt aber über § 8 Abs. 1 KStG.

BEISPIEL

Die X-GmbH erhielt ein Darlehen über 2 Mio. € von einem ihrer Gesellschafter und diverse Darlehen über 12 Mio. € von ihrer Hausbank. Alle Darlehen werden mit angemessenen 6 % p. a. verzinst.
LÖSUNG Da die Zinsaufwendungen weniger als 3 Mio. € betragen, brauchen die weiteren Voraussetzungen der §§ 8a KStG, 4h EStG nicht mehr geprüft zu werden. Die Darlehenszinsen sind uneingeschränkt als Betriebsausgabe abziehbar.

Nach § 4h Abs. 2 Satz 1 Buchst. b EStG ist die Zinsschranke auf konzernfreie Betriebe nicht anzuwenden (»Stand-Alone-Klausel«). § 8a Abs. 2 KStG modifiziert diese Befreiungsvorschrift für Kapitalgesellschaften. Danach ist für konzernangehörige Kapitalgesellschaften die Zinsschranke generell anzuwenden, soweit nicht die Voraussetzungen von § 4h Abs. 2 Buchst. c EStG gegeben sind. Bei konzernfreien Kapitalgesellschaften ist die Zinsschranke nicht anzuwenden, wenn die Zinsen an einen Gesellschafter gezahlt werden, der maximal zu 25 % beteiligt ist. Werden die Zinsen an einen Gesellschafter gezahlt, der zu mehr als 25 % unmittelbar oder mittelbar am Stammkapital beteiligt ist, ist die Zinsschranke nur dann nicht anwendbar, wenn die Zinsen an den Gesellschafter nicht mehr als 10 % der gesamten Zinsaufwendungen ausmachen.

BEISPIELE

a) Die Y-GmbH gehört zu keinem Konzern. Gesellschafter G, der zu 20 % beteiligt ist, hat der GmbH ein Darlehen über 5 Mio. € zu angemessenen Bedingungen gewährt. Von der Bank B erhielt die GmbH ein Darlehen über 10 Mio. €. Beide Darlehen werden mit angemessenen 6 % p. a. verzinst.
LÖSUNG Problematisch ist, ob die Befreiungsvorschrift des § 4h Abs. 2 Satz 1 Buchst. b EStG greift. Da der den Kredit gewährende Gesellschafter zu weniger als einem Viertel beteiligt ist, greift die Modifizierungsregelung des § 8a Abs. 2 Satz 1 KStG nicht. Damit ist die Zinsschranke nicht weiter zu prüfen, da nach § 4h Abs. 2 Buchst. b EStG die Zinsschranke für konzernfreie Betriebe nicht gilt. Die Zinsen sind uneingeschränkt als Betriebsausgabe abziehbar.

b) Wie Beispiel a). Gesellschafter G ist aber zu 30 % beteiligt.
LÖSUNG Da der Gesellschafter nun zu mehr als einem Viertel beteiligt ist, ist die Befreiungsvorschrift des § 4h Abs. 2 Satz 1b EStG nur anzuwenden, wenn die Zinsen an den Gesellschafter nicht mehr als 10 % der gesamten Finanzierungsaufwendungen ausmachen. Im vorliegenden Fall gehen aber 33,33 % der gesamten Zinsen an den Gesellschafter. Damit liegt eine schädliche Gesellschafterfremdfinanzierung vor.
Damit muss nach § 4h Abs. 1 EStG geprüft werden, ob die gesamten Zinsaufwendungen die Grenze von 30 % des EBITDA überschreiten. Überschreiten sie die Grenze, sind sie insoweit nicht als Betriebsausgabe abziehbar und müssen nach § 4h Abs. 1 Satz 2 EStG auf künftige Wirtschaftsjahre vorgetragen werden.

c) Wie Beispiel b). Gesellschafter G ist zu 20 % an der Y-GmbH beteiligt. Ein weiterer Gesellschafter ist zu 45 % die A-GmbH & Co. KG, an der der Gesellschafter G zu 75 % beteiligt ist.
LÖSUNG G ist zu 20 % unmittelbar und zu (75 % von 45 % =) 20,25 % mittelbar über die A-GmbH & Co. KG beteiligt. Da somit die Grenze des § 8a Abs. 2 Satz 1 KStG überschritten ist und G mehr als 10 % der gesamten Zinsen erhält, liegt eine schädliche Gesellschafterfremdfinanzierung vor. Wie in Beispiel b) ist damit die Zinsschranke des § 4h Abs. 1 EStG zu prüfen.

Der Ausnahmetatbestand des § 4h Abs. 2 Satz 1b EStG gilt nach § 8a Abs. 2 KStG auch dann nicht, wenn die schädliche Finanzierung (> 10 % der Aufwendungen) durch eine dem Gesellschafter i. S. d. § 1 Abs. 2 AStG nahestehende Person erfolgt.

BEISPIELE

a) An der Z-GmbH ist Gesellschafter G zu 30 % beteiligt. Die restlichen Gesellschafter sind natürliche Personen, die unterschiedliche Anteile zwischen 5 % und 25 % halten. G ist außerdem zu 51 % an der A-AG beteiligt. Die A-AG gewährt der Z-GmbH einen Kredit über 5 Mio. €. Die Z-GmbH nimmt außerdem einen Kredit der B-Bank über 10 Mio. € in Anspruch. Die Zinsen für beide Kredite betragen angemessene 6 %.

LÖSUNG Es ist zu prüfen, ob die Zinsen der Z-GmbH unter die Zinsschranke des § 4h Abs. 1 EStG fallen. Die Zinsschranke greift grundsätzlich nicht, da die Z-GmbH gem. § 4h Abs. 2 Satz 1b EStG zu keinem Konzern gehört. Die Befreiungsvorschrift des § 4h Abs. 2 EStG ist aber nicht anzuwenden, wenn ein Gesellschafter mit einer Beteiligung von mehr als 25 % einen Kredit gewährt, dessen Zinsen mehr als 10 % der gesamten Finanzierungszinsen ausmachen.

Dies ist hier nicht der Fall, da G keinen Kredit gewährt. § 8a Abs. 2 KStG greift aber auch dann ein, wenn eine dem Gesellschafter nahestehende Person den Kredit gewährt.

Da G die A-AG beherrscht, ist die A-AG nach § 1 Abs. 2 AStG eine ihm nahestehende Person. Da die Zinsaufwendungen für das Darlehen der A-AG mehr als 10 % der gesamten Zinsaufwendungen betragen, greift die Befreiungsvorschrift des § 4h Abs. 2 Buchst. b EStG nicht. Damit muss die Zinsschranke i. S. d. § 4h Abs. 1 EStG geprüft werden.

b) Wie Beispiel a). G ist aber lediglich zu 25 % an der Z-GmbH beteiligt.

LÖSUNG Da G die Voraussetzungen des § 8a Abs. 2 KStG nicht erfüllt (Beteiligung mehr als ein Viertel) spielt es keine Rolle, dass die A-AG eine ihm nahestehende Person ist.

Die Zinsschranke des § 4h Abs. 1 EStG findet keine Anwendung.

§ 4h Abs. 2 Buchst. b EStG findet auch dann keine Anwendung, wenn der schädliche Kredit von einer Person gewährt wird, die auf den zu mehr als einem Viertel beteiligten Gesellschafter oder eine diesem nahestehende Person zurückgreifen kann (§ 8a Abs. 2 KStG). Der Rückgriff dürfte in dem meisten Fällen auf einer Garantie, einer Bürgschaft oder einer dinglichen Haftung basieren. Besonders kritisch sind hier die Fälle, in denen der Gesellschafter bei der Kredit gewährenden Bank Einlagen unterhält, die als Sicherheit für die Kredite dienen. Wie schon zu § 8a KStG a. F. (s. hierzu BMF vom 15. 07. 2004 BStBl I 2004, 593, Rz. 22) reicht hier das zufällige Nebeneinander von Einlage und Kredit bei derselben Bank noch nicht aus, um einen schädlichen Zusammenhang i. S. d. § 8a Abs. 2 KStG zu begründen. Es muss vielmehr ein wirtschaftlicher Zusammenhang zwischen der Kreditgewährung und der Rückgriffsmöglichkeit bestehen (sog. **Back-to-back-Finanzierung**). Ohne Beschränkung auf die Back-to-back-Finanzierung hat der BFH ernstliche Zweifel an der Verfassungsmäßigkeit des § 8a Abs. 2 3. Alt. KStG (BFH vom 13. 03. 2012, I B 111/11, BStBl II 2012, 611).

BEISPIELE

a) G ist an der V-GmbH zu 35 % beteiligt. Die V-GmbH ist konzernfrei. Bank B gewährt der GmbH ein Darlehen über 5 Mio. € (einziges Fremdkapital). G bürgt für dieses Darlehen.

LÖSUNG Da die Bank auf einen zu mehr als einem Viertel beteiligten Gesellschafter zurückgreifen kann, ist der Tatbestand des § 8a Abs. 2 3. Alt. KStG erfüllt. Die Befreiung des § 4h Abs. 2 Buchst. b EStG greift nicht. Es ist zu prüfen, ob die Zinsschranke des § 4h Abs. 1 EStG überschritten ist.

b) Wie Beispiel a). G unterhält bei der Bank ein Sparguthaben über 2 Mio. €, das er der Bank als Sicherheit abtritt.

LÖSUNG Zwischen dem Sparguthaben und dem Kredit besteht kein innerer Zusammenhang, auch wenn das Sparguthaben als Sicherheit dient. § 8a Abs. 2 KStG greift nicht; damit ist die Zinsschranke nach § 4h Abs. 2 Buchst. b EStG nicht zu prüfen.

c) Wie Beispiel a). G zahlt bei der Bank 2 Mio. € auf ein Festgeldkonto ein, damit im Gegenzug die GmbH den Kredit über 5 Mio. € bekommt. Das Festgeldkonto dient als Sicherheit für den Kredit.
LÖSUNG In diesem Fall liegt eine schädliche Back-to-back-Finanzierung vor. § 8a Abs. 2 KStG ist anzuwenden; die Zinsschranke des § 4h Abs. 1 EStG ist zu prüfen.

Einen weiteren Modifizierungstatbestand enthält **§ 8a Abs. 3 KStG**. Er baut auf **§ 4h Abs. 2 Satz 1 Buchst. c EStG** auf. Danach ist bei einem konzernangehörigen Unternehmen die Zinsschranke nicht anzuwenden, wenn der Eigenkapitalvergleich ergibt, dass die Eigenkapitalquote des Unternehmens gleich hoch oder höher ist als die des Konzerns.

Hier verlangt **§ 8a Abs. 3 KStG,** dass bei einer Kreditgewährung durch einen zu mehr als einem Viertel beteiligten Gesellschafter die Zinsaufwendungen nicht mehr als 10 % der Gesamtaufwendungen ausmachen. Die Vorschrift folgt weitgehend der Systematik des § 8a Abs. 2 KStG.

2.4.2.4   Zinsvortrag und Verlustabzugsbeschränkungen für Körperschaften

Nach § 8a Abs. 1 Satz 3 KStG gelten die Grundsätze der Verlustabzugsbeschränkungen für Körperschaften (**§ 8c KStG**) auch für den Zinsvortrag. Damit geht ein Zinsvortrag i. S. v. § 4h Abs. 1 Satz 2 EStG anteilig verloren, wenn mehr als 25 % der Anteile an einer Kapitalgesellschaft veräußert werden. Der Zinsvortrag geht vollständig verloren, wenn mehr als 50 % der Anteile an einer Kapitalgesellschaft veräußert werden (weitere Details s. 2.7.2.5).

Mit dem Wachstumsbeschleunigungsgesetz vom 18. 12. 2009 wurde in § 8c Abs. 1 Satz 6 KStG eine Ausnahmeregelung aufgenommen. Danach geht ein Verlustvortrag i. S. v. § 8c Abs. 1 Sätze 1 und 2 EStG nicht verloren, soweit er bei einer Veräußerung von mehr als 25 % der Anteile die anteiligen und bei der Veräußerung von mehr als 50 % der Anteile die gesamten zum Zeitpunkt des schädlichen Beteiligungserwerbes vorhandenen stillen Reserven nicht übersteigt.

BEISPIELE

Die gesamten stillen Reserven der X-GmbH belaufen sich auf 1 Mio. €. Aus den Vorjahren existiert ein nicht aus genutzter Verlustvortrag i. H. v. 800 000 €. Gesellschafter G veräußert
a) 10 % der Anteile,
b) 40 % der Anteile,
c) 70 % der Anteile.
LÖSUNG In der Variante a) ist der Tatbestand des § 8c KStG nicht einschlägig. Damit bleibt der Verlustvortrag in vollem Umfang erhalten. In der Variante b) geht der Verlustvortrag grundsätzlich nach § 8c Abs. 1 Satz 1 KStG i. H. v. (800 000 € × 40 % =) 320 000 € unter. Zu prüfen ist, ob der untergehende Verlustabzug kleiner ist als die anteiligen stillen Reserven. Dies ist hier zu bejahen (320 000 € < 400 000 €). Daher liegt kein schädlicher Anteilsverkauf vor. Der Verlustvortrag bleibt in vollem Umfang erhalten.
In der Variante c) geht der Verlustvortrag nach § 8c Abs. 1 Satz 2 KStG grundsätzlich in vollem Umfang verloren. Zu prüfen ist wieder, ob der untergehende Verlustvortrag kleiner ist als die (nunmehr) gesamten stillen Reserven. Auch in dieser Variante ist die Frage zu bejahen (800 000 € < 1 Mio. €). Damit geht auch in dieser Variante der Verlustvortrag nicht verloren.

§ 8a Abs. 1 Satz 3 KStG relativiert nun die Anwendung des § 8c Abs. 1 Satz 6 KStG. Danach sind die stillen Reserven nur zu berücksichtigen, soweit sie die nach § 8c Abs. 1 Satz 6 KStG abziehbaren nicht genutzten Verluste übersteigen.

BEISPIEL

Die gesamten stillen Reserven der Y-GmbH belaufen sich auf 1 Mio. €. Es besteht ein Zinsvortrag nach § 4h Abs. 4 EStG i. H. v. 500 000 €. Außerdem besteht ein Verlustvortrag i. H. v.

a) 800 000 €,

b) 0 €.

Gesellschafter G veräußert 60 % der Anteile.

LÖSUNG Da § 8a KStG die Vorschrift des § 8c KStG auf den Zinsvortrag grundsätzlich entsprechend anwendet, geht der Zinsvortrag grundsätzlich in vollem Umfang verloren, da mehr als 50 % der Anteile veräußert werden. Zu prüfen ist wieder, inwieweit vorhandene stille Reserven einem Untergang des Zinsvortrags entgegenstehen. Dabei sind aber in der Variante a) lediglich (1 Mio. € abzüglich 800 000 € =) 200 000 € berücksichtigungsfähig. Da der Zinsvortrag 500 000 € beträgt, sind lediglich 200 000 € begünstigt. Ein Zinsvortrag i. H. v. 300 000 geht unter. In der Variante b) können die stillen Reserven in vollem Umfang berücksichtigt werden, da ein nicht ausgenutzter Verlustvortrag nicht vorhanden ist. Somit übersteigen die stillen Reserven den Zinsvortrag. Dieser geht damit nicht verloren.

2.4.2.5 Verhältnis zur verdeckten Gewinnausschüttung

Bereits i. R. d. § 8a KStG a. F. ging man davon aus, dass die Grundsätze der vGA (§ 8 Abs. 3 Satz 2 KStG) vorrangig anzuwenden sind. Soweit demnach eine Zinszahlung als vGA zu beurteilen ist, greift die Zinsschranke des § 4h EStG nicht.

BEISPIEL

G ist zu 35 % an der G-GmbH beteiligt. Er gewährt der GmbH ein Darlehen über 10 Mio. €. Der Zinssatz beträgt 15 %; angemessen wären lediglich 8 %.

LÖSUNG I. H. v. (7 % × 10 Mio. € =) 700 T€ liegt eine vGA vor. Das Einkommen der GmbH ist außerbilanziell um 700 T€ zu erhöhen. Damit bleiben letztlich nur noch (8 % × 10 Mio. € =) 800 T€ Zinsaufwand gewinnwirksam. Die 800 T€ liegen aber unter der Grenze des § 4h Abs. 2 Satz 1 Buchst. a EStG. Somit liegt keine schädliche Finanzierung i. S. d. § 4h EStG vor.

2.5 Einlagen

Bei der Einlage von Kapital in eine Kapitalgesellschaft gelten andere Grundsätze als bei der Einlage in ein Einzelunternehmen oder eine Personengesellschaft.

2.5.1 Offene Einlagen

Eine offene Einlage liegt vor, wenn dem Gesellschafter für die Übertragung eines Wirtschaftsguts im Gegenzug Gesellschaftsrechte gewährt werden. Bei einer Kapitalgesellschaft werden Gesellschaftsrechte gewährt, wenn eine Buchung in das Stammkapital erfolgt. Damit ist eine offene Einlage in eine Kapitalgesellschaft nur im Zusammenhang mit einer Gründung oder einer Kapitalerhöhung möglich. Die offene Einlage wird als tauschähnlicher Vorgang behandelt und ist beim Gesellschafter wie die Veräußerung des eingelegten Wirtschaftsguts zu behandeln. Dadurch können z. B. Gewinne nach §§ 17, 20 Abs. 2 oder 23 EStG entstehen (BFH vom 24. 04. 2007, I R 35/05, BStBl II 2008, 253).

BEISPIELE

a) Gesellschafter G hat lt. Gründungssatzung in 2016 ein Grundstück auf die GmbH zu übertragen. Das Grundstück wurde im Jahre 2010 für 100 T€ im Privatvermögen angeschafft. Der gemeine Wert des Grundstücks bei Einbringung beträgt 180 T€. G muss laut Satzung 50 000 € in das Stammkapital einbezahlen; dementsprechend bucht die GmbH zu Recht: Grundstück 180 T€ an Stammkapital 50 T€ und Kapitalrücklage 130 T€ (Agio).

LÖSUNG Die bilanzielle Behandlung des Grundstücks ist korrekt. G hat das Grundstück gegen Gesellschaftsrechte getauscht (offene Einlage). Dies gilt auch, soweit Gesellschafter G ein Agio geleistet hat. Da die offene Einlage als tauschähnlicher Vorgang behandelt wird und die zehnjährige Spekulationsfrist noch nicht abgelaufen ist, realisiert G durch die Übertragung einen privaten Veräußerungsgewinn nach § 23 Abs. 1 Nr. 1 EStG i. H. v. 80 T€.

b) G ist zu 5 % Gesellschafter der A-AG. Im Wege der offenen Einlage bringt er in 2016 die Anteile an der A-AG (Anschaffungskosten 100 T€, gemeiner Wert 500 T€) in die neu gegründete B-GmbH ein. Die B-GmbH bucht: Anteile A-AG 500 T€ an Stammkapital 500 T€.

LÖSUNG Auch hier liegt wieder ein Tausch vor. Damit realisiert G den Tatbestand des § 17 Abs. 1 Satz 1 EStG (§ 17 Abs. 1 Satz 2 EStG ist ausdrücklich nur im Falle der verdeckten Einlage anwendbar). Nach §§ 3 Nr. 40 Buchst. c, 3c Abs. 2 EStG beträgt der Veräußerungsgewinn im Teileinkünfteverfahren (300 T€ ./. 60 T€ =) 240 T€.

§ 21 UmwStG ist nicht anwendbar, da die B-GmbH nicht die Mehrheit der Stimmrechte an der A-AG erwirbt.

Befand sich das Wirtschaftsgut vor der offenen Einlage in einem Betriebsvermögen des Gesellschafters, so ist grundsätzlich § 6 Abs. 5 Satz 3 EStG anzuwenden. Da aber nach § 6 Abs. 5 Satz 5 EStG im Falle der Übertragung des Wirtschaftsguts auf eine Kapitalgesellschaft im abgebenden Unternehmen der Teilwert anzusetzen ist, muss der Gesellschafter in seinem Einzelunternehmen die stillen Reserven aufdecken. Das Wirtschaftsgut ist anschließend ohne weitere Entstehung eines Gewinns auf die GmbH zu übertragen. Ist der Tatbestand von § 6 Abs. 5 Satz 3 EStG nicht erfüllt, so muss der Gesellschafter das Wirtschaftsgut in einem ersten Schritt aus dem Betriebsvermögen entnehmen und anschließend als Privatvermögen wieder offen in die GmbH einlegen.

BEISPIEL

G ist Einzelunternehmer. Im Betriebsvermögen seines Einzelunternehmens befindet sich ein Grundstück (Buchwert 100 000 € / Teilwert 500 000 €). Im Zuge der Gründung der X-GmbH überführt G das Grundstück auf die GmbH (BS: Grundstück 500 000 € an Stammkapital 500 000 €).

LÖSUNG Da der Tatbestand des § 6 Abs. 5 Satz 3 EStG nicht erfüllt ist, muss das Grundstück aus dem Einzelunternehmen entnommen werden (§ 6 Abs. 1 Nr. 4 EStG). Dabei entsteht ein laufender Gewinn im Einzelunternehmen i. H. v. 400 000 €. Anschließend wird das Grundstück (jetzt Privatvermögen) auf die GmbH übertragen. Bei diesem tauschähnlichen Vorgang entsteht kein Veräußerungsgewinn, da die Entnahme nach § 23 Abs. 1 Satz 2 EStG als Anschaffung gilt. Die Anschaffungskosten (500 000 €) sind mit dem Veräußerungserlös (500 000 €) identisch.

Wird ein Betrieb, Teilbetrieb oder Mitunternehmeranteil offen in eine Kapitalgesellschaft eingelegt, so erfolgt dieser Vorgang nach § 20 UmwStG. Wird eine Beteiligung an einer Kapitalgesellschaft offen in eine Kapitalgesellschaft eingelegt, liegt ein Anteilstausch nach § 21 UmwStG vor.

2.5.2 Verdeckte Einlagen

Eine verdeckte Einlage ist eine gesellschaftsrechtlich veranlasste Zuführung von Geld oder eines Wirtschaftsguts an eine Gesellschaft, ohne dass der Gesellschafter im Gegenzug Gesellschaftsrechte erhält (z. B. BFH vom 20. 07. 2005 BStBl II 2006, 457).

Steuerlich liegt eine verdeckte Einlage nur vor, wenn ein Gesellschafter der Körperschaft außerhalb der gesellschaftsrechtlichen Einlagen einen **einlagefähigen Vermögensvorteil** zuwendet und diese Zuwendung durch das Gesellschaftsverhältnis veranlasst ist (BFH vom 26. 10. 1987 BStBl II 1988, 348; R 8.9 Abs. 1 KStR).

Ein einlagefähiger Vermögensvorteil liegt vor, wenn sich entweder die Aktiva erhöhen oder die Passiva vermindern. Demgemäß ist die unentgeltliche Gewährung von Nutzungsvorteilen o. Ä. keine verdeckte Einlage (H 8.9 KStH »Nutzungsvorteile«). Problematisch ist in diesem Fall, ob und in welcher Höhe der Gesellschafter Aufwendungen auf das Wirtschaftsgut geltend machen kann, da er ja keine Mieteinnahmen mit dem Wirtschaftsgut erzielt. Er überlässt aber das Wirtschaftsgut unentgeltlich, um letztlich höhere Dividendeneinnahmen zu erzielen. Ab VZ **2009** können die Aufwendungen auf die GmbH als **Werbungskosten** nicht mehr abgezogen werden (§ 20 Abs. 9 EStG), es sei denn, der Gesellschafter beantragt nach § 32d Abs. 2 Nr. 3 EStG die Anwendung der Tarifbesteuerung. In diesem Fall ist die Anwendung des § 20 Abs. 9 EStG ausgeschlossen. Befindet sich die Beteiligung im **Betriebsvermögen**, so gilt § 3c Abs. 2 EStG (Abzug 60 %).

BEISPIEL

G ist Gesellschafter der X-GmbH. Er überlässt der Gesellschaft unentgeltlich ein Gebäude (angemessene Miete monatlich 1 000 €). Seine Aufwendungen für das Gebäude belaufen sich auf 300 € monatlich. Die Beteiligung befindet sich

a) im Privatvermögen,

b) im Privatvermögen, G stellt einen Antrag nach § 32d Abs. 2 Nr. 3 EStG,

c) im Betriebsvermögen.

LÖSUNG Da ein bloßer Nutzungsvorteil nicht bilanzierungsfähig ist, schlägt sich die Nutzungsüberlassung in der Bilanz der GmbH nicht nieder. Daher erhöht sich auch nicht das steuerliche Einlagekonto (§ 27 KStG). Auf der Ebene des Gesellschafters liegen keine nachträglichen Anschaffungskosten auf die Beteiligung vor. Für die Behandlung der Aufwendungen ist zu differenzieren:

a) Mangels Einnahmen kann G keine Werbungskosten i. R. d. § 21 EStG geltend machen. G überlässt zwar das Gebäude unentgeltlich, um eine höhere Dividende zu erzielen; dennoch ist die Geltendmachung von Werbungskosten nach § 20 Abs. 9 EStG ausgeschlossen;

b) § 20 Abs. 9 EStG ist nicht anwendbar; damit kann G die Werbungskosten nach §§ 9, 3 Nr. 40 Buchst. d, 3c Abs. 2 EStG i. H. v. (300 € × 12 Monate × 60 %=) 2 160 € geltend machen.

c) Befindet sich die Beteiligung im Betriebsvermögen, so liegt wieder Aufwand auf die Beteiligung vor. G kann Betriebsausgaben i. H. v. (300 € × 12 Monate × 60 % =) 2 160 € abziehen. Das Abzugsverbot des § 20 Abs. 9 EStG gilt nicht für Betriebsausgaben.

Ein einlagefähiger Vorteil liegt aber vor, wenn der Gesellschafter im Nachhinein auf ein Nutzungsentgelt verzichtet.

BEISPIEL

G ist Gesellschafter der X-GmbH. Er überlässt der Gesellschaft ein Gebäude (keine wesentliche Betriebsgrundlage) für eine angemessene Miete von monatlich 1 000 €. Seine Aufwendungen für das Gebäude belaufen sich auf 300 € monatlich. Obwohl die GmbH zahlungsfähig ist, zahlt sie im gesamten Jahr 2015 die vereinbarte Miete nicht. Sie bucht daher in der Bilanz zum 31. 12. 2015 eine Mietverbindlichkeit i. H. v. 12 000 €. Im Januar 2016 verzichtet G rückwirkend auf die Miete 2015 und auf künftige Miete. Die Beteiligung befindet sich

a) im Privatvermögen,

b) im Betriebsvermögen.

Das Grundstück soll in beiden Varianten Privatvermögen sein (keine Betriebsaufspaltung).

LÖSUNG Im Januar 2016 bucht die GmbH die Mietverbindlichkeit gewinnerhöhend aus (BS: Mietverbindlichkeit an Ertrag 12 000 €). Da der Gesellschafter mit dem Verzicht der GmbH einen bilanzierungsfähigen Vorteil zuwendet (Ausbuchung eines Passivpostens), liegt eine verdeckte Einlage vor. Damit ist der Ertrag außerbilanziell wieder zu kompensieren (§ 8 Abs. 3 Satz 3 KStG). Beim Gesellschafter hat die verdeckte Einlage unterschiedliche Rechtsfolgen:

a) Da die GmbH die Miete in 2015 nicht bezahlt hat, liegt auch kein Zufluss von Mieteinnahmen vor (§§ 21, 11 Abs. 1 Satz 1 EStG). Werbungskosten kann G geltend machen, da er in 2015 noch die Absicht hat, Einnahmen zu erzielen. Der Verzicht in 2014 führt aber zu einem Zufluss, da der Gesellschafter nur auf etwas verzichten kann, über das er wirtschaftlich verfügen kann. Er versteuert daher in 2016 Einnahmen i. H. v. 12 000 €. Da er aber ab Januar 2016 keine Einnahmeerzielungsabsicht im Hinblick auf § 21 EStG hat, kommt ein Abzug der Werbungskosten nicht mehr in Frage. Auch bei den Einkünften nach § 20 Abs. 1 Nr. 1 EStG kann G keine Werbungskosten geltend machen, da § 20 Abs. 9 EStG ab VZ 2009 den Abzug verwehrt.

Der Verzicht auf die Miete 2015 ist aber als verdeckte Einlage zu werten. Damit erhöhen sich die Anschaffungskosten auf die Beteiligung um 12 000 €. Dies hat Auswirkungen i. R. d. § 17 EStG.

b) Bezüglich des Grundstücks ergeben sich keine Änderungen gegenüber der Lösung a). Da der Gesellschafter auf seine private Forderung aus gesellschaftsrechtlichen Gründen verzichtet, ist die Mietforderung eine juristische Sekunde vor dem Verzicht in das Betriebsvermögen des Einzelunternehmens einzulegen (BS: Forderung an Privateinlage 12 000 €). Anschließend ist die Forderung im Wege der verdeckten Einlage steuerneutral auf die Beteiligung umzubuchen (BS: Beteiligung GmbH an Mietforderung 12 000 €).

Die Aufwendungen für das Grundstück kann G i. R. d. § 21 EStG ab VZ 2016 nicht mehr geltend machen, da es an einer Einkunfterzielung i. R. d. § 21 EStG fehlt. Ab VZ 2016 trägt G die Aufwendungen, um im Betriebsvermögen Einnahmen aus Dividenden zu erzielen. Damit kann er die Aufwendungen im Wege einer sog. Aufwandseinlage als Betriebsausgabe im Einzelunternehmen geltend machen. Allerdings wird man auch hier § 3c Abs. 2 EStG anwenden müssen (BS somit: Beteiligungsaufwand an Privateinlage 3 600 €; anschließend außerbilanzielle Kürzung um (3 600 € × 40 % =) 1 440 €).

Die als verdeckte Einlage zu qualifizierende Zuwendung kann auch durch eine dem Gesellschafter **nahestehende** Person erfolgen (H 8.9 »Nahestehende Person« KStH; BFH vom 12. 12. 2000 BStBl II 2001, 234 m. w. N.).

Voraussetzung für die Annahme einer verdeckten Einlage ist stets, dass die Zuwendung des Gesellschafters durch das **Gesellschaftsverhältnis** veranlasst ist. Die Ursächlichkeit des Gesellschaftsverhältnisses ist nur dann gegeben, wenn ein Nichtgesellschafter bei Anwendung der Sorgfalt eines ordentlichen Kaufmanns den Vermögensvorteil der Gesellschaft nicht eingeräumt hätte, was grundsätzlich durch Fremdvergleich festzustellen ist. Für die Zuwendung darf kein eigenwirtschaftliches Interesse des Gesellschafters ausschlaggebend gewesen sein (BFH vom 29. 07. 1997 BStBl II 1998, 652).

BEISPIEL

Gesellschafter G hält 10 % der Anteile an der X-GmbH, die einen Maschinenbaubetrieb unterhält. G ist selbständiger Ingenieur und wickelt mit der GmbH mehr als die Hälfte seines Auftragsvolumens ab.

Als die GmbH nach einem geplatzten Exportauftrag in existenzielle Schwierigkeiten gerät, verzichtet G auf eine Forderung aus einem Werkvertrag i. H. v. 50 000 €, um die GmbH vor der Insolvenz zu retten und diesen wichtigen Auftraggeber nicht zu verlieren.

LÖSUNG In diesem Fall steht das Eigeninteresse des G an der Erhaltung eines Auftraggebers im Vordergrund, so dass eine verdeckte Einlage nicht angenommen werden kann.

Während offene Einlagen stets als entgeltlich beurteilt werden und damit die zugeführten Wirtschaftsgüter mit dem gemeinen Wert anzusetzen sind (s. o.; BFH vom 24. 04. 2007 BStBl II 2008, 253), sind für verdeckte Einlagen die **Bewertungsgrundsätze des § 6 Abs. 1 Nr. 5 EStG** (Teilwertansatz) über die Verweisungsvorschrift des § 8 Abs. 1 KStG anwendbar (BFH vom 24. 04. 2007 a. a. O.; R 8.9 Abs. 4 KStR). Die verdeckte Einlage stellt einen unentgeltlichen Vorgang dar, da der Gesellschafter keine Gegenleistung erhält. Um zu vermeiden, dass unversteuerte stille Reserven auf eine Kapitalgesellschaft übergehen, fingiert **§ 23 Abs. 1 Satz 5 Nr. 2 EStG** eine Veräußerung. Als Veräußerungserlös ist nach § 23 Abs. 3 Satz 2 EStG der gemeine Wert anzusetzen.

BEISPIEL

G erwarb am 01. 01. 2010 im Privatvermögen ein Grundstück für 100 000 €. In 2016 überführt er das Grundstück (gemeiner Wert: 130 000 €) im Wege der verdeckten Einlage auf die X-GmbH.
LÖSUNG Die verdeckte Einlage löst einen Spekulationsgewinn nach § 23 Abs. 1 Satz 5 EStG i. H. v. (130 000 € ./. 100 000 € =) 30 000 € aus. Auf die Veräußerung des Grundstücks durch die GmbH kommt es hier nicht an (im Gegensatz zu § 23 Abs. 1 Nr. 1 EStG). Die GmbH aktiviert das Grundstück mit 130 000 €.

Für Wertpapiere etc. fingiert **§ 20 Abs. 2 Satz 2 EStG** ebenfalls eine Veräußerung, wenn die Wertpapiere etc. nach dem 31. 12. 2008 erworben wurden.

Befand sich das Wirtschaftsgut vor der verdeckten Einlage in einem Betriebsvermögen des Steuerpflichtigen, so geht der verdeckten Einlage zwingend die vorherige **Entnahme** aus dem Betriebsvermögen voraus, da die GmbH gegenüber dem Gesellschafter ein anderes Rechtssubjekt ist (BFH vom 20. 07. 2005 BStBl II 2006, 457).

BEISPIEL

Gesellschafter G bilanziert in seinem Einzelunternehmen ein Grundstück (Buchwert 100 T€, Teilwert 300 T€). Er überführt das Grundstück in die X-GmbH im Wege der verdeckten Einlage.
LÖSUNG G muss das Grundstück entnehmen; es entsteht ein laufender Entnahmegewinn i. H. v. 200 T€. Die GmbH muss das Grundstück mit dem Teilwert aktivieren (§ 6 Abs. 1 Nr. 5 EStG). Die Einlage ist für den Gesellschafter kein entgeltlicher Vorgang.

Die Rechtsfolgen einer Entnahme können auch nicht durch die Anwendung des **§ 6 Abs. 5 Satz 3 Nr. 3 EStG** umgangen werden, da bei einer Übertragung auf eine Kapitalgesellschaft nach Satz 5 zwingend die stillen Reserven aufzudecken sind.

BEISPIEL

Gesellschafter G bilanziert im Sonderbetriebsvermögen der A-KG ein Grundstück (Buchwert 100 T€, Teilwert 300 T€). Gesellschafter der A-KG ist unter anderem auch die Z-GmbH. Gesellschafter der Z-GmbH ist unter anderem der G. G möchte das Grundstück aus seinem Sonderbetriebsvermögen in das der Z-GmbH übertragen.
LÖSUNG Grundsätzlich ist bei einer Übertragung zwischen den jeweiligen Sonderbetriebsvermögen verschiedener Mitunternehmer derselben Mitunternehmerschaft zwingend der Buchwert anzusetzen (§ 6 Abs. 5 Satz 3 Nr. 3 EStG). Da sich durch die Übertragung aber der Anteil der Z-GmbH an dem Grundstück von 0 % auf 100 % erhöht, greift die Vorschrift des § 6 Abs. 5 Satz 5 EStG.
G muss das Grundstück gewinnerhöhend aus seinem Sonderbetriebsvermögen ausbuchen. Die Z-GmbH bucht es mit dem Teilwert wieder in ihr Sonderbetriebsvermögen ein. Auch hier muss der entstehende Gewinn im Sonderbetriebsvermögen auf der Ebene der GmbH außerbilanziell wieder gekürzt werden, da eine verdeckte Einlage vorliegt.

2.5.2.1   Verdeckte Einlage von Anteilen an Kapitalgesellschaften

Da eine verdeckte Einlage als unentgeltlicher Vorgang zu beurteilen ist (s. o.), könnte durch die verdeckte Einlage einer Beteiligung die Versteuerung nach § 17 Abs. 1 Satz 1 EStG umgangen werden.

BEISPIEL

Gesellschafter G ist an der A-GmbH beteiligt (Anschaffungskosten 100 T€, Wert 300 T€). G ist außerdem an der B-GmbH beteiligt. Er legt die Beteiligung an der A-GmbH verdeckt in die B-GmbH ein (BS bei der B-GmbH: Beteiligung an Kapitalrücklage 300 T€).

LÖSUNG Da bei verdeckten Einlagen grundsätzlich die Vorschrift des § 6 Abs. 1 Nr. 5 Buchst. b EStG gilt (Ansatz der Beteiligung mit den Anschaffungskosten), könnte G die Beteiligung an der A-GmbH ohne Entstehung eines Veräußerungsgewinns auf die B-GmbH übertragen. Diese könnte die Beteiligung dann nach § 8b Abs. 2 KStG steuerfrei veräußern.

Zur Vermeidung einer derartigen Besteuerungslücke sieht **§ 17 Abs. 1 Satz 2 EStG** vor, dass die verdeckte Einlage von Anteilen in eine Kapitalgesellschaft als entgeltliche Veräußerung gilt. Eine entsprechende Regelung sieht § 20 Abs. 2 Satz 2 EStG für Beteiligungen unter 1 % vor.

BEISPIEL

Fortsetzung des vorigen Beispiels

G kann der Besteuerung nicht entgehen. Nach § 17 Abs. 1 Satz 2 i. V. m. §§ 3 Nr. 40 Buchst. c, 3c Abs. 2 EStG muss G einen Veräußerungsgewinn im Teileinkünfteverfahren i. H. v. (180 T€ ./. 60 T€ =) 120 T€ versteuern.

2.5.2.2   Weitere Einzelfälle von verdeckten Einlagen

Ein auf dem Gesellschaftsverhältnis beruhender **Verzicht** eines Gesellschafters auf seine **nicht mehr vollwertige Forderung** gegenüber seiner Kapitalgesellschaft führt bei dieser zu einer verdeckten Einlage i. H. d. Teilwerts der Forderung (H 8.9 KStH »Forderungsverzicht«). Dies gilt auch dann, wenn die entsprechende Verbindlichkeit auf abziehbare Aufwendungen zurückgeht. Der Verzicht des Gesellschafters auf eine Forderung gegenüber seiner Kapitalgesellschaft im Wege der verdeckten Einlage führt bei ihm zum **Zufluss** des noch werthaltigen Teils der Forderung (BFH GrS vom 09. 06. 1997 BStBl II 1998, 307).

BEISPIEL

Gesellschafter G ist Geschäftsführer der X-GmbH. Sein vertraglich vereinbartes Geschäftsführergehalt beläuft sich auf 10 000 € monatlich. Da die X-GmbH unter erheblichen Zahlungsschwierigkeiten leidet, zahlt sie in 2015 das Gehalt nicht aus. Zum 31. 12. 2015 bilanziert sie eine Verbindlichkeit i. H. v. 120 000 €. Im Januar 2016 verzichtet G auf Druck der Banken auf das ausstehende Gehalt. Die GmbH kann zu diesem Zeitpunkt ihre Verbindlichkeiten nur noch zu 30 % erfüllen.

LÖSUNG Auf der Ebene der GmbH ist die Verbindlichkeit zum Nennwert auszubuchen (BS: Verbindlichkeit an Ertrag 120 000 €). Außerbilanziell ist wegen der verdeckten Einlage eine Korrektur vorzunehmen. Da die Forderung des Gesellschafters aber nur noch i. H. v. (120 000 € × 30 % =) 36 000 € werthaltig war, erfolgt lediglich eine Kürzung um diesen Betrag. Es verbleibt auf Ebene der GmbH ein Ertrag i. H. v. (120 000 € ./. 36 000 € =) 84 000 €. Gleichzeitig ist das Einlagekonto um den werthaltigen Teil der Forderung zu erhöhen (= 36 000 €).

Auf Ebene des Gesellschafters führt der Verzicht i. H. d. werthaltigen Teils (= 36 000 €) zu einem Zufluss von Arbeitslohn (§ 19 EStG). Im Übrigen entstehen dem Gesellschafter i. H. d. verdeckten Einlage (= 36 000 €) nachträgliche Anschaffungskosten, die einen Veräußerungsgewinn nach § 17 EStG mindern.

Eine verdeckte Einlage bei der Kapitalgesellschaft kann auch dann anzunehmen sein, wenn der Forderungsverzicht von einer dem Gesellschafter **nahestehenden Person** ausgesprochen wird. Dieser Fall ist nicht zu verwechseln mit dem Ausfall einer Forderung bei einer dem Gesellschafter nahestehenden Person. Hier gilt der Grundsatz, dass **Drittaufwand** nicht abziehbar ist (BFH vom 12. 12. 2000 BStBl II 2001, 286).

BEISPIEL

Wie Beispiel oben. Die F ist die Ehefrau des Gesellschafters G. Sie arbeitet als Angestellte der GmbH für monatlich 8 000 €. In 2015 bekommt sie das Gehalt wegen der Zahlungsschwierigkeiten nicht ausgezahlt.

a) Im Januar 2016 verzichtet sie auf ihr ausstehendes Gehalt, um die Sanierungsbemühungen ihres Ehemannes zu unterstützen.

b) Im Januar 2016 muss die GmbH Insolvenz anmelden.

LÖSUNG In der Alternative a) ist der Verzicht wirtschaftlich so zu behandeln, als ob die F die Gehaltsforderung ihrem Ehemann zuwendet und dieser die Forderung verdeckt in die GmbH einlegt. Aus Sicht der GmbH liegt eine Leistung des G vor. Daher sind die Rechtsfolgen die gleichen wie im Beispiel oben. In der Alternative b) erleidet die F einen Verlust. Dieser Verlust kann nicht dem Ehemann zugerechnet werden, da das Verbot des Abzugs von Drittaufwand gilt.

Hat der Gesellschafter für Darlehen an die Gesellschaft eine **Bürgschaft** abgegeben, so führt der Verzicht auf die Rückgriffsforderung (§ 774 BGB) i. H. d. Werthaltigkeit zu einer verdeckten Einlage (BFH vom 12. 12. 2000 BStBl II 2001, 234; vom 31. 05. 2005 BStBl II 2005, 707).

Eine verdeckte Einlage liegt auch vor, wenn auf eine Forderung verzichtet wird, die kapitalersetzenden Charakter hat (BFH vom 16. 05. 2001 BStBl II 2002, 436). I. H. d. verdeckten Einlage liegen nachträgliche Anschaffungskosten auf die Beteiligung vor. Dies hat insbesondere Bedeutung für die Berechnung des Veräußerungs- oder Liquidationsgewinns nach § 17 EStG.

Wird eine **vGA** vom Gesellschafter zurückbezahlt, so hat dies auf die Versteuerung der vGA keinen Einfluss. Allerdings liegt insoweit eine verdeckte Einlage des Gesellschafters vor.

Verzichtet der Gesellschafter auf seine **Tätigkeitsvergütung**, so ist zu differenzieren: Hat er bereits einen Vergütungsanspruch erworben, so muss die Gesellschaft hierfür eine Verbindlichkeit passivieren. Verzichtet der Gesellschafter auf seine Forderung, so gelten die allgemeinen Grundsätze des Forderungsverzichts (BFH vom 09. 06. 1997 BStBl II 1998, 307). Ist die Forderung im Zeitpunkt des Verzichts aufgrund von Zahlungsschwierigkeiten der Gesellschaft nichts mehr wert, so ist die verdeckte Einlage unter Umständen mit 0 € zu bewerten.

Verzichtet der Gesellschafter auf **künftige Gehaltsansprüche**, so liegt keine verdeckte Einlage vor, da es insoweit an einer Vermögensmehrung bei der Gesellschaft mangelt. Es fließt in diesem Fall auch dem Gesellschafter-Geschäftsführer keine Einnahmen nach § 19 EStG zu (BFH vom 14. 03. 1989 BStBl II 1989, 633).

Ein Verzicht des Gesellschafters auf bereits erworbene **Pensionsansprüche** ist besonders problematisch, da i. H. d. werthaltigen Teils des Pensionsanspruchs ein Zufluss von Arbeitslohn vorliegt.

Veräußert ein Gesellschafter ein Wirtschaftsgut zu einem unter dem Marktpreis liegenden Preis an die Kapitalgesellschaft, so liegt i. H. d. Differenz zum Marktpreis eine verdeckte Einlage vor. Das Wirtschaftsgut ist von der erwerbenden Kapitalgesellschaft sowohl in der Handels- als auch in der Steuerbilanz mit dem tatsächlichen Wert zu bilanzieren (Fiktionstheorie).

G ist Gesellschafter der X-GmbH. Er veräußert an die GmbH ein Grundstück für 150 000 €, das aber einen Wert von 200 000 € hat.

LÖSUNG Das Grundstück ist mit 200 000 € zu aktivieren (BS: Grundstück 200 000 € an Bank 150 000 € und sonstige betriebliche Erträge 50 000 €). Außerbilanziell ist eine Kürzung wegen der verdeckten Einlage vorzunehmen (./. 50 000 €).

Eine verdeckte Einlage kann auch vorliegen, wenn die Gesellschaft ein Wirtschaftsgut zu einem überhöhten Preis an den Gesellschafter veräußert.

G ist Gesellschafter der X-GmbH. Die GmbH bilanziert ein Grundstück mit 50 000 € (Teilwert: 150 000 €). Die Gesellschaft veräußert es für 200 000 € an den G.

LÖSUNG Aus der Veräußerung entsteht zunächst ein Gewinn i. H. v. 150 000 €. Insoweit der Gewinn überhöht ist (= 50 000 €) ist außerbilanziell eine Kürzung vorzunehmen.

2.5.3 Rechtsfolgen bei der Gesellschaft (§ 8 Abs. 3 KStG)

Ist ein Vorgang als verdeckte Einlage zu beurteilen, so ist der durch die verdeckte Einlage entstehende Gewinn außerbilanziell wieder zu korrigieren (§ 8 Abs. 3 Satz 3 KStG). Dies gilt aber nur, wenn sich die verdeckte Einlage auf das Einkommen der Kapitalgesellschaft ausgewirkt hat.

Gesellschafter G legt 500 000 € in die G-GmbH verdeckt ein. Die GmbH bucht wie folgt:
a) Geld 500 000 € an Kapitalrücklage 500 000 €;
b) Geld 500 000 € an Ertrag 500 000 €.

LÖSUNG Beide Buchungen sind handelsrechtlich zulässig. In der Alternative a) entsteht kein Ertrag in der GmbH. Daher ist auch keine Korrektur des Einkommens nach § 8 Abs. 3 Satz 3 KStG vorzunehmen. In der Alternative b) ist der Ertrag außerbilanziell nach § 8 Abs. 3 Satz 3 KStG zu neutralisieren.

Gleichzeitig ist ein Zugang i. H. d. Werts der verdeckten Einlage im steuerlichen Einlagekonto zu buchen (**§ 27 KStG**). Bei einer späteren Ausschüttung sind diese Beträge gesondert auszuweisen (§ 45a Abs. 2 EStG), da die Ausschüttung aus dem Einlagekonto nicht zu Einnahmen aus Kapitalvermögen führt (§ 20 Abs. 1 Nr. 1 Satz 3 EStG) Die Ausschüttung aus dem Einlagekonto ist nach § 17 Abs. 4 EStG zu versteuern (Erlös abzgl. Anschaffungskosten, wobei die verdeckte Einlage stets die Anschaffungskosten erhöht). Im Rahmen des § 17 Abs. 4 EStG entsteht damit nur in Ausnahmefällen ein Gewinn (weitere Details siehe 3.4.3).

Nur schwer verständlich ist die durch das JStG 2007 eingefügte Vorschrift des **§ 8 Abs. 3 Satz 4 KStG**. Danach soll sich das Einkommen der Kapitalgesellschaft erhöhen, soweit eine verdeckte Einlage das Einkommen des Gesellschafters gemindert hat (sog. materielle Korrespondenz). Die Vorschrift soll verhindern, dass sich eine verdeckte Einlage einseitig zugunsten des Gesellschafters auswirkt und zur Gestaltung von Steuermodellen ausgenutzt werden kann.

Gesellschafter G bekommt von der X-GmbH ein Darlehen über 100 000 € zu einem Zinssatz von 10 % p. a., obwohl ein Zinssatz von 6 % marktüblich wäre. Die GmbH verbucht die Zinseinnahmen i. H. v. 10 000 € als Betriebseinnahme. Gesellschafter G macht die 10 000 € als Werbungskosten (§ 9 Abs. 1 Nr. 1 EStG) bei den Einkünften aus Vermietung und Verpachtung geltend.

LÖSUNG I. H. v. 4 000 € liegt eine verdeckte Einlage vor, da G den überhöhten Zins aus gesellschafts-rechtlichen Gründen bezahlt und sich diese Zuwendung auf das Einkommen der GmbH auswirkt. Grundsätzlich müsste nun nach § 8 Abs. 3 Satz 3 KStG das Einkommen außerbilanziell um die 4 000 € vermindert werden. Dem steht aber Satz 4 der Vorschrift entgegen. Wenn G Werbungskosten i. H. v. 10 000 € geltend machen kann, dann muss die GmbH spiegelbildlich auch die entsprechenden Einnahmen versteuern.

Einen sicher nicht sehr häufigen Anwendungsfall regelt die Vorschrift des **§ 8 Abs. 3 Satz 5 KStG (mittelbare verdeckte Einlage)**. Danach ist § 8 Abs. 3 Satz 4 KStG (s. o.) auch anzuwenden, wenn eine verdeckte Einlage auf einer vGA einer dem Gesellschafter nahestehenden Person beruht. Voraussetzung ist aber, dass die vGA bei der leistenden Körperschaft das Einkommen gemindert hat und bei der Besteuerung des Gesellschafters nicht berücksichtigt wurde. Die nahestehende Person muss eine Kapitalgesellschaft sein, da nur diese den Tatbestand einer vGA verwirklichen kann. Natürliche Personen als nahestehende Personen werden nach dem Gesetzeswortlaut nicht erfasst.

BEISPIELE

a) G ist jeweils zu 100 % an der A-GmbH und der B-GmbH beteiligt (Schwestergesellschaften). Die B-GmbH hat gegenüber der A-GmbH eine Forderung i. H. v. 1 Mio. €. G veranlasst die B-GmbH, auf die werthaltige Forderung zu verzichten.
LÖSUNG Bei der B-GmbH liegt eine vGA vor, da diese ihr Vermögen aus gesellschaftsrechtlichen Gründen gemindert hat und diese Vermögensminderung auch Einfluss auf das Einkommen hatte (BS: Forderungsabschreibung an Forderung 1 Mio. €). Nach § 8 Abs. 3 Satz 2 KStG erfolgt aber eine außerbilanzielle Hinzurechnung i. H. v. 1 Mio. €.
Somit ist der Tatbestand des § 8 Abs. 3 Satz 5 EStG nicht gegeben. Die Ausbuchung der 1 Mio. € Verbindlichkeit führt bei der A-GmbH zu einem Ertrag i. H. v. 1 Mio. €, der nach § 8 Abs. 3 Satz 3 KStG außerbilanziell wieder zu korrigieren ist (mittelbare Einlage durch G).

b) Wie Beispiel a). Die Veranlagungen der B-GmbH und des Gesellschafters sind bestandskräftig. Die Veranlagung der A-GmbH ist noch offen.
LÖSUNG Bei der B-GmbH greift § 32a Abs. 1 KStG nicht, da der Körperschaftsteuerbescheid nicht mehr geändert werden kann.
Auf der Ebene A-GmbH müsste aufgrund des § 8 Abs. 3 Satz 3 KStG der Ertrag außerbilanziell gekürzt werden. Damit bestünde ein Missverhältnis zwischen der Besteuerung der A-GmbH (keine Hinzurechnung) und der B-GmbH (Kürzung).
Hier greift § 8 Abs. 3 Satz 5 KStG. Das Einkommen der A-GmbH wird aufgrund der mittelbar verdeckten Einlage nicht gemindert.

Liegt der Tatbestand des § 8 Abs. 3 Satz 5 KStG vor, so erhöht die verdeckte Einlage nach Satz 6 die Anschaffungskosten der Beteiligung nicht.

2.5.4 Rechtsfolgen beim Gesellschafter

Die Auswirkungen einer verdeckten Einlage richten sich danach, ob der Gesellschafter seine Beteiligung im Privat- oder Betriebsvermögen hält.

Hält der Gesellschafter die Beteiligung im **Betriebsvermögen**, so führt die verdeckte Einlage zu einer Erhöhung des Beteiligungsansatzes.

a) Gesellschafter G bilanziert eine Beteiligung an der X-GmbH in seinem Einzelunternehmen mit den bisherigen Anschaffungskosten von 50 000 €. G bilanziert ebenfalls eine werthaltige Forderung gegen die GmbH über 120 000 €. Um die Eigenkapitalbasis der GmbH zu verbessern, verzichtet er auf die Forderung.

LÖSUNG Die Forderung ist auf die Beteiligung umzubuchen; BS: Beteiligung an Forderung 120 000 €.

b) Wie Beispiel a). Die Forderung ist aber nur zu 30 % werthaltig.

LÖSUNG Da nur i. H. d. werthaltigen Teiles der Forderung eine verdeckte Einlage vorliegt, kann auch nur insoweit der Beteiligungsansatz erhöht werden. G muss die Forderung zum Teil abschreiben; BS: Beteiligung 36 000 € und Wertberichtigung auf Forderung 84 000 € an Forderung 120 000 €.

Stellt die Beteiligung **Privatvermögen** dar, so hat die Erhöhung der Anschaffungskosten zunächst keine steuerlichen Folgen. Auswirkungen ergeben sich erst im Zusammenhang mit einer Veräußerung oder Liquidation (§ 17 EStG bzw. § 20 Abs. 2 Nr. 1 EStG; vgl. F 3.2.1).

Eine spätere **Rückgewähr** der verdeckten Einlage kann nur durch eine offene oder verdeckte Gewinnausschüttung erfolgen. Die Rückgewähr von Einlagen fällt dabei unter § 27 KStG und führt zu einer Minderung der Anschaffungskosten der Beteiligung. Befindet sich die Beteiligung im Betriebsvermögen, so steht dem Zugang im Geldkonto ein Abgang im Beteiligungskonto gegenüber. Hält der Gesellschafter die Beteiligung im Privatvermögen, so greift § 17 Abs. 4 EStG, wonach ein Gewinn nur entsteht, soweit die Ausschüttung aus dem Einlagekonto die AK der Beteiligung übersteigt (vgl. F 6.3).

2.5.5 Änderung von Steuerbescheiden (§ 32a KStG)

Wird bei einer Betriebsprüfung des Gesellschafters eine verdeckte Einlage festgestellt, stellt sich häufig das Problem, dass die Veranlagung der Kapitalgesellschaft bereits bestandskräftig ist. Hier ermöglicht § 32a KStG eine Durchbrechung der Bestandskraft.

Bei einer Betriebsprüfung im Juli 2016 wird festgestellt, dass ein Gesellschafter von der X-GmbH Waren für 20 000 € bezogen hatte, ob wohl deren Marktpreis bei 12 000 € lag. Der Gesellschafter hatte den Wareneinkauf als Betriebsausgabe gebucht. Die GmbH hatte den Warenverkauf als Betriebseinnahme gebucht. Die Betriebsprüfung setzt beim Gesellschafter lediglich die angemessenen 12 000 € als Betriebsausgabe an und nimmt im Übrigen eine verdeckte Einlage an. Die Veranlagung der GmbH ist bestandskräftig.

LÖSUNG Aufgrund des § 32a KStG kann die bestandskräftige Veranlagung der GmbH geändert werden. Das Einkommen der GmbH wird, korrespondierend zur Änderung beim Gesellschafter, um 8 000 € ermäßigt.

2.6 Steuerbefreiung nach § 8b KStG

2.6.1 Intention des Gesetzgebers

Schüttet eine Tochter-Kapitalgesellschaft an die Mutter-Kapitalgesellschaft eine Dividende aus, müsste die empfangende Mutter-Kapitalgesellschaft (ohne § 8b KStG) diese Dividende noch einmal als Gewinn versteuern. Dadurch würde die Dividende bei mehreren hintereinander geschalteten Kapitalgesellschaften (Mutter-Tochter-Enkel etc.) immer wieder besteuert (sog. Kaskadeneffekt). Unter der Geltung des Anrechnungsverfahrens war dies kein Problem, da auf jeder Ausschüttungsebene die Körperschaftsteuer der ausschüttenden Gesellschaft wieder angerechnet wurde.

Daher war es notwendig, über die Vorschrift des **§ 8b Abs. 1 KStG** die Ausschüttung so zu besteuern, dass die Anzahl der Zwischengesellschaften ohne Bedeutung ist.

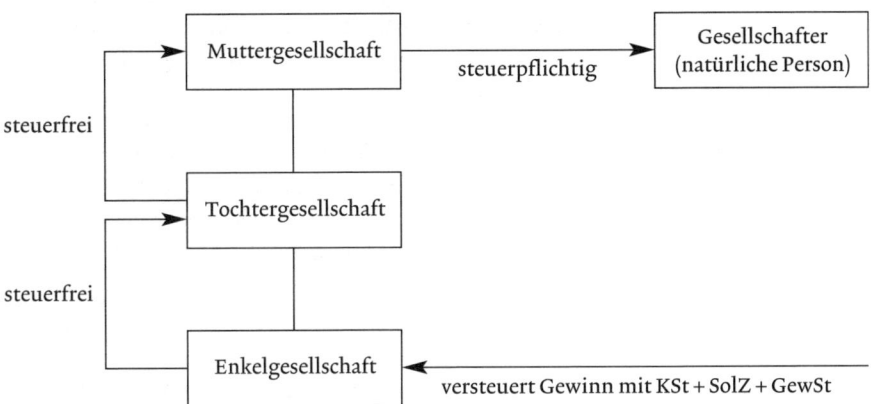

2.6.2 Steuerfreiheit der Dividende (§ 8b Abs. 1 KStG)

Dividenden, die eine in Deutschland unbeschränkt oder beschränkt steuerpflichtige Kapitalgesellschaft aus einer Beteiligung an einer **inländischen** oder **ausländischen** Kapitalgesellschaft erhält, sind steuerfrei.

§ 8b Abs. 1 KStG gilt für alle Körperschaften, Personenvereinigungen und Vermögensmassen i. S. d. §§ 1 und 2 KStG als Empfänger.

§ 8b Abs. 1 KStG enthält eine abschließende Aufzählung der Tatbestände, die unter die Beteiligungsertragsbefreiung fallen. Dies sind insbesondere Bezüge aus offenen und verdeckten Gewinnausschüttungen.

Schüttet eine Kapitalgesellschaft Beträge aus dem **steuerlichen Einlagekonto** (§ 27 KStG) aus, so gehören diese Beträge nicht zu den Dividenden i. S. d. § 8b Abs. 1 KStG. Die Einlagenrückgewähr unterliegt aber der Steuerbefreiung nach § 8b Abs. 2 KStG (BMF vom 28. 04. 2003 BStBl I 2003, 292, Rz. 6).

Liquidationsraten, die nicht in der Rückzahlung von Nennkapital mit Ausnahme des Nennkapitals i. S. d. § 28 Abs. 2 Satz 2 KStG bestehen und nicht aus dem Bestand des steuerlichen Einlagekontos i. S. d. § 27 KStG stammen, gehören gemäß § 20 Abs. 1 Nr. 2 EStG zu den Einkünften aus Kapitalvermögen und fallen daher unter die Beteiligungsertragsbefreiung (BMF vom 28. 04. 2003 a. a. O., Rz. 7).

Die Beteiligungsertragsbefreiung erstreckt sich auch auf Einnahmen aus der Veräußerung von Dividendenansprüchen (§ 8b Abs. 1 Satz 2 KStG).

Unabhängig von dem Befreiungstatbestand des § 8b Abs. 1 KStG ist die **Kapitalertragsteuer** in voller Höhe abzuführen. Diese beträgt ab VZ 2009 25 % des Kapitalertrags (§ 43a Abs. 1 Nr. 1 EStG).

Die Kapitalertragsteuer wird i. R. d. Körperschaftsteuerveranlagung in voller Höhe angerechnet (§ 8 Abs. 1 KStG i. V. m. § 36 Abs. 2 Satz 2 Nr. 2 EStG). Bei beschränkt Steuerpflichtigen ohne inländisches Betriebsvermögen hat der Kapitalertragsteuereinbehalt abgeltende Wirkung (§ 32 Abs. 1 Nr. 2 KStG).

Ein besonderes Problem stellen **Quellensteuern** (Kapitalertragsteuern) dar, die eine in Deutschland ansässige Kapitalgesellschaft für im **Ausland** erzielte Dividenden gezahlt hat. Eine Anrechnung nach § 26 KStG ist nicht möglich, da auf die ausländischen Dividenden wegen § 8b Abs. 1 KStG keine deutsche Körperschaftsteuer entfällt.

Die Steuerfreiheit des § 8b Abs. 1 KStG ginge zugunsten ausländischer Quellensteuern verloren. Hier greift aber die **Europäische Mutter-Tochter-Richtlinie** (Umsetzung: § 43b EStG). Danach muss für eine Dividende, die an eine Muttergesellschaft gezahlt wird, die mindestens 10 % an einer Tochtergesellschaft beteiligt ist (Art. 3 der Richtlinie) keine Quellensteuer abgeführt werden (Art. 5 der Richtlinie). Die Richtlinie gilt sowohl für eine deutsche Mutter mit ausländischer Tochter in einem EU-Mitgliedstaat als auch für den umgekehrten Fall.

Außerhalb des Anwendungsbereiches der europäischen Mutter-Tochter-Richtlinie sehen zahlreiche Doppelbesteuerungsabkommen eine ermäßigte Quellensteuer im Verhältnis Mutter-Tochter vor (sog. **Schachtelprivileg**; z. B. Art. 10 Abs. 2a DBA USA).

Die Steuerbefreiung nach § 8b Abs. 1 KStG ist im Wege einer **außerbilanziellen Korrektur** vorzunehmen (BMF vom 10.01.2000 BStBl I 2000, 71).

> **BEISPIEL**
>
> Die A-GmbH ist zu 100 % an der B-GmbH beteiligt. Diese schüttet eine Dividende i. H. v. 1 Mio. €. Nach Abzug von 25 % Kapitalertragsteuer und 5,5 % SolZ überweist die B-GmbH 736 250 €.
> **LÖSUNG** Die A-GmbH bucht handelsrechtlich: Bank 736 250 €, Kapitalertragsteuer 250 000 € und SolZ 13 750 € an Beteiligungserträge 1 Mio. €. Damit erhöht sich der handelsrechtliche Jahresüberschuss um 1 Mio. €. Aufgrund des Maßgeblichkeitsgrundsatzes gilt dies auch für die Steuerbilanz.
> Bei der Ermittlung des Einkommens (§ 8 KStG) erfolgt außerbilanziell eine Kürzung um 1 Mio. € und eine Hinzurechnung von (5 %=) 50 000 €. Die Kapitalertragsteuer und der SolZ werden bei der Veranlagung der A-GmbH auf die Steuerschuld angerechnet.

Im Rahmen einer **Organschaft** ist § 8b Abs. 1 KStG stets auf der Ebene des Organträgers zu berücksichtigen (sog. Bruttomethode). Dadurch wird verhindert, dass natürliche Personen oder Personengesellschaften die Steuerfreiheit des § 8b Abs. 1 KStG in Anspruch nehmen.

> **BEISPIELE**
>
> a) Zwischen der X-KG (Organträger) und der G-GmbH (Organgesellschaft) besteht ein Organschaftsverhältnis. Die G-GmbH hält Anteile an der A-AG. Die A-AG schüttet eine Dividende von 1,2 Mio. € an die G-GmbH aus. Unter Einrechnung der Dividende beträgt der Jahresüberschuss der G-GmbH 6,2 Mio. €.
> **LÖSUNG** Auf der Ebene der Organgesellschaft ist § 8b Abs. 1 KStG nicht anwendbar. Der Jahresüberschuss ist daher nicht zu korrigieren. Da der Organträger eine Personengesellschaft ist, kann § 8b Abs. 1 KStG auf dieser Ebene ebenfalls nicht angewendet werden. Es bleibt bei der Steuerpflicht. Allerdings ist auf Ebene der KG das Teileinkünfteverfahren (§ 3 Nr. 40 Buchst. d EStG) anzuwenden. Dadurch ergibt sich außerbilanziell eine Minderung des aufgrund der Organschaft zuzurechnenden Einkommens um (1,2 Mio. € × 40 % =) 480 000 €.
>
> b) Sachverhalt wie a). Organträger ist die X-GmbH.
> **LÖSUNG** Auf der Ebene der Organgesellschaft ergibt sich keine Änderung gegenüber dem Grundfall. Auf der Ebene des Organträgers ist aber nun § 8b Abs. 1 KStG anwendbar, so dass eine außerbilanzielle Korrektur um (1,2 Mio. € × 95 % =) 1 140 000 € zu erfolgen hat.

Ist eine Kapitalgesellschaft an einer **Mitunternehmerschaft** beteiligt, die ihrerseits Anteile an einer weiteren Kapitalgesellschaft hält, so ist § 8b Abs. 1 KStG über die Verweisung in Abs. 6 ebenfalls anwendbar. Nach der sog. Bruttomethode werden die Dividenden in der einheitlichen und gesonderten Gewinnfeststellung zu 100 % festgestellt und die Befreiung nach § 8b Abs. 1 KStG erst auf der Ebene des Gesellschafters vorgenommen.

BEISPIEL

Die A-GmbH ist zu einem Drittel an der X-KG beteiligt. Diese hält Aktien der Z-AG. Die KG erzielt einen Gewinn i. H. v. 900 000 €. Darin enthalten ist eine Dividende der Z-AG i. H. v. 90 000 €.

LÖSUNG In der einheitlichen und gesonderten Gewinnfeststellung der X-KG ist der A-GmbH ein Gewinnanteil i. H. v. 300 000 € zuzuweisen. Die A-GmbH bucht insoweit einen Beteiligungsertrag. Bei der Ermittlung des Einkommens der A-GmbH ist dann der Ertrag außerbilanziell um 30 000 € zu kürzen und um (5 % von 30 000 € =) 1 500 € wieder zu erhöhen.

2.6.3 Streubesitzdividenden

Waren bisher ausländische Kapitalgesellschaften mit Sitz in der Europäischen Union an einer deutschen Kapitalgesellschaft beteiligt und waren die Dividenden in dem ausländischen Sitzstaat der Gesellschafterin steuerfrei (vergleichbar der deutschen Regelung in § 8b Abs. 1 KStG), so stellte sich stets das Problem der Anrechnung der deutschen Quellensteuer (Kapital-ertragsteuer). Vergleichbar der deutschen Regelung in § 34c EStG erfolgt eine Anrechnung ausländischer Steuern nur dann, wenn die entsprechenden ausländischen Einkünfte einer Besteuerung unterliegen. Damit konnten die ausländischen Gesellschafterinnen die im Ausland gezahlte Quellensteuer in ihrem Sitzstaat regelmäßig nicht anrechnen lassen. Eine Abhilfe bot die Europäische Mutter-Tochter-Richtlinie, wonach bei einer Beteiligung von mindestens 10 % eine Quellensteuer (Kapitalertragsteuer) nicht erhoben werden darf, wenn die Gesellschafterin ihrerseits eine Kapitalgesellschaft ist. Problematisch waren aber diejenigen Fälle, in denen die Beteiligung unter der Grenze von 10 % lag. Hier kam es wegen § 43 Abs. 1 Nr. 1 EStG weiterhin zum Abzug einer Kapitalertragsteuer, obwohl diese im Sitzland der Gesellschafterin regelmäßig nicht angerechnet wurde. Der EuGH (Urteil vom 20. 10. 2011, C 284/09, DStR 2011, 2038) sah darin eine Diskriminierung ausländischer Gesellschafterinnen, da deutsche Muttergesellschaften die Kapitalertragsteuer im Rahmen ihrer Körperschaftsteuerveranlagung anrechnen lassen konnten. Zur Beseitigung der Diskriminierung standen mehrere Verfahren zur Diskussion (z. B. Verbot der Erhebung von Kapitalertragsteuer auch bei einer Beteiligung von unter 10 % – Änderung des § 43b EStG).

Der Gesetzgeber entschied sich dazu, § 8b Abs. 1 KStG dahingehend zu verschlechtern, dass für alle Streubesitzdividenden (d. h. Beteiligung unter 10 %) künftig nach **§ 8b Abs. 4 KStG** die Steuerfreiheit der Dividende wegfällt. Dies bedeutet, dass alle Streubesitzdividenden, die ab 01. 03. 2013 zufließen, **zu 100 % besteuert werden**. Damit werden die Gesellschafterinnen schlechter gestellt als im Teileinkünfteverfahren (Erfassung nur zu 60 %). Des Weiteren tritt nun bei Beteiligungen über mehrere Ebenen der sog. Kaskadeneffekt ein.

BEISPIEL

Die M-GmbH ist zu 5 % an der T-GmbH beteiligt.Diese erhält ihrerseits 5 % der Anteile an der E-GmbH. Die E-GmbH erzielt einen Gewinn i. H. v. 1 Mio. €, den sie als Dividende an die T-GmbH ausschüttet. Diese schüttet die Dividende weiter an die M-GmbH aus. Diese schüttet die Dividende dann an die natürliche Person G aus. Von ursprünglich 1 Mio. € Gewinn landen dann beim Gesellschafter G:

Gewinn	Steuer	Mögliche Dividende
E-GmbH: 1 Mio. €	Ca. 30 % (KSt + SolZ + GewSt) = 300 000 €	der E-GmbH: 700 000 €
Dividende T-GmbH: (Gewinn 700 000 € × 5 % =) 35 000 €	Ca. 30 % = 10 500 €	der T-GmbH: 24 500 €
Dividende M-GmbH: 24 500 €	Ca. 30 % = 7 350 €	der M-GmbH: 17 150 €
Dividende G: 17 150 €	25 % ESt + 5,5 % SolZ = 4 523 €	Nettoertrag G: **12 627 €**

Von einem ursprünglichen Gewinn i. H. v. (1 Mio. € × 5 % =) 50 000 € verbleiben dem Gesellschafter aufgrund des Kaskadeneffekts lediglich 12 627 € (= 25,25 %). Die Steuerlast beläuft sich auf 37 373 € / 50 000 € = 74,75 % und ist daher mit dem Halbteilungsgrundsatz des BVerfG nicht mehr zu vereinen.

Damit die Dividende steuerfrei bleibt, muss die Mindestbeteiligung von 10 % nach dem Wortlaut von § 8b Abs. 4 KStG grundsätzlich zu Beginn des Kalenderjahres vorliegen, in dem die Ausschüttung beschlossen wird.

BEISPIEL

Die M-GmbH erwarb in 2012 15 % der Anteile an der T-GmbH. Im April 2015 veräußert die M-GmbH 8 % der Anteile. Im Mai 2016 beschließen die Gesellschafter der T-GmbH die Ausschüttung einer Dividende für das abgelaufene Wirtschaftsjahr 2015.
LÖSUNG Da die M-GmbH am 01. 01. 2016 nicht zu mindestens 10 % an der T-GmbH beteiligt ist, fällt die Dividende unter § 8b Abs. 4 KStG und ist voll steuerpflichtig.

Der Erwerb von mindestens 10 % gilt als zu Beginn des Kalenderjahres erfolgt (§ 8b Abs. 4 Satz 6 KStG).

BEISPIEL

Die M-AG erwarb im Juni 2016 15 % der Anteile an der T-AG. Die Gesellschafter der T-AG beschließen im August 2016 eine Dividende für das abgelaufene Wj. 2015.
LÖSUNG Obwohl die M-AG am 01. 01. 2016 überhaupt nicht an der T-AG beteiligt war, wird zum 01. 01. 2016 eine Beteiligung von 15 % und damit mindestens 10 % fingiert. Die Dividende ist damit nach § 8b Abs. 1 KStG steuerfrei.

Nach dem eindeutigen Wortlaut von § 8b Abs. 4 Satz 6 KStG gilt die Rückwirkungsfiktion nur bei Erwerb einer mindestens 10 %igen Beteiligung. Es ist daher nicht möglich, durch Aufstockung einer Streubesitzbeteiligung die Rückwirkung zu erreichen.

BEISPIEL

Die X-AG erwarb in 2014 6 % der Anteile an der Y-GmbH. Im Mai 2016 erwirbt sie weitere 12 %. Im August 2016 beschließen die Gesellschafter für das abgelaufene Wj. 2015 eine Dividende.
LÖSUNG Die Rückwirkungsfiktion greift nicht. Da die X-AG am 01. 01. 2016 nicht zu mindestens 10 % beteiligt ist, ist die Dividende für sie nach § 8b Abs. 4 KStG voll steuerpflichtig.

Bei der Berechnung der Beteiligungshöhe muss man die eigenen Anteile unberücksichtigt lassen (vgl. H 17 Abs. 2 EStH »Eigene Anteile« zur Bestimmung der Beteiligungshöhe nach § 17 Abs. 1 Satz 1 EStG).

BEISPIEL

Die T-GmbH hat ein Stammkapital von 100 000 €. Die M-AG ist mit 9 000 € nominal am Stammkapital beteiligt. Die T-GmbH hält eigene Anteile im Nominalwert von 40 000 €.

LÖSUNG Die M-AG ist ist zwar nominal nur zu 9 % beteiligt. Unter Berücksichtigung der eigenen Anteile beträgt die Beteiligung aber (9 000 € / 60 000 € =) 15 %. Damit fällt die Dividende unter § 8b Abs. 1 KStG.

Beteiligungen, die über eine Mitunternehmerschaft gehalten werden, sind in die Berechnung der 10 %-Grenze einzubeziehen.

BEISPIEL

Die M-AG ist zu 6 % an der T-GmbH beteiligt. Ein weiterer Gesellschafter der T-GmbH ist die X-OHG mit 20 %. Gesellschafter der X-OHG ist unter anderem die M-AG mit 25 %.

LÖSUNG Die M-AG ist zu mindestens 10 % an der T-GmbH beteiligt, da sie über die OHG zu (25 % × 20 % =) 5 % und damit insgesamt zu (6 % + 5 % =) 11 % an der T-GmbH beteiligt ist. Die Dividende fällt damit unter § 8b Abs. 1 KStG.

Im Rahmen des § 8b Abs. 4 KStG spielt es keine Rolle, ob die Beteiligung über eine Personengesellschaft mit Sitz im Ausland vermittelt wird.

BEISPIEL

Wie oben; Die X-OHG hat ihren Sitz in Österreich.

LÖSUNG Es bleibt bei der mindestens 10 %igen Beteiligung i. S. v. § 8b Abs. 4 KStG.

Eine mittelbare Beteiligung über eine andere Kapitalgesellschaft darf jedoch nicht berücksichtigt werden, da § 8b Abs. 4 KStG ausdrücklich nur die »unmittelbare« Beteiligung erwähnt.

BEISPIEL

Die M-AG ist zu 6 % an der T-GmbH beteiligt. Ein weiterer Gesellschafter der T-GmbH ist die X-AG mit 20 %. Gesellschafter der X-AG ist unter anderem die M-AG mit 25 %.

LÖSUNG Die M-AG ist nicht zu mindestens 10 % an der T-GmbH beteiligt und muss daher die Dividende nach § 8b Abs. 4 KStG voll versteuern.

§ 8b Abs. 4 KStG ist nur auf Bezüge »im Sinne des Absatzes 1« anwendbar. Die Vorschrift ist daher weder auf Veräußerungsgewinne (§ 8b Abs. 2 KStG) noch auf die Einlagenrückgewähr i. S. v. § 27 KStG, § 20 Abs. 1 Nr. 1 Satz 3 EStG anwendbar. Dies gilt auch dann, wenn die zurückgewährten Einlagen über den Buchwert der Beteiligung hinausgehen und somit ein bilanzieller Ertrag entsteht. Dieser Ertrag fällt nämlich unter § 8b Abs. 2 KStG (vgl. BMF vom 28. 04. 2003 BStBl I 2003, 292, Rz. 6).

Wird die Steuerbefreiung nach § 8b Abs. 4 KStG für Streubesitzdividenden versagt, greift die 5 %-Pauschale des § 8b Abs. 5 KStG nicht ein (vgl. Ausschluss in § 8b Abs. 4 Satz 7 KStG).

Bei Streubesitzdividenden aus dem Ausland ist § 8b Abs. 4 KStG auch anzuwenden, da diese Dividenden nach internationalem Steuerrecht (vgl. Art. 10 OECD-Musterabkommen) im Sitzland des Dividendenempfängers zu versteuern sind und § 8b Abs. 4 KStG keinen Ausschluss für ausländische Dividenden enthält. Allerdings kann in diesem Fall die ausländische Quellensteuer nach § 26 Abs. 1 KStG angerechnet werden (die Europäische Mutter-Tochter-Richtlinie ist ja für Streubesitzdividenden nicht anwendbar).

Im **Gewerbesteuerrecht** wurde die Regelung des Schachtelprivilegs ab einer Beteiligung von 15 % (**§ 9 Nr. 2a GewStG**) beibehalten.

BEISPIEL

Die M-AG ist a) zu 8 % und b) zu 10 % und c) zu 20 % an der T-GmbH beteiligt. Die Dividende beträgt 100 T€.

LÖSUNG In der Variante a) ist die Dividende zu 100 % zu versteuern. Der gewerbesteuerliche Ertrag beläuft sich ebenfalls auf 100 T€. In der Variante b) ist die Dividende zu 100 % steuerfrei. 5 % sind nach § 8b Abs. 5 KStG als nicht abzugsfähige Betriebsausgaben hinzuzurechnen (= 5 000 €). Gewerbesteuerlich greift § 9 Nr. 2a GewStG nicht. Damit entsteht ein gewerbesteuerlicher Ertrag i. H. v. 100 T€. In der Variante c) sind wie in b) 5 000 € der Dividende steuerpflichtig. Gewerbesteuerlich liegt ebenfalls nur ein Ertrag i. H. v. 5 000 € vor.

2.6.4 Aufwendungen auf die Beteiligung

Bis VZ 2003 durfte die Kapitalgesellschaft gemäß **§ 3c Abs. 1 EStG** Betriebsausgaben, die mit steuerfreien Dividenden in wirtschaftlichem Zusammenhang standen, nicht geltend machen.

Diese Regelung war unsystematisch, da es sich i. R. d. § 8b Abs. 1 KStG nicht um echte steuerfreie Einnahmen handelt. Die Gewinne waren ja bei der ausschüttenden Körperschaft bereits einmal besteuert worden. In den Jahren, in denen keine Gewinnausschüttung erfolgte, konnten die Betriebsausgaben in vollem Umfang abgezogen werden.

Das Gesetz zur Umsetzung der Protokollerklärung der Bundesregierung zur Vermittlungsempfehlung zum Steuervergünstigungsabbaugesetz vom 27. 12. 2003 (Korb II) beseitigte diesen Widerspruch.

Mit Wirkung ab **VZ 2004** wurde die Abzugsfähigkeit der Aufwendungen generell zugelassen.

Aufwendungen einer Kapitalgesellschaft auf die Beteiligung können nunmehr als Betriebsausgaben uneingeschränkt abgezogen werden. Die Vorschrift des § 3c Abs. 1 EStG ist ausdrücklich nicht mehr anwendbar (**§ 8b Abs. 5 Satz 2 KStG n. F.**). Im Gegenzug gelten jetzt 5 % der Dividende als Ausgaben, die nicht als Betriebsausgaben abgezogen werden dürfen (§ 8b Abs. 5 Satz 1 KStG). Dies bedeutet letztlich, dass in den Wirtschaftsjahren, in denen eine Dividende zu erfassen ist, 5 % dieser Dividende als Einnahme anzusetzen ist, während die Betriebsausgaben stets geltend gemacht werden können.

BEISPIEL

Die A-GmbH ist Gesellschafterin der B-AG. Sie hat die Anschaffungskosten der Beteiligung (500 000 €) finanziert. Dafür fallen Zinsen i. H. v. 40 000 € p. a. an. Die B-AG schüttet an die A-GmbH eine Dividende i. H. v. 200 000 € aus.

LÖSUNG Die Aufwendungen auf die Beteiligung sind in vollem Umfang als Betriebsausgabe abziehbar. Die Dividende ist als Ertrag zu erfassen (= 200 000 €). Außerbilanziell erfolgt eine Kürzung um 200 000 € nach § 8b Abs. 1 KStG. Im Gegenzug sind nach § 8b Abs. 5 KStG (5 % von 200 000 € =) 10 000 € außerbilanziell als nicht abziehbare Betriebsausgabe (= faktisch Einnahme) zu behandeln.

Die 5 %ige Hinzurechnung ist auch dann vorzunehmen, wenn keine Aufwendungen auf die Beteiligung anfielen. Diese Regelung ist verfassungsgemäß, da es dem Gesetzgeber freisteht, aus Vereinfachungsgründen pauschale Regelungen zu treffen, sofern diese nicht zu einer völlig unzutreffenden Besteuerung führen (BVerfG vom 12. 10. 2010 BB 2011, 92).

BEISPIEL

Wie Beispiel oben. Der Beteiligungserwerb wurde nicht fremd finanziert.

LÖSUNG Dennoch sind 5 % der Dividende als nicht abziehbare Betriebsausgabe zu behandeln.

Obwohl grundsätzlich alle Aufwendungen auf die Beteiligung nach § 8b Abs. 5 Satz 2 KStG in voller Höhe abzugsfähig sind, gilt für Teilwertabschreibungen die Sonderregelung des § 8b Abs. 3 Satz 3 KStG. Danach ist der Abschreibungsaufwand auf eine Beteiligung außerbilanziell wieder zu korrigieren (zu Details s. 2.6.6). Im Gegenzug ist die Wertaufholung steuerfrei.

2.6.5 Veräußerungsgewinne (§ 8b Abs. 2 KStG)

Nach § 8b Abs. 2 KStG sind Veräußerungsgewinne, die eine Kapitalgesellschaft aus der Veräußerung von Anteilen an einer in- oder ausländischen Kapitalgesellschaft erzielt, steuerfrei. Trotz mehrerer gesetzlicher Anläufe wurde die Steuerfreiheit der Veräußerungsgewinne nicht auf Anteile von mindestens 10 % ausgedehnt (parallel zu § 8b Abs. 4 KStG). Damit spielt die Beteiligungshöhe für die Steuerfreiheit des § 8b Abs. 2 KStG keine Rolle.

Nach § 8b Abs. 3 Satz 1 KStG n. F. gelten 5 % des Veräußerungsgewinns als nicht abzugsfähige Betriebsausgabe und damit letztlich als Betriebseinnahme. § 3c Abs. 1 EStG ist auf Veräußerungsgewinne ausdrücklich nicht anzuwenden.

BEISPIEL

Die B-GmbH erwarb 80 % der Anteile an der Y-AG für 100 000 €. Sie veräußert die Anteile für 300 000 €. Dabei fallen Veräußerungskosten i. H. v. 10 000 € an.

LÖSUNG Der Veräußerungsgewinn ist handelsrechtlich in voller Höhe zu erfassen (BS 1: Bank 300 000 € an Beteiligung Y-AG 100 000 € und Ertrag 200 000 €; BS 2: Veräußerungsaufwand 10 000 € an Bank 10 000 €). Außerbilanziell ist dann der Veräußerungsgewinn nach Abzug der Veräußerungskosten (= 190 000 €) abzuziehen und (5 % von 190 000 € =) 9 500 € wieder hinzuzurechnen.

§ 8b Abs. 2 KStG umfasst ausdrücklich auch die Steuerfreiheit von Gewinnen aus der Veräußerung eines Anteils an einer **Organgesellschaft i. S. d.** §§ 14 bis 17 und 18 KStG. Das Gesetz hat insoweit nur klarstellende Funktion.

BEISPIEL

Die X-AG ist zu 75 % an der A-GmbH beteiligt. Zwischen der A-GmbH und der X-AG besteht ein Gewinnabführungsvertrag. Da die Voraussetzungen der §§ 14 ff. KStG vorliegen, ist die A-GmbH Organgesellschaft und die X-AG Organträger.

LÖSUNG Veräußert die X-AG ihre Beteiligung an der A-GmbH, so bleibt ein Veräußerungsgewinn nach § 8b Abs. 2 KStG steuerfrei.

Die Veräußerung eigener Anteile ist nach Verwaltungsansicht kein Fall des § 8b Abs. 2 KStG, sondern wird wie eine Kapitalerhöhung behandelt (BMF vom 27. 11. 2013 BStBl I 2013, 1615; zu Details s. 2.1.5.4.2). § 8 Abs. 2 Satz 3 KStG statuiert die Steuerfreiheit für Liquidationsgewinne und Gewinne aus einer Kapitalherabsetzung. Dies gilt aber nur, soweit bei einer Liquidation oder Kapitalherabsetzung Ausschüttungen aus dem Einlagekonto (§ 27 KStG) erfolgen. Werden Gewinnrücklagen oder Kapitalrücklagen ausgeschüttet, ohne dass diese aus dem Einlagekonto stammen, so liegen Dividenden i. S. d. § 20 Abs. 1 Nr. 2 EStG, die aber ihrerseits wieder steuerfrei nach § 8b Abs. 1 KStG sind.

Einkommenserhöhungen durch **vGA** im Zusammenhang mit der Übertragung von Anteilen fallen ebenfalls unter die Steuerbefreiung des § 8b Abs. 2 KStG (BMF vom 28. 04. 2003 a. a. O., Rz. 21).

Die X-GmbH veräußert ihre Beteiligung an der Y-AG, die einen gemeinen Wert von 200 000 € hat, an ihren Gesellschafter G (natürliche Person) für 100 000 €. Die Beteiligung steht mit den Anschaffungskosten von 50 000 € in den Büchern.

LÖSUNG I. H. v. 100 000 € liegt eine vGA vor, die aber wegen § 8b Abs. 2 KStG steuerfrei ist.

Im Übrigen ist der Gewinn von 50 000 € als Veräußerungsgewinn ebenfalls nach § 8b Abs. 2 KStG steuerfrei.

Gesellschafter G muss seinen Vorteil von 100 000 € allerdings im Teileinkünfteverfahren versteuern (§§ 20 Abs. 1 Nr. 1, 3 Nr. 40 EStG).

Steuerfrei ist nach § 8b Abs. 2 KStG auch die Veräußerung der Betriebsstätte einer Kapitalgesellschaft, wenn diese in Deutschland beschränkt steuerpflichtig ist.

Gibt eine Kapitalgesellschaft Anteile an einer Kapitalgesellschaft an ihre Gesellschafter weiter (Sachdividende), fallen die Gewinne aus der Aufdeckung stiller Reserven unter § 8b Abs. 2 KStG. Die als Sachdividende abgegebenen Anteile werden bei der Ermittlung des Einkommens mit dem gemeinen Wert angesetzt (BMF vom 28. 04. 2003 a. a. O., Rz. 22).

2.6.6 Gewinnminderungen (§ 8b Abs. 3 KStG)

Nach § 8b Abs. 3 Satz 3 KStG sind Gewinnminderungen, die im Zusammenhang mit den im Abs. 2 genannten Anteilen entstehen, bei der Gewinnermittlung nicht zu berücksichtigen. Es handelt sich insbesondere um folgende Tatbestände:

- Teilwertabschreibungen,
- Veräußerungsverluste,
- Liquidationsverluste,
- Gewinnminderungen im Zusammenhang mit einer Kapitalherabsetzung,
- oder mit der Auflösung eines aktiven Ausgleichspostens aufgrund handelsrechtlicher Minderabführungen bei Organschaft
- oder mit der verdeckten Ausschüttung eines Anteils
- oder mit Sachdividenden.

Darf die Gewinnminderung aus einer **Teilwertabschreibung** von Anteilen nach § 8b Abs. 3 KStG steuerlich nicht angesetzt werden, so ist auch eine spätere Wertaufholung nach § 8b Abs. 2 KStG steuerfrei. Hat die Teilwertabschreibung vor VZ 2002 stattgefunden (vgl. § 34 Abs. 7 Nr. 2 KStG), so hat sie zu einer Gewinnminderung geführt. Eine spätere Zuschreibung fällt dann nicht unter die Steuerfreiheit des § 8b Abs. 2 KStG. Wird ein Anteil nach § 8b Abs. 2 KStG veräußert, so ist der Veräußerungsgewinn insoweit nicht steuerfrei, als in den vergangenen Jahren eine gewinnwirksame Teilwertberichtigung stattgefunden hat.

a) Die X-AG hält 75 % der Anteile an der A-GmbH, die sie für 500 000 € in 1995 erwarb. In 1999 hat die AG die Beteiligung auf 100 000 € abgeschrieben. In 2016 nimmt sie eine Zuschreibung auf 500 000 € vor.

LÖSUNG Die Abschreibung in 1999 hat in vollem Umfang den Gewinn der AG gemindert. Damit ist die Zuschreibung steuerpflichtig. § 8b Abs. 2 KStG ist nicht anzuwenden.

b) Die X-AG hält 75 % der Anteile an der A-GmbH, die sie für 500 000 € in 1995 erwarb. In 2003 hat die AG die Beteiligung auf 100 000 € abgeschrieben. In 2016 nimmt sie eine Zuschreibung auf 500 000 € vor.

LÖSUNG Da die Abschreibung in 2003 unter § 8a Abs. 3 KStG fiel und die Gewinnminderung von 400 000 € damit nicht berücksichtigt werden konnte, ist auch die spätere Zuschreibung nach § 8b Abs. 2 KStG steuerfrei.

c) Die X-AG hält 75 % der Anteile an der A-GmbH, die sie für 500 000 € in 1995 erwarb. In 1999 hat die AG die Beteiligung auf 100 000 € abgeschrieben. In 2016 veräußert die AG die Beteiligung für 600 000 €.

LÖSUNG Grundsätzlich wäre der Veräußerungsgewinn steuerfrei. Da aber in 1999 eine gewinnwirksame Teilwertberichtigung von 400 000 € vorgenommen wurde, ist insoweit der Gewinn zu versteuern. Damit bleiben nur noch 100 000 € steuerfrei.

Mit Wirkung ab VZ 2008 wurden dem Abs. 3 die **Sätze 4 bis 8** angefügt. Danach darf eine Teilwertabschreibung auf ein **eigenkapitalersetzendes Darlehen** das Einkommen nicht mindern, wenn es von einem Gesellschafter gewährt wurde, der zu mehr als einem Viertel unmittelbar oder mittelbar beteiligt ist. Damit soll die Abschreibung der Beteiligung und die Abschreibung eigenkapitalersetzender Darlehen gleichgestellt werden, um Gestaltungen zu verhindern.

BEISPIEL

Gesellschafter der A-GmbH ist die Z-GmbH. Die A-GmbH befindet sich in finanziellen Schwierigkeiten und benötigt dringend Kapital. Die Z-GmbH überlegt folgende Gestaltungen:
a) Gewährung eines ungesicherten Darlehens über 3 Mio. € oder
b) Kapitalerhöhung um 3 Mio. €.
In 2007 musste die A-GmbH Insolvenz anmelden.

LÖSUNG In der Variante a) war nach § 8b Abs. 3 KStG in der Fassung des Jahres 2007 die Teilwertberichtigung von Darlehen vom Abzugsverbot nicht erfasst. Die Z-GmbH hätte einen Abschreibungsaufwand i. H. v. 3 Mio. €.

Variante b) war unstreitig vom Wortlaut des § 8b Abs. 3 KStG erfasst. Der Abschreibungsaufwand war außerbilanziell wieder hinzuzurechnen.

Damit ergab sich ein Widerspruch bzw. eine vom Gesetzgeber nicht gewünschte Gestaltungsmöglichkeit.

Nach Satz 5 gilt das Abzugsverbot auch dann, wenn das Darlehen von einer dem Gesellschafter **nahestehenden** Person i. S. d. § 1 AStG gewährt wurde. Ebenfalls schädlich ist es, wenn ein Dritter einen **Rückgriff** auf den Gesellschafter oder eine diesem nahestehende Person hat. In diesem Fall fällt der Aufwand aus der Inanspruchnahme von Sicherheiten unter das Abzugsverbot.

Da die Formulierung in § 8b Abs. 3 Sätze 4 ff. KStG dem § 8a KStG a. F. entspricht, können die Verwaltungsgrundsätze zu dieser Vorschrift analog herangezogen werden (vgl. BMF vom 15. 07. 2004 BStBl I 2004, 593; zu § 8a KStG a. F. s. ausführlich 1. Auflage, 419 ff.)

Nach § 8b Abs. 3 Satz 6 KStG gilt das Abzugsverbot nicht, wenn nachgewiesen wird, dass auch ein fremder Dritter das Darlehen bei sonst gleichen Umständen gewährt hätte, also kein eigenkapitalersetzendes Darlehen vorliegt.

BEISPIELE

a) Die X-GmbH ist zu 75 % an der Y-AG beteiligt. Sie gewährt in 2010 der AG ein Darlehen über 10 Mio. €. Mangels entsprechenden Eigenkapitals kann die AG keine Sicherheiten bieten. Die X-GmbH muss das Darlehen in 2016 auf 1 € wertberichtigen.

LÖSUNG Da kein fremder Dritter ein derartiges Darlehen unter diesen Voraussetzungen gewährt hätte, liegt ein eigenkapitalersetzendes Darlehen i. S. v. § 8b Abs. 3 KStG vor.

Die Teilwertberichtigung darf das Einkommen nicht mindern. Der Abschreibungsaufwand ist daher außerbilanziell wieder hinzuzurechnen (§ 8b Abs. 3 Sätze 4 ff. KStG).

b) Wie Beispiel a). Die AG gewährt aber eine ausreichende Sicherheit. Sie ist in 2010 noch voll kreditwürdig.

LÖSUNG Kann die GmbH nachweisen, dass ein fremder Dritter (z. B. eine Bank) unter diesen Voraussetzungen das Darlehen ebenfalls gewährt hätte, so führt die Abschreibung zu einem steuerlich anzuerkennenden Aufwand i. H. v. 10 Mio. €.

c) Wie Beispiel a). Die Y-AG bekommt das Darlehen von der B-Bank. Als Sicherheit musste sich die X-GmbH für das Darlehen ihrer Tochter verbürgen.
LÖSUNG Die Inanspruchnahme aus der Bürgschaft führt hier bei der X-GmbH zu einem Aufwand, da die Rückgriffsforderung (§ 774 BGB) gegen die AG wertlos ist. Der Aufwand fällt aber unter das Abzugsverbot des § 8b Abs. 3 KStG.

d) Wie Beispiel a). Eine weitere 100 %ige Tochter der X-GmbH ist die Z-AG. Die Z-AG gewährt das Darlehen und muss in 2016 die Darlehensforderung auf 1 € abschreiben.
LÖSUNG Da die X-GmbH die Z-AG beherrscht, ist diese eine nahestehende Person i. S. v. § 1 AStG. Die Z-AG kann den Abschreibungsaufwand nach § 8b Abs. 3 Satz 5 KStG steuerlich nicht geltend machen.

2.6.7   Beteiligung über eine Personengesellschaft (§ 8b Abs. 6 KStG)

Sowohl die Steuerfreiheit der Dividenden (§ 8b Abs. 1 KStG) als auch die Steuerfreiheit des Veräußerungsgewinns (§ 8b Abs. 2 KStG) treten auch dann ein, wenn zwischen zwei Kapitalgesellschaften eine Personengesellschaft geschaltet ist. Nach der sog. Bruttomethode werden die Dividenden in der einheitlichen und gesonderten Gewinnfeststellung zu 100 % festgestellt und die Befreiung nach § 8b Abs. 1 KStG erst auf der Ebene des Gesellschafters vorgenommen.

BEISPIEL

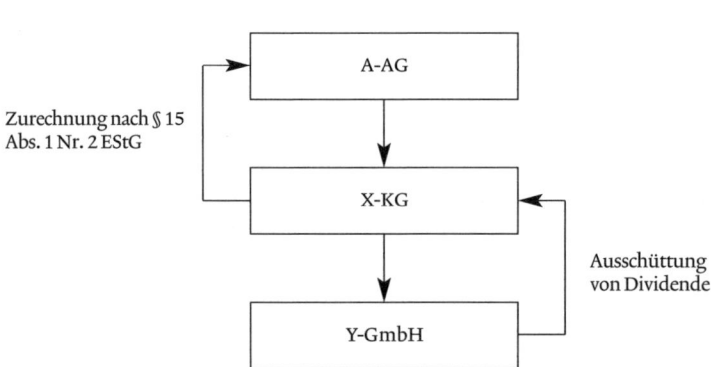

LÖSUNG Schüttet die Y-GmbH an die X-KG eine Dividende aus, so fällt diese unter die Steuerbefreiung des § 8b Abs. 1 KStG, soweit der A-AG i. R. d. einheitlichen und gesonderten Gewinnfeststellung ein Gewinn zuzurechnen ist. Die Ausschüttung wird letztlich so behandelt, als hätte die Y-GmbH direkt an die A-AG ausgeschüttet.
Veräußert die A-AG die Beteiligung an der X-KG, so greift die Steuerfreiheit des § 8b Abs. 2 KStG soweit der Veräußerungsgewinn auf die Beteiligung der X-KG an der Y-GmbH entfällt.

2.6.8   § 8b KStG und Gewerbesteuer

Nach § 8 Nr. 5 GewStG sind die nach § 8b **Abs. 1** KStG außer Ansatz bleibenden Dividenden dem Gewinn wieder hinzuzurechnen, wenn die Kapitalgesellschaft zu Beginn des Erhebungszeitraums nicht mindestens zu 15 % an der ausschüttenden Gesellschaft beteiligt ist (§ 9 Nr. 2a GewStG; sog. Schachtelprivileg).

Die A-GmbH ist

a) zu 12 %,

b) zu 50 %

an der B-AG beteiligt.

In 2016 schüttet die B-AG eine Dividende i. H. v. 1 Mio. € an die GmbH aus (die Kapitalertragsteuer soll aus Vereinfachungsgründen außer Betracht bleiben).

LÖSUNG Die GmbH bucht in beiden Varianten: Bank an Beteiligungsertrag 1 Mio. €. In beiden Varianten erfolgt bei der Berechnung des körperschaftsteuerlichen Einkommens eine außerbilanzielle Kürzung um 1 Mio. € und eine Hinzurechnung von 5 % = 50 000 € (§ 8b Abs. 4 KStG ist nicht anzuwenden, da Beteiligung mindestens 10 %).

a) Es liegt kein gewerbesteuerliches Schachtelprivileg i. S. v. § 9 Nr. 2a GewStG vor; daher erfolgt nach § 8 Nr. 5 GewStG i. R. d. § 7 GewStG eine Hinzurechnung i. H. v. 950 000 €. Die Dividende wird daher zu 100 % gewerbesteuerpflichtig.

b) Das Schachtelprivileg des § 9 Nr. 2a GewStG greift. Da der Gewinn aus der Dividende gem. § 8b Abs. 1 KStG, § 7 GewStG 0 € beträgt, braucht für Zwecke der Gewerbesteuer keine Kürzung vorgenommen zu werden. Die 5 % nicht abzugsfähige Ausgaben bleiben aber – kraft ausdrücklicher gesetzlicher Regelung in § 9 Nr. 2a GewStG – auch für Zwecke der GewSt nicht abzugsfähig. Damit verbleibt ein gewerbesteuerlicher Ertrag i. H. v. 5 000 €. Die **Betriebsausgaben** dürfen nach § 7 GewStG i. V. m. § 8b Abs. 5 KStG unabhängig vom Vorliegen eines Schachtelprivilegs auch für gewerbesteuerliche Zwecke abgezogen werden.

Die Hinzurechnungsvorschrift des § 8 Nr. 5 GewStG bzw. die Befreiungsvorschrift des § 9 Nr. 2a GewStG erfassen ausdrücklich nur Dividenden (vgl. den Hinweis auf § 8b Abs. 1 KStG in § 8 Nr. 5 GewStG bzw. den Begriff »Gewinn aus der Beteiligung« in § 9 Nr. 2a GewStG). Damit bleiben Veräußerungsgewinne nach § 8b Abs. 2 KStG auch für gewerbesteuerliche Zwecke – unabhängig von einer Mindestbeteiligungsquote – zu 95 % steuerfrei (unter Berücksichtigung von 5 % nicht abzugsfähiger Betriebsausgaben). Die Beschränkungen des § 8b Abs. 3 KStG sind auch für Zwecke der Gewerbesteuer zu berücksichtigen.

Die A-GmbH ist zu 50 % an der B-AG beteiligt. Sie bilanziert die Beteiligung mit den Anschaffungskosten (1 Mio. €). In 2016 wird es erforderlich, die Beteiligung auf 1 € abzuschreiben.

LÖSUNG Die Teilwertberichtigung ist nach § 8b Abs. 3 Satz 3 KStG bei der Ermittlung des Einkommens der A-GmbH nicht zu berücksichtigen. Über § 7 GewStG gilt dies auch für Zwecke der Gewerbesteuer.

2.7 Die Berücksichtigung von Verlusten

2.7.1 Handelsrechtliche Beurteilung

Verluste sind nach § 266 Abs. 3 A. V. HGB als Jahresfehlbetrag auszuweisen und auf die Folgejahre vorzutragen, bis sie mit entsprechenden Gewinnen verrechnet werden können.

Alternativ kann der Jahresfehlbetrag und ein eventueller Verlustvortrag in einem Posten »Bilanzgewinn« zusammengefasst werden (§ 268 Abs. 1 HGB).

Ist das Eigenkapital durch Verluste aufgebraucht und ergibt sich ein Überschuss der Passivposten über die Aktivposten, so ist dieser Betrag am Schluss der Bilanz auf der Aktivseite gesondert unter der Bezeichnung »nicht durch Eigenkapital gedeckter Fehlbetrag« auszuweisen (§ 268 Abs. 3 HGB).

Darüber hinaus ist im Falle anhaltender Verluste stets zu prüfen, ob die Voraussetzungen einer Insolvenzantragspflicht vorliegen. Nach § 17 InsO ist im Falle der Zahlungsunfähigkeit das Insolvenzverfahren zu eröffnen. Ein Schuldner gilt als zahlungsunfähig, wenn er nicht in der Lage ist, die fälligen Zahlungspflichten zu erfüllen (§ 17 Abs. 2 InsO).

Beantragt der Schuldner die Eröffnung des Insolvenzverfahrens, so ist dies bereits bei drohender Zahlungsunfähigkeit möglich (§ 18 InsO).

Bei einer juristischen Person ist auch die Überschuldung Eröffnungsgrund (§ 19 Abs. 1 InsO). Überschuldung im insolvenzrechtlichen Sinne liegt vor, wenn das Vermögen der juristischen Person die bestehenden Verbindlichkeiten nicht mehr deckt (§ 19 Abs. 2 InsO).

Unter Umständen kann sich ein Geschäftsführer durch die Nichteinleitung bzw. verspätete Einleitung eines Insolvenzverfahrens strafbar machen (vgl. §§ 283 ff. StGB).

2.7.2 Steuerliche Beurteilung

Regelungen über steuerliche Verluste finden sich in zahlreichen Vorschriften:
- § 10d EStG, § 8 KStG (Verlustrücktrag/Verlustvortrag),
- § 2a EStG (Berücksichtigung von Verlusten mit Auslandsbezug),
- § 15 Abs. 4 EStG (Verluste aus gewerblicher Tierzucht; Verluste aus atypisch stillen Beteiligungen an Kapitalgesellschaften),
- § 15a EStG (ausgleichsfähige/verrechenbare Verluste, wenn eine Kapitalgesellschaft Kommanditistin ist),
- § 8c KStG (Untergang von Verlustvorträgen bei Veräußerung von Anteilen),
- § 10a GewStG (Untergang von Verlustvorträgen wenn keine Unternehmensidentität/ Unternehmeridentität).

2.7.2.1 § 2a EStG

§ 2a EStG, der über § 8 Abs. 1 KStG auch für Körperschaften gilt, wurde 1982 eingeführt, um Steuersparmodelle mit ausländischen Beteiligungen zu verhindern. § 2a EStG a. F. erfasste in seiner bis VZ 2008 geltenden Fassung auch Verluste, die innerhalb der EU anfielen. Dies war europarechtlich höchst bedenklich. Durch das JStG 2009 wurde die Vorschrift an die europäischen Regelungen (Kapitalverkehrsfreiheit etc.) angepasst und erfasst nunmehr nur noch Tatbestände, die in sog. **Drittstaaten**, d. h. außerhalb der europäischen Union verwirklicht werden.

Nach § 2a Abs. 1 EStG dürfen negative Einkünfte eines inländischen Steuerpflichtigen aus
- einer in einem Drittstaat belegenen land- und forstwirtschaftlichen Betriebsstätte,
- einer in einem Drittstaat belegenen gewerblichen Betriebsstätte,
- der Teilwertabschreibung einer in einem Drittstaat ansässigen Körperschaft,
- der Veräußerung oder Entnahme einer in einem Drittstaat ansässigen Körperschaft,
- der Veräußerung eines Anteils an einer Drittstaaten-Kapitalgesellschaft nach § 17 EStG,
- der stillen Beteiligung an einem in einem Drittstaat ansässigen Handelsgewerbe,
- der Vermietung und Verpachtung von in einem Drittstaat belegenem unbeweglichem Vermögen oder Sachinbegriffen,
- der entgeltlichen Überlassung von Schiffen, die nicht ausschließlich in der EU eingesetzt werden,
- der Veräußerung, Teilwertabschreibung, Liquidation oder Kapitalherabsetzung einer Beteiligung an einer in der **EU ansässigen Kapitalgesellschaft**, soweit die Verluste aus Tatbeständen stammen, die in einem Drittstaat verwirklicht wurden,

nur mit positiven Einkünften der jeweils selben Art aus demselben Staat ausgeglichen werden. Sie dürfen auch nicht nach § 10d EStG abgezogen werden.

Einkünfte der jeweils selben Art nach § 2a Abs. 1 EStG sind grundsätzlich alle unter einer Nummer aufgeführten Tatbestände. Die Nrn. 3 und 4 sind aber zusammenzufassen (R 2a Abs. 1 EStR).

Von dem Verbot der Ausgleichsfähigkeit von Drittstaaten-Verlusten macht § 2a Abs. 2 EStG eine Ausnahme für in einem Drittstaat belegene gewerbliche Betriebsstätten, die ausschließlich oder fast ausschließlich die Herstellung oder Lieferung von Waren, außer Waffen, die Gewinnung von Bodenschätzen sowie die Bewirkung gewerblicher Leistungen zum Gegenstand haben. § 2a Abs. 1 Nr. 1, Abs. 2 EStG ist aber stets im Zusammenhang mit den entsprechenden Doppelbesteuerungsabkommen zu beurteilen. Diese sehen in der Regel vor, dass die Gewinne aus Betriebsstätten ausschließlich in dem Staat besteuert werden, in dem die Betriebsstätte liegt (vgl. Art. 5, 7 OECD-Musterabkommen). Insoweit findet § 2a Abs. 1 Nr. 1 EStG keine Anwendung.

BEISPIELE

a) Die in Deutschland ansässige X-GmbH produziert in einem Drittstaat, mit dem ein DBA besteht Maschinenbauteile. Die Produktionsstätte in dem Drittstaat ist als Betriebsstätte zu beurteilen. In dem im Drittstaat gelegenen Werk entsteht ein Verlust i. H. v. 2 Mio. €.

LÖSUNG Betriebsstättengewinne und -verluste sind nach Art. 7 des OECD-Musterabkommens ausschließlich in dem Staat zu versteuern, in dem die Betriebsstätte ihren Sitz hat. Da der Verlust somit die steuerliche Gewinnermittlung in Deutschland nicht berührt, kommt § 2a Abs. 1 Nr. 1, Abs. 2 EStG nicht zur Anwendung.

b) Die X-GmbH produziert die Maschinenteile in einem Drittstaat, mit dem kein Doppelbesteuerungsabkommen besteht.

LÖSUNG Gewinne und Verluste aus der in dem Drittstaat gelegenen Betriebsstätte sind – unabhängig von einer möglichen Besteuerung in dem Drittstaat – in Deutschland zu versteuern (§ 1 KStG, sog. Welteinkommensprinzip). Nach § 2a Abs. 1 Nr. 2 EStG dürften die Verluste den Gewinn grundsätzlich nicht mindern.

Da es sich bei der Produktion aber um eine begünstigte Tätigkeit i. S. d. § 2a Abs. 2 EStG handelt, dürfen die Verluste in Deutschland berücksichtigt werden.

§ 2a EStG ist auch im Zusammenhang mit den Regelungen des § 8b KStG zu sehen, die grundsätzlich Vorrang haben und auch für ausländische Beteiligungen gelten.

Nach § 2a Abs. 1 Nr. 3a EStG darf sich eine Gewinnminderung aufgrund der Teilwertberichtigung von Anteilen an einer in einem Drittland belegenen Kapitalgesellschaft steuerlich nicht auswirken. Dieses Verbot hat aber nur Bedeutung, wenn der deutsche Gesellschafter eine natürliche Person oder eine Personengesellschaft ist. Ist der Gesellschafter eine in Deutschland ansässige Kapitalgesellschaft, so hat die Teilwertabschreibung bereits wegen § 8b Abs. 3 Satz 3 KStG keine steuerliche Auswirkung.

BEISPIEL

Die in Deutschland ansässige X-GmbH hält eine 50 %ige Beteiligung an der in einem Drittstaat ansässigen B-Ltd. Sie hat die Beteiligung mit den Anschaffungskosten von (umgerechnet) 500 000 € aktiviert.

Es stellt sich heraus, dass die in einem Drittstaat ansässige Kapitalgesellschaft zahlungsunfähig ist. Die Beteiligung wird in der Handels- und Steuerbilanz auf einen Wert von 1 € abgeschrieben.

LÖSUNG Wegen § 8b Abs. 3 KStG wird die Gewinnminderung aus der Teilwertberichtigung außerbilanziell wieder neutralisiert. § 2a EStG braucht nicht geprüft werden.

Eine mögliche spätere Zuschreibung wäre nach § 8b Abs. 2 KStG steuerfrei.

Nach § 2a Abs. 1 Nr. 3b EStG ist der Verlust aus der Veräußerung von Anteilen an einer in einem Drittstaat belegenen Kapitalgesellschaft ebenfalls steuerlich nicht abzugsfähig. Auch hier hat aber die Regelung der §§ 8b Abs. 2, 3 Satz 3 KStG Vorrang vor § 2a EStG.

BEISPIEL

Die in Deutschland ansässige X-GmbH hält eine 50 %ige Beteiligung an der in einem Drittstaat ansässigen B-Ltd. Sie hat die Beteiligung mit den Anschaffungskosten von (umgerechnet) 500 000 € aktiviert.

Die X-GmbH veräußert die ausländische Beteiligung für 1 €.

LÖSUNG Da § 8b Abs. 2 KStG auch auf die Veräußerung ausländischer Beteiligungen anwendbar ist, kann der Verlust den steuerlichen Gewinn in Deutschland nicht mindern.

Nach § 2a Abs. 1 Nr. 5 EStG dürfen Verluste aus typisch stiller Beteiligung an einem in einem Drittstaat gelegenen Handelsgewerbe ebenfalls in Deutschland nicht geltend gemacht werden. Diese Regelung hat auch für Kapitalgesellschaften Bedeutung, die in Deutschland ansässig sind, da § 8b Abs. 1 KStG auf typisch stille Beteiligungen nicht anwendbar ist.

Die Erträge aus typisch stillen Beteiligungen sind nach den Doppelbesteuerungsabkommen (vgl. Art. 11 Abs. 1 OECD-Musterabkommen) in Deutschland zu versteuern.

BEISPIEL

Die in Deutschland ansässige und damit unbeschränkt körperschaftsteuerpflichtige X-GmbH ist als typisch stille Gesellschafterin an der in einem Drittland ansässigen F-Kapitalgesellschaft beteiligt. Für das Wj. 2015 wird ein Verlust i. H. v. 1,2 Mio. €, für das Wj. 2016 ein Gewinnanteil i. H. v. 1,5 Mio. € zugewiesen.

LÖSUNG Die Erträge aus typisch stillen Beteiligungen sind nach Art. 11 Abs. 1 OECD-Musterabkommen in Deutschland zu versteuern.

Handelsrechtlich sind die Verluste und Gewinne anzusetzen. Für steuerliche Zwecke darf der Verlust des Jahres 2015 nach § 2a Abs. 1 Nr. 5 EStG den Gewinn der X-GmbH nicht mindern. Nach § 2a Abs. 1 Satz 5 EStG sind die Verlustanteile gesondert festzustellen.

Der Gewinnanteil des Wj. 2016 ist ebenfalls in Deutschland zu versteuern. Er ist mit den Verlustanteilen des Jahres 2015 zu verrechnen (§ 2a Abs. 1 Satz 3 EStG). Damit ergibt sich ein verbleibender Gewinnanteil i. H. v. 300 000 €.

Nach § 2a Abs. 1 Nr. 7 EStG fallen auch Verluste aus der Teilwertberichtigung, der Veräußerung oder der Entnahme eines zu einem Betriebsvermögen gehörenden Anteils an einer in einem EU-Staat ansässigen Kapitalgesellschaft unter das Verlustabzugsverbot, wenn der Verlust auf Aktivitäten in einem Drittstaat i. S. d. § 2a Abs. 1 Nr. 1–6 EStG zurückzuführen ist. Auch hier hat aber wieder § 8b Abs. 3 KStG Vorrang.

BEISPIEL

Die in Deutschland ansässige X-GmbH ist zu 100 % an der ebenfalls in Deutschland ansässigen A-AG beteiligt. Diese vermietet in den USA diverse Bürogebäude. Da sich diese als Fehlkalkulation herausstellen und auf Jahre hinaus nicht rentabel vermietet werden können, sind die Anteile an der A-AG wertlos. Die X-GmbH schreibt die Anteile auf 1 € ab.

LÖSUNG Die Teilwertabschreibung darf den Gewinn der GmbH nach § 8b Abs. 3 KStG nicht mindern. § 2a Abs. 1 Nr. 7 EStG ist insoweit nicht anzuwenden.

2.7.2.2   § 15a EStG

§ 15a EStG ist auch zu beachten, wenn eine Kapitalgesellschaft als Kommanditistin an einer Kommanditgesellschaft beteiligt ist (vgl. II B 12).

Nach § 15a Abs. 1 Satz 1 EStG darf der einem Kommanditisten zuzurechnende Anteil am Verlust der Kommanditgesellschaft nicht mit anderen Einkünften ausgeglichen werden, soweit ein negatives Kapitalkonto entsteht oder sich erhöht. Soweit der Verlust nicht mit anderen Einkünften ausgeglichen werden darf, mindert er nach § 15a Abs. 2 EStG die Gewinne, die dem Kommanditisten in späteren Wirtschaftsjahren aus seiner Beteiligung an der Kommanditgesellschaft zuzurechnen sind (sog. verrechenbare Verluste).

Beteiligt sich eine Kapitalgesellschaft an einer Personengesellschaft, so ist in der Steuerbilanz der Kapitalgesellschaft das Kapitalkonto in der Personengesellschaft spiegelbildlich zu bilanzieren. In der Handelsbilanz ist die Beteiligung an einer Personengesellschaft mit den Anschaffungskosten zu aktivieren. Die Bilanzansätze der Steuerbilanz und der Handelsbilanz fallen somit auseinander (Ausnahme vom Maßgeblichkeitsgrundsatz).

BEISPIEL

Die X-GmbH ist als Kommanditistin an der A-KG beteiligt. Zum 31. 12. 2016 weist das Kapitalkonto der X-GmbH einen Stand von + 80 000 € aus. Im Wj. 2017 entfällt auf die X-GmbH ein Verlustanteil i. H. v. ./. 140 000 €.

LÖSUNG In der Steuerbilanz der X-GmbH ist die Beteiligung auf der Aktivseite mit 80 000 € aktiviert. Aufgrund des Verlustes muss die Beteiligung in der Bilanz zum 31. 12. 2017 auf der Passivseite mit 60 000 € ausgewiesen werden (Vermögensminderung bei der X-GmbH i. S. d. § 4 Abs. 1 EStG: 140 000 €). Im Jahresüberschuss bzw. Jahresfehlbetrag ist der Verlust – unabhängig von § 15a EStG – vollständig zu erfassen, da handelsrechtlich § 15a EStG nicht zu beachten ist. Aufgrund des Maßgeblichkeitsgrundsatzes gilt dies dann auch für Steuerbilanz. Außerbilanziell ist dann das Ergebnis der GmbH dahingehend zu korrigieren, dass der verrechenbare Verlust (hier: 60 000 €) das steuerliche Einkommen nicht mindern darf.

2.7.2.3   Verlustrücktrag und Verlustvortrag

Verluste können nach § 10d EStG, der über § 8 Abs. 1 KStG auch für die Besteuerung der Kapitalgesellschaften gilt, nur in eingeschränktem Maße zurück- und vorgetragen werden, um Haushaltsrisiken für die öffentliche Hand zu begrenzen.

Nach § 10d Abs. 1 EStG erfolgt von Amts wegen ein Verlustrücktrag in das Vorjahr bis zu einem Betrag von 1 Mio. €. Auf Antrag kann von dem Verlustrücktrag ganz oder teilweise abgesehen werden.

Ist für den unmittelbar vorangegangenen VZ bereits ein Steuerbescheid erlassen worden, so ist dieser insoweit zu ändern, als der Verlustrücktrag zu gewähren oder zu berichtigen ist. Dies gilt auch dann, wenn der Steuerbescheid unanfechtbar geworden ist. Die Festsetzungsfrist endet insoweit nicht, bevor die Festsetzungsfrist für den Veranlagungszeitraum abgelaufen ist, in dem die Verluste entstanden sind. In diesem Korrekturrahmen können nach § 177 AO auch sonstige Rechtsfehler berichtigt werden (BFH vom 27. 09. 1988 BStBl II 1989, 225).

Verluste, die im Wege des Verlustrücktrags nicht ausgeglichen werden, werden von Amts wegen in die folgenden Jahre vorgetragen. Der Verlustvortrag ist zeitlich unbeschränkt und erfolgt solange, bis die Verluste vollständig ausgeglichen sind.. Ein Steuerpflichtiger kann weder auf den Verlustvortrag verzichten, noch diesen auf einzelne Jahre begrenzen.

Aus haushaltstechnischen Gründen ist der Verlustvortrag auf **1 Mio. € pro Jahr** beschränkt. Darüber hinausgehende Verluste werden bis zu **60 %** des 1 Mio. € übersteigenden Gesamtbetrags der Einkünfte berücksichtigt (sog. Mindestbesteuerung). Dadurch verlängert sich der Zeitraum, in dem die Verluste vollständig ausgeglichen werden können.

BEISPIELE

Die X-GmbH erzielt im Wj. 2014 1,2 Mio. € Gewinn (Veranlagung bestandskräftig); im Wj. 2015 einen Verlust i. H. v. 5 Mio. € und im Wj. 2016 einen Gewinn i. H. v. 3 Mio. €.

LÖSUNG Es erfolgt ein Verlustrücktrag bis zu maximal 1 Mio. €, soweit nicht der Steuerpflichtige per Antrag ganz oder teilweise darauf verzichtet. Damit beträgt das Einkommen im Veranlagungszeitraum 2014 (1,2 Mio. € ./. 1 Mio. € =) 200 000 €. Es verbleibt ein Verlustvortrag i. H. v. (5 Mio. € ./. 1 Mio. € =) 4 Mio. €. Die Bestandskraft der Veranlagung wird insoweit punktuell durchbrochen.

Im VZ 2016 können zunächst von dem Verlustvortrag maximal 1 Mio. € ausgenutzt werden. Damit beträgt das Einkommen der GmbH im VZ 2016 noch 2 Mio. €. Von diesen 2 Mio. € sind maximal 60 % (= 1,2 Mio. €) als weiterer Verlustvortrag zu verrechnen. Damit verbleibt ein Einkommen von 800 000 €.

Von dem Verlustvortragsvolumen i. H. v. 4 Mio. € sind nach Verbrauch des VZ 2016 noch 1,8 Mio. € vorhanden, die nach den Regeln des § 10d EStG solange vorgetragen werden, bis sie aufgebraucht sind.

Ist der Gewinn des Vortragsjahres entsprechend hoch, so bleiben die Beschränkungen des § 10d EStG ohne Auswirkung.

BEISPIEL

Sachverhalt wie voriges Beispiel. Der Gewinn des Jahres 2016 beträgt 12 Mio. €.

LÖSUNG I. H. v. 1 Mio. € erfolgt ein Verlustvortrag. Damit beträgt das Einkommen der GmbH noch 11 Mio. €. Von diesen 11 Mio. € sind maximal 60 % (= 6,6 Mio. €) mit Verlustvorträgen zu verrechnen. Damit kann der Verlustvortrag vollständig verbraucht werden.

Im Veranlagungszeitraum 2016 bleibt ein Einkommen von (12 Mio. € ./. 4 Mio. € =) 8 Mio. €.

Entstehen **abwechselnd Verluste und Gewinne**, so gilt für jedes Verlustjahr eine gesonderte Beurteilung. Der Rücktrag bis zu 1 Mio. € ist für jedes Verlustjahr möglich. Da der Rücktrag zeitlich beschränkt ist, geht er dem jeweiligen Vortrag vor. Der Vortrag unterliegt aber auch dann den Beschränkungen des § 10d EStG, wenn Verluste aus mehreren Jahren aufgelaufen sind. Es findet also keine Vervielfachung der 1-Mio. €-Grenze statt.

Im Falle einer **Liquidation** können die Verlustvorträge i. R. d. Grenzen des § 10d EStG mit einem Liquidationsgewinn verrechnet werden. Verbleibende Verlustvorträge gehen verloren.

Im Falle der **Verschmelzung** einer Körperschaft auf eine andere Körperschaft tritt die übernehmende Körperschaft nach § 12 Abs. 3 UmwStG in die steuerliche Rechtsstellung der übertragenden Körperschaft ein. Verlustvorträge gehen aber nach § 12 Abs. 3 2. HS i. V. m. § 4 Abs. 2 Satz 2 UmwStG nicht über.

Wird eine Kapitalgesellschaft in eine Personengesellschaft umgewandelt, so geht nach **§ 4 Abs. 2 Satz 2 UmwStG** ein Verlustvortrag ebenfalls verloren.

Bei der Veräußerung von Anteilen an einer Kapitalgesellschaft mit Verlustvorträgen ist desweiteren § 8c KStG zu beachten.

2.7.2.4   Untergang des Verlustvortrags bei Veräußerung (§ 8c KStG)

§ 8c KStG löste § 8a KStG (Mantelkauf) mit Wirkung ab 2008 ab (vgl. § 34 Abs. 7b KStG). Zur Darstellung der alten Rechtslage s. 3. Aufl. Eine ausführliche Darstellung des § 8c KStG findet sich in BMF vom 04.07.2008 BStBl I 2008, 736). Mit Beschluss vom 29.03.2017, 2 BvL 6/11 stellte das BVerfG fest, dass § 8c KStG zumindest für die Jahre 2008 bis 2015 mit Art 3 GG unvereinbar ist (Verstoß gegen das objektive Nettoprinzip). Die weitere Entwicklung der Rechtsprechung bleibt nun abzuwarten.

2.7.2.4.1 Anwendungsbereich

§ 8c KStG ist auf unbeschränkt und beschränkt steuerpflichtige Körperschaften anzuwenden. Die Abzugsbeschränkung gemäß § 8c KStG ist auf alle Verlustvorträge anwendbar und umfasst insbesondere die Verluste nach §§ 2a, 10d, 15 Abs. 4, 15a und 15b EStG. § 8c KStG gilt für den Zinsvortrag nach § 4h Abs. 1 Satz 2 EStG entsprechend. Auf gewerbesteuerliche Verlustvorträge ist § 8c KStG gemäß § 10a Satz 9 GewStG entsprechend anzuwenden.

2.7.2.4.2 Grundtatbestand

Werden innerhalb von fünf Jahren **mehr als 25 %** der Anteile an einer Kapitalgesellschaft an **einen** Erwerber übertragen, so gehen bisher nicht ausgenutzte Verluste **insoweit** verloren.

> **BEISPIEL**
>
> Die X-GmbH verfügt über Verlustvorträge i. H. v. 3 Mio. €. Gesellschafter G veräußert seine Beteiligung i. H. v. 40 % an N.
>
> **LÖSUNG** Da die Grenze von 25 % überschritten ist, geht der Verlustvortrag anteilig i. H. v. (3 Mio. € × 40 % =) 1,2 Mio. € verloren. Es bleibt damit nur noch ein Vortrag i. H. v. 1,8 Mio. €.

Werden innerhalb von fünf Jahren **mehr als 50 %** der Anteile an einen Erwerber übertragen, so geht der Verlustvortrag **vollständig** verloren.

> **BEISPIEL**
>
> Die X-GmbH verfügt über Verlustvorträge i. H. v. 3 Mio. €. Gesellschafter G veräußert seine Beteiligung i. H. v. 60 % an N.
>
> **LÖSUNG** Da die Grenze von 50 % überschritten ist, geht der Verlustvortrag vollständig verloren.

Problematisch ist die Frage, ob beim Übergang einer Beteiligung durch Erbfall (§ 1922 BGB) der Verlust nach § 8c KStG untergeht. Da § 8c Abs. 1 Satz 1 KStG ausdrücklich von »übertragen« spricht, geht ein Verlustvortrag bei einer Übertragung im Wege der Gesamtrechtsnachfolge (Erbfall) nicht unter (so auch zu Recht BMF vom 04.07.2008 a. a. O., Rz. 3). Anders sieht dies aus, wenn eine Realteilung mit Spitzenausgleich stattfindet (Details s. BMF vom 14.03.2006 BStBl I 2006, 253, Rz. 26). Da die Verwaltung in diesem Fall von zwei Vorgängen ausgeht, müsste man § 8c KStG nur auf den entgeltlichen Übertragungsanteil anwenden. Dem steht die Verwaltungsauffassung in BMF vom 04.07.2008 a. a. O., Rz. 4 entgegen. Die Verwaltung will hier § 8c KStG auf den gesamten Vorgang anwenden.

> **BEISPIEL**
>
> Der Erblasser war zu 40 % Gesellschafter der V-GmbH. Im Zeitpunkt seines Todes beläuft sich der Verlustvortrag der V-GmbH auf 2 Mio. €. Stille Reserven sind keine vorhanden. Erben werden die beiden Kinder S und T zu je 50 %. Der Wert der GmbH-Anteile beläuft sich auf 800 000 €. Im Nachlass befindet sich noch eine Eigentumswohnung im Wert von 300 000 €. Die Erben setzen sich wie folgt auseinander: S erhält die gesamten GmbH-Anteile, T erhält die Eigentumswohnung. Zum Ausgleich des Mehrerwerbs zahlt S an T 250 000 €.

LÖSUNG Soweit eine Ausgleichszahlung geleistet wird, liegt ein entgeltlicher Erwerb vor. Somit erwirbt S 250/800 der GmbH-Anteile. 550/800 der Anteile gehen im Wege der Erbfolge (Gesamtrechtsnachfolge) auf ihn über. Somit veräußert T 250/800 der 40 %, sonach 12,5 % der Anteile an der V-GmbH.

Nach Verwaltungsansicht liegt eine schädliche Übertragung von 40 % der Anteile vor. Somit gehen 40 % der Verlustvorträge verloren. Nach unserer Ansicht liegt nur in Höhe von 12,5 % eine schädliche Übertragung vor. Insoweit wird die Grenze des § 8c KStG nicht erreicht. Der Verlustvortrag geht nicht unter.

Ein ähnliches Problem entsteht bei der vorweggenommenen Erbfolge. Auch hier führt die Zahlung eines Ausgleichs zu einer teilweise voll entgeltlichen und einer teilweise voll unentgeltlichen Übertragung (sog. Trennungstheorie; vgl. BMF vom 13.01.1993 BStBl I 1993, 80, Rz. 14). Die Verwaltung geht bei der vorweggenommenen Erbfolge davon aus, dass im Falle einer voll unentgeltlichen Übertragung § 8c KStG nicht anwendbar sei (BMF vom 04.07.2008 a. a. O., Rz. 4). Diese Billigkeitsregelung widerspricht zwar dem Wortlaut des § 8c KStG, stellt aber keinen Verstoß gegen den sog. Gesetzesvorbehalt (Art. 20 GG) dar, da die Regelung für die Steuerpflichtigen günstig ist. Dem widerspricht das Finanzgericht Münster mit Urteil vom 04.11.2015, 9 K 3478/13 F, EFG 2016, 412 (rechtskräftig). Nach seiner Ansicht ist der Wortlaut des § 8c KStG eindeutig und eine Billigkeitsregelung durch die Verwaltung nicht möglich.

Im Falle einer (auch nur geringen) Ausgleichszahlung will auch die Verwaltung insgesamt § 8c KStG anwenden.

BEISPIEL

M ist zu 100 % Gesellschafterin der M-GmbH (Wert 1 Mio. €). Sie überträgt die gesamten Anteile auf ihre Tochter T. Diese verpflichtet sich, an ihren Bruder einen Ausgleich i. H. v. 300 000 € zu leisten.

LÖSUNG Unabhängig von der Frage, inwieweit § 8c KStG bei einer vorweggenommenen Erbfolge anzuwenden ist, geht die Verwaltung insgesamt von einer entgeltlichen Übertragung aus. Da sonach 100 % der Anteile übertragen werden, geht der Verlustvortrag insgesamt unter. Diese Lösung der Verwaltung widerspricht den Aussagen im Erlass zur vorweggenommenen Erbfolge (BMF vom 13.01.1991 BStBl I 1993, 80, Rz. 14; sog. Trennungstheorie). Danach müsste man den Vorgang in eine unentgeltliche Übertragung (700/1000) und eine entgeltliche Übertragung (300/1000) aufsplitten. Da nur 30 % entgeltlich übertragen werden, dürfte auch nur in diesem Umfang der Verlustvortrag untergehen.

Zu einer Übertragung kann es auch im Zuge einer offenen/verdeckten **Sacheinlage** oder gesellschaftsrechtlichen **Umstrukturierung** (z. B. Umwandlung, Verschmelzung, Einbringung) kommen, wenn damit eine Veränderung der Beteiligungsverhältnisse verbunden ist.

BEISPIEL

G 1 ist zu 100 % an der A-GmbH beteiligt. Im Zuge der Neugründung der B-GmbH bringt G seine Beteiligung an der A-GmbH im Wege der Sachgründung ein. Der weitere Gesellschafter G 2 leistet eine Bareinlage. An der neuen Gesellschaft ist G 1 zu 20 % und G 2 zu 80 % beteiligt.

LÖSUNG G1 hat 80 % seiner Anteile an der A-GmbH übertragen. Damit gehen sämtliche Verlustvorträge der A-GmbH verloren.

Bei der Berechnung der Beteiligungsgrenzen sind eigene Anteile der Kapitalgesellschaft nicht in die Berechnung einzubeziehen (vgl. H 17 Abs. 2 EStH »Eigene Anteile« zur Beteiligungsgrenze i. R. d. § 17 EStG).

BEISPIEL

Das Stammkapital der X-GmbH beträgt 100 000 €. Gesellschafter G hält Anteile von nominal 20 000 €. Die GmbH hält eigene Anteile von nominal 40 000 €. G veräußert seine Anteile.
LÖSUNG Die eigenen Anteile sind außer Betracht zu lassen. Damit ist G zu 20 000 € / 60 000 € und somit zu 33,33 % beteiligt. Die Veräußerung erfüllt damit den Tatbestand des § 8c KStG.

2.7.2.4.3 Erwerberkreis

Veräußerer und Erwerber können sowohl natürliche als auch juristische Personen sein. Die Schädlichkeitsgrenze von 25 % bzw. 50 % bezieht sich grundsätzlich auf die Person des Erwerbers (»… an einen Erwerber«). Mehrere Veräußerungen an verschiedene Erwerber sind daher grundsätzlich nicht zusammenzurechnen.

BEISPIEL

Die X-GmbH verfügt über Verlustvorträge i. H. v. 3 Mio. €. Gesellschafter G hält 60 % der Anteile. Er veräußert gleichzeitig jeweils 20 % an A, B und C.
LÖSUNG Die Schädlichkeitsgrenze ist nicht überschritten, da an keinen Erwerber mehr als 25 % der Anteile veräußert wurde.

Veräußern verschiedene Gesellschafter an einen Erwerber, so liegt ein Erwerb i. S. d. § 8c KStG vor.

Mehrere Erwerber werden aber als eine Person gerechnet, wenn sie **einander nahestehen**. Zur Begründung des »Nahestehens« reicht jede rechtliche oder tatsächliche Beziehung zu einer anderen Person aus (vgl. H 8.5 KStH »Kreis der nahestehenden Personen«). Anders als z. B. § 8a Abs. 2 KStG verweist § 8c KStG nicht auf die Vorschrift des § 1 Abs. 2 AStG.

BEISPIEL

Wie Beispiel oben. Die Erwerber A, B und C sind aber Geschwister.
LÖSUNG Die Verlustvorträge gehen vollständig unter, da sich A, B und C einander nahestehen.

Als ein Erwerber gilt nach Satz 3 auch eine **Gruppe von Erwerbern mit gleichgerichteten Interessen**. Bei einander nahestehenden Personen (s. o.) liegt nicht automatisch eine Gruppe mit gleichgerichteten Interessen vor. Hier müssen weitere Anhaltspunkte hinzutreten (BVerfG vom 12. 03. 1985 BStBl II 1985, 475).

Gegenstand des gleichgerichteten Interesses kann jeder Umstand sein. Von einer Erwerbergruppe mit gleichgerichteten Interessen ist regelmäßig auszugehen, wenn eine Abstimmung zwischen den Erwerbern stattgefunden hat, wobei kein Vertrag vorliegen muss. Die Verfolgung eines gemeinsamen Zwecks i. S. d. § 705 BGB reicht zur Begründung gemeinsamer Interessen aus, ist aber nicht Voraussetzung. Die gleichgerichteten Interessen müssen sich nicht auf den Erhalt des Verlustvortrags der Körperschaft richten. Gleichgerichtete Interessen liegen z. B. vor, wenn mehrere Erwerber einer Körperschaft zur einheitlichen Willensbildung zusammenwirken. Ein Indiz für gleichgerichtete Interessen ist z. B. die gemeinsame Beherrschung der Kapitalgesellschaft (vgl. H 36 KStH »Beherrschender Gesellschafter – Gleichgerichtete Interessen«).

BEISPIEL

G ist Alleingesellschafter der X-Steuerberatungs-GmbH. Er veräußert seine Anteile an die Steuerberater(innen) A, B, C und D, die die GmbH künftig gemeinsam betreiben.
LÖSUNG Das gemeinsame Betreiben der Steuerberatungs-GmbH reicht aus, um eine Gruppe mit gleichgerichteten Interessen anzunehmen. Damit geht ein möglicher Verlustvortrag mit der Veräußerung verloren.

2.7.2.4.4 Unmittelbare und mittelbare Beteiligung

Als schädlich gilt nach dem Gesetzeswortlaut sowohl die unmittelbare als auch die mittelbare Übertragung von Anteilen.

BEISPIEL

G ist zu 80 % an der A-GmbH beteiligt. Diese ist wiederum zu 60 % an der B-GmbH beteiligt. Die B-GmbH verfügt über Verlustvorträge. Gesellschafter G veräußert seine Anteile an der A-GmbH.
LÖSUNG G veräußert mittelbar (80 % × 60 % =) 48 % der Anteile an der B-GmbH. Damit gehen 48 % der Verlustvorträge verloren. Dass sich am Beteiligungsverhältnis A-GmbH zu B-GmbH nichts ändert, ist insoweit ohne Bedeutung.

Die mittelbare Beteiligung kann auch über eine Personengesellschaft gehalten werden.

BEISPIEL

Wie Beispiel oben. G ist aber direkt zu 80 % an der A-KG beteiligt. Die A-KG hält 60 % der Anteile an der B-GmbH.
LÖSUNG Am Ergebnis ändert sich nichts.

2.7.2.4.5 Vergleichbare Sachverhalte

§ 8c KStG erfasst neben der Übertragung von Kapitalanteilen auch die Übertragung von Mitgliedschaftsrechten und Beteiligungsrechten (jeweils auch ohne Stimmrechte) sowie von Stimmrechten und vergleichbare Sachverhalte. Ein vergleichbarer Sachverhalt kann z. B. die Übertragung von Bezugsrechten sein.

BEISPIEL

G ist zu 60 % an der X-GmbH beteiligt. Die Gesellschafter planen eine Kapitalerhöhung. G überträgt das Bezugsrecht auf die Kapitalerhöhung auf N. Nach der Kapitalerhöhung ist G nur noch zu 20 % an der GmbH beteiligt.
LÖSUNG Auch wenn G keine Anteile an N übertragen hat, liegt doch ein vergleichbarer Sachverhalt vor. Der Vorgang ist so zu sehen, als habe G 40 % der Anteile veräußert. Die GmbH verliert damit 40 % ihrer Verlustvorträge.

2.7.2.4.6 Kapitalerhöhung

Nach § 8c Satz 4 KStG steht eine Kapitalerhöhung der Übertragung des gezeichneten Kapitals gleich, soweit sie zu einer Veränderung der Beteiligungsquoten am Kapital der Gesellschaft führt.

BEISPIEL

An der X-GmbH sind die Gesellschafter A, B, C und D zu je 25 % beteiligt. Die GmbH verfügt über Verlustvorträge. Das Stammkapital wird von 100 000 € auf 1 Mio. € erhöht.
a) Alle Gesellschafter nehmen an der Kapitalerhöhung paritätisch teil.
b) A übernimmt das neue Kapital, so dass er zu (925 000 € / 1 Mio. € =) 92,5 % beteiligt ist.
LÖSUNG In der Variante a) ändern sich die Beteiligungsverhältnisse nicht. Der Verlustvortrag bleibt erhalten.
In der Variante b) übertragen B, C und D 67,5 % der Anteile auf A (seine Beteiligung steigt von 25 % auf 92,5 %). Da mehr als 50 % der Anteile als an einen Erwerber übertragen gelten, gehen nach § 8c Abs. 1 KStG grundsätzlich die gesamten Verlustvorträge verloren.

2.7.2.4.7 Zeitpunkt und Umfang des Verlustuntergangs

Der Zeitpunkt des Beteiligungserwerbes oder des vergleichbaren Sachverhalts bestimmt sich nach dem Übergang des wirtschaftlichen Eigentums. Kapitalerhöhungen werden mit ihrer Eintragung ins Handelsregister wirksam (BFH vom 14. 03. 2006 BStBl II 2006, 746).

Bei der Umwandlung einer Verlustgesellschaft ist der Zeitpunkt maßgebend, an dem das wirtschaftliche Eigentum auf den übernehmenden Rechtsträger übergeht. Ein steuerlicher Rückbezug des Beteiligungserwerbs nach § 2 UmwStG scheidet aus.

Der **Untergang** des Verlustvortrags tritt in dem **Wirtschaftsjahr** ein, in dem die 25 %- bzw. die 50 %-Grenze überschritten wird. Problematisch sind unterjährige Veräußerungen (vgl. BMF vom 04. 07. 2008 BStBl I 2008, 736, Rz.31 ff.). Erfolgt der schädliche Beteiligungserwerb während des laufenden Wirtschaftsjahrs, unterliegt auch ein bis zu diesem Zeitpunkt erzielter Verlust der Verlustabzugsbeschränkung nach § 8c KStG (vgl. BMF vom 04. 07. 2008 a. a. O., Rz. 31).

BEISPIEL

Gesellschafter G der X-GmbH veräußert seine 60 %ige Beteiligung am 30. 04. 2016. Für das Wj. (= Kalenderjahr) 2016 wird ein Verlust i. H. v. 1,2 Mio. € ermittelt. Davon entfallen auf den Zeitraum bis zur schädlichen Veräußerung (1,2 Mio. € × 4/12 =) 400 T€. Diese 400 T€ gehen verloren, so dass das Einkommen der GmbH in 2016 lediglich – 800 T€ beträgt.

Der bis zur Veräußerung entstandene Verlust kann auch nicht zurückgetragen werden.

BEISPIEL

Wie oben. Im Wj. 2015 erzielt die GmbH einen Gewinn i. H. v. 2 Mio. €.

LÖSUNG Ein Rücktrag ist nicht möglich, da der Verlust erst zum Bilanzstichtag entsteht und im Übrigen der klare Wortlaut des § 8c KStG eine Verwertung der bis zur schädlichen Veräußerung noch nicht ausgenutzten Verluste verbietet. Damit gehen auch bei der Variante 400 T€ Verlust verloren.

Streitig war, ob bis zum Beteiligungserwerb erzielte Gewinne mit den Verlustvorträgen verrechnet werden können. Zu Recht hat die Verwaltung dies zunächst nicht zugelassen, da Gewinne erst zum Bilanzstichtag (also nach dem Beteiligungserwerb) feststehen (BMF vom 04. 07. 2008 BStBl I 2008, 736, Rz. 31). Demgegenüber erlaubte die Rechtsprechung die Saldierung (BFH vom 30. 11. 2011, I R 14/11, BStBl II 2012, 360). Dem folgt nun auch die Verwaltung.

BEISPIEL

Gesellschafter G der X-GmbH veräußert seine 60 %ige Beteiligung am 30. 04. 2016. Für das Wj. (= Kalenderjahr) 2016 wird ein Gewinn i. H. v. 1,2 Mio. € ermittelt. Davon entfallen auf den Zeitraum bis zur schädlichen Veräußerung (1,2 Mio. € × 4/12 =) 400 T€. Im Wj. 2015 erzielte die GmbH einen Verlust i. H. v. 2 Mio. €, der nicht zurückgetragen wurde.

LÖSUNG Nach der Rechtsprechung (BFH vom 30. 11. 2011 a. a. O.) können die 400 T€ mit dem Verlustvortrag verrechnet werden, so dass lediglich ein Verlustvortrag i. H. v. 1,6 Mio. € untergeht.

Besondere Probleme bereiten die Fälle, in denen ein **sukzessiver Anteilserwerb** stattfindet. Zur Bestimmung der Grenzen des § 8c KStG sind alle Übertragungen an einen Erwerber oder Erwerberkreis innerhalb eines Fünfjahreszeitraums zusammenzurechnen.

BEISPIEL

Im Januar 01 veräußert Gesellschafter G 25 % der Anteile an der X-GmbH an N. Im Januar 03 veräußert G weitere 10 % an N.

LÖSUNG Mit der ersten Veräußerung beginnt ab 01 eine Fünfjahresfrist. Die Übertragung von 25 % ist noch nicht schädlich. Verluste gehen daher (noch) nicht verloren.

Mit der Übertragung in 03 wird die Grenze des § 8c Satz 1 KStG überschritten. Alle bis zur Übertragung in 03 entstandenen Verluste bzw. Verlustvorträge gehen zu 35 % verloren.

Nach der Gesetzesbegründung sollen weitere Erwerbe nach Überschreitung der 25 %-Grenze unschädlich sein, solange die 50 %-Grenze nicht überschritten wird.

BEISPIELE

a) Wie vorheriges Beispiel. Im Januar 04 erwirbt N
aa) weitere 10 %,
bb) weitere 20 % von G.
LÖSUNG Mit der Übertragung in 03 sind die bis dahin bestehenden nicht ausgenutzten Verluste zu 35 % untergegangen (s. o.).
In Variante aa) löst die Übertragung in 04 zwar einen neuen Fünfjahreszeitraum aus. Sie führt aber nicht dazu, dass über die 35 % hinaus weitere 10 % der Verluste verloren gehen. Die Übertragung der 10 % hat insoweit (vorläufig) keine negativen Konsequenzen.
In Variante bb) sind für die Bestimmung der 50 %-Grenze alle Veräußerungen binnen fünf Jahren zusammenzurechnen. Damit hat N 55 % der Anteile erworben. Die bis 04 bestehenden nicht ausgenutzten Verluste gehen vollständig unter.

b) In der Variante aa) des obigen Beispiels erwirbt N im Januar 09 weitere 20 % der Anteile. Die Erwerbe stellen sich damit wie folgt dar:
01 25 %
03 10 %
04 10 %
09 20 %
LÖSUNG N hat zwar mehr als 50 % der Anteile erworben. Der Erwerb erfolgte aber nicht innerhalb einer Frist von fünf Jahren (beginnend ab 01).
Wie bereits dargestellt, läuft ab 01 eine Fünfjahresfrist (1. Frist), die dazu führt, dass in 03 die 25 %-Grenze überschritten wird.
Der Erwerb in 04 ist zwar zuerst einmal unschädlich (s. o.). Es läuft nun aber ab 04 eine neue Fünfjahresfrist (zweite Frist). Da innerhalb der zweiten Frist weitere 20 % erworben werden, gehen in 09 nun 30 % der bis dahin aufgelaufenen und noch nicht ausgenutzten Verluste verloren.

2.7.2.4.8 Berücksichtigung stiller Reserven

Die Vorschrift des § 8c KStG bedeutet für Kapitalgesellschaften eine erhebliche steuerliche Belastung, da oft nicht kalkuliert werden kann, ob und wann Gesellschafter ihre Beteiligungen veräußern. Während Gewinne stets besteuert werden, werden Verluste gestrichen. Dies hat mit der ursprünglichen Idee des Mantelkaufs (§ 8a KStG), missbräuchliche Gestaltungen zu verhindern, nichts mehr gemeinsam.

Aus diesem Grund entschärfte der Gesetzgeber mit dem Wachstumsbeschleunigungsgesetz vom 18. 12. 2009 mit Wirkung ab VZ 2010 die Vorschrift des § 8c KStG. Nach § 8c Abs. 1 Satz 6 KStG geht ein Verlust bei einer schädlichen Übertragung i. S. d. Satzes 1 nicht verloren, soweit er die anteiligen stillen Reserven nicht übersteigt.

BEISPIEL

Die X-GmbH verfügt über einen Verlustvortrag i. H. v. 800. Gesellschafter G veräußert 40 % der Anteile an einen Erwerber. Die stillen Reserven der GmbH betragen
a) 1 Mio. €,
b) 500 T€.
LÖSUNG In der Variante a) gehen grundsätzlich 40 % des Verlustvortrags (= 320 000 €) verloren. Da aber der mit dem Untergang bedrohte Verlustvortrag geringer ist als die verkauften stillen Reserven (= 400 T€), bleibt der Verlustvortrag vollständig erhalten.
In der Variante b) übersteigt der Verlustvortrag (320 000 €) die anteiligen stillen Reserven (200 T€) um 120 000 €. Damit gehen nach § 8c Abs. 1 Satz 1 KStG 120 000 € Verlustvorträge verloren.

Werden mehr als 50 % der Anteile veräußert, so ist dies nach § 8c Abs. 1 Satz 6 KStG unschädlich, wenn der Verlustvortrag geringer ist als die gesamten stillen Reserven.

BEISPIEL

Wie vorheriges Beispiel; G veräußert 60 % der Anteile.

LÖSUNG In der Variante a) bleiben die Verlustvorträge wieder erhalten, da der Verlustvortrag (800 T€) kleiner ist als die gesamten stillen Reserven (1 Mio. €). In der Variante b) geht der Verlustvortrag i. H. v. 300 T€ verloren, da er die gesamten stillen Reserven um diesen Betrag übersteigt.

Problematisch ist die Bestimmung der stillen Reserven. Das Gesetz gibt zwar in § 8c Abs. 1 Satz 7 KStG eine Legaldefinition. Danach sind die stillen Reserven die Differenz zwischen dem gemeinen Wert der übertragenen Anteile und dem anteiligen oder ganzen in der steuerlichen Gewinnermittlung ausgewiesenen Eigenkapital (= Stammkapital + Jahresüberschuss + Gewinnvortrag + Gewinnrücklage + Kapitalrücklage). Zumindest bei der Veräußerung der Anteile kann der gemeine Wert aus dem Kaufpreis abgeleitet werden. Bei den übrigen Tatbeständen muss aber der gemeine Wert (im Zweifel nach Bewertungsrecht) erst ermittelt werden.

2.7.2.4.9 Sanierungsklausel

Mit Gesetz vom 16. 07. 2009 wurde ein Abs. 1a in § 8c KStG eingefügt. Danach soll ein nicht ausgenutzter Verlust nicht verloren gehen, wenn die Übertragung der Anteile der Sanierung des Geschäftsbetriebs der Kapitalgesellschaft dient.

Die Europäische Kommission hat am 26. 01. 2011 entschieden, dass die sog. Sanierungsklausel des § 8c Abs. 1a KStG eine mit dem Binnenmarkt nicht zu vereinbarende rechtswidrige Beihilferegelung darstellt. Nach Auffassung der Europäischen Kommission begünstigt die Sanierungsklausel selektiv »Unternehmen in Schwierigkeiten«. Das BMF hat daher die Anwendung des Abs. 1a bis auf Weiteres ausgesetzt (BMF vom 30. 04. 2010 BStBl I 2010, 482).

2.7.2.5 § 8d KStG

Da der Gesetzgeber die Vorschrift des § 8c KStG entschärfen wollte, die Probleme mit der Sanierungsklausel aber nicht beseitigt werden konnten, entschloss sich der Gesetzgeber, im Gesetz zur Weiterentwicklung der steuerlichen Verlustverrechnung bei Körperschaften vom 20. 12. 2016 mit Wirkung ab 01. 01. 2016 (vgl. § 34 Abs. 6a KStG) § 8d KStG einzuführen.

Nach § 8d KStG geht ein Verlustvortrag entgegen § 8c KStG nicht unter, wenn die Kapitalgesellschaft denselben Geschäftsbetrieb auch nach der Veräußerung weiterführt. Maßgeblich ist dabei der Geschäftsbetrieb, den die Kapitalgesellschaft seit ihrer Gründung oder zumindest seit dem Beginn des dritten Veranlagungszeitraums vor dem Jahr der Veräußerung unterhielt.

Ein Geschäftsbetrieb umfasst die von einer einheitlichen Gewinnerzielungsabsicht getragenen, nachhaltigen, sich gegenseitig ergänzenden und fördernden Betätigungen der Körperschaft und bestimmt sich nach qualitativen Merkmalen in einer Gesamtbetrachtung. Qualitative Merkmale sind insbesondere die angebotenen Dienstleistungen oder Produkte, der Kunden- und Lieferantenkreis, die bedienten Märkte und die Qualifikation der Arbeitnehmer.

Der Antrag auf Fortführung der Verlustvorträge ist in der Steuererklärung für die Veranlagung des Veranlagungszeitraums zu stellen, in denen der schädliche Beteiligungserwerb fällt. Der Verlustvortrag, der zum Schluss des Veranlagungszeitraums verbleibt, in den der schädliche Beteiligungserwerb fällt, wird zum fortführungsgebundenen Verlust (**fortführungsgebundener Verlustvortrag**). Dieser ist gesondert auszuweisen und festzustellen. § 10d Abs. 4 EStG gilt entsprechend. Der fortführungsgebundene Verlustvortrag ist vor dem nach § 10d Abs. 4 EStG festgestellten Verlustvortrag abzuziehen.

Wird der Geschäftsbetrieb i. S. d. § 8d Abs. 1 eingestellt, geht der nach § 8d Abs. 1 zuletzt festgestellte fortführungsgebundene Verlustvortrag unter. § 8c Abs. 1 Sätze 6–9 gelten bezogen auf die zum Schluss des vorangegangenen Veranlagungszeitraums vorhandenen stillen Reserven entsprechend.

Gleiches gilt, wenn

1. der Geschäftsbetrieb ruhend gestellt wird,
2. der Geschäftsbetrieb einer andersartigen Zweckbestimmung zugeführt wird,
3. die Körperschaft einen zusätzlichen Geschäftsbetrieb aufnimmt,
4. die Körperschaft an einer Mitunternehmerschaft beteiligt,
5. die Körperschaft die Stellung eines Organträgers i. S. d. § 14 Abs. 1 KStG einnimmt oder
6. auf die Körperschaft Wirtschaftsgüter übertragen werden, die sie zu einem geringeren als dem gemeinen Wert ansetzt.

§ 8d Abs. 2 KStG gilt damit zeitlich unbeschränkt und so lange, bis der fortführungsgebundene Verlustvortrag aufgezehrt ist. Laufen weitere Verluste nach der schädlichen Übertragung auf, so werden diese von § 8d KStG nicht erfasst.

§ 8d KStG wird in vielen Fällen die Vorschrift des § 8c KStG entschärfen. Insbesondere in Sanierungsfällen wird die Vorschrift aber häufig nicht anwendbar sein, da gerade hier aus betriebswirtschaftlichen Gründen neue Geschäftsfelder erschlossen werden müssen bzw. das Personal reduziert oder ausgetauscht werden muss.

BEISPIELE

a) Die X-GmbH betreibt eine Bauunternehmung im Hoch- und Tiefbau. Zum 31. 12. 2015 besteht ein Verlustvortrag i. H. v. 2 Mio. €. Stille Reserven sind keine vorhanden. Da das Unternehmen erhebliche wirtschaftliche Schwierigkeiten hat, wird es im Januar 2016 für 1 € an einen Konzern veräußert, der sich verpflichtet, den Geschäftsbetrieb weiterzuführen. Sämtliche Mitarbeiter sollen weiterbeschäftigt werden.

LÖSUNG Grundsätzlich würde der Verlustvortrag nach § 8c KStG untergehen, da mehr als 50 % der Anteile veräußert wurden und stille Reserven nicht vorhanden sind. Da der Tatbestand des § 8d KStG erfüllt ist (Weiterführung von Hoch- und Tiefbau, Weiterbeschäftigung der Mitarbeiter), wandelt sich der Verlustvortrag in einen fortführungsgebundenen Verlustvortrag, der grundsätzlich zunächst nicht untergeht.

b) **Weiterführung des Beispiels**: Im Laufe des Wirtschaftsjahrs 2016 gelingt eine Sanierung nicht. Im Juni 2017 steht die GmbH kurz davor, einen Insolvenzantrag stellen zu müssen. Nach harten Verhandlungen werden mit 30 Mitarbeitern Aufhebungsverträge geschlossen und der defizitäre Geschäftsbetrieb »Tiefbau« eingestellt. Zu diesem Zeitpunkt hat sich der Verlustvortrag auf 2,7 Mio. € erhöht.

LÖSUNG Die Einstellung des Geschäftsbetriebs »Tiefbau« führt dazu, dass im Juni 2017 der fortführungsgebundene Verlustvortrag i. H. v. 2 Mio. € untergeht. Dabei spielt es nach dem Wortlaut der Vorschrift keine Rolle, dass ein Teil des Geschäftsbetriebs weitergeführt wird (keine quotale Betrachtung). Der nach der Veräußerung entstandene Verlustvortrag ist kein fortführungsgebundener Verlustvortrag und kann weitergeführt werden.

2.7.2.6 § 10a GewStG

Nach § 10a Satz 1 GewStG sind Gewerbeverluste auf künftige Jahre vorzutragen. Ab dem Veranlagungszeitraum 2004 ist der Vortrag aus haushaltstechnischen Gründen auf 1 Mio. € pro Jahr begrenzt. Der 1 Mio. € übersteigende maßgebende Gewerbeertrag kann bis zu 60 % mit Verlusten ausgeglichen werden (vgl. die Parallele zu § 10d EStG). Ein Rücktrag ist im Gewerbesteuerrecht – im Gegensatz zu § 10d EStG – nicht vorgesehen, da dies erhebliche Auswirkungen auf die Kommunalfinanzen hätte.

Gewerbeverluste sind negative Gewerbeerträge i. S. d. §§ 7 bis 10 GewStG. Es kommt daher auf den nach den Vorschriften des KStG/EStG ermittelten Gewinn/Verlust, vermehrt und vermindert um die Hinzurechnungen und Kürzungen nach §§ 8 und 9 GewStG an.

Die Höhe des vortragsfähigen Gewerbeverlustes ist nach § 10a Satz 6 GewStG gesondert festzustellen.

Nach § 10a Satz 9 GewStG sind die Grundsätze des § 8c KStG auch für den gewerbesteuerlichen Verlustvortrag zu beachten. Geht also ein körperschaftsteuerlicher Verlustvortrag nach § 8c KStG unter, hat dies auch den Verlust des gewerbesteuerlichen Verlustpotenzials zur Folge.

Der einkommensteuerliche Verlustausgleich nach § 10d EStG ist bei der Ermittlung des Gewerbeertrags nicht zu berücksichtigen, da § 10a GewStG lex specialis zu § 10d EStG ist (FG Köln vom 25.10.2000 EFG 2001, 586).

Bei Bestehen einer **Organschaft** kann nach § 10a Satz 3 GewStG die Organgesellschaft ab dem Veranlagungszeitraum 2004 den maßgebenden Gewerbeertrag nicht um Fehlbeträge kürzen, die sich vor dem rechtswirksamen Abschluss des Gewinnabführungsvertrags ergeben haben (sog. vororganschaftliche Verluste).

2.8 Abziehbare Aufwendungen (§ 9 KStG)

Nach § 9 Abs. 1 Nr. 2 KStG darf eine Körperschaft Spenden unter bestimmten Voraussetzungen als Betriebsausgaben geltend machen.

§§ 9 Abs. 1 Nr. 2, Abs. 2 und 3 KStG entsprechen im Wesentlichen den Regelungen im Einkommensteuerrecht.

Die Abzugsfähigkeit von Spenden an politische Parteien und Wählervereinigungen wurde mit Wirkung ab dem Veranlagungszeitraum 1994 für Körperschaften gestrichen. § 34 g EStG ist auch nicht über § 8 KStG anwendbar (vgl. den Anwendungskatalog in R 32 KStR).

Spenden sind Ausgaben, die vom Steuerpflichtigen freiwillig und ohne Gegenleistung erbracht werden (z. B. BFH vom 22.09.1993 BStBl II 1993, 874). Mitgliedsbeiträge können grundsätzlich wie Spenden abgezogen werden (§ 8 KStG i. V. m. § 10b Abs. 1 Satz 1 EStG). Mitgliedsbeiträge an Sport- und bestimmte andere Vereine sind nach § 9 Satz 2 Nr. 1–4 KStG vom Spendenabzug ausgeschlossen.

Aufwendungen i. R. d. **Sponsorings** (vgl. BMF vom 18.02.1998 BStBl I 1998, 212) fallen nicht unter die Beschränkungen des § 9 KStG und sind als Betriebsausgaben unbeschränkt abzugsfähig. Sponsoring liegt vor, wenn das Unternehmen von der Zuwendung an den Verein wirtschaftliche Vorteile hat (z. B. einen Werbeeffekt).

Sowohl bei Spenden als auch beim Sponsoring ist stets vorrangig zu prüfen, ob die Zuwendung an die gemeinnützige Körperschaft nicht als **vGA** zu werten ist (z. B. BFH vom 08.04.1992 BStBl II 1992, 849: Spende einer Kreissparkasse an ihren Gewährsträger).

Gem. § 9 Abs. 1 Nr. 2 KStG sind Spenden nur bis zur Höhe von insgesamt 20 % des Einkommens oder 4 ‰ der gesamten Umsätze und der im Kalenderjahr aufgewendeten Löhne und Gehälter abzugsfähig.

Abziehbare Zuwendungen, die die Höchstbeträge überschreiten, sind i. R. d. Höchstbeträge in den folgenden Veranlagungszeiträumen abzuziehen (§ 9 Abs. 1 Satz 3 KStG).

2.9 Nicht abziehbare Aufwendungen

Die Nichtabziehbarkeit betrieblicher Aufwendungen kann sich aus verschiedenen Regelungen ergeben.

2.9.1 Liebhaberei

Es war lange Zeit umstritten, ob auch für Kapitalgesellschaften die Grundsätze der Liebhaberei gelten können. Dies hat die Rechtsprechung zu Recht ausdrücklich verneint (BFH vom 04. 12. 1996 BFHE 182, 123). Eine Kapitalgesellschaft kann **keine außerbetriebliche Sphäre** haben. Jede ihrer Tätigkeiten führt nach § 8 Abs. 2 KStG zu steuerbaren Einkünften. Zu prüfen ist allerdings, ob bei typischen Tatbeständen der Liebhaberei eine vGA an die Gesellschafter vorliegen kann.

BEISPIEL

(nach BFH vom 04. 12. 1996 BFHE 182, 123)
Eine GmbH betreibt eine Bauunternehmung. Im Betriebsvermögen befindet sich eine Jacht, die in einem Mittelmeerhafen liegt und gelegentlich verchartert wird. Die Gesellschafter nutzen die Jacht einige Wochen im Jahr und zahlen dafür an die GmbH die übliche Chartergebühr. Die Aufwendungen (Liegegebühr, Reparaturen etc.) übersteigen seit Jahren die Chartereinnahmen erheblich.
LÖSUNG Der BFH sah in den die Einnahmen übersteigenden Aufwendungen eine vGA an die Gesellschafter.

2.9.2 Abzugsbeschränkung nach § 4 Abs. 5 und 5b EStG

Die Abzugsbeschränkungen nach § 4 Abs. 5 EStG gelten über § 8 Abs. 1 Satz 1 KStG auch im Körperschaftsteuerrecht. Wie die Überschrift zu § 4 Abs. 5 EStG zeigt, handelt es sich bei den dort aufgeführten Aufwendungen um Betriebsausgaben. Diese werden nur – überwiegend aus fiskalischen Gründen – nicht zum Abzug zugelassen. Für die Kapitalgesellschaft haben lediglich die Nr. 1–4 und 7–9 eine Bedeutung, da die anderen Beschränkungen dem Wesen nach auf die Kapitalgesellschaft nicht anwendbar sind.

Für eine Kapitalgesellschaft hat die Beschränkung des § 4 Abs. 5 EStG zur Folge, dass sie ihre betrieblichen Aufwendungen aus versteuertem Einkommen bestreiten muss. Dies ist nicht nur wirtschaftsfeindlich, sondern auch in verfassungsrechtlicher Hinsicht bedenklich (Verstoß gegen das Nettoprinzip). Die Belastung ist für die Kapitalgesellschaft auch höher als für die Personengesellschaft, weil die Vorschrift des § 4 Abs. 5 EStG über §§ 8 KStG und 7 GewStG auch noch Auswirkungen auf die GewSt hat und die Kapitalgesellschaft die Anrechnungsmöglichkeit des § 35 EStG nicht hat.

BEISPIEL

Eine GmbH schenkt ihrem langjährigen Steuerberater zu dessen 60. Geburtstag einen Bildband für 100 €.
LÖSUNG Nach § 4 Abs. 5 Nr. 1 EStG sind Geschenke nicht abzugsfähig, wenn sie den Betrag von 35 € übersteigen. Der Bildband fällt daher vollständig unter das Abzugsverbot.
Der Erwerb des Bildbandes hat daher für die GmbH folgende Auswirkungen (GewSt Hebesatz 400 %):

Erwerb des Bildbandes	100,00 €
GewSt (100 € × 3,5 % × 400 %)	14,00 €
KSt 15 %	15,00 €
SolZ 5,5 %	0,83 €
=	129,83 €

Der Steuerberater wird angesichts dieser Belastung gut daran tun, auf Geschenke zugunsten einer Spende an eine gemeinnützige Einrichtung zu verzichten. Zur USt s. 2.9.3.2.

Mit Wirkung ab VZ 2008 wurde die Vorschrift des **§ 4 Abs. 5a EStG** eingefügt. Danach darf die Gewerbesteuer und die darauf entfallenden Nebenleistungen nicht mehr als Betriebsausgabe abgezogen werden. Im Gegenzug wurde die Steuermesszahl (§ 11 Abs. 2 GewStG) auf 3,5 % ermäßigt.

2.9.3   § 10 KStG

2.9.3.1   Abzugsverbot für Aufwendungen zur Erfüllung satzungsmäßiger Zwecke

Nach § 10 Nr. 1 KStG sind Aufwendungen für die Erfüllung von Zwecken des Steuerpflichtigen, die durch Stiftungsgeschäft, Satzung oder sonstige Verfassung vorgeschrieben sind, nicht abziehbar. Die Vorschrift hat für die GmbH nur eine geringe Bedeutung, da sie vor allem auf Stiftungen zugeschnitten ist.

2.9.3.2   Abzugsverbot für Einkommen- und sonstige Personensteuern

Nach § 10 Nr. 2 KStG dürfen Steuern vom Einkommen und sonstige Personensteuern sowie die USt für Umsätze, die Entnahmen oder verdeckte Gewinnausschüttungen sind und die Vorsteuerbeträge auf Aufwendungen, für die das Abzugsverbot des § 4 Abs. 5 EStG gilt, nicht abgezogen werden. Dies gilt auch für die auf diese Steuern entfallenden Nebenleistungen. Die Parallelvorschrift des § 12 Nr. 3 EStG ist im Körperschaftsteuerrecht auch nicht über § 8 KStG anwendbar.

Zu den nicht abziehbaren Steuern i. S. d. § 10 Nr. 2 KStG gehören insbesondere die Körperschaftsteuer, die Kapitalertragsteuer und der Solidaritätszuschlag. Die Gewerbesteuer fällt bereits unter das Abzugsverbot des § 4 Abs. 5a EStG und wird daher in § 10 Nr. 2 KStG nicht erwähnt. Im Übrigen fällt sie als Objektsteuer schon dem Tatbestand nach nicht unter § 10 Nr. 2 KStG.

Da die KSt und der SolZ **handelsrechtlich** als Aufwand zu buchen sind und damit den Jahresüberschuss mindern, muss bei der Ermittlung des zu versteuernden Einkommens eine entsprechende Korrektur vorgenommen werden. Dies hat auch Auswirkungen auf die Berechnung der KSt- und SolZ-Rückstellung. Zu berücksichtigen sind im Übrigen Vorauszahlungen auf die KSt und den SolZ.

BEISPIEL

Die X-GmbH erzielt im Jahr 2016 einen vorläufigen Jahresüberschuss i. H. v. 1,4 Mio. €. Noch nicht berücksichtigt ist die Rückstellung für GewSt, KSt und SolZ. Der Hebesatz beträgt 400 %. Hinzurechnungen oder Kürzungen nach §§ 8, 9 GewStG sind nicht vorzunehmen.
Die X-GmbH hat für das Jahr 2016 eine Vorauszahlung auf die KSt i. H. v. 250 000 € und auf den SolZ i. H. v. 13 750 € geleistet, die als Betriebsausgabe verbucht sind. Die Gewerbesteuervorauszahlung beträgt 150 000 € und wurde ebenfalls als Betriebsausgabe gebucht.

LÖSUNG Im ersten Schritt ist die GewSt-Rückstellung zu ermitteln. Basis für den Gewerbeertrag ist nach § 7 Abs. 1 GewStG der steuerliche Gewinn. Um diesen ermitteln zu können, müssen die Vorauszahlungen für KSt und SolZ herausgerechnet werden. Dies gilt nach § 4 Abs. 5a EStG auch für die Gewerbesteuervorauszahlung, da auch diese das steuerliche Einkommen nicht mindern darf.

Vorläufiger Jahresüberschuss		1 400 000 €
Vorauszahlung GewSt	+	150 000 €
Vorauszahlung KSt	+	250 000 €
Vorauszahlung SolZ	+	13 750 €
Einkommen		1 813 750 €
Abrundung Gewerbeertrag		
(§ 11 Abs. 1 Satz 3 GewStG)		1 813 700 €
Steuermesszahl 3,5 %		63 480 €
Hebesatz 400 %		253 920 €
abzgl. Vorauszahlung	./.	150 000 €
Gewerbesteuerrückstellung		103 920 €
KSt (1 813 750 € × 15 % =)		272 063 €
Vorauszahlung	./.	250 000 €
Körperschaftsteuerrückstellung		22 063 €
Rückstellung SolZ (22 063 € × 5,5 % =)		1 213 €
Summe Steuerrückstellungen		127 196 €

Damit kann nun der endgültige (handelsrechtliche) Jahresüberschuss ermittelt werden:

Vorläufiger Jahresüberschuss		1 400 000 €
Steuerrückstellungen	./.	127 196 €
Jahresüberschuss Handelsbilanz		1 272 804 €
= aufgrund Maßgeblichkeit		
Jahresüberschuss Steuerbilanz		

§ 10 Nr. 2 KStG gilt grundsätzlich auch für ausländische Steuern (BFH vom 25.04.1990 BStBl II 1990, 1086). Dabei ist aber zu beachten, dass im Ausland gezahlte Ertragsteuern nach § 26 KStG angerechnet bzw. abgezogen werden dürfen. Diese Regelung geht § 10 Nr. 2 KStG vor.

Unter das Abzugsverbot fallen auch die auf die nicht abzugsfähigen Steuern entfallenden Nebenleistungen, nämlich:

- Säumniszuschläge (§ 240 AO),
- Verspätungszuschläge (§ 152 AO),
- Zwangsgelder (§ 329 AO),
- Hinterziehungszinsen (§ 235 AO),
- Vollstreckungskosten (§§ 337 – 345 AO) und
- Zinsen auf Steuernachforderungen, Stundungs- und Aussetzungszinsen (§§ 233a, 234 und 237 AO).

Für Hinterziehungszinsen (§ 235 AO) ergibt sich das Abzugsverbot aus der spezielleren Vorschrift des §§ 4 Abs. 5 Nr. 8a EStG.

Ein Verspätungszuschlag, den eine Kapitalgesellschaft wegen verspäteter Abgabe einer Kapitalertragsteueranmeldung entrichten muss, ist als Betriebsausgabe abziehbar, da die Kapitalertragsteuer vom Gesellschafter geschuldet wird (BFH vom 22.01.1997 BStBl II 1997, 548).

Aufwendungen, die die Kapitalgesellschaft für die Verwaltung der nicht abziehbaren Steuern hat (Buchhaltung, Steuerberatung etc.) sind keine Nebenleistungen zu den Steuern und daher unbeschränkt abzugsfähig.

Muss ein Steuerberater **Schadensersatz** wegen fehlerhafter Beratung leisten, so liegen insoweit steuerpflichtige Betriebseinnahmen vor (BFH vom 18. 06. 1998 BStBl II 1998, 621).

Im Umkehrschluss zu § 10 Nr. 2 KStG sind **Steuererstattungen** zwar handelsrechtlich, aber nicht steuerrechtlich Betriebseinnahmen. Erstattungszinsen will die Verwaltung als steuerpflichtige Betriebseinnahmen behandeln (vgl. die nach Ansicht der Finanzverwaltung klarstellende Neufassung des § 20 Abs. 1 Nr. 7 Satz 3 EStG).

2.9.3.3 Geldstrafen

Das steuerrechtliche Abzugsverbot für Geldstrafen und ähnliche Rechtsnachteile betrifft in einem Strafverfahren (d. h. von einem Gericht) festgesetzte Geldstrafen, sonstige Rechtsfolgen vermögensrechtlicher Art, bei denen der Strafcharakter überwiegt und Leistungen zur Erfüllung von Auflagen oder Weisungen, soweit die Auflage oder Weisung nicht lediglich der Wiedergutmachung des durch die Tat verursachten Schadens dienen.

Geldstrafen, die von ausländischen Gerichten verhängt werden, fallen unter § 10 Nr. 3 KStG, wenn sie von einem Staat verhängt werden, der aus deutscher Sicht als Rechtsstaat anzusehen ist (BFH vom 31. 07. 1991 BStBl II 1992, 85).

Geldstrafen sowie Auflagen oder Weisungen sind nach deutschem Strafrecht gegenüber juristischen Personen nicht zulässig. Gegen juristische Personen können jedoch sonstige Rechtsfolgen vermögensrechtlicher Art, in denen der Strafcharakter überwiegt, verhängt werden (§ 75 StGB).

Nicht unter das Abzugsverbot fallen die mit den Rechtsnachteilen zusammenhängenden Verfahrenskosten, insbesondere Gerichts- und Anwaltskosten (R 10.2 KStR).

Geldbußen sind Sanktionen, die von einer deutschen Verwaltungsbehörde verhängt werden. Sie sind bereits nach §§ 4 Abs. 5 Nr. 8 EStG vom Abzug ausgeschlossen. § 4 Abs. 5 Nr. 8 EStG bezieht ausdrücklich auch die von Organen der Europäischen Gemeinschaften verhängten Bußgelder in das Abzugsverbot mit ein. Damit sind im Umkehrschluss die von ausländischen Staaten – auch EU-Staaten – verhängten Bußgelder als Betriebsausgabe abzugsfähig.

Wird eine Geldbuße wegen eines Wettbewerbsverstoßes festgesetzt, so enthält das Bußgeld regelmäßig einen Teil, der den Wettbewerbsvorteil abschöpft, und einen ahndenden Teil. Nur der ahndende Teil, der sich entweder ausdrücklich aus dem Bußgeldbescheid oder durch schätzweise Aufteilung ergibt, fällt unter die Beschränkung des § 4 Abs. 5 Nr. 8 EStG (BFH vom 09. 06. 1999 BStBl II 1999, 658).

§ 4 Abs. 5 Nr. 8 EStG erfasst auch sog. **Ordnungsgelder**, das sind nach deutschem Recht ausdrücklich so bezeichneten Unrechtsfolgen (z. B. § 890 ZPO) sowie **Verwarnungsgelder**. Verwarnungsgelder sind Sanktionen aus Anlass einer geringfügigen Ordnungswidrigkeit (z. B. im Straßenverkehr; vgl. § 56 OWiG).

2.9.3.4 Aufsichtsrats- und ähnliche Vergütungen

Nach § 10 Nr. 4 KStG unterliegt die Hälfte der Vergütungen jeder Art, die an Mitglieder des Aufsichtsrats, des Verwaltungsrats oder andere mit der **Überwachung** der Geschäftsführung beauftragte Personen gewährt werden dem Abzugsverbot.

Die Bestellung eines Aufsichtsrats ist für die AG zwingend (§§ 95 ff. AktG) und bei der GmbH fakultativ (§ 52 GmbHG).

Wahlweise kann eine GmbH statt oder anstelle eines Aufsichtsrats auch einen **Beirat** installieren. Dieser hat aber keine überwachende Funktion, sondern dient vorrangig der Beratung der Geschäftsführung. Die Vergütungen an den Beirat fallen daher nicht unter § 10 Nr. 4 KStG (BFH vom 16.10.1968 BStBl II 1968, 157).

Ist das Aufsichtsratsmitglied neben seiner Überwachungstätigkeit auch noch in klar abgrenzbarer Weise für die Gesellschaft tätig (z. B. als Rechtsanwalt, Steuerberater, freier Ingenieur u. Ä.), so fällt die Vergütung für diese Tätigkeit nicht unter § 10 Nr. 4 KStG. Eine einheitliche Tätigkeit eines Aufsichtsrats o. Ä. kann aber nicht in eine Überwachungs- und eine sonstige Tätigkeit zerlegt werden.

BEISPIEL

Das Aufsichtsratsmitglied ist Rechtsanwalt und stellt bei den Aufsichtsratssitzungen der Gesellschaft sein Fachwissen zur Verfügung. Die einheitliche Aufsichtsrattätigkeit kann hier nicht aufgesplittet werden. Die gesamte Vergütung fällt unter § 10 Nr. 4 KStG.

Unter den Begriff der Vergütung fallen alle Leistungen in Geld oder Geldeswert (z. B. Überlassung eines Pkw; vgl. § 8 EStG). Die gesonderte Erstattung von tatsächlich entstandenen Aufwendungen (z. B. Reisekosten) fällt nicht unter § 10 Nr. 4 KStG. Dies gilt auch für Vergütungen an ehemalige Aufsichtsratsmitglieder, da diese nicht mehr mit der Überwachung befasst sind (BFH vom 16.10.1968 a. a. O.).

3 Die tarifliche Körperschaftsteuer

3.1 Internationaler Vergleich

Die Höhe der Körperschaftsteuersätze ist ein Politikum, über das seit Jahren gestritten wird und über das wohl auch weiterhin gestritten werden wird. Die Körperschaftsteuersätze allein sagen dabei relativ wenig aus. Entscheidend ist zum Beispiel die Höhe der Bemessungsgrundlage, auf die die Körperschaftsteuersätze bezogen werden. Hier gibt es im internationalen Vergleich erhebliche Unterschiede. Von Bedeutung ist weiter, inwieweit zur Körperschaftsteuer noch weitere Zuschlagsteuern erhoben werden (in Deutschland z. B. Solidaritätszuschlag) oder inwieweit der Gewinn noch anderweitig besteuert wird (in Deutschland z. B. Gewerbesteuer).

Einen sehr guten Überblick über die steuerliche Belastung von Kapitalgesellschaften im internationalen Vergleich gibt das BMF jährlich in seiner Publikation »Die wichtigsten Steuern im internationalen Vergleich« unter www.bundesfinanzministerium.de.

3.2 Überblick über das Anrechnungsverfahren

Jeder, der mit dem heutigen Körperschaftsteuersystem zu tun hat, muss wenigstens in Ansätzen das bis zum Jahr 2000 geltende Anrechnungsverfahren kennen, da sonst viele Fragen des heutigen Rechts nicht verstanden werden können.

Die Grundkonzeption des Anrechnungsverfahrens beruhte darauf, den Gewinn der Kapitalgesellschaft mit zuletzt 40 % zu besteuern, die gezahlte Körperschaftsteuer zur Vermeidung einer Doppelbesteuerung aber bei der Einkommensteuer des Gesellschafters wieder anzurechnen. Wurde der Gewinn ausgeschüttet, verminderte sich die Körperschaftsteuer auf 30 %. Die Kapitalgesellschaft, die den Gewinn mit 40 % besteuert hatte, bekam in diesem Fall vom Finanzamt 10 % wieder zurück, die sie für die Ausschüttung verwenden konnte.

Der Gesellschafter versteuerte seine Dividende nach § 20 Abs. 1 Nr. 1 EStG mit seinem individuellen Steuersatz, bekam aber die von der Kapitalgesellschaft gezahlte KSt in voller Höhe angerechnet, so dass der Gewinn letztlich nur mit der individuellen Einkommensteuer belastet wurde.

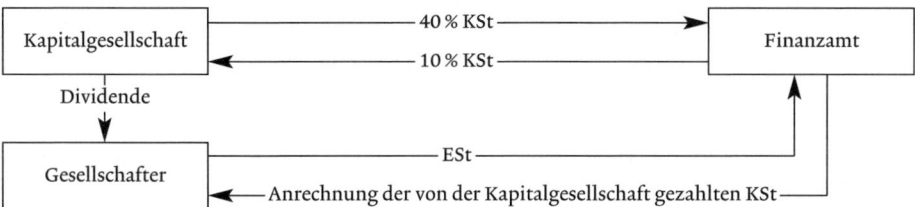

Die Schwierigkeit bestand darin, dass nicht alle Gewinnanteile mit 40 % belastet waren. Es gab – wie auch heute – z. B. steuerfreie Gewinne, für die keine Körperschaftsteuer erhoben wurde. In diesem Fall musste dennoch im Falle der Ausschüttung eine Steuerbelastung i. H. v. 30 % hergestellt werden. Die Kapitalgesellschaft musste, schüttete sie derartige Gewinne aus, eine Nachsteuer i. H. v. 30 % an das Finanzamt entrichten.

Um nun feststellen zu können, wie hoch der auszuschüttende Gewinn vorbelastet war, musste man das Eigenkapital in verschiedene »Töpfe« entsprechend der steuerlichen Belastung verteilen (§ 30 KStG a. F.).

Dies geschah mit Hilfe der sog. **Gliederung des verwendbaren Eigenkapitals**, die jährlich zu erstellen und fortzuführen war.

Körperschaftsteuerbelastung			
40 % (EK 40)	30 % (EK 30)	0 % (EK 0)	
Grundsätzlich alle Gewinne	alle ausländischen Gewinne, die z. B. aufgrund der Anrechnung ausländischer Steuern zwischen 0 und 40 % belastet waren. Die Belastung wurde auf fiktive 30 % umgerechnet.	Die nicht mit KSt belasteten Eigenkapitalteile wurden weiter untergliedert:	
		EK 01	Steuerfreie ausländische Gewinne
		EK 02	Sonstige Vermögensmehrungen (z. B. steuerfreie Investitionszulage)
		EK 03	Verwendbares Eigenkapital, das bis zum Ende des letzten vor dem 01.01.1977 abgelaufenen Wj. entstanden ist
		EK 04	Einlagen der Anteilseigner

Je nachdem, aus welchem Topf ausgeschüttet wurde, ergab sich im Falle einer Ausschüttung eine Erstattung oder Nachzahlung:
- Ausschüttung aus EK 40: Erstattung 10 %,
- Ausschüttung aus EK 30: keine Erstattung, keine Nachzahlung,
- Ausschüttung aus EK 01: keine Nachversteuerung,
- Ausschüttung aus EK 02 und 03: Nachversteuerung i. H. v. 30 %,
- Ausschüttung aus EK 04: keine Nachversteuerung, weil es sich um eine Kapitalrückzahlung handelte.

Die Ausschüttung erfolgte stets in der Reihenfolge der abnehmenden Belastung (also zuerst EK 40, dann EK 30, dann EK 0).

Das Anrechnungssystem war mit den Grundsätzen des EG-Vertrags nicht vereinbar, weil die Anrechnung der von der Körperschaft gezahlten Körperschaftsteuer nur bei der deutschen Besteuerung funktionierte. Ausländische Gesellschafter konnten die deutsche Körperschaftsteuer bei der Besteuerung in ihrem Wohnsitzstaat nicht anrechnen. Dadurch wurden sie gegenüber den in Deutschland ansässigen Gesellschaftern in rechtswidriger Weise diskriminiert.

3.3 Wechsel zur Definitivbesteuerung und zum Halbeinkünfteverfahren

Ab dem VZ 2001 wurde das gesamte Körperschaftsteuersystem und die Besteuerung der Gesellschafter nach einem völlig neuen System geregelt (Details s. 3.4).

Nach § 36 Abs. 1 KStG war auf den Schluss des Veranlagungszeitraums 2000 letztmalig eine Gliederung des verwendbaren Eigenkapitals zu erstellen. Die Ausschüttungen des Jahres 2001 wurden für diese Gliederung noch berücksichtigt.

Die Umstellung erfolgte dann in einem mehrstufigen Verfahren. War noch altes EK 45 (= ehemaliger Körperschaftsteuersatz von 45 %) vorhanden, so musste dieses auf das EK 40 umgegliedert werden, indem 27/22 des Bestandes an EK 45 dem EK 40 zugeschlagen und 5/22 des Bestandes vom EK 02 abgezogen wurde.

In einem weiteren Schritt erfolgte die Umgliederung der nicht mit Körperschaftsteuer belasteten Teilbeträge des verwendbaren EK (EK 01 bis 03).

Zuletzt waren nach § 36 Abs. 7 die Endbestände des verwendbaren EK zum 31.12.2000 getrennt auszuweisen.

Da im EK 40 Körperschaftsteuer enthalten ist, die bei Fortführung des alten Systems rückerstattet worden wäre, war nach § 37 Abs. 1 KStG auf den 31.12.2001 ein Körperschaftsteuerguthaben zu ermitteln. Dieses wurde mit **1/6** des Endbestandes des EK 40 errechnet.

3.4 Das neue Körperschaftsteuersystem

Mit der Einführung der Definitivbesteuerung wurde die Steuerbelastung losgelöst von der Frage, ob der Gewinn ausgeschüttet oder thesauriert wird. Zwischen der Besteuerung der Körperschaft und der Besteuerung der Dividenden wird nun strikt getrennt (Trennungsprinzip). Zur Vermeidung einer doppelten Belastung des Gewinns (KSt und ESt des Gesellschafters) wurde ab VZ 2001 für die Dividenden das Halbeinkünfteverfahren eingeführt. Die Dividendeneinnahmen werden (unabhängig davon, ob sich die Beteiligung im Privat- oder Betriebsvermögen befindet) nach § 3 Nr. 40 EStG nur zur Hälfte erfasst. Im Gegenzug können die Betriebsausgaben/Werbungskosten, die mit der Beteiligung zusammenhängen, nur noch zur Hälfte abgezogen werden (§ 3c Abs. 2 EStG).

Mit Wirkung ab **VZ 2009** wurde das System der Dividendenbesteuerung bereits wieder geändert. Das Gesetz unterscheidet nun danach, ob sich die Beteiligung im Betriebsvermögen oder im Privatvermögen befindet. Bei Beteiligungen im Betriebsvermögen bleibt das bisherige System im Wesentlichen erhalten. Die Dividenden werden aber nach § 3 Nr. 40 EStG n. F. zu 60 % erfasst (sog. **Teileinkünfteverfahren**). Die Betriebsausgaben können umgekehrt nach § 3c Abs. 2 EStG zu 60 % abgezogen werden.

Befindet sich die Beteiligung im Privatvermögen, so unterliegen die Dividenden sie ab VZ 2009 der sog. **Abgeltungsteuer** i. H. v. 25 % zzgl. SolZ (§ 32d EStG). Ein Abzug der Werbungskosten ist nach § 20 Abs. 9 EStG n. F. ausgeschlossen.

Der Körperschaftsteuersatz ist im Laufe der Jahre – aufgrund internationalen Konkurrenzdrucks – laufend gesunken.

Das Steueraufkommen hat sich nach dem (erwarteten) Einbruch durch den Systemwechsel stabilisiert und zeigt derzeit eine stark steigende Tendenz (2011: 15,6 Mrd. €, 2012: 16,9 Mrd. € und 2013: 19,5 Mrd. €; Quelle: www.destatis.de).

3.4.1 Körperschaftsteuerguthaben (§ 37 KStG)

3.4.1.1 System bis VZ 2006

Wie bereits oben dargestellt, wurde unter Geltung des Anrechnungsverfahrens der Gewinn mit 40 % besteuert. Erfolgte eine Ausschüttung, so wurde die Belastung auf 30 % reduziert, indem die Kapitalgesellschaft 10 % Körperschaftsteuer vom Finanzamt zurückerhielt.

Mit dem Systemwechsel musste wegen Art. 14 GG den Kapitalgesellschaften das Körperschaftsteuerguthaben erhalten bleiben. Es wurde daher nach § 36 KStG festgestellt. Nach der ursprünglichen Regelung sollte nach § 37 KStG das Körperschaftsteuerguthaben i. H. v. jeweils 1/6 der jeweiligen Dividende bis zum Verbrauch erstattet werden. Schon nach kurzer Zeit zeigten sich erhebliche Steuerausfälle, da die Unternehmen über maximale Ausschüttungen versuchten, möglichst schnell das Guthaben zu realisieren.

Aus diesem Grund entschloss man sich zu einem (verfassungsrechtlich fragwürdigen) **Moratorium**. Für Gewinnausschüttungen, die nach dem 11.04.2003 und vor dem 01.01.2006 erfolgten, gab es keine Erstattung des Körperschaftsteuerguthabens (§ 37 Abs. 2a KStG).

Nach Ablauf des Moratoriums wollte der Gesetzgeber ein schlagartiges Auszahlen der Körperschaftsteuerguthaben vermeiden. Das Körperschaftsteuerguthaben wurde nach § 37 Abs. 2a Nr. 2 KStG auf einen Übergangszeitraum bis 2019 linear verteilt. Für Ausschüttungen konnte zwar wieder 1/6 des Guthabens realisiert werden, aber begrenzt auf das Körperschaftsteuerguthaben des jeweiligen Ausschüttungsjahres.

3.4.1.2 System ab VZ 2007

Die dritte grundlegende Änderung erfolgte durch Gesetz vom 07.12.2006 (BGBl I 2006, 2782). Danach wurde zum 31.12.2006 letztmalig das Körperschaftsteuerguthaben festgestellt (§ 37 Abs. 4 KStG). Das Guthaben wird nun **automatisch** (also ohne Antrag) innerhalb eines Auszahlungszeitraums von **2008 bis 2017** in zehn gleichen Jahresbeträgen ausbezahlt. Damit ergibt sich für das Jahr 2007 faktisch wieder ein Moratorium. Die Auszahlung erfolgt jeweils zum 30.09. In der Handels- und wegen des Maßgeblichkeitsgrundsatzes auch in der Steuerbilanz ist daher erstmals zum 31.12.2006 eine **Körperschaftsteuerforderung** mit dem Barwert zu aktivieren (vgl. BMF vom 14.01.2008 BStBl I 2008, 280). Der Barwert ist auf der Grundlage des Marktzinses am Bilanzstichtag zu ermitteln (also keine Abzinsung nach dem BewG mit 5,5 %). Die Höhe des zu aktivierenden Ertrags ändert sich jährlich, weil ab 2008 Teilbeträge ausgezahlt werden, sich die Restlaufzeit der noch nicht ausgezahlten Erträge verkürzt und sich der Marktzins regelmäßig ändert.

Die Finanzverwaltung lässt es zu, dass Körperschaftsteueransprüche, die kurz vor oder nach dem 30.09. fällig werden, mit der Auszahlungsforderung verrechnet werden können (z. B. OFD Koblenz vom 07.12.2007 DB 2008, 354).

Für den Solidaritätszuschlag ist mangels einer gesetzlichen Regelung eine Erstattung nicht vorgesehen.

Bei der Ermittlung des Einkommens ist der Gewinn aus der Einbuchung der Forderung außerbilanziell wieder zu korrigieren (§ 37 **Abs. 7 KStG**).

3.4.2   Ausschüttungen aus ehemaligem EK 02

3.4.2.1   Rechtslage bis VZ 2006

Mit dem Systemwechsel war der Bestand des EK 02 (siehe dazu 3.2) am 31. 12. 2000 festzustellen. War dieser Bestand positiv, so war er nach § 38 Abs. 1 KStG a. F. auch zum Schluss der folgenden Wirtschaftsjahre fortzuschreiben und gesondert festzustellen.

Der Bescheid über die gesonderte Feststellung war nach § 27 Abs. 2 KStG a. F. **Grundlagenbescheid** für den Bescheid über die gesonderte Feststellung zum folgenden Feststellungszeitpunkt.

Da im Anrechnungsverfahren Ausschüttungen aus dem EK 02 i. H. v. 30 % nachzuversteuern waren (= 3/7 der Dividende), wurde die Steuerpflicht für eine Übergangszeit auch in das neuen System integriert.

Die Körperschaftsteuer des Veranlagungszeitraums, in dem das Wirtschaftsjahr endete, in dem die Leistungen (z. B. Dividende) erfolgten, erhöhte sich nach § 38 Abs. 2 KStG a. F. um 3/7 der Leistung, für die ehemaliges EK 02 als verwendet galt. Da diese Körperschaftsteuer aus dem Bestand an ehemaligem EK 02 finanziert werden musste, konnte lediglich 70 % des Bestands ausgeschüttet werden. Der Rest wurde für die Körperschaftsteuererhöhung benötigt.

BEISPIEL

Eine Kapitalgesellschaft hatte zum 31. 12. 2003 einen Bestand an EK 02 i. H. v. 100 000 €. In 2004 wurde eine Dividende i. H. v. 70 000 € ausgeschüttet, für die ausschließlich ehemaliges EK 02 als verwendet galt.

LÖSUNG Damit erhöhte sich die Körperschaftsteuer der ausschüttenden Kapitalgesellschaft um (3/7 von 70 000 € =) 30 000 €. Zusammen mit der Dividende war damit das EK 02 aufgebraucht.

Der Gesellschafter versteuerten die Dividende unabhängig davon, ob EK 02 ausgeschüttet wurde oder nicht.

BEISPIEL

Fortsetzung des Beispiels
Der Gesellschafter versteuerten die Dividende nach §§ 11, 20 Abs. 1 Nr. 1, 3 Nr. 40 EStG i. H. v. (70 000 € × 1/2 =) 35 000 €.

Die Nachversteuerung galt für alle Ausschüttungen aus dem EK 02 also – im Gegensatz zur Erstattung des Körperschaftsteuerguthabens – auch für vGA.

Die Pflicht zur Körperschaftsteuererhöhung bei Verwendung von ehemaligem EK 02 endete am Schluss des **18. Wirtschaftsjahres**, das auf das Wirtschaftsjahr folgte, auf dessen Schluss nach § 37 Abs. 1 KStG das Körperschaftsteuerguthaben ermittelt wurde (§ 38 Abs. 2 Satz 3 KStG). Durch das StVergAbG vom 16. 05. 2003 wurde die Frist von ursprünglich 15 Jahre auf nun 18 Jahre verlängert (was wegen der Pflicht zur Nachversteuerung letztlich eine Steuererhöhung bedeutet).

3.4.2.2   Rechtslage ab VZ 2007

Mit dem JStG 2008 wurde – ähnlich wie beim Körperschaftsteuerguthaben durch das SEStEG – ab VZ 2007 das System völlig geändert. Nach § 38 Abs. 4 KStG wird der Endbestand des EK 02 **letztmalig auf den 31.12. 2006** ermittelt und festgestellt. Der Körperschaftsteuererhöhungsbetrag wird nicht mehr in Abhängigkeit von einer Dividendenzahlung, sondern pauschal mit **3 %** des Endbetrags festgestellt. Ein Zuschlag für den SolZ erfolgt nicht.

Die Körperschaftsteuererhöhung ist allerdings begrenzt auf den Betrag, der sich bei einer fiktiven Ausschüttung des am 31.12. 2006 in der Steuerbilanz vorhandenen Eigenkapitals ergeben würde (§ 38 Abs. 5 Satz 2 KStG). Der Erhöhungsbetrag kann also nicht höher sein als der Betrag, der sich nach der bisherigen Regelung bei einer Ausschüttung ergeben hätte.

Ein Körperschaftsteuererhöhungsbetrag ist aber nur festzusetzen, wenn er 1 000 € übersteigt (§ 38 Abs. 5 Satz 3 KStG).

Die Körperschaft hat gemäß § 38 Abs. 6 KStG den sich ergebenden Erhöhungsbetrag (3 % des EK 02) innerhalb eines Zeitraums von **2008 bis 2017** in zehn gleichen Jahresbeträgen zu entrichten (Zahlungszeitraum). Der unverzinsliche Anspruch entsteht am 01.01. 2007. Der Jahresbetrag ist jeweils am 30.09. fällig.

Auf Antrag kann die Körperschaft den Körperschaftsteuererhöhungsbetrag nach § 38 Abs. 7 KStG **in einer Summe** entrichten. Der Antrag kann letztmalig zum 30. 09. 2015 gestellt werden. Wird der Antrag gestellt, so ist der Erhöhungsbetrag zum Zahlungstermin mit 5,5 % abzuzinsen.

In der **Handels- und Steuerbilanz** ist zum 31.12. 2007 (bzw. zu einem vorherigen abweichenden Abschlussstichtag in 2007) die Zahlungsverpflichtung zu passivieren. Nach § 38 Abs. 10 KStG erfolgt bei der Ermittlung des Einkommens eine außerbilanzielle Hinzurechnung i. H. d. passivierten Zahlungsverpflichtung.

3.4.3   Ausschüttungen aus dem Einlagekonto (§ 27 KStG)

3.4.3.1   Grundprinzip

Mit dem Systemwechsel vom Anrechnungsverfahren zur Definitivbesteuerung wurde aus ehemaligem EK 04 das heutige Einlagekonto. Wie schon das EK 04 enthält das Einlagekonto Beträge, die der Gesellschafter der Gesellschaft zugeführt hat (also insbesondere verdeckte Einlagen und offene Überpari-Einlagen). Diese Beträge sind Teil des Eigenkapitals. Bei einer Ausschüttung dürfen diese Beträge aber nicht besteuert werden, da sie ja nicht aus dem operativen Geschäft der Kapitalgesellschaft stammen. Aus diesem Grund wird ein Einlagekonto geführt, das Zuführungen des Gesellschafters ausweist. Die Höhe des Einlagekontos ist weder aus der Handels- noch aus der Steuerbilanz zu ersehen. Das Einlagekonto ist lediglich ein steuerlicher »Merkposten«, der aber jährlich **förmlich festgestellt** wird (§ 27 Abs. 2 KStG).

BEISPIEL ───

Gesellschafter G hat der X-GmbH ein Darlehen über 500 T€ gewährt. Die GmbH passiviert die Darlehensverbindlichkeit mit dem Nennwert. Um das Eigenkapital der Gesellschaft zu stärken, verzichtet der Gesellschafter auf seinen voll werthaltigen Darlehensanspruch.

LÖSUNG Sowohl in der Handels- als auch in der Steuerbilanz kann die GmbH wahlweise buchen:
a) Darlehensverbindlichkeit 500 T€ an Erträge 500 T€; in diesem Fall wird der Ertrag außerbilanziell bei der Ermittlung des steuerlichen Einkommens wieder um 500 T€ gekürzt.

b) Darlehensverbindlichkeit 500 T€ an Kapitalrücklage 500 T€; in diesem Fall erübrigt sich eine außerbilanzielle Kürzung.

Bei beiden Varianten steigt das Eigenkapital der GmbH um 500 T€. Bei beiden Varianten erfolgt eine Zuführung zum steuerlichen Einlagekonto i. H. v. 500 T€.

Werden die 500 T€ später als Dividende ausgeschüttet, so liegt insoweit keine steuerpflichtige Dividende vor, weil der Gesellschafter nur das erhält, was er zuvor der GmbH zugeführt hat.

Wird das Einlagekonto nicht richtig festgestellt und wird die Feststellung bestandskräftig, so ist der festgestellte Betrag auch für die Veranlagung des Gesellschafters maßgebend (vgl. BFH vom 28. 01. 2015, I R 70/13, BFH/NV 2015, 1022).

BEISPIEL

Im Wj. 2013 zahlt der Gesellschafter G im Wege einer verdeckten Einlage 100 000 € in die Y-GmbH ein. Die GmbH: Geld 100 000 € an Kapitalrücklage 100 000 €. Versehentlich wird die verdeckte Einlage in der Körperschaftsteuererklärung des Jahres 2013 vergessen. Das Einlagekonto weist daher zum 31. 12. 2016 einen Bestand von 0 € aus. Im Mai 2017 beschließen die Gesellschafter die Auflösung der Kapitalrücklage und die Ausschüttung an die Gesellschafter (aus Vereinfachungsgründen ist davon auszugehen, dass weder ein Jahresüberschuss noch Gewinnvorträge oder Gewinnrücklagen vorhanden sind). Das Finanzamt behandelt die Ausschüttung als steuerpflichtige Dividende, da sie aus dem ausschüttbaren Gewinn erfolgt sei. Die Gesellschafter sind der Ansicht, die verdeckte Einlage sei eindeutig nachweisbar und daher ein Fall nach § 17 Abs. 4 EStG gegeben.

LÖSUNG Völlig zu Recht geht der BFH in seinem Urteil vom 28. 01. 2015 a. a. O. davon aus, dass maßgeblich für die Bestimmung des ausschüttbaren Gewinns das förmlich festgestellte Einlagekonto sei. Weise dieses fälschlicherweise einen Betrag von 0 € aus, so müsse dieser Betrag der weiteren steuerlichen Behandlung der Dividenden zugrunde gelegt werden.

Ob eine Ausschüttung aus dem steuerlichen Einlagekonto erfolgt, kann der Gesellschafter nur aus seiner **Dividendenbescheinigung** erkennen, die die ausschüttende Kapitalgesellschaft ausstellen muss (§ 27 Abs. 3 KStG).

Nach Ansicht des BFH (Urteil vom 11. 02. 2015, I R 3/14, BStBl II 2015, 816) ist es verfassungsrechtlich nicht zu beanstanden, dass nach § 27 Abs. 5 Satz 3 KStG die Berichtigung oder erstmalige Erteilung einer Steuerbescheinigung ausgeschlossen ist, wenn entweder die Minderung des Eigenkapitals zu niedrig bescheinigt oder eine Steuerbescheinigung bis zur Bekanntgabe der erstmaligen Feststellung des steuerlichen Einlagekontos nicht erteilt worden ist. Die (fehlerhafte) Steuerbescheinigung ist deshalb der Feststellung des steuerlichen Einlagekontos zugrunde zu legen.

Erfolgen Ausschüttungen aus dem steuerlichen Einlagekonto, fallen diese Bezüge nicht unter die Einnahmen nach § 20 Abs. 1 Nr. 1 EStG (siehe ausdrückliche Regelung in Satz 3). Für die weitere Behandlung ist zu differenzieren: Befindet sich die Beteiligung in einem **Privatvermögen**, so ist § **17 Abs. 4 EStG** anzuwenden. Ein Gewinn entsteht danach nur, wenn die Auszahlung aus dem Einlagekonto die Anschaffungskosten übersteigt.

BEISPIELE

a) Gesellschafter G leistet eine verdeckte Einlage i. H. v. 300 T€. Der Betrag wird später als Dividende ausgeschüttet und die Verwendung des Einlagekontos bescheinigt.

LÖSUNG Die Ausschüttung aus dem Einlagekonto ist nach § 17 Abs. 4 EStG zu beurteilen. Dabei ist nach Abs. 2 der Vorschrift Veräußerungsgewinn der Betrag, um den der Veräußerungspreis bzw. das zurückgezahlte Vermögen die Anschaffungskosten übersteigt. Da das zurückgezahlte Vermögen (300 T€) und die Anschaffungskosten (300 T€) identisch sind, entsteht kein Gewinn.

b) N hat die Anteile an der X-GmbH für 1 € erworben. Beim Kauf befinden sich im steuerlichen Einlagekonto 400 T€. In 2016 schüttet die GmbH die 400 T€ aus dem Einlagekonto aus.
LÖSUNG Auch diese Ausschüttung fällt unter § 17 Abs. 4 EStG. Nach § 3 Nr. 40 Buchst. c EStG sind 60 % der Einnahmen anzusetzen. Nach § 3c Abs. 2 EStG sind die AK ebenfalls mit 60 % zu berücksichtigen:

Einnahmen (60 % × 400 T€ =)	240 000 €
AK (60 % × 1 €)	./. 1 €
Gewinn	239 999 €

Das gleiche Prinzip gilt auch, wenn sich die Beteiligung im **Betriebsvermögen** befindet. Da die Ausschüttung aus dem Einlagekonto den Buchwert der Beteiligung mindert, ist der Vorgang grundsätzlich steuerneutral.

BEISPIELE

a) Gesellschafter G hält die Beteiligung an der Y-GmbH im Betriebsvermögen seines Einzelunternehmens. Er aktiviert sie mit den Anschaffungskosten von 50 T€. G leistet eine verdeckte Einlage i. H. v. 250 T€, die zu einer Erhöhung der Anschaffungskosten der Beteiligung führt. Anschließend erfolgt eine Ausschüttung aus dem Einlagekonto.
LÖSUNG Der Vorgang ist insgesamt steuerneutral.

Einzelunternehmen G vor verdeckter Einlage

Beteiligung	50 T€	Kapital	300 T€
Bank	250 T€		

Einzelunternehmen G nach verdeckter Einlage

Beteiligung	(50 T€ + 250 T€ =) 300 T€	Kapital	300 T€
Bank	(250 T€ ./. 250 T€ =) 0 €		

Einzelunternehmen G nach Ausschüttung

Beteiligung	(300 T€ ./. 250 T€ =) 50 T€	Kapital	300 T€
Bank	(0 € + 250 T€ =) 250 T€		

b) Wie Beispiel a). G hat die Beteiligung aber für 1 € erworben; die verdeckte Einlage erfolgte bevor G die Beteiligung erwarb.
LÖSUNG Da die Beteiligung nur mit 1 € aktiviert ist, kann die Ausschüttung aus dem Einlagekonto nicht mit dem Bilanzansatz verrechnet werden. Die Ausschüttung führt damit zu einem Gewinn, der nach § 3 Nr. 40 Buchst. a EStG im Teileinkünfteverfahren zu versteuern ist.

Einzelunternehmen G nach Kauf

Beteiligung	1 €	Kapital	1 €
Bank	0 €		

Einzelunternehmen G nach Ausschüttung

Beteiligung	1 €	Kapital	250 001 €
Bank	250 000 €		

Befindet sich die Beteiligung im Betriebsvermögen einer Kapitalgesellschaft, gilt das gleiche Prinzip (Verrechnung mit Buchwert). Entsteht ein Gewinn, fällt dieser unter § 8b Abs. 2 KStG.

3.4.3.2 Ermittlung und Fortschreibung des steuerlichen Einlagekontos

3.4.3.2.1 Anfangsbestand

Gesellschaften, die zur Zeit des Systemwechsels vom Anrechnungsverfahren zur Definitivbesteuerung bereits existierten, übernahmen den Endbestand an EK 04 als Anfangsbestand des steuerlichen Einlagekontos (§ 39 Abs. 1 KStG).

Bei einer Gründung ist das Einlagekonto grundsätzlich mit 0 € zu beginnen. Eine Ausnahme kann sich ergeben, wenn sog. Überpari-Einlagen geleistet werden.

BEISPIEL

Die zu gründende Z-GmbH soll ein Stammkapital von 100 T€ haben. Alleingesellschafter G zahlt bei der Gründung 500 € ein.

LÖSUNG I. H. v. 400 T€ ist ein Zugang im steuerlichen Einlagekonto zu buchen, unabhängig davon, ob die GmbH den Überpari-Betrag als Ertrag oder Kapitalrücklage ausweist.

3.4.3.2.2 Zugänge auf dem steuerlichen Einlagekonto

Alle verdeckten Einlagen führen zu einer Erhöhung des steuerlichen Einlagekontos.

Einlagen erhöhen das Einlagekonto erst mit Zufluss (BMF vom 04. 06. 2003 BStBl I 2003, 366, Rz. 26). Bloße Einlageforderungen erhöhen zwar den ausschüttbaren Gewinn, da die Forderung bereits Eigenkapital darstellt. Sie führen aber noch nicht zu einem Zugang im Einlagekonto. Einlagen, die im Laufe des Wj. erbracht werden, stehen erst im nächsten Wj. zur Verfügung, da es für die Verrechnung (§§ 27, 38 KStG) immer auf das Eigenkapital zum **vorangegangenen** Bilanzstichtag ankommt.

Im Falle der Liquidation oder Kapitalherabsetzung erfolgt i. H. d. Nennkapitals ein Zugang zum steuerlichen Einlagekonto (§ 28 Abs. 2 KStG). Die anschließende Auszahlung des Stammkapitals erfolgt als Ausschüttung aus dem Einlagekonto. Damit wird sichergestellt, dass die Rückzahlung des Stammkapitals zu keiner steuerpflichtigen Dividende führt (Details s. N).

3.4.3.2.3 Verringerung des Einlagekontos durch Leistungen

Leistungen eines Wj. verringern das Einlagekonto, soweit sie in der Summe den auf den Schluss des **letzten** Wj. ermittelten ausschüttbaren Gewinn übersteigen (§ 27 Abs. 1 Satz 3 KStG). Leistungen i. S. d. § 27 Abs. 1 Satz 3 KStG sind alle Auskehrungen, die ihre Ursache im Gesellschaftsverhältnis haben (BMF vom 04. 06. 2003 BStBl I 2003, 366, Rz.11). Dazu gehören grundsätzlich auch verdeckte Gewinnausschüttungen (s. aber unten 3.4.3.3).

Der ausschüttbare Gewinn ist wie folgt zu ermitteln:

	Eigenkapital lt. Steuerbilanz
./.	gezeichnetes Kapital
./.	positiver Bestand des steuerlichen Einlagekontos
=	ausschüttbarer Gewinn

Vorgänge des laufenden Jahres haben keinen Einfluss auf den Bestand des Einlagekontos.

Problematisch ist, ob durch einen Ausschüttungsüberhang ein **negatives Einlagekonto** entstehen kann. Nach Ansicht der Verwaltung kann das steuerliche Einlagekonto in den Fällen des § 27 Abs. 1 Satz 3 KStG nur i. H. d. Bestandes gemindert werden (BMF vom 04. 06. 2003 BStBl I 2003, 366, Rz. 10). Ein negatives Einlagekonto kann folglich durch Ausschüttungen nicht entstehen. In diesem Fall wird man von einer steuerpflichtigen Dividende ausgehen müssen, da § 20 Abs. 1 Nr. 1 Satz nicht anzuwenden ist.

In anderen Fällen als der Ausschüttung will die Verwaltung die Entstehung eines negativen Einlagekontos zulassen (BMF vom 04. 06. 2003 BStBl I 2003, 366, Rz. 10).

BEISPIEL

Gesellschafter G ist zu 100 % am Stammkapital von 50 000 € beteiligt. In 2012 verzichtet er zugunsten der GmbH auf eine zur Hälfte werthaltige Forderung i. H. v. 100 000 € gegen Besserungsschein. Durch Ausschüttungen steht das Einlagekonto am 31. 12. 2015 auf 10 000 €. In 2016 ist die GmbH wieder voll zahlungsfähig und die Forderung wird wieder eingebucht.

LÖSUNG Der Verzicht hat i. H. d. werthaltigen Teiles zu einer verdeckten Einlage i. H. v. 50 000 € und **damit** zu einem Zugang im steuerlichen Einlagekonto geführt.

Das Einbuchen der Forderung führt in zu einer Rückgängigmachung des Zugangs im steuerlichen Einlagekonto. Da dieses aber nur noch 10 000 € beträgt, entsteht ein negatives Einlagekonto i. H. v. ./. 40 000 €.

3.4.3.3 Bescheinigung

Die Verwendung des steuerlichen Einlagekontos ist gem. **§ 27 Abs. 3 Satz 1 Nr. 2 KStG** den Anteilseignern entsprechend ihrem Anteil an der gesamten Dividende zu bescheinigen.

Bei einer nachträglichen Änderung des maßgeblichen Bestandes des steuerlichen Einlagekontos (z. B. durch eine Betriebsprüfung), kommt es weder zu einer höheren noch zu einer niedrigeren Verwendung des steuerlichen Einlagekontos (§ 27 Abs. 1 Satz 5 KStG).

Problematisch ist dies im Falle einer verdeckten Gewinnausschüttung. Nach Ansicht der Finanzverwaltung kann es für nachträglich im Rahmen einer Betriebsprüfung festgestellte Gewinnausschüttungen nicht zu einer Verwendung des steuerlichen Einlagekontos kommen, weil die vGA im Feststellungsbescheid nach § 27 Abs. 2 KStG regelmäßig nicht enthalten sein kann. Dies führt nach § 27 Abs. 5 Satz 2 KStG unabweislich zu einer festgeschriebenen Verwendung des Einlagekontos von 0 € und zwar selbst dann, wenn die Kapitalgesellschaft über ein ausreichendes Einlagekonto verfügt.

BEISPIEL

Die X-GmbH weist zum 31. 12. 2013 ein steuerliches Einlagekonto i. H. v. 200 000 € aus. Im Jahr 2016 erfolgt eine Betriebsprüfung für das Jahr 2014. Es wird eine vGA i. H. v. 50 000 € festgestellt. Ausschüttbarer Gewinn ist für das Jahr 2014 nicht vorhanden. Der erstmalige Bescheid über die Feststellung des steuerlichen Einlagekontos zum 31. 12. 2014 wurde am 25. 09. 2015 bekanntgegeben. Die X-GmbH hat bis zum 25. 09. 2015 für im Jahr 2014 abgeflossene Gewinnausschüttungen keine Verwendung des steuerlichen Einlagekontos bescheinigt.

LÖSUNG Die Verwendung gilt als i. H. v. 0 € bescheinigt. Es greift die Verwendungsfestschreibung nach § 27 Abs. 5 Satz 1 KStG. Daran ändert auch die Betriebsprüfung nichts. In der Folge muss der Gesellschafter die vGA in vollem Umfang nach §§ 20 Abs. 1 Nr. 1 Satz 1, 32d Abs. 1 EStG versteuern. § 17 Abs. 4 EStG ist nicht anwendbar.

3.4.3.4 Organschaftliche Mehr- oder Minderabführungen

In Organschaftsfällen haben sowohl der Organträger als auch die Organgesellschaft jeweils selbständige Einlagekonten zu führen. Nach § 27 Abs. 6 KStG erhöhen Minderabführungen und vermindern Mehrabführungen das Einlagekonto einer Organgesellschaft, wenn sie ihre Ursache in organschaftlicher Zeit haben.

Die Zurechnung des Einkommens der Organgesellschaft an den Organträger wird durch die Mehr- oder Minderabführungen nicht berührt.

Zwischen der X-GmbH (Organgesellschaft) und der A-AG (Organträger) besteht eine Organschaft. Die GmbH erzielt einen Jahresüberschuss von 1,2 Mio. €. Davon stellt sie zulässigerweise 500 000 € in eine Gewinnrücklage ein und führt daher nur 700 000 € an die AG ab.

LÖSUNG Der AG wird ein Einkommen der GmbH i. H. v. 1,2 Mio. € zugerechnet. Bei der X-GmbH erhöht sich das Einlagekonto um 500 000 €.

Mehr- oder Minderabführungen, die ihre Ursache in vororganschaftlicher Zeit haben, fallen nicht unter § 27 Abs. 6 EStG. Sie werden im Falle einer Mehrabführung als Gewinnausschüttung, im Falle einer Minderabführung als verdeckte Einlage behandelt.

3.4.3.5   Ausländische Beteiligungen

Nach den Regelungen der DBA werden Dividenden in dem Staat besteuert, in dem der Dividendenempfänger ansässig ist (vgl. Art. 10 OECD-Musterabkommen). Damit stellt sich die Frage, ob ein in Deutschland ansässiger Gesellschafter bei Ausschüttungen geltend machen kann, dass sie aus dem Einlagekonto i. S. d. §§ 27 KStG, 20 Abs. 1 Nr. 1 Satz 3, 17 Abs. 4 EStG der ausländischen Kapitalgesellschaft stammen. Für ausländische Kapitalgesellschaften fehlt eine verbindliche Feststellung des Einlagekontos i. S. v. § 27 Abs. 2 KStG. Der europäische Grundsatz der Kapitalverkehrsfreiheit und das europäische Diskriminierungsverbot gebieten es, den Gesellschafter einer ausländischen Kapitalgesellschaft nicht schlechter zu stellen als den Gesellschafter einer inländischen Kapitalgesellschaft. Aus diesem Grund sieht § 27 Abs. 8 KStG vor, dass eine Einlagenrückgewähr auch von einer Körperschaft erbracht werden kann, die in einem anderen Mitgliedstaat der EU der unbeschränkten Steuerpflicht unterliegt. Voraussetzung ist aber, dass sie Leistungen im Sinne des § 20 Abs. 1 Nr. 1 oder 9 EStG gewähren kann, also die Gewinne in Form von Dividenden ausgeschüttet werden.

Die Frage, ob eine Einlagenrückgewähr vorliegt (Verwendungsreihenfolge bei Ausschüttung), ist dabei nach deutschem Steuerrecht in Anwendung der Abs. 1–6 des § 27 KStG und der §§ 28 und 29 KStG zu ermitteln.

Der als Ausschüttung aus dem Einlagekonto zu berücksichtigende Betrag muss auf Antrag der KSt für den jeweiligen Veranlagungszeitraum von der deutschen Finanzverwaltung gesondert festgestellt werden. Der Antrag ist nach amtlich vorgeschriebenem Vordruck bis zum Ende des Kalenderjahrs zu stellen, das auf das Kalenderjahr folgt, in dem die Leistung erfolgt ist. Zuständig für die gesonderte Feststellung ist das Finanzamt, das im Zeitpunkt der Abgabe des Antrags nach § 20 AO für die Besteuerung nach dem Einkommen örtlich zuständig ist.

Gesellschafter G ist an einer ausländischen Kapitalgesellschaft zu 25 % beteiligt. Zum 31. 12. 2015 setzt sich das Eigenkapital der ausländischen Kapitalgesellschaft wie folgt zusammen: Stammkapital 100 000 €, Jahresüberschuss 300 000 €, Kapitalrücklage 80 000 €. Die Kapitalrücklage stammt aus einer Einlage eines Gesellschafters (verdeckte Einlage).

Im Mai 2016 beschließen die Gesellschafter eine Ausschüttung i. H. v. 100 000 €. Laut Gesellschafterbeschluss soll für die Ausschüttung die Kapitalrücklage aufgelöst und im Übrigen aus dem Jahresüberschuss 20 000 € entnommen werden.

LÖSUNG Der ausschüttbare Gewinn ist nach deutschem Steuerrecht zu ermitteln. Nach der Verwendungsreihenfolge des § 27 KStG beträgt der ausschüttbare Gewinn 300 000 €. Die Auflösung der (handelsrechtlichen) Kapitalrücklage ist für die Beurteilung der steuerlichen Folgen irrelevant. Damit liegt nach deutschem Recht insgesamt eine Ausschüttung nach § 20 Abs. 1 Nr. 1 EStG vor. Ein Antrag nach § 27 Abs. 8 KStG braucht nicht gestellt zu werden, da keine Ausschüttung aus dem Einlagekonto vorliegt. Die Beurteilung der Ausschüttung durch die Finanzverwaltung des Staates, in dem die ausländische Kapitalgesellschaft ihren Sitz hat, spielt insoweit keine Rolle.

Variante des Beispiels: Wie oben; der Jahresüberschuss soll aber lediglich 20 000 € betragen.

LÖSUNG Nach deutschem Steuerrecht liegt i. H. v. 20 000 € eine Ausschüttung nach § 20 Abs. 1 Nr. 1 Satz 1 EStG und in Höhe von 80 000 € eine Ausschüttung aus dem steuerlichen Einlagekonto i. S. v. § 17 Abs. 4 EStG vor.

Der in Deutschland ansässige Gesellschafter kann § 17 Abs. 4 EStG aber nur dann in Anspruch nehmen, wenn die ausländische Kapitalgesellschaft bis zum Ende des Jahres 2017 (Ende des Kalenderjahrs, das auf das Kalenderjahr folgt, in dem die Leistung erfolgt ist) einen Antrag auf Feststellung einer Einlagenrückgewähr nach § 27 Abs. 8 KStG stellt.

3.5 Umwandlung von Rücklagen in Nennkapital und Herabsetzung des Nennkapitals (§ 28 KStG)

Kapitalerhöhungen können zum einen aus Gesellschaftermitteln erfolgen (§§ 55–57b GmbHG), zum anderen aus Gesellschaftsmitteln (§§ 57c–57o GmbHG).

Kapitalerhöhungen aus Gesellschaftsmitteln können insbesondere durch Umwandlung von Gewinnrücklagen finanziert werden. Die Ausschüttung von Gewinnrücklagen führt bei den Gesellschaftern zu steuerpflichtigen Einnahmen nach § 20 Abs. 1 Nr. 1 EStG. Werden die Rücklagen im Wege der Kapitalerhöhung in Stammkapital umgewandelt und dieses später nach einer Kapitalherabsetzung zurückgezahlt, so fällt dieser Vorgang nicht unter § 20 Abs. 1 Nr. 1 EStG, sondern nur unter § 17 Abs. 4 EStG. I. R. d. § 17 EStG entsteht ein Gewinn aber nur, wenn die zurückgezahlten Beträge die Anschaffungskosten übersteigen (s. o.). Da aber bei einer Kapitalherabsetzung der Rückzahlungsbetrag regelmäßig mit den Anschaffungskosten identisch ist, entsteht kein Veräußerungsgewinn. Damit könnte durch systematisches Umwandeln von Rücklagen in Stammkapital und spätere Kapitalherabsetzung die Besteuerung der Ausschüttungen umgangen werden. Diesen Missbrauch soll die Vorschrift des § 28 KStG verhindern.

Soweit das Nennkapital Beträge enthält, die aus der Umwandlung von Rücklagen stammen, deren Ausschüttung beim Gesellschafter zu steuerpflichtigen Einnahmen geführt hätte, müssen diese gesondert ausgewiesen werden (**Sonderausweis**; § 28 Abs. 1 Satz 3 KStG).

Der Bescheid über den Sonderausweis ist nach §§ 28 Abs. 1 Satz 4, 27 Abs. 2 KStG Grundlagenbescheid für den Bescheid über die gesonderte Feststellung zum Ende des nächsten Wirtschaftsjahres.

Bei der Verwendung der Rücklagen für Kapitalerhöhungen sieht § 28 Abs. 1 Satz 1 KStG vor, dass der positive Bestand des **steuerlichen Einlagekontos** als vor den sonstigen Rücklagen umgewandelt gilt. Maßgeblich ist dabei der sich vor der Umwandlung der Rücklagen ergebende Bestand des steuerlichen Einlagekontos zum Schluss des Wj. der Rücklagenumwandlung.

BEISPIEL

Die X-GmbH stellt zum 31. 12. 2015 folgende Bilanz auf:

Aktiva		**Bilanz**	Passiva
Aktiva	460 000 €	Gezeichnetes Kapital	100 000 €
		Kapitalrücklage	80 000 €
		Gewinnrücklage	250 000 €
		Jahresüberschuss	30 000 €
	460 000 €		460 000 €

Das steuerliche Einlagekonto weist einen Bestand von 40 000 € auf.

Am 01.01.2016 beschließen die Gesellschafter, den Gewinnvortrag (= handelsrechtliche Rücklage) i. H. v. 200 000 € für eine Kapitalerhöhung zu verwenden.
Die Bilanz hat danach folgendes Aussehen:

Aktiva		Bilanz	Passiva
Aktiva	460 000 €	Gezeichnetes Kapital	300 000 €
		Kapitalrücklage	80 000 €
		Gewinnrücklage	50 000 €
		Jahresüberschuss	30 000 €
	460 000 €		460 000 €

LÖSUNG Nach § 28 Abs. 1 Satz 1 KStG gilt das Einlagekonto (hier: 40 000 €) als vorrangig verwendet. Damit entsteht durch die Kapitalerhöhung ein Sonderausweis i. H. v. (200 000 € ./. 40 000 € =) 160 000 €. Insoweit gelten Gewinnrücklagen als verwendet.
Es spielt also für steuerliche Zwecke keine Rolle, welche handelsrechtlichen Bilanzpositionen für die Kapitalerhöhung eingesetzt werden.

Im Fall der Herabsetzung des Nennkapitals oder der Auflösung der Körperschaft wird zunächst der Sonderausweis zum Schluss des vorangegangenen Wirtschaftsjahrs gemindert (§ 28 Abs. 2 KStG). Die Verwendungsreihenfolge ist also genau umgekehrt wie bei der Kapitalerhöhung.

Übersteigt der Betrag der Kapitalherabsetzung den Sonderausweis, so ist er dem steuerlichen Einlagekonto gutzuschreiben, soweit die die Einlage in das Nennkapital geleistet ist.

Wird das Nennkapital i. R. d. Kapitalherabsetzung an die Gesellschafter zurückgezahlt, so liegt insoweit, als der Sonderausweis als verwendet gilt, eine Gewinnausschüttung nach **§ 20 Abs. 1 Nr. 2 EStG** vor. Soweit die Rückzahlung den Sonderausweis übersteigt, liegt eine Minderung des steuerlichen Einlagekontos vor (§ 17 Abs. 4 EStG).

BEISPIEL

Sachverhalt wie voriges Beispiel. Die Gesellschafter der X-GmbH setzen zum 31.12.2017 das Nennkapital um 100 000 € herab.
LÖSUNG Der Sonderausweis ist vorrangig zu verwenden. Da der Sonderausweis 160 000 € beträgt (Berechnung siehe Beispiel oben), erfolgt die Kapitalherabsetzung ausschließlich aus Mitteln des Sonderausweises.
Soweit der Sonderausweis an die Gesellschafter ausbezahlt wird, liegen Einkünfte nach §§ 20 Abs. 1 Nr. 2, 32d Abs. 1 EStG vor. Die Gesellschafter erzielen damit Einnahmen i. H. v. 100 000 €, die der Abgeltungsteuer unterliegen.

Letztlich wird durch § 28 KStG erreicht, dass steuerlich kein Unterschied besteht zwischen der Ausschüttung einer Gewinnrücklage und der Verwendung der Rücklage für eine Kapitalerhöhung mit anschließender Kapitalherabsetzung.

3.6 Einlagekonto in Umwandlungsfällen

3.6.1 Kapitalgesellschaften in Personengesellschaften

Wird eine Kapitalgesellschaft in eine Personengesellschaft umgewandelt, so ist dies steuerlich wie eine Vollausschüttung zu behandeln (**§ 7 UmwStG**). Beim Gesellschafter liegen – unabhängig von einem Zufluss – Einnahmen nach § 20 Abs. 1 Nr. 1 EStG vor. Soweit Ausschüttungen aus dem Einlagekonto erfolgen, sind diese nicht als Dividende zu erfassen.

Die Fiktion einer Vollausschüttung ist notwendig, um die Besteuerung der Dividenden sicherzustellen. Nach der Umwandlung in eine Personengesellschaft ist eine Ausschüttung nicht mehr möglich. Entnahmen aus dem Gesamthandsvermögen einer Personengesellschaft unterliegen nicht der Besteuerung.

Nach der Umwandlung existiert das Einlagekonto nicht mehr und muss auch nicht mehr weitergeführt werden.

3.6.2 Übrige Fälle

In den Fällen einer Verschmelzung, Spaltung oder eines Formwechsels einer Kapitalgesellschaft in eine andere Kapitalgesellschaft gilt das Nennkapital der übertragenden Gesellschaft als in vollem Umfang nach § 28 Abs. 2 Satz 1 UmwStG herabgesetzt (§ 29 Abs. 1 KStG).

4 Organschaft

4.1 Motive für die Organschaft

Bei einer Organschaft verpflichtet sich eine Organgesellschaft, ihren ganzen Gewinn an einen Organträger abzuführen. Daher wird nach § 14 KStG das Einkommen der Organgesellschaft dem Organträger zugerechnet und von diesem versteuert. Neben Konzerngestaltungen wird die Organschaft insbesondere eingesetzt, um Verluste und Gewinne mehrerer Töchter gegenseitig zu neutralisieren.

BEISPIEL

Die A-AG ist zu 100 % Muttergesellschaft der X-GmbH und der Y-GmbH. Zwischen der AG und ihren Töchtern besteht eine Organschaft i. S. d. § 14 KStG. Im Wj. 2016 erzielt die X-GmbH einen Gewinn i. H. v. 12 Mio. €, die Y-GmbH einen Verlust i. H. v. 9 Mio. €.

LÖSUNG Ohne Organschaft müsste die X-GmbH ihren Gewinn in voller Höhe versteuern. Die Y-GmbH könnte ihren Verlust nur i. R. d. § 10d EStG zurück- oder vortragen.

Besteht nun eine Organschaft zwischen der AG und den GmbH, wird das Einkommen der GmbH von der AG versteuert. Gewinne und Verluste können saldiert werden, so dass nur noch 3 Mio. € zu versteuern sind.

Ein weiteres Motiv ist die Ausnutzung der Steuervorteile, die eine Personengesellschaft hat. Dies kann z. B. die Möglichkeit sein, **steuerfreie Erträge** an die Gesellschafter steuerfrei weiterreichen zu können.

BEISPIEL

Die X-AG hat zahlreiche Betriebsstätten im Ausland. Betriebsstättengewinne werden nach allen DBA im Betriebsstättenstaat versteuert und im Sitzstaat der Gesellschaft von der Besteuerung ausgenommen (vgl. Art. 7 Abs. 1 OECD-Musterabkommen).

LÖSUNG Die Steuerfreiheit würde zwar auf der Ebene der X-AG erhalten bleiben. Schüttet die X-AG aber Dividenden an die Gesellschafter aus, geht die Steuerfreiheit verloren, da im Verhältnis Gesellschafter – inländische Gesellschaft die Steuerbefreiung nach DBA nicht gilt.

Begründet die X-AG als Organgesellschaft eine Organschaft mit einer Personengesellschaft (Organträger), so wird das (steuerfreie) Einkommen der Personengesellschaft zugerechnet. Wegen § 15 Abs. 1 Nr. 2 EStG bleibt die Steuerfreiheit aber beim Mitunternehmer erhalten.

Interessant kann auch die Ausnutzung des § 35 EStG (Gewerbesteueranrechnung) sein. Begründet eine Kapitalgesellschaft eine körperschaftsteuerliche Organschaft, so gilt diese auch im Gewerbesteuerrecht. Der gewerbesteuerliche Ertrag der Kapitalgesellschaft wird von der Personengesellschaft (Organträger) versteuert. Sind die Mitunternehmer natürliche Personen, so können diese die Gewerbesteuer grundsätzlich im Rahmen ihrer Einkommensteuerveranlagung als Abzugsbetrag geltend machen.

Da Organschaften zu erheblichen Steuerausfällen bzw. Steuerverschiebungen führen können, hat der Gesetzgeber in den §§ 14 ff. KStG restriktive Regelungen aufgestellt, die in den letzten Jahren mehrfach verändert wurden.

4.2 Grundprinzip

Verpflichtet sich eine Kapitalgesellschaft mit Geschäftsleitung und Sitz im Inland (Organgesellschaft) durch einen Gewinnabführungsvertrag ihren ganzen Gewinn an ein einziges anderes Unternehmen (Organträger) abzuführen, so ist nach §§ 14, 17 KStG das Einkommen der Organgesellschaft grundsätzlich dem Organträger zuzurechnen, wenn der Organträger in die Organgesellschaft finanziell eingegliedert ist (vgl. BMF vom 26. 08. 2003 BStBl I 2003, 437).

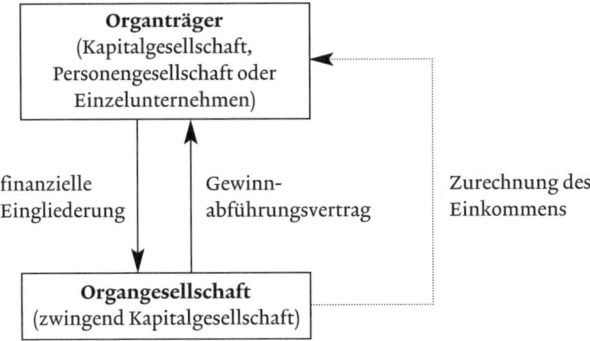

4.3 Voraussetzungen der Organschaft

4.3.1 Organgesellschaft

Nach § 14 Abs. 1 KStG kann nur eine Europäische Gesellschaft (Societas Europaea – SE), eine Aktiengesellschaft oder eine Kommanditgesellschaft auf Aktien Organgesellschaft sein. Die Gesellschaft muss die Geschäftsleitung im Inland und den Sitz in einem Mitgliedstaat der Europäischen Union haben. Damit ist gewährleistet, dass die Organgesellschaft nach § 1 KStG in Deutschland unbeschränkt körperschaftsteuerpflichtig ist (vgl. § 1 KStG: »..., die ihre Geschäftsleitung oder ihren Sitz im Inland haben.«). Da mit einer Organschaft auch Verluste auf den Organträger übertragen werden können, will Deutschland mit dieser Regelung verhindern, dass ausländische Kapitalgesellschaften ihre ausländischen Verluste nach Deutschland transferieren und dort mit den hoch besteuerten Gewinnen des Organträgers verrechnet werden. Die Einbeziehung von Gesellschaften mit Sitz in der Europäischen Union war notwendig, da sonst ein Verstoß gegen die Kapitalverkehrsfreiheit bzw. eine Diskriminierung vorläge.

§ 14 KStG enthielt in der bis zum 26. 02. 2013 geltenden Fassung die Regelung, dass die Organgesellschaft Geschäftsleitung und Sitz im Inland haben müsse. Diese Regelung war aus europarechtlicher Sicht bedenklich. Daher wurde die nun ab 26. 02. 2013 geltende Fassung durch das Gesetz zur Änderung und Vereinfachung der Unternehmensbesteuerung und des steuerlichen Reisekostenrechts eingefügt.

§ 17 KStG erweitert den Kreis der Organgesellschaften auf andere Kapitalgesellschaften mit Geschäftsleitung im Inland und Sitz in einem Mitgliedstaat der Europäischen Union, also insbesondere auf die GmbH bzw. UG. Nach den eindeutigen Regelungen in §§ 14, 17 KStG muss also die Organgesellschaft stets eine Kapitalgesellschaft sein. Bei ausländischen Gesellschaften ist zu prüfen, ob sie dem Typus nach einer Kapitalgesellschaft im Sinne des deutschen Steuerrechts entsprechen (Übersicht über die Rechtsformen siehe BMF vom 24. 12. 1999 BStBl I 1999, 1076 – Betriebsstättenerlass – Tabelle 1 in Anlage). Danach kann z. B. Organgesellschaft auch eine SARL mit Sitz in Frankreich und Geschäftsleitung in Deutschland sein.

4.3.2 Organträger

Als Organträger kommen zum einen natürliche Personen, zum anderen nicht von der Körperschaftsteuer befreite Körperschaften sowie Personengesellschaften infrage (§ 14 Abs. 1 Nr. 2 KStG). Die Personengesellschaft muss selbst gewerblich tätig im Sinne des § 15 Abs. 1 Satz 1 Nr. 1 EStG sein. Organträger kann damit z. B. eine vermögensverwaltende KG nicht sein, deren gewerbliche Einkünfte lediglich auf einer gewerblichen Färbung (§ 15 Abs. 3 Nr. 1 EStG) oder einer gewerblichen Prägung (§ 15 Abs. 3 Nr. 2 EStG) beruhen. Nach dem eindeutigen Wortlaut von § 14 Abs. 1 Nr. 2 KStG in der Fassung durch das Steuervergünstigungsabbaugesetz ist stets nur ein Organträger möglich (»… eine natürliche Person … eine Körperschaft … eine Personengesellschaft«). Damit ist die früher häufig diskutierte Möglichkeit der sog. Mehrmütterorganschaft gesetzlich mit Wirkung ab VZ 2003 ausgeschlossen.

Um zu vermeiden, dass Gewinne aus dem hoch versteuerten Deutschland in niedrig versteuernde Länder (z. B. Zypern, Irland) transferiert werden können, sieht § 14 Abs. 1 Nr. 2 Satz 6 KStG vor, dass der Organträger über eine inländische Betriebsstätte verfügen muss, der das Einkommen der Organgesellschaft zugerechnet werden kann. Nach § 14 Abs. 1 Nr. 2 Satz 7 KStG ist eine inländische Betriebsstätte in diesem Sinne nur gegeben, wenn die dieser Betriebsstätte zuzurechnenden Einkünfte sowohl nach innerstaatlichem Steuerrecht als auch nach einem anzuwendenden Abkommen zur Vermeidung der Doppelbesteuerung der inländischen Besteuerung unterliegen (vgl. Art. 7 OECD-Musterabkommen). Damit kann Organträger z. B. auch eine Personengesellschaft mit Sitz in Österreich sein, wenn diese Personengesellschaft in Deutschland eine feste Einrichtung unterhält, in der nicht nur untergeordnete Tätigkeiten ausgeführt werden (vgl. Art. 5 OECD-Musterabkommen bzw. Art. 5 DBA Österreich).

Die grenzüberschreitende Organschaft würde für Deutschland zu einer Verlagerung von Gewinnen führen, die fiskalisch nicht mehr tragbar wäre (zur Ablehnung der grenzüberschreitenden Organschaft vgl. BMF vom 27. 12. 2011 BStBl I 2012, 119).

§ 14 Abs. 1 Nr. 2 KStG enthielt in der bis zum 26. 02. 2013 geltenden Fassung die Formulierung, dass der Organträger eine unbeschränkt steuerpflichtige natürliche Person oder eine Kapitalgesellschaft bzw. Personengesellschaft mit Geschäftsleitung im Inland sein müsse. Wie auch bei der Regelung bezüglich der Organgesellschaft bestand hier die Gefahr, dass der Europäische Gerichtshof in dieser Vorschrift eine Verletzung europäischer Normen (Kapitalverkehrsfreiheit etc.) erkennen könnte. Daher wurde die heute gültige Fassung durch das Gesetz zur Änderung und Vereinfachung der Unternehmensbesteuerung und des steuerlichen Reisekostenrechts mit Wirkung zum 26. 02. 2013 eingefügt.

Die steuerlich nicht zulässige Übertragung ausländischer Verluste darf nicht verwechselt werden mit der Rechtsprechung des EuGH zur Übertragung sog. finaler Verluste ausländischer Betriebsstätten bzw. Tochtergesellschaften (vgl. EuGH »Lidl Belgium« vom 15.05.2008 BStBl II 2009, 692 sowie BFH vom 05.02.2014, I R 48/11 n.v.).

4.3.3 Finanzielle Eingliederung

Ab dem VZ 2001 sind die Organschaftsvoraussetzungen der wirtschaftlichen und organisatorischen Eingliederung weggefallen. Die körperschaftsteuerliche Organschaft setzt künftig nur noch das Bestehen eines Gewinnabführungsvertrags und die finanzielle Eingliederung der Organgesellschaft voraus.

Die finanzielle Eingliederung liegt vor, wenn der Organträger vom Beginn des Wj. an der Organgesellschaft in einem solchen Maße beteiligt ist, dass ihm die Mehrheit der Stimmrechte (> 50 %) aus den Anteilen an der Organgesellschaft zusteht (§ 14 Abs. 1 Nr. 1 Satz 1 KStG).

Es kommt also nicht auf die kapitalmäßige Beteiligung an, sondern auf die auf eigenem Recht beruhenden Stimmrechte. Die Ausübung fremder Stimmrechte durch Vollmacht genügt nicht für die Begründung einer finanziellen Eingliederung.

Das Erfordernis der Stimmrechtsmehrheit soll sicherstellen, dass der Organträger seinen Einfluss auf die Organgesellschaft geltend machen kann. Nach § 47 Abs. 1 GmbHG genügt grundsätzlich die einfache Stimmenmehrheit (> 50 %). Der Gesellschaftsvertrag kann jedoch Sonderbestimmungen treffen, die dann für die Frage der finanziellen Eingliederung maßgeblich sind.

Stimmrechtsverbote für einzelne Geschäfte zwischen Organträger und Organgesellschaft stehen der finanziellen Eingliederung nicht entgegen (BFH vom 26.01.1989 BStBl II 1989, 455).

Fallen wirtschaftliches und rechtliches Eigentum an der Organgesellschaft auseinander, so ist maßgeblich, ob dem **wirtschaftlichen** Eigentümer die Mehrheit der Stimmrechte zusteht.

Die finanzielle Eingliederung kann sich nach § 14 Abs. 1 Nr. 1 Satz 2 KStG auch aus einer mittelbaren Beteiligung ergeben. In diesem Fall muss aber die Beteiligung an jeder vermittelnden Gesellschaft die Mehrheit der Stimmrechte gewähren. Unmittelbare und mittelbare Beteiligungen (bzw. mehrere mittelbare Beteiligungen) dürfen zusammengefasst werden (R 57 KStR).

Eine mittelbare Beteiligung kann auch über eine Gesellschaft bestehen, die nicht selbst Organgesellschaft sein kann (BFH vom 02.11.1977 BStBl II 1978, 74).

BEISPIELE

a) Die Stimmrechte entsprechen den Beteiligungen.

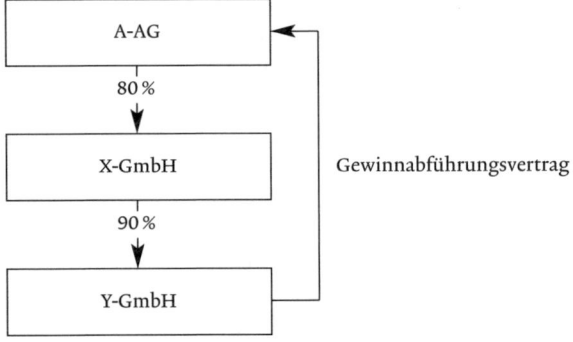

LÖSUNG Die A-AG hält mittelbar über die X-GmbH (vermittelnde Gesellschaft) an der Y-GmbH die Mehrheit der Stimmrechte.

b) Wie Beispiel a). Die X-GmbH hält aber nur 60 % der Anteile an der Y-GmbH.

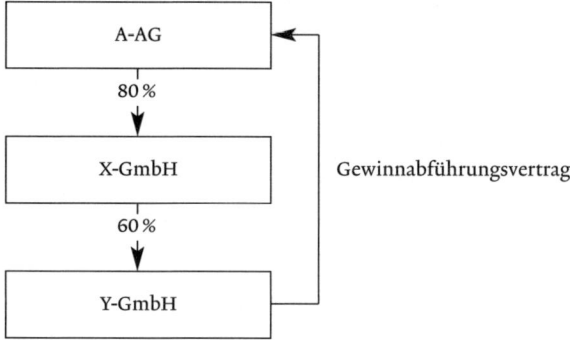

LÖSUNG Es liegt keine Organschaft vor, da die A-AG zwar an der X-GmbH die Mehrheit hält, nicht aber mittelbar an der Y-GmbH (80 % von 60 % = 48 %) beteiligt ist.

c) Wie Beispiel a). Die vermittelnde Gesellschaft ist aber eine Personengesellschaft.

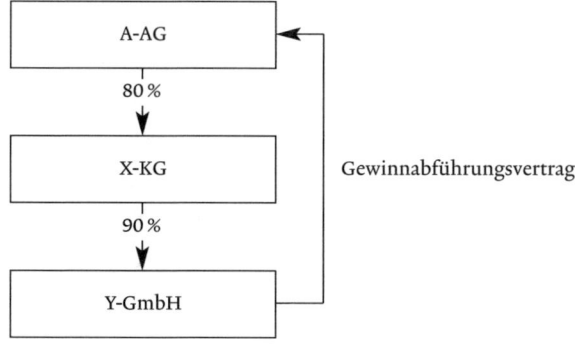

LÖSUNG Die Beteiligung vermittelnde Gesellschaft braucht selbst nicht die Voraussetzungen für eine Organgesellschaft (= Kapitalgesellschaft) erfüllen. Damit liegt hier eine Organschaft vor.

d) Wie Beispiel a). Die K-KG ist gewerblich tätig.

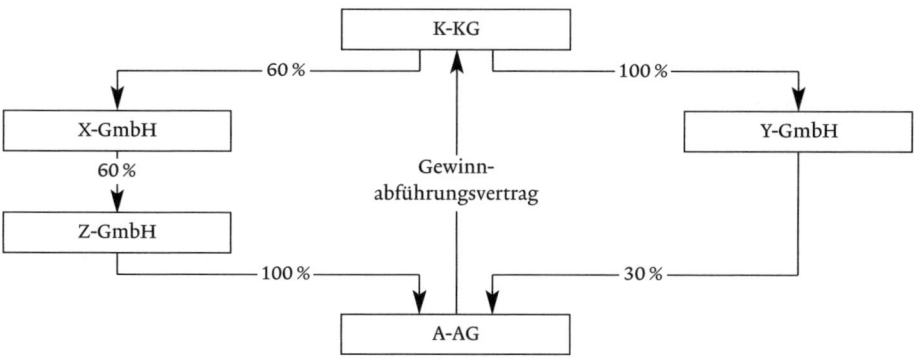

LÖSUNG Es liegt eine Organschaft vor. Organträger kann auch eine Personengesellschaft sein. Über die X-GmbH ist die K-KG mittelbar an der A-AG zu 36 % beteiligt. Die Beteiligung an jeder vermittelnden Gesellschaft gewährt die Mehrheit der Stimmrechte (jeweils 60 %).

Die finanzielle Eingliederung kann sich auch aus der Zusammenrechnung mehrerer mittelbarer Beteiligungen ergeben. Über die Y-GmbH ist die KG zu weiteren 30 % an der A-AG beteiligt. Dass die Y-GmbH lediglich zu 30 % an der A-AG beteiligt ist, ist unschädlich, da lediglich an den vermittelnden Gesellschaften selbst die Stimmenmehrheit gegeben sein muss.

Zusammengerechnet hält die K-KG somit 66 % der Stimmrechte und erfüllt damit die Voraussetzungen des § 14 KStG.

Die mittelbare Beteiligung darf nicht mit einer mehrstufigen Organschaft verwechselt werden.

BEISPIEL

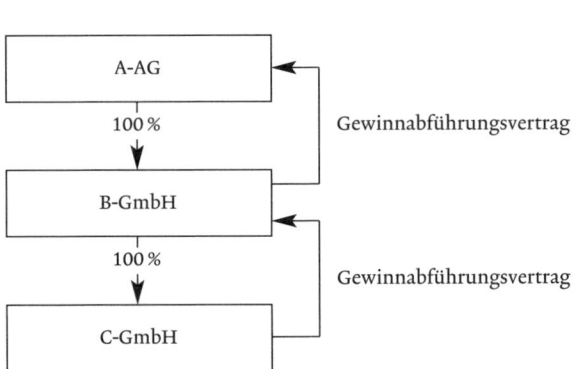

LÖSUNG Die A-AG ist in die B-GmbH und die B-GmbH in die C-GmbH finanziell eingegliedert. Aufgrund des Gewinnabführungsvertrags ist das Einkommen der C-GmbH bei der B-GmbH und das Einkommen der B-GmbH bei der A-AG steuerlich zu erfassen.

4.3.4 Gewinnabführungsvertrag

4.3.4.1 Handelsrechtliche Voraussetzungen

Neben der finanziellen Eingliederung muss als weitere Voraussetzung für eine Organschaft ein **handelsrechtlich** wirksamer Gewinnabführungsvertrag zwischen Organträger und Organgesellschaft geschlossen werden. Da es den Parteien bei Vorliegen einer finanziellen Eingliederung freisteht, einen Gewinnabführungsvertrag abzuschließen oder nicht, steht die Begründung einer Organschaft im Ermessen der Beteiligten.

Die Rechtsfolgen einer Organschaft treten nur ein, wenn sich die Organgesellschaft nach § 291 Abs. 1 AktG verpflichtet, ihren **ganzen** (handelsrechtlichen) Gewinn an den Organträger abzuführen.

Die Höhe der Gewinnabführung unterliegt nach dem AktG grundsätzlich der Vertragsfreiheit. **§ 301 AktG** setzt lediglich ein Limit nach oben. Danach kann als Gewinn höchstens der ohne die Gewinnabführung entstehende Jahresüberschuss abgeführt werden. Dieser ist um einen Verlustvortrag aus dem Vorjahr sowie um Zuführungen zur gesetzlichen Rücklage nach § 300 AktG zu mindern.

Da nach § 301 AktG eine Mindestabführung nicht festgelegt ist, können grundsätzlich **freie Gewinnrücklagen** (vgl. § 272 Abs. 3 HGB) bei der Organgesellschaft gebildet werden. Nach **§ 14 Abs. 1 Nr. 4 KStG** dürfen Gewinnrücklagen aber nur insoweit gebildet werden, als dies bei vernünftiger kaufmännischer Beurteilung wirtschaftlich begründet ist.

Gewinnrücklagen, die vor Beginn des Gewinnabführungsvertrags gebildet worden sind (vorvertragliche Rücklagen) dürfen handelsrechtlich nicht abgeführt werden, da dies sonst gegen die Limitierung des § 301 AktG verstoßen würde. Gewinnrücklagen, die i. R. d. Organschaftsverhältnisses zulässigerweise gebildet wurden, können aufgelöst und abgeführt werden.

Der Abschluss eines Gewinnabführungsvertrages verpflichtet den Organträger umgekehrt auch zur Übernahme eines während der Vertragslaufzeit entstanden **Verlustes (§ 302 AktG)**. Hat der Organträger einen Verlust der Organgesellschaft zu übernehmen, so muss er eine Verbindlichkeit in der Handelsbilanz zu passivieren. Die Verbindlichkeit entsteht am Bilanzstichtag der Organgesellschaft und muss ab diesem Zeitpunkt nach §§ 352, 353 HGB verzinst werden (BGH vom 14. 02. 2005 HFR 2005, 1027). Ein Verstoß gegen das Verzinsungsgebot hat keine Auswirkung auf die steuerliche Anerkennung der Organschaft (BMF vom 15. 10. 2007 BStBl I 2007, 765). Allerdings führt die unterlassene Verzinsung zu einer verdeckten Gewinnausschüttung. Die für die ertragsteuerliche Organschaft mit einer GmbH als Organgesellschaft erforderliche Vereinbarung einer Verlustübernahme setzt die Vereinbarung einer Verjährungsregelung entsprechend § 302 Abs. 4 AktG voraus (BFH vom 22. 12. 2010 LEXinform 5011453). Die Organgesellschaft aktiviert spiegelbildlich eine Forderung in ihrer Bilanz.

Der Organträger hat einen Jahresfehlbetrag nach § 302 Abs. 2 AktG nicht zu übernehmen, falls ein Ausgleich durch Auflösung von Gewinnrücklagen möglich ist, die während der Organschaft gebildet wurden.

Der Gewinnabführungsvertrag ist als Gesellschaftsvertrag einzuordnen (BGH vom 14. 12. 1987 BGHZ 103, 1). Ist die Organgesellschaft eine **Aktiengesellschaft**, so bedarf der Gewinnabführungsvertrag gem. § 293 Abs. 1 AktG der Zustimmung der Hauptversammlung mit einer Mehrheit von mindestens drei Viertel des bei der Beschlussfassung vertretenen Grundkapitals. Die Satzung kann eine größere Kapitalmehrheit und weitere Erfordernisse bestimmen. Gem. § 293 Abs. 2 AktG gelten die Erfordernisse auch, wenn der Organträger eine Aktiengesellschaft ist.

Die Wirksamkeit des Gewinnabführungsvertrags tritt erst mit (konstitutiver) Eintragung in das Handelsregister ein (§ 294 Abs. 2 AktG).

Für die anderen Kapitalgesellschaften – insbesondere die GmbH – verweist § 17 KStG auf die Regelungen des § 14 KStG. Da das GmbHG keine ausdrücklichen Regelungen zu den Gewinnabführungsverträgen enthält, verlangt § 17 KStG, dass

- sich die Organgesellschaft wirksam verpflichtet, ihren ganzen Gewinn an den Organträger abzuführen,
- die Gewinnabführung den in § 301 AktG genannten Betrag nicht überschreitet und
- eine Verlustübernahme entsprechend § 302 AktG vereinbart wird.

Da es sich aber beim Gewinnabführungsvertrag um eine gesellschaftsvertragliche Regelung handelt, ist nach § 53 GmbHG die **Zustimmung der Gesellschafterversammlung** (sowohl Organträger als auch Organgesellschaft) erforderlich. Es bedarf einer Mehrheit von drei Vierteln der abgegebenen Stimmen. Der Gesellschaftsvertrag kann auch hier weitere Erfordernisse statuieren. Die Änderung des Gewinnabführungsvertrags bedarf der notariellen Beurkundung und ist gem. § 54 GmbHG erst mit Eintragung in das Handelsregister wirksam (so auch BGH vom 24. 10. 1988 DB 1988, 2623). Wird gegen dieses Formerfordernis verstoßen, ist der Gewinnabführungsvertrag steuerlich nicht wirksam (BFH vom 22. 10. 2008 BStBl II 2009, 972).

4.3.4.2 Zeitliche Voraussetzungen

Nach § 14 Abs. 1 Satz 2 KStG ist das Einkommen der Organgesellschaft dem Organträger erstmals für das Kalenderjahr zuzurechnen, in dem das Wj. der Organgesellschaft endet, in dem der Gewinnabführungsvertrag wirksam wird.

Der Gewinnabführungsvertrag muss nach § 14 Abs. 1 Nr. 3 Satz 1 KStG auf einen Zeitraum von mindestens **fünf Zeitjahren** abgeschlossen sein. Der Zeitraum beginnt mit dem Anfang des Wj., für das die Rechtsfolgen des § 14 Abs. 1 Satz 1 KStG erstmals eintreten. Wird ein Gewinnabführungsvertrag in einem der fünf Jahre steuerlich nicht anerkannt, ist stets ein neuer Gewinnabführungsvertrag auf fünf Jahre abzuschließen. Bei der Verlängerung eines bereits seit mindestens fünf Jahren bestehenden Gewinnabführungsvertrags genügt der Abschluss für jeweils mindestens **ein weiteres** Jahr.

4.3.4.3 Tatsächliche Durchführung

Der Gewinnabführungsvertrag muss auch **tatsächlich durchgeführt** werden. Wird ein Gewinnabführungsvertrag, der bereits fünf aufeinander folgende Jahre durchgeführt wurde, in einem Jahr nicht durchgeführt, so ist er ab dem Jahr des Vertragsverstoßes steuerlich unwirksam. Sind die ersten fünf Jahre noch nicht vergangen, so ist der gesamte Gewinnabführungsvertrag von Anfang an steuerlich unwirksam (R 60 Abs. 8 KStR).

Ist der Gewinnabführungsvertrag aus irgendwelchen Gründen steuerlich unwirksam, so muss die Organgesellschaft ihr Einkommen nach den allgemeinen Vorschriften versteuern.

Der Gewinnabführungsvertrag gilt nach § 14 Abs. 1 Nr. 3 Satz 4 KStG auch dann als durchgeführt, wenn der abgeführte Gewinn oder ausgeglichene Verlust auf einem Jahresabschluss beruht, der **fehlerhafte Bilanzansätze** enthält, sofern a) der Jahresabschluss wirksam festgestellt ist, b) die Fehlerhaftigkeit bei sorgfältiger Prüfung nicht hätte erkannt werden müssen und c) ein von der Finanzverwaltung beanstandeter Fehler im nächsten Jahresabschluss korrigiert wird.

4.3.4.4 Beendigung

Wird der Gewinnabführungsvertrag, der noch **nicht** fünf aufeinander folgende Jahre durchgeführt worden ist, durch Kündigung oder im gegenseitigen Einvernehmen beendet, bleibt der Vertrag für die Jahre, für die er durchgeführt worden ist, steuerlich wirksam, wenn die Beendigung auf einem **wichtigen Grund** beruht (R 60 Abs. 6 KStR). Ein wichtiger Grund kann insbesondere in der Veräußerung oder Einbringung der Organbeteiligung durch den Organträger, der Verschmelzung, Spaltung oder Liquidation des Organträgers oder der Organgesellschaft gesehen werden. Stand bereits im Zeitpunkt des Vertragsabschlusses fest, dass der Gewinnabführungsvertrag vor Ablauf der ersten fünf Jahre beendet werden wird, ist ein wichtiger Grund nicht anzunehmen. Das gilt nicht für die Beendigung des Gewinnabführungsvertrages durch Verschmelzung, Spaltung oder Liquidation der Organgesellschaft. Liegt ein wichtiger Grund nicht vor, ist der Gewinnabführungsvertrag von Anfang an als steuerrechtlich unwirksam anzusehen.

Ist der Gewinnabführungsvertrag bereits **mindestens fünf** aufeinander folgende Jahre durchgeführt worden, bleibt er für diese Jahre steuerrechtlich wirksam (R 60 Abs. 8 KStR).

Wird der Gewinnabführungsvertrag jedoch vorzeitig aufgehoben, weil er aus Sicht der Parteien seinen Zweck erfüllt hat, liegt kein wichtiger Grund vor, der zu einer vorzeitigen Kündigung berechtigen würde (BFH vom 13. 11. 2013, I R 45/12, BStBl II 2014, 486).

4.4 Steuerliche Folgen der Organschaft

4.4.1 Ermittlung des Einkommens der Organgesellschaft

Trotz Bestehens einer körperschaftsteuerlichen Organschaft bleibt die Organgesellschaft als **selbständiger Rechtsträger** erhalten. Die körperschaftsteuerliche Behandlung von Organschaftsverhältnissen folgt damit der gesellschaftsrechtlichen Betrachtungsweise. Die Organgesellschaft ist mit dem Abschluss des Gewinnabführungsvertrages nur verpflichtet, den ganzen Gewinn abzuführen bzw. der Organträger ist verpflichtet, den ganzen Verlust auszugleichen. Es gibt im Körperschaftsteuerrecht keine Fiktion eines einheitlichen Unternehmens. Die Besteuerungskonzeption der Organschaft lehnt sich nicht an die für Zwecke der Konzernrechnungslegung geltende Einheitstheorie an.

In einem ersten Schritt ist daher das Einkommen der Organgesellschaft eigenständig unter Beachtung der §§ 15, 16 KStG zu ermitteln.

In der Bilanz der Organgesellschaft ist die Verpflichtung zur Gewinnabführung zu passivieren bzw. ein vom Organträger zu übernehmender Verlust als Forderung zu aktivieren. Dadurch ist die Bilanz der Organgesellschaft stets ausgeglichen und es entsteht grundsätzlich keine Körperschaftsteuerbelastung der Organgesellschaft.

Sind allerdings außenstehende Anteilseigner vorhanden, so müssen entsprechende Ausgleichszahlungen geleistet werden, die als Einkommen der Organgesellschaft zu behandeln sind und damit auch von der Organgesellschaft selbst versteuert werden müssen (§ 16 KStG).

Aus der steuerrechtlichen Selbständigkeit der Organgesellschaft folgt auch, dass diese die steuerlichen **Bilanzierungs- und Bewertungswahlrechte** (§ 5 Abs. 1 Satz 2 EStG) selbst wahrnehmen muss. Für die Frage der Abzugsfähigkeit bzw. der Nichtabzugsfähigkeit der Betriebsausgaben (§§ 4 Abs. 4 und 5 EStG) ist auf die Verhältnisse bei der Organgesellschaft abzustellen.

Besondere Probleme entstehen, wenn die Organgesellschaft im **Ausland** Gewinne erzielt hat und dafür ausländische Ertragsteuern angefallen sind. Wählt die Organgesellschaft das Anrechnungsverfahren (§ 26 Abs. 6 KStG i. V. m. § 34c Abs. 1 EStG), so berührt dies die Gewinnermittlung nicht. Da der Organträger das Einkommen versteuert, kann er die Anrechnung ausländischer Steuern vornehmen. Wählt die Organgesellschaft das Abzugsverfahren (§ 26 Abs. 6 KStG i. V. m. § 34c Abs. 2 EStG), so berührt der Abzug ausländischer Steuern die Gewinnermittlungsebene der Organgesellschaft.

Aus der steuerrechtlichen Selbständigkeit der Organgesellschaft folgt auch, dass bei der Inanspruchnahme der **Investitionszulage** die im InvZulG verankerten Verbleibens- und Nutzungsvoraussetzungen auf der Ebene der Organgesellschaft zu beachten sind (BFH vom 20.05.1988 BStBl II 1988, 739).

Verdeckte Gewinnausschüttungen der Organgesellschaft an den Organträger sind nach den allgemeinen Regeln zu behandeln und stellen die tatsächliche Durchführung des Gewinnabführungsvertrags nicht in Frage. Dies gilt auch dann, wenn eine Personengesellschaft Organträger ist und der Gewinn verdeckt an die Gesellschafter der Personengesellschaft ausgeschüttet wird. Ein solcher Vorgang berührt lediglich die Gewinnverteilung innerhalb der Personengesellschaft. Verdeckte Gewinnausschüttungen an außenstehende Gesellschafter sind wie Ausgleichszahlungen (§ 16 KStG) zu behandeln.

Das Gleiche gilt für **verdeckte Einlagen** der Organgesellschaft in den Organträger (wobei dies nur möglich ist, wenn der Organträger eine Kapitalgesellschaft ist).

Nach § 9 Abs. 1 Nr. 2 KStG kann eine Kapitalgesellschaft **Spenden** nur in eingeschränktem Umfang geltend machen. Spenden der Organgesellschaft sind im Rahmen ihrer eigenen

Höchstbeträge zu berücksichtigen. Überschreiten die Spenden die Höchstbeträge der Organgesellschaft können sie nicht beim Organträger geltend gemacht werden.

Da es sich bei der **Gewinnabführung** an den Organträger bzw. die Verlustübernahme durch den Organträger um Gewinnverwendung handelt, die keine Auswirkung auf die Einkommensermittlung haben darf (§ 8 Abs. 3 KStG), ist das Einkommen der Organgesellschaft ohne Berücksichtigung der Gewinnabführung zu ermitteln.

Grundsätzlich müsste bei der Einkommensermittlung der Organgesellschaft (§ 8 KStG) ein **Verlustabzug** nach § 10d EStG zu berücksichtigen sein. Dies schließt aber § **15 Nr. 1 KStG** ausdrücklich aus, weil durch den Abschluss eines Gewinnabführungsvertrags ein der Organgesellschaft zuzuordnender steuerlicher Verlust nicht entstehen kann, da der bei der Organgesellschaft auftretende steuerliche Verlust dem Organträger zugewiesen wird und somit zu dessen steuerlichem Verlust wird. Dem Organträger steht daher folgerichtig die Möglichkeit des Verlustrücktrags bzw. Verlustvortrags zu.

Bestehen vororganschaftliche Verluste, so werden diese mit Entstehen der Organschaft »eingefroren« und können erst nach Auflösung der Organschaft geltend gemacht werden.

Einwendungen gegen die Höhe des nach § 14 KStG zuzurechnenden Einkommens der Organgesellschaft kann nur der Organträger geltend machen, in dessen Steuerfestsetzung dieses Einkommen als unselbständige Besteuerungsgrundlage enthalten ist. Einwendungen gegen die Höhe des von der Organgesellschaft nach § 16 KStG selbst zu versteuernden Einkommens und gegen die Höhe der festgesetzten Körperschaftsteuer kann nur die Organgesellschaft geltend machen (R 61 Abs. 6 KStR).

Besondere Probleme entstehen, wenn die Organgesellschaft Dividendenerträge erzielt. § 15 Nr. 2 KStG sieht hier vor, dass die Steuerbefreiung nach **§ 8b KStG** auf der Ebene der **Organgesellschaft** nicht anzuwenden ist. Von der Organgesellschaft bezogene Gewinnausschüttungen werden auf ihrer Ebene zunächst als steuerpflichtiges Einkommen erfasst. Aufwendungen im Zusammenhang mit der Erzielung der Dividendeneinnahmen mindern das dem Organträger zuzurechnende Einkommen (sog. **Bruttomethode**).

Auf der Ebene des Organträgers sind die Dividendenerträge je nach dessen Gesellschaftsform (Kapital- oder Personengesellschaft) entweder nach § 8b Abs. 1 KStG oder nach §§ 3 Nr. 40, 3c Abs. 2 EStG zu behandeln. Damit wird vermieden, dass eine Personengesellschaft als Organträger die Steuerfreiheit des § 8b KStG ausnutzen kann.

BEISPIELE

a) Die X-GmbH ist zu 75 % an der Y-GmbH beteiligt. Zwischen der X-GmbH (Organgesellschaft) und der A-AG (Organträger) besteht eine körperschaftsteuerliche Organschaft. Im Wj. 2016 schüttet die Y-GmbH an die X-GmbH eine Dividende i. H. v. 1,3 Mio. € aus. Gleichzeitig entstehen der X-GmbH aus der Finanzierung des Anteilserwerbs Aufwendungen auf die Beteiligung i. H. v. 800 000 €. Der Jahresüberschuss der X-GmbH in 2016 beträgt 7,4 Mio. €.

LÖSUNG Da in dem Jahresüberschuss die Dividendenerträge und die Aufwendungen in voller Höhe enthalten sind, braucht keine Korrektur zu erfolgen. Auf der Ebene der X-GmbH ist § 8b KStG nicht anzuwenden. Der A-AG ist somit ein Einkommen von 7,4 Mio. € zuzurechnen.

Auf der Ebene des Organträgers (A-AG) ist nun zu prüfen, ob § 8b KStG anzuwenden ist. Da die A-AG eine Körperschaft ist, fallen die im Einkommen der Organgesellschaft enthaltenen Dividendenerträge unter § 8b KStG. Somit erfolgt eine außerbilanzielle Korrektur des Einkommens der A-AG.

Steuerfreiheit; § 8b Abs. 1 KStG; Korrektur	./.	1 300 000 €
5 % nicht abzugsfähige Betriebsausgabe; § 8b Abs. 5 KStG	+	65 000 €
Korrektur	./.	1 235 000 €

Die Betriebsausgaben müssen nicht mehr korrigiert werden, da das Betriebsausgabenabzugsverbot des § 3c Abs. 1 EStG i. R. d. § 8b Abs. 5 KStG ausdrücklich nicht (mehr) anzuwenden ist.

b) Sachverhalt wie Beispiel a). Organträger ist aber die A-KG.

LÖSUNG Auf Ebene der X-GmbH ergibt sich keine Änderung. Organträger ist nun eine Personengesellschaft. Daher ist das Teileinkünfteverfahren anzuwenden. Es ergeben sich folgende Korrekturen:

§ 3 Nr. 40 EStG; Kürzung	./. 780 000 €
Betriebsausgaben; Hinzurechnung	+ 480 000 €
Korrektur	./. 300 000 €

Durch das StVergAbG wurde § 15 KStG um einen Satz 2 erweitert, der die Bruttomethode auf Dividenden anwendet, die nach einem DBA steuerbefreit sind. Zahlreiche DBA sehen vor, dass Dividenden, die an Kapitalgesellschaften ausgeschüttet werden, unter bestimmten Voraussetzungen steuerbefreit sind (sog. **internationales Schachtelprivileg**). Bei Organschaften soll ein derartiges Schachtelprivileg für Dividendenzahlungen nach dem Willen des Gesetzgebers nur dann Schutzwirkung entfalten können, wenn der Organträger selbst als unbeschränkt steuerpflichtige deutsche Körperschaft den Abkommensschutz für sich beanspruchen darf.

§ 4h EStG (Zinsschranke) ist bei der Organgesellschaft gemäß § 15 Abs. 1 Nr. 3 KStG nicht anzuwenden. Organträger und Organgesellschaft gelten als ein Betrieb im Sinne des § 4h EStG. Sind in dem dem Organträger zugerechneten Einkommen der Organgesellschaft Zinsaufwendungen und Zinserträge im Sinne des § 4h Abs. 3 EStG enthalten, sind diese bei Anwendung des § 4h Abs. 1 EStG beim Organträger einzubeziehen.

4.4.2 Ausgleichszahlungen (§ 16 KStG)

Aufgrund des Gewinnabführungsvertrags ist die Organgesellschaft verpflichtet, ihren **ganzen** Gewinn an ein anderes Unternehmen abzuführen (§ 291 Abs. 1 AktG). Dieses andere Unternehmen, mit dem der Gewinnabführungsvertrag geschlossen wurde, muss aber nicht der einzige Gesellschafter sein. Existieren neben dem Organträger noch andere Gesellschafter, so müssen diese einen angemessenen Ausgleich dafür erhalten, dass aufgrund der Gewinnabführung keine Dividenden mehr ausgeschüttet werden können (§ 304 Abs. 1 AktG, § 29 Abs. 1 GmbHG). Dies geschieht dadurch, dass die übrigen Gesellschafter sog. **Ausgleichszahlungen** erhalten.

Die Ausgleichszahlung stellt handelsrechtlich Aufwand dar. Steuerlich darf die Ausgleichszahlung nach **§ 4 Abs. 5 Nr. 9 EStG** i. V. m. § 8 Abs. 1 KStG den Gewinn aber nicht mindern, da die Ausgleichszahlung wie eine Gewinnverwendung behandelt wird.

Auf der Ebene der Organgesellschaft wird die Ausgleichszahlung nach **§ 16 KStG** i. H. v. **20/17** dem Einkommen hinzugerechnet. Der Betrag von 20/17 ergibt sich daraus, dass die Ausgleichszahlung aus versteuertem Einkommen zu leisten ist (vergleichbar einer Dividende). Bei einem unterstellten Einkommen von 100 ergibt sich nach Abzug von 15 % KSt eine mögliche Ausgleichszahlung von 85. Rechnet man von 85 auf 100 hoch, benötigt man einen Vervielfältiger von 100/85 = 20/17.

Die Organgesellschaft hat die Ausgleichszahlung unabhängig davon zu versteuern, ob sie von der Organgesellschaft oder dem Organträger erbracht wird (vgl. R 16 Abs. 1 KStR). Leistet die Organgesellschaft die Ausgleichszahlung, ist dem Organträger das um 20/17 der Ausgleichszahlung verminderte Einkommen der Organgesellschaft zuzurechnen (R 16 Abs. 2 KStR). Die 20/17 der Ausgleichszahlung werden ja bereits von der Organgesellschaft versteuert und würden sonst doppelt erfasst werden.

BEISPIEL

Die A-AG ist an der G-GmbH beteiligt. Zwischen der A-AG (Organträger) und der G-GmbH (Organgesellschaft) besteht eine Organschaft. Die G-GmbH hat an den Minderheitsgesellschafter MG eine Ausgleichszahlung i. H. v. 34 000 € zu leisten. Im Wj. 2014 beträgt der Jahresüberschuss der G-GmbH (vor Ausgleichszahlung und Gewinnabführung) 534 000 €. Der Jahresüberschuss der A-AG beträgt (vor Berücksichtigung der organschaftlichen Abführung) 3 Mio. €.

LÖSUNG Auf der Ebene der G-GmbH (Organgesellschaft) ergeben sich folgende handelsrechtlichen und steuerlichen Auswirkungen:

Jahresüberschuss vor Ausgleichszahlung und Gewinnabführung		534 000 €
Handelsrechtlicher Abzug der Ausgleichszahlung	./.	34 000 €
Handelsrechtlicher Abzug der Gewinnabführung	./.	500 000 €
Handelsrechtlicher Jahresüberschuss		0 €
(aufgrund Maßgeblichkeit auch Ansatz in der Steuerbilanz)		
Außerbilanzielle Hinzurechnung Ausgleichszahlung (34 000 € × 20/17 =)	+	40 000 €
Außerbilanzielle Hinzurechnung Gewinnabführung	+	500 000 €
Steuerliches Einkommen G-GmbH		540 000 €

Soweit das Einkommen auf die steuerliche Ausgleichszahlung entfällt (= 40 000 €), muss die G-GmbH 40 000 € mit einem Steuersatz von 15 % selbst versteuern.

Nach § 14 KStG ist das Einkommen der G-GmbH grundsätzlich der A-AG zuzurechnen. Da die G-GmbH das auf die Ausgleichszahlung entfallende Einkommen bereits versteuert hat, ist das der A-AG zuzurechnende Einkommen um diesen Betrag zu vermindern und beträgt demnach 500 000 €.

Auf der Ebene der A-AG ergeben sich folgende handelsrechtlichen und steuerlichen Auswirkungen:

Jahresüberschuss vor Gewinnabführung		3 000 000 €
Zzgl. handelsrechtliche Hinzurechnung Gewinnabführung	+	500 000 €
Handelsrechtlicher Jahresüberschuss		3 500 000 €
Abzgl. im Jahresüberschuss enthaltene Gewinnabführung	./.	500 000 €
(zur Vermeidung einer doppelten Erfassung)		
Zzgl. Einkommen der Organgesellschaft	+	500 000 €
Steuerliches Einkommen		3 500 000 €

Der Gesellschafter MG versteuert die Ausgleichszahlung (34 000 €) nach §§ 20 Abs. 1 Nr. 1, 32d Abs. 1 EStG.

Übernimmt der Organträger die Ausgleichszahlung, kann sich steuerlich kein anderes Ergebnis ergeben. Die Organgesellschaft hat nach § 16 KStG 20/17 der Ausgleichszahlung zu versteuern. Der Organträger versteuert das Einkommen der Organgesellschaft exklusive der Ausgleichszahlung (vgl. R 16 Abs. 2 KStR).

In diesem Fall stellt die Ausgleichszahlung beim Organträger eine verdeckte Einlage in die Organgesellschaft dar (§ 8 Abs. 3 Satz 2 KStG). Da die verdeckte Einlage den Buchwert der Beteiligung an der Organgesellschaft erhöht (nachträgliche Anschaffungskosten), hat sie keine Auswirkungen auf den handelsrechtlichen Jahresüberschuss des Organträgers (BS: Beteiligung an Bank).

4.4.3 Die Einkommensermittlung beim Organträger

4.4.3.1 Allgemeines

Das zuzurechnende Einkommen unterliegt beim Organträger der Körperschaftsteuer, wenn der Organträger eine Körperschaft ist oder der Einkommensteuer, wenn der Organträger eine Personengesellschaft oder eine natürliche Person ist. Treffen bei der Zusammenrechnung positive und negative Einkommen zusammen, so sind sie zu saldieren.

Ein Ausgleich mit vorvertraglichen Verlusten der Organgesellschaft ist nach § 15 Nr. 1 KStG ausdrücklich ausgeschlossen.

Der Organträger kann eigene Verlustvorträge aus vororganschaftlicher Zeit ausnutzen, da er sein Einkommen – im Gegensatz zur Organgesellschaft – unabhängig von der Organschaft versteuert.

Tarifvergünstigungen, die der Organgesellschaft zugestanden hätten, stehen nach **§ 19 KStG** grundsätzlich auch dem Organträger zu.

4.4.3.2   Verdeckte Gewinnausschüttungen

Verdeckte Gewinnausschüttungen der Organgesellschaft sind beim Organträger zur Vermeidung der Doppelbelastung aus dem Einkommen auszuscheiden, wenn die Vorteilszuwendung den Bilanzgewinn des Organträgers erhöht oder dessen Bilanzverlust gemindert hat. Nach Ansicht der Verwaltung erfolgt die Kürzung auf der Ebene des Organträgers (R 62 Abs. 2 KStR).

BEISPIEL

Die X-GmbH (Organgesellschaft) hat der A-AG (Organträger) ein zinsloses Darlehen gewährt (Vorteil: 50 000 €).

LÖSUNG Auf Ebene der X-GmbH wird das Einkommen nach § 8 Abs. 3 Satz 2 KStG außerbilanziell um die nicht erhaltenen Zinsen erhöht.

Auf der Ebene der A-AG hat das zinslose Darlehen zu einem um 50 000 € höheren Gewinn geführt. Rechnet man nun das Einkommen der GmbH der AG zu, würden die ersparten Zinsen steuerlich zweimal erfasst. Daher ist das Einkommen der A-AG um die 50 000 € zu kürzen.

Letztlich wird damit das Ergebnis erreicht, das die beiden Gesellschaften bei Zugrundelegung eines angemessenen Zinssatzes erzielt hätten.

4.4.3.3   Rückstellung für Verlustübernahme

Muss der Organträger damit rechnen, Verluste der Organgesellschaft ausgleichen zu müssen, so hat er handelsrechtlich eine entsprechende **Rückstellung** zu bilden (§ 249 HGB).

Steuerrechtlich darf eine derartige Rückstellung für drohende Verluste nicht gebildet werden, da der Gewinnabführungsvertrag gesellschaftsrechtlicher Natur ist und die Gewinnabführung Einkommensverwendung darstellt (BFH vom 26.01.1977 BStBl II 1977, 441). Im Übrigen ergibt sich das Rückstellungsverbot bereits aus § 5 Abs. 4a EStG.

4.4.3.4   Teilwertabschreibungen

Problematisch ist die Frage, inwieweit der Organträger **Teilwertabschreibungen** auf die Beteiligung an der Organgesellschaft vornehmen darf. Teilwertberichtigungen dürfen in der Steuerbilanz nur vorgenommen werden, wenn eine voraussichtlich dauernde Wertminderung vorliegt (§ 6 Abs. 1 Nr. 1 Satz 2 EStG; vgl. BMF vom 02.09.2016 BStBl I 2016, 995).

Bei einer Organschaft ist darüber hinaus zu beachten, dass **ständige Verluste** der Organgesellschaft eine Teilwertabschreibung nicht rechtfertigen, da der Organträger i. R. d. Gewinnabführungsvertrages zum Verlustausgleich verpflichtet ist und insoweit der Substanzwert der Organgesellschaft unverändert bleibt.

Selbst wenn man aber die Teilwertberichtigung zulässt, weil die Organgesellschaft (z. B. wegen Branchen- oder Marktveränderungen) dauerhaft an Wert verloren hat, ist § 8b Abs. 3 KStG zu beachten, wenn Organträger eine Kapitalgesellschaft ist.

Danach darf die Gewinnminderung aus einer Teilwertabschreibung steuerlich nicht angesetzt werden.

4.4.3.5 Schuldzinsen

Zinsen für Schulden, die der Organträger zum Erwerb der Organbeteiligung aufgenommen hat, dürfen bei der Ermittlung des Einkommens des Organträgers abgezogen werden (R 14.7 Abs. 1 KStR).

4.4.3.6 Ausgleichsposten beim Organträger

Stellt die Organgesellschaft aus dem Jahresüberschuss Beträge in eine Gewinnrücklage i. S. d. § 272 Abs. 3 HGB i. V. m. § 14 Abs. 1 Nr. 4 KStG ein, vermindert sich die Gewinnabführung um den Betrag der Rücklage. Dennoch muss der Organträger das Einkommen zu 100 % versteuern. Es entsteht eine Differenz zwischen dem Betrag der Gewinnabführung und dem Einkommen der Organgesellschaft, das der Organträger zu versteuern hat. Der steuerrechtliche Wertansatz der Beteiligung des Organträgers an der Organgesellschaft bleibt aber unberührt. Um sicherzustellen, dass nach einer Veräußerung der Organbeteiligung die bei der Organgesellschaft so gebildeten Rücklagen nicht noch einmal beim Organträger steuerrechtlich erfasst werden, ist nach **§ 14 Abs. 4 KStG** (Neufassung durch das JStG 2008 und gemäß § 34 Abs. 2 Nr. 5 KStG mit Wirkung auch für VZ vor 2008) in der **Steuerbilanz** des Organträgers ein besonderer **aktiver Ausgleichsposten einkommensneutral** zu bilden. Die Minderabführung wird damit steuerlich letztendlich wie eine verdeckte Einlage behandelt.

BEISPIEL

Die OT-AG ist Gesellschafterin der OG-GmbH. Die Anschaffungskosten betrugen 5 Mio. €. Zwischen den beiden Gesellschaften besteht eine körperschaftsteuerliche Organschaft. Vom (vorläufigen) Jahresüberschuss i. H. v. 1 Mio. € stellt die OG-GmbH 100 T€ in eine Gewinnrücklage ein. Im Übrigen führt sie den Gewinn an die OT-AG ab. Der Jahresüberschuss der OT-AG beträgt (vor Berücksichtigung der Gewinnabführung) 7 Mio. €. Die Bilanz der OG-GmbH sieht demnach wie folgt aus:

Aktiva			Passiva
Diverse Aktiva	1 000 000 €	Jahresüberschuss	0 €
		Gewinnrücklage	100 000 €
		Gewinnabführung	900 000 €
	1 000 000 €		1 000 000 €

Auf der Ebene des Organträgers erhöht sich der Jahresüberschuss um den Betrag der Gewinnabführung (BS: Bank 900 T€ an Erträge 900 T€). Außerbilanziell ist dann das Einkommen (§ 8 KStG) um 100 T€ zu erhöhen, da die Gewinnrücklage das steuerliche Einkommen der Organgesellschaft nicht gemindert hat und damit das der OT-AG zuzurechnende Einkommen 1 Mio. € beträgt. Demnach sieht die Handelsbilanz der OT-AG wie folgt aus:

Aktiva			Passiva
Beteiligung an OG-GmbH	5 000 000 €	Jahresüberschuss	7 900 000 €
Diverse Aktiva	2 900 000 €		
	7 900 000 €		7 900 000 €

Eigentlich hätte sich der Buchwertansatz der Beteiligung um 100 T€ erhöhen müssen, da in der OG-GmbH die Gewinnrücklage von 100 T€ enthalten ist. Die OG-GmbH ist um 100 T€ wertvoller geworden. Die Gewinnrücklage stellt aber bilanziell lediglich stille Reserven dar.

Bildet man in der Steuerbilanz einen aktiven Ausgleichsposten, muss dies auf der Passivseite durch einen steuerlichen Gegenposten ausgeglichen werden, da der Jahresüberschuss aufgrund des Maßgeblichkeitsgrundsatzes nicht geändert werden darf. Damit sieht die Steuerbilanz wie folgt aus:

Aktiva			Passiva
Beteiligung an OG-GmbH	5 000 000 €	Jahresüberschuss	7 900 000 €
Diverse Aktiva	2 900 000 €	Steuerlicher Korrekturposten	100 000 €
Organschaftlicher			
Ausgleichsposten	100 000 €		
	8 000 000 €		8 000 000 €

Der Ausgleichsposten ist erst i. R. d. Veräußerung der Organgesellschaft steuerlich wirksam aufzulösen (§ 14 Abs. 4 Satz 2 KStG). Er mindert dann das Einkommen des Organträgers und verhindert, dass die Gewinnrücklage doppelt besteuert wird. Dabei sind aber die §§ 8b KStG, 3 Nr. 40, 3c Abs. 2 EStG anzuwenden. Die entgegenstehende Rechtsprechung des BFH (vom 07. 02. 2007 BStBl II 2007, 796) hat aufgrund der Einführung des § 14 Abs. 4 KStG keine Bedeutung mehr.

BEISPIEL

Fortführung des vorigen Beispiels

Die OT-AG veräußert ihre Beteiligung an der OG-GmbH für 8 Mio. €. Der Veräußerungsgewinn beträgt (8 Mio. € ./. 5 Mio. € =) 3 Mio. €. Die Gewinnrücklage würde ohne Berücksichtigung des Ausgleichspostens steuerlich doppelt erfasst. Zum einen in Form des Veräußerungsgewinnes, zum andern in Form der organschaftlichen Zurechnung des Einkommens (1 Mio. €, obwohl nur 900 T€ abgeführt wurden).

Indem man nun den aktiven Ausgleichsposten gewinnwirksam auflöst, ergibt sich eine Gewinnminderung von 100 T€. Saldiert beträgt der Veräußerungsgewinn nur noch 2,9 Mio. €.

Dass der saldierte Veräußerungsgewinn nach § 8b Abs. 2 KStG (vorbehaltlich einer 5 %igen Hinzurechnung) steuerfrei ist, ändert an der grundsätzlichen Betrachtung nichts.

Organschaftliche Ausgleichsposten können aber nicht nur bei Bildung einer Gewinnrücklage notwendig werden. Sie sind immer dann zu bilden, wenn die Gewinnabführung, die ja auf dem handelsrechtlichen Ergebnis beruht, von dem steuerlich zuzurechnenden Einkommen abweicht (sog. Minder- oder Mehrabführungen). Dadurch kann es auch zur Notwendigkeit **passiver Ausgleichsposten** kommen, wenn die Abführung höher als das zuzurechnende Einkommen ist.

BEISPIEL

Die OG-GmbH (Organgesellschaft) ist eine Tochter der OT-AG (Organträger). In der Handelsbilanz bilanziert die OG-GmbH ein Wirtschaftsgut mit 500 T€. Der Jahresüberschuss beträgt 900 T€. In der Steuerbilanz muss das Wirtschaftsgut aber mit 300 T€ angesetzt werden. Die Handelsbilanz sieht damit wie folgt aus:

Aktiva			Passiva
WG	500 T€	Jahresüberschuss	0 T€
Diverse andere WG	400 T€	Gewinnabführung	900 T€
	900 T€		900 T€

Die Steuerbilanz muss wie folgt erstellt werden:

Aktiva			Passiva
WG	300 T€	Jahresüberschuss	0 T€
Steuerlicher Korrekturposten	200 T€	Gewinnabführung	900 T€
Diverse andere WG	400 T€		
	900 T€		900 T€

Das Einkommen beträgt (900 T€ ./. 200 T€ =) 700 T€. Damit versteuert der Organträger lediglich ein Einkommen i. H. v. 700 T€, wohingegen er eine Gewinnabführung i. H. v. 900 T€ erhält.

In diesem Fall muss der Organträger in seiner Steuerbilanz einen passiven Ausgleichsposten i. H. v. 200 T€ bilden.

4.5 Verunglückte Organschaften

Bei einer guten steuerlichen Planung dürfte eigentlich der Fall nicht eintreten, dass die Beteiligten von einer körperschaftsteuerlichen Organschaft ausgehen, die dann – z. B. im Rahmen einer Betriebsprüfung – nicht anerkannt wird. Die Voraussetzungen der Organschaft sind nach Wegfall des Erfordernisses einer organisatorischen und wirtschaftlichen Eingliederung sehr viel einfacher geworden. Bestehen steuerliche Zweifelsfragen, sollte eine verbindliche Zusage des Finanzamts eingeholt werden.

Tritt dennoch der Fall ein, dass eine Organschaft im Nachhinein nicht anerkannt wird, so ist rückwirkend das Einkommen von der Organgesellschaft zu versteuern. Tatsächlich vorgenommene Gewinnabführungen sind als vGA der Organgesellschaft an den Organträger zu werten. Verlustübernahmen stellen verdeckte Einlagen des Organträgers in die Organgesellschaft dar.

Eine Rückgängigmachung der Gewinnabführung bzw. der Verlustübernahme ist wegen des steuerlichen Rückwirkungsverbots nicht möglich.

Die weitere Behandlung hängt davon ab, ob auf Seiten des Organträgers § 8b KStG oder §§ 20 Abs. 1 Nr. 1, 3 Nr. 40 EStG anzuwenden ist.

BEISPIEL

Zwischen der X-GmbH (Organgesellschaft) und der Y-AG (Organträger) wird eine Organschaft vereinbart. Das Einkommen der X-GmbH beträgt 1,4 Mio. € und ist identisch mit der erfolgten Gewinnabführung.

Bei einer Betriebsprüfung wird die Organschaft nicht anerkannt, da die Voraussetzungen der finanziellen Eingliederung nicht vorliegen.

LÖSUNG Damit muss die X-GmbH ihr Einkommen selbst versteuern. Die Gewinnabführung ist als verdeckte Gewinnausschüttung zu werten. Nach § 8b Abs. 1 KStG ist die vGA auf Ebene der Y-AG steuerfrei. Allerdings sind nach § 8b Abs. 5 KStG 5 % der vGA als nichtabzugsfähige Betriebsausgabe zu behandeln. Somit sind 70 000 € bei der Y-AG als Betriebseinnahme zu erfassen.

4.6 Gewerbesteuerliche Organschaft

Durch das UntStFG vom 20. 12. 2001 wurden die Voraussetzungen der gewerbesteuerlichen Organschaft vollständig an die Voraussetzungen der körperschaftsteuerlichen Organschaft angepasst. Besteht eine körperschaftsteuerliche Organschaft (§§ 14 ff. KStG), so hat dies automatisch nach § 2 Abs. 2 GewStG eine gewerbesteuerliche Organschaft zur Folge.

Der Gewerbeertrag der Organgesellschaft ist dem Organträger zuzurechnen und von diesem zu versteuern.

Teil F   Die GmbH & Still

1   Motive

Die GmbH & Still bietet sich aus mehreren Gründen an. Zum einen können Gesellschafter beteiligt werden, die nicht nach außen in Erscheinung treten wollen (z. B. aus berufs- oder wettbewerbsrechtlichen Gründen). Zum anderen können mit der GmbH & atypisch Still die Vorteile der Personengesellschaft mit denen einer Kapitalgesellschaft kombiniert werden:

- Übertragung der Verluste einer Kapitalgesellschaft in die Einkunftssphäre der Gesellschafter (§ 15 Abs. 1 Nr. 2 EStG),
- Möglichkeit der steuerwirksamen Teilwertberichtigung von Beteiligungen (wenn auch nur im Teileinkünfteverfahren),
- Ausnutzung des § 35 EStG auf Ebene der stillen Gesellschaft.

Nicht zuletzt eignet sich die GmbH & Still dazu, Gewinne auf Kinder zu verlagern, die den Grundfreibetrag, den Sparerfreibetrag und die Steuerprogression ausnutzen können.

Das **Handelsrecht** regelt in **§§ 230 ff. HGB** die stille Gesellschaft. Die Unterscheidung zwischen atypischer und typischer stiller Beteiligung ist dem Handelsrecht fremd.

Die stille Gesellschaft ist eine Personengesellschaft, die kein Gesamthandsvermögen besitzt. Der stille Gesellschafter leistet seine Einlage vielmehr in das Vermögen des Betriebsinhabers. Er wird hierfür am Gewinn und ggf. Verlust des Unternehmens, bei atypisch stillen Gesellschaften darüber hinaus grundsätzlich auch an den stillen Reserven beteiligt.

Die stille Gesellschaft ist eine reine **Innengesellschaft**. Die stille Gesellschaft selbst ist weder nach Handels- noch nach Steuerrecht buchführungspflichtig. Der Betriebsinhaber weist die Beteiligung des stillen Gesellschafters grundsätzlich als **Fremdkapital** aus. Der Gewinnanteil des Stillen wird **gewinnmindernd** gebucht. Er ist anhand des Jahresabschlusses des Inhabers des Handelsgeschäfts zu ermitteln. Dies gilt auch dann, wenn es sich bei dem Betriebsinhaber um eine Kapitalgesellschaft handelt, für deren Jahresabschluss die Sondervorschriften der §§ 264 ff. HGB zu beachten sind.

2   Abgrenzung zwischen typisch und atypisch stiller Gesellschaft

Bei der Prüfung, ob eine stille Gesellschaft als Mitunternehmerschaft – sog. atypisch stille Gesellschaft – zu behandeln ist, sind neben den allgemeinen Grundsätzen (vgl. H 15.8 Abs. 1 EStH) folgende Gesichtspunkte zu beachten:

Die Frage, ob eine atypische oder eine typische stille Gesellschaft vorliegt, ist nach ständiger Rechtsprechung des BFH aufgrund einer Gesamtbetrachtung unter Berücksichtigung aller Umstände zu entscheiden.

Danach reicht es für die Annahme einer atypisch stillen Gesellschaft jedenfalls nicht aus, dass sie lediglich im Vertragswerk als solche bezeichnet wird. Maßgebend ist vielmehr, welche Regelungen der Gesellschaftsvertrag im Einzelnen enthält und welche rechtlichen und wirtschaftlichen Wirkungen diese Regelungen im jeweiligen Einzelfall nach Maßgabe seiner Besonderheiten haben (BFH vom 18. 02. 1993 BFH/NV 1993, 647).

Aufgrund der gebotenen Gesamtbetrachtung ist die Mitunternehmerstellung eines Beteiligten nicht nur anhand des Vertrags über die stille Gesellschaft zu beurteilen. In die Gesamtbetrachtung einzubeziehen sind vielmehr auch darüber hinausgehende wirtschaftliche und rechtliche Beziehungen zwischen dem Steuerpflichtigen und der Gesellschaft (z. B. Geschäftsführungsvertrag, Pacht- und Darlehensverträge oder eine direkte bzw. indirekte Beteiligung am Inhaber des Handelsgeschäfts; BFH vom 20. 11. 1990 BFHE 163, 336).

Ein stiller Gesellschafter ist dann Mitunternehmer, wenn er Mitunternehmerrisiko trägt und Mitunternehmerinitiative entfalten kann (Details s. H 15.8 Abs. 1 EStH). Dies gilt auch dann, wenn sich ein Gesellschafter einer Kapitalgesellschaft an dieser beteiligt (BFH vom 21. 06. 1983 BStBl II 1983, 563).

Die stille Beteiligung ist nach dem eindeutigen Wortlaut des § 230 HGB nur an einem »Handelsgewerbe« möglich (vgl. § 1 HGB i. V.m § 15 EStG). Daher ist z. B. eine stille Beteiligung an einer freiberuflichen Praxis oder an einer vermögensverwaltenden Personengesellschaft bereits nach Handelsrecht nicht möglich.

3 Bilanzielle Behandlung

Die Einlage des Stillen ist grundsätzlich unter »sonstigen Verbindlichkeiten« zu passivieren. Dies gilt sowohl für die typische als auch die atypisch stille Gesellschaft, da das Handelsrecht die Unterscheidung nicht kennt. Aufgrund der Maßgeblichkeit sind die Bilanzansätze der Handelsbilanz auch in die Steuerbilanz zu übernehmen. Aus der Steuerbilanz ist daher die Differenzierung zwischen der typisch und der atypisch stillen Beteiligung nicht zu erkennen. Hat sich ein Gesellschafter der GmbH zugleich als stiller Gesellschafter beteiligt, so muss die Einlage als Verbindlichkeit gegenüber Gesellschaftern gesondert ausgewiesen oder im Anhang angegeben oder kenntlich gemacht werden (§ 42 Abs. 3 GmbHG). Häufig findet sich der Ausweis der Einlage des Stillen in einem Sonderposten zwischen dem Eigenkapital und den Rückstellungen. Als Eigenkapital darf sie ausgewiesen werden, wenn sie bis zur vollen Höhe am Verlust teilnimmt oder wenn der Stille einen Rangrücktritt vereinbart hat und die Einlage im Falle der Insolvenz nicht geltend gemacht und bei Liquidation erst nach voller Befriedigung aller Gläubiger zurückgefordert werden kann. In diesem Fall bietet sich ein Sonderposten nach dem Posten »gezeichnetes Kapital« an.

Der Gewinnanteil des Stillen ist in der jeweiligen Bilanz als Verbindlichkeit oder als Rückstellung **gewinnmindernd** zu passivieren. Bei einer atypisch stillen Gesellschaft ist die atypisch Still Gegenstand der einheitlichen und gesonderten Gewinnfeststellung (§§ 179 ff. AO). In die einheitlich und gesonderte Gewinnfeststellung sind die Gewinnanteile des Handelsgewerbes (bei dem ja die Gewinnanteile des Stillen als Betriebsausgabe berücksichtigt wurden) und die Gewinnanteile des Stillen einzubeziehen.

4 Besteuerung

4.1 Besteuerung der typisch Still

Die typisch stille Gesellschaft stellt im Ergebnis eine bloße Kapitalüberlassung dar (daher werden die Gewinnanteile an den Stillen als Betriebsausgaben gebucht – siehe oben). Sie führt deshalb beim stillen Gesellschafter im Zeitpunkt des Zuflusses grundsätzlich zu Einkünften aus Kapitalvermögen (§ 20 Abs. 1 Nr. 4 EStG). Ab VZ 2009 unterliegen die Einkünfte des stillen

Gesellschafters der Abgeltungsteuer i. H. v. 25 % zzgl. SolZ und KiSt (§ 32d Abs. 1 EStG). Unter den Voraussetzungen des § 32d Abs. 2 Nr. 1 EStG unterliegen die Gewinnanteile des typisch Stillen der regulären Besteuerung. Dies hat insbesondere Bedeutung für die GmbH & typisch Still, wenn der Gesellschafter an der GmbH zu mindestens 10 % beteiligt ist.

Unabhängig von der Abgeltungsteuer ist nach §§ 43 Abs. 1 Nr. 3, 43a Abs. 1 Nr. 2 EStG eine Kapitalertragsteuer i. H. v. 25 % einzubehalten und abzuführen und auf die Abgeltungsteuer anzurechnen.

Befindet sich die typisch stille Beteiligung im Privatvermögen, so fließen die Gewinnanteile nach **§ 11 EStG** erst zu, wenn der Gesellschafter über sie wirtschaftlich verfügen kann (H 11 EStH »Allgemeines« und »Stille Gesellschaft«). Der Stille kann bereits dann über die Gewinnanteile wirtschaftlich verfügen, wenn sie seinem Einlagekonto gutgeschrieben werden. Eine Auszahlung des Gewinnanteils ist für den Zufluss nicht erforderlich.

Da die Gewinnanteile des Stillen auf der Grundlage des Jahresabschlusses ermittelt werden, können sie erst zufließen, wenn dieser festgestellt ist.

BEISPIEL

S ist an der X-GmbH typisch still mit einer Einlage von 100 000 € beteiligt. Ihm stehen vereinbarungsgemäß 5 % des Jahresüberschusses vor Berücksichtigung der stillen Beteiligung zu. Der Jahresabschluss für das Wj. 2015 (= Kalenderjahr) wird im Juni 2016 erstellt. Anschließend erhält S einen Scheck über seinen Gewinnanteil.

LÖSUNG S versteuert den Gewinnanteil für 2015 erst mit Zufluss im Kalenderjahr 2016.

Ist der Stille beherrschender GmbH-Gesellschafter, so fließt der Gewinnanteil bereits mit Feststellung des Jahresabschlusses zu, da der beherrschende Gesellschafter die Auszahlung des Gewinnanteils wirtschaftlich in der Hand hat (vgl. zum Parallelfall der Dividende: H 20.2 EStH »Zuflusszeitpunkt bei Gewinnausschüttungen«).

Verlustanteile des typisch stillen Gesellschafters werden in der Regel von seiner Einlage abgebucht, die dadurch – je nach Vereinbarung – auch negativ werden kann. Mit der Abbuchung gelten die Verluste als zu- bzw. abgeflossen (§ 11 Abs. 2 Satz 1 EStG). Ist die Einlage negativ geworden, wird sie mit späteren Gewinnanteilen wieder aufgefüllt.

Soweit dem stillen Gesellschafter **Verlustanteile** von seiner Einlage abgebucht werden, liegen **negative Einnahmen** nach § 20 Abs. 1 Nr. 4 EStG vor. Dies gilt auch ab VZ 2009, da § 20 Abs. 1 Nr. 4 EStG weiterhin eine Verweisung auf §§ 15a und b EStG enthält. Diese Verweisung macht aber nur dann einen Sinn, wenn die Existenz negativer Einnahmen grundsätzlich anerkannt wird. Verlustanteile des stillen Gesellschafters fallen damit nicht unter das Abzugsverbot des § 20 Abs. 9 EStG.

Allerdings können ab VZ 2009 **Werbungskosten** (z. B. Finanzierungskosten) auch i. R. d. § 20 Abs. 1 Nr. 4 EStG nicht mehr geltend gemacht werden (**§ 20 Abs. 9 Satz 1 EStG**).

Ab VZ 2009 dürfen Verluste aus Kapitalvermögen nicht mehr mit anderen Einkünften ausgeglichen werden (**§ 20 Abs. 6 EStG**), da für die Einkünfte aus Kapitalvermögen der besondere Steuersatz des § 32d EStG gilt. Die Verluste mindern lediglich die Einkünfte, die der Steuerpflichtige in den folgenden Veranlagungszeiträumen aus Kapitalvermögen erzielt.

BEISPIEL

Der Steuerpflichtige (natürliche Person) ist mit einer Einlage i. H. v. ursprünglich 200 T€ an der X-GmbH typisch still beteiligt. Durch Verlustzuweisungen ist das Einlagekonto zum 31. 12. 2014 auf 30 T€ gesunken. Für das Wj. (= Kalenderjahr) 2014 wird dem Stillen ein Verlustanteil i. H. v. 50 T€ zugewiesen und am 01. 02. 2015 vom Einlagekonto abgebucht. Für das Wj. 2015 erhält der Stille einen Gewinnanteil i. H. v. 70 T€, der in 2016 seinem Einlagekonto gutgeschrieben wird. Der Steuerpflichtige hat im Übrigen nur Einkünfte aus Gewerbebetrieb i. H. v. 200 T€ jährlich.

LÖSUNG Der Verlustanteil aus 2013 unterliegt der Besteuerung im VZ 2015 (§ 11 Abs. 2 EStG). Nach §§ 20 Abs. 1 Nr. 4, 15a. 1 Satz 1 EStG liegt ein verrechenbarer Verlust vor, soweit ein negatives Einlagekonto entsteht (hier: 30 T€ ./. 50 T€ =) ./. 20 T€. Insoweit ist der Verlust nach § 15a Abs. 2 EStG in die nächsten Jahre vorzutragen und mit Gewinnen aus der stillen Beteiligung zu verrechnen. I. H. v. 30 T€ liegt ein ausgleichsfähiger Verlust vor (§ 15a Abs. 1 Satz 1 EStG). Dieser darf aber nach § 20 Abs. 6 Satz 2 EStG nicht mit den Einkünften aus Gewerbebetrieb ausgeglichen werden. Damit kommt nur ein Vortrag in die Folgejahre in Frage.

In 2016 liegen grundsätzlich Einnahmen nach § 20 Abs. 1 Nr. 4 EStG i. H. v. 70 T€ vor, die auch zugeflossen sind (Gutschrift; § 11 Abs. 1 Satz 1 EStG). Diese Einnahmen sind aber um die nach § 15a Abs. 2 EStG festgestellten verrechenbaren Verluste aus 2015 zu mindern; so dass sich ein Betrag i. H. v. (70 T€ ./. 20 T€ =) 50 T€ ergibt.

Aber auch die 50 T€ unterliegen noch nicht der Abgeltungsteuer, da der Vortrag nach § 20 Abs. 6 EStG zu berücksichtigen ist; somit liegen nur noch steuerpflichtige Einnahmen i. H. v. (50 T€ ./. 30 T€ =) 20 T€ vor. Darauf ist dann eine Abgeltungsteuer i. H. v. 25 % zzgl. 5,5 % SolZ zzgl. evtl. KiSt abzuführen.

Eine weitere Verlustabzugsbeschränkung ergibt sich aus **§ 15 Abs. 4 Satz 6 ff. EStG.** Danach dürfen Verluste aus stillen Beteiligungen an Kapitalgesellschaften nicht mit anderen Einkünften ausgeglichen werden. Diese Regelung gilt unmittelbar zwar nur für Mitunternehmer (also atypisch stille Gesellschaften). Über die Verweisung in § 20 Abs. 1 Nr. 4 EStG gilt die Vorschrift aber auch für typisch stille Beteiligungen. Allerdings relativiert § 15 Abs. 4 Satz 8 EStG das Ausgleichsverbot dahingehend, dass es nur gilt, wenn der typisch stille Gesellschafter **selbst eine Kapitalgesellschaft** ist. Damit soll letztlich die Übertragung von Verlusten aus einer Kapitalgesellschaft in eine andere Kapitalgesellschaft vermieden werden.

Der Verlust der Einlage des Stillen durch Zahlungsunfähigkeit bzw. Insolvenz der GmbH stellt einen nicht steuerbaren Verlust im privaten Vermögensbereich dar (kein Fall des § 20 Abs. 2 Nr. 4 EStG, da keine Veräußerung vorliegt).

Besondere Sorgfalt erfordern Verträge, bei denen **minderjährige Kinder** als stille Gesellschafter beteiligt werden (vgl. BMF vom 23. 12. 2010 BStBl I 2011, 37; zur Anwendung auf stille Beteiligungen siehe Rz. 15). Die Verträge müssen zuerst einmal zivilrechtlich wirksam sein. Hierzu muss ein **Ergänzungspfleger** (§ 1909 BGB) bestellt werden, wenn der Vertrag zwischen dem minderjährigen Kind auf der einen und den Eltern auf der anderen Seite geschlossen wird. Wird der Vertrag nur mit einem Elternteil geschlossen, so kann der andere Elternteil – soweit er zur Vertretung des minderjährigen Kindes berechtigt ist – den Vertrag im Namen des Kindes unterzeichnen. Das Amt des Ergänzungspflegers endet mit der Unterzeichnung des Vertrags über die stille Beteiligung. Eine **Genehmigung** des **Familiengerichts** (§§ 1643, 1822 BGB) ist für den Abschluss eines Vertrags über eine stille Beteiligung eines minderjährigen Kindes zumindest dann erforderlich, wenn das Kind auch am Verlust beteiligt ist (vgl. BFH vom 04. 07. 1968 BStBl II 1968, 671).

Im Übrigen muss der Vertrag über die stille Beteiligung hinsichtlich Gewinnverteilung, Beteiligung am Verlust, Kündbarkeit, termingerechte Zahlung des Gewinnanteils etc. den Bedingungen entsprechen, die unter fremden Dritten üblicherweise vereinbart werden. Eine Sicherheit wird zwar für Darlehensverträge mit minderjährigen Kindern regelmäßig verlangt. Dies wird man aber nicht auf die stille Beteiligung übertragen können, da hier eine Sicherheit für die Einlage absolut unüblich ist und das Verlustrisiko regelmäßig über einen höheren Gewinnanspruch ausgeglichen wird.

Wurde dem minderjährigen Kind das Kapital für die Beteiligung als stille Gesellschafter zuvor geschenkt, so wird die Schenkung nur anerkannt, wenn das Kapital für eine gewisse Zeit dem minderjährigen Kind zur freien Verfügung steht (z. B. Überweisung auf ein Bankkonto des Kindes). Darüber hinaus darf zwischen der Schenkung und der Hingabe des Kapitals zum Zwecke der Einlage kein wirtschaftlicher Zusammenhang bestehen. Schädlich wäre es z. B. die Schenkung des Kapitals von der Rückgewährung als Einlage im Rahmen einer stillen Beteiligung abhängig zu machen.

Hinsichtlich der Angemessenheit der Gewinnverteilung ist H 15.9 Abs. 5 EStH und BFH vom 06. 02. 1980 BStBl II 1980, 477 zu beachten. Stammen die Mittel für die Einlage als typisch stiller Gesellschafter nicht aus der Schenkung des Unternehmers, so darf die durchschnittliche Rendite nicht mehr als **25 % der Einlage** betragen, wenn der stille Gesellschafter nur am Gewinn beteiligt ist. Eine geringere Rendite ist steuerlich unschädlich. Ist der stille Gesellschafter auch am Verlust beteiligt, so ist eine Rendite von **bis zu 35 %** bezogen auf den Nominalbetrag der Einlage angemessen. Stammt die Einlage aus einer Schenkung des Unternehmers, so gilt eine Rendite von **bis zu 12 %** der Einlage (Beteiligung nur am Gewinn) bzw. **15 %** (Beteiligung am Gewinn und Verlust) als angemessen. Diese Grundsätze gelten auch im Falle einer Beteiligung familienfremder Dritter und sind unabhängig davon zu beachten, ob der Stille minderjährig ist oder nicht. Der Gewinnverteilungsschlüssel basiert auf einer mittelfristigen Gewinnprognose. Solange sich die Verhältnisse im Unternehmen nicht wesentlich ändern, kann der Gewinnverteilungsschlüssel beibehalten werden, auch wenn in einem einzelnen Jahr der Gewinn über oder unter der Gewinnprognose liegt. Ist die Gewinnverteilung unangemessen, so ist sie nicht unwirksam, sondern durch eine angemessene Regelung zu ersetzen (analog H 15.9 Abs. 3 EStH »Veränderung der Gewinnverteilung«).

BEISPIEL

Der Vater betreibt ein Einzelunternehmen mit einem durchschnittlichen jährlichen Gewinn von 500 T€. Er beteiligt sein minderjähriges Kind unter Einhaltung aller Formvorschriften rechtlich wirksam als typisch stiller Gesellschafter mit einer Einlage i. H. v. 30 T€. Das Kind soll vereinbarungsgemäß einen jährlichen Gewinnanteil i. H. v. 8 % erhalten. In 2016 beträgt der Gewinn 620 T€.

LÖSUNG Da die Kapitalbeteiligung des stillen Gesellschafters aus einer Schenkung des Unternehmers stammt, darf der Gewinnanteil des Stillen nicht mehr als 15 % der Einlage ergeben.

Vereinbart sind hier (8 % von 500 T€ =) 40 T€. Bezogen auf die Einlage bedeutet dies eine Verzinsung von (40 T€/30 T€ =) 133 %. Diese Vereinbarung führt zu einer unangemessenen Versteuerung und ist durch eine angemessene Vereinbarung zu ersetzen.

15 % der Einlage sind 4 500 €. Bezogen auf den durchschnittlich zu erwartenden Gewinn bedeutet dies einen Gewinnverteilungsschlüssel von (4 500 €/500 T€ =) 0,9 %.

Für das Jahr 2016 ergibt sich damit ein angemessener Gewinnanteil von (620 T€ × 0,9 % =) 5 580 €.

4.2 Besteuerung der atypisch Still

4.2.1 Allgemeines

Ist von einer Mitunternehmerschaft des Stillen auszugehen, so erfolgt die steuerliche Behandlung in weitgehender Anlehnung an die bei der KG gegebene Rechtslage (vgl. OFD Erfurt vom 23. 10. 2003 a. a. O.).

Dabei sind die folgenden Besonderheiten zu beachten: Der nach § 15 Abs. 1 Nr. 2 EStG zu ermittelnde Gewinnanteil des stillen Gesellschafters ist auf der Grundlage der Bilanz des Inhabers des Handelsgeschäfts zu ermitteln. Es besteht keine steuerliche Buchführungs- und Bilanzierungspflicht der stillen Gesellschaft selbst (BFH vom 13. 07. 1993 BStBl II 1994, 243). Der steuerliche Gesamtgewinn und die steuerliche Gesamtbilanz der Mitunternehmerschaft ergeben sich aus der Addition der Ergebnisse der Steuerbilanz des Geschäftsinhabers und einer etwaigen Sonderbilanz des stillen Gesellschafters unter **Hinzurechnung** des Gewinnanteils und etwaiger Sondervergütungen/-ausgaben des Stillen.

Der Feststellungsbescheid über die Verteilung der Einkünfte der atypisch stillen Gesellschaft ist nicht nur bindender Grundlagenbescheid (§ 171 Abs. 10 i. V. m. § 182 Abs. 1 AO) für die Besteuerung des atypisch stillen Gesellschafters, sondern auch für den Inhaber des Handelsgeschäfts.

Bei der atypisch stillen Gesellschaft ist ein **Gesamthandsvermögen** wie bei der OHG oder KG **nicht** vorhanden. Jedoch entspricht das Betriebsvermögen des Inhabers des Handelsgeschäfts dem Gesellschaftsvermögen einer gesamthänderisch gebundenen Personengesellschaft. Daneben kommt Sonderbetriebsvermögen in Betracht, wenn der atypisch stille Gesellschafter dem Inhaber des Handelsgeschäfts Wirtschaftsgüter zur Nutzung überlässt (BFH vom 02. 05. 1984 BStBl II 1984, 820).

Besteht die Beteiligung nur an einem bestimmten Geschäftsbereich des Handelsgewerbes, so bezieht sich die Mitunternehmerschaft nur auf diesen Bereich, der dann als eigenständiger Gewerbebetrieb anzusehen ist (BFH vom 06. 12. 1995 BStBl II 1998, 685).

Ermittelt der Inhaber des Handelsgeschäfts seinen Gewinn zulässigerweise nach einem vom Kalenderjahr **abweichenden Wirtschaftsjahr**, so gilt der anteilige Gewinn aus der atypisch stillen Gesellschaft als in dem Kalenderjahr bezogen, in dem das der Gewinnverteilung zugrunde liegende Wirtschaftsjahr endet (BFH vom 30. 09. 1964 BStBl III 1965, 54).

Ist Inhaber des Handelsgeschäfts eine **GmbH**, so erzielt auch der an ihr atypisch still beteiligte Gesellschafter gewerbliche Einkünfte, und zwar unabhängig davon, ob die Tätigkeit der GmbH und des an ihr atypisch still beteiligten Gesellschafters die Voraussetzungen eines Gewerbebetriebs nach § 15 Abs. 2 EStG erfüllen (BMF vom 26. 11. 1987 BStBl I 1987, 765).

Die Vorschrift des **§ 15 Abs. 3 Nr. 1 EStG** ist auch auf die atypisch stille Gesellschaft anzuwenden (BFH vom 10. 08. 1994 BStBl II 1995, 171).

§ 15a Abs. 1 Satz 1 EStG ist über die ausdrückliche Verweisung in Abs. 5 Nr. 1 auch für den Gewinnanteil des atypisch Stillen anzuwenden.

§ 15a Abs. 1 Sätze 2 und 3 EStG (erweiterter Verlustausgleich bei Außenhaftung) sind auf den stillen Gesellschafter nicht anwendbar, da diese Vorschrift nach dem Wortlaut des Gesetzes nur für Kommanditisten gilt (BFH vom 26. 05. 1994 BFH/NV 1994, 784).

Hinsichtlich der Angemessenheit der Gewinnverteilung sind R 15.9 Abs. 3 EStR und H 15.9 EStH zu beachten.

4.2.2 Besonderheiten bei der GmbH

Ist der atypisch stille Gesellschafter zugleich Anteilseigner der GmbH (GmbH & atypisch Still), stellen seine GmbH-Anteile **Sonderbetriebsvermögen II** dar (BFH vom 15. 10. 1998 BStBl II 1999, 286). Eine Ausnahme gilt nur dann, wenn sich der Stille nur an einem Geschäftsbereich der GmbH beteiligt und die GmbH darüber hinaus noch einer Geschäftstätigkeit von nicht ganz untergeordneter Bedeutung nachgeht (BFH vom 15.10.1998 a. a.O; H 4.2 Abs. 2 EStH »Anteile an Kapitalgesellschaften – Einzelfälle«.

BEISPIEL

Die X-GmbH betreibt eine Spedition (20 LKW) und ein Busunternehmen (15 Fahrzeuge). G ist Gesellschafter der GmbH und beteiligt sich mit einer Einlage von 100 T€ atypisch still am Geschäftsbereich »Spedition«.

LÖSUNG Nach § 230 HGB ist es zulässig, sich nur an einem Teilbereich des Handelsgewerbes zu beteiligen (was in der Praxis sicher selten geschehen wird). Da außerhalb der atypisch Still die GmbH noch einen weiteren bedeutenden Geschäftsbereich unterhält (Busunternehmen), wäre hier die GmbH nicht zwingend SBV II.

Dass die GmbH-Anteile als SBV zu aktivieren sind, hat – vergleichbar der GmbH & Co. KG – zur Folge, dass

- die Geschäftsführervergütung Sonderbetriebseinnahmen (§ 15 Abs. 1 Nr. 2 EStG) darstellt,
- Pensionsansprüche des Gesellschafters in dessen Sonderbilanz zu aktivieren sind,
- Dividendeneinnahmen und vGA nach §§ 20 Abs. 8, 15 EStG zu versteuern sind (keine Abgeltungsteuer, Gewerbesteuerpflicht) und

bei einer Veräußerung § 17 EStG nicht anwendbar ist (dennoch aber nach § 3 Nr. 40 Buchst. a EStG das Teileinkünfteverfahren).

Befindet sich die Beteiligung bei **Begründung** der atypisch stillen Beteiligung im Privatvermögen, so muss sie in das Sonderbetriebsvermögen des Stillen eingelegt werden. Dabei ist **§ 6 Abs. 1 Nr. 5 Buchst. b und c EStG** zu beachten. Danach ist die eingelegte Beteiligung mit den AK zu bewerten, wenn es sich um eine Beteiligung i. S. d. § 17 Abs. 1 Satz 1 oder § 20 Abs. 2 Nr. 1 EStG handelt. Damit soll die unversteuerte Übertragung stiller Reserven in ein Betriebsvermögen vermieden werden.

BEISPIEL

G ist seit Jahren zu 20 % an der X-GmbH beteiligt (Anschaffungskosten 50 T€, aktueller Wert 2 Mio. €). G beteiligt sich mit einer Einlage i. H. v. 500 T€ atypisch still an »seiner« GmbH.
LÖSUNG Da G zu mindestens 1 % an der GmbH beteiligt ist, sind seine Anteile mit 50 T€ (= AK) im Sonderbetriebsvermögen zu bilanzieren (BS: Beteiligung X-GmbH an Kapital Sonderbetriebsvermögen 50 T€).

Wird die atypisch stille Beteiligung **beendet**, bedeutet dies eine Betriebsaufgabe (§ 16 Abs. 1 Nr. 2 und Abs. 3 EStG), in deren Folge die GmbH-Anteile gewinnwirksam ins Privatvermögen zu entnehmen sind. Der Entnahmegewinn rechnet nach § 16 Abs. 3 Satz 7 EStG zum Aufgabegewinn, der allerdings dem TEV unterliegt (§ 3 Nr. 40 Buchst. b EStG). Wird lediglich die GmbH-Beteiligung veräußert, so hat dies auf die stille Beteiligung grundsätzlich keinen Einfluss (atypisch still beteiligt kann auch ein Nicht-Gesellschafter sein). Der Veräußerungsgewinn ist in diesem Fall nach § 15 Abs. 1 Nr. 2, § 3 Nr. 40 Buchst. a EStG zu versteuern. Die Bildung einer Rücklage nach § 6b Abs. 10 EStG (Ergänzungsbilanz des atypisch Stillen) ist grundsätzlich möglich.

4.2.3 Verlustzuweisungen

Mit Hilfe der GmbH & atypisch Still können Verluste aus einer Kapitalgesellschaft auf den Gesellschafter transferiert werden. Gemäß § 15a Abs. 5 Nr. 1 EStG ist die Zuweisung aber auf die Höhe der Einlage beschränkt.

BEISPIEL

An der X-GmbH ist der Gesellschafter G mit einer Einlage von 1 Mio. € atypisch still beteiligt. Ihm stehen gesellschaftsvertraglich 20 % des Gewinns und Verlustes zu, wobei der Verlust vom Einlagekonto abgebucht wird. Dadurch kann das Einlagekonto auch negativ werden. Zum 01.01.2016 steht das Einlagekonto auf 200 000 €. Dem G wird für 2014 ein Verlust i. H. v. 800 000 € durch einheitlich und gesondert Feststellung zugewiesen.

LÖSUNG G erzielt i. H. v. 200 000 € ausgleichsfähige Verluste. Der restliche Verlust ist lediglich nach § 15a Abs. 2 EStG verrechenbar.

Ist der Gesellschafter eine **Kapitalgesellschaft**, so verbietet § **15 Abs. 4 Satz 6 ff. EStG** die Verlustzuweisung. Dadurch soll verhindert werden, dass Verluste von einer Kapitalgesellschaft auf eine andere übertragen werden können.

BEISPIEL

Wie Beispiel oben; Gesellschafter G ist aber die G-AG.

LÖSUNG Die G-AG kann den Verlust aus der atypisch stillen Beteiligung nicht mit anderen Gewinnen verrechnen. Sie kann den Verlust lediglich vortragen und mit künftigen Gewinnen aus der atypisch stillen Beteiligung ausgleichen.

Teil G   Veräußerung von Beteiligungen

1   Überblick

Bei der Veräußerung von Anteilen an einer Kapitalgesellschaft sind folgende Fälle denkbar:

- Die Beteiligung befindet sich im Privatvermögen; innerhalb der letzten fünf Jahre war der Veräußerer mindestens zu 1 % beteiligt. Die Veräußerung fällt unter § 17 Abs. 1 Satz 1 EStG (Teileinkünfteverfahren).
- Die Beteiligung befindet sich im Privatvermögen; der Veräußerer war weniger als 1 % beteiligt. Die Veräußerung fällt unter § 20 Abs. 2 Nr. 1 EStG (Abgeltungsteuer).
- Die Beteiligung befindet sich in einem Betriebsvermögen; das gesamte Nennkapital wird in einem Akt (nicht notwendig durch einen Veräußerer) veräußert. Die Veräußerung fällt unter § 16 Abs. 1 Nr. 1 2. HS EStG (Teileinkünfteverfahren mit Freibetrag nach § 16 Abs. 4 EStG).
- Die Beteiligung befindet sich in einem Betriebsvermögen; es wird nicht das gesamte Nennkapital in einem Akt veräußert. Die Veräußerung fällt unter § 15 EStG (Teileinkünfteverfahren).
- Die Beteiligung befindet sich in einem Betriebsvermögen; der Veräußerer ist eine Kapitalgesellschaft. Die Veräußerung fällt unter § 8b Abs. 2 und 3 KStG (Gewinn 100 % steuerfrei und Hinzurechnung von 5 % des Gewinns als nicht abzugsfähige Betriebsausgabe).

2   Veräußerung von privaten Beteiligungen (§ 17 EStG)

2.1   Grundtatbestand

Zu den Einkünften aus Gewerbebetrieb gehört auch der Gewinn aus der Veräußerung von Anteilen an einer Kapitalgesellschaft, wenn der Veräußerer **innerhalb** der letzten **fünf Jahre** am Nennkapital der Gesellschaft unmittelbar oder mittelbar zu mindestens 1 % beteiligt war.

> **BEISPIEL**
>
> G erwarb am 01.07.2007 einen Anteil von 1,8 % an der XY-GmbH. Am 01.04.2015 veräußert er einen Anteil von 1,6 % und am 01.07.2016 den restlichen Anteil von 0,2 %.
>
> **LÖSUNG** Da G innerhalb der letzten fünf Jahre zu mindestens 1 % beteiligt war, erfüllen beide Veräußerungen den Tatbestand des § 17 EStG i. V. m. §§ 3 Nr. 40 Buchst. c, 3c Abs. 2 EStG (Teileinkünfteverfahren).

§ 17 EStG greift auch dann, wenn der Veräußerer nur kurze Zeit an der Gesellschaft beteiligt war (BFH vom 07.07.1992 BStBl II 1993, 331).

Die 1 %-Grenze gilt auch für solche Anteile, die vor dem Zeitpunkt der erstmaligen Anwendung des § 17 EStG in der Fassung des Artikels des Steuersenkungsgesetzes vom 23.10.2000 wegen der bis dahin geltenden Beteiligungsgrenze von 10 % nicht steuerverhaftet waren.

BEISPIELE

G erwarb am 01.07.1998 einen Anteil von 1,8 % an der XY-GmbH.

a) Er veräußerte seinen Anteil am 01.12.1999.

LÖSUNG Bei Veräußerungen in 1999 galt noch die Grenze von 10 %. Die Veräußerung war daher in 1999 nicht steuerbar.

b) Er veräußerte seinen Anteil am 01.12.2016.

LÖSUNG Bei der Veräußerung in 2016 gilt die Grenze von 1 %, egal wann die Anteile erworben wurden. Die Veräußerung fällt daher unter § 17 EStG.

§ 17 EStG gilt nur für Anteile, die der Gesellschafter im **Privatvermögen** hält. Die Veräußerung von Anteilen im Betriebsvermögen fällt unter § 15 EStG. Insoweit gilt die 1 %-Grenze nicht.

BEISPIEL

Unternehmer U hält in seinem Betriebsvermögen eine Beteiligung von 0,8 % an der XY-GmbH.

LÖSUNG Die Veräußerung fällt unter § 15 EStG.

Für die Berechnung der 1 %-Grenze sind Beteiligungen im Privat- und Betriebsvermögen zusammenzurechnen.

BEISPIEL

Unternehmer U hält in seinem Betriebsvermögen eine Beteiligung von 0,8 % an der XY-GmbH. Außerdem ist er zu 0,2 % privat an der XY-GmbH beteiligt. In 2016 veräußert er die 0,2 %.

LÖSUNG Da er insgesamt zu mindestens 1 % beteiligt ist, fällt die Veräußerung der privaten Beteiligung unter § 17 Abs. 1 Satz 1 EStG.

2.2 Mittelbare Beteiligungen

Besteht neben einer unmittelbaren eine mittelbare Beteiligung an der Gesellschaft, liegt eine Beteiligung im Sinne des § 17 Abs. 1 Satz 1 EStG vor, wenn die Zusammenrechnung eine Beteiligung von mindestens 1 % ergibt, unabhängig davon, ob der Steuerpflichtige die die mittelbare Beteiligung vermittelnde **Kapitalgesellschaft** beherrscht oder nicht (BFH vom 28.06.1978 BStBl II 1978, 590 und vom 12.06.1980 BStBl II 1980, 646).

BEISPIEL

G ist zu 0,8 % unmittelbar an der XY-GmbH beteiligt. Er hält außerdem 40 % der Anteile an der AB-GmbH, die ihrerseits zu 20 % an der XY-GmbH beteiligt ist. In 2016 veräußert er die 0,8 %.

LÖSUNG Rechnet man die unmittelbare (0,8 %) und die mittelbare (40 % von 20 % = 8 %) Beteiligung zusammen, hält G 8,8 % der Anteile. Die Veräußerung der 0,8 % erfüllt daher den Tatbestand des § 17 EStG.

Der Gesellschafter einer Kapitalgesellschaft ist auch dann Beteiligter i. S. d. § 17 Abs. 1 Satz 1 EStG, wenn sich die Anteilsquote von mindestens 1 % erst durch – anteilige – Hinzurechnung von Beteiligungen an der Kapitalgesellschaft ergibt, welche unmittelbar oder mittelbar von einer **Personengesellschaft** gehalten werden, an welcher der Gesellschafter der Kapitalgesellschaft als Mitunternehmer beteiligt ist (BFH vom 10.02.1982 BStBl II 1982, 392).

BEISPIEL

G ist zu 0,8 % unmittelbar an der XY-GmbH beteiligt. Er hält außerdem 40 % der Anteile an der AB-OHG, die ihrerseits zu 20 % an der XY-GmbH beteiligt ist. In 2014 veräußert er die 0,8 %.

LÖSUNG Rechnet man die unmittelbare (0,8 %) und die mittelbare (40 % von 20 % = 8 %) Beteiligung zusammen, hält G 8,8 % der Anteile. Die Veräußerung der 0,8 % erfüllt daher den Tatbestand des § 17 EStG.

2.3 Eigene Anteile

Werden von der Kapitalgesellschaft eigene Anteile gehalten (zur Bilanzierung s. E 2.1.5.4.2 sowie BMF vom 27. 11. 2013 BStBl I 2013, 1615 und § 272 Abs. 1a und 1b HGB), ist bei der Entscheidung, ob ein Steuerpflichtiger i. S. d. § 17 Abs. 1 Satz 1 EStG beteiligt ist, von dem um die eigenen Anteile der Kapitalgesellschaft verminderten Nennkapital auszugehen (BFH vom 24. 09. 1970 BStBl II 1971, 89).

BEISPIEL

Die XY-GmbH hat ein gezeichnetes Kapital von 100 000 €. Die GmbH hält eigene Anteile im Betrag von 20 000 €. G hält einen Anteil von nominal 900 €. In 2014 veräußert er seinen Anteil.

LÖSUNG G ist nur zu 0,9 % (900 € : 100 000 €) an der XY-GmbH beteiligt. Für Zwecke des § 17 Abs. 1 Satz 1 EStG ist jedoch das gezeichnete Kapital um die eigenen Anteile zu vermindern; somit ist von einem gezeichneten Kapital von 80 000 € auszugehen. Bezogen auf 80 000 € hält G aber 1,125 % der Anteile. Die Veräußerung fällt unter § 17 EStG.

2.4 Anteile im Gesamthandsvermögen

Werden die Anteile an einer Kapitalgesellschaft im Gesamthandsvermögen einer gewerblich tätigen Personengesellschaft gehalten, so fällt eine Veräußerung der Anteile unter § 15 EStG. Die Höhe der Beteiligung spielt insoweit keine Rolle.

Ist die Gesamthandsgemeinschaft vermögensverwaltend tätig (vgl. R 15.7 Abs. 1 EStR), so ist für die Frage der Beteiligungsgrenze des § 17 Abs. 1 Satz 1 EStG auf die einzelnen Mitglieder der Gemeinschaft abzustellen (sog. Bruchteilsbetrachtung; BFH vom 09. 05. 2000 BStBl II 2000, 686 gegen BFH vom 13. 07. 1999 BStBl II 1999, 820). Der Veräußerungsgewinn darf nicht einheitlich und gesondert festgestellt werden (BFH vom 09. 05. 2000 a. a. O.).

BEISPIEL

A, B und C sind Gesellschafter der ausschließlich vermögensverwaltenden A-B-C-GbR. Im Gesamthandsvermögen der GbR befindet sich eine 2 %ige Beteiligung an der XY-GmbH. In 2016 veräußert die GbR die Beteiligung.

LÖSUNG Da jedem der Gesellschafter nur 0,66 % zuzurechnen sind, fällt die Veräußerung des Anteils nicht unter § 17 EStG.

Eine Besonderheit gilt jedoch, wenn die Mitglieder der Gesamthandsgemeinschaft die Anteile **unentgeltlich** erworben haben. Dann ist für die Frage der Steuerverstrickung auf den Erblasser bzw. Schenker abzustellen (§ 17 Abs. 1 Satz 4 EStG).

BEISPIEL

A, B und C sind die Erben des E, der
a) am 01. 02. 2009,
b) am 01. 02. 2013 verstorben ist. In der Erbengemeinschaft befindet sich eine 2 %ige Beteiligung an der XY-GmbH. In 2016 veräußern die Erben die Beteiligung.

LÖSUNG In der Variante a) war zwar der Erblasser zu mindestens 1 % an der GmbH beteiligt. Aus Sicht der Veräußerung in 2016 sind aber die letzten fünf Jahre maßgebend. In diesem Zeitraum waren die Erben jeweils lediglich zu 0,66 % beteiligt. Aus diesem Grund entfällt eine Versteuerung nach § 17 Abs. 1 Satz 1. Grundsätzlich ist bei Beteiligungen von unter 1 % innerhalb der letzten fünf Jahre zu prüfen, ob ein Gewinn nach § 20 Abs. 2 Nr. 1 EStG oder nach § 23 Abs. 1 Nr. 2 EStG (vgl. § 52 Abs. 11 Satz 4 EStG – Erwerb der Beteiligung vor dem 01.01.2009) zu versteuern ist. Da hier die Beteiligung durch den Erblasser auf jeden Fall vor dem 01.01.2009 erworben wurde, greift § 23 Abs. 1 Nr. 2 EStG a. F. Da der einjährige Spekulationszeitraum abgelaufen ist, ist der Gewinn nicht steuerbar.

In der Variante b) ist die Beteiligungshöhe des Erblassers maßgeblich, da der Erbfall innerhalb der letzten fünf Jahre vor der Veräußerung durch die Erben stattgefunden hat. Da sonach die Anteile steuerverhaftet sind, fällt ein Veräußerungsgewinn der Erben unter § 17 Abs. 1 Satz 1 EStG, auch wenn der einzelne Erbe nur zu 0,66 % beteiligt ist (Steuerverhaftung).

2.5 Sperrfristverhaftete Anteile

Werden in den Fällen einer Sacheinlage unter dem gemeinen Wert (§ 20 Abs. 2 Satz 2 UmwStG) die Anteile innerhalb eines Zeitraums von sieben Jahren nach dem Einbringungszeitpunkt veräußert, ist der Gewinn aus der Einbringung nach **§ 22 UmwStG** rückwirkend im Wirtschaftsjahr der Einbringung als Gewinn des Einbringenden versteuert. In diesem Fall ist § 16 EStG anzuwenden (Details s. Kap. IV 5.6.9).

2.6 Infektion

Lange Zeit war streitig, ob bei unentgeltlichem Hinzuerwerb von Anteilen, die beim Schenker steuerverhaftet waren, eine »Infektion« von Anteilen eintritt, die unter der maßgeblichen Grenze des § 17 Abs. 1 Satz 1 EStG liegen. Der BFH vom 29.07.1997 BStBl II 1997, 727 hat die Frage zu Recht mittlerweile verneint.

BEISPIELE

a) G ist zu 0,5 % an der XY-GmbH beteiligt. In 2015 schenkt ihm V einen Anteil von 0,4 %. V ist seit 1995 zu 90 % an der GmbH beteiligt.

aa) G veräußert in 2016 die 0,4 %,

bb) G veräußert in 2016 die 0,5 %.

LÖSUNG

aa) Die Anteile des V sind steuerverhaftet, da bei einer Schenkung die Beteiligungsverhältnisse des Schenkers maßgeblich sind (§ 17 Abs. 1 Satz 4 EStG). Veräußert V die 0,4 % innerhalb von fünf Jahren seit Schenkung, so fällt der Vorgang unter § 17 EStG. Veräußert er die Anteile später als fünf Jahre nach der Schenkung, so ist die Beteiligung nicht mehr steuerverhaftet, da die Beteiligung weder innerhalb der letzten fünf Jahre bei V zu einer Beteiligung i. S. d. § 17 Abs. 1 Satz 1 EStG gehörte, noch G selbst die Grenze von 1 % erreicht.

bb) Die Veräußerung der 0,5 % ist nicht steuerbar, da G weder innerhalb der letzten fünf Jahre mindestens zu 1 % an der XY-GmbH beteiligt war, noch die 0,5 % durch die steuerverstrickten geschenkten Anteile infiziert werden können.

b) G ist zu 0,9 % an der XY-Gm2016bH beteiligt. In 2015 schenkt ihm V einen Anteil von 0,4 %. V ist seit 1995 zu 90 % an der GmbH beteiligt. In veräußert G alle Anteile.

LÖSUNG Es stellt sich weder die Frage der Infektion noch die der Steuerverstrickung. G war innerhalb der letzten fünf Jahre zu 1,3 % und damit i. S. d. § 17 Abs. 1 Satz 1 EStG beteiligt. Damit fällt jede Veräußerung seiner Anteile unter § 17 EStG.

2.7   Einlage von Anteilen

Bei der Problematik der offenen und verdeckten Einlagen ist danach zu differenzieren, ob die Einlage in das

- Betriebsvermögen eines Einzelunternehmens,
- in das Gesamthandsvermögen einer Personengesellschaft oder
- in das Betriebsvermögen einer Kapitalgesellschaft

erfolgt.

Zur Behandlung von Einlagen s. zunächst E 2.5. Wie vom BFH mehrfach festgestellt, liegt eine offene Einlage vor, wenn der Gesellschafter im Gegenzug für die Überführung des Wirtschaftsguts Gesellschaftsrechte erhält (z. B. BFH vom 20. 04. 2011, I R 97/10, BStBl II 2011, 815). Die offene Einlage wird daher als Tausch (§ 6 Abs. 6 EStG) und damit als entgeltliches Geschäft gewertet.

Eine verdeckte Einlage liegt vor, wenn demgegenüber der Gesellschafter keine Gesellschaftsrechte erhält. Dies ist der Fall, wenn die Gesellschaft auf der Passivseite eine Kapitalrücklage ausweist oder die Zuführung von Betriebsvermögen als Ertrag behandelt. Im Falle einer verdeckten Einlage liegt grundsätzlich kein Veräußerungsgeschäft vor. Die weitere steuerliche Behandlung hängt davon ab, ob die verdeckte Einlage in eine Gesamthand oder in eine Kapitalgesellschaft erfolgt.

Die Verwaltung wendet die Grundsätze des BVerfG zur (teilweisen) Verfassungswidrigkeit des § 17 EStG auch auf Einlagen i. S. v. § 6 Abs. 1 Nr. 5 Buchst. b EStG an (BMF vom 21. 12. 2010 BStBl I 2011, 16 und vom 21. 12. 2011 BStBl I 2012, 42).

2.7.1   Einlage einer Beteiligung in ein Einzelunternehmen

Bei der Einlage einer Beteiligung i. S. v. § 17 Abs. 1 Satz 1 EStG in ein Einzelunternehmen erfolgt keine Differenzierung zwischen offener und verdeckter Einlage. Die Einlage löst keinen Veräußerungsgewinn aus und ist grundsätzlich nach § 6 Abs. 1 Nr. 5 Buchst. b EStG zu bewerten (Ansatz der Anschaffungskosten). Damit gehen die stillen Reserven des Gesellschafters unversteuert in das Betriebsvermögen über. Dies ist kein Problem, da sowohl im Privatvermögen als auch im Betriebsvermögen das Teileinkünfteverfahren gilt (§ 3 Nr. 40 Buchst. a bzw. c EStG).

Ein besonderes Problem entsteht, wenn der Teilwert der Beteiligung im Zeitpunkt der Einlage unter die Anschaffungskosten gesunken ist. Grundsätzlich wäre in diesem Fall nach § 6 Abs. 1 Nr. 5 EStG der niedrigere Teilwert anzusetzen. Damit würde aber bei einer späteren Veräußerung unter Umständen ein zu hoher Gewinn entstehen.

BEISPIEL

Der Steuerpflichtige erwarb 20 % der Anteile an der D-GmbH für 100 000 €. In 2013 ist der Wert der Anteile auf 20 000 € gesunken. Zu diesem Zeitpunkt legt der Gesellschafter die Anteile in das Betriebsvermögen seines Einzelunternehmens ein. In 2016 veräußert der Gesellschafter die Beteiligung – die inzwischen wieder im Wert gestiegen ist – für 120 000 €.

LÖSUNG Nach dem strengen Wortlaut des § 6 Abs. 1 Nr. 5 EStG müsste die Beteiligung mit einem Wert von 20 000 € eingelegt werden (= Buchwert der Beteiligung im Betriebsvermögen). Bei der späteren Veräußerung entstünde nach § 15 EStG ein Gewinn i. H. v. (100 000 € × 60 % =) 60 000 €. Hätte der Gesellschafter die Beteiligung nicht eingelegt, hätte sein Veräußerungsgewinn nach § 17 Abs. 1 Satz 1 EStG lediglich (20 000 € × 60 % =) 12 000 € betragen.

Die Rechtsprechung (BFH vom 02. 09. 2008, X R 48/02, BStBl II 2010, 162) und die Verwaltung (H 17 Abs. 8 EStH) sehen darin zu Recht einen Widerspruch. Entgegen dem Wortlaut des § 6 Abs. 1 Nr. 5 EStG ist daher die Beteiligung mit den Anschaffungskosten zu bewerten. Eine sofortige Teilwertabschreibung soll ausgeschlossen sein.

BEISPIEL

Fortsetzung des Beispiels oben. Damit ergibt sich folgende Lösung: Der Buchwert der Beteiligung beträgt 100 000 €; der niedrigere Teilwert ist steuerlich ohne Bedeutung. Bei der späteren Veräußerung beläuft sich damit der Veräußerungsgewinn auf (20 000 € × 60 % =) 12 000 € und ist damit nicht höher als bei einer Veräußerung aus dem Privatvermögen.

2.7.2 Einlage einer Beteiligung in eine Gesamthand

Die Behandlung dieser Fallkonstellationen war lange Zeit streitig. Der Rechtsprechung folgend differenziert die Verwaltung zwischen der offenen und der verdeckten Einlage (BMF vom 11. 07. 2011 BStBl I 2011, 713). Im Falle der offenen Einlage geht sie von einem tauschähnlichen Vorgang aus, der einen Veräußerungsgewinn nach § 17 Abs. 1 Satz 1 EStG auslöst.

Problematisch ist die Frage, wann von einer Gewährung von Gesellschaftsrechten auszugehen ist. In der Praxis hat sich bei Personengesellschaften ein System gesplitteter Kapitalkonten herausgebildet. Kapitalkonto I nimmt in der Regel das sog. Festkapital auf und bildet den Maßstab für die Gewinnverteilung und die Stimmrechte in einer Personengesellschaft. Eine Buchung in das **Kapitalkonto I** vermittelt stets Gesellschaftsrechte (vgl. BMF vom 29. 03. 2000 BStBl I 2000, 462 sowie BMF vom 11. 07. 2011 BStBl I 2011, 713).

Das Kapitalkonto II dient in der Regel dazu, die Gewinne, Verluste, Einlagen und Entnahmen des Gesellschafters aufzunehmen. Die Behandlung der Buchung in das Kapitalkonto II war in der Vergangenheit umstritten. Der BFH ging mit den Entscheidungen vom 29. 07. 2015, IV R 15/14, BStBl II 2016, 593 und vom 04. 02. 2016, IV R 46/12, BStBl II 2016, 607 davon aus, dass das Kapitalkonto II keine Gesellschaftsrechte vermittele. Die Verwaltung folgt dem mit Verfügung des BMF vom 29. 07. 2016 BStBl I 2016, 684. Damit ist also bei einer Buchung auf dem **Kapitalkonto II** von einer **verdeckten Einlage** auszugehen. Erfolgt die Buchung sowohl in das Kapitalkonto I als auch in eine Kapitalrücklage oder sowohl in das Kapitalkonto I als auch in das Kapitalkonto II, so gehen Rechtsprechung und Verwaltung davon aus, dass insgesamt eine offene Einlage vorliegt.

Das **Kapitalkonto III** wird häufig als sog. Darlehenskonto geführt und dient dazu, nicht entnahmefähige Gewinnanteile aufzunehmen, die der Gesellschaft als Darlehen zur Verfügung gestellt werden. Die Buchung in ein Kapitalkonto III der Gesamthandsbilanz ist nicht korrekt. Handelt es sich um ein Darlehen, so muss in der Gesamthand eine Verbindlichkeit und im Sonderbetriebsvermögen des Gesellschafters eine Darlehensforderung ausgewiesen werden. Erfolgt die Buchung in das Kapitalkonto III, so liegt eine Veräußerung vor, bei der der Kaufpreis in eine Darlehensforderung umgewandelt wird. Es liegt weder eine offene noch eine verdeckte Einlage vor. Vielmehr ist der Fall als Veräußerung i. S. v. § 17 Abs. 1 EStG zu behandeln.

Im Falle der verdeckten Einlage kommt demgegenüber § 6 Abs. 1 Nr. 5 Buchst. b EStG zum Tragen. Danach löst die Einlage keine Aufdeckung der stillen Reserven aus. Die Bewertung der Einlage mit den Anschaffungskosten führt daher zur Übertragung der stillen Reserven auf die Gesamthand.

Gesellschafter G ist zu 40 % an der G-GmbH beteiligt. Die Anschaffungskosten in 2005 betrugen 100 000 €. Der aktuelle gemeine Wert der Beteiligung beläuft sich auf 800 000 €. Gesellschafter G legt die Beteiligung an der G-GmbH in 2016 in die X-KG ein. Die KG bucht:

a) Beteiligung G-GmbH an Kapitalkonto I;

b) Beteiligung G-GmbH an Kapitalkonto II;

c) Beteiligung G-GmbH an Kapitalrücklage;

d) Beteiligung G-GmbH an Kapitalkonto I und Kapitalkonto II;

e) Beteiligung G-GmbH an Kapitalkonto III.

LÖSUNG In der Variante a) liegt eine offene Einlage vor. Da ein tauschähnlicher Vorgang vorliegt, ist der gemeine Wert der Beteiligung anzusetzen (BS: Beteiligung G-GmbH 800 000 € an Kapitalkonto I 800 000 €). G realisiert einen Veräußerungsgewinn nach § 17 Abs. 1 Satz 1 EStG i. H. v. (700 000 € x 60 % =) 420 000 €.

In der Variante b) liegt eine verdeckte Einlage vor. Die Einlage erfolgt mit den Anschaffungskosten (BS: Beteiligung G-GmbH 100 000 € an Kapitalkonto II 100 000 €). Ein Veräußerungsgewinn entsteht dadurch nicht.

In der Variante c) liegt ebenfalls eine verdeckte Einlage vor. Die Lösung entspricht Variante b).

Die Variante d) ist insgesamt als offene Einlage zu behandeln. Die Lösung entspricht der Variante a).

Variante e) stellt eine Veräußerung der Anteile dar. Die KG bucht die Anteile mit den Anschaffungskosten ein (BS: Beteiligung G-GmbH 800 000 € an Kapitalkonto III 800 000 €). Gesellschafter G realisiert einen Veräußerungsgewinn i. H. v. 420 000 €.

2.7.3 Einlage einer Beteiligung in eine Kapitalgesellschaft

Bezüglich der Differenzierung zwischen offener und verdeckter Einlage gilt das oben Gesagte. Eine offene Einlage kann nur dann vorliegen, wenn die Gegenbuchung in das Stammkapital erfolgt. Dies ist nur möglich bei einer Gründung oder Kapitalerhöhung.

Im Falle der offenen Einlage liegt eine Veräußerung nach § 17 Abs. 1 Satz 1 EStG vor. Für den Fall der verdeckten Einlage sieht § 17 Abs. 1 Satz 2 EStG die gleichen Rechtsfolgen vor. Die Behandlung ist daher nicht vergleichbar mit der verdeckten Einlage in eine Gesamthand. Der Grund liegt darin, dass ein Übergang unversteuerter stiller Reserven auf eine Kapitalgesellschaft dazu führen würde, dass diese die Beteiligung später nach § 8b Abs. 2 KStG steuerfrei veräußern könnte. Als Veräußerungserlös gilt nach § 17 Abs. 2 Satz 2 EStG der gemeine Wert der Anteile. Die Ermittlung des gemeinen Werts von Anteilen hat auch im Rahmen des § 17 EStG nach BewG zu erfolgen (hierzu ausführlich: OFD Rheinland vom 15. 11. 2007 GmbHR 2008, 112).

Gesellschafter G ist zu 20 % an der Y-GmbH beteiligt (Anschaffungskosten 30 000 €; aktueller Wert 400 000 €). Im Zuge der Gründung der Z-AG legt der Gesellschafter die Anteile an der Y-GmbH in die Z-AG ein. Diese bucht den Vorgang wie folgt: Beteiligung Y-GmbH 400 000 € an Stammkapital 50 000 € und Kapitalrücklage 350 000 €.

LÖSUNG In Höhe von 50/400 liegt eine offene Einlage vor. Insofern realisiert der Gesellschafter einen Veräußerungsgewinn nach § 17 Abs. 1 Satz 1, § 3 Nr. 40 Buchst. c, § 3c Abs. 2 EStG in Höhe von:

Erlös (50 000 € × 60 % =)	30 000 €
Anschaffungskosten (30 000 € × 50/400 × 60 % =)	./. 2 250 €
Gewinn	27 750 €

In Höhe von 350/400 liegt eine verdeckte Einlage vor. Der Gesellschafter hat nach § 17 Abs. 1 Satz 2 EStG zusätzlich zu versteuern:

Erlös (350 000 € × 60 % =)	210 000 €
Anschaffungskosten (30 000 € × 350/400 × 60 % =)	./. 15 750 €
Gewinn	194 250 €

2.8 Veräußerung von Anteilen an einer ausländischen Gesellschaft

§ 17 EStG gilt auch für Anteile an einer ausländischen Kapitalgesellschaft, wenn die ausländische Kapitalgesellschaft mit einer deutschen Kapitalgesellschaft vergleichbar ist (BFH vom 21. 10. 1999 BStBl II 2000, 424; ein Typenvergleich findet sich in Tabelle 1 im Anhang zu BMF vom 24. 12. 1999 BStBl I 1999, 1076 – sog. Betriebsstättenerlass). Dabei ist aber stets zu prüfen, ob mit dem Staat, in dem die ausländische Kapitalgesellschaft ihren Sitz hat ein DBA abgeschlossen wurde und welchem Staat dieses DBA das Besteuerungsrecht zuweist.

BEISPIEL

G (wohnhaft in Stuttgart) erwarb am 01. 07. 1998 einen Anteil von 1,8 % an der XY-Ltd. mit Sitz in London. In 2016 veräußert er die Beteiligung.
LÖSUNG Nach Art. VIII Abs. 3 des DBA Deutschland-Großbritannien sind Veräußerungsgewinne in dem Staat zu besteuern, in dem der Gesellschafter seinen Wohnsitz hat, somit in Deutschland. Da die ltd. mit der deutschen GmbH vergleichbar ist, fällt der Veräußerungsgewinn unter § 17 EStG.

Weist das DBA das Besteuerungsrecht dem ausländischen Sitzstaat zu, so ist der Veräußerungsgewinn dem deutschen Progressionsvorbehalt zu unterstellen (§ 32b Abs. 1 Nr. 3 EStG). Besteht mit dem Staat, in dem die ausländische Gesellschaft ihren Sitz hat, kein DBA, so gilt das Welteinkommensprinzip. Ungeachtet einer Besteuerung im ausländischen Staat ist der Veräußerungsgewinn nach § 1 EStG in Deutschland zu versteuern. Eine mögliche Doppelbesteuerung wird durch Anrechnung oder Abzug der ausländischen Ertragsteuer nach § 34c EStG (zumindest teilweise) beseitigt.

Wurde die Beteiligung in ausländischer Währung angeschafft und wird sie in ausländischer Währung veräußert, so sind sowohl die Anschaffungskosten als auch der Veräußerungspreis zum Zeitpunkt Ihres jeweiligen Entstehens in Euro umzurechnen und nicht lediglich der Saldo des in ausländischer Währung errechneten Veräußerungsgewinns/Veräußerungsverlustes zum Zeitpunkt der Veräußerung (BFH vom 24. 01. 2012, IX R 62/10, BStBl II 2012, 564; in diesem Sinne auch BFH vom 21. 01. 2014, IX R 11/13 n. v.).

BEISPIEL

Der in Deutschland ansässige Gesellschafter G erwarb in 2001 Anteile an einer Schweizer Kapitalgesellschaft für 100 000 € SFr. Der Umrechnungskurs betrug zu diesem Zeitpunkt (fiktiv) 1 € = 1,5 SFr. In 2014 veräußert der Gesellschafter seine Beteiligung für 300 000 SFr. Der Umrechnungskurs betrug zu diesem Zeitpunkt (fiktiv) 1 € = 1,25 SFr.
LÖSUNG Der Gewinn ist nach § 17 Abs. 1 Satz 1 EStG in Deutschland zu versteuern der Gewinn berechnet sich wie folgt:

Erlös (300 000 SFr. / 1,20 =) 250 000 € × 60 % =	150 000 €
./. Anschaffungskosten (100 000 SFr. / 1,50 =) 66 667 € × 60 % = ./.	40 000 €
Gewinn	110 000 €

3 Veräußerungsgewinn

3.1 Grundfall

Veräußerungsgewinn ist der Betrag, um den der Veräußerungspreis nach Abzug der Veräußerungskosten die Anschaffungskosten übersteigt.

Zu den Anschaffungskosten einer Beteiligung rechnen:

* Einzahlung des Stammkapitals bei Gründung,
* Sacheinlagen (§ 20 UmwStG),
* Gründungskosten, die vom Gesellschafter übernommen wurden,
* Kaufpreis einer bereits gegründeten GmbH,
* Anschaffungsnebenkosten (Notar, Rechtsberatung, Eintragung ins Handelsregister etc.),
* verdeckte Einlagen,
* sonstige nachträgliche Anschaffungskosten (vgl. 4.2)

Kosten für die Beratung, Gutachten u. Ä., die im Zusammenhang mit der Anschaffung von GmbH-Geschäftsanteilen anfallen (sog. Due-Diligence-Kosten), sind keine Werbungskosten, sondern Anschaffungsnebenkosten (BFH vom 27. 03. 2007, VIII R 62/05 BStBl II 2010, 159). Im Zusammenhang mit der fehlgeschlagenen Gründung einer Kapitalgesellschaft entstandene Beratungskosten können weder als Werbungskosten noch als Liquidationsverlust nach § 17 Abs. 4 EStG geltend gemacht werden (BFH vom 20. 04. 2004, VIII R 4/02 BStBl II 2004, 597).

Der Veräußerungsgewinn wird zur Einkommensteuer nur herangezogen, soweit er den Teil von 9060 € übersteigt, der dem veräußerten Anteil an der Kapitalgesellschaft entspricht. Der **Freibetrag** ermäßigt sich um den Betrag, um den der Veräußerungsgewinn den Teil von 36100 € übersteigt, der dem veräußerten Anteil an der Kapitalgesellschaft entspricht (§ 17 Abs. 4 EStG).

Der Veräußerungserlös ist nach § 3 Nr. 40 Buchst. c EStG zu 60 % anzusetzen (Teileinkünfteverfahren). Im Gegenzug sind die Anschaffungskosten und die Veräußerungskosten nach § 3c Abs. 2 EStG ebenfalls nur zu 60 % abzugsfähig. Das Teileinkünfteverfahren ist nach Ansicht des BFH (Urteil vom 19. 06. 2007 BStBl II 2008, 551) mit dem GG vereinbar. Die dagegen erhobenen Verfassungsbeschwerden – 2 BvR 2221/07 und 2 BvR 2659/07 wurden ohne Begründung vom BVerfG nicht zur Entscheidung angenommen.

BEISPIEL

G erwirbt in 2000 30 % der in 1984 gegründeten XY-GmbH für 200 000 €. Er veräußert die Anteile in 2016 für 250 000 €. Die Veräußerungskosten, die von G getragen werden, belaufen sich auf 20 000 €.

LÖSUNG

Erlös (250 000 € × 60 % =)			150 000 €
./. Veräußerungskosten (20 000 € × 60 % =)		./.	12 000 €
./. Anschaffungskosten (200 000 € × 60 % =)		./.	120 000 €
Gewinn			18 000 €
Freibetrag (9 060 € × 30 % =)		2 718 €	
Veräußerungsgewinn	18 000 €		
./. Grenzbetrag (36 100 € × 30 % =)	./. 10 830 €		
./. Schädlicher Betrag		./. 7 170 €	
Freibetrag			0 €

3.2 Veräußerung von Teilen einer Beteiligung

Wird nur ein Teil einer Beteiligung veräußert und wurden die Anteile zu verschiedenen Zeiten und zu verschiedenen Preisen erworben, so kann der Steuerpflichtige mangels einer gesetzlichen Regelung bestimmen, welche Anteile oder Teile davon er veräußert (BFH vom 10. 10. 1978 BStBl II 1979, 77). Dabei ist stets zu berücksichtigen, dass ein Gesellschafter – im Gegensatz zu § 16 EStG – nicht eine einheitliche, sondern mehrere Beteiligungen an einer GmbH mit unterschiedlichen Anschaffungskosten haben kann.

BEISPIEL

G erwirbt in 2002 20 % der XY-GmbH für 10 000 €. In 2007 erwirbt er weitere 40 % für 200 000 €. In 2016 veräußert er 10 % für 70 000 €.

LÖSUNG G kann wählen, welche Anteile er veräußern will. In der Regel wird er sich dafür entscheiden, die in 2007 erworbenen Anteile zu veräußern. Damit beträgt sein Veräußerungsgewinn lediglich (70 000 € × 60 % ./. 200 000 € × 1/4 × 60 % =) 12 000 €.

Hätte er sich dazu entschieden, die in 2002 erworbenen Anteile zu veräußern, würde sein Veräußerungsgewinn (70 000 € × 60 % ./. 10 000 € × 1/2 × 60 % =) 39 000 € betragen.

3.3 Veräußerung gegen Rente

Veräußert ein Steuerpflichtiger seine Beteiligung gegen wiederkehrende Leistungen, so kann er wählen, ob er den Veräußerungsgewinn sofort oder im Rahmen nachträglicher Einnahmen versteuern will (R 17 Abs. 7 Satz 2 i. V. m. R 16 Abs. 11 EStR).

Wählt er die Sofortversteuerung, ist § 17 EStG anzuwenden. Der Gewinn ergibt sich aus der Differenz zwischen dem Barwert der Rente (Ansatz des versicherungsmathematischen Barwerts oder des Barwerts nach Bewertungsgesetz) und den Anschaffungskosten der Beteiligung. Die Rente ist nach § 22 Nr. 1 Satz 3 Buchst. a Doppelbuchst. bb EStG mit dem Ertragsanteil zu versteuern. Die Vervielfältiger zur Berechnung des Kapitalwerts lebenslänglicher Nutzungen werden vom Bundesfinanzministerium jährlich aktualisiert und im Bundessteuerblatt veröffentlicht.

BEISPIEL

Gesellschafter G (70 Jahre alt) erwarb in 1980 eine 40 %ige Beteiligung an der XY-GmbH für 20 000 €. Im Januar 2016 veräußert er die Beteiligung gegen eine monatliche Leibrente von 1 000 € (zur Barwertermittlung s. BMF vom 02. 12. 2015 BStBl I 2015, 954).

LÖSUNG Der Barwert der Rente beträgt (12 000 € × 9,792 =) 117 504 €.

Der Veräußerungsgewinn beläuft sich auf:

Erlös (117 504 € × 60 % =)		70 502 €
AK (20 000 € × 60 % =)	./.	12 000 €
Gewinn		58 502 €

Der Ertragsanteil der Rente ist nach § 22 Nr. 1 Satz 3 Buchst. a Doppelbuchst. bb EStG i. H. v. (12 000 € × 15 % =) 1 800 € zu versteuern.

Wählt er die laufende Versteuerung, ist die monatliche Rente in einen Zins- und einen Tilgungsanteil zu zerlegen (vgl. BMF vom 03. 08. 2004 BStBl I 2004, 1187 A 1.2). Der Zinsanteil ist nach § 22 Nr. 1 Satz 3 Buchst. a Doppelbuchst. bb EStG zu versteuern. Der Tilgungsanteil führt ab dem Zeitpunkt zu nachträglichen Betriebseinnahmen (§§ 17 i. V. m. 15, 24 Nr. 2 EStG), ab dem der Betrag der Tilgung die Anschaffungskosten übersteigt. Das Teileinkünfteverfahren (§ 3 Nr. 40 Buchst. a EStG) ist anzuwenden.

> **BEISPIEL**
>
> Wie voriges Beispiel; Der Veräußerer wählt die laufende Versteuerung.
> **LÖSUNG** Der Zinsanteil der Rente ist von Anfang an zu versteuern (§ 22 Nr. 1 Satz 3 Buchst. a Doppelbuchst. bb EStG.
> Der Zinsanteil (= Ertragsanteil) ergibt sich aus der Tabelle in § 22 Nr. 1 Satz 3 Buchst. a Doppelbuchst. bb EStG; er beträgt (12 000 € × 15 % =) 1 800 €. Der Tilgungsanteil ergibt sich aus der Differenz der Rentnerzahlungen (12 Monate × 1 000 € = 12 000 €) und dem Zinsanteil. Somit beträgt der Tilgungsanteil in 2016 (12 000 € ./. 1 800 € =) 10 200 €. Die laufende Versteuerung des Veräußerungsgewinns beginnt erst, wenn die Summe der Tilgungen größer ist als die Anschaffungskosten. Dies ist hier nicht der Fall.

3.4   Rückwirkende Änderungen

Wird der Kaufpreis von den Vertragsparteien nachträglich geändert, weil z. B. die Beteiligung nicht die zugesicherten Erträge erwirtschaftet, so stellt dies ein rückwirkendes Ereignis dar, das zur Änderung des Steuerbescheides führt, dem der nach dem ursprünglich vereinbarten Kaufpreis ermittelte Veräußerungsgewinn zugrunde liegt (BFH vom 23. 06. 1988 BStBl II 1989, 41 zu § 16 EStG; vgl. auch H 16 Abs. 10 EStH).

Auch eine Rückübertragung aufgrund einer vor Kaufpreiszahlung geschlossenen Rücktrittsvereinbarung ist als Ereignis mit steuerlicher Rückwirkung auf den Zeitpunkt der Veräußerung der Beteiligung zurück zu beziehen (BFH vom 21. 12. 1993 BStBl II 1994, 648). Ohne eine derartige Vereinbarung stellt die Rückübertragung eine erneute Veräußerung dar (BFH vom 21. 10. 1999 BStBl II 2000, 424).

Ein Schadensersatz wegen Falschberatung im Zusammenhang mit dem Kauf von Anteilen führt nicht zu einer rückwirkenden Änderung des Veräußerungsgewinns (BFH vom 04.10.2016, IX R 8/15, BStBl II 2017, 316).

3.5   Teilweise Verfassungswidrigkeit

Das BVerfG hat mit Entscheidung vom 07. 07. 2010 BStBl II 2011, 86 die rückwirkende Einführung der 10 %-Grenze durch das StEntlG für verfassungswidrig erklärt. Danach durfte ein Gesellschafter bis zur Verabschiedung des StEntlG (31. 03. 1999) darauf vertrauen, dass eine Veräußerung einer Beteiligung i. H. v. 25 % nicht unter § 17 Abs. 1 EStG fällt. Somit unterliegt der Veräußerungsgewinn, der bis zum 31. 03. 1999 entsteht, insoweit nicht der Besteuerung. Die Verwaltung wendet die Rechtsprechung an (BMF vom 20. 12. 2010 BStBl I 2011, 14). Nach Verwaltungsansicht kann der Veräußerungsgewinn linear nach Monaten aufgeteilt werden.

> **BEISPIEL**
>
> Der Steuerpflichtige erwirbt am 15.01.1997 20 % der Anteile an einer GmbH für 100 T€. Am 03. 08. 2009 veräußert er die Anteile für 500 T€.
> **LÖSUNG** Die Gesamtbesitzzeit beträgt (aufgerundet) 151 Monate. Auf den Zeitraum 31. 03. 1999 bis 03. 08. 2009 entfallen abgerundet 124 Monate. Damit sind lediglich (124/151 × 400 T€ =) 328 466 € steuerbar; nach § 17 Abs. 1 EStG sind dies (328 466 € × 60 % =) 197 085 €.

Nach dem Schreiben des BMF ist die Rechtsprechung des BVerfG auch auf die Absenkung auf 1 % durch das StSenKG (Verkündung: 26. 10. 2000) entsprechend anwendbar.<!–wegen Tabelle auf 621–>

4 Veräußerungsverluste

Veräußerungsverluste werden im Rahmen des § 17 EStG – anders als bei § 16 EStG – nur unter bestimmten Voraussetzungen anerkannt. Sie fallen – wie die Gewinne – unter das Teileinkünfteverfahren.

4.1 Gesetzliche Regelung

Nach § 17 Abs. 2 Satz 6 EStG kann ein Steuerpflichtiger einen Veräußerungsverlust nur geltend machen, wenn er einen der dort aufgeführten Tatbestände verwirklicht.

Der Verlust wird zum einen anerkannt, wenn der Gesellschafter die Beteiligung i. S. v. § 17 Abs. 1 Satz 1 EStG **mindestens fünf Jahre lang** gehalten hat.

> **BEISPIEL**
>
> G gründet in 2013 die XY-GmbH mit einem Stammkapital von 25 000 €. In 2016 veräußert er die Beteiligung für 1 €.
> **LÖSUNG** § 17 EStG ist anwendbar, da G **innerhalb** der letzten fünf Jahre mindestens zu 1 % beteiligt war. Da G aber die Beteiligung nicht mindestens fünf Jahre lang gehalten hat, kann er insoweit den Verlust nicht geltend machen (zu prüfen sind aber die weiteren Tatbestände des § 17 Abs. 2 Satz 6 EStG).

Der Verlust wird auch anerkannt, wenn der Anteil innerhalb der letzten fünf Jahre erworben wurde und der Erwerb zur Begründung einer Beteiligung i. S. d. § 17 Abs. 1 Satz 1 EStG geführt hat.

> **BEISPIEL**
>
> **Fortführung des Beispiels**
> Da die Gründung zum Erwerb einer mindestens 1 %igen Beteiligung geführt hat und die Gründung innerhalb der letzten fünf Jahre vor der Veräußerung stattgefunden hat, ist der Tatbestand des § 17 Abs. 2 Satz 6 EStG erfüllt.
> **LÖSUNG** Auch der Verlust fällt unter das Teileinkünfteverfahren (§ 3 Nr. 40 EStG) und beträgt bei G somit 15 000 €.

Des Weiteren wird ein Veräußerungsverlust für Beteiligungen anerkannt, die nach Begründung einer Beteiligung i. S. d. § 17 Abs. 1 Satz 1 EStG hinzuerworben worden sind.

> **BEISPIEL**
>
> G erwirbt in 2007 eine 5 %ige Beteiligung an der XY-GmbH. In 2015 erwirbt er weitere 0,5 % hinzu. In 2016 veräußert er die 5,5 % mit Verlust.
> **LÖSUNG** Auch der Verlust aus der Veräußerung der 0,5 % kann anerkannt werden, da die 0,5 % zu einer bestehenden Beteiligung im Sinne des § 17 Abs. 1 Satz 1 EStG hinzu erworben wurden.

Die Regelung des Veräußerungsverlustes gilt über § 17 Abs. 4 EStG auch für den Fall der Liquidation.

Resultiert der Verlust aus der Veräußerung oder Liquidation einer außerhalb der Europäischen Union ansässigen Kapitalgesellschaft, so ist die Vorschrift des § 2a Abs. 1 Nr. 4 EStG zu beachten (vgl. E 2.7.2.1). Das Gleiche gilt, wenn eine in Deutschland ansässige Kapitalgesellschaft veräußert wird und die Verluste wirtschaftlich in einem Drittstaat verursacht wurden (§ 2a Abs. 1 Nr. 7 Buchst. c EStG).

Veräußerungsverluste unterliegen nach § 3 Nr. 40 Buchst. c i. V. m. § 3c Abs. 2 EStG dem Teileinkünfteverfahren. Mit Urteil vom 25. 06. 2009 BStBl II 2009, 220 hat der BFH entgegen der bisherigen Verwaltungsauffassung und herrschenden Meinung entschieden, dass der Abzug von Erwerbsaufwand (z. B. Anschaffungskosten oder Veräußerungskosten einer Beteiligung i. S. d. § 17 EStG) im Zusammenhang mit den Einkünften § 17 Abs. 4 EStG (Liquidationsfall) jedenfalls dann nicht den Abzugsbeschränkungen des § 3c Abs. 2 EStG unterliegt, wenn der Steuerpflichtige während der gesamten Beteiligungsdauer keine Einnahmen aus dieser Beteiligung erzielt hat.

Er begründete seine Entscheidung mit dem Gesetzeswortlaut von § 3c Abs. 2 EStG, wonach für eine Anwendung des Teilabzugsverbots explizit Einnahmen nach § 3 Nr. 40 EStG gefordert würden. Die Finanzverwaltung wendet diese neue Rechtsprechung über den Einzelfall hinaus an (BMF vom 28. 06. 2010 BStBl I 2010, 599).

Mit Wirkung ab VZ 2011 wurde **§ 3c Abs. 2 EStG** nun dahingehend **geändert**, dass die Absicht der Erzielung von Betriebsvermögensmehrungen oder Einnahmen i. S. d. § 3 Nr. 40 ausreichend ist. Damit unterliegen Veräußerungsverluste auch dann dem Teileinkünfteverfahren, wenn aus der Beteiligung niemals Dividenden oder Veräußerungs-/Liquidationserlöse erzielt wurden.

Ein Veräußerungsverlust ist im Fall einer Veräußerung in dem VZ realisiert, in dem die Anteile veräußert werden. Problematisch ist der Fall der Liquidation (s. unten). Nach H 17 Abs. 7 EStH »Auflösung und Kapitalherabsetzung« entsteht der Auflösungsverlust nach § 17 Abs. 4 EStG normalerweise mit Abschluss der Liquidation (= Löschung der Gesellschaft im Handelsregister). Erst dann steht fest, ob und in welcher Höhe der Gesellschafter mit einer Zuteilung und Rückzahlung von Vermögen der Gesellschaft rechnen kann und ferner, welche nachträglichen Anschaffungskosten der Beteiligung anfallen und welche Veräußerungskosten/ Auflösungskosten der Gesellschafter persönlich zu tragen hat. Ausnahmsweise kann der Zeitpunkt, in dem der Veräußerungsverlust realisiert ist, schon vor Abschluss der Liquidation liegen, wenn mit einer wesentlichen Änderung des bereits feststehenden Verlustes nicht mehr zu rechnen ist (BFH vom 25. 01. 2000 BStBl II 2000, 343).

BEISPIEL

Gesellschafter G erwarb in 1997 50 % der Anteile an der X-GmbH für 1 Mio. €. In 2010 gewährte er der GmbH ein Darlehen über 1,8 Mio. €. Er verzichtete bereits für diesen Zeitpunkt auf eine Kündigung, sollte es der GmbH finanziell schlecht gehen. In 2014 beantragen Gläubiger der GmbH die Eröffnung eines Insolvenzverfahrens. Dieses wird noch in 2014 mangels Masse abgewiesen. Die anschließende Liquidation zieht sich bis in das Jahr 2016. In 2016 wird die Liquidation abgeschlossen und die GmbH im Handelsregister gelöscht.

LÖSUNG Wird die Eröffnung eines Insolvenzverfahrens mangels Masse abgelehnt, bedeutet dies, dass nicht einmal genügend Mittel vorhanden sind, um die Verfahrenskosten abdecken zu können. Dies bedeutet für den Gesellschafter, dass er zu diesem Zeitpunkt sicher weiß, dass sein Kapital vollständig verloren ist. G muss daher bereits in 2014 in seiner Steuererklärung den Verlust nach § 17 Abs. 4 EStG geltend machen. Wird die Veranlagung 2014 bestandskräftig, ohne dass G den Auflösungsverlust geltend gemacht hat, so kann er ihn in den folgenden Jahren nicht mehr nachholen.

4.2 Nachträgliche Anschaffungskosten

Insbesondere im Zusammenhang mit Veräußerungs- und Liquidationsverlusten stellt sich häufig die Frage nachträglicher Anschaffungskosten. Je höher die nachträglichen Anschaffungskosten sind, umso höher ist ein Veräußerungsverlust (bzw. umso geringer ist ein Veräußerungsgewinn). Nachträgliche Anschaffungskosten können durch folgende Tatbestände entstehen:

- verdeckte Einlagen,
- Ausfall eigenkapitalersetzender Darlehen sowie
- Bürgschaftsleistungen, soweit die Rückgriffsforderung gegen die Gesellschaft wertlos ist.

4.2.1 Verdeckte Einlagen

Eine verdeckte Einlage liegt vor, wenn ein Gesellschafter der Gesellschaft einen bilanzierungsfähigen Vorteil zuwendet (s. E 2.5). Insbesondere der **Verzicht** des Gesellschafters auf eine Forderung gegenüber der GmbH führt i. H. d. Teilwerts der Forderung zu einer verdeckten Einlage. Beim Gesellschafter liegt i. H. d. werthaltigen Teils der **Forderung** ein Zufluss vor (grundlegend: BFH GrS vom 09. 06. 1997 BStBl II 1998, 307). Die verdeckte Einlage erhöht außerdem die Anschaffungskosten der Beteiligung (BFH vom 12. 02. 1980 BStBl II 1980, 494; H 17 Abs. 5 EStH »Verdeckte Einlage«).

BEISPIEL

G erwarb in 2011 20 % der Anteile an der XY-GmbH für 20 000 €. G vermietet an die GmbH ein Grundstück. Bis zum 31. 12. 2014 sind Mietrückstände i. H. v. 12 000 € aufgelaufen. Zu diesem Zeitpunkt befindet sich die GmbH in akuten Zahlungsschwierigkeiten. Sie kann ihre Verbindlichkeiten nur noch zu 20 % erfüllen. G verzichtet am 31. 12. 2014 auf seine Mietforderung. In 2016 veräußert er die Beteiligung für 1 000 €.

LÖSUNG Der Verzicht auf die Mietforderung führt bei der GmbH zu einem außerordentlichen Ertrag i. H. d. Nominalbetrags der Forderung (BS: Verbindlichkeit an außerordentlichen Ertrag 12 000 €). Dieser Ertrag wird außerbilanziell um den Wert der verdeckten Einlage vermindert (§ 8 Abs. 3 Satz 3 KStG). Da die Forderung nur noch i. H. v. 20 % (= 2 400 €) werthaltig war, entsteht bei der GmbH ein Ertrag aus der Ausbuchung der Verbindlichkeit i. H. v. (12 000 € ./. 2 400 € =) 9 600 €.

Die verdeckte Einlage führt zu einem Zugang im steuerlichen Einlagekonto (§ 27 KStG) i. H. v. 2 400 €. Gleichzeitig erhöhen sich die Anschaffungskosten der Beteiligung um 2 400 €.

Beim Gesellschafter führt der Verzicht zu einem Zufluss (§ 11 EStG) i. H. d. werthaltigen Teils, da ein Steuerpflichtiger auf eine Forderung nur verzichten kann, wenn er zuvor die wirtschaftliche Verfügungsmacht erlangt hat. Damit erzielt G Einnahmen nach §§ 11, 21 EStG i. H. v. 2 400 €.

Die Veräußerung in 2016 führt zu einem Veräußerungsgewinn nach § 17 EStG. Der Veräußerungsgewinn (im Teileinkünfteverfahren) errechnet sich wie folgt:

Erlös		600 €
Anschaffungskosten	12 000 €	
Nachträgliche Anschaffungskosten	1 440 €	./. 13 440 €
Veräußerungsverlust		./. 12 840 €

4.2.2 Eigenkapitalersetzende Darlehen

Der BFH hat unter Geltung des durch das Gesetz zur Modernisierung des GmbH-Rechts (MoMiG) abgeschafften § 32a GmbHG den Verlust sog. eigenkapitalersetzender Darlehen als nachträgliche Anschaffungskosten anerkannt (Nachweis in BMF vom 21. 10. 2010 BStBl I 2010, 832). Als eigenkapitalersetzende Darlehen wurden folgende Arten von Darlehen anerkannt:

- Hingabe des Darlehens in der finanziellen Krise der GmbH,
- Stehenlassen eines Darlehens (= Verzicht auf Kündigung) eines früher gewährten Darlehens bei Eintritt der Krise,
- krisenbestimmte Darlehen (= Darlehen, bei denen der Gesellschafter für den Fall des Eintritts einer Krise im Rang hinter die übrigen Gesellschafter zurücktritt oder auf eine Rückzahlung des Darlehens ganz oder bis zum Eintritt der finanziellen Gesundung verzichtet) sowie
- Finanzplandarlehen (= Darlehen, die bei Gründung oder später wesentlicher Erweiterung der Geschäftstätigkeit von vornherein mangelndes Eigenkapital ausgleichen sollen).

Problematisch war stets, mit welchem Wert die Darlehensansprüche anzusetzen waren. Rechtsprechung und Verwaltung gingen davon aus, dass im Falle stehen gelassener Darlehen der Wert des Darlehensanspruchs bei Eintritt der finanziellen Krise maßgeblich sei, im Übrigen der Nennwert des Darlehens.

Die Regelung in § 32a GmbHG wurde durch die **§§ 39, 135 InsO** ersetzt. Danach treten alle Gesellschafterdarlehen in der Insolvenz unabhängig von ihrer vertraglichen Ausgestaltung und unabhängig vom Zeitpunkt der Hingabe an die letzte Stelle aller Gläubiger. Darüber hinaus kann nach **§ 6 AnfG** die Gestellung einer Sicherheit für ein Gesellschafterdarlehen bis zu zehn Jahre vor Eintritt der Krise bzw. die Tilgung eines Gesellschafterdarlehens im letzten Jahr vor Eintritt der Krise angefochten werden. Die Verwaltung nahm die Neuregelung in der InsO bzw. dem AnfG zum Anlass, das bisherige System der eigenkapitalersetzenden Darlehen im Rahmen des § 17 EStG grundsätzlich beizubehalten (BMF vom 21. 10. 2010 a. a. O.).

Lediglich bei den krisenbestimmten Darlehen unterscheidet die Verwaltung nunmehr zwischen einer Krisenbestimmung aufgrund vertraglicher Vereinbarungen (z. B. Rangrücktritt für den Fall des Eintritts einer Krise) und einer Krisenbestimmung aufgrund der gesetzlichen Neuregelungen in §§ 39, 135 InsO sowie § 6 AnfG. Die nachträglichen Anschaffungskosten bemessen sich bei der letzten Kategorie nach dem gemeinen Wert im Zeitpunkt des Beginns des Anfechtungszeitraums. Zu Gunsten der Steuerpflichtigen geht dabei die Verwaltung von einem Zeitraum von zehn Jahren vor Eintritt der Krise aus. Da sonach die meisten Gesellschafterdarlehen unter diese Gruppe zu subsumieren sind, haben die stehen gelassenen Darlehen praktisch keine Bedeutung mehr.

BEISPIEL

Der Gesellschafter einer GmbH gewährt dieser in 2010 ein Darlehen über 500 000 €. Die GmbH ist zu diesem Zeitpunkt gesund und zahlungsfähig. In 2015 gerät die GmbH in die finanzielle Krise und kann ihre Verbindlichkeiten nicht mehr erfüllen. Der Gesellschafter verzichtet zu diesem Zeitpunkt auf eine Kündigung des Darlehens. In 2016 wird das Insolvenzverfahren eröffnet und die GmbH noch im selben Jahr gelöscht.

LÖSUNG Da das Darlehen in 2010 keine Regelung für den Fall des Eintritts einer Krise vorsah, lag insoweit kein krisenbestimmtes Darlehen aufgrund vertraglicher Vereinbarungen nur. Da der Gesellschafter bei Eintritt der Krise das Darlehen nicht kündigte, wandelte sich dieses zu einem stehen gelassenen Darlehen um. Nach altem GmbH-Recht hätte der Ausfall des Darlehens in 2016 zu keinen nachträglichen Anschaffungskosten geführt, da der gemeine Wert des Darlehensanspruchs bei Eintritt der Krise mit 0 € anzusetzen gewesen wäre.

Nach neuem Recht liegt ein krisenbestimmtes Darlehen aufgrund der §§ 39, 135 InsO sowie § 6 AnfG vor. Maßgeblich für die Bewertung des Darlehensanspruchs ist der gemeine Wert des Darlehensanspruchs maximal zehn Jahre vor Eintritt der Krise; hier: in 2010. Zu diesem Zeitpunkt war die GmbH finanziell noch gesund und damit der Anspruch voll werthaltig. Damit führt der Ausfall des Darlehensanspruchs bei dem Gesellschafter zu nachträglichen Anschaffungskosten i. H. v. 500 000 €.

Die folgende Übersicht zeigt noch einmal die neue Rechtslage auf:

Darlehensart	Tatbestandsmerkmale	Nachträgliche AK i. H. d. …
Krisendarlehen	Das Darlehen wird nach Eintritt der Krise gewährt.	Nennwerts
Krisenbestimmtes Darlehen	Das Darlehen wird vor der Krise gewährt mit der Maßgabe, dass es im Falle einer Krise nicht gekündigt wird. Diese Krisenbestimmungen ergibt sich aus • Vertrag oder • **Nachrangigkeit im Insolvenzverfahren gemäß §§ 39, 135 InsO bzw. Anfechtungsmöglichkeit nach § 6 AnfG**	Nennwerts **gemeinen Werts bei Beginn des Anfechtungszeitraums (zehn Jahre vor Erlangung des ersten Schuldtitels gegen die Gesellschaft)**
Finanzplandarlehen	Das Darlehen wurde von vornherein in die Finanzplanung der Gesellschaft einbezogen.	Nennwerts
Stehen gelassenes Darlehen	Das Darlehen wird vor der Krise gewährt. Es wird nicht gekündigt, obgleich der Gesellschafter es hätte abziehen können und erkennbar ist, dass der Rückzahlungsanspruch erkennbar gefährdet ist.	gemeinen Werts des Rückzahlungsanspruchs im Zeitpunkt des gesellschaftsrechtlich bedingten Stehenlassens

Nach § 39 Abs. 1 Nr. 5 und Abs. 4 InsO unterliegen zwar Darlehen, die zum Zwecke der Sanierung des Unternehmens hingegeben werden, nicht dem Nachranggebot (sog. **Sanierungsprivileg**). Gleichwohl behandeln Rechtsprechung (BFH vom 19. 08. 2008, IX R 63/05, BStBl II 2009, 5) und Verwaltung (BMF vom 21. 10. 2010 BStBl I 2010, 832) derartige Darlehen nach den Grundsätzen eigenkapitalersetzender Darlehen.

Im Gegensatz dazu steht die Behandlung des sog. **Kleinanlegerprivilegs**. § 39 Abs. 1 Nr. 5, Abs. 5 InsO sieht vor, das Gesellschafter, die nicht Geschäftsführer sind und zu ≤ 10 % am Stammkapital beteiligt sind, nicht unter das Nachranggebot fallen. Fallen derartige Gesellschafter mit Gesellschafterdarlehen aus, so will die Verwaltung den Ausfall der Darlehen nicht als nachträgliche Anschaffungskosten berücksichtigen. Diese Ansicht scheint bedenklich, da die Regelung in § 39 InsO zu Gunsten der Gesellschafter geschaffen wurde und die Verwaltung die Intention des Gesetzgebers nunmehr im Rahmen des § 17 Abs. 2 EStG umkehrt.

Eigenkapitalersetzende Darlehen sind zivilrechtlich Darlehen (§ 607 BGB) und **in der Bilanz** unabhängig von ihrer gesellschaftsrechtlichen Charakterisierung **als Fremdkapital auszuweisen**. Selbst dann, wenn der Rückzahlungsanspruch des Gesellschafters gefährdet ist, ist das Darlehen mit dem Nennwert zu passivieren. Erst der Verzicht des Gesellschafters auf die Rückzahlung führt zur Ausbuchung der Verbindlichkeit und der Behandlung als verdeckte Einlage. Die Höhe nachträglicher Anschaffungskosten kann daher aus der Bilanz nicht ersehen werden.

BEISPIEL

Gesellschafter G gewährt der XY-GmbH (Stammkapital 25 000 €) bei Gründung in 1987 ein Finanzplandarlehen (Darlehen I) i. H. v. 100 000 €. In 2002 wird ein weiteres Darlehen (II) über 500 000 € vereinbart, das mittels einer Grundschuld abgesichert ist und mit 6 % verzinst wird. In 2016 gerät die GmbH in eine finanzielle Krise. Eine Rückzahlung des Finanzplandarlehens ist wirtschaftlich nicht mehr möglich.

LÖSUNG Obwohl das Finanzplandarlehen gesellschaftsrechtlich den Einlagen gleichgestellt ist und bei einem Ausfall zu nachträglichen Anschaffungskosten führen würde, ist dies aus der Bilanz nicht ersichtlich. Eine Wertberichtigung darf nicht erfolgen, da die Verbindlichkeit zivilrechtlich in voller Höhe weiter besteht.

Aktiva		**Bilanz XY-GmbH**	Passiva
Diverse Wirtschaftsgüter	625 000 €	Gezeichnetes Kapital	25 000 €
		Darlehen I	100 000 €
		Darlehen II	500 000 €
	625 000 €		625 000 €

4.2.3 Bürgschaftsverluste

Hat der Gesellschafter eine Bürgschaft für eine Verbindlichkeit der Gesellschaft übernommen und wird er daraus in Anspruch genommen, so geht nach § 774 BGB die Darlehensforderung auf den Gesellschafter (Bürgen) über (gesetzlicher Forderungsübergang).

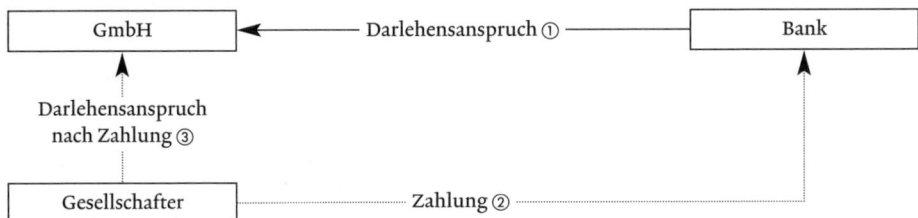

Ist die Darlehensforderung voll werthaltig, hat der Gesellschafter (Bürge) wirtschaftlich keinen Nachteil erlitten. Er kann den Darlehensanspruch gegen die GmbH geltend machen und damit die Aufwendungen für die Zahlung an die Bank ausgleichen.

In der Praxis wird aber die Darlehensforderung häufig **nicht werthaltig** sein, da bei Zahlungsfähigkeit der GmbH die Bank keinen Anlass hat, einen Bürgen in Regress zu nehmen.

In diesen Fällen entstehen dem Gesellschafter nachträgliche Anschaffungskosten, wenn die Übernahme der Bürgschaft ihre Ursache im Gesellschaftsverhältnis hat (BFH vom 31. 05. 2005, X R 36/02, BStBl II 2005, 707). Dies wird aber regelmäßig der Fall sein, da ein fremder Dritter keine Bürgschaft für die GmbH übernehmen würde. Die Zahlung der Bürgschaft führt nicht zu einer verdeckten Einlage, da aufgrund des Bürgenregresses (§ 774 BGB) die Darlehensverbindlichkeit auf den Bürgen übergeht und somit weiterhin in der GmbH passiviert werden muss. Verzichtet der Gesellschafter auf die Rückgriffsforderung, so muss die Darlehensforderung ausgebucht werden. Insoweit (und erst jetzt) liegt eine verdeckte Einlage vor. Da die Darlehensforderung aber wertlos ist (sonst hätte der Bürge ja nicht zahlen müssen), ist die Einlage i. d. R. mit 1 € zu bewerten. Unabhängig von der Tatsache, ob der Gesellschafter-Bürge auf die (wertlose) Rückgriffsforderung verzichtet oder nicht, entstehen ihm nachträgliche Anschaf-

fungskosten in Höhe der Bürgschaftszahlung. Er hätte das gleiche Ergebnis auch erreichen können, wenn er die Bürgschaftssumme in die GmbH verdeckt eingelegt und die GmbH damit die
Darlehensverbindlichkeit getilgt hätte. In diesem Fall wäre die Geldeinlage – im Gegensatz zum
Verzicht auf die Rückgriffsforderung – mit dem Nominalbetrag als verdeckte Einlage behandelt
worden.

Entstehen aus einer Bürgschaft nachträgliche Anschaffungskosten, so spielt es keine Rolle,
wann der Gesellschafter aus der Bürgschaft in Anspruch genommen wird (im Bereich der
Anschaffungskosten ist § 11 EStG nicht anwendbar).

Entscheidend ist, dass der Gesellschafter auf die Bürgschaftsverpflichtung irgendwann
zahlt. Ist der Gesellschafter bei Eintritt der Krise der GmbH selbst zahlungsunfähig, so kann er
durch die Bürgschaft keine nachträglichen Anschaffungskosten haben (BFH vom 08.04.1998
BStBl II 1998, 660).

Leistet der Gesellschafter an die Bank eine Zahlung, um sich von der Bürgschaftsverpflichtung »loszukaufen«, so führt dies zu nachträglichen Anschaffungskosten der Beteiligung (BFH
vom 02.10.1984 BStBl II 1985, 320).

Die Bürgschaft eines Gesellschafters kann (ausnahmsweise) auch darin begründet sein,
dass dieser seinen Arbeitsplatz erhalten möchte. In diesen Fällen kann der Bürgschaftsverlust
als Werbungskosten bei den Einkünften aus nichtselbständiger Arbeit (§ 19 EStG) geltend
gemacht werden (BFH vom 03.09.2015, VI R 58/13, BStBl II 2016, 305). Geht ein Gesellschafter
eine Bürgschaft ein, so wird zunächst eine Vermutung dafür sprechen, dass er die Bürgschaft als
Gesellschafter – und nicht als Arbeitnehmer – abgegeben hat. Je geringer die Beteiligung an der
Kapitalgesellschaft und je höher das Interesse an der Erhaltung des Arbeitsplatzes ist, umso
mehr spricht für Werbungskosten.

BEISPIEL

Gesellschafter G hält 3 % der Anteile an der Y-GmbH. Er ist als Arbeitnehmer seit 20 Jahren nicht
leitend in der Gesellschaft tätig. Als die Gesellschaft in die finanzielle Krise gerät, befürchtet er, seinen Arbeitsplatz zu verlieren und in seinem Alter keinen neuen mehr bekommen zu können. Aus
diesem Grund gibt er gegenüber der Bank eine Bürgschaft über 100 000 € ab.

LÖSUNG Bei dieser Konstellation steht der Erhalt des Arbeitsplatzes im Vordergrund und die gesell-
schaftsrechtliche Veranlassung bei einem Splitteranteil von 3 % im Hintergrund. Daher könnte G den
Verlust der Bürgschaftssumme als Werbungskosten geltend machen (vgl. BFH vom 03.09.2015, VI
R 58/13, BStBl II 2016, 305).

4.2.4 Drittaufwand

Die Frage, ob der Darlehensverlust naher Angehöriger zu nachträglichen Anschaffungskosten des Gesellschafters führt, war lange umstritten.

BEISPIEL

G ist Gesellschafter der XY-GmbH. Seine Ehefrau hat der GmbH ein Darlehen gewährt. Als die
GmbH im Zuge des Insolvenzverfahrens liquidiert wird, fällt die Ehefrau mit ihrer Darlehensforderung aus.

Die Rechtsprechung (z. B. BFH vom 12.12.2000, VIII R 36/97, BFH/NV 2001, 761 für
Bürgschaftsverluste und BFH vom 12.12.2000, VIII R 52/93, BStBl II 2001, 286 zu Darlehens-
verlusten) lehnt die Geltendmachung von Drittaufwand i.R.d. § 17 EStG ab. Dem folgt auch die
Verwaltung (vgl. H 17 Abs. 5 EStH »Drittaufwand« und BMF vom 21.10.2010 BStBl I 2010,

832). Ist allerdings der Gesellschafter verpflichtet, seinem Ehegatten die Aufwendungen, die dieser auf die Beteiligung getätigt hat zu ersetzen, so können aus dieser Ersatzleistung nachträgliche Anschaffungskosten entstehen. Eine derartige Ersatzpflicht kann sich aus Vereinbarung oder aus dem Gesetz ergeben. Ein Aufwendungsersatzanspruch gegen den Gesellschafter kann sich insbesondere aus § 426 BGB ergeben, wenn beide Ehegatten sich gesamtschuldnerisch für die Darlehensverbindlichkeiten der GmbH verbürgt haben, beide aus der Bürgschaft in Anspruch genommen wurden und der bürgende Nichtgesellschafter einen höheren Beitrag geleistet hat, als seinem Anteil nach § 426 BGB entspricht.

Kein Fall des Drittaufwandes liegt vor, wenn der nahe Angehörige im sog. **abgekürzten Zahlungsweg** Verbindlichkeiten des Gesellschafters erfüllt (vgl. OFD Düsseldorf vom 17.12.2001 FR 2002, 112).

> **BEISPIEL**
>
> G ist Gesellschafter der XY-GmbH. Er verbürgt sich für ein Darlehen der GmbH bei der B-Bank. Als die GmbH in die finanzielle Krise gerät, fordert ihn die Bank zur Begleichung der Bürgschaftsverbindlichkeit auf. Da G nicht über die erforderlichen Mittel verfügt, zahlt seine Lebenspartnerin L die Bürgschaftsschuld.
>
> **LÖSUNG** Aus der Sicht der Bank spielt es keine Rolle, wer die Zahlung leistet. Die Zahlung gilt auf jeden Fall als auf die Schuld des G geleistet und führt zum Erlöschen der Bürgschaftsverbindlichkeit. Der Fall ist letztlich so zu sehen, als habe die L dem G das Geld zugewendet (Schenkungsteuer!) und dieser dann eine »juristische Sekunde« später die Schuld beglichen.
>
> G hat nachträgliche Anschaffungskosten in Höhe der Bürgschaftszahlung.

Der Fall des Drittaufwandes (der im Rahmen des § 17 EStG nicht zu berücksichtigen ist) darf nicht mit der **mittelbaren verdeckten Einlage** verwechselt werden. Eine solche liegt vor, wenn die GmbH Finanzierungsbedarf hat und deshalb z. B. der Ehepartner des Gesellschafters Zahlungen im Namen des Gesellschafters leistet. Da hier die Zahlung der verdeckten Einlage dem Gesellschafter wirtschaftlich zugerechnet wird, entstehen ihm nachträgliche Anschaffungskosten.

5 Unentgeltlicher Erwerb von Anteilen

Ein unentgeltlicher Erwerb kann sowohl unter Lebenden durch Schenkung (§ 516 BGB) als auch durch Erwerb von Todes wegen (Gesamtrechtsnachfolge, § 1922 BGB) erfolgen. Hat der Gesellschafter die Beteiligung innerhalb der letzten fünf Jahre vor der Veräußerung unentgeltlich erworben, so ist für die Frage der Beteiligungshöhe auf die Verhältnisse beim Schenker oder Erblasser innerhalb der letzten fünf Jahre abzustellen (§ 17 Abs. 1 Satz 4 EStG).

> **BEISPIEL**
>
> Der Erblasser ist zu 1,5 % an der XY-GmbH beteiligt. Nach seinem Tod in 2014 erben die Kinder S und T die Anteile je zur Hälfte. In 2016 veräußert S ihren Anteil an der GmbH.
>
> **LÖSUNG** Obwohl S in 2016 nicht zu mindestens 1 % beteiligt war, fällt die Veräußerung unter § 17 EStG, da der Erblasser innerhalb der letzten fünf Jahre vor Veräußerung der Erblasser zu mindestens 1 % beteiligt war.

Bei der Berechnung des Veräußerungsgewinns sind die Anschaffungskosten des Rechtsvorgängers maßgeblich.

Fortsetzung des Beispiels:
Der Erblasser hatte die Beteiligung in 2005 für 25 000 € erworben. S erzielt in 2016 einen Erlös von 70 000 €.
LÖSUNG Die Anschaffungskosten des Erblassers für die 0,75 % (= 12 500 €) sind S zuzurechnen. Dieser erzielt damit einen Veräußerungsgewinn von (70 000 € × 60 % ./. 12 500 € × 60 % =) 34 500 €.

Im Falle eines Veräußerungsverlustes ist für die Frage der Verlustanerkennung (§ 17 Abs. 2 Satz 6 EStG) ebenfalls auf die Verhältnisse beim Rechtsvorgänger abzustellen (§ 17 Abs. 2 Satz 6 Buchst. a 2. HS EStG).

Variation des Beispiels:
Der Veräußerungserlös beträgt 1 000 €.
LÖSUNG Der Verlust kann nach § 17 Abs. 2 Satz 6 EStG angesetzt werden, da der Erblasser in 2005 eine Beteiligung i. S. d. § 17 Abs. 1 Satz 1 EStG erworben hat. Auf die Dauer des Haltens der Beteiligung kommt es daher nicht an.

6 Teilentgeltliche Übertragungen und Erbauseinandersetzung

Teilentgeltliche Übertragungen können sich bei vorweggenommener Erbfolge (BMF vom 13. 01. 1993 BStBl I 1993, 80, Rz. 14) ergeben.

Werden Beteiligungen an Kapitalgesellschaften im Wege der vorweggenommenen Erbfolge zu einem Preis veräußert, der unter dem gemeinen Wert liegt, so ist die Übertragung in einen voll entgeltlichen und einen voll unentgeltlichen Teil zu zerlegen (Trennungstheorie; BMF vom 13. 01. 1993 a. a. O.). Die Bewertung hat grundsätzlich nach Bewertungsrecht (§§ 199 ff. BewG) zu erfolgen (ausführlich: OFD Rheinland vom 15. 11. 2007, GmbHR 2008, 112).

Soweit eine entgeltliche Übertragung vorliegt, realisiert der Übertragende einen Veräußerungsgewinn nach § 17 EStG.

Die Mutter (M) ist seit 1980 zu 85 % an der X-GmbH beteiligt (Anschaffungskosten 50 000 €). Die Beteiligung hat in 2016 einen Wert von 500 000 €. Am 01. 07. 2016 überträgt M die Beteiligung auf die Tochter (T) mit der Auflage, an den Bruder (B) ein Ausgleichsgeld i. H. v. 200 000 € zu leisten.
LÖSUNG In Höhe des Ausgleichsgeldes liegt ein entgeltliches Geschäft vor. Damit überträgt M zu 200/500 entgeltlich und zu 300/500 unentgeltlich.
Sie realisiert einen Gewinn nach §§ 17, 3 Nr. 40 Buchst. c, 3c Abs. 2 EStG i. H. v.:

Erlös (200 000 € × 60 % =)	120 000 €
Anschaffungskosten (50 000 € × 200/500 × 60 % =)	./. 12 000 €
Gewinn	108 000 €

Wird im Rahmen einer **Erbauseinandersetzung** ein Nachlass real geteilt und erhält ein Miterbe wertmäßig mehr, als ihm nach seiner Erbquote zusteht, und zahlt er für dieses »Mehr« an seine Miterben eine Abfindung, so liegt insoweit – wie bei der Erbauseinandersetzung über Betriebsvermögen – ein Anschaffungs- und Veräußerungsvorgang vor. In Höhe der Abfindungszahlung entstehen Anschaffungskosten (BMF vom 14. 03. 2006 BStBl I 2006, 253, Rz. 26).

BEISPIEL

In der Erbmasse des in 2013 verstorbenen V befindet sich eine 100 %ige Beteiligung an der XY-GmbH (Anschaffungskosten des Vaters 45 000 €; gemeiner Wert im Todeszeitpunkt 150 000 €). Erben sind die Kinder S, T 1 und T 2. In 2014 übernimmt T 2 die Beteiligung gegen einen Wertausgleich von jeweils 50 000 € an S und T 1. In 2016 veräußert T 2 die Beteiligung für 170 000 €.

LÖSUNG T 2 hat 100/150 der Beteiligung voll entgeltlich und 50/150 der Beteiligung unentgeltlich im Wege der Gesamtrechtsnachfolge erworben. Der Veräußerungsgewinn nach § 17 EStG (Teileinkünfteverfahren) beträgt:

Veräußerungserlös (170 000 € × 60 % =)		102 000 €
Anschaffungskosten entgeltlich erworbener Anteil (100 000 € × 60 % =)	./.	60 000 €
Anschaffungskosten geerbter Anteil (45 000 € × 33,33 % × 60 % =)	./.	9 000 €
Gewinn		33 000 €

Streitig ist, ob der Steuerpflichtige bei Weiterveräußerung eines Teils der Beteiligung wählen kann, ob er die unentgeltlich oder entgeltlich erworbenen Anteile veräußert. Da sich die Anteile gegenständlich nicht bestimmen lassen, wird man dem Steuerpflichtigen ein Wahlrecht zubilligen müssen.

BEISPIEL

Veräußert T 2 in obigem Beispiel in 2016 lediglich 10 % der Anteile an der GmbH für 17 000 €, so wird T 2 bestimmen können, ob sie die unentgeltlich oder die entgeltlich erworbenen Anteile als veräußert behandelt haben will.

7 Liquidation, Kapitalherabsetzung und Einlagenrückgewähr

Die Grundsätze von § 17 Abs. 1 bis 3 EStG sind entsprechend anzuwenden, wenn eine Kapitalgesellschaft aufgelöst wird oder wenn ihr Kapital herabgesetzt und zurückgezahlt wird oder wenn Beträge aus dem steuerlichen Einlagekonto i. S. d. § 27 KStG ausgeschüttet oder zurückgezahlt werden (§ 17 Abs. 4 EStG).

7.1 Liquidation

Im Falle der Liquidation ist zu differenzieren zwischen der Kapitalrückzahlung im engeren Sinne, die wie eine Anteilsveräußerung (§ 17 EStG) zu behandeln ist und einer Auskehrung thesaurierter Gewinne, die wie eine Gewinnausschüttung im Sinne von § 20 Abs. 1 Nr. 2 EStG zu werten ist (vgl. BMF vom 26. 08. 2003 BStBl I 2003, 434).

In der Regel deckt sich die Kapitalrückzahlung mit den Anschaffungskosten, so dass ein Gewinn nach § 17 Abs. 4 EStG nicht entsteht.

BEISPIEL

G ist zu 50 % an der XY-GmbH beteiligt. Seine Anschaffungskosten (= Einzahlung Stammkapital) betrugen in 1993 25 000 €. In 2016 wird die GmbH liquidiert. G erhält 70 000 €, die sich wie folgt zusammensetzen:

Rückzahlung Stammkapital	25 000 €
Auflösung von Gewinnrücklagen	50 000 €

LÖSUNG Soweit das Stammkapital zurückgezahlt wird, ist die Vorschrift des § 17 Abs. 4 EStG anzuwenden. Der Erlös (= gemeiner Wert des zurück gezahlten Vermögens) beläuft sich auf (25 000 € × 60 % =) 15 000 €. Abzüglich Anschaffungskosten von (25 000 € × 60 % =) 15 000 ergibt dies einen Gewinn von 0 €.

Soweit Gewinnrücklagen ausbezahlt werden, ist der Tatbestand des § 20 Abs. 1 Nr. 2 EStG erfüllt; G versteuert eine Dividende i. H. v. 50 000 €, die der Abgeltungsteuer unterliegt (§ 32d Abs. 1 EStG), soweit kein Antrag nach § 32d Abs. 2 Nr. 3 EStG gestellt wird.

Liegen die Anschaffungskosten aber unter dem Betrag des anteiligen gezeichneten Eigenkapitals, so entsteht ein Liquidationsgewinn.

BEISPIEL

Sachverhalt wie obiges Beispiel. G hat aber die GmbH in 1993 für 1 € erworben, da damals die Geschäftsaussichten der GmbH als sehr schlecht beurteilt wurden. In den folgenden Jahren hat sich die GmbH aber wieder wirtschaftlich erholt.

LÖSUNG Der Gewinn gem. § 17 Abs. 4 EStG errechnet sich nun aus der Rückzahlung des Stammkapitals (25 000 € × 60 % =) 15 000 € abzüglich der Anschaffungskosten (1 € × 60 %) und beträgt damit (aufgerundet) 15 000 €.

Bekommt der Gesellschafter weniger als sein anteiliges Stammkapital zurückbezahlt, so entsteht ein Liquidationsverlust.

Problematisch kann die Frage sein, in welchem Jahr der Liquidationsverlust vom Gesellschafter geltend zu machen ist (vgl. H 17 Abs. 7 EStH »Auflösung und Kapitalherabsetzung« sowie BFH vom 25. 01. 2000 BStBl II 2000, 343).

Dieser Zeitpunkt ist bei einer Auflösung mit anschließender Liquidation normalerweise der Zeitpunkt des Abschlusses der Liquidation. Erst dann steht fest, ob und in welcher Höhe der Gesellschafter mit einer Zuteilung und Rückzahlung von Vermögen der Gesellschaft rechnen kann, und ferner, welche nachträglichen Anschaffungskosten der Beteiligung anfallen und welche Veräußerungskosten/Auflösungskosten der Gesellschafter persönlich zu tragen hat.

Ausnahmsweise kann der Zeitpunkt, in dem der Veräußerungsverlust realisiert ist, schon **vor** Abschluss der Liquidation liegen, wenn mit einer wesentlichen Änderung des bereits feststehenden Verlustes nicht mehr zu rechnen ist. Das ist z. B. dann der Fall, wenn die Eröffnung eines Insolvenzverfahrens mangels Masse abgelehnt wurde oder die Gesellschaft bereits im Zeitpunkt des Auflösungsbeschlusses vermögenslos war. Hier kann die Möglichkeit einer Auskehrung von Restvermögen an die Gesellschafter ausgeschlossen werden. Die Vermögenslosigkeit der Gesellschaft und ihre Löschung im Handelsregister haben ihre Vollbeendigung zur Folge.

7.2   Kapitalherabsetzung

Eine Kapitalherabsetzung ist gesellschaftsrechtlich nur unter strenger Beachtung der §§ 58 ff. GmbHG möglich.

Die Rückzahlung von Stammeinlagen an den Gesellschafter führt in der Regel nicht zu einem Gewinn nach § 17 EStG, da die Stammeinlage den Anschaffungskosten entspricht.

BEISPIEL

Das Stammkapital der Z-GmbH beträgt 100 000 €. Einziger Gesellschafter ist G, der die Gesellschaft gegründet hat. In 2016 soll das Stammkapital in gesellschaftsrechtlich zulässiger Form auf 25 000 € herabgesetzt werden. Das durch die Kapitalherabsetzung frei werdende Stammkapital soll an G ausbezahlt werden.

LÖSUNG Die Kapitalherabsetzung fällt unter § 17 Abs. 4 EStG, soweit Stammkapital an den Gesellschafter ausbezahlt wird. Der gemeine Wert des zurück gezahlten Vermögens beträgt (75 000 € × 60 % =) 45 000 €. Die Anschaffungskosten betrugen – bezogen auf den Herabsetzungsbetrag – ebenfalls (75 000 € × 60 % =) 45 000 €.

Die Kapitalherabsetzung kann auch dann gewinnneutral sein, wenn die Anschaffungskosten höher waren als das Stammkapital, da der Herabsetzungsbetrag in voller Höhe von den ursprünglichen Anschaffungskosten der Kläger für die Beteiligung abzusetzen ist (BFH vom 29.06.1995, VIII R 69/93 BStBl II 1995, 725).

BEISPIEL

Wie oben. Gesellschafter G hat die Beteiligung für 500 000 € erworben.
LÖSUNG Der Erlös beträgt auch in dieser Variante (75 000 € × 60 % =) 45 000 €. Der Herabsetzungsbetrag ist voll von den Anschaffungskosten abzusetzen; somit sind im Rahmen der Berechnung nach § 17 Abs. 4 EStG Anschaffungskosten i. H. v. (75 000 € × 60 % =) 45 000 € zu berücksichtigen. Der Gewinn beläuft sich wieder auf 0 €.

Hat der Gesellschafter die Beteiligung zu einem Kaufpreis erworben, der geringer war als das entsprechende Stammkapital, so kann die Kapitalherabsetzung gewinnwirksam werden (BFH vom 29.06.1995 a. a. O.).

BEISPIEL

Wie oben. Gesellschafter G hat die Beteiligung für 10 000 € erworben.
LÖSUNG In diesem Fall entsteht ein Gewinn nach § 17 Abs. 4 EStG. Dem Erlös i. H. v. (75 000 € × 60 % =) 45 000 € sind die vollen Anschaffungskosten gegenüber zu stellen (10 000 € × 60 % =) 6 000 €. Damit hat der Gesellschafter (45 000 € ./. 6 000 € =) 39 000 € zu versteuern.

Wird im Rahmen einer Kapitalherabsetzung der Herabsetzungsbetrag nicht ausgekehrt (z. B. bei einer nominellen Kapitalherabsetzung zum Ausgleich einer Unterbilanz), so ist § 17 Abs. 4 EStG nicht anzuwenden.

Der Herabsetzungsgewinn entsteht grundsätzlich im Zeitpunkt der Eintragung der Kapitalherabsetzung im Handelsregister (BFH vom 06.04.1976, VIII R 72/70 BStBl II 1976, 341). Wird der Herabsetzungsbetrag vor der Eintragung der Kapitalherabsetzung im Handelsregister ausbezahlt, so kann dies als verdeckte Gewinnausschüttung zu beurteilen sein. Eine vGA liegt nicht vor, wenn die Beteiligten im Zeitpunkt der Zahlung alles unternommen haben, was zum handelsrechtlichen Wirksamwerden erforderlich ist und wenn Gläubigerinteressen nicht berührt sind (BFH vom 29.06.1995 a. a. O.).

Ist der Kapitalherabsetzung eine Kapitalerhöhung vorausgegangen, die aus Gesellschaftsmitteln erfolgte und bei der Gewinnrücklagen verwendet wurden (**Sonderausweis** nach § 28 KStG), so gilt die Rückzahlung des Nennkapitals insoweit als Gewinnausschüttung nach § 20 Abs. 1 Nr. 2 EStG als dieser Sonderausweis für die Kapitalherabsetzung verwendet wurde (s. auch E 3.5).

BEISPIEL

Die XY-GmbH hat ein Stammkapital von 100 000 €. In 2005 wird eine Gewinnrücklage i. H. v. 250 000 € zur Kapitalerhöhung verwendet. In 2016 wird das Kapital um 100 000 € herabgesetzt und an den Alleingesellschafter G ausgekehrt.
LÖSUNG Wird das Stammkapital durch Umwandlung von Rücklagen erhöht, so ist dieser Teil des Nennkapitals getrennt auszuweisen und gesondert festzustellen (§ 28 Abs. 1 KStG). Der Sonderausweis beträgt im vorliegenden Beispiel 250 000 €.

Im Fall der Herabsetzung des Stammkapitals wird zunächst der Sonderausweis gemindert. Insoweit gilt die Rückzahlung des Stammkapitals als steuerpflichtige Dividende (§ 28 Abs. 2 KStG). G hat daher eine Dividende i. H. v. 100 000 € zu versteuern. Die Abgeltungsteuer (§ 32d Abs. 1 EStG) ist anzuwenden, soweit der Gesellschafter keinen Antrag nach § 32d Abs. 2 Nr. 3 EStG stellt.

7.3 Einlagenrückgewähr

Die Ausschüttung aus dem Einlagekonto (§ 27 KStG) ist ein eigenständiger Besteuerungstatbestand des § 17 EStG.

Die Ausschüttung oder Rückzahlung von Einlagen ist zunächst erfolgsneutral mit den Anschaffungskosten zu verrechnen. Dabei entsteht in der Regel kein Gewinn.

BEISPIEL

G gründete in 1990 als Alleingesellschafter die XY-GmbH mit einem Stammkapital von 50 000 €. In 2011 verzichtet er gegenüber der GmbH auf ein werthaltiges Darlehen i. H. v. 70 000 €. In 2016 erfolgt eine Ausschüttung, für die ausschließlich das Einlagekonto verwendet wird i. H. v. 30 000 €.

LÖSUNG Der Verzicht auf das Darlehen stellt eine verdeckte Einlage dar und ist steuerlich dem Einlagekonto gutzuschreiben. Gleichzeitig erhöhen sich die Anschaffungskosten der Beteiligung um den Wert der verdeckten Einlage auf (50 000 € + 70 000 € =) 120 000 €.

Die Ausschüttung aus dem Einlagenkonto ist gewinnneutral mit den Anschaffungskosten zu verrechnen, so dass sich diese um 30 000 € auf 90 000 € mindern.

Ein Gewinn nach § 17 Abs. 4 EStG entsteht erst, wenn die Ausschüttung aus dem Einlagenkonto die Anschaffungskosten übersteigt.

BEISPIEL

G gründete in 1993 als Alleingesellschafter die XY-GmbH mit einem Stammkapital von 50 000 €. In 2011 verzichtet er gegenüber der GmbH auf ein werthaltiges Darlehen i. H. v. 70 000 €. In 2012 erwirbt G 2 die GmbH für 1 €. In 2016 erfolgt eine Ausschüttung, für die ausschließlich das Einlagekonto verwendet wird i. H. v. 30 000 €.

LÖSUNG Da G2 (ausnahmsweise) nur Anschaffungskosten i. H. v. 1 € hat, die Gesellschaft aber über ein Einlagekonto verfügt, ist die Ausschüttung als steuerpflichtiger Gewinn nach § 17 Abs. 4 EStG zu erfassen.

Die Annahme negativer Anschaffungskosten in den Fällen, in denen die Ausschüttung aus dem Einlagekonto die Anschaffungskosten übersteigt (vgl. BFH vom 20. 04. 1999 BStBl II 1999, 698) ist nach der Neufassung des § 17 Abs. 4 Satz 1 EStG durch das JStG 1997 überholt.

8 Sitzverlegung ins Ausland (§ 17 Abs. 5 EStG)

Nach § 17 Abs. 5 EStG liegt eine fiktive Veräußerung der Anteile vor, wenn eine Kapitalgesellschaft ihren Sitz ins Ausland verlegt. Diese Vorschrift hat derzeit nur eine geringe Bedeutung. Eine GmbH muss nach § 4a GmbHG ausdrücklich ihren statutarischen Sitz im »Inland« haben. Verlegt eine deutsche GmbH ihren statutarischen Sitz ins Ausland, so führt dies zwingend zur Liquidation mit der Folge des § 12 KStG. Im Fall der Liquidation ist aber die Vorschrift des 17 Abs. 4 EStG einschlägig. Das gleiche gilt, wenn eine Aktiengesellschaft ihren Sitz ins Ausland verlegt (vgl. § 5 AktG). Lediglich die Societas Europaea (SE) kann ihren Sitz ohne

Liquidation ins europäische Ausland verlegen. Im Falle einer Sitzverlegung innerhalb der Europäischen Union greift die Vorschrift des § 17 Abs. 5 EStG ausdrücklich nicht.

Als Anwendungsbereich für § 17 Abs. 5 EStG bleibt z. B. die Sitzverlegung einer bisher in Deutschland unbeschränkt steuerpflichtigen Ltd. englischen Rechts.

9 Entstehung eines privaten Veräußerungsgewinnes

§ 17 Abs. 1 Satz 1 EStG ist nur anwendbar, wenn der Gesellschafter innerhalb der letzten fünf Jahre an der Kapitalgesellschaft mindestens zu 1 % beteiligt war. Liegen diese Voraussetzungen nicht vor, so fällt die Veräußerung unter § 23 Abs. 1 Nr. 2 EStG a. F., wenn die Beteiligung **vor dem 01. 01. 2009** erworben wurde. Da die einjährige Spekulationsfrist abgelaufen ist, hat dieser Fall keine Bedeutung mehr. Der Veräußerungsgewinn ist nicht steuerbar.

Wurde die Beteiligung **nach dem 31. 12. 2008** erworben, so liegen Einkünfte aus Kapitalvermögen mit Anwendung der Abgeltungsteuer vor (§§ 32d Abs. 1, 20 Abs. 2 Nr. 1 EStG) soweit der Gesellschafter nicht einen Antrag nach § 32d Abs. 2 Nr. 3 EStG stellt.

10 Beteiligungen im Betriebsvermögen

Die Besteuerung von Gewinnen aus Veräußerungen von Beteiligungen im Betriebsvermögen kann unter

- § 15 EStG,
- § 16 Abs. 1 Nr. 1 EStG oder
- § 8b Abs. 2 EStG

fallen.

10.1 Gewerblicher Gewinn

Veräußert ein Einzelunternehmer oder eine Personengesellschaft eine Beteiligung, die im Betriebsvermögen gehalten wird, so sind die stillen Reserven grundsätzlich nach § 15 EStG als laufender Gewinn aufzudecken. Der Veräußerungsgewinn fällt nach § 3 Nr. 40 Buchst. a EStG unter das Teileinkünfteverfahren.

Ein besonderes Problem entsteht, wenn die Beteiligung vor der Veräußerung teilwertberichtigt wurde (vgl. hierzu BMF vom 02. 09. 2016 BStBl I 2016, 995). Nach § 3 Nr. 40 Buchst. a i. V. m. § 6 Abs. 1 Nr. 1 und 2 EStG fällt die Teilwertberichtigung ebenfalls unter das Teileinkünfteverfahren. Dies gilt sowohl für die Abschreibung als auch für eine spätere Zuschreibung.

BEISPIEL

Gesellschafter G bilanziert seine Beteiligung an der XY-GmbH im Betriebsvermögen seines Einzelunternehmens mit den Anschaffungskosten i. H. v. 100 000 €. Zum Bilanzstichtag 31. 12. 2016 steht fest, dass die Beteiligung voraussichtlich dauernd erheblich in ihrem Wert gemindert ist. G schreibt die Beteiligung auf 10 000 € ab.

LÖSUNG Die Abschreibung führt steuerrechtlich lediglich zu einem Aufwand i. H. v. (90 000 € × 60 % =) 54 000 €.

Setzt G die Beteiligung später wieder mit einem höheren Wert (maximal mit den Anschaffungskosten) an, so unterliegt auch der Zuschreibungsgewinn wieder dem Teileinkünfteverfahren.

Wurde die Teilwertabschreibung vor der Geltung des Teileinkünfteverfahrens vorgenommen und war daher in voller Höhe erfolgswirksam, so ist auch eine spätere Zuschreibung in voller Höhe steuerpflichtig (§ 3 Nr. 40 Buchst. a Satz 2 EStG).

Wurde die Teilwertabschreibung im Halbeinkünfteverfahren vorgenommen, so unterliegt eine spätere Zuschreibung dennoch dem Teileinkünfteverfahren (= 60 %). § 3 Nr. 40 Buchst. a EStG sieht nur eine Regelung für die Fälle vor, in denen die Teilwertabschreibung »voll« steuerwirksam vorgenommen wurde.

Wird eine Beteiligung veräußert, bei der die Teilwertberichtigung den Gewinn zu 100 % minderte, so unterliegt insoweit ein Veräußerungsgewinn nicht dem Teileinkünfteverfahren.

BEISPIEL

Gesellschafter G erwarb 1997 eine Beteiligung von 20 % an der A-GmbH für (umgerechnet) 300 000 €. G aktivierte die Anteile an der A-GmbH mit den Anschaffungskosten in seiner Bilanz. In 1998 wurde eine Teilwertabschreibung – nach damaligem Recht voll gewinnwirksam – um 100 000 € vorgenommen. In 2016 wird die Beteiligung für 500 000 € veräußert.

LÖSUNG Der Veräußerungsgewinn unterliegt grundsätzlich nach §§ 15, 3 Nr. 40 Buchst. a EStG dem Teileinkünfteverfahren. Soweit allerdings eine Teilwertberichtigung voll gewinnwirksam vorgenommen wurde, ist der Gewinn zu 100 % zu versteuern. Damit ergibt sich folgende Rechnung:

Erlös		500 000 €
Buchwert	./.	200 000 €
Gewinn		300 000 €
davon voll steuerpflichtig:		100 000 €
davon Teileinkünfteverfahren (200 000 € × 60 % =)		120 000 €
steuerpflichtiger Gewinn		220 000 €

Wird eine das gesamte Nennkapital umfassende Beteiligung veräußert, die sich im Betriebsvermögen befindet, so fällt die Veräußerung unter § 16 Abs. 1 Nr. 1 EStG. Das Tatbestandsmerkmal »Betriebsvermögen« ist in § 16 EStG nicht explizit aufgeführt. Da Beteiligungen im Privatvermögen aber unter § 17 EStG fallen, kann es sich im Umkehrschluss bei § 16 Abs. 1 Nr. 1 EStG nur um Beteiligungen im Betriebsvermögen handeln.

Auch im Rahmen des § 16 Abs. 1 Nr. 1 EStG ist das Teileinkünfteverfahren anzuwenden (§ 3 Nr. 40 Buchst. b EStG). Dies schließt nach § 34 Abs. 2 Nr. 1 EStG die Anwendung des besonderen Steuersatzes aus. Insofern liegen die Rechtsfolgen des § 16 Abs. 1 Nr. 1 EStG nur in der Anwendung des Freibetrages (§ 16 Abs. 4 EStG).

Die Befreiungsvorschrift des § 9 Nr. 2a GewStG (sog. Schachtelprivileg) ist nur auf Dividenden, nicht aber auf Veräußerungsgewinne anzuwenden. Die Gewinne aus der Veräußerung von Anteilen an einer Kapitalgesellschaft unterliegen daher der Gewerbesteuer, wobei das Teileinkünfteverfahren auch für Zwecke der Gewerbesteuer anzuwenden ist (§ 7 GewStG).

10.2 Rücklage nach § 6b EStG

Steuerpflichtige, können nach § 6b Abs. 10 EStG Gewinne aus der Veräußerung von Anteilen an Kapitalgesellschaften bis zu einem Betrag von 500 000 € auf die im selben Wj. oder in den folgenden **zwei Wj.** angeschafften Anteile an Kapitalgesellschaften oder angeschafften oder hergestellten abnutzbaren beweglichen Wirtschaftsgüter übertragen. Bei der Übertragung auf angeschaffte oder hergestellte Gebäude verlängert sich der Zeitraum auf **vier Wj.**

§ 6b Abs. 10 EStG ist auch auf Anteile an ausländischen Kapitalgesellschaften anzuwenden, wenn diese zu einem inländischen Betriebsvermögen gehören.

Der Höchstbetrag gilt für den aus im Wirtschaftsjahr aus der Veräußerung von Anteilen erzielten Gesamtgewinn **vor** Anwendung des Teileinkünfteverfahrens.

Veräußert eine **Personengesellschaft** Anteile an einer Kapitalgesellschaft, so kann jeder Gesellschafter den Höchstbetrag für sich in Anspruch nehmen (R 6b Abs. 12 EStR).

§ 6b Abs. 10 EStG ist auf Körperschaften nicht anzuwenden, da bei diesen aufgrund des § 8b Abs. 2 KStG ein steuerpflichtiger Veräußerungsgewinn nicht entstehen kann.

Wird der Gewinn im Jahr der Veräußerung auf Gebäude oder abnutzbare bewegliche Wirtschaftsgüter übertragen, so werden die Anschaffungskosten/Herstellungskosten um den unter Berücksichtigung des Teileinkünfteverfahren entstandenen steuerpflichtigen Teil des Veräußerungsgewinns (§§ 15, 3 Nr. 40 EStG) vermindert.

BEISPIEL

Einzelunternehmer U bilanziert am 31. 12. 2015 eine Beteiligung an der XY-GmbH mit einem Buchwert von 100 000 €. Im Februar 2016 veräußert er die Beteiligung für 500 000 €. Im Oktober 2016 erwirbt U ein Gebäude für 1,2 Mio. €, das nach § 7 Abs. 4 Nr. 1 EStG mit 3 % p. a. abzuschreiben ist.

LÖSUNG Der Gewinn aus der Veräußerung ist nach § 3 Nr. 40 Buchst. a i. V. m. § 3c Abs. 2 EStG zu ermitteln:

Erlös (500 000 € × 60 % =)		300 000 €
Buchwert (100 000 € × 60 % =)	./.	60 000 €
Gewinn		240 000 €

Dieser Gewinn kann auf die Anschaffungskosten des Gebäudes übertragen werden:

Anschaffungskosten Gebäude		1 200 000 €
Übertragung Veräußerungsgewinn	./.	240 000 €
Buchwert = Bemessungsgrundlage		960 000 €
AfA 3 % pro rata (3/12)	./.	7 200 €

Erfolgt die Übertragung auf die Anschaffung von Anteilen an Kapitalgesellschaften, so wird nach § 6b Abs. 10 Satz 3 EStG der **gesamte** Veräußerungsgewinn – also ohne Berücksichtigung des Teileinkünfteverfahrens – übertragen.

BEISPIEL

In obigem Beispiel erwirbt U im Oktober 2016 eine Beteiligung an der A-AG für 1,2 Mio. €.

LÖSUNG Der Veräußerungsgewinn beträgt – ohne Berücksichtigung des Teileinkünfteverfahren – 400 000 €.

Damit ist die Beteiligung an der A-AG mit folgendem Wert zu aktivieren:

Anschaffungskosten Beteiligung		1 200 000 €
Übertragung Veräußerungsgewinn	./.	400 000 €
Buchwert		800 000 €

Wird der Veräußerungsgewinn im Veräußerungsjahr nicht reinvestiert, so kann nach § 6b Abs. 10 Satz 5 EStG eine **Rücklage** gebildet werden. Die Rücklage umfasst auch den nach § 3 Nr. 40 EStG nicht steuerpflichtigen Teil des Gewinns, da das Teileinkünfteverfahren nur außerbilanziell zum Tragen kommt.

Die Übertragung der Rücklage erfolgt nach § 6b Abs. 10 Satz 6 EStG nach den gleichen Grundsätzen wie die Übertragung im Veräußerungsjahr.

Wird die Rücklage auf die Anschaffung von beweglichen Wirtschaftsgütern oder Gebäuden übertragen, so ist die Rücklage zu 40 % steuerfrei aufzulösen.

BEISPIEL

Einzelunternehmer U bilanziert am 31.12.2014 eine Beteiligung an der XY-GmbH mit einem Buchwert von 100 000 €. Im Februar 2015 veräußert er die Beteiligung für 500 000 €. Im Oktober 2016 erwirbt U ein Gebäude für 1,2 Mio. €, das nach § 7 Abs. 4 Nr. 1 EStG mit 3 % p. a. abzuschreiben ist.

LÖSUNG In der Bilanz des Wj. 2015 ist eine Rücklage nach § 6b EStG i. H. d. **gesamten Gewinns** zu bilden (Buchungssatz: Bank 500 000 € an Beteiligung 100 000 € und an § 6b-Rücklage 400 000 €).

In 2016 ist das Gebäude wie folgt zu aktivieren:

Anschaffungskosten Gebäude	1 200 000 €
Übertragung 60 % (§ 6b-Rücklage) ./.	240 000 €
Buchwert = Bemessungsgrundlage	960 000 €

Buchung:
1. Gebäude an Bank 1,2 Mio. €
2. § 6b-Rücklage an Gebäude 240 000 €
3. § 6b-Rücklage an Ertrag 160 000 €

Der Ertrag i. H. v. 160 000 € ist außerbilanziell wieder zu korrigieren (wie stets bei Vorgängen des Teileinkünfteverfahrens). 40 % des Veräußerungsgewinnes wären auch ohne die Bildung einer § 6b-Rücklage steuerfrei gewesen. Der steuerpflichtige Teil der stillen Reserven (60 %) steckt im Gebäude und ist dort steuerverhaftet.

Erfolgt die Reinvestition in eine Beteiligung, dann ist die gesamte § 6b-Rücklage zu übertragen.

BEISPIEL

In obigem Beispiel erwirbt U im Oktober 2016 eine Beteiligung an der A-AG für 1,2 Mio. €.

LÖSUNG Damit ist die Beteiligung an der A-AG mit folgendem Wert zu aktivieren:

Anschaffungskosten Beteiligung	1 200 000 €
Übertragung § 6b-Rücklage ./.	400 000 €
Buchwert	800 000 €

Die gewinnwirksame Zwangsauflösung der Rücklage ist nach § 6b Abs. 10 Satz 8 EStG vorzunehmen, wenn die Rücklage am Schluss des vierten auf ihre Bildung folgenden Wj. noch vorhanden ist. Der Gewinn aus der Auflösung der Rücklage kann aber nicht höher sein als der steuerpflichtige Veräußerungsgewinn, der ja unter das Teileinkünfteverfahren fiel.

Entsprechend ist auch die 6 %ige Verzinsung nach § 6b Abs. 10 Satz 9 EStG im Teileinkünfteverfahren vorzunehmen.

BEISPIEL

Einzelunternehmer U bilanziert am 31.12.2013 eine Beteiligung an der XY-GmbH mit einem Buchwert von 100 000 €. Im Februar 2014 veräußert er die Beteiligung für 500 000 € und bildet in der Bilanz zum 31.12.2014 eine Rücklage i. H. v. 400 000 €.

Zum 31.12.2016 entschließt sich U die Rücklage aufzulösen, da die Reinvestitionsabsicht aufgegeben wurde.

LÖSUNG Die Rücklage ist auszubuchen und der Gewinn außerbilanziell um 160 000 € zu kürzen (Teileinkünfteverfahren). So hoch wäre der Gewinn auch gewesen, wenn U keine Rücklage gebildet hätte.

Für jedes volle Wj. (2015 und 2016), in dem die Rücklage bestand, ist in 2016 eine 6 %ige Verzinsung vorzunehmen; dies ergibt einen Gewinn von (240 000 € × 6 % × 2 Jahre =) 28 800 €.

10.3 Veräußerung einer Beteiligung durch eine Kapitalgesellschaft (§ 8b Abs. 2 bis 5 KStG)

Veräußert eine Kapitalgesellschaft eine Beteiligung, so wird der Veräußerungsgewinn nach § 8b Abs. 2 bis 5 KStG von der Besteuerung freigestellt. Andererseits dürfen Veräußerungsverluste und Teilwertabschreibungen den Gewinn nicht mindern (§ 8b Abs. 3 KStG). Betriebsausgaben, die mit der Veräußerung unmittelbar zusammenhängen, nach § 8b Abs. 3 Satz 2 KStG in vollem Umfang abgezogen werden. Im Gegenzug sind 5 % der Einnahmen als nicht abzugsfähige Betriebsausgaben zu behandeln (Details s. E 2.6.5).

11 Wohnsitzwechsel ins Ausland

Bei einer natürlichen Person, die insgesamt mindestens zehn Jahre nach § 1 Abs. 1 EStG unbeschränkt einkommensteuerpflichtig war und deren unbeschränkte Steuerpflicht durch Aufgabe des Wohnsitzes oder gewöhnlichen Aufenthaltes endet, wendet **§ 6 Außensteuergesetz** (AStG) die Vorschrift des § 17 EStG im Zeitpunkt der Beendigung der unbeschränkten Steuerpflicht auch ohne Veräußerung an, wenn im Übrigen für die Anteile zu diesem Zeitpunkt die Voraussetzungen dieser Vorschrift erfüllt sind.

Zur Vermeidung von Härten kann die Steuer nach § 6 Abs. 4 AStG gestundet und auf fünf Jahre verteilt werden.

Für Staatsangehörige der Europäischen Union sieht Abs. 5 eine unbegrenzte **zinslose Stundung** vor. Die Stundung ist zu widerrufen, wenn der Steuerpflichtige aus der Europäischen Union wegzieht oder die Beteiligung veräußert (§ 6 Abs. 5 Satz 4 AStG).

Der Steuerpflichtige hat auch nach seinem Wegzug aus Deutschland der deutschen Finanzverwaltung jährlich mitzuteilen, dass keiner der Widerrufsgründe vorliegt (§ 6 Abs. 7 AStG).

BEISPIEL

G mit Wohnsitz in Deutschland ist seit 1980 zu 60 % an der X-GmbH beteiligt. Die Anschaffungskosten betrugen 100 000 €. In 2016 erwirbt G ein Haus in Spanien und verlegt seinen ausschließlichen Wohnsitz dorthin. Zu diesem Zeitpunkt ist die Beteiligung 800 000 € wert.

LÖSUNG G muss nach §§ 6 AStG, 17 Abs. 1 Satz 1 EStG einen Gewinn von 350 000 € im Teileinkünfteverfahren versteuern, obwohl ihm keine Liquidität zugeflossen ist. Die Steuer wird aber zinslos gestundet, bis G entweder aus Spanien in ein außereuropäisches Land wegzieht oder die Beteiligung veräußert.

Teil H Betriebsaufspaltung

1 Problem

Die bloße Verwaltung eigenen Vermögens ist regelmäßig keine gewerbliche Tätigkeit. Vermögensverwaltung liegt vor, wenn sich die Betätigung noch als Nutzung von Vermögen im Sinne einer Fruchtziehung aus zu erhaltenden Substanzwerten darstellt und die Ausnutzung substantieller Vermögenswerte durch Umschichtung nicht entscheidend in den Vordergrund tritt. Ein Gewerbebetrieb liegt dagegen vor, wenn eine selbständige nachhaltige Betätigung mit Gewinnabsicht unternommen wird, sich als Beteiligung am allgemeinen wirtschaftlichen Verkehr darstellt und über den Rahmen einer Vermögensverwaltung hinausgeht (R 15.7 Abs. 1 EStR).

BEISPIEL

An der X-KG sind A, B und C zu je einem Drittel beteiligt. Einziger Geschäftszweck der X-KG ist die Errichtung und Verwaltung eines Büro- und Geschäftshauses.

LÖSUNG Nach §§ 105 Abs. 2, 161 HGB kann eine KG auch zu dem ausschließlichen Zweck gegründet werden, eigenes Vermögen zu verwalten.

Da die KG aber keine gewerbliche Tätigkeit ausübt, erzielen die Gesellschafter Einkünfte nach § 21 EStG. Das Gebäude ist gesamthänderisch gebundenes Privatvermögen. Die Einkünfte sind durch Abzug der Werbungskosten von den Einnahmen zu ermitteln.

Erzielt eine Einzelperson oder eine Gesellschaft Einkünfte nach § 21 EStG, weil sie ausschließlich eigenes Vermögen verwaltet, so werden die Einkünfte zu Einkünften nach § 15 EStG, wenn eine Betriebsaufspaltung besteht. Letztlich geht es bei der Betriebsaufspaltung im Wesentlichen um das Problem, welche Einkunftsart die vermietende Person oder Gesellschaft erzielt.

2 Gründe für die Betriebsaufspaltung

Ursprünglich wurde die Betriebsaufspaltung nicht als Steueroptimierungsmodell entwickelt. Im Vordergrund standen – und stehen heute noch – haftungsrechtliche und gesellschaftsrechtliche Überlegungen sowie die Gestaltung der Unternehmensnachfolge.

BEISPIEL

B betreibt seit Jahren eine Bauunternehmung mit 30 Mitarbeitern. Im Betriebsvermögen befinden sich u. a. ein Bauhof mit Büro- und Werkstattgebäude sowie zahlreiche Maschinen (Lkw, Bagger etc.). B hat drei Kinder, wobei Kind 1 in wenigen Jahren den Betrieb übernehmen soll.

LÖSUNG Für B bietet es sich an, sein Einzelunternehmen in eine GmbH umzuwandeln, da insbesondere in der Baubranche die (Haftungs-)Risiken immer größer werden.

Da nur eines von drei Kindern den Betrieb übernehmen soll, ist zu überlegen, ob an die Geschwister Ausgleichszahlungen geleistet werden können. Hier wird K1 ein (überlebenswichtiges) Interesse daran haben, eine möglichst geringe Ausgleichszahlung leisten zu müssen.

B könnte daher das Betriebsgelände in seinem Vermögen behalten und an die GmbH vermieten. Der Betrieb könnte dann auf K 1 übergehen. Das Betriebsgelände könnte einer späteren Erbauseinandersetzung von K 1, K 2 und K 3 vorbehalten werden.

Als Alternative zur Betriebsaufspaltung bietet sich auch die Gründung einer GmbH & Co. KG an. Mit dieser Gesellschaftsform kann haftungsmäßig das gleiche Ergebnis wie mit einer Betriebsaufspaltung erreicht werden. Bei der GmbH & Co. KG muss aber das Geschäftsführergehalt und insbesondere die Pensionszusage als Einkünfte aus Gewerbebetrieb versteuert werden (§ 15 Abs. 1 Nr. 2 EStG). Hier bringt die Betriebsaufspaltung erhebliche Vorteile, da das Geschäftsführergehalt nach § 19 EStG versteuert wird.

BEISPIEL

Der Bauunternehmer soll in obigem Beispiel eine Pensionszusage von jährlich 20 000 € erhalten.
LÖSUNG Die GmbH & Co. KG würde die entsprechenden Zuführungen in einer Pensionsrückstellung in der Gesamthandsbilanz passivieren. Gleichzeitig müsste aber B in einer Sonderbilanz den Pensionsanspruch aktivieren. Dies hätte zur Folge, dass er seine Pensionsansprüche noch während seiner aktiven Geschäftsführerzeit versteuern muss.
Begründet B eine Betriebsaufspaltung, so erzielt er Einkünfte nach § 19 EStG. Die GmbH bildet eine entsprechende Pensionsrückstellung. B muss aber die Pension erst mit Zufluss (also als Rentner) versteuern (sog. nachgelagerte Versteuerung). Damit verschafft ihm die Betriebsaufspaltung einen erheblichen Liquiditätsvorteil.

Zahlreiche steuerliche Beweggründe für die Betriebsaufspaltung sind dagegen heute weggefallen. So konnte bis 1996 mit Hilfe der Betriebsaufspaltung gegenüber der reinen GmbH Vermögensteuer und bis 1997 Gewerbekapitalsteuer gespart werden.

Darüber hinaus wurde die Begründung der »klassischen Betriebsaufspaltung« durch die Einführung des § 6 Abs. 5 EStG und die faktische Unmöglichkeit der Buchwertübertragung aus einem Einzelunternehmen in eine Kapitalgesellschaft erheblich erschwert.

3 Voraussetzungen der Betriebsaufspaltung

Eine Betriebsaufspaltung liegt vor (R 15.7 Abs. 4 ff. EStR), wenn ein Unternehmen (Besitzunternehmen) mindestens eine wesentliche Betriebsgrundlage an eine gewerblich tätige Personen- oder Kapitalgesellschaft (Besitzunternehmen) zur Nutzung überlässt (**sachliche Verflechtung**) und eine Person oder mehrere Personen zusammen (Personengruppe) sowohl das Besitzunternehmen als auch das Betriebsunternehmen i. d. S. beherrschen, dass sie in der Lage sind, in beiden Unternehmen einen einheitlichen geschäftlichen Betätigungswillen durchzusetzen (**personelle Verflechtung**).

BEISPIEL

An der X-KG sind A, B und C zu je einem Drittel beteiligt. Einziger Geschäftszweck der KG ist die Vermietung einer Produktionshalle an die Y-GmbH. Gesellschafter der Y-GmbH, die Kunststoffteile produziert, sind A und B zu je 50 %.
LÖSUNG Die Personengruppe A und B beherrscht beide Unternehmen, da A und B zusammen sowohl in der KG als auch in der GmbH über die Mehrheit verfügen. Damit liegt eine personelle Verflechtung zwischen der KG (Besitzunternehmen) und der GmbH (Produktionsunternehmen) vor.
Da eine Produktionshalle regelmäßig eine wesentliche Betriebsgrundlage darstellt, liegt auch eine sachliche Verflechtung vor. Damit erzielt die X-KG Einkünfte aus Gewerbebetrieb. Die Produktionshalle ist notwendiges Betriebsvermögen.

4 Die verschiedenen Arten der Betriebsaufspaltung

Es gibt zahlreiche Möglichkeiten, Betriebsaufspaltungen zu klassifizieren. Letztlich hat die Einteilung aber mehr theoretische Bedeutung, da die Folgen der Betriebsaufspaltung – gewerbliche Einkünfte des Besitzunternehmens – stets dieselben sind.

4.1 Echte und unechte Betriebsaufspaltung

Eine echte Betriebsaufspaltung liegt vor, wenn ein bestehendes Unternehmen in zwei Unternehmen (Besitz- und Betriebsunternehmen) aufgespalten wird.

BEISPIEL

Die X-KG produziert seit Jahren Kunststoffteile für die Automobilindustrie. In 2016 wird die Y-GmbH gegründet, die künftig die Produktion übernehmen soll. Sämtliche Maschinen sowie das Umlaufvermögen werden auf die GmbH übertragen.
In der X-KG verbleibt eine Produktionshalle, die die X-KG künftig an die GmbH vermietet.

Von einer unechten Betriebsaufspaltung spricht man, wenn das Besitz- und das Betriebsunternehmen gleichzeitig gegründet werden.

BEISPIEL

Die Gesellschafter A, B und C wollen Kunststoffteile produzieren. Sie gründen dazu die Y-GmbH. Gleichzeitig gründen sie die X-KG, die eine Produktionshalle erwirbt und diese an die GmbH vermietet.

4.2 Kapitalistische Betriebsaufspaltung

Eine kapitalistische Betriebsaufspaltung liegt vor, wenn sowohl das Besitz- als auch das Betriebsunternehmen eine Kapitalgesellschaft sind. In diesem Fall stellt sich das Problem der Einkunftsart nicht, da eine Kapitalgesellschaft stets Einkünfte aus Gewerbebetrieb erzielt (§ 2 Abs. 2 GewStG).

BEISPIEL

Die X-GmbH betreibt als einzigen Geschäftszweck die Vermietung einer Produktionshalle an die Y-GmbH, die Kunststoffteile produziert. Unabhängig davon, ob eine Betriebsaufspaltung besteht oder nicht, erzielt die X-GmbH Einkünfte aus Gewerbebetrieb.

4.3 Mitunternehmerische Betriebsaufspaltung

Von einer mitunternehmerischen Betriebsaufspaltung spricht man, wenn sowohl das Besitz- als auch das Betriebsunternehmen eine Personengesellschaft ist. In diesem Fall erzielt das Besitzunternehmen aber nur dann gewerbliche Einkünfte, wenn das Betriebsunternehmen gewerblich tätig ist.

BEISPIEL

Einziger Geschäftszweck der X-KG ist die Vermietung einer Produktionshalle an die Y-KG, die Kunststoffteile produziert. Liegen die Voraussetzungen der personellen und sachlichen Verflechtung vor, so erzielt die X-KG Einkünfte aus Gewerbebetrieb.

Lange Zeit war streitig, in welchem Unternehmen die vermieteten Wirtschaftsgüter zu bilanzieren sind. Ohne nähere Begründung ging die Verwaltung davon aus, die überlassenen wesentlichen Betriebsgrundlagen seien als Sonderbetriebsvermögen im Produktionsunternehmen zu aktivieren. Dies hatte insbesondere dann negative steuerliche Konsequenzen, wenn das überlassene Wirtschaftsgut veräußert wurde. Die Veräußerung von Sonderbetriebsvermögen ist nämlich stets als laufender Gewinn zu beurteilen.

Nach zahlreichen anders lautenden BFH-Urteilen (vgl. BFH vom 23.04.1996 BStBl II 1998, 325), schwenkte die Verwaltung mit Erlass vom 28.04.1998 (BStBl I 1998, 583) um, und vertritt nun auch die Ansicht, dass die überlassenen Wirtschaftsgüter im Gesamthandsvermögen des Besitzunternehmens zu bilanzieren sind.

Die Konsequenzen zeigen sich an folgendem Beispiel:

BEISPIEL

Einziger Geschäftszweck der X-KG ist die Vermietung einer Produktionshalle an die gewerblich tätige Y-KG im Rahmen einer bestehenden Betriebsaufspaltung. In 2016 wird die Produktionshalle veräußert. An beiden Gesellschaften sind A, B und C zu je einem Drittel beteiligt.

LÖSUNG Die Produktionshalle ist in der Gesamthandsbilanz der **X-KG** zu aktivieren. Mit Veräußerung der Halle verliert die KG ihren Geschäftszweck und wird aufgegeben. Der Aufgabegewinn (= Veräußerungsgewinn der Halle) ist nach §§ 16, 34 EStG begünstigt.

4.4   Umgekehrte Betriebsaufspaltung

Bei der umgekehrten Betriebsaufspaltung ist das Besitzunternehmen eine Kapitalgesellschaft und das Betriebsunternehmen eine Personengesellschaft. Auch hier erzielt das Besitzunternehmen zwingend nach § 2 Abs. 2 GewStG gewerbliche Einkünfte, so dass die Voraussetzungen einer Betriebsaufspaltung nicht weiter geprüft werden müssen.

4.5   Freiberufler-Betriebsaufspaltung

Die Grundsätze der Betriebsaufspaltung sind grundsätzlich auch für Freiberufler anzuwenden, die Einkünfte nach § 18 EStG erzielen (grundlegend: BFH vom 13.11.1997 BStBl II 1998, 254 »Kieferorthopädenfall«). Hier ist aber stets zu prüfen, ob die Einkünfte durch die Betriebsaufspaltung in gewerbliche Einkünfte »gefärbt« werden.

BEISPIELE

a) Die Zahnärzte A, B und C gründen eine Vermietungs-GbR, deren einziger Zweck der Bau und die Vermietung eines Praxisgebäudes ist. Mieter ist die Praxis-GbR mit den Gesellschafter A, B und C.

LÖSUNG I. R. d. Praxis-GbR erzielen A, B und C Einkünfte nach § 18 EStG. Die Vermietungs-GbR würde eigentlich Einkünfte nach § 21 EStG erzielen, da ihr einziger Zweck die Verwaltung eigenen Vermögens ist.

Da aber eine Betriebsaufspaltung zwischen den beiden GbR besteht, erzielen die Gesellschafter der Vermietungs-GbR Einkünfte nach § 18 EStG. Das Praxisgebäude ist als notwendiges Betriebsvermögen im Gesamthandsvermögen der Vermietungs-GbR zu aktivieren.

b) Sachverhalt wie a). Mieterin ist aber eine Praxis-GmbH mit den Gesellschaftern A, B und C.

LÖSUNG Wird eine freiberufliche Praxis in der Rechtsform einer GmbH betrieben, so erzielt die GmbH zwingend Einkünfte aus Gewerbebetrieb (§ 2 Abs. 2 GewStG). Wie sich aus dem Begriff »Aufspaltung« ergibt, erzielen Besitz- und Betriebsunternehmen im Rahmen einer Betriebsaufspaltung stets Einkünfte derselben Einkunftsart. Damit sind auch die Einkünfte i. R. d. Vermietungs-GbR gewerblicher Natur.

5   Die Voraussetzungen der Betriebsaufspaltung im Einzelnen

Eine Betriebsaufspaltung liegt nur vor, wenn Besitz- und Betriebsunternehmen personell und sachlich verflochten sind.

5.1   Personelle Verflechtung

Bei der Frage, ob eine Person oder eine Personengruppe sowohl das Besitz- als auch das Betriebsunternehmen beherrschen, sind zahlreiche Fallgestaltungen möglich.

5.1.1   Beteiligungsidentität

Im einfachsten Fall hält dieselbe Person an beiden Unternehmen eine identische Mehrheitsbeteiligung.

BEISPIEL

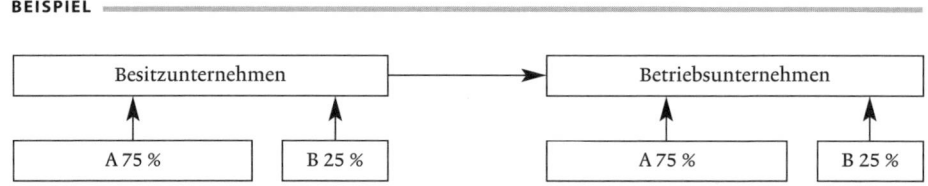

LÖSUNG A beherrscht beide Unternehmen. Es liegt eine personelle Verflechtung vor.

5.1.2   Beherrschungsidentität

Problematischer ist die Beurteilung der personellen Verflechtung, wenn die am Besitz- und Betriebsunternehmen beteiligten Personen unterschiedliche Beteiligungen halten oder Dritte nur an einem der beiden Unternehmen beteiligt sind.

BEISPIELE

a) Das Besitzunternehmen ist ein Einzelunternehmen.

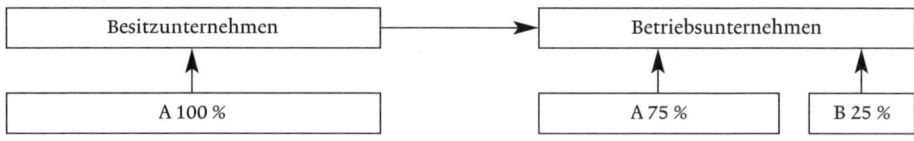

LÖSUNG A beherrscht beide Unternehmen. Es liegt eine personelle Verflechtung vor.

b) Das Besitzunternehmen ist eine Personengesellschaft.

LÖSUNG A beherrscht beide Unternehmen. Es liegt eine personelle Verflechtung vor.

5.1.3 Personengruppentheorie

Für die Beherrschung von Besitz- und Betriebsunternehmen reicht es aus, wenn an beiden Unternehmen mehrere Personen beteiligt sind, die zusammen beide Unternehmen beherrschen (H 15.7 Abs. 6 EStH). Die Personengruppentheorie beruht nach Auffassung der Rechtsprechung auf der – widerlegbaren – Vermutung, dass die Mitglieder der Personengruppe gleiche wirtschaftliche Interessen haben und deshalb ihre Rechte auch ohne vertragliche Bindungen gleichgerichtet ausüben (BFH vom 24. 04. 2000 BStBl II 2000, 417; vom 29. 08. 2001 BFH/NV 2002, 185 m. w. N.). Natürlich sind innerhalb der Personengruppe unterschiedliche Auffassungen und Meinungsverschiedenheiten im Einzelfall denkbar. Dies ist aber nach Ansicht des BFH grundsätzlich nicht geeignet, die Vermutung gleichgerichteter Interessen zu erschüttern, da die Gestaltung der Gesellschaftsverhältnisse im Besitz- und Betriebsunternehmen nicht zufällig erfolgt, sondern in der Regel zur Verfolgung eines bestimmten wirtschaftlichen Zweckes bewusst gewählt wurde.

BEISPIEL

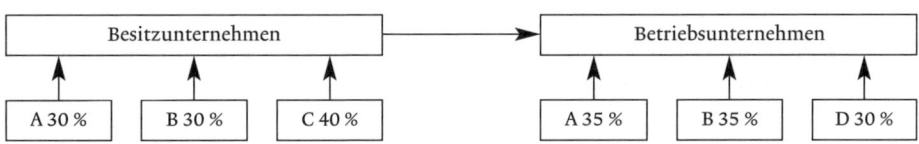

Die Personengruppe A und B hält zusammen in beiden Unternehmen die Mehrheit und kann daher in beiden Unternehmen ihren Willen durchsetzen. Aufgrund vermuteter gemeinsamer Interessen (Vermietung von Wirtschaftsgütern an das Betriebsunternehmen) liegt eine personelle Verflechtung vor.

Die Personengruppentheorie gilt auch dann, wenn die Mitglieder der Personengruppe divergierende Beteiligungen haben.

BEISPIEL

LÖSUNG Trotz der gegenläufigen Beteiligungsverhältnisse wird ein gemeinsames Interesse von A und B immer noch unterstellt und eine personelle Verflechtung angenommen.

Ob bei extrem unterschiedlichen Beteiligungsverhältnissen auch noch eine personelle Verflechtung vorliegt, ist streitig. Unseres Erachtens liegt hier eine personelle Verflechtung nicht mehr vor, da die Interessen der Gesellschafter zu stark auseinanderfallen.

BEISPIEL

Ist in obigem Beispiel im Besitzunternehmen A zu 1 % und B zu 99 %, im Betriebsunternehmen aber A zu 99 % und B zu 1 % beteiligt, so wird B bestrebt sein, die Miete zu erhöhen, da er an einem hohen Gewinn des Besitzunternehmens interessiert ist. Dass durch die Mieterhöhung der Gewinn des Betriebsunternehmens sinkt, ist für B ohne Relevanz, da er nur eine unbedeutende Beteiligung hält.

Die Vermutung, dass die an beiden Unternehmen beteiligten Personen gleichgerichtete Interessen haben, gilt nicht mehr, wenn konkrete **Interessenkollisionen** nachweisbar sind (BFH vom 24.02.2000 BStBl II 2000, 417). Beispielsweise kann eine personelle Verflechtung nicht mehr angenommen werden, wenn die Gesellschafter derart zerstritten sind, dass ein vernünftiges Gespräch unter ihnen nicht mehr stattfinden kann oder sie sogar untereinander einen Rechtsstreit führen. Bloße Meinungsverschiedenheiten und Interessengegensätze lassen allein noch keinen Schluss auf das Fehlen eines einheitlichen geschäftlichen Betätigungswillen zu. So können z. B. Ehepartner auch nach einer Scheidung durchaus noch einen gemeinsamen Betätigungswillen im Rahmen einer Betriebsaufspaltung haben.

5.1.4 Einstimmigkeitsabreden

Stimmrechtsvereinbarungen (insbesondere Einstimmigkeitsabreden) können dazu führen, dass ein Gesellschafter, der formal die gesellschaftsrechtliche Mehrheit hat, seinen Willen gegenüber anderen (Minderheits-)Gesellschaftern nicht durchsetzen kann und dadurch die für die Betriebsaufspaltung notwendige personelle Verflechtung entfällt (grundlegend: BFH vom 21.01.1999 BStBl II 2002, 771 und BMF vom 07.10.2002 BStBl I 2002, 1028).

Das Problem der Einstimmigkeitsabreden kann nicht entstehen, wenn am Besitz- und am Betriebsunternehmen dieselben Personen beteiligt sind.

BEISPIEL

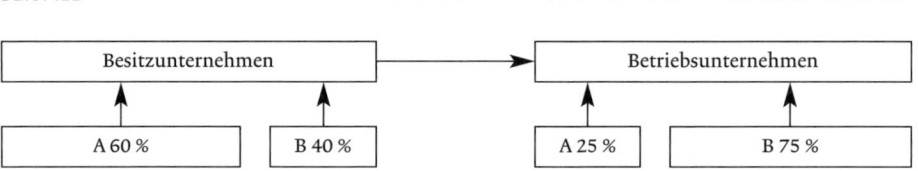

Unabhängig davon, ob im Besitzunternehmen das Einstimmigkeits- oder das Mehrheitsprinzip gilt, beherrscht die Personengruppe A + B beide Unternehmen.

Ist aber am Besitzunternehmen ein Gesellschafter beteiligt, der am Betriebsunternehmen keine Anteile hält, so kommt es für die Frage der Beherrschung darauf an, ob im Besitzunternehmen für die **laufende Verwaltung der vermieteten Wirtschaftsgüter** (die sog. Geschäfte des täglichen Lebens) das Mehrheits- oder das Einstimmigkeitsprinzip gilt.

BEISPIEL

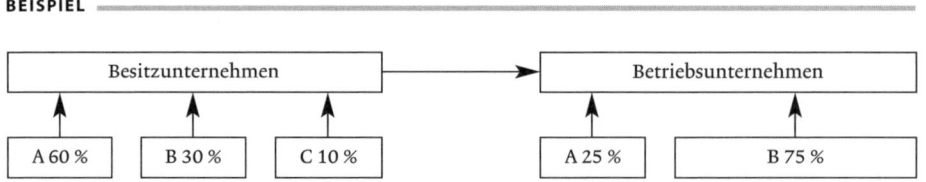

LÖSUNG Gilt das Mehrheitsprinzip, so kann die Personengruppe A+B beide Unternehmen beherrschen. Der 10 %ige Anteil des C hat insoweit keine Bedeutung.
Gilt allerdings das Einstimmigkeitsprinzip, so nützen A und B die 90 %, die sie an dem Besitzunternehmen halten nichts. C kann sie jederzeit überstimmen. Es liegt dann – mangels personeller Verflechtung – keine Betriebsaufspaltung vor.

Die Frage, ob für die maßgeblichen Geschäfte des täglichen Lebens das Einstimmigkeits- oder das Mehrheitsprinzip gilt, kann sich aus Gesetz oder Vereinbarung (Gesellschaftsvertrag oder Stimmrechtsvereinbarung) ergeben.

Wird das Besitzunternehmen als **Gesellschaft bürgerlichen Rechts** geführt, steht die Führung der Geschäfte nach dem Gesetz den Gesellschaftern nur gemeinschaftlich zu. Für jedes Geschäft ist die Zustimmung aller Gesellschafter erforderlich (§ 709 Abs. 1 BGB). Dadurch kann auch ein Mehrheitsgesellschafter in der GbR seinen Willen alleine nicht durchsetzen.

Die Vorschrift des § 709 Abs. 1 BGB kann aber vertraglich abbedungen werden. Dann kann der Gesellschafter seinen Willen in der Gesellschaft durchsetzen, der über die Mehrheit der Stimmrechte verfügt. Damit haben es die Gesellschafter in der Hand, eine Betriebsaufspaltung zu begründen oder nicht.

Nach einer Entscheidung des BFH (BFH vom 01.07.2003 BStBl II 2003, 757) gehen bei der GbR allerdings die **Geschäftsführungskompetenzen** den Stimmrechtsregelungen vor. Der BFH begründet dies damit, dass bei Berufung eines Gesellschafter-Geschäftsführers die anderen Gesellschafter in Angelegenheiten der Geschäftsführung nicht tätig werden dürften und die übrigen Gesellschafter dem Gesellschafter-Geschäftsführer gegenüber weder ein Widerspruchs- noch ein Weisungsrecht haben. Die von der Geschäftsführung ausgeschlossenen Gesellschafter haben lediglich bei Vorliegen eines wichtigen Grundes das Recht, die Geschäftsführung zu kündigen (§ 712 BGB).

BEISPIEL

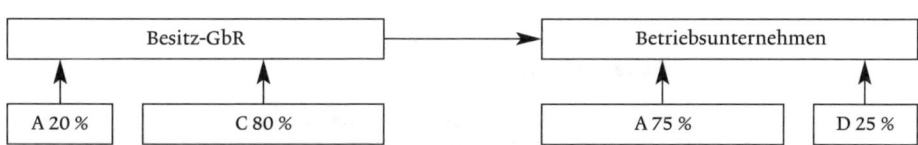

LÖSUNG Unabhängig davon, in welcher Höhe A an der GbR beteiligt ist, kann er wegen § 709 BGB seinen Willen in der GbR nicht durchsetzen.

Wird allerdings A zum alleinigen Geschäftsführer der GbR bestellt, so kann er seinen Willen alleine durchsetzen, da C den Maßnahmen der Geschäftsführung nicht widersprechen kann. Es liegt eine personelle Verflechtung vor.

Ist das Besitzunternehmen eine **Kommanditgesellschaft**, so gilt das Einstimmigkeitsprinzip für die Geschäfte des täglichen Lebens grundsätzlich nicht. Bisher ging man davon aus, dass der Mehrheitsgesellschafter in der Gesellschaft seinen Willen durchsetzen kann und damit die Gesellschaft beherrscht (vgl. BMF vom 07.10.2002 a. a. O., Tz. 3). Lediglich bei Vereinbarung des Einstimmigkeitsprinzips sollte die personelle Verflechtung entfallen, wenn das Einstimmigkeitsprinzip auch die Geschäfte des täglichen Lebens umfasst.

BEISPIEL

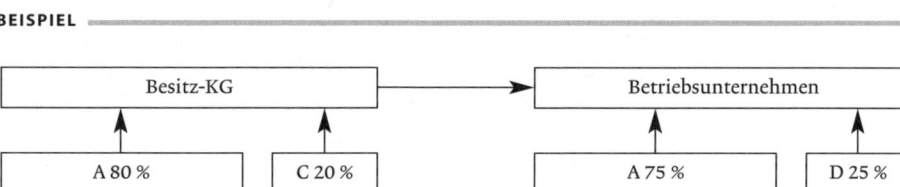

LÖSUNG Aufgrund seiner 80 %igen Beteiligung kann A seinen Willen in der KG durchsetzen. Vereinbaren A und C allerdings das Einstimmigkeitsprinzip, so entfällt eine personelle Verflechtung, da A zu allen Entscheidungen die Zustimmung des C benötigt.

Wendet man allerdings diese Rechtsprechung des BFH an, wonach es für das Vorliegen einer personellen Verflechtung entscheidend auf die **Geschäftsführungsbefugnis** ankommt, so kann ein Kommanditist grundsätzlich das Besitzunternehmen nicht beherrschen, da er nach § 164 HGB von der Geschäftsführung ausgeschlossen ist. Ihm steht lediglich das Kontrollrecht nach § 166 HGB zu.

BEISPIEL

Zum Sachverhalt siehe voriges Beispiel. A ist Kommanditist und C Komplementär.

LÖSUNG A ist kraft Gesetzes trotz seiner 80 %igen Beteiligung von der Geschäftsführung ausgeschlossen. Eine personelle Verflechtung läge nicht vor, wenn man die Rechtsprechung des BFH (die ja für eine GbR ergangen ist), auf die KG überträgt.

Diese Frage wurde bisher allerdings weder von der Rechtsprechung noch von der Verwaltung problematisiert.

Ist das Besitzunternehmen eine **Bruchteilsgemeinschaft**, so gilt grundsätzlich das Mehrheitsprinzip für die steuerlich entscheidenden Alltagsgeschäfte (§ 745 Abs. 1 BGB). Dabei ist zu beachten, dass durch die bloße Überlassung wesentlicher Betriebsgrundlagen an das Betriebsunternehmen nicht automatisch eine GbR begründet wird. Für die Annahme einer GbR bedarf es des – ausdrücklichen oder konkludenten – Abschlusses eines Gesellschaftsvertrages.

5.1.5 Mittelbare Beherrschung

Eine mittelbare Beherrschung kann dadurch entstehen, dass eine Person oder Personengruppe, die das Besitzunternehmen beherrscht, in der Lage ist, über eine zwischengeschaltete Personengesellschaft im Betriebsunternehmen ihren Willen durchzusetzen.

BEISPIEL

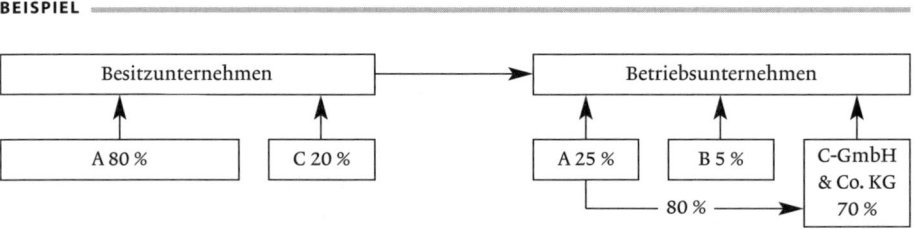

LÖSUNG A beherrscht mit seinen 25 % das Betriebsunternehmen nicht. Rechnet man aber die Anteile an der C-GmbH & Co. KG hinzu (80 % von 70 % = 56 %), so verfügt A im Betriebsunternehmen über – grundsätzlich ausreichende – 81 % der Anteile.

Die Frage, ob eine mittelbare Beherrschung über eine Kapitalgesellschaft eine Betriebsaufspaltung zu begründen vermag, ist umstritten. Der BFH (Urteil vom 15.04.1999, IV R 11/98 BStBl II 1999, 532) verneint einerseits bei einem Besitzunternehmen die Möglichkeit einer Beherrschung über eine GmbH (Durchgriff). Andererseits will der BFH (Urteil vom 29.11.2007, IV R 82/05 BStBl II 2008, 471) die mittelbare Beherrschung eines Betriebsunternehmens über eine GmbH ausreichen lassen, um eine Betriebsaufspaltung zu begründen.

BEISPIEL

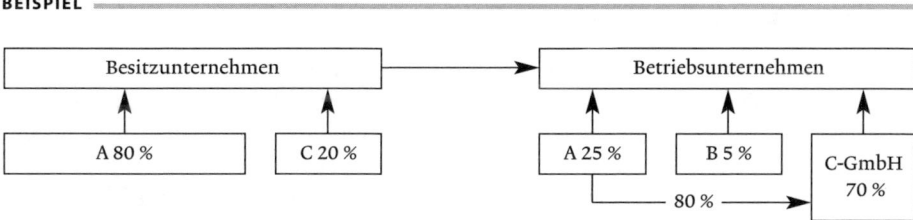

LÖSUNG Nach Ansicht der Rechtsprechung genügt der über die C -GmbH vermittelte mittelbare Einfluss des A um eine personelle Verflechtung zu begründen.

Im Falle einer Zwischenvermietung hat der BFH allerdings den mittelbaren Einfluss über eine andere Kapitalgesellschaft ausreichen lassen (BFH vom 28. 11. 2001 BStBl II 2002, 363).

BEISPIEL

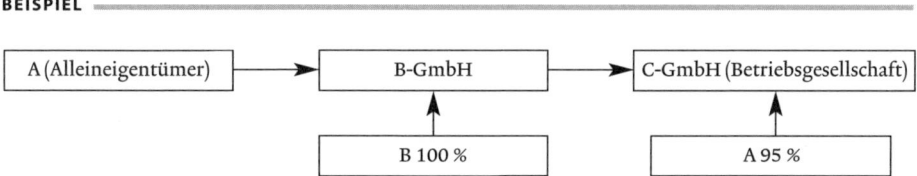

LÖSUNG A hatte der B-GmbH ein Grundstück mit der Auflage vermietet, dieses an die C-GmbH weiter zu vermieten. Der Senat ging davon aus, dass die Weitervermietung und die dadurch vermittelten Einwirkungsbefugnisse des A auf das überlassene Grundstück eine personelle Verflechtung begründen.

5.1.6 Faktische Beherrschung

In seltenen Ausnahmefällen kann die Beherrschung der Betriebsgesellschaft ohne entsprechenden Anteilsbesitz durch eine besondere Machtstellung vermittelt werden, wenn die Gesellschafter nach den Umständen des Einzelfalles darauf angewiesen sind, sich dem Willen eines anderen so unterzuordnen, dass sie keinen eigenen geschäftlichen Betätigungswillen entfalten können (BFH vom 29. 07. 1976 BStBl II 1976, 750; vom 27. 02. 1991 BFH/NV 1991, 454).

Dies kann z. B. der Fall sein, wenn ein Gesellschafter der Gesellschaft unverzichtbare Betriebsgrundlagen zur Verfügung stellt, die er ohne weiteres wieder entziehen kann (BFH vom 29. 01. 1997 BStBl II 1997, 437).

Berufliche Vorbildung und Erfahrung der Geschäftsführer der Betriebsgesellschaft sowie fehlende Branchenkenntnis der Gesellschafter reichen zur Annahme einer faktischen Beherrschung nicht aus (BFH vom 01. 12. 1989 BStBl II 1990, 500). Ebenso wenig kann eine Betriebsaufspaltung dadurch entstehen, dass ein Ehepartner das Besitzunternehmen und der andere das Betriebsunternehmen beherrscht. Dies gilt selbst dann, wenn die Anteile des einen Ehegatten unter bestimmten Voraussetzungen (z. B. Kündigung des Arbeitsvertrags bei der Betriebsgesellschaft) auf den anderen Ehegatten übertragen werden müssen (BFH vom 15. 10. 1998 BStBl II 1999, 445).

5.1.7 Betriebskapitalgesellschaft

Ist die Betriebsgesellschaft eine GmbH, so erfolgt gem. § 47 Abs. 1 GmbH die Willensbildung in der GmbH durch Beschlussfassung mit der Mehrheit der abgegebenen Stimmen. Hierfür reicht im Normalfall die einfache Mehrheit der Stimmrechte aus. Die Satzung kann aber hiervon abweichende Regelungen (z. B. 3/4-Mehrheit) vorsehen. Ebenso steht es den Gesellschaftern frei, das Stimmrecht abweichend von der Kapitalbeteiligung zu regeln.

5.1.8 Ehegattenanteile

Eine Zusammenrechnung von Ehegattenanteilen kommt grundsätzlich nicht in Betracht, es sei denn, dass zusätzlich zur ehelichen Lebensgemeinschaft ausnahmsweise Beweisanzeichen vorliegen, die für gleichgerichtete wirtschaftliche Interessen der Ehegatten sprechen (BVerfG vom 12. 03. 1985 BStBl II 1985, 475; BMF vom 18. 11. 1986 BStBl I 1986, 537).

BEISPIEL

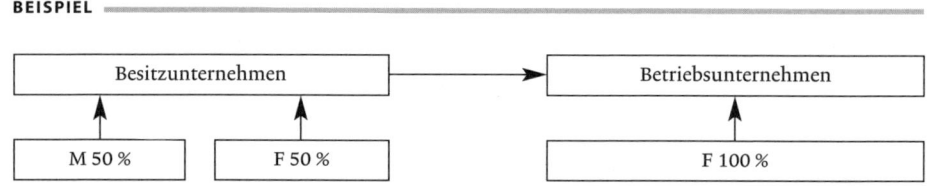

LÖSUNG Da die Ehegattenanteile nicht zusammengerechnet werden dürfen, beherrscht die F lediglich das Betriebsunternehmen. Es liegt keine personelle Verflechtung vor.

Räumt ein Ehegatte dem anderen eine unwiderrufliche Stimmrechtsvollmacht ein, so ist dies zwar zivilrechtlich unwirksam, kann aber Beweisanzeichen für die Verfolgung gemeinschaftlicher Interessen der Ehegatten sein (BFH vom 11. 07. 1989 BFH/NV 1990, 99).

Aber auch unter Eheleuten gilt die **Personengruppentheorie**, da Eheleute grundsätzlich nicht anders behandelt werden dürfen als fremde Dritte.

BEISPIEL

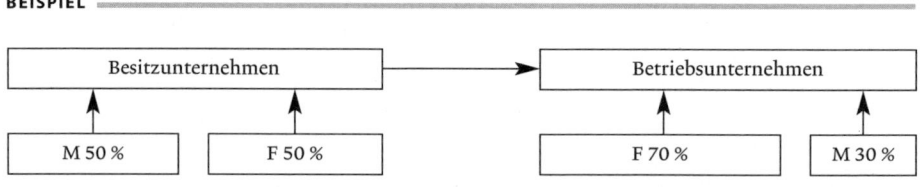

LÖSUNG Die Personengruppe M und F beherrscht beide Unternehmen. Es liegt eine personelle Verflechtung vor.

5.1.9 Anteile von minderjährigen Kindern

Besondere Probleme entstehen, wenn minderjährige Kinder an der Besitz- und Betriebsgesellschaft neben den Eltern beteiligt sind (R 15.7 Abs. 8 EStR). Eine personelle Verflechtung liegt vor, wenn einem Elternteil oder beiden Elternteilen und einem minderjährigen Kind jeweils zusammen die Mehrheit der Stimmrechte zuzurechnen sind. Dies ergibt sich bereits aus der Personengruppentheorie.

BEISPIEL

Am Besitzunternehmen hält der Vater 25 % und das minderjährige Kind 30 %; Am Betriebsunternehmen ist der Vater zu 40 % und das minderjährige Kind zu 25 % beteiligt.

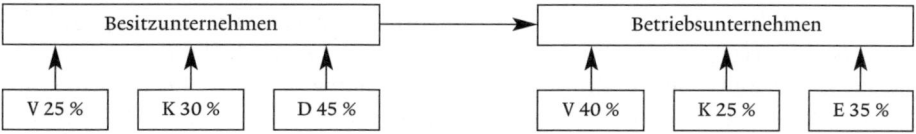

LÖSUNG Die Anteile von V und K sind zusammen zu rechnen, da sie – unabhängig vom Verwandtschaftsverhältnis – eine Personengruppe bilden.

Ist beiden Elternteilen an einem Unternehmen zusammen die Mehrheit der Stimmrechte zuzurechnen und halten sie nur zusammen mit dem minderjährigen Kind am anderen Unternehmen die Mehrheit der Stimmrechte, liegt, wenn das Vermögenssorgerecht beiden Elternteilen zusteht, grundsätzlich ebenfalls eine personelle Verflechtung vor. Diese Konstellation ist sehr gefährlich, da durch eine Ehescheidung unter Umständen das Sorgerecht auf einen Elternteil übergehen kann und dann die Betriebsaufspaltung endet (Aufdeckung der stillen Reserven).

BEISPIEL

Am Besitzunternehmen halten der Vater und die Mutter je 45 %; Am Betriebsunternehmen sind Vater, Mutter und Kind zu je 20 % beteiligt.

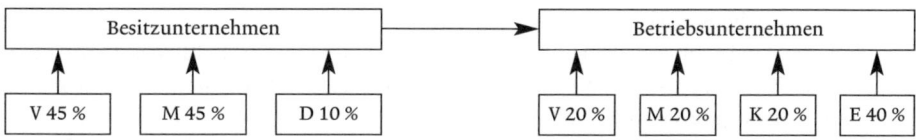

LÖSUNG Nach der Personengruppentheorie läge hier keine personelle Verflechtung vor, da die Personengruppe V/M nicht beide Unternehmen beherrscht.
Da die Eltern aber aufgrund der Vermögenssorge die Beteiligungsrechte des minderjährigen K verwalten, werden ihnen in der GmbH 60 % der Beteiligungsrechte zugerechnet. Damit liegt – zumindest bis zur Erlangung der Volljährigkeit – eine personelle Verflechtung vor.

Hält nur ein Elternteil an dem einen Unternehmen die Mehrheit der Stimmrechte und hält er zusammen mit dem minderjährigen Kind die Mehrheit der Stimmrechte an dem anderen Unternehmen, so liegt eine personelle Verflechtung nur dann vor, wenn das Vermögenssorgerecht diesem Elternteil allein zusteht.

BEISPIEL

Am Besitzunternehmen ist die Mutter zu 75 % beteiligt. Am Betriebsunternehmen halten die Mutter und das minderjährige Kind je 30 %.

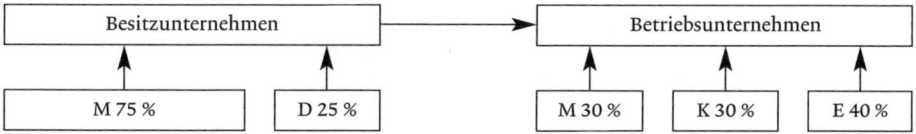

LÖSUNG Eine personelle Verflechtung liegt nur vor, wenn die Mutter das alleinige Sorgerecht für das minderjährige Kind hat.

Ist nur einem Elternteil an dem einen Unternehmen die Mehrheit der Stimmrechte zuzurechnen und halten an dem anderen Unternehmen die Elternteile zusammen mit dem minderjährigen Kind die Mehrheit der Stimmrechte, liegt grundsätzlich keine personelle Verflechtung vor.

Werden die minderjährigen Kinder **volljährig**, so endet in den oben dargestellten Fällen die personelle Verflechtung. Dies bewirkt grundsätzlich eine **Betriebsaufgabe** des Besitzunternehmens. Aus Billigkeitsgründen will aber die Verwaltung auf Antrag die Betriebsaufspaltung weiter bestehen lassen, um das Aufdecken der stillen Reserven zu vermeiden (R 16 Abs. 2 Satz 4 EStR).

5.2 Sachliche Verflechtung

Eine sachliche Verflechtung liegt vor, wenn das Besitzunternehmen mindestens eine wesentliche Betriebsgrundlage an das Betriebsunternehmen überlässt (vgl. H 15.7 Abs. 4 EStH »Allgemeines«).

5.2.1 Wesentliche Betriebsgrundlage

Der Begriff der wesentlichen Betriebsgrundlage wird durch die Rechtsprechung ständig weiter präzisiert. Allgemein lässt sich sagen, dass Wirtschaftsgüter dann eine wesentliche Betriebsgrundlage darstellen, wenn sie zur Erreichung des Betriebszwecks erforderlich sind und ein besonderes **wirtschaftliches Gewicht** für die Betriebsführung haben (H 15.7 Abs. 5 EStH »Wesentliche Betriebsgrundlage«).

Für die Frage, ob das Wirtschaftsgut ein besonderes wirtschaftliches Gewicht für die Betriebsführung hat, ist auf die Verhältnisse beim **Betriebsunternehmen** abzustellen.

Fabrikationsgrundstücke (BFH vom 12. 09. 1991 BStBl II 1992, 347 und vom 26. 03. 1992 BStBl II 1992, 830) sowie **Maschinen** (BFH vom 19. 01. 1983 BStBl II 1983, 312) gelten stets als wesentliche Betriebsgrundlage, auch wenn es sich um Serienfabrikate handelt (BFH vom 24. 08. 1989 BStBl II 1989, 1014). Bei einem Einzelhändler ist das **Ladenlokal** wesentliche Betriebsgrundlage, wenn es z. B. wegen seiner Lage von besonderer wirtschaftlicher Bedeutung ist (BFH vom 07. 08. 1990 BStBl II 1991, 336). **Patente** bilden eine wesentliche Betriebsgrundlage, wenn die Umsätze in erheblichem Umfang auf den Patenten beruhen (BFH vom 23. 09. 1998 BStBl II 1999, 281). Handelsübliche **Pkw** und **Lkw** sind grundsätzlich keine wesentliche Betriebsgrundlage.

Ein **Büro-** und **Verwaltungsgebäude** ist jedenfalls dann eine wesentliche Betriebsgrundlage, wenn es die räumliche und funktionale Grundlage für die Geschäftstätigkeit der Betriebsgesellschaft bildet (BFH vom 23. 05. 2000 BStBl II 2000, 621; Änderung der Rechtsprechung). Dies wird in aller Regel gegeben sein, so dass bei Büro- und Verwaltungsgebäuden stets von einer wesentlichen Betriebsgrundlage ausgegangen werden muss. Bei einem Autohaus bilden das speziell für diesen Betrieb hergerichtete Betriebsgrundstück samt Gebäuden und Aufbauten sowie die fest mit dem Grund und Boden verbundenen Betriebsvorrichtungen im Regelfall die alleinige wesentliche Betriebsgrundlage. Demgegenüber gehören die beweglichen Anlagegüter, insbesondere die Werkzeuge und Geräte regelmäßig auch dann nicht zu den wesentlichen Betriebsgrundlagen, wenn diese im Hinblick auf die Größe des Autohauses ein nicht unbeträchtliches Ausmaß einnehmen (BFH vom 11. 10. 2007 BStBl II 2008, 220).

Im Gegensatz zum Begriff der wesentlichen Betriebsgrundlage bei § 16 EStG ist ein Wirtschaftsgut im Rahmen einer Betriebsaufspaltung nicht allein deshalb als wesentliche Betriebsgrundlage anzusehen, weil in ihm erhebliche **stille Reserven** stecken (BFH vom 24. 08. 1989 BStBl II 1989, 1014).

Die Bestellung eines **Erbbaurechts** begründet unter denselben Voraussetzungen wie die Überlassung eines unbebauten Grundstücks durch das Besitzunternehmen an das Betriebsunternehmen eine sachliche Verflechtung, wenn das Grundstück mit Gebäuden oder Vorrichtungen bebaut wird, die für das Betriebsunternehmen eine wesentliche Betriebsgrundlage sind (BFH vom 19. 03. 2002 BStBl II 2002, 662). Die Betriebsaufspaltung wird dabei bereits mit der Überlassung des Grundstücks begründet, auch wenn die Bebauung erst später stattfinden soll.

5.2.2 Unentgeltliche bzw. verbilligte Nutzungsüberlassung

Problematisch ist die Frage, ob die Überlassung der wesentlichen Betriebsgrundlage entgeltlich erfolgen muss bzw. welche Folgen eine unentgeltliche oder teilentgeltliche Überlassung hat.

Die unentgeltliche oder verbilligte Nutzungsüberlassung hat keinen Einfluss auf das Bestehen einer Betriebsaufspaltung, da Rechtsprechung und Verwaltung nur davon ausgehen, dass mindestens eine wesentliche Betriebsgrundlage »überlassen« wird.

BEISPIEL

Gesellschafter G ist Inhaber einer Gewerbeimmobilie, die er der G-GmbH unentgeltlich überlässt. G hält 100 % der Anteile an der GmbH.

LÖSUNG Es liegt sowohl eine personelle als auch eine sachliche Verflechtung vor. Zwischen dem Besitzunternehmen »G« und der GmbH besteht eine Betriebsaufspaltung.

In der Vergangenheit waren die Rechtsfolgen einer unentgeltlichen oder verbilligten Überlassung von Wirtschaftsgütern streitig.

Mit der Neuregelung des § 3c Abs. 2 Satz 6 EStG (zur Anwendung siehe § 52 Abs. 5 Satz 2 EStG – Wirtschaftsjahre, die nach dem 31. 12. 2014 beginnen) ist die Frage nun gesetzlich geregelt. Danach führt die unentgeltliche Überlassung von Wirtschaftsgütern an eine Kapitalgesellschaft zur Anwendung des Teilabzugsverbots (60 %), wenn der Steuerpflichtige zu mehr als einem Viertel unmittelbar oder mittelbar am Grund- oder Stammkapital dieser Körperschaft beteiligt ist. Im Falle der teilentgeltlichen Überlassung ist der Vorgang in einen unentgeltlichen Teil und einen entgeltlichen Teil aufzusplitten. Nach dem Wortlaut von § 3c Abs. 2 Satz 6 EStG kommt es dabei nicht darauf an, ob das überlassene Wirtschaftsgut eine wesentliche Betriebsgrundlage ist oder nicht.

Ist der Gesellschafter zu einem Viertel oder weniger an der Kapitalgesellschaft beteiligt, so können die Aufwendungen im Umkehrschluss vollständig abgezogen werden, auch wenn sie letztlich mit der Erzielung von Dividenden im wirtschaftlichen Zusammenhang stehen.

BEISPIELE

a) Gesellschafter G ist Inhaber einer Gewerbeimmobilie, die er der G-GmbH unentgeltlich überlässt. G hält 100 % der Anteile an der GmbH. Die Betriebsausgaben (AfA, Schuldzinsen, Erhaltungsaufwendungen etc.) belaufen sich im Wirtschaftsjahr auf 45 000 €.

LÖSUNG Es liegt eine Betriebsaufspaltung vor. Da G zu mehr als einem Viertel an der GmbH beteiligt ist, kann er die Betriebsausgaben lediglich zu 60 % geltend machen (außerbilanzielle Korrektur um 40 %).

b) Wie a); G überlässt außerdem unentgeltlich eine Büroeinrichtung. Die Betriebsausgaben (AfA, Finanzierung etc.) belaufen sich im Wirtschaftsjahr auf 8 000 €.

LÖSUNG Die Büroeinrichtung (bewegliche Wirtschaftsgüter) stellt keine wesentliche Betriebsgrundlage dar, da sie jederzeit ersetzbar ist. Aufgrund der Überlassung der Gewerbeimmobilie wird eine Betriebsaufspaltung begründet. Die Anwendung des Teileinkünfteverfahrens gilt aber auch für die Überlassung von Wirtschaftsgütern, die keine wesentliche Betriebsgrundlage sind. G kann daher im Besitzunternehmen lediglich (8 000 € x 60 % =) 4 800 € Betriebsausgaben für die Büroeinrichtung geltend machen.

c) Wie a); die ortsübliche Vergleichsmiete beläuft sich auf 15 000 € im Jahr. G vereinbart aber mit der GmbH eine Miete i. H. v. 5 000 €.

LÖSUNG Der Vorgang ist aufzusplitten. Die Überlassung erfolgt in Höhe von 5 000 €/15 000 € voll entgeltlich. Damit sind 1/3 der Betriebsausgaben (= 15 000 €) ohne Anwendung des Teilabzugsverbots anzusetzen. Im Übrigen erfolgt die Überlassung unentgeltlich. Damit können 2/3 der Betriebsausgaben (= 30 000 €) lediglich zu 60 % (= 18 000 €) geltend gemacht werden. Insgesamt mindern sonach (15 000 € + 18 000 € =) 33 000 € den Gewinn des Besitzunternehmens »G«.

d) Wie a); G ist aber lediglich zu 20 % an der G-GmbH beteiligt.

LÖSUNG Aus dem Umkehrschluss von § 3c Abs. 2 Satz 6 EStG ergibt sich, dass trotz der unentgeltlichen Überlassung die Betriebsausgaben vollständig abgezogen werden können.

5.2.3 Unangemessen hohe Miete

Ist der Miet- oder Pachtzins unangemessen hoch, so liegt insoweit eine vGA der Betriebskapitalgesellschaft an ihre Gesellschafter vor (BFH vom 04. 05. 1977 BStBl II 1977, 679). Das Einkommen der Betriebskapitalgesellschaft ist nach § 8 Abs. 3 Satz 2 KStG außerbilanziell um die überhöhte Miete zu korrigieren. Bei den Gesellschaftern ist die vGA nach § 20 Abs. 1 Satz 2, Abs. 8, 15 EStG zu versteuern (Teileinkünfteverfahren; keine Abgeltungsteuer), da sich die Anteile an der Betriebskapitalgesellschaft im (Sonder-)Betriebsvermögen der Gesellschafter des Besitzunternehmens befinden.

Auf den Betriebsausgabenabzug im Besitzunternehmen hat dies aber keinen Einfluss.

5.2.4 Berechnung der angemessenen Miete

Die angemessene Miete ist die **Marktmiete,** die in vergleichbarer Lage für vergleichbare Objekte für vergleichbare Mieter gezahlt wird. Diese orientiert sich weder am Wertverzehr noch an Wiederbeschaffungskosten noch an irgendwelchen Gewinnerwartungen, sondern ausschließlich nach Angebot und Nachfrage. Entscheidend ist, was der Nachfrager bereit ist, für dieses Wirtschaftsgut zu bezahlen und ob der Anbieter bereit ist, für diesen Preis das Wirtschaftsgut zu überlassen.

BEISPIEL

Ein Investor errichtet in einer strukturschwachen Region eine Fabrikhalle für 1,3 Mio. €. Er verwendet ausschließlich beste Materialien. Zur Deckung seiner Kosten müsste er 6 000 € im Monat erzielen. Nachdem die Halle seit zwei Jahren unvermietet leer steht, vermietet er sie als Lagerhalle an einen Paketservice. Dieser zahlt allerdings nur 2 500 € im Monat.

LÖSUNG Es wäre nun nicht richtig, von einer angemessenen Miete i. H. v. 6 000 € zu sprechen. Wenn der Markt lediglich 2 500 € im Monat hergibt, dann ist dies die angemessene Marktmiete. Kann der Investor zu diesem Betrag nicht kostendeckend arbeiten, so ist dies sein wirtschaftliches Risiko.

Häufig wird es bei Betriebsaufspaltung schwierig sein, die Marktmiete zu ermitteln (insbesondere bei der Überlassung von beweglichen Wirtschaftsgütern). Hier können dann hilfsweise weitere Gesichtspunkte zur Bestimmung der angemessenen Miete herangezogen werden (vgl.

BFH vom 14. 01. 1998 X R 57/93, BFHE 185, 230). Zum einen ist die angemessene Miethöhe an folgenden Faktoren zu orientieren:

- Vergütung für den **Wertverzehr** auf der Basis der steuerlichen linearen AfA; aber kein Ansatz, wenn eine Substanzerhaltungsverpflichtung vereinbart ist;
- **Angemessene Verzinsung** des eingesetzten Kapitals; Maßstab sind die Zinsen für langfristige risikofreie Kapitalanlagen zzgl. eines Risikozuschlages auf Basis der Teilwerte der überlassenen Wirtschaftsgüter; angesichts des derzeit niedrigen Zinsniveaus liegen 5–8 % für Immobilien und 6–10 % für bewegliche Wirtschaftsgüter sicher im oberen Bereich.

Zum anderen muss der Betriebsgesellschaft noch eine **angemessene Kapitalverzinsung** verbleiben (BFH vom 04. 05. 1977 BStBl II 1977, 679). Dies gilt zumindest dann, wenn eine echte Betriebsaufspaltung vorliegt und ein ganzer Betrieb verpachtet wird.

Basis für den Ausgangsgewinn des Betriebsunternehmens sind dann mangels anderer Anhaltspunkte die Gewinne des Besitzunternehmens (Verpächters) in den letzten Jahren **vor** der Verpachtung. Diese geschätzten Gewinne sind dann wie folgt zu berichtigen: Abzuziehen ist der vereinbarte Pachtzins. Abzuziehen ist ferner ein angemessener Unternehmerlohn, denn ein Unternehmer will einen Gewinn erzielen, der den kalkulatorischen Unternehmerlohn übersteigt.

Hinzuzurechnen sind alle Aufwendungen, die unter Berücksichtigung des Pachtvertrages nicht den Pächter, sondern den Verpächter treffen, vor allem AfA, einschließlich der Sonderabschreibungen, sowie Grundstücks- und Finanzierungszinsen.

Trägt das Betriebsunternehmen eine Erneuerungs- und Instandhaltungsverpflichtung, so ist diese in Abzug zu bringen.

Dieser so korrigierte Restgewinn sollte dann zu einer Mindestkapitalverzinsung von ca. **15 %** führen. Dies sind jedoch alles grobe Anhaltswerte. Zu berücksichtigen sind stets die Umstände des Einzelfalles, also insbesondere Branche, Größe des Unternehmens etc.

Erzielt die Betriebsgesellschaft allerdings über einen gewissen Zeitraum **Verluste**, so kann darin ein Indiz für unangemessen hohe Pachtzinsen oder unangemessen hohe Geschäftsführergehälter gesehen werden.

5.3 Geschäftswert bei Betriebsaufspaltung

Entgegen früherer Rechtsprechung geht der BFH nunmehr davon aus, dass ein Geschäftswert bei Begründung einer Betriebsaufspaltung in der Regel auf die Betriebsgesellschaft übergeht (BFH vom 27. 03. 2001 BStBl II 2001, 771; vom 16. 06. 2004 BStBl II 2005, 378). Ausnahmen sollen nur dann gelten, wenn sämtliche wesentlichen Betriebsgrundlagen an die Betriebsgesellschaft verpachtet werden (Betriebsverpachtung im Ganzen) oder wenn der Geschäftswert allein auf bestimmten Eigenschaften des zurückbehaltenen Betriebsgrundstücks beruht (z. B. bei einem Apothekengrundstück neben einem Ärztehaus).

Geht der Geschäftswert auf das Betriebsunternehmen (in der Regel eine GmbH) über, hat dies erhebliche steuerliche Folgen:

- Erfolgt die Übertragung vom Besitzunternehmen auf das Betriebsunternehmen entgeltlich, so liegt insoweit ein laufender Gewinn vor; das erwerbende Betriebsunternehmen hat den Geschäftswert nach den allgemeinen Grundsätzen (§ 7 Abs. 1 Satz 3 EStG) auf 15 Jahre abzuschreiben;
- Erfolgt die Übertragung unentgeltlich, so ist der Geschäftswert aus dem Besitzunternehmen gewinnwirksam zu entnehmen (§ 6 Abs. 1 Nr. 4 EStG) und anschließend verdeckt in das Betriebsunternehmen einzulegen; Die Vorschrift des § 6 Abs. 5 EStG ist weder im Falle

einer Betriebskapitalgesellschaft, noch im Falle einer Betriebspersonengesellschaft anzuwenden;

- Zahlt die Betriebskapitalgesellschaft für den Geschäftswert eine Pacht, so stellt dies eine vGA dar, da sie für ein Wirtschaftsgut bezahlt, das ihr selbst gehört.

BEISPIELE

a) Die A-KG betreibt einen Großhandel. Zur Begründung einer Betriebsaufspaltung wird die X-GmbH gegründet. Die A-KG vermietet künftig an die GmbH eine Verkaufs- und Lagerhalle sowie den »Kundenstamm und die Geschäftsbeziehungen«. Der Wert des Kundenstamms und der Geschäftsbeziehungen beträgt 2 Mio. € (Buchwert 0 €). Die Miete für den Kundenstamm und die Geschäftsbeziehungen wird mit jährlich angemessenen 200 T€ vereinbart.

LÖSUNG Mit der Betriebsaufspaltung ist der Geschäftswert auf die pachtende Betriebsgesellschaft übergegangen. Da ein Entgelt nicht verlangt wurde, muss der Geschäftswert aus der KG gewinnwirksam entnommen werden. Es entsteht ein laufender Gewinn i. H. v. 2 Mio. €.

Anschließend erfolgt die verdeckte Einlage in die GmbH (BS: Firmenwert 2 Mio. € an Ertrag 2 Mio. € oder Kapitalrücklage 2 Mio. €). Nach § 8 Abs. 3 Satz 3 KStG ist im Falle der Buchung über Ertrag eine außerbilanzielle Kürzung i. H. v. 2 Mio. € vorzunehmen. Die GmbH schreibt nun den Firmenwert über 15 Jahre ab.

Da für den Geschäftswert eine Miete an die KG gezahlt wird, liegt insoweit eine vGA an die Gesellschafter der GmbH (nicht zwingend identisch mit denen der KG) vor. Die GmbH hat außerbilanziell ihr Einkommen um die 200 T€ p. a. zu erhöhen. Bei den Gesellschaftern der GmbH (die nicht identisch mit denen der KG sein müssen, liegen Einkünfte nach §§ 20 Abs. 1 Nr. 1, 3 Nr. 40 EStG vor.

b) Wie Beispiel a). Die KG verpachtet ihren Geschäftsbetrieb im Ganzen (d. h. alle wesentlichen Betriebsgrundlagen) an die X-GmbH.

LÖSUNG Betriebsverpachtung und Betriebsaufspaltung können parallel nebeneinander gegeben sein. Da im Falle der Betriebsverpachtung der Geschäftswert beim verpachtenden Unternehmen verbleibt, erfolgt keine Entnahme/verdeckte Einlage. Die Zahlung der Miete stellt bei der GmbH Betriebsausgaben und bei der KG Betriebseinnahmen dar.

6 Steuerliche Folgen der Betriebsaufspaltung

Die Einkünfte aus der Nutzungsüberlassung sind keine Einkünfte aus Vermietung und Verpachtung, sondern Einkünfte aus Gewerbebetrieb. Das gilt selbst dann, wenn vor der Betriebsaufspaltung aus dem Gesamtunternehmen Einkünfte aus selbständiger Arbeit bezogen wurden (BFH vom 18. 06. 1980 BStBl II 1981, 39). Auch Gesellschafter des Besitzunternehmens, die an der Betriebsgesellschaft nicht beteiligt sind, erzielen Einkünfte nach § 15 EStG (BFH vom 02. 08. 1972 BStBl II 1972, 796).

BEISPIEL

An der Besitz-GbR sind die Zahnärzte Z 1 und Z 1 sowie die Ehefrau von Z 1 je zu einem Drittel beteiligt. Die GbR vermietet ein Praxisgebäude an die Zahnarzt-GmbH (Gesellschafter: Z 1 und Z 2 zu je 50 %).

LÖSUNG Aufgrund der Betriebsaufspaltung erzielen die Gesellschafter der GbR (und zwar auch die an der GmbH nicht beteiligte Ehefrau) Einkünfte nach § 15 EStG.

6.1 Anteile am Betriebsunternehmen

Ist eine Betriebsaufspaltung zu bejahen, so gehört die Beteiligung an der Betriebskapital-gesellschaft zum notwendigen **(Sonder-)Betriebsvermögen** des Besitzunternehmens bzw. der Gesellschafter des Besitzunternehmens (BFH vom 12.02.1992 BStBl II 1992, 723).

Die Anteile an der Betriebskapitalgesellschaft sind im Besitzunternehmen bzw. in den Sonderbilanzen der Gesellschafter des Besitzunternehmens mit den Anschaffungskosten zu aktivieren (§ 253 HGB i. V. m. § 5 EStG).

Teilwertberichtigungen der Anteile sind grundsätzlich möglich (§ 6 Abs. 1 Nr. 2 EStG; vgl. BMF vom 16.07.2014 BStBl I 2014, 1162). Bei den Gewinnauswirkungen ist jedoch das Teileinkünfteverfahren zu beachten (§ 3 Nr. 40 Buchst. a EStG).

Für die Bemessung des Teilwerts von Anteilen an einer Betriebskapitalgesellschaft ist eine Gesamtbetrachtung der Ertragsaussichten von Besitz- und Betriebsunternehmen anzustellen (BFH vom 06.11.2003 BStBl II 2004, 416). Zunächst ist davon auszugehen, dass der Teilwert einer Beteiligung im Zeitpunkt des Erwerbs den Anschaffungskosten entspricht. Eine spätere Teilwertabschreibung setzt voraus, dass die Anschaffung entweder als Fehlmaßnahme anzuse-hen ist oder die Wiederbeschaffungskosten nach dem Erwerb der Beteiligung gesunken sind, weil sich der innere Wert des Beteiligungsunternehmens vermindert. Eine solche Wertminde-rung ergibt sich aber nach Ansicht des BFH vom 06.11.2003 a. a. O. nicht bereits daraus, dass hohe Verluste im Betriebsunternehmen entstanden sind. Für den Wert der Beteiligung soll viel-mehr nicht nur die Ertragslage und die Ertragsaussichten, sondern auch der Vermögenswert und funktionale Bedeutung des Betriebsunternehmens für das Besitzunternehmen maßgebend sein. Der BFH betrachtet somit Besitz- und Betriebsunternehmen für die Frage der Teilwertab-schreibung **als Einheit** und lässt **keine isolierte Betrachtung der Anteile** am Betriebsunterneh-men zu. Wird ein eigenkapitalersetzendes Darlehen unverzinslich gewährt, so kann eine Teil-wertabschreibung nicht alleine auf die Unverzinslichkeit gestützt werden (BFH vom 10.11.2005 BStBl II 2006, 618).

Dividenden, die die Betriebskapitalgesellschaft an die Gesellschafter des Besitzunterneh-mens ausschüttet, sind als (Sonder-)Betriebseinnahme zu erfassen (§§ 15, 3 Nr. 40 Buchst. d EStG). Die Grundsätze der sog. phasengleichen Aktivierung sind im Steuerrecht nicht mehr anzuwenden (BFH GrS vom 28.06.2000 BStBl II 2000, 632; BMF vom 24.08.1999 BStBl I 1999, 822).

BEISPIEL

Die Gesellschafter A, B und C sind zu je einem Drittel an einer GbR beteiligt, die eine Produktions-halle an die X-GmbH vermietet. Gesellschafter der X-GmbH sind A, B, C und D zu je einem Viertel. Die Voraussetzungen einer Betriebsaufspaltung liegen vor.

Im November 2016 beschließt die Gesellschafterversammlung der GmbH die Ausschüttung einer Dividende von 100 000 € für das abgelaufene Wj. 2015. Die Auszahlung der Dividende soll im Januar 2017 erfolgen.

LÖSUNG A, B und C halten die Anteile an der GmbH im Sonderbetriebsvermögen der GbR. Nach den (aufgegebenen) Grundsätzen der phasengleichen Aktivierung hätten A, B und C im Wj. 2015 (= das Jahr, für das ausgeschüttet wird) eine Forderung auf Beteiligungsertrag aktivieren müssen. Nach neuer Rechtsprechung erfassen A, B und C die Dividende in 2014 (Buchungssatz: Forderung an Beteiligungsertrag 25 000 €).

Die Korrekturen des Teileinkünfteverfahrens sind außerbilanziell vorzunehmen.

Gesellschafter D hält die Beteiligung im Privatvermögen. Bei ihm ist daher erst mit Zufluss in 2017 nach §§ 20 Abs. 1 Nr. 1, 32d Abs. 1, 11 Abs. 1 Satz 1 EStG ein Ertrag anzusetzen.

Die Veräußerung von Anteilen an der Betriebskapitalgesellschaft durch die Gesellschafter des Besitzunternehmens fällt nicht unter § 17 EStG, sondern stellt laufenden Gewinn dar (§ 15 EStG). Werden alle Anteile an der Betriebskapitalgesellschaft veräußert, so greift die Sondervorschrift des § 16 Abs. 1 Nr. 1 Satz 2 EStG (Betriebsaufgabe des Besitzunternehmens).

6.2 Sonstiges Betriebsvermögen

6.2.1 Aktivierungspflicht

Notwendiges Betriebsvermögen des Besitzunternehmens sind alle Wirtschaftsgüter, die objektiv erkennbar zum unmittelbaren Einsatz im Betrieb selbst bestimmt sind (BFH vom 30. 04. 1975 BStBl II 1975, 582). Hierzu gehören auch solche Wirtschaftsgüter, die nicht wesentliche Betriebsgrundlagen des Betriebsunternehmens sind, sofern ihre Überlassung in unmittelbarem wirtschaftlichem Zusammenhang mit der Überlassung der wesentlichen Betriebsgrundlagen steht (BFH vom 23. 09. 1998 BStBl II 1999, 281).

BEISPIEL

Die A, B, C-GbR vermietet im Rahmen einer Betriebsaufspaltung eine Produktionshalle (= wesentliche Betriebsgrundlage) an die X-GmbH. Außerdem vermietet die GbR auch noch div. Maschinen, die wegen ihrer jederzeitigen Ersetzbarkeit und ihrer geringen wirtschaftlichen Bedeutung keine wesentlichen Betriebsgrundlagen darstellen.

LÖSUNG Sowohl die Produktionshalle als auch die Maschinen stellen notwendiges Betriebsvermögen dar und sind in der Gesamthandsbilanz der GbR zu aktivieren.

Die Wirtschaftsgüter sind auch dann in vollem Umfang notwendiges Betriebsvermögen, wenn an der Besitzpersonengesellschaft Gesellschafter beteiligt sind, die nicht an der Betriebsgesellschaft beteiligt sind.

Auf Grund der Abfärberegelung (§ 15 Abs. 3 Nr. 1 EStG) ist das Gesamthandsvermögen einer Besitzpersonengesellschaft auch bei einer Vermietung weiterer Wirtschaftsgüter an Dritte notwendiges Betriebsvermögen.

Wirtschaftsgüter, die einem Gesellschafter des Besitzunternehmens gehören und der Besitzgesellschaft zur Weitervermietung an die Betriebsgesellschaft (oder an Dritte) überlassen werden, sind als Sonderbetriebsvermögen I des Gesellschafters auszuweisen (BFH vom 27. 08. 1998 BStBl II 1999, 279).

BEISPIEL

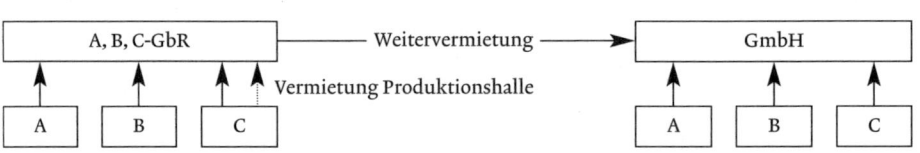

LÖSUNG Die Produktionshalle ist wesentliches Sonderbetriebsvermögen I des C. Dies würde selbst dann gelten, wenn C an der GmbH nicht beteiligt wäre.

Wirtschaftsgüter, die einem Besitzgesellschafter gehören und von diesem unmittelbar an die Betriebsgesellschaft überlassen werden, können Sonderbetriebsvermögen II darstellen, sofern ihr Einsatz in der Betriebsgesellschaft durch den Betrieb des Besitzunternehmens veranlasst ist. Davon ist auszugehen, wenn die Wirtschaftsgüter zu Bedingungen überlassen werden, die einem Fremdvergleich nicht standhalten würden oder die Nutzungsüberlassung von der Dauer der Beteiligung abhängig ist. Ist die Überlassung durch eine andere betriebliche oder private Tätigkeit des Gesellschafters veranlasst, liegt kein Sonderbetriebsvermögen II vor. Für eine private Veranlassung spricht u. a., dass der Vertrag erst längere Zeit nach Begründung der Betriebsaufspaltung geschlossen wird (BFH vom 13.10.1998 BStBl II 1999, 357).

In diesen Fällen ist aber stets zu prüfen, ob die Überlassung durch den Besitzgesellschafter nicht zu einer weiteren Betriebsaufspaltung führt.

BEISPIELE

a)

A, B, C-GbR	—— Bürogebäude ——▶	GmbH
▲ ▲ ▲		▲ ▲ ▲
A 10 %	B 20 %	C 70 % ········ Produktionshalle ········ B 25 %	C 75 %

LÖSUNG Zwischen der GbR und der GmbH besteht eine Betriebsaufspaltung, da die Unternehmen sachlich (= Überlassung Bürogebäude) und personell (= Beherrschung durch C) verflochten sind.

Da C die Produktionshalle nicht an die GbR zur Weitervermietung überlässt (s. Beispiel oben), kommt Sonderbetriebsvermögen I nicht in Frage.

Eine Prüfung von Sonderbetriebsvermögen II erübrigt sich, da C zu 100 % das (zweite) Besitzunternehmen »Produktionshalle« und mit 75 % die GmbH beherrscht. Damit liegt notwendiges Betriebsvermögen im Einzelunternehmen des C vor. Die Bilanzierung im Einzelunternehmen geht insoweit der Bilanzierung als Sonderbetriebsvermögen II vor.

b) Sachverhalt wie a). An der GmbH ist B zu 75 % und C zu 25 % beteiligt. Bzgl. der Produktionshalle ist nun eine Betriebsaufspaltung ausgeschlossen, da C die GmbH nicht beherrscht.

LÖSUNG Die Produktionshalle kann nun aber Sonderbetriebsvermögen II in der GbR sein, wenn der Mietvertrag zwischen C und der GmbH nicht wie unter Dritten abgeschlossen wurde oder der Mietvertrag von der Dauer der Beteiligung abhängig ist. Sind diese Voraussetzungen nicht gegeben, ist die Produktionshalle als Privatvermögen zu behandeln.

Vermietet ein Besitzgesellschafter eigene Wirtschaftsgüter unmittelbar an Dritte oder an die Betriebsgesellschaft, ohne dass notwendiges Betriebsvermögen vorliegt, so kann gewillkürtes Sonderbetriebsvermögen vorliegen, sofern die Überlassung in einem gewissen objektiven Zusammenhang mit dem Betrieb der Personengesellschaft steht.

BEISPIEL

Stellt die Produktionshalle in obiger Abwandlung kein Sonderbetriebsvermögen II dar, so könnte C die Halle als gewillkürtes Sonderbetriebsvermögen aktivieren, da ein objektiver wirtschaftlicher Zusammenhang mit der Betriebsaufspaltung besteht.

Sind die Wirtschaftsgüter i. R. d. Betriebsaufspaltung als Betriebsvermögen zu behandeln, so gelten für die Abschreibung, die Bildung von Rücklagen etc. die allgemeinen Regeln.

Sowohl das Besitz- als auch das Betriebsunternehmen können für geplante Investitionen einen **Investitionsabzugsbetrag** bilden, wenn die übrigen Voraussetzungen des § 7 g EStG erfüllt sind (BMF vom 25.02.2004 BStBl I 2004, 337).

Für die Veräußerung von Wirtschaftsgütern können ebenfalls sowohl das Besitz- als auch das Betriebsunternehmen ihren jeweils entstehenden Gewinn in eine **Rücklage nach § 6b EStG** einstellen (vgl. R 6b EStR). Eine Übertragung der Rücklage ist allerdings nur zwischen Besitzpersonengesellschaft und deren Gesellschafter möglich (R 6b Abs. 6 EStR). Bildet die Betriebskapitalgesellschaft eine Rücklage, so kann sie nicht auf deren Gesellschafter übertragen werden, auch wenn sich die Beteiligung im Sonderbetriebsvermögen befindet.

6.2.2 Anspruch auf Substanzerhaltung

Obliegt der Betriebskapitalgesellschaft hinsichtlich der verpachteten Wirtschaftsgüter des Anlagevermögens die Verpflichtung zur Substanzerhaltung, d. h. muss die Pächterin nach Ablauf der Pachtdauer dem Verpächter das Anlagevermögen in dem Umfang und Zustand zurückgeben, wie sie es bei Beginn der Pacht übernommen hat, so ist in Höhe des jährlich zuwachsenden Teilanspruchs eine Rückstellung für Substanzerhaltung zu passivieren (**Pachterneuerungsrückstellung**; BFH vom 03. 12. 1991 BStBl II 1993, 89).

Die Rückstellung muss von der Pächterin (Betriebsunternehmen) nach den jeweils zum Bilanzstichtag bestehenden Wiederbeschaffungskosten bemessen werden (§ 249 HGB i. V. m. § 5 Abs. 1 EStG). Die Rückstellung ist handelsrechtlich nach § 253 Abs. 2 HGB mit dem durchschnittlichen Marktzinssatz der vergangenen sieben Geschäftsjahre abzuzinsen. In der Steuerbilanz ist nach § 6 Abs. 1 Nr. 3e EStG mit einem Zinssatz von 5,5 % abzuzinsen (vgl. Tabelle 1 zu § 12 Abs. 3 BewG).

> **BEISPIEL**
>
> I. R. d. Betriebsaufspaltung wird ab 01. 01. 2015 eine Maschine verpachtet, die eine Nutzungsdauer von fünf Jahren hat. Nach dieser Zeit ist die Maschine durch den Pächter zu ersetzen. Die Wiederbeschaffungskosten am 01. 01. 2015 betragen 100 000 € und 110 000 € am 01. 01. 2016.
>
> **LÖSUNG** Zum Bilanzstichtag 31. 12. 2015 ist ein Fünftel der Nutzungsdauer abgelaufen und damit ein Fünftel der Wiederbeschaffungskosten zu passivieren. Bis zur Wiederbeschaffung sind es noch vier Jahre. Damit ist die Rückstellung mit (100 000 € × 1/5 × 0,807 =) 16 140 € anzusetzen.
> Zum 31. 12. 2016 müssen zwei Fünftel der Wiederbeschaffungskosten (110 000 €) rückgestellt werden. Die Restlaufzeit beträgt nun noch drei Jahre. Damit ist eine Rückstellung i. H. v. (110 000 € × 2/5 × 0,852 =) 37 488 € zu passivieren.

Umgekehrt hat das Besitzunternehmen einen Anspruch auf Substanzerhaltung gegen die Betriebskapitalgesellschaft. Dieser Anspruch ist vom Besitzunternehmen nach bisher h. M. zu **aktivieren** (BFH vom 17. 02. 1998 BStBl II 1998, 505). Da es sich nicht um eine Geldforderung handelt, ist der Anspruch auf Substanzerhaltung nicht abzuzinsen. Es gibt keinen Grundsatz, wonach Besitz- und Betriebsunternehmen im Rahmen einer Betriebsaufspaltung korrespondierend bilanzieren müssen (BFH vom 08. 03. 1989 BStBl II 1989, 714). Der BFH geht zwar in seiner Entscheidung vom 21. 12. 1965 BStBl III 1966, 147 davon aus, dass Forderung und Rückstellung dieselbe Höhe haben müssten. Diese Aussage bezieht sich aber auf die Faktoren (Nutzungsdauer, Wiederbeschaffungskosten etc.), die der Rückstellungsbildung zugrunde liegen. Ein Abzinsungsgebot für Rückstellungen gab es zu dieser Zeit noch nicht.

Im Falle der **Ersatzbeschaffung** ist der Erlös für das ausgeschiedene Wirtschaftsgut als Betriebseinnahme der Pächterin (Betriebsunternehmen) zu behandeln. Die Anschaffungs- und Herstellungskosten des Ersatzgutes sind bis zur Höhe der Rückstellung mit dieser zu verrechnen. Ein übersteigender Betrag wird als Wertausgleichsanspruch aktiviert (BFH vom 17. 02. 1998 a. a. O.) und auf die Nutzungsdauer abgeschrieben. Beim Verpächter ist das Ersatzgut mit den Anschaffungs- und Herstellungskosten des Pächters zu aktivieren und der Pachterneuerungsanspruch aufzulösen.

BEISPIEL

Das Besitzunternehmen verpachtet im Rahmen einer Betriebsaufspaltung an das Betriebsunternehmen eine Maschine. Am 31. 12. 2014 ist die Maschine vereinbarungsgemäß gegen eine neue Maschine auszutauschen. Der Pachterneuerungsanspruch ist beim Besitzunternehmen mit 86 000 € aktiviert und in gleicher Höhe beim Betriebsunternehmen passiviert (eine Differenz wegen Abzinsung besteht zum Ende der Laufzeit nicht mehr). Die neue Maschine kostet 92 000 €. Für die alte Maschine bekommt das Betriebsunternehmen noch 2 000 €.

LÖSUNG Behandlung beim Betriebsunternehmen: Der Erlös von 2 000 € ist als Ertrag zu buchen (Buchungssatz: Bank an sonstige betriebliche Erträge 2 000 €).

Die Anschaffungskosten sind mit der Rückstellung zu verrechnen. Ein übersteigender Betrag ist als Wertausgleich zu aktivieren (BS: Rückstellung 86 000 € und Wertausgleich 6 000 € an Bank 92 000 €).

Behandlung beim Besitzunternehmen: Das Ersatzgut ist mit den AK zu aktivieren und die Pachterneuerungsforderung aufzulösen (BS: Maschine 92 000 € an Pachterneuerungsforderung 86 000 € und an sonstige betriebliche Erträge 6 000 €).

Mit den Entscheidungen vom 12. 02. 2015, IV R 29/12, BFH/NV 2015, 811 und IV R 63/11, BFH/NV 2015, 832 ist der BFH von seiner bisherigen Absicht abgerückt und **verneint nun das Erfordernis einer Aktivierung des Substanzerhaltungsanspruchs**. Er begründet dies damit, dass das Besitzunternehmen die Forderung nicht aktivieren dürfe, da für die Forderung keine Anschaffungskosten (§ 253 HGB) vorlägen. Wir halten diese Ansicht nicht für richtig, da der Substanzerhaltungsanspruch Teil der Miete ist. Das Besitzunternehmen verzichtet auf einen Teil der Miete, weil das mietende Betriebsunternehmen das Wirtschaftsgut nach Ablauf der Nutzungsdauer wieder ersetzt. Ohne einen Substanzerhaltungsanspruch wäre die Miete günstiger. Die Mietvergünstigung stellt daher insoweit Anschaffungskosten dar.

Folgt man der Ansicht der Rechtsprechung, so muss im Wirtschaftsjahr der Vornahme der Ersatzbeschaffung das Wirtschaftsgut beim Besitzunternehmen gewinnerhöhend eingebucht werden (BS: Wirtschaftsgut an Ertrag). Im Endeffekt ergibt sich damit das gleiche Ergebnis wie bei der Aktivierung der Substanzerhaltungsforderung. Der Unterschied liegt lediglich in der zeitlichen Erfassung des Ertrags.

Auf die Passivierung der Rückstellung durch das Betriebsunternehmen hat die neue Rechtsprechung keine Auswirkungen.

6.3 Darlehen

Ein Darlehen, welches der Gesellschafter einer Besitzpersonengesellschaft oder ein Einzelunternehmer unmittelbar der Betriebsgesellschaft gewährt, gehört zum **notwendigen (Sonder-)Betriebsvermögen** des Besitzunternehmens, wenn es dazu dient, die Vermögens- und Ertragslage der Betriebsgesellschaft zu verbessern und damit den Wert der Beteiligung des Besitzunternehmens an der Betriebsgesellschaft zu erhöhen (BFH vom 10. 11. 1994 BStBl II 1995, 452). Für die Zuordnung zum (Sonder-)Betriebsvermögen ist entscheidend, ob die Darlehensgewährung durch den Betrieb des Besitzunternehmens oder eine andere betriebliche oder private Tätigkeit des Gesellschafters veranlasst ist (BFH vom 13. 10. 1998 BStBl II 1999, 357).

Eine **betriebliche Veranlassung** ist anzunehmen, wenn das Darlehen in engem zeitlichem Zusammenhang mit der Begründung der Betriebsaufspaltung und/oder zu marktunüblichen Bedingungen gewährt wird und deshalb nicht austauschbar ist (BFH vom 19. 10. 2000 BStBl II 2001, 335). Dies ist insbesondere bei sog. eigenkapitalersetzenden Gesellschafterdarlehen der Fall. Sie gehören von Anfang an zum (Sonder-)Betriebsvermögen.

Das Fehlen einer Sicherheit bei Darlehen bis zu ca. 25 000 € spricht allein noch nicht gegen die Marktüblichkeit (OFD Frankfurt vom 02. 11. 2001 S 2240 A-28-St II 21). Die Verwendung des Darlehens zum Erwerb von Anlagevermögen soll ebenfalls für sich allein noch nicht zwingend zur betrieblichen Veranlassung führen.

Die Behandlung von Darlehen als Betriebsvermögen hatte bisher insbesondere Bedeutung für die **Teilwertabschreibung** im Falle der Zahlungsunfähigkeit der Betriebsgesellschaft (§ 6 Abs. 1 Nr. 2 EStG). Fraglich war bisher insbesondere, ob der Abschreibungsaufwand unter das Teilabzugsverbot des § 3c Abs. 2 EStG fällt.

Der Streit ist durch die Neufassung des § 3c Abs. 2 Satz 2 EStG entschieden. Danach fällt der Aufwand aus der Abschreibung einer Darlehensforderung unter das Teileinkünfteverfahren, wenn der Gesellschafter zu mehr als einem Viertel unmittelbar oder mittelbar am Grund- oder Stammkapital der darlehensnehmenden Kapitalgesellschaft beteiligt ist oder war (zur Anwendung vgl. § 52 Abs. 5 Satz 2 EStG). Das Teilabzugsverbot ist nach Satz 3 insoweit nicht anzuwenden, als nachgewiesen wird, dass auch ein fremder Dritter das Darlehen bei sonst gleichen Umständen gewährt oder noch nicht zurückgefordert hätte. Dabei sind nur die eigenen Sicherungsmittel der Körperschaft zu berücksichtigen.

Damit greift das Teilabzugsverbot insbesondere dann, wenn die Betriebs-Kapitalgesellschaft über keine ausreichenden Sicherheiten verfügt oder z. B. branchentypisch Schwierigkeiten mit Bankdarlehen hat (z. B. Gaststättenbetriebe). Letztlich muss die Frage im Einzelfall anhand aller Faktoren (Kreditverhalten in der Vergangenheit, SCHUFA-Auskünfte etc.) entschieden werden.

Ist der Gesellschafter zu einem Viertel oder weniger beteiligt, so gilt im Umkehrschluss, dass der Abschreibungsaufwand zu 100 % abzugsfähig ist.

Geben die Gesellschafter des Besitzunternehmens eine **Bürgschaft** für Verbindlichkeiten der Betriebsgesellschaft ab, so stellt sich – wie bei Darlehen – die Frage der Beurteilung als Betriebsvermögen.

Die Rechtsprechung (vgl. BFH vom 18. 12. 2001 BStBl II 2002, 733) geht davon aus, dass Bürgschaften, die die Gesellschafter der Besitzpersonengesellschaft für Verbindlichkeiten der Betriebskapitalgesellschaft übernehmen, durch den Betrieb der Besitzpersonengesellschaft veranlasst sein können und damit zum negativen Sonderbetriebsvermögen II gehören, wenn die Übernahme der Bürgschaft unter Bedingungen erfolgt, die ein fremder Dritter nicht eingegangen wäre. Dies wird insbesondere dann der Fall sein, wenn sich die GmbH bei der Bürgschafts-übernahme bereits in einer schwierigen finanziellen Situation befunden hat.

Muss der Gesellschafter mit einer Inanspruchnahme aus der Bürgschaft rechnen, so kann er in seinem Sonderbetriebsvermögen eine entsprechende **Rückstellung** bilden (BFH vom 18. 12. 2001 a. a. O.).

Mit Erfüllung der Bürgschaftsverpflichtung erlangt der Gesellschafter eine Rückgriffsforderung nach § 774 BGB. Für die Teilwertberichtigung dieser Rückgriffsforderung gelten die oben dargestellten Grundsätze für die Teilwertberichtigung von Darlehen entsprechend (BMF vom 23. 10. 2013 BStBl I 2013, 1269, Rz. 11).

6.4 Arbeitslohn

Hat einer der Gesellschafter des Besitzunternehmens einen Arbeitsvertrag mit der Betriebskapitalgesellschaft, so fällt der **Arbeitslohn** unter § 19 EStG, obwohl sich die Beteiligung im Sonderbetriebsvermögen befindet (BFH vom 09. 06. 1970 BStBl II 1970, 722). Er wird also nicht als Sonderbetriebseinnahme erfasst wie bei der GmbH & Co. KG. Darin liegt einer der großen Vorteile der Betriebsaufspaltung gegenüber der GmbH & Co. KG.

6.5 Gewerbesteuer

Gewerbesteuerlich hat sich ab Erhebungszeitraum 2008 eine erhebliche Verschlechterung für die Betriebsaufspaltung ergeben, die zu einer partiellen Doppelbelastung von Besitz- und Betriebsunternehmen führt.

Nach § 8 Nr. 1 GewStG ist die Summe aus **Schuldzinsen,** einem Fünftel der Miet- und Pachtzinsen für die Überlassung **beweglicher Wirtschaftsgüter** und der Hälfte der Miet- und Pachtzinsen für die Überlassung von **Immobilien** abzüglich eines Freibetrags i. H. v. 100 000 € zu einem **Viertel** dem Gewerbeertrag hinzuzurechnen.

BEISPIEL

Zwischen der A-GbR und der Y-GmbH besteht eine Betriebsaufspaltung. Die A-GbR vermietet in 2016 eine Halle mit Büroräumen für 100 000 € monatlich sowie bewegliches Anlagevermögen für 120 000 € monatlich an die GmbH. Die GbR hat den Bau der Halle fremdfinanziert und zahlt dafür 1 700 000 € Zinsen im Jahr.

LÖSUNG Die Mieteinnahmen der GbR unterliegen der Gewerbesteuer. Dabei sind die Finanzierungszinsen nach § 8 Nr. 1a GewStG hinzuzurechnen:

Finanzierungszinsen	1 700 000 €
abzgl. Freibetrag	./. 100 000 €
Summe	1 600 000 €
davon 1/4 = Hinzurechnung	400 000 €

Es ergibt sich folgende Rechnung:

Einnahmen Immobilien	1 200 000 €
Einnahmen bewegliches Anlagevermögen	1 440 000 €
Hinzurechnung (§ 8 Nr. 1a GewStG)	400 000 €
Summe	3 040 000 €
abzgl. Freibetrag (§ 11 Abs. 1 Nr. 1 GewStG)	./. 24 500 €
Gewerbeertrag	3 015 500 €

Für die Betriebs-GmbH sind die Miet- und Pachtzinsen zuerst einmal Betriebsausgaben. Für gewerbesteuerliche Zwecke sind dann nach § 8 Nr. 1 Buchst. e GewStG hinzuzurechnen:

Miete Immobilien (1 200 000 € × 1/2 =)	600 000 €
Miete Anlagevermögen (1 440 000 € × 1/5 =)	288 000 €
Summe	888 000 €
abzgl. Freibetrag	./. 100 000 €
Summe	788 000 €
davon 1/4 = Hinzurechnung	197 000 €

Auch bei der Erfassung von Dividenden und vGA hat sich ab dem Erhebungszeitraum 2008 eine Verschlechterung ergeben. Dividenden, die die Gesellschafter einer Betriebskapitalgesellschaft (deren Anteile sich ja aufgrund der Betriebsaufspaltung im Sonderbetriebsvermögen II der Besitzgesellschaft befinden) erhalten, sind nach **§ 9 Nr. 2a GewStG** nur noch dann von der Gewerbesteuer befreit, wenn die Beteiligung mindestens 15 % beträgt (sog. **Schachtelprivileg**). Liegt die Beteiligung unter 15 %, so ist die Dividende nach **§ 8 Nr. 5 GewStG** in vollem Umfang gewerbesteuerpflichtig.

BEISPIELE

a) An der Betriebs-GmbH sind die Gesellschafter A, B und C zu je 1/3 beteiligt. Sie halten die Beteiligung im Sonderbetriebsvermögen der Besitz-GbR. Im Wj. 2016 schüttet die GmbH eine Dividende i. H. v. 300 T€ aus.

LÖSUNG Jeder Gesellschafter hat im Sonderbetriebsvermögen einen Dividendenertrag i. H. v. 100 T€ zu erfassen. Außerbilanziell ist die Dividende um 40 % zu kürzen (§ 3 Nr. 40 Buchst. a EStG).

Bei der Ermittlung des gewerbesteuerlichen Ertrags (§ 7 GewStG) ist der Dividendenertrag noch einmal um 60 % zu ermäßigen, da die Voraussetzungen des § 9 Nr. 2a GewStG gegeben sind. Die Dividende wird somit für Zwecke der ESt zu 60 % und für Zwecke der GewSt zu 0 % erfasst.

b) Wie Beispiel a). A und B sind aber zu je 45 %, C zu 10 % beteiligt.

LÖSUNG Für A und B ändert sich gegenüber Beispiel a) nichts. C unterliegt nun aber nicht dem Schachtelprivileg. Seine Dividende ist zwar nach § 3 Nr. 40 Buchst. a EStG nur zu 60 % zu erfassen. Gewerbesteuerlich erfolgt aber eine Hinzurechnung von 40 % nach § 8 Nr. 5 GewStG, so dass die Dividende insoweit zu 100 % erfasst wird.

7   Begründung der Betriebsaufspaltung

Bei Begründung der Betriebsaufspaltung ist zwischen Begründung einer echten und einer unechten Betriebsaufspaltung zu differenzieren. Da bei Begründung einer unechten Betriebsaufspaltung zwei Unternehmen errichtet werden (Besitz- und Betriebsunternehmen) stellt sich das Problem der Übertragung von Wirtschaftsgütern in der Regel nicht. Der Gründungsvorgang erfolgt nach den für die entsprechende Gesellschaftsform (Personen- oder Kapitalgesellschaft) geltenden Regeln.

Problematisch ist jedoch die Begründung einer echten Betriebsaufspaltung, da in diesem Fall Wirtschaftsgüter aus dem bisherigen Unternehmen ausgegliedert werden und auf ein neues Unternehmen übertragen werden müssen.

BEISPIEL

Die Autohaus-KG mit den Gesellschaftern A und B betreibt eine Autowerkstatt. In 2016 wird die Motor-GmbH mit den Gesellschaftern A, B und C gegründet. Die Motor-GmbH soll von der Autohaus-KG die Maschinen, das Umlaufvermögen sowie den Kundenstamm übernehmen und künftig die Autowerkstatt betreiben. Die X-KG soll lediglich das Werkstattgebäude (wesentliche Betriebsgrundlage) behalten und künftig an die GmbH vermieten.

LÖSUNG Die Übertragung von Wirtschaftsgütern aus einer Personengesellschaft in eine Kapitalgesellschaft ist nicht zum Buchwert möglich, da § 6 Abs. 5 Satz 5 EStG bei Übertragung auf eine Kapitalgesellschaft zwingend den Teilwertansatz vorsieht. Die Wirtschaftsgüter müssen gewinnwirksam aus der KG entnommen und anschließend offen oder verdeckt in die GmbH eingelegt werden.

7.1   Mitunternehmerische Betriebsaufspaltung

Eine mitunternehmerische Betriebsaufspaltung bedeutet, dass sowohl das Besitz- als auch das Betriebsunternehmen ein Einzelunternehmen bzw. eine Personengesellschaft sind. Die Übertragung von Wirtschaftsgütern erfolgt zum Buchwert – also ohne Aufdeckung stiller Reserven – wenn die Vorschrift des **§ 6 Abs. 5 EStG** greift. Die folgende Übersicht zeigt die Möglichkeiten der Buchwertübertragung:

A und B sind an der A-KG und der B-KG beteiligt. Folgende Übertragungen sind möglich bzw. nicht möglich:

von → in ↓	Einzel- unterneh- men 1 des A	Gesamt- hand A-KG	SBV des A in der A-KG	SBV des B in der A-KG	Gesamt- hand B-KG	SBV des A in der B-KG
Einzel- unternehmen 2 des A	Ja	Ja	Ja	Nein	Ja	Ja
Gesamthand A-KG	Ja	–	Ja	Ja	Nein	Ja
SBV des A in der A-KG	Ja	Ja	–	Ja	Ja	Ja
SBV des B in der A-KG	Nein	Ja	Ja	–	Ja	Nein
Gesamthand B-KG	Ja	Nein	Ja	Ja	–	Ja
SBV des A in der B-KG	Ja	Ja	Ja	Nein	Ja	–
Einzel- unternehmen des B	Nein	Ja	Nein	Ja	Ja	Nein

BEISPIEL

Die Autohaus KG mit den Gesellschaftern A und B betreibt eine Autowerkstatt. In 2016 wird die Motor GmbH Co. KG (Personengesellschaft!) mit den Gesellschaftern A, B und der Verwaltungs-GmbH gegründet. Die Verwaltungs-GmbH ist an der KG vermögensmäßig nicht beteiligt. Die Motor GmbH & Co. KG soll von der Autohaus KG die Maschinen, das Umlaufvermögen sowie den Kundenstamm übernehmen und künftig die Autowerkstatt betreiben. Die Autohaus KG soll lediglich das Werkstattgebäude (wesentliche Betriebsgrundlage) behalten und an die GmbH vermieten.

LÖSUNG Eine Übertragung der Maschinen aus dem Gesamthandsvermögen der Autohaus KG in das Gesamthandsvermögen der Motor GmbH & Co. KG fällt nicht unter § 6 Abs. 5 EStG (s. obige Übersicht). Eine Buchwertübertragung wäre nur möglich, wenn die Gesellschafter A und B die Maschinen in ihr Sonderbetriebsvermögen bei der Motor GmbH & Co. KG übernehmen und anschließend an die GmbH & Co. KG. Eine spätere Übertragung aus dem Sonderbetriebsvermögen in das Gesamthandsvermögen der GmbH & Co. KG könnte dann zum Buchwert nach § 6 Abs. 5 EStG zu erfolgen. Dabei ist aber § 42 AO zu beachten.

Da im Umlaufvermögen in der Regel keine stillen Reserven stecken, könnte dieses von der KG an die GmbH & Co. KG veräußert werden.

Die Übertragung nach § 24 UmwStG vom Besitz- auf das (künftige) Betriebsunternehmen kommt regelmäßig nicht in Frage, da § 24 UmwStG erfordert, dass alle wesentlichen Betriebsgrundlagen übertragen werden. Zur Begründung einer Betriebsaufspaltung ist aber die Überlassung mindestens einer wesentlichen Betriebsgrundlage erforderlich.

7.2 Begründung einer sonstigen echten Betriebsaufspaltung

In diesem Fall scheitert die Buchwertübertragung von Wirtschaftsgütern vom bisherigen Unternehmen auf das künftige Betriebsunternehmen (Kapitalgesellschaft) regelmäßig, da die Übertragung von Wirtschaftsgütern auf eine Kapitalgesellschaft den Regeln des Tausches (**§ 6 Abs. 6 EStG**) unterliegt.

Die Vorschrift des § 20 UmwStG ist nicht anwendbar, da sie voraussetzt, dass alle wesentlichen Betriebsgrundlagen übertragen werden. Dies ist aber bei der Betriebsaufspaltung gerade nicht gewollt.

7.3 Begründung einer kapitalistischen Betriebsaufspaltung

Grundsätzlich ist die Buchwertübertragung von Wirtschaftsgütern von einer Kapitalgesellschaft auf eine andere nicht möglich. Selbst wenn zwei Kapitalgesellschaften Gesellschafter einer Personengesellschaft sind, greift § 6 Abs. 5 EStG nicht, da bei Übertragung auf eine Kapitalgesellschaft zwingend der Teilwert anzusetzen ist (vgl. § 6 Abs. 5 Satz 5 EStG).

8 Beendigung der Betriebsaufspaltung

Entfallen die tatbestandlichen Voraussetzungen einer Betriebsaufspaltung, so ist dieser Vorgang in der Regel als Betriebsaufgabe (§ 16 Abs. 3 EStG) des Besitzunternehmens anzusehen, da dieses keine gewerblichen Einkünfte mehr erzielen kann (vgl. H 16 Abs. 2 EStH »Beendigung einer Betriebsaufspaltung«). Die Voraussetzungen einer Betriebsaufspaltung können aus mehreren Gründen entfallen:

- Wegfall der personellen Verflechtung durch Übertragung der Anteile am Besitz- oder Betriebsunternehmen im Wege der Schenkung, der Erbschaft oder der Veräußerung;
- Liquidation des Besitz- oder Betriebsunternehmens (z. B. im Rahmen eines Insolvenzverfahrens);
- Wegfall der sachlichen Verflechtung dadurch, dass ein verpachtetes Wirtschaftsgut seine Eigenschaft als wesentliches Betriebsvermögen verliert oder
- Kündigung des Pachtvertrags.

Zum Aufgabegewinn gehören auch die stillen Reserven, die sich im Sonderbetriebsvermögen befinden (also insbesondere die Anteile am Betriebsunternehmen; vgl. BFH vom 31.08.1995 BStBl II 1995, 890 und H 16 Abs. 4 EStH »Sonderbetriebsvermögen«).

BEISPIEL

An der Metall KG sind die Gesellschafter A, B und C je zu einem Drittel beteiligt. Einziger Geschäftszweck der KG ist die Vermietung einer Produktionshalle (Buchwert: 90 000 €, Teilwert: 900 000 €) an die Schrott GmbH. An dieser sind die Gesellschafter A, B und D zu je einem Drittel beteiligt. Die Anteile an der Schrott GmbH werden von A und B im Sonderbetriebsvermögen der KG mit den Anschaffungskosten von je 40 000 € aktiviert. Der Wert der Anteile beläuft sich auf je 500 000 €. A veräußert seinen Anteil an der KG an E für 300 000 €.

LÖSUNG Da A einen Mitunternehmeranteil veräußert, entsteht für ihn ein Veräußerungsgewinn nach §§ 16 Abs. 1 Nr. 2, 34 EStG. Das Sonderbetriebsvermögen ist zwingend zu entnehmen, da keine Mitunternehmerschaft mehr vorliegt. Der Entnahmegewinn ist ebenfalls begünstigt (§ 16 Abs. 3 Satz 7 EStG). § 3 Nr. 40 Buchst. b EStG (Teileinkünfteverfahren) ist zu beachten.

Erlös		300 000 €
Entnahme Sonderbetriebsvermögen (60 %)		300 000 €
Kapitalkonto Gesamthand	./.	30 000 €
Kapitalkonto Sonderbetriebsvermögen (60 %)	./.	24 000 €
=		546 000 €

Für B und C bedeutet die Veräußerung den Wegfall der personellen Verflechtung. Die KG ist nur noch vermögensverwaltend tätig (§ 21 EStG). B und C erzielen einen Gewinn aus der Betriebsaufgabe des Mitunternehmeranteils (§ 16 Abs. 3 EStG). Der Gewinn des B entspricht dem des A.

Da C keine Anteile an der GmbH hält, beträgt sein Aufgabegewinn lediglich (300 000 € ./. 30 000 € =) 270 000 €.

Etwas anderes gilt nur dann, wenn neben der Betriebsaufspaltung die Voraussetzungen einer **Betriebsverpachtung** vorliegen. Dann lebt nach Beendigung der Betriebsaufspaltung das Verpächterwahlrecht (vgl. § 16 Abs. 3b EStG) wieder auf. Auf diese Weise kann die Aufdeckung stiller Reserven vermieden werden (BMF vom 17. 10. 1994 BStBl I 1994, 771).

BEISPIEL

Das Verpachtungsunternehmen ist eine GbR mit den Gesellschaftern A, B und C zu je einem Drittel. Das Betriebsunternehmen ist eine GmbH, an der A, B und C ebenfalls zu je einem Drittel beteiligt sind. Verpachtet werden alle Wirtschaftsgüter (Produktionshalle, Maschinen etc.) des bisher von der GbR betriebenen Unternehmens. A und B veräußern ihre Anteile an der GmbH.

LÖSUNG Bis zur Veräußerung liegen die Voraussetzungen einer Betriebsaufspaltung vor, da mindestens eine wesentliche Betriebsgrundlage verpachtet wird und die Personengruppe A, B und C beide Unternehmen beherrscht.

Gleichzeitig liegen aber auch die Voraussetzungen einer Betriebsverpachtung vor, da die GbR ihren bisherigen Betrieb mit allen wesentlichen Betriebsgrundlagen an die GmbH verpachtet.

Während des Bestehens einer Betriebsaufspaltung kann das Verpächterwahlrecht nicht ausgeübt werden, da die Betriebsaufspaltung zwingend zu gewerblichen Einkünften führt.

Mit der Veräußerung der GmbH-Anteile endet aber die personelle Verflechtung. Nun lebt das Wahlrecht der Betriebsverpachtung wieder auf. Die Gesellschafter der GbR können entweder die Betriebsaufgabe erklären und künftig Einnahmen nach § 21 EStG erzielen oder weiterhin eine gewerbliche Verpachtung betreiben (ruhender Gewerbebetrieb) und so einer Aufdeckung der stillen Reserven entgehen.

---

9 Vermeidung der Aufdeckung stiller Reserven

Wie bereits oben dargestellt, kann eine Betriebsaufspaltung aus vielfältigen Gründen enden, die oft der Disposition des einzelnen Gesellschafters entzogen sind.

BEISPIEL

An der A-B-C-GbR sind die Gesellschafter je zu einem Drittel beteiligt. Zwischen der GbR und der X-GmbH besteht eine Betriebsaufspaltung. An der GmbH sind A und B zu je 50 % beteiligt. Ohne Absprache mit den übrigen Gesellschaftern schenkt A seinen Anteil an der GbR seinem Sohn S.

LÖSUNG Damit entfallen automatisch die Voraussetzungen der Betriebsaufspaltung. B und C müssen die stillen Reserven im Besitzunternehmen, B sogar die in der GmbH aufdecken und versteuern.

Das sicherste Mittel ist in diesen Fällen die rechtzeitige Umwandlung des Besitzunternehmens in eine **gewerblich geprägte GmbH & Co. KG** (§ 15 Abs. 3 Nr. 2 EStG). Dabei ist aber darauf zu achten, dass die Voraussetzungen der gewerblichen Prägung erfüllt sind:

- Unbeschränkt haftender Gesellschafter darf nur eine Kapitalgesellschaft sein und
- nur diese oder fremde Dritte dürfen Geschäftsführer sein.

BEISPIEL

Variation des vorherigen Beispiels

Wandeln A, B und C vor der Schenkung die GbR in eine GmbH & Co. KG um, so erzielt das Besitzunternehmen nun zwingend gewerbliche Einkünfte, auch wenn die Voraussetzungen einer Betriebsaufspaltung nicht mehr gegeben sind.

LÖSUNG A kann nun gefahrlos seinen Anteil auf seinen Sohn übertragen.

Die Umwandlung kann steuerneutral wie folgt vorgenommen werden:

- 1. Schritt: Gründung der GmbH & Co. KG (wobei als Komplementärin auch eine GmbH UG möglich ist);
- 2. Schritt: Einbringung des bisherigen Besitzunternehmens in die GmbH & Co. KG nach § 24 UmwStG zum Buchwert.

Die Umwandlung des Besitzunternehmens in eine gewerblich geprägte Personengesellschaft bietet sich auch insbesondere dann an, wenn Anteile am Besitzunternehmen verschenkt werden sollen (zu einer ähnlichen Gestaltung siehe BFH vom 22.10.2013, X R 14/11, BStBl II 2014, 158).

BEISPIEL

Vater V ist am Besitzunternehmen (Kommanditgesellschaft) zu 90 % und an der Betriebskapitalgesellschaft zu 100 % beteiligt. V möchte die Anteile am Besitzunternehmen (Verwaltungsgebäude mit hohen stillen Reserven) seinem Kind K unentgeltlich übertragen.

LÖSUNG Werden die Anteile am Besitzunternehmen übertragen, endet die Betriebsaufspaltung. Dies gilt auch dann, wenn kurze Zeit (die berühmte »juristische Sekunde«) nach der Übertragung der Mitunternehmeranteile die Anteile an der GmbH auf K übertragen werden (BFH vom 22.10.2013 a. a. O.). Damit müssen die stillen Reserven des Besitzunternehmens aufgedeckt werden (§ 16 Abs. 3 EStG). Hierzu gehört auch die Aufdeckung der stillen Reserven, die im Betriebsunternehmen stecken (GmbH als Sonderbetriebsvermögen aktiviert). Hier bietet die Umwandlung des Besitzunternehmens in eine GmbH & Co. KG mit gewerblicher Prägung einen Ausweg. Der Vater kann dann am Besitzunternehmen eine geringe Restbeteiligung behalten und im Rahmen dieser Restbeteiligung die Anteile an der GmbH im (gewillkürten) Sonderbetriebsvermögen behalten (vgl. § 6 Abs. 3 Satz 2 EStG).

Unproblematisch ist der Fall, wenn V sämtliche Mitunternehmeranteile am Besitzunternehmen zusammen mit den Anteilen am Betriebsunternehmen überträgt. In diesem Fall gehen sowohl der Mitunternehmeranteil als auch die im Sonderbetriebsvermögen gehaltenen Anteile an der GmbH nach § 6 Abs. 3 EStG auf K über.

Teil I   Die Besteuerung der Dividenden

1   Gesellschaftsrecht

Die Gesellschafterversammlung einer GmbH hat jährlich den Jahresabschluss festzustellen und über die Verwendung des Ergebnisses einen Beschluss zu fassen (§ 46 GmbHG). Dieser Beschluss erfolgt – soweit nichts anderes vereinbart ist – mit der Mehrheit der abgegebenen Stimmen (§ 47 GmbHG). Grundlage der Beschlussfassung ist stets die **Handelsbilanz**. Die Gesellschafter können den Jahresüberschuss ganz oder teilweise in eine Gewinnrücklage einstellen, als Gewinn vortragen oder ganz oder teilweise ausschütten (§ 29 GmbHG). Hält die Gesellschaft eigene Anteile, so sind diese nicht dividendenberechtigt. Soweit nichts anderes vereinbart ist, erfolgt die Verteilung der Ausschüttung nach dem Verhältnis der Geschäftsanteile (§ 29 Abs. 3 GmbHG).

Bei einer Aktiengesellschaft entscheidet die Hauptversammlung über die Verwendung des Bilanzgewinns (§ 174 AktG).

2   Besteuerung von Dividenden (Privatvermögen)

2.1   Abgeltungsteuer

Befindet sich die Beteiligung im Privatvermögen, so sind die Dividenden nach § 20 Abs. 1 Nr. 1 EStG zu versteuern. Dies gilt auch, wenn der Gesellschafter nur beschränkt steuerpflichtig ist (§ 49 Abs. 1 Nr. 5a EStG). Bei Zufluss der Dividende **bis einschließlich VZ 2008** galt das sog. **Halbeinkünfteverfahren**. Danach waren nach § 3 Nr. 40 Buchst. d EStG die Dividenden nur zur Hälfte zu besteuern. Im Umkehrschluss waren auch die Werbungskosten nach § 3c Abs. 2 EStG nur zur Hälfte anzusetzen.

Ab **VZ 2009** sind die Dividenden in voller Höhe zu versteuern. Nach **§ 32d EStG** gilt aber ein besonderer Tarif i. H. v. 25 % zzgl. 5,5 % SolZ und Kirchensteuer (sog. Abgeltungsteuer). Die Kapitaleinkünfte sind damit nicht mehr zur Summe der Einkünfte zu rechnen (§ 2 Abs. 5b EStG). Gegenüber der bisherigen Regelung bedeutet die Abgeltungsteuer selbst bei einem Spitzensteuersatz von 42 % eine Verschlechterung. Eine weitere Verschlechterung bedeutet die Abschaffung der **Werbungskosten** ab VZ 2009 durch § 20 Abs. 9 Satz 1 EStG (s. u.).

BEISPIELE

a) Der nicht verheiratete Gesellschafter G ist zu 100 % an der X-GmbH beteiligt. Die GmbH schüttet im VZ 2008 eine Dividende i. H. v. 50 000 € aus. G hat die Anschaffungskosten der Beteiligung fremdfinanziert und dafür 10 000 € Zinsaufwendungen im Jahr. G versteuert die Dividende mit dem Spitzensteuersatz von 42 %. G gehört keiner Kirche an.

LÖSUNG Die Einnahmen aus Kapitalvermögen betragen nach §§ 20 Abs. 1 Nr. 1, 3 Nr. 40 Buchst. d EStG (50 000 € × 1/2 =) 25 000 €. Die Finanzierungskosten können nach §§ 9 Abs. 1 Nr. 1, 3c Abs. 2 EStG zur Hälfte angesetzt werden, somit i. H. v. (10 000 € × 1/2 =) 5 000 €. Nach Abzug des Sparerfreibetrags (§ 20 Abs. 4 EStG) ergeben sich steuerpflichtige Einkünfte i. H. v. (20 000 € ./. 750 € =) 19 250 €. Die darauf entfallende ESt beläuft sich auf (19 250 € × 42 % =) **8 085 €**, der SolZ auf (8 085 € × 5,5 % =) **445 €**.

b) Wie Beispiel a); die Dividende wird aber im VZ 2009 ausbezahlt.

LÖSUNG Die Dividende ist nach § 20 Abs. 1 Nr. 1 EStG i. H. v. 50 000 € anzusetzen. Der Abzug von Werbungskosten ist nach § 20 Abs. 9 EStG nicht mehr möglich. Nach Abzug des Sparerpauschbetrags (§ 20 Abs. 9 EStG) i. H. v. 801 € ergeben sich steuerpflichtige Einkünfte i. H. v. 49 199 €. Die darauf entfallende Abgeltungsteuer beläuft sich auf (49 199 € × 25 % =) **12 300 €**, der SolZ auf **677 €**. Gegenüber der Rechtslage 2008 bedeutet dies eine Verschlechterung.

Auf Antrag können die Dividenden der tariflichen Einkommensteuer unterworfen werden, wenn dies zu einer niedrigeren Einkommensteuer führt (**Günstigerprüfung**, § 32d Abs. 6 EStG).

Eine weitere Ausnahme von der Abgeltungsteuer findet sich in § 32d Abs. 2 Nr. 3 EStG (sog. **unternehmerische Beteiligung**). Danach kann der Gesellschafter den Antrag stellen, die Dividenden im Teileinkünfteverfahren (§ 3 Nr. 40 Buchst. d EStG; 60 %) zu versteuern. In diesem Fall können auch die Werbungskosten weiterhin i. R. d. § 3c Abs. 2 EStG geltend gemacht werden, da § 32d Abs. 2 Nr. 3 EStG ausdrücklich die Anwendung des § 20 Abs. 9 EStG ausschließt. Voraussetzung ist allerdings, dass der Gesellschafter im Veranlagungszeitraum, in dem der Antrag erstmals gestellt wird, unmittelbar oder mittelbar zu mindestens 25 % beteiligt ist oder zu mindestens 1 % beteiligt ist und für die GmbH beruflich tätig ist.

Ab VZ 2017 wurde § 32d Abs. 2 Nr. 3 Buchst. b EStG durch das Gesetz zur Umsetzung der EU-Amtshilferichtlinie vom 20. 12. 2016 enger gefasst. Der Gesellschafter kann den Antrag auf Anwendung des Teileinkünfteverfahrens nur noch dann stellen, wenn er zu mindestens 1 % an der Kapitalgesellschaft beteiligt ist und durch eine berufliche Tätigkeit für diese maßgeblichen unternehmerischen Einfluss auf deren wirtschaftliche Tätigkeit nehmen kann. Dieser Fall dürfte nur noch dann vorliegen, wenn der Gesellschafter in der Geschäftsführung tätig ist.

Der **Antrag** ist spätestens zusammen mit der Einkommensteuererklärung für den jeweiligen Veranlagungszeitraum zu stellen und gilt, solange er nicht widerrufen wird, auch für die **folgenden vier Veranlagungszeiträume,** ohne dass die Antragsvoraussetzungen erneut zu belegen sind. Die Widerrufserklärung muss dem Finanzamt spätestens mit der Steuererklärung für den Veranlagungszeitraum zugehen, für den der Ausschluss der Abgeltungsteuer nicht mehr angewandt werden soll. Nach einem Widerruf ist ein erneuter Antrag des Steuerpflichtigen für diese Beteiligung an der Kapitalgesellschaft nicht mehr zulässig.

BEISPIEL

Wie voriges Beispiel b); G stellt den Antrag nach § 32d Abs. 2 Nr. 3 EStG.

LÖSUNG Die Besteuerung erfolgt nun nach §§ 20 Abs. 1 Nr. 1, 3 Nr. 40 Buchst. d EStG im Teileinkünfteverfahren. Danach ist die Dividende i. H. v. (50 000 € × 60 % =) 30 000 € anzusetzen. Die Finanzierungskosten können nach § 9 Abs. 1 Nr. 1, 3c Abs. 2 EStG i. H. v. (10 000 € × 60 % =) 6 000 € als Werbungskosten abgezogen werden. Der Sparerpauschbetrag kann nicht abgezogen werden, da § 20 Abs. 9 EStG nicht anwendbar ist. Damit beträgt die ESt (24 000 € × 42 % =) 10 080 € und der SolZ (10 080 € × 5,5 % =) 554 €.

Bis zum VZ 2010 unterlagen auch **verdeckte Gewinnausschüttungen** uneingeschränkt der Abgeltungsteuer. Ab VZ 2011 ist die Abgeltungsteuer für verdeckte Gewinnausschüttungen ausgeschlossen, **soweit** die vGA das Einkommen der leistenden Körperschaft gemindert hat (§ 32d Abs. 2 Nr. 4 EStG). Diese Regelung hat aber nur einen geringen Anwendungsbereich, da aufgrund der außerbilanziellen Zurechnung nach § 8 Abs. 3 Satz 2 KStG das Einkommen der GmbH durch eine verdeckte Gewinnausschüttung nicht gemindert wird. **§ 32d Abs. 2 Nr. 4 EStG** kann somit nur dann Anwendung finden, wenn z. B. die Veranlagung der Kapitalgesellschaft bestandskräftig ist, die Veranlagung des Gesellschafters aber noch geändert werden kann. Ein weiterer Anwendungsfall sind verdeckte Gewinnausschüttungen einer im Ausland ansässigen Kapitalgesellschaft an ihren in Deutschland ansässigen Gesellschafter.

BEISPIEL

Der in Deutschland ansässige Gesellschafter G ist an der in einem ausländischen Staat ansässigen X-Kapitalgesellschaft zu 75 % beteiligt. G ist Geschäftsführer der X-Kapitalgesellschaft. Im Dezember 2016 beschließt die Gesellschafterversammlung rückwirkend für das Wj. 2016 für G eine Tantieme i. H. v. 300 000 €. Nach dem Recht des Staates, in dem die X-Kapitalgesellschaft ihren Sitz hat, ist die rückwirkende Vereinbarung einer Tantieme steuerlich zulässig.

LÖSUNG Aus deutscher Sicht liegt hier eine verdeckte Gewinnausschüttung vor, da die Vereinbarung gegen das Rückwirkungsverbot verstößt. Verdeckte Gewinnausschüttungen sind nach Art. 10 OECD-Musterabkommen in Deutschland zu versteuern. Die X-Kapitalgesellschaft verbucht die Tantieme als Personalaufwand. Eine steuerliche Korrektur erfolgt nicht, da aus Sicht des Sitzstaates der X-Kapitalgesellschaft die Tantieme steuerlich als Personalaufwand anzusehen ist. In der Folge unterliegt die verdeckte Gewinnausschüttung bei G nicht der Abgeltungsteuer.

2.2 Zufluss der Dividende

Die Dividenden sind erst zu versteuern, wenn sie **zugeflossen** sind (§ 11 EStG), d. h. wenn der Gesellschafter wirtschaftlich über sie verfügen kann (H 11 EStH »Allgemeines«). Der Beschluss der Gesellschafterversammlung stellt regelmäßig noch keinen Zufluss dar, da in der Regel ein späterer Auszahlungszeitpunkt vereinbart wird.

Wirtschaftlich kann der Gesellschafter über die Dividenden verfügen, wenn sie auf sein Bankkonto überwiesen wurden, ihm ein (gedeckter) Scheck übergeben wurde oder er mit einer fälligen Gegenforderung gegen die Kapitalgesellschaft aufgerechnet hat. Aber auch die Buchung auf ein internes Guthabenkonto (Verrechnungskonto) der zahlungsfähigen Kapitalgesellschaft stellt einen Zufluss dar, wenn der Gesellschafter jederzeit über sein Guthaben verfügen kann.

Beim beherrschenden Gesellschafter (> 50 %) liegt ein Zufluss bereits mit Beschluss der Gesellschafterversammlung vor, da der beherrschende Gesellschafter aufgrund seiner Einflussmöglichkeiten auf die Verwaltung jederzeit die Auszahlung der Dividende veranlassen kann (H 20.2 EStH »Zuflusszeitpunkt bei Gewinnausschüttungen«).

In der Möglichkeit, den Zeitpunkt der Dividendenzahlung und damit den Zeitpunkt der Versteuerung bewusst wählen zu können, liegt ein großer Vorteil der Kapitalgesellschaft. Insbesondere ist es z. B. möglich, jahrelang die Erträge zu thesaurieren und so einer Dividendenbesteuerung zu entgehen.

BEISPIEL

Gesellschafter G der X-GmbH ist 60 Jahre alt und hat derzeit noch den maximalen Spitzensteuersatz. Mit Erreichen des 65. Lebensjahrs wird er in Rente gehen und geringere Einkünfte haben.
Im Wirtschaftsjahr 2016 erzielt die GmbH einen Jahresüberschuss i. H. v. 1 Mio. €. G entschließt sich (gemeinsam mit den anderen Gesellschaftern) vorläufig auf die Ausschüttung einer Dividende zu verzichten. Er kann damit seine Steuerlast in spätere Jahre verschieben.

Wird die Beteiligung **veräußert**, so hat nach **§ 20 Abs. 5 EStG** derjenige Gesellschafter die Dividende zu versteuern, dem die Anteile an der Kapitalgesellschaft im Zeitpunkt des Gewinnverteilungsbeschlusses zuzurechnen sind. Es spielt steuerlich keine Rolle, wem die Dividende überwiesen wird.

BEISPIEL

Gesellschafter G ist zu 20 % an der X-GmbH beteiligt. Das Wirtschaftsjahr der GmbH entspricht dem Kalenderjahr. Zum 01.01.2016 veräußert G seinen Gesellschaftsanteil an den Erwerber E. Im notariellen Kaufvertrag wird unter anderem vereinbart, dass die Dividende für das Wirtschaftsjahr 2015 noch dem Veräußerer G zustehen solle. Im April 2016 beschließt die Gesellschafterversammlung eine Ausschüttung für das Wirtschaftsjahr 2015 i. H. v. 1 Mio. €.

LÖSUNG Nach § 20 Abs. 5 Satz 1 EStG sind die Einnahmen dem Anteilseigner zuzurechnen. Anteilseigner ist nach Satz 2 derjenige, dem die Anteile an der Gesellschaft im Zeitpunkt des Gewinnverteilungsbeschlusses zuzurechnen sind. Dies ist im vorliegenden Fall der Erwerber. Somit muss der Erwerber die Dividende versteuern. Die Tatsache, dass er die Dividende an den Veräußerer ausbezahlen muss, hat für die Versteuerung nach § 20 Abs. 1 Nr. 1 EStG keine Bedeutung. Allerdings wird man die Herausgabe der Dividende an G als Teil des Kaufpreises beurteilen müssen. Dies bedeutet für G eine Erhöhung seines Veräußerungserlöses im Rahmen des § 17 Abs. 1 Satz 1 EStG. Für E stellt die Herausgabe der Dividende nachträgliche Anschaffungskosten dar.

2.3 Inkongruente Ausschüttungen

Für die Gesellschafter einer Kapitalgesellschaft kann es interessant sein, die Ausschüttung nicht entsprechend den Anteilen an der Kapitalgesellschaft vorzunehmen (sog. inkongruente oder disquotale Ausschüttungen).

BEISPIEL

An der XY-GmbH sind die Gesellschafter G 1 und G 2 zu je 50 % beteiligt. Da G 1 bereits über sehr hohe steuerpflichtige Einkünfte verfügt, einigt er sich mit G 2 dahingehend, dass von der Dividende für das Wj. 2016 G 1 lediglich 10 000 € und G 2 90 000 € erhalten soll. Zum Ausgleich soll G 2 80 000 € in eine Kapitalrücklage der GmbH einzahlen.

LÖSUNG Damit haben – wirtschaftlich gesehen – beide Gesellschafter eine Dividende i. H. v. 10 000 € ausbezahlt bekommen, da die Hälfte der Kapitalrücklage dem G 1 zusteht.

Die Rechtsprechung (BFH vom 19.08.1999 BStBl II 2000, 43) sieht in derartigen inkongruenten Ausschüttungen keine missbräuchliche Gestaltung (§ 42 AO), da das Dividendenrecht ein Gesellschaftsrecht sei, das der Disposition der Gesellschafter unterliege. Im Übrigen gebe es von der Beteiligungsquote abweichende Ausschüttungen auch bei verdeckten Gewinnausschüttungen. Die Verwaltung folgt nunmehr (nach Aufgabe ihrer früheren entgegengesetzten Auffassung) der Rechtsprechung (BMF vom 17.12.2013 BStBl I 2014, 63). Lediglich in Fällen einer missbräuchlichen Gestaltung (z. B. grundloser ständiger Wechsel der Ausschüttungsquoten) will die Verwaltung über § 42 AO die inkongruente Ausschüttung nicht anerkennen.

2.4 Verdeckte Gewinnausschüttungen

§ 20 Abs. 1 Nr. 1 Satz 2 EStG erfasst auch die Versteuerung einer vGA. Dabei ist stets zwischen der Ebene der Kapitalgesellschaft (§ 8 Abs. 3 Satz 2 KStG) und der Ebene des Gesellschafters zu differenzieren. Nicht jede vGA führt beim Gesellschafter automatisch zu einem steuerpflichtigen Zufluss (s. E 2.3).

BEISPIEL

Die X-GmbH hat dem Gesellschafter G eine Pension zugesagt und daher in den Wj. 2010–2016 jeweils 20 000 € einer Pensionsrückstellung zugeführt. Im Rahmen einer Betriebsprüfung wird die Zusage als verdeckte Gewinnausschüttung gewertet.

LÖSUNG Auf der Ebene der GmbH bedeutet dies, die außerbilanzielle Zurechnung von jeweils 20 000 €.

Für den Gesellschafter hat die vGA keine Auswirkung, da ihm bisher noch keine Vermögensvorteile zugeflossen sind. Die Zusage einer späteren betrieblichen Altersversorgung stellt noch keinen wirtschaftlichen Vorteil des Gesellschafter-Geschäftsführers dar (sog. nachgelagerte Versteuerung). Wird die Pension später ausbezahlt, muss der Gesellschafter differenzieren: Soweit die Pension auf einer verdeckten Gewinnausschüttung beruht, muss der Gesellschafter die Pension nach § 20 Abs. 1 Nr. 1 i. V. m. § 32d Abs. 1 EStG versteuern. Im Übrigen versteuert er die Pension nach § 19 EStG.

Wie oben unter 2.1 dargestellt unterliegt die verdeckte Gewinnausschüttung grundsätzlich der **Abgeltungsteuer**. Nach § 32d Abs. 2 Nr. 4 EStG ist die Abgeltungsteuer allerdings dann nicht mehr anzuwenden, wenn die verdeckte Gewinnausschüttung das Einkommen der leistenden Körperschaft gemindert hat.

2.5 Ausschüttungen aus dem Einlagekonto

Enthält eine Dividende Ausschüttungen aus dem Einlagekonto (vgl. § 27 KStG), so ist sie insoweit nicht nach § 20 Abs. 1 Nr. 1 EStG steuerbar. Aus diesem Grunde hat die Kapitalgesellschaft den Anteil der Ausschüttungen aus dem Einlagekonto nach § 27 Abs. 3 KStG nach amtlich vorgeschriebenem Muster zu bescheinigen (BMF vom 05. 11. 2002 BStBl I 2002, 1338; Details s. E 3.4.3).

Ist für die Leistung der Kapitalgesellschaft die Minderung des Einlagekontos bescheinigt worden, bleibt die der Bescheinigung zugrunde gelegte Verwendung nach § 27 Abs. 1 Satz 5 KStG unverändert. Dies gilt z. B. auch dann, wenn sich in einer späteren Betriebsprüfung herausstellt, dass die Bescheinigung unrichtig war.

Ausschüttungen aus dem Einlagekonto sind allerdings nach **§ 17 Abs. 4 EStG** zu versteuern. Hier entsteht aber regelmäßig kein Gewinn, da die Zuführung zum Einlagekonto (verdeckte Einlage) die Anschaffungskosten der Beteiligung erhöht und Ausschüttung und Anschaffungskosten daher regelmäßig übereinstimmen. Eine Ausnahme kann z. B. dann vorkommen, wenn die Beteiligung zu einem Preis erworben wurde, der unter den Anschaffungskosten liegt (zu Details s. F 7.3) oder wenn nur einer von mehreren Gesellschaftern die verdeckte Einlage leistet.

BEISPIEL

Gesellschafter der X-GmbH (Stammkapital 25 000 €) sind die natürlichen Personen A und B zu jeweils 50 %. In 2014 verzichtet A auf eine voll werthaltige Forderung gegenüber der GmbH i. H. v. 200 000 €. Der Verzicht wurde zu Recht als verdeckte Einlage beurteilt und das Einlagekonto gemäß § 27 KStG um 200 000 € erhöht. Zum 31. 12. 2015 sieht die Bilanz der GmbH wie folgt aus:

Aktiva			Passiva
Diverse Wirtschaftsgüter	625 000 €	Stammkapital	25 000 €
		Gewinnrücklagen	600 000 €
	625 000 €		625 000 €

Im März 2016 schüttet die GmbH eine Dividende i. H. v. 500 000 € aus.

LÖSUNG Zunächst einmal verwundert es, dass aus der Steuerbilanz die verdeckte Einlage nicht zu erkennen ist. Dies beruht darauf, dass die Ausbuchung der damaligen Verbindlichkeit entweder gegen eine Kapitalrücklage oder aber gegen Ertrag erfolgen konnte. Offensichtlich wurde hier gegen

Ertrag gebucht und die 200 000 € finden sich in den Gewinnrücklagen wieder. Bei der Ausschüttung der Dividende ist zunächst gemäß § 27 KStG der ausschüttbare Gewinn zu ermitteln. Das gesamte steuerliche Eigenkapital der GmbH beträgt 625 000 €; davon abzuziehen sind das Stammkapital und das Einlagekonto, so dass sich ein ausschüttbarer Gewinn i. H. v. 400 000 € ergibt. Da eine Dividende i. H. v. 500 000 € ausgeschüttet wird, übersteigt diese den ausschüttbaren Gewinn um 100 000 €. Damit gelten die 100 000 € als aus dem Einlagekonto ausgeschüttet. Jeder der beiden Gesellschafter versteuert damit zunächst einmal 200 000 € nach § 20 Abs. 1 Nr. 1, § 32d Abs. 1 EStG mit 25 % Abgeltungsteuer. Soweit die Ausschüttung aus dem Einlagekonto erfolgt, muss die Ausschüttung nach § 17 Abs. 4 EStG versteuert werden.

Gesellschafter A hat durch die verdeckte Einlage 200 000 € nachträgliche Anschaffungskosten auf die Beteiligung. Er erhält aus dem Einlagekonto 50 000 € und kann 50 000 € nachträgliche Anschaffungskosten gegenrechnen, so dass sein Gewinn 0 € beträgt. Gesellschafter B erhält ebenfalls 50 000 € aus dem Einlagekonto, kann aber keine Anschaffungskosten gegenrechnen, so dass sein Gewinn im Teileinkünfteverfahren (§ 3 Nr. 40 Buchst. c, § 3c Abs. 2 EStG) 30 000 € beträgt.

Die Einführung der Abgeltungsteuer ab VZ 2009 hat auf die Besteuerung der Ausschüttungen aus dem Einlagekonto keinen Einfluss. Ausschüttungen aus dem Einlagekonto unterliegen nach § 17 Abs. 4, § 3 Nr. 40 Buchst. c EStG dem Teileinkünfteverfahren.

2.6 Dividende in Form sonstiger Vorteile

Die Dividende wird zwar in aller Regel in Geld ausbezahlt. Dies ist aber nicht zwingend. Denkbar ist auch die Auszahlung einer Sachdividende. Diese ist dann nach § 20 Abs. 3 EStG zu versteuern. § 20 Abs. 3 EStG ist kein eigener Besteuerungstatbestand, sondern stellt nur eine besondere Form der Dividende nach § 20 Abs. 1 Nr. 1 EStG dar.

Die Bewertung erfolgt nach § 8 Abs. 2 EStG mit dem um übliche Preisnachlässe geminderten üblichen Endpreisen (inkl. USt) am Abgabeort. Aus Vereinfachungsgründen kann ein Abschlag i. H. v. 4 % vorgenommen werden (R 8.1 Abs. 2 Satz 9 LStR analog).

BEISPIEL

Eine Brauerei gewährt ihren Gesellschaftern ausschließlich eine Sachdividende in Form von Bier. Gesellschafter G erhält in 2011 eine Dividende von 15 Kasten Bier (üblicher Endverkaufspreis 15 € je Kasten).

LÖSUNG G versteuert in 2014 nach § 20 Abs. 1 Nr. 1, Abs. 3, § 32d Abs. 1 EStG (15 × 15 € abzgl. 4 % =) 216 €.

2.7 Vorabausschüttungen

Auch Ausschüttungen, die für das laufende Wj. erfolgen, sind nach den allgemeinen Regeln zu besteuern.

Stellt sich allerdings später heraus, dass die Vorabausschüttung zu hoch war und müssen die Gesellschafter die Vorabdividende wieder zurückzahlen, so hat dies auf die Besteuerung nach § 20 Abs. 1 Nr. 1 EStG keinen Einfluss (H 20.2 EStH »Rückgängigmachung einer Gewinnausschüttung«). Die Rückzahlung wird als verdeckte Einlage und Zuführung zum steuerlichen Einlagekonto gewertet.

2.8 Ausschüttung nach Kapitalherabsetzung

Wird das gezeichnete Kapital herabgesetzt und an die Gesellschafter ausbezahlt, so erhöht die Herabsetzung des Nennkapitals zunächst das steuerliche Einlagekonto (§ 28 Abs. 2 Satz 1 KStG). Da § 20 Abs. 1 Nr. 2 Satz 2 EStG im Falle der Kapitalherabsetzung auf § 20 Abs. 1 Nr. 1 Satz 3 EStG verweist, gehört die Rückzahlung des Stammkapitals nicht zu den Einkünften aus Kapitalvermögen. Die Lücke schließt § 17 Abs. 4 EStG, der ausdrücklich den Fall der Kapitalherabsetzung erwähnt. Im Rahmen des § 17 Abs. 4 EStG entsteht ein Gewinn nur, wenn die Rückzahlung des Kapitals die Anschaffungskosten übersteigt. Da aber die Einzahlungen in das Stammkapital als offene Einlage die Anschaffungskosten erhöht haben, entsteht im Rahmen des § 17 Abs. 4 EStG in der Regel kein Gewinn (zu Details s. E 2.5 sowie G 7.2).

Ging der Kapitalherabsetzung eine Kapitalerhöhung voraus, die aus Gewinnrücklagen finanziert wurde, so sieht § 20 Abs. 1 **Nr. 2** EStG i. V. m. **§ 28 KStG** die Besteuerung wie eine Dividende vor (Details s. E 7.2).

2.9 Kapitalertragsteuer, Kirchensteuer und Solidaritätszuschlag

Die ausschüttende Kapitalgesellschaft hat nach §§ 43 Abs. 1 Nr. 1, 43a Abs. 1 Nr. 1 EStG eine Kapitalertragsteuer i. H. v. **25 %** zzgl. **5,5 % SolZ** einzubehalten und an das Finanzamt abzuführen. Mit Abführung der Kapitalertragsteuer gilt die Abgeltungsteuer (§ 32d Abs. 1 EStG) als geleistet. Kapitalertragsteuer und Abgeltungsteuer sind grundsätzlich differenziert zu betrachten, auch wenn sie betragsmäßig identisch sind. Soweit eine Ausschüttung aus dem Einlagekonto erfolgt (§ 27 KStG) fallen weder Kapitalertragsteuer noch SolZ an (es handelt sich insoweit nicht um Kapitalerträge).

Im Falle einer **Kirchensteuerpflicht** ermäßigt sich die Kapitalertragsteuer um 25 % der auf die Kapitalerträge entfallenden Kirchensteuer (§ 43a Abs. 1 Satz 2 EStG). Mit dieser Regelung wird die Abziehbarkeit der Kirchensteuer als Sonderausgabe nach § 10 Abs. 1 Nr. 4 EStG pauschal berücksichtigt. Ein Abzug der pauschal abgeführten Kirchensteuer als Sonderausgabe ist insoweit ausgeschlossen. Die Formel für die Berechnung findet sich in § 32d Abs. 1 Sätze 4 und 5 EStG.

> **BEISPIEL**
>
> Die Dividende beträgt 10 000 € (der Sparerpauschbetrag ist außer Betracht zu lassen); Der Kirchensteuersatz ist mit 8 % anzusetzen.
>
> **LÖSUNG** Nach der Formel e/ (4 + k), wobei k den Kirchensteuersatz darstellt, ergibt sich folgende Kapitalertragsteuer: 10 000 €/(4 + 0,08) = 2 451 €. Die abzuführende Kirchensteuer beträgt (2 451 € × 8 % =) 197 € und der SolZ (2 451 € × 5,5 % =) 135 €.
>
> Die Gesamtsteuerbelastung beläuft sich damit auf (2 451 € + 197 € + 135 € =) 2 783 € (oder 27,83 %).

Teilt der Gesellschafter der ausschüttenden Gesellschaft nicht mit, dass die Dividende der Kirchensteuerpflicht unterliegt, muss er bis VZ 2014 die Kirchensteuer i. R. d. Veranlagung abführen. An der Berechnung (s. o.) ändert sich dabei nichts. Mit Wirkung ab VZ 2015 muss von der ausschüttenden Kapitalgesellschaft die Kirchensteuerpflicht der Gesellschafter über das Bundesamt für Steuern zwingend abgefragt und bei der Ausschüttung berücksichtigt werden.

Die Kapitalertragsteuer ist auch einzubehalten, wenn die Dividende an im **Ausland** ansässige Gesellschafter ausgezahlt wird. Je nach Doppelbesteuerungsabkommen müssen diese Gesellschafter in Deutschland einen Antrag beim Bundesamt für Finanzen auf Herabsetzung oder Erstattung der Kapitalertragsteuer stellen.

An der in Deutschland ansässigen X-GmbH ist die natürliche Person G mit Wohnsitz (Ansässigkeit) in einem ausländischen DBA-Staat zu 45 % beteiligt. Die GmbH schüttet eine Dividende i. H. v. 100 000 € aus. Das DBA des Ansässigkeitsstaats entspricht dem OECD-Musterabkommen.

LÖSUNG Die X-GmbH hat auf die Dividende nach § 43 Abs. 1 Nr. 1 EStG 25 % Kapitalertragsteuer einzubehalten. Da nach Art. 10 OECD-Musterabkommen die maximale Quellensteuer bei natürlichen Personen 15 % nicht übersteigen darf, verstößt die deutsche Kapitalertragsteuer gegen das Doppelbesteuerungsabkommen. Die Korrektur erfolgt aber nicht auf der Ebene der GmbH. Der ausländische Gesellschafter muss einen Antrag beim Bundeszentralamt für Steuern stellen. Dieses reduziert dann die deutsche Kapitalertragsteuer auf 15 % der Bruttodividende. Diese 15 % sind dann im ausländischen Ansässigkeitsstaat bei der Besteuerung des Gesellschafters anzurechnen (vergleichbar § 34c EStG bzw. § 32d Abs. 5 EStG).

Ist der ausländische Gesellschafter eine Kapitalgesellschaft, so ist die Kapitalertragsteuer ungeachtet dessen grundsätzlich ebenfalls in Deutschland nach § 43a Abs. 1 Nr. 1 EStG abzuführen. Unter den Voraussetzungen der europäischen Mutter-Tochter-Richtlinie kann von einem Abzug der Kapitalertragsteuer abgesehen werden, wenn der ausländische Gesellschafter nach Art. 3 der Richtlinie einen Mindestanteil i. H. v. 10 % hält (vgl. **§ 43b EStG**). Greift die Mutter-Tochter-Richtlinie nicht, so muss der ausländische Gesellschafter die in Deutschland gezahlte Kapitalertragsteuer (= nach internationalem Steuerrecht: Quellensteuer) in seinem Ansässigkeitsstaat anrechnen lassen.

Hat ein Gesellschafter einer **ausländischen Kapitalgesellschaft** seinen Wohnsitz in Deutschland (= nach internationalem Steuerrecht: Ansässigkeit), so muss er die Dividende nach allen Doppelbesteuerungsabkommen in Deutschland (= Ansässigkeitsstaat) versteuern (vgl. Art. 10 des OECD-Musterabkommens). Die Dividende unterliegt auch in diesem Fall grundsätzlich der Abgeltungsteuer (§ 32d Abs. 1 EStG). Die im Ausland gezahlte Quellensteuer kann nach § 32d Abs. 5 EStG maximal in Höhe der deutschen Abgeltungsteuer angerechnet werden. Bezüglich des Solidaritätszuschlags besteht insoweit eine Besteuerungslücke, da auf die ausländischen Dividenden kein Solidaritätszuschlag entfällt.

Der in Deutschland ansässige G ist Gesellschafter der in einem ausländischen DBA-Staat ansässigen X-Kapitalgesellschaft. Das Doppelbesteuerungsabkommen entspricht dem OECD-Musterabkommen. Die X-Kapitalgesellschaft schüttet eine Dividende aus und behält nach dem Recht des Sitzstaats der X-Kapitalgesellschaft eine 30 %ige Kapitalertragsteuer ein. Der Gesellschafter begehrt in Deutschland die Anrechnung der ausländischen Kapitalertragsteuer.

LÖSUNG Nach Art. 10 OECD-Musterabkommen beträgt die maximale Quellensteuer bei natürlichen Personen 15 %. Der Gesellschafter hat daher im Sitzstaat der X-Kapitalgesellschaft einen Antrag auf Herabsetzung der Quellensteuer von 30 % auf 15 % zu stellen. In Deutschland wird die ausländische Quellensteuer nach § 32d Abs. 5 EStG grundsätzlich bis zur deutschen Abgeltungsteuer (25 %) angerechnet. Da aber ein Ermäßigungsanspruch des Gesellschafters besteht, wird die ausländische Quellensteuer nur bis zur Höhe der nach dem DBA zulässigen Quellensteuer angerechnet (= 15 %). Ob der Gesellschafter in dem ausländischen Staat einen Ermäßigungsantrag stellt oder nicht, hat insoweit keine Bedeutung.

2.10 Werbungskosten

Grundsätzlich können alle Aufwendungen, die der Erwerbung, Sicherung und Erhaltung der Einnahmen dienen nach § 9 Abs. 1 Satz 1 EStG als Werbungskosten geltend gemacht werden.

Soweit es sich um Anschaffungskosten bzw. Anschaffungsnebenkosten handelt, liegen keine Werbungskosten vor. Zu den Anschaffungsnebenkosten gehören insbesondere die Notarkosten für den Kaufvertrag sowie eventuelle Rechtsberatungskosten im Zusammenhang mit dem Erwerb der Beteiligung. Da für Anschaffungsnebenkosten § 11 EStG nicht anwendbar ist, können diese durchaus in einem anderen Jahr anfallen.

BEISPIEL

G lässt sich in 2015 von seiner Rechtsanwältin über die Risiken eines Erwerbs von Anteilen an der X-GmbH beraten. Er zahlt in 2015 dafür 6 000 €. In 2016 erwirbt G eine Beteiligung an der GmbH für 200 000 €. Die Kosten des Notars und der Eintragung ins Handelsregister hat G zu tragen (= 3 000 €). **LÖSUNG** Die Anschaffungskosten der Beteiligung betragen damit 209 000 €.

Im Zusammenhang mit der **fehlgeschlagenen Gründung** einer Kapitalgesellschaft entstandene Beratungskosten können weder als Werbungskosten bei den Einkünften aus Kapitalvermögen noch als Liquidationsverlust nach § 17 Abs. 4 EStG geltend gemacht werden (BFH vom 20. 04. 2004, VIII R 4/02 BStBl II 2004, 597). Das Gleiche gilt, wenn die Beratungskosten für einen später nicht durchgeführten **Kauf** einer Beteiligung angefallen sind.

Seit Einführung der Abgeltungsteuer kann der Gesellschafter nach **§ 20 Abs. 9 EStG keine Werbungskosten** mehr geltend machen. Eine Ausnahme gilt nur dann, wenn der Gesellschafter einen Antrag nach § 32d Abs. 2 Nr. 3 EStG stellt. In diesem Fall wird die Dividende nach Tarif im Teileinkünfteverfahren (§ 3 Nr. 40 Buchst. d EStG) versteuert und § 20 Abs. 9 EStG findet ausdrücklich keine Anwendung. Dann sind die Werbungskosten allerdings nach § 3c Abs. 2 EStG nur zu 60 % anzusetzen (Teileinkünfteverfahren). Beantragt der Gesellschafter nach § 32d Abs. 6 EStG die Günstigerprüfung, so sind auch in diesem Fall keine Werbungskosten anzusetzen, da die Vorschrift des § 32d Abs. 6 EStG die Anwendung des § 20 Abs. 9 EStG nicht ausschließt.

Im Falle der Anwendung des § 32d Abs. 2 Nr. 3 EStG kommen als Werbungskosten eines Gesellschafters insbesondere in Betracht:

- Schuldzinsen, wenn der Kaufpreis über Kredit finanziert wurde;
- Fahrten zur Gesellschafterversammlung etc. in tatsächlicher Höhe; bei Benutzung eines Kfz kann analog H 9.5 LStH »Pauschale Kilometersätze« ein Betrag von derzeit 0,30 €/km angesetzt werden;
- Verpflegungsmehraufwendungen nach §§ 9 Abs. 5, 4 Abs. 5 Nr. 5 EStG mit den entsprechenden Pauschbeträgen;
- sonstige Arbeitsmittel (Fachliteratur, PC, Software, Fachzeitschriften etc.).

3 Beteiligungen im Betriebsvermögen

Für Beteiligungen, die im Betriebsvermögen gehalten werden, gelten die gleichen Grundsätze wie für Beteiligungen im Privatvermögen. Die Regelungen über die Abgeltungsteuer sind aber nicht anwendbar (§ 32d Abs. 1 EStG unter Verweis auf § 20 Abs. 8 EStG). Die Kapitalertragsteuer nach § 43a Abs. 1 EStG ist ungeachtet dessen abzuführen, ob sich die Beteiligung im Betriebs- oder Privatvermögen befindet.

§ 11 EStG ist nicht anwendbar, wenn der Gewinn des Unternehmens durch Bilanzierung (§ 4 Abs. 1 EStG) ermittelt wird. In diesem Fall ist mit Ergehen des Gewinnverwendungsbeschlusses – unabhängig vom Zeitpunkt der Auszahlung – eine Forderung auf die Dividende zu aktivieren.

Befindet sich die Beteiligung im Betriebsvermögen einer Personengesellschaft, so steht der Anspruch auf Anrechnung der Kapitalertragsteuer und SolZ den einzelnen Mitunternehmern zu. Insoweit liegt bei diesen eine Entnahme des Anrechnungsanspruchs vor.

Dividenden sind in der Handelsbilanz mit dem vollen Betrag (also ungeachtet des Teileinkünfteverfahrens) zu erfassen. Nach dem Maßgeblichkeitsgrundsatz (§ 5 Abs. 1 EStG) gilt dies auch für die Steuerbilanz. Die Korrektur nach § 3 Nr. 40 Buchst. d EStG i. H. v. 40 % der Dividende ist außerbilanziell vorzunehmen.

BEISPIEL

An der A-KG sind die Mitunternehmer A, B und C zu je gleichen Teilen beteiligt. Im Betriebsvermögen der KG befindet sich eine 20 %ige Beteiligung an der X-GmbH. Im Dezember 2015 beschließt die Gesellschafterversammlung der GmbH die Ausschüttung einer Dividende i. H. v. 1,2 Mio. €. Die Dividende wird im Januar 2016 ausbezahlt.

LÖSUNG Die auf die KG entfallende Dividende setzt sich wie folgt zusammen:

Dividende		240 000 €
Kapitalertragsteuer 25 %	./.	60 000 €
SolZ 5,5 %	./.	3 300 €
Auszahlungsbetrag		176 700 €

Die KG bucht in der Gesamthandsbilanz wie folgt:

Sonstige Forderungen	176 700 €	
Privatentnahmen (Privatsteuern)	63 300 €	
an Erträge aus Beteiligung		240 000 €

Außerbilanziell ist in 2015 der Beteiligungsertrag wegen § 3 Nr. 40 Buchst. d EStG um (240 000 € × 40 % =) 96 000 € zu mindern.

In 2016 bucht die KG:

Bank an sonstige Forderungen 176 700 €.

Erfolgt eine Ausschüttung aus dem Einlagekonto, so ist § 17 Abs. 4 EStG nicht anwendbar, da diese Vorschrift nur auf Privatvermögen anwendbar ist.

Die steuerlichen Folgen sind aber wie im Falle des § 17 Abs. 4 EStG zu beurteilen. Die Ausschüttung aus dem Einlagekonto mindert die Anschaffungskosten. Die Beteiligung ist nach § 253 Abs. 1 HGB grundsätzlich mit den Anschaffungskosten aktiviert. Daraus ergibt sich, dass die Ausschüttung aus dem Einlagekonto grundsätzlich gewinnneutral ist.

BEISPIEL

Einzelunternehmer U hat in seinem Betriebsvermögen eine Beteiligung an der XY-GmbH (Anschaffungskosten in 1999: 50 000 €). In 2016 erfolgt eine Ausschüttung aus dem Einlagekonto i. H. v. 10 000 €.

LÖSUNG U bucht die Dividende insoweit: Bank an Beteiligung 10 000 €. Es handelt sich um reinen Aktivtausch.

Liegt der Buchwert der Beteiligung aber unter dem Einlagekonto, so kann dies dazu führen, dass die Ausschüttung Gewinnauswirkungen hat.

BEISPIEL ━━

Einzelunternehmer U hat in 1999 eine Beteiligung für 3 000 € (= aktivierter Buchwert) erworben. Im Einlagekonto befinden sich 50 000 €. Diese stammen aus dem Verzicht des früheren Gesellschafters auf eine Darlehensforderung.

In 2016 erfolgt eine Ausschüttung aus dem Einlagekonto i. H. v. 10 000 €.

LÖSUNG Grundsätzlich mindert die Ausschüttung aus dem Einlagekonto die Anschaffungskosten bzw. den Buchwert der Beteiligung. Insoweit bleibt die Ausschüttung ohne Gewinnauswirkung. Im Übrigen liegt ein Ertrag vor.

Buchungssatz:

Bank	10 000 €	
an Beteiligung		3 000 €
an Beteiligungserträge		7 000 €

Auch für Beteiligungen im Betriebsvermögen ist § 3c Abs. 2 EStG zu beachten. Die Betriebsausgaben sind – wie bei § 3 Nr. 40 EStG – außerbilanziell zu korrigieren.

§ 3c Abs. 2 EStG gilt auch für Teilwertberichtigungen.

Für Zwecke der Gewerbesteuer sind die § 9 Nr. 2a (Steuerfreiheit bei Beteiligung von mindestens 15 %) bzw. § 8 Nr. 5 GewStG (100 %ige Erfassung der Dividende bei Beteiligung unter 15 %) zu beachten. Im Gewerbesteuerrecht gibt es sonach kein Teileinkünfteverfahren.

4 Anteile, die von einer Kapitalgesellschaft gehalten werden

Schüttet eine Kapitalgesellschaft an einen Gesellschafter, der seinerseits eine Kapitalgesellschaft ist eine Dividende aus, so unterliegt diese der Steuerfreiheit des § 8b Abs. 1 KStG (Details s. E 2.6). Lediglich 5 % der Dividende werden als nicht abziehbare Betriebsausgabe behandelt (§ 8b Abs. 5 KStG). Die Betriebsausgaben für die Beteiligung dürfen in voller Höhe abgezogen werden (§ 8b Abs. 3 KStG). § 3c EStG ist ausdrücklich nicht anwendbar. Mit Wirkung ab VZ 2013 wurde für Beteiligungen von weniger als 10 % die Steuerfreiheit der Dividenden aufgehoben (§ 8b Abs. 4, § 34 Abs. 7a Satz 2 KStG). Für Zwecke der GewSt werden die Dividenden entweder mit 0 € erfasst (§ 9 Nr. 2a GewStG bei einer Beteiligung von mindestens 15 %) oder mit 100 % (§ 8 Nr. 5 GewStG bei einer Beteiligung von weniger als 15 %).

5 Nießbrauch an einem Anteil an einer Kapitalgesellschaft

Mitunter kann es steuerlich interessant sein, Dividendenerträge auf Dritte – insbesondere minderjährige Kinder ohne sonstiges Einkommen – zu verlagern, um die persönliche Progression zu mildern.

Der einfachste Weg ist die entgeltliche oder unentgeltliche Übertragung der Anteile an der Kapitalgesellschaft (z. B. auf die minderjährigen Kinder). Bei einer Schenkung der Anteile kann nach **§ 13a ErbStG** ein Freibetrag in Anspruch genommen werden. Dies gilt nach § 13a Abs. 4 Nr. 3 ErbStG allerdings nur dann, wenn der Schenker am Nennkapital der Gesellschaft zu mehr als einem Viertel unmittelbar beteiligt war. Häufig wird aber die Vollübertragung der Anteile zu Lebzeiten nicht dem Willen des Gesellschafters entsprechen.

Eine Abtretung der Dividendenansprüche hat auf die Besteuerung keinen Einfluss, da nicht die »Einkunftsquelle« übertragen wird.

Es bietet sich an, einen Nießbrauch an dem Gesellschaftsanteil zu begründen. Eine Sache – und dazu gehört auch ein Gesellschaftsanteil – kann nach § 1030 BGB in der Weise belastet werden, dass derjenige, zu dessen Gunsten die Belastung erfolgt, berechtigt ist, die Nutzungen der Sache zu ziehen.

Die Verwaltung (BMF vom 23.11.1983 BStBl I 1983, 508, Rz. 57) will allerdings die Vereinbarung eines Zuwendungsnießbrauchs an einem Kapitalgesellschaftsanteil nicht anerkennen. Diese Ansicht widerspricht aber mittlerweile der gesetzlichen Regelung in § 20 Abs. 5 Satz 3 EStG. Danach gilt ein Nießbraucher als Anteilseigner, wenn ihm die Einnahmen i. S. d. § 20 Abs. 1 Nr. 1 oder 2 EStG zuzurechnen sind. Sowohl im Falle eines Zuwendungs- als auch im Falle eines Vorbehaltsnießbrauchs sind dem Nießbraucher die Einnahmen zuzurechnen, da in beiden Fällen die Einkunftsquelle übertragen wird.

BEISPIEL

Die Mutter ist Gesellschafterin der X-GmbH. Am 31.12.2015 bestellt sie ihrer Tochter in rechtlich einwandfreier Form einen Nießbrauch an ihrem Gesellschaftsanteil (Zuwendungsnießbrauch).

In 2016 wird eine Dividende i. H. v. 25 000 € ausbezahlt. Nach Ansicht der Verwaltung ist der Nießbrauch nicht anzuerkennen. Die Mutter muss die Dividende versteuern, auch wenn zivilrechtlich der Anspruch der Tochter zusteht. Nach unserer Ansicht sind die Dividenden der Tochter nach § 20 Abs. 5 Satz 2 EStG zuzurechnen und auch von dieser zu versteuern.

Teil J   Veränderungen im Stammkapital

1   Kapitalherabsetzung

Die Motive für eine Kapitalherabsetzung bei einer GmbH sind vielfältig. Sie kann erfolgen, weil sich der Geschäftsumfang verringert hat und das Stammkapital in der bisherigen Höhe nicht benötigt wird und nun ausgeschüttet werden soll. Die Kapitalherabsetzung kann z. B. auch zu einem Erlass noch offener Einlageforderungen führen. Sie kann dazu dienen, Mittel freizumachen, um ausscheidende Gesellschafter abzufinden oder eigene Gesellschaftsanteile einzuziehen.

Da den Gläubigern der GmbH letztlich nur das Stammkapital als Haftungsmasse zur Verfügung steht (vgl. §§ 30 ff. GmbHG), verringert jede Kapitalherabsetzung die Haftungsmasse. Daher stellt das GmbHG in den §§ 58 ff. strenge formale Hürden für eine Kapitalherabsetzung auf. Dabei unterscheidet das GmbHG zwischen der ordentlichen Kapitalherabsetzung (§ 58 GmbHG) und der vereinfachten Kapitalherabsetzung (§§ 58a f. GmbHG), die nur zum Ausgleich von Wertminderungen oder sonstiger Verluste zulässig ist.

1.1   Gesellschaftsrechtliche Voraussetzungen

1.1.1   Ordentliche Kapitalherabsetzung

Die Kapitalherabsetzung vollzieht sich in mehreren Schritten. In einem ersten Schritt ist stets die **Satzung** zu ändern. Hierzu ist ein Gesellschafterbeschluss erforderlich, der einer Mehrheit von 3/4 der abgegebenen Stimmen bedarf (§ 53 GmbHG). Der Gesellschaftsvertrag kann weitere Erfordernisse aufstellen (z. B. 3/4 der abgegebenen Stimmen und mindestens die Hälfte der Kapitalanteile). Durch Gesellschaftsvertrag kann aber das Mehrheitserfordernis des § 53 Abs. 2 GmbHG nicht außer Kraft gesetzt werden.

Im Gesellschafterbeschluss muss das zukünftige Stammkapital ziffernmäßig festgelegt werden (z. B.: »Die Gesellschafter beschließen, das Stammkapital von bisher 500 000 € auf 100 000 € herabzusetzen ...«).

Das Stammkapital muss nach der Kapitalherabsetzung mindestens 25 000 € betragen (Verweis in § 58 Abs. 2 GmbHG auf § 5 Abs. 1 GmbHG). Der Wechsel von einer GmbH in eine UG (§ 5a GmbHG) ist im Wege der Kapitalherabsetzung nicht vorgesehen.

Der Gesamtbetrag der Stammeinlagen muss auch nach der Kapitalherabsetzung mit dem Stammkapital übereinstimmen.

Es wird auch für zulässig erachtet, in dem Gesellschafterbeschluss einen variablen Herabsetzungsbetrag festzulegen (z. B. Herabsetzung bis zu 100 000 €), wenn dieser hinreichend bestimmt ist und nicht im Ermessen der Gesellschafter steht. Der Zweck der Kapitalherabsetzung (z. B. Erlass ausstehender Einlagen) muss im Gesellschafterbeschluss – anders als in § 222 Abs. 3 AktG – nicht genannt werden. Wird er genannt, ist die Gesellschaft allerdings daran gebunden.

Die Herabsetzung kann für alle Gesellschafter anteilig gelten oder nur zu Lasten eines Gesellschaftsanteils ergehen. Da eine Aufhebung des Herabsetzungsbeschlusses dem Kapitalerhalt dient, kann diese formlos mit einfacher Mehrheit erfolgen. Soll allerdings der Herabsetzungsbeschluss geändert werden, so muss die Änderung mit satzungsändernder Mehrheit erfolgen. Nach einer Änderung muss eine erneute Bekanntmachung erfolgen.

Der Gesellschafterbeschluss muss **notariell beurkundet** werden (§ 53 Abs. 2 GmbHG). Enthält der Gesellschafterbeschluss Mängel, so gelten die allgemeinen Regeln über Gesellschafterbeschlüsse. Der Beschluss wird grundsätzlich wirksam, er ist aber anfechtbar. Sieht der Beschluss aber eine Herabsetzung des Stammkapitals auf unter 25 000 € vor, so ist er wegen der zwingenden Regelung in § 58 Abs. 2, § 5 Abs. 1 GmbHG nichtig.

Der Beschluss auf Herabsetzung des Stammkapitals muss von den Geschäftsführern in den Gesellschaftsblättern bekannt gemacht werden. In dieser Bekanntmachung sind zugleich die Gläubiger der Gesellschaft aufzufordern, sich bei derselben zu melden. Die aus den Handelsbüchern der Gesellschaft ersichtlichen oder in anderer Weise bekannten Gläubiger sind durch besondere Mitteilung zur Anmeldung aufzufordern (§ 58 Abs. 1 Nr. 1 GmbHG).

Da das GmbHG für diese Mitteilung keine besondere Form vorsieht, kann dies schriftlich, per Fax oder E-Mail oder sogar mündlich erfolgen. Die Beweislast für den Zugang der Mitteilung trägt aber die Gesellschaft. Daher ist es in der Regel empfehlenswert, die Gläubiger durch eingeschriebenen Brief in Kenntnis zu setzen.

Die Pflicht zur Gläubigerinformation obliegt den Geschäftsführern. Diese können bei einem Verstoß gegen die Sorgfaltspflichten den Gläubigern gegenüber zum Schadensersatz verpflichtet sein (§ 823 Abs. 2 BGB i. V. m. § 58 Abs. 1 Nr. 2 GmbHG). Eine Frist für die individuelle Information der bekannten Gläubiger ist nicht vorgesehen. Die Mitteilung muss aber unverzüglich nach der letzten Bekanntmachung erfolgen.

Melden sich Gläubiger bei der Gesellschaft und stimmen der Herabsetzung nicht zu, so sind sie zu befriedigen (§ 58 Abs. 1 Nr. 2 GmbHG). Es kann auch eine Sicherheit gestellt werden. Diese müssen die Gläubiger akzeptieren. Die Anmeldung des Herabsetzungsbeschlusses zur Eintragung in das Handelsregister erfolgt nicht vor Ablauf eines Jahres seit dem Tag, an welchem die Aufforderung der Gläubiger in den Gesellschaftsblättern stattgefunden hat (§ 58 Abs. 1 Nr. 3 GmbHG – zur Fristbestimmung siehe § 188 Abs. 2 BGB).

Nach Ablauf der Sperrfrist ist der Herabsetzungsbeschluss von sämtlichen Geschäftsführern (vgl. § 78 GmbHG) persönlich in notariell beglaubigter Form zur Eintragung ins Handelsregister anzumelden. Dabei haben die Geschäftsführer die Versicherung abzugeben, dass die Gläubiger, welche sich bei der Gesellschaft gemeldet und der Herabsetzung nicht zugestimmt haben, befriedigt oder sichergestellt sind (§ 58 Abs. 1 Nr. 4 GmbHG). Verstoßen die Geschäftsführer gegen diese Pflicht, z. B. weil sie fahrlässig davon ausgehen, ein Gläubiger sei mit einer Sicherheitsgestellung zufrieden), so entsteht den Gläubigern ein Schadensersatzanspruch.

Das Registergericht prüft insbesondere die formellen Voraussetzungen des Gesellschafterbeschlusses sowie die Einhaltung des Mindeststammkapitals (§ 5 Abs. 1 GmbHG). Bei der Frage, ob Gläubiger befriedigt oder sichergestellt sind, muss sich das Registergericht in der Regel an die Versicherung durch die Geschäftsführer bei der Anmeldung verlassen. Wird eine Kapitalherabsetzung unter Verstoß gegen § 58 GmbHG vom Registergericht eingetragen, so ist die Kapitalherabsetzung dennoch wirksam (keine Nichtigkeit).

Nach Eintragung ins Handelsregister haben die Geschäftsführer die Kapitalherabsetzung entsprechend dem Gesellschafterbeschluss durchzuführen (z. B. Auszahlung des Herabsetzungsbetrags, Erlass ausstehender Einlagen oder Umbuchung von Stammkapital in eine Rücklage).

1.1.2 Vereinfachte Kapitalherabsetzung

Die vereinfachte Kapitalherabsetzung ist eine nominelle Kapitalherabsetzung, bei der keine Mittel zur Verteilung an die Gesellschafter frei werden und die lediglich dazu dienen darf, Wertminderungen auszugleichen oder Verluste zu decken (§ 58a GmbHG).

Die vereinfachte Kapitalherabsetzung kann auch mit einer sofortigen Kapitalerhöhung verbunden werden, bei der die Gesellschafter der Gesellschaft zum Zwecke der Sanierung neues Kapital zuführen.

Nach § 58a Abs. 4 GmbHG kann das Stammkapital auf einen Betrag von unter 25 000 € herabgesetzt werden, wenn der Mindestbetrag nach § 5 Abs. 1 GmbHG durch eine Kapitalerhöhung wieder erreicht wird, die zugleich mit der Kapitalherabsetzung beschlossen wird und bei der Einlagen in Geld vereinbart werden.

Die vereinfachte Kapitalherabsetzung ist nicht zulässig, solange ein **Gewinnvortrag** vorhanden ist (§ 58a Abs. 2 Satz 2 GmbHG). Sie ist auch nicht zulässig, solange **Gewinn**- oder **Kapitalrücklagen** vorhanden sind, die höher sind als 10 % des Stammkapitals nach der geplanten Kapitalherabsetzung (§ 58a Abs. 2 GmbHG).

Im Beschluss über die vereinfachte Kapitalherabsetzung sind die **Nennbeträge** der Geschäftsanteile dem herabgesetzten Stammkapital anzupassen. Die Geschäftsanteile müssen auf volle Euro lauten (§ 58a Abs. 3 GmbHG).

Die Beträge, die aus der Auflösung der Kapital- oder Gewinnrücklagen und aus der Kapitalherabsetzung gewonnen werden, dürfen nur verwendet werden, um Wertminderungen auszugleichen und sonstige Verluste zu decken (§ 58b Abs. 1 GmbHG). Daneben dürfen die frei werdenden Mittel in eine **Kapitalrücklage** eingestellt werden, die maximal 10 % des herabgesetzten Stammkapitals betragen darf (§ 58b Abs. 2 GmbHG). Soweit die Mittel in eine Kapitalrücklage eingestellt werden, dürfen diese fünf Jahre lang nicht für Ausschüttungen verwendet werden (§ 58b Abs. 3 GmbHG).

Eine **Gewinnausschüttung** darf innerhalb eines Zeitraums von fünf Jahren nach Herabsetzungsbeschluss nur erfolgen, wenn die Kapital- und Gewinnrücklagen zusammen 10 % des herabgesetzten Stammkapitals erreichen (§ 58d Abs. 1 GmbHG). Sinken die Rücklagen infolge von Verlusten später wieder unter die 10 %-Grenze, tritt die Sperre innerhalb der Fünfjahresfrist wieder in Kraft. Es ist ausreichend, wenn die 10 %-Grenze im selben Jahresabschluss erreicht wird, der auch den verteilbaren Gewinn ausweist.

Die Auszahlungssperre des § 58d Abs. 1 GmbHG erfasst alle Gewinnauszahlungen an die Gesellschafter (also auch Vorabausschüttungen und verdeckte Gewinnausschüttungen).

Da § 58d GmbHG ausdrücklich nur von Ausschüttungen spricht, wird eine Gewinnabführung im Rahmen einer Organschaft nach §§ 14 ff. KStG von der Sperre nicht erfasst.

Unabhängig von der Sperre des § 58d Abs. 1 GmbHG darf zwei Jahre nach dem Kapitalerhöhungsbeschluss keine Gewinnausschüttung von mehr als 4 % des herabgesetzten Stammkapitals erfolgen (§ 58d Abs. 2 Satz 1 GmbHG). Die Zweijahresfrist gilt nach § 58d Abs. 2 GmbHG nicht, wenn die Gesellschaft die gleichen Regeln zur Befriedigung oder Sicherstellung ihrer Gläubiger einhält, wie sie für die reguläre Kapitalherabsetzung nach § 58 Abs. 1 Nr. 2 GmbHG gelten.

Die Durchführung der vereinfachten Kapitalherabsetzung folgt den Regeln einer ordentlichen Kapitalherabsetzung nach § 58 GmbHG. Die Vorschriften zum Gläubigerschutz sind aber erheblich entschärft. Es entfällt der Gläubigeraufruf, die Meldung der Gläubiger bei der Gesellschaft, der Anspruch auf Befriedigung oder Sicherheitsleistung sowie das Verbot einer Anmeldung des Herabsetzungsbeschlusses vor Ablauf eines Jahres (§ 58a Abs. 5 GmbHG ist lex specialis zu § 58 GmbHG). Der Herabsetzungsbeschluss muss lediglich innerhalb von drei Monaten im Handelsregister eingetragen werden (§ 58e Abs. 3 GmbHG).

1.2 Bilanzmäßige Behandlung

Der Betrag der Kapitalherabsetzung kann entweder an die Gesellschafter ausgezahlt oder in eine Kapitalrücklage eingestellt werden. Die Kapitalrücklage kann grundsätzlich jederzeit aufgelöst und der frei werdende Betrag an die Gesellschafter ausgeschüttet werden. Bei der **vereinfachten Kapitalherabsetzung** ist die Vorschrift des § 58b GmbHG zu beachten.

1.3 Steuerliche Folgen für die Gesellschaft

Eine Kapitalherabsetzung hat auf das Einkommen einer GmbH keinen Einfluss. Dies gilt unabhängig davon, ob eine ordentliche oder eine vereinfachte Kapitalherabsetzung durchgeführt wird. Ebenfalls ohne Bedeutung ist die Frage, ob der Betrag der Kapitalherabsetzung an die Gesellschafter ausbezahlt wird oder nicht. Nach § 28 Abs. 2 Satz 1 KStG wird bei einer Kapitalherabsetzung zunächst der Sonderausweis zum Schluss des vorangegangenen Wirtschaftsjahrs gemindert; ein übersteigender Betrag ist dem **steuerlichen Einlagekonto** gutzuschreiben, soweit die Einlage in das Nennkapital geleistet ist. Damit wird sichergestellt, dass der Betrag der Kapitalherabsetzung bei der Ausschüttung nicht als steuerpflichtige Dividende behandelt wird (vgl. § 20 Abs. 1 Nr. 1 Satz 3 bzw. Nr. 2 Satz 2 EStG; weitere Details s. I 2.5 sowie BMF vom 04.06.2003 BStBl I 2003, 366, Rz. 40).

Eine Besonderheit gilt, wenn der Kapitalherabsetzung eine Kapitalerhöhung vorausgegangen ist, für die Rücklagen verwendet wurden, deren Auflösung zu steuerpflichtigen Dividenden geführt hätten (Kapitalerhöhung aus Gesellschaftsmitteln). In diesem Fall ist in Höhe der Kapitalerhöhung ein sog. Sonderausweis zu bilden, der die spätere Besteuerung der Dividenden sicherstellen soll (§ 28 Abs. 1 KStG i. V. m. § 20 Abs. 1 Nr. 2 Satz 2 EStG).

BEISPIEL ━━━

Die Bilanz der X-GmbH sieht (vorläufig) zum 31.12.2015 wie folgt aus:

Aktiva				Passiva
Diverse Wirtschaftsgüter	100 000 €	Stammkapital		25 000 €
		Gewinnrücklage		75 000 €
	100 000 €			100 000 €

Zum Bilanzstichtag 31.12.2016 wird eine Kapitalerhöhung auf 100 000 € aus Gesellschaftsmitteln durchgeführt, indem die Gewinnrücklage für die Kapitalerhöhung verwendet wird (Kapitalerhöhung aus Gesellschaftsmitteln). Die Bilanz sieht dann wie folgt aus (aus Vereinfachungsgründen wird unterstellt, dass ein Jahresüberschuss im Wj. 2016 nicht entstanden ist):

Aktiva				Passiva
Diverse Wirtschaftsgüter	100 000 €	Stammkapital		100 000 €
		Gewinnrücklage		0 €
	100 000 €			100 000 €

LÖSUNG Hätte die GmbH die Gewinnrücklage aufgelöst und an die Gesellschafter ausgeschüttet, hätte dies eine steuerpflichtige Dividende nach § 20 Abs. 1 Nr. 1 EStG zur Folge gehabt. Diese potenzielle Steuerlast will § 28 KStG konservieren, indem der Betrag der Kapitalerhöhung einem sog. Sonderausweis zugeführt wird (hier: 75 000 €).

Wird nach einer derartigen Kapitalerhöhung später das Stammkapital herabgesetzt, so sieht § 28 Abs. 2 KStG die vorrangige Verwendung des Sonderausweises vor. Dies hat für den Gesellschafter zur Folge, dass im Falle der Verwendung des Sonderausweises die Dividende nach **§ 20 Abs. 1 Nr. 2 Satz 2 EStG** zu versteuern ist. Damit wird letztlich genau dasselbe Ergebnis erreicht, das sich ergeben hätte, wenn die Kapitalerhöhung und spätere Kapitalherabsetzung nicht stattgefunden hätte.

BEISPIEL

Fortsetzung des Beispiels oben: Im Wj. 2017 wird das Stammkapital wieder auf 25 000 € herabgesetzt und der Herabsetzungsbetrag an die Gesellschafter ausgeschüttet.

LÖSUNG Grundsätzlich fällt eine Kapitalherabsetzung unter § 17 Abs. 4 EStG. Dabei entsteht in der Regel kein Gewinn, da dem Betrag der Kapitalherabsetzung die frühere Einzahlung des Stammkapitals (offene Einlage) entgegensteht und damit betragsgleich Anschaffungskosten vorliegen. Hier gilt aber die Ausnahme nach § 20 Abs. 1 Nr. 2 Satz 2 EStG, da für die Kapitalherabsetzung ein Sonderausweis verwendet wurde. Daher liegen steuerpflichtige Dividenden i. H. v. 75 000 € vor.

1.4   Steuerliche Folgen für die Gesellschafter

Wird der Betrag der Kapitalherabsetzung an die Gesellschafter ausbezahlt, so gilt dies nach § 17 Abs. 4 i. V. m. § 3 Nr. 40 Buchst. c, § 3c Abs. 2 EStG als Veräußerung. Im Regelfall wird dabei kein Gewinn entstehen, da der Betrag der Auszahlung dem Betrag der offenen Einlage (= Anschaffungskosten) entspricht.

BEISPIEL

Das Stammkapital der X-GmbH zum 31. 12. 2015 beträgt 500 000 €. Ein Sonderausweis nach § 28 KStG ist nicht vorhanden. Alleingesellschafter G hat die Gesellschaft gegründet. In 2016 findet eine Kapitalherabsetzung auf 100 000 € statt. Die frei werdenden Mittel i. H. v. 400 000 € werden an den Gesellschafter ausbezahlt.

LÖSUNG Da das herabgesetzte Kapital an den Gesellschafter ausbezahlt wird, liegt der Tatbestand des § 17 Abs. 4 EStG vor. Als Erlös gilt der herabgesetzte Betrag (400 000 €). Dem stehen nach § 17 Abs. 2 EStG Anschaffungskosten des Gesellschafters i. H. v. 400 000 € (= Einzahlung des Stammkapitals) gegenüber, so dass für den Gesellschafter kein Gewinn nach § 17 EStG entsteht. Der Gesellschafter erhält letztlich nur das zurück, was er zuvor in die Gesellschaft einbezahlt hat.

Hat der Gesellschafter die Anteile für einen Kaufpreis erworben, der über dem anteiligen Stammkapital liegt, so sind die Anschaffungskosten vorrangig voll mit dem Betrag der Kapitalherabsetzung zu verrechnen (also nicht verhältnismäßig; BFH vom 29. 06. 1995 BStBl II 1995, 725).

BEISPIEL

Wie Beispiel oben; Gesellschafter G erwarb die Beteiligung für 500 000 €.

LÖSUNG Ein Gewinn nach § 17 Abs. 4 EStG entsteht nicht, da die Anschaffungskosten mit dem Erlös verrechnet werden (400 000 € ./. 400 000 € = 0 €). Für den Gesellschafter bleiben Anschaffungskosten i. H. v. (500 000 € ./. 400 000 € =) 100 000 € übrig.

Wird der Betrag der Kapitalherabsetzung an die Gesellschafter nicht ausbezahlt, sondern in eine Kapitalrücklage eingestellt, so erhöht sich insoweit das steuerliche Einlagekonto (§ 27 KStG). Wird Kapitalrücklage später aufgelöst und erfolgt eine Verwendung des steuerlichen Einlagekontos (§ 27 Abs. 1 Satz 3 KStG), so fällt die Ausschüttung wieder unter § 17 Abs. 4 EStG. Nach § 20 Abs. 1 Nr. 1 Satz 3 EStG gelten die Bezüge nicht als Dividende.

2 Kapitalerhöhung

2.1 Gründe für eine Kapitalerhöhung

Für eine Kapitalerhöhung gibt es vielfältige Gründe. Zum einen kann das Stammkapital bereits bei der Gründung zu gering sein. Zum anderen kann der gestiegene Geschäftsumfang und der damit verbundene Kapitalbedarf eine Erhöhung des Stammkapitals erforderlich machen. Die Erhöhung des Stammkapitals führt zu einem besseren Kreditrating. Auch der Beitritt weiterer Gesellschafter kann eine Kapitalerhöhung erforderlich machen, wenn die Altgesellschafter ihre Anteile nicht veräußern wollen und der neue Gesellschafter die neuen Anteile übernimmt.

2.2 Gesellschaftsrecht

Da die Gläubiger der Gesellschaft von einer Kapitalerhöhung profitieren, ist diese wesentlich einfacher durchzuführen als die Kapitalherabsetzung. Bei der Durchführung aller Kapitalerhöhungen sind zwei Wege zu unterscheiden. Bei der **effektiven Kapitalerhöhung** werden der GmbH von den Gesellschaftern neue Mittel zugeführt (§ 55 Abs. 2 und 3 GmbHG). Dabei ist sowohl die Erbringung einer Bareinlage als auch eine Sacheinlage möglich. Es gelten hier die gleichen Grundsätze wie bei einer Gründung.

Bei der **Kapitalerhöhung aus Gesellschaftsmitteln** (§§ 57c ff. GmbHG) wird kein neues Kapital zugeführt, sondern bisher ungebundenes Eigenkapital (Gewinnrücklagen) in Stammkapital umgewandelt.

2.2.1 Effektive Kapitalerhöhung

Die effektive Kapitalerhöhung erfordert als ersten Schritt eine Satzungsänderung. Der Beschluss muss notariell beurkundet werden und bedarf einer Mehrheit von 3/4 der abgegebenen Stimmen (§ 53 Abs. 2 Satz 1 GmbHG). Der Gesellschaftsvertrag kann weitere Voraussetzungen statuieren (z. B. 3/4 der abgegebenen und mindestens 51 % aller Stimmen).

Problematisch ist, dass damit eine Kapitalerhöhung auch gegen die Stimmen von Minderheitsgesellschaftern beschlossen werden kann. Unter Umständen verfügen diese nicht über ausreichend Mittel, um die neuen Stammeinlagen zu übernehmen.

Der Beschluss über die Kapitalerhöhung sagt noch nichts darüber aus, wer das neue Kapital übernimmt. Hierfür bedarf es eines besonderen Zulassungsbeschlusses (§ 55 Abs. 2 GmbHG), für den die einfache Mehrheit genügt. Das neue Kapital kann entweder von allen oder von einzelnen Gesellschaftern (quotal oder abweichend) oder ganz oder teilweise von Außenstehenden übernommen werden (neue Gesellschafter). Eigene Anteile der GmbH können an der effektiven Kapitalerhöhung nicht teilhaben. Wird die Kapitalerhöhung nicht von außenstehenden Dritten übernommen, so steht jedem Gesellschafter ein Bezugsrecht entsprechend seines bisherigen Anteils zu. Der Gesellschafter kann unter Umständen bei der Frage, ob eine Kapitalerhöhung stattfindet, überstimmt werden. Er kann aber nicht gezwungen werden, die aus der Kapitalerhöhung stammenden Anteile zu übernehmen (§ 55 Abs. 1 GmbHG). Hat sich der Gesellschafter aber in einer notariell aufgenommenen oder beglaubigten Erklärung zur Übernahme der auf das erhöhte Kapital zu leistenden Stammeinlage verpflichtet (§ 55 Abs. 1 GmbHG), haftet er für die Erbringung der Stammeinlage. Die übrigen Gesellschafter trifft die Gefahr der Ausfallhaftung nach § 24 GmbHG.

Insbesondere in den Fällen, in denen eine Kapitalerhöhung durchgeführt wird, um eine Sanierung zu finanzieren, kann es notwendig werden, dass der Gesellschafter schon vor Entstehen der Einlageverpflichtung Einzahlungen auf die künftige Kapitalerhöhung leistet. Derartige Zahlungen im Voraus werden nur unter engen Voraussetzungen anerkannt (vgl. OLG München vom 10. 08. 1998 GmbHR 1999, 294).

Problematisch ist es, wenn der Gesellschafter die Einlageverpflichtung durch Umwandlung von Gesellschafterdarlehen erfüllt. Grundsätzlich gilt eine derartige Einlage einer Forderung als Sacheinlage. Damit sind die strengen Regeln für Sacheinlagen zu beachten. Im Übrigen muss stets geprüft werden, ob die Darlehensforderung im Zeitpunkt ihrer Umwandlung werthaltig ist. Ist die Forderung nicht voll werthaltig, muss der Gesellschafter den Fehlbetrag in Geld erbringen (§ 9 Abs. 1 GmbHG).

Die Kapitalerhöhung wird nach § 54 Abs. 3 GmbHG erst mit Eintragung in das Handelsregister wirksam. Vor Eintragung des Beschlusses über die Kapitalerhöhung kann dieser noch mit entsprechender Mehrheit geändert oder aufgehoben werden. Nach der Eintragung kann eine Kapitalerhöhung nur durch eine förmliche Kapitalherabsetzung korrigiert werden.

2.2.2 Kapitalerhöhung aus Gesellschaftsmitteln

Bei der Kapitalerhöhung aus Gesellschaftsmitteln wird Eigenkapital der GmbH (Gewinnrücklagen oder Kapitalrücklagen) in Stammkapital umgewandelt. Dadurch ändert sich die Summe des Eigenkapitals nicht. Für die Kapitalerhöhung aus Gesellschaftsmitteln gelten die speziellen Vorschriften der §§ 57c ff. GmbHG.

Auch für die Kapitalerhöhung aus Gesellschaftsmitteln ist ein notariell beurkundeter Gesellschafterbeschluss mit einer Mehrheit von 3/4 erforderlich (§ 57c Abs. 4 i. V. m. § 53 GmbHG). Der Beschluss muss deutlich machen, dass eine Kapitalerhöhung aus Gesellschaftsmitteln erfolgt und in welcher Höhe die Umwandlung der Rücklagen vollzogen wird. Der Beschluss muss außerdem die Angabe enthalten, auf welcher Bilanz die Umwandlung beruht (§ 57c Abs. 3 GmbHG).

Nach § 57c Abs. 2 GmbHG kann die Erhöhung des Stammkapitals erst beschlossen werden, nachdem der Jahresabschluss für das letzte vor der Kapitalerhöhung abgelaufene Wirtschaftsjahr festgestellt und über die Verwendung des Ergebnisses einen Beschluss gefasst wurde.

Die Kapitalrücklagen oder Gewinnrücklagen, die in Stammkapital umgewandelt werden sollen, müssen in der Bilanz, auf der die Umwandlung beruht (vgl. § 57f GmbHG) unter »Kapitalrücklage« oder »Gewinnrücklagen« ausgewiesen sein (§ 57d Abs. 1 GmbHG). Die Kapitalerhöhung ist auch zulässig, wenn im letzten Beschluss über die Verwendung des Jahresergebnisses eine Zuführung zu den entsprechenden Rücklagen beschlossen wurde.

Ist in der zugrunde gelegten Bilanz ein Verlust oder Verlustvortrag ausgewiesen, so können die Rücklagen insoweit nicht in Stammkapital umgewandelt werden (§ 57d Abs. 2 GmbHG).

Die Kapitalerhöhung kann grundsätzlich durch Bildung neuer Geschäftsanteile oder durch Erhöhung des Nennbetrags der alten Geschäftsanteile ausgeführt werden (§ 57h GmbHG).

Im Gegensatz zur effektiven Kapitalerhöhung stehen die neuen Geschäftsanteile den Gesellschaftern im Verhältnis ihrer bisherigen Geschäftsanteile zu (§ 57j GmbHG). Diese Regelung kann nicht abbedungen werden. Werden die Nennbeträge der bisherigen Geschäftsanteile erhöht, so erfolgt die Erhöhung automatisch nur quotal. Hält die GmbH eigene Anteile, so nehmen diese an der Erhöhung des Stammkapitals teil (§ 57 l Abs. 1 GmbHG).

2.3 Steuerliche Auswirkungen bei der Kapitalgesellschaft

Sowohl die effektive Kapitalerhöhung als auch die Kapitalerhöhung aus Gesellschaftsmitteln haben keinen Einfluss auf das Einkommen der GmbH. Bei der effektiven Kapitalerhöhung wird der Zugang der offenen Einlage auf der Aktivseite und die Erhöhung des Stammkapitals auf der Passivseite gebucht (BS: Geld an Stammkapital). Zahlt ein Gesellschafter für die Übernahme der Anteile ein Agio, so ist dieses in eine Kapitalrücklage einzustellen (§ 272 Abs. 2 HGB). Gleichzeitig erfolgt ein Zugang im steuerlichen Einlagekonto (§ 27 KStG).

Für die anlässlich der Kapitalerhöhung einer GmbH anfallenden Kosten gilt das Veranlassungsprinzip. Übernimmt die GmbH die Kosten, die mit der eigentlichen Kapitalerhöhung zusammenhängen (z. B. Notarkosten, Gebühren des Handelsregisters), liegt deswegen keine verdeckte Gewinnausschüttung vor. Anders verhält es sich, wenn die GmbH auch diejenigen Kosten trägt, die auf die Übernahme der neuen Kapitalanteile zurückzuführen sind (BFH vom 19. 01. 2000 BStBl II 2000, 545).

Eine Kapitalerhöhung kann zu einem Untergang von Verlustvorträgen nach § 8c KStG führen, wenn ein Gesellschafter oder ein außenstehender Dritter die neuen Anteile übernimmt und dadurch mehr als 25 % bzw. mehr als 50 % der Anteile auf diese Person übergehen (vgl. BMF vom 04. 07. 2008 BStBl I 2008, 736, Rz. 9).

Wird die Kapitalerhöhung aus Gesellschaftsmitteln durchgeführt und werden dafür Rücklagen verwendet, deren Auflösung zu einer steuerpflichtigen Dividende geführt hätte, so ist ein Sonderausweis zu bilden und jährlich fortzuschreiben sowie gesondert festzustellen (§ 28 Abs. 1 KStG). Im Falle einer späteren Kapitalherabsetzung gilt dieser Sonderausweis vorrangig als verwendet und führt zu steuerpflichtigen Dividenden i. S. v. § 20 Abs. 1 Nr. 2 EStG.

2.4 Steuerliche Auswirkungen beim Gesellschafter

Beschließen die Gesellschafter eine effektive Kapitalerhöhung, so gelten für die Leistung der Einlage die gleichen Grundsätze wie bei der Gründung. Im Übrigen hat die effektive Kapitalerhöhung zur Folge, dass die Anschaffungskosten der Beteiligung um die anteilig erbrachte neue Stammeinlage (offene Einlage) steigen. Dies hat insbesondere Auswirkungen auf die Berechnung eines Veräußerungsgewinns nach § 17 EStG. Nach **§ 3 KapErhStG** verteilen sich die bisherigen und die neuen Anschaffungskosten anteilig auf die bisherigen und die neuen Anteile.

Da der Gesellschafter bei der Kapitalerhöhung aus Gesellschaftsmitteln keine eigene Leistung erbringt (keine offene Einlage), steigen seine Anschaffungskosten insoweit nicht.

Veräußert der Gesellschafter ein Anwartschaftsrecht auf eine Kapitalerhöhung, so fällt die Veräußerung unter § 17 Abs. 1 Satz 3 EStG. Der Gesellschafter muss die stillen Reserven aufdecken, die in dem Anwartschaftsrecht stecken. Nehmen nicht alle Gesellschafter an einer Kapitalerhöhung teil, gehen vorhandene stille Reserven auf die anderen Gesellschafter über. Der Übergang der stillen Reserven ist eine Schenkung der anderen Gesellschafter an den Gesellschafter, der an der Kapitalerhöhung teilnimmt. Eine verdeckte Gewinnausschüttung liegt nicht vor, da die Zuweisung der neuen Anteile kein Nachteil für die GmbH darstellt (BFH vom 24. 09. 1974 BStBl II 1975, 230). Da eine disquotale Kapitalerhöhung bei einzelnen Gesellschaftern zu einer Erhöhung der prozentualen Beteiligung führt, kann dies Auswirkungen auf § 8c KStG (Untergang Verlustvortrag) haben. Soweit bei einzelnen Gesellschaftern die prozentuale Beteiligung sinkt, können die Vorteile des § 9 Nr. 2a GewStG oder des § 13a Abs. 1 ErbStG verloren gehen.

3   Die Auflösung der GmbH

Die Beendigung einer GmbH erfolgt grundsätzlich in drei Schritten:

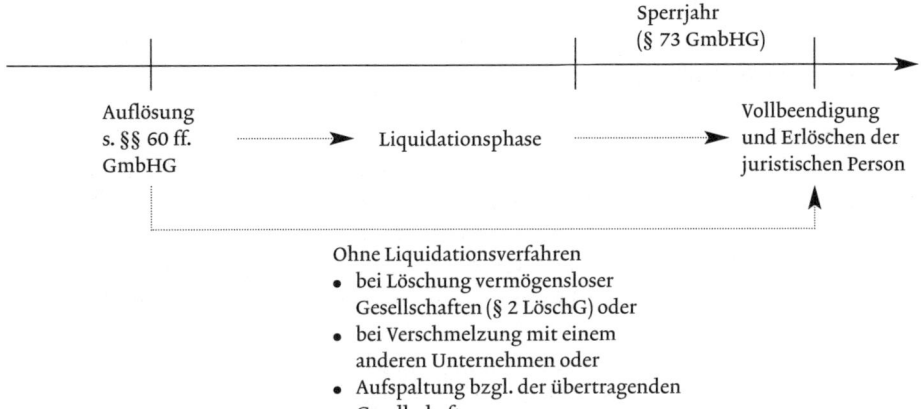

Die Auflösung der GmbH bedeutet nicht ihre Beendigung, sondern nur das Ende ihrer werbenden Tätigkeit. Mit der Auflösung tritt sie in das Stadium der Abwicklung (Liquidation) ein. Die Liquidation kann mitunter lange Zeit beanspruchen. In dieser Zeit wird die GmbH abgewickelt. Erst mit Vermögensverteilung und Löschung im Handelsregister wird die GmbH beendet.

Die Auflösung kann mehrere Ursachen haben (§ 60 GmbHG):

- Ablauf der im Gesellschaftsvertrag bestimmten Zeit (z. B. Projektgesellschaften);
- Gesellschafterbeschluss mit der Mehrheit von 3/4 der abgegebenen Stimmen;
- gerichtliches Urteil im Falle einer Auflösungsklage nach § 61 GmbHG;
- behördlicher Beschluss im Falle der Auflösung bei Gefährdung des Allgemeinwohls (§ 62 GmbHG);
- Eröffnung des Insolvenzverfahrens (§ 27 InsO); im Falle des § 213 InsO (Einstellung auf Antrag des Schuldners) und § 258 InsO (Aufhebung des Insolvenzverfahrens nach Rechtskraft des Insolvenzplans) können die Gesellschafter die Fortsetzung der Gesellschaft beschließen;
- rechtskräftiger Beschluss, wonach die Eröffnung des Insolvenzverfahrens mangels Masse abgelehnt wurde (§ 26 InsO);
- rechtskräftiger Beschluss des Registergerichts, dass der Gesellschaftsvertrag Mängel hat oder die Verpflichtungen nach § 19 Abs. 4 GmbHG nicht eingehalten wurden;
- Löschung der Gesellschaft wegen Vermögenslosigkeit (§ 141a FGG);
- weitere im Gesellschaftsvertrag festgelegte Auflösungsgründe (§ 60 Abs. 2 GmbHG, z. B. Tod oder Insolvenz eines Gesellschafters oder Verlust einer behördlichen Erlaubnis).

Die Auflösung der GmbH ist nach § 65 Abs. 1 GmbHG zur Eintragung in das **Handelsregister** anzumelden. Im Fall der Eröffnung oder der Ablehnung der Eröffnung des Insolvenzverfahrens und der gerichtlichen Feststellung eines Mangels des Gesellschaftsvertrags oder der Nichteinhaltung der Verpflichtungen nach § 19 Abs. 4 GmbHG erfolgt die Eintragung von Amts wegen.

Die Eintragungsverpflichtung besteht nicht, wenn die Gesellschaft wegen Vermögenslosigkeit gelöscht wird.

Die Auflösung ist von den Liquidatoren drei Mal in einem für die Bekanntmachung aus dem Handelsregister bestimmten öffentlichen Blatt (z. B. örtliche Tageszeitung) bekannt zu machen. In der Bekanntmachung sind die Gläubiger der GmbH aufzufordern, sich bei der GmbH zu melden.

4 Liquidation

Grundsätzlich ist der Geschäftsführer zum **Liquidator** berufen (§ 66 Abs. 1 GmbHG). Durch Gesellschaftsvertrag oder Beschluss der Gesellschafter können auch andere Personen als Liquidatoren bestimmt werden. Vereinigen Gesellschafter zusammen mindestens 10 % der Anteile, so können diese aus wichtigen Gründen (z. B. kein Vertrauen zum Geschäftsführer) beantragen, dass die Bestellung von Liquidatoren durch das Gericht erfolgt.

Im Falle eines **Insolvenzverfahrens** übernimmt der Insolvenzverwalter die Funktion des Liquidators (§§ 56, 80 InsO).

Da im Falle der Löschung wegen Vermögenslosigkeit (nicht zu verwechseln mit der Einstellung des Insolvenzverfahrens mangels Masse) eine Liquidation nicht stattfindet, braucht in diesem Fall auch kein Liquidator bestellt zu werden.

Die Liquidatoren haben nach § 70 GmbHG die laufenden Geschäfte zu beenden, die Verpflichtungen der aufgelösten Gesellschaft zu erfüllen, ihre Forderungen einzuziehen und das **Vermögen** der Gesellschaft zu **verwerten**. Sie haben die Gesellschaft gerichtlich und außergerichtlich zu vertreten. Zur Beendigung schwebender Geschäfte (z. B. laufender Werkvertrag) können die Liquidatoren auch neue Geschäfte eingehen (z. B. Kaufverträge über Material). Die Liquidatoren haben unstreitige und fällige Verbindlichkeiten (Miete, Löhne etc.) zu erfüllen. Verbindlichkeiten, die umstritten, unklar oder betagt sind, sind wahlweise durch Hinterlegung beim Amtsgericht des Leistungsortes oder durch Sicherheitsleistung zu erfüllen.

Die Liquidatoren haben für den Beginn der Liquidation nach § 71 Abs. 1 GmbHG eine **Liquidations-Eröffnungsbilanz (Handelsbilanz)** einschließlich eines erläuternden Berichts sowie für den Schluss eines jeden Jahres einen Jahresabschluss und einen Lagebericht zu erstellen.

Auf die Eröffnungsbilanz und den erläuternden Bericht sind die Vorschriften über den Jahresabschluss entsprechend anzuwenden (vgl. §§ 264 ff. HGB und A 2.1). Anlagevermögen ist wie Umlaufvermögen zu bewerten (§ 71 Abs. 2 Satz 3 GmbHG), soweit die Veräußerung innerhalb eines überschaubaren Zeitraums beabsichtigt ist oder das Anlagevermögen nicht mehr dem Geschäftsbetrieb dient. Dies bedeutet insbesondere, dass nach § 253 Abs. 3 HGB das strenge Niederstwertprinzip gilt.

Auf allen Geschäftsbriefen muss ein Zusatz (GmbH i. L.) auf die Liquidationsphase hinweisen (§ 71 Abs. 5 GmbHG).

Nach Tilgung der Schulden und Verbindlichkeiten ist der Liquidator verpflichtet, das **Vermögen** der Gesellschaft (Geld oder Sachwerte) unter die Gesellschafter nach Verhältnis ihrer Geschäftsanteile zu **verteilen** (§ 72 GmbHG). Durch den Gesellschaftsvertrag kann ein anderes Verhältnis für die Verteilung bestimmt werden.

Während der Liquidation ist eine Gewinnausschüttung unzulässig. § 72 GmbHG ist insoweit lex specialis zu § 29 GmbHG. Über § 30 GmbHG hinaus gilt dies auch für Kapital- oder Gewinnrücklagen aus der Zeit vor Auflösung.

Die Verteilung darf aber nach § 73 Abs. 1 GmbHG nicht vor Ablauf eines Jahres seit der dritten Veröffentlichung in einem öffentlichen Nachrichtenblatt erfolgen (sog. **Sperrjahr**).

Liquidatoren, die diese Vorschrift nicht beachten, sind nach § 73 Abs. 3 GmbHG gesamthänderisch zum Schadensersatz verpflichtet.

Nach Beendigung der Liquidation und Erstellung der Schlussrechnung hat der Liquidator den Schluss der Liquidation zur Eintragung in das Handelsregister anzumelden. Erst mit Löschung im Handelsregister ist die Gesellschaft voll beendet.

5 Liquidationsbesteuerung (§ 11 KStG)

5.1 Besteuerungszeitraum

Die GmbH i. L. unterliegt noch so lange der unbeschränkten Körperschaftsteuerpflicht, bis die Liquidation rechtsgültig abgeschlossen ist (R 11 Abs. 2 KStR). Zum rechtsgültigen Abschluss der Liquidation gehört auch der Ablauf des Sperrjahres (§ 73 Abs. 1 GmbHG). Auch wenn die Kapitalgesellschaft vor Ablauf des Sperrjahres ihr Gesellschaftsvermögen vollständig ausgeschüttet hat, ist sie damit noch nicht erloschen. Die Löschung im Handelsregister ist für sich allein ohne Bedeutung.

Veranlagungs- und Gewinnermittlungszeitraum ist nach § 7 Abs. 3, 4 KStG grundsätzlich das Kalenderjahr (Wirtschaftsjahr). Im Falle einer Liquidation wird von dieser Regel eine Ausnahme gemacht. In den Fällen des § 11 KStG ist nicht das Kalenderjahr, sondern der »Zeitraum der Abwicklung« Besteuerungszeitraum und damit Veranlagungs- und Gewinnermittlungszeitraum. Zweck dieser Ausnahmeregelung ist es, den gesamten während der Liquidation entstandenen Gewinn einheitlich zu ermitteln und in einer einzigen Veranlagung zu erfassen und zu besteuern. Dadurch soll das Besteuerungsverfahren vereinfacht werden. Der besondere Besteuerungszeitraum soll **drei Jahre** nicht übersteigen.

Der besondere Besteuerungszeitraum **beginnt** mit dem Wj., in das die Auflösung fällt (R 11 Abs. 1 KStR). Erfolgt die Auflösung im Jahre eines Wj., so kann ein Rumpfwirtschaftsjahr gebildet werden, das vom Schluss des vorangegangenen Wj. bis zur Auflösung geht.

Reicht der Dreijahreszeitraum für die Abwicklung nicht aus, sind die danach beginnenden weiteren Besteuerungszeiträume grundsätzlich jeweils auf ein Jahr begrenzt (R 11 Abs. 1 Satz 6 KStR). Dies entspricht dem Übergang zu einer regulären jährlichen Körperschaftsteuerveranlagung. Damit soll verhindert werden, dass die Liquidation künstlich verzögert wird. Andererseits wird es viele Fälle geben, in denen aufgrund schwieriger Vermögensverhältnisse, Aktiv- und Passivprozessen u. Ä. sich die Abwicklungsdauer erheblich verlängert.

Werden während des dreijährigen besonderen Besteuerungszeitraums handelsrechtliche Liquidationsbilanzen erstellt, haben diese für die Besteuerung keine Bedeutung.

5.2 Ermittlung des Liquidationsgewinns

Zur Ermittlung des Liquidationsgewinns ist das Abwicklungs-Endvermögen dem Abwicklungsanfangsvermögen gegenüber zu stellen (§ 11 Abs. 2 KStG).

Abwicklungs-Endvermögen ist gem. § 11 Abs. 3 KStG das zur Verteilung kommende Vermögen, vermindert um die steuerfreien Vermögensmehrungen, die der GmbH i. L. im Abwicklungs-Zeitraum zugeflossen sind (z. B. § 8b KStG, nach DBA steuerfreie Einkünfte, steuerfreie Investitionszulage oder auch Einlagen der Gesellschafter).

Da das »zur Verteilung kommende Vermögen« maßgebend ist, umfasst dieses nicht nur das am Schluss der Abwicklung noch zu verteilende Vermögen, sondern auch die bereits während der laufenden Abwicklung als Vorschüsse auf das Abwicklungsergebnis verteilten Vermögenswerte. Dabei ist unerheblich, ob es sich um offene oder verdeckte Ausschüttungen handelt (BFH vom 14. 12. 1965 BStBl III 1966, 152).

Für die Bewertung des Abwicklungs-Endvermögens gelten die allgemeinen Grundsätze. Allerdings sind die Sachwerte mit dem gemeinen Wert anzusetzen (§ 9 BewG), da es einen Teilwert (§ 10 BewG) mangels Fortführung des Unternehmens nicht geben kann.

Abwicklungs-Anfangsvermögen ist das Betriebsvermögen, das am Schluss des der Auflösung vorangegangenen Wirtschaftsjahrs der Veranlagung zur Körperschaftsteuer zugrunde gelegt worden ist (§ 11 Abs. 4 KStG). Wird im Abwicklungszeitraum Gewinn eines vorangegangenen Wj. ausgeschüttet, so ist das Abwicklungs-Endvermögen entsprechend zu kürzen (§ 11 Abs. 4 Satz 3 KStG).

Auf die Gewinnermittlung sind im Übrigen die allgemeinen Vorschriften (also z. B. §§ 9, 10 KStG) anzuwenden.

5.3   Besteuerung des Liquidationsgewinns

Der Liquidationsgewinn unterliegt dem allgemeinen Körperschaftsteuersatz. Ändert sich während der Liquidation der Körperschaftsteuersatz, so ist der Steuersatz anzuwenden, der im Zeitpunkt gilt, in dem der dreijährige besondere Besteuerungszeitraum endet. Schließen sich an den dreijährigen Zeitraum weitere einjährige Besteuerungszeiträume an, so ist jeweils der Steuersatz maßgebend, der zu Ende dieses Jahres gilt.

Ein Abwicklungsverlust ist grundsätzlich i. R. d. §§ 10d EStG zurückzutragen. Wird eine Organgesellschaft aufgelöst, endet ihre Verpflichtung zur Abführung des Gewinns aufgrund eines Gewinnabführungsvertrags. Der Abwicklungsgewinn ist von der Organgesellschaft zu versteuern (BFH vom 18. 10. 1967 BStBl II 1968, 105; vom 17. 02. 1971 BStBl II 1971, 411).

Körperschaftsteuer-Veranlagungen für Besteuerungszeiträume innerhalb des Abwicklungszeitraums sind endgültige Veranlagungen. Es handelt sich nicht um bloße Zwischenveranlagungen, die nach Ablauf des Liquidationszeitraums durch eine Veranlagung für den gesamten Liquidationszeitraum zu ersetzen sind (R 11 Abs. 4 KStR).

5.4   Vermögensverteilung

5.4.1   Steuerliche Folgen für die Gesellschaft

Die Verteilung des gesamten Vermögens der Kapitalgesellschaft wird steuerlich wie eine Kapitalherabsetzung auf 0 € und eine anschließende Auskehrung des übrigen Vermögens behandelt.

Die Auskehrung des Nennkapitals führt zunächst zu einer Erhöhung und betragsgleich zu einer Minderung des steuerlichen Einlagekontos (§ 28 Abs. 2 KStG). Ist ein Sonderausweis vorhanden, so gilt zunächst der Sonderausweis als verwendet. Dies hat Bedeutung für die Besteuerung beim Gesellschafter nach § 20 Abs. 1 Nr. 2 EStG.

Die Auskehrung des übrigen Vermögens ist grundsätzlich wie eine Gewinnausschüttung zu behandeln.

Wurde für die GmbH zum 31. 12. 2006 letztmalig ein **Körperschaftsteuerguthaben** nach **§ 37 Abs. 4 KStG** festgestellt (zu Details s. E 3.4), so kommt dieses in den Jahren 2008 bis 2017 in zehn gleichen Jahresbeträgen zur Auszahlung. Dies gilt auch im Falle einer Liquidation. Dies hat zur Folge, dass eine abwicklungsreife Kapitalgesellschaft bis zum Jahre 2017 auf die ratierliche Erstattung ihres Körperschaftsteuerguthabens warten muss und mangels endgültiger Abwicklung nicht gelöscht werden kann. Hier bleibt als Ausweg nur die Abtretung und Kapitalisierung des Guthabens.

Das gleiche Problem entsteht, wenn auf den 31. 12. 2006 letztmalig ein Bestand an **EK 02** festgestellt wurde (**§ 38 Abs. 4 KStG**). Für diesen Endbestand entsteht nach Abs. 5 letztmalig eine Körperschaftsteuererhöhung i. H. v. 3/100. Der Körperschaftsteuererhöhungsbetrag ist nach Abs. 6 grundsätzlich in zehn gleichen Jahresbeträgen innerhalb eines Zeitraums von 2008 bis 2017 zu entrichten.

Hier sieht aber Abs. 8 der Vorschrift vor, dass bei einer **Liquidation**, die nach dem 31. 12. 2006 beginnt, alle entstandenen und festgesetzten Körperschaftsteuererhöhungsbeträge an dem 30. 09. des Jahres fällig werden, der auf den Zeitpunkt der Erstellung der Liquidationseröffnungsbilanz folgt.

5.4.2 Steuerliche Folgen für den Gesellschafter

Für den Gesellschafter ist die Liquidation wie eine Vollausschüttung zu behandeln. Dividenden hat er grundsätzlich nach **§ 20 Abs. 1 Nr. 2 EStG** zu besteuern. Ab VZ 2009 unterliegen die Dividenden der Abgeltungsteuer (§ 32d EStG), wenn die Beteiligung im Privatvermögen gehalten wird. Stellt die Beteiligung Betriebsvermögen dar, so gilt ab VZ 2009 das Teileinkünfteverfahren (§ 3 Nr. 40 Buchst. d EStG; zu Details s. I).

Die Rückzahlung des Nennkapitals und die Ausschüttung aus dem Einlagekonto fallen nicht unter § 20 Abs. 1 Nr. 2 EStG. Sie werden nach **§§ 17 Abs. 4, 3 Nr. 40 Buchst. c EStG** behandelt (zu Details s. G).

6 Sitzverlegung ins Ausland

Eine GmbH muss nach § 4a GmbHG ihren statutarischen Sitz in Deutschland haben. Dasselbe gilt für die Aktiengesellschaft nach § 5 AktG. Eine Ausnahme besteht für die Societas Europaea (SE; vgl. SE-Ausführungsgesetz vom 22. 12. 2004 (BGBl I 2004, 3675). Deren Sitz kann in jedem Staat der Europäischen Union liegen. Mit Ausnahme der Societas Europaea führt die Sitzverlegung zwingend zu einer Auflösung der Gesellschaft mit der Folge der Liquidation nach § 12 KStG. Die Vorschrift des § 17 Abs. 5 EStG hat daher nur eine geringe Bedeutung, da die Sitzverlegung grundsätzlich zu einer Versteuerung nach § 17 Abs. 4 EStG führt.

Die bloße Verlegung der Geschäftsleitung ins Ausland führt dagegen nicht zur zwingenden Liquidation, da aufgrund des – weiterhin bestehenden – statutarischen Sitzes die Kapitalgesellschaft weiterhin nach § 1 Abs. 1 KStG unbeschränkt steuerpflichtig bleibt. Allerdings kann durch diese Verlegung der Geschäftsleitung ins Ausland eine Doppelansässigkeit entstehen (vgl. Art. 4 OECD-Musterabkommen).

Teil K   Umsatzsteuer bei der GmbH

1   Unternehmerfähigkeit der GmbH

Unternehmer nach § 2 Abs. 1 Satz 1 UStG ist, wer eine gewerbliche oder berufliche Tätigkeit selbständig ausübt. Dies kann jede natürliche oder juristische Person i. S. d. bürgerlichen Rechts sein. Gewerblich oder beruflich ist nach § 2 Abs. 1 Satz 3 UStG jede nachhaltige Tätigkeit zur Erzielung von Einnahmen, auch wenn die Absicht, Gewinn zu erzielen, fehlt. Da Kapitalgesellschaften Kaufleute kraft Rechtsform nach § 6 Abs. 1 HGB sind und deshalb nach § 8 Abs. 2 KStG bei ihnen sämtliche Einkünfte als Einkünfte aus Gewerbebetrieb zu behandeln sind, folgt hieraus, dass Kapitalgesellschaften stets die Unternehmerfähigkeit besitzen und i. d. R. auch Unternehmer sind. Eine Ausnahme ergibt sich nur im Falle der Organschaft, d. h. wenn eine Kapitalgesellschaft in ein anderes Unternehmen als Organgesellschaft eingegliedert ist; in diesem Fall verliert sie ihre Selbständigkeit und damit die Unternehmereigenschaft.

2   Beginn der Unternehmereigenschaft der GmbH

2.1   Neugründungen

Die zivilrechtliche Rechtsfähigkeit einer GmbH als juristischer Person beginnt mit der Eintragung in das Handelsregister. Die Rechtsfähigkeit i. S. d. Umsatzsteuerrechts beginnt indes schon vor der zivilrechtlichen Rechtsfähigkeit: Das Umsatzsteuerrecht folgt insoweit grundsätzlich dem Ertragsteuerrecht, welches zwischen Vorgründungsgesellschaft, Vorgesellschaft (bzw. Gründungsgesellschaft) und (in das Handelsregister eingetragener) GmbH unterscheidet. Nach der Entscheidung des BFH vom 09. 03. 1987 (BStBl II 1987, 512) besteht zwischen der Vorgründungsgesellschaft und der späteren GmbH keine Identität. Das bedeutet, dass die im Zeitraum zwischen dem Abschluss des Gesellschaftsvertrags und der notariellen Beurkundung des Gesellschaftsvertrags sich zutragenden Sachverhalte grundsätzlich nicht der späteren GmbH zuzurechnen sind. Der Vorgründungsgesellschaft wird somit nicht »im Vorgriff« die Unternehmereigenschaft zugesprochen. Tätigt jedoch eine Vorgründungsgesellschaft selbst Ausgangsumsätze, erfüllt sie die Unternehmereigenschaft. Dies hat zur Folge, dass sie unter den weiteren Voraussetzungen des § 15 Abs. 1 UStG hinsichtlich der von ihr bezogenen Leistungen vorsteuerabzugsberechtigt ist.

Bleibt die Vorgründungsgesellschaft aber untätig und beabsichtigt sie auch nicht die Erzielung eigener Umsätze, erlangt sie nicht die Unternehmereigenschaft. Unabhängig davon können aber Leistungen an die Vorgründungsgesellschaft erfolgen. Mangels Ausführung entgeltlicher Leistungen an Dritte hätte die Vorgründungsgesellschaft deshalb eigentlich keinen Vorsteuerabzug.

Etwas anderes folgt aber aus der Rechtsprechung des EuGH vom 29. 02. 1996 (BStBl II 1996, 655) zum »erfolglosen Unternehmer«. Diesem wird die Unternehmereigenschaft zuerkannt, sofern die Ausführung entgeltlicher Leistungen ernsthaft beabsichtigt war und die Ernsthaftigkeit dieser Absicht durch objektive Merkmale nachgewiesen oder glaubhaft gemacht wird. Dieser Nachweis ist möglich, wenn bezogene Gegenstände oder in Anspruch genommene sonstige Leistungen ihrer Art nach nur unternehmerisch genutzt oder verwendet werden können oder in einem objektiven und zweifelsfrei erkennbaren Zusammenhang mit der beabsichtigten unternehmerischen Tätigkeit stehen – sog. unternehmensbezogene Vorbereitungshandlungen. Beispiele für derartige unternehmensbezogene Vorbereitungshandlungen finden sich in A 2.6 Abs. 2 UStAE.

Die Rechtsprechung zum »erfolglosen Unternehmer« ist auch auf die Vorgründungsgesellschaft anwendbar mit der Folge, dass die Vorgründungsgesellschaft für Eingangsleistungen den Vorsteuerabzug erhält, weil ihr Zweck in der Vorbereitung der unternehmerischen Tätigkeit der Vorgesellschaft bzw. späteren GmbH besteht und damit der Nachweis erbracht ist, dass diese Leistungen nur unternehmerisch genutzt werden können.

Sofern die Vorgründungsgesellschaft materielle und immaterielle Wirtschaftsgüter unentgeltlich auf die Vorgesellschaft bzw. spätere GmbH überträgt, sollen diese Übertragungsakte als maßgebende Verwendungsumsätze angesehen werden.

Mit Urteil vom 29.04.2004 hat der EuGH (Rs. C-137/02 »Faxworld«; DStRE 2004, 772; HFR 2004, 708) hierzu festgestellt, dass eine allein mit dem Ziel der Gründung einer Kapitalgesellschaft errichtete Personengesellschaft (Vorgründungsgesellschaft) zum Abzug der Vorsteuer für den Bezug von Dienstleistungen und Gegenständen berechtigt ist, wenn entsprechend ihrem Gesellschaftszweck ihr einziger Ausgangsumsatz die Übertragung der bezogenen Leistungen mittels eines Aktes gegen Entgelt an die Kapitalgesellschaft nach deren Gründung war und wenn, weil der betreffende Mitgliedstaat von der in den Art. 5 Abs. 8 und 6 Abs. 5 der 6. EG-Richtlinie (Art. 19 Abs. 1 und Art. 29 der MwStSystRL) vorgesehenen Möglichkeit Gebrauch gemacht hat, die Übertragung des Gesamtvermögens so behandelt wird, als ob keine Lieferung oder Dienstleistung vorliegt (vgl. § 1 Abs. 1a UStG). Der BFH hat das Ausgangsverfahren (V R 84/99) entsprechend diesen Grundsätzen mit Entscheidung vom 15.07.2004 (BStBl II 2005, 155) abgeschlossen, die Finanzverwaltung wendet diese Grundsätze ebenfalls an (A 15.2b Abs. 3 Satz 9 UStAE).

Danach ist die Vorgründungsgesellschaft »Steuerpflichtige« i. S. d. MwStSystRL, da sie die Veräußerung der von ihr erworbenen Vermögensgegenstände auf die noch zu gründende Kapitalgesellschaft bewirkt. Damit die Vorgründungsgesellschaft »für Zwecke ihrer besteuerten Umsätze« (Art. 168 MwStSystRL) handelt und hieraus die Berechtigung zum Vorsteuerabzug herleiten kann, reicht es aus, dass im Verhältnis zwischen Vorgründungsgesellschaft und Kapitalgesellschaft eine Geschäftsveräußerung vorliegt, aufgrund derer es zu einer Rechtsnachfolge kommt (vgl. § 1 Abs. 1a Satz 3 UStG und Art. 19 Abs. 1 MwStSystRL), sodass die Vorgründungsgesellschaft als Übertragende die besteuerten Umsätze des Begünstigten der Übertragung, nämlich der Aktiengesellschaft, berücksichtigen kann.

Umsatzsteuerrechtlich wie auch ertragsteuerrechtlich werden die Vorgesellschaft und die eingetragene GmbH als identische Rechtssubjekte betrachtet. Erfüllt also erst die GmbH die Voraussetzungen des § 2 Abs. 1 UStG, so wird die Unternehmereigenschaft bereits der Vorgesellschaft zugerechnet, mit der Folge, dass die Vorgesellschaft ebenfalls zum Vorsteuerabzug berechtigt ist – vorausgesetzt die späteren Ausgangsumsätze der GmbH sind vorsteuerunschädlich. Die Eintragung der GmbH ins Handelsregister hat umsatzsteuerlich keine Folgen.

Wurde die Eingangsleistung an die Vorgesellschaft erbracht, die Rechnung mit gesondertem Umsatzsteuerausweis aber erst nach der Eintragung in das Handelsregister erteilt, darf die GmbH die in Rechnung gestellte Umsatzsteuer als Vorsteuer geltend machen. Der Unterschied zwischen GmbH und Vorgesellschaft ist praktisch nur formal darin zu sehen, dass mit der Eintragung der GmbH ins Handelsregister ein Namenswechsel (bisher Vorgesellschaft, jetzt GmbH) stattfindet.

Sollte es ausnahmsweise nicht zur Eintragung und somit nicht zur Entstehung der endgültigen Kapitalgesellschaft kommen, so sind die Vorgründungsgesellschaft und die Gründungsgesellschaft als einheitliches Rechtssubjekt anzusehen. Die Unternehmereigenschaft dieser Personengesellschaft richtet sich nach den Grundsätzen des A 2.6 UStAE.

Die dem EuGH-Urteil vom 29.04.2004 (»Faxworld«, C-137/02) zugrunde liegenden Wertungen gelten auch für die Gründung einer Ein-Mann-GmbH durch einen »Privatmann«. Dieser wird durch die vor dem notariellen Gründungsvertrag in der Gründungsphase bezogenen Leistungen zum Unternehmer und ist insoweit zum Vorsteuerabzug berechtigt. Der Vorsteuerabzug ist abhängig von den beabsichtigten Verwendungsumsätzen der Kapitalgesellschaft.

Nach BFH vom 11.11.2015 (V R 8/15, DStR 2016, 674) kann der Ein-Mann-Gesellschafter einer noch zu gründenden GmbH im Hinblick auf eine beabsichtigte Unternehmenstätigkeit der GmbH nur dann zum Vorsteuerabzug berechtigt sein, wenn der Leistungsbezug durch den Gesellschafter bei der GmbH zu einem Investitionsumsatz führen soll. Der Vorsteuerabzug war in diesem Verfahren nicht daran gescheitert, dass die Gründung der GmbH entgegen der ursprünglichen Planung des Klägers als künftigen GmbH-Gesellschafters unterblieben ist. Maßgeblich war vielmehr, dass die bezogenen Beratungsleistungen – anders als die Vermögensgegenstände in den EuGH-Urteilen »Faxworld« und »Polski Trawertyn« (EuGH vom 01.03.2012, C-280/10, BFH/NV 2012, 908) – auch im Fall einer tatsächlich gegründeten GmbH nicht auf die GmbH übertragbar waren. Durch die bezogenen Leistungen sind keine auf eine GmbH übertragbaren Vermögenswerte (»Investitionsgüter«) entstanden.

Bestätigt wird dies durch das EuGH-Urteil »Malburg« (vom 13.03.2014, C-204/13, BFH/NV 2014, 813), nach dem eine unentgeltliche Nutzungsüberlassung kein Recht auf Vorsteuerabzug des Gesellschafters begründet. Dies gilt auch für denjenigen, der eine Gesellschaftsgründung zwar beabsichtigt, aber aufgrund des Scheiterns der Gesellschaftsgründung nicht Gesellschafter wird.

Zu beachten ist dabei, dass bei einer Gründung einer GmbH durch zwei Personen Vorgründungskosten nur dann zum Vorsteuerabzug berechtigen, wenn die Vorgründungsgesellschaft (und sei es auch als GbR) die Leistung beauftragt hat und eine entsprechende ordnungsgemäße Rechnung erhält. Wird dies von den handelnden Personen nicht beachtet und erhalten diese den Leistungsbezug als »Privatperson«, d.h. als Gesellschafter der Vorgründungsgesellschaft, scheidet der Vorsteuerabzug aus. Dies folgt m.E. aus der Entscheidung des EuGH in der Rs.»Malburg« (s.o.), nach der für den Bezug von Leistungen an den Gesellschafter nach Eintragung der »Ein-Mann-GmbH« ein Vorsteuerabzug nicht mehr in Betracht kommt.

2.2   Umwandlungen

Entsteht eine GmbH nicht durch Neugründung, sondern durch Umwandlung einer Personengesellschaft, ist zu unterscheiden, ob die Umwandlung im Wege der Gesamtrechtsnachfolge durch Spaltung oder Verschmelzung oder im Wege der Einzelrechtsnachfolge durch Sacheinlage erfolgt.

2.2.1   Spaltungen

In Fällen der **Aufspaltung** wird das gesamte Vermögen eines zu spaltenden Rechtsträgers unter Auflösung und ohne Abwicklung auf mindestens zwei zu gründende oder bestehende Rechtsträger gegen Gewährung von Gesellschaftsrechten dieser Rechtsträger an die Anteilsinhaber des übertragenden Rechtsträgers übertragen. Sofern nicht lediglich einzelne Wirtschaftsgüter, sondern ein **gesondert geführter Betrieb** übertragen wird, fällt die Aufspaltung grundsätzlich in den Regelungsbereich von § 1 Abs. 1a UStG. Es liegt in der Regel von Seiten der früheren Personengesellschaft eine nicht steuerbare Geschäftsveräußerung im Ganzen vor. Die Rechtsfolgen des § 1 Abs. 1a UStG treten allerdings nur dann ein, wenn die übernehmende GmbH Unternehmer ist bzw. durch den Erwerb des gesondert geführten Betriebs zum Unternehmer wird.

Die Gewährung von Gesellschaftsrechten durch die GmbH stellt keinen steuerbaren Umsatz dar (A 1.6 Abs. 2 UStAE). Damit hat sich die Finanzverwaltung der Rechtsprechung des EuGH (EuGH vom 26.06.2003 Rs. C-442/01 »KapHag Renditefonds«; und EuGH vom 26.05.2005 Rs. C-465/03 »Kretztechnik« und BFH vom 01.07.2004 BStBl II 2004, 1022) angeschlossen. Dies gilt auch für Kapitalgesellschaften bei der erstmaligen Ausgabe von Anteilen.

Wird jedoch nur ein einzelnes Wirtschaftsgut oder nur einzelne Wirtschaftsgüter übertragen und liegen die Voraussetzungen des gesondert geführten Betriebs i. S. d. § 1 Abs. 1a UStG nicht vor, so handelt es sich um einen steuerbaren Übertragungsvorgang, der nach den allgemeinen Vorschriften zu beurteilen ist. Danach tätigt das übertragende Unternehmen eine steuerbare Leistung, die i. d. R. steuerpflichtig ist. Als Entgelt für die Einbringung der Wirtschaftsgüter ist die Verschaffung der Beteiligung an der Gesellschaft zu sehen, aber auch ggf. die Übernahme von Schulden des Gesellschafters. Die Gewährung von Gesellschaftsrechten durch die GmbH ist ein nicht steuerbarer Vorgang.

Beim einbringenden (»alten«) Unternehmen ergeben sich keine weiteren umsatzsteuerlichen Auswirkungen. Die in Rechnungen ausgewiesene Umsatzsteuer für Lieferungen oder sonstige Leistungen an das »alte« Unternehmen führen bei diesem weiterhin zum Vorsteuerabzug, auch wenn die Rechnungen erst nach der Aufspaltung eingehen.

In Fällen der **Abspaltung** i. S. d. § 123 Abs. 2 UmwG überträgt der zu spaltende und fortbestehende Rechtsträger einen oder mehrere Teile seines Vermögens jeweils als Gesamtheit auf einen oder mehrere bereits bestehende oder einen oder mehrere neu gegründete Rechtsträger gegen Gewährung von Gesellschaftsrechten dieser Rechtsträger an die Anteilsinhaber des übertragenden Rechtsträgers. Da auch in diesen Fällen i. d. R. gesondert geführte Betriebe übertragen werden, stellen derartige Spaltungsvorgänge ebenfalls eine nicht steuerbare Geschäftsveräußerung i. S. v. § 1 Abs. 1a UStG dar.

In Fällen der **Ausgliederung** i. S. d. § 123 Abs. 3 UmwG ergeben sich dieselben umsatzsteuerrechtlichen Folgen wie bei der Aufspaltung und Abspaltung. Der Unterschied zur Abspaltung besteht darin, dass die Anteile an den übernehmenden Rechtsträgern in das Vermögen des ausgliedernden Rechtsträgers fallen und nicht deren Gesellschaftern zugewiesen werden.

In den verschiedenen Fallgruppen der Spaltung tritt die GmbH gem. § 1 Abs. 1a Satz 3 UStG an die Stelle des Einzelunternehmens bzw. der Personengesellschaft. Diese Formulierung zeigt, dass keine umfassende Gesamtrechtsnachfolge vorliegt, sondern dass die GmbH in das Steuerschuldverhältnis des übertragenden Rechtsträgers nur insoweit eintritt, als Vermögen auf die GmbH übergegangen ist. Insoweit verbleibt es bei der Steuerschuldnerschaft des übertragenden Rechtsträgers für dessen durch unternehmerische Tätigkeit angefallene Umsatzsteuer.

Stellt die Spaltung eine nicht steuerbare Geschäftsveräußerung nach § 1 Abs. 1a UStG dar, wird der für ein Wirtschaftsgut maßgebliche Berichtigungszeitraum nach § 15a Abs. 10 Satz 1 UStG nicht unterbrochen. Die erwerbende GmbH ist nunmehr im Falle von Nutzungsänderungen verpflichtet, die entsprechenden Berichtigungen der Vorsteuer nach § 15a UStG durchzuführen. Deshalb ist der übertragende Rechtsträger nach § 15a Abs. 10 Satz 2 UStG verpflichtet, der übernehmenden GmbH die für die Durchführung der Berichtigung erforderlichen Angaben zu machen.

2.2.2 Verschmelzung

Mit Eintragung einer Verschmelzung im Handelsregister gehen sämtliche Vermögensgegenstände, d. h. das gesamte Unternehmen, im Wege der Gesamtrechtsnachfolge kraft Gesetzes auf die übernehmende GmbH über. Damit liegt in Fällen der Verschmelzung stets eine nicht steuerbare Geschäftsveräußerung i. S. d. § 1 Abs. 1a UStG vor. Die Vorsteuerabzugsberechtigung der übernehmenden GmbH wird hierdurch nicht in Frage gestellt.

2.2.3 Formwechsel

Formwechselnde Umwandlungen zwischen Kapitalgesellschaften oder zwischen Personengesellschaften und Kapitalgesellschaften i. S. v. §§ 190 ff. UmwG bewirken keinen Vermögensübergang auf einen anderen Rechtsträger. Es ändert sich lediglich die Rechtsform des Unternehmens, nicht aber die Identität seines Rechtsträgers. Das Steuersubjekt als solches bleibt erhalten. Auch beim Formwechsel wird der Berichtigungszeitraum des § 15a UStG nicht durchbrochen.

§ 25 UmwStG, der den Formwechsel von einer Personenhandelsgesellschaft in eine Kapitalgesellschaft als Einbringung eines Betriebs in eine Kapitalgesellschaft gegen Gewährung von Gesellschaftsrechten i. S. v. §§ 20–23 UmwStG regelt, führt zu keinem anderen Ergebnis: Diese gesetzliche Fiktion gilt nur für ertragsteuerliche und nicht für umsatzsteuerliche Zwecke.

2.2.4 Einbringungen im Wege der Einzelrechtsnachfolge durch Sacheinlage

In Fällen, in denen ein Einzelunternehmen bzw. ein Teilbetrieb nicht nach den Vorschriften des UmwG, sondern im Wege der Einzelrechtsnachfolge durch Sacheinlage in eine GmbH eingebracht wird, liegt umsatzsteuerlich ebenfalls eine nicht steuerbare Geschäftsveräußerung gem. § 1 Abs. 1a UStG vor. Sowohl bei der GmbH als auch beim einbringenden Einzelunternehmen hat dieser Vorgang dieselben Auswirkungen wie in den Fällen der Spaltung und der Verschmelzung. Erbringt der Gesellschafter in Zusammenhang mit der Ausgabe von Gesellschaftsanteilen an ihn seinerseits Leistungen an die Gesellschaft, sind demnach drei Fallgruppen zu unterscheiden:

- Das Wirtschaftsgut wurde aus dem **Privatvermögen** des Gesellschafters eingebracht: Die Lieferung ist nicht steuerbar.
- Das Wirtschaftsgut wurde aus dem **Unternehmensvermögen** eines Einzelunternehmens des Gesellschafters eingebracht: Es liegt ein steuerbares und in der Regel auch steuerpflichtiges Hilfsgeschäft im Einzelunternehmen vor.
- Der Gesellschafter bringt sein **Einzelunternehmen im Ganzen** in die GmbH ein: Es liegt eine Geschäftsveräußerung im Ganzen vor, die gem. § 1 Abs. 1a UStG nicht steuerbar ist. Die erwerbende GmbH tritt nach § 1 Abs. 1a Satz 3 und § 15a Abs. 10 UStG an die Stelle des Veräußerers.

BEISPIELE ━━━

a) A und B gründen gemeinsam die A & B-GmbH. Sie sollen je zur Hälfte an der GmbH beteiligt sein und das Stammkapital soll 500 000 € betragen. Während A eine Barzahlung von 250 000 € leistet, übereignet B ein unbebautes Grundstück aus seinem Privatvermögen mit einem gemeinen Wert von 250 000 € an die GmbH. Die Gesellschaftsanteile werden von A und B in ihrem Privatvermögen gehalten.

LÖSUNG Die GmbH erbringt an A sowie an B jeweils eine nicht steuerbare Leistung in Form der Gewährung von Gesellschaftsrechten.
A erbringt seine Leistung im Wege einer Barzahlung. Damit tätigt er keine Leistung im wirtschaftlichen Sinne, die unter das UStG fällt.
B bewirkt mit der Grundstücksübereignung eine Lieferung, die jedoch nicht steuerbar ist, da das Grundstück zu seinem Privatvermögen gehörte.

b) Sachverhalt wie a). Sollte B das Grundstück in seinem Einzelunternehmen als (gewillkürtes) Betriebsvermögen aktiviert haben, würde er eine steuerbare, aber nach § 4 Nr. 9a UStG steuerfreie Lieferung eines Grundstücks bewirken. Auf die Steuerbefreiung könnte B nach § 9 UStG verzichten, weil die Leistung an einen anderen Unternehmer für dessen Unternehmen erfolgt.
LÖSUNG Seitens der GmbH liegt immer noch eine nichtsteuerbare Leistung an B vor.

Bei der Einbringung von Mitunternehmeranteilen bzw. von Anteilen an einer Kapitalgesellschaft ist hingegen § 1 Abs. 1a UStG nicht erfüllt. Nach dem Urteil des EuGH vom 26. 05. 2005 (Rs. C-465/03 »Kretztechnik«) und der in A 3.5 Abs. 8 UStAE wiedergegebenen aktuellen Verwaltungsauffassung ist diese Einbringung als sonstige Leistung zu beurteilen. Sofern der Gesellschaftsanteil beim einbringenden Gesellschafter aus dessen Unternehmensvermögen heraus erbracht wird (s. hierzu die Ausführungen in II Teil I 5.2), ist diese steuerbar. Der Leistungsort richtet sich nach § 3a Abs. 2 bzw. § 3a Abs. 4 Nr. 6a i. V. m. § 4 Nr. 8f UStG. Sofern der Leistungsort im Inland liegt, ist der Umsatz nach § 4 Nr. 8f UStG steuerfrei. Von Seiten der GmbH, die in einem solchen Fall erstmalig Gesellschaftsanteile ausgibt, liegt kein steuerbarer Umsatz vor (A 1.6 Abs. 2 UStAE). Sofern die Mitunternehmer der Personengesellschaft keine Unternehmer sind, tätigen sie keinen steuerbaren Umsatz.

3 Ende der Unternehmereigenschaft

Die Unternehmereigenschaft endet mit dem letzten Tätigwerden; der Zeitpunkt der Einstellung oder Abmeldung eines Gewerbebetriebs ist unbeachtlich (A 2.6 Abs. 6 Satz 1 UStAE). Unternehmen und Unternehmereigenschaft erlöschen also erst, wenn der Unternehmer alle Rechtsbeziehungen abgewickelt hat, die mit dem (aufgegebenen) Unternehmen in Zusammenhang stehen. Eine GmbH besteht demnach als Unternehmer so lange fort, bis alle Rechtsbeziehungen – zu denen auch das Rechtsverhältnis zwischen der GmbH und dem Finanzamt gehört – beseitigt sind (A 2.6 Abs. 6 Satz 3 UStAE).
Die Unternehmereigenschaft einer GmbH ist weder von ihrem Vermögensstand noch von einer Eintragung im Handelsregister abhängig (A 2.6 Abs. 6 Sätze 7 und 8 UStAE). Das bedeutet, dass die Eröffnung des Insolvenzverfahrens noch nicht zum Ende der Unternehmertätigkeit führt. Die vom Insolvenzverwalter bewirkten Umsätze sind dem Unternehmer (Gemeinschuldner) weiterhin zuzurechnen (A 2.1 Abs. 7 UStAE). Die nach ihrer Löschung im Handelsregister zivilrechtlich aufgelöste GmbH kann also umsatzsteuerlich weiterhin Umsätze im Rahmen ihres Unternehmens ausführen. Andererseits kann die Unternehmereigenschaft einer GmbH auch über den Zeitpunkt ihrer Löschung im Handelsregister hinaus fortbestehen. Die in Auflösung befindliche Gesellschaft kann deshalb das Unternehmen der Gesellschaft fortführen und auch nach ihrer Löschung im Handelsregister Umsätze im Rahmen ihres Unternehmens ausführen. Sie ist daher auch nach ihrer Löschung im Handelsregister noch als Unternehmer anzusehen, dem nach diesem Zeitpunkt ausgeführte Umsätze zugerechnet werden.

Die Beendigung der unternehmerischen Tätigkeit kann aber nicht bereits dann angenommen werden, wenn ein Unternehmer nur vorübergehend keine Leistungen mehr erbringt. Eine nur vorübergehende Einstellung der Unternehmertätigkeit (»ruhendes Unternehmen«) ist anzunehmen, wenn eine aus den Begleitumständen belegbare Absicht des Unternehmers feststellbar ist, die unternehmerische Tätigkeit, d. h. das Bewirken von Umsätzen, wieder aufnehmen zu wollen. Hierfür muss ein auf die Ausführung von Umsätzen angelegtes Handeln erkennbar sein.

4 Organschaft

4.1 Allgemeines

Eine Organschaft liegt nach § 2 Abs. 2 Nr. 2 Satz 1 UStG vor, wenn eine juristische Person – die sog. »Organgesellschaft« – nach dem Gesamtbild der tatsächlichen Verhältnisse finanziell, wirtschaftlich und organisatorisch in ein Unternehmen – den sog. Organträger – eingegliedert ist. Es ist dabei nicht erforderlich, dass alle drei Merkmale gleichermaßen ausgeprägt sind. Organschaft kann auch gegeben sein, wenn die Eingliederung auf einem der Gebiete nicht vollkommen, jedoch auf den anderen Gebieten umso eindeutiger ist. Von der finanziellen Eingliederung kann weder auf die wirtschaftliche noch auf die organisatorische Eingliederung geschlossen werden (A 2.8 Abs. 1 UStAE). Hinsichtlich des Merkmals der Eingliederung – insbesondere der finanziellen – ist für das Vorliegen der Organschaft nach deutschem Recht das Bestehen eines Über- und Unterordnungsverhältnisses zwischen Organträger als übergeordnetem Unternehmen und Organgesellschaft als abhängigem Unternehmen Voraussetzung. Eine Organgesellschaft kann dabei nach § 2 Abs. 2 Nr. 2 UStG nicht gleichzeitig in Unternehmen verschiedener Organträger eingegliedert sein (BFH vom 30. 04. 2009 V R 3/08). Die Voraussetzungen für die umsatzsteuerliche Organschaft sind nicht identisch mit den Voraussetzungen der körperschaftsteuerlichen und gewerbesteuerlichen Organschaft. Liegt eine Organschaft vor, sind die untergeordneten Organgesellschaften als unselbständig anzusehen – Unternehmer ist der Organträger. Wenn eine Organschaft besteht, hat dies zur Folge, dass

- Umsätze der Organgesellschaften dem Organträger zugerechnet werden,
- Umsätze innerhalb der Organschaft, also zwischen Organträger und Organgesellschaften oder zwischen den Organgesellschaften (sog. »Organkreis«), als nicht steuerbare Innenumsätze angesehen werden,
- Abrechnungen über Umsätze im Organkreis keine Rechnungen i. S. d. § 14 UStG darstellen – auch wenn in einer derartigen Abrechnung fälschlicherweise USt ausgewiesen sein sollte, löst dies nicht die Folge des § 14c Abs. 2 UStG aus (vgl. A 14.1 Abs. 4, A 14c.2 Abs. 2a UStAE und BFH vom 28. 10. 2010 BStBl II 2011, 391),
- nach § 2 Abs. 2 Nr. 2 Satz 2 UStG die Wirkung der Organschaft an den Grenzen des Inlands endet.

Eine Gesellschaft kann bereits zu einem Zeitpunkt in das Unternehmen des Organträgers eingegliedert sein, zu dem sie selbst noch keine Umsätze ausführt, dies gilt insbesondere für eine Auffanggesellschaft im Rahmen des Konzepts einer »übertragenden Sanierung« (vgl. BFH vom 17. 01. 2002 V R 37/00 BStBl II 2002, 373).

Nach der Regelung des UStG kommen als Organgesellschaften nur juristische Personen des Zivil- und Handelsrechts in Betracht. Organträger kann jeder Unternehmer sein. In zwei Beschlüssen vom 11. 12. 2013 hat der BFH (XI R 17/11 und XI R 38/12) in einem Vorabentscheidungsersuchen an den EuGH die Frage gestellt, ob der unionsrechtliche Grundsatz der Neutralität zur Folge hat, dass entgegen der nationalen Regelung auch Personengesellschaften Organgesellschaften sein können.

Der EuGH hat inzwischen aufgrund dieser Vorlagebeschlüsse des BFH mit Urteil vom 16.07.2015 (»Larentia+Minerva«, C-108/14 und »Marenave Schiffahrts AG«, C-109/14, DB 2015, 1696) darauf hingewiesen, dass die nationale Regelung zur Organschaft nicht unionsrechtskonform ist, da die Mehrwertsteuerregeln (Art. 11 MwStSystRL) grundsätzlich unabhängig von der Organisationsform der beteiligten Steuerpflichtigen gelten würden. Es besteht nach den Ausführungen des EuGH keine Notwendigkeit, die Organschaft auf juristische Personen zu beschränken. Eine nationale Regelung dürfe den Bestand einer Organschaft zwar von Eingliederungsmerkmalen abhängig machen, nicht aber »von weiteren Voraussetzungen«. Auf die Merkmale einer Über- und Unterordnung dürfe nur ausnahmsweise abgestellt werden.

Sowohl der V. Senat des BFH im Urteil vom 02.12.2015 (V R 25/13, DB 2016, 267) als auch der XI. Senat in den Urteilen vom 19.01.2016 (XI R 38/12, BB 2016, 928) und 01.06.2016 (XI R 17/11, DStR 2016, 1668) haben inzwischen auf der Basis der EuGH-Urteile entschieden – jedoch mit unterschiedlichen Argumenten.

Der V. Senat erblickt in § 2 Abs. 2 Nr. 2 UStG eine Regelungslücke. Die Regelung sei, gemessen an ihrem Zweck, unvollständig und ergänzungsbedürftig. Er schließt diese Lücke, indem er die genannte Vorschrift erweiternd auch auf Personengesellschaften anwendet. Allerdings könne eine Personengesellschaft in das Unternehmen des Organträgers nur eingegliedert sein, wenn Gesellschafter der Personengesellschaft neben dem Organträger nur Personen sind, die nach § 2 Abs. 2 Nr. 2 UStG finanziell in das Unternehmen des Organträgers eingegliedert sind. Eine weitergehende Organschaft ergebe sich aus dem Unionsrecht nicht.

Der XI. Senat des BFH schließt sich in seinen beiden Urteilen vordergründig der Rechtsprechung des V. Senats grundsätzlich an. Er kommt zu dem Ergebnis, dass die KG einer GmbH & Co. KG potenzielle Organgesellschaft sein könne, da die KG in der Rechtsform einer GmbH & Co. KG eine »kapitalistische Struktur« habe.

Aufgrund dieser neuen Rechtsprechung hat die Finanzverwaltung mit BMF-Schreiben vom 26.05.2017 die bisherigen Regelungen zur Organschaft in A 2.8 UStAE in wesentlichen Teilen geändert. Die Neuregelungen sind grundsätzlich auf nach dem 31.12.2018 ausgeführte Umsätze anzuwenden. Zu weiteren Anwendungsregelungen vgl. die Fußnote zur Änderung von A 2.2 Abs. 5 UStAE durch das BMF-Schreiben vom 26.05.2017, III C 2 – S 7105/15/10002.

Zum einen wird festgehalten, dass an einem Organkreis nur Unternehmer beteiligt sein können. Personen, die keine Unternehmer i.S.d. § 2 Abs. 1 UStG sind, können also weder Organträger noch Organgesellschaft sein (A 2.8 Abs. 2 Satz 9 UStAE und BFH vom 02.12.2015 und vom 10.08.2016, XI R 41/14, DStR 2016, 2959).

Andererseits entfallen die Aussagen zur Über- und Unterordnung (bisher in A 2.8 Abs. 1 Satz 6 UStAE), da nach dem EuGH-Urteil vom 16.07.2015 (»Larentia+Minerva«) auf die Merkmale einer Über- und Unterordnung nur ausnahmsweise abgestellt werden darf.

Ferner wird klargestellt werden, dass auch Personengesellschaften ausnahmsweise organschaftlich eingegliedert sein können. Die neue Regelung gibt dabei den vom V. Senat des BFH aufgestellten Grundsatz wieder, wonach die Eingliederung einer Personengesellschaft voraussetzt, dass Gesellschafter der Personengesellschaft neben dem Organträger nur Personen sind, die ihrerseits nach § 2 Abs. 2 Nr. 2 UStG in das Unternehmen des Organträgers finanziell eingegliedert sind (A 2.8 Abs. 2 Satz 5 und Abs. 5a UStAE). Damit ist auch bei der möglichen Anwendung des Einstimmigkeitsprinzips die erforderliche Durchgriffsmöglichkeit des Organträgers gewährleistet.

Im Übrigen gilt:

Vorsteuern, die der Organgesellschaft von anderen Unternehmern in Rechnung gestellt werden, können vom Organträger ohne weiteres abgezogen werden, auch wenn die Rechnung an die Organgesellschaft adressiert ist.

Wechselt der Organträger infolge einer Veräußerung der Anteile an der Organgesellschaft zeitlich nach dem Bezug einer Leistung durch die Organgesellschaft, aber noch vor Erhalt der Rechnung, steht das Recht zum Vorsteuerabzug aus diesem Leistungsbezug nicht dem neuen Organträger zu. Die Berechtigung des Organträgers zum Vorsteuerabzug aus Eingangsleistungen der Organgesellschaft richtet sich nach den Verhältnissen im Zeitpunkt des Leistungsbezugs, nicht der Rechnungserteilung (BFH vom 13. 05. 2009 BStBl II 2009, 868).

Beachten Sie die sich für den USt-Binnenmarkt ergebenden Besonderheiten aus den §§ 1a Abs. 3 Nr. 1d, 18a Abs. 1 Satz 5 und § 27a Abs. 1 Satz 3 und 4 UStG.

Weder das Umsatzsteuergesetz noch die MwStSystRL sehen ein Wahlrecht für den Eintritt der Rechtsfolgen einer Organschaft vor (BFH vom 29. 10. 2008 BStBl II 2009, 256).

4.2 Finanzielle Eingliederung

Finanzielle Eingliederung verlangt eine Eingliederung mit Durchgriffsrechten. Voraussetzung hierfür ist der Besitz der entscheidenden Anteilsmehrheit an der Organgesellschaft, die es ermöglicht, Beschlüsse in dieser durchzusetzen (A 2.8 Abs. 5 UStAE).

Beispielsweise besteht die finanzielle Eingliederung dann, wenn der Organträger mehr als 50 % der Anteile an der GmbH oder der Personengesellschaft – hält, sofern die Beteiligungsverhältnisse den Stimmrechtsverhältnissen entsprechen und sofern keine höhere qualifizierte Mehrheit für die Beschlussfassung in der Organgesellschaft erforderlich ist (vgl. BFH vom 01.12.2010 XI R 43/08 BStBl II 2011, 600). Voraussetzung ist aber stets, dass die Beteiligung an der Gesellschaft dem unternehmerischen Bereich des Anteilseigners zugeordnet werden kann (zu den Voraussetzungen vgl. A 2.8 Abs. 5 UStAE). Stimmbindungsvereinbarungen oder Stimmrechtsvollmachten sind im Interesse der Rechtsklarheit grundsätzlich ohne Bedeutung. Entsprechende Regelungen können bei der Prüfung der finanziellen Eingliederung nur zu berücksichtigen sein, wenn sie sich ausschließlich aus Regelungen der Satzung wie etwa bei einer Einräumung von Mehrfachstimmrechten (»Geschäftsanteil mit Mehrstimmrecht«) ergeben (BFH vom 02. 12. 2015, V R 25/13).

Nach A 2.8 Abs. 5a UStAE setzt die finanzielle Eingliederung einer Personengesellschaft voraus, dass Gesellschafter der Personengesellschaft neben dem Organträger nur Personen sind, die nach § 2 Abs. 2 Nr. 2 UStG in das Unternehmen des Organträgers finanziell eingegliedert sind, so dass die erforderliche Durchgriffsmöglichkeit selbst bei der stets möglichen Anwendung des Einstimmigkeitsprinzips gewährleistet ist (BFH vom 02. 12. 2015, V R 25/13 und vom 03. 12. 2015, V R 36/13). Dabei sind für die notwendige Beteiligung des Organträgers mittelbare Beteiligungen ausreichend.

a) Gesellschafter einer GmbH & Co. KG sind die Komplementär-GmbH A und die weitere GmbH B als Kommanditistin. Die A-AG hält an beiden GmbHs jeweils einen Anteil von mehr als 50 %.

LÖSUNG Alle Gesellschafter der GmbH & Co. KG sind finanziell in das Unternehmen der Organträger-A-AG eingegliedert. Damit ist auch die GmbH & Co. KG in das Unternehmen der A-AG finanziell eingegliedert.

b) Gesellschafter einer GmbH & Co. KG sind die Komplementär-GmbH C, die weitere GmbH D und eine weitere Person P mit einer Beteiligungsquote von 0,1 % als Kommanditisten. Die A-AG hält an C und D jeweils einen Anteil von mehr als 50 %. An P ist die A-AG nicht beteiligt.

LÖSUNG Da nicht alle Gesellschafter der GmbH & Co. KG finanziell in das Unternehmen der A-AG eingegliedert sind, ist auch die GmbH & Co. KG nicht finanziell in das Unternehmen der A-AG eingegliedert.

4.3 Wirtschaftliche Eingliederung

Wirtschaftliche Eingliederung setzt voraus, dass sich Organträger und Organgesellschaft in betriebswirtschaftlich sinnvoller Weise ergänzen (Einzelheiten in A 2.8 Abs. 6 bis 6c UStAE). Zwischen Organträger und Organgesellschaft muss ein vernünftiger wirtschaftlicher Zusammenhang i. S. einer wirtschaftlichen Einheit, Kooperation oder Verflechtung bestehen, wobei es ausreicht, wenn die Unternehmensbereiche von Organträger und Organgesellschaft aufeinander abgestimmt sind und sich dabei fördern und ergänzen (BFH vom 29. 10. 2008 BStBl II 2009, 256). Ein Indiz für die wirtschaftliche Eingliederung ist z. B., wenn die Warenwege vom Organträger zur Organgesellschaft oder umgekehrt verlaufen.

Die wirtschaftliche Eingliederung aufgrund der Vermietung eines Grundstücks, das die räumliche und funktionale Grundlage der Geschäftätigkeit der Organgesellschaft bildet, entfällt nicht bereits dadurch, dass für das betreffende Grundstück Zwangsverwaltung und Zwangsversteigerung angeordnet wird (A 2.8 Abs. 6c UStAE). Eine Entflechtung vollzieht sich erst im Zeitpunkt der tatsächlichen Beendigung des Nutzungsverhältnisses zwischen Organträger und Organgesellschaft.

Bei einer **Betriebsaufspaltung** in eine Besitzgesellschaft (Personengesellschaft) und eine Betriebsgesellschaft (Kapitalgesellschaft) und der Verpachtung des Betriebsvermögens von der Besitzgesellschaft an die Betriebsgesellschaft liegt im Allgemeinen eine wirtschaftliche Eingliederung der Kapitalgesellschaft in die Personengesellschaft vor (A 2.8 Abs. 6b UStAE). Auch wenn bei einer Betriebsaufspaltung nur das Betriebsgrundstück ohne andere Anlagegegenstände verpachtet wird, kann eine wirtschaftliche Eingliederung vorliegen (BFH vom 09. 09. 1993, V R 124/89, BStBl II 1994, 129).

4.4 Organisatorische Eingliederung

Die organisatorische Eingliederung setzt nach A 2.8 Abs. 7 Satz 1 UStAE voraus, dass die mit der finanziellen Eingliederung verbundene Möglichkeit der Beherrschung der Tochtergesellschaft durch die Muttergesellschaft in der laufenden Geschäftsführung tatsächlich wahrgenommen wird (BFH vom 28. 01. 1999, V R 32/98). Es kommt darauf an, dass der Organträger die Organgesellschaft durch die Art und Weise der Geschäftsführung beherrscht und seinen Willen in der Organgesellschaft durchsetzen kann. Nicht ausreichend ist, dass eine vom Organträger abweichende Willensbildung in der Organgesellschaft ausgeschlossen ist (BFH vom 08. 08. 2013, V R 18/13 und vom 02. 12. 2015, V R 15/14). Nach BFH vom 03. 04. 2008 (BStBl II

2008, 905) hat die aktienrechtliche Abhängigkeitsvermutung (§ 17 Abs. 2 AktG) keine Bedeutung für die organisatorische Eingliederung. Die organisatorische Eingliederung setzt in aller Regel die personelle Verflechtung der Geschäftsführungen des Organträgers und der Organgesellschaft voraus.

Nach Auffassung der Finanzverwaltung (A 2.8 Abs. 7 Satz 2 UStAE) kommt es darauf an, dass der Organträger die Organgesellschaft durch die Art und Weise der Geschäftsführung beherrscht oder aber zumindest durch die Gestaltung der Beziehungen zwischen dem Organträger und der Organgesellschaft sichergestellt ist, dass eine vom Willen des Organträgers abweichende Willensbildung bei der Organtochter nicht stattfindet. Anderer Auffassung ist insoweit der BFH (v. 08.08.2013, V R 18/13 BFH/NV 2013, 1747), der für die organisatorische Eingliederung eine Möglichkeit zur Willensdurchsetzung verlangt und die Verhinderung einer abweichenden Willensbildung nicht ausreichen lässt.

In der nach 2017 anzuwendenden Neufassung zu A 2.8 UStAE soll die Rechtsprechung des BFH vom 08.08.2013 (V R 18/13) und vom 02.12.2015 (V R 15/14) einfließen. Danach reicht es nicht aus, dass eine vom Organträger abweichende Willensbildung in der Organgesellschaft ausgeschlossen ist, sondern es ist erforderlich, dass der Organträger explizit seinen Willen in der Organgesellschaft durchsetzen kann. Die Beispiele 1 bis 4 in A 2.8 Abs. 10a UStAE sollen entsprechend angepasst werden.

Die organisatorische Eingliederung setzt in aller Regel die personelle Verflechtung der Geschäftsführungen des Organträgers und der Organgesellschaft voraus (A 2.8 Abs. 8 UStAE). Bei einer Personenidentität in den Leitungsgremien beider Gesellschaften ist dies idealerweise gegeben. Für das Vorliegen einer organisatorischen Eingliederung ist es jedoch nicht in jedem Fall erforderlich, dass die Geschäftsführung der Muttergesellschaft mit derjenigen der Tochtergesellschaft vollständig personenidentisch ist. So kann eine organisatorische Eingliederung z. B. auch dann vorliegen, wenn nur einzelne Geschäftsführer des Organträgers Geschäftsführer der Organgesellschaft sind. Ob eine organisatorische Eingliederung vorliegt, wenn die Tochtergesellschaft über mehrere Geschäftsführer verfügt, die nur zum Teil auch in dem Leitungsgremium der Muttergesellschaft vertreten sind, hängt von der Ausgestaltung der Geschäftsführungsbefugnis in der Tochtergesellschaft ab:

Ist für die Entscheidungsfindung bei der Organgesellschaft eine Gesamtgeschäftsführungsbefugnis vereinbart und werden die Entscheidungen durch Mehrheitsbeschluss getroffen, kann eine organisatorische Eingliederung nur vorliegen, wenn die personenidentischen Geschäftsführer über die Stimmenmehrheit verfügen. Bei einer Stimmenminderheit der personenidentischen Geschäftsführer oder bei Einzelgeschäftsführungsbefugnis der fremden Geschäftsführer sind dagegen zusätzliche institutionell abgesicherte Maßnahmen erforderlich, um ein Handeln gegen den Willen des Organträgers zu verhindern. Dies ist z. B. dann gegeben, wenn zumindest einer der Geschäftsführer auch Geschäftsführer des Organträgers ist und der Organträger über ein umfassendes Weisungsrecht gegenüber der Geschäftsführung der Organgesellschaft verfügt sowie zur Bestellung und Abberufung aller Geschäftsführer der Organgesellschaft berechtigt ist (vgl. BFH vom 07.07.2011 BStBl II 2013, 218).

Alternativ kann auch bei Einzelgeschäftsführungsbefugnis des fremden Geschäftsführers ein bei Meinungsverschiedenheiten eingreifendes, aus Gründen des Nachweises und der Inhaftungnahme schriftlich vereinbartes Letztentscheidungsrecht des personenidentischen Geschäftsführers die organisatorische Eingliederung herstellen.

Neben dem Regelfall der personellen Verflechtung der Geschäftsführungen des Organträgers und der Organgesellschaft kann sich die organisatorische Eingliederung auch daraus ergeben, dass Mitarbeiter des Organträgers als Geschäftsführer der Organgesellschaft tätig sind. Dies beruht auf der Annahme, dass der Mitarbeiter des Organträgers dessen Weisungen bei der Geschäftsführung der Organgesellschaft auf Grund eines zum Organträger bestehenden Anstellungsverhältnisses und einer sich hieraus ergebenden persönlichen Abhängigkeit befolgen wird und er bei weisungswidrigem Verhalten vom Organträger als Geschäftsführer der Organgesellschaft uneingeschränkt abberufen werden kann (vgl. BFH vom 07.07.2011 BStBl II 2013, 218). Demgegenüber reicht es nicht aus, dass ein Mitarbeiter des Mehrheitsgesellschafters nur Prokurist bei der vermeintlichen Organgesellschaft ist, während es sich beim einzigen Geschäftsführer der vermeintlichen Organgesellschaft um eine Person handelt, die weder Mitglied der Geschäftsführung noch Mitarbeiter des Mehrheitsgesellschafters ist (vgl. BFH vom 28.10.2010 BStBl II 2011, 391).

Ausnahmsweise kann eine organisatorische Eingliederung auch ohne personelle Verflechtung in den Leitungsgremien vorliegen. Voraussetzung ist hier jedoch, dass institutionell abgesicherte unmittelbare Eingriffsmöglichkeiten in den Kernbereich der laufenden Geschäftsführung der Organgesellschaft gegeben sein müssen (BFH vom 03.04.2008 BStBl II 2008, 905). Der Organträger muss durch schriftlich fixierte Vereinbarungen (z.B. Geschäftsführerordnung, Konzernrichtlinie) in der Lage sein, gegenüber Dritten seine Entscheidungsbefugnis nachzuweisen und den Geschäftsführer der Organgesellschaft bei Verstößen gegen seine Anweisungen haftbar zu machen. Hat die Organgesellschaft mit dem Organträger einen Beherrschungsvertrag nach § 291 AktG abgeschlossen oder ist die Organgesellschaft nach §§ 319, 320 AktG in die Gesellschaft des Organträgers eingegliedert, kann regelmäßig von dem Vorliegen einer organisatorischen Eingliederung ausgegangen werden. Teilbeherrschungsverträge sind jedoch nicht ausreichend, um eine organisatorische Eingliederung herzustellen.

Zur Möglichkeit, die organisatorische Eingliederung in Form einer Beteiligungskette zu gestalten, vgl. A 2.8 Abs. 10a UStAE mit mehreren Beispielen.

Dagegen stellen weder das mit der finanziellen Eingliederung einhergehende Weisungsrecht durch Gesellschafterbeschluss noch eine vertragliche Pflicht zur regelmäßigen Berichterstattung über die Geschäftsführung oder etwaige Zustimmungsvorbehalte zugunsten der Gesellschafterversammlung eine institutionell abgesicherte unmittelbare Eingriffsmöglichkeit in den Kernbereich der laufenden Geschäftsführung der Organgesellschaft dar; diese reichen nicht zur Begründung einer organisatorischen Eingliederung aus.

Nach BFH vom 12.10.2016 (XI R 30/14) ist eine organisatorische Eingliederung auch ohne Personenidentität in den Leitungsgremien des Organträgers und der Organgesellschaft gegeben, wenn nach dem Anstellungsvertrag zwischen der Organgesellschaft und ihrem nominell bestellten Geschäftsführer dieser die Weisungen der Gesellschafterversammlung sowie eines angestellten Dritten zu befolgen hat, der auf die Willensbildung der Gesellschafterversammlung einwirken kann und der zudem alleinvertretungsberechtigter Geschäftsführer des Organträgers ist.

4.5 Sonderfall GmbH & Co. KG

Die GmbH & Co. KG wird auch als **kapitalistische KG** bezeichnet, weil ihr einziger persönlich haftender Gesellschafter eine Kapitalgesellschaft ist. Obwohl es sich also um eine Personengesellschaft handelt, haftet im Ergebnis keine natürliche Person uneingeschränkt für die Verbindlichkeiten der KG. Der Sinn der GmbH & Co. KG besteht demnach darin, die unbeschränkte Haftung auszuschließen. Regelmäßig sind bei der GmbH & Co. KG die Kommanditisten zugleich Gesellschafter der GmbH. Gem. § 164 HGB ist die GmbH alleinige Geschäftsführerin der KG.

Die Frage, ob die GmbH in derartigen Fällen als Organgesellschaft der KG angesehen werden kann, ist jedoch zu verneinen (A 2.8 Abs. 2 Sätze 3 und 4 UStAE), denn es fehlt in diesen Fällen an der **wirtschaftlichen** Verflechtung. Die Geschäftsführungstätigkeit kann lediglich als organisatorische Verflechtung angesehen werden.

Einen Sonderfall stellt jedoch die **Einheits-GmbH & Co. KG** dar, bei der nach bisheriger Auffassung die KG zu 100 % unmittelbar an der GmbH beteiligt ist. Sie ist damit Alleingesellschafterin ihrer eigenen Komplementär-GmbH und kann aufgrund ihrer Gesellschafterstellung sicherstellen, dass ihr Wille auch in der GmbH durchgesetzt wird. Dies wird auch nicht dadurch überlagert, dass die GmbH ihrerseits Geschäftsführerin der KG ist und dadurch auf die Willensbildung des Organträgers einwirkt (A 2.8 Abs. 2 Satz 5 UStAE i. d. F. bis Ende 2017).

Im Zuge der Neuregelungen zur Organschaft infolge der geänderten Rechtsprechung von EuGH und BFH (s. o.) in A 2.8 UStAE soll nunmehr geregelt werden, dass nicht nur im Fall einer sog. Einheits-GmbH & Co. KG die Komplementär-GmbH in die KG eingegliedert sein kann. Nunmehr genügt auch bei einer GmbH & Co. KG eine mehrheitliche Beteiligung der KG an der GmbH. Umgekehrt bedeutet dies wohl, dass die KG in eine geschäftsführende GmbH eingegliedert sein kann, wenn die GmbH mehrheitlich an der KG beteiligt ist, an der KG keine natürlichen Personen beteiligt sind und die weiteren beteiligten Gesellschaften an der KG finanziell in die GmbH eingegliedert sind.

BEISPIEL

Die Komplementär-GmbH einer GmbH & Co. KG erbringt Geschäftsführungs- und Vertretungsleistungen gegen Sonderentgelt an die KG, die gleichzeitig Alleingesellschafterin ihrer Komplementär-GmbH ist, wodurch die Mehrheit der Stimmrechte in der Gesellschafterversammlung der Komplementär-GmbH gewährleistet ist.

LÖSUNG Die Voraussetzungen des § 2 Abs. 2 Nr. 2 Satz 1 UStG liegen vor: Die Komplementär-GmbH ist finanziell in das Unternehmen der KG eingegliedert. Bei Vorliegen der übrigen Eingliederungsvoraussetzungen (wirtschaftliche und organisatorische Eingliederung) übt sie ihre Geschäftsführungs- und Vertretungsleistungen gegenüber der KG nicht selbständig (§ 2 Abs. 2 Nr. 2 UStG) aus.

4.6 Grenzüberschreitende Organschaft

Nach § 2 Abs. 2 Nr. 2 Satz 2 UStG beschränkt sich die Wirkung einer Organschaft auf Innenleistungen zwischen den im Inland gelegenen Unternehmensteilen. Das bedeutet:

- Erfolgen Umsätze zwischen im Inland belegenen Organteilen, handelt es sich um nichtsteuerbare Innenumsätze.
- Erfolgen Umsätze zwischen zivilrechtlich selbständigen Organteilen im Inland und zivilrechtlich selbständigen Organteilen im Ausland, sind die Umsätze wie ganz normale Umsätze zu behandeln.
- Umsätze zwischen einem Organteil und einer zivilrechtlich unselbständigen Betriebsstätte dieses Organteils sind nichtsteuerbare Innenumsätze, auch wenn sich der Organteil im Inland und seine Betriebsstätte im Ausland bzw. die Betriebsstätte im Inland und der Organteil im Ausland befinden. Befindet sich der Organträger im Ausland und hat er mehrere zivilrechtlich selbständige Organteile im Inland, so bilden die Organteile im Inland ein Unternehmen. Als Unternehmer wird in diesem Falle gem. § 2 Abs. 2 Nr. 2 Satz 4 UStG der im Inland wirtschaftlich bedeutendste Organteil fingiert.

Da es die Rechtsfigur der Organschaft in den meisten anderen Mitgliedstaaten der EU nicht gibt, gelten beim innergemeinschaftlichen Warenverkehr Besonderheiten:

- Da die Organgesellschaft juristische Person des privaten Rechts ohne Unternehmereigenschaft ist, kann sie gem. § 1a Abs. 3 Nr. 1d UStG als »Exot« bei Überschreiten der Erwerbsschwelle oder bei Option gem. § 1a Abs. 4 UStG der Erwerbsbesteuerung unterliegen. In diesem Fall erhält die Organgesellschaft auf Antrag gem. § 27a Abs. 1 Satz 4 UStG eine eigene USt-Id.Nr.
- Dies ist jedoch nicht erforderlich, wenn die Organgesellschaft selbst innergemeinschaftliche Lieferungen tätigt. In diesem Fall ist sie gem. § 18a Abs. 1 Satz 5 UStG zur Abgabe einer »Zusammenfassenden Meldung« verpflichtet und erhält bereits hierfür eine USt-Id.Nr.

BEISPIEL

Die A & B-OHG in Stuttgart hat eine Organgesellschaft, die A-SA (Société Anonyme) in Paris, gegründet. Die A-SA bezieht unter Verwendung ihrer französischen USt-Id.Nr. von der A & B-OHG produzierte Waren zum kostendeckenden Preis von netto 100 000 € und veräußert diese in Frankreich. Die A & B-OHG befördert die Waren zur A-SA.
LÖSUNG Die Wirkung der Organschaft endet an der Grenze (vgl. § 2 Abs. 2 Nr. 2 Satz 2 UStG). Somit liegen Lieferungen von der A & B-OHG an die A-SA vor. Diese tätigt in Frankreich einen innergemeinschaftlichen Erwerb mit der Folge, dass § 3c UStG für die Lieferung der AB-OHG nicht eingreifen kann. Der Lieferort ist gemäß § 3 Abs. 6 Satz 1 UStG dort, wo die Beförderung durch die A & B-OHG beginnt, also in Stuttgart. Die Lieferung ist steuerbar, jedoch nach § 4 Nr. 1b UStG i. V. m. § 6a UStG als innergemeinschaftliche Lieferung steuerfrei.

5 Das Unternehmen der GmbH

Zum Unternehmen gehören infolge des Grundsatzes der Unternehmenseinheit sämtliche Betriebe oder berufliche Tätigkeiten desselben Unternehmers. Organgesellschaften sind – unter Berücksichtigung der Einschränkungen in § 2 Abs. 2 Nr. 2 Sätze 2 bis 4 UStG – Teile dieses einheitlichen Unternehmens. Innerhalb eines einheitlichen Unternehmens sind steuerbare Umsätze grundsätzlich nicht möglich. Bei einem Leistungsaustausch innerhalb des Rahmens eines Unternehmens handelt es sich um einen nicht steuerbaren Innenumsatz.

Da eine GmbH grundsätzlich keinen außerunternehmerischen Bereich hat, gehören sämtliche Wirtschaftsgüter, die eine GmbH erwirbt, zu ihrem Unternehmensvermögen. Auch an die GmbH erbrachte sonstige Leistungen stellen grundsätzlich Leistungen an das Unternehmen der GmbH dar.

Aus § 2 Abs. 1 Satz 2 UStG folgt indes, dass jeder Unternehmer einen nichtunternehmerischen Bereich haben kann. Dies gilt auch für Kapital- und Personengesellschaften. Hierbei liegt zwar kein klassischer »Privatbereich« vor so wie bei einer natürlichen Person, gleichwohl existiert auch bei Gesellschaften eine »nichtunternehmerische Sphäre«. So ist z. B. bei einer Personen- oder Kapitalgesellschaft, die als sog. »gemischte Holding« fungiert, zwischen der unternehmerischen Betätigung in Form geschäftsleitender Eingriffe in die beherrschten Gesellschaften und der nichtunternehmerischen Sphäre der Verwaltung von Beteiligungen zu trennen.

Von der gewerblichen oder beruflichen Tätigkeit sind die nichtunternehmerischen Tätigkeiten zu unterscheiden. Diese Tätigkeiten umfassen die nichtwirtschaftlichen Tätigkeiten im engeren Sinne (nichtwirtschaftliche Tätigkeiten i. e. S.) und die unternehmensfremden Tätigkeiten. Als unternehmensfremde Tätigkeiten gelten Entnahmen für den privaten Bedarf des Unternehmers als natürliche Person, für den privaten Bedarf seines Personals oder für private Zwecke des Gesellschafters (vgl. BFH vom 03.03.2011 BStBl II 2012, 74 und vom 12.01.2011

BStBl II 2012, 58 mit Hinweisen auf die grundlegenden Entscheidungen des EuGH). Nichtwirtschaftliche Tätigkeiten i. e. S. sind nach A 2 Abs. 1a UStAE z. B. das bloße Erwerben, Halten und Veräußern von gesellschaftsrechtlichen Beteiligungen. Wer sich an einer Personen- oder Kapitalgesellschaft beteiligt, übt zwar eine »Tätigkeit zur Erzielung von Einnahmen« aus, gleichwohl ist er im Regelfall nicht Unternehmer im Sinne des UStG, weil Dividenden und andere Gewinnbeteiligungen aus Gesellschaftsverhältnissen nicht als Entgelt im Rahmen eines Leistungsaustauschs anzusehen sind (vgl. EuGH vom 21. 10. 2004, C-8/03, HFR 2005, 72).

Beachten Sie in diesem Zusammenhang das vom BFH mit Entscheidungen vom 11. 12. 2013 (XI R 17/11, BStBl II 2014, 417 sowie XI R 38/12, BStBl II 2014, 428) eingeleitete Vorabentscheidungsersuchen an den EuGH und die Stellungnahme des BMF mit Schreiben vom 05. 05. 2014 (BStBl I 2014, 820) hierzu.

In zwei Entscheidungen vom 16. 07. 2015 (C-108/14 »Larentia+Minerva« und C-109/14 »Marenave Schiffahrts AG«) hat der EuGH – neben den zuvor zur Organschaft behandelten Fragestellungen – auch zum Vorsteuerabzug von Holdings erneut Stellung genommen. Streitpunkt war der Vorsteuerabzug von Holdings für die Beschaffung von Kapital. Nach EuGH ist zu unterscheiden:

- Soweit eine Holding Beteiligungen erwirbt und hält sowie auch Leistungen an ihre Tochtergesellschaften erbringt, ist sie wirtschaftlich tätig und erfüllt insoweit die Unternehmereigenschaft. Hiervon ist auszugehen, wenn sie in der Verwaltung eingreift, also etwa administrative, finanzielle, kaufmännische, technische oder ähnliche Dienstleistungen erbringt (**Führungsholding**, A 2.3 Abs. 3 Satz 5 Nr. 3 UStAE). Wenn eine Holding also an sämtliche Tochtergesellschaften entgeltliche Leistungen erbringt (reine Führungsholding), ist sie zum vollen Vorsteuerabzug berechtigt. Es gibt dann keinen nichtwirtschaftlichen Teilbereich mehr. Dies gilt für Eingangsumsatzsteuer, die direkt und unmittelbar mit den jeweiligen Ausgangsumsätzen zusammenhängt, aber auch dann, wenn keine direkte Zuordnung möglich ist, die Kosten aber zu den allgemeinen Aufwendungen gehören und daher Kostenelemente der von der Holding getätigten Ausgangsleistungen sind. Abzustellen ist also auf die Gesamttätigkeit der Holding. Es ergibt sich insoweit ein eventuell anteiliger Vorsteuerabzug aus solchen Gemeinkosten.
- Anders ist zu entscheiden, soweit die Holding nur Beteiligungen an Tochtergesellschaft erwirbt, ohne auf deren Grundlage Ausgangsumsätze zu beabsichtigen (reine Finanzholding). Hier fehlt es an einem Unternehmensbezug. Das bloße Erwerben und Halten von Beteiligungen begründet nach ständiger Rspr. von EuGH und BFH wie auch nach Verwaltungsansicht keine unternehmerische Sphäre. Dass sie Dividenden bezieht, ist lediglich Ausfluss der von ihr gehaltenen Anteile. Beschränkt sich also das Auftreten einer Holding auf solchen Erwerb, ist sie insgesamt keine Unternehmerin.
- Erbringt die Holding teilweise Leistungen an ihre Tochtergesellschaften und hält andererseits auch Anteile an Gesellschaften (gemischte Holding), für die sie nicht tätig wird (vor allem bei Minderheitsbeteiligungen), muss die Vorsteuer aufgeteilt werden.

Der Maßstab einer Aufteilung der Vorsteuer steht nach EuGH im Ermessen des jeweiligen Nationalstaates. Methode und Kriterien hierfür müssen die objektiven Tatsachen widerspiegeln, also den Anteilen entsprechen, für die ein Vorsteuerabzug gewährt bzw. versagt wird. Grundsätzlich kommt hierfür ein Investitions-, Umsatz- oder jeder andere geeignete Berechnungsschlüssel in Betracht. Dies festzuschreiben, ist »nicht Sache des EuGH«.

Mit Urteil vom 01. 06. 2016 (XI R 17/11) hat der BFH in Folge dieser Rechtsprechung einer geschäftsleitenden Holding, die an der Verwaltung einer Tochtergesellschaft teilnimmt und insoweit eine wirtschaftliche Tätigkeit ausübt, für Vorsteuerbeträge, die im Zusammenhang mit dem Erwerb von Beteiligungen an dieser Tochtergesellschaft stehen, grundsätzlich den vollen Vorsteuerabzug zuerkannt.

Beachten Sie hierzu auch A 2.3 Abs. 3 und 4 UStAE.

6 Leistungsaustausch zwischen der GmbH und ihren Gesellschaftern

Zwischen der GmbH und ihren Gesellschaftern ist ein Leistungsaustausch möglich (A 1.6 Abs. 1 Satz 1 UStAE). Erfolgen Leistungen unentgeltlich, sind die § 3 Abs. 1b und § 3 Abs. 9a UStG zu prüfen.

6.1 Gründungsstadium der GmbH

Bei der Gründung einer GmbH erfolgte die Gewährung von Gesellschaftsrechten seitens der GmbH nach früher allgemein vertretener Auffassung im Leistungsaustausch. Die Leistung der GmbH war steuerbar nach § 1 Abs. 1 Nr. 1 i. V. m. § 3a Abs. 4 Nr. 6, Abs. 3 bzw. Abs. 1 UStG (a. F.), jedoch nach § 4 Nr. 8f UStG steuerfrei.

In der Rs. C-442/01 (»KapHag Renditefonds« HFR 2003, 922) hat der EuGH am 26. 06. 2003 jedoch entschieden, dass eine (Personen-)Gesellschaft mit der Aufnahme eines Gesellschafters gegen Zahlung einer Bareinlage an diesen keine Dienstleistung gegen Entgelt i. S. d. Art. 2 Nr. 1 der 6. EG-Richtlinie (Art. 2 Abs. 1 Buchst. a und c der MwStSystRL) erbringt. Der EuGH führt hierzu aus, dass das Halten und der Erwerb von Gesellschaftsanteilen keine wirtschaftliche Tätigkeit darstellen. Überträgt man diese Aussagen auf die Gewährung von Gesellschaftsanteilen seitens einer GmbH, ist auch hier der Vorgang nicht steuerbar und die Steuerbefreiung des § 4 Nr. 8f UStG läuft ins Leere. Der BFH hat diese Auffassung, die auch auf die Ausgabe von Gesellschaftsanteilen bei Kapitalgesellschaften anwendbar ist, in seiner Entscheidung vom 01. 07. 2004 (BStBl II 2004, 1002) übernommen. Die Finanzverwaltung hat diese Auffassung ebenfalls akzeptiert (A 1.6 Abs. 2 Satz 2 UStAE).

In diesem Zusammenhang ist des Weiteren streitig, ob die im Zusammenhang mit der Gründung des Unternehmens anfallenden Vorsteuerbeträge unter das Abzugsverbot nach § 15 Abs. 2 UStG fallen. Der BFH hat sich in seiner zuvor erwähnten Entscheidung vom 01. 07. 2004 (s. o.) auch mit dieser Frage auseinandergesetzt und festgestellt, dass eine (Personen-)Gesellschaft, die im Zusammenhang mit ihrer Gründung und der Aufnahme von Gesellschaftern rechtlich beraten wird, die Beratungsleistungen im Hinblick auf § 15 Abs. 1 Nr. 1 UStG für ihr Unternehmen bezieht. Der Vorsteuerabzug für die rechtliche Beratung der Gesellschaft anlässlich ihrer Gründung ist nicht nach § 15 Abs. 2 UStG oder Art. 168 der MwStSystRL ausgeschlossen. Entscheidend ist, dass die Kosten der bezogenen Beratungsleistungen allgemeine Kosten des Unternehmens sind und deshalb grundsätzlich direkt und unmittelbar mit der wirtschaftlichen Tätigkeit des Unternehmers zusammenhängen.

In seiner Entscheidung vom 26. 05. 2005 (Rs. C-465/03 »Kretztechnik«) hat der EuGH in Fortentwicklung der eingangs genannten Rechtsprechung festgestellt, dass ein Recht der Gesellschaft auf Abzug der gesamten Vorsteuer besteht, die die Aufwendungen für die verschiedenen Leistungen belastet, die er im Rahmen einer Ausgabe von Aktien bezogen hat, sofern es sich bei sämtlichen Umsätzen, die dieser Steuerpflichtige im Rahmen seiner wirtschaftlichen Tätigkeit vornimmt, um besteuerte Umsätze handelt.

Die Finanzverwaltung hat – unter Bezugnahme auf die zuvor genannten Entscheidungen des EuGH und des BFH – in A 15.21 UStAE zum Vorsteuerabzug aus Aufwendungen im Zusammenhang mit der Ausgabe von gesellschaftsrechtlichen Anteilen und in A 15.22 UStAE zum Vorsteuerabzug in Zusammenhang mit dem Halten von gesellschaftsrechtlichen Beteiligungen umfassend Stellung genommen. Hinsichtlich des Vorsteuerabzugs aus Aufwendungen, die in Zusammenhang mit der Ausgabe von gesellschaftsrechtlichen Anteilen gegen Bareinlage stehen, ist danach Folgendes zu beachten:

- Auch Beratungsleistungen oder andere Vorbezüge, die im Zusammenhang mit der Gründung einer Gesellschaft und der Aufnahme von Gesellschaftern bezogen werden, können grundsätzlich für das Unternehmen der Gesellschaft bezogen werden und demnach zum Vorsteuerabzug berechtigen.
- Das Recht auf Vorsteuerabzug ist aber nur gegeben, wenn die hierfür getätigten Aufwendungen »zu den Kostenelementen der versteuerten – also steuerbaren – zum Vorsteuerabzug berechtigenden Ausgangsumsätze gehören« (EuGH vom 26.05.2005 Rs. C-465/03 »Kretztechnik«). In Fällen der Aufnahme eines Gesellschafters gegen Bar- oder Sacheinlage oder der Ausgabe neuer Aktien ist diese Voraussetzung – ungeachtet der Nichtsteuerbarkeit dieser Vorgänge – für Eingangsleistungen erfüllt, wenn
  - die Aufnahme des Gesellschafters oder die Ausgabe von Aktien erfolgt ist, um das Kapital des Unternehmers zu Gunsten seiner wirtschaftlichen Tätigkeit im Allgemeinen zu stärken (A 15.21 Abs. 4 UStAE), und
  - die Kosten der Vorleistungen Teil seiner allgemeinen Kosten sind und somit zu den Preiselementen seiner Produkte gehören. Führt in diesem Fall die Gesellschaft nicht ausschließlich zum Vorsteuerabzug berechtigende Umsätze aus, sind die abziehbaren Vorsteuern nach § 15 Abs. 4 UStG zu ermitteln.
- Sofern die aus der Ausgabe der Beteiligungen zugeflossenen Mittel hingegen für die Erweiterung oder Stärkung eines bestimmten Geschäftsbetriebes verwendet werden und die entstandenen Kosten nur zu Preisbestandteilen bestimmter Ausgangsumsätze werden sollen, ist auf diese – vorsteuerschädliche oder vorsteuerunschädliche – Verwendungsabsicht im konkreten Fall abzustellen.
- Soweit das durch die Ausgabe von Beteiligungen beschaffte Kapital der nichtunternehmerischen Sphäre der Gesellschaft zufließt, ist ein Vorsteuerabzug nach § 15 Abs. 1 UStG nicht möglich, da hier kein Bezug der Leistung für das Unternehmen vorliegt.
- In den Fällen, in denen eine Gesellschaft sowohl einen unternehmerischen Bereich als auch eine nichtwirtschaftliche Tätigkeit i. e. S. ausübt (z. B. die in Tz. 5 erwähnte gemischte Holding), sind die angefallenen Vorsteuern aufzuteilen.

Diese Linie wird fortgesetzt durch die Entscheidung des EuGH zu diesem Problembereich (EuGH vom 13.03.2008 Rs. C-437/06 »Securenta«, BStBl II 2008, 727). Hier führt der EuGH aus, dass für den Fall, dass ein Steuerpflichtiger zugleich steuerpflichtigen oder steuerfreien wirtschaftlichen Tätigkeiten und nichtwirtschaftlichen, nicht in den Anwendungsbereich der MwStSystRL fallenden Tätigkeiten nachgeht, der Abzug der Vorsteuer auf Aufwendungen im Zusammenhang mit der Ausgabe von Aktien u. a. nur insoweit zulässig ist, als diese Aufwendungen der wirtschaftlichen Tätigkeit des Steuerpflichtigen zuzurechnen sind. In einer weiteren Entscheidung zu dieser Thematik betont der EuGH (vom 29.10.2009, Rs. C-29/08 »SKF«, DStR 2009, 1471), dass das Recht auf den Abzug der Vorsteuer auf Leistungen, die für Zwecke einer Aktienveräußerung erbracht wurden, gem. gem. Art. 168 der MwStSystRL gegeben ist, wenn zwischen den mit den Eingangsleistungen verbundenen Ausgaben und der wirtschaftlichen Gesamttätigkeit des Steuerpflichtigen ein direkter und unmittelbarer Zusammenhang besteht.

Der Umstand, dass die Aktienveräußerung sich in mehreren Schritten vollzieht, wirkt sich dabei nicht aus. Auch der BFH wendet diese »Sphärentheorie« nunmehr in ständiger Rechtsprechung an (vgl. z. B. BFH vom 06. 05. 2010 BStBl II 2010, 885 und BFH vom 27. 01. 2011, V R 38/09) und geht – wie die Verwaltung (A 2.3 Abs. 1a UStAE) – davon aus, dass insoweit eine nichtwirtschaftliche Tätigkeit i. e. S. gegeben ist.

6.2 Veräußerung eines Gesellschaftsanteils bei Fortbestehen der GmbH

Wenn der GmbH-Gesellschafter seinen Anteil an der GmbH an einen Dritten veräußert, ist dieser Umsatz nicht der GmbH zuzurechnen, sondern der Leistungsaustausch vollzieht sich unmittelbar zwischen dem Gesellschafter und dem Dritten. Da Gesellschafter als solche in der Regel keine Unternehmer sind, ist diese Leistung nicht steuerbar. Sollte aber die Beteiligung an der GmbH ausnahmsweise zum Unternehmensvermögen eines Einzelunternehmens des Gesellschafters gehören, würde er im Rahmen dieses Einzelunternehmens einen steuerbaren, aber nach § 4 Nr. 8 Buchst. f UStG steuerfreien Hilfsumsatz tätigen. Sofern der Erwerber dieser Beteiligung seinerseits diesen Anteil als Unternehmensvermögen in seinem Einzelunternehmen behandelt, würde die sonstige Leistung des bisherigen Gesellschafters an einen anderen Unternehmer für dessen Unternehmen bewirkt werden mit der Folge, dass er gem. § 9 Abs. 1 UStG auf die Steuerbefreiung nach § 4 Nr. 8 Buchst. f UStG verzichten könnte.

BEISPIELE

a) An der A-B-C-GmbH sind A, B und C je zu 1/3 beteiligt. Sie halten ihre Beteiligung in ihrem Privatvermögen. A veräußert seinen Anteil im Nennwert von 100 000 € für 120 000 € an C.
LÖSUNG A tätigt einen nicht steuerbaren Umsatz, denn er ist in seiner Eigenschaft als Gesellschafter kein Unternehmer. C erwirbt diesen Anteil nicht als Unternehmer, sondern als Privatmann. Umsatzsteuerliche Auswirkungen ergeben sich nicht.

b) An der A-B-GmbH ist A mit 1/4 und B mit 3/4 beteiligt. A betreibt daneben ein Einzelunternehmen; die GmbH-Anteile hat er diesem Einzelunternehmen zugeordnet. Die dort hergestellten Waren liefert er fast ausschließlich an die GmbH. Am 01. 01. 02 erwirbt A die GmbH-Anteile des B und wird als Gesellschafter-Geschäftsführer bestellt.
LÖSUNG Da zunächst eine finanzielle Eingliederung nicht vorlag, bestand bis zum 31. 12. 01 keine Organschaft. Mit dem Erwerb der restlichen Anteile zum 01. 01. 02 ist jedoch die finanzielle Eingliederung der GmbH in das Einzelunternehmen des A gegeben. Da auch eine wirtschaftliche Eingliederung besteht und die organisatorische Eingliederung ab 01. 01. 02 aufgrund der Stellung des A als Geschäftsführer und Alleingesellschafter ebenfalls vorliegt, wird die GmbH ab 01. 01. 02 zur unselbständigen Organgesellschaft des Einzelunternehmens des A. Der Vorgang führt aber nicht zu einer Geschäftsveräußerung im Ganzen – die im Übrigen nach § 1 Abs. 1a UStG nicht steuerbar wäre. Die Eingliederung der GmbH stellt vielmehr einen Vorgang dar, der mit der Erbfolge vergleichbar ist. Umsätze innerhalb des Organkreises stellen nicht steuerbare Innenumsätze dar.

6.3 Veräußerung von Gesellschaftsanteilen bei Liquidation der GmbH

Wird i. R. d. Liquidation das Vermögen nicht an Dritte veräußert, sondern an die Gesellschafter verteilt, so vollzieht sich diese Verteilung ebenfalls im Leistungsaustausch: Die bis zur vollständigen Abwicklung sämtlicher Rechtsbeziehungen umsatzsteuerrechtlich fortbestehende GmbH tätigt steuerbare und in der Regel steuerpflichtige Lieferungen oder sonstige Leistungen an die Gesellschafter. Diese tätigen durch die Rückgabe ihrer Gesellschaftsrechte nicht steuerbare Umsätze.

6.4 Leistungsbeziehungen zwischen Gesellschafter und GmbH außerhalb der Gewährung von Gesellschaftsrechten

6.4.1 Leistungen der Gesellschafter an die GmbH

Leistungen, die ein Gesellschafter an eine GmbH tätigt, an der er beteiligt ist, können nur dann steuerbar sein, wenn der Gesellschafter Unternehmer ist. Allein durch die Gesellschafterstellung bei der GmbH wird er nicht zum Unternehmer.

Betreibt der Gesellschafter ein Einzelunternehmen, so ist er Unternehmer. Erbringt dieses Einzelunternehmen entgeltliche Leistungen an die GmbH, kommt es zu einem Leistungsaustausch zwischen dem Gesellschafter und der GmbH.

BEISPIELE

a) A betreibt ein Einzelunternehmen und ist daneben Gesellschafter einer GmbH. Er veräußert einen Lkw seines Einzelunternehmens für 100 000 € + 19 000 € USt an die GmbH. Der Veräußerungspreis entspricht dem Teilwert des Lkw.

LÖSUNG A tätigt eine steuerbare und steuerpflichtige Lieferung. Das Entgelt beträgt 100 000 €, die USt 19 000 €. Die GmbH hat einen Vorsteuerabzug von 19 000 €.

b) A vermietet ein bebautes Grundstück, auf dem sich eine Werkhalle befindet, unbefristet an die GmbH für monatlich 10 000 € + 1 900 € USt; die angemessene Miete würde 5 000 € + 950 € betragen. Die GmbH nutzt dieses Grundstück für eigenbetriebliche Zwecke.

LÖSUNG A bewirkt mit der Vermietung eine steuerbare sonstige Leistung (§ 3 Abs. 9 i. V. m. § 3a Abs. 3 Nr. 1 UStG). Die Leistung ist nach § 4 Nr. 12 Buchst. a UStG steuerfrei. Da A jedoch gem. § 9 UStG auf diese Steuerbefreiung verzichten kann, ist die sonstige Leistung steuerpflichtig. Das Entgelt entspricht der tatsächlich vereinbarten monatlichen Miete von 10 000 €, die USt beträgt monatlich folglich 1 900 €. Es spielt keine Rolle, dass ertragsteuerlich i. H. d. überhöhten Miete von monatlich 5 000 € nach § 8 Abs. 3 Satz 2 KStG eine vGA vorliegt.

Ein steuerbarer Leistungsaustausch kommt jedoch nicht automatisch dadurch zu Stande, dass der Gesellschafter als Geschäftsführer der GmbH tätig ist. Natürliche Personen als Gesellschafter, die Geschäftsführungs- und Vertretungsleistungen an eine Kapitalgesellschaft erbringen, sind unter den Voraussetzungen des § 2 Abs. 2 Nr. 1 UStG nicht selbständig tätig. Dies gilt vor allem dann, wenn sie für diese Tätigkeit Einkünfte aus nichtselbständiger Arbeit nach § 19 EStG erzielen. Da die Frage der Selbständigkeit natürlicher Personen für die Umsatzsteuer, Einkommensteuer und Gewerbesteuer nach denselben Grundsätzen zu beurteilen ist, führt die einkommensteuerrechtliche Beurteilung (Einkünfte aus nichtselbständiger Arbeit) zur nicht selbständigen Ausübung der Tätigkeit i. S. d. § 2 Abs. 2 Nr. 1 UStG (A 2.2 Abs. 2 UStAE).

BEISPIEL

Gesellschafter A der AB-GmbH erhält von dieser eine Tätigkeitsvergütung für seine Geschäftsführungsleistung. Zwischen der GmbH und A ist ein Arbeitsvertrag geschlossen, der u. a. Urlaubsanspruch, feste Arbeitszeiten, Lohnfortzahlung im Krankheitsfall und Weisungsgebundenheit regelt und bei Anwendung der für das Ertrag- und Umsatzsteuerrecht einheitlichen Abgrenzungskriterien zu Einkünften aus nichtselbständiger Arbeit führt.

LÖSUNG A ist nicht selbständig tätig.

In seiner Entscheidung vom 10. 03. 2005 (BStBl II 2005, 730) hat der BFH indes seine bisherige Rechtsprechung geändert und betont, dass auch Geschäftsführungsleistungen eines GmbH-Geschäftsführers unter bestimmten Voraussetzungen als selbständig i. S. d. § 2 Abs. 2 Nr. 1 UStG zu beurteilen sein können. Die Organstellung des GmbH-Geschäftsführers stehe dem nicht entgegen. Für die Frage, ob die Geschäftsführungstätigkeit »selbständig« ausgeübt wird, können die in H 19.0 LStH 2011 unter dem Stichwort »Allgemeines« genannten Kriterien sinngemäß herangezogen werden. Nach A 2.2 Abs. 2 Sätze 4 und 5 UStAE ist die Frage der Selbständigkeit oder Nichtselbständigkeit natürlicher Personen bei zutreffender rechtlicher Würdigung ertragsteuerlich und umsatzsteuerlich nach den gleichen Grundsätzen zu beurteilen. Übt der Gesellschafter danach eine selbständige Tätigkeit nachhaltig aus, kommt es zu einem Leistungsaustausch, wenn der Gesellschafter eine Leistung gegen besonderes Entgelt erbringt – wobei es gleichgültig ist, ob die Leistung auf gesellschaftsrechtlicher Verpflichtung beruht oder nicht.

BEISPIEL

Gesellschafter A der AB-GmbH erhält von dieser eine Tätigkeitsvergütung für seine Geschäftsführungsleistung. Zwischen der GmbH und A ist kein Arbeitsvertrag geschlossen. Über seine Arbeitszeit kann A frei entscheiden. Es bestehen keine Regelungen über Ort, Zeit und Inhalt seiner Tätigkeit oder Fortzahlung der Vergütung im Krankheitsfall oder irgendwelche Sozialleistungen.
LÖSUNG A ist selbständig tätig.

Übt der Gesellschafter – unabhängig von Geschäftsführungsleistungen – hingegen eine selbständige Tätigkeit nachhaltig aus, kommt es zu einem Leistungsaustausch, wenn der Gesellschafter eine Leistung gegen besonderes Entgelt erbringt – wobei es gleichgültig ist, ob die Leistung auf gesellschaftsrechtlicher Verpflichtung beruht oder nicht.

BEISPIEL

A ist Gesellschafter der AB-GmbH. Er erwirbt einen Pkw für 50 000 € + 9 500 € USt und schließt mit der GmbH einen Mietvertrag über diesen Pkw ab, nach dem der Pkw in vollem Umfang der GmbH zur Nutzung überlassen wird. Das angemessene monatliche Entgelt beträgt 1 000 € + 190 € USt.
LÖSUNG A wird durch die Vermietung des Pkw zum Unternehmer, weil er selbständig und nachhaltig tätig wird. Mit der Überlassung des Pkw bewirkt er eine steuerbare sonstige Leistung an die GmbH (§ 3 Abs. 9 i. V. m. § 3a Abs. 2 UStG). Das Entgelt beträgt monatlich 1 000 €, die USt 190 €. A ist zum Vorsteuerabzug i. H. v. 9 500 € berechtigt, weil der Pkw ausschließlich unternehmerisch – nämlich durch Vermietung – genutzt wird. Die GmbH kann die ihr in Rechnung gestellte USt von monatlich 190 € in vollem Umfang als Vorsteuer abziehen.

Das Entgelt muss nicht in einer Barzahlung bestehen. Das Entgelt der GmbH kann z. B. auch in der Gewährung von Gesellschaftsrechten bestehen. Ein Leistungsaustausch liegt aber nur von Seiten des Gesellschafters vor, da die Gewährung der Gesellschaftsanteile nach neuerer Auffassung (s. o.) nicht steuerbar ist. Nach früherer Auffassung wurde in solchen Fällen auch von Seiten der Gesellschaft ein steuerbarer tauschähnlicher Umsatz angenommen.

BEISPIEL

An der AB-GmbH sind A und B je zur Hälfte beteiligt. Ihre im Privatvermögen gehaltenen Anteile betragen jeweils 50 000 €. Durch Beschluss der Gesellschafterversammlung der GmbH wird bestimmt, das Stammkapital auf 150 000 € zu erhöhen; A und B verpflichten sich, jeweils einen Anteil von 25 000 € zu übernehmen. A übereignet anstelle einer Barzahlung ein brachliegendes Grundstück, dessen gemeiner Wert 25 000 € beträgt, aus seinem Privatvermögen auf die GmbH. B überführt anstelle einer Barzahlung einen Pkw aus seinem Einzelunternehmen, dessen gemeiner Wert 25 000 € beträgt.
LÖSUNG Die GmbH tätigt durch die Gewährung von Gesellschaftsrechten nach neuerer Auffassung keine steuerbare Leistung.
A bewirkt eine nicht steuerbare Lieferung: da das Grundstück bisher zum Privatvermögen des A gehört hatte: Es liegt keine Lieferung i. R. d. Unternehmens vor.

B tätigt mit der Lieferung des Pkw eine steuerbare und steuerpflichtige Lieferung im Rahmen eines tauschähnlichen Umsatzes (§ 3 Abs. 12 UStG), denn er erhält als – nicht steuerbare – Gegenleistung der GmbH Gesellschaftsrechte. Als Entgelt ist bei einem tauschähnlichen Umsatz nach § 10 Abs. 2 Satz 2 UStG der gemeine Wert des empfangenen Wirtschaftsguts – Gesellschaftsanteile im Wert von 25 000 € – anzusetzen. Das Entgelt beträgt somit 100/119 von 25 000 € = 21 008,40 €, die USt beträgt 19/119 von 25 000 € = 3 991,60 €.

Da es für die Steuerbarkeit nach § 1 Abs. 1 UStG keine Rolle spielt, ob das Entgelt angemessen ist oder nicht, liegt ein Leistungsaustausch auch dann vor, wenn das Entgelt der GmbH niedriger ist als der Wert der Leistung des Gesellschafters. Die Frage der Angemessenheit ist erst i. R. d. Ermittlung der Bemessungsgrundlage zu prüfen; u. U. greift die Mindestbemessungsgrundlage nach § 10 Abs. 5 Nr. 1 UStG ein.

BEISPIEL

A ist mit einem Anteil von 50 % Gesellschafter der AB-GmbH und betreibt daneben ein Einzelunternehmen. Er veräußert einen Lkw seines Einzelunternehmens für 100 000 € + 19 000 € USt an die AB-GmbH. Der aktuelle Einkaufspreis für einen gleichartigen Lkw würde zzgl. der Nebenkosten netto 120 000 € betragen.

LÖSUNG A tätigt eine steuerbare und steuerpflichtige Lieferung. Das Entgelt beträgt grundsätzlich 100 000 €, die USt 19 000 €. Etwas anderes könnte sich aus § 10 Abs. 5 Nr. 1 UStG ergeben, wenn A eine Lieferung an eine ihm nahestehende Person ausgeführt hat. Für die Frage, ob die GmbH für A eine nahestehende Person ist, wird auf § 15 AO Bezug genommen (A 10.7 Abs. 1 Satz 2 UStAE). Bei einer Leistung an eine nahestehende Person ist nach § 10 Abs. 5 Nr. 1 i. V. m. § 10 Abs. 4 Nr. 1 UStG als Bemessungsgrundlage mindestens der Einkaufspreis zzgl. Nebenkosten für einen gleichartigen Gegenstand anzusetzen. A schuldet somit eine USt von 19 % von 120 000 € = 22 800 €. Er ist nach § 14 Abs. 4 Satz 2 UStG berechtigt, in der Rechnung an die GmbH die Mindestbemessungsgrundlage von 120 000 € als Bemessungsgrundlage und den darauf entfallenden Umsatzsteuerbetrag von 22 800 € als USt anzugeben. Die GmbH hat folglich einen Vorsteuerabzug von 22 800 €.

Ein nicht steuerbarer Gesellschafterbeitrag liegt dagegen vor, wenn der Gesellschafter eine Leistung erbringt, die durch die Beteiligung am Gewinn und Verlust abgegolten wird, er also kein besonderes Entgelt erhält.

BEISPIELE

a) Der Gesellschafter A der AB-GmbH erwirbt für eigene Rechnung einen Pkw, den er auf seinen Namen zulässt und den er in vollem Umfang der AB-GmbH zur Nutzung überlässt. A erhält hierfür keine besondere Vergütung, ihm steht lediglich der im Gesellschaftsvertrag vereinbarte Gewinnanteil zu.

LÖSUNG Da A allein aufgrund seiner Gesellschafterstellung kein Unternehmer ist, ist weder A noch die GmbH – mangels Leistung an ihr Unternehmen – berechtigt, die A beim Erwerb des Pkw in Rechnung gestellte USt als Vorsteuer abzuziehen.

b) Sachverhalt wie a), aber A betreibt ein Einzelunternehmen und hat den Pkw seinem Unternehmensvermögen zugeordnet. Wegen finanzieller Schwierigkeiten der AB-GmbH überlässt A den Pkw unentgeltlich.

LÖSUNG Zwischen A und der GmbH liegt mangels Entgelt kein Leistungsaustausch vor. Die unentgeltliche Überlassung des Pkw an die GmbH ist bei A auch keine unentgeltliche Wertabgabe, weil dafür unternehmerische Gründe ausschlaggebend waren. Es handelt sich um eine nicht steuerbare sonstige Leistung i. R. d. Unternehmens. Trotzdem ist A zum vollen Vorsteuerabzug aus der Anschaffung des Pkw und aus den laufenden Kosten berechtigt. Soweit die GmbH die laufenden Kosten des Pkw trägt, ist sie zum Vorsteuerabzug berechtigt.

Betreibt der Gesellschafter ein Einzelunternehmen und erfolgt der unentgeltliche Gesellschafterbeitrag aus diesem Einzelunternehmen heraus, kommt es darauf an, ob für die Wertabgabe unternehmerische oder unternehmensfremde Motive maßgebend waren.

- Eine unentgeltliche Wertabgabe liegt nicht vor, wenn für die unentgeltliche Überlassung unternehmerische Gründe ausschlaggebend waren (s. das voranstehende Beispiel).
- Erfolgt die unentgeltliche Lieferung oder sonstige Leistung dagegen aus unternehmensfremden Gründen, liegt beim Gesellschafter unter den Voraussetzungen des § 3 Abs. 1b bzw. § 3 Abs. 9a UStG eine steuerbare unentgeltliche Wertabgabe vor.

Erwirbt ein Gesellschafter, der bisher nicht unternehmerisch tätig ist, einen Gegenstand und überlässt er diesen der Gesellschaft entgeltlich zur Nutzung, so wird er unternehmerisch tätig. Er kann die Steuer, die ihm beim Erwerb des Gegenstands in Rechnung gestellt wurde, unter den übrigen Voraussetzungen des § 15 UStG als Vorsteuer abziehen (vgl. A 15.20 UStAE und A 1.6 Abs. 7 Nr. 1 UStAE). Ein Abzug der auf den Erwerb des Gegenstands entfallenden Vorsteuer durch die Gesellschaft ist ausgeschlossen, weil der Gegenstand nicht für das Unternehmen der Gesellschaft geliefert worden ist. Die Gesellschaft kann aber ggf. die Vorsteuern abziehen, die bei der Verwendung des Gegenstands in ihrem Unternehmen anfielen (z. B. der Gesellschaft in Rechnung gestellte Steuer für Reparaturen usw.). Überlässt der Gesellschafter dagegen den Gegenstand unentgeltlich zur Nutzung, handelt er insoweit nicht als Unternehmer. In diesen Fällen ist weder der Gesellschafter noch die Gesellschaft berechtigt, die dem Gesellschafter beim Erwerb des Gegenstands in Rechnung gestellte Steuer als Vorsteuer abzuziehen.

Ist der Gesellschafter bereits als Unternehmer tätig und überlässt er der GmbH einen Gegenstand seines Einzelunternehmens zur Nutzung oder liefert er diesen Gegenstand, kann er sowohl bei entgeltlicher als auch bei unentgeltlicher Überlassung die ihm bei der Anschaffung des überlassenen oder gelieferten Gegenstandes in Rechnung gestellte Umsatzsteuer als Vorsteuer abziehen. Ein Vorsteuerabzug der GmbH ist insoweit ausgeschlossen (A 15.20 Abs. 2 UStAE).

6.4.2 Leistungen der GmbH an die Gesellschafter

Leistungen der GmbH an die Gesellschafter vollziehen sich stets im Leistungsaustausch, da die GmbH Unternehmer i. S. d. UStG ist und diese Leistungen i. R. d. Unternehmens der GmbH erfolgen. Die Angemessenheit des Entgelts spielt für die Steuerbarkeit keine Rolle. Die Frage der Angemessenheit ist erst i. R. d. Ermittlung der Bemessungsgrundlage zu prüfen (§ 10 Abs. 5 Nr. 1 i. V. m. § 10 Abs. 4 UStG). Beachten Sie dabei auch die nach § 10 Abs. 5 UStG in der ab dem 01. 08. 2014 geltenden Fassung vorgesehene Beschränkung auf das »marktübliche Entgelt«. Erfolgt die Leistung der GmbH an den Gesellschafter unentgeltlich, ohne dass unternehmerische Gründe eingreifen, liegen Lieferungen nach § 3 Abs. 1b UStG oder sonstige Leistungen nach § 3 Abs. 9a UStG vor.

Leistungen der GmbH an ihre Gesellschafter			
Gegen Entgelt:			
Bei üblichem Entgelt: normaler Leistungsaustausch			
Ist das Entgelt unangemessen niedrig? Mindestbemessungsgrundlage nach § 10 Abs. 5 UStG prüfen! Dies ist			
im Falle einer Lieferung: gem. § 10 Abs. 4 Nr. 1 UStG Einkaufspreis oder Selbstkosten		im Falle einer sonstigen Leistung: gem. § 10 Abs. 4 Nr. 2 UStG vorsteuerentlastete Ausgaben	
Beachte bei Mindestbemessungsgrundlage: Rechnung gem. § 14 Abs. 4 Satz 2 UStG Und: Besteuerungsverbot ist auch bei der Mindestbemessungsgrundlage zu beachten!			
Unentgeltlich:			
§ 3 Abs. 1b Nr. 1 UStG	§ 3 Abs. 1b Nr. 1 UStG	§ 3 Abs. 9a Nr. 1 UStG	§ 3 Abs. 9a Nr. 2 UStG
Besteuerungsverbot gem. § 3 Abs. 1b Satz 2 UStG beachten!		keine Aufmerksamkeiten!	
Ort ist jeweils zu bestimmen über § 3f UStG			
Steuerbefreiung gem. § 4 UStG wie bei »normaler« Lieferung; Achtung: § 6 Abs. 5 UStG			
Bemessungsgrundlage? § 10 Abs. 4 Nr. 1 UStG: Einkaufspreis oder Selbstkosten		Bemessungsgrundlage? § 10 Abs. 4 Nr. 2 UStG: Ausgaben; aber Besteuerungsverbot beachten!	Bemessungsgrundlage? § 10 Abs. 4 Nr. 3 UStG: Kosten – ohne Besteuerungsverbot!

BEISPIELE

a) Die AB-GmbH liefert an ihren Gesellschafter A Waren zum Einkaufspreis einschließlich Nebenkosten von 1 000 € + 190 € USt. Üblicherweise veräußert sie diese Waren an Dritte für 1 500 € + 285 €. Seit der Anschaffung der Waren hat sich der Einkaufspreis nicht geändert.

LÖSUNG Die AB-GmbH bewirkt eine steuerbare und steuerpflichtige Lieferung an ihren Gesellschafter A. Entgelt ist nach § 10 Abs. 1 Satz 2 UStG alles, was der Empfänger aufwendet, um die Leistung zu erhalten, jedoch abzüglich der USt. Das Entgelt beträgt somit 1 000 €, die USt 190 €. Da die Lieferung verbilligt erfolgt, ist die Mindestbemessungsgrundlage nach § 10 Abs. 5 UStG zu prüfen. Mindestbemessungsgrundlage ist bei einer Lieferung an einen Gesellschafter der Einkaufspreis zzgl. der Nebenkosten im Zeitpunkt des Umsatzes. Da das tatsächliche Entgelt diesen Einkaufspreis nicht unterschreitet, ist die Mindestbemessungsgrundlage in diesem Fall nicht maßgebend. Es verbleibt somit bei der USt von 190 €. Der GmbH steht der volle Vorsteuerabzug aus dem Einkauf dieser Waren zu.

Hinweis: Dies gilt nicht, wenn das vereinbarte niedrigere Entgelt marktüblich ist (EuGH vom 29. 05. 1997, C-63/96, BStBl II 1997, 841). Übersteigen sowohl das marktübliche Entgelt als auch die Ausgaben nach § 10 Abs. 4 UStG das vereinbarte Entgelt, sind als Bemessungsgrundlage die Ausgaben nach § 10 Abs. 4 UStG anzusetzen.

b) Wie Beispiel a), aber der Einkaufspreis der Waren beträgt im Zeitpunkt der Lieferung bereits 1 200 € + 228 €.

LÖSUNG Auch in diesem Fall bewirkt die AB-GmbH eine steuerbare und steuerpflichtige Lieferung an ihren Gesellschafter A. Das Entgelt beträgt gem. § 10 Abs. 1 Satz 2 UStG 1 000 €, die USt 190 €. Da die Lieferung verbilligt erfolgt, ist wiederum die Mindestbemessungsgrundlage nach § 10 Abs. 5

UStG zu prüfen. Mindestbemessungsgrundlage ist bei einer Lieferung an einen Gesellschafter der Einkaufspreis zzgl. der Nebenkosten im Zeitpunkt des Umsatzes. Dieser beträgt 1 200 €. Damit ist in diesem Fall die Mindestbemessungsgrundlage anzusetzen. Die USt beträgt 228 €. Die GmbH kann gem. § 14 Abs. 4 Satz 2 UStG A die Steuer i. H. v. 228 € in Rechnung stellen, wenn auf die Mindestbemessungsgrundlage hingewiesen wird. A könnte – unter den Voraussetzungen des § 15 UStG – diese Steuer als Vorsteuer abziehen.

c) Wie Beispiel a), jedoch erfolgt die Lieferung unentgeltlich.

LÖSUNG Die unentgeltliche Überlassung der Waren stellt bei der GmbH eine steuerbare und steuerpflichtige unentgeltliche Wertabgabe i. S. v. § 3 Abs. 1b UStG dar. Dadurch bleibt der Vorsteuerabzug der GmbH i. H. v. 190 € erhalten. Die Bemessungsgrundlage für diese steuerbare Leistung beträgt nach § 10 Abs. 4 Nr. 1 UStG 1 000 €, denn sie entspricht dem Einkaufspreis der Ware. Die USt beträgt somit 190 €. Diese USt darf die GmbH nicht gesondert in Rechnung stellen (Umkehrschluss aus § 14 Abs. 4 Satz 2 UStG). A hat – unabhängig davon, ob die Leistung an sein Unternehmen erbracht wird oder nicht – keinen Vorsteuerabzug.

d) Die AB-GmbH errichtet auf dem Grundstück ihres Gesellschafters A ein Wohngebäude. Sie berechnet ihm hierfür nur die angefallenen Materialkosten und Fertigungslöhne i. H. v. 200 000 € + 38 000 € USt. Die Selbstkosten des Gebäudes belaufen sich auf netto 300 000 €. Ein fremder Dritter müsste für ein vergleichbares Gebäude 476 000 € bezahlen.

LÖSUNG Die GmbH erbringt an A eine steuerbare und steuerpflichtige Werklieferung nach § 1 Abs. 1 Nr. 1 i. V. m. § 3 Abs. 4 UStG. Bemessungsgrundlage ist nach § 10 Abs. 1 UStG grundsätzlich das Entgelt von 200 000 €, die USt beträgt somit 38 000 €. Da die Leistung verbilligt erfolgt, ist aber die Mindestbemessungsgrundlage nach § 10 Abs. 5 Nr. 1 i. V. m. § 10 Abs. 4 Nr. 1 UStG zu prüfen. Danach sind als Bemessungsgrundlage mindestens die Selbstkosten zum Zeitpunkt des Umsatzes anzusetzen. Die Bemessungsgrundlage beträgt somit 300 000 €, die USt 57 000 €.

e) A ist Gesellschafter-Geschäftsführer der AB-GmbH. In seinem Anstellungsvertrag ist geregelt, dass er einen Pkw der GmbH, den diese für 75 000 € + 14 250 € USt erworben hat, sowohl für dienstliche als auch für private Fahrten verwenden darf. Ein besonderes Entgelt muss A nicht entrichten; der steuerpflichtige Arbeitslohn für die Pkw-Überlassung wird – ertragsteuerlich zulässig – nach der sog. 1 %-Regelung ermittelt.

LÖSUNG Die GmbH konnte die in Rechnung gestellte USt i. H. v. 14 250 € in vollem Umfang als Vorsteuer abziehen. Nach Auffassung der Finanzverwaltung (A 15.23 UStAE) liegt hier ein tauschähnlicher Umsatz gem. § 1 Abs. 1 i. V. m. § 3 Abs. 12 Satz 2 UStG und keine unentgeltliche Wertabgabe gem. § 3 Abs. 9a Nr. 1 UStG vor. Dem liegt der Gedanke zu Grunde, dass der Gesellschafter-Geschäftsführer in seiner Eigenschaft als Arbeitnehmer als Gegenleistung für die Nutzungsüberlassung für die Privatfahrten einen Teil seiner Arbeitsleistung erbringt. Als Bruttobemessungsgrundlage kann gem. § 10 Abs. 2 Satz 2 UStG pro Monat 1 % vom Bruttolistenpreis angesetzt werden. Ein pauschaler Abzug von 20 % wie bei der Privatnutzung des Kfz durch den Unternehmer selbst wird nicht zugelassen. Die Bruttobemessungsgrundlage beträgt somit 12 × 890 € = 10 680 €. Die USt hieraus beträgt (× 19/119) 1 705,21 € USt, die Netto-Bemessungsgrundlage (× 100/119) 8 974,79 €.

Kapitel IV
Umwandlung

1   Gründe für eine Umwandlung

Die Entscheidung für eine bestimmte Unternehmensform (Einzelunternehmen – Personengesellschaft – Kapitalgesellschaft) ist von zahlreichen Faktoren geprägt. Beispielhaft seien hier genannt:
- Haftung der Gesellschafter,
- Kapitalaufbringung,
- Kapitalbedarf (Börse),
- Geschäftsführung (Gesellschafter oder Fremde),
- Altersversorgung der Gesellschafter-Geschäftsführer,
- Art der unternehmerischen Tätigkeit (Produktion, Dienstleistung, Freiberufler, Vermögensverwaltung etc.),
- Umfang der unternehmerischen Tätigkeit,
- Anzahl der Gesellschafter,
- Familienunternehmen oder fremde Gesellschafter,
- Branche,
- Nationales oder globales Auftreten des Unternehmens,
- Publizitätspflichten,
- Mitbestimmung der Arbeitnehmer,
- Beteiligung von Mitarbeitern am Unternehmen,
- Schutz vor (freundlichen oder feindlichen) Übernahmen,
- Unternehmensübergabe (vorweggenommene Erbfolge, Erbfolge und Erbauseinandersetzung),
- Veräußerung des Unternehmens (ganz oder in Teilen),
- Einpassung in Konzernstrukturen,
- Steuerliche Aspekte (z. B. Verlustvorträge, Gehalt und Altersversorgung der Gesellschafter-Geschäftsführer, Gefahr verdeckter Gewinnausschüttungen, steuerfreie oder steuerpflichtige Veräußerung der Gesellschaftsanteile),
- Abschreibungsmöglichkeiten (z. B. entgeltlich erworbene Firmenwerte).

Die Entscheidung für eine bestimmte Gesellschaftsform ist ein komplexer Vorgang, der ein optimales Zusammenspiel von Gesellschaftern, Geschäftsführung und Beratern (Rechtsanwälte, Steuerberater, Wirtschaftsprüfer) erfordert. Fehlentscheidungen können zum Ruin des Unternehmens führen (z. B. Produkthaftung, fehlende Akzeptanz durch die Banken). Ein Wechsel der Gesellschaftsform ist in aller Regel mit einem hohen Verwaltungsaufwand und mit Kosten verbunden.

Dennoch muss die einmal gewählte Gesellschaftsform laufend hinterfragt werden und dem sich ständig ändernden unternehmerischen Umfeld angepasst werden. Am Beispiel vieler Unternehmen kann die Entwicklung vom Einzelunternehmen über die familiengeführte GmbH & Co. KG bis zur börsennotierten AG nachvollzogen werden.

2   Verhältnis Zivilrecht – Steuerrecht

Die Umwandlung eines Unternehmens in eine andere Gesellschaftsform ist primär ein gesellschaftsrechtlicher Vorgang, für den die Vorschriften des BGB, des HGB und des UmwG maßgebend sind.

Die zivilrechtlichen und die steuerrechtlichen Normen sind nicht aufeinander abgestimmt. Während bei der Anwendung des UmwG der Schutz der Gesellschafter, der Kreditgeber und der Geschäftspartner im Vordergrund steht, geht es bei den steuerlichen Regelungen des UmwStG um die Frage, inwieweit der Umwandlungsvorgang einen steuerpflichtigen Gewinn (insbesondere durch Aufdeckung stiller Reserven) auslöst.

3 Gesellschaftsrechtliche Möglichkeiten der Umwandlung

Bei den Umwandlungsvorgängen ist danach zu differenzieren, ob die Umwandlung nach UmwG (= Gesamtrechtsnachfolge) oder durch Einzelübertragung von Wirtschaftsgütern (= Einzelrechtsnachfolge) erfolgt.

3.1 Einzelrechtsnachfolge

Bei der Einzelrechtsnachfolge wird jedes Wirtschaftsgut einzeln übertragen. Bei beweglichen Sachen erfolgt dies durch Einigung und Übergabe (§ 929 BGB), bei Grundstücken durch Auflassung (§ 873 BGB) und Eintragung im Grundbuch. Forderungen müssen einzeln abgetreten werden (§ 398 BGB); Verbindlichkeiten müssen einzeln übernommen werden, wobei die Genehmigung des Gläubigers (§ 415 BGB) erforderlich ist. Miet-, Leasing-, Werk- oder Arbeitsverträge müssen generell gekündigt und neu abgeschlossen werden.

Eine derartige Einzelrechtsnachfolge ist streng genommen keine Umwandlung, da das alte Unternehmen als Organisationseinheit untergeht (Auflösung und Abwicklung) und das aufnehmende Unternehmen neu entsteht (Gründung). Man findet die Einzelrechtsnachfolge z. B. im Rahmen von Insolvenzverfahren, wenn das bisherige Unternehmen nicht mehr sanierungsfähig ist und ein Nachfolgeunternehmen neu gegründet werden muss. Häufig erwirbt dieses Nachfolgeunternehmen Maschinen, Grundstücke, Kundenbeziehungen, Know-how u. Ä. im Wege des Kaufs zu einem günstigen Preis. Mit den Arbeitnehmern werden neue Arbeitsverträge (mit meist schlechteren Konditionen) geschlossen.

Die Einzelrechtsnachfolge führt grundsätzlich zu einer Aufdeckung der stillen Reserven, soweit dem nicht einzelne Spezialnormen entgegenstehen (z. B. § 6b, § 6 Abs. 5, § 16 Abs. 3 Satz 2 EStG, § 24 UmwStG).

Eine Einzelrechtsnachfolge liegt insbesondere immer dann vor, wenn auf einen Umwandlungsvorgang das UmwG nicht anwendbar ist (z. B. Umwandlung eines Einzelunternehmens oder einer GbR in eine GmbH).

3.2 Anwachsung/Aufnahme weiterer Gesellschafter

Die Anwachsung (Austritt eines Gesellschafters aus einer Personengesellschaft) sowie die Aufnahme weiterer Gesellschafter in eine Personengesellschaft unterliegen nicht den Regeln des Umwandlungsgesetzes, sondern den allgemeinen Bestimmungen des Gesellschaftsrechts (z. B. § 738 BGB).

Bei der Anwachsung geht der Anteil des ausscheidenden Gesellschafters am Gesamthandsvermögen ohne besonderen Übertragungsakt auf die verbleibenden Gesellschafter über. Der ausscheidende Gesellschafter erhält lediglich einen Abfindungsanspruch.

Treten aus einer Gesamthandsgemeinschaft bis auf einen alle Gesellschafter aus, so wandelt sich die Personengesellschaft in ein Einzelunternehmen um. Treten aus einer GmbH & Co. KG alle natürlichen Personen aus, so wird die GmbH & Co. KG zur GmbH.

Tritt aus einer KG der Komplementär aus, so wandelt sich die KG zur OHG mit der Folge, dass alle ehemaligen Kommanditisten nunmehr zum Vollhafter werden.

Nach Ansicht der Finanzverwaltung ist die Aufnahme eines Gesellschafters in ein Einzelunternehmen oder in eine bestehende Personengesellschaft wie eine Einzelrechtsnachfolge zu behandeln, wobei aber die stillen Reserven nicht zwingend aufzudecken sind (vgl. BMF vom 11. 11. 2011 BStBl II 2011, 1314 – Umwandlungsteuererlass –, Rz. 01.47).

Die Veräußerung eines Mitunternehmeranteils an einen außenstehenden Dritten ist im Ergebnis wie eine Einzelrechtsnachfolge zu behandeln, wobei aber das Wahlrecht des § 24 UmwStG nicht gegeben ist (Details siehe II C).

3.3 Gesamtrechtsnachfolge

Bei der Gesamtrechtsnachfolge geht das gesamte Vermögen oder ein Teil davon mit allen Rechten und Pflichten automatisch auf den neuen Rechtsträger über. Es bedarf daher keiner Einzelübertragung der jeweiligen Wirtschaftsgüter. Verbindlichkeiten und Vertragsverhältnisse gehen auch ohne Genehmigung der entsprechenden Vertragspartner auf den neuen Rechtsträger über. Erfolgt eine Umwandlung gesellschaftsrechtlich nach den Regeln des UmwG liegt stets Gesamtrechtsnachfolge vor (z. B. Verschmelzung einer KG mit einer GmbH).

Bei der identitätswahrenden Umwandlung bedarf es keiner Rechtsnachfolge, da der alte und der neue Rechtsträger zivilrechtlich identisch sind.

4 Umwandlungsgesetz

4.1 Allgemeines

Das Gesetz zur Bereinigung des Umwandlungsrechts vom 28. 10. 1994 fasste die bisher auf mehrere Gesetze verstreuten Umwandlungsregelungen mit Wirkung ab 01. 01. 1995 erstmals zusammen. Mit dem Gesetz wurden auch die Umwandlungsmöglichkeiten erweitert, um den Bedürfnissen der betrieblichen Praxis gerecht zu werden. So wurden z. B. erstmals Regelungen zur Spaltung von Unternehmen kodifiziert.

Das UmwG definiert als Umwandlung i. e. S. folgende Vorgänge (§ 1 Abs. 1 UmwG):
- Verschmelzung (§§ 2–122 UmwG),
- Spaltung (§§ 123–173 UmwG),
- Vermögensübertragung (§§ 174–189 UmwG) und
- Formwechsel (§§ 190–304 UmwG).

Die Spaltung untergliedert sich weiter in die
- Aufspaltung,
- Abspaltung und
- Ausgliederung.

Die Vermögensübertragung ist möglich als
- Vollübertragung (§ 174 Abs. 1 UmwG) oder als
- Teilübertragung (§ 174 Abs. 2 UmwG).

Andere Umwandlungsmöglichkeiten sind nach § 1 Abs. 2 UmwG nur zulässig, wenn sie durch ein anderes Bundes- oder Landesgesetz ausdrücklich vorgesehen sind.

Soweit Umwandlungsvorgänge nicht unter das Umwandlungsgesetz fallen (z. B. die Anwachsung), sind diese nach den entsprechenden Vorschriften zulässig. Das Umwandlungsgesetz kann aber nicht analog angewendet werden.

4.2 Die Verschmelzung

4.2.1 Allgemeines

Die Vorschriften über die Verschmelzung stellen quasi den allgemeinen Teil des Umwandlungsrechts dar. In ihnen sind eine Reihe von grundlegenden Regelungen enthalten, auf die bei den übrigen Umwandlungsarten verwiesen wird.

Eine Verschmelzung liegt nach § 2 Nr. 1 UmwG vor, wenn das Vermögen **eines** oder mehrerer übertragender Rechtsträger im Wege der **Gesamtrechtsnachfolge** auf einen anderen **bestehenden** Rechtsträger übertragen wird.

Nach § 2 Nr. 2 UmwG kann eine Verschmelzung auch dergestalt erfolgen, dass das Vermögen zweier oder mehrerer Rechtsträger im Wege der Gesamtrechtsnachfolge auf einen neuen, zum Zwecke der Verschmelzung gegründeten Rechtsträger übergeht.

In beiden Fällen müssen die Gesellschafter des übertragenden Rechtsträgers als Ersatz Gesellschaftsanteile an der übernehmenden Gesellschaft erhalten. Es darf grundsätzlich keine Abfindung in Geld erfolgen. Eine Ausnahme gilt nur für Barabfindungen gemäß § 29 UmwG oder im Rahmen der §§ 15, 36 UmwG für bare Zuzahlungen zum Ausgleich von Spitzen, für die keine vollen Anteile gewährt werden können.

Bei der übertragenden Gesellschaft erfolgt durch die Verschmelzung eine liquidationslose Vollbeendigung.

Damit ergeben sich folgende Möglichkeiten:

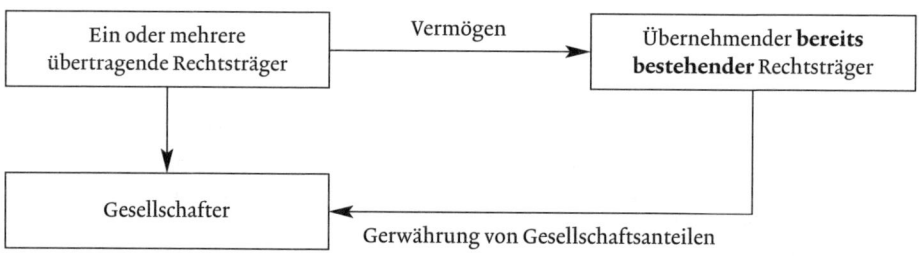

Oder:

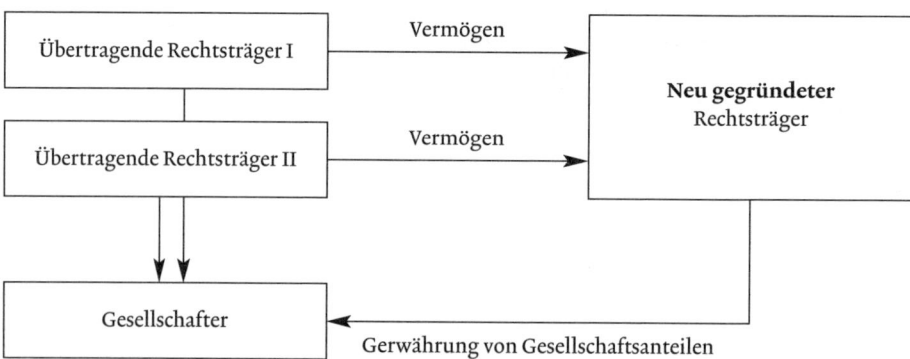

4.2.2 Verschmelzungsfähige Rechtsträger

§ 3 UmwG regelt abschließend, welche Rechtsträger als übertragende und welche Rechtsträger als aufnehmende Gesellschaft bzw. Unternehmen in Frage kommen.

Als übertragender Rechtsträger kommt in Frage:	Verschmelzung auf	Als aufnehmender Rechtsträger kommt in Frage:
Personenhandelsgesellschaften (OHG, KG, GmbH & Co. KG)		Personenhandelsgesellschaften (OHG, KG, GmbH & Co. KG)
Kapitalgesellschaften (AG, GmbH, KGaA)		Kapitalgesellschaften (AG, GmbH, KGaA)
eingetragene Genossenschaft		eingetragene Genossenschaft
eingetragene Vereine		eingetragene Vereine
genossenschaftliche Prüfungsverbände		genossenschaftliche Prüfungsverbände
Versicherungsvereine auf Gegenseitigkeit		Versicherungsvereine auf Gegenseitigkeit
Wirtschaftlicher Verein (§ 22 BGB); nur als übertragender Rechtsträger		
Kapitalgesellschaft, an der eine natürliche Person zu 100 % beteiligt ist		Natürliche Person als Alleingesellschafter der übertragenden Kapitalgesellschaft

Da die Aufzählung in § 3 UmwG abschließend ist, sind nicht aufgeführte Rechtsträger (z. B. die rechtsfähige Stiftung gemäß § 80 ff. BGB, die GbR gemäß § 705 BGB oder die stille Gesellschaft gemäß § 230 HGB) nicht verschmelzungsfähig i. S. d. Umwandlungsgesetzes.

Nach § 3 Abs. 3 UmwG ist auch die Verschmelzung bereits aufgelöster übertragender Rechtsträger zulässig, solange deren Fortsetzung beschlossen werden kann (vgl. §§ 144 HGB, 60 Abs. 1 Nr. 4 GmbHG).

Problematisch ist, ob Gesellschaften, die nach ausländischem Recht gegründet wurden, ihren Sitz aber in Deutschland haben, auf deutsche Rechtsformen verschmolzen werden können.

BEISPIEL

Eine englische Ltd. mit Sitz in Deutschland soll auf eine GmbH verschmolzen werden.

Angesichts der eindeutigen Aufzählung verschmelzungsfähiger Rechtsträger in § 3 UmwG wird man die Umwandlung ausländischer Rechtsformen nicht zulassen können.

Nach § 3 Abs. 4 UmwG kann die Verschmelzung unter gleichzeitiger Beteiligung von Rechtsträgern derselben oder unterschiedlicher Rechtsformen erfolgen, soweit im Gesetz nichts anderes bestimmt ist.

BEISPIEL

Eine GmbH & Co. KG (übertragender Rechtsträger I) und eine GmbH (übertragender Rechtsträger II) können auf eine Aktiengesellschaft (aufnehmender Rechtsträger) verschmolzen werden.

4.2.3 Das Verschmelzungsverfahren

Nach § 4 UmwG schließen die an der Verschmelzung beteiligten Rechtsträger einen **Verschmelzungsvertrag**. Dieser ist ein gegenseitiger Vertrag, der von **allen** an der Verschmelzung beteiligten Gesellschaften geschlossen wird.

Erfolgt die Verschmelzung durch Neugründung (§ 2 Nr. 2 UmwG), so muss der Verschmelzungsvertrag auch die Satzung des neuen Rechtsträgers enthalten oder feststellen (§ 37 UmwG).

Der Verschmelzungsvertrag soll insbesondere die Übertragung des Vermögens vom übertragenden auf den aufnehmenden Rechtsträger regeln. Er soll festlegen, wie viel Anteile die Gesellschafter der übertragenden Gesellschaft an der aufnehmenden Gesellschaft erhalten sollen. **§ 5 UmwG** legt die Mindestvoraussetzungen fest, die im Einzelfall durch weitere Detailregelungen ergänzt werden können (z. B. Behandlung von Mietverträgen etc.).

Insbesondere muss im Verschmelzungsvertrag der **Verschmelzungsstichtag** bestimmt werden (§ 5 Abs. 1 Nr. 6 UmwG). Dies ist der Tag, von dem an die Handlungen der übertragenden Rechtsträger als für Rechnung des übernehmenden Rechtsträgers vorgenommen gelten.

Der Verschmelzungsvertrag bewirkt mit der Eintragung ins Handelsregister den Austausch der Anteile und die Übertragung des Vermögens auf die aufnehmende Gesellschaft. Da es sich um eine Gesamtrechtsnachfolge handelt, müssen die Wirtschaftsgüter der übertragenden Gesellschaft nicht – wie bei der Einzelrechtsnachfolge – durch einen individuellen Akt übertragen werden. Aus diesem Grund verlangt aber § 6 UmwG die **notarielle Beurkundung**.

Zuständig für den Abschluss des Verschmelzungsvertrags sind die vertretungsberechtigten Organe. Dies sind bei der OHG und der KG die zur Vertretung berechtigten Gesellschafter (Komplementäre gemäß §§ 161 Abs. 2, 170 HGB oder Kommanditisten, wenn sie gemäß § 125 HGB durch Gesellschaftsvertrag zur Vertretung befugt sind). Bei der Partnerschaftsgesellschaft müssen den Vertrag die vertretungsberechtigten Partner (§ 7 Abs. 3 PartGG), bei der GmbH die Geschäftsführer (§ 35 Abs. 1 GmbHG), bei der AG und beim Verein der Vorstand (§ 76 Abs. 1 AktG bzw. § 26 Abs. 2 BGB) abschließen.

Die Vertretungsregelungen der einzelnen Gesellschaft sind zu beachten (z. B. nur Gesamtgeschäftsführung, Erfordernis der Gegenzeichnung durch Prokuristen u. Ä.).

Die zur Vertretung befugten Organe können zum Vertragsabschluss Dritte bevollmächtigen (z. B. Rechtsanwalt, Wirtschaftsprüfer, Prokuristen u. Ä.).

§ 4 Abs. 1 Satz 2 UmwG sieht vor, dass § 311b Abs. 2 BGB auf den Verschmelzungsvertrag nicht anzuwenden ist. Dies ist notwendig, weil nach § 311b Abs. 2 BGB ein Vertrag nichtig ist, wenn sich jemand zur Übertragung künftigen Vermögens verpflichtet.

Nach § 5 Abs. 3 UmwG muss der Verschmelzungsvertrag oder sein Entwurf spätestens einen Monat vor dem Tag, an dem die jeweilige Gesellschafterversammlung oder Hauptversammlung über den Verschmelzungsvertrag beschließt, dem **Betriebsrat** der jeweiligen Gesellschaft zuzuleiten. Dies ist erforderlich, weil ein Wechsel der Gesellschaftsform Einfluss auf die Mitbestimmung der Arbeitnehmer haben kann.

Die Vertretungsorgane jedes beteiligten Unternehmens haben einen **schriftlichen Bericht** zu erstatten, in dem die Details des Verschmelzungsvorgangs ausführlich erläutert werden (§ 8 Abs. 1 UmwG). Es ist möglich, einen gemeinsamen Bericht für alle beteiligten Rechtsträger zu erstellen. Bestehen besondere **Schwierigkeiten** bei der Bewertung (z. B. Beteiligungen, immaterielle Wirtschaftsgüter der übertragenden Gesellschaft), so muss der Bericht darauf hinweisen und die Folgen für die Gesellschafter darstellen.

Nimmt an der Verschmelzung ein Unternehmen teil, das in einen **Konzern** eingebunden ist (§ 14 AktG), so muss der Bericht auch auf die Folgen der Verschmelzung für die Konzernstruktur eingehen (§ 8 Abs. 1 Satz 3 UmwG).

Muss ein an der Verschmelzung beteiligtes Unternehmen befürchten, durch die Veröffentlichung von Tatsachen **Wettbewerbsnachteile** erleiden zu müssen (z. B. Mitteilung über geplante Umstrukturierungen, Produktionsverfahren u. Ä.), so kann insoweit auf die Erwähnung im Verschmelzungsvertrag verzichtet werden (§ 8 Abs. 2 UmwG).

Durch notariell zu beurkundende Erklärung können die Gesellschafter auf die Erstellung des Verschmelzungsberichtes verzichten (§ 8 Abs. 3 UmwG). Dies wird insbesondere dann sinnvoll sein, wenn nur wenige Gesellschafter beteiligt sind und die der Verschmelzung zugrunde liegenden Tatsachen und Gefahren bekannt sind.

Der Verschmelzungsvertrag ist in den im Umwandlungsgesetz vorgesehenen Fällen (vgl. § 44 UmwG für die Personenhandelsgesellschaft; § 45e UmwG für die Partnergesellschaft; § 48 UmwG für die GmbH; § 60 UmwG für die AG; § 78 UmwG für die KGaA und § 100 UmwG für den Verein) durch einen **Wirtschaftsprüfer** oder eine Wirtschaftsprüfergesellschaft (vgl. § 11 Abs. 1 UmwG i. V. m. § 319 Abs. 1 HGB) zu **prüfen**. Der Prüfungsbericht kann auch gemeinsam für alle beteiligten Rechtsträger erfolgen.

Im Prüfungsbericht ist die Rechtmäßigkeit des Verschmelzungsverfahrens zu bestätigen und – zum Schutze der Gesellschafter – insbesondere auf das Umtauschverhältnis der Gesellschaftsanteile und auf eventuelle Abfindungsangebote einzugehen.

Auf den Prüfungsbericht kann **verzichtet** werden, wenn sich alle Anteile des übertragenden Rechtsträgers in der Hand des übernehmenden Rechtsträgers befinden (§ 9 UmwStG).

BEISPIEL

Alleingesellschafter der X-GmbH ist die Y-AG. Die X-GmbH soll auf die Y-AG verschmolzen werden. In diesem Fall kann auf die Erstellung eines Prüfungsberichts verzichtet werden.

Sind an der Verschmelzung jedoch weitere Rechtsträger beteiligt, für die die Voraussetzungen des § 9 Abs. 2 UmwG nicht vorliegen, ist für diese und den übernehmenden Rechtsträger eine Prüfung erforderlich.

BEISPIEL

Alleingesellschafter der X-GmbH ist die Y-AG. Gesellschafter der Z-KG sind die natürlichen Personen A und B. Die X-GmbH und die Z-KG sollen auf die Y-AG verschmolzen werden.
LÖSUNG Für die X-GmbH ist ein Prüfungsbericht entbehrlich, da sich alle Anteile in der Hand der übernehmenden Gesellschaft befinden. Bezüglich der Z-KG sind die Voraussetzungen des § 9 Abs. 2 UmwG nicht gegeben. Damit ist sowohl für die Z-KG als auch für die Y-AG ein Prüfungsbericht zu erstellen, der aber beide Rechtsträger umfassen kann.

Der Prüfungsbericht ersetzt nicht den bei der Sachgründung im Wege der Verschmelzung notwendigen **Sachgründungsbericht** bzw. die Sachgründungsprüfung (vgl. § 58 UmwG für die GmbH und § 75 UmwG für die AG).

Nach § **13 Abs. 1 UmwG** müssen die Anteilsinhaber aller beteiligten Rechtsträger in einer **Gesellschafter- oder Hauptversammlung** dem Verschmelzungsvertrag zustimmen. Dabei sind die Beschlussmehrheiten der jeweiligen Gesellschaftsform zu beachten:

Beschlussmehrheiten

Gesellschaftsform	Norm	Höhe
Personenhandelsgesellschaften (OHG, KG, Gmbh & Co. KG)	§ 43 UmwG	Zustimmung aller anwesenden und der nicht erschienenen Gesellschafter; Mehrheitsentscheidung durch gesellschaftsvertragliche Regelung möglich; aber mindestens 3/4 der abgegebenen Stimmen.
Partnerschaftsgesellschaften	§ 45d UmwG	Grundsätzlich wie bei Personenhandelsgesellschaft.
GmbH	§ 50 UmwG	Mehrheit von 3/4 der abgegebenen Stimmen; größere Mehrheit oder weitere Erfordernisse durch gesellschaftsvertragliche Regelung möglich. Werden Minderheitsrechte einzelner Gesellschafter berührt, dann Zustimmung dieser Gesellschafter erforderlich.
AG	§ 65 UmwG	Mindestens 3/4 des bei der Beschlussfassung vertretenen Grundkapitals. Größere Kapitalmehrheit und weitere Erfordernisse durch Satzung möglich.
Genossenschaft	§ 84 UmwG	Mehrheit von 3/4 der in der Generalversammlung abgegebenen Stimmen.
Vereine	§ 103 UmwG	Mehrheit von 3/4 der in der Mitgliederversammlung erschienen Mitglieder.

Der Verschmelzungsbeschluss und etwaige erforderliche Zustimmungserklärungen bedürfen nach § 13 Abs. 3 UmwG der **notariellen Beurkundung**.

Jeder übertragende Rechtsträger muss bei der Eintragung ins Handelsregister eine **Schlussbilanz** (Umwandlungsbilanz) vorlegen (§ 17 Abs. 2 UmwG).

Nach § 17 Abs. 2 UmwG darf das Registergericht die Verschmelzung nur eintragen, wenn die Bilanz auf einen höchstens **acht Monate** vor der Anmeldung liegenden Stichtag aufgestellt worden ist.

4.2.4 Rechtsfolgen der Verschmelzung

Die Wirkungen der Verschmelzung treten nach **§ 20 Abs. 1 UmwG** mit der Eintragung im Register des übernehmenden Rechtsträgers ein. Die Eintragung im Register des übernehmenden Rechtsträgers darf erst vorgenommen werden, nachdem die Verschmelzung im Register der übertragenden Rechtsträger eingetragen worden ist (§ 19 Abs. 1 UmwG).

Ein Verstoß gegen die Verfahrensvorschrift des § 19 UmwG berührt aber nicht die materiellrechtlichen Wirkungen der Eintragung.

Die Eintragung hat nach § 20 UmwG folgende Wirkungen:

- Übergang des Vermögens einschließlich der Verbindlichkeiten auf den übernehmenden Rechtsträger,
- automatisches Erlöschen des übertragenden Rechtsträgers,

- die Gesellschafter der übertragenden Rechtsträger werden automatisch Gesellschafter des übernehmenden Rechtsträgers,
- Heilung von Verfahrensfehlern.

Ansprüche und Verpflichtungen aus **gegenseitigen Verträgen** (z. B. Arbeits-, Miet- oder Darlehensverträge) gehen durch Universalsukzession auf den übernehmenden Rechtsträger über. Sind derartige Verträge noch nicht erfüllt und entsteht durch die Verschmelzung eine Situation, in der die weitere Erfüllung unbillig wäre, so können die Leistungspflichten nach § 21 UmwG angepasst werden.

Gläubiger, die befürchten müssen, dass durch die Verschmelzung die Erfüllung ihrer Forderung gefährdet ist, können nach § 22 UmwG Befriedigung oder Sicherheitsleistung verlangen. Dies kann z. B. dann der Fall sein, wenn eine OHG oder KG auf eine GmbH mit Mindeststammkapital verschmolzen wird und natürliche Personen aus der Haftung herausfallen.

Entsteht durch ein rechtswidriges und schuldhaftes Handeln der Vertretungsorgane oder eines Aufsichtsrats den Gesellschaftern oder Gläubigern des übertragenden Rechtsträgers ein Schaden, so sind diese Organe gesamthänderisch zum **Schadensersatz** verpflichtet (§ 25 UmwG).

4.3 Spaltung

Bei der Spaltung wird das Vermögen eines Rechtsträgers auf einen oder mehrere Rechtsträger verteilt. Die Spaltung bietet sich insbesondere an, um einzelne Unternehmensteile zu verselbständigen oder um Unternehmen zu entflechten (z. B. Großhandel und Einzelhandel; Handel und Produktion; Produktion Gut A und Produktion Gut B usw.).

Die einzelnen Wirtschaftsgüter müssen dabei nicht einzeln übertragen werden (**keine Einzelrechtsnachfolge**). Die Gesellschafter des zu spaltenden Unternehmens erhalten Anteile am abgespaltenen Unternehmen.

Da eine Spaltung letztlich die Kehrseite einer Verschmelzung ist, sind auf die Spaltung die Vorschriften der Verschmelzung anzuwenden, soweit die §§ 123 ff. UmwG keine Sonderregelungen enthalten.

4.3.1 Möglichkeiten der Spaltung

§ 123 UmwG sieht drei Möglichkeiten der Spaltung vor:
1. Aufspaltung,
2. Abspaltung und
3. Ausgliederung.

Das Vermögen kann dabei von
- bestehenden oder
- neu gegründeten Rechtsträgern übernommen werden.

Bei der **Aufspaltung** (§ 123 Abs. 1 UmwG) wird das gesamte Vermögen eines einzigen übertragenden Rechtsträgers (übertragender Rechtsträger) auf mindestens zwei andere Rechtsträger (übernehmende Rechtsträger) aufgeteilt, wobei der übertragende Rechtsträger ohne Abwicklung **untergeht**. Die übernehmenden Rechtsträger können bei der Spaltung bereits bestehen oder erst neu gegründet werden. Die Gesellschafter des übertragenden Rechtsträgers erhalten im Gegenzug neue Anteile (§ 131 Abs. 1 Nr. 3 UmwG) an den übernehmenden Rechtsträgern.

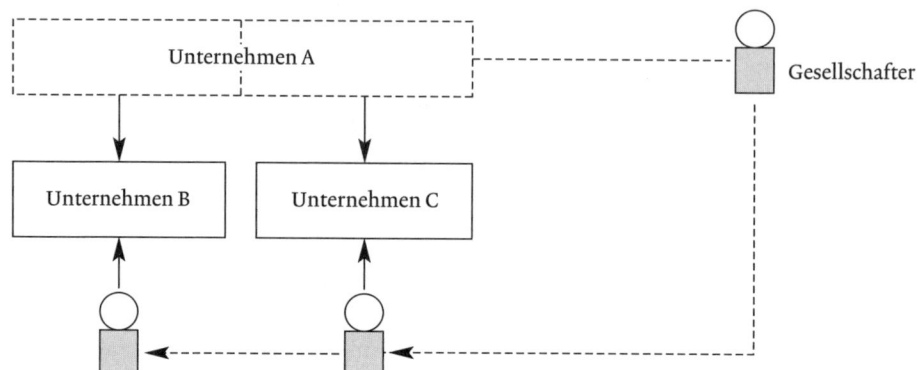

Bei der **Abspaltung** (§ 123 Abs. 2 UmwG) bleibt – im Gegensatz zur Aufspaltung – der übertragende Rechtsträger erhalten. Er wird weder aufgelöst noch abgewickelt. Der übertragende Rechtsträger spaltet einen oder mehrere Teile seines Vermögens ab. Diese müssen nicht – wie beim steuerlichen Teilbetrieb – für sich lebensfähig sein, denn lebensfähig ist der übernehmende Rechtsträger. Der oder die übernehmenden Rechtsträger können bereits bestehen oder neu gegründet sein.

Der oder die Gesellschafter des übertragenden Unternehmens erhalten im Tauschverfahren für den Verlust des Vermögens des übertragenden Rechtsträgers neue Anteile am übernehmenden Rechtsträger.

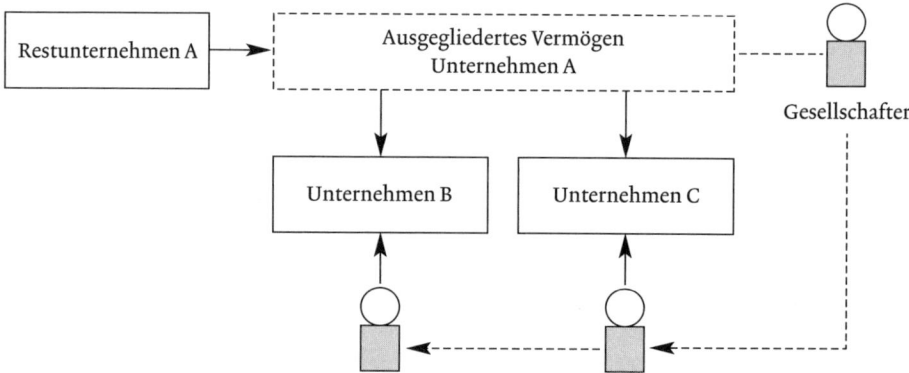

Da sich das Vermögen des übertragenden Rechtsträgers verringert, muss bei Kapitalgesellschaften eine **Kapitalherabsetzung** erfolgen. Kapitalherabsetzungen sind aber nur unter erheblichen Schwierigkeiten möglich (vgl. grundsätzlich §§ 58 ff. GmbHG, §§ 222 ff. AktG). Hier sieht **§ 139 UmwG** für die GmbH eine Herabsetzung im vereinfachten Verfahren vor.

Bei der **Ausgliederung** (§ 123 Abs. 3 UmwG) besteht die Besonderheit, dass der übertragende Rechtsträger – und nicht seine Gesellschafter – Anteile am übernehmenden Rechtsträger erhält.

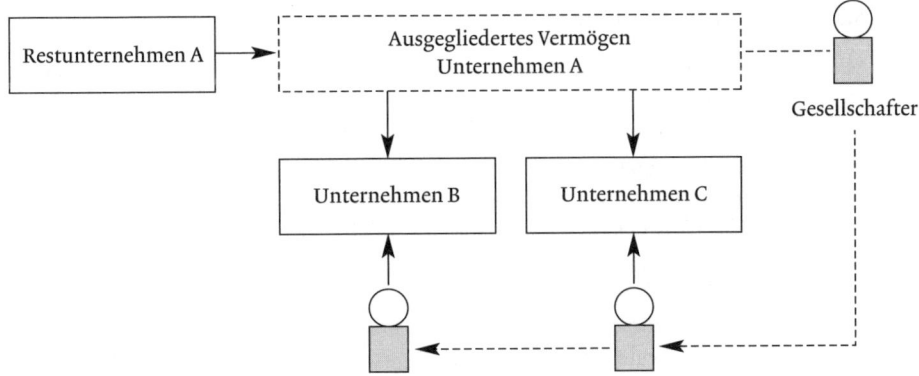

4.3.2 Spaltungsfähige Rechtsträger

An einer Aufspaltung oder Abspaltung können als übertragende, übernehmende oder neue Rechtsträger grundsätzlich die gleichen Rechtsträger wie bei der Verschmelzung teilnehmen (§ 124 i. V. m. § 3 Abs. 1 UmwG; s. Übersicht oben). Wirtschaftliche Vereine kommen nur als übertragende Rechtsträger in Frage (vgl. § 124 i. V. m. § 3 Abs. 2 Nr. 1 UmwG).

Bei einer Ausgliederung kommen wiederum grundsätzlich die in § 3 Abs. 1 UmwG genannten Rechtsformen in Frage. Zusätzlich können als übertragende Rechtsträger eingesetzt werden: Wirtschaftliche Vereine, **Einzelkaufleute**, Stiftungen sowie Gebietskörperschaften oder Zusammenschlüsse von Gebietskörperschaften, die nicht Gebietskörperschaften sind.

4.3.3 Das Spaltungsverfahren

Grundsätzlich sind auf die Spaltung die für die Verschmelzung geltenden Vorschriften anzuwenden (§ 125 UmwG).

Die Spaltung bedarf eines Spaltungs- und Übernahmevertrags aller beteiligten Rechtsträger. § 126 UmwG legt den Mindestinhalt fest. Weitergehende Regelungen sind möglich und zu empfehlen.

Wie bei der Verschmelzung ist durch die Vertretungsorgane der beteiligten Rechtsträger ein **Spaltungsbericht** zu erstellen (§ 127 UmwG). Außerdem ist der Spaltungsvertrag durch einen **Wirtschaftsprüfer** zu prüfen ist (§ 125 i. V. m. § 9 Abs. 1 UmwG).

Ein Verzicht auf die Spaltungsprüfung ist nicht möglich, da § 125 UmwG die Anwendung des § 9 Abs. 2 UmwG ausdrücklich ausschließt. Die Sondervorschrift des **§ 48 UmwG**, wonach bei einer GmbH die Prüfung nur auf Verlangen eines Gesellschafters vorzunehmen ist, ist auch bei der Spaltung anzuwenden.

Die Spaltung muss – wie die Verschmelzung – durch die Gesellschafterversammlung oder Hauptversammlung beschlossen werden (vgl. § 125 UmwG i. V. m. § 43, 45d, 50, 65, 84 und 103 UmwG).

Die Spaltung bedarf nach § 130 UmwG der Eintragung in das **Handelsregister**, wobei die Eintragung ins Handelsregister des übernehmenden Rechtsträgers zuerst zu erfolgen hat.

4.3.4 Folgen der Spaltung

Mit der Eintragung tritt als wesentliche Rechtsfolge die partielle **Gesamtrechtsnachfolge** ein (§ 131 UmwG). Die im Spaltungs- und Übernahmevertrag aufgeführten Wirtschaftsgüter und Verbindlichkeiten gehen kraft Gesetzes – ohne einen weiteren Übertragungsakt – auf die übernehmenden Rechtsträger über.

Gehören **Grundstücke** zum übertragenen Vermögen, so muss keine Auflassung erfolgen (die Vorschriften des UmwG sind lex specialis zu § 925 BGB).

Das Grundbuch ist lediglich auf der Grundlage des notariell beurkundeten Spaltungsvertrags zu berichtigen (vgl. § 22 GBO).

Ist die Übertragung eines bestimmten Gegenstandes nach allgemeinen Vorschriften ausgeschlossen oder an besondere Genehmigungen geknüpft, so sind diese zu beachten (**§ 132 UmwG**). So kann z. B. ein Nießbrauch nicht (§ 1059 BGB) bzw. nur unter besonderen Voraussetzungen (§ 1059a BGB) übertragen werden. Die Übertragung von Grundstücken kann unter bestimmten Umständen nur mit einer Genehmigung nach dem Grundstückverkehrsgesetz erfolgen.

Problematisch ist die Frage, ob auch im Ausland befindliches Vermögen im Wege der partiellen Gesamtrechtsnachfolge automatisch übergeht. Man wird dies nur zulassen können, wenn das ausländische Rechtssystem eine dem § 131 UmwG vergleichbare Regelung enthält. Im Zweifel wird die Übertragung im Wege der Einzelrechtsnachfolge durch Kauf- bzw. Tauschvertrag erfolgen müssen.

Das Abtretungsverbot des § 399 BGB gilt im Falle der Aufspaltung kraft ausdrücklicher Regelung in § 132 Satz 2 UmwG nicht.

Die Vorschrift des **§ 613a BGB**, wonach bei einem Betriebsübergang der neue Arbeitgeber in die Rechte und Pflichten des alten Arbeitgebers eintritt, ist über die Vorschrift des **§ 324 UmwG** auch bei einer Spaltung anwendbar.

Wird ein Betrieb geteilt, so ist nach § 111 Nr. 3 BetrVG mit dem **Betriebsrat** über einen Interessenausgleich zu verhandeln.

Ab dem **Spaltungsstichtag**, der maximal **acht Monate** vor der Anmeldung zum Handelsregister liegen darf (vgl. § 125 i. V. m. § 17 Abs. 2 UmwG), arbeitet der übertragende Rechtsträger für Rechnung der übernehmenden Rechtsträger (§ 126 Abs. 1 Nr. 6 UmwG). Der übertragende Rechtsträger hat nach § 17 Abs. 2 UmwG eine Schlussbilanz auf den Spaltungsstichtag zu erstellen.

4.4 Vermögensübertragung

Bei der Vermögensübertragung überträgt ein Rechtsträger sein ganzes Vermögen oder einen Teil davon auf einen anderen Rechtsträger gegen Gewährung einer Gegenleistung an die Gesellschafter. Die Gegenleistung besteht aber nicht in Anteilen oder Mitgliedschaften (§ 174 UmwG).

Da an der Vermögensübertragung nur ein sehr eingeschränkter Kreis von Rechtsträgern (z. B. Kapitalgesellschaft auf Gebietskörperschaft) beteiligt sein kann (vgl. § 175 UmwG), hat dieses Rechtsinstitut nur einen sehr speziellen Anwendungsbereich.

4.5 Formwechsel

Bei einem Formwechsel (§§ 190 ff. UmwG) bleibt der Rechtsträger derselbe. Es ändert sich lediglich die Rechtsform. Der identische Rechtsträger wird quasi lediglich in eine neue Rechtsform gekleidet.

Aus diesem Grund bedarf es – im Gegensatz zur Verschmelzung und Spaltung – auch keiner Vermögensübertragung.

§ 191 UmwG enthält eine Liste der möglichen formwechselnden Rechtsträger. Die Kombinationsmöglichkeiten sind aber durch Spezialregelungen auf folgende Möglichkeiten beschränkt:

Rechtsnorm	Formwechsel von:	nur in folgender Form möglich:
§ 191 UmwG	Einzelunternehmen	in **keiner** anderen Rechtsform möglich (es bleibt nur die Verschmelzung). Der Wechsel vom Einzelunternehmen zur Gesellschaft bürgerlichen Rechts oder zur OHG oder KG durch Aufnahme eines Gesellschafters ist kein Formwechsel i. S. d. UmwG; dies gilt auch für den Wechsel einer Gesellschaft bürgerlichen Rechts zur OHG oder KG durch Änderung des Gesellschaftszwecks oder Eintragung ins Handelsregister (§§ 2, 6 Abs. 1 HGB).
	Gesellschaft bürgerlichen Rechts	
§§ 191, 214 UmwG	Personenhandelsgesellschaft (OHG, KG, GmbH & Co. KG)	Kapitalgesellschaft (AG, GmbH, KGaA) oder eingetragene Genossenschaft; der Wechsel von z. B. der OHG zur KG oder der OHG zum Einzelunternehmer bzw. von der Personenhandelsgesellschaft zur Gesellschaft bürgerlichen Rechts ist kein Formwechsel i. S. d. UmwG.
§§ 191, 226 UmwG	Kapitalgesellschaft (AG, GmbH, KGaA)	Gesellschaft bürgerlichen Rechts, Personenhandelsgesellschaft, Partnerschaftsgesellschaft, andere Kapitalgesellschaft oder eingetragene Genossenschaft.
§§ 191, 258 UmwG	Eingetragene Genossenschaft	Kapitalgesellschaft
§§ 191, 272 UmwG	Rechtsfähiger Verein	Kapitalgesellschaft oder eingetragene Genossenschaft
§§ 191, 291 UmwG	Versicherungsverein auf Gegenseitigkeit	Aktiengesellschaft
§§ 191, 301 UmwG	Körperschaft oder Anstalt des öffentlichen Rechts	Kapitalgesellschaft

Bezüglich des Ablaufs des Formwechsels kann prinzipiell auf die Verschmelzung bzw. Spaltung verwiesen werden.

Zur rechtlichen und wirtschaftlichen Erläuterung ist auch beim Formwechsel die Abfassung eines **Umwandlungsberichts** erforderlich (§ 192 UmwG). Auf den Umwandlungsbericht kann verzichtet werden, wenn an dem formwechselnden Rechtsträger nur ein Anteilsinhaber beteiligt ist (z. B. GmbH mit 100 % beteiligtem Gesellschafter) oder wenn alle Anteilsinhaber auf seine Erstattung in notariell beurkundeter Form verzichten (§ 192 Abs. 3 UmwG). Beim Formwechsel von Personenhandelsgesellschaften ist der Umwandlungsbericht darüber hinaus entbehrlich, wenn alle Gesellschafter der formwechselnden Gesellschaft zur Geschäftsführung berechtigt sind (kraft Gesetz gemäß § 114 HGB bei der OHG bzw. kraft Vereinbarung unter Abbedingung des § 164 HGB bei der KG). Der Umwandlungsbericht unterliegt grundsätzlich der **Prüfungspflicht** durch einen Wirtschaftsprüfer bzw. den Prüfungsverband bei Genossenschaften.

Im Gegensatz zur Verschmelzung und Spaltung ist ein Umwandlungsvertrag beim Formwechsel weder vorgesehen noch möglich, da der die Form wechselnde Rechtsträger derselbe bleibt. Erforderlich ist aber ein **Umwandlungsbeschluss** (§ 193 UmwG), dessen Mindestinhalt sich aus § 194 UmwG ergibt. Der Beschluss ist notariell zu beurkunden (§ 193 Abs. 3 UmwG).

Der Formwechsel bedarf als grundlegende gesellschaftsrechtliche Entscheidung eines Beschlusses durch die **Gesellschafterversammlung** bzw. **Hauptversammlung** (§ 193 UmwG). Die Mehrheiten richten sich nach der die Form wechselnden Gesellschaftsform. Beim Formwechsel von Personenhandelsgesellschaften müssen alle anwesenden und alle nicht erschienen Gesellschafter zustimmen (§ 217 HGB). Durch gesellschaftsvertragliche Regelung kann eine 3/4 Mehrheit der abgegebenen Stimmen festgelegt werden. Die Umwandlung einer Kapitalgesellschaft bedarf grundsätzlich der 3/4-Mehrheit (§§ 240, 233 UmwG). Erfolgt die Umwandlung in eine Gesellschaft bürgerlichen Rechts, in eine OHG oder eine Partnergesellschaft, so müssen wegen der unbeschränkten Haftung der Gesellschafter alle anwesenden und alle nicht erschienenen Gesellschafter zustimmen (§ 233 UmwG). Der Formwechsel einer Kapitalgesellschaft in eine eingetragene Genossenschaft muss ebenfalls einstimmig erfolgen (§ 252 UmwG).

Nach Vorliegen der formellen Voraussetzungen erfolgt die Anmeldung des Formwechsels zur Eintragung in das **Handelsregister** (§ 198 UmwG). Die Eintragung bewirkt, dass die Gesellschafter an die für die neue Rechtsform geltenden Vorschriften gebunden sind.

BEISPIEL

Die X-KG wird in die X-GmbH umgewandelt. Nach Eintragung der Umwandlung im Handelsregister können die Gesellschafter keine Entnahmen mehr tätigen (vgl. § 169 HGB). Sie haben nun das Recht auf die Ausschüttung einer Dividende (§ 29 GmbHG).

Ein eventueller Mangel an notarieller Beurkundung des Umwandlungsbeschlusses und der erforderlichen Zustimmungs- und Verzichtserklärung gilt durch die Eintragung als geheilt.

Bezüglich der persönlichen Haftung der Gesellschafter sieht **§ 224 UmwG** vor, dass Gesellschafter einer OHG auch nach dem Formwechsel nach **§ 128 HGB** weiter haften. Voraussetzung ist, dass die Verbindlichkeiten vor Ablauf von fünf Jahren nach dem Formwechsel fällig und daraus Ansprüche gegen ihn in einer in § 197 Abs. 1 Nr. 3 bis 5 BGB bezeichneten Art festgestellt sind oder eine gerichtliche oder behördliche Vollstreckungshandlung vorgenommen oder beantragt wird. Damit kann sich der Vollhafter einer Personenhandelsgesellschaft durch einen Formwechsel grundsätzlich nicht der Haftung entziehen.

5 Steuerliche Regelung (Umwandlungssteuergesetz)

5.1 Allgemeines

Die Regeln des Umwandlungssteuerrechts bauen weder auf dem Umwandlungsgesetz auf, noch sind sie unbedingt damit kompatibel.

BEISPIELE

a) Die X-KG soll im Wege der Abspaltung einen Teil ihres Betriebsvermögens auf die neu gegründete Y-KG übertragen.

aa) Das abgespaltene Betriebsvermögen ist ein Grundstück (BW 100 T€, TW 500 T€).

bb) Das abgespaltene Betriebsvermögen stellt einen Teilbetrieb (vgl. § 16 Abs. 1 Nr. 1 EStG) dar.

LÖSUNG Nach Umwandlungsgesetz sind beide Alternativen möglich (§ 123 Abs. 2 Nr. 2 UmwG). Das Vermögen geht handelsrechtlich zum Buchwert über (§ 131 Abs. 1 Nr. 1 UmwG).

Steuerlich ist zu differenzieren:

aa) Die Übertragung einzelner Vermögensgegenstände von einer Personengesellschaft (Mitunternehmerschaft) auf eine andere ist ohne Aufdeckung stiller Reserven nur nach § 6 Abs. 5 EStG möglich. § 6 Abs. 5 EStG gestattet aber nur die Übertragung vom Gesamthandsvermögen in ein Sonderbetriebsvermögen bzw. zwischen diversen Sonderbetriebsvermögen desselben Mitunternehmers oder verschiedener Mitunternehmer derselben Mitunternehmerschaft. Eine Buchwertübertragung zwischen den Gesamthandsvermögen zweier Personengesellschaft sieht das Steuerrecht nicht vor.

bb) Ein Teilbetrieb (zur Definition s. R 16 Abs. 3 EStR) kann grundsätzlich zum gemeinen Wert, einem Zwischenwert oder zum Buchwert in eine Personengesellschaft eingebracht werden (**§ 24 UmwStG**).

b) Die X-GmbH soll im Wege der Abspaltung einen Teil ihres Betriebsvermögens auf die neu gegründete Y-GmbH übertragen. Bei dem Betriebsvermögen handelt es sich um ein Grundstück (BW 100 T€, TW 500 T€).

LÖSUNG Gesellschaftsrechtlich handelt es sich hier um eine Abspaltung i. S. d. § 123 Abs. 2 Nr. 2 UmwG. Steuerrechtlich stellt die Übertragung von Betriebsvermögen von einer Kapitalgesellschaft in eine andere Kapitalgesellschaft einen Tausch mit Realisierung der stillen Reserven dar (§ 6 Abs. 6 EStG). Der Vorgang unterliegt damit nicht dem UmwStG.

c) Die X-GmbH soll im Wege der Abspaltung einen Teil ihres Betriebsvermögens auf die bereits bestehende Y-KG übertragen. Bei dem Betriebsvermögen handelt es sich um ein Grundstück (BW 100 T€, TW 500 T€).

aa) Die X-GmbH ist zu 95 %, die natürliche Person P zu 5 % an der KG beteiligt.

bb) Wie Alternative aa); weiterer Gesellschafter ist mit 5 % die A-AG.

LÖSUNG Gesellschaftsrechtlich liegt eine Abspaltung zur Aufnahme nach § 123 Abs. 2 Nr. 1 UmwG vor. Steuerrechtlich kann der Vorgang nicht unter das UmwStG subsumiert werden, da nach § 24 UmwStG nur Teilbetriebe, nicht aber einzelne Wirtschaftsgüter übertragungsfähig sind.

aa) Da die X-GmbH Mitunternehmerin der Y-KG ist, erfolgt die Buchwertübertragung nach § 6 Abs. 5 Satz 3 Nr. 1 EStG. § 6 Abs. 5 Satz 5 EStG ist nicht anzuwenden, da der weitere Gesellschafter eine natürliche Person ist.

bb) Die Lösung erfolgt grundsätzlich wie bei aa); Da aber nach der Übertragung 5 % des Gesamthandsvermögens der A-AG zuzurechnen sind, sind insoweit nach § 6 Abs. 5 Satz 5 EStG stille Reserven in Höhe von (5 % × 400 000 € =) 20 000 € zu versteuern.

Die vorstehenden Beispiele zeigen deutlich, dass jeweils eine eigenständige Prüfung nach Gesellschaftsrecht (UmwG) und nach Steuerrecht (UmwStG, EStG, KStG etc.) zu erfolgen hat.

5.2 Umwandlung einer Kapitalgesellschaft in eine Personengesellschaft

Der Wechsel von einer Kapitalgesellschaft in eine **GbR** ist lediglich im Wege des Form-wechsels möglich (vgl. § 226 UmwG). Die Verschmelzung einer Kapitalgesellschaft mit einer GbR ist nicht zulässig (vgl. § 3 Abs. 1 Nr. 1 UmwG); ebenso die Auf- oder Abspaltung auf eine GbR (§ 124 UmwG).

Die Umwandlung in eine **Personenhandelsgesellschaft** (OHG, KG) ist dagegen sowohl durch Verschmelzung als auch im Wege der Spaltung oder des Formwechsels möglich.

Steuerlich ist die Verschmelzung einer Kapitalgesellschaft auf die Personengesellschaft in den **§§ 3–10 UmwStG** geregelt. Im Falle des **Formwechsels** sind die §§ 3 bis 8 und 10 UmwStG entsprechend anzuwenden (§ 14 UmwStG).

Die **Auf**- oder **Abspaltung** einer Körperschaft auf eine Personengesellschaft folgt gemäß § 16 UmwStG ebenfalls den §§ 3 bis 8, 10 und 15 UmwStG. Dies gilt aber nur, wenn das abge-spaltene Betriebsvermögen einen Teilbetrieb darstellt (vgl. die Verweisung auf § 15 Abs. 1 Satz 1 UmwStG).

Voraussetzung für die Anwendung des UmwStG ist aber, dass die Umwandlung nach den Vorschriften des UmwG stattgefunden hat (vgl. § 1 Abs. 1 UmwStG). Im Folgenden wird daher als grundlegende Regelung die **Verschmelzung** dargestellt.

5.2.1 Umwandlungsbilanzen

Handelsrechtlich und steuerrechtlich ist auf dem Umwandlungsstichtag eine Schlussbi-lanz des übertragenden Rechtsträgers zu erstellen (§ 17 Abs. 2 UmwG und § 3 Abs. 1 UmwStG). Aus Vereinfachungsgründen kann dabei die Jahresbilanz als Schlussbilanz verwendet werden.

Nach § 17 Abs. 2 UmwG darf der Bilanzstichtag (Übertragungsstichtag) **maximal acht Monate** vor der Anmeldung zum Handelsregister liegen. Für die Fristberechnung sind die §§ 187 ff. BGB maßgeblich. Die Rückwirkung gilt auch für steuerliche Zwecke (vgl. BMF vom 11.11.2011 – Umwandlungssteuererlass – BStBl I 2011, 1314, Rz. 02.10).

Zivilrechtlich besteht der übertragende Rechtsträger in der Zeit zwischen dem Übertra-gungsstichtag und der Eintragung der Umwandlung in das Handelsregister fort. Die Vermö-gensübertragung gilt zivilrechtlich erst dann als vollzogen, wenn die Eintragung in das jeweils zuständige Handelsregister erfolgt.

Geschäftsvorfälle sind aber dennoch ab dem steuerlichen Übertragungsstichtag dem übernehmenden Rechtsträger zuzurechnen (BMF vom 11.11.2011 a.a.O.).

BEISPIEL

Die X-GmbH (Gesellschafter A, B und C zu je einem Drittel) soll auf die neu gegründete A-KG ver-schmolzen werden. Die Anmeldung zum Handelsregister wird am 08.11.2014 beantragt. Die Eintra-gung erfolgt am 29.11.2014. Als Übertragungsstichtag wird der 30.09.2014 gewählt.

LÖSUNG Die X-GmbH besteht bis zum 29.11.2014 fort. Der Gewinn wird aber bereits ab 01.10.2014 der KG zugerechnet und ist nach § 15 Abs. 1 Nr. 2 EStG von den Gesellschaftern zu versteuern.

Von dieser Rückwirkung sind Gesellschafter der übertragenden Körperschaft insoweit ausgenommen, als sie in der Zeit zwischen dem steuerlichen Übertragungsstichtag und der Ein-tragung der Übertragung der Umwandlung im Handelsregister (**Rückwirkungszeitraum**) aus der übertragenden Körperschaft ausscheiden. Soweit sie ausscheiden, sind sie steuerlich im Rückwirkungszeitraum als Gesellschafter der übertragenden Körperschaft zu behandeln (BMF vom 11.11.2011 a.a.O., Rz. 02.17).

5.2.2 Auswirkungen bei der übertragenden Körperschaft

5.2.2.1 Bewertungswahlrecht (§ 3 UmwStG)

Nach § 3 Abs. 1 UmwStG hat die übertragende Körperschaft in ihrer steuerlichen Schlussbilanz die übergehenden Wirtschaftsgüter grundsätzlich mit dem **gemeinen Wert** anzusetzen. Wahlweise kann nach Abs. 2 auf Antrag ein höherer Wert (**Zwischenwert**) oder der **Buchwert** angesetzt werden.

Der **Grundsatz der Maßgeblichkeit** der Handelsbilanz für die Steuerbilanz gilt für die steuerrechtlichen Bewertungswahlrechte des Umwandlungsteuergesetzes nicht, da die Wahlrechte in der Handelsbilanz und der Steuerbilanz nicht korrespondieren.

Setzt die übertragende Körperschaft die Wirtschaftsgüter mit einem über dem Buchwert liegenden Wert an, so realisiert sie insoweit einen laufenden Gewinn.

Der übernehmende Rechtsträger hat nach § 4 UmwStG die auf ihn übergegangenen Wirtschaftsgüter mit dem in der steuerlichen Schlussbilanz der übertragenden Körperschaft enthaltenen Wert zu übernehmen. Insoweit besteht kein Wahlrecht

5.2.2.2 Ausstehende Einlagen

Stehen zum Übertragungsstichtag Einlagen der Gesellschafter aus, so sind die nicht eingeforderten ausstehenden Einlagen von dem Posten »gezeichnetes Kapital« offen abzusetzen; der verbleibende Betrag ist als Posten »eingefordertes Kapital« in der Hauptspalte der Passivseite auszuweisen (§ 272 Abs. 1 HGB). Der eingeforderte, aber noch nicht eingezahlte Betrag ist unter den Forderungen gesondert auszuweisen und entsprechend zu bezeichnen.

Nicht eingeforderte ausstehende Einlagen sind ein Wertberichtigungsposten zum Grund- oder Stammkapital und daher mangels Verkehrsfähigkeit kein Wirtschaftsgut. Sie sind in der steuerlichen Schlussbilanz der übertragenden Kapitalgesellschaft nicht zu berücksichtigen (BMF vom 11.11.2011 a. a. O., Rz. 03.05).

5.2.2.3 Pensionsverpflichtungen

Bei der Umwandlung geht eine durch die Kapitalgesellschaft zulässigerweise zugunsten ihrer Gesellschafter gebildete Pensionsrückstellung auf die Personengesellschaft über (BFH vom 22.06.1977 BStBl II 1977, 798; BMF vom 11.11.2011 a. a. O., Rz. 03.07). In der Gesamthandsbilanz der Personengesellschaft ist daher die bisherige Pensionsrückstellung auszuweisen. Eine Aktivierung der bis zum Umwandlungsstichtag erworbenen Pensionsansprüche in der Sonderbilanz ist nicht vorzunehmen. Soweit die spätere Pension wirtschaftlich auf die Zeit bis zur Umwandlung entfällt, versteuert der Gesellschafter seine Pension nach § 19 EStG.

Ab der Umwandlung ist nach § 249 HGB i. V. m. § 6a EStG die von der Kapitalgesellschaft übernommene Rückstellung weiter aufzubauen. Da der Pensionsberechtigte aber ab der Umwandlung Mitunternehmer i. S. d. § 15 Abs. 1 Nr. 2 EStG ist, muss dieser die ab der Umwandlung erworbenen Pensionsansprüche korrespondierend in seiner Sonderbilanz aktivieren. Soweit die spätere Pension wirtschaftlich auf die Zeit ab Umwandlung entfällt, versteuert der Mitunternehmer die Pension nach § 15 Abs. 1 Nr. 2 EStG. Da er die Aktivierung der Pensionsforderung in der Sonderbilanz bereits versteuert hat, entsteht ein steuerpflichtiger Ertrag erst, wenn die Pensionszahlungen die bilanzierte Pensionsforderung übersteigen.

Wird die Kapitalgesellschaft in ein **Einzelunternehmen** umgewandelt, so muss die Rückstellung in der Umwandlungs-Schlussbilanz aufgelöst werden, da der Betriebsinhaber keine Verbindlichkeit gegen sich selbst passivieren darf. Insoweit entsteht ein Übernahmefolgegewinn, der aber nach **§ 6 UmwStG** eine den Gewinn mindernde Rücklage eingestellt werden darf.

5.2.2.4 Beteiligung an anderen Gesellschaften

Ist die Kapitalgesellschaft an einer **Personengesellschaft** beteiligt, so ist in der Steuerbilanz der Kapitalgesellschaft spiegelbildlich das mitunternehmerische Kapitalkonto abzubilden. Eine Buchwertaufstockung kommt nach der Verwaltungsansicht zu § 3 UmwStG grundsätzlich nicht in Frage. Daher geht das Kapitalkonto auf die aufnehmende Personenhandelsgesellschaft über (BMF vom 11. 11. 2011 BStBl II 2011, 1314, Rz. 03.12).

5.2.2.5 Eigene Anteile

Hält eine Kapitalgesellschaft eigene Anteile, so ist der Betrag der eigenen Anteile nach § 272 Abs. 1a HGB offen von dem Posten »gezeichnetes Kapital« abzusetzen. Der Unterschiedsbetrag zwischen dem Nennbetrag und den Anschaffungskosten der eigenen Anteile ist mit den frei verfügbaren Rücklagen zu verrechnen.

BEISPIEL

Die Bilanz einer GmbH weist ein Stammkapital von 100 000 € und Gewinnrücklagen von 500 000 € aus. Die GmbH erwirbt eigene Anteile i. H. v. nominal 20 000 € für 300 000 €.
LÖSUNG Die erworbenen eigenen Anteile sind i. H. v. 20 000 € offen vom Stammkapital abzusetzen. In Höhe von 280 000 € sind die Gewinnrücklagen zu reduzieren.

Bei der übertragenden Körperschaft gehen die eigenen Anteile durch die Umwandlung unter und sind in der steuerlichen Schlussbilanz nicht mehr zu erfassen (BMF vom 11. 11. 2011 a. a. O., Rz. 03.05). Die Ausbuchung hat gewinnneutral zu erfolgen. Die durch die Einbuchung reduzierte Gewinnrücklage ist wieder auf den ursprünglichen Wert zu erhöhen.

5.2.2.6 Ansatz immaterieller Wirtschaftsgüter

Hat die übertragende Körperschaft selbst geschaffene immaterielle Wirtschaftsgüter (Patente, Geschäftswert etc.), so dürfen diese nicht aktiviert werden (§ 5 Abs. 2 EStG). Bei der Umwandlung enthält demgegenüber § 3 Abs. 1 UmwStG die Verpflichtung, die selbst geschaffenen immateriellen Wirtschaftsgüter zu aktivieren, wenn ein über dem Buchwertansatz liegender Wert gewählt wird.

5.2.2.7 Forderungen und Verbindlichkeiten

Bestehen am steuerlichen Übertragungsstichtag zwischen der Körperschaft und der Personenhandelsgesellschaft wechselseitig Forderungen und Verbindlichkeiten, so erlöschen diese mit der Eintragung der Umwandlung in das Register (vgl. **§ 6 UmwStG**), da durch den Untergang der Körperschaft Schuldner und Gläubiger identisch sind (sog. Konfusion).

Da die Forderungen und Verbindlichkeiten aber bis zur Eintragung ins Register noch bestehen, sind sie in der Schlussbilanz der Körperschaft noch zu erfassen.

Die Konfusion vollzieht sich ausschließlich auf der Ebene der Personenhandelsgesellschaft. Entsteht durch die Konfusion bei der Personenhandelsgesellschaft ein **Gewinn** (Erlöschen einer Verbindlichkeit gegenüber der Kapitalgesellschaft), so kann dafür eine den steuerlichen Gewinn mindernde Rücklage gebildet werden (§ 6 Abs. 1 UmwStG). Die Rücklage ist in den auf ihre Bildung folgenden drei Wirtschaftsjahren mit mindestens je einem Drittel aufzulösen).

BEISPIEL

Die X-GmbH hat in ihrer Bilanz eine Forderung i. H. v. 100 000 € gegen die A-KG. Die GmbH soll auf die KG verschmolzen werden.

LÖSUNG In der Schlussbilanz der GmbH ist die Forderung noch zu bilanzieren. Nach der Umwandlung erlischt die Verbindlichkeit in der Bilanz der KG durch Konfusion. Hierbei entsteht ein Gewinn in Höhe von 100 000 €, der durch eine Rücklage nach § 6 Abs. 1 UmwStG zunächst neutralisiert wird. Die Rücklage ist in den folgenden drei Wirtschaftsjahren gewinnerhöhend wieder aufzulösen.

5.2.2.8 Körperschaft mit negativem Betriebsvermögen

Das Wahlrecht des § 3 UmwStG gilt auch bei der Umwandlung einer Körperschaft mit negativem Betriebsvermögen. Wird der Buchwertansatz gewählt, so geht das negative Betriebsvermögen auf die Personengesellschaft über. Durch den Ansatz eines Zwischenwertes bzw. des gemeinen Werts kann das negative Betriebsvermögen entsprechend aufgestockt werden. Dies hat insbesondere Bedeutung, wenn Verlustvorträge vorhanden sind und mit dem Aufstockungsgewinn verrechnet werden können.

Der Vorgang ist nicht vergleichbar mit dem umgekehrten Fall des § 20 UmwStG. Hier ist die Übertragung von negativem Betriebsvermögen von einer Personengesellschaft auf eine Kapitalgesellschaft nicht möglich, da eine Kapitalgesellschaft mit negativem Betriebsvermögen nicht gegründet werden kann.

5.2.2.9 Umwandlungskosten

Die Umwandlungskosten (Rechtsanwalts-, Notar-, Registergebühren etc.) sind nach dem Veranlassungsprinzip auf die an der Umwandlung beteiligte Körperschaft und die Personenhandelsgesellschaft aufzuteilen (BFH vom 22.04.1998 BStBl II 1998, 698). Die Parteien haben kein Wahlrecht bei der Zuordnung der Umwandlungskosten (BMF vom 11.11.2011 BStBl II 2011, 1314, Rz. 04.34).

Der Körperschaft sind diejenigen Kosten zuzurechnen, die sich aus ihrer Rechtsform ergeben (z. B. Kosten des Verschmelzungsbeschlusses; Kosten für die Umwandlungs-Schlussbilanz).

Die Kosten des Verschmelzungsvertrags sind zwischen der Körperschaft und der Personenhandelsgesellschaft bzw. des Einzelunternehmens je hälftig aufzuteilen.

Die aus der verschmelzungsbedingten Übertragung von Grundstücken resultierende **Grunderwerbsteuer** ist der aufnehmenden Personenhandelsgesellschaft zuzurechnen.

Die Umwandlungskosten sind sowohl bei der Kapitalgesellschaft als auch bei der Personenhandelsgesellschaft Betriebsausgaben (BMF vom 11.11.2011 a. a. O., Rz. 04.34).

5.2.2.10 Ausschüttungsverbindlichkeiten

Am steuerlichen Übertragungsstichtag **bereits beschlossene**, aber noch nicht verwirklichte Gewinnausschüttungen sind als Ausschüttungsverbindlichkeit in der Umwandlungs-

Schlussbilanz der Kapitalgesellschaft zu passivieren. Das gilt sowohl für offene Gewinnausschüttungen für frühere Jahre als auch für beschlossene **Vorabausschüttungen**. Einzubeziehen sind auch verdeckte Gewinnausschüttungen, die in dem Veranlagungszeitraum, in den der steuerliche Übertragungsstichtag fällt, nach § 8 Abs. 3 Satz 2 KStG bei der Ermittlung des Einkommens zu berücksichtigen sind, die aber erst im Rückwirkungszeitraum oder später abfließen.

Die Ausschüttungen gelten unabhängig von ihrer tatsächlichen Auszahlung und unabhängig davon, ob sie ganz oder teilweise an ausgeschiedene oder an verbleibende Anteilseigner geleistet werden, aus Sicht der Kapitalgesellschaft als am steuerlichen Übertragungsstichtag erfolgt (BMF vom 11. 11. 2011 a. a. O., Rz. 02.26). Sie unterliegen daher beim Gesellschafter der Besteuerung als Dividende (§§ 20 Abs. 1 Nr. 1 EStG bzw. 8b Abs. 1 KStG).

Die **nach** dem steuerlichen Übertragungsstichtag beschlossenen Ausschüttungen sind so zu behandeln, als habe die übernehmende Personengesellschaft diese erbracht. Sie sind daher bei dieser als **Entnahme** zu erfassen (§ 15 Abs. 1 Nr. 2 i. V. m. § 4 Abs. 1 EStG). Dies gilt jedoch nicht für die im Rückwirkungszeitraum beschlossenen offenen Gewinnausschüttungen und vGA, soweit sie auf die im Rückwirkungszeitraum veräußerten Anteile entfallen (BMF vom 11. 11. 2011 a. a. O., Rz. 02.25 ff.). Diese Leistungen sind steuerlich der übertragenden Körperschaft zuzurechnen, da die ausgeschiedenen Gesellschafter niemals Mitunternehmer wurden. Dies gilt auch für Leistungen an die Gesellschafter, die aus dem umgewandelten Rechtsträger gegen Barabfindung ausscheiden.

5.2.3 Auswirkungen bei der übernehmenden Personengesellschaft

5.2.3.1 Wertansätze

Nach **§ 4 Abs. 1 UmwStG** hat die Personengesellschaft die auf sie übergegangenen Wirtschaftsgüter mit dem in der Steuerbilanz der übertragenden Körperschaft enthaltenen Wert zu übernehmen.

Die übernehmende Personengesellschaft tritt hinsichtlich der Absetzungen für Abnutzung sowie der erhöhten Absetzungen entsprechend dem Grundsatz der **Gesamtrechtsnachfolge** in die Rechtstellung der übertragenden Körperschaft ein (§ 4 Abs. 2 UmwStG).

Dies gilt auch bezüglich der Wertaufholungsgebote in § 6 Abs. 1 Nr. 1 Satz 4 und Nr. 2 Satz 3 EStG nach vorhergehender Teilwertabschreibung wegen dauernder Wertminderung.

Hat die Körperschaft gewinnmindernde Rücklagen gebildet (z. B. § 6b EStG), so führt die Personengesellschaft diese Rücklagen fort. Der Zeitraum der Zugehörigkeit eines Wirtschaftsgutes zum Betriebsvermögen der übertragenden Körperschaft ist der Personengesellschaft zuzurechnen (§ 4 Abs. 2 Satz 3 UmwStG).

Der Grundsatz der Gesamtrechtsnachfolge gilt grundsätzlich nicht für die **Grunderwerbsteuer**. Die Umwandlung wird hier wie eine Veräußerung behandelt. Eine Ausnahme gilt nur für den Formwechsel, da hier der Rechtsträger identisch bleibt (BFH vom 04. 12. 1996 BStBl II 1997, 661). Eine weitere Ausnahme gilt nach **§ 6a GrESt** für Umstrukturierungen innerhalb eines Konzerns.

Verrechenbare **Verluste**, verbleibende Verlustvorträge, vom übertragenden Rechtsträger nicht ausgeglichene negative Einkünfte, der Zinsvortrag nach § 4h Abs. 1 Satz 5 EStG und ein EBITDA-Vortrag nach § 4h Abs. 1 Satz 3 EStG gehen auf die Personengesellschaft nicht über (§ 4 Abs. 2 Satz 2 UmwStG). Damit soll vermieden werden, dass Verluste aus der Sphäre einer Kapitalgesellschaft in die Sphäre von natürlichen Personen (Mitunternehmer) übergehen können. Dies könnte wegen des Steuergefälles zwischen der Kapitalgesellschaft und dem maximalen Einkommensteuersatz interessant sein.

5.2.3.2 Übernahmegewinn

5.2.3.2.1 Beteiligung im Betriebsvermögen

Die Vorschrift des § 4 Abs. 4 UmwStG geht davon aus, dass sich alle Anteile der Körperschaft schon vor der Umwandlung zu 100 % im Betriebsvermögen der Personengesellschaft befunden haben.

Danach ergibt sich ein Übernahmegewinn oder Übernahmeverlust i. H. d. Unterschiedsbetrags zwischen dem Wert, mit dem die übergegangenen Wirtschaftsgüter zu übernehmen sind (vgl. § 3 UmwStG) und dem Buchwert der Anteile an der übertragenden Körperschaft.

BEISPIEL

Die A-KG hält 100 % der Anteile an der X-GmbH. Sie aktiviert die Anteile mit den Anschaffungskosten i. H. v. 100 000 €. Die X-GmbH soll auf die A-KG verschmolzen werden. In der Schlussbilanz der X-GmbH werden Wirtschaftsgüter mit einem Buchwert von 500 000 € bilanziert.

LÖSUNG Das Betriebsvermögen der A-KG steigt durch die Übertragung der Wirtschaftsgüter um 400 000 €. Insoweit liegt ein Übernahmegewinn vor.

Ein **Übernahmegewinn** bleibt nach § 4 Abs. 7 UmwStG außer Ansatz wenn und soweit er auf Mitunternehmer entfällt, für die § 8b KStG anzuwenden ist. Für die übrigen Gesellschafter ist er zu 60 % anzusetzen, da ein Veräußerungsgewinn nach § 3 Nr. 40 Buchst. a EStG auch nur zu 60 % anzusetzen gewesen wäre.

BEISPIEL

Wie oben. Gesellschafter der A-KG ist zu 60 % die Y-AG. Der weitere Gesellschafter ist eine natürliche Person.

LÖSUNG Soweit der Übernahmegewinn auf die Aktiengesellschaft entfällt (= 240 000 €) ist er steuerfrei; soweit der Übernahmegewinn der natürlichen Person zuzurechnen ist, ist er i. H. v. 60 % (160 000 € × 60 % = 96 000 €) zu erfassen.

Ein **Übernahmeverlust** bleibt außer Ansatz, soweit er auf eine Körperschaft, Personenvereinigung oder Vermögensmasse als Mitunternehmerin der Personengesellschaft entfällt. In den übrigen Fällen ist er i. H. v. 60 % zu berücksichtigen (§ 4 Abs. 6 UmwStG).

5.2.3.2.2 Beteiligung an der übertragenden Körperschaft im Privatvermögen

In zahlreichen Fällen befinden sich die Anteile an der Körperschaft nicht im 100 %igen Betriebsvermögen der Personengesellschaft, sei es, dass ein Fall der Verschmelzung durch Neugründung (§ 2 Nr. 2 UmwG) vorliegt, sei es dass die Umwandlung im Wege des Formwechsels erfolgt. In diesen Fällen kann die Beteiligung noch nicht aktiviert sein, da die Personengesellschaft erst mit der Umwandlung entsteht.

Denkbar sind auch Fälle, in denen zwar die Körperschaft und die Personengesellschaft bei der Umwandlung schon bestehen, die Anteile aber im **Privatvermögen** gehalten werden.

Befinden sich die Anteile an der übertragenden Kapitalgesellschaft im Privatvermögen des Mitunternehmers der übernehmenden Personengesellschaft und erfüllen sie die Voraussetzungen des § 17 Abs. 1 Satz 1 EStG (unmittelbar oder mittelbar mindestens 1 % Beteiligung innerhalb der letzten fünf Jahre), so gelten diese nach § 5 Abs. 2 UmwStG am steuerlichen Übertragungsstichtag als mit den Anschaffungskosten eingelegt. Dies gilt aber nicht für Anteile, bei denen ein Veräußerungsverlust nach § 17 Abs. 2 Satz 6 EStG nicht zu berücksichtigen wäre.

Die Einlagefiktion des § 5 Abs. 2 UmwStG führt dazu, dass der Übernahmegewinn dem Gesellschafter nach § 4 Abs. 6 und 7 UmwStG zuzurechnen ist. Ein Gewinn nach § 17 EStG entsteht nicht, da § 5 Abs. 2 UmwStG lex specialis zu § 17 EStG ist.

BEISPIEL

An einer GmbH sind die drei Gesellschafter A, B und C zu je einem Drittel beteiligt. Die Gesellschafter A und B haben die Anteile im Rahmen der Gründung für je 20 000 € erworben. Gesellschafter C hat seinen Anteil für 300 000 € gekauft. Die GmbH soll auf eine neu gegründete KG verschmolzen werden. In der Schlussbilanz der GmbH werden Wirtschaftsgüter mit einem (Buch-)Wert von 600 000 € bilanziert.

LÖSUNG Da die GmbH den Buchwertansatz wählt, entsteht insoweit kein Gewinn nach § 3 UmwStG. Da die Gesellschafter die Anteile im Privatvermögen halten, gelten diese nach § 5 Abs. 2 UmwStG als mit den Anschaffungskosten eingelegt (Gesellschafter A und B je 20 000 €; Gesellschafter C 300 000 €). Damit ergibt sich für die Gesellschafter A und B nach § 4 Abs. 4 UmwStG ein Übernahmegewinn von jeweils (600 000 € × 1/3 ./. 20 000 € =) 180 000 €. Nach § 4 Abs. 7 UmwStG gilt das Teileinkünfteverfahren; damit beträgt der steuerpflichtige Übernahmegewinn (180 000 € × 60 % =) 108 000 €. Für Gesellschafter C ergibt sich ein Übernahmeverlust i. H. v. (600 000 € × 1/3 ./. 300 000 € =) 100 000 €, auf den ebenfalls nach § 4 Abs. 6 UmwStG das Teileinkünfteverfahren anzuwenden ist, so dass sich ein zu berücksichtigender Verlust von 60 000 € ergibt.

5.2.3.2.3 Besteuerung offener Rücklagen

Schüttet eine Kapitalgesellschaft ihren Gewinn an die Gesellschafter aus, so erzielen diese Dividenden nach § 20 Abs. 1 Nr. 1 EStG. Entnimmt der Gesellschafter einer Personengesellschaft Gewinne, so unterliegt die Entnahme nach § 4 Abs. 1 EStG keiner Besteuerung, da die Gewinnanteile des Mitunternehmers bereits nach § 15 Abs. 1 Nr. 2 EStG besteuert sind. Da die Gewinnrücklagen einer Kapitalgesellschaft bei der Umwandlung in eine Personengesellschaft verloren gehen, hätten die Gesellschafter der Kapitalgesellschaft den Vorteil, dass sie die Dividende niemals versteuern müssten.

Aus diesem Grund sieht § 7 UmwStG eine fiktive Versteuerung der offenen Rücklagen für den Fall der Umwandlung einer Kapitalgesellschaft in eine Personengesellschaft vor. Die (fiktiven) Dividenden unterliegen der Abgeltungsteuer (§ 32d EStG).

Um eine doppelte Erfassung der offenen Rücklagen zu vermeiden, sieht § 4 Abs. 5 Satz 2 UmwStG vor, dass der Übernahmegewinn nach § 4 Abs. 4 UmwStG sich um die nach § 7 UmwStG zu versteuernden offenen Rücklagen vermindert.

BEISPIEL

An einer GmbH ist zu 100 % Gesellschafter G beteiligt, der die Beteiligung im Privatvermögen hält. Die Anschaffungskosten entsprechend dem Stammkapital i. H. v. 25 000 €. Die GmbH soll auf eine neu gegründete KG verschmolzen werden. Die Schlussbilanz der GmbH zu Buchwerten sieht wie folgt aus:

Aktiva		Passiva	
Diverse Wirtschaftsgüter	525 000 €	Stammkapital	25 000 €
		Jahresüberschuss	200 000 €
		Gewinnrücklagen	300 000 €
	525 000 €		525 000 €

LÖSUNG In Höhe des Jahresüberschusses und der Gewinnrücklagen liegen beim Gesellschafter Einkünfte nach § 20 Abs. 1 Nr. 1 EStG vor. Die Einnahmen i. H. v. 500 000 € unterliegen der Abgeltungsteuer, soweit kein Antrag nach § 32d Abs. 2 Nr. 3 EStG gestellt wird.

Da der Gesellschafter die Anteile im Privatvermögen hielt, gelten diese für Zwecke der Umwandlung als eingelegt (§ 5 Abs. 2 UmwStG). Damit ergibt sich nach § 4 Abs. 4 UmwStG ein Übernahmegewinn i. H. v. 525 000 € (= Wert der übergegangenen Wirtschaftsgüter) ./. 25 000 € (= Wert der Anteile an der übertragenden Körperschaft) somit 500 000 €. Abzüglich der bereits versteuerten fiktiven Dividende beträgt der Übernahmegewinn 0 €.

Die KG bilanziert die Aktiva mit 525 000 €. Auf der Passivseite weist die KG Kapital des Mitunternehmers i. H. v. 525 000 € aus. Dieses kann der Gesellschafter nach § 4 Abs. 1 EStG steuerfrei entnehmen.

Entfallen die offenen Rücklagen auf einen Gesellschafter, der eine Kapitalgesellschaft ist, so ist für die Dividende § 8b KStG anzuwenden.

5.3 Vermögensübergang einer Kapitalgesellschaft auf eine natürliche Person

Handelsrechtlich ist der Vermögensübergang von einer Kapitalgesellschaft auf eine natürliche Person (von einer Umwandlung kann man hier nicht sprechen) nur nach § 3 Abs. 2 Nr. 2 i. V. m. § 120 UmwG möglich. Danach sind die Vorschriften über die Verschmelzung nur anwendbar, wenn sich alle Anteile der Kapitalgesellschaft in der Hand eines Gesellschafters befinden.

Ist dies nicht der Fall, so kann der Vermögensübergang nur dadurch erfolgen, dass die GmbH liquidiert wird und die Wirtschaftsgüter im Rahmen der Liquidation an die Gesellschafter ausgekehrt werden (vgl. § 17 Abs. 4 EStG).

Steuerlich sind die §§ 4–6 Abs. 7 UmwStG nach § 9 Abs. 1 UmwStG entsprechend anzuwenden. Voraussetzung ist allerdings, dass das Vermögen der übertragenden Körperschaft bei der natürlichen Person zum Betriebsvermögen wird. Unerheblich ist dabei, ob es sich um Betriebsvermögen eines Gewerbetreibenden, eines Landwirts oder eines Freiberuflers handelt. Damit gelten im Prinzip die gleichen Regeln wie bei der Umwandlung in eine Personengesellschaft.

5.4 Umwandlung einer Kapitalgesellschaft in eine andere Kapitalgesellschaft

Umwandlungen einer Körperschaft in eine andere Körperschaft können zivilrechtlich durch Verschmelzung (vgl. §§ 2 ff. UmwG) oder durch Vermögensübertragung (vgl. §§ 174 Abs. 1, 176 ff. UmwG) erfolgen. Möglich ist auch die Auf- oder Abspaltung (vgl. §§ 123 ff. UmwG) oder der Formwechsel (§§ 226 ff. UmwG).

Steuerrechtlich regeln die **§§ 11 bis 13 UmwStG** die Folgen der **Verschmelzung**. Nach § 15 UmwStG sind die Grundsätze der Verschmelzung auch auf die Auf- und Abspaltung anzuwenden. Beim reinen Formwechsel entstehen keine spezifisch steuerrechtlichen Probleme, da die juristische Person die nämliche ist und – im Gegensatz zum Formwechsel in eine Personengesellschaft – das System der Besteuerung nicht gewechselt wird.

Im Folgenden werden vorrangig die steuerlichen Regelungen der Verschmelzung dargestellt.

5.4.1 Steuerfolgen bei der übertragenden Körperschaft

Nach § 11 Abs. 1 UmwStG hat die übertragende Kapitalgesellschaft die Wirtschaftsgüter in der Schlussbilanz grundsätzlich mit dem gemeinen Wert anzusetzen. Auf Antrag kann auch ein Zwischenwert oder der Buchwert angesetzt werden. Der Grundsatz der Maßgeblichkeit gilt auch im Rahmen des § 11 UmwStG nicht, so dass das steuerliche Wahlrecht unabhängig von der Bilanzierung in der Handelsbilanz ausgeübt werden kann.

Ein eventuell entstehender Übertragungsgewinn ist als laufender Gewinn zu behandeln.

5.4.2 Steuerfolgen bei der übernehmenden Körperschaft

Die übernehmende Körperschaft hat die auf sie übergegangenen Wirtschaftsgüter mit dem in der steuerlichen Schlussbilanz der übertragenden Körperschaft enthaltenen Wert zu übernehmen.

Entsteht bei der übernehmenden Körperschaft ein Übernahmegewinn oder -verlust, so ist dieser nach § 12 Abs. 2 UmwStG entsprechend § 8b KStG steuerfrei.

Die übernehmende Körperschaft tritt nach § 12 Abs. 3 UmwStG in die steuerliche Rechtsstellung der übertragenden Körperschaft ein. Dies gilt insbesondere bezüglich der Bewertung der übernommenen Wirtschaftsgüter, der Absetzung für Abnutzung und der den steuerlichen Gewinn mindernden Rücklagen (z. B. § 6b EStG).

Verlustvorträge gehen verloren, da § 12 Abs. 3 UmwStG auf § 4 Abs. 2 UmwStG verweist.

5.4.3 Auswirkungen auf die Körperschaftsteuer

Im Falle der Verschmelzung einer Körperschaft auf eine andere Körperschaft gilt nach § 29 Abs. 1 KStG das Nennkapital der übertragenden Kapitalgesellschaft fiktiv als in vollem Umfang nach § 28 Abs. 2 Satz 1 KStG herabgesetzt (vgl. BMF vom 16. 12. 2003 BStBl I 2003, 786, Rz. 28). Danach verringert sich zunächst ein gegebenenfalls vorhandener Sonderausweis auf Null. Der übersteigende Betrag erhöht den Bestand des steuerlichen Einlagekontos.

Da das fiktiv herabgesetzte Nennkapital nicht ausgekehrt wird, werden die Gesellschafter von dem Vorgang nicht berührt. Es liegen weder Einkünfte nach § 17 Abs. 4 EStG noch nach § 20 Abs. 1 Nr. 2 EStG vor. Nach Durchführung der fiktiven Kapitalherabsetzung hat die übertragende Körperschaft kein Nennkapital mehr. Das Nennkapital hat das Einlagekonto erhöht (§ 28 Abs. 2 Satz 1 KStG).

Anschließend wird das steuerliche **Einlagekonto** der übertragenden Körperschaft nach § 29 Abs. 2 KStG dem steuerlichen Einlagekonto der übernehmenden Körperschaft hinzugerechnet.

Des Weiteren sieht § 29 Abs. 4 KStG die Anpassung des **Nennkapitals** der an der Umwandlung beteiligten Kapitalgesellschaften nach den Regeln des § 28 Abs. 1 und 3 KStG vor. Die Neufestsetzung des Nennkapitals bedeutet für die übernehmende Kapitalgesellschaft in der Regel (aber nicht zwingend) eine **Kapitalerhöhung**. Erfolgt die Kapitalerhöhung nicht durch Einlagen der Gesellschafter, sind die Grundsätze der Kapitalerhöhung aus Gesellschaftsmitteln (§§ 29 Abs. 4 i. V. m. 28 Abs. 1 KStG anzuwenden).

5.4.4 Auswirkung bei den Anteilseignern

Die Anteile an der übertragenden Körperschaft gelten als zum gemeinen Wert veräußert und die an ihre Stelle tretenden Anteile an der übernehmenden Körperschaft gelten als mit diesem Wert angeschafft (§ 13 Abs. 1 UmwStG).

Hat der Gesellschafter die Beteiligung im Privatvermögen gehalten, so ist § 17 Abs. 1 EStG anzuwenden.

BEISPIEL

Ein Gesellschafter ist zu 20 % an der A-GmbH beteiligt. Die Anschaffungskosten betrugen 100 000 €. Im Zuge der Verschmelzung der A-GmbH auf die neu gegründete B-AG wird der gemeine Wert der Anteile an der A-GmbH mit 5 Mio. € ermittelt.

LÖSUNG Nach § 13 Abs. 1 UmwStG gelten die Anteile an der übertragenden Körperschaft als veräußert; somit ergibt sich für den Gesellschafter unter Berücksichtigung des Teileinkünfteverfahrens ein Veräußerungsgewinn nach § 17 Abs. 1 EStG i. H. v. (5 Mio. € × 20 % × 60 % ./. 100 000 € × 60 % =) 540 000 €. Die Tatsache, dass die Anteile an der B-AG als angeschafft gelten, hat für den Gesellschafter vorerst keine Auswirkung, da er die Anteile im Privatvermögen hält.

Abweichend davon können auf Antrag die Anteile an der übertragenden Körperschaft nach § 13 Abs. 2 UmwStG mit dem Buchwert oder den Anschaffungskosten angesetzt werden; ein Veräußerungsgewinn wird damit (vorläufig) vermieden (BMF vom 11. 11. 2011 BStBl II 2011, 1314, Rz. 13.07).

5.5 Spaltung einer Kapitalgesellschaft

Geht Vermögen einer Körperschaft durch Aufspaltung oder Abspaltung oder durch Teilübertragung auf eine andere Körperschaft über, sind die §§ 11 – 13 UmwStG nach **§ 15 UmwStG** grundsätzlich entsprechend anzuwenden. Voraussetzung ist aber, dass auf die Übernehmerin ein **Teilbetrieb** übertragen wird. Im Falle der Abspaltung oder Teilübertragung muss das der übertragenden Körperschaft verbleibende Vermögen ebenfalls zu einem Teilbetrieb gehören. Als Teilbetrieb gilt auch ein Mitunternehmeranteil oder die Beteiligung an einer Kapitalgesellschaft, die das gesamte Nennkapital der Gesellschaft umfasst.

5.6 Einbringung in eine Kapitalgesellschaft (§ 20 UmwStG)

Auch bei der Umwandlung eines Einzelunternehmens oder einer Personengesellschaft in eine Kapitalgesellschaft ist zwischen den gesellschaftsrechtlichen Vorgängen und der Anwendung des Umwandlungsgesetzes und den steuerlichen Wahlrechten nach dem Umwandlungssteuergesetz zu differenzieren. Dabei sind zwei Fallgruppen zu unterscheiden:

Zum einen kann die Umwandlung gesellschaftsrechtlich nach dem UmwG und damit im Wege der **Gesamtrechtsnachfolge** erfolgen.

BEISPIEL

Eine KG soll auf eine neu gegründete GmbH verschmolzen werden.

LÖSUNG Nach § 3 UmwG stellen sowohl die KG als auch die GmbH verschmelzungsfähige Rechtsträger i. S. d. § 3 UmwG dar. Gesellschaftsrechtlich liegt daher ein Fall der Gesamtrechtsnachfolge vor. Steuerlich gilt das Wahlrecht des § 20 UmwStG. Die Beurteilung des Vorgangs als Gesamtrechtsnachfolge hat insbesondere Bedeutung für die weitere Abschreibung der Wirtschaftsgüter nach § 23 UmwStG.

Zum anderen kann die Umwandlung gesellschaftsrechtlich als **Einzelrechtsnachfolge** zu beurteilen sein. Dies hat jedoch keine Auswirkungen auf das Wahlrecht des § 20 UmwStG.

BEISPIEL

Ein Einzelunternehmen soll in eine GmbH umgewandelt werden.
LÖSUNG Gesellschaftsrechtlich ist weder eine Verschmelzung (vgl. § 3 UmwG) noch ein Formwechsel (vgl. § 191 UmwG) einer natürlichen Person in eine Kapitalgesellschaft möglich. Es bleibt daher nur die Einzelrechtsnachfolge, d. h. die Übertragung jedes einzelnen Wirtschaftsguts auf die Kapitalgesellschaft. Steuerlich bleibt es beim Wahlrecht des § 20 UmwStG.

Für den **Formwechsel**, der steuerlich wie ein Rechtsträgerwechsel zu behandeln ist, erklärt **§ 25 UmwStG** die Vorschrift des § 20 UmwStG für anwendbar.

5.6.1 Wahlrecht (§ 20 UmwStG)

Für die Ausübung des Wahlrechts ist der **Maßgeblichkeitsgrundsatz** nicht anzuwenden. § 20 UmwStG ist insoweit lex specialis zu § 5 Abs. 1 EStG.

Im Fall des § 20 UmwStG steht das Wahlrecht der übernehmenden Kapitalgesellschaft zu. Diese hat die übergegangenen Wirtschaftsgüter grundsätzlich mit dem gemeinen Wert anzusetzen. Auf Antrag kann sie den Buchwert oder einen Zwischenwert wählen.

Das steuerliche Wahlrecht gilt mit Abgabe der steuerlichen Schlussbilanz als ausgeübt (BMF vom 11.11.2011 BStBl II 2011, 1314, Rz.20.21). Die Bewertung durch die GmbH ist auch dann maßgebend, wenn die GmbH mit dem einbringenden Gesellschafter eine entsprechende Vereinbarung getroffen hat und nun gegen diese verstößt. In diesem Fall muss der Gesellschafter zivilrechtlich gegen die GmbH vorgehen.

Der Einbringende ist an die Ausübung des Wahlrechts durch die übernehmende Kapitalgesellschaft gebunden. Setzt die aufnehmende Gesellschaft die Wirtschaftsgüter mit Zwischenwerten an, so entsteht für den Einbringenden ein laufender Gewinn. Wählt die aufnehmende Kapitalgesellschaft den Ansatz zu gemeinen Werten, so fällt der Übertragungsgewinn des Einbringenden grundsätzlich unter § 16 EStG (vgl. § 20 Abs. 4 UmwStG).

5.6.2 Voraussetzungen des Wahlrechts

Die Ausübung des Wahlrechts ist nach § 20 Abs. 1 UmwStG nur möglich, wenn ein Betrieb, Teilbetrieb oder Mitunternehmeranteil in die Kapitalgesellschaft eingebracht wird.

Weitere Voraussetzung ist, dass die Gegenleistung der übernehmenden Kapitalgesellschaft für das eingebrachte Vermögen zumindest zum Teil in **neuen Gesellschaftsanteilen** besteht.

Neben den Gesellschaftsanteilen können auch andere Wirtschaftsgüter gewährt werden. Bis zum 31.12.2014 konnte der Buchwert auch dann gewählt werden, wenn der Einbringende neben den Gesellschaftsanteilen auch andere Wirtschaftsgüter (inklusive Geld) erhielt und der gemeine Wert dieser Wirtschaftsgüter (Nominalbetrag bei Geld) den Buchwert des eingebrachten Betriebsvermögens nicht überstieg.

Durch das StÄndG 2015 wurde diese Möglichkeit wesentlich eingeschränkt. Nach § 20 Abs. 2 Nr. 4 UmwStG n. F. ist der Buchwertansatz nur noch insoweit möglich, als der gemeine Wert von sonstigen Gegenleistungen, die neben den neuen Gesellschaftsanteilen gewährt werden, nicht mehr als 25 % des Buchwerts des eingebrachten Betriebsvermögens beträgt oder den Betrag von 500 000 €, höchstens jedoch den Buchwert des eingebrachten Betriebsvermögens nicht übersteigt.

a) Einzelunternehmer E will in 2016 sein Einzelunternehmen (Kapital 1 Mio. €, stille Reserven 2 Mio. €) in eine GmbH einbringen. Einziger Gesellschafter der GmbH ist E. Das Stammkapital der GmbH soll 100 000 € betragen.

LÖSUNG Auch nach alter Rechtslage war es möglich, den übersteigenden Betrag in eine Kapitalrücklage einzustellen (BS: Diverse Wirtschaftsgüter 1 Mio. € an Stammkapital 100 000 € und Kapitalrücklage 900 000 €). Nach bisherigem Recht (bis 31. 12. 2014) konnte wahlweise auch bis zu 900 000 € als Darlehen (= Gegenleistung) gewährt werden, ohne dass dies den Buchwertansatz gefährdet hätte. Nach dem neuen § 20 UmwStG darf die Gegenleistung maximal 25 % des Buchwerts (hier: 250 000 €) betragen. Möglich wäre daher z. B. die Buchung: Diverse Wirtschaftsgüter 1 Mio. € an Stammkapital 100 000 €, Gesellschafterdarlehen 250 000 € und Kapitalrücklage 650 000 €. In diesem Fall könnten die Wirtschaftsgüter mit dem Buchwert angesetzt werden.

b) **Variante des Beispiels**: Das Kapital des Einzelunternehmens soll 6 Mio. € betragen.

LÖSUNG Die Gegenleistung dürfte maximal i. H. v. 25 % des Buchwerts (1,5 Mio. €) gewährt werden, insgesamt aber den Betrag von 500 000 € nicht übersteigen. Möglich wäre daher z. B. folgende Buchung: Diverse Wirtschaftsgüter 6 Mio. € an Stammkapital 100 000 €, Gesellschafterdarlehen 500 000 € und Kapitalrücklage 4,4 Mio. €.

Der Begriff des Betriebs ist in § 20 UmwStG nicht definiert. Er ist jedoch identisch mit dem in § 16 EStG verwendeten Betriebsbegriffs und umfasst auch Betriebe der Land- und Forstwirtschaft (§ 13 EStG) sowie Freiberuflerpraxen (§ 18 Abs. 3 EStG).

Die Einbringung eines Betriebs erfordert die Übertragung des betrieblichen Organismus mit allen seinen **wesentlichen Betriebsgrundlagen** (vgl. R 16 Abs. 1 EStR). Wird auch nur eine wesentliche Betriebsgrundlage nicht auf die Kapitalgesellschaft übertragen, ist § 20 UmwStG nicht anzuwenden. Der Vorgang ist dann wie die Einbringung eines einzelnen Wirtschaftsguts zu beurteilen.

Bei der Gründung einer GmbH soll Gesellschafter G2 einen Betrieb (BW 100 000 €, TW 500 000 €) als Sacheinlage einbringen. Im wirtschaftlichen Zusammenhang mit der Übertragung entnimmt er ein bisher zu Produktionszwecken genutztes und als wesentliche Betriebsgrundlage zu beurteilendes Gebäude (BW 10 000 €, TW 100 000 €) in sein Privatvermögen.

LÖSUNG Damit hat G2 keinen Betrieb, sondern lediglich einzelne Wirtschaftsgüter eingebracht. Das Wahlrecht des § 20 UmwStG kann von der GmbH nicht ausgeübt werden. G2 muss sämtliche stillen Reserven seines Betriebs aufdecken (hier: 400 000 €), da er die Wirtschaftsgüter gegen Kapitalanteile getauscht hat (§ 6 Abs. 6 EStG). Er kann allerdings § 16 EStG in Anspruch nehmen, da er seinen Betrieb mit der Einbringung aufgegeben hat.

Für die Beurteilung als wesentliche Betriebsgrundlage können die Grundsätze von H 15. 7 Abs. 5 EStH sowie H 16 Abs. 8 EStH herangezogen werden. Wesentliche Grundlagen eines Betriebs sind danach Wirtschaftsgüter vor allem des Anlagevermögens, die zur Erreichung des Betriebszwecks erforderlich sind und ein besonderes wirtschaftliches Gewicht für die Betriebsführung haben (z. B. Fabrikationsgrundstücke, Bürogebäude, Maschinenpark, Patente u. Ä.).

Ein Wirtschaftsgut ist im Rahmen des § 20 UmwStG nicht allein schon deswegen eine wesentliche Betriebsgrundlage, weil in ihm erhebliche **stille Reserven** ruhen (BMF vom 16. 08. 2000 BStBl I 2000, 268). Der Begriff der wesentlichen Betriebsgrundlage ist insoweit im Umwandlungsrecht anders zu sehen, als im Rahmen des § 16 EStG.

Unter einem **Teilbetrieb** versteht man einen mit einer gewissen Selbständigkeit ausgestatteten, organisch geschlossenen Teil eines Gesamtbetriebs, der für sich betrachtet alle Merkmale eines Betriebs aufweist und für sich lebensfähig ist (R 16 Abs. 3 EStR). Eine völlig selbständige Organisation mit eigener Buchführung ist nicht erforderlich. Indizien für das Vorliegen eines Teilbetriebs können sein: Eigenes Personal, eigene Buchführung, eigener Kundenstamm, eigene Preisgestaltung, eigenes Anlagevermögen, räumliche Trennung vom Hauptbetrieb, eigenständige Werbung u. Ä.

Auch im Falle eines Teilbetriebs müssen alle wesentlichen Betriebsgrundlagen des Teilbetriebs übertragen werden (BFH vom 06.05.1999 BFH N/V 1999, 1329).

Bei der Übertragung eines **Mitunternehmeranteils** ist zu beachten, dass auch hier die wesentlichen Betriebsgrundlagen des Sonderbetriebsvermögens mit übertragen werden (BFH vom 02.10.1997 BStBl II 1998, 104).

5.6.3 Rückwirkung

Nach **§ 20 Abs. 6 UmwStG** kann der steuerliche Übertragungsstichtag **bis zu acht Monaten** vor der Anmeldung der Verschmelzung zur Eintragung in das Handelsregister liegen.

5.6.4 Wahl: Buchwertfortführung

Bei Einbringung eines Betriebs, Teilbetriebs oder Mitunternehmeranteils zu Buchwerten, gelten die Buchwerte als Veräußerungspreis und als Anschaffungskosten der Anteile (§ 20 Abs. 3 UmwStG). Vorhandene stille Reserven gehen auf die Kapitalgesellschaft über, so dass im Zeitpunkt der Einbringung kein Veräußerungsgewinn entsteht. Die Kapitalgesellschaft tritt hinsichtlich AfA, erhöhten Absetzungen, Sonderabschreibungen, Bewertungsfreiheiten, Bewertungsabschlägen sowie den steuerlichen Gewinn mindernder Rücklagen in die Rechtsstellung des Einbringenden ein (**§ 23 Abs. 1** i. V. m. **§ 12 Abs. 3 UmwStG**). Ist die Dauer der Zugehörigkeit eines Wirtschaftsguts zum Betriebsvermögen für die Besteuerung bedeutsam (z. B. § 6b EStG), so ist der Zeitraum seiner Zugehörigkeit zum Betriebsvermögen des übertragenden Einzelunternehmens bzw. des übertragenden Mitunternehmers der übernehmenden GmbH anzurechnen (**§ 23 Abs. 1** i. V. m. **§ 4 Abs. 2 Satz 3 UmwStG**).

Probleme können entstehen, wenn die Buchwerte der einzubringenden Wirtschaftsgüter vom Anteil des Einbringenden am Stammkapital der übernehmenden Gesellschaft abweichen. Hier müssen die Gesellschafter unter Umständen rechtzeitig für einen zivilrechtlichen Ausgleich sorgen.

Ist der Buchwert des Betriebs, Teilbetriebs oder Mitunternehmeranteils geringer als das Stammkapital der Kapitalgesellschaft, müssen die Wirtschaftsgüter von der Kapitalgesellschaft über dem Buchwert angesetzt werden (§ 20 Abs. 2 Satz 4 UmwStG), oder der Gesellschafter muss eine Zuzahlung leisten.

BEISPIEL

Bei der Gründung einer GmbH (einziger Gesellschafter: G) soll das Stammkapital (100 000 €) durch Einbringung des Einzelunternehmens des G (Kapital 80 000 €, gemeiner Wert der Wirtschaftsgüter 500 000 €) erbracht werden.

LÖSUNG Die Wirtschaftsgüter müssen mindestens mit dem Betrag des Stammkapitals angesetzt werden. Damit bucht die GmbH: Diverse Wirtschaftsgüter 100 000 € an Stammkapital 100 000 €. Im Einzelunternehmen des G sind die Wirtschaftsgüter um 20 000 € aufzustocken. Insoweit entsteht ein laufender Gewinn. Alternativ könnte G die Wirtschaftsgüter mit dem Buchwert ansetzen und eine Zuzahlung i. H. v. 20 000 € leisten.

Weist der Betrieb, Teilbetrieb oder Mitunternehmeranteil ein negatives Kapitalkonto auf, so sind die Buchwerte nach § 20 Abs. 2 Nr. 2 UmwStG mindestens so weit aufzudecken, dass die Passivposten die Aktivposten des eingebrachten Betriebsvermögens nicht übersteigen.

5.6.5 Zwischenwertansatz

Der Ansatz eines Zwischenwertes kann insbesondere dann interessant sein, wenn der einbringende Unternehmer Verlustvorträge hat, die er mit dem Gewinn aus der Aufdeckung der stillen Reserven verrechnen kann.

Bei der Wahl eines Zwischenwertes sind die stillen Reserven, die in den eingebrachten Wirtschaftsgütern stecken, **gleichmäßig** aufzustocken. Dies gilt auch für einen selbst geschaffenen Firmenwert (vgl. Rechtsgedanke des § 5 Abs. 2 EStG) sowie sonstige selbst geschaffene immaterielle Wirtschaftsgüter (z. B. Patente). Es ist nicht zulässig, die stillen Reserven eines Wirtschaftsguts aufzudecken und im Übrigen die restlichen Wirtschaftsgüter mit dem Buchwert anzusetzen (vgl. BMF vom 11. 11. 2011 BStBl II 2011, 1314, Rz. 23.14). Bei der Aufstockung sind grundsätzlich sowohl das Anlage- als auch das Umlaufvermögen zu berücksichtigen.

Die Aufdeckung der stillen Reserven beim Einbringenden ist als laufender Gewinn zu behandeln. Eine Anwendung des § 16 EStG kommt nur bei Aufdeckung aller stiller Reserven in Frage (§ 20 Abs. 4 UmwStG). Allerdings ist auf den Einbringungsgewinn die Vorschrift des § 6b EStG anzuwenden, soweit der Gewinn auf begünstigte Wirtschaftsgüter i. S. d. Vorschrift entfällt (BMF vom 11. 11. 2011 a. a. O., Rz. 20.38). Befindet sich in dem eingebrachten Betriebsvermögen eine Rücklage nach § 6b EStG, so ist diese anteilig aufzulösen.

Bezüglich der Rücklage nach § 6b EStG ist zu beachten, dass **§ 23 Abs. 3 UmwStG** – im Gegensatz zu Abs. 1 – nicht auf die Vorschrift des § 4 Abs. 2 Satz 3 UmwStG verweist. Dies bedeutet, dass die Besitzzeiten des eingebrachten Einzelunternehmens bei der GmbH nicht angerechnet werden (BFH vom 26. 02. 1992 BStBl II 1992, 988).

BEISPIEL

Bei der Gründung einer GmbH soll der Alleingesellschafter G sein bisheriges Einzelunternehmen einbringen. Die Bilanz des Einzelunternehmens sieht zum Einbringungszeitpunkt wie folgt aus:

Aktiva			Passiva
Gebäude	100 000 €	Kapital	700 000 €
Patent	200 000 €		
Diverse Wirtschaftsgüter	400 000 €		
	700 000 €		700 000 €

Die gemeinen Werte betragen: Gebäude (300 000 €), Patent (600 000 €) sowie Firmenwert (500 000 €). Die GmbH soll die Wirtschaftsgüter zulässigerweise mit 1 Mio. € aktivieren (Stammkapital 1 Mio. €).
LÖSUNG Die Buchwerte des Einzelunternehmens sind um 300 000 € aufzustocken. Die gesamten stillen Reserven belaufen sich auf (200 T€ + 400 T€ + 500 T€ =) 1,1 Mio. €. Damit sind 300 T€ / 1,1 Mio. € der stillen Reserven aufzudecken.
Die Eröffnungsbilanz der GmbH sieht dann wie folgt aus:

Aktiva			Passiva
Gebäude	154 545 €	Stammkapital	1 Mio. €
Patent	309 091 €		
Diverse Wirtschaftsgüter	400 000 €		
Firmenwert	136 364 €		
	1 Mio. €		1 Mio. €

Der Gesellschafter erzielt in seinem Einzelunternehmen einen laufenden Gewinn i. H. v. (1 Mio. € ./. 700 000 € =) 300 000 €; dies entspricht den aufgedeckten stillen Reserven. Da nicht sämtliche stillen Reserven aufgedeckt werden, liegt insoweit ein laufender – und nach § 7 GewStG gewerbesteuerpflichtiger – Gewinn vor.

Nach der Einbringung zu Zwischenwerten erfolgt die Abschreibung nach § 23 Abs. 3 UmwStG.

BEISPIEL

Wie oben. Der Gesellschafter hat das Gebäude für 250 000 € erworben und bisher zulässigerweise mit 3 % p. a. abgeschrieben.
LÖSUNG Die aufgedeckten stillen Reserven i. H. v. 54 545 € (200 000 € × 300 000 € / 1,1 Mio. €) sind den Anschaffungskosten zuzuschlagen; somit beträgt die neue Bemessungsgrundlage (250 000 € + 45 545 € =) 295 545 €. Die GmbH schreibt damit das Gebäude mit (295 545 € × 3 % =) 8 866 € p. a. ab.

5.6.6 Ansatz des gemeinen Wertes

Nach der Neufassung des § 20 UmwStG durch das SEStEG sind die Wirtschaftsgüter des eingebrachten Betriebs, Teilbetriebs oder Mitunternehmeranteils grundsätzlich mit dem gemeinen Werten anzusetzen. Der Ansatz zum Buchwert bzw. Zwischenwert stellt einen Ausnahmetatbestand dar.

Bei Ansatz des gemeinen Werts sind **alle** stillen Reserven aufzudecken, steuerfreie Rücklagen (z. B. § 6b EStG) aufzulösen und selbst geschaffene immaterielle Wirtschaftsgüter, einschließlich des Firmenwerts, anzusetzen.

Da sämtliche stillen Reserven im Einzelunternehmen bzw. Mitunternehmeranteil schlagartig aufgedeckt werden, gewährt § 20 Abs. 4 UmwStG die Vergünstigungen der **§§ 16, 34 EStG**. Aufgrund der Änderung durch das UntStFG vom 20. 12. 2001 ist § 16 EStG auf die Einbringung von Teilen eines Mitunternehmeranteils allerdings nicht mehr anzuwenden (§ 20 Abs. 4 UmwStG i. V. m. § 16 Abs. 1 Nr. 2 EStG).

Die weitere Behandlung durch die Kapitalgesellschaft richtet sich danach, ob die Einbringung im Wege der **Einzelrechtsnachfolge** oder der **Gesamtrechtsnachfolge** erfolgt. Gesamtrechtsnachfolge liegt vor, wenn die Einbringung der Wirtschaftsgüter nach den Regeln des Umwandlungsgesetzes erfolgt. Einzelrechtsnachfolge liegt vor, wenn die Wirtschaftsgüter außerhalb des Umwandlungsgesetzes einzeln übertragen wurden.

Im Fall der Einzelrechtsnachfolge gelten die eingebrachten Wirtschaftsgüter als im Zeitpunkt der Einbringung von der Kapitalgesellschaft **angeschafft** (§ 23 Abs. 4 UmwStG).

Erfolgt die Einbringung des Betriebsvermögens im Wege der **Gesamtrechtsnachfolge**, so ist die Abschreibung wie beim Zwischenwertansatz vorzunehmen (§ 22 Abs. 3 2. HS und Abs. 2 UmwStG).

BEISPIEL

Bei der Gründung einer GmbH soll der Alleingesellschafter G sein bisheriges Einzelunternehmen einbringen. Die Bilanz des Einzelunternehmens sieht zum Einbringungszeitpunkt wie folgt aus:

Aktiva		Passiva	
Gebäude	100 000 €	Kapital	700 000 €
Patent	200 000 €		
Diverse Wirtschaftsgüter	400 000 €		
	700 000 €		700 000 €

Die gemeinen Werte betragen: Gebäude (300 000 €), Patent (600 000 €) sowie Firmenwert (500 000 €). Die GmbH will in ihrer Eröffnungsbilanz die gemeinen Werte ansetzen. Das Gebäude wurde im Einzelunternehmen für 250 000 € erworben und bisher zulässigerweise mit 3 % p. a. abgeschrieben.

LÖSUNG Sämtliche stillen Reserven sind aufzudecken; Damit sieht die Eröffnungsbilanz der GmbH wie folgt aus:

Aktiva		Passiva	
Gebäude	300 000 €	Stammkapital	1 800 000 €
Patent	600 000 €		
Diverse Wirtschaftsgüter	400 000 €		
Firmenwert	500 000 €		
	1 800 000 €		1 800 000 €

Da Einzelunternehmen nach § 3 UmwStG nicht zu den verschmelzungsfähigen Rechtsträgern zählen, kann die Einbringung nur im Wege der Einzelrechtsnachfolge erfolgen. Nach § 23 Abs. 4 UmwStG gelten damit die eingebrachten Wirtschaftsgüter als im Zeitpunkt der Einbringung angeschafft. Die AfA nach Einbringung beläuft sich damit nach § 7 Abs. 4 Nr. 1 EStG für das Gebäude auf (300 000 € × 3 % =) 9 000 € p. a.

Der Firmenwert ist nach § 7 Abs. 1 Satz 3 EStG linear über 15 Jahre abzuschreiben. Die Anschaffungskosten der diversen Wirtschaftsgüter (400 000 €) sind auf die Restnutzungsdauer zu verteilen.

5.6.7 Einbringung von Mitunternehmeranteilen

Auch bei der Einbringung eines Mitunternehmeranteils gilt das Wahlrecht des **§ 20 UmwStG**. Die Bewertung der Wirtschaftsgüter in der Eröffnungsbilanz der Kapitalgesellschaft hat unter Berücksichtigung eventuell vorhandener Ergänzungsbilanzen zu erfolgen. Soweit im Sonderbetriebsvermögen wesentliche Betriebsgrundlagen vorhanden sind, muss das Sonderbetriebsvermögen auf die Kapitalgesellschaft übertragen werden. Eine bloße Vermietung durch den einbringenden Mitunternehmer ist nicht ausreichend.

Probleme können dadurch entstehen, dass das Wahlrecht nicht einheitlich für alle einbringenden Mitunternehmer ausgeübt werden muss.

BEISPIEL

Eine GbR soll in eine GmbH umgewandelt werden. Die Bilanz der GbR sieht wie folgt aus:

Aktiva		Passiva	
Diverse Wirtschaftsgüter	900 000 €	Kapital A	600 000 €
		Kapital B	150 000 €
		Kapital C	150 000 €
	900 000 €		900 000 €

Der gemeine Wert der Wirtschaftsgüter beträgt 3 Mio. €. Die GmbH soll ein Stammkapital i. H. v. 1,2 Mio. € haben. Im Wege der Sachgründung sollen die Gesellschafter der GbR ihre Mitunternehmeranteile einbringen. Die Gesellschafter sind sich einig, dass nur B und C ihre Buchwerte aufstocken sollen. A soll seinen Mitunternehmeranteil zum Buchwert einbringen. Die Verschiebung der Beteiligungsverhältnisse nehmen die Gesellschafter hin.

LÖSUNG Handelsrechtlich fällt dieser Vorgang nicht unter das UmwG, da eine GbR kein verschmelzungsfähiger Rechtsträger ist (vgl. § 3 UmwG). Damit müssen handelsrechtlich die Wirtschaftsgüter einzeln auf die GmbH übertragen werden (Einzelrechtsnachfolge). In der Handelsbilanz der GmbH sind die Wirtschaftsgüter mit ihren Anschaffungskosten zu aktivieren. Da der Grundsatz der Maßgeblichkeit im Rahmen des § 20 UmwStG nicht gilt, kann das steuerliche Wahlrecht davon unabhängig ausgeübt werden.

Damit sieht die steuerliche Eröffnungsbilanz der GmbH wie folgt aus:

Aktiva			Passiva
Diverse Wirtschaftsgüter	1 200 000 €	Stammkapital	1 200 000 €
	1 200 000 €		1 200 000 €

Da Gesellschafter A keine stillen Reserven aufgedeckt, erzielt er auch keinen Veräußerungsgewinn. Die Anschaffungskosten seines Anteils an der GmbH betragen 600 000 € (vgl. § 20 Abs. 3 UmwStG; Wert, mit dem die übernehmende Gesellschaft das eingebrachte Betriebsvermögen ansetzt).

Die Gesellschafter B und C erzielen einen laufenden Veräußerungsgewinn nach § 20 Abs. 4 UmwStG i. H. v. jeweils (300 000 € ./. 150 000 € =) 150 000 €. Ihre Anschaffungskosten betragen jeweils 300 000 €. In der GbR war A zu 6/9 beteiligt; in der GmbH hält er nunmehr nur noch die Hälfte der Anteile. Dagegen ist grundsätzlich nichts einzuwenden. Durch eine Einbringung können sich die Anteilsverhältnisse ändern (Vertragsfreiheit).

Ein besonderes Problem stellen Pensionszusagen an die Mitunternehmer dar. Grundsätzlich kann auch Gesellschaftern einer Personengesellschaft eine Versorgung zugesagt werden. In diesem Fall ist in der Gesamthandsbilanz eine Pensionsrückstellung zu bilden. In der Sonderbilanz des Gesellschafters ist spiegelbildlich eine Forderung aus Versorgungszusage zu aktivieren (BFH vom 02. 12. 1997 BB 1999, 40). Damit hat die Versorgungszusage keine Auswirkung auf den Gesamtgewinn der Personengesellschaft.

Übernimmt die Kapitalgesellschaft die Pensionsverpflichtung so liegt darin eine zusätzlich zu der Ausgabe neuer Anteile gewährte Gegenleistung (§ 20 Abs. 2 Satz 5, Abs. 4 Satz 2 UmwStG). Das Bewertungswahlrecht (§ 20 Abs. 2 UmwStG) wird dadurch grundsätzlich nicht ausgeschlossen.

5.6.8 Einbringung von Anteilen an einer Kapitalgesellschaft (Anteilstausch)

5.6.8.1 Ansatz durch die GmbH

Werden Anteile an einer Kapitalgesellschaft im Wege der Sacheinlage in eine GmbH eingebracht, so gilt das Wahlrecht des § 20 UmwStG nach **§ 21 UmwStG**, wenn die übernehmende Kapitalgesellschaft aufgrund ihrer Beteiligung einschließlich der übernommenen Anteile nachweisbar unmittelbar die Mehrheit der **Stimmrechte** an der Gesellschaft hat, deren Anteile eingebracht werden. Der Wortlaut der Vorschrift stellt ausdrücklich nicht auf die Mehrheit der Anteile, sondern auf die Mehrheit der Stimmrechte ab.

5.6.8.2 Folgen für den Gesellschafter

Sind die Voraussetzungen des § 21 UmwStG gegeben und setzt die GmbH die Beteiligung mit dem Buchwert an, so entsteht bei dem Gesellschafter kein Veräußerungsgewinn. Setzt die GmbH den Zwischenwert oder den gemeinen Wert an, entsteht für die Gesellschafter der einzubringenden Kapitalgesellschaft ein Einbringungsgewinn.

Die Versteuerung der stillen Reserven richtet sich danach, ob die Beteiligung im Betriebs- oder Privatvermögen gehalten wird.

Wird die Beteiligung im **Betriebsvermögen** gehalten, so ist ein Veräußerungsgewinn nach § 15 EStG zu versteuern. Die Veräußerung von Anteilen im Betriebsvermögen erfolgt grundsätzlich nach dem Teileinkünfteverfahren (§ 3 Nr. 40 Buchst. a EStG).

Handelt es sich um eine 100 %ige Beteiligung im Betriebsvermögen, so fällt die Veräußerung unter § 16 Abs. 1 Nr. 1 Satz 2 EStG. Auch in diesem Fall gilt das Teileinkünfteverfahren (§ 3 Nr. 40 Buchst. b EStG). Nach § 21 Abs. 3 UmwStG kann der einbringende Gesellschafter den Freibetrag des § 16 Abs. 4 EStG aber nur in Anspruch nehmen, wenn die GmbH den gemeinen Wert ansetzt.

Befindet sich die Beteiligung im **Privatvermögen**, so löst die Einbringung einen Gewinn nach **§ 17 EStG** aus, wenn der Einbringende innerhalb der letzten fünf Jahre zu mindestens 1 % beteiligt war. Der Einbringungsgewinn fällt unter das Teileinkünfteverfahren (§ 3 Nr. 40 Buchst. c EStG). Den Freibetrag des § 17 Abs. 3 EStG kann der Einbringende aber nur in Anspruch nehmen, wenn die GmbH den gemeinen Wert ansetzt (§ 21 Abs. 3 UmwStG).

5.6.9 Sperrfristverhaftete Anteile

Da die Veräußerung eines Anteils an einer Kapitalgesellschaft unter das Teileinkünfteverfahren fällt, die Veräußerung eines Anteils an einem Betrieb oder Mitunternehmeranteil aber in voller Höhe zu besteuern ist, könnte ein Einzelunternehmer oder Mitunternehmer auf die Idee kommen, seinen Betrieb oder Mitunternehmeranteil zu Buchwerten in eine Kapitalgesellschaft einzubringen und anschließend die Anteile an der Kapitalgesellschaft zu veräußern. Diese Gestaltungsmöglichkeit soll die Vorschrift des **§ 22 UmwStG** verhindern.

Wird ein Betrieb, Teilbetrieb oder Mitunternehmeranteil zum Buchwert oder Zwischenwert in eine Kapitalgesellschaft eingebracht und werden die erhaltenen Anteile innerhalb von sieben Jahren seit der Einbringung veräußert, so wird **rückwirkend** auf das Jahr der Einbringung ein Gewinn nach § 16 EStG festgestellt (sog. **Veräußerungsgewinn I**). Damit unterliegt die Veräußerung der Anteile an der Kapitalgesellschaft nicht mehr dem Teileinkünfteverfahren. Der Veräußerungsgewinn I vermindert sich nach § 22 Abs. 1 Satz 3 UmwStG um jeweils 1/7 für jedes seit dem Einbringungszeitpunkt abgelaufene Zeitjahr. Er gilt als nachträgliche Anschaffungskosten der Anteile.

BEISPIEL

Ein Einzelunternehmen (Kapital 100 000 € / gemeiner Wert 800 000 €) wird am 01.01.2014 zum Buchwert in eine GmbH eingebracht (§ 21 UmwStG). Einziger Gesellschafter der GmbH ist der bisherige Einzelunternehmer. Im November 2016 veräußert der Gesellschafter die Anteile an der GmbH für 900 000 €.

LÖSUNG Da die Einbringung des Einzelunternehmens zum Buchwert erfolgte, liegen sog. sperrfristverhaftete Anteile i. S. v. § 22 UmwStG vor. Der Einbringungsgewinn I beträgt zunächst (800 000 € ./. 100 000 € =) 700 000 €. Im Zeitpunkt der Veräußerung sind zwei volle Jahre abgelaufen. Daher ist der Einbringungsgewinn I um 2/7 bzw. 200 000 € zu verringern. Daher entsteht für den Gesellschafter rückwirkend auf den 1. Januar 2014 ein Veräußerungsgewinn nach § 16 EStG i. H. v. 500 000 €. Im Übrigen unterliegt der Veräußerungsgewinn der Versteuerung nach § 17 Abs. 1 Satz 1, § 3 Nr. 40 Buchst. c, § 3c Abs. 2 EStG. Zur Vermeidung einer doppelten Besteuerung gilt der Einbringungsgewinn I als nachträgliche Anschaffungskosten der erhaltenen Anteile. Da nach § 20 Abs. 3 UmwStG der Wert, mit dem die übernehmende Gesellschaft das eingebrachte Betriebsvermögen ansetzt (hier: 100 000 €), für den Einbringenden als Anschaffungskosten der Gesellschaftsanteile gilt, ergeben sich hier Anschaffungskosten i. H. v. (100 000 € + 500 000 € =) 600 000 €. Damit entsteht ein Veräußerungsgewinn i. H. v. (900 000 € ./. 600 000 € =) 300 000 € × 60 % = 180 000 €.

Soweit im Rahmen einer Sacheinlage (§ 20 Abs. 1 UmwStG) oder eines Anteilstausches (§ 21 Abs. 1 UmwStG) unter dem gemeinen Wert eingebrachte Anteile innerhalb eines Zeitraums von sieben Jahren nach dem Einbringungszeitpunkt durch die übernehmende Gesellschaft veräußert werden, ist der Gewinn aus der Einbringung im Wirtschaftsjahr der Einbringung ebenfalls rückwirkend als Gewinn des Einbringenden aus der Veräußerung von Anteilen zu versteuern (§ 22 Abs. 2 UmwStG; **Einbringungsgewinn II**).

5.7 Einbringung in eine Personengesellschaft (§ 24 ff. UmwStG)

Wird ein Betrieb oder Teilbetrieb oder ein Mitunternehmeranteil in eine Personengesellschaft eingebracht und wird der Einbringende Mitunternehmer der Gesellschaft, so hat die Personengesellschaft die eingebrachten Wirtschaftsgüter in ihrer Eröffnungsbilanz grundsätzlich mit dem gemeinen Wert anzusetzen. Auf Antrag kann auch der Buchwert oder ein Zwischenwert gewählt werden. Das Wahlrecht steht dabei der aufnehmenden Personengesellschaft und nicht dem einbringenden (Mit-)Unternehmer zu. Das Wahlrecht wird dadurch ausgeübt, dass die Personengesellschaft das eingebrachte Betriebsvermögen in ihrer Eröffnungsbilanz mit den entsprechenden Werten ansetzt. Das Wahlrecht kann für jeden Einbringenden unterschiedlich ausgeübt werden.

Damit stellt sich die Frage, ob Steuerpflichtige, die ihren Gewinn nach § 4 Abs. 3 EStG ermitteln (Einnahmenüberschussrechnung) vor der Einbringung ihres Betriebs (ihrer Freiberuflerpraxis) bzw. ihres Mitunternehmeranteils zwingend zur Bilanzierung übergehen müssen. Dies wird in der Regel nicht gewünscht, da dabei ein Übergangsgewinn (z. B. durch Aktivierung bisher noch nicht zugeflossener Forderungen) entsteht. Nach dem Wortlaut des § 24 Abs. 2 UmwStG, hat die Personengesellschaft das eingebrachte Betriebsvermögen »in ihrer Bilanz« anzusetzen. Abs. 2 der Vorschrift verweist für den Ansatz eines Buchwerts oder eines Zwischenwerts auf Satz 1. Daher verlangt die Verwaltung auch dann die Aufstellung einer Einbringungsbilanz, wenn ein Freiberufler lediglich weitere Partner in seine Einzelpraxis oder in die GbR aufnimmt (vgl. OFD Frankfurt vom 09. 05. 2001 DStR 2001, 1435). Demgegenüber verlangt der BFH keinen Wechsel der Gewinnermittlungsart, wenn die Buchwerte angesetzt werden (BFH vom 13. 09. 2001, IV R 13/01, BStBl II 2002, 287). Der Ansicht des BFH ist beizupflichten. Insbesondere in den Fällen, in denen Freiberufler in eine GbR weitere Gesellschafter aufnehmen (= Fall des § 24 UmwStG), besteht kein Bedürfnis, eine Einbringungsbilanz zu erstellen. Zwingt man den oder die Freiberufler zu einem Wechsel der Gewinnermittlungsart, werden sie sofort nach der Umwandlung wieder zur Einnahmenüberschussrechnung zurückkehren. Der Übergangsgewinn kehrt sich dann in einen Übergangsverlust aus. Der Formalismus (Erstellung einer Bilanz) verursacht lediglich Kosten und bringt weder den Gesellschaftern noch der Finanzverwaltung Vorteile.

Auch im Rahmen des § 24 UmwStG ist der Grundsatz der Maßgeblichkeit ausgeschlossen. Damit können die Wertansätze in der Handelsbilanz (z. B. Ansatz der gemeinen Werte) und der Steuerbilanz (z. B. Ansatz von Buchwerten) auseinanderfallen.

Der Wert, mit dem das eingebrachte Betriebsvermögen in der Steuerbilanz der Personengesellschaft einschließlich der Ergänzungsbilanzen für ihre Gesellschafter angesetzt wird, gilt für den Einbringenden als Veräußerungspreis (§ 24 Abs. 3 UmwStG). Wird der Buchwert angesetzt, so ergibt sich für den Einbringenden kein Veräußerungsgewinn. Wird der Zwischenwert angesetzt, so ergibt sich ein laufender Gewinn (§ 15 EStG bzw. § 18 EStG). Der Veräußerungsgewinn ist nur dann nach § 16 EStG begünstigt, wenn der gemeine Wert angesetzt wird.

Das Wahlrecht kann für jeden einbringenden Gesellschafter unterschiedlich ausgeübt werden.

BEISPIEL

A, B und C entschließen sich, eine GbR zu gründen. A, B und C leisten folgende Beiträge: A bringt sein bisheriges Einzelunternehmen ein (Kapital 50 000 €, Teilwert 200 000 €). A verfügt über einen Verlustvortrag nach § 10d EStG i. H. v. 70 000 €. B überführt seinen Mitunternehmeranteil an der XY-KG. Sein Kapital beläuft sich auf 150 000 €, der Wert seiner Beteiligung auf 200 000 €. C hält in seinem Betriebsvermögen ein Grundstück (Buchwert 20 000 €, Teilwert 200 000 €).

LÖSUNG Bezüglich des Einzelunternehmens des A bietet es sich an, einen Zwischenwert anzusetzen, damit A seinen Verlustvortrag verbrauchen kann. Die gesamten stillen Reserven betragen 150 000 €. Deckt A 70 000 € stille Reserven auf, so kann der gesamte Gewinn mit dem Verlustvortrag verrechnet werden. Die Wirtschaftsgüter würden in der GbR dann mit (50 000 € + 70 000 € =) 120 000 € angesetzt.

Bezüglich des Mitunternehmeranteils von B wäre der Ansatz des Buchwertes sinnvoll, da so die Aufdeckung stiller Reserven vermieden werden kann. Sollte B aber das 55. Lebensjahr vollendet haben, könnte es interessant sein, den gemeinen Wert anzusetzen, um einen begünstigten Veräußerungsgewinn (§§ 16, 34 Abs. 3 EStG) zu erzielen.

Das Grundstück des C muss auf jeden Fall mit dem Buchwert angesetzt werden, da § 24 UmwStG auf die Übertragung einzelner Wirtschaftsgüter nicht anwendbar ist. Nach § 6 Abs. 5 Satz 3 Nr. 1 EStG ist aber die Buchwertübertragung zwingend.

Durch die Gestaltungsrechte nach § 24 UmwStG entstehen möglicherweise Kapitalkonten, die dem Wert der zugeführten Wirtschaftsgüter nicht entsprechen. Hier muss die Korrektur mittels Ergänzungsbilanzen der einzelnen Gesellschafter erfolgen.

Wird ein Betrieb, Teilbetrieb oder Mitunternehmeranteil mit **negativem Kapital** in eine Personengesellschaft eingebracht, so ist dies – im Gegensatz zur Einbringung nach § 20 UmwStG – grundsätzlich **auch zum Buchwert** möglich. Die eingebrachte Sachgesamtheit muss allerdings einen positiven Gesamtwert haben (negatives Kapital zzgl. stiller Reserven), damit eine wertentsprechende Beteiligung an der aufnehmenden Personengesellschaft gewährt werden kann.

Wird ein Kommanditanteil mit negativem Kapital und verrechenbaren Verlusten (§ 15a Abs. 2 EStG) eingebracht, so bleiben die verrechenbaren Verluste erhalten. Der einbringende Kommanditist kann sie mit Gewinnen aus der aufnehmenden Personengesellschaft verrechnen.

Wird ein Betrieb, Teilbetrieb oder Mitunternehmeranteil, der über einen gewerbesteuerlichen Verlustvortrag nach § 10a GewStG verfügt, in eine Personengesellschaft eingebracht, so bleibt der Verlustvortrag nur erhalten, soweit neben der Unternehmensidentität auch die Unternehmeridentität gewahrt ist (BFH vom 11. 11. 2012, IV R 3/09, BFH/NV 2013, 322).

5.7.1 Verhältnis zum Umwandlungsgesetz

§ 24 UmwStG ist in seinem Anwendungsbereich weiter als die Vorschriften des UmwG. So fallen z. B. auch die – im Umwandlungsgesetz nicht geregelten – Fälle des Eintritts weiterer Gesellschafter in eine Personengesellschaft unter § 24 UmwStG. Handelt es sich um einen Einbringungstatbestand, der unter das UmwG fällt, so erfolgt die Einbringung im Wege der Gesamtrechtsnachfolge, im Übrigen im Wege der Einzelrechtsnachfolge. Die Unterscheidung hat insbesondere Bedeutung für die weitere Abschreibung der eingebrachten Wirtschaftsgüter (vgl. § 23 UmwStG). Es ist damit wie folgt zu differenzieren (vgl. BMF vom 11. 11. 2011 BStBl II 2011, 1314, Rz. 01.47):

Tatbestände des § 24 UmwStG	
Einbringung im Wege der **Einzelrechtsnachfolge**	Einbringung im Wege der **Gesamtrechtsnachfolge**
• Aufnahme eines Gesellschafters in ein **Einzelunternehmen** gegen Geldeinlage oder Einlage anderer Wirtschaftsgüter. • Einbringung eines **Einzelunternehmens** in eine bereits bestehende Personengesellschaft oder durch Zusammenschluss von mehreren Einzelunternehmen zu einer Personengesellschaft. • Eintritt eines **weiteren Gesellschafters** in eine bestehende Personengesellschaft gegen Geldeinlage oder Einlage anderer Wirtschaftsgüter. • Einbringung von **Mitunternehmeranteilen** in eine übernehmende Personengesellschaft gegen Gewährung von Mitunternehmeranteilen an der übernehmenden Gesellschaft im Wege der Anwachsung.	• Verschmelzung von Personenhandelsgesellschaften nach §§ 2, 39 ff. UmwG. • Ausgliederung aus Körperschaften, Personenhandelsgesellschaften oder Einzelunternehmen auf Personenhandelsgesellschaften, § 123 Abs. 3 UmwG.

Der bloße **Formwechsel** einer Personengesellschaft in eine andere Personengesellschaft fällt nicht unter § 24 UmwStG, da sich hier die steuerliche Zuordnung der Wirtschaftsgüter nicht ändert. Auch handelsrechtlich ist hier das UmwG nicht anwendbar (vgl. § 214 Abs. 1 UmwG).

5.7.2 Voraussetzungen für das Wahlrecht

Einbringender i. S. d. § 24 UmwStG kann sowohl eine natürliche Person als auch eine juristische Person sein.

Nach dem klaren Wortlaut des § 24 UmwStG muss der Einbringende Gesellschaftsrechte erwerben und **Mitunternehmer** i. S. d. § 15 Abs. 1 Nr. 2 EStG werden oder seine bisherige Mitunternehmerstellung erweitern (BMF vom 11. 11. 2011 BStBl II 2011, 1314, Rz. 24.07). § 24 UmwStG ist somit auch dann anwendbar, wenn der Einbringende bereits vorher Mitunternehmer war und durch die Einbringung lediglich seine Mitunternehmerstellung erweitert. Bilanziell müssen sich die eingebrachten Wirtschaftsgüter im Kapitalkonto des einbringenden Mitunternehmers widerspiegeln. In der Regel wird man das eingebrachte Betriebsvermögen dem **Kapitalkonto I** gutschreiben, da dessen Höhe für die Gewinnverteilung maßgeblich ist. Es ist jedoch nichts dagegen einzuwenden, wenn eine Buchung teilweise im Kapitalkonto I und teilweise im **Kapitalkonto II** erfolgt. Dem Wortlaut des § 24 UmwStG ist auch damit Genüge getan. Die Buchung auf einem bloßen Darlehenskonto reicht dagegen nicht aus (BMF vom 11. 11. 2011 a. a. O., Rz. 24.07). Das Kapitalkonto eines Mitunternehmers in der Gesamthand stellt im Zweifel dann ein bloßes Darlehenskonto dar, wenn auf diesem Kapitalkonto keine Verluste gebucht werden (vgl. BMF vom 11. 07. 2011 BStBl I 2011, 713, Tz. 2 i. V. m. BMF vom 30. 05. 1997 BStBl I 1997, 627).

BEISPIEL

Gesellschafter der ABC-OHG sind die natürlichen Personen A, B und C zu jeweils einem Drittel. Gesellschafter A bringt sein Einzelunternehmen in die OHG ein. Um die Beteiligungsverhältnisse nicht zu beeinflussen, wird die Einbringung ausschließlich in das Kapitalkonto III gebucht. Von diesem Kapitalkonto werden nach dem Gesellschaftsvertrag keine Verluste abgebucht.

LÖSUNG Der Buchwertansatz nach § 24 UmwStG ist nicht möglich, da der Gesellschafter als Gegenleistung für die Einbringung keine Gesellschaftsrechte erwirbt. Eine Übertragung nach § 6 Abs. 5 Satz 3 Nr. 1 EStG ist in diesem Fall ebenfalls nicht möglich. Die Übertragung erfolgt weder unentgeltlich (A erhält ja eine Erhöhung des Kapitalkontos III) noch gegen Gewährung von Gesellschaftsrechten (das Kapitalkonto III ist eben kein Kapitalkonto der Gesamthand und gewährt keine Gesellschaftsrechte – letztlich ist es dem Sonderbetriebsvermögen zuzurechnen). Aus diesem Grund muss A die stillen Reserven seines Einzelunternehmens nach § 16 EStG aufdecken.

Ist ein Mitunternehmer bereits zu 100 % an einer Personengesellschaft beteiligt (z. B. Ein-Personen-GmbH & Co. KG ohne kapitalmäßige Beteiligung der Komplementär-GmbH), muss sein Kapitalkonto bei einer weiteren Einbringung eines Betriebs, Teilbetriebs oder Mitunternehmeranteils erhöht werden (BMF vom 11.11.2011 a. a. O., Rz. 24.07).

§ 24 UmwStG erfasst nur die Einbringung eines Betriebs, Teilbetriebs oder eines Mitunternehmeranteils. In Anlehnung an die Rechtsprechung zu § 16 EStG (vgl. R 16 Abs. 1 EStR) müssen bei einem Betrieb alle **wesentlichen Betriebsgrundlagen** eingebracht werden. Wird auch nur eine wesentliche Betriebsgrundlage nicht eingebracht, ist § 24 UmwStG nicht anwendbar. In diesem Fall sind die stillen Reserven des eingebrachten Betriebs vollständig aufzudecken (Tausch Betrieb gegen Gesellschaftsanteile; § 6 Abs. 6 EStG).

Wird eine wesentliche Betriebsgrundlage kurz vor der Einbringung veräußert, so war dies nach bisheriger Rechtsprechung schädlich. Für die Einbringung war § 24 UmwStG nicht anwendbar (sog. Gesamtplanrechtsprechung; BFH vom 06.09.2000, IV R 18/99, BStBl II 2001, 229). Diese Rechtsprechung wurde – zumindest im Rahmen des § 24 UmwStG – aufgegeben (BFH vom 09.11.2011, X R 60/09, BStBl II 2012, 638). Danach liegt kein Fall des § 42 AO vor, wenn vor der Einbringung eines Betriebs eine wesentliche Betriebsgrundlage des einzubringenden Betriebs unter Aufdeckung der stillen Reserven veräußert wird. Diese Rechtsprechung wird man auch auf die Fälle ausdehnen müssen, in denen ein Wirtschaftsgut nach § 6 Abs. 5 EStG vor der Einbringung in ein anderes Betriebsvermögen zum Buchwert übertragen wird. Wirtschaftsgüter, die keine wesentliche Betriebsgrundlage sind (z. B. Honorarforderungen eines Steuerberaters), konnten – auch nach der alten Rechtsprechung – stets unschädlich von der Einbringung ausgenommen werden (vgl. BFH vom 04.12.2012, VIII R 41/09, BStBl II 2014, 288).

Wird ein Mitunternehmeranteil eingebracht, so müssen auch die Wirtschaftsgüter des **Sonderbetriebsvermögens** eingebracht werden, soweit sie eine wesentliche Betriebsgrundlage darstellen.

Wird ein Betrieb oder Mitunternehmeranteil eingebracht, so kann ein Bedürfnis des Einbringenden bestehen, einzelne Wirtschaftsgüter nicht in das Gesamthandsvermögen übergehen zu lassen.

Hier besteht die Möglichkeit, Wirtschaftsgüter, die zum Betriebsvermögen des Einzelunternehmens oder der bisherigen Mitunternehmerschaft gehörten, künftig als Sonderbetriebsvermögen zu führen, da das Sonderbetriebsvermögen steuerlich zum Vermögen der Mitunternehmerschaft gehört (das Ergebnis des Sonderbetriebsvermögens wird nach § 15 Abs. 1 Nr. 2 EStG erfasst).

Arzt A betreibt in einem Ärztehaus (BW 100 000 €, TW 500 000 €) eine Röntgenarztpraxis (Teilwert ohne Gebäude 300 000 €). Er möchte die Kollegin K in die Praxis gegen eine Einlage von 300 000 € als Teilhaberin aufnehmen. A hat jedoch kein Interesse daran, das Praxisgebäude in die künftige GbR einzubringen. K sieht auch keine Möglichkeiten, den Kauf des hälftigen Gebäudes zu finanzieren.

LÖSUNG A kann das Praxisgebäude an die neue Praxis-GbR vermieten (SBV I). Für die Anwendung des § 24 UmwStG ist dies unschädlich.

5.7.3 Rechtsfolgen bei Buchwertansatz

5.7.3.1 Bilanzierung und Abschreibung der Wirtschaftsgüter

Setzt die aufnehmende Gesellschaft die Wirtschaftsgüter des einbringenden Gesellschafters mit den Buchwerten an, so entsteht bei dem einbringenden Gesellschafter kein Einbringungsgewinn.

Die weitere Abschreibung der eingebrachten Wirtschaftsgüter richtet sich nach **§ 23 Abs. 1 UmwStG**; dies bedeutet, dass die AfA wie bisher weitergeführt wird.

Ist die Dauer der Zugehörigkeit eines Wirtschaftsguts zum Betriebsvermögen für Besteuerung bedeutsam (vgl. z. B. § 6b Abs. 4 Nr. 2 EStG), so ist der Zeitraum seiner Zugehörigkeit zum Betriebsvermögen des einbringenden Mitunternehmers der übernehmenden Personengesellschaft anzurechnen (Verweisung auf § 4 Abs. 2 Satz 3 UmwStG).

5.7.3.2 Korrekturen mittels Ergänzungsbilanzen

Werden die eingebrachten Wirtschaftsgüter mit dem Buchwert oder einem Zwischenwert angesetzt, so spiegelt sich im Kapitalkonto der einbringenden Gesellschafter der gemeine Wert des Gesellschafterbeitrags nicht wider. Dies kann insbesondere dann zu Verwerfungen führen, wenn ein Gesellschafter Geld und der andere einen Betrieb oder Mitunternehmeranteil zum Buchwert einbringt.

In diesem Fall empfiehlt es sich, mittels Ergänzungsbilanzen die Kapitalkonten entsprechend zu korrigieren. § 24 Abs. 2 Satz 1 UmwStG erlaubt ausdrücklich die Möglichkeit der Bildung von Ergänzungsbilanzen zur Ausübung des Bewertungswahlrechtes durch die übernehmende Personengesellschaft. Mittels der (steuerlichen) Ergänzungsbilanzen kann jeder beliebige Wertansatz unterhalb des gemeinen Werts bestimmt werden.

Je nach Wunsch der Gesellschafter können die Wirtschaftsgüter in der Gesamthandsbilanz mit dem **Buchwert** oder mit dem **gemeinen Wert** angesetzt werden. Die Korrekturen erfolgen dann mittels positiver bzw. negativer Ergänzungsbilanzen (vgl. auch BMF vom 11.11.2011 BStBl II 2011, 1314, Rz. 24.13 ff.).

Auf jeden Fall sind die Ansätze einer negativen oder positiven Ergänzungsbilanz entsprechend dem Verbrauch, der Abnutzung oder Veräußerung der Wirtschaftsgüter des Gesellschaftsvermögens korrespondierend zur Gesamthandsbilanz weiter zu entwickeln.

Gesellschafter der AB-OHG sind die natürlichen Personen A und B zu je 50 %. Zum 31.12.2015 sieht die Bilanz der OHG wie folgt aus:

Aktiva			Passiva
Gebäude	100 000 €	Kapital A	300 000 €
Diverse Wirtschaftsgüter	500 000 €	Kapital B	300 000 €
	600 000 €		600 000 €

Die gemeinen Werte belaufen sich zum 31. 12. 2015 auf: Gebäude 300 000 €, diverse Wirtschaftsgüter 500 000 € und Firmenwert 400 000 €, insgesamt also 1,2 Mio. €.

Auf den 01. 01. 2016 soll ein neuer Gesellschafter C aufgenommen werden. Vereinbarungsgemäß soll C eine Bareinlage i. H. v. 600 000 € (entspricht jeweiliger Wert der MU-Anteile von A und B vor Einbringung) leisten. Gesellschafter A und B wollen auf jeden Fall die Aufdeckung stiller Reserven vermeiden.

LÖSUNG Die Aufnahme eines weiteren Gesellschafters in eine bestehende OHG stellt nach § 24 UmwStG die Gründung einer neuen OHG dar, in die die bisherigen Gesellschafter ihre Mitunternehmeranteile einbringen. Zur Vermeidung der Aufdeckung stiller Reserven können die Altgesellschafter A und B ihre Mitunternehmeranteile nach § 24 UmwStG zum Buchwert einbringen. Würde man in der Gesamthandsbilanz der neu entstandenen ABC-OHG die Kapitalkonten von A und B mit den bisherigen Buchwerten ansetzen, so würden die Kapitalkonten die Beteiligung an der OHG nicht mehr wiedergeben, da C ein Kapitalkonto von 400 000 € (Bareinlage) ausweisen würde. Aus diesem Grund empfiehlt es sich, in der Gesamthandsbilanz die gemeinen Werte anzusetzen:

Aktiva			Passiva
Gebäude	300 000 €	Kapital A	600 000 €
Diverse Wirtschaftsgüter	500 000 €	Kapital B	600 000 €
Bank	600 000 €	Kapital C	600 000 €
Firmenwert	400 000 €		
	1,8 Mio. €		1,8 Mio. €

Um nun im Ergebnis eine Buchwertfortführung für A und B zu erreichen, muss für jeden der Altgesellschafter eine negative Ergänzungsbilanz erstellt werden:

Aktiva			Passiva
Minderkapital A (bzw. B)	300 000 €	Minderwert Gebäude	100 000 €
		Minderwert Firmenwert	200 000 €
	300 000 €		300 000 €

Rechnet man das Kapital der Gesamthandsbilanz und das Kapital der negativen Ergänzungsbilanz zusammen, ergibt sich der bisherige Buchwert der Mitunternehmeranteile von 300 000 €.

Die Gesellschafter hätten aber auch folgenden Weg wählen können (vgl. Beispiel in BMF vom 11. 11. 2011 BStBl II 2011, 1314, Rz. 24.14): Ansatz der Wirtschaftsgüter in der Gesamthandsbilanz mit den Buchwerten und paritätischen Kapitalkonten:

Aktiva			Passiva
Gebäude	100 000 €	Kapital A	400 000 €
Diverse Wirtschaftsgüter	500 000 €	Kapital B	400 000 €
Bank	600 000 €	Kapital C	400 000 €
	1,2 Mio. €		1,2 Mio. €

Damit ist das Kapitalkonto von A und B um jeweils 100 000 € zu hoch ausgewiesen, um eine Buchwertfortführung zu erreichen. Das Kapitalkonto von C gibt demgegenüber nicht seine tatsächliche Einlage wider. Damit sind für A und B jeweils negative und für C eine positive Ergänzungsbilanz zu erstellen:

Aktiva			Passiva
Minderkapital A (bzw. B)	100 000 €	Minderwert Gebäude	33 333 €
		Minderwert Firmenwert	66 667 €
Summe	100 000 €		100 000 €

Aktiva				Passiva
Mehrwert Gebäude	66 666 €	Mehrkapital C		200 000 €
Mehrwert Firmenwert	133 334 €			
	200 000 €			200 000 €

5.7.4 Rechtsfolgen bei Zwischenwertansatz

Bei Ansatz von Zwischenwerten sind die in den Wirtschaftsgütern, Schulden und steuerfreien Rücklagen ruhenden stillen Reserven um einen **einheitlichen** Prozentsatz aufzulösen. Es ist damit nicht möglich, die stillen Reserven einzelnen Wirtschaftsgütern (z. B. schnell abschreibbaren Maschinen) überproportional zuzuweisen.

Zu diesem Zweck muss zunächst festgestellt werden, in welchen Wirtschaftsgütern stille Reserven enthalten sind (einschließlich einer Rücklage nach § 6b EStG) und wie viel sie insgesamt betragen. Diese stillen Reserven sind dann gleichmäßig um den Prozentsatz aufzulösen, der dem Verhältnis des aufzustockenden Betrags zum Gesamtbetrag der vorhandenen stillen Reserven des eingebrachten Betriebsvermögens entspricht.

Da § 23 Abs. 3 UmwStG im Gegensatz zu § 23 Abs. 1 UmwStG nicht auf § 4 Abs. 2 Satz 3 UmwStG verweist, greift die Besitzzeitanrechnung bei Einbringung zu Zwischenwerten nicht.

Nach §§ 12 Abs. 3, 23 Abs. 3 UmwStG ist die weitere AfA nach der Einbringung nach der bisherigen Abschreibungsmethode vorzunehmen. Bemessungsgrundlage sind aber die um den Aufstockungsbetrag erhöhten Anschaffungs- bzw. Herstellungskosten. Für die Frage der Abschreibung kommt es nicht darauf an, ob die Einbringung im Wege der Einzel- oder der Gesamtrechtsnachfolge erfolgt.

Bei einem Zwischenwertansatz ergibt sich für den Einbringenden ein **laufender** (auch gewerbesteuerpflichtiger) **Gewinn**, da § 16 EStG nur im Falle des Ansatzes der gemeinen Werte anwendbar ist.

BEISPIEL

Ein Einzelunternehmen soll in eine GmbH & Co. KG umgewandelt werden, wobei der bisherige Einzelunternehmer neben der Komplementär-GmbH einziger Gesellschafter werden soll. Die Bilanz des Einzelunternehmers sieht zum Umwandlungsstichtag wie folgt aus:

Aktiva			Passiva
Grundstück	100 000 €	Kapital	400 000 €
Gebäude	300 000 €		
	400 000 €		400 000 €

Der gemeine Wert des Grundstücks beträgt 300 000 €, der des Gebäudes 600 000 €; der Firmenwert beläuft sich auf 500 000 €. Die Anschaffungskosten des Gebäudes betrugen 400 000 €, die bisher mit 3 % p. a. abgeschrieben wurden.

Die aufnehmende GmbH & Co. KG wählt den Zwischenwertansatz; es sollen 20 % der stillen Reserven aufgedeckt werden.

LÖSUNG Handelsrechtlich fällt der Vorgang nicht unter das UmwG, da ein Einzelunternehmen kein verschmelzungsfähiger Rechtsträger ist (vgl. § 3 UmwG). Handelsrechtlich ist daher nur die Einzelrechtsnachfolge möglich.

Steuerrechtlich fällt die Umwandlung in den Anwendungsbereich des § 24 UmwStG, da ein vollständiger Betrieb in die Personengesellschaft eingebracht wird. Die aufnehmende Personengesellschaft kann die Wirtschaftsgüter des Einzelunternehmens nach § 24 UmwStG mit einem zwischen dem Buchwert und dem gemeinen Wert liegenden Wert ansetzen (Zwischenwert). Die stillen Reserven des Firmenwerts sind erst aufzudecken, wenn die stillen Reserven in den übrigen Wirtschaftsgütern vollständig aufgedeckt sind. Damit sieht die Eröffnungsbilanz der GmbH und Co. KG unter Berücksichtigung einer Aktivierung von 20 % der stillen Reserven wie folgt aus (die Beteiligung der Komplementär-GmbH wird aus Vereinfachungsgründen außer Betracht gelassen).

Aktiva			Passiva
Grundstück	140 000 €	Kapital Mitunternehmer E	600 000 €
Gebäude	360 000 €		
Firmenwert	100 000 €		
	600 000 €		600 000 €

Da der Einzelunternehmer E in der Schlussbilanz seines Einzelunternehmens 20 % der stillen Reserven aufdecken muss, erzielt er einen laufenden Veräußerungsgewinn i. H. v. (600 000 € ./. 400 000 € =) 200 000 €. Die GmbH & Co. KG schreibt das Gebäude nach § 23 Abs. 3 UmwStG aus einer Bemessungsgrundlage i. H. v. (400 000 € + 40 000 € =) 440 000 € nach § 7 Abs. 4 Nr. 1 EStG mit 3 % p. a. ab. Die AfA beträgt danach 13 200 €.

5.7.5 Rechtsfolgen bei Ansatz der gemeinen Werte

Wählt die übernehmende Personengesellschaft nach § 24 UmwStG den Ansatz der gemeinen Werte, so sind alle stillen Reserven des eingebrachten Betriebs, Teilbetriebs oder Mitunternehmeranteils aufzudecken. für eine Rücklage nach § 6b EStG.

Die Aufdeckung aller stiller Reserven wird wie eine Betriebsveräußerung behandelt (§§ 24 Abs. 3 UmwStG, 16, 34 EStG).

Wird nur ein Teil eines Mitunternehmeranteils eingebracht, so ist zwar § 24 UmwStG grundsätzlich anwendbar. Die §§ 16, 34 EStG sind aber nicht anwendbar, da § 16 Abs. 1 Nr. 2 EStG ausdrücklich die Veräußerung eines ganzen Mitunternehmeranteils verlangt.

Für die weitere Abschreibung ist nach § 23 Abs. 4 UmwStG ist danach zu differenzieren, ob die Einbringung im Wege der **Einzel-** oder **Gesamtrechtsnachfolge** erfolgt.

Liegt eine Gesamtrechtsnachfolge vor, so wird der Aufstockungsbetrag (= die aufgedeckten stillen Reserven) wie nachträgliche Anschaffungskosten behandelt. Insbesondere bleibt die Abschreibungsmethode unverändert.

Im Falle der Einzelrechtsnachfolge, wird die Übertragung der einzelnen Wirtschaftsgüter wie eine entgeltliche Veräußerung beurteilt.

BEISPIEL

Wie Beispiel oben; die aufnehmende GmbH & Co. KG wählt den Ansatz der gemeinen Werte.
LÖSUNG Da sämtliche stillen Reserven des Einzelunternehmens aufgedeckt werden, kann U grundsätzlich die Vergünstigung der §§ 16, 34 EStG in Anspruch nehmen (§ 24 Abs. 3 UmwStG).
Die Eröffnungsbilanz der GmbH & Co. KG sieht dann wie folgt aus:

Aktiva			Passiva
Grundstück	300 000 €	Kapital	1 400 000 €
Gebäude	600 000 €		
Firmenwert	500 000 €		
	1 400 000 €		1 400 000 €

Da es sich bei dieser Umwandlung um einen Fall der Einzelrechtsnachfolge handelt (s. oben), ist nach § 23 Abs. 4 UmwStG die Bemessungsgrundlage neu festzulegen; dies ist nun identisch mit dem gemeinen Wert (entspricht Kaufpreis); die Abschreibung erfolgt nach § 7 Abs. 4 Nr. 1 EStG mit 3 % (wie bisher). Die AfA ist somit jährlich mit (600 000 € × 3 % =) 18 000 € vorzunehmen.

5.7.5.1 Rückwirkung

Das UmwG sieht in § 17 Abs. 2 Satz 4 UmwG die Möglichkeit vor, die Wirkungen einer Verschmelzung auf einen maximal **acht Monate** vor der Anmeldung liegenden Stichtag zurück zu beziehen.

Erfolgt die Einbringung i. S. d. § 24 UmwStG durch Anwendung des UmwG (= im Wege der Gesamtrechtsnachfolge), so kann auch steuerlich nach **§ 24 Abs. 4** i. V. m. § 20 Abs. 5 und 6 UmwStG ein maximal acht Monate zurückliegender Stichtag gewählt werden.

BEISPIELE

a) Die XY-GbR mit den Gesellschaftern A, B und C nimmt den D als weiteren Gesellschafter gegen Bareinlage auf. Der Gesellschaftsvertrag wird am 15. 02. 2016 geschlossen. Aus Vereinfachungsgründen wollen die Gesellschafter eine rückwirkende Aufnahme zum 31. 12. 2015.

LÖSUNG Da eine GbR nach § 3 UmwG kein verschmelzungsfähiger Rechtsträger ist, kann die Umwandlung handelsrechtlich nur im Wege der Einzelrechtsnachfolge erfolgen. Damit ist nach § 24 Abs. 4 UmwStG eine rückwirkende Einbringung auch steuerlich nicht möglich.

b) Die A-KG und die B-KG werden zur neuen C-KG verschmolzen.

LÖSUNG Da eine KG ein verschmelzungsfähiger Rechtsträger i. S. v. § 3 UmwG ist, kann steuerlich ein bis zu acht Monate zurückliegender Verschmelzungsstichtag gewählt werden. Nach § 24 Abs. 4 UmwStG kann auch steuerlich die Einbringung rückwirkend auf den 31. 12. 2013 erfolgen.

5.7.5.2 Einbringung von Beteiligungen

Soweit im Rahmen einer Einbringung nach § 24 Abs. 1 UmwStG Anteile an einer Körperschaft eingebracht werden und die aufnehmende Personengesellschaft die Beteiligung mit dem Buchwert oder einen Zwischenwert ansetzt, gilt nach § 24 Abs. 5 UmwStG eine Sperrfrist von sieben Jahren. Wird die Beteiligung innerhalb dieses Zeitraums veräußert, so sind die Grundsätze der sperrfristverhafteten Anteile (§ 22 UmwStG; s. oben) anzuwenden.

5.7.5.3 Rechtsfolgen von Zuzahlungen

Erhält der Einbringende neben dem Mitunternehmeranteil an der Personengesellschaft eine Zuzahlung, die nicht Betriebsvermögen der Personengesellschaft wird, so ist davon auszugehen, dass der Einbringende Eigentumsanteile an den Wirtschaftsgütern des Betriebs veräußert und die ihm verbliebenen Eigentumsanteile für eigene Rechnung sowie die veräußerten Eigentumsanteile für Rechnung des zuzahlenden Gesellschafters in das Betriebsvermögen der Personengesellschaft einlegt (BMF vom 11. 11. 2011 BStBl II 2011, 1314, Rz. 24.08 ff.).

Der Gewinn, der durch eine Zuzahlung in das Privatvermögen des Einbringenden entsteht, kann nicht durch Erstellung einer negativen Ergänzungsbilanz vermieden werden (BFH vom 08. 12. 1994 BStBl II 1995, 599). Eine Zuzahlung liegt auch vor, wenn mit ihr eine zugunsten des Einbringenden begründete Verbindlichkeit der Gesellschaft getilgt wird.

Die Veräußerung der Anteile an den Wirtschaftsgütern ist ein Geschäftsvorfall des einzubringenden Betriebs. Der hierbei erzielte Veräußerungserlös stellt einen **laufenden Gewinn** dar, da ja nur Teile des Betriebsvermögens veräußert werden (kein § 16 EStG). Der Veräußerungserlös wird vor der Einbringung aus dem Betriebsvermögen entnommen. Anschließend wird der Betrieb so eingebracht, wie er sich nach der Entnahme des Veräußerungserlöses darstellt.

Für den eingebrachten Betrieb ist – trotz der Zuzahlung – das Wahlrecht des § 24 UmwStG anzuwenden.

BEISPIEL

X, Y und Z gründen die X-KG, an der jeder zu einem Drittel beteiligt sein soll. X und Y erbringen ihre Einlage durch Zahlung von je 100 000 €. Z bringt sein Einzelunternehmen ein (Buchwert 100 000 €, TW 400 000 €). X und Y zahlen an Z zum Ausgleich dafür, dass sein Unternehmen mehr wert ist als ihre Bareinlage jeweils 100 000 €.

LÖSUNG In einem ersten Schritt veräußert Z 200/400 der Wirtschaftsgüter seines Einzelunternehmens. Daraus resultiert ein laufender Gewinn in Höhe von (200 000 € abzgl. der Hälfte der Buchwerte i. H. v. 50 000 € =) 150 000 €.

Der Veräußerungsgewinn wird von Z aus seinem Einzelunternehmen entnommen. X und Y haben Wirtschaftsgüter im Wert von jeweils 100 000 € erworben, die sie in die neue Personengesellschaft einlegen. Damit erhöht sich ihr Kapital auf insgesamt 200 000 € (100 000 € Bareinlage zzgl. Wirtschaftsgüter im Wert von 100 000 €).

Das Unternehmen des Z hat damit noch einen Buchwert von 50 000 € und einen gemeinen Wert von 200 000 € (der Veräußerungsgewinn i. H. v. 150 000 € hat das einzubringende Kapital nicht erhöht, da er als entnommen gilt. Bei der Einbringung des Betriebs kann die Personengesellschaft das Betriebsvermögen nach § 24 UmwStG zum Buchwert, Zwischenwert oder gemeinen Wert ansetzen.

Setzt die aufnehmende Personengesellschaft die Wirtschaftsgüter mit dem gemeinen Wert an, so sind für den Einbringungsgewinn die §§ 16, 34 EStG anwendbar. Da die Veräußerung der Wirtschaftsgüter gegen die Zuzahlung im wirtschaftlichen Zusammenhang mit der Einbringung erfolgte, fällt auch der durch die Zuzahlung realisierte Gewinn unter §§ 16, 34 EStG (BMF vom 11. 11. 2011 BStBl II 2011, 1314, Rz. 24.12).

BEISPIEL

Wie Beispiel oben. Die X-KG setzt die Wirtschaftsgüter des Einzelunternehmens des Z mit dem gemeinen Wert an. Damit erzielt Z einen begünstigten Einbringungsgewinn i. H. v. 300 000 €.

Kapitel V
Haftungsfragen bei Gesellschaften

Teil A   Vorbemerkung

Der steuerrechtliche Begriff der »Haftung« bedeutet, dass jemand für fremde Schulden einzustehen hat. Diese Abhängigkeit der Haftungsschuld von der Erstschuld (i. d. R. Steuerschuld) bezeichnet man als Akzessorietät der Haftung. Folglich kann der Haftungsanspruch nur entstehen, wenn die Erstschuld entstanden ist. Ist die Erstschuld erloschen, hat dies grundsätzlich auch entsprechende Auswirkungen auf die Haftungsschuld. Der Erlass eines Steuerbescheids ist keine Voraussetzung für die Inanspruchnahme des Haftenden. Aus dem Grundsatz der Akzessorietät ergibt sich aber, dass der Haftungsbescheid rechtswidrig ist, wenn er einen höheren Betrag festsetzt als die entstandene Steuerschuld.

Entsprechend dem Aufbau des Besteuerungsverfahrens unterscheidet man auch im Haftungsrecht zwischen Anspruch, Festsetzung und Erhebung.

Nach § 191 Abs. 1 AO kann als Haftungsschuldner herangezogen werden, wer kraft Gesetzes für eine Steuer haftet. Das Gesetz benutzt insoweit den Begriff »Steuer«, um die Erstschuld zu bezeichnen, jedoch darf der Begriff »Steuer« nicht eng i. S. d. § 3 Abs. 1 AO ausgelegt werden, da er auch die steuerlichen Nebenleistungen i. S. d. § 3 Abs. 4 AO mit umfasst sowie eine Haftung für Haftungsschulden vorkommen kann.

BEISPIEL

Die GmbH haftet als Arbeitgeber für die Lohnsteuer (§ 42d EStG), der Geschäftsführer der GmbH haftet als gesetzlicher Vertreter der GmbH für diese Haftungsschuld (§ 69 AO). Hier kommt es also zu einer »doppelstöckigen Haftung«.

Infolge der »Akzessorietät« der Haftung vom Bestehen einer Erstschuld, muss ein Haftungsbescheid unterbleiben, wenn

- der Steueranspruch gegen den Steuerschuldner nicht mehr geltend gemacht werden kann, weil Festsetzungsverjährung eingetreten ist (§ 191 Abs. 5 Nr. 1 AO),
- die Steuerschuld vom Steuerschuldner nicht mehr gefordert werden kann, weil Zahlungsverjährung eingetreten ist (§ 191 Abs. 5 Nr. 2 1. Alt. AO),
- die Steuerschuld dem Steuerschuldner erlassen worden ist (§ 191 Abs. 5 Nr. 2 2. Alt. AO),
- die Steuerschuld durch Erfüllung, wie Zahlung oder Aufrechnung, erloschen ist (§ 44 Abs. 2 AO).

Die Regelungen in § 191 Abs. 5 Nr. 1 und 2 AO gelten nicht, wenn der Haftungsschuldner (als Täter!) Steuerhinterziehung oder Hehlerei begangen hat (§ 191 Abs. 5 Satz 2 AO; Durchbrechung der Akzessorietät).

Haftungs- und Steuerschuldner stehen nebeneinander als »**unechte Gesamtschuldner**«. Dies führt zu folgenden Besonderheiten:

Echte Gesamtschuld, z. B. Zusammenveranlagung von Ehegatten zur ESt	**Unechte Gesamtschuld**, z. B. Haftungsschuldner und Steuerschuldner
§ 155 Abs. 3 AO ist anwendbar.	§ 155 Abs. 3 AO ist nicht anwendbar.
§ 219 Satz 1 AO gilt nicht.	§ 219 Satz 1 AO gilt.

Haftungsansprüche sind Ansprüche aus dem Steuerschuldverhältnis (§ 37 AO). Nach Lage des zu beurteilenden Sachverhaltes können mehrere Haftungstatbestände eingreifen. Diese können vom Finanzamt nebeneinander geltend gemacht werden. Im Hinblick auf das dabei zu beachtende Haftungsverfahren ist zu unterscheiden zwischen gesetzlichen und vertraglichen Haftungstatbeständen. Da die Haftungsbestimmungen sehr unterschiedlich sind im Hinblick auf Voraussetzungen, Art und Umfang der Haftung, sind sie in der Klausur ebenso wie in der Praxis regelmäßig kumulativ zu prüfen. Haftungsvorschriften finden sich sowohl in der AO als auch in Einzelsteuergesetzen. Darüber hinaus begründen u. U. auch zivilrechtliche Haftungsvorschriften eine öffentlich-rechtliche Haftung, da **§ 191 Abs. 1 AO** als Voraussetzung für die Inhaftungnahme nur einen **Haftung nach »Gesetz«** verlangt. Beruht die Haftung hingegen auf einer zivilrechtlichen **Haftung kraft Vertrages** (z. B. Bürgschaft, § 765 BGB), ist die Haftung gem. **§ 192 AO** nach dem bürgerlichen Recht, d. h. durch Klage vor einem Zivilgericht geltend zu machen.

Teil B   Haftung der »Vertreter« nach § 69 AO

»Vertreter« haften nach § 69 AO wie folgt:

Tatbestand	Rechtsfolge
• Haftender Personenkreis: »Vertreter« u. a. • Pflichtverletzung • Haftungsschaden • Verschulden • Kausalität	**Haftung des Vertreters** **Umfang der Haftung:** Die Haftung ist persönlich und unbeschränkt, d. h., es kann vom Finanzamt in das Privatvermögen des Haftenden vollstreckt werden.

1   Haftender Personenkreis

Der nach § 69 AO haftende Personenkreis bestimmt sich gem. §§ 34 und 35 AO. Als gesetzliche Vertreter juristischer Personen sind Vorstände einer Aktiengesellschaft (§ 78 AktG), einer Genossenschaft (§ 24 GenG), Geschäftsführer einer GmbH (§ 35 GmbHG), Liquidatoren (§§ 88 GenG, 68 GmbHG, 269 AktG, 26 Abs. 2, 48 Abs. 2 BGB) sowie die Geschäftsführer nicht-rechtsfähiger Personenvereinigungen und die Gesellschafter einer GbR, die durch Gesellschaftsvertrag zur Geschäftsführung berufen sind (§ 714 BGB) mögliche Haftungsschuldner.

Bei Personengesellschaften sind deren gesetzliche Vertreter (Geschäftsführer) mögliche Haftungsschuldner. Dies sind die oHG-Gesellschafter und Partner einer PartG bzw. PartGmbB sowie Komplementäre der KG, die jeweils nicht von der Geschäftsführung ausgeschlossen worden sind (§§ 125, 170 HGB, § 7 Abs. 3 PartGG); dagegen bei der GbR alle Gesellschafter gemeinsam bzw. gesamthänderisch (§§ 709, 714 BGB), außer dies ist durch Gesellschaftsvertrag anders geregelt (§§ 710, 714 BGB); Vertreterin einer GmbH & Co. KG ist die GmbH (gesetzl. vertreten durch ihre Geschäftsführer).

Daneben kennt die Rechtsprechung noch den »Strohmann-Geschäftsführer«. Hierzu führte der BFH vom 11.03.2004 (BStBl II 2004, 579) aus: »Die steuerlichen Pflichten ergeben sich aus der nominellen Bestellung zum Geschäftsführer ohne Rücksicht darauf, ob die Geschäftsführung auch tatsächlich ausgeübt werden kann und ob sie ausgeübt werden soll.« Wenn sich die Geschäftsführerin in der Gesellschaft nicht durchsetzen und ihrer Rechtsstellung gemäß handeln kann, muss sie als Geschäftsführerin zurücktreten »und darf nicht im Geschäftsverkehr den Eindruck erwecken, als sorge sie für die ordnungsgemäße Abwicklung der Geschäfte«.

Die steuerlichen Pflichten des Geschäftsführers beginnen mit seiner Bestellung und enden mit seinem Ausscheiden als Geschäftsführer oder mit dem Erlass eines Verfügungsverbots im Insolvenzverfahren (z. B. nach § 21 Abs. 2 Nr. 2 InsO). Die Geschäftsführereigenschaft endet im Fall des Ausscheidens mit dem Zugang des Widerrufs beim Geschäftsführer oder mit der Erklärung der Amtsniederlegung durch den Geschäftsführer; auf die Eintragung im Handelsregister kommt es hinsichtlich der Haftung nicht an. Eine einmal begründete Haftung des Geschäftsführers bleibt aber auch nach Beendigung seiner Tätigkeit bestehen, da die während der Zeit der Vertretungsbefugnis entstandenen Pflichten nicht mit dem Erlöschen der Vertretungsmacht entfallen (§ 36 AO).

Was gilt, wenn die Vertretungsbefugnis auf mehrere Vertreter verteilt ist? Hier spricht man von einer mehrköpfigen gesetzlichen Vertretung: Sind in einer Personengesellschaft oder in einer GmbH mehrere Geschäftsführer bestellt, trifft grundsätzlich jeden von ihnen die Verantwortung für die Erfüllung der steuerlichen Pflichten der Gesellschaft – sog. Gesamtverantwortung sämtlicher gesetzlicher Vertreter. Diese kann aber durch eine schriftliche und eindeutige Aufgabenverteilung eingeschränkt werden. Dabei muss der mit der Wahrnehmung der steuerlichen Pflichten beauftragte Vertreter von seinen Kenntnissen und seiner Person her die Gewähr dafür bieten, dass er die ihm übertragenen Pflichten ordnungsgemäß erfüllt. Liegen diese Voraussetzungen vor, treffen die steuerlichen Pflichten in erster Linie diesen Geschäftsführer; es verbleibt jedoch beim nicht zuständigen Vertreter dennoch eine generelle Überwachungspflicht. Die Verantwortung der anderen Geschäftsführer wird dadurch aber nicht im Ganzen aufgehoben (vgl. z. B. § 37 Abs. 2 Satz 2 GmbHG). Vielmehr tritt der Umfang ihrer Pflichten nur insoweit und solange zurück, wie für sie unter den Maßstäben der Sorgfalt eines ordentlichen Kaufmannes (§ 43 Abs. 1 GmbHG) kein Anlass besteht anzunehmen, die steuerlichen Pflichten der Gesellschaft würden nicht exakt erfüllt. Die Gesamtverantwortung aller Geschäftsführer wird spätestens dann wirksam, wenn – wie z. B. in finanziellen Krisensituationen – die laufende Erfüllung aller Verbindlichkeiten nicht mehr gewährleistet ist und infolgedessen Unregelmäßigkeiten in der Erklärung der Steuern oder der Erfüllung der Steuerschulden zu besorgen sind, oder wenn die Person des für die steuerlichen Belange primär zuständigen Geschäftsführers diese Besorgnis rechtfertigt (FG Rheinland-Pfalz vom 10. 12. 2013, 3 K 1632/12, rechtskräftig). Der aufgrund der schriftlichen Aufgabenverteilung nicht mit steuerlichen Angelegenheiten befasste Geschäftsführer muss demnach einschreiten, wenn die Person des Mitgeschäftsführers dazu Anlass gibt oder wenn die wirtschaftliche Lage der Gesellschaft es erfordert.

Wer, ohne gesetzlicher Vertreter zu sein, wie ein gesetzlicher Vertreter auftritt, kommt als sog. »faktischer« Geschäftsführer als Haftender gem. §§ 35, 69 AO in Frage (BFH vom 11. 03. 2004 BStBl II 2004, 579). Dies kann z. B. der Leiter der inländischen Betriebsstätte einer ausländischen Gesellschaft sein, auch der Leiter der inländischen Betriebsstätte einer ausländischen Gesellschaft (BFH vom 10. 10. 1994, I B 228/93, BFH/NV 1995, 662) und der Allein- oder beherrschende Gesellschafter einer GmbH, der wie ein Geschäftsführer auftritt (BFH vom 27. 11. 1990, BStBl II 1991, 284), ebenso der alleinige Aufsichtsratsvorsitzende einer AG (BFH vom 26. 04. 2010, VII B 194/09, BFH/NV 2010, 1610); auch Prokuristen (§ 48 HGB) und Handlungsbevollmächtigte (§ 54 HGB) kommen als »faktische« Geschäftsführer infrage (BFH vom 12. 05. 1987, VII R 159/84, BFH/NV 1988, 139).

2 Die Pflichtverletzung

Die dem Geschäftsführer obliegenden Pflichten ergeben sich aus § 34 AO bzw. aus den Einzelsteuergesetzen (z. B. BFH vom 04. 09. 2002 BStBl II 2003, 223); die Verletzung bloß handelsrechtlicher Pflichten (z. B. der Pflicht zur Einleitung des Insolvenzverfahrens gem. § 64 GmbHG) vermag die Haftung nach § 69 AO nicht zu begründen (BFH vom 25. 04. 1995 BFH/NV 1996, 97).

Die zur Haftung führende Pflichtverletzung kann erfolgen
- im **Festsetzungsverfahren** durch **Nichtabgabe** von Steueranmeldungen oder Steuererklärungen oder durch Abgabe unrichtiger Steueranmeldungen oder Steuererklärungen (Verletzung der Erklärungspflichten gem. § 149 AO i. V. m. § 150 AO und der Berichtigungspflichten gem. § 153 AO) oder
- im **Erhebungsverfahren** durch **Nichtzahlung** fälliger Ansprüche aus dem Steuerschuldverhältnis (Verletzung der Steuerentrichtungspflichten nach den Einzelsteuergesetzen bzw. nach § 220 Abs. 2 AO i. V. m. § 34 Abs. 1 Satz 2 AO) oder
- durch die Verletzung von Anzeige- (§§ 137 ff. AO), Buchführungs- (§§ 140 ff. AO) und Auskunftspflichten (§§ 93 ff. AO), u. U. auch bei der Delegation von steuerlichen Pflichten.

3 Der Haftungsschaden

Als Folge der Pflichtverletzung muss ein Schaden eingetreten sein. Dieser kann darin bestehen, dass Ansprüche aus dem Steuerschuldverhältnis (§ 37 AO) nicht oder zu niedrig oder nicht rechtzeitig festgesetzt oder bei Fälligkeit nicht wurden oder nur teilweise erfüllt oder Steuervergütungen oder Steuererstattungen ohne rechtlichen Grund gezahlt wurden. Bei der Haftung nach § 69 AO handelt es sich um eine Ausfallhaftung; die Vorschrift hat Schadensersatzcharakter. Zweck der Vorschrift ist die Vermeidung von Steuerausfällen, nicht die Sanktionierung des Geschäftsführers. Im Einzelnen:

3.1 Schaden in Form der Nichtfestsetzung bzw. teilweisen Nichtfestsetzung

Der Schaden besteht darin, dass ein Anspruch, der für seine Verwirklichung der Festsetzung oder der Anmeldung bedarf (§ 218 Abs. 1 AO) überhaupt nicht oder nicht in voller Höhe festgesetzt wird. Betroffen sind alle Ansprüche aus dem Steuerschuldverhältnis (§ 37 AO) mit Ausnahme der Säumniszuschläge (§ 218 Abs. 1 2. HS AO).

BEISPIEL

Geschäftsführer A der A-GmbH hat im Januar und Februar mehrere »Schwarzgeschäfte« getätigt, um Gelder für betriebliche Investitionen zur Verfügung zu haben. Dementsprechend erfasste er diese Vorgänge nicht in den Büchern der GmbH.

LÖSUNG Der Schaden liegt zunächst darin, dass in den USt-Anmeldungen für Januar und Februar die USt teilweise nicht angemeldet und damit die USt zu niedrig festgesetzt wurde (§ 168 Satz 1 AO). Ein weiterer Schaden tritt ein, wenn aufgrund der Nichterklärung der Einkünfte die KSt und die GewSt zu niedrig und damit teilweise nicht festgesetzt werden. Die Nichterfassung der Umsätze in der USt-Jahresanmeldung führt zu keinem weiteren, über den durch die Nichtanmeldung in den USt-Monatsanmeldungen bereits eingetretenen Schaden.

3.2 Schaden in Form der nicht rechtzeitigen Festsetzung

Bei Steueranmeldungen, die bis zu einem bestimmten Zeitpunkt abzugeben sind, ist die Steuer bereits dann nicht rechtzeitig festgesetzt (§ 168 AO), wenn die Steueranmeldung verspätet abgegeben wird. Das ist selbst dann der Fall, wenn die Steueranmeldung innerhalb der Schonfrist des § 240 Abs. 3 AO abgegeben wird.

BEISPIEL

Geschäftsführer A der A-GmbH hat von den Löhnen für April i. H. v. 60 000 € am 13. 05. die LSt in zutreffender Höhe von 20 000 € angemeldet. Die April-Löhne waren am 30. April ausgezahlt worden. Zu diesem Zeitpunkt bestand eine Kreditzusage der Bank i. H. v. 2 000 000 €, die erst i. H. v. 1 400 000 € ausgeschöpft war. Am 12. 05. kündigte die Bank überraschend die Kreditzusage, die GmbH konnte die LSt nicht mehr bezahlen.

LÖSUNG Die nicht rechtzeitige Festsetzung des LSt-Anspruchs war bereits zum 11. 05. eingetreten. Die Schonfrist des § 240 Abs. 3 AO ändert nichts an der Verpflichtung, die Steuern zum gesetzlich festgelegten Termin anzumelden und zum Fälligkeitszeitpunkt zu bezahlen. Am 10. 05. war die GmbH in der Lage, die LSt zu bezahlen. Das bewusste Ausnutzen der Schonfrist stellt sich als Pflichtverletzung dar.

Bei verspäteter Abgabe der KSt- bzw. GewSt-Erklärung folgt allein aus der verspäteten Abgabe noch keine verspätete Festsetzung. Diese ist erst gegeben, wenn die Festsetzungen für den betreffenden VZ im Wesentlichen erledigt sind, sog. allgemeiner Veranlagungsschluss. Dieser tritt ein mit Ablauf des zweiten, auf das Veranlagungsjahr folgenden Kalenderjahres.

3.3 Schaden bei der Erfüllung des Anspruches

Ein Schaden in Form der Nichterfüllung bzw. teilweisen Nichterfüllung liegt vor, wenn die geschuldete Leistung zum Fälligkeitszeitpunkt nicht oder nur zum Teil erbracht wurde.

Steuervergütungen oder Steuererstattungen wurden ohne rechtlichen Grund gezahlt, wenn z. B. ein Vorsteuerüberschuss (= Vergütung) zu Unrecht ausbezahlt wurde. Diese ist ohne rechtlichen Grund gezahlt, wenn sie materiell zu Unrecht erfolgte – also der Stpfl. keinen Anspruch auf die Zahlung hatte. Die Festsetzung des Anspruches durch Vergütungsbescheid (§ 155 Abs. 4 AO) stellt – anders als beim Erstattungsanspruch nach § 37 Abs. 2 AO – keinen Rechtsgrund in diesem Sinne dar.

BEISPIEL

Die A-GmbH hat im Januar weder Ausgangsumsätze noch zum Vorsteuerabzug berechtigende Eingangsumsätze getätigt. Trotzdem gibt der Geschäftsführer A eine Umsatzsteueranmeldung für den Januar mit einem Vorsteuer-Überschuss von 20 000 € ab; der Betrag wird nach Zustimmung des Finanzamts ausgezahlt.

LÖSUNG Der Schaden liegt darin begründet, dass eine Steuervergütung von 20 000 € zu Unrecht ausgezahlt wurde. Auf die nach Zustimmung des Finanzamts vorliegende Festsetzung (§ 168 Satz 2 AO) kommt es nicht an; sie stellt keinen Rechtsgrund in diesem Sinne dar.

4 Verschulden

Neben dem objektiven Merkmal der Pflichtverletzung ist als subjektives Merkmal das Verschulden Voraussetzung der Haftung. Das Verschulden braucht sich nur auf die Pflichtverletzung, nicht auf den eingetretenen Schaden zu beziehen.

Die Haftung gem. § 69 AO tritt nur bei Vorsatz oder grober Fahrlässigkeit ein. Vorsätzlich handelt, wer mit Wissen und Wollen der Tat handelt, wer also seine steuerlichen Pflichten kennt und ihre Verletzung entweder will oder wenigstens billigend in Kauf nimmt. Grob fahrlässig handelt, wer die Sorgfalt, zu der er nach den Umständen und seinen persönlichen Kenntnissen verpflichtet und imstande war, in ungewöhnlich hohem Maße verletzt (individueller Verschuldensbegriff). Dieser Verschuldensmaßstab wird jedoch durch den Begriff des Übernahmeverschuldens objektiviert: Der Geschäftsführer kann sich nicht auf sein Unvermögen, seine Pflichten zu erfüllen, berufen. Wer den Anforderungen an einen gewissenhaften Geschäftsführer nicht entsprechen kann, muss vielmehr von der Übernahme des Geschäftsführeramtes absehen bzw. es niederlegen.

Nicht ausreichend ist die einfache Fahrlässigkeit.

Das Finanzamt trägt grundsätzlich die Feststellungslast hinsichtlich des groben Verschuldens. In bestimmten Fällen wird das grobe Verschulden aber »indiziert«, d. h. das Finanzamt darf nach der Rspr. davon ausgehen, dass der Haftungsschuldner grob schuldhaft gehandelt hat, wenn dieser nicht das Gegenteil beweisen kann. Fehler beim Bezahlen der LSt indizieren das grobe Verschulden, auf die Liquiditäts- oder Vermögenslage kommt es nicht an. Beweismaßstab: Es genügt die Wahrscheinlichkeit, dass der Haftungstatbestand erfüllt ist. Nicht erforderlich ist, dass grobes Verschulden »feststeht« bzw. »mit an Sicherheit grenzender Wahrscheinlichkeit« feststeht, denn nach überwiegender Rspr. gilt der strafprozessuale Grundsatz »in dubio pro reo« (*im Zweifel für den Angeklagten*) hier nicht (ständige Rspr., z. B. BFH vom 16.07.2009, VIII B 64/09, BStBl II 2010, 8).

BEISPIEL

Geschäftsführer A der A-GmbH hat von den Löhnen für den Lohnzahlungszeitraum April (60 000 €) am 10.05. die LSt in zutreffender Höhe von 15 000 € angemeldet. Nach Auszahlung der Löhne standen ihm keine Mittel mehr zur Bezahlung der LSt zur Verfügung. Auch andere Gläubiger wurden nicht mehr befriedigt. A macht geltend, die sich aus § 38 Abs. 4 EStG ergebende Verpflichtung nicht gekannt zu haben.

LÖSUNG A hat die Steuerentrichtungspflicht (§ 41a Abs. 1 Satz 1 Nr. 2 EStG) grob fahrlässig verletzt, denn als gewissenhafter Geschäftsführer hätte er sich entweder selbst sachkundig machen müssen oder den Rat von sachkundigen Fachleuten einholen müssen. Zieht er keine Erkundigungen über die zu beachtenden allgemeinen Pflichten des Steuerrechts ein, handelt er grob fahrlässig. Er kann sich nicht auf seine Unkenntnis berufen.

Die Haftung des Geschäftsführers tritt nur bei eigenem Verschulden ein. Bedient er sich zur Erfüllung der ihm auferlegten Pflichten dritter Personen (z. B. Angestellte, steuerliche Berater), haftet er nur dann für Steuerausfälle, die durch schuldhaftes Verhalten der beauftragten dritten Personen eingetreten sind, wenn ihn ein Auswahl- oder Überwachungsverschulden trifft. Eine allgemeine Zurechnung des Verschuldens von Erfüllungsgehilfen – etwa analog § 278 BGB – wird von der Rechtsprechung abgelehnt.

BEISPIEL

Geschäftsführer A der A-GmbH hat die Vorbereitung und Ausfüllung der USt-Voranmeldungen dem bisher zuverlässigen Buchhalter B überlassen. Seit einigen Monaten ist B dem Alkohol verfallen und arbeitet sehr unzuverlässig. Dennoch vertraut A darauf, dass B seine Aufgaben ordnungsgemäß erfüllen werde. So unterschreibt er die von B vorbereitete und ausgefüllte USt-Jahresanmeldung, ohne diese zuvor kontrolliert zu haben. Durch einige nicht erfasste Umsätze werden 40 000 € USt zu wenig angemeldet.

LÖSUNG A hat die Steueranmeldepflicht (§ 149 Abs. 1 Satz 1 AO i. V. m. § 18 Abs. 3 Satz 1 UStG) verletzt. Als Folge der Pflichtverletzung wurde der USt-Anspruch zum Teil nicht festgesetzt. Die Pflichtverletzung war grob fahrlässig. A hätte den unzuverlässigen B überwachen müssen. Unterlässt er dies im Vertrauen darauf, dass schon alles gut gehen werde, verletzt er die ihm zumutbare Sorgfaltspflicht in ungewöhnlich grobem Maße.

Ein mitwirkendes Verschulden des Finanzamtes – etwa durch längere Untätigkeit – führt nicht in entsprechender Anwendung des § 254 BGB zur Haftungsminderung; es kann allenfalls bei der Ermessensausübung über den Erlass bzw. über die Höhe des Haftungsbescheides berücksichtigt werden.

5 Kausalität zwischen Pflichtverletzung und Schaden

Die Pflichtverletzung muss für den eingetretenen Schaden ursächlich sein (s. Wortlaut des § 69 AO »infolge«); es muss also feststehen, dass ohne die Pflichtverletzung der Schaden nicht eingetreten wäre. Andererseits ergibt sich aus § 69 AO eine Haftung auch nur in Höhe des Schadens, der bei ordnungsgemäßer Erfüllung der Pflichten nicht eingetreten wäre.

Die Feststellung des Kausalzusammenhangs ist nicht nur im Falle der Haftung infolge Nichterfüllung der Steuerschuld, sondern insbesondere auch im Falle der Verletzung der Steueranmeldungs- und -erklärungspflichten erforderlich.

Ein haftungsbegründender ursächlicher Zusammenhang zwischen der nicht rechtzeitigen Abgabe der Steueranmeldung und dem Steuerausfall kann allerdings dann gegeben sein, wenn durch die Pflichtverletzung aussichtsreiche Vollstreckungsmöglichkeiten des Finanzamts vereitelt worden sind.

5.1 Grundsatz der anteiligen Tilgung

Da die Steuerentrichtungspflicht des Geschäftsführers sich darauf richtet, dass die Steuern aus den von ihm verwalteten Mitteln entrichtet werden (§ 34 Abs. 1 Satz 2 AO), findet sie ihre faktische Grenze in den verfügbaren Mitteln der vertretenen Gesellschaft. Der Fiskus kann nicht verlangen, besser als die anderen Gläubiger gestellt zu werden. Reichen deshalb bei Zahlungsschwierigkeiten im Zeitpunkt der Fälligkeit die verfügbaren Mittel nicht zur Tilgung aller Verbindlichkeiten einschließlich der Personalkosten aus, gilt der Grundsatz der anteiligen Befriedigung: Wenn der Geschäftsführer die Steuerschulden prozentual in derselben Höhe bezahlt wie die Verbindlichkeiten der anderen Gläubiger, hat er seinen Pflichten entsprochen. Der Grundsatz der anteiligen Befriedigung – auch Grundsatz der Gleichbehandlung aller Gläubiger genannt – gilt für die USt, KSt, GewSt, die pauschalierte LSt und die steuerlichen Nebenleistungen (ständige BFH-Rechtsprechung).

Für die Frage, ob der Geschäftsführer den Grundsatz der anteiligen Befriedigung verletzt hat, ist nicht auf die jeweilige Fälligkeit der einzelnen Steuerschuld, sondern auf den sog. Haftungszeitraum abzustellen. Maßgebend ist demnach der Zeitraum der Krise, d. h. die Zeit vom Einsetzen der ersten Steuersäumigkeit bis zu dem Zeitpunkt, in dem die GmbH zahlungsunfähig geworden ist (z. B. Tag des Antrags auf Eröffnung des Insolvenzverfahrens). Die Berechnung ist überschlägig vorzunehmen. Ungleichmäßigkeiten in der Zahlungsfähigkeit der GmbH während des Haftungszeitraumes können durch pauschale Abschläge von der überschlägig ermittelten durchschnittlichen Tilgungsquote ausgeglichen werden.

BEISPIELE ━━

a) Geschäftsführer A der ABC-OHG hat die USt I/2017 bis V/2017 in zutreffender Höhe angemeldet. Da sich die Gesellschaft in Liquiditätsschwierigkeiten befindet, hat er jeweils nur die Hälfte der angemeldeten USt bezahlt. Die übrigen Gläubiger der GmbH, insbesondere die Lieferanten und die Banken, wurden in dieser Zeit voll befriedigt. A macht geltend, kein Geld zur Bezahlung der restlichen USt zur Verfügung gehabt zu haben.

LÖSUNG A hat die Steuerentrichtungspflicht (§§ 34 Abs. 1 Satz 2 AO, 18 Abs. 1 Satz 3 UStG) verletzt, da er die Steuerschulden schlechter behandelt hat als die anderen Verbindlichkeiten. Er ist verpflichtet, die USt in gleichem Umfang zu tilgen wie die Verbindlichkeiten anderer Gläubiger.

b) Aus den vom Geschäftsführer A der A-GmbH abgegebenen USt-Voranmeldungen ergaben sich folgende Umsatzsteuervorauszahlungen bzw. Vorsteuerüberschüsse:

USt I/2017	+	20 000 €
USt II/2017	./.	15 000 €
USt III/2017	+	30 000 €
USt IV/2017	./.	10 000 €

Da sich die A-GmbH in Liquiditätsschwierigkeiten befand, hat A die USt nicht bezahlt. Die anderen Gläubiger wurden in diesem Zeitraum ungefähr zur Hälfte befriedigt. Das Finanzamt verrechnete die Steuerschulden mit den Vorsteuerüberschüssen.

LÖSUNG A hat zwar die Steuern nicht in zutreffender Höhe entrichtet (§ 18 Abs. 1 Satz 3 UStG), jedoch den Grundsatz der anteiligen Tilgung der Umsatzsteuer nicht verletzt. Die in den Vorauszahlungszeiträumen I/2017 und III/2017 verbliebene Steuerschuld wurde zum Teil mit Vorsteuerüberschüssen anderer Vorauszahlungszeiträume (II/2017 und IV/2017) verrechnet. Dadurch fanden Tilgungen statt, die als Zahlungen auf die USt-Schuld anzusehen sind.

Da Abzugsteuern als treuhänderische Fremdgelder vorrangig vor sonstigen Verbindlichkeiten an das Finanzamt abzuführen sind, gilt der Grundsatz der anteiligen Tilgung nicht für die LSt (§§ 38, 41a, 42d EStG). Danach darf der Arbeitgeber unabhängig vom Umfang der Befriedigung der übrigen Gläubiger das Finanzamt hinsichtlich der LSt nicht schlechter behandeln als die Arbeitnehmer hinsichtlich der ausgezahlten Nettolöhne. Reichen die zur Verfügung stehenden Mittel der »Arbeitgeber«-Gesellschaft nicht zur Zahlung der vollen Löhne einschließlich der LSt aus, darf der Geschäftsführer die Löhne nach § 38 Abs. 4 EStG nur gekürzt auszahlen und er muss aus den dann übrig bleibenden Mitteln die entsprechende LSt an das Finanzamt abführen. Bei der LSt besteht somit die Pflicht einer gleichmäßigen Befriedigung von Finanzamt und Arbeitnehmern. Diese Verpflichtung gilt auch für den eigenen Arbeitslohn des Geschäftsführers.

BEISPIEL

Geschäftsführer A der A-GmbH hat von den Löhnen für April 2017 (60 000 €) am 10.05.2017 die LSt in zutreffender Höhe von 15 000 € angemeldet. Nach Auszahlung der Löhne standen ihm keine Mittel mehr zur Bezahlung der LSt zur Verfügung. Auch andere Gläubiger wurden nicht mehr befriedigt.
LÖSUNG A hat die Steuerentrichtungspflicht (§ 41a Abs. 1 Satz 1 Nr. 2 EStG) verletzt. Reichen die zur Verfügung stehenden Mittel der GmbH nicht zur Zahlung der vollen Löhne einschließlich der LSt aus, darf der Geschäftsführer die Löhne nur gekürzt als Vorschuss oder Teilbetrag auszahlen, und er muss aus den dann übrig bleibenden Mitteln die entsprechende LSt an das Finanzamt abführen. A ist dieser Verpflichtung nicht nachgekommen, folglich haftet der gem. § 69 AO.

5.2 Feststellung des Haftungsumfangs

Das Finanzamt kann vom Geschäftsführer die zur Feststellung des Haftungsumfangs notwendigen Auskünfte über die anteilige Gläubigerbefriedigung im Haftungszeitraum verlangen. Befinden sich nach Eröffnung des Insolvenzverfahrens über das Vermögen der Gesellschaft deren Buchführungsunterlagen beim Insolvenzverwalter, ist dieser auskunftspflichtig; das gilt auch für Zeiträume vor der Eröffnung des Insolvenzverfahrens.

Zur Berechnung der Haftungssumme sei auf nachfolgendes Schema hingewiesen, welches dem von den Finanzämtern verwendeten Formular S 1–75 entspricht.

1.   Berechnung der Gesamtverbindlichkeiten

1.1   Schuldenstand zu Beginn des Haftungszeitraumes (ohne Steuerrückstände) ...... €

Zugang (+) an Schulden i. S. v. 1.1 (ohne Berücksichtigung geleisteter Zahlungen) bis zur Zahlungseinstellung (Konkurseröffnung), z. B. Forderungsverzicht Skonti, Rabatte   ...... €

Abgang (./.) an Schulden i. S. v. 1.1 (ohne Berücksichtigung geleisteter Zahlungen) bis zur Zahlungseinstellung (Konkurseröffnung), z. B. Forderungsverzicht Skonti, Rabatte   ...... €

Zu tilgen waren mithin (bis zur Zahlungseinstellung) insgesamt   ...... €

1.2 **Steuerschulden zu Beginn des Haftungszeitraums (zu berücksichtigen sind nicht nur die fälligen, sondern auch die bereits entstandenen Steuerschulden)**

1.2.1   rückständige Lohnsteuer   ......€

1.2.2   übrige Steuerrückstände   ......€

1.3 **Zugang (+), Abgang (./.) an Steuerrückständen i. S. v. 1.2.1 und 1.2.2 im Haftungszeitraum (ohne Berücksichtigung geleisteter Zahlungen)**

1.3.1   Lohnsteuer   ......€

1.3.2   übrige Steuern   ......€

1.4 **rückständige Steuern insgesamt (Betrag aus 1.2 und 1.3)**   ......€

1.4.1   davon übrige Steuern (Betrag aus 1.2.2 und 1.3.2)   ......€

1.5 **Die Gesamtverbindlichkeiten (1.1 + 1.4) betragen**   ......€

2. **Berechnung der Mittelverwendung:**

2.1   Summe der bezahlten Schulden i. S. v. 1.1 bis zur Zahlungseinstellung   ......€

2.2   Summe der bezahlten Steuerverbindlichkeit i. S. v. 1.4.1 einschließlich
      Umbuchungen, bis zur Zahlungseinstellung   + ...€

2.3   Gesamtsumme der bezahlten Verbindlichkeiten   ......€

2.4   Durchschnittliche Tilgungsquote (Betrag lt. 2.3 in % des Betrages lt. 1.5)   ......%

3. **Bei Anwendung des Prozentsatzes lt. 2.4 auf die Gesamtsumme der Steuerrückstände lt. 1.4.1 hätte hierauf entrichtet werden müssen ein Betrag von**   ......€

4. **Die Haftungssumme errechnet sich wie folgt:**

4.1   Betrag, der bei annähernd gleicher Behandlung von Schulden i. S. v. 1.1
      und Steuerschulden i. S. v. 1.4.1 auf die Steuerrückstände hätte gezahlt
      werden müssen lt. 3   ......€

4.2   Betrag, der tatsächlich auf die Steuerrückstände (einschließlich
      Umbuchungen) gezahlt worden ist lt. 2.2   ./. ......€

5. **Ergebnis: Die Haftungssumme beläuft sich auf**   ......€

Einzelheiten zur Anwendung dieses Formulars sind aber streitig. In Zweifelsfällen ist wohl zugunsten des potenziellen Haftungsschuldners zu entscheiden. M. E. ist wie folgt vorzugehen:

Als Erstes ist der Beginn des Haftungszeitraums für den jeweiligen Haftenden zu klären. War z. B. ein Vertreter noch nicht für die Zahlung der USt-Vz 01 verantwortlich, sondern erst für die Zahlung der Jahres-USt, sind für seine Haftung erst die Schulden und Zahlungen ab Fälligkeit der Jahres-USt in die Berechnung einzubeziehen. War z. B. der Vertreter erst für die Mehr-Zahlung aus dem Änderungsbescheid 01 vom Januar 05 verantwortlich, sind die Verhältnisse ab Februar 05 (Fälligkeit gem. § 18 Abs. 4 Satz 2 UStG) zu berücksichtigen (BFH vom 27. 02. 2007 BStBl II 2008, 508).

Der Haftungszeitraum kann z. B. enden mit der Entlassung des Haftenden aus seiner Stellung als steuerliche Hilfsperson i. S. d. §§ 34 f. AO oder der Eröffnung des Insolvenzverfahrens oder mit der Geltendmachung der Haftungsschuld. Bei der Berechnung der Tilgungsquote zur Ermittlung der Haftungsquote (= geringere Befriedigung des Finanzamtes gegenüber der durchschnittlichen Tilgung) müssen alle Verbindlichkeiten einbezogen werden, die zu Beginn des Haftungszeitraums bestanden und weiter dazugekommen sind, insbesondere auch die Löhne und die darauf entfallenden Abgaben (zu den Besonderheiten bzgl. der LSt siehe aber den nächsten Absatz!). Auf der anderen Seite sind auch die auf die gesamten rückständigen Steuerverbindlichkeiten geleisteten Zahlungen zu berücksichtigen, ausgenommen jedoch Zahlungen auf die vorrangig zu tilgenden LSt-Beträge.

Da die LSt-Zahlungen nicht berücksichtigt werden können, dürfen die später getilgten LSt-Beträge auch nicht in den Gesamtverbindlichkeiten enthalten sein. Vielmehr sind Lohnsteuern, soweit sie getilgt sind, weder bei den Verbindlichkeiten noch bei den geleisteten Zahlungen zu berücksichtigen. Das Berechnungsschema der Verwaltung ist, was die gezahlte LSt angeht, »missverständlich« (BFH vom 27. 02. 2007 BStBl II 2008, 508).

Das Berechnungsformular der Verwaltung (S 1–75) für die Haftung bei schlechter Liquidität des Haftenden ist also folgendermaßen anzuwenden:

- Tz. 1: Berechnung der im Haftungszeitraum insgesamt zu tilgenden Verbindlichkeiten: ohne gezahlte (!) LSt
- Tz. 2: Berechnung der durchschnittlichen Tilgungsquote: ohne gezahlte (!) LSt
- Tz. 3: Berechnung der Haftungssumme: völlig ohne LSt (weder Schuld noch Tilgung!)

Ist auch LSt rückständig, muss die volle Summe der rückständigen LSt dem laut Formular gefundenen Ergebnis hinzugerechnet werden! Bei der Frage, wie viel USt bisher »bezahlt« wurde, sind auch verrechnete »Rotanmeldungen« mit zu berücksichtigen (BFH vom 07. 11. 1989 BStBl II 1990, 201). Die Zahlungsquote (Verhältnis von jeweiligen Verbindlichkeiten und tatsächlichen Zahlungen) kann aus Vereinfachungsgründen einheitlich für den gesamten Haftungszeitraum und überschlägig bestimmt werden, auch wenn eine Steuerart während eines längeren Zeitraums mit mehreren Fälligkeitszeitpunkten (z. B. USt für mehrere Monate) nicht ausreichend entrichtet wurde. Es ist also keine gesonderte Ermittlung der Quote für jeden einzelnen Zahlungs- oder Fälligkeitstag erforderlich.

6 Umfang der Haftung

Die Haftung nach § 69 AO ist persönlich und unbeschränkt. D. h. es kann vom Finanzamt in das Privatvermögen des Haftenden vollstreckt werden.

Grundsätzlich umfasst die Haftung nach § 69 Satz 1 AO alle im Zeitpunkt der Pflichtverletzung bereits entstandenen Ansprüche aus dem Steuerschuldverhältnis, also neben Steuern (§ 3 Abs. 1 AO) auch steuerliche Nebenansprüche (§ 3 Abs. 4 AO) sowie u. U. auch Haftungsansprüche.

BEISPIEL

Der GmbH-Geschäftsführer haftet gem. § 69 AO für die LSt-Haftung der GmbH (als Arbeitgeberin) gem. § 42d EStG (»Haftung für Haftung«) auch, soweit es um seine eigene LSt des Geschäftsführers geht. Er haftet auch für die pauschale LSt der GmbH, aber z. B. nicht für die Vollstreckungskosten, die nach seinem Ausscheiden als Geschäftsführer beim Versuch angefallen sind, die pauschale LSt beizutreiben.

Ausnahmsweise erfasst die Haftung nach § 69 Satz 2 AO auch die Säumniszuschläge (§ 240 AO), die nach der Pflichtverletzung – aber noch während der Tätigkeit des Haftenden – entstanden sind. Bei der Haftung für die Säumniszuschläge zur LSt akzeptierte der BFH aber, dass diese nicht in die Differenzhaftungsberechnung einbezogen, sondern einfach halbiert werden (BFH vom 05. 06. 2007 BStBl II 2008, 273).

BEISPIELE

a) Zu dem KSt-Rückstand sind Säumniszuschläge vom 21. 07. 2014 bis zum 10. 03. 2017 angefallen. A war Geschäftsführer der GmbH vom 01. 01. 2015 bis 31. 12. 2015.

Er haftet gem. § 69 AO auch für in der Zeit seiner Vorgänger angefallene Säumniszuschläge, nicht aber für Säumniszuschläge, die erst nach seiner Entlassung anfallen (d. h. nicht für Säumniszuschläge ab 01. 01. 2016).

b) Das Finanzamt nahm Haftung auch für die Säumniszuschläge an, die während des Insolvenzverfahrens der GmbH bis zum Ergehen des Haftungsbescheids angefallen sind.

Dies ist falsch. Die Haftung erfasst nur Säumniszuschläge, die bis zur Eröffnung des Insolvenzverfahrens anfallen (§ 80 InsO; BFH vom 19. 12. 2000, VII R 63/99, BStBl II 2001, 217).

Aus der Akzessorietät der Haftung ergibt sich eine Reduzierung des Haftungsumfanges für den Fall, dass die Steuer, für welche gehaftet wird, aus anderen Gründen zu ermäßigen ist (Schadensersatzfunktion der Haftung!).

Für den Umfang der Haftung bei Differenz zwischen materiell-rechtlich richtiger und formell festgesetzter Steuer bzw. einem strafgerichtlichen Urteil ist der niedrigere Betrag maßgeblich. Davon gibt es, wenn die Steuerfestsetzung zu hoch ist, nur im Fall des § 166 AO eine Ausnahme: Hier wird der Haftende nicht mit dem Argument gehört, der Steuerbescheid sei falsch und die Steuer sei zu hoch festgesetzt.

Lesenswert hierzu BFH vom 14. 03. 2012, XI R 6/10 in DStRE 2012, 1206: Wenn der BFH hier ausführt, dass für die Inhaftungnahme die »formelle Bescheidlage« maßgeblich sei, meint er nur den Fall, dass die Steuer tatsächlich zu niedrig festgesetzt ist. Vgl. zum umgekehrten Fall dagegen BFH vom 18. 06. 2013, V R 19/12, Rn. 29.

War die Steuerfestsetzung zu niedrig, können die Steuererhöhung per Korrektur der Steuerfestsetzung und die Festsetzung der Haftung auf den höheren Betrag gleichzeitig erfolgen. Erfolgt die Erhöhung der Steuerfestsetzung auf den Betrag der vorgenommenen Inhaftungnahme erst später, heilt dies den anfänglichen Fehler der Inhaftungnahme. Die anfängliche Höhe der Inhaftungnahme war ein materieller Fehler, kein Form- oder Verfahrensfehler i. S. d. §§ 126, 127 AO.

Im Übrigen ist das Finanzamt nicht verpflichtet, den Haftungsschuldner unbedingt komplett in Höhe der festgesetzten Steuer in Haftung zu nehmen, insbesondere wenn es selbst davon ausgeht, dass der festgesetzte Steuerbetrag zu hoch ist (z. B. bei einem Steuerschätzungsbescheid; vgl. § 191 Abs. 1; § 5 AO).

Teil C   Die Haftung nach weiteren Haftungsnormen

1   Die Haftung des Steuerhinterziehers nach § 71 AO

Steuerhinterzieher haften gemäß § 71 AO wie folgt:

Tatbestand	Rechtsfolge
• **Haftender Personenkreis:** Steuer-hinterzieher (Steuerschuldner) • **Steuerhinterziehung (§ 370 AO)/ Steuerhehlerei (§ 374 AO)**	**Haftung des Steuerhinterziehers** **Umfang der Haftung:** Die Haftung ist persönlich und unbeschränkt; sie erstreckt sich auf die **hinterzogenen Steuern** und die zugehörigen **Hinterziehungszinsen (§ 235 AO)** sowie auf zu Unrecht gewährte Steuervorteile.

Begeht der Geschäftsführer als Einzeltäter (§ 25 Abs. 1 StGB) oder als Mittäter (§ 25 Abs. 2 StGB; z. B. bei gemeinschaftlicher Tatbegehung mehrerer Geschäftsführer) zugunsten der von ihm vertretenen Gesellschaft eine vorsätzliche Steuerhinterziehung (§ 370 AO) oder eine vorsätzliche Steuerhehlerei (§ 374 AO) oder nimmt er daran in Form der Anstiftung (§ 26 StGB; z. B. durch den Rat, steuerpflichtige Einnahmen nicht zu erklären) oder Beihilfe (§ 27 StGB; z. B. durch Mithilfe beim Anfertigen einer bewusst unvollständigen Steuererklärung), teil, so haftet er gem. § 71 AO für die verkürzten Steuern und die zu Unrecht gewährten Steuervorteile sowie für die Hinterziehungszinsen nach § 235 AO. Die Haftung nach § 71 AO kann gleichzeitig neben der Haftung nach § 69 AO bestehen. Zu beachten ist, dass der Steuerschuldner – die vertretene Gesellschaft – selbst als Haftender nicht in Betracht kommt, weil »Haften« das »Einstehen müssen« für eine fremde Schuld bedeutet. Die Haftung nach § 71 AO setzt lediglich die Erfüllung des objektiven und subjektiven Tatbestandes der §§ 370, 374 AO voraus, nicht eine Verurteilung zu einer bestimmten Strafe. Sämtliche Voraussetzungen der Tatbestandsmäßigkeit, Rechtswidrigkeit oder Schuld müssen aber vorliegen. Nicht nur die Schuldform des Vorsatzes, sondern auch die Schuldfähigkeit der Haftungsperson muss gegeben sein (BFH vom 15. 01. 2013 BStBl II 2013, 526). Das Finanzamt ist an die strafrichterliche Bewertung der Tat nicht gebunden (AEAO zu § 71). Eine Strafbefreiung wegen wirksamer Selbstanzeige (§ 371 AO) lässt die Haftung nach § 71 AO unberührt. Unerheblich ist auch, ob der Täter zum eigenen Vorteil gehandelt hat.

Nach der BFH-Rechtsprechung hat die Vorschrift ebenso wie § 69 AO ausschließlich Schadensersatzcharakter. Die Haftung nach § 71 AO ist demnach keine zusätzliche Sanktion für steuerunehrliches Verhalten; sie soll vielmehr allein den durch die Hinterziehung verursachten Vermögensschaden des Fiskus ausgleichen. Hinsichtlich der Feststellung des Schadensumfangs unterscheidet sich § 71 AO nicht von § 69 AO. So gilt auch hier z. B. bei der USt der Grundsatz der anteiligen Tilgung.

Bezüglich des **Haftungsumfangs** ergibt sich: Die Haftung umfasst die hinterzogenen Steuern einschließlich der ggfs. aufgrund einer falschen Erklärung zu niedrig festgesetzten Vorauszahlungen (BFH vom 15. 04. 1997 BStBl II 1997, 600) und die dazugehörigen Hinterziehungszinsen (§ 235 AO), ebenso die »zu Unrecht gewährten Steuervorteile« (§ 370 Abs. 1 letzter HS AO). Als Folge der Akzessorietät der Haftung ergibt sich, dass die Haftung nur auf den ermäßigten Steuerbetrag geht, wenn die hinterzogene Steuer (vgl. »Kompensationsverbot«, § 370 Abs. 4 Satz 3 AO) aus anderen Gründen zu ermäßigen ist. Das strafrechtliche Kompensationsverbot des § 370 Abs. 4 Satz 3 AO gilt also nicht!

Weitere Hinweise: Bei der nach § 191 AO vorzunehmenden Ermessensbetätigung gibt es nach BFH eine »**Vorprägung des Ermessens**«. Es ist regelmäßig ermessensgemäß, den Steuerhinterzieher in Haftung zu nehmen. Es kann aber u. U. ohne eigene Ermittlungen (z. B. Betriebsprüfung, Fahndung) die durch ein rechtskräftiges strafgerichtliches Urteil festgestellten Tatsachen übernehmen, wenn die Haftungsperson keine substantiierten Einwendungen gegen diese Festsellungen erhebt. Unter solchen Umständen liegt dann kein Verstoß gegen die eigene Ermittlungpflicht vor (§ 88 AO; BFH vom 23.04.2014, VII R 41/12, DStRE 2014, 1143).

Bei der Haftung nach § 71 AO greift eine verlängerte Verjährungsfrist von zehn Jahren (§ 191 Abs. 3 Satz 2 AO). Außerdem kann der Haftungsbescheid selbst dann noch ergehen, wenn hinsichtlich des Steueranspruchs Festsetzungs- oder Zahlungsverjährung eingetreten ist (§ 191 Abs. 5 Satz 2 AO). Der **Grundsatz der Akzessorietät** ist somit für den Täter – nicht aber den Teilnehmer an einer Steuerhinterziehung – eingeschränkt. Des Weiteren kommt es gem. § 219 Satz 2 AO zu einer **Einschränkung des Grundsatzes der Subsidiarität** für den Täter, nicht aber für den Teilnehmer: der nach § 71 AO Haftende kann unmittelbar auf Zahlung in Anspruch genommen werden (§ 219 Satz 2 AO).

Bei der Haftung für Umsatzsteuer kann es bei Scheingeschäften wegen der unterschiedlichen Voraussetzungen für den Vorsteuerabzug für den einen Unternehmer und der Steuerschuld aus dem Ausweis der Steuer in einer Schein-Rechnung für den anderen Unternehmer zu einer Haftung für den anderen Unternehmer gem. § 71 AO kommen, obwohl bei »globaler Betrachtung« für den Fiskus letztlich wirtschaftlich kein Schaden eingetreten ist.

BEISPIEL

Eine AG »verkauft« Waren an eine GmbH, deren Geschäftsführer A ist. Die GmbH »verkauft« die Waren zu einem um 1 % erhöhten Preis an eine Tochtergesellschaft der AG weiter. Es handelt sich, wie alle Beteiligten wissen, um Scheingeschäfte, die den Forderungsbestand der AG »schönen« sollen. Die GmbH kann die in ihren Ausgangsrechnungen ausgewiesene USt nicht zahlen, die sie gem. § 14c Abs. 2 Satz 2 2. Alt. UStG schuldet. Das Finanzamt nimmt A gem. § 71 AO in Haftung. Der beruft sich darauf, dass dem Fiskus kein Schaden entstanden sei, denn die Abnehmerin der Waren habe ja keinen Vorsteuerabzug, weil es sich um Scheingeschäfte handelte. Dies ist aus umsatzsteuerlicher Sicht richtig (§ 15 Abs. 1 Satz 1 Nr. 1 UStG). Tatsächlich wurden die USt-Bescheide gegen die Abnehmerin der GmbH entsprechend korrigiert.

LÖSUNG A haftet für die ausgewiesene USt der GmbH gem. § 71 AO. Der maßgebliche »Schaden« bemisst sich nach der gesetzlich entstandenen Steuerschuld, die von A vorsätzlich verursacht wurde. Diese ist unabhängig davon, ob die Waren tatsächlich geliefert oder der Abnehmer vorsteuerberechtigt ist (§ 14c UStG). Insoweit sind zivilrechtliche Schadensvorstellungen (»Vorteilsausgleich«) nicht auf das Steuerrecht übertragbar.

2 Die Haftung bei Organschaft nach § 73 AO

Der **haftende Personenkreis** besteht aus der/den Organgesellschaft/en innerhalb einer Organschaft. Voraussetzung für eine Haftung nach § 73 AO sind das Vorliegen einer Organschaft und Steuerschulden des Organträgers. Organschaft gibt es nur bzgl. KSt (§§ 14 ff. KStG), USt (§ 2 Abs. 2 Nr. 2 UStG) und GewSt (§ 2 Abs. 2 Nr. 2 GewStG); vgl. AEAO zu § 73 Nr. 2. Die steuerlichen Folgen der Organschaft sind je nach Steuerart im Einzelnen unterschiedlich; in allen drei Fällen wird aber die Steuer gegen den Organträger festgesetzt.

Sinn der Haftung: Die Organschaft führt zum Übergang der Steuerschuldnerschaft von der eingegliederten Organgesellschaft auf den Organträger. Insbesondere wenn damit die Steuerschuld mehrerer Organgesellschaften zusammengeballt auf den Organträger verlagert ist, steigt das Risiko des Fiskus, dass der – zivilrechtlich selbständige – Organträger wirtschaftlich nicht in der Lage ist, die Steuer des Organkreises zu bezahlen. Auf Grund der zivilrechtlichen Selbständigkeit der Organgesellschaften ist eine Vollstreckung wegen der Steuerschuld des Organträgers in das Vermögen der Organgesellschaften nicht möglich. § 73 AO soll diesem Ausfallrisiko entgegenwirken (BFH vom 05. 10. 2004 BStBl II 2006, 3).

Bzgl. des **Haftungsumfangs** ergibt sich: Die Organgesellschaft haftet nur für die Steuern, für welche im konkreten Fall eine Organschaft besteht (USt, GewSt und/oder KSt) sowie für die zu Unrecht erfolgten entsprechenden Erstattungen und Vergütungen. Es besteht keine Haftung für Steuern, die vor Beginn der Organschaft entstanden sind. Die Haftung erfasst nicht die steuerlichen Nebenleistungen zu den jeweiligen Ansprüchen.

Nach dem Wortlaut des § 73 AO existiert keine Einschränkung der Haftung auf den Teil der Steuer, der wirtschaftlich zum Betrieb der Organgesellschaft gehört. Über eine Einschränkung der Ermessensausübung (§ 5 AO) bei Erlass des Haftungsbescheides gem. § 191 AO lässt sich dieses Ergebnis jedoch erreichen.

BEISPIEL

Die X-GmbH mit Sitz in Mannheim ist in Insolvenz geraten. Das Finanzamt stellt fest, dass Rückstände bei der USt i. H. v. 400 000 € und bei der LSt i. H. v. 50 000 € vorhanden sind. Außerdem schuldet die X-GmbH 5 000 € Säumniszuschläge zur USt und 400 € Säumniszuschläge zur LSt.

Die USt-Rückstände gehen i. H. v. 100 000 € auf Umsätze der Y-GmbH in Dresden zurück. Die Y-GmbH ist ein Organ der X-GmbH und von deren Insolvenz bisher noch nicht erfasst. Kann die Y-GmbH für die Schulden der X-GmbH haftbar gemacht werden?

LÖSUNG Die X-GmbH ist Steuerschuldnerin der USt zzgl. der Säumniszuschläge (§ 13a UStG) sowie Haftungsschuldnerin der LSt zzgl. der Säumniszuschläge (§ 42d EStG). Es ist zu prüfen, ob die Y-GmbH für diese Rückstände gem. § 73 AO haftet.

Da es bezüglich der LSt keine Organschaft gibt, scheidet eine Inhaftungnahme der Y-GmbH nach § 73 AO insoweit aus. Die Haftung erstreckt sich auch nicht auf die steuerlichen Nebenleistungen (Säumniszuschläge, vgl. § 3 Abs. 4 AO). Eine Haftung ergibt sich somit nur hinsichtlich der rückständigen USt i. H. v. 400 000 €.

Nach dem Gesetzeswortlaut haftet die Y-GmbH unbeschränkt und persönlich für die Rückstände an USt der X-GmbH. Es wäre aber unbillig, die Haftung auch bezüglich des Teils der USt geltend zu machen, der nicht auf Umsätzen beruht, die bei der Y-GmbH angefallen sind (Einschränkung des Ermessens, vgl. §§ 191, 5 AO). Die Haftung ist daher im Haftungsbescheid auf 100 000 € zu beschränken.

3 Die Eigentümerhaftung nach § 74 AO

Sinn dieser Vorschrift ist es, eine Durchgriffshaftung zu schaffen, um eine Zwangsvollstreckung in nicht dem Unternehmer gehörende Gegenstände zu ermöglichen!

Tatbestand	Rechtsfolge
• Haftender Personenkreis: Eigentümer (↔ Unternehmer) • Überlassen von Gegenständen • Der Gegenstand »dient« einem Unternehmen • Der Eigentümer ist an dem Unternehmen wesentlich beteiligt (§ 74 Abs. 2 AO)	**Haftung des Eigentümers** **Umfang der Haftung:** • Nur unternehmensbedingte Steuern • Besonderer Haftungszeitraum • Die Haftung ist gegenständlich beschränkt, d. h., es kann vom Finanzamt nur in die jeweiligen Gegenstände vollstreckt werden.

Die Begrifflichkeiten sind wie folgt zu definieren:

a) Zum **haftenden Personenkreis** rechnen die Eigentümer von Gegenständen, die einem Unternehmen dienen, wenn diese Eigentümer am Unternehmen wesentlich beteiligt sind, ohne aber selbst der Unternehmer (Steuerschuldner) zu sein. Hauptfälle in der Praxis sind Fälle der Betriebsaufspaltung, des Sonderbetriebsvermögen sowie Sicherungsübereignungen an Kreditgeber.

b) **Überlassen von Gegenständen**: Der allgemeine Sprachgebrauch versteht zwar unter »Gegenständen« nur körperliche Sachen. Nach BFH vom 23. 05. 2012 BStBl II 2012, 763 erfasst § 74 AO aber auch immaterielle Wirtschaftsgüter, in die vollstreckt werden kann (AEAO zu § 74 Nr. 1), das sind z. B. grundstücksgleiche Rechte wie ein Erbbaurecht (§ 11 Abs. 1 ErbbauRG), das gem. § 864 Abs. 1 ZPO der Immobiliarvollstreckung unterliegt.

c) Der **Eigentümer des Gegenstands** muss ein anderer sein als der Unternehmer! Für die Eigentumsfrage ist das Zivilrecht maßgebend, § 39 Abs. 2 AO ist nicht anwendbar. Da die Vorschrift die Zwangsvollstreckung ermöglichen soll, reicht Sicherungseigentum aus. Ein Anwartschaftsrecht genügt ebenfalls, wenn der beherrschende Gesellschafter später das Eigentum erlangt (streitig). Das Eigentum muss im Zeitpunkt der Inhaftungnahme und Vollstreckung noch bestehen.

d) Der Gegenstand muss »**dem Unternehmen dienen**«!

e) Der Eigentümer ist an dem Unternehmen »wesentlich beteiligt«: Eine **wesentliche Beteiligung** liegt vor, wenn (§ 74 Abs. 2 Satz 1 AO) eine unmittelbare oder mittelbare Beteiligung von mehr als 25 % am Grund- oder Stammkapital oder Vermögen des Unternehmens besteht. Ist das Unternehmen eine Personengesellschaft, soll nach ganz h. M. in der Literatur die Gewinnbeteiligung maßgeblich sein. In seiner Entscheidung vom 22. 11. 2011 (VII R 63/10, BStBl II 2012, 223) hat der BFH bei einer KG hingegen erstmals auf die Beteiligung am Grund- (!) oder Stammkapital abgestellt. Nach § 74 Abs. 2 Satz 2 AO genügt es auch, wenn tatsächlich ein beherrschender Einfluss auf das Unternehmen ausgeübt wird und der Eigentümer die Nichtentrichtung fälliger Steuern mit verursacht. Mit der für die Betriebsaufspaltung entwickelten Personengruppentheorie lässt sich eine wesentliche Beteiligung an einem Unternehmen i. S. v. § 74 Abs. 2 AO Satz 1 AO durch Zusammenrechnung der von mehreren Familienmitgliedern gehaltenen Anteile nicht begründen (BFH vom 01. 12. 2015, VII R 34/14, BStBl II 2016, 37).

Zum **Haftungsumfang**: Der Eigentümer haftet nur für unternehmensbedingte Steuern, die in einem best. Haftungszeitraum entstanden sind.

Unternehmensbedingte Steuern sind Steuern, die tatbestandlich ein Unternehmen zwingend voraussetzen und die bei Nichtunternehmern nicht anfallen können. Hierunter fallen somit nur die USt und die GewSt sowie die Rückzahlung der Investitionszulage (vgl. AEAO zu § 74 Nr. 2), nicht aber LSt, ESt, KSt, KfzSt u. a.

Haftungszeitraum bedeutet, dass die unternehmensbedingten Steuern entstanden (fällig) sein müssen während des Bestehens der wesentlichen Beteiligung und während der Zeit, in welcher der Gegenstand dem Unternehmen diente (einschränkende Auslegung des § 74 AO) sowie während des Bestehens von (zumindest wirtschaftlichem) Eigentum des Haftungsschuldners (streitig). Verlangt wird somit eine **dreifache zeitliche Kongruenz**!

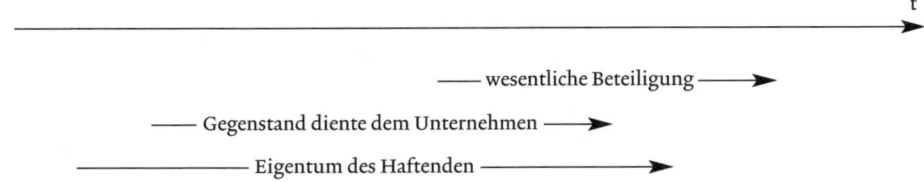

Die Haftung ist persönlich, aber **gegenständlich beschränkt** auf die dem Unternehmen dienenden Gegenstände. Diese gegenständliche Beschränkung der Haftung ist erst auf Einwendungen des Haftungsschuldners im Vollstreckungsverfahren zu berücksichtigen.

Beachten Sie die Rechtsprechungsänderung hinsichtlich einer Surrogation: Geht der Haftungsgegenstand unter oder wird er von dem Unternehmensbeteiligten verkauft oder vertauscht, setzt sich die Haftung an Ersatzwirtschaftsgütern fort (BFH vom 22. 11. 2011 BStBl II 2012, 223 und AEAO zu § 74 Nr. 1). Ersatzwirtschaftsgüter (Surrogate) können z. B. sein der Veräußerungserlös, Schadenersatz, Tauschgegenstand o. Ä.

Der BFH setzt sich damit über den Wortlaut der Vorschrift hinweg (»so haftet der Eigentümer der Gegenstände mit diesen …«). Er trägt aber damit dem »Ausgleichsinteresse des Fiskus Rechnung«, dem sonst die Beitreibung von Unternehmenssteuern erschwert oder unmöglich gemacht würde, wenn z. B. das Unternehmen eigene (pfändbare) Betriebsmittel ersetzt durch solche, die es von einem Unternehmensbeteiligten pachtet. Nach dem Wortlaut bestehe »eine erkennbar planwidrige Gesetzeslücke …«. Mit dem Sinn und Zweck der Regelung steht dies nicht in Einklang, weil bei einer solch strikt wortgetreuen Anwendung des § 74 AO ein gleichmäßiger Vollzug dieser Haftungsnorm nicht zu gewährleisten wäre: Der gut beratene Eigentümer könnte sich noch im Augenblick des Ergehens des Haftungsbescheids durch Veräußerung des Gegenstandes der Haftung – unter Erhaltung der Gegenleistung (des Surrogats) für sich selbst – entziehen.

Nicht geklärt sind folgende Fragen:

Ist die Haftung beschränkt auf den dem Beteiligten tatsächlich zugeflossenen Ersatz oder haftet der vormalige Eigentümer mit dem Wert, den der Gegenstand bei Entstehung des Haftungsanspruchs hatte?

Wie wirkt sich eine unterschiedliche Wertigkeit des Ersatzgegenstands aus, z. B. wenn eine alte Maschine durch eine neue ersetzt wird, die viel wertvoller, größer, fähiger usw. als die alte ist?

BEISPIEL

Asterix (A) und Obelix (O) sind mit je 50 % an der Hinkelstein-GmbH (H-GmbH) beteiligt. A stellt der H-GmbH seit dem 01. 01. 02 ein ihm gehörendes Patent im Schätzwert von 500 000 € zur Verfügung. Außerdem überlässt er der H-GmbH vom gleichen Zeitpunkt an die Hälfte eines in seinem Eigentum stehenden Grundstücks zur Nutzung als Hinkelsteinlagerplatz. Das gesamte Grundstück hat einen Schätzwert von 10 000 €. Die Verträge sind wie zwischen Fremden ausgestaltet. Alleiniger Geschäftsführer der H-GmbH ist O.

Die H-GmbH hat Rückstände an USt 01 (= Abschlusszahlung, die keinem Voranmeldungszeitraum zugeordnet werden kann) i. H. v. 30 000 €, USt 02 i. H. v. 40 000 €, KSt 01 i. H. v. 5 000 €, KSt 02 i. H. v. 3 000 €, einbehaltener und angemeldeter, aber nicht abgeführter LSt (für den Arbeitnehmer Idefix) für März 02 sowie jeweils Säumniszuschläge und – zur KSt – Stundungszinsen. Eine Verletzung von Erklärungspflichten durch O kann vom Finanzamt nicht nachgewiesen werden. Nachweisbar ist aber, dass die GmbH im fraglichen Zeitraum so hohe Zahlungseingänge hatte, dass sie die Rückstände beim Fiskus hätte voll bezahlen können. Allerdings kann sich die GmbH darauf berufen, dass sie den Fiskus bei den geleisteten Zahlungen nicht schlechter gestellt hat als andere Gläubiger, nämlich i. H. v. 50 %. Wie haften A und O?

LÖSUNG

Haftung des O: Zu prüfen ist eine Haftung des Geschäftsführers O nach § 69 AO i. V. m. § 34 AO, § 35 GmbHG, da O als alleiniger Geschäftsführer der H-GmbH deren gesetzlicher Vertreter ist. Er hat daher gem. § 34 Abs. 1 Satz 2 AO für die Bezahlung der Steuerschulden der GmbH zu sorgen.

Eine Haftung des O kommt aber nur hinsichtlich der LSt für März 02 zzgl. Säumniszuschlägen in Frage. Bei den übrigen Steuerrückständen und Schulden auf steuerliche Nebenleistungen scheidet eine Inhaftungnahme des O aus, weil seine grob schuldhaften Pflichtverletzungen für den Schaden nicht ursächlich waren: Die GmbH hatte nicht genügend Zahlungsmittel, um die gesamten Schulden einschließlich der privaten Gläubiger zu bezahlen. Folglich könnte O nur dann in Anspruch genommen werden, wenn und soweit er die Forderungen des Fiskus schlechter bedient hätte (grundsätzlich der anteiligen Tilgung). Dies ist nicht der Fall. Die LSt für den Arbeitnehmer I musste aber in voller Höhe gezahlt werden. O haftet somit gem. § 69 AO für die LSt zzgl. Solidaritätszuschlag.

Haftung des A: A ist weder Geschäftsführer der H-GmbH, noch besitzt er Verfügungsbefugnis über deren Vermögen. Eine Haftung gem. §§ 69, 34 f. AO scheidet somit aus. Zu prüfen ist aber eine Haftung nach § 74 AO, da A der H-GmbH zwei ihm gehörende Wirtschaftsgüter überlässt.

Nach h. M. und Verwaltungsmeinung (AEAO zu § 74) scheidet eine Haftung des A mit dem Patent aus, weil dieses ein »Recht« und kein körperlicher Gegenstand ist. Dagegen kommt eine Haftung mit dem Grundstück in Frage, obwohl es der GmbH nicht zu 100 % dient. Da die betrieblich genutzte Fläche eine abtrennbare Teilfläche darstellt, in welche vollstreckt werden kann (nach grundbuchmäßiger Teilung des bisherigen Grundstücks), und der überlassene Grundstücksteil für die H-GmbH nicht von ganz untergeordneter Bedeutung ist, handelt es sich insoweit um einen möglichen Haftungsgegenstand i. S. d. § 74 AO.

Weitere Voraussetzung der Haftung ist, dass A wesentlich an der H-GmbH beteiligt ist. Da A mehr als 25 % der Anteile hat (§ 74 Abs. 2 Satz 1 AO), erfüllt er diese Voraussetzung.

Letztlich ist noch der Haftungsumfang zu klären: Die Haftung kann sich gem. § 74 AO nur auf Steuern beziehen, nicht auf Zinsen und Solidaritätszuschlag. In Frage kommen weiterhin nur unternehmensbedingte Steuern, d. h. hier nur die USt 01 i. H. v. 30 000 € und die USt 02 i. H. v. 40 000 €.

Nach dem Wortlaut des § 74 Abs. 1 Satz 2 AO haftet A für die USt, die während der Zeit seiner wesentlichen Beteiligung entstanden ist. Aus dem Sinn der Vorschrift muss man aber einschränkend verlangen, dass die USt zusätzlich auch während der Zeit entstanden ist, in welcher der GmbH der Haftungsgegenstand zur Verfügung stand. Die weitere Einschränkung, dass das Grundstück im Haftungszeitraum im Eigentum des A gestanden haben muss, ist unproblematisch zu bejahen.

Da A der GmbH seine Grundstückshälfte erst ab 01. 01. 02 überließ, scheidet eine Haftung für USt 01 aus. Dass das Finanzamt die Zahllast aus dem Jahresbescheid nicht einzelnen Voranmeldungszeiträumen zuordnen kann, ändert nichts daran, dass es sich um eine mit Ablauf 01 und damit vor dem 01. 01. 02 entstandene Steuer handelt.

A haftet somit für die USt 02 i. H. v. 40 000 €, gegenständlich beschränkt auf die überlassene Grundstückshälfte.

4   Die Haftung des Betriebsübernehmers nach § 75 AO

Tatbestand	Rechtsfolge
Haftender Personenkreis: Betriebs- oder Unternehmenserwerber. Übereignung eines Unternehmens oder gesondert geführten Betriebes im Ganzen.	Haftung des Erwerbers: persönlich, aber gegenständlich beschränkt auf den Bestand des übernommenen Vermögens. Umfang der Haftung: nur unternehmensbedingte Steuern und Steuerabzugsbeträge. Besonderer Haftungszeitraum. Besondere Festsetzungsfrist.

Nach BFH bezweckt die Vorschrift des § 75 AO, die in dem Unternehmen als solchem liegende Sicherung für die sich auf seinen Betrieb gründenden Steuerschulden durch den Übergang des Unternehmens in andere Hände nicht verloren gehen zu lassen. Beachten Sie die ausführlichen Regelungen in AEAO zu § 75.

Die Voraussetzungen im Einzelnen:

* haftender Personenkreis: Betriebs- oder Unternehmenserwerber,
* Übereignung eines Unternehmens oder gesondert geführten Betriebes im Ganzen.

»Übereignung« bedeutet die rechtsgeschäftliche Übertragung. Eine Haftung gem. § 75 AO scheidet somit aus bei Erwerben von Todes wegen, bei Anwachsungen, Verschmelzungen usw., da hier kein Rechtsgeschäft vorliegt. Schenkungen hingegen sind Rechtsgeschäfte und begründen daher eine Haftung nach § 75 AO.

Eine »Übereignung eines Betriebes«, quasi in einem Akt, ist zivilrechtlich nicht möglich. Vielmehr müssen die einzelnen Wirtschaftsgüter (WG) nach den jeweils für sie geltenden Regeln zivilrechtlich wirksam übertragen werden:

* bewegliche Wirtschaftsgüter werden nach den §§ 929 ff. BGB (Einigung und Übergabe bzw. Übergabesubstitut) übertragen;
* unbewegliche Wirtschaftsgüter: für den Eigentumsübergang sind eine Auflassung sowie eine Eintragung des Eigentümerwechsels im Grundbuch erforderlich (§§ 873 ff. und 925 ff. BGB);
* Forderungen: nach den §§ 398 ff. BGB.

WG, die nicht nach BGB-Regeln übertragen werden können, müssen im wirtschaftlichen Sinn übereignet werden.

Übertragung unter Eigentumsvorbehalt (§ 449 BGB) genügt für die Haftung, wenn der Erwerber später das Eigentum erlangt. Sicherungs- und Treuhandeigentum führen nach der BFH-Rspr. nicht zur Haftung nach § 75 AO.

Der Begriff »Unternehmen« in § 75 AO ist wie im Umsatzsteuerrecht (vgl. § 2 Abs. 1 UStG) sehr weit zu fassen: Unternehmen ist danach jede wirtschaftliche Einheit oder organisatorische Zusammenfassung von persönlichen oder sächlichen Mitteln zur Verfolgung wirtschaftlicher Zwecke.

Der Erwerb von Anteilen an einem Unternehmen (z. B. der Erwerb aller GmbH- Anteile) führt nicht zur Haftung; § 16 Abs. 1 Nr. 1 2. HS EStG gilt hier nicht.

»Gesondert geführter Betrieb in der Gliederung eines Unternehmens« ist ein mit einer gewissen organisatorischen Selbständigkeit ausgestatteter Teilbetrieb (Begriff ist nach BFH identisch mit § 1 Abs. 1a Satz 2 UStG, nicht aber mit § 16 Abs. 1 Nr. 1 EStG). Indizien hierfür sind (vgl. AEAO zu § 75, Tz. 3.1):

- eigener Kundenstamm,
- vom übrigen Unternehmen abweichende Leistungen,
- eigene Buchführung,
- eigenes Recht zum Einkauf oder zur Kalkulation,
- vor allem: der Erwerber kann den Betrieb als selbständiges Unternehmen fortführen – und zwar ohne große Umstellungen und Investitionen.

Übertragung im Ganzen setzt voraus, dass die Übertragung aller wesentlichen Betriebsgrundlagen aufgrund eines einheitlichen Willensentschlusses erfolgt.

Die einzelnen Übertragungsakte müssen in einem wirtschaftlichen Zusammenhang stehen, der Wille des Erwerbers muss auf den Erwerb des gesamten Unternehmens gerichtet sein. Der sukzessive Erwerb von WG aufgrund jeweils neuer Willensentschlüsse führt nicht zur Haftung.

Es müssen sämtliche wesentliche Betriebsgrundlagen übertragen werden. Es genügt nicht, wenn der Veräußerer eine in seinem Eigentum zurückbehaltene wesentliche Betriebsgrundlage lediglich an den Erwerber vermietet (anders als bei § 1 Abs. 1a UStG).

Aus dem Sinn der Haftung gem. § 75 AO folgt, dass der Haftungstatbestand nur erfüllt ist, wenn ein lebensfähiges Unternehmen, bzw. ein lebensfähiger Teilbetrieb erworben wird (AEAO zu § 75 Tz. 3.3). Somit erfolgt keine Haftung gem. § 75 AO, wenn ein Unternehmen erworben wird, bei dem die Eröffnung des Insolvenzverfahrens mangels Masse abgelehnt wurde und für Erwerbe im Vollstreckungsverfahren (§ 75 Abs. 2 AO).

§ 75 Abs. 2 AO führt zu einem Haftungsausschluss: beim Erwerb aus einer Insolvenzmasse und im Vollstreckungsverfahren ist die Haftung nach § 75 AO ausgeschlossen. Hieraus sowie aus dem o. g. Sinn der Haftung gem. § 75 AO folgt, dass der Haftungstatbestand nur erfüllt ist, wenn ein lebensfähiges Unternehmen, bzw. ein lebensfähiger Teilbetrieb erworben wird. Somit erfolgt keine Haftung gem. § 75 AO, wenn ein Unternehmen erworben wird, bei dem z. B. die Eröffnung des Insolvenzverfahrens mangels Masse abgelehnt wurde.

Der Wortlaut des AEAO zu § 75 Tz. 3.4 Satz 3 hierzu ist widersprüchlich, denn die Verwaltungsauffassung im AEAO scheint dies zu verneinen – mit der Folge, dass die Haftung greift. Allerdings enthält der Leitsatz des zitierten BFH-Urteils eine andere Aussage, als die, die im AEAO wiedergegeben wurde: Die Haftungsfreistellung des Betriebsübernehmers nach § 75 Abs. 2 AO gilt auch dann, wenn der Erwerb des Unternehmens vom Sequester im Einvernehmen mit dem Konkursgericht erfolgt und sich die Eröffnung des Konkursverfahrens an die Sequestration anschließt (BFH vom 23. 07. 1998 BStBl II 1998, 765). Dementsprechend hat der BFH im zu beurteilenden Sachverhalt die Haftung des Betriebsübernehmers auch verneint. Der scheinbare Widerstreit lässt sich nur so erklären:

Bei dem Haftungsausschluss nach § 75 Abs. 2 AO handelt es sich um eine Ausnahmevorschrift. Ausnahmevorschriften sind stets streng nach ihrem Wortlaut auszulegen. Demnach würde ein Haftungsausschluss den Fall, dass ein Unternehmen erworben wurde, bei dem die Eröffnung des Konkursverfahrens mangels Masse abgelehnt wurde, nicht erfassen (so auch der Wortlaut des AEAO).

Etwas anderes ergibt aber die Auseinandersetzung mit § 75 Abs. 1 AO. Die verlangt nach übereinstimmender Auffassung in Rechtsprechung und Literatur (und AEAO zu § 75 Tz. 3.3), dass ein »lebendes Unternehmen« übertragen wird. So wird von Loose (in Tipke/Kruse, AO, § 75, Rz. 15) die – m. E. richtige – Auffassung vertreten, dass es hieran fehlt, wenn die Eröffnung des Insolvenzverfahrens mangels Masse abgelehnt werden muss. Beachten Sie hierzu auch die Ausführungen in AEAO zu § 75 Tz. 3.3 am Ende, wo von einer Indizwirkung dieses Sachverhalts für das Fehlen eines »lebenden Unternehmen« die Rede ist.

Aus dem Sinn der Haftung gem. § 75 AO folgt außerdem, dass der Haftungstatbestand nicht erfüllt ist, wenn der Erwerber das Unternehmen gar nicht fortführt, sondern ein ganz anderes Unternehmen dort betreibt.

BEISPIEL

Der Erwerb eines Schuhgeschäftes mit sämtlichem Inventar und dessen anschließende Stilllegung, um in den Betriebsräumen eine Metzgerei zu eröffnen, führt nicht zur Haftung nach § 75 AO.

Zum **Haftungsumfang gilt:** Der Erwerber haftet für unternehmensbedingte Steuern (vgl. bei § 74 AO!) und Steuerabzugsbeträge (LSt, KapESt usw.) innerhalb von zwei (sehr unterschiedlichen) zeitlichen Grenzen:

- **Haftungszeitraum:** Die Steuern bzw. Abzugsbeträge müssen seit dem Beginn des letzten, vor der Übereignung liegenden Kalenderjahres entstanden (fällig!) sein.
  Der Haftungszeitraum endet mit der (wirtschaftlichen) Übertragung des Unternehmens, da ab diesem Zeitpunkt der Erwerber selbst Steuerschuldner wird.
- **Festsetzungszeitraum:** Die Steuer, für welche gehaftet werden soll, muss binnen einem Jahr nach der Anmeldung des Betriebes durch den Betriebserwerber festgesetzt oder angemeldet (§§ 167, 168 AO) sein.

Ausgelöst wird diese Schutzfrist für den Erwerber durch seine Anmeldung gem. § 138 AO bei der Gemeinde oder beim Finanzamt. Der Haftungsbescheid selbst kann später ergehen.

Die Haftung ist persönlich, aber »gegenständlich beschränkt« auf den Bestand des übernommenen Vermögens. Wie nach neuer Rechtsprechung zu § 74 AO ist auch bei § 75 AO eine Surrogation möglich. Der Haftende kann die Zahlung verweigern, ist aber verpflichtet, die Vollstreckung in die Haftungsgegenstände zu dulden.

5 § 128 HGB: Haftung der OHG-Gesellschafter

Die Gesellschafter einer OHG haften für die Verbindlichkeiten der OHG, ohne dass es auf ein besonderes Verhalten der Gesellschafter ankäme. Der ausgeschiedene Gesellschafter haftet noch für diejenigen Verbindlichkeiten, deren Rechtsgrund vor seinem Ausscheiden gelegt worden ist. Der neu eingetretene Gesellschafter haftet nach § 130 HGB mit den anderen Gesellschaftern auch für die bereits vor seinem Eintritt begründeten Verbindlichkeiten.

Die Haftung erfasst alle Verbindlichkeiten der OHG (auch Nebenleistungen) soweit die OHG steuerrechtsfähig ist. Im Gegensatz zu § 75 AO existiert keine zeitliche Beschränkung. Ein Haftungsausschluss ist nicht möglich.

6 § 161 Abs. 2 HGB: Haftung des Komplementärs

Komplementäre haften wie OHG-Gesellschafter (s. 5).

7 § 171 HGB: Haftung des Kommanditisten

Kommanditisten haften grundsätzlich für alle Verbindlichkeiten der KG wie die Komplementäre, die Haftung ist jedoch beschränkt bis zur Höhe der im Handelsregister eingetragenen Einlage. Soweit die Einlage erbracht ist, entfällt die Haftung.

8 Haftungslage bei einer (Außen-)GbR

Der Gesellschafter einer Außen-GbR haftet für Ansprüche aus dem Steuerschuldverhältnis, hinsichtlich deren die GbR Schuldnerin ist, in entsprechender Anwendung des § 128 HGB (vgl. BGH vom 29.01.2001 NJW 2001, 1056); dies gilt auch für Ansprüche, die bei seinem Eintritt in die GbR bereits bestanden. Der BGH begründet dies mit einer entsprechenden Anwendung des § 130 HGB (BGH vom 07.04.2003 NJW 2003, 1803). Nach Ausscheiden haftet der Gesellschafter für die Altschulden in analoger Anwendung des § 160 HGB. Bei Auflösung der Gesellschaft ist § 159 HGB entsprechend anzuwenden (vgl. § 736 Abs. 2 BGB; so BFH vom 26.08.1997 BStBl II 1997, 745). Für Gesellschafter aller Formen der Außen-GbR, die vor dem 01.07.2003 in die Gesellschaft eingetreten sind, kommt aus Gründen des allgemeinen Vertrauensschutzes eine Haftung nur für solche Ansprüche aus dem Steuerschuldverhältnis in Betracht, die nach ihrem Eintritt in die Gesellschaft entstanden sind (AEAO zu § 191, Tz. 1).

Teil D Der Haftungsbescheid

Der Haftungsanspruch kann von der Finanzbehörde durch einen Haftungsbescheid (§ 191 AO) geltend gemacht werden. Die materiell-rechtlichen Voraussetzungen für den Erlass eines Haftungsbescheides ergeben sich aus den §§ 69 ff. AO, den Einzelsteuergesetzen oder den zivilrechtlichen Vorschriften (z. B. §§ 25, 128 HGB). Die §§ 93 und/oder 227 Abs. 2 InsO schließen eine Haftungsinanspruchnahme nach §§ 69 ff. nicht aus (BFH vom 02. 11. 2001 BStBl II 2002, 73).

Während ein Steuerbescheid zu erlassen ist, sobald der steuerliche Tatbestand erfüllt ist (gebundene Entscheidung), steht der Behörde beim Erlass des Haftungsbescheides Ermessen (§ 5 AO) zu. Da es sich bei dieser Vorschrift ausschließlich um eine Verfahrensvorschrift für den Erlass und die Form von Haftungsbescheiden handelt, können entgegen ihrem Wortlaut nicht nur Steuern, sondern auch sonstige Ansprüche aus dem Steuerschuldverhältnis einbezogen werden.

Nach § 24 AO ist wegen des Sachzusammenhangs regelmäßig das Finanzamt des Steuerschuldners zuständig (Ausnahme: § 25d Abs. 3 UStG). Vor Erlass des Haftungsbescheides hat das Finanzamt gem. den §§ 91 und 191 Abs. 2 AO rechtliches Gehör zu gewähren; ggf. kann dieser Verfahrensfehler gem. § 126 Abs. 1 Nr. 3, Abs. 2 AO geheilt werden.

Für den Haftungsbescheid ist gem. § 191 Abs. 1 AO Schriftform zwingend vorgeschrieben; bei Verstoß hiergegen greift § 125 Abs. 1 AO.

Der Haftungsbescheid muss Angaben enthalten über Art und Höhe der Haftungsschuld: Er muss den Haftungsbetrag in genauen Euro-Beträgen angeben. Fehlt der Betrag, hat dies die Nichtigkeit des Bescheids zur Folge (§ 125 Abs. 1 AO). Setzt sich die Haftungssumme aus mehreren Einzelbeträgen zusammen, so sind die Einzelbeträge nach Art, Zeitraum und Höhe aufgegliedert anzugeben.

Problematisch sind die Fehlerfolgen in diesem Bereich: Wird im Haftungsbescheid nicht nach Steuerarten aufgegliedert, führt dies zur Nichtigkeit. Ist im Haftungsbescheid der Betrag für die Steuerart nicht auf die einzelnen Zeiträume verteilt, soll keine Nichtigkeit, sondern nur Rechtswidrigkeit eintreten. Ob bei einer Haftung für LSt eine Aufschlüsselung nach Arbeitnehmern vorzunehmen ist, muss im Einzelfall entschieden werden. Bei der Haftung nach § 69 AO hält der BFH eine Aufschlüsselung nach einzelnen Arbeitnehmern für nicht notwendig, weil der Geschäftsführer Zugang zu den lohnsteuerlichen Unterlagen des Betriebes hat und sich so selbst Kenntnis verschaffen kann. In Fällen der Arbeitgeberhaftung nach § 42d EStG tendiert die Rechtsprechung dazu, eine Aufschlüsselung nach Arbeitnehmern grundsätzlich zu verlangen.

In Fällen einer gegenständlich beschränkten Haftung (§§ 74, 75 AO) sind zusätzliche Angaben im Haftungsbescheid erforderlich: Der Haftungsgegenstand muss exakt bestimmt werden, da ohne diese exakten Angaben nicht vollstreckt werden kann. Fehler hierbei führen zur Nichtigkeit des Haftungsbescheides. Wenn im Tenor des Haftungsbescheids ein Hinweis auf die gegenständliche Beschränkung enthalten ist und sich die Gegenstände aus einer Einzeldarstellung in den Gründen oder einer Anlage zum Bescheid ergeben, genügt dies für die Bezeichnung des Gegenstandes.

Die Begründung des Haftungsbescheides ist zu unterteilen in die Rechtsentscheidung und die Ermessensentscheidung. Zur Begründung der **Rechtsentscheidung** gehört:

- die Angabe der Haftungsvorschriften: das Finanzamt muss die Rechtsgrundlagen (§§ und Tatbestandsmerkmale) zitieren,

- die Angabe des Lebenssachverhaltes, der die Haftung begründet (insoweit ist vom Finanzamt eine exakte Subsumtion des Sachverhaltes unter die Tatbestandsmerkmale vorzunehmen),
- die Angabe der Höhe der Steuerschuld bzw. der anderen Ansprüche, für die gehaftet wird sowie ggf. die Angabe der Besteuerungsgrundlagen dieser Ansprüche.

In der **Ermessensentscheidung** müssen Ausführungen über die Ermessensausübung enthalten sein. Es ist darzulegen, warum überhaupt ein Haftungsbescheid ergeht (= Entschließungsermessen) und warum gerade die betreffende Person zur Haftung in der verlangten Höhe herangezogen wird (= Auswahlermessen). Entscheidend sind der unterschiedliche Grad des Verschuldens und die Vermögenssituation. Die Ausübung des Ermessens ist im Haftungsbescheid zu begründen.

Die Ermessenserwägungen sind so ausführlich darzustellen, dass sie gerichtlich nachprüfbar sind. Ist dies nicht der Fall, ist der Haftungsbescheid rechtswidrig. Die gleiche Folge tritt ein, wenn der Bescheid Ermessenserwägungen enthält, in ihnen aber ein Ermessensfehler enthalten ist. **Ermessensfehler** sind

- die Überschreitung der gesetzlichen Grenzen des Ermessens (**Ermessensüberschreitung**),
- die Ermessensbetätigung in einer nicht dem Zweck der Ermächtigungsnorm entsprechenden Weise (**Ermessensfehlgebrauch**),
- die fehlende Betätigung von Ermessen, weil der Bearbeiter sich für gebunden hielt (**Ermessensnichtgebrauch**).

Zur **Rechtsnatur des Haftungsbescheids:** Der Haftungsbescheid ist weder Steuerbescheid noch diesem gleichgestellt. Daher gelten die Vorschriften der §§ 155–177 AO für ihn nicht. Ein Haftungsbescheid kann somit nicht unter Vorbehalt der Nachprüfung oder vorläufig ergehen (§§ 164 f. AO). Als **Korrekturvorschriften** sind die §§ 172 ff. AO nicht anwendbar, sondern die §§ 129, 130 und 131 AO. Die Rechtmäßigkeit des Haftungsbescheides – entscheidendes Kriterium zur Unterscheidung zwischen Rücknahme und Widerruf – richtet sich nach den Verhältnissen im Zeitpunkt seines Erlasses bzw. der entsprechenden Einspruchsentscheidung. Anders als bei der Änderung der Steuerfestsetzung (BFH vom 12.08.1997 BStBl II 1998, 131) berühren Minderungen der dem Haftungsbescheid zugrunde liegenden Steuerschuld durch Zahlungen des Steuerschuldners nach Ergehen einer Einspruchsentscheidung die Rechtmäßigkeit des Haftungsbescheides nicht. Ein rechtmäßiger Haftungsbescheid ist aber zugunsten des Haftungsschuldners zu widerrufen, soweit die ihm zugrunde liegende Steuerschuld später gemindert worden ist.

Von der Korrektur eines Haftungsbescheides ist der Erlass eines Ergänzungs-Haftungsbescheides zu unterscheiden: Für die Zulässigkeit eines neben einem bereits bestehenden Haftungsbescheid gegenüber einem bestimmten Haftungsschuldner tretenden Ergänzungs-Haftungsbescheids ist grundsätzlich entscheidend, ob dieser den gleichen Gegenstand regelt wie der bereits ergangene Haftungsbescheid oder ob die Haftungsinanspruchnahme für verschiedene Sachverhalte oder zu verschiedenen Zeiten entstandene Haftungstatbestände erfolgen soll. Stets zulässig ist es, wegen eines eigenständigen Steueranspruchs (betreffend einen anderen Besteuerungszeitraum oder eine andere Steuerart) einen weiteren Haftungsbescheid zu erlassen, selbst wenn der Steueranspruch bereits im Zeitpunkt der ersten Inanspruchnahme durch Haftungsbescheid entstanden war.

Die »Sperrwirkung« eines bestandskräftigen Haftungsbescheids – und damit das Erfordernis, eine weitere Inhaftungnahme auf die Korrekturnormen §§ 130 oder 131 AO zu stützen – gegenüber einer erneuten Inanspruchnahme des Haftungsschuldners besteht nur, soweit es um ein und denselben Sachverhalt geht; sie ist in diesem Sinne nicht zeitraum-, sondern sachverhaltsbezogen (BFH vom 07.04.2005 BStBl II 2006, 530). Der Erlass eines Ergänzungs-Haftungsbescheids für denselben Sachverhalt ist unzulässig, wenn die zu niedrige Inanspruchnahme auf einer rechtsirrtümlichen Beurteilung des Sachverhalts oder auf einer fehlerhaften Ermessensentscheidung beruhte (BFH vom 25.05.2004 BStBl II 2005, 3). Der Erlass eines Ergänzungs-Haftungsbescheids ist aber zulässig, wenn die Erhöhung der Steuerschuld auf neuen Tatsachen beruht, die das Finanzamt mangels Kenntnis im ersten Haftungsbescheid nicht berücksichtigen konnte (BFH vom 15.02.2011 BStBl II 2001, 534).

Für die **Festsetzungsverjährung** sind wegen der Sonderregel in **§ 191 Abs. 3 Satz 1 AO** die §§ 169 ff. AO grundsätzlich entsprechend anwendbar. Die Verjährungsregeln gelten jedoch nur für den erstmaligen Erlass eines Haftungsbescheides, nicht aber für dessen Korrektur (BFH vom 12.08.1997 BStBl II 1998, 131). Die Festsetzungsfrist dauert i. d. R. vier Jahre; haftet der Geschäftsführer allerdings nach § 71 AO, beträgt die Festsetzungsfrist zehn Jahre (§ 191 Abs. 3 Satz 2 AO). Die Festsetzungsfrist beginnt mit Ablauf des Jahres, in dem die Pflichtverletzung begangen wurde (§ 191 Abs. 3 Satz 3 AO).

Um zu verhindern, dass der Haftungsanspruch vor dem Steueranspruch verjährt, bestimmt § 191 Abs. 3 Satz 4 AO eine Ablaufhemmung. Danach ist der Ablauf der Festsetzungsfrist für den Haftungsbescheid so lange gehemmt, wie der Steuerbescheid noch festgesetzt werden kann.

BEISPIEL

Der Geschäftsführer A der A-GmbH hat in der USt-Jahreserklärung 02 (Abgabe in 04) grobfahrlässig verschiedene Umsätze nicht aufgeführt und dadurch USt von 30 000 € leichtfertig verkürzt.

LÖSUNG Die Frist für die Festsetzung der USt 02 beginnt mit Ablauf des Kalenderjahres 04 (§ 170 Abs. 2 Nr. 1 AO) und endet mit Ablauf des Kalenderjahres 09 (fünf Jahre gem. § 169 Abs. 2 Satz 2 AO).

Die Frist für den Erlass des Haftungsbescheides beginnt mit Ablauf des Kalenderjahres 04 (§ 191 Abs. 3 Satz 3 AO) und endet mit Ablauf des Kalenderjahres 08 (vier Jahre gem. § 191 Abs. 3 Satz 2 AO). Gem. § 191 Abs. 3 Satz 4 1. HS AO verlängert sich die Festsetzungsfrist für den Haftungsbescheid bis zum Ablauf des Kalenderjahres 09.

Ist die Steuer dagegen bereits festgesetzt worden, hat die Finanzbehörde mindestens noch zwei Jahre nach Bekanntgabe des Steuerbescheides Zeit, den Haftungsbescheid zu erlassen (§ 191 Abs. 3 Satz 4 2. HS i. V. m. § 171 Abs. 10 Satz 1 AO).

BEISPIEL

Im obigen Beispiel wurden die bisher nicht erklärten Umsätze erst im geänderten USt-Bescheid 02 vom 05.03.08 erfasst, der der A-GmbH am 10.03.08 bekannt gegeben wurde.

LÖSUNG Die Frist für die Festsetzung des Haftungsbescheides verlängert sich bis zum Ablauf des 10.03.10 (§ 191 Abs. 3 Satz 4 2. HS i. V. m. § 171 Abs. 10 Satz 1 AO).

§ 191 Abs. 1 AO umfasst auch die Haftungsansprüche nach Zivilrecht. Ergibt sich die Haftung nicht aus den Steuergesetzen, so kann ein Haftungsbescheid nur ergehen, solange die Haftungsansprüche nach dem für sie maßgebenden Recht noch nicht verjährt sind, **§ 191 Abs. 4 AO**. Nach BFH vom 26.08.1997 (BStBl II 1997, 745) gilt für die Verjährung des Steuerhaftungsanspruchs gegen den Gesellschafter einer aufgelösten GbR nicht die allgemeine Verjährungsfrist von 30 Jahren (§ 195 BGB), sondern in analoger Anwendung von § 159 Abs. 1 HGB eine Frist von höchstens fünf Jahren. Anders als im Falle der Personenhandelsgesellschaft lässt sich jedoch im Falle der GbR der **Beginn der Verjährung** nicht an den Zeitpunkt der Eintragung ihrer Auflösung im Handelsregister knüpfen (§ 159 Abs. 2 HGB), weil die Auflösung der GbR nicht in ein Register eingetragen wird. Als maßgebender Zeitpunkt kann in diesem Fall deshalb nur der in Betracht kommen, zu dem der Gläubiger von der Auflösung der GbR Kenntnis erlangt hat. Ob an dieser Rechtsprechung angesichts der durch die Schuldrechtsreform des BGB neugefassten Verjährungsregelungen (allgemeine Verjährungsdauer nunmehr drei Jahre) noch festgehalten werden kann, ist fraglich.

Der Haftungsanspruch kann nur so lange geltend gemacht werden, wie der Steueranspruch besteht. Deshalb kann ein Haftungsbescheid grundsätzlich nicht mehr ergehen, wenn hinsichtlich des Steueranspruchs Festsetzungsverjährung (§ 191 Abs. 5 Satz 1 Nr. 1 AO) oder Zahlungsverjährung (§ 191 Abs. 5 Satz 1 Nr. 2 AO) eingetreten ist oder wenn die Steuer erlassen worden ist. Das gilt nicht, wenn der Geschäftsführer als Täter einer Steuerhinterziehung oder Steuerhehlerei in Haftung genommen wird (§ 191 Abs. 5 Satz 2 AO).

Rechtsbehelf gegen den Haftungsbescheid ist der Einspruch gem. § 347 Abs. 1 AO. Mit dem Einspruch kann der Haftungsschuldner Einwendungen gegen den Steuerbescheid und gegen den Haftungsbescheid selbst erheben. Mögliche Einwendungen gegen den Haftungsbescheid sind insbesondere folgende:

- Der Haftungstatbestand sei **nicht erfüllt** (z. B. keine schuldhafte Pflichtverletzung).
- Der Haftungsanspruch sei **erloschen** (z. B. Eintritt der Festsetzungsverjährung nach § 191 Abs. 3 AO).
- Der Steueranspruch ist durch Zahlung oder Aufrechnung (§ 44 Abs. 2 Sätze 1 und 2 AO) erloschen.
- Der Haftungsbescheid habe nicht ergehen dürfen, weil hinsichtlich der Steuerschuld Festsetzungs- oder Zahlungsverjährung eingetreten sei oder diese erlassen worden sei (§ 191 Abs. 5 AO).
- Die Inanspruchnahme als Haftender sei dem Grunde oder der Höhe nach ermessensfehlerhaft.

Gem. § 166 AO kann der Geschäftsführer im Einspruchsverfahren gegen den Haftungsbescheid jedoch keine Einwendungen gegen die Richtigkeit des dem Haftungsbescheid zugrunde liegenden unanfechtbaren Steuerbescheids erheben, weil er in der Lage gewesen wäre, als Vertreter der Gesellschaft den Steuerbescheid anzufechten (sog. Drittwirkung der Steuerfestsetzung).

Für **Zahlungsaufforderungen bei** Haftungsbescheiden gilt: Die Finanzbehörde darf den Haftungsschuldner nur dann auf Zahlung der Haftungssumme in Anspruch nehmen, wenn ihm eine Zahlungsaufforderung (sog. »Leistungsgebot« = sonstiger Verwaltungsakt) bekannt gegeben worden ist. Das Leistungsgebot regelt, wann, wo und wie die geschuldete Zahlung zu erbringen ist. Das Leistungsgebot ist mit Einspruch (§ 347 Abs. 1 Nr. 1 AO) anfechtbar. Ein Haftungsbescheid ohne Leistungsgebot ist möglich, aber nicht vollstreckbar. Ein Haftungsbescheid ohne Leistungsgebot kommt nur dann in Betracht, wenn dies zur Wahrnehmung der Festsetzungsfrist der Haftung erforderlich ist.

Gem. § 219 Satz 1 AO kann ein Leistungsgebot gegen den Haftungsschuldner erst ergehen, wenn die Vollstreckung in das bewegliche Vermögen des Steuerschuldners erfolglos geblieben ist oder aussichtslos erscheint (Grundsatz der Subsidiarität). Bei nur teilweiser Befriedigung kann der Haftungsschuldner wegen des Restbetrages in Anspruch genommen werden. Ein Verstoß gegen § 219 Satz 1 AO führt zur Rechtswidrigkeit des Leistungsgebotes. Beachten Sie die Ausnahmen in § 219 Satz 2 AO: Ein Leistungsgebot gegen den Haftungsschuldner ohne vorhergehende Vollstreckung beim Steuerschuldner ist möglich

- bei Steuerhinterziehung oder Steuerhehlerei durch den Haftungsschuldner,
- bei gesetzlicher Verpflichtung des Haftungsschuldners, Steuern einzubehalten und abzuführen (z. B. § 42d EStG),

- bei gesetzlicher Verpflichtung des Haftungsschuldners Steuern zu Lasten eines anderen zu entrichten.

Die Fälligkeit der Haftungsschuld tritt am letzten Tag der im Leistungsgebot gesetzten Zahlungsfrist ein. Diese beträgt grundsätzlich einen Monat ab Bekanntgabe des Leistungsgebots.

Stichwortregister

SCHÄFFER
POESCHEL

Ihr Feedback ist uns wichtig!
Bitte nehmen Sie sich eine Minute Zeit

www.schaeffer-poeschel.de/feedback-buch